資治通鑑

三

〔北宋〕司馬光 編撰　　鄔國義 校点

中國史學要籍叢刊

上海古籍出版社

资治通鉴卷第一百一十五

端明殿学士兼翰林侍读学士朝散大夫右谏议大夫充集贤殿修撰权判西京留司御史台上柱国河内郡开国侯食邑一千三百户食实封四百户赐紫金鱼袋臣 司马光 奉敕编集

晋纪三十七 起屠维作噩(己酉),尽上章阉茂(庚戌),凡二年。

安皇帝庚

义熙五年(己酉、409)

春,正月,庚寅朔,南燕主超朝会群臣,叹太乐不备,议掠晋人以补伎。领军将军韩谆曰:"先帝以旧京倾覆,戢翼三齐。陛下不养士息民,以伺魏衅,恢复先业,而更侵掠南邻以广仇敌,可乎?"超曰:"我计已定,不与卿言。"

辛卯,大赦。

庚戌,以刘毅为卫将军、开府仪同三司。毅爱才好士,当世名流莫不辐凑,独扬州主簿吴郡张邵不往。或问之,邵曰:"主公命世人杰,何烦多问!"

秦王兴遣其弟平北将军冲、征虏将军狄伯支等帅骑四万击夏王勃勃。冲至岭北,谋还袭长安,伯支不从而止,因鸩杀伯支以灭口。

秦王兴遣使册拜谯纵为大都督、相国、蜀王,加九锡,承制封拜,悉如王者之仪。

二月,南燕将慕容兴宗、斛谷提、公孙归等帅骑寇宿豫,拔之,大掠而去,简男女二千五百付太乐教之。归,五楼之兄也。是时,五楼为侍中、尚书、领左卫将军,专总朝政,宗亲并居显要,王公内外无不惮之。南燕主超论宿豫之功,封斛谷提等并为郡、县公。桂林王镇谏曰:"此数人者,勤民顿兵,为国结怨,何功而封?"超怒,不答。尚书都令史王俨谄事五楼,比岁屡迁,官至左丞。国人为之语曰:"欲得侯,事五楼。"超又遣公孙归等寇济南,俘男女千余人而去。自彭城以南,民皆堡聚以自固。诏并州刺史刘道怜镇淮阴以备之。

乞伏炽磐入见秦太原公懿于上邽,彭奚念乘虚伐之。炽磐闻之,怒,不告懿而归,击奚念,破之,遂围枹罕。乞伏乾归从秦王兴如平凉,炽磐克枹罕,遣人告乾归,乾归逃还苑川。

冯翊人刘厥聚众数千,据万年作乱,秦太子泓遣镇军将军彭白狼帅东宫禁兵讨之,斩厥,赦其余党。诸将请露布,表言广其首级。泓不许,曰:"主上委吾后事,不能式遏寇逆,当责躬请罪,尚敢矜诞自为功乎!"

秦王兴自平凉如朝那，闻姚冲之谋，赐冲死。

三月，刘裕抗表伐南燕，朝议皆以为不可，惟左仆射孟昶、车骑司马谢裕、参军臧熹以为必克，劝裕行。裕以昶监中军留府事。谢裕，安之兄孙也。

初，苻氏之败也，王猛之孙镇恶来奔，以为临澧令。镇恶骑乘非长，关弓甚弱，而有谋略，善果断，喜论军国大事。或荐镇恶于刘裕，裕与语，说之，因留宿。明旦，谓参佐曰："吾闻将门有将，镇恶信然。"即以为中军参军。

恒山崩。

夏，四月，乞伏乾归如枹罕，留世子炽磐镇之，收其众得二万，徙都度坚山。

雷震魏天安殿东序。魏主珪恶之，命左校以冲车攻东、西序，皆毁之。初，珪服寒食散，久之，药发，性多躁扰，忿怒无常，至是浸剧。又灾异数见，占者多言当有急变生肘腋。珪忧懑不安，或数日不食，或达旦不寐，追计平生成败得失，独语不止。疑群臣左右皆不可信，每百官奏事至前，追记其旧恶，辄杀之，其余或颜色变动，或鼻息不调，或步趋失节，或言辞差缪，皆以为怀恶在心，发形于外，往往手击杀之，死者皆陈天安殿前。朝廷人不自保，百官苟免，莫相督摄，盗贼公行，里巷之间，人为希少。珪亦知之，曰："朕故纵之使然，待过灾年，当更清治之耳。"是时，群臣畏罪，多不敢求亲近，唯著作郎崔浩恭勤不懈，或终日不归。浩，吏部尚书宏之子也。宏未尝忤旨，亦不谄谀，故宏父子独不被谴。

夏王勃勃帅骑二万攻秦，掠取平凉杂胡七千余户。进屯依力川。

己巳，刘裕发建康，帅舟师自淮入泗。五月，至下邳，留船舰、辎重，步进至琅邪，所过皆筑城，留兵守之。或谓裕曰："燕人若塞大岘之险，或坚壁清野，大军深入，不唯无功，将不能自归，奈何？"裕曰："吾虑之熟矣。鲜卑贪婪，不知远计，进利虏获，退惜禾苗，谓我孤军远入，不能持久，不过进据临朐，退守广固，必不能守险清野，敢为诸君保之。"

南燕主超闻有晋师，引群臣会议。征虏将军公孙五楼曰："吴兵轻果，利在速战，不可争锋。宜据大岘，使不得入，旷日延时，沮其锐气，然后徐简精骑二千，循海而南，绝其粮道，别敕段晖帅兖州之众，缘山东下，腹背击之，此上策也。各命守宰依险自固，校其资储之外，余悉焚荡，芟除禾苗，使敌无所资，彼侨军无食，求战不得，旬月之间，可以坐制，此中策也。纵贼入岘，出城逆战，此下策也。"超曰："今岁星居齐，以天道推之，不战自克。客主势殊，以人事言之，彼远来疲弊，势不能久。吾据五州之地，拥富庶之民，铁骑万群，麦禾布野，奈何芟苗徙民，先自蹙弱乎！不如纵使入岘，以精骑蹂之，何忧不克！"辅国将军广宁王贺赖卢苦谏不从，退谓五楼曰："必若此，亡无日矣。"太尉桂林王镇曰："陛下必以骑兵利平地者，宜出岘逆战，战而不胜，犹可退守。不宜纵敌入岘，自弃险固也。"超不从。镇出,谓韩谔曰:"主上既不能逆战却敌,又不肯徙民清野,延敌入腹,坐待攻围,酷似刘璋矣。今年国灭,吾必死之。卿中华之士,复为文身矣。"超闻之,大怒,收镇下狱。乃摄莒、梁父二戍,修城隍,简士马,以待之。

刘裕过大岘,燕兵不出,裕举手指天,喜形于色。左右曰:"公未见敌而先喜,何也?"裕曰:"兵已过险,士有必死之志;余粮栖亩,人无匮乏之忧。虏已入吾掌中矣。"六月,己巳,裕至东莞。超先遣公孙五楼、贺赖卢及左将军段晖等将步骑五万屯临朐,闻晋兵入岘,自将步骑四万往就之,使五楼帅骑进据巨蔑水。前锋孟龙符与战,破之,五楼退走。裕以车四千乘为左右翼,方轨徐进,与燕兵战于临朐南,日向昃,胜负犹未决。参军胡藩言于裕曰:"燕悉兵出战,临朐城中留守必寡,愿以奇兵从间道取其城,此韩信所以破赵也。"裕遣藩及谘议参军檀韶、建威将军河内向弥潜师出燕兵之后,攻临朐,声言轻兵自海道至矣。向弥攘甲先登,遂克之。超大惊,单骑就段晖于城南。裕因纵兵奋击,燕众大败,斩段晖等大将十余人,超遁还广固,获其玉玺、辇及豹尾。裕乘胜逐北至广固,丙子,克其大城,超收众入保小城。裕筑长围守之,围高三丈,穿堑三重。抚纳降附,采拔贤俊,华、夷大悦。于是因齐地粮储,悉停江、淮漕运。

超遣尚书郎张纲乞师于秦,敕桂林王镇,以为录尚书、都督中外诸军事,引见,谢之,且问计焉。镇曰:"百姓之心,系于一人。今陛下亲董六师,奔败而还,群臣离心,士民丧气。闻秦人自有内患,恐不暇分兵救人。散卒还者尚有数万,宜悉出金帛以饵之,更决一战。若天命助我,必能破敌。如其不然,死亦为美,比于闭门待尽,不犹愈乎!"司徒乐浪王惠曰:"不然。晋兵乘胜,气势百倍,我以败军之卒当之,不亦难乎!秦虽与勃勃相持,不足为患。且与我分据中原,势如唇齿,安得不来相救!但不遣大臣则不能得重兵,尚书令韩范为燕、秦所重,宜遣乞师。"超从之。

秋,七月,加刘裕北青、冀二州刺史。

南燕尚书略阳垣尊及弟京兆太守苗逾城来降,裕以为行参军。尊、苗皆超所委任以为腹心者也。

或谓裕曰:"张纲有巧思,若得纲使为攻具,广固必可拔也。"会纲自长安还,太山太守申宣执之,送于裕。裕升纲于楼车,使周城呼曰:"刘勃勃大破秦军,无兵相救。"城中莫不失色。江南每发兵及遣使者至广固,裕辄潜遣兵夜迎之,明日,张旗鸣鼓而至。北方之民执兵负粮归裕者,日以千数。围城益急,张华、封恺皆为裕所获,超请割大岘以南地为藩臣,裕不许。

秦王兴遣使谓裕曰:"慕容氏相与邻好,今晋攻之急,秦已遣铁骑十万屯洛阳。晋军不还,当长驱而进。"裕呼秦使者谓曰:"语汝姚兴,我克燕之后,息兵三年,当取关、洛。今能自送,便可速来。"刘穆之闻有秦使,驰入见裕,而秦使者已去。裕以所言告穆之,穆之尤之曰:"常日事无大小,必赐预谋,此宜善详,云何遽尔答之。此语不足以威敌,适足以怒之。若广固未下,羌寇奄至,不审何以待之?"裕笑曰:"此是兵机,非卿所解,故不相语耳。夫兵贵神速,彼若审能赴救,必畏我知,宁容先遣信命,逆设此言!是自张大之辞也。晋师不出,为日久矣。羌见伐齐,(始)〔殆〕将内惧,自保不暇,何能救人邪!"

乞伏乾归复即秦王位,大赦,改元更始,公卿以下皆复本位。

慕容氏在魏者百余家,谋逃去,魏主珪尽杀之。

初,魏太尉穆崇与卫王仪伏甲谋弑魏主珪,不果,珪惜崇、仪之功,秘而不问。及珪有疾,多杀大臣,仪自疑而出亡,追获之。八月,赐仪死。

封融诣刘裕降。

九月,加刘裕太尉,裕固辞。

秦王兴自将击夏王勃勃,至贰城,遣安远将军姚详等分督租运。勃勃乘虚奄至,兴惧,欲轻骑就详等。右仆射韦华曰:"若銮舆一动,众心骇惧,必不战自溃,详营亦未必可至也。"兴与勃勃战,秦兵大败,将军姚榆生为勃勃所禽,左将军姚文宗等力战,勃勃乃退,兴还长安。勃勃复攻秦敕奇堡、黄石固、我罗城,皆拔之,徙七千余家于大城,以其丞相右地代领幽州牧以镇之。

初,兴遣卫将军姚强帅步骑一万随韩范往就姚绍于洛阳,并兵以救南燕。及为勃勃所败,追强兵还长安。韩范叹曰:"天灭燕矣。"南燕尚书张俊自长安还,降于刘裕,因说裕曰:"燕人所恃者,谓韩范必能致秦师也,今得范以示之,燕必降矣。"裕乃表范为散骑常侍,且以书招之。长水校尉王蒲劝范奔秦,范曰:"刘裕起布衣,灭桓玄,复晋室,今兴师伐燕,所向崩溃,此殆天授,非人力也。燕亡,则秦为之次矣,吾不可以再辱。"遂降于裕。裕将范循城,城中人情离沮。或劝燕主超诛范家,超以范弟谆尽忠无贰,并范家赦之。

冬,十月,段宏自魏奔于裕。

张纲为裕造攻具,尽诸奇巧。超怒,县纲母于城上,支解之。

西秦王乾归立夫人边氏为王后,世子炽磐为太子,仍命炽磐都督中外诸军、录尚书事。以屋引破光为河州刺史,镇枹罕;以南安焦遗为太子太师,与参军国大谋。乾归曰:"焦生非特名儒,乃王佐之才也。"谓炽磐曰:"汝事之当如事吾。"炽磐拜遗于床下。遗子华至孝,乾归欲以女妻之,辞曰:"凡娶妻者,欲与之共事二亲也。今以王姬之贵,下嫁蓬茅之士,诚非其匹,臣惧其阙于中馈,非所愿也。"乾归曰:"卿之所行,古人之事,孤女不足以强卿。"乃以为尚书民部郎。

北燕王云自以无功德而居大位,内怀危惧,常畜养壮士以为腹心爪牙。宠臣离班、桃仁专典禁卫,赏赐以巨万计,衣食起居皆与之同,而班、仁志愿无厌,犹有怨憾。戊辰,云临东堂,班、仁怀剑执纸而入,称有所启,班抽剑击云,云以几扞之,仁从旁击云,弑之。

冯跋升洪光门以观变,帐下督张泰、李桑言于跋曰:"此竖势何所至!请为公斩之。"乃奋剑而下,桑斩班于西门,泰杀仁于庭中。众推跋为主,跋以让其弟范阳公素弗,素弗不可。跋乃即天王位于昌黎,大赦,诏曰:"陈氏代姜,不改齐国。宜即国号曰燕。"改元太平,谥云曰惠懿皇帝。跋尊母张氏为太后,立妻孙氏为王后,子永为太子。以范阳公素弗为车骑大将军、录尚书事,孙护为尚书令,张兴为左仆射,汲郡公弘为右仆射,广川公万泥为幽、平二州牧,上谷公乳陈为并、青二州牧。素弗少豪侠放荡,尝请婚于尚书左丞韩业,业拒之。及为宰辅,待业尤厚。好申拔旧门,谦恭俭约,以身帅下,百僚惮之,论者美其有宰相之度。

魏主珪将立齐王嗣为太子,魏故事,凡立子辄先杀其母,乃赐嗣母刘贵人死。珪召嗣谕之曰:"汉武帝杀钩弋夫人,以防母后预政,外家为乱也。汝当继统,故吾远迹古人,为国家长久之计耳。"嗣性孝,哀泣不自胜,珪怒之。嗣还舍,日夜号泣,珪知而复召之。左右曰:"上怒甚,入将不测,不如且避之,俟上怒解而入。"嗣乃逃匿于外,唯帐下代人车路头、京兆王洛儿二人随之。

初,珪如贺兰部,见献明贺太后之妹美,言于贺太后,请纳之。贺太后曰:"不可。是过美,必有不善,且已有夫,不可夺也。"珪密令人杀其夫而纳之,生清河王绍。绍凶很无赖,好轻游里巷,劫剥行人以为乐。珪怒之,尝倒悬井中,垂死,乃出之。齐王嗣屡诲责之,绍由是与嗣不协。

戊辰,珪谴责贺夫人,囚,将杀之,会日暮,未决。夫人密使告绍曰:"汝何以救我?"左右以珪残忍,人人危惧。绍年十六,夜,与帐下及宦者宫人数人通谋,逾垣入宫,至天安殿。左右呼曰:"贼至!"珪惊起,求弓刀不获,遂弑之。

己巳,宫门至日中不开。绍称诏集百官于端门前北面立,绍从门扉间谓百官曰:"我有叔父,亦有兄,公卿欲从谁?"众愕然失色,莫有对者。良久,南平公长孙嵩曰:"从王。"众乃知宫车晏驾,而不测其故,莫敢出声,唯阴平公烈大哭而去。烈,仪之弟也。于是朝野恟恟,人怀异志。肥如侯贺护举烽于安阳城北,贺兰部人皆赴之,其余诸部亦各屯聚。绍闻人情不安,大出布帛赐王公已下,崔宏独不受。

齐王嗣闻变,乃自外还,昼伏匿山中,夜宿王洛儿家。洛儿邻人李道潜奉给嗣,民间颇知之,喜而相告。绍闻之,收道,斩之。绍募人求访嗣,欲杀之。猎郎叔孙俊与宗室疏属拓跋磨浑自云知嗣所在,绍使帐下二人与之偕往,俊、磨浑得出,即执帐下诣嗣,斩之。俊,建之子也。王洛儿为嗣往来平城,通问大臣,夜,告安远将军安同等。众闻之,翕然响应,争出奉迎。嗣至城西,卫士执绍送之。嗣杀绍及其母贺氏,并诛绍帐下及宦官、宫人为内应者十余人,其先犯乘舆者,群臣脔食之。

壬申,嗣即皇帝位,大赦,改元永兴。追尊刘贵人曰宣穆皇后。公卿先罢归第不预朝政者,悉召用之。诏长孙嵩与北新侯安同、山阳侯奚斤、白马侯崔宏、元城侯拓跋屈等八人坐止车门右,共听朝政,时人谓之八公。屈,磨浑之父也。嗣以尚书燕凤逮事什翼犍,使与都坐大官封懿等入侍讲论,出议政事。以王洛儿、车路头为散骑常侍,叔孙俊为卫将军,拓跋磨浑为尚书,皆赐爵郡、县公。嗣问旧臣为先帝所亲信者为谁,王洛儿言李先。嗣召问先:“卿以何才何功为先帝所知?”对曰:“臣不才无功,但以忠直为先帝所知耳。”诏以先为安东将军,常宿于内,以备顾问。

朱提王悦,虔之子也,有罪,自疑惧。闰十一月,丁亥,悦怀匕首入侍,将作乱。叔孙俊觉其举止有异,引手掣之,索怀中,得匕首,遂杀之。

十二月,乙巳,太白犯虚、危。南燕灵台令张光劝南燕主超出降,超手杀之。

柔然侵魏。

六年(庚戌、410)

春,正月,甲寅朔,南燕主超登天门,朝群臣于城上。乙卯,超与宠姬魏夫人登城,见晋兵之盛,握手对泣。韩诺谏曰:“陛下遭埋厄之运,正当努力自强,以壮士民之志,而更为儿女子泣邪!”超拭目谢之。尚书令董铣劝超降,超怒,囚之。

魏长孙嵩将兵伐柔然。

魏主嗣以郡县豪右多为民患,悉以优诏征之。民恋土不乐内徙,长吏逼遣之,于是无赖少年逃亡相聚,所在寇盗群起。嗣引八公议之曰:“朕欲为民除蠹,而守宰不能绥抚,使之纷乱。今犯者既众,不可尽诛,吾欲大赦以安之,何如?”元城侯屈曰:“民逃亡为盗,不罪而赦之,是为上者反求于下也,不如诛其首恶,赦其余党。”崔宏曰:“圣王之御民,务在安之而已,不与之较胜负也。夫赦虽非正,可以行权。屈欲先诛后赦,要为两不能去,曷若一赦而遂定乎!赦而不从,诛未晚也。”嗣从之。二月,癸未朔,遣将军于栗磾将骑一万讨不从命者,所向皆平。

南燕贺赖卢、公孙五楼为地道出击晋兵,不能却。城久闭,城中男女病脚弱者太半,出降者相继。超辇而登城,尚书悦寿说超曰:“今天助寇为虐,战士雕瘁,独守穷城,绝望外援,天时人事亦可知矣。苟历数有终,尧、舜避位,陛下岂不思变通之计乎!”超叹曰:“废兴,命也。吾宁奋剑而死,不能衔璧而生!”

丁亥,刘裕悉众攻城。或曰:“今日往亡,不利行师。”裕曰:“我往彼亡,何为不利!”四面急攻之。悦寿开门纳晋师,超与左右数十骑逾城突围出走,追获之。

裕数以不降之罪,超神色自若,一无所言,惟以母托刘敬宣而已。裕忿广固久不下,欲尽坑之,以妻女赏将士。韩范谏曰:"晋室南迁,中原鼎沸,士民无援,强则附之,既为君臣,必须为之尽力。彼皆衣冠旧族,先帝遗民;今王师吊伐而尽坑之,使安所归乎!窃恐西北之人无复来苏之望矣。"裕改容谢之,然犹斩王公以下三千人,没入家口万余,夷其城隍,送超诣建康,斩之。

臣光曰:晋自济江以来,威灵不竞,戎狄横骛,虎噬中原。刘裕始以王师剪平东夏,不于此际旌礼贤俊,慰抚疲民,宣恺悌之风,涤残秽之政,使群士向风,遗黎企踵,而更恣行屠戮,以快忿心。迹其施设,曾苻、姚之不如,宜其不能荡壹四海,成美大之业,岂非虽有智勇而无仁义使之然哉!

初,徐道覆闻刘裕北伐,劝卢循乘虚袭建康,循不从。道覆自至番禺说循曰:"本住岭外,岂以理极于此,传之子孙邪?正以刘裕难与为敌故也。今裕顿兵坚城之下,未有还期,我以此思归死士,掩击何、刘之徒,如反掌耳。不乘此机而苟求一日之安,朝廷常以君为腹心之疾,若裕平齐之后,息甲岁余,以玺书征君,裕自将屯豫章,遣诸将帅锐师过岭,虽复以将军之神武,恐必不能当也。今日之机,万不可失。若先克建康,倾其根蒂,裕虽南还,无能为也。君若不同,便当帅始兴之众直指寻阳。"循甚不乐此举,而无以夺其计,乃从之。

初,道覆使人伐船材于南康山,至始兴,贱卖之,居人争市之,舡材大积而人不疑。至是,悉取以装舰,旬日而办。循自始兴寇长沙,道覆寇南康、庐陵、豫章,诸守相皆委任奔走。道覆顺流而下,舟械甚盛。

时克燕之问未至,朝廷急征刘裕。裕方议留镇下邳,经营司、雍,会得诏书,乃以韩范为都督八郡军事、燕郡太守,封融为勃海太守,檀韶为琅邪太守,戊申,引兵还。韶,祗之兄也。久之,刘穆之称范、融谋反,皆杀之。

安成忠肃公何无忌自寻阳引兵拒卢循。长史邓潜之谏曰:"国家安危,在此一举。闻循兵舰大盛,势居上流,宜决南塘,守二城以待之,彼必不敢舍我远下。蓄力养锐,俟其疲老,然后击之,此万全之策也。今决成败于一战,万一失利,悔将无及。"参军殷阐曰:"循所将之众皆三吴旧贼,百战余勇,始兴溪子,拳捷善斗,未易轻也。将军宜留屯豫章,征兵属城,兵至合战,未为晚也。若以此众轻进,殆必有悔。"无忌不听。三月,壬申,与徐道覆遇于豫章,贼令强弩数百登西岸小山邀射之,会西风暴急,飘无忌所乘小舰向东岸,贼乘风以大舰逼之,众遂奔溃。无忌厉声曰:"取我苏武节来!"节至,执以督战。贼众云集,无忌辞色无挠,握节而死。于是中外震骇,朝议欲奉乘舆北走就刘裕,既而知贼未至,乃止。

西秦王乾归攻秦金城郡,拔之。

夏王勃勃遣尚书胡金纂攻平凉。秦王兴救平凉,击金纂,杀之。勃勃又遣兄子左将军罗提攻拔定阳,坑将士四千余人。秦将曹炽、曹云、王肆佛等各将数千户内徙,兴处之湟山及陈仓。勃勃寇陇右,破白崖堡,遂趣清水。略阳太守姚寿都弃城走,勃勃徙其民万六千户于大城。兴自安定追之,至寿渠川,不及而还。

初,南凉王傉檀遣左将军枯木等伐沮渠蒙逊,掠临松千余户而还。蒙逊伐南凉,至显美,徙数千户而去。南凉太尉俱延复伐蒙逊,大败而归。是月,傉檀自将五万骑伐蒙逊,战于穷泉,傉檀大败,单马奔还。蒙逊乘胜进围姑臧,姑臧人惩王钟之诛,皆惊溃,夷、夏万余户降于蒙逊。傉檀惧,遣司隶校尉敬归及子佗为质于蒙逊以请和,蒙逊许之。归至胡坑,逃还,佗为追兵所执,蒙逊徙其众八千余户而去。右卫将军折掘奇镇据石驴山以叛。傉檀畏蒙逊之逼,且惧岭南为奇镇所据,乃迁于乐都,留大司农成公绪守姑臧。傉檀才出城,魏安人侯谌等闭门作乱,收合三千余家,据南城,推焦朗为大都督、龙骧大将军,谌自称凉州刺史,降于蒙逊。

刘裕至下邳,以船载辎重,自帅精锐步归。至山阳,闻何无忌败死,虑京邑失守,卷甲兼行,与数十人至淮上,问行人以朝廷消息。行人曰:"贼尚未至,刘公若还,便无所忧。"裕大喜。将济江,风急,众咸难之。裕曰:"若天命助国,风当自息;若其不然,覆溺何害!"即命登舟,舟移而风止。过江,至京口,众乃大安。夏,四月,癸未,裕至建康。以江州覆没,表送章绶,诏不许。

青州刺史诸葛长民、兖州刺史刘藩、并州刺史刘道怜各将兵入卫建康。藩,豫州刺史毅之从弟也。毅闻卢循入寇,将拒之,而疾作,既瘳,将行。刘裕遗毅书曰:"吾往习击妖贼,晓其变态。贼新获奸利,其锋不可轻。今修船垂毕,当与弟同举。克平之日,上流之任,皆以相委。"又遣刘藩往谕止之。毅怒,谓藩曰:"往以一时之功相推耳,汝便谓我真不及刘裕邪!"投书于地,帅舟师二万发姑孰。

循之初入寇也,使徐道覆向寻阳,循自将攻湘中诸郡。荆州刺史刘道规遣军逆战,败于长沙。循进至巴陵,将向江陵。徐道覆闻毅将至,驰使报循曰:"毅兵甚盛,成败之事,系之于此,宜并力摧之。若此克捷,江陵不足忧也。"循即日发巴陵,与道覆合兵而下。五月,戊午,毅与循战于桑落洲,毅兵大败,弃船,以数百人步走,余众皆为循所虏,所弃辎重山积。

初,循至寻阳,闻裕已还,犹不信。既破毅,乃得审问,与其党相视失色。循欲退还寻阳,攻取江陵,据二州以抗朝廷。道覆谓宜乘胜径进,固争之。循犹豫累日,乃从之。

己未,大赦。裕募人为兵,赏之同京口赴义之科。发民治石头城。议者谓宜分兵守诸津要,裕曰:"贼众我寡,若分兵屯守,则测人虚实。且一处失利,则沮三军之心。今聚众石头,随宜应赴,既令彼无以测多少,又于众力不分。若徒旅转集,徐更论之耳。"

　　朝廷闻刘毅败，人情恟惧。时北师始还，将士多创病，建康战士不盈数千。循既克二镇，战士十余万，舟车百里不绝，楼船高十二丈，败还者争言其强盛。孟昶、诸葛长民欲奉乘舆过江，裕不听。初，何无忌、刘毅之南讨也，昶策其必败，已而果然。至是，又谓裕必不能抗循，众颇信之，惟龙骧将军东海虞丘进廷折昶等，以为不然。中兵参军王仲德言于裕曰："明公命世作辅，新建大功，威震六合，妖贼乘虚入寇，既闻凯还，自当奔溃。若先自遁逃，则势同匹夫，匹夫号令，何以威物！此谋若立，请从此逝。"裕甚悦。昶固请不已，裕曰："今重镇外倾，强寇内逼，人情危骇，莫有固志。若一旦迁动，便自土崩瓦解，江北亦岂可得至！设令得至，不过延日月耳。今兵士虽少，自足一战。若其克济，则臣主同休；苟厄运必至，我当横尸庙门，遂其由来以身许国之志，不能窜伏草间苟求存活也。我计决矣，卿勿复言！"昶恚其言不行，且以为必败，因请死。裕怒曰："卿且申一战，死复何晚！"昶知裕终不用其言，乃抗表自陈曰："臣裕北讨，众并不同，唯臣赞裕行计，致使强贼乘间，社稷危逼，臣之罪也。谨引咎以谢天下。"封表毕，仰药而死。

　　乙丑，卢循至淮口，中外戒严。琅邪王德文都督宫城诸军事，屯中堂皇，刘裕屯石头，诸将各有屯守。裕子义隆始四岁，裕使谘议参军刘粹辅之，镇京口。粹，毅之族弟也。

　　裕见民临水望贼，怪之，以问参军张劭，劭曰："若节钺未反，民奔散之不暇，亦何能观望！当无复恐耳。"裕谓将佐曰："贼若于新亭直进，其锋不可当，宜且回避，胜负之事，未可量也。若回泊西岸，此成禽耳。"

　　徐道覆请于新亭至白石焚舟而上，数道攻裕。循欲以万全为计，谓道覆曰："大军未至，孟昶便望风自裁，以大势言之，自当计日溃乱。今决胜负于一朝，干没求利，既非必克之道，且杀伤士卒，不如案兵待之。"道覆以循多疑少决，乃叹曰："我终为卢公所误，事必无成。使我得为英雄驱驰，天下不足定也。"

　　裕登石头城望循军，初见引向新亭，顾左右失色，既而回泊蔡洲，乃悦。于是众军转集，裕恐循侵轶，用虞丘进计，伐树栅石头淮口，修治越城，筑查浦、药园、廷尉三垒，皆以兵守之。

　　刘毅经涉蛮、晋，仅能自免，从者饥疲，死亡什七八。丙寅，至建康，待罪。裕慰勉之，使知中外留事。毅乞自贬，诏降为后将军。

　　魏长孙嵩至漠北而还，柔然追围之于牛川。壬申，魏主嗣北击柔然。柔然可汗社仑闻之，遁走，道死。其子度拔尚幼，部众立社仑弟斛律，号蔼苦盖可汗。嗣引兵还参合陂。

　　卢循伏兵南岸，使老弱乘舟向白石，声言悉众自白石步上。刘裕留参军沈林子、徐赤特戍南岸，断查浦，戒令坚守勿动，裕及刘毅、诸葛长民北出拒之。林子曰:"妖贼此言,未必有实,宜深为之防。"裕曰:"石头城险,且淮栅甚固,留卿在后,足以守之。"林子,穆夫之子也。

庚辰,卢循焚查浦,进至张侯桥。徐赤特将击之,林子曰:"贼声往白石而屡来挑战,其情可知。吾众寡不敌,不如守险以待大军。"赤特不从,遂出战。伏兵发,赤特大败,单舸奔淮北。林子及将军刘钟据栅力战,朱龄石救之,贼乃退。循引精兵大上,至丹杨郡。裕帅诸军驰还石头,斩徐赤特,解甲,久之,乃出陈于南塘。

六月,以刘裕为太尉、中书监、加黄钺。裕受黄钺,余固辞。以车骑中军司马庾悦为江州刺史。悦,准之子也。

司马国璠及弟叔璠、叔道奔秦。秦王兴曰:"刘裕方诛桓玄,辅晋室,卿何为来?"对曰:"裕削弱王室,臣宗族自有修立者,裕辄除之。方为国患,甚于桓玄耳。"兴以国璠为扬州刺史,叔道为交州刺史。

卢循寇掠诸县无所得,谓徐道覆曰:"师老矣,不如还寻阳,并力取荆州,据天下三分之二,徐更与建康争衡耳。"秋,七月,庚申,循自蔡洲南还寻阳,留其党范崇民将五千人据南陵。甲子,裕使辅国将军王仲德、广川太守刘钟、河间内史兰陵蒯恩、中军谘议参军孟怀玉等帅众追循。

乙丑,魏主嗣还平城。

西秦王乾归讨越质屈机等十余部,降其众二万五千,徙于苑川。八月,乾归复都苑川。

沮渠蒙逊伐西凉,败西凉世子歆于马庙,禽其将朱元虎而还。凉公暠以银二千斤、金二千两赎元虎,蒙逊归之,遂与暠结盟而还。

刘裕还东府,大治水军,遣建威将军会稽孙处、振武将军沈田子帅众三千自海道袭番禺。田子,林子之兄也。众皆以为"海道艰远,必至为难,且分撤见力,非目前之急。"裕不从,敕处曰:"大军十二月之交必破妖虏,卿至时,先倾其巢窟,使彼走无所归也。"

谯纵遣侍中谯良等入见于秦,请兵以伐晋。纵以桓谦为荆州刺史,谯道福为梁州刺史,帅众二万寇荆州。秦王兴遣前将军苟林帅骑兵会之。

江陵自卢循东下,不得建康之问,群盗互起。荆州刺史刘道规遣司马王镇之帅天门太守檀道济、广武将军彭城到彦之入援建康。道济,祇之弟也。

镇之至寻阳,为苟林所破。卢循闻之,以林为南蛮校尉,分兵配之,使乘胜伐江陵,声言徐道覆已克建康。桓谦于道召募义旧,民投之者二万人。谦屯枝江,林屯江津,二寇交逼,江陵士民多怀异心。道规乃会将士告之曰:"桓谦今在近道,闻诸长者颇有去就之计。吾东来文武,足以济事。若欲去者,本不相禁。"因夜开城门,达晓不闭,众咸惮服,莫有去者。

雍州刺史鲁宗之帅众数千自襄阳赴江陵。或谓宗之情未可测,道规单马迎之,宗之感悦。道规使宗之居守,委以腹心,自帅诸军攻谦。诸将佐皆曰:"今远出讨谦,其胜难必。苟林近在江津,伺人动静,若来攻城,宗之未必能固,脱有蹉跌,大事去矣。"道规曰:"苟林愚懦,无他奇计,以吾去未远,必不敢向城。吾今取谦,往至便克,沉疑之间,已自还返。谦败则林破胆,岂暇得来。且宗之独守,何为不支数日!"乃驰往攻谦,水陆齐进。谦等大陈舟师,兼以步骑,战于枝江。檀道济先进陷陈,谦等大败,谦单舸奔苟林,道规追斩之。还至涌口,讨林,林走,道规遣谘议参军临淮刘遵帅众追之。初,谦至枝江,江陵士民皆与谦书,言城内虚实,欲为内应。至是检得之,道规悉焚不视,众于是大安。

江州刺史庾悦以鄱阳太守虞丘进为前驱,屡破卢循兵,进据豫章,绝循粮道。九月,刘遵斩苟林于巴陵。

桓石绥因循入寇,起兵洛口,自号荆州刺史,征阳令王天恩自号梁州刺史,袭据西城。梁州刺史傅(诏)〔韶〕遣其子魏兴太守弘之讨石绥等,皆斩之,桓氏遂灭。韶,畅之孙也。

西秦王乾归攻秦略阳、南安、陇西诸郡,皆克之,徙民二万五千户于苑川及枹罕。

甲寅,葬魏主珪于盛乐金陵,谥曰宣武,庙号烈祖。

刘毅固求追讨卢循,长史王诞密言于刘裕曰:"毅既丧败,不宜复使立功。"裕从之。冬,十月,裕帅兖州刺史刘藩、宁朔将军檀韶、冠军将军刘敬宣等南击卢循,以刘毅监太尉留府,后事皆委焉。癸巳,裕发建康。

徐道覆帅众三万趣江陵,奄至破冢。时鲁宗之已还襄阳,追召不及,人情大震。或传循已平京邑,道遣覆来为刺史,江、汉士民感刘道规焚书之恩,无复贰志。道规使刘遵别为游军,自拒道覆于豫章口。前驱失利,遵自外横击,大破之,斩首万余级,赴水死者殆尽,道覆单舸走还湓口。初,道规使遵为游军,众咸以为强敌在前,唯患众少,不应分割见力,置无用之地。及破道覆,卒得游军之力,众心乃服。

鲜卑仆浑、羌句岂、输报、邓若等帅户二万降于西秦。

王仲德等闻刘裕大军且至,进攻范崇民于南陵,崇民战舰夹屯两岸。十一月,刘钟自行觇贼,天雾,贼钩得其舸。钟因帅左右攻舰户,贼遽闭户拒之。钟乃徐还,与仲德共攻崇民,崇民走。

癸丑,益州刺史鲍陋卒。谯道福陷巴东,杀守将温祚、时延祖。

卢循兵守广州者不以海道为虞。庚戌,孙处乘海奄至,会大雾,四面攻之,即日拔其城。处抚其旧民,戮循亲党,勒兵谨守,分遣沈田子等击岭表诸郡。

刘裕军雷池,卢循扬声不攻雷池,当乘流径下。裕知其欲战,十二月,己卯,进军大雷。庚辰,卢循、徐道覆帅众数万塞江而下,前后莫见舳舻之际。裕悉出轻舰,帅众军齐力击之。又分步骑屯于西岸,先备火具。裕以劲弩射循军,因风水之势以薕之。循舰悉泊西岸,岸上军投火焚之,烟炎涨天,循兵大败,走还寻阳。将趣豫章,乃悉力栅断左里。丙申,裕军至左里,不得进。裕麾兵将战,所执麾竿折,幡沉于水,众并怪惧。裕笑曰:"往年覆舟之战,幡竿亦折,今者复然,贼必破矣。"即攻栅而进。循兵虽殊死战,弗能禁。循单舸走,所杀及投水死者凡万余人。纳其降附,宥其逼略,遣刘藩、孟怀玉轻军追之。循收散卒,尚有数千人,径还番禺,道覆走保始兴。裕板建威将军褚裕之行广州刺史。裕之,裒之曾孙也。裕还建康。刘毅恶刘穆之,每从容与裕言穆之权太重,裕益亲任之。

燕广川公万泥、上谷公乳陈,自以宗室,有大功,谓当入为公辅。燕王跋以二藩任重,久而弗征,二人皆怨。是岁,乳陈密遣人告万泥曰:"乳陈有至谋,愿与叔父图之。"万泥遂奔白狼,与乳陈俱叛。跋遣汲郡公弘与张兴将步骑二万讨之。弘先遣使谕以祸福,万泥欲降,乳陈不可。兴谓弘曰:"贼明日出战,今夜必来惊我营,宜为之备。"弘乃密严人课草十束,畜火伏兵以待之。是夜,乳陈果遣壮士千余人来斫营。众火俱起,伏兵邀击,俘斩无遗。万泥、乳陈惧而出降,弘皆斩之。跋以范阳公素弗为大司马,改封辽西公;弘为骠骑大将军,改封中山公。

资治通鉴卷第一百一十六

端明殿学士兼翰林侍读学士朝散大夫右谏议大夫充集贤殿修撰权判西京留司御史台上柱国河内郡开国侯食邑一千三百户食实封四百户赐紫金鱼袋臣　司马光　奉敕编集

晋纪三十八 起重光大渊献(辛亥)，尽阏逢摄提格(甲寅)，凡四年。

安皇帝辛

义熙七年(辛亥、411)

春，正月，己未，刘裕还建康。

秦广平公弼有宠于秦王兴，为雍州刺史，镇安定。姜纪谄附于弼，劝弼结兴左右以求入朝。兴征弼为尚书令、侍中、大将军。弼遂倾身结纳朝士，收采名势，以倾东宫，国人恶之。会兴以西北多叛乱，欲命重将镇抚之，陇东太守郭播请使弼出镇，兴不从，以太常索棱为太尉、领陇西内史，使招抚西秦。西秦王乾归遣使送所掠守宰，谢罪请降。兴遣鸿胪拜乾归都督陇西、岭北、匈奴、杂胡诸军事、征西大将军、河州牧、单于、河南王，太子炽磐为镇西将军、左贤王、平昌公。

兴命群臣搜举贤才。右仆射梁喜曰："臣累受诏而未得其人，可谓世之乏才。"兴曰："自古帝王之兴，未尝取相于昔人，待将于将来，随时任才，皆能致治。卿自识拔不明，岂得远诬四海乎?"群臣咸悦。

秦姚详屯杏城，为夏王勃勃所逼，南奔大苏。勃勃遣平东将军鹿弈干追斩之，尽俘其众。勃勃南攻安定，破尚书杨佛嵩于青石北原，降其众四万五千。进攻东乡，下之，徙三千余户于贰城。秦镇北参军王买德奔夏，夏王勃勃问以灭秦之策，买德曰："秦德虽衰，藩镇犹固，愿且蓄力以待之。"勃勃以买德为军师中郎将。秦王兴遣卫大将军常山公显迎姚详，弗及，遂屯杏城。

刘藩帅孟怀玉等诸将追卢循至岭表，二月，壬午，怀玉克始兴，斩徐道覆。

河南王乾归徙鲜卑仆浑部三千余户于度坚城，以子敕勃为秦兴太守以镇之。

焦朗犹据姑臧，沮渠蒙逊攻拔其城，执朗而宥之。以其弟挐为秦州刺史，镇姑臧。遂伐南凉，围乐都，三旬不克。南凉王傉檀以子安周为质，乃还。

吐谷浑树洛干伐南凉，败南凉太子虎台。

南凉王傉檀欲复伐沮渠蒙逊，邯川护军孟恺谏曰："蒙逊新并姑臧，凶势方盛，不可攻也。"傉檀不从，五道俱进，至番禾、苕藋，掠五千余户而还。将军屈右曰："今既获利，宜倍道旋师，早度险阨。蒙逊善用兵，若轻军猝至，大敌外逼，徒户内叛,此危道也。"卫尉伊力延曰:"彼步我骑,势不相及。今倍道而归则示弱,且捐弃资财,非计也。"俄而昏雾风雨,蒙逊兵大至,傉檀败走。蒙逊进围乐都,傉檀婴城固守,以子染干为质以请和,蒙逊乃还。

三月,刘裕始受太尉、中书监,以刘穆之为太尉司马,陈郡殷景仁为行参军。裕问穆之曰:"孟昶参佐,谁堪入我府者?"穆之举前建威中兵参军谢晦。晦,安兄据之曾孙也,裕即命为参军。裕尝讯囚,其旦刑狱参军有疾,以晦代之,于车中一览讯牒,催促便下。相府多事,狱系殷积,晦随问酬辨,曾无违谬。裕由是奇之,即日署刑狱贼曹。晦美风姿,善言笑,博赡多通,裕深加赏爱。

卢循行收兵至番禺,遂围之,孙处据守二十余日。沈田子言于刘藩曰:"番禺城虽险固,本贼之巢穴,今循围之,或有内变。且孙季高众力寡弱,不能持久。若使贼还据广州,凶势复振矣。"夏,四月,田子引兵救番禺,击循,破之,所杀万余人。循走,田子与处共追之,又破循于苍梧、郁林、宁浦。会处病,不能进,循奔交州。

初,九真太守李逊作乱,交州刺史交趾杜瑗讨斩之。瑗卒,朝廷以其子慧度为交州刺史。诏书未至,循袭破合浦,径向交州。慧度帅州府文武拒循于石碕,破之。循余众犹三千人,李逊余党李脱等结集俚獠五千余人以应循。庚子,循晨至龙编南津。慧度悉散家财以赏军士,与循合战,掷雉尾炬焚其舰,以步兵夹岸射之,循众舰俱然,兵众大溃。循知不免,先鸩妻子,召妓妾问曰:"谁能从我死者?"多云:"雀鼠贪生,就死实难。"或云:"官尚当死,某岂愿生!"乃悉杀诸辞死者,因自投于水。慧度取其尸斩之,并其父子及李脱等,函七首送建康。

初,刘毅在京口,贫困。与知识射于东堂。庾悦为司徒右长史,后至,夺其射堂。众人皆避之,毅独不去。悦厨馔甚盛,不以及毅,毅从悦求子鹅炙,悦怒不与,毅由是衔之。至是,毅求兼督江州,诏许之,因奏称:"江州内地,以治民为职,不当置军府雕耗民力,宜罢军府,移镇豫章。而寻阳接蛮,可即州府千兵以助郡戍。"于是解悦都督、将军官,以刺史镇豫章。毅以亲将赵恢领千兵守寻阳。悦府文武三千悉入毅府,符摄严峻。悦忿惧,至豫章,疽发背卒。

河南王乾归徙羌句岂等部众五千余户于叠兰城,以兄子阿柴为兴国太守以镇之。五月,复以子木弈干为武威太守,镇嵘峗城。

丁卯,魏主嗣谒金陵,山阳侯奚斤居守。昌黎王慕容伯儿谋反,己巳,奚斤并其党收斩之。

秋,七月,燕王跋以太子永领大单于,置四辅。

柔然可汗斛律遣使献马三千匹于跋,求娶跋女东浪公主。跋命群臣议之。辽西公素弗曰:"前世皆以宗女妻六夷,宜许以妃嫔之女,乐浪公主不宜下降非类。"跋曰:"朕方崇信殊俗,奈何欺之!"乃以乐浪公主妻之。

跋勤于政事,劝课农桑,省徭役,薄赋敛。每遣守宰,必亲引见,问为政之要,以观其能。燕人悦之。

河南王乾归遣平昌公炽磐及中军将军审虔伐南凉。审虔,乾归之子也。八月,炽磐兵济河,南凉王傉檀遣太子虎台逆战于岭南,南凉兵败,虏牛马十余万而还。

沮渠蒙逊帅轻骑袭西凉,西凉公暠曰:"兵有不战而败敌者,挫其锐也。蒙逊新与吾盟,而遽来袭我,我闭门不与战,待其锐气竭而击之,蔑不克矣。"顷之,蒙逊粮尽而归,暠遣世子歆帅骑七千邀击之,蒙逊大败,获其将沮渠百年。

河南王乾归攻秦略阳太守姚龙于柏阳堡,克之。冬,十一月,进攻南平太守王憬于水洛城,又克之,徙民三千余户于谭郊。遣乞伏审虔帅众二万城谭郊。十二月,西羌彭利发袭据枹罕,自称大将军、河州牧,乾归讨之,不克。

是岁,并州刺史刘道怜为北徐州刺史,移镇彭城。

八年(壬子、412)

春,正月,河南王乾归复讨彭利发,至奴葵谷,利发弃众南走。乾归遣振威将军乞伏公府追至清水,斩之,收羌户一万三千,以乞伏审虔为河州刺史镇枹罕而还。

二月,丙子,以吴兴太守孔靖为尚书右仆射。

河南王乾归徙都谭郊,命平昌公炽磐镇苑川。乾归击吐谷浑阿若干于赤水,降之。

夏,四月,刘道规以疾求归,许之。道规在荆州累年,秋毫无犯。及归,府库帷幕,俨然若旧。随身甲士二人迁席于舟中,道规刑之于市。

以后将军豫州刺史刘毅为卫将军、都督荆、宁、秦、雍四州诸军事、荆州刺史。毅谓左卫将军刘敬宣曰:"吾忝西任,欲屈卿为长史南蛮,岂有见辅意乎?"敬宣惧,以告太尉裕,裕笑曰:"但令老兄平安,必无过虑。"

毅性刚愎,自谓建义之功与裕相埒,深自矜伐,虽权事推裕而心不服。及居方岳,常怏怏不得志。裕每柔而顺之,毅骄纵滋甚,尝云:"恨不遇刘、项,与之争中原!"及败于桑落,知物情去己,弥复愤激。裕素不学,而毅颇涉文雅,故朝士有清望者多归之,与尚书仆射谢混、丹阳尹郗僧施,深相凭结。僧施,超之从子也。毅既据上流,阴有图裕之志,求兼督交、广二州,裕许之。毅又奏以郗僧施为南蛮校尉后军司马,毛脩之为南郡太守,裕亦许之,以刘穆之代僧施为丹杨尹。毅表求至京口辞墓,裕往会之于倪塘。宁远将军胡藩言于裕曰:"公谓刘卫军终能为公下乎?"裕默然,久之,曰:"卿谓何如?"藩曰:"连百万之众,攻必取,战必克,毅固以此服公。至于涉猎传记,一谈一咏,自许以为雄豪,以是搢绅白面之士辐凑归之。恐终不为公下,不如因会取之。"裕曰:"吾与毅俱有克复之功,其过未彰,不可自相图也。"

乞伏炽磐攻南凉三河太守吴阴于白土,克之,以乞伏出累代之。

六月,乞伏公府弑河南王乾归,并杀其诸子十余人,走保大夏。平昌公炽磐遣其弟广武将军智达、扬武将军木弈干帅骑三千讨之;以其弟昙达为镇京将军,镇谭郊,骁骑将军娄机镇苑川。炽磐帅文武及民二万余户迁于枹罕。

秦人多劝秦王兴乘乱取炽磐,兴曰:"伐人丧,非礼也。"夏王勃勃欲攻炽磐,军师中郎将王买德谏曰:"炽磐,吾之与国,今遭丧乱,吾不能恤,又恃众力而伐之,匹夫且犹耻为,况万乘乎!"勃勃乃止。

闰月,庚子,南郡烈武公刘道规卒。

秋,七月,己巳朔,魏主嗣东巡,置四厢大将、十二小将。以山阳侯斤、元城侯屈行左、右丞相。庚寅,嗣至濡源,巡西北诸部落。

乞伏智达等击破乞伏公府于大夏,公府奔叠兰城,就其弟阿柴。智达等攻拔之,斩阿柴父子五人。公府奔嵚岌南山,追获之,并其四子,镮之于谭郊。

八月,乞伏炽磐自称大将军、河南王,大赦,改元永康。葬乾归于枹罕,谥曰武元王,庙号高祖。

皇后王氏崩。

庚戌,魏主嗣还平城。

九月,河南王炽磐以尚书令武始翟勍为相国,侍中、太子詹事赵景为御史大夫。罢尚书令、仆、尚书六卿、侍中等官。

癸酉,葬僖皇后于休平陵。

刘毅至江陵,多变易守宰,辄割豫州文武、江州兵力万余人以自随。会毅疾笃,郗僧施等恐毅死,其党危,乃劝毅请从弟兖州刺史藩以自副,太尉裕伪许之。藩自广陵入朝,己卯,裕以诏书罪状毅,云与藩及谢混共谋不轨,收藩及混赐死。初,混与刘毅款昵,混从兄澹常以为忧,渐与之疏,谓弟璞及从子瞻曰:"益寿此性,终当破家。"澹,安之孙也。

庚辰,诏大赦,以前会稽内史司马休之为都督荆、雍、梁、秦、宁、益六州诸军事,荆州刺史;北徐州刺史刘道怜为兖、青二州刺史,镇京口;使豫州刺史诸葛长民监太尉留府事。裕疑长民难独任,乃加刘穆之建武将军,置佐吏,配给资力以防之。

壬午,裕帅诸军发建康,参军王镇恶请给百舸为前驱。丙申,至姑孰,以镇恶为振武将军,与龙骧将军蒯恩将百舸前发。裕戒之曰:"若贼可击,击之;不可者,烧其舡舰,留屯水际以待我。"于是镇恶昼夜兼行,扬声言刘兖州上。

冬,十月,己未,镇恶至豫章口,去江陵城二十里,舍舡步上。蒯恩军居前,镇恶次之。舸留一二人,对舸岸上立六七旗,旗下置鼓,语所留人:"计我将至城,便鼓严,令若后有大军状。"又分遣人烧江津舡舰。镇恶径前袭城,语前军士:"有问者,但云刘兖州至。"津戍及民间皆晏然不疑。未至城五六里,逢毅要将朱显之欲出江津,问:"刘兖州何在?"军士曰:"在后。"显之至军后,不见藩,而见军人担彭排战具,望江津舡舰已被烧,鼓严之声甚盛,知非藩上,便跃马驰去告毅,行令闭诸城门。镇恶亦驰进,门未及下关,军人因得入城。卫军长史谢纯入参承毅,出闻兵至,左右欲引车归,纯叱之曰:"我,人吏也,逃将安之!"驰还入府。纯,安兄据之孙也。镇恶与城内兵斗,且攻其金城,自食时至中晡,城内人败散。镇恶穴其金城而入,遣人以诏及赦文并裕手书示毅,毅皆烧不视,与司马毛脩之等督士卒力战。城内人犹未信裕自来,军士从毅自东来者,与台军多中表亲戚,且斗且语,知裕自来,人情离骇。逮夜,听事前兵皆散,斩毅勇将赵蔡。毅左右兵犹闭东西阁拒战,镇恶虑暗中自相伤犯,乃引军出围金城,开其南面。毅虑南有伏兵,夜半,帅左右三百许人开北门突出。毛脩之谓谢纯曰:"君但随仆去。"纯不从,为人所杀。

毅夜投牛牧佛寺。初,桓蔚之败也,走投牛牧寺僧昌,昌保藏之,毅杀昌。至是,寺僧拒之曰:"昔亡师容桓蔚,为刘卫军所杀,今实不敢容异人。"毅叹曰:"为法自弊,一至于此!"遂缢而死。明日,居人以告,乃斩首于市,并子侄皆伏诛。毅兄模奔襄阳,鲁宗之斩送之。

初,毅季父镇之闲居京口,不应辟召,常谓毅及藩曰:"汝辈才器,足以得志,但恐不久耳。我不就尔求财位,亦不同尔受罪累。"每见毅、藩导从到门,辄诟之。毅甚敬畏,未至宅数百步,悉屏仪卫,与白衣数人俱进。及毅死,太尉裕奏征镇之为散骑常侍、光禄大夫,固辞不至。

仇池公杨盛叛秦,侵扰祁山。秦王兴遣建威将军赵琨为前锋,立节将军姚伯寿继之,前将军姚恢出鹫峡,秦州刺史姚嵩出羊头峡,右卫将军胡翼度出洴城,以讨盛。兴自雍赴之,与诸将会于陇口。

天水太守王松匆言于嵩曰:"先帝神略无方,徐洛生以英武佐命,再入仇池,无功而还。非杨氏智勇能全也,直地势险固耳。今以赵琨之众,使君之威,准之先朝,实未见成功。使君具形便,何不表闻?"嵩不从。盛帅众与琨相持,伯寿畏懦不进,琨众寡不敌,为盛所败,兴斩伯寿而还。

兴以杨佛嵩为雍州刺史,帅岭北见兵以击夏。行数日,兴谓群臣曰:"佛嵩每见敌,勇不自制,吾常节其兵不过五千人。今所将既多,遇敌必败,行已远,追之无及，将若之何？”佛嵩与夏王勃勃战，果败，为勃勃所执，绝亢而死。

秦立昭仪齐氏为后。

沮渠蒙逊迁于姑臧。

十一月，己卯，太尉裕至江陵，杀都僧施。初，毛脩之虽为刘毅僚佐，素自结于裕，故裕特宥之。赐王镇恶爵汉寿子。裕问毅府谘议参军申永曰：“今日何施而可？”永曰：“除其宿衅，倍其惠泽，贯叙门次，显擢才能，如此而已。”裕纳之，下书宽租省调，节役原刑，礼辟名士，荆人悦之。

诸葛长民骄纵贪侈，所为多不法，为百姓患，常惧太尉裕按之。及刘毅被诛，长民谓所亲曰：“‘昔年醢彭越，今年杀韩信。’祸其至矣。”乃屏人问刘穆之曰：“悠悠之言，皆云太尉与我不平，何以至此？”穆之曰：“公溯流远征，以老母稚子委节下。若一豪不尽，岂容如此邪！”长民意乃小安。

长民弟辅国大将军黎民说长民曰：“刘氏之亡，亦诸葛氏之惧也，宜因裕未还而图之。”长民犹豫未发，既而叹曰：“贫贱常思富贵，富贵必履危机。今日欲为丹徒布衣，岂可得邪！”因遗冀州刺史刘敬宣书曰：“盘龙狼戾专恣，自取夷灭。异端将尽，世路方夷，富贵之事，相与共之。”敬宣报曰：“下官自义熙以来，忝三州、七郡，常惧福过灾生，思避盈居损。富贵之旨，非所敢当。”且使以书呈裕，裕曰：“阿寿故为不负我也。”

刘穆之忧长民为变，屏人问太尉行参军东海何承天曰：“公今行济否？”承天曰：“荆州不忧不时判，别有一虑耳。公昔年自左里还入石头，甚脱尔，今还，宜加重慎。”穆之曰：“非君，不闻此言。”

裕在江陵，辅国将军王诞白裕求先下，裕曰：“诸葛长民似有自疑心，卿讵宜便去。”诞曰：“长民知我蒙公垂眄，今轻身单下，必当以为无虞，乃可以少安其意耳。”裕笑曰“卿勇过贲、育矣。”乃听先还。

沮渠蒙逊即河西王位，大赦，改元玄始，置官僚如凉王光为三河王故事。

太尉裕谋伐蜀，择元帅而难其人。以西阳太守朱龄石既有武干，又练吏职，欲用之。众皆以为龄石资名尚轻，难当重任，裕不从。十二月，以龄石为益州刺史，帅宁朔将军臧熹、河间太守蒯恩、下邳太守刘钟等伐蜀，分大军之半二万人以配之。熹，裕之妻弟，位居龄石之右，亦隶焉。

裕与龄石密谋进取，曰：“刘敬宣往年出黄虎，无功而退。贼谓我今应从外水往，而料我当出其不意从内水来也。如此，必以重兵守涪城以备内道。若向黄虎，正堕其计。今以大众自外水取成都，疑兵出内水，此制敌之奇也。”而虑此声先驰，贼审虚实，别有函书封付龄石，署函边曰：“至白帝乃开。”诸军虽进，未知处分所由。

毛脩之固请行,裕恐脩之至蜀,必多所诛杀,土人与毛氏有嫌,亦当以死自固,不许。

分荆州十郡置湘州。

加太尉裕太傅、扬州牧。

丁巳,魏主嗣北巡,至长城而还。

九年(癸丑、413)

春,二月,庚戌,魏主嗣如高柳川。甲寅,还宫。

太尉裕自江陵东还,骆驿遣辎重兼行而下,前刻日,每淹留不进。诸葛长民与公卿频日奉候于新亭,辄差其期。乙丑晦,裕轻舟径进,潜入东府。三月,丙寅朔旦,长民闻之,惊趋至门。裕伏壮士丁旿于幔中,引长民却人闲语,凡平生所不尽者皆及之,长民甚悦。丁旿自幔后出,于座拉杀之,舆尸付廷尉。收其弟黎民,黎民素骁勇,格斗而死。并杀其季弟大司马参军幼民、从弟宁朔将军秀之。

庚午,秦王兴遣使至魏修好。

太尉裕上表曰:"大司马温以民无定本,伤治为深,庚戌土断,以一其业。于时财阜国丰,实由于此。自兹迄今,渐用颓弛,请申前制。"于是依界土断,唯徐、兖、青三州居晋陵者,不在断例。诸流寓郡县,多所并省。

戊寅,加裕豫州刺史。裕固让太傅、州牧。

林邑范胡达寇九真,杜慧度击斩之。

河南王炽磐遣镇东将军昙达、平东将军王松寿将兵东击休官权小郎、吕破胡于白石川,大破之,虏其男女万余口,进据白石城。显亲休官权小成、吕奴迦等二万余户据白阬不服,昙达攻斩之,陇右休官悉降。秦太尉索棱以陇西降炽磐,炽磐以棱为太傅。

夏王勃勃大赦,改元凤翔。以叱干阿利领将作大匠,发岭北夷、夏十万人筑都城于朔方水北、黑水之南。勃勃曰:"朕方统一天下,君临万邦,宜名新城曰统万。"阿利性巧而残忍,蒸土筑城,锥入一寸,即杀作者而并筑之。勃勃以为忠,委任之。凡造兵器成,呈之,工人必有死者,射甲不入则斩弓人,入则斩甲匠。又铸铜为一大鼓,飞廉、翁仲、铜驼、龙虎之属,饰以黄金,列于宫殿之前。凡杀工匠数千,由是器物皆精利。

勃勃自谓其祖从母姓为刘,非礼也。古人氏族无常,乃改姓赫连氏,言帝王系天为子,其徽赫与天连也。其非正统者,皆以铁伐为氏,言其刚锐如铁,皆堪伐人也。

夏,四月,乙卯,魏主嗣西巡,命郑兵将〔军〕奚斤、鸿飞将军尉古真、都将闾大肥等击越勤部于跋那山。大肥,柔然人也。

河南王炽磐遣安北将军乌地延、冠军将军翟绍击吐谷浑别统句旁于泣勤川,大破之。

河西王蒙逊立子政德为世子,加镇卫大将军、录尚书事。

南凉王傉檀伐河西王蒙逊,蒙逊败之于若厚坞,又败之于若凉。因进围乐都,二旬不克。南凉湟河太守文支以郡降于蒙逊,蒙逊以文支为广武太守。蒙逊复伐南凉,傉檀以太尉俱延为质,乃还。

蒙逊西如苕藋,遣冠军将军伏恩将骑一万袭卑和、乌啼二部,大破之,俘二千余落而还。

蒙逊寝于新台,阉人王怀祖击蒙逊,伤足,其妻孟氏禽斩之。蒙逊母车氏卒。

五月,乙亥,魏主嗣如云中旧宫。丙子,大赦。西河胡张外等聚众为盗,乙卯,嗣遣会稽公长乐刘絜等屯西河招讨之。

六月,嗣如五原。

朱龄石等至白帝发函书,曰:“众军悉从外水取成都,臧熹从中水取广汉,老弱乘高舰十余,从内水向黄虎。”于是诸军倍道兼行。谯纵果命谯道福将重兵镇涪城,以备内水。龄石至平模,去成都二百里,纵遣秦州刺史侯晖、尚书仆射谯诜帅众万余屯平模,夹岸筑城以拒之。龄石谓刘钟曰:“今天时盛热,而贼严兵固险,攻之未必可拔,只增疲困。且欲养锐息兵以伺其隙,何如?”钟曰:“不然。前扬声言大众向内水,谯道福不敢舍涪城。今重军猝至,出其不意,侯晖之徒已破胆矣。贼阻兵守险者,是其惧不敢战也。因其凶惧,尽锐攻之,其势必克。克平模之后,自可鼓行而进,成都必不能守矣。若缓兵相守,彼将知人虚实。涪军忽来,并力拒我,人情既安,良将又集,此求战不获,军食无资,二万余人悉为蜀子虏矣。”龄石从之。

诸将以水北城地险兵多,欲先攻其南城。龄石曰:“今屠南城,不足以破北,若尽锐以拔北城,则南城不麾自散矣。”秋,七月,龄石帅诸军急攻北城,克之,斩侯晖、谯诜。引兵回趣南城,南城自溃。龄石舍舡步进。谯纵大将谯抚之屯牛脾,谯小苟塞打鼻。臧熹击抚之,斩之,小苟闻之,亦溃。于是纵诸营屯望风相次奔溃。

戊辰,纵弃成都出走,尚书令马耽封府库以待晋师。壬申,龄石入成都,诛纵同祖之亲,余皆按堵,使复其业。纵出成都,先辞墓,其女曰:“走必不免,只取辱焉。等死,死于先人之墓可也。”纵不从。谯道福闻平模不守,自涪引兵入赴,纵往投之。道福见纵,怒曰:“大丈夫有如此功业而弃之,将安归乎!人谁不死,何怯之甚也!”因投纵以剑,中其马鞍。纵乃去,自缢死,巴西人王志斩其首以送龄石。道福谓其众曰:“蜀之存亡,实系于我,不在谯王。今我在,犹足一战。”众皆许诺。道福尽散金帛以赐众，众受之而走。道福逃于獠中，巴民杜瑾执送之，斩于军门。龄石徙马耽于越嶲，耽谓其徒曰："朱侯不送我京师，欲灭口也，吾必不免。"乃盥洗而卧，引绳而死。须臾，龄石使至，戮其尸。诏以龄石进监梁、秦州六郡诸军事，赐爵丰城县侯。

魏奚斤等破越勤于跋郍山西，徙二万余家于大宁。

河西胡曹龙等拥部众二万人来入蒲子，张外降之，推龙为大单于。

丙戌，魏主嗣如定襄大洛城。

河南王炽磐击吐谷浑支旁于长柳川，虏旁及其民五千余户而还。

八月，癸卯，魏主嗣还平城。

曹龙请降于魏，执送张外，斩之。

丁丑，魏主嗣如豺山宫。癸未，还。

九月，再命太尉裕为太傅、扬州牧，固辞。

河南王炽磐击吐谷浑别统掘达于渴浑川，大破之，虏男女二万三千。冬，十月，掘达帅其余众降于炽磐。

吐京胡与离石胡出以眷叛魏，魏主嗣命元城侯屈督会稽公刘絜、永安侯魏勤以讨之。丁巳，出以眷引夏兵邀击絜，禽之，以献于夏，勤战死。嗣以屈亡二将，欲诛之，既而赦之，使摄并州刺史。屈到州，纵酒废事，嗣积其前后罪恶，槛车征还，斩之。

十一月，魏主嗣遣使请昏于秦，秦王兴许之。

是岁，以敦煌索邈为梁州刺史，符宣乃还仇池。初，邈寓居汉川，与别驾姜显有隙，凡十五年而邈镇汉川。显乃肉袒迎候，邈无愠色，待之弥厚。退而谓人曰："我昔寓此，失志多年，若仇姜显，惧者不少。但服之自佳，何必逞志！"于是阖境闻之皆悦。

十年（甲寅、414）

春，正月，辛酉，魏大赦，改元神瑞。

辛巳，魏主嗣如繁畤。二月，戊戌，还平城。

夏王勃勃侵魏河东蒲子。

庚戌，魏主嗣如豺山宫。

魏并州刺史娄伏连袭杀夏所置吐京护军及其守兵。

司马休之在江陵，颇得江、汉民心。子谯王文思在建康，性凶暴，好通轻侠，太尉裕恶之。三月，有司奏文思擅捶杀国吏，诏诛其党而宥文思。休之上疏谢罪，请解所任，不许。裕执文思送休之，令自训厉，意欲休之杀之。休之但表废文思，并与裕书陈谢。裕由是不悦，以江州刺史孟怀玉兼督豫州六郡以备之。

夏，五月，辛酉，魏主嗣还平城。

秦后将军敛成讨叛羌，为羌所败，惧罪，出奔夏。

秦王兴有疾，妖贼李弘与氐仇常反于贰城，兴舆疾往讨之，斩常，执弘而还。

秦左将军姚文宗有宠于太子泓，广平公弼恶之，诬文宗有怨言。秦王兴怒，赐文宗死，于是群臣畏弼侧目。弼言于兴，无不从者，以所亲天水尹冲为给事黄门侍郎，唐盛为治书侍御史，兴左右掌机要者，皆其党也。右仆射梁喜、侍中任谦、京兆尹尹昭承间言于兴曰："父子之际，人所难言。然君臣之义，不薄于父子，故臣等不得默然。广平公弼，潜有夺嫡之志，陛下宠之太过，假其威权，倾险无赖之徒辐凑附之。道路皆言陛下将有废立之计，信有之乎？"兴曰："岂有此邪！"喜等曰："苟无之，则陛下爱弼，适所以祸之，愿去其左右，损其威权。如此，非特安弼，乃所以安宗庙社稷。"兴不应。大司农窦温、司徒左长史王弼皆密疏劝兴立弼为太子，兴虽不从，亦不责也。

兴疾笃，弼潜聚众数千人，谋作乱。姚裕遣使以弼逆状告诸兄在藩镇者，于是姚懿治兵于蒲阪，镇东将军、豫州牧洸治兵于洛阳，平西将军谌治兵于雍，皆欲赴长安讨弼。会兴疾瘳，见群臣，征虏将军刘羌泣以告兴。梁喜、尹昭请诛弼，且曰："苟陛下不忍杀弼，亦当夺其权任。"兴不得已，免弼尚书令，使以将军、公还第。懿等各罢兵。

懿、洸、谌与姚宣皆入朝，使裕入白兴，求见，兴曰："汝等正欲论弼事耳，吾已知之。"裕曰："弼苟有可论，陛下所宜垂听。若懿等言非是，便当置之刑辟，奈何逆拒之！"于是引见懿等于谘议堂。宣流涕极言，兴曰："吾自处之，非汝曹所忧。"抚军东曹属姜虬上疏曰："广平公弼，衅成逆著，道路皆知之。昔文王之化，刑于寡妻；今圣朝之乱，起自爱子。虽欲含忍掩蔽，而逆党扇惑不已，弼之乱心何由可革！宜斥散凶徒，以绝祸端。"兴以虬表示梁喜曰："天下人皆以吾儿为口实，将何以处之？"喜曰："信如虬言，陛下早宜裁决。"兴默然。

唾契汗、乙弗等部皆叛南凉，南凉王傉檀欲讨之，邯川护军孟恺谏曰："今连年饥馑，南逼炽磐，北逼蒙逊，百姓不安。远征虽克，必有后患，不如与炽磐结盟通婚，慰抚杂部，足食缮兵，俟时而动。"傉檀不从，谓太子虎台曰："蒙逊近去，不能猝来，旦夕所虑，唯在炽磐。然炽磐兵少易御，汝谨守乐都，吾不过一月必还矣。"乃帅骑七千袭乙弗，大破之，获马牛羊四十余万。

河南王炽磐闻之，欲袭乐都，群臣咸以为不可。太府主簿焦袭曰："傉檀不顾近患而贪远利，我今伐之，绝其西路，使不得还救，则虎台独守穷城，可坐禽也。此天亡之时，必不可失。"炽磐从之，帅步骑二万袭乐都。虎台凭城拒守，炽磐四面攻之。

南凉抚军从事中郎尉肃言于虎台曰："外城广大难守,殿下不若聚国人守内城,肃等帅晋人拒战于外,虽有不捷,犹足自存。"虎台曰："炽磐小贼,且夕当走,卿何过虑之深!"虎台疑晋人有异心,悉召豪望有谋勇者闭之于内。孟恺泣曰："炽磐乘虚内侮,国家危于累卵。恺等进欲报恩,退顾妻子,人思效死,而殿下乃疑之如是邪!"虎台曰："吾岂不知君之忠笃,惧余人脱生虑表,以君等安之耳。"

一夕,城溃,炽磐入乐都,遣平远将军捷虔帅骑五千追傉檀,以镇南将军谦屯为都督河右诸军事、凉州刺史,镇乐都;秃发赴单为西平太守,镇西平;以赵恢为广武太守,镇广武;曜武将军王基为晋兴太守,镇浩亹;徙虎台及其文武百姓万余户于枹罕。赴单,乌孤之子也。

河间人褚匡言于燕王跋曰："陛下龙飞辽、碣,旧邦族党,倾首朝阳,以日为岁,请往迎之。"跋曰："道路数千里,复隔异国,如何可致?"匡曰："章武临海,舟楫可通,出于辽西临渝,不为难也。"跋许之,以匡为游击将军、中书侍郎,厚资遣之。匡与跋从兄买、从弟睹自长乐帅五千余户归于燕,契丹、库莫奚皆降于燕。跋署其大人为归善王。跋弟丕避乱在高句丽,跋召之,以为左仆射,封常山公。

柔然可汗斛律将嫁女于燕,斛律兄子步鹿真谓斛律曰："幼女远嫁忧思,请以大臣树黎等女为媵。"斛律不许。步鹿真出,谓树黎等曰："斛律欲以汝女为媵,远适他国。"树黎恐,与步鹿真谋使勇士夜伏于斛律穹庐之后,伺其出而执之,与女皆送于燕,立步鹿真为可汗而相之。

初,社仑之徙高车也,高车人叱洛侯为之乡导以并诸部,社仑德之,以为大人。步鹿真与社仑之子社拔共至叱洛侯家,淫其少妻,妻告步鹿真曰："叱洛侯欲奉大檀为主。"大檀者,社仑季父仆浑之子也,领别部镇西境,素得众心。步鹿真归而发兵围叱洛侯,叱洛侯自杀。遂引兵袭大檀,大檀逆击,破之,执步鹿真及社拔,杀之,自立为可汗,号牟汗纥升盖可汗。

斛律至和龙,燕王跋赐斛律爵上谷侯,馆之辽东,待以客礼,纳其女为昭仪。斛律上书请还其国,跋曰："今弃国万里,又无内应,若以重兵相送,则馈运难继,兵少则不足成功,如何可还?"斛律固请,曰："不烦重兵,愿给三百骑,送至敕勒,国人必欣然来迎。"跋乃遣单于前辅万陵帅骑三百送之。陵惮远役,至黑山,杀斛律而还。大檀亦遣使献马三千匹、羊万口于燕。

六月,泰山太守刘研等帅流民七千余家,河西胡酋刘遮等帅部落万余家,皆降于魏。

戊申,魏主嗣如豺山宫。乙亥,还平城。

乐都之溃也,南凉安西将军樊尼自西平奔告南凉王傉檀,傉檀谓其众曰："今妻子皆为炽磐所虏,退无所归,卿等能与吾藉乙弗之资,取契汗以赎妻子乎?"乃引兵西，众多逃还，傉檀遣镇北将军段苟追之，苟亦不还。于是将士皆散，唯樊尼与中军将军纥勃、后军将军洛肱、散骑侍郎阴利鹿不去。傉檀曰："蒙逊、炽磐昔皆委质于吾，今而归之，不亦鄙乎！四海之广，无所容身，何其痛也！与其聚而同死，不若分而或全。樊尼，吾长兄之子，宗部所寄，吾众在北者户垂一万，蒙逊方招怀士民，存亡继绝，汝其从之。纥勃、洛肱亦与尼偕行。吾年老矣，所适不容，宁见妻子而死！"遂归于炽磐，唯阴利鹿随之。傉檀谓利鹿曰："吾亲属皆散，卿何独留？"利鹿曰："臣老母在家，非不思归。然委质为臣，忠孝之道，难以两全。臣不才，不能为陛下泣血求救于邻国，敢离左右乎！"傉檀叹曰："知人固未易。大臣亲戚皆弃我去，今日忠义终始不亏者，唯卿一人而已。"

傉檀诸城皆降于炽磐，独守贤政屯浩亹，固守不下。炽磐遣人谓之曰："乐都已溃，卿妻子皆在吾所，独守一城，将何为也？"贤政曰："受凉王厚恩，为国藩屏。虽知乐都已陷，妻子为禽，先归获赏，后顺受诛，然不知主上存亡，未敢归命。妻子小事，岂足动心！若贪一时之利，妄委付之重者，大王亦安用之！"炽磐乃遣虎台以手书谕之，贤政曰："汝为储副，不能尽节，面缚于人，弃父忘君，堕万世之业，贤政义士，岂效汝乎！"闻傉檀至左南，乃降。

炽磐闻傉檀至，遣使郊迎，待以上宾之礼。秋，七月，炽磐以傉檀为骠骑大将军，赐爵左南公。南凉文武，依才铨叙。岁余，炽磐使人鸩傉檀，左右请解之，傉檀曰："吾病岂宜疗邪！"遂死，谥曰景王。虎台亦为炽磐所杀。傉檀子保周、贺，俱延子覆龙，利鹿孤孙副周，乌孤孙承钵，皆奔河西王蒙逊。久之，又奔魏。魏以保周为张掖王，覆龙为酒泉公，贺西平公，副周永平公，承钵昌松公。魏主嗣爱贺之才，谓曰："卿之先与朕同源。"赐姓源氏。

八月，戊子，魏主嗣遣马邑侯陋孙使于秦。辛丑，遣谒者于什门使于燕，悦力延使于柔然。于什门至和龙，不肯入见，曰："大魏皇帝有诏，须冯王出受，然后敢入。"燕王跋使人牵逼令入，什门见跋不拜，跋使人按其项，什门曰："冯王拜受诏，吾自以宾主致敬，何苦见逼邪！"跋怒，留什门不遣，什门数众辱之。左右请杀之，跋曰："彼各为其主耳。"乃幽执什门，欲降之，什门终不降。久之，衣冠弊坏略尽，虮虱流溢，跋遗之衣冠，什门皆不受。

魏主嗣以博士王谅为平南参军，使以平南将军、相州刺史尉太真书与太尉裕相闻。太真，古真之弟也。

九月，丁巳朔，日有食之。

冬，十月，河南王炽磐复称秦王，置百官。

燕主跋与夏连和，夏王勃勃遣御史中丞乌洛孤如燕莅盟。

十一月，壬午，魏主嗣遣使者巡行诸州，校阅守宰资财，非家所赍者，悉簿为赃。

西秦王炽磐立妃秃发氏为后。

十二月，丙戌朔，柔然可汗大檀侵魏。丙申，魏主嗣北击之。大檀走，遣奚斤等追之，遇大雪，士卒冻死及堕指者什二三。

河内人司马顺宰自称晋王，魏人讨之，不克。

燕辽西公素弗卒，燕王跋比葬七临之。

是岁，司马国璠兄弟聚众数百，潜渡淮，夜入广陵城。青州刺史檀祗领广陵相，国璠兵直上听事，祗惊出，将御之，被射伤而入，谓左右曰："贼乘暗得入，欲掩我不备，但击五鼓，彼惧晓，必走矣。"左右如其言，国璠兵果走，追杀百余人。

魏博士祭酒崔浩为魏主嗣讲《易》及《洪范》，嗣因问浩天文、术数。浩占决多验，由是有宠，凡军国密谋皆预之。

夏王勃勃立夫人梁氏为王后，子璝为太子，封子延为阳平公，昌为太原公，伦为酒泉公，定为平原公，满为河南公，安为中山公。

资治通鉴卷第一百一十七

端明殿学士兼翰林侍读学士朝散大夫右谏议大夫充集贤殿修撰权判西京留司御史台上柱国河内郡开国侯食邑一千三百户食实封四百户赐紫金鱼袋臣 司马光 奉敕编集

晋纪三十九 起旃蒙单阏（乙卯），尽柔兆执徐（丙辰），凡二年。

安皇帝壬

义熙十一年（乙卯、415）

春，正月，丙辰，魏主嗣还平城。

太尉裕收司马休之次子文宝、兄子文祖，并赐死，发兵击之。诏加裕黄钺，领荆州刺史。庚午，大赦。

丁丑，以吏部尚书谢裕为尚书左仆射。

辛巳，太尉裕发建康。以中军将军刘道怜监留府事，刘穆之兼右仆射，事无大小，皆决于穆之。又以高阳内史刘钟领石头戍事，屯冶亭。休之府司马张裕、南平太守檀范之闻之，皆逃归建康。裕，邵之兄也。雍州刺史鲁宗之自疑不为太尉裕所容，与其子竟陵太守轨起兵应休之。二月，休之上表罪状裕，勒兵拒之。

裕密书招休之府录事参军南阳韩延之，延之复书曰："承亲帅戎马，远履西畿，阖境士庶，莫不惶骇。辱疏，知以谯王前事，良增叹息。司马平西体国忠贞，款怀待物。以公有匡复之勋，家国蒙赖，推德委诚，每事询仰。谯王往以微事见劾，犹自表逊位，况以大过，而当嘿然邪？前已表奏废之，所不尽者命耳。推寄相与，正当如此，而遽兴兵甲，所谓'欲加之罪，其无辞乎！'刘裕足下，海内之人，谁不见足下此心，而复欲欺诳国士！来示云'处怀期物，自有由来'，今伐人之君，啖人以利，真可谓'处怀期物，自有由来'者乎！刘藩死于阊阖之门，诸葛毙于左右之手，甘言诧方伯，袭之以轻兵，遂使席上靡款怀之士，阃外无自信诸侯，以是为得算，良可耻也。贵府将佐及朝廷贤德，寄命过日。吾诚鄙劣，尝闻道于君子。以平西之至德，宁可无授命之臣乎！必未能自投虎口，比迹郗僧施之徒明矣。假令天长丧乱，九流浑浊，当与臧洪游于地下，不复多言。"裕视书叹息，以示将佐曰："事人当如此矣。"延之以裕父名翘，字显宗，乃更其字曰显宗，名其子曰翘，以示不臣刘氏。

琅邪太守刘朗帅二千余家降魏。

庚子，河西胡刘云等帅数万户降魏。

太尉裕使参军檀道济、朱超石将步骑出襄阳。超石，龄石之弟也。江夏太守刘虔之将兵屯三连，立桥聚粮以待，道济等积日不至。鲁轨袭击虔之，杀之。裕使其婿振威将军东海徐逵之统参军蒯恩、王允之、沈渊子为前锋，出江夏口。逵之等与鲁轨战于破冢，兵败，逵之、允之、渊子皆死，独蒯恩勒兵不动。轨乘胜力攻之，不能克，乃退。渊子，林子之兄也。

裕军于马头，闻逵之死，怒甚。三月，壬午，帅诸将济江。鲁轨、司马文思将休之兵四万，临峭岸置陈，军士无能登者。裕自被甲欲登，诸将谏，不从，怒愈甚。太尉主簿谢晦前抱持裕，裕抽剑指晦曰："我斩卿！"晦曰："天下可无晦，不可无公！"建武将军胡藩领游兵在江津，裕呼藩使登，藩有疑色。裕命左右录来，欲斩之。藩顾曰："正欲击贼，不得奉教！"乃以刀头穿岸，劣容足指，腾之而上，随之者稍多。既登岸，直前力战。休之兵不能当，稍引却。裕兵因而乘之，休之兵大溃，遂克江陵。休之、宗之俱北走，轨留石城。裕命阆中侯下邳赵伦之、太尉参军沈林子攻之，遣武陵内史王镇恶以舟师追休之等。

有群盗数百夜袭治亭，京帅震骇，刘钟讨平之。

秦广平公弼谮姚宣于秦王兴，宣司马权丕至长安，兴责以不能辅导，将诛之。丕惧，诬宣罪恶以求自免。兴怒，遣使就杏城收宣下狱，命弼将三万人镇秦州。尹昭曰："广平公与皇太子不平，今握强兵于外，陛下一旦不讳，社稷必危。'小不忍，乱大谋'，陛下之谓也。"兴不从。

夏王勃勃攻秦杏城，拔之，执守将姚逵，坑士卒二万人。秦王兴如北地，遣广平公弼及辅国将军敛曼嵬向新平，兴还长安。

河西王蒙逊攻西秦广武郡，拔之。西秦王炽磐遣将军乞伏魋尼寅邀蒙逊于浩亹，蒙逊击斩之；又遣将军折斐等帅骑一万据勒姐岭，蒙逊击禽之。

河西饥胡相聚于上党，推胡人白亚栗斯为单于，改元建平，以司马顺宰为谋主，寇魏河内。夏，四月，魏主嗣命公孙表等五将讨之。

青、冀二州刺史刘敬宣参军司马道赐，宗室之疏属也。闻太尉裕攻司马休之，道赐与同府辟闾道秀、左右小将王猛子谋杀敬宣，据广固以应休之。乙卯，敬宣召道秀，屏人语，左右悉出户。猛子逡巡在后，取敬宣备身刀杀敬宣。文武佐吏即时讨道赐等，皆斩之。

己卯，魏主嗣北巡。

西秦王炽磐子元基自长安逃归，炽磐以为尚书左仆射。

五月，丁亥，魏主嗣如大宁。

赵伦之、沈林子破鲁轨于石城，司马休之、鲁宗之救之不及，遂与轨奔襄阳，宗之参军李应之闭门不纳。甲午，休之、宗之、轨及谯王文思、新蔡王道赐、梁州刺史马敬、南阳太守鲁范俱奔秦。宗之素得士民心,争为之卫送出境。王镇恶等追之,尽境而还。

初,休之等求救于秦、魏,秦征虏将军姚成王及司马国璠引兵至南阳,魏长孙嵩至河东,闻休之等败,皆引还。休之至长安,秦王兴以为扬州刺史,使侵扰襄阳。侍御史唐盛言于兴曰:"据符谶之文,司马氏当复得河、洛。今使休之擅兵于外,犹纵鱼于渊也。不如以高爵厚礼,留之京师。"兴曰:"昔文王卒免羑里,高祖不毙鸿门。苟天命所在,谁能违之!脱如符谶之言,留之适足为害。"遂遣之。

诏加太尉裕太傅、扬州牧,剑履上殿,入朝不趋,赞拜不名。以兖、青二州刺史刘道怜为都督荆、湘、益、秦、宁、梁、雍七州诸军事、骠骑将军、荆州刺史。道怜贪鄙,无才能,裕以中军长史晋陵太守谢方明为骠骑长史、南郡相,命道怜府中众事皆谘决于方明。方明,冲之子也。

益州刺史朱龄石遣使诣河西王蒙逊,谕以朝廷威德。蒙逊遣舍人黄迅诣龄石,且上表言:"伏闻车骑将军裕欲清中原,愿为右翼,驱除戎虏。"

夏王勃勃遣御史中丞乌洛孤与蒙逊结盟,蒙逊遣其弟湟河太守汉平莅盟于夏。

西秦王炽磐帅众三万袭湟河,沮渠汉平拒之,遣司马隗仁夜出击炽磐,破之。炽磐将引去,汉平长史焦昶、将军段景潜召炽磐,炽磐复攻之,昶、景因说汉平出降。仁勒壮士百余据南门楼,三日不下,力屈,为炽磐所禽。炽磐欲斩之,散骑常侍武威段晖谏曰:"仁临难不畏死,忠臣也。宜宥之,以厉事君。"乃囚之。炽磐以左卫将军匹达为湟河太守,击乙弗窟乾,降其三千余户而归。以尚书右仆射出连虔为都督岭北诸军事、凉州刺史,以凉州刺史谦屯为镇军大将军、河州牧。隗仁在西秦五年,段晖又为之请,炽磐免之,使还姑臧。

戊午,魏主嗣行如濡源,遂至上谷、涿鹿、广宁。秋,七月,癸未,还平城。

西秦王炽磐以秦州刺史昙达为尚书令,光禄勋王松寿为秦州刺史。

辛亥晦,日有食之。

八月,甲子,太尉裕还建康,固辞太傅、州牧,其余受命。以豫章公世子义符为兖州刺史。

丁未,谢裕卒,以刘穆之为左仆射。

九月,己亥,大赦。

魏比岁霜旱,云、代之民多饥死。太史令王亮、苏坦言于魏主嗣曰:"案谶书,魏当都邺,可得丰乐。"嗣以问群臣,博士祭酒崔浩、特进京兆周澹曰:"迁都于邺,可以救今年之饥,非久长之计也。山东之人,以国家居广〔汉〕〔漠〕之地,谓其民畜无涯,号曰'牛毛之众'。今留兵守旧都,分家南徙,不能满诸州之地,参居郡县,情见事露,恐四方皆有轻侮之心。且百姓不便水土,疾疫死伤者必多。又,旧都守兵既少,屈丐、柔然将有窥窬之心,举国而来,云中、平城必危,朝廷隔恒、代千里之险,难以赴救,此则声实俱损也。今居北方,假令山东有变,我轻骑南下,布濩林薄之间,孰能知其多少!百姓望尘慑服,此国家所以威制诸夏也。来春草生,渔酪将出,兼以菜果,得及秋熟,则事济矣。"嗣曰:"今仓廪空竭,既无以待来秋,若来秋又饥,将若之何?"对曰:"宜简饥贫之户,使就谷山东,若来秋复饥,当更图之。但方今不可迁都耳。"嗣悦,曰:"唯二人与朕意同。"乃简国人尤贫者诣山东三州就食,遣左部尚书代人周幾帅众镇鲁口以安集之。嗣躬耕藉田,且命有司劝课农桑。明年,大熟,民遂富安。

夏赫连建将兵击秦,执平凉太守姚周都,遂入新平。广平公弼与战于龙尾堡,禽之。

秦王兴药动。广平公弼称疾不朝,聚兵于第。兴闻之,怒,收弼党唐盛、孙玄等杀之。太子泓请曰:"臣不肖,不能缉谐兄弟,使至于此,皆臣之罪也。若臣死而国家安,愿赐臣死。若陛下不忍杀臣,乞退就藩。"兴恻然悯之,召姚讚、梁喜、尹昭、敛曼嵬与之谋,囚弼,将杀之,穷治党与。泓流涕固请,乃并其党赦之。泓待弼如初,无忿恨之色。

魏太史奏:"荧惑在匏瓜中,忽亡不知所在,于法当入危亡之国,先为童谣妖言,然后行其祸罚。"魏主嗣召名儒十余人使与太史议荧惑所诣,崔浩对曰:"按《春秋左氏传》'神降于莘',以其至之日推知其物。庚午之夕,辛未之朝,天有阴云,荧惑之亡,当在二日。庚之与午,皆主于秦,辛为西夷。今姚兴据长安,荧惑必入秦矣。"众皆怒曰:"天上失星,人间安知所诣!"浩笑而不应。后八十余日,荧惑出东井,留守句己,久之乃去。秦大旱,昆明池竭,童谣讹言,国人不安,间一岁而秦亡。众乃服浩之精妙。

冬,十月,壬子,秦王兴使散骑常侍姚敞等送其女西平公主于魏,魏主嗣以后礼纳之。铸金人不成,乃以为夫人,而宠遇甚厚。

辛酉,魏主嗣如沮洳城。癸亥,还平城。十一月,丁亥,复如豺山宫。庚子,还。

西秦王炽磐遣襄武侯昙达等将骑一万击南羌弥姐、康薄于赤水,降之。以王孟保为略阳太守,镇赤水。

燕尚书令孙护之弟伯仁为昌黎尹,与其弟叱支乙拔皆有才勇,从燕王跋起兵有功,求开府不得,有怨言,跋皆杀之。进护开府仪同三司、录尚书事,以慰其心,护怏怏不悦,跋鸩杀之。辽东太守务银提自以有功,出为边郡,怨望,谋外叛,跋亦杀之。

林邑寇交州，州将击败之。

十二年（丙辰、416）

春，正月，甲申，魏主嗣如豺山宫。戊子，还平城。

加太尉裕兖州刺史、都督南秦州，凡都督二十二州。以世子义符为豫州刺史。

秦王兴使鲁宗之将兵寇襄阳，未至而卒。其子轨引兵入寇，雍州刺史赵伦之击败之。

西秦王炽磐攻秦洮阳公彭利和于漒川，沮渠蒙逊攻石泉以救之。炽磐至沓中，引还。二月，炽磐遣襄武侯昙达救石泉，蒙逊亦引去。蒙逊遂与炽磐结和亲。

秦王兴如华阴，使太子泓监国，入居西宫。兴疾笃，还长安，黄门侍郎尹冲谋因泓出迎而杀之。兴至，泓将出迎，宫臣谏曰："主上疾笃，奸臣在侧，殿下今出，进不得见主上，退有不测之祸。"泓曰："臣子闻君父疾笃而端居不出，何以自安？"对曰："全身以安社稷，孝之大者也。"泓乃止。尚书姚沙弥谓尹冲曰："太子不出迎，宜奉乘舆幸广平公第。宿卫将士闻乘舆所在，自当来集，太子谁与守乎！且吾属以广平公之故，已陷名逆节，将何所自容！今奉乘舆以举事，乃杖大顺，不惟救广平之祸，吾属前罪亦尽雪矣。"冲以兴死生未可知，欲随兴入宫作乱，不用沙弥之言。

兴入宫，命太子泓录尚书事，东平公绍及右卫将军胡翼度典兵禁中，防制内外。遣殿中上将军敛曼嵬收弼第中甲仗，内之武库。

兴疾转笃，其妹南安长公主问疾，不应。幼子耕儿出，告其兄南阳公愔曰："上已崩矣，宜速决计。"愔即与尹冲帅甲士攻端门，敛曼嵬、胡翼度等勒兵闭门拒战。愔等遣壮士登门，缘屋而入，及于马道。泓侍疾在谘议堂，太子右卫率姚和都帅东宫兵入屯马道南。愔等不得进，遂烧端门。兴力疾临前殿，赐弼死。禁兵见兴，喜跃，争进赴贼，贼众惊扰。和都以东宫兵自后击之，愔等大败。愔逃于骊山，其党建康公吕隆奔雍，尹冲及弟泓来奔。兴引东平公绍及姚讚、梁喜、尹昭、敛曼嵬入内寝，受遗诏辅政。明日，兴卒。泓秘不发表，捕南阳公愔及吕隆、大将军尹元等，皆诛之。乃发表，即皇帝位，大赦，改元永和。泓命齐公恢杀安定太守吕超，恢犹豫久之，乃杀之。泓疑恢有贰心，恢由是惧，阴聚兵谋作乱。泓葬兴于偶陵，谥曰文桓皇帝，庙号高祖。

初，兴徙李闰羌三千户于安定。兴卒，羌酋党容叛，泓遣抚军将军姚讚讨降之，徙其酋豪于长安，余遣还李闰。北地太守毛雍据赵氏坞以叛，东平公绍讨禽之。时姚宣镇李闰，参军韦宗闻毛雍叛，说宣曰："主上新立，威德未著，国家之难，未可量也，殿下不可不为深虑。邢望险要，宜徙据之，此霸王之资也。"宣从之,帅户三万八千,弃李闰,南保邢望。诸羌据李闰以叛,东平公绍进讨破之。宣诏绍归罪,绍杀之。

二月,加太尉裕中外大都督。裕戒严将伐秦。诏加裕领司、豫二州刺史。以其世子义符为徐、兖二州刺史。琅邪王德文请启行戎路,修敬山陵,诏许之。

夏,四月,壬子,魏大赦。改元泰常。

西秦襄武侯昙达等击秦秦州刺史姚艾于上邽,破之,徙其民五千余户于枹罕。

五月,癸巳,加太尉裕领北雍州刺史。

六月,丁巳,魏主嗣北巡。

并州胡数万落叛秦,入于平阳,推匈奴曹弘为大单于,攻立义将军姚成都于匈奴堡。征东将军姚懿自蒲阪讨之,执弘,送长安,徙其豪右万五千落于雍州。

氐王杨盛攻秦祁山,拔之,进逼秦州。秦后将军姚平救之,盛引兵退,平与上邽守将姚嵩追之。夏王勃勃帅骑四万袭上邽,未至,嵩与盛战于竹岭,败死。勃勃攻上邽二旬,克之,杀秦州刺史姚军都及将士五千余人,因毁其城。进攻阴密,又杀秦将姚良子及将士万余人。以其子昌为雍州刺史,镇阴密。征北将军姚恢弃安定,奔还长安,安定人胡俨等帅户五万据城降于夏。勃勃使镇东将军羊苟儿将鲜卑五千镇安定,进攻秦镇西将军姚谌于雍城,谌委镇奔长安。勃勃据雍,进掠郿城。秦东平公绍及征房将军尹昭等将步骑五万击之,勃勃退趋安定,胡俨闭门拒之,杀羊苟儿及所将鲜卑,复以安定降秦。绍进击勃勃于马鞍阪,破之,追至朝那,不及而还。勃勃归杏城。杨盛复遣兄子倦击秦,至陈仓,秦敛曼嵬击却之。夏王勃勃复遣兄子提南侵泄阳,秦车骑将军姚裕等击却之。

凉司马索承明上书劝凉公暠伐河西王蒙逊,暠引见,谓之曰:"蒙逊为百姓患,孤岂忘之?顾势力未能除耳。卿有必禽之策,当为孤陈之。直唱大言,使孤东讨,此与言'石虎小竖,宜肆诸市朝'者何异!"承明惭惧而退。

秋,七月,魏主嗣大猎于牛川,临殷繁水而还。戊戌,至平城。

八月,丙午,大赦。

宁州献琥珀枕于太尉裕。裕以琥珀治金创,得之大喜,命碎捣分赐北征将士。

裕以世子义符为中军将军,监太尉留府事。刘穆之为左仆射,领监军、中军二府军司,入居东府,总摄内外。以太尉左司马东海徐羡之为穆之之副,左将军朱龄石守卫殿省,徐州刺史刘怀慎守卫京师,扬州别驾从事史张裕任留州事。怀慎,怀敬之弟也。

刘穆之内总朝政,外供军旅,决断如流,事无拥滞。宾客辐凑,求诉百端,内外谘禀,盈阶满室,目览辞讼,手答笺书,耳行听受,口并酬应,不相参涉,悉皆赡举。又喜宾客,言谈赏笑,弥日无倦。裁有闲暇,手自写书,寻览校定。性奢豪,食必方丈,旦辄为十人馔,未尝独餐。尝白裕曰:"穆之家本贫贱,赡生多阙。自叨忝以来,虽每存约损,而朝夕所须,微为过丰,自此外一毫不以负公。"中军谘议参军张邵言于裕曰:"人生危脆,必当远虑。穆之若邂逅不幸,谁可代之?尊业如此,苟有不讳,处分云何?"裕曰:"此自委穆之及卿耳。"

丁巳,裕发建康,遣龙骧将军王镇恶、冠军将军檀道济将步军自淮、淝向许、洛,新野太守朱超石、宁朔将军胡藩趋阳城,振武将军沈田子、建威将军傅弘之趋武关,建武将军沈林子、彭城内史刘遵考将水军出石门,自汴入河,以冀州刺史王仲德督前锋诸军,开巨野入河。遵考,裕之族弟也。刘穆之谓王镇恶曰:"公今委卿以伐秦之任,卿其勉之。"镇恶曰:"吾不克关中,誓不复济江!"

裕既行,青州刺史檀祗自广陵辄帅众至涂中掩讨亡命。刘穆之恐祗为变,议欲遣军。时檀韶为江州刺史,张邵曰:"今韶据中流,道济为军首,若有相疑之迹,则大府立危,不如逆遣慰劳以观其意,必无患也。"穆之乃止。

初,魏主嗣使公孙表讨白亚栗斯,曰:"必先与秦阳戍将相闻,使备河南岸,然后击之。"表未至,胡人废白亚栗斯,更立刘虎为率善王。表以胡人内自携贰,势必败散,遂不告秦将而击之,大为虎所败,士卒死伤甚众。

嗣谋于群臣曰:"胡叛逾年,讨之不克,其众繁多,为患日深。今盛秋不可复发兵,妨民农务,将若之何?"白马侯崔宏曰:"胡众虽多,无健将御之,终不能成大患。表等诸军,不为不足,但法令不整,处分失宜,以致败耳。得大将素有威望者将数百骑往摄表军,无不克矣。相州刺史叔孙建前在并州,为胡、魏所畏服,诸将莫及,可遣也。"嗣从之,以建为中领军,督表等讨虎。九月,戊午,大破之,斩首万余级,虎及司马顺宰皆死,俘其众十万余口。

太尉裕至彭城,加领徐州刺史;以太原王玄谟为从事史。

初,王廞之败也,沙门昙永匿其幼子华,使提衣襆自随,津逻疑之。昙永呵华曰:"奴子何不速行!"棰之数十,由是得免。遇赦,还吴。以其父存亡不测,布衣蔬食,绝交游不仕,十余年。裕闻华贤,欲用之,乃发廞丧,使华制服。服阕,辟为徐州主簿。

王镇恶、檀道济入秦境,所向皆捷。秦将王苟生以漆丘降镇恶,徐州刺史姚掌以项城降道济,诸屯守皆望风款附。惟新蔡太守董遵不下,道济攻拔其城,执遵,杀之。进克许昌,获秦颍川太守姚垣及大将杨业。沈林子自汴入河,襄邑人董神虎聚众千余人来降,太尉裕板为参军。林子与神虎共攻仓垣,克之,秦兖州刺史韦华降。神虎擅还襄邑,林子杀之。

秦东平公绍言于秦主泓曰:"晋兵已过许昌,安定孤远,难以救卫,宜迁其镇户,内实京畿,可得精兵十万,虽晋、夏交侵,犹不亡国。不然,晋攻豫州,夏攻安定,将若之何?事机已至,宜在速决。"左仆射梁喜曰:"齐公恢有威名,为岭北所惮,镇人已与勃勃深仇,理应守死无贰,勃勃终不能越安定远寇京畿。若无安定,虏马必至于郿。今关中兵足以拒晋,无为豫自损削也。"泓从之。吏部郎懿横密言于泓曰:"恢于广平之难,有忠勋于陛下。自陛下龙飞绍统,未有殊赏以答其意。今外则致之死地,内则不豫朝权,安定人自以孤危逼寇,思南迁者十室而九,若恢拥精兵数万,鼓行而向京师,得不为社稷之累乎!宜征还朝廷以慰其心。"泓曰:"恢若怀不逞之心,征之适所以速祸耳。"又不从。

王仲德水军入河,将逼滑台。魏兖州刺史尉建畏懦,帅众弃城,北渡河。仲德入滑台,宣言曰:"晋本欲以布帛七万匹假道于魏,不谓魏之守将弃城遽去。"魏主嗣闻之,遣叔孙建、公孙表自河内向枋头,因引兵济河,斩尉建于城下,投尸于河。呼仲德军人,问以侵寇之状。仲德使司马竺和之对曰:"刘太尉使王征虏自河入洛,清扫山陵,非敢为寇于魏也。魏之守将自弃滑台去,王征虏借空城以息兵,行当西引,于晋、魏之好无废也,何必扬旗鸣鼓以曜威乎!"嗣使建以问太尉裕,裕逊辞谢之曰:"洛阳,晋之旧都,而羌据之,晋欲修复山陵久矣。诸桓宗族,司马休之、国璠兄弟,鲁宗之父子,皆晋之蠹也,而羌收之以为晋患。今晋将伐之,欲假道于魏,非敢为不利也。"魏河内镇将于栗磾有勇名,筑垒于河上以备侵轶。裕以书与之,题曰"黑矟公麾下"。栗磾好操黑矟以自标,故裕以此目之。魏因拜栗磾为黑矟将军。

冬,十月,壬戌,魏主嗣如豹山宫。

初,燕将库傉官斌降魏,既而复叛归燕。魏主嗣遣骁骑将军延普渡濡水击斌,斩之;遂攻燕幽州刺史库傉官昌、征北将军库傉官提,皆斩之。

秦阳城、(荣)〔荥〕阳二城皆降,晋兵进至成皋。秦征南将军陈留公洸镇洛阳,遣使求救于长安。秦主泓遣越骑校尉阎生帅骑三千救之,武卫将军姚益男将步卒一万助守洛阳,又遣并州牧姚懿南屯陕津为之声援。宁朔将军赵玄言于洸曰:"今晋寇益深,人情骇动,众寡不敌,若出战不捷,则大事去矣。宜摄诸戍之兵,固守金墉,以待西师之救。金墉不下,晋必不敢越我而西,是我不战而坐收其弊也。"司马姚禹阴与檀道济通,主簿阎恢、杨虔,皆禹之党也,共嫉玄,言于洸曰:"殿下以英武之略,受任方面。今婴城示弱,得无为朝廷所责乎!"洸以为然,乃遣赵玄将兵千余南守柏谷坞,广武将军石无讳东戍巩城。玄泣谓洸曰:"玄受三帝重恩,所守正有死耳。但明公不用忠臣之言,为奸人所误,后必悔之。"既而成皋、虎牢皆来降,檀道济等长驱而进,无讳至石关,奔还。龙骧司马荥阳毛德祖与玄战于柏谷,玄兵败,被十余创,据地大呼。玄司马蹇鉴冒刃抱玄而泣,玄曰:"吾创已重,君宜速去。"鉴曰:"将军不济,鉴去安之!"与之皆死。姚禹逾城奔道济。甲子,道济进逼洛阳。丙寅,洸出降。道济获秦人四千余人,议者欲尽坑之以为京观。道济曰:"伐罪吊民,正在今日。"皆释而遣之。于是夷、夏感悦,归之者甚众。阎生、姚益男未至,闻洛阳已没,不敢进。

己丑,诏遣兼司空高密王恢之修谒五陵,置守卫。太尉裕以冠军将军毛脩之为河南、河内二郡太守,行司州事,戍洛阳。

西秦王炽磐使秦州刺史王松寿镇马头,以逼秦之上邽。

十一月,甲戌,魏主嗣还平城。

太尉裕遣左长史王弘还建康,讽朝廷求九锡。时刘穆之掌留任,而旨从北来,穆之由是愧惧发病。弘,珣之子也。十二月,壬申,诏以裕为相国、总百揆、扬州牧,封十郡为宋公,备九锡之礼,位在诸侯王上,领征西将军、司、豫、北徐、雍四州刺史如故,裕辞不受。

西秦王炽磐遣使诣太尉裕,求击秦以自效。裕拜炽磐平西将军、河南公。

秦姚懿司马孙畅说懿使袭长安,诛东平公绍,废秦主泓而代之。懿以为然,乃散谷以赐河北夷、夏,欲树私恩。左常侍张敞、侍郎左雅谏曰:"殿下以母弟居方面,安危休戚,与国同之。今吴寇内侵,四州倾没,西虏扰边,秦、凉覆败,朝廷之危,有如累卵。谷者,国之本也,而殿下无故散之,虚损国储,将若之何?"懿怒,答杀之。

泓闻之,召东平公绍,密与之谋。绍曰:"懿性识鄙浅,从物推移,造此谋者,必孙畅也。但驰使征畅,遣抚军将军讃据陕城,臣向潼关为诸军节度。若畅奉诏而至,臣当遣懿帅河东见兵共御晋师。若不受诏命,便当声其罪而讨之。"泓曰:"叔父之言,社稷之计也。"乃遣姚讃及冠军将军司马国璠、建义将军蚍玄屯陕津,武卫将军姚驴屯潼关。

懿遂举兵称帝,传檄州郡,欲运匈奴堡谷以给镇人。宁东将军姚成都拒之,懿卑辞诱之,送佩刀为誓,成都不从。懿遣骁骑将军王国帅甲士数百攻成都,成都击禽之,遣使让懿曰:"明公以至亲当重任,国危不能救,而更图非望,三祖之灵,其肯佑明公乎!成都将纠合义兵,往见明公于河上耳。"于是传檄诸城,谕以逆顺,征兵调食以讨懿。懿亦发诸城兵,莫有应者,惟临晋数千户应懿。成都引兵济河,击临晋叛者,破之。镇人安定郭纯等起兵围懿。东平公绍入蒲阪,执懿,诛孙畅等。

是岁,魏卫将军安城孝元王叔孙俊卒。魏主嗣甚惜之,谓其妻桓氏曰:"生同其荣,能没同其戚乎?"桓氏乃缢而祔焉。

　　丁零翟猛雀驱略吏民，入白涧山为乱。魏内都大官河内张蒲与冀州刺史长孙道生讨之。道生，嵩之从子也。道生欲进兵击猛雀，蒲曰："吏民非乐为乱，为猛雀所迫胁耳。今不分别，并击之，虽欲返善，其道无由，必同心协力，据险以拒官军，未易猝平也。不如先遣使谕之，以不与猛雀同谋者皆不坐，则必喜而离散矣。"道生从之，降者数千家，使复旧业。猛雀与其党百余人出走，蒲等追斩猛雀首，左部尚书周幾穷讨余党，悉诛之。

资治通鉴卷第一百一十八

端明殿学士兼翰林侍读学士朝散大夫右谏议大夫充集贤殿修撰权判西京留司御史台上柱国河内郡开国侯食邑一千三百户食实封四百户赐紫金鱼袋臣　司马光　奉敕编集

晋纪四十 起强圉大荒落(丁巳)，尽屠维协洽(己未)，凡三年。

安皇帝癸

义熙十三年(丁巳、417)

春，正月，甲戌朔，日有食之。

秦主泓朝会百官于前殿，以内外危迫，君臣相泣。征北将军齐公恢帅安定镇户三万八千，焚庐舍，自北雍州趋长安，自称大都督、建义大将军，移檄州郡，欲除君侧之恶。扬威将军姜纪帅众归之，建节将军彭完都弃阴密奔还长安。恢至新支，姜纪说恢曰："国家重将、大兵皆在东方，京师空虚，公亟引轻兵袭之，必克。"恢不从，南攻郿城。镇西将军姚谌为恢所败，长安大震。泓驰使征东平公绍，遣姚裕及辅国将军胡翼度屯澧西。扶风太守姚俊等皆降于恢。东平公绍引诸军西还，与恢相持于灵台。姚讃留宁朔将军尹雅为弘农太守，守潼关，亦引兵还。恢众见诸军四集，皆有惧心，其将齐黄等诣大军降。恢进兵逼绍，讃自后击之，恢兵大败，杀恢及其三弟。泓哭之恸，葬以公礼。

太尉裕引水军发彭城，留其子彭城公义隆镇彭城。诏以义隆为监徐、兖、青、冀四州诸军事、徐州刺史。

凉公暠寝疾，遗命长史宋繇曰："吾死之后，世子犹卿子也，善训导之。"二月，暠卒，官属奉世子歆为大都督、大将军、凉公、领凉州牧。大赦，改元嘉兴。尊歆母天水尹氏为太后。以宋繇录三府事。谥暠曰武昭王，庙号太祖。

西秦安东将军木弈干击吐谷浑树洛干，破其弟阿柴于尧杆川，俘五千余口而还。树洛干走保白兰山，惭愤发疾，将卒，谓阿柴曰："吾子拾虔幼弱，今以大事付汝。"树洛干卒，阿柴立，自称骠骑将军、沙州刺史。谥树洛干曰武王。阿柴稍用兵侵并其傍小种，地方数千里，遂为强国。

河西王蒙逊遣其将袭乌啼部，大破之。又击卑和部，降之。

王镇恶进军渑池，遣毛德祖袭尹雅于蠡吾城，禽之，雅杀守者而逃。镇恶引兵径前，抵潼关。

檀道济、沈林子自陕北渡河，拔襄邑堡，秦河北太守薛帛奔河东。又攻秦并

1286

州刺史尹昭于蒲阪,不克。别将攻匈奴堡,为姚成都所败。

辛酉,荥阳守将傅洪以虎牢降魏。

秦主泓以东平公绍为太宰、大将军、都督中外诸军事,假黄钺,改封鲁公。使督武卫将军姚鸾等步骑五万守潼关,又遣别将姚驴救蒲阪。

沈林子谓檀道济曰:"蒲阪城坚兵多,不可猝拔,攻之伤众,守之引日。王镇恶在潼关,势孤力弱,不如与镇恶合势并力以争潼关。若得之,尹昭不攻自溃矣。"道济从之。

三月,道济、林子至潼关,秦鲁公绍引兵出战,道济、林子奋击,大破之,斩获以千数。绍退屯定城,据险拒守,谓诸将曰:"道济等兵力不多,悬军深入,不过坚壁以待继援。吾分军绝其粮道,可坐禽也。"乃遣姚鸾屯大路以绝道济粮道。

鸾遣尹雅将兵与晋战于关南,为晋兵所获,将杀之。雅曰:"雅前日已当死,幸得脱至今,死固甘心。然夷、夏虽殊,君臣之义一也。晋以大义行师,独不使秦有守节之臣乎!"乃免之。

丙子夜,沈林子将锐卒袭鸾营,斩鸾,杀其士卒数千人。绍又遣东平公赞屯河上以断水道,沈林子击之,赞败走,还定城。薛帛据河曲来降。

太尉裕将水军自淮、泗入清河,将溯河西上,先遣使假道于魏。秦主泓亦遣使请救于魏。魏主嗣使群臣议之,皆曰:"潼关天险,刘裕以水军攻之,甚难。若登岸北侵,其势便易。裕声言伐秦,其志难测。且秦婚姻之国,不可不救也。宜发兵断河上流,勿使得西。"博士祭酒崔浩曰:"裕图秦久矣。今姚兴死,子泓懦劣,国多内难。裕乘其危而伐之,其志必取。若遏其上流,裕心忿戾,必上岸北侵,是我代秦受敌也。今柔然寇边,民食又乏,若复与裕为敌,发兵南赴则北寇愈深,救北则南州复危,非良计也。不若假之水道,听裕西上,然后屯兵以塞其东。使裕克捷,必德我之假道;不捷,吾不失救秦之名。此策之得者也。且南北异俗,借使国家弃桓山以南,裕必不能以吴、越之兵与吾争守河北之地,安能为吾患乎!夫为国计者,惟社稷是利,岂顾一女子乎!"议者犹曰:"裕西入关,则恐吾断其后,腹背受敌;北上,则姚氏必不出关助我,其势必声西而实北也。"嗣乃以司徒长孙嵩督山东诸军事,又遣振威将军娥清、冀州刺史阿薄干将步骑十万屯河北岸。

庚辰,裕引军入河,以左将军向弥为北青州刺史,留戍碻磝。

初,裕命王镇恶等:"若克洛阳,须大军到俱进。"镇恶等乘利径趋潼关,为秦兵所拒,不得前。久之,乏食,众心疑惧,或欲弃辎重还赴大军。沈林子按剑怒曰:"相公志清六合,今许、洛已定,关右将平,事之济否,系于前锋。奈何沮乘胜之气,弃垂成之功乎!且大军尚远,贼众方盛,虽欲求还,岂可得乎!下官授命不顾,今日之事,当自为将军办之。未知二三君子将何面以见相公之旗鼓邪!"镇恶等遣使驰告裕,求遣粮援。裕呼使者,开舫北户,指河上魏军以示之曰:"我语令勿进,今轻佻深入。岸上如此,何由得遣军?"镇恶乃亲至弘农,说谕百姓,百姓竞送义租,军食复振。

魏人以数千骑缘河随裕军西行。军人于南岸牵百丈,风水迅急,有漂渡北岸者,辄为魏人所杀略。裕遣军击之,裁登岸则走,退则复来。夏,四月,裕遣白直队主丁旿帅仗士七百人、车百乘,渡北岸,去水百余步,为却月阵,两端抱河,车置七仗士,事毕,使竖一白毦。魏人不解其意,皆未动。裕先命宁朔将军朱超石戒严,白毦既举,超石帅二千人驰往赴之,赍大弩百张,一车益二十人,设彭排于辕上。魏人见营阵既立,乃进围之。长孙嵩帅三万骑助之,四面肉薄攻营,弩不能制。时超石别赍大锤及稍千余张,乃断稍长三四尺,以锤锤之,一稍辄洞贯三四人。魏兵不能当,一时奔溃,死者相积。临陈斩阿薄干,魏人退还畔城。超石帅宁朔将军胡藩、宁远将军刘荣祖追击,又破之,杀获千计。魏主嗣闻之,乃恨不用崔浩之言。

秦鲁公绍遣长史姚洽、宁朔将军安鸾、护军姚墨蠡、河东太守唐小方帅众三千屯河北之九原,阻河为固,欲以绝檀道济粮援。沈林子邀击,破之,斩洽、墨蠡、小方,杀获殆尽。林子因启太尉裕曰:"绍气盖关中,今兵屈于外,国危于内,恐其凶命先尽,不得以膏齐斧耳。"绍闻洽等败死,愤恚,发病呕血,以兵属东平公赞而卒。赞既代绍,众力犹盛,引兵袭林子,林子复击破之。

太尉裕至洛阳,行视城堑,嘉毛脩之完葺之功,赐衣服玩好,直二千万。

丁巳,魏主嗣如高柳。壬戌,还平城。

河西王蒙逊大赦,遣张掖太守沮渠广宗诈降以诱凉公歆,歆发兵应之。蒙逊将兵三万伏于蓼泉,歆觉之,引兵还。蒙逊追之,歆与战于解支涧,大破之,斩首七千余级。蒙逊城建康,置戍而还。

五月,乙未,齐郡太守王懿降于魏,上书言:"刘裕在洛,宜发兵绝其归路,可不战而克。"魏主嗣善之。

崔浩侍讲在前,嗣问之曰:"刘裕伐姚泓,果能克乎?"对曰:"克之。"嗣曰:"何故?"对曰:"昔姚兴好事虚名,而少实用。子泓懦而多病,兄弟乖争。裕乘其危,兵精将勇,何故不克!"嗣曰:"裕才何如慕容垂?"对曰:"胜之。垂借父兄之资,修复旧业,国人归之,若夜虫之就火,少加倚仗,易以立功。刘裕奋起寒微,不阶尺土,讨灭桓玄,兴复晋室,北禽慕容超,南枭卢循,所向无前,非其才之过人,安能如是乎!"嗣曰:"裕既入关,不能进退,我以精骑直捣彭城、寿春,裕将若之何?"对曰:"今西有屈丐,北有柔然,窥伺国隙。陛下既不可亲御六师,虽有精兵,未睹良将。长孙嵩长于治国,短于用兵,非刘裕敌也。兴兵远攻,未见其利,不如且安静以待之。裕克秦而归，必篡其主。关中华、戎杂错，风俗劲悍，裕欲以荆、扬之化施之函、秦，此无异解衣包火，张罗捕虎。虽留兵守之，人情未洽，趋尚不同，适足为寇敌之资耳，愿陛下按兵息民以观其变，秦地终为国家之有，可坐而守也。"嗣笑曰："卿料之审矣。"浩曰："臣尝私论近世将相之臣：若王猛之治国，苻坚之管仲也；慕容恪之辅幼主，慕容暐之霍光也；刘裕之平祸乱，司马德宗之曹操也。"嗣曰："屈丐何如？"浩曰："屈丐国破家覆，孤子一身，寄食姚氏，受其封殖。不思酬恩报义，而乘时徼利，盗有一方，结怨四邻。撅竖小人，虽能纵暴一时，终当为人所吞食耳。"嗣大悦，语至夜半，赐浩御缥醪十觚，水精盐一两，曰："朕味卿言，如此盐、酒，故欲与卿共飨其美。"然犹命长孙嵩、叔孙建各简精兵伺裕西过，自成皋济河，南侵彭、沛，若不时过，则引兵随之。

魏主嗣西巡至云中，遂济河，畋于大漠。

魏置天地四方六部大人，以诸公为之。

秋，七月，太尉裕至陕。沈田子、傅弘之入武关，秦戍将皆委城走。田子等进屯青泥，秦主泓使给事黄门侍郎姚和都屯峣柳以拒之。

西秦相国翟勍卒。八月，以尚书令昙达为左丞相，右仆射元基为右丞相，御史大夫麹景为尚书令，侍中翟绍为左仆射。

太尉裕至阌乡，沈田子等将攻峣柳。秦主泓欲自将以御裕军，恐田子等袭其后，欲先击灭田子等，然后倾国东出，乃帅步骑数万，奄至青泥。田子本为疑兵，所领裁千余人，闻泓至，欲击之，傅弘之以众寡不敌止之。田子曰："兵贵用奇，不必在众。且今众寡相悬，势不两立，若彼结围既固，则我无所逃矣。不如乘其始至，营陈未立，先薄之，可以有功。"遂帅所领先进，弘之继之。秦兵合围数重。田子抚慰士卒曰："诸君冒险远来，正求今日之战，死生一决，封侯之业于此在矣！"士卒皆踊跃鼓噪，执短兵奋击，秦兵大败，斩馘万余级，得其乘舆服御物，秦主泓奔还灞上。

初，裕以田子等众少，遣沈林子将兵自秦岭往助之，至则秦兵已败，乃相与追之，关中郡县多潜送款于田子。

辛丑，太尉裕至潼关，以朱超石为河东太守，使与振武将军徐猗之会薛帛于河北，共攻蒲阪。秦平原公璞与姚和都共击之，猗之败死，超石奔还潼关。东平公赞遣司马国璠引魏兵以蹑裕后。

王镇恶请帅水军自河入渭以趋长安，裕许之。秦恢武将军姚难自香城引兵而西，镇恶追之。秦主泓自灞上引兵还屯石桥以为之援，镇北将军姚疆与难合兵屯泾上以拒镇恶。镇恶使毛德祖进击，破之，疆死，难奔长安。

东平公赞退屯郑城，太尉裕进军逼之。泓使姚丕守渭桥，胡翼度屯石积，东平公讚屯灞东,泓屯逍遥园。

镇恶溯渭而上,乘蒙冲小舰,行船者皆在舰内,秦人见舰进而无行船者,皆惊以为神。壬戌旦,镇恶至渭桥,令军士食毕,皆持仗登岸,后登者斩。众既登,渭水迅急,舰皆随流,倏忽不知所在。时泓所将尚数万人。镇恶谕士卒曰:"吾属并家在江南,此为长安北门,去家万里,舟楫、衣粮皆已随流。今进战而胜,则功名俱显;不胜,则骸骨不返,无它歧矣。卿等勉之。"乃身先士卒,众腾踊争进,大破姚丕于渭桥。泓引兵救之,为丕败卒所蹂践,不战而溃。姚谌等皆死,泓单马还宫。镇恶入自平朔门,泓与姚裕等数百骑逃奔石桥。东平公赞闻泓败,引兵赴之,众皆溃去。胡翼度降于太尉裕。

泓将出降,其子佛念,年十一,言于泓曰:"晋人将逞其欲,虽降必不免,不如引决。"泓怃然不应。佛念登宫墙自投而死。癸亥,泓将妻子、群臣诣镇恶垒门请降,镇恶以属吏。城中夷、晋六万余户,镇恶以国恩抚慰,号令严肃,百姓安堵。

九月,太尉裕至长安,镇恶迎于灞上。裕劳之曰:"成吾霸业者卿也。"镇恶再拜谢曰:"明公之威,诸将之力,镇恶何功之有!"裕笑曰:"卿欲学冯异邪?"镇恶性贪,秦府库盈积,镇恶盗取不可胜纪。裕以其功大,不问。或谮诸裕曰:"镇恶藏姚泓伪辇,将有异志。"裕使人觇之,镇恶剔取其金银,弃辇于垣侧,裕意乃安。

裕收秦彝器、浑仪、土圭、记里鼓、指南车送诣建康。其余金玉、缯帛、珍宝,皆以颁赐将士。秦平原公璞、并州刺史尹昭以蒲阪降,东平公赞帅宗族百余人诣裕降,裕皆杀之。送姚泓至建康,斩于市。

裕以薛辩为平阳太守,使镇捍北道。

裕议迁都洛阳,谘议参军王仲德曰:"非常之事,固非常人所及,必致骇动。今暴师日久,士卒思归,迁都之计,未可议也。"裕乃止。

羌众十余万口西奔陇上,沈林子追击至槐里,俘虏万计。

河西王蒙逊闻太尉裕灭秦,怒甚。门下校郎刘祥入言事,蒙逊曰:"汝闻刘裕入关,敢研研然也!"遂斩之。

初,夏王勃勃闻太尉裕伐秦,谓群臣曰:"姚泓非裕敌也。且其兄弟内叛,安能拒人!裕取关中必矣。然裕不能久留,必将南归,留子弟及诸将守之,吾取之如拾芥耳。"乃秣马砺兵,训养士卒,进据安定,秦岭北郡县镇戍皆降之。裕遣使遗勃勃书,约为兄弟。勃勃使中书侍郎皇甫徽为报书而阴诵之,对裕使者,口授舍人使书之。裕读其文,叹曰:"吾不如也!"

广州刺史谢欣卒。东海人徐道期聚众攻陷州城,进攻始兴,始兴相彭城刘谦之讨诛之。诏以谦之为广州刺史。

癸酉,司马休之、司马文思、司马国璠、司马道赐、鲁轨、韩延之、刁雍、王慧龙及桓温之孙道度、道子、族人桓谧、桓璲、陈郡袁式等皆诣魏长孙嵩降。秦匈奴镇将姚成都及弟和都举镇降魏。魏主嗣诏民间得姚氏子弟送平城者赏之。冬,十月,己酉,嗣召长孙嵩等还。司马休之寻卒于魏。魏赐国璠爵淮南公,道赐爵池阳子,鲁轨爵襄阳公。刁雍表求南鄙自效,嗣以雍为建义将军。雍聚众于河、济之间,扰动徐、兖。太尉裕遣兵讨之,不克,雍进屯固山,众至二万。

诏进宋公爵为王,增封十郡,辞不受。

西秦王炽磐遣左丞相昙达等击秦故将姚艾,艾遣使称藩,炽磐以艾为征东大将军、秦州牧。征王松寿为尚书左仆射。

十一月,魏叔孙建等讨西山丁零翟蜀洛支等,平之。

辛未,刘穆之卒。太尉裕闻之,惊恸哀惋者累日。始,裕欲留长安经略西北,而诸将佐皆久役思归,多不欲留。会穆之卒,裕以根本无托,遂决意东还。

穆之卒也,朝廷恇惧,欲发诏,以太尉左司马徐羡之代之。中军谘议参军张邵曰:“今诚急病,任终在徐。然世子无专命,宜须谘之。”裕欲以王弘代穆之,从事中郎谢晦曰:“休元轻易,不若羡之。”乃以羡之为吏部尚书、建威将军、丹杨尹,代管留任。于是朝廷大事常决于穆之者,并悉北谘。

裕以次子桂阳公义真为都督雍、梁、秦三州诸军事、安西将军、领雍、东秦二州刺史。义真时年十二。以太尉谘议参军京兆王脩为长史,王镇恶为司马、领冯翊太守,沈田子、毛德祖皆为中兵参军,仍以田子领始平太守,德祖领秦州刺史、天水太守,傅弘之为雍州治中从事史。

先是,陇上流户寓关中者,望因兵威,得复本土。及置东秦州,知裕无复西略之意,皆叹息失望。

关中人素重王猛,裕之克长安,王镇恶功为多,由是南人皆忌之。沈田子自以峣柳之捷,与镇恶争功不平。裕将还,田子及傅弘之屡言于裕曰:“镇恶家在关中,不可保信。”裕曰:“今留卿文武将士精兵万人,彼若欲为不善,正足自灭耳。勿复多言。”裕私谓田子曰:“钟会不得遂其乱者,以有卫瓘故也。语曰:‘猛虎不如群狐。’卿等十余人,何惧王镇恶!”

臣光曰:古人有言:“疑则勿任,任则勿疑。”裕既委镇恶以关中,而复与田子有后言,是斗之使为乱也。惜乎,百年之寇,千里之土,得之艰难,失之造次,使丰、鄗之都复输寇手。荀子曰:“兼并易能也,坚凝之难。”信哉!

三秦父老闻裕将还,诣门流涕诉曰:“残民不沾王化,于今百年,始睹衣冠,人人相贺。长安十陵是公家坟墓,咸阳宫殿是公家室宅,舍此欲何之乎!”裕为之愍然,慰谕之曰:“受命朝廷,不得擅留。诚多诸君怀本之志,今以次息与文武贤才共镇此境,勉与之居。”十二月,庚子,裕发长安,自洛入河,开汴渠以归。

氐豪徐骇奴、齐元子等拥部落三万在雍,遣使请降于魏。魏主嗣遣将军王洛生、河内太守杨声等西行以应之。

闰月,壬申,魏主嗣如大宁长川。

秦、雍人千余家推襄邑令上谷寇讚为主以降于魏,魏主嗣拜讚魏郡太守。久之,秦、雍人流入魏之河南、荥阳、河内者,户以万数,嗣乃置南雍州,以讚为刺史,封河南公,治洛阳,立雍州郡县以抚之。讚善于招怀,流民归之者,三倍其初。

夏王勃勃闻太尉裕东还,大喜,问于王买德曰:"朕欲取关中,卿试言其方略。"买德曰:"关中形胜之地,而裕以幼子守之,狼狈而归,正欲急成篡事耳,不暇复以中原为意。此天以关中赐我,不可失也。青泥、上洛,南北之险要,宜先遣游军断之,东塞潼关,绝其水陆之路。然后传檄三辅,施以威德,则义真在网罟之中,不足取也。"勃勃乃以其子抚军大将军瑰都督前锋诸军事,帅骑二万向长安,前将军昌屯潼关,以买德为抚军右长史,屯青泥,勃勃将大军为后继。

是岁,魏都坐大官章安侯封懿卒。

十四年(戊午、418)

春,正月,丁酉朔,魏主嗣至平城,命护高车中郎将薛繁帅高车、丁零北略,至弱水而还。

辛巳,大赦。

夏赫连瑰至渭〔阳〕,关中民降之者属路。龙骧将军沈田子将兵拒之,畏其众盛,退屯刘回堡,遣使还报王镇恶。镇恶谓王脩曰:"公以十岁儿付吾属,当共思竭力,而拥兵不进,虏何由得平。"使者还,以告田子。田子与镇恶素有相图之志,由是益忿惧。未几,镇恶与田子俱出北地以拒夏兵,军中讹言:"镇恶欲尽杀南人,以数十人送义真南还,因据关中反。"辛亥,田子请镇恶至傅弘之营计事,田子求屏人语,使其宗人沈敬仁斩之幕下,矫称受太尉令诛之。弘之奔告刘义真,义真与王脩被甲登横门以察其变。俄而田子帅数十人来至,言镇恶反。脩执田子,数以专戮,斩之。以冠军将军毛脩之代镇恶为安西司马。傅弘之大破赫连瑰于池阳,又破之于寡妇渡,斩获甚众,夏兵乃退。

壬戌,太尉裕至彭城,解严。琅邪王德文先归建康。

裕闻王镇恶死,表言"沈田子忽发狂易,奄害忠勋",追赠镇恶左将军、青州刺史。

以彭城内史刘遵考为并州刺史、领河东太守,镇蒲阪;征荆州刺史刘道怜为徐、兖二州刺史。

裕欲以世子义符镇荆州,以徐州刺史义隆为司州刺史,镇洛阳。中军谘议张邵谏曰:"储贰之重,四海所系,不宜处外。"乃更以义隆为都督荆、益、宁、雍、梁、秦六州诸军事、西中郎将、荆州刺史,以南郡太守到彦之为南蛮校尉,张邵为司马、领南郡相,冠军功曹王昙首为长史,北徐州从事王华为西中郎主簿,沈林子为西中郎参军。义隆尚幼,府事皆决于邵。昙首,弘之弟也。裕谓义隆曰:"王昙首沉毅有器度,宰相才也,汝每事谘之。"

以南郡公刘义庆为豫州刺史。义庆,道怜之子也。

裕解司州,领徐、冀二州刺史。

秦王炽磐以乞伏木弈干为沙州刺史,镇乐都。二月,乙弗乌地延帅户二万降秦。

三月,遣使聘魏。

夏,四月,己巳,魏徙冀、定、幽三州徒河于代都。

初,和龙有赤气四塞蔽日,自寅至申,燕太史令张穆言于燕王跋曰:"此兵气也。今魏方强盛,而执其使者,好命不通,臣窃惧焉。"跋曰:"吾方思之。"五月,魏主嗣东巡,至濡源及甘松,遣征东将军长孙道生、安东将军李先、给事黄门侍郎奚观帅精骑二万袭燕,又命骁骑将军延普、幽州刺史尉诺自幽州引兵趋辽西,为之声势,嗣屯突门岭以待之。道生等拔乙连城,进攻和龙,与燕单于右辅古泥战,破之,杀其将皇甫轨。燕王跋婴城自守,魏人攻之,不克,掠其民万余家而还。

六月,太尉裕始受相国、宋公、九锡之命。赦国中殊死以下,崇继母兰陵萧氏为太妃。以太尉军谘祭酒孔靖为宋国尚书令,左长史王弘为仆射,领选,从事中郎傅亮、蔡廓皆为侍中,谢晦为右卫将军,右长史郑鲜之为奉常,行参军殷景仁为秘书郎。其余百官,悉依天朝之制。靖辞不受。亮,咸之孙;廓,谟之曾孙;鲜之,浑之玄孙;景仁,融之曾孙也。景仁学不为文,敏有思致,口不谈义,深达理体,至于国典朝仪,旧章记注,莫不撰录,识者知其有当世之志。

魏天部大人白马文贞公崔宏疾笃,魏主嗣遣侍臣问病,一夜数返。及卒,诏群臣及附国渠帅皆会葬。

秋,七月,戊午,魏主嗣至平城。

九月,甲寅,魏人命诸州调民租,户五十石,积于定、相、冀三州。

河西王蒙逊复引兵伐凉,凉公歆将拒之,左长史张体顺固谏,乃止。蒙逊芟其秋稼而还。

歆遣使来告袭位。冬,十月,以歆为都督七郡诸军事、镇西大将军、酒泉公。

姚艾叛秦,降河西王蒙逊,蒙逊引兵迎之。艾叔父俤言于众曰:"秦王宽仁有雅度,可以安居事之,何为从河西王西迁!"众咸以为然,乃相与逐艾,推俤为主,复归于秦。秦王炽磐征俤为侍中、中书监、征南将军,赐爵陇西公,以左丞相昙达为都督洮、罕以东诸军事、征东大将军、秦州牧,镇南安。

刘义真年少,赐与左右无节,王脩每裁抑之。左右皆怨,潜谮脩于义真曰:"王镇恶欲反,故沈田子杀之。脩杀田子,是亦欲反也。"义真信之,使左右刘乞等杀脩。脩既死,人情离骇,莫相统壹。义真悉召外军入长安,闭门拒守。关中郡县悉降于夏。赫连璝夜袭长安,不克。夏王勃勃进据咸阳,长安樵采路绝。

宋公裕闻之,使辅国将军蒯恩如长安,召义真东归。以相国右司马朱龄石为都督关中诸军事、右将军、雍州刺史,代镇长安。裕谓龄石曰:"卿至,可敕义真轻装速发,既出关,然可徐行。若关右必不可守,可与义真俱归。"又命中书侍郎朱超石慰劳河、洛。

十一月,龄石至长安。义真将士贪纵,大掠而东,多载宝货、子女,方轨徐行。雍州别驾韦华奔夏,赫连璝帅众三万追义真。建威将军傅弘之曰:"公处分甌进,今多将辎重,一日行不过十里,虏追骑且至,何以待之。宜弃车轻行,乃可以免。"义真不从。俄而夏兵大至,傅弘之、蒯恩断后,力战连日。至青泥,晋兵大败,弘之、恩皆为王买德所禽,司马毛脩之与义真相失,亦为夏兵所禽。义真行在前,会日暮,夏兵不穷追,故得免,左右尽散,独逃草中。中兵参军段宏单骑追寻,缘道呼之,义真识其声,出就之,曰:"君非段中兵邪?身在此,行矣!必不两全,可刜身头以南,使家公望绝。"宏泣曰:"死生共之,下官不忍。"乃束义真于背,单马而归。义真谓宏曰:"今日之事,诚无算略。然丈夫不经此,何以知艰难!"

夏王勃勃欲降傅弘之,弘之不屈,时天寒,勃勃裸之,弘之叫骂而死。勃勃积人头为京观,号曰髑髅台。长安百姓逐朱龄石,龄石焚其宫殿,奔潼关。勃勃入长安,大飨将士,举觞谓王买德曰:"卿往日之言,一期而验,可谓算无遗策。此觞所集,非卿而谁!"以买德为都官尚书,封河阳侯。

龙骧将军王敬先戍曹公垒,龄石往从之。朱超石至蒲阪,闻龄石所在,亦往从之。赫连昌攻敬先垒,断其水道,众渴不能战,城且陷。龄石谓超石曰:"弟兄俱死异域,使老亲何以为心!尔求间道亡归,我死此,无恨矣。"超石持兄泣曰:"人谁不死,宁忍今日辞兄去乎!"遂与敬先及右军参军刘钦之皆被执,送长安,勃勃杀之。钦之弟秀之悲泣不欢燕者十年。钦之,穆之之从兄子也。

宋公裕闻青泥败,未知义真存亡,怒甚,刻日北伐。侍中谢晦谏以"士卒疲弊,请俟它年",不从。郑鲜之上表,以为:"虏闻殿下亲征,必并力守潼关。径往攻之,恐未易可克;若舆驾顿洛,则不足上劳圣躬。且虏虽得志,不敢乘胜过陕者,犹慑服大威,为将来之虑故也。若造洛而返,虏必更有揣量之心,或益生边患。况大军远出,后患甚多。昔岁西征,刘钟狼狈;去年北讨,广州倾覆。既往之效,后来之鉴也。今诸州大水,民食寡乏,三吴群盗攻没诸县,皆由困于征役故也。江南士庶引领颙颙,以望殿下之返旆,闻更北出,不测浅深之谋,往还之期,臣恐返顾之忧更在腹心也。若虑西虏更为河、洛之患者,宜结好北虏。北虏亲则河南安,河南安则济、泗静矣。"会得段宏启,知义真得免,裕乃止,但登城北望,慨然流涕而已。降义真为建威将军、司州刺史。以段宏为宋台黄门郎、领太子右卫率。裕以天水太守毛德祖为河东太守,代刘遵考守蒲阪。

夏王勃勃筑坛于灞上,即皇帝位,改元昌武。

西秦王炽磐东巡,十二月,徙上邽民五千余户于枹罕。

彗星出天津,入太微,经北斗,络紫微,八十余日而灭。魏主嗣复召诸儒、术士问之曰:"今四海分裂,灾咎之应,果在何国?朕甚畏之。卿辈尽言,勿有所隐。"众推崔浩使对,浩曰:"夫灾异之兴,皆象人事,人苟无衅,又何畏焉?昔王莽将篡汉,彗星出入,正与今同。国家主尊臣卑,民无异望。晋室陵夷,危亡不远;彗之为异,其刘裕将篡之应乎!"众无以易其言。

宋公裕以谶云"昌明之后尚有二帝",乃使中书侍郎王韶之与帝左右密谋鸩帝而立琅邪王德文。德文常在帝左右,饮食寝处,未尝暂离,韶之伺之经时,不得间。会德文有疾,出居于外。戊寅,韶之以散衣缢帝于东堂。韶之,廙之曾孙也。裕因称遗诏,奉德文即皇帝位,大赦。

是岁,河西王蒙逊奉表称藩,拜凉州刺史。

尚书右仆射袁湛卒。

恭皇帝

元熙元年(己未、419)

春,正月,壬辰朔,改元。

立琅邪王妃褚氏为皇后。后,裒之曾孙也。

魏主嗣畋于犊渚。

甲午,征宋公裕入朝,进爵为王,裕辞。

癸卯,魏主嗣还平城。

庚申,葬安皇帝于休平陵。

(刺)〔敕〕刘道怜司空出镇京口。

夏将叱奴侯提帅步骑二万攻毛德祖于蒲阪,德祖不能御,全军归彭城。二月,宋公裕以德祖为荥阳太守,戍虎牢。

夏主勃勃征隐士京兆韦祖思。祖思既至,恭惧过甚,勃勃怒曰:"我以国士征汝,汝乃以非类遇我!汝昔不拜姚兴,今何独拜我?我在,汝犹不以我为帝王;我死,汝曹弄笔,当置我于何地邪!"遂杀之。

群臣请都长安,勃勃曰:"朕岂不知长安历世帝王之都,沃饶险固!然晋人僻远,终不能为吾患。魏与我风俗略同,土壤邻接,自统万距魏境裁百余里,朕在长安,统万必危。若在统万,魏必不敢济河而西。诸卿适未见此耳。"皆曰:"非所及也。"乃于长安置南台,以赫连瓌领大将军、雍州牧、录南台尚书事。勃勃还统万,大赦,改元真兴。

勃勃性骄虐,视民如草芥。常居城上,置弓剑于侧,有所嫌忿,手自杀之。群臣近视者凿其目,笑者决其唇,谏者先截其舌而后斩之。

初,司马楚之奉其父荣期之丧归建康,会宋公裕诛剪宗室之有才望者,楚之叔父宣期、兄贞之皆死,楚之亡匿竟陵蛮中。及从祖休之自江陵奔秦,楚之亡在汝、颍间,聚众以谋复仇。楚之少有英气,能折节下士,有众万余,屯据长社。裕使刺客沐谦往刺之,楚之待谦甚厚。谦欲发,未得间,乃夜称疾,知楚之必往问疾,因欲刺之。楚之果自赍汤药往视疾,情意勤笃,谦不忍发,乃出匕首于席下,以状告之曰:"将军深为刘裕所忌,愿勿轻率以自保全。"遂委身事之,为之防卫。

王镇恶之死也,沈田子杀其兄弟七人,唯弟康得免,逃就宋公裕于彭城,裕以为相国行参军。康求还洛阳视母,会长安不守,康纠合关中徙民,得百许人,驱帅侨户七百余家,共保金墉城。时宗室多逃亡在河南,有司马文荣者,帅乞活千余户屯金墉城南。又有司马道恭自东垣帅三千人屯城西,司马顺明帅五千人屯陵云台,司马楚之屯柏谷坞。魏河内镇将于栗碑游骑在芒山上,攻逼交至,康坚守六旬。裕以康为河东太守,遣兵救之,平等皆散走。康劝课农桑,百姓甚亲赖之。

司马顺明、司马道恭及平阳太守薛辩皆降于魏,魏以辩为河东太守以拒夏人。

夏,四月,秦征西将军孔子帅骑五千讨吐谷浑觅地于弱水南,大破之。觅地帅其众六千降于夏,拜弱水护军。

庚辰,魏主嗣有事于东庙,助祭者数百国。辛巳,南巡至雁门。

五月,庚寅朔,魏主嗣观渔于灅水。己亥,还平城。

凉公歆用刑过严,又好治宫室,从事中郎张显上疏,以为:"凉土三分,势不支久。兼并之本,在于务农;怀远之略,莫如宽简。今入岁已来,阴阳失序,风雨乖和。是宜减膳撤悬,侧身修道,而更繁刑峻法,缮筑不止,殆非所以致兴隆也。昔文王以百里而兴,二世以四海而灭,前车之轨,得失昭然。太祖以神圣之姿,为西夏所推,左取酒泉,右开西域。殿下不能奉承遗志,混壹凉土,俾踪张后,将何以下见先王乎!沮渠蒙逊,胡夷之杰,内修政事,外礼英贤,攻战之际,身均士卒,百姓怀之,乐为之用。臣谓殿下非但不能平殄蒙逊,亦惧蒙逊方为社稷之忧。"歆览之,不悦。

主簿汜称上疏谏曰:"天之子爱人主,殷勤至矣。故政之不修,下灾异以戒告之。改者虽危必昌,不改者虽安必亡。元年三月癸卯,敦煌谦德堂陷;八月,效穀地裂。二年元月,昏雾四塞;四月,日赤无光,二旬乃复;十一月,狐上南门。今兹春夏,地频五震;六月,陨星于建康。臣虽学不稽古,行年五十有九,请为殿下略言耳目之所闻见,不复能远论书传之事也。乃者咸安之初,西平地裂,狐入谦光殿前,俄而秦师奄至,都城不守。梁熙既为凉州,不抚百姓,专为聚敛,建元十九年姑臧南门崩,陨石于闲豫堂,明年为吕光所杀。段业称制此方,三年之中,地震五十余所,既而先王龙兴于瓜州,蒙逊篡弑于张掖。此皆目前之成事,殿下所明知也。效穀,先王鸿渐之地,谦德,即尊之室,基陷地裂,大凶之征也。日者太阳之精,中国之象,赤而无光,中国将衰。谚曰:'野兽入家,主人将去。'狐上南门,亦变异之大者也。今蛮夷益盛,中国益微。愿殿下亟罢宫室之役,止游畋之娱,延礼英俊,爱养百姓,以应天变,防未然。"歆不从。

秋,七月,宋公裕始受进爵之命。八月,移镇寿阳。以度支尚书刘怀慎为督淮北诸军事、徐州刺史,镇彭城。

辛未,魏主嗣东巡。甲申,还平城。

九日,宋王裕自解扬州牧。

秦左卫将军匹达等将兵讨彭利和于漓川,大破之,利和单骑奔仇池,获其妻子。徙羌豪三千户于枹罕,漓川羌三万余户皆安堵如故。冬,十月,以尚书右仆射王松寿为益州刺史,镇漓川。

宋王裕以河南萧条,乙酉,徙司州刺史义真为扬州刺史,镇石头。萧太妃谓裕曰:"道怜汝布衣兄弟,宜用为扬州。"裕曰:"寄奴于道怜,岂有所惜!扬州根本所寄,事务至多,非道怜所了。"太妃曰:"道怜年出五十,岂不如汝十岁儿邪?"裕曰:"义真虽为刺史,事无大小,悉由寄奴。道怜年长,不亲其事,于听望不足。"太妃乃无言。道怜性愚鄙而贪纵,故裕不肯用。

十一月,丁亥朔,日有食之。

十二月,癸亥,魏主嗣西巡至云中,从君子津西渡河,大猎于薛林山。

辛卯,宋王裕加殊礼,进王太妃为太后,世子为太子。

资治通鉴卷第一百一十九

端明殿学士兼翰林侍读学士朝散大夫右谏议大夫充集贤殿修撰提举西京嵩山崇福宫上柱国河内郡开国侯食邑一千八百户食实封六百户赐紫金鱼袋臣 司马光 奉敕编集

宋纪一 起上章涒滩(庚申)，尽昭阳大渊献(癸亥)，凡四年。

高祖武皇帝

永初元年(庚申、420)

春，正月，己亥，魏主还宫。

秦王炽磐立其子暮末为太子，仍领抚军大将军、都督中外诸军事，大赦，改元建弘。

宋王欲受禅而难于发言，乃集朝臣宴饮，从容言曰："桓玄篡位，鼎命已移，我首唱大义，兴复帝室，南征北伐，平定四海，功成业著，遂荷九锡。今年将衰暮，崇极如此，物忌盛满，非可久安。今欲奉还爵位，归老京师。"群臣惟盛称功德，莫谕其意。日晚坐散，中书令傅亮还外，乃悟，而宫门已闭，亮叩扉请见，王即开门见之。亮入，但曰："臣暂宜还都。"王解其意，无复他言，直云："须几人自送？"亮曰："数十人可也。"即时奉辞。亮出，已夜，见长星竟天，拊髀叹曰："我常不信天文，今始验矣。"亮至建康，夏，四月，征王入辅。王留子义康为都督豫、司、雍、并四州诸军事、豫州刺史，镇寿阳。义康尚幼，以相国参军南阳刘湛为长史，决府、州事。湛自弱年即有宰物之情，常自比管、葛，博涉书史，不为文章，不喜谈议，王甚重之。

五月，乙酉，魏更谥宣武帝曰道武帝。

魏淮南公司马国璠、池阳子司马道赐谋外叛，司马文思告之。庚戌，魏主杀国璠、道赐，赐文思爵郁林公。国璠等连引平城豪桀，坐族诛者数十人，章安侯封懿之子玄之当坐。魏主以玄之燕朝旧族，欲宥其一子。玄之曰："弟子磨奴早孤，乞全其命。"乃杀玄之四子而宥磨奴。

六月，壬戌，王至建康。傅亮讽晋恭帝禅位于宋，具诏草呈帝，使书之。帝欣然操笔，谓左右曰："桓玄之时，晋氏已无天下，重为刘公所延，将二十载。今日之事，本所甘心。"遂书赤纸为诏。

甲子，帝逊于琅邪第，百官拜辞，秘书监徐广流涕哀恸。丁卯，王为坛于南郊，即皇帝位。礼毕，自石头备法驾入建康宫。徐广又悲感流涕，侍中谢晦谓之曰："徐公得无小过!"广曰："君为宋朝佐命,身是晋室遗老,悲欢之事,固不可同。"广,邈之弟也。帝临太极殿,大赦,改元。其犯乡论清议,一皆荡涤,与之更始。

> 裴子野论曰:昔重华受终,四凶流放;武王克殷,顽民迁洛。天下之恶一也,乡论清议,除之,过矣!

奉晋恭帝为零陵王,优崇之礼,皆仿晋初故事。即宫于故秣陵县,使冠军将军刘遵考将兵防卫。降褚后为王妃。

追尊皇考为孝穆皇帝,皇妣赵氏为孝穆皇后,尊王太后萧氏为皇太后。上事萧太后素谨,及即位,春秋已高,每旦入朝太后,未尝失时刻。

诏晋氏封爵,当随运改,独置始兴、庐陵、始安、长沙、康乐五公,降爵为县公及县侯,以奉王导、谢安、温峤、陶侃、谢玄之祀。其宣力义熙、豫同艰难者,一仍本秩。

庚午,以司空道怜为太尉,封长沙王。追封司徒道规为临川王,以道怜子义庆袭其爵。其余功臣徐羡之等,增位进爵各有差。

追封刘穆之为南康郡公,王镇恶为龙阳县侯。上每叹念穆之,曰:"穆之不死,当助我治天下。可谓'人之云亡,邦国殄瘁'。"又曰:"穆之死,人轻易我。"

立皇子桂阳公义真为庐陵王,彭城公义隆为宜都王,义康为彭城王。

己卯,改《泰始历》为《永初历》。

魏主如羁犊山,遂至冯滷池。闻上受禅,驿召崔浩告之曰:"卿往年之言验矣,朕于今日始信天道。"

秋,七月,丁酉,魏主如五原。

甲辰,诏以凉公歆为都督高昌等七郡诸军事、征西大将军、酒泉公,秦王炽磐为安西大将军。

交州刺史杜慧度击林邑,大破之,所杀过半。林邑乞降,前后为所钞掠者皆遣还。慧度在交州,为政纤密,一如治家,吏民畏而爱之,城门夜开,道不拾遗。

丁未,魏主如云中。

河西王蒙逊欲伐凉,先引兵攻秦浩亹。既至,潜师还屯川岩。

凉公歆欲乘虚袭张掖,宋繇、张体顺切谏,不听。太后尹氏谓歆曰:"汝新造之国,地狭民希,自守犹惧不足,何暇伐人! 先王临终,殷勤戒汝,深慎用兵,保境宁民,以俟天时。言犹在耳,奈何弃之! 蒙逊善用兵,非汝之敌,数年以来,常有兼并之志。汝国虽小,足为善政,修德养民,静以待之。彼若昏暴,民将归汝;若其休明,汝将事之。岂得轻为举动,侥冀非望! 以吾观之,非但丧师,殆将亡国。"亦不听。宋繇叹曰:"今兹大事去矣!"

歆将步骑三万东出。蒙逊闻之,曰:"歆已入吾术中,然闻吾旋师,必不敢前。"乃露布西境,云已克浩亹,将进攻黄谷。歆闻之喜,进入都渎涧。蒙逊引兵击之,战于怀城,歆大败。或劝歆还保酒泉,歆曰:"吾违老母之言以取败,不杀此胡,何面目复见我母!"遂勒兵战于蓼泉,为蒙逊所杀。歆弟酒泉太守翻、新城太守预、领羽林右监密、左将军眺、右将军亮奔敦煌。

蒙逊入酒泉,禁侵掠,士民安堵。以宋繇为吏部郎中,委之选举;凉之旧臣有才望者,咸礼而用之。以其子牧犍为酒泉太守。敦煌太守李恂,翻之弟也,与翻等弃敦煌奔北山。蒙逊以索嗣之子元绪行敦煌太守。

蒙逊还姑臧,见凉太后尹氏而劳之。尹氏曰:"李氏为胡所灭,知复何言!"或谓尹氏曰:"今母子之命在人掌握,奈何傲之!且国亡子死,曾无忧色,何也?"尹氏曰:"存亡死生,皆有天命,奈何更如凡人,为儿女子之悲乎!吾老妇人,国亡家破,岂可复惜余生,为人臣妾乎!惟速死为幸耳。"蒙逊嘉而赦之,娶其女为牧犍妇。

八月,辛未,追谥妃臧氏为敬皇后。癸酉,立王太子义符为皇太子。

闰月,壬午,诏晋帝诸陵悉署守卫。

九月,秦振武将军王基等袭河西王蒙逊胡园戍,俘二千余人而还。

李恂在敦煌有惠政,索元绪粗险好杀,大失人和。郡人宋承、张弘密信招恂。冬,恂帅数十骑入敦煌,元绪东奔凉兴,承等推恂为冠军将军、凉州刺史,改元永建。河西王蒙逊遣世子政德攻敦煌,恂闭城不战。

十二月,丁亥,杏城羌酋狄温子帅三千余家降魏。

是岁,魏姚夫人卒,追谥昭哀皇后。

二年(辛酉、421)

春,正月,辛酉,上祀南郊,大赦。

　　裴子野论曰:夫郊祀天地,修岁事也。赦彼有罪,夫何为哉!

以扬州刺史庐陵王义真为司徒,尚书仆射徐羡之为尚书令、扬州刺史,中书令傅亮为尚书仆射。

辛未,魏主行如公阳。

河西王蒙逊帅众二万攻李恂于敦煌。

秦王炽磐遣征北将军木弈干、辅国将军元基攻上邽,遇霖雨而还。

三月,甲子,魏阳平王熙卒。

魏主发代都六千人筑苑,东包白登,周三十余里。

河西王蒙逊筑堤壅水以灌敦煌,李恂乞降,不许。恂将宋承等举城降,恂自杀。蒙逊屠其城,获恂弟宝,囚于姑臧。于是西域诸国皆诣蒙逊称臣朝贡。

　　夏,四月,己卯朔,诏所在淫祠自蒋子文以下皆除之。其先贤及以勋德立祠者,不在此例。

　　吐谷浑王阿柴遣使降秦,秦王炽磐以阿柴为征西大将军、开府仪同三司、安州牧、白兰王。

　　六月,乙酉,魏主北巡至蟠羊山。秋,七月,西巡至河。

　　河西王蒙逊遣右卫将军沮渠鄯善、建节将军沮渠苟生帅众七千伐秦。秦王炽磐遣征北将军木弈干等帅步骑五千拒之,败鄯善等于五涧,虏苟生,斩首二千而还。

　　初,帝以毒酒一罂授前琅邪郎中令张伟,使鸩零陵王。伟叹曰:"鸩君以求生,不如死!"乃于道自饮而卒。伟,邵之兄也。太常褚秀之、侍中褚淡之,皆王之妃兄也,王每生男,帝辄令秀之兄弟方便杀之。王自逊位,深虑祸及,与褚妃共处一室,自煮食于床前,饮食所资,皆出褚妃,故宋人莫得伺其隙。九月,帝令淡之与兄右卫将军叔度往视妃,妃出就别室相见,兵人逾垣而入,进药于王。王不肯饮,曰:"佛教,自杀者不复得人身。"兵人以被掩杀之。帝帅百官临于朝堂三日。

　　庚戌,魏主还宫。

　　冬,十月,己亥,诏以河西王蒙逊为镇军大将军、开府仪同三司、凉州刺史。

　　己亥,魏主如代。

　　十一月,辛亥,葬晋恭帝于冲平陵,帝帅百官瞻送。

　　十二月,丙申,魏主西巡,至云中。

　　秦王炽磐遣征西将军孔子等帅骑二万击契汗秃真于罗川。

　　河西王蒙逊所署晋昌太守唐契据郡叛,蒙逊遣世子政德讨之。契,瑶之子也。

　　上之为宋公也,谢瞻为宋台中书侍郎,其弟晦为右卫将军。时晦权遇已重,自彭城还都迎家,宾客辐凑,门巷填咽。瞻在家,惊骇,谓晦曰:"汝名位未多,而人归趣乃尔!吾家素以恬退为业,不愿干豫时事,交游不过亲朋。而汝遂势倾朝野,此岂门户之福邪?"乃以篱隔门庭曰:"吾不忍见此。"及还彭城,言于宋公曰:"臣本素士,父、祖位不过二千石。弟年始三十,志用凡近,荣冠台府,位任显密。福过灾生,其应无远,特乞降黜,以保衰门。"前后屡陈之。晦或以朝廷密事语瞻,瞻故向亲旧陈说,用为戏笑,以绝其言。及上即位,晦以佐命功,位任益重,瞻愈忧惧。是岁,瞻为豫章太守,遇病不疗。临终,遗晦书曰:"吾得启体幸全,亦何所恨。弟思自勉励,为国为家。"

三年(壬戌、422)

　　春,正月,甲辰朔,魏主自云中西巡,至屋窦城。

癸丑,以徐羡之为司空、录尚书事,刺史如故;江州刺史王弘为卫将军、开府仪同三司;中领军谢晦为领军将军兼散骑常侍,入直殿省,总统宿卫。徐羡之起自布衣,又无术学,直以志力局度,一旦居廊庙,朝野推服,咸谓有宰臣之望。沉密寡言,不以忧喜见色。颇工弈棋,观戏常若未解,当世倍以此推之。傅亮、蔡廓常言:"徐公晓万事,安异同。"尝与傅亮、谢晦宴聚,亮、晦才学辩博,羡之风度详整,时然后言。郑鲜之叹曰:"观徐、傅言论,不复以学问为长。"

秦征西将军孔子等大破契汗秃真,获男女二万口,牛羊五十余万头。秃真帅骑数千西走,其别部树奚帅户五千降秦。

二月,丁丑,诏分豫州淮以东为南豫州,治历阳,以彭城王义康为刺史。又分荆州十郡置湘州,治临湘,以左卫将军张邵为刺史。

丙戌,魏主还宫。

三月,上不豫,太尉长沙王道怜、司空徐羡之、尚书仆射傅亮、领军将军谢晦、护军将军檀道济并入侍医药。群臣请祈祷神祇,上不许,唯使侍中谢方明以疾告宗庙而已。上性不信奇怪,微时多符瑞,及贵,史官审以所闻,上拒而不答。

檀道济出为镇北将军、南兖州刺史,镇广陵,悉监淮南诸军。

皇太子多狎群小,谢晦言于上曰:"陛下春秋既高,宜思存万世,神器至重,不可使负荷非才。"上曰:"庐陵何如?"晦曰:"臣请观焉。"出造庐陵王义真,义真盛欲与谈,晦不甚答。还曰:"德轻于才,非人主也。"丁未,出义真为都督南豫、豫、雍、司、秦、并六州诸军事、车骑将军、开府仪同三司、南豫州刺史。是后,大州率加都督,多者或至五十州,不可复详载矣。

帝疾瘳,己未,大赦。

秦、雍流民南入梁州,庚申,遣使送绢万匹,且漕荆、雍之谷以赈之。

刁逵之诛也,其子弥亡命。辛酉,弥帅数十人入京口城,太尉留府司马陆仲元击斩之。

乙丑,魏河南王曜卒。

夏,四月,甲戌,魏立皇子焘为太平王,拜相国,加大将军;丕为乐平王,弥为安定王,范为乐安王,健为永昌王,崇为建宁王,俊为新兴王。

乙亥,诏封仇池公杨盛为武都王。

秦王炽磐以折冲将军乞伏是辰为西胡校尉,筑列浑城于汁罗以镇之。

五月,帝疾甚,召太子诫之曰:"檀道济虽有干略,而无远志,非如兄韶有难御之气也。徐羡之、傅亮,当无异图。谢晦数从征伐,颇识机变,若有同异,必此人也。"又为手诏曰:"后世若有幼主,朝事一委宰相,母后不烦临朝。"司空徐羡之、中书令傅亮、领军将军谢晦、镇北将军檀道济同被顾命。癸亥,帝殂于西殿。

帝清简寡欲,严整有法度,被服居处,俭于布素,游宴甚稀,嫔御至少。尝得后秦高祖从女,有盛宠,颇以废事,谢晦微谏,即时遣出。财帛皆在外府,内无私藏。岭南尝献入筒细布,一端八丈,帝恶其精丽劳人,即付有司弹太守,以布还之,并制岭南禁作此布。公主出适,遣送不过二十万,无锦绣之物。内外奉禁,莫敢为侈靡。

太子即皇帝位,年十七,大赦,尊皇太后曰太皇太后,立妃司马氏为皇后。后,晋恭帝女海盐公主也。

魏主服寒食散,频年药发,灾异屡见,颇以自忧。遣中使密问白马公崔浩曰:"属者日食赵、代之分。朕疾弥年不愈,恐一旦不讳,诸子并少,将若之何?其为我思身后之计。"浩曰:"陛下春秋富盛,行就平愈。必不得已,请陈瞽言。自圣代龙兴,不崇储贰,是以永兴之始,社稷几危。今宜早建东宫,选贤公卿以为师傅,左右信臣以为宾友,入总万机,出抚戎政。如此,则陛下可以优游无为,颐神养寿。万岁之后,国有成主,民有所归,奸宄息望,祸无自生矣。皇子焘年将周星,明叡温和,立子以长,礼之大经,若必待成人然后择之,倒错天伦,则召乱之道也。"魏主复以问南平公长孙嵩,对曰:"立长则顺,置贤则人服。焘长且贤,天所命也。"帝从之,立太平王焘为皇太子,使之居正殿临朝,为国副主。以长孙嵩及山阳公奚斤、北新公安同为左辅,坐东厢,西面;崔浩与太尉穆观、散骑常侍代人丘堆为右弼,坐西厢,东面。百官总己以听焉。帝避居西宫,时隐而窥之,听其决断,大悦,谓侍臣白:"嵩宿德旧臣,历事四世,功存社稷;斤辩捷智谋,名闻遐迩;同晓解俗情,明练于事;观达于政要,识吾旨趣;浩博闻强识,精察天人;堆虽无大用,然在公专谨。以此六人辅相太子,吾与汝曹巡行四境,伐叛柔服,足以得志于天下矣。"

嵩实姓拔拔,斤姓达奚,观姓丘穆陵,堆姓丘敦。是时,魏之群臣出于代北者,姓多重复,及高祖迁洛,始皆改之。旧史患其烦杂难知,故皆从后姓以就简易,今从之。

魏主又以典东西部刘絜、门下奏事代人古弼、直郎徒河卢鲁元忠谨恭勤,使之给侍东宫,分典机要,宣纳辞令。太子聪明,有大度。群臣时奏所疑,帝曰:"此非我所知,当决之汝曹国主也。"

六月,壬申,以尚书仆射傅亮为中书监、尚书令,以领军将军谢晦领中书令,侍中谢方明为丹杨尹。方明善治郡,所至有能名。承代前人,不易其政,必宜改者,则以渐移变,使无迹可寻。

戊子,长沙景王道怜卒。

魏建义将军刁雍寇青州,州兵击破之。雍收散卒,走保大乡山。

秋,七月,己酉,葬武皇帝于初宁陵,庙号高祖。

河西王蒙逊遣前将军沮渠成都帅众一万,耀兵岭南,遂屯五(润)〔涧〕。九月,秦王炽磐遣征北将军出连虔等帅骑六千击之。

初,魏主闻高祖克长安,大惧,遣使请和,自是每岁交聘不绝。及高祖殂,殿中将军沈范等奉使在魏,还欻,及河,魏主遣人追执之,议发兵取洛阳、虎牢、滑台。崔浩谏曰:"陛下不以刘裕欻起,纳其使贡,裕亦敬事陛下。不幸今死,遽乘丧伐之,虽得之,不足为美。且国家今日亦未能一举取江南也,而徒有伐丧之名,窃为陛下不取。臣谓宜遣人吊祭,存其孤弱,恤其凶灾,使义声布于天下,则江南不攻自服矣。况裕新死,党与未离,兵临其境,必相帅拒战,功不可必。不如缓之,待其强臣争权,变难必起,然后命将出师,可以兵不疲劳,坐收淮北也。"魏主曰:"刘裕乘姚兴之死而灭之,今我乘裕丧而伐之,何为不可?"浩曰:"不然。姚兴死,诸子交争,故裕乘衅伐之。今江南无衅,不可比也。"魏主不从,假司空奚斤节,加晋兵大将军、行扬州刺史,使督宋兵将军、交州刺史周几、吴兵将军、广州刺史公孙表同入寇。

乙巳,魏主如灅南宫,遂如广宁。

辛亥,魏人筑平城外郭,周围三十二里。

魏主如乔山,遂东如幽州。冬,十月,甲戌,还宫。

魏军将发,公卿集议于监国之前,以先攻城与先略地。奚斤欲先攻城,崔浩曰:"南人长于守城,(若)〔昔〕苻氏攻襄阳,经年不拔。今以大兵坐攻小城,若不时克,挫伤军势,敌得徐严而来,我急彼锐,此危道也。不如分军略地,至淮为限,列置守宰,收敛租谷,则洛阳、滑台、虎牢更在军北,绝望南救,必沿河东走。不则为囿中之物,何忧其不获也!"公孙表固请攻城,魏主从之。于是奚斤等帅步骑二万,济河,营于滑台之东。

时司州刺史毛德祖戍虎牢,东郡太守王景度告急于德祖,德祖遣司马翟广等将步骑三千救之。

先是,司马楚之聚众在陈留之境,闻魏兵济河,遣使迎降。魏以楚之为征南将军、荆州刺史,使侵扰北境。德祖遣长社令王法政将五百人戍邵陵,将军刘怜将二百骑戍雍丘以备之。楚之引兵袭怜,不克。会台送军资,怜出迎之,酸枣民王玉驰以告魏。丁酉,魏尚书滑稽引兵袭仓垣,兵吏悉逾城走,陈留太守冯翊严稜诣斤降。魏以王玉为陈留太守,给兵守仓垣。

奚斤等攻滑台,不拔,求益兵。魏主怒,切责之。壬辰,自将诸国兵五万余人南出天关,逾恒岭,为斤等声援。

秦出连虔与河西沮渠成都战,禽之。

十一月,魏太子焘将兵出屯塞上,使安定王弥与安同居守。

庚戌,奚斤等急攻滑台,拔之。王景度出走,景度司马阳瓒为魏所执,不降而死。魏主以成皋侯苟儿为兖州刺史,镇滑台。

斤等进击翟广等于土楼,破之,乘胜进逼虎牢。毛德祖与战,屡破之。魏主别遣黑矟将军于栗䃅将三千人屯河阳,谋取金塘,德祖遣振威将军窦晃等缘河拒之。十二月,丙戌,魏主至冀州,遣楚兵将军、徐州刺史叔孙建将兵自平原济河,徇青、兖。豫州刺史刘粹遣治中高道瑾将步骑五百据项城,徐州刺史王仲德将兵屯湖陆。于栗䃅济河,与奚斤并方攻窦晃等,破之。

魏主遣中领军代人娥清、期思侯柔然闾大肥将兵七千人会周幾、叔孙建南渡河,军于碻磝。癸未,兖州刺史徐琰弃尹卯南走,于是泰山、高平、金乡等郡皆没于魏。叔孙建等东入青州,司马爱之、季之先聚众于济东,皆降于魏。

戊子,魏兵逼虎牢。青州刺史东莞竺夔镇东阳城,遣使告急。己丑,诏南兖州刺史檀道济监征讨诸军事,与王仲德共救之。庐陵王义真遣龙骧将军沈叔狸将三千人就刘粹,量宜赴援。

秦王炽磐征秦州牧昙达为左丞相、征东大将军。

营阳王

景平元年(癸亥、423)

春,正月,己亥朔,大赦,改元。

辛丑,帝祀南郊。

魏于栗䃅攻金塘,癸卯,河南太守王涓之弃城走。魏主以栗䃅为豫州刺史,镇洛阳。

魏主南巡恒岳,丙辰,至邺。

己未,诏征豫章太守蔡廓为吏部尚书。廓谓傅亮曰:"选事若悉以见付,不论;不然,不能拜也。"亮以语录尚书徐羡之,羡之曰:"黄、散以下悉以委蔡,吾徒不复措怀;自此以上,故宜共参同异。"廓曰:"我不能为徐干木署纸尾。"遂不拜。干木,羡之小字也。选案黄纸,录尚书与吏部尚书连名,故廓云然。

> 沈约论曰:蔡廓固辞铨衡,耻为志屈,岂不知选、录同体,义无偏断乎!

良以主暗时难,不欲居通塞之任。远矣哉!

庚申,檀道济军于彭城。

魏叔孙建入临淄,所向城邑皆溃。竺夔聚民保东阳城,其不入城者,使各依据山险,芟夷禾稼,魏军至,无所得食。济南太守垣苗帅众依夔。

刁雍见魏主于邺,魏主曰:"叔孙建等入青州,民皆藏避,攻城不下。彼素服卿威信,今遣卿助之。"乃以雍为青州刺史,给雍骑,使行募兵以取青州。魏兵济河向青州者凡六万骑,刁雍募兵得五千人,抚慰士民,皆送租供军。

柔然寇魏边。二月,戊辰,魏筑长城,自赤城西至五原,延袤二千余里,备置戍卒,以备柔然。

丁丑,太皇太后萧氏殂。

河西王蒙逊及吐谷浑王阿柴皆遣使入贡。庚辰,诏以蒙逊为都督凉、秦、河、沙四州诸军事、骠骑大将军、凉州牧、河西王,以阿柴为督塞表诸军事、安西将军、沙州刺史、浇河公。

三月,壬子,葬孝懿皇后于兴宁陵。

魏奚斤、公孙表等共攻虎牢,魏主自邺遣兵助之。毛德祖于城内穴地入七丈,分为六道,出魏围外。募敢死之士四百人,使参军范道基等帅之,从穴中出,掩袭其后,魏兵惊扰,斩首数百级,焚其攻具而还。魏兵虽退散,随复更合,攻之益急。

奚斤自虎牢将步骑三千攻颍川太守李元德等于许昌,元德等败走。魏以颍川人庾龙为颍川太守,戍许昌。

毛德祖出兵与公孙表大战,从朝至晡,杀魏兵数百。会奚斤自许昌还,合击德祖,大破之,亡甲士一千余人,复婴城自守。

魏主又遣万余人从白沙度河,屯濮阳南。

朝议以项城去魏不远,非轻军所抗,使刘粹召高道瑾还寿阳,若沈叔狸已进,亦宜且追。粹奏:"虏攻虎牢,未复南向,若遽摄军舍项城,则淮西诸郡无所凭依。沈叔狸已顿肥口,又不宜遽退。"时李元德帅散卒二百至项,刘粹使助高道瑾戍守,请宥其奔败之罪,朝议并许之。

乙巳,魏主畋于韩陵山,遂如汲郡,至枋头。

初,毛德祖在北,与公孙表有旧。表有权略,德祖患之,乃与交通音问,密遣人说奚斤,云表与之连谋。每答表书,辄多所治定。表以书示斤,斤疑之,以告魏主。先是,表与太史令王亮少同营署,好轻侮亮。亮奏:"表置军虎牢东,不得便地,故令贼不时灭。"魏主素好术数,以为然,积前后忿,使人夜就帐中缢杀之。

乙卯,魏主济自灵昌津,遂如东郡、陈留。

叔孙建将三万骑逼东阳城,城中文武才一千五百人,竺夔、垣苗悉力固守,时出奇兵击魏,破之。魏步骑绕城列陈十余里,大治攻具。夔作四重堑,魏人填其三重,为辒车以攻城,夔遣人从地道中出,以大麻絙挽之令折。魏人复作长围,进攻逾急。历时浸久,城转堕坏,战士多死伤,余众困乏,旦暮且陷。檀道济至彭城,以司、青二州并急,而所领兵少,不足分赴,青州道近,竺夔兵弱,乃与王仲德兼行先救之。

甲子,刘粹遣李元德袭许昌,斩庚龙。元德因留绥抚,并上租粮。

魏主至盟津。于栗䃅造浮桥于冶阪津。乙丑,魏主引兵北济,西如河内。娥清、周幾、闾大肥徇地至湖陆、高平,民屯聚而射之。清等尽攻破高平诸县,灭数千家,虏掠万余口。兖州刺史郑顺之戍湖陆,以兵少不敢出。

魏主又遣并州刺史伊楼拔助奚斤攻虎牢,毛德祖随方抗拒,颇杀魏兵,而将士稍零落。

夏,四月,丁卯,魏主如成皋,绝虎牢汲河之路。停三日,自督众攻城,竟不能下,遂如洛阳观《石经》。遣使祀嵩高。

叔孙建攻东阳,堕其北城三十许步,刁雍请速入,建不许,遂不克。及闻檀道济等将至,雍又谓建曰:"贼畏官军突骑,以锁连车为函陈。大岘以南,处处狭隘,车不得为轨。雍请将所募兵五千据险以邀之,破之必矣。"时天暑,魏军多疫。建曰:"兵人疫病过半,若相持不休,兵自死尽,何须复战!今全军而返,计之上也。"己巳,道济军于临朐。壬申,建等烧营及器械而遁。道济至东阳,粮尽,不能追。竺夔以东阳城坏,不可守,移镇不其城。

叔孙建自东阳趋滑台。道济分遣王仲德向尹卯,道济停军湖陆。仲德未至尹卯,闻魏兵已远,还就道济。刁雍遂留镇尹卯,招集谯、梁、彭、沛民五千余家,置二十七营以领之。

蛮王梅安帅渠帅数十人入贡于魏。初,诸蛮本居江、淮之间,其后种落滋蔓,布于数州,东连寿春,西通巴、蜀,北接汝、颍,往往有之。在魏世不甚为患,及晋,稍益繁昌,渐为寇暴。及刘、石乱中原,诸蛮无所忌惮,渐复北徙,伊阙以南,满于山谷矣。

河西世子政德攻晋昌,克之。唐契及弟和、甥李宝同奔伊吾,招集遗民,归附者至二千余家,臣于柔然。柔然以契为伊吾王。

秦王炽磐谓其群臣曰:"今宋虽奄有江南,夏人雄据关中,皆不足与也。独魏主奕世英武,贤能为用,且谶云'恒代之北当有真人',吾将举国而事之。"乃遣尚书郎漠者阿胡等入见于魏,贡黄金二百斤,并陈伐夏方略。

闰月,丁未,魏主如河内,登太行,至高都。

叔孙建自滑台西就奚斤,共攻虎牢。虎牢被围二百日,无日不战,劲兵战死殆尽,而魏增兵转多。魏人毁其外城,毛德祖于其内更筑三重城以拒之,魏人又毁其二重,德祖唯保一城,昼夜相拒,将士眼皆生疮,德祖抚之以恩,终无离心。时檀道济军湖陆,刘粹军项城,沈叔狸军高桥,皆畏魏兵强,不敢进。丁巳,魏人作地道以泄虎牢城中井,井深四十丈,山势峻峭,不可得防。城中人马渴乏,被创者不复出血,重以饥疫。魏仍急攻之,己未,城陷。将士欲扶德祖出走,德祖曰:"我誓与此城俱毙,义不使城亡而身存也。"魏主命将士:"得德祖者,必生致之。"将军代人豆代田执德祖以献。将佐在城中者,皆为魏所虏,唯参军范道基将二百人突围南还。魏士卒疫死者亦什二三。

奚斤等悉定司、兖、豫诸郡县,置守宰以抚之。魏主命周几镇河南,河南人安之。

徐羡之、傅亮、谢晦以亡失境土,上表自劾,诏勿问。

徐羡之兄子吴郡太守珮之颇豫政事,与侍中王韶之、程道惠、中书舍人邢安泰、潘盛结为党友。时谢晦久病,不堪见客,珮之等疑其诈疾,有异图,乃称羡之意以告傅亮,欲令亮作诏诛之。亮曰:"我等三人同受顾命,岂可自相诛戮!诸君果行此事,亮当角巾步出掖门耳。"珮之等乃止。

五月,魏主还平城。

六月,己亥,魏宜都文成王穆观卒。

丙辰,魏主北巡,至参合陂。

秋,七月,癸酉,尊帝母张夫人为皇太后。

魏主如三会屋侯泉。八月,辛丑,如马邑,观澤源。

柔然寇河西,河西王蒙逊命世子政德击之。政德轻骑进战,为柔然所杀,蒙逊立次子兴为世子。

九月,乙亥,魏主还宫。召奚斤还平城,留兵守虎牢;使(俄)〔娥〕清、周几镇枋头;以司马楚之所将户口置汝南、南阳、南顿、新蔡四郡,以益豫州。

冬,十月,癸卯,魏人广西宫外垣,周二十里。

秃发傉檀之死也,河西王蒙逊遣人诱其故太子虎台,许以番禾、西安二郡处之,且借之兵,使伐秦,报其父仇,复取故地。虎台阴许之,事泄而止。秦王炽磐之后,虎台之妹也,炽磐待之如初。后密与虎台谋曰:"秦本我之仇雠,虽以婚姻待之,盖时宜耳。先王之薨,又非天命,遗令不治者,欲全济子孙故也。为人子者,岂可臣妾于仇雠而不思报复乎!"乃与武卫将军越质洛城谋弑炽磐。后妹为炽磐左夫人,有宠,知其谋而告之,炽磐杀后及虎台等十余人。

十一月,魏周几寇许昌,许昌溃,颍川太守李元德奔项。戊辰,魏人围汝阳,汝阳太守王公度亦奔项。刘粹遣其将姚耸夫等将兵助守项城。魏人夷许昌城,毁钟城,以立封疆而还。

己巳,魏太宗殂。壬申,世祖即位,大赦。十二月,庚子,魏葬明元帝于金陵,庙号太宗。

魏主追尊其母杜贵嫔为密皇后。自司徒长孙嵩以下普增爵位。以襄城公卢鲁元为中书监,会稽公刘絜为尚书令,司卫监尉眷、散骑侍郎刘库仁等八人分典四部。眷,古真之弟子也。

以河内镇将代人罗结为侍中、外都大官,总三十六曹事。结时年一百七,精爽不衰,魏主以其忠悫,亲任之,使兼长秋卿,监典后宫,出入卧内。年一百一十,乃听归老,朝廷每有大事,遣骑访焉。又十年乃卒。

左光禄大夫崔浩研精经术,练习制度,凡朝廷礼仪,军国书诏,无不关掌。浩不好老、庄之书,曰:"此矫诬之说,不近人情。老聃习礼,仲尼所师,岂肯为败法之书,以乱先王之治乎!"尤不信佛法,曰:"何为事此胡神!"及世祖即位,左右多毁之。帝不得已,命浩以公归第。然素知其贤,每有疑议,辄召问之。浩纤妍洁白,如美妇人,常自谓才比张良而稽古过之。即归第,因修服食养性之术。

初,嵩山道士寇谦之,赞之弟也,修张道陵之术,自言尝遇老子降,命谦之继道陵为天师,授以辟谷轻身之术及《科戒》二十卷,使之清整道教。又遇神人李谱文,云老子之玄孙也,授以《图箓真经》六十余卷,使之辅佐北方太平真君,出天宫静轮之法。其中数篇,李君之手笔也。谦之奉其书献于魏主。朝野多未之信,崔浩独师事之,从受其术,且上书赞明其事曰:"臣闻圣王受命,必有天应,《河图》《洛书》皆寄言于虫兽之文,未若今日人神接对,手笔粲然,辞旨深妙,自古无比。岂可以世俗常虑,而忽上灵之命。臣窃惧之。"帝欣然,使谒者奉玉帛、牲牢祭嵩岳,迎致谦之弟子在山中者,以崇奉天师,显扬新法,宣布天下。起天师道场于平城之东南,重坛五层,给道士百二十人衣食,每月设厨会数千人。

臣光曰:老、庄之书,大指欲同死生,轻去就。而为神仙者,服饵修炼以求轻举,炼草石为金银,其为术正相戾矣。是以刘歆《七略》叙道家为诸子,神仙为方技。其后复有符水、禁咒之术,至谦之遂合而为一,至今循之,其诬甚矣!崔浩不喜佛、老之书而信谦之之言,其故何哉!昔臧文仲祀爰居,孔子以为不智。如谦之者,其为爰居亦大矣。《诗》三百,一言以蔽之,曰思无邪。"君子之于择术,可不慎哉!

资治通鉴卷第一百二十

端明殿学士兼翰林侍读学士朝散大夫右谏议大夫充集贤殿修撰提举西京嵩山崇福宫上柱国河内郡开国侯食邑一千八百户食实封六百户赐紫金鱼袋臣 司马光 奉敕编集

宋纪二 起阏逢困敦（甲子），尽强圉单阏（丁卯），凡四年。

太祖文皇帝上之上

元嘉元年（甲子、424）

春，正月，魏改元始光。

丙寅，魏安定殇王弥卒。

营阳王居丧无礼，好与左右狎昵，游戏无度。特进致仕范泰上封事曰："伏闻陛下时在后园，颇习武备，鼓鞞在宫，声闻于外。黩武掖庭之内，喧哗省闼之间，非徒不足以威四夷，只生远近之怪。陛下践祚，委政宰臣，实同高宗谅闇之美。而更亲狎小人，惧非社稷至计，经世之道也。"不听。泰，宁之子也。

南豫州刺史庐陵王义真，警悟爱文义，而性轻易，与太子左卫率谢灵运、员外常侍颜延之、慧琳道人情好款密。尝云："得志之日，以灵运、延之为宰相，慧琳为西豫州都督。"灵运，玄之孙也，性褊傲，不遵法度，朝廷但以文义处之，不以为有实用。灵运自谓才能宜参权要，常怀愤邑。延之，含之曾孙也，嗜酒放纵。徐羡之等恶义真与灵运等游，义真故吏范晏从容戒之，义真曰："灵运空疏，延之隘薄，魏文帝所谓'古今文人类不护细行'者也。但性情所得，未能忘言于悟赏耳。"于是羡之等以为灵运、延之构扇异同，非毁执政，出灵运为永嘉太守，延之为始安太守。

义真至历阳，多所求索，执政每裁量不尽与，义真深怨之，数有不平之言，又表求还都。谘议参军庐江何尚之屡谏，不听。时羡之等已密谋废帝，而次立者应在义真，乃因义真与帝有隙，先奏列其罪恶，废为庶人，徙新安郡。前吉阳令堂邑张约之上疏曰："庐陵王少蒙先皇优慈之遇，长受陛下睦爱之恩，故在心必言，所怀必亮，容犯臣子之道，致招骄恣之愆。至于天姿凤成，实有卓然之美，宜在容养，录善掩瑕，训尽义方，进退以渐。今猥加剥辱，幽徙远郡，上伤陛下常棣之笃，下令远近怅然失图。臣伏思大宋开基造次，根条未繁，宜广树藩戚，敦睦以道。人谁无过，贵能自新。以武皇之爱子，陛下之懿弟，岂可以其一眚，长致沦弃哉！"书奏，以约之为梁州府参军，寻杀之。

夏,四月,甲辰,魏主东巡大宁。

秦王炽磐遣镇南将军吉毗等帅步骑一万南伐白苟、车孚、崔提、旁为四国,皆降之。

徐羡之等以南兖州刺史檀道济先朝旧将,威服殿省,且有兵众,乃召道济及江州刺史王弘入朝。五月,皆至建康,以废立之谋告之。

甲申,谢晦以领军府屋败,悉令家人出外,聚将士于府内。又使中书舍人邢安泰、潘盛为内应。夜,邀檀道济同宿,晦悚动不得眠,道济就寝便熟,晦以此服之。

时帝于华林园为列肆,亲自沽卖。又与左右引船为乐,夕游天渊池,即龙舟而寝。乙酉诘旦,道济引兵居前,羡之等继其后,入自云龙门,安泰等先诫宿卫,莫有御者。帝未兴,军士进杀二侍者,伤帝指。扶出东阁,收玺绶,群臣拜辞,卫送故太子宫。

侍中程道惠劝羡之等立皇弟南豫州刺史义恭。羡之等以宜都王义隆素有令望,又多符瑞,乃称皇太后令,数帝过恶,废为营阳王,以宜都王纂承大统,赦死罪以下。又称皇太后令,奉还玺绶。并废皇后为营阳王妃,迁营阳王于吴。使檀道济入守朝堂。王至吴,止金昌亭。六月,癸丑,羡之等使邢安泰就弑之。王多力,突走出昌门,追者以门关踣而弑之。

> 裴子野论曰:古者人君养子,能言而师授之辞,能行而傅相之礼。宋之教诲,雅异于斯,居中则任仆妾,处外则近趋走。太子、皇子,有帅,有侍,是二职者,皆台皂也。制其行止,授其法则,导达臧否,罔弗由之。言不及于礼义,识不达于今古,谨敕者能劝之以吝啬,狂愚者或诱之以凶慝。虽有师傅,多以耆艾大夫为之;虽有友及文学,多以膏粱年少为之,具位而已,亦弗与游。幼王临州,长史行事,宣传教命,又有典签,往往专恣,窃弄威权,是以本枝虽茂而端良甚寡。嗣君冲幼,世继奸回,虽恶物丑类,天然自出,然习则生常,其流远矣。降及太宗,举天下而弃之,亦昵比之为也。呜呼!有画有家,其鉴之矣!

傅亮帅行台百官奉法驾迎宜都王于江陵。祠部尚书蔡廓至浔阳,遇疾,不堪前。亮与之别,廓曰:“营阳在吴,宜厚加供奉。一旦不幸,卿诸人有弑主之名,欲立于世,将可得邪!”时亮已与羡之议害营阳王,乃驰信止之,不及。羡之大怒曰:“与人共计议,如何旋背即卖恶于人邪?”羡之等又遣使者杀前庐陵王义真于新安。

羡之以荆州地重,恐宜都王至,或别用人,乃亟以录命除领军将军谢晦行都督荆、湘等七州诸军事、荆州刺史,欲令居外为援,精兵旧将,悉以配之。

秋,七月,行台至江陵,立行门于城南,题曰"大司马门"。傅亮帅百僚诣门上表,进玺绂,仪物甚盛。宜都王时年十八,下教曰:"猥以不德,谬降大命,顾己兢悸,何以克堪。辄当暂归朝廷,展哀陵寝,并与贤彦申写所怀。望体其心,勿为辞费。"府州佐史并称臣,请题榜诸门,一依宫省,王皆不许。教州、府、国纲纪宥所统内见刑,原逋责。

诸将佐闻营阳、庐陵王死,皆以为疑,劝王不可东下。司马王华曰:"先帝有大功于天下,四海所服。虽嗣主不纲,人望未改。徐羡之中才寒士,傅亮布衣诸生,非有晋宣帝、王大将军之心明矣。受寄崇重,未容遽敢背德。畏庐陵严断,将来必不自容。以殿下宽叡慈仁,远近所知,且越次奉迎,冀以见德。悠悠之论,殆必不然。又,羡之等五人,同功并位,孰肯相让!就怀不轨,势必不行。废主若存,虑其将来受祸,致此杀害。盖由贪生过深,宁敢一朝顿怀逆志!不过欲握权自固,以少主仰待耳。殿下但当长驱六辔,以副天人之心。"王曰:"卿复欲为宋昌邪!"长史王昙首、南蛮校尉到彦之皆劝王行,昙首仍陈天人符应。王乃曰:"诸公受遗,不容背义。且劳臣旧将,内外充满,今兵力又足以制物,夫何所疑!"乃命王华总后任,留镇荆州。王欲使到彦之将兵前驱,彦之曰:"了彼不反,便应朝服顺流。若使有虞,此师既不足恃,更开嫌隙之端,非所以副远迩之望也。"会雍州刺史褚叔度卒,乃遣彦之权镇襄阳。

甲戌,王发江陵,引见傅亮,号泣,哀动左右。既而问义真及少帝薨废本末,悲哭呜咽,侍侧者莫能仰视。亮流汗沾背,不能对。乃布腹心于到彦之、王华等,深自结纳。王以府州文武严兵自卫,台所遣百官众力不得近部伍。中兵参军朱容子抱刀处王所乘舟户外,不解带者累旬。

魏主还宫。

秦王炽磐遣太子暮末帅征北将军木弈干等步骑三万出貔渠谷,攻河西白草岭、临松郡,皆破之,徙民二万余口而还。

八月,丙申,宜都王至建康,群臣迎拜于新亭。徐羡之问傅亮曰:"王可方谁?"亮曰:"晋文、景以上人。"羡之曰:"必能明我赤心。"亮曰:"不然。"

丁酉,王谒初宁陵,还,止中堂。百官奉玺绂,王辞让数四,乃受之,即皇帝位于中堂。备法驾入宫,御太极前殿,大赦,改元,文武赐位二等。

戊戌,谒太庙。诏复庐陵王先封,迎其柩及孙脩华、谢妃还建康。

庚子,以行荆州刺史谢晦为真。晦将行,与蔡廓别,屏人问曰:"吾其免乎?"廓曰:"卿受先帝顾命,任以社稷,废昏立明,义无不可。但杀人二兄而以之北面,挟震主之威,据上流之重,以古推今,自免为难。"晦始惧不得去,既发,顾望石头城,喜曰:"今得脱矣。"

癸卯，徐羡之进位司徒，王弘进位司空，傅亮加开府仪同三司，谢晦进号卫将军，檀道济进号征北将军。

有司奏车驾依故事临华林园听讼。诏曰："政刑多所未悉，可如先者，二公推讯。"

帝以王昙首、王华为侍中，昙首领右卫将军，华领骁骑将军，朱容子为右军将军。

甲辰，追尊帝母胡婕妤曰章皇后。封皇弟义恭为江夏王，义宣为竟陵王，义季为衡阳王。仍以义宣为左将军，镇石头。

徐羡之等欲即以到彦之为雍州，帝不许，征彦之为中领军，委以戎政。彦之自襄阳南下，谢晦已至镇，虑彦之不过己。彦之至杨口，步往江陵，深布诚款，晦亦厚自结纳。彦之留马及利剑、名刀以与晦，晦由此大安。

柔然纥升盖可汗闻魏太宗殂，将六万骑入云中，杀掠吏民，攻拔盛乐宫。魏世祖自将轻骑讨之，三日二夜至云中。纥升盖引骑围魏主五十余重，骑逼马首，相次如堵。将士大惧，魏主颜色自若，众情乃安。纥升盖以弟子于陟斤为大将，魏人射杀之，纥升盖惧，遁去。尚书令刘絜言于魏主曰："大檀自恃其众，必将复来，请俟收田毕，大发兵为二道，东西并进以讨之。"魏主然之。

九月，丙子，立妃袁氏为皇后，耽之曾孙也。

冬，十月，吐谷浑威王阿柴卒。阿柴有子二十人，疾病，召诸子弟谓之曰："先公车骑以大业之故，舍其子拾虔而授孤，孤敢私于纬代而忘先君之志乎！我死，汝曹当奉慕璝为主。"纬代者，阿柴之长子；慕璝者，阿柴之母弟、叔父乌纥提之子也。阿柴又命诸子各献一箭，取一箭授其弟慕利延使折之，慕利延折之。又取十九箭使折之，慕利延不能折。阿柴乃谕之曰："汝曹知之乎？孤则易折，众则难摧。汝曹当戮力一心，然后可以保国宁家。"言终而卒。

慕璝亦有才略，抚纳秦、凉失业之民及氐、羌杂种至五六百落，部众转盛。

十二月，魏主命安集将军长孙翰、安北将军尉眷北击柔然，魏主自将屯柞山。柔然北遁，诸军追之，大获而还。翰，肥之子也。

诏拜营阳王母张氏为营阳太妃。

林邑王范阳迈寇日南、九德诸郡。

宕昌王梁弥忽遣子弥黄入见于魏。宕昌，羌之别种也。羌地东接中国，西通西域，长数千里，各有酋帅，部落分地，不相统摄，而宕昌最强，有民二万余落，诸种畏之。

夏主将废太子璝而立少子酒泉公伦。璝闻之，将兵七万北伐伦。伦将骑三万拒之，战于高平，伦败死。伦兄太原公昌将骑一万袭璝，杀之，并其众八万五千,归于统万。夏主大悦,立昌为太子。夏主好自矜大,名其四门:东曰招魏,南曰朝宋,西曰服凉,北曰平朔。

二年(乙丑、425)

春,正月,徐羡之、傅亮上表归政,表三上,帝乃许之。丙寅,始亲万机。羡之仍逊位还第,徐珮之、程道惠及吴兴太守王韶之等并谓非宜,敦劝甚苦,乃复奉诏视事。

辛未,帝祀南郊,大赦。

己卯,魏主还平城。

二月,燕有女子化为男。燕主以问群臣,尚书左丞傅权对曰:"西汉之末,雌鸡化为雄,犹有王莽之祸。况今女化为男,臣将为君之兆也。"

三月,丙寅,魏主尊保母窦氏为保太后。密后之姐也,世祖尚幼,太宗以窦氏慈良,有操行,使保养之。窦氏抚视有恩,训导有礼,世祖德之,故加以尊号,奉养不异所生。

丁巳,魏以长孙嵩为太尉,长孙翰为司徒,奚斤为司空。

夏,四月,秦王炽磐遣平远将军叱卢犍等袭河西镇南将军沮渠白蹄于临松,擒之,徙其民五千余户于枹罕。

魏主遣龙骧将军步堆等来聘,始复通好。

六月,武都惠文王杨盛卒。初,盛闻晋亡,不改义熙年号,谓世子玄曰:"吾老矣,当终为晋臣,汝善事宋帝。"及盛卒,玄自称都督陇右诸军事、征西大将军、开府仪同三司、秦州刺史、武都王,遣使来告丧,始用元嘉年号。

秋,七月,秦王炽磐遣镇南将军吉毗等南击黑水羌酋丘担,大破之。

八月,夏武烈帝殂,葬嘉平陵,庙号世祖。太子昌即皇帝位。大赦,改元承光。

王弘自以始不预定策,不受司空,表让弥年,乃许之。乙酉,以弘为车骑大将军、开府仪同三司。

冬,十月,丘担以其众降秦,秦以担为归善将军;拜折冲将军乞伏信帝为平羌校尉以镇之。

癸卯,魏主大举伐柔然,五道并进:长孙翰等从东道出黑漠,廷尉卿长孙道生等出白、黑二漠之间,魏主从中道,东平公娥清出栗园,奚斤等从西道出尔寒山。诸军至漠南,舍辎重,轻骑赍十五日粮,度漠击之。柔然部落大惊,绝迹北走。

十一月,以武都世子玄为北秦州刺史、武都王。

初,会稽孔甯子为帝镇西谘议参军,及即位,以甯子为步兵校尉。与侍中王华并有富贵之愿,疾徐羡之、傅亮专权,日夜构之于帝。会谢晦二女当适彭城王义康、新野侯义宾,遣其妻曹氏及长子世休送女至建康。帝欲诛羡之、亮,并发兵讨晦,声言当伐魏,取河南,又言拜京陵,治行装舰。亮与晦书曰:"薄伐河朔,事犹未已,朝野之虑,忧惧者多。"又言:"朝士多谏北征,上当遣外监万幼宗往相谘访。"时朝廷处分异常,其谋颇泄。

三年(丙寅、426)

春,正月,谢晦弟黄门侍郎𬀷驰使告晦,晦犹谓不然,以傅亮书示谘议参军何承天曰:"计幼宗一二日必至。傅公虑我好事,故先遣此书。"承天曰:"外间所闻,咸谓西讨已定,幼宗岂有上理!"晦尚谓虚妄,使承天豫立答诏启草,言伐虏宜须明年。江夏内史程道惠得寻阳人书,言"朝廷将有大处分,其事已审",使其辅国府中兵参军乐冏封以示晦。晦问承天曰:"若果尔,卿令我云何?"对曰:"蒙将军殊顾,常思报德。事变至矣,何敢隐情!然明日戒严,动用军法,区区所怀,惧不得尽。"晦惧曰:"卿岂欲我自裁邪?"承天曰:"尚未至此。以王者之重,举天下以攻一州,大小既殊,逆顺又异,境外求全,上计也。其次以腹心将兵屯义阳,将军自帅大众战于夏口,若败,即趋义阳以出北境,其次也。"晦良久曰:"荆州用武之地,兵粮易给,聊且决战,走夏何晚!"乃使承天造立表檄,又与卫军谘议参军琅邪颜邵谋举兵,邵饮药而死。

晦立幡戒严,谓司马庾登之曰:"今当自下,欲屈卿以三千人守城,备御刘粹。"登之曰:"下官亲老在都,又素无部众,情计二三,不敢受此旨。"晦仍问诸将佐:"战士三千足守城否?"南蛮司马周超对曰:"非徒守城而已,若有外寇,可以立功。"登之因曰:"超必能办,下官请解司马、南郡以授之。"晦即于坐命超为司马,领南义阳太守;转登之为长史,南郡如故。登之,蕴之孙也。

帝以王弘、檀道济始不预废弑之谋,弘弟昙首又为帝所亲委,事将发,密使报弘,且召道济,欲使讨晦。王华等皆以为不可,帝曰:"道济止于胁从,本非创谋,杀害之事,又所不关。吾抚而使之,必将无虑。"乙丑,道济至建康。

丙寅,下诏暴羡之、亮、晦杀营阳、庐陵王之罪,命有司诛之,且曰:"晦据有上流,或不即罪,朕当亲帅六师为其过防。可遣中领军到彦之即日电发,征北将军檀道济骆驿继路,符卫军府州,以时收剪,已命雍州刺史刘粹等断其走伏。罪止元凶,余无所问。"

是曰,诏召羡之、亮。羡之行至西明门外,谢𬀷正直,遣报亮云:"殿内有异处分。"亮辞以嫂病暂还,遣信报羡之。羡之还西州,乘内人问讯车出郭,步走至新林,入陶灶中自经死。亮乘车出郭门,乘马奔兄迪墓,屯骑校尉郭泓收之。至广莫门,上遣中书舍人以诏书示亮,并谓曰:"以公江陵之诚,当使诸子无恙。"亮读诏书讫,曰:"亮受先帝布衣之眷,遂蒙顾托。黜昏立明,社稷之计也。欲加之罪,其无辞乎!"于是诛亮而徙其妻子于建安;诛羡之二子,而宥其兄子珮之。又诛晦子世休,收系谢嚼。

帝将讨谢晦,问策于檀道济,对曰:"臣昔与晦同从北征,入关十策,晦有其九,才略明练,殆为少敌。然未尝孤军决胜,戎事恐非其长。臣悉晦智,晦悉臣勇。今奉王命以讨之,可未陈而擒也。"丁卯,征王弘为侍中、司徒、录尚书事、扬州刺史,以彭城王义康为都督荆、湘等八州诸军事、荆州刺史。

乐冏复遣使告谢晦以徐、傅及嚼等已诛。晦先举羡之、亮哀,次发子弟凶问,既而自出射堂勒兵。晦从高祖征讨,指麾处分,莫不曲尽其宜,数日间,四远投集,得精兵三万人。乃奉表称羡之、亮等忠贞,横被冤酷。且言:"臣等若志欲执权,不专为国,初废营阳,陛下在远,武皇之子尚有童幼,拥以号令,谁敢非之! 岂得溯流三千里,虚馆七旬,仰望鸾旗者哉? 故庐陵王于营阳之世,积怨犯上,自贻非命。不有所废,将何以兴! 耿弇不以贼遗君、父,臣亦何负于宋室邪? 此皆王弘、王昙首、王华险躁猜忌,谗构成祸。今当举兵以除君侧之恶。"

秦王炽磐复(遗)〔遣〕使如魏,请用师于夏。

初,袁皇后生皇子劭,后自详视,使驰白帝曰:"此儿形貌异常,必破国亡家,不可举。"即欲杀之。帝狼狈至后殿户外,手拨幔禁之,乃止。以尚在谅闇,故秘之。闰月,丙戌,始言劭生。

帝下诏戒严,大赦,诸军相次进路以讨谢晦。晦以弟遯为竟陵内史,将万人总留任,帅众二万发江陵,列舟舰自江津至于破冢,旌旗蔽日,叹曰:"恨不得以此为勤王之师!"

晦欲遣兵袭湘州刺史张邵,何承天以邵兄益州刺史茂度与晦善,曰:"邵意趣未可知,不宜遽击之。"晦以书招邵,邵不从。

二月,戊午,以金紫光禄大夫王敬弘为尚书左仆射,建安太守郑鲜之为右仆射。敬弘,廙之曾孙也。

庚申,上发建康。命王弘与彭城王义康居守,入居中书下省;侍中殷景仁参掌留任;帝姊会稽长公主留止台内,总摄六宫。

谢晦自江陵东下,何承天留府不从。晦至江口,到彦之已至彭城洲。庾登之据巴陵,畏懦不敢进。会霖雨连日,参军刘和之曰:"彼此共有雨耳,檀征北寻至,东军方强,唯宜速战。"登之框怯,使小将陈祐作大囊,贮茅悬于帆樯,云可以焚舰,用火宜须晴,以缓战期。晦然之,停军十五日。乃使中兵参军孔延秀攻将军萧欣于彭城洲,破之。又攻洲口栅,陷之。诸将咸欲退还夏口,到彦之不可,乃保隐圻。晦又上表自讼,且自矜其捷,曰:"陛下若枭四凶于庭庭,悬三监于绛阙,臣便勒众旋旗,还保所任。"

初,晦与徐羡之、傅亮为自全之计,以为晦据上流,而檀道济镇广陵,各有强兵,足以制朝廷;羡之、亮居中秉权,可得持久。及闻道济帅众来上,惶惧无计。

道济既至,与到彦之军合,牵舰缘岸。晦始见舰数不多,轻之,不即出战。至晚,因风帆上,前后连咽,西人离沮,无复斗心。戊辰,台军至忌置洲尾,列舰过江,晦军一时皆溃。晦夜出,投巴陵,得小船还江陵。

先是,帝遣雍州刺史刘粹自陆道帅步骑袭江陵,至沙桥,周超帅万余人逆战,大破之,士众伤死者过半。俄而晦败问至。初,晦与粹善,以粹子旷之为参军;帝疑之,王弘曰:"粹无私,必无忧也。"及受命南讨,一无所顾,帝以此嘉之。晦亦不杀旷之,遣还粹所。

丙子,帝自芜湖东还。

晦至江陵,无它处分,唯愧谢周超而已。其夜,超舍军单舸诣到彦之降。晦众散略尽,乃携其弟遁等七骑北走。遁肥壮,不能乘马,晦每待之,行不得速。己卯,至安陆延头,为戍主光顺之所执,槛送建康。

到彦之至马头,何承天自归。彦之因监荆州府事,以周超为参军,刘粹以沙桥之败告,乃执之。于是诛晦、曕、遁及其兄弟之子,并同党孔延秀、周超等。晦女彭城王妃被发徒跣,与晦诀曰:"大丈夫当横尸战场,奈何狼藉都市!"庾登之以无任,免官禁锢,何承天及南蛮行参军新兴王玄谟等皆见原。晦之走也,左右皆弃之,唯延陵盖追随不舍,帝以盖为镇军功曹督护。

晦之起兵,引魏南蛮校尉王慧龙为援。慧龙帅众一万拔思陵戍,进围项城,闻晦败,乃退。

益州刺史张茂度受诏袭江陵,晦败,茂度军始至白帝。议者疑茂度有贰心,帝以茂度弟邵有诚节,赦不问,代还。

三月,辛巳,帝还建康,征谢灵运为秘书监,颜延之为中书侍郎,赏遇甚厚。

帝以慧琳道人善谈论,因与议朝廷大事,遂参权要,宾客辐凑,门车常有数十两,四方赠赂相系,方筵七八,座上恒满。琳著高屐,披貂裘,置通呈、书佐。会稽孔觊尝诣之,遇宾客填咽,喧凉而已。觊慨然曰:"遂有黑衣宰相,可谓冠屦失所矣!"

夏,五月,乙未,以檀道济为征南大将军、开府仪同三司、江州刺史,到彦之为南豫州刺史。遣散骑常侍袁渝等十六人分行诸州郡县,观察吏政,访求民隐,又使郡县各言损益。丙午,上临延贤堂听讼,自是每岁三讯。

左仆射王敬弘,性恬淡,有重名。关署文案,初不省读。尝预听讼,上问以疑狱,敬弘不对。上变色,问左右:"何故不以讯牒副仆射?"敬弘曰:"臣乃得讯牒读之,正自不解。"上甚不悦,虽加礼敬,不复以时务及之。

六月,以右卫将军王华为中护军,侍中如故。华以王弘辅政,王昙首为上所亲任,与己相埒,自谓力用不尽,每叹息曰:"宰相顿有数人,天下何由得治!"是时,宰相无常官,唯人主所与议论政事、委以机密者,皆宰相也,故华有是言。亦有任侍中而不为宰相者;然尚书令、仆,中书监、令,侍中、侍郎,给事中,皆当时要官也。

华与刘湛、王昙首、殷景仁俱为侍中,风力局干,冠冕一时。上尝与四人于合殿宴饮,甚悦。既罢出,上目送良久,叹曰:"此四贤,一时之秀,同管喉唇,恐后世难继也。"

黄门侍郎谢弘微与华等皆上所重,当时号曰五臣。弘微,琰之从孙也。精神端审,时然后言,婢仆之前不妄语笑,由是尊卑大小,敬之若神。从叔混特重之,常曰:"微子异不伤物,同不害正,吾无间然。"

上欲封王昙首、王华等,拊御床曰:"此坐非卿兄弟,无复今日。"因出封诏以示之。昙首固辞曰:"近日之事,赖陛下英明,罪人斯得。臣等岂可因国之灾以为身幸!"上乃止。

魏主诏问公卿:"今当用兵,赫连、蠕蠕,二国何先?"长孙嵩、长孙翰、奚斤皆曰:"赫连土著,未能为患。不如先伐蠕蠕,若追而及之,可以大获;不及,则猎于阴山,取其禽兽皮角以充军实。"太常崔浩曰:"蠕蠕鸟集兽逃,举大众追之则不能及,轻兵追之又不足以制敌。赫连氏土地不过千里,政刑残虐,人神所弃,宜先伐之。"尚书刘絜、武京侯安原请先伐燕。于是魏主自云中西巡至五原,因畋于阴山,东至和兜山。秋,八月,还平城。

诏殿中将军吉恒聘于魏。

燕太子永卒,立次子翼为太子。

秦王炽磐伐河西,至廉川,遣太子暮末等步骑三万攻西安,不克,又攻番禾。河西王蒙逊发兵御之,且遣使说夏主,使乘虚袭枹罕。夏主遣征南大将军呼卢古将骑二万攻苑川,车骑大将军韦伐将骑三万攻南安。炽磐闻之,引归。九月,徙其境内老弱、畜产于浇河及莫河仍寒川,留左丞相昙达守枹罕。韦伐攻拔南安,获秦秦州刺史翟爽、南安太守李亮。

吐谷浑握逵等帅部众二万余落叛秦,奔昂川,附于吐谷浑王慕璝。

大旱,蝗。

左光禄大夫范泰上表曰:"妇人有三从之义,无自专之道。谢晦妇女犹在尚方,唯陛下留意。"有诏原之。

魏主闻夏世祖殂,诸子相图,国人不安,欲伐之。长孙嵩等皆曰:"彼若城守,以逸待劳,大檀闻之,乘虚入寇,此危道也。"崔浩曰:"往年以来,荧惑再守羽林,钩已而行,其占秦亡。今年五星并出东方,利于西伐。天人相应,不可失也。"嵩固争之,帝大怒,责嵩在官贪污,命武士顿辱之。于是遣司空奚斤帅四万五千人袭蒲坂,宋兵将军周幾帅万人袭陕城,以河东太守薛谨为乡导。谨,辩之子也。

魏主欲以中书博士平棘李顺总前驱之兵,访于崔浩,浩曰:"顺诚有筹略,然臣与之婚姻,深知其为人果于去就,不可专委。"帝乃止。浩与顺由是有隙。

冬,十月,丁巳,魏主发平城。

秦左丞相昙达与夏呼卢古战于嵚岅山,昙达兵败。十一月,呼卢古、韦伐进攻枹罕。秦王炽磐迁保定连。呼卢古入南城,镇京将军赵寿生帅死士三百人力战,却之。呼卢古、韦伐又攻沙州刺史出连虔于湟河,虔遣后将军乞伏万年击败之。又攻西平,执安西将军库洛干,坑战士五千余人,掠民二万余户而去。

仇池氏杨兴平求内附。梁、南秦二州刺史吉翰遣始平太守庞咨据武兴。氏王杨玄遣其弟难当为将拒咨,咨击走之。

魏主行至君子津,会天暴寒,冰合,戊寅,帅轻骑二万济河袭统万。壬午,冬至,夏主方燕群臣,魏师奄至,上下惊扰。魏主军于黑水,去城三十余里。夏主出战而败,退走入城。门未及闭,内三郎豆代田帅众乘胜入西宫,焚其西门。宫门闭,代田逾宫垣而出。魏主拜代田勇武将军。魏军夜宿城北。癸未,分兵四掠,杀获数万,得牛马十余万。魏主谓诸将曰:"统万未可得也,它年当与卿等取之。"乃徙其民万余家而还。

夏弘农太守曹达闻周幾将至,不战而走。魏师乘胜长驱,遂入三辅。会幾卒于军中,蒲坂守将东平公乙斗闻奚斤将至,遣使诣统万告急。使者至统万,魏军已围其城,还告乙斗曰:"统万已败矣。"乙斗惧,弃城西奔长安,斤遂克蒲坂。夏主之弟助兴先守长安,乙斗至,与助兴弃长安,西奔安定。十二月,斤入长安,秦、雍氐羌皆诣斤降。河西王蒙逊及氐王杨玄闻之,皆遣使附魏。

前吴郡太守徐珮之聚党百余人,谋以明年正会于殿中作乱,事觉,壬戌,收斩之。

营阳太妃张氏卒。

秦征南将军吉毗镇南漒,陇西人辛澹帅户三千据城逐毗,毗走还枹罕,澹南奔仇池。

魏初得中原,民多逃隐。天兴中,诏采诸漏户,令输缯帛,于是自占为纸茧罗縠者甚众,不隶郡县,赋役不均。是岁,始诏一切罢之,以属郡县。

四年(丁卯、427)

春,正月,辛巳,帝祀南郊。

乙酉,魏主还平城。统万徙民在道多死,能至平城者什才六七。

己亥,魏主如幽州。夏主遣平原公定帅众二万向长安。魏主闻之,伐木阴山,大造攻具,再谋伐夏。

山羌叛秦。二月,秦王炽磐遣左丞相昙达招慰武始诸羌,征南将军吉毗招慰洮阳诸羌。羌人执昙达送夏。吉毗为羌所击,奔还,士马死伤者什八九。

魏主还平城。

乙卯,帝如丹徒。己巳,谒京陵。初,高祖既贵,命藏微时耕具以示子孙。帝至故宫,见之,有惭色。近侍或进曰:"大舜躬耕历山,伯禹亲事水土。陛下不睹遗物,安知先帝之至德,稼穑之艰难乎!"

三月,丙子,魏主遣高凉王礼镇长安。礼,斤之孙也。又诏执金吾桓贷造桥于君子津。

丁丑,魏广平王连卒。

丁亥,帝还建康。

戊子,尚书右仆射郑鲜之卒。

秦王炽磐以辅国将军段晖为凉州刺史,镇乐都;平西将军麹景为沙州刺史,镇西平;宁朔将军出连辅政为梁州刺史,镇赤水。

夏,四月,丁未,魏员外散骑常侍步堆等来聘。

庚戌,以廷尉王徽之为交州刺史,征前刺史杜弘文。弘文有疾,自舆就路。或劝之待病愈,弘文曰:"吾杖节三世,常欲投躯帝庭,况被征乎!"遂行,卒于广州。弘文,慧度之子也。

魏奚斤与夏平原公定相持于长安。魏主欲乘虚伐统万,简兵练士,部分诸将,命司徒长孙翰等将三万骑为前驱,常山王素等将步兵三万为后继,南阳王伏真等将步兵三万部送攻具,将军贺多罗将精骑三千为前候。素,遵之子也。五月,魏主发平城,命龙骧将军代人陆俟督诸军镇大碛以备柔然。辛巳,济君子津。

壬午,中护军王华卒。

魏主至拔邻山,筑城,舍辎重,以轻骑三万倍道先行。群臣咸谏曰:"统万城坚,非朝夕可拔。今轻车讨之,进不可克,退无所资,不若与步兵、攻具一时俱往。"帝曰:"用兵之术,攻城最下,必不得已,然后用之。今以步兵、攻具皆进,彼必惧而坚守。若攻不时拔,食尽兵疲,外无所掠,进退无地。不如以轻骑直抵其城,彼见步兵未至,意必宽弛,吾羸形以诱之,彼或出战,则成擒矣。所以然者,吾之军士去家二千余里,又隔大河,所谓'置之死地而后生'者也。故以之攻城则不足,决战则有余矣。"遂行。

六月,癸卯朔,日有食之。

魏主至统万,分军伏于深谷,以少众至城下。夏将狄子玉降魏,言:"夏主闻有魏师,遣使召平原公定,定曰:'统万坚峻,未易攻拔。待我擒奚斤,然后徐往,内外击之,蔑不济矣。'故夏主坚守以待之。"魏主患之,乃退军以示弱,遣娥清及永昌王健帅骑五千西掠居民。

魏军士有得罪亡奔夏者,言魏军粮尽,士卒食菜,辎重在后,步兵未至,宜急击之。夏主从之,甲辰,将步骑三万出城。长孙翰等皆言:"夏兵步陈难陷,宜避其锋。"魏主曰:"吾远来求贼,惟恐不出。今既出矣,乃避而不击,彼奋我弱,非计也。"遂收众伪遁,引而疲之。

夏兵为两翼,鼓噪追之,行五六里,会有风雨从东南来,扬沙晦冥。宦者赵倪颇晓方术,言于魏主曰:"今风雨从贼上来,我向之,彼背之,天不助人。且将士饥渴,愿陛下摄骑避之,更待后日。"崔浩叱之曰:"是何言也!吾千里制胜,一日之中,岂得变易?贼贪进不止,后军已绝,宜隐军分出,奄击不意。风道在人,岂有常也!"魏主曰:"善。"乃分骑为左右队以掎之。魏主马蹶而坠,几为夏兵所获,拓跋齐以身捍蔽,决死力战,夏兵乃退。魏主腾马得上,刺夏尚书斛黎文,杀之,又杀骑兵十余人,身中流矢,奋击不辍,夏众大溃。齐,翳槐之玄孙也。

魏人乘胜逐夏主至城北,杀夏主之弟河南公满及兄子蒙逊,死者万余人。夏主不及入城,遂奔上邽。魏主微服逐奔者,入其城,拓跋齐固谏,不听。夏人觉之,诸门悉闭,魏主因与齐等入其宫中,得妇人裙,系之矟上,魏主乘之而上,仅乃得免。会日暮,夏尚书仆射问至奉夏主之母出走,长孙翰将八千骑追夏主至高平,不及而还。

乙巳,魏主入城,获夏王、公、卿、校及诸母、后妃、姊妹、宫人以万数,马三十余万匹,牛羊数千万头,府库珍宝、车旗、器物不可胜计,颁赐将士有差。

初,夏世祖性豪侈,筑统万城,高十仞,基厚三十步,上广十步,宫墙高五仞,其坚可以厉刀斧。台榭壮大,皆雕镂图画,被以绮绣,穷极文采。魏主顾谓左右曰:"蕞尔国而用民如此,欲不亡,得乎?"

得夏太史令张渊、徐辩,复以为太史令。得故晋将毛脩之、秦将军库洛干,归库洛干于秦,以毛脩之善烹调,用为太官令。魏主见夏著作郎天水赵逸所为文,誉夏主太过,怒曰:"此竖无道,何敢如是!谁所为邪?当速推之。"崔浩曰:"文士褒贬,多过其实,盖非得已,不足罪也。"乃止。魏主纳夏世祖三女为贵人。

奚斤与夏平原公定犹相拒于长安。魏主命宗正娥清、太仆丘堆帅骑五千略地关右。定闻统万已破,遂奔上邽,斤追至雍,不及而还。清、堆攻夏贰城,拔之。

魏主诏斤等班师。斤上疏言:"赫连昌亡保上邽,鸠合余烬,未有蟠据之资,今因其危,灭之为易。请益铠马,平昌而还。"魏主不许。斤固请,乃许之,给斤兵万人,遣将军刘拔送马三千匹,并留娥清、丘堆使共击夏。

辛酉，魏主自统万东还，以常山王素为征南大将军、假节，与执金吾桓贷、莫云留镇统万。云，题之弟也。

秦王炽磐还枹罕。

秋，七月，已卯，魏主至栎岭。柔然寇云中，闻魏已克统万，乃遁去。

秦王炽磐谓群臣曰：“孤知赫连氏必无成，冒险归魏，今果如孤言。”八月，遣其叔父平远将军渥头等入贡于魏。

壬子，魏主还至平城，以所获颁赐留台百官有差。

魏主为人，壮健鸷勇，临城对陈，亲犯矢石，左右死伤相继，神色自若，由是将士畏服，咸尽死力。性俭率，服御饮膳，取给而已。群臣请增峻京城及修宫室曰：“《易》云：‘王公设险，以守其国。’又萧何云：‘天子以四海为家，不壮不丽，无以重威。’”帝曰：“古人有言：‘在德不在险。’屈丐蒸土筑城，而朕灭之，岂在城也？今天下未平，方须民力，土功之事，朕所未为，萧何之对，非雅言也。”每以为财者军国之本，不可轻费。至于赏赐，皆死事勋绩之家，亲戚贵宠未尝横有所及。命将出师，指授节度，违之者多致负败。明于知人，或拔士于卒伍之中，唯其才用所长，不论本末。听察精敏，下无遁情，赏不遗贱，罚不避贵，虽所甚爱之人，终无宽假。常曰：“法者，朕与天下共之，何敢轻也。”然性残忍，果于杀戮，往往已杀而复悔之。

九月，丁酉，安定民举城降魏。

氐王杨玄遣将军苻白作围秦梁州刺史出连辅政于赤水，城中粮尽，民执辅政以降。辅政至骆谷，逃还。冬，十月，秦以骁骑将军吴汉为平南将军、梁州刺史，镇南漒。

十一月，魏主遣军司马公孙轨兼大鸿胪，持节策拜杨玄为都督荆、梁等四州诸军事、梁州刺史、南秦王。及境，玄不出迎，轨责让之，欲奉策以还，玄惧而郊迎。魏主善之，以轨为尚书。轨，表之子也。

十二月，秦梁州刺史吴汉为群羌所攻，帅户二千还于枹罕。

魏主行如中山，癸卯，还平城。

资治通鉴卷第一百二十一

端明殿学士兼翰林侍读学士朝散大夫右谏议大夫充集贤殿修撰提举西京嵩山崇福宫上柱国河内郡开国侯食邑一千八百户食实封六百户赐紫金鱼袋臣　司马光　奉敕编集

宋纪三起著雍执徐(戊辰),尽上章敦牂(庚午),凡三年。

太祖文皇帝上之中

元嘉五年(戊辰、428)

春,正月,辛未,魏京兆王黎卒。

荆州刺史、彭城王义康,性聪察,在州职事修治。左光禄大夫范泰谓司徒王弘曰:"天下事重,权要难居,卿兄弟盛满,当深存降挹。彭城王帝之次弟,宜征还入朝,共参朝政。"弘纳其言。时大旱,疾疫,弘上表引咎逊位,帝不许。

秦商州刺史领浇河太守姚濬叛,降河西,秦王炽磐以尚书焦嵩代濬,帅骑三千讨之。二月,嵩为吐谷浑元绪所执。

魏改元神廌。

魏平北将军尉眷攻夏主于上邽,夏主退屯平凉。奚斤进军安定,与丘堆、娥(青)〔清〕军合。斤马多疫死,士卒乏粮,乃深垒自固。遣丘堆督租于民间,士卒暴掠,不设儆备,夏主袭之,堆兵败,以数百骑还城。夏主乘胜,日来城下钞掠,不得刍牧,诸将患之。监军侍御史安颉曰:"受诏灭贼,今更为贼所困,退守穷城,若不为贼杀,当坐法诛,进退皆无生理。而诸王公晏然曾不为计乎?"斤曰:"今军士无马,以步击骑,必无胜理。当须京师救骑至,合击之。"颉曰:"今猛寇游逸于外,吾兵疲食尽,不一决战,则死在旦夕,救骑何可待乎! 等于就死,死战,不亦可乎!"斤又以马少为辞。颉曰:"今敛诸将所乘马,可得二百匹,颉请募敢死之士出击之,就不能破敌,亦可以折其锐。且赫连昌狷而无谋,好勇而轻,每自出挑战,众皆识之。若伏兵掩击,昌可擒也。"斤犹难之。颉乃阴与尉眷等谋,选骑待之。既而夏主来攻城,颉出应之。夏主自出陈前搏战,军士识其貌,争赴之。会天大风,扬尘,昼昏,夏主败走。颉追之,夏主马蹶而坠,遂擒之。颉,同之子也。

夏大将军、领司徒、平原王定收其余众数万,奔还平凉,即皇帝位,大赦,改元胜光。

三月,辛巳,赫连昌至平城,魏主馆之于西宫,门内器用皆给乘舆之副,又以妹始平公主妻之,假常忠将军,赐爵会稽公。以安颉为建节将军,赐爵西平公;尉眷为宁北将军,进爵渔阳公。

魏主常使赫连昌侍从左右,与之单骑共逐鹿,深入山涧。昌素有勇名,诸将咸以为不可。魏主曰:"天命有在,亦何所惧!"亲遇如初。

奚斤自以为元帅,而昌为偏裨所擒,深耻之。乃舍辎重,赍三日粮,追夏主于平凉。娥清欲循水而往,斤不从,自北道邀其走路。至马髦岭,夏军将遁,会魏小将有罪亡归于夏,告以魏军食少无水。夏主乃分兵邀斤,前后夹击之,魏兵大溃,斤及娥清、刘拔皆为夏所擒,士卒死者六七千人。

丘堆守辎重在安定,闻斤败,弃辎重奔长安,与高凉王礼偕奔蒲坂,夏人复取长安。魏主大怒,命安颉斩丘堆,代将其众,镇蒲坂以拒之。

夏,四月,夏主遣使请和于魏,魏主以诏谕之使降。

壬子,魏主西巡。戊午,畋于河西。大赦。

五月,秦文昭王炽磐卒,太子暮末即位,大赦,改元永弘。

平陆令河南成粲复劝王弘逊位,弘从之,累表陈请。帝不得已,六月,庚戌,以弘为卫将军、开府仪同三司。

甲寅,魏主如长川。

葬秦文昭王于武平陵,庙号太祖。秦王暮末以右丞相元基为侍中、相国、都督中外诸军、录尚书事,以镇军大将军、河州牧谦屯为骠骑大将军,征安北将军、凉州刺史段晖为辅国大将军、御史大夫,叔父右禁将军千年为镇北将军、凉州牧,镇湟河,以征北将军木弈干为尚书令、车骑大将军,以征南将军吉毗为尚书仆射、卫大将军。

河西王蒙逊因秦丧,伐秦西平,西平太守麴承谓之曰:"殿下若先取乐都,则西平必为殿下之有。西平苟望风请服,亦明主之所疾也。"蒙逊乃释西平,攻乐都。相国元基帅骑三千救乐都,甫入城,而河西兵至,攻其外城,克之,绝其水道,城中饥渴,死者太半。东羌乞提从元基救乐都,阴与河西通谋,下绳引内其兵,登城者百余人,鼓噪烧门,元基帅左右奋击,河西兵乃退。

初,文昭王疾病,谓暮末曰:"吾死之后,汝能保境则善矣。沮渠成都为蒙逊所亲重,汝宜归之。"至是,暮末遣使诣蒙逊,许归成都以求和。蒙逊引兵还,遣使入秦吊祭。暮末厚资送成都,遣将军王伐送之。蒙逊犹疑之,使恢武将军沮渠奇珍伏兵于扪天岭,执伐并其骑士三百人以归。既而遣尚书郎王杼送伐还秦,并遗暮末马千匹及锦罽银缯。秋,七月,暮末遣记室郎中马艾如河西报聘。

魏主还宫。八月,复如广甯观温泉。

柔然纥升盖可汗遣其子将万余骑寇魏边,魏主自广甯还,追之,不及。九月,还宫。

冬,十月,甲辰,魏主北巡。壬子,畋于牛川。

秦凉州牧乞伏千年,嗜酒残虐,不恤政事,秦王暮末遣使让之,千年惧,奔河西。暮末以叔父光禄大夫沃陵为凉州牧,镇湟河。

徐州刺史王仲德遣步骑二千伐魏济阳、陈留。

魏主还宫。

魏定州丁零鲜于台阳等二千余家叛,入西山,州郡不能讨。闰月,魏主遣镇南将军叔孙建讨之。

十一月,乙未朔,日有食之。

魏主如西河校猎。十二月,甲申,还宫。

河西王蒙逊伐秦,至磐夷,秦相国元基等将骑万五千拒之。蒙逊还攻西平,征房将军出连辅政等将骑二千救之。

秘书监谢灵运,自以名辈才能,应参时政。上唯接以文义,每侍宴谈赏而已。王昙首、王华、殷景仁名位素出灵运下,并见任遇,灵运意甚不平,多称疾不朝直。或出郭游行且二百里,经旬不归,既无表闻,又不请急。上不欲伤大臣意,讽令自解。灵运乃上表陈疾,上赐假,令还会稽。而灵运游饮自若,为法司所纠,坐免官。

是岁,师子王刹利摩诃及天竺迦毗黎王月爱皆遣使奉表入贡,表辞皆如浮屠之言。

魏镇远将军平舒侯燕凤卒。

六年(己巳、429)

春,正月,王弘上表乞解州、录,以授彭城王义康,帝优诏不许。癸丑,以义康为侍中、都督扬、南徐、兖三州诸军事、司徒、录尚书、领南徐州刺史。弘与义康二府并置佐领兵,共辅朝政。弘既多疾,且欲委远大权,每事推让义康,由是义康专总内外之务。

又以抚军将军江夏王义恭为都督荆、湘等八州诸军事、荆州刺史,以侍中刘湛为南蛮校尉,行府州事。帝与义恭书,诫之曰:"天下艰难,家国事重,虽曰守成,实亦未易。隆替安危,在吾曹耳,岂可不感寻王业,大惧负荷。汝性褊急,志之所滞,其欲必行,意所不存,从物回改。此最弊事,宜念裁抑。卫青遇士大夫以礼,与小人有恩;西门、安于,矫性齐美;关羽、张飞,任偏同弊。行己举事,深宜鉴此。若事异今日,嗣子幼蒙,司徒当周公之事,汝不可不尽祗顺之理。尔时天下安危,决汝二人耳。

汝一月自用钱不可过三十万,若能省此,益美。西楚府舍,略所诸究,计当不须改作,日求新异。凡讯狱多决当时,难可逆虑,此实为难。至讯日,虚怀博尽,

慎无以喜怒加人。能择善者而从之,美自归己。不可专意自决,以矜独断之明
也。名器深宜慎惜,不可妄以假人。昵近爵赐,尤应裁量。吾于左右虽为少恩,
如闻外论,不以为非也。以贵凌物物不服,以威加人人不厌,此易达事耳。

声乐嬉游,不宜令过,蒲酒渔猎,一切勿为。供用奉身,皆有节度,奇服异器,
不宜兴长。又宜数引见佐史。相见不数,则彼我不亲;不亲,无因得尽人情;人情
不尽,复何由知众事也。"

夏酒泉公傄自平凉奔魏。

丁零鲜于台阳等请降于魏,魏主赦之。

秦出连辅政等未至西平,河西王蒙逊拔西平,执太守麹承。

二月,秦王暮末立妃梁氏为王后,子万载为太子。

三月,丁巳,立皇子劭为太子。戊午,大赦。

辛酉,以左卫将军殷景仁为中领军。帝以章太后早亡,奉太后所生苏氏甚
谨。苏氏卒,帝往临哭,欲追加封爵,使群臣议之,景仁以为古典无之,乃止。

初,秦尚书陇西辛进从文昭王游陵霄观,弹飞鸟,误中秦王暮末之母,伤其
面。及暮末即位,问母面伤之由,母以状告。暮末怒,杀进,并其五族二十七人。

夏,四月,癸亥,以尚书左仆射王敬弘为尚书令,临川王义庆为左仆射,吏部
尚书济阳江夷为右仆射。

初,魏太祖命尚书郎邓渊撰《国记》十余卷,未成而止。世祖更命崔浩与中书
侍郎邓颖等续成之,为《国书》三十卷。颖,渊之子也。

魏主将击柔然,治兵于南郊,先祭天,然后部勒行陈。内外群臣皆不欲行,保
太后固止之,独崔浩劝之。

尚书令刘絜等共推太史令张渊、徐辩使言于魏主曰:"今兹己巳,三阴之岁,
岁星袭月,太白在西方,不可举兵。北伐必败,虽克,不利于上。"群臣因共赞之
曰:"渊等少时尝谏苻坚南伐,坚不从而败,所言无不中,不可违也。"魏主意不决,
诏浩与渊、辩论难于前。

浩诘渊、辩曰:"阳为德,阴为刑,故日食修德,月食修刑。夫王者用刑,小则
肆诸市朝,大则陈诸原野。今出兵以讨有罪,乃所以修刑也。臣窃观天文,比年
以来,月行掩昴,至今犹然。其占,三年天子大破旄头之国。蠕蠕、高车,旄头之
众也。愿陛下勿疑。"渊、辩复曰:"蠕蠕,荒外无用之物,得其地不可耕而食,得其
民不可臣而使,轻疾无常,难得而制,有何汲汲而劳士马以伐之?"浩曰:"渊、辩言
天道,犹是其职,至于人事形势,尤非其所知。此乃汉世常谈,施之于今,殊不合
事宜。何则?蠕蠕本国家北边之臣,中间叛去。今诛其元恶,收其良民,令复旧
役,非无用也。世人皆谓渊、辩通解数术,明决成败,臣请试问之:属者统万未亡

之前,有无败征?若其不知,是无术也;知而不言,是不忠也。"时赫连昌在坐,渊等自以未尝有言,惭不能对。魏主大悦。

既罢,公卿或尤浩曰:"今南寇方伺国隙,而舍之北伐;若蠕蠕远遁,前无所获,后有强寇,将何以待之?"浩曰:"不然。今不先破蠕蠕,则无以待南寇。南人闻国家克统万以来,内怀恐惧,故扬声动众以卫淮北。比吾破蠕蠕,往还之间,南寇必不动也。且彼步我骑,彼能北来,我亦南往,在彼甚困,于我未劳。况南北殊俗,水陆异宜,设使国家与之河南,彼亦不能守也。何以言之?以刘裕之雄杰,吞并关中,留其爱子,辅以良将,精兵数万,犹不能守,全军覆没,号哭之声,至今未已。况义隆今日君臣,非裕时之比。主上英武,士马精强,彼若果来,譬如以驹犊斗虎狼也,何惧之有!蠕蠕恃其绝远,谓国家力不能制,自宽日久,故夏则散众放畜,秋肥乃聚,背寒向温,南来寇抄。今掩其不备,必望尘骇散。牡马护牝,牝马恋驹,驱驰难制,不得水草,不过数日,必聚而困弊,可一举而灭也。暂劳永逸,时不可失,患在上无此意。今上意已决,奈何止之!"寇谦之谓浩曰:"蠕蠕果可克乎?"浩曰:"必克。但恐诸将琐琐,前后顾虑,不能乘胜深入,使不全举耳。"

先是,帝因魏使者还,告魏主曰:"汝趣归我河南地。不然,将尽我将士之力。"魏主方议伐柔然,闻之大笑,谓公卿曰:"龟鳖小竖,自救不暇,夫何能为!就使能来,若不先灭蠕蠕,乃是坐待寇至,腹背受敌,非良策也。吾行决矣。"

庚寅,魏主发平城,使北平王长孙嵩、广陵公楼伏连居守。魏主自东道向黑山,使平阳王长孙翰自西道向大娥山,同会柔然之庭。

五月,壬辰朔,日有食之。

王敬弘固让尚书令,表求还东。癸巳,更以敬弘为侍中、特进、左光禄大夫,听其东归。

丁未,魏主至漠南,舍辎重,帅轻骑兼马袭击柔然,至栗水。柔然纥升盖可汗先不设备,民畜满野,惊怖散走,莫相收摄。纥升盖烧庐舍,绝迹西走,莫知所之。其弟匹黎先主东部,闻有魏寇,帅众欲就其兄,遇长孙翰,翰邀击,大破之,杀其大人数百。

复主欲复取统万,引兵东至侯尼城,不敢进而还。

河西王蒙逊伐秦,秦王暮末留相国元基守枹罕,迁保定连。

南安太守翟承伯等据罕开谷以应河西,暮末击破之,进至治城。

西安太守莫者幼眷据沔川以叛,暮末讨之,为幼眷所败,还于定连。

蒙逊至枹罕,遣世子兴国进攻定连。六月,暮末逆击兴国于治城,擒之,追击蒙逊至谭郊。

吐谷浑王慕璝遣其弟没利延将骑五千会蒙逊伐秦,暮末遣辅国大将军段晖等邀击,大破之。

柔然纥升盖可汗既走,部落四散,窜伏山谷,杂畜布野,无人收视。魏主循栗水西行,至菟园水,分军搜讨,东西五千里,南北三千里,俘斩甚众。高车诸部乘魏兵势,钞掠柔然。柔然种类前后降魏者三十余万落,获戎马百余万匹,畜产、车庐,弥漫山泽,亡虑数百万。

魏主循弱水西行,至涿邪山,诸将虑深入有伏兵,劝魏主留止,寇谦之以崔浩之言告魏主,魏主不从。秋,七月,引兵东还。至黑山,以所获班赐将士有差。既而得降人言:“可汗先被病,闻魏兵至,不知所为,乃焚穹庐,以车自载,将数百人入南山。民畜窘聚,方六十里无人统领,相去百八十里,追兵不至,乃徐西遁,唯此得免。”后闻凉州贾胡言:“若复前行二日,则尽灭之矣。”魏主深悔之。

纥升盖可汗愤悒而卒,子吴提立,号敕连可汗。

武都孝昭王杨玄疾病,欲以国授其弟难当。难当固辞,请立玄子保宗而辅之;玄许之。玄卒,保宗立。难当妻姚氏劝难当自立,难当乃废保宗,自称都督雍、凉、秦三州诸军事、征西大将军、开府仪同三司、秦州刺史、武都王。

河西王蒙逊遣使送谷三十万斛以赎世子兴国于秦,秦王暮末不许。蒙逊乃立兴国母弟菩提为世子。暮末以兴国为散骑常侍,以其妹平昌公主妻之。

八月,魏主至漠南,闻高车东部屯已尼陂,人畜甚众,去魏军千余里,遣左仆射安原等将万骑击之。高车诸部迎降者数十万落,获马牛羊百余万。

冬,十月,魏主还平城。徙柔然、高车降附之民于漠南,东至濡源,西暨五原阴山,三千里中,使之耕牧而收其贡赋。命长孙翰、刘絜、安原及侍中代人古弼同镇抚之。自是魏之民间马牛羊及毡皮为之价贱。

魏主加崔浩侍中、特进、抚军大将军,以赏其谋画之功。浩善占天文,常置铜铤于酢器中,夜有所见,即以铤画纸作字以记其异。魏主每如浩家,问以灾异。或仓猝不及束带,奉进疏食,不暇精美,魏主必为之举箸,或立尝而还。魏主尝引浩出入卧内,从容谓浩曰:“卿才智渊博,事朕祖考,著忠三世,故朕引卿以自近。卿宜尽忠规谏,勿有所隐。朕虽或时忿恚,不从卿言,然终久深思卿言也。”尝指浩以示新降高车渠帅曰:“汝曹视此人尪纤懦弱,不能弯弓持矛,然其胸中所怀,乃过于兵甲。朕虽有征伐之志而不能自决,前后有功,皆此人所教也。”又敕尚书曰:“凡军国大计,汝曹所不能决者,皆当咨浩,然后施行。”

秦王暮末之弟轲殊罗烝于文昭王左夫人秃发氏,暮末知而禁之。轲殊罗惧,与叔父什寅谋杀暮末,奉沮渠兴国以奔河西。使秃发氏盗门钥,钥误,门者以告暮末,暮末悉收其党杀之,而赦轲殊罗。执什寅,鞭之,什寅曰:“我负汝死,不负汝鞭!”暮末怒,刳其腹,投尸于河。

夏主少凶暴无赖,不为世祖所知。是月,畋于阴槃,登苟蓝山,望统万城泣曰:"先帝若以朕承大业者,岂有今日之事乎!"

十一月,己丑朔,日有食之,不尽如钩。星昼见,至晡方没,河北地暗。

魏主西巡,至柞山。

十二月,河西王蒙逊、吐谷浑王慕璝皆遣使入贡。

是岁,魏内都大官中山文懿公李先、青、冀二州刺史安同皆卒。先年九十五。

秦地震,野草皆自反。

七年(庚午、430)

春,正月,癸巳,以吐谷浑王慕璝为征西将军、沙州刺史、陇西公。

庚子,魏主还宫。壬寅,大赦。癸卯,复如广宁,临温泉。

二月,丁卯,魏平阳威王长孙翰卒。

戊辰,魏主还宫。

帝自践位以来,有恢复河南之志。三月,戊子,诏简甲卒五万给右将军到彦之,统安北将军王仲德、兖州刺史竺灵秀舟师入河,又使骁骑将军段宏将精骑八千直指虎牢,豫州刺史刘德武将兵一万继进,后将军长沙王义欣将兵三万监征讨诸军事。义欣,道怜之子也。

先遣殿中将军田奇使于魏,告魏主曰:"河南旧是宋土,中为彼所侵,今当修复旧境,不关河北。"魏主大怒曰:"我生发未燥,已闻河南是我地,此岂可得!必若进军,今当权敛成避,须冬至地净,河冰坚合,自更取之。"

甲午,以前南广平太守尹冲为司州刺史。长沙王义欣出镇彭城,为众军声援;以游击将军胡藩戍广陵,行府州事。

壬寅,魏封赫连昌为秦王。

魏有新徙敕勒千余家,苦于将吏侵渔,出怨言,期以草生牛马肥,亡归漠北。尚书令刘洁、左仆射安原奏请及河冰未解,徙之河西,向春冰解,使不得北遁。魏主曰:"此曹习俗,放散日久,譬如圈中之鹿,急则奔突,缓之自定。吾区处自有道,不烦徙也。"洁等固请不已,乃听分徙三万余落于河西,西至白盐池。敕勒皆惊骇,曰:"圈我于河西,欲杀我也!"谋西奔凉州。刘洁屯五原河北,安原屯悦拔城以备之。癸卯,敕勒数千骑叛,北走,洁追讨之,走者无食,相枕而死。

魏南边诸将表称:"宋人大严,将入寇,请兵三万,先其未发,逆击之,足以挫其锐气,使不敢深入。"因请悉诛河北流民在境上者,以绝其乡导。魏主使公卿议之,皆以为当然。崔浩曰:"不可。南方下湿,入夏之后,水潦方降,草木蒙密,地气郁蒸,易生疾疠,不可行师。且彼既严备,则城守必固,留兵久攻,则粮运不继;分军四掠,则众力单寡,无以应敌。以今击之,未见其利。彼若果能北来,宜待其劳倦,秋凉马肥,因敌取食,徐往击之,此万全之计也。朝廷群臣及西北守将,从陛下征伐,西平赫连,北破蠕蠕,多获美女、珍宝,牛马成群。南边诸将闻而慕之,亦欲南钞以取资财,皆营私计,为国生事,不可从也。"魏主乃止。

诸将复表:"南寇已至,所部兵少,乞简幽州以南劲兵助己戍守,及就漳水造船严备以拒之。"公卿皆以为宜如所请,并署司马楚之、鲁轨、韩延之等为将帅,使招诱南人。浩曰:"非长策也。楚之等皆彼所畏忌,今闻国家悉发幽州以南精兵,大造舟舰,随以轻骑,谓国家欲存立司马氏,诛除刘宗,必举国震骇,惧于灭亡,当悉发精锐,并心竭力,以死争之,则我南边诸将无以御之。今公卿欲以威力却敌,乃所以速之也。张虚声而召实害,此之谓矣。故楚之之徒,往则彼来,止则彼息,其势然也。且楚之等皆纤利小才,止能招合轻薄无赖,而不能成大功,徒使国家兵连祸结而已。昔鲁轨说姚兴以取荆州,至则败散,为蛮人掠卖为奴,终于祸及姚泓,此已然之效也。"魏主未以为然。浩乃复陈天时,以为南方举兵必不利,曰:"今兹害气在扬州,一也;庚午自刑,先发者伤,二也;日食昼晦,宿值斗、牛,三也;荧惑伏于翼、轸,主乱及丧,四也;太白未出,进兵者败,五也。夫兴国之君,先修人事,次尽地利,后观天时,故万举万全。今刘义隆新造之国,人事未洽;灾变屡见,天时不协;舟行水涸,地利不尽。三者无一可,而义隆行之,必败无疑。"魏主不能违众言,乃诏冀、定、相三州造船三千艘,简幽州以南戍兵集河上以备之。

秦乞伏什寅母弟前将军白养、镇卫将军去列,以什寅之死,有怨言,秦王暮末皆杀之。

夏,四月,甲子,魏主如云中。

敕勒万余落复叛走,魏主使尚书封铁追讨灭之。

六月,己卯,以氐王杨难当为冠军将军、秦州刺史、武都王。

魏主使平南大将军、丹杨王大毗屯河上,以司马楚之为安南大将军、荆州刺史,封琅邪王,屯颍川以备宋。

吐谷浑王慕璝将其众万八千袭秦定连,秦辅国大将军段晖等击走之。

到彦之自淮入泗,泗水涩,日行才十里,自四月至秋七月,始至须昌。乃溯河西上。

魏主以河南四镇兵少,命诸军悉收众北渡。戊子,魏碻磝戍兵弃城去。戊戌,滑台戍兵亦去。庚子,魏主以大鸿胪杨平公杜超为都督冀、定、相三州诸军事、太宰,进爵阳平王,镇邺,为诸军节度。超,密太后之兄也。庚戌,魏洛阳、虎牢戍兵皆弃城去。

到彦之留朱脩之守滑台,尹冲守虎牢,建武将军杜骥守金墉。骥,预之玄孙也。诸军进屯灵昌津,列守南岸,至于潼关。于是司、兖既平,诸军皆喜,王仲德独有忧色,曰:"诸贤不谙北土情伪,必堕其计。胡虏虽仁义不足,而凶狡有余,今敛戍北归,必并力完聚。若河冰既合,将复南来,岂可不以为忧乎!"

甲寅,林邑王范阳迈遣使入贡,自陈与交州不睦,乞蒙恕宥。

八月,魏主遣冠军将军安颉督护诸军,击到彦之。丙寅,彦之遣裨将吴兴姚耸夫渡河攻冶坂,与颉战,耸夫兵败,死者甚众。戊寅,魏主遣征西大将军长孙道生会丹杨王大毗屯河上以御彦之。

燕太祖寝疾,召中书监申秀、侍中阳哲于内殿,属以后事。九月,病甚,辇而临轩,命太子翼摄国事,勒兵听政,以备非常。

宋夫人欲立其子受居,恶翼听政,谓翼曰:"上疾将瘳,奈何遽欲代父临天下乎?"翼性仁弱,遂还东宫,日三往省疾。宋夫人矫诏绝内外,遣阉寺传问而已,翼及诸子、大臣并不得见,唯中给事胡福独得出入,专掌禁卫。福虑宋夫人遂成其谋,乃言于司徒、录尚书事、中山公弘,弘与壮士数十人被甲入禁中,宿卫皆不战而散。宋夫人命闭东阁,弘家僮库斗头劲捷有勇力,逾阁而入,至于皇堂,射杀女御一人。太祖惊惧而殂,弘遂即天王位,遣人巡城告曰:"天降凶祸,大行崩背,太子不侍疾,群公不奔丧,疑有逆谋,社稷将危。吾备介弟之亲,遂摄大位以宁国家,百官叩门入者,进阶二等。"太子翼帅东宫兵出战而败,兵皆溃去,弘遣使赐翼死。太祖有子百余人,弘皆杀之。谥太祖曰文成皇帝,葬长谷陵。

己丑,夏主遣其弟谓以代伐魏鄜城,魏平西将军始平公隗归等击之,杀万余人,谓以代遁去。夏主自将数万人邀击隗归于鄜城东,留其弟上谷公社干、广阳公度洛孤守平凉,遣使来求和,约合兵灭魏,遥分河北,自恒山以东属宋,以西属夏。

魏主闻之,治兵,将伐夏,群臣咸曰:"刘义隆兵犹在河中,舍之西行,前寇未可必克,而义隆乘虚济河,则失山东矣。"魏主以问崔浩,对曰:"义隆与赫连定遥相招引,以虚声唱和,共窥大国。义隆望定进,定待义隆前,莫肯敢先入。譬如连鸡,不得俱飞,无能为害也。臣始谓义隆军来,当屯止河中,两道北上,东道向冀州,西道冲邺,如此,则陛下当自讨之,不得徐行。今则不然,东西列兵径二千里,一处不过数千,形分势弱。以此观之,伫儿情见,此不过欲固河自守,无北度意也。赫连定残根易摧,拟之必仆。克定之后,东出潼关,席卷而前,则威震南极,江、淮以北无立草矣。圣策独发,非愚近所及,愿陛下勿疑。"甲辰,魏主如统万,遂袭平凉,以卫兵将军王斤镇蒲坂。斤,建之子也。

秦自正月不雨,至于九月,民流叛者甚众。

冬,十月,以竟陵王义宣为南徐州刺史,独戍石头。

戊午,立钱署,铸四铢钱。

到彦之、王仲德沿河置守,还保东平。

乙亥,魏安颉自委粟津济河,攻金墉。金墉城不治既久,又无粮食,杜骥欲弃城走,恐获罪。初,高祖灭秦,迁其钟虡于江南,有大钟没于洛水,帝使姚耸夫将千五百人往取之。骥绐之曰:"金墉城已修完,粮食亦足,所乏者人耳。今虏骑南渡,当相与并力御之。大功既立,牵钟未晚。"耸夫从之。既至,见城不可守,乃引去,骥遂南遁。丙子,安颉拔洛阳,杀将士五千余人。杜骥归,言于帝曰:"本欲以死固守,姚耸夫及城遽走,人情沮败,不可复禁。"上大怒,诛耸夫于寿阳。耸夫勇健,诸偏裨莫及也。

魏河北诸军会于七女津。到彦之恐其南渡,遣裨将王蟠龙溯流夺其船,杜超等击斩之。安颉与龙骧将军陆俟进攻虎牢,辛巳,拔之,尹冲及荥阳太守清河崔模降魏。

秦王暮末为河西所逼,遣其臣王恺、乌讷阗请迎于魏,魏人许以平凉、安定封之。暮末乃焚城邑,毁宝器,帅户万五千,东如上邽。至高田谷,给事黄门侍郎郭恒谋劫沮渠兴国以叛,事觉,暮末杀之。夏主闻暮末将至,发兵拒之。暮末留保南安,其故地皆入于吐谷浑。

十一月,乙酉,魏主至平凉,夏上谷公社干等婴城固守。魏主使赫连昌招之,不下,乃使安西将军古弼等将兵趣安定。夏主自鹑城还安定,将步骑二万北救平凉,与弼遇,弼伪退以诱之。夏主追之,魏主使高车驰击之,夏兵大败,斩首数千级。夏主还走,登鹑觚原,为方陈以自固,魏兵就围之。

壬辰,加征南大将军檀道济都督征讨诸军事,帅众伐魏。

甲午,魏寿光侯叔孙建、汝阴公长孙道生济河而南。

到彦之闻洛阳、虎牢不守,诸军相继奔败,欲引兵还。殿中将军垣护之以书谏之,以为宜使竺灵秀助朱脩之守滑台,自帅大军进拟河北,且曰:"昔人有连年攻战,失众乏粮,犹张胆争前,莫肯轻退。况今青州丰穰,济漕流通,士马饱逸,威力无损。若空弃滑台,坐丧成业,岂朝廷受任之旨邪!"彦之不从。护之,苗之子也。

彦之欲焚舟步走,王仲德曰:"洛阳既陷,虎牢不守,自然之势也。今虏去我犹千里,滑台尚有强兵,若遽舍舟南走,士卒必散。当引舟入济,至马耳谷口,更详所宜。"彦之先有目疾,至是大动,且将士疾疫,乃引兵自清入济。南至历城,焚舟弃甲,步趋彭城。竺灵秀弃须昌,南奔湖陆,青、兖大扰。长沙王义欣在彭城,将佐恐魏兵大至,劝义欣委镇还都,义欣不从。

魏兵攻济南,济南太守武进萧承之帅数百人拒之。魏众大集,承之使偃兵,开城门。众曰:"贼众我寡,奈何轻敌之甚!"承之曰:"今悬守穷城,事已危急,若复示弱,必为所屠,唯当见强以待之耳。"魏人疑有伏兵,遂引去。

魏军围夏主数日,断其水草,人马饥渴。丁酉,夏主引众下鹑觚原。魏武卫将军丘眷击之,夏众大溃,死者万余人。夏主中重创,单骑走,收其余众,驱民五万,西保上邽。魏人获夏主之弟丹杨公乌视拔、武陵公秃骨及公侯以下百余人。是日,魏兵乘胜进攻安定,夏东平公乙斗弃城奔长安,驱略数千家,西奔上邽。

戊戌,魏叔孙建攻竺灵秀于湖陆,灵秀大败,死者五千余人。建还屯范城。

己亥,魏主如安定。庚子,还,临平凉,掘堑围之。安慰初附,赦秦、雍之民,赐复七年。夏陇西守将降魏。

辛丑,魏安颉督诸军攻滑台。

河西王蒙逊遣尚书郎宗舒等入贡于魏,魏主与之宴,执崔浩之手以示舒等曰:"汝所闻崔公,此则是也。才略之美,于今无比。朕动止咨之,豫陈成败,若合符契,未尝失也。"

魏以叔孙建都督冀、青等四州诸军事。

魏尚书库结帅骑五千迎秦王暮末。秦卫将军吉毗以为不宜内徙,暮末从之,库结引还。

南安诸羌万余人叛秦,推安南将军、督八郡诸军事、广宁太守焦遗为主,遗不从,乃劫遗族子长城护军亮为主,帅众攻南安。暮末请救于氐王杨难当,难当遣将军苻献帅骑三千救之,暮末与之击诸羌。诸羌溃,亮奔还广宁,暮末进军攻之。以手令与焦遗使取亮,十二月,遗斩亮首出降,暮末进遗号镇国将军。秦略阳太守弘农杨显以郡降夏。

辛酉,以长沙王义欣为豫州刺史,镇寿阳。寿阳土荒民散,城郭颓败,盗贼公行。义欣随宜经理,境内安业,道不拾遗,城府完实,遂为盛藩。芍陂久废,义欣修治堤防,引河水入陂,溉田万余顷,无复旱灾。

丁卯,夏上谷公社干、广阳公度洛孤出降,魏克平凉。

关中侯豆代田得奚斤、娥清等,献于魏主。魏主以夏主之后赐代田,命斤膝行执酒以奉代田,谓斤曰:"全汝生者,代田也。"赐代田爵井陉侯,加散骑常侍、右卫将军,领内都幢将。

夏长安、临晋、武功守将皆走,关中悉入于魏。魏主留巴东公延普镇安定,以镇西将军王斤镇长安。壬申,魏主东还,以奚斤为宰士,使负酒食以从。

王斤骄矜不法,信用左右,调役百姓,民不堪命,南奔汉川者数千家。魏主案治得实,斩斤以徇。

右将军到彦之、安北将军王仲德皆下狱免官,兖州刺史竺灵秀坐弃军伏诛。上见垣护之书而善之,以为北高平太守。

彦之之北伐也,甲兵资实甚盛,及败还,委弃荡尽,府藏、武库为之空虚。它日,上与群臣宴,有荒外降人在坐。上问尚书库部郎顾琛:"库中仗犹有几许?"琛诡对:"有十万人仗。"上既问而悔之,得琛对,甚喜。琛,和之曾孙也。

彭城王义康与王弘并录尚书,义康意犹怏怏,欲得扬州,形于辞旨。以弘弟昙首居中,为上所亲委,愈不悦。弘以老病,屡乞骸骨,昙首自求吴郡,上皆不许。义康谓人曰:"王公久病不起,神州讵宜卧治!"昙首劝弘减府中文武之半以授义康,上听割二千人,义康乃悦。

资治通鉴卷第一百二十二

端明殿学士兼翰林侍读学士朝散大夫右谏议大夫充集贤殿修撰提举西京嵩山崇福宫上柱国河内郡开国侯食邑一千八百户食实封六百户赐紫金鱼袋臣 司马光 奉敕编集

宋纪四起重光协洽(辛未),尽旃蒙大渊献(乙亥),凡五年。

太祖文皇帝上之下

元嘉八年(辛未、431)

春,正月,壬午朔,燕大赦,改元大兴。

丙申,檀道济等自清水救滑台,魏叔孙建、长孙道生拒之。丁酉,道济至寿张,遇魏安平公乙旃眷,道济帅宁朔将军王仲德、骁骑将军段宏奋击,大破之。转战至高梁亭,斩魏济州刺史悉烦库结。

夏主击秦将姚献,败之,遂遣其叔父北平公韦伐帅众一万攻南安。城中大饥,人相食。秦侍中、征虏将军出连辅政,侍中、右卫将军乞伏延祚、吏部尚书乞伏跋跋逾城奔夏。秦王暮末穷蹙,舆榇出降,并沮渠兴国送于上邽。秦太子司直焦楷奔广宁,泣谓其父遗曰:"大人荷国宠灵,居藩镇重任。今本朝颠覆,岂得不帅见众唱大义以殄寇仇!"遗曰:"今主上已陷贼庭,吾非爱死而忘义,顾以大兵追之,是趣绝其命也。不如择王族之贤者,奉以为主而伐之,庶有济也。"楷乃筑坛誓众,二旬之间,赴者万余人。会遗病卒,楷不能独举事,亡奔河西。

二月,戊午,以尚书右仆射江夷为湘州刺史。

檀道济等进至济上,二十余日间,前后与魏三十余战,道济多捷。军至历城,叔孙建等纵轻骑邀其前后,焚烧谷草,道济军乏食,不能进。由是安颉、司马楚之等得专力攻滑台,魏主复使楚兵将军王慧龙助之。朱脩之坚守数月,粮尽,与士卒熏鼠食之。辛酉,魏克滑台,执脩之及东郡太守申谟,虏获万余人。谟,钟之曾孙也。

癸酉,魏主还平城,大飨,告庙,将帅及百官皆受赏,战士赐复十年。

于是魏南鄙大水,民多饿死。尚书令刘絜言于魏主曰:"自顷边寇内侵,戎车屡驾;天赞圣明,所在克殄;方难既平,皆蒙优锡。而郡国之民,虽不征讨,服勤农桑,以供军国,实经世之大本,府库之所资。今自山以东,遍遭水害,应加哀矜,以弘覆育。"魏主从之,复境内一岁租赋。

檀道济等食尽,自历城引还。军士有亡降魏者,具告之。魏人追之,众恼惧,将溃。道济夜唱筹量沙,以所余少米覆其上。及旦,魏军见之,谓道济资粮有余,以降者为妄而斩之。时道济兵少,魏兵甚盛,骑士四合。道济命军士皆被甲,己白服乘舆,引兵徐出。魏人以为有伏兵,不敢逼,稍稍引退,道济全军而返。

青州刺史萧思话闻道济南归,欲委镇保险,济南太守萧承之固谏,不从。丁丑,思话弃镇奔平昌。参军刘振之戍下邳,闻之,亦委城走。魏军竟不至,而东阳积聚已为百姓所焚。思话坐征,系尚方。

燕王立夫人慕容氏为王后。

庚戌,魏安颉等还平城。魏主嘉朱脩之守节,拜侍中,妻以宗女。

初,帝之遣到彦之也,戒之曰:"若北国兵动,先其未至,径前入河;若其不动,留彭城勿进。"及安颉得宋俘,魏主始闻其言。谓公卿曰:"卿辈前谓我用崔浩计为谬,惊怖固谏(谏)。常胜之家,始皆自谓逾人,至于归终,乃不能及。"司马楚之上疏,以为诸方已平,请大举伐宋,魏主以兵久劳,不许。征楚之为散骑常侍,以王慧龙为荥阳太守。

慧龙在郡十年,农战并修,大著声绩,归附者万余家。帝纵反间于魏,云"慧龙自以功高位下,欲引宋人入寇,因执司马楚之以叛。"魏主闻之,赐慧龙玺书曰:"刘义隆畏将军如虎,欲相中害,朕自知之。风尘之言,想不足介意。"帝复遣刺客吕玄伯刺之,曰:"得慧龙首,封二百户男,赏绢千匹。"玄伯诈为降人,求屏人有所论。慧龙疑之,使人探其怀,得尺刀。玄伯叩头请死,慧龙曰:"各为其主耳。"释之。左右谏曰:"宋人为谋未已,不杀玄伯,无以制将来。"慧龙曰:"死生有命,彼亦安能害我。我以仁义为扞蔽,又何忧乎!"遂舍之。

夏,五月,庚寅,魏主如云中。

六月,乙丑,大赦。

夏主杀乞伏暮末及其宗族五百人。

夏主畏魏人之逼,拥秦民十余万口,自治城济河,欲击河西王蒙逊而夺其地。吐谷浑王慕璝遣益州刺史慕利延、宁州刺史拾虔帅骑三万,乘其半济,邀击之,执夏主定以归,沮渠兴国被创而死。拾虔,树洛干之子也。

魏之边吏获柔然逻者二十余人,魏主赐衣服而遣之,柔然感悦。闰月,乙未,柔然敕连可汗遣使诣魏,魏主厚礼之。

魏主遣散骑侍郎周绍来聘,且求昏,帝依违答之。

荆州刺史江夏王义恭,年浸长,欲专政事,长史刘湛每裁抑之,遂与湛有隙。帝心重湛,使人诘让义恭,且和解之。是时,王华、王昙首皆卒,领军将军殷景仁素与湛善,白帝以时贤零落,征湛为太子詹事,加给事中,共参政事。以雍州刺史张邵代湛为抚军长史、南蛮校尉。

顷之,邵坐在雍州营私畜聚,赃满二百四十五万,下廷尉,当死。左卫将军谢述上表,陈邵先朝旧勋,宜蒙优贷。帝手诏酬纳,免邵官,削爵土。述谓其子综曰:"主上矜邵夙诚,特加曲恕,吾所言谬会,故特见酬纳耳。若此através宣布,则为侵夺主恩,不可之大者也。"使综对前焚之。帝后谓邵曰:"卿之获免,谢述有力焉。"

秋,七月,己酉,魏主如河西。

八月,乙酉,河西王蒙逊遣子安周入侍于魏。

吐谷浑王慕璝遣侍郎谢太宁奉表于魏,请送赫连定。己丑,魏以慕璝为大将军,〔封〕西秦王。

左仆射临川王义庆固求解职,甲辰,以义庆为中书令,丹杨尹如故。

九月,癸丑,魏主还宫。庚申,加太尉长孙嵩柱国大将军,以左光禄大夫崔浩为司徒,征西大将军长孙道生为司空。道生性清俭,一熊皮鄣泥,数十年不易。魏主使歌工历颂群臣曰:"智如崔浩,廉若道生。"

魏主欲选使者诣河西,崔浩荐尚书李顺,乃以顺为太常。拜河西王蒙逊为侍中、都督凉州、西域、羌、戎诸军事、太傅、行征西大将军、凉州牧、凉王、王武威、张掖、敦煌、酒泉、西海、金城、西平七郡。册曰:"盛衰存亡,与魏升降。北尽穷发,南极庸、嶓,西被崑岭,东至河曲,王实征之,以夹辅皇室。"置将相、群卿、百官,承制假授,建天子旌旗,出入警跸,如汉初诸侯王故事。

壬申,魏主诏曰:"今二寇摧殄,将偃武修文,理废职,举逸民。范阳卢玄、博陵崔绰、赵郡李灵、河间邢颍、勃海高允、广平游雅、太原张伟等,皆贤俊之胄,冠冕州邦。《易》曰:'我有好爵,吾与尔縻之。'如玄之比者,尽敕州郡以礼发遣。"遂征玄等及州郡所遣,至者数百人,差次叙用。崔绰以母老固辞。玄等皆拜中书博士。玄,谌之曾孙;灵,顺之从父兄也。

玄舅崔浩,每与玄言,辄叹曰:"对子真使我怀古之情更深。"浩欲大整流品,明辨姓族。玄止之曰:"夫创制立事,各有其时,乐为此者,讵有几人? 宜加三思。"浩不从,由是得罪于众。

初,魏昭成帝始制法令:"反逆者族。其余当死者听入金、马赎罪。杀人者听与死家马牛、葬具以平之。盗官物,一备五;私物,一备十。"四部大人共坐王庭决辞讼,无系讯连逮之苦,境内安之。太祖入中原,患前代律令峻密,命三公郎王德删定,务崇简易。季年被疾,刑罚滥酷。太宗承之,吏文亦深。冬,十月,戊寅,世祖命崔浩更定律令。除五岁、四岁刑,增一年刑。巫蛊者,负羖羊、抱犬沉诸渊。初令官阶九品者得以官爵除刑。妇人当刑而孕,产后百日乃决。阙左悬登闻鼓,以达冤人。

魏主如漠南。十一月,丙辰,北部敕勒莫弗库若干帅所部数万骑,驱鹿数百万头,诣魏主行在,魏主大猎以赐从官。十二月,丁丑,还宫。

是岁,凉王改元义和。

林邑王范阳迈寇九德,交州兵击却之。

九年(壬申、432)

春,正月,丙午,魏主尊保太后窦氏为皇太后,立贵人赫连氏为皇后,子晃为皇太子。大赦,改元延和。

燕王立慕容后之子王仁为太子。

三月,庚戌,卫将军王弘进位太保,加中书监。丁巳,征南大将军檀道济进位司空,还镇寻阳。

壬申,吐谷浑王慕璝送赫连定于魏,魏人杀之。慕璝上表曰:"臣俘擒僭逆,献捷王府,爵秩虽崇而土不增廓,车旗既饰而财不周赏,愿垂鉴察。"魏主下其议。公卿以为:"慕璝所致唯定而已,塞外之民皆为己有,而贪求无厌,不可许也。"魏主乃诏曰:"西秦王所得金城、枹罕、陇西之地,朕即与之,乃是裂土,何须复廓。西秦款至,绵绢随使疏数,临时增益,非一赐而止也。"自是慕璝贡使至魏者稍简。

魏方士祁纤奏改代为万年,代尹为万年尹,代令为万年令。崔浩曰:"昔太祖应天受命,兼称代、魏,以法殷商。国家积德,当享年万亿,不待假名以为益也。纤之所闻,皆非正义,宜复旧号。"魏主从之。

夏,五月,壬申,华容文昭公王弘卒。弘明敏有思致,而轻率少威仪,性褊隘,好折辱人,人以此少之。虽贵显,不营财利,及卒,家无余业。帝闻之,特赐钱百万,米千斛。

魏主治兵于南郊,谋伐燕。

帝遣使者赵道生聘于魏。

六月,戊寅,司徒、南徐州刺史彭城王义康改领扬州刺史。

诏分青州置冀州,治历城。

吐谷浑王慕璝遣其司马赵叙入贡,且来告捷。

庚寅,魏主伐燕。命太子晃录尚书事,时晃才五岁。又遣左仆射安原、建宁王崇等屯漠南以备柔然。

辛卯,魏主遣散骑常侍邓颖来聘。

乙未,以吐谷浑王慕璝为都督西秦、河、沙三州诸军事、征西大将军、西秦、河二州刺史,进爵陇西王,且命慕璝悉归南方将士先没于夏者,得百五十余人。

又加北秦州刺史杨难当征西将军。难当以兄子保宗为镇南将军,镇宕昌;以其子顺为秦州刺史,守上邽。保宗谋袭难当,事泄,难当囚之。

壬寅,以江夏王义恭为都督南兖等六州诸军事、开府仪同三司、南兖州刺史,临川王义庆为都督荆、雍等七州诸军事、荆州刺史,竟陵王义宣为中书监,衡阳王义季为南徐州刺史。初,高祖以荆州居上流之重,土地广远,资实兵甲居朝廷之半,故遗诏令诸子居之。上以义庆宗室令美,且烈武王有大功于社稷,故特用之。

秋,七月,己未,魏主至濡水。庚申,遣安东将军奚斤发幽州民及密云丁零万余人,运攻具,出南道,会和龙。魏主至辽西,燕王遣其侍御史崔聘奉牛酒犒师。己巳,魏主至和龙。

庚午,以领军将军殷景仁为尚书仆射,太子詹事刘湛为领军将军。

益州刺史刘道济,粹之弟也,信任长史费谦、别驾张熙等,聚敛兴利,伤政害民,立官冶,禁民鼓铸而贵卖铁器,商贾失业,吁嗟满路。流民许穆之,变姓名称司马飞龙,自云晋室近亲,往依氐王杨难当。难当因民之怨,资飞龙以兵,使侵扰益州。飞龙招合蜀人,得千余人,攻杀巴兴令,逐阴平太守。道济遣军击斩之。

道济欲以五城人帛氐奴、梁显为参军督护,费谦固执不与。氐奴等与乡人赵广构扇县人,诈言司马殿下犹在阳泉山中,聚众得数千人,引向广汉。道济参军程展会治中李抗之将五百人击之,皆败死。巴西人唐频聚众应之,赵广等进攻涪城,陷之。于是涪陵、江阳、遂宁诸郡守皆弃城走,蜀土侨、旧俱反。

燕石城太守李崇等十郡降于魏,魏主发其民三万穿围堑以守和龙。崇,绩之子也。

八月,燕王使数万人出战,魏昌黎公丘等击破之,死者万余人。燕尚书高绍帅万家保羌胡固。辛巳,魏主攻绍,斩之。平东将军贺多罗攻带方,抚军大将军永昌王健攻建德,骠骑大将军乐平王丕攻冀阳,皆拔之。

九月,乙卯,魏主引兵西还。徙营丘、成周、辽东、乐浪、带方、玄菟六郡民三万家于幽州。

燕尚书郭渊劝燕王送款献女于魏,乞为附庸。燕王曰:“负衅在前,结怨已深,降附取死,不如守志更图也。”

魏主之围和龙也,宿卫之士多在战陈,行宫人少。云中镇将朱脩之谋与南人袭杀魏主,因入和龙,浮海南归。以告冠军将军毛脩之,毛脩之不从,乃止。既而事泄,朱脩之逃奔燕。魏人数伐燕,燕王遣脩之南归求救。脩之泛海至东莱,遂还建康,拜黄门侍郎。

赵广等进攻成都,刘道济婴城自守。贼众屯聚日久,不见司马飞龙,欲散去。广惧,将三千人及羽仪诣阳泉寺,诈云迎飞龙。至则谓道人枹罕程道养曰:“汝但自言是飞龙,则坐享富贵;不则断头!”道养惶怖许诺。广乃推道养为蜀王、车骑大将军、益、梁二州牧,改元泰始,备置百官。以道养弟道助为骠骑将军、长沙王,镇涪城。赵广、帛氐奴、梁显及其党张寻、严遐皆为将军,奉道养还成都,众至十余万,四面围城,使人谓道济曰:"但送费谦、张熙来,我辈自解去。"道济遣中兵参军裴方明、任浪之各将千余人出战,皆败还。

冬,十一月,乙巳,魏主还平城。

壬子,以少府中山甄法崇为益州刺史。

初,燕王嫡妃王氏,生长乐公崇,崇于兄弟为最长。及即位,立慕容氏为王后,王氏不得立,又黜崇,使镇肥如。崇母弟广平公朗、乐陵公邈相谓曰:"今国家将亡,人无愚智皆知之。王复受慕容后之谮,吾兄弟死无日矣。"乃相与亡奔辽西,说崇使降魏,崇从之。会魏主使给事郎王德招崇,十二月,己丑,崇使邈如魏,请举郡降。燕王闻之,使其将封羽围崇于辽西。

魏主征诸名士之未仕者,州郡多逼遣之。魏主闻之,下诏令守宰以礼申谕,任其进退,毋得逼遣。

初,帝以少子绍为庐陵孝献王嗣,以江夏王义恭子朗为营阳王嗣。庚寅,封绍为庐陵王,朗为南丰县王。

裴方明等复出击程道养营,破之,焚其积聚。

贼党江阳杨孟子将千余人屯城南,参军梁儁之统南楼,投书说谕孟子,邀使入城见刘道济。道济板为主簿,克期讨贼。赵广知其谋,孟子惧,将所领奔晋原,晋原太守文仲兴与之同拒守。赵广遣帛氏奴攻晋原,破之,仲兴、孟子皆死。裴方明复出击贼,屡战,破之,贼遂大溃。程道养收众得七千人,还广汉,赵广别将五千余人还涪城。

先是,张熙说道济橐仓谷,故自九月末围城,至十二月,粮储俱尽。方明将二千人出城求食,为贼所败,单马独还,贼众复大集。方明夜缒而上,道济为设食,涕泣不能食。道济曰:"卿非大丈夫,小败何苦!贼势既衰,台兵垂至,但令卿还,何忧于贼!"即减左右以配之。贼于城外扬言,云"方明已死",城中大恐。道济夜列炬火,出方明以示众,众乃安。道济悉出财物于北射堂,令方明募人。时城中或传道济已死,莫有应者。梁儁之说道济遣左右给使三十余人出外,且告之曰:"吾病小损,各听归家休息。"给使既出,城中乃安,应募者日有千余人。

初,晋谢混尚晋陵公主。混死,诏公主与谢氏绝婚,公主悉以混家事委混从子弘微。混仍世宰辅,僮仆千人,唯有二女,年数岁,弘微为之纪理生业,一钱尺帛有文簿。九年而高祖即位,公主降号东乡君,听还谢氏。入门,室宇仓廪,不异平日,田畴垦辟,有加于旧。东乡君叹曰:"仆射平生重此子,可谓知人。仆射为不亡矣。"亲旧见者为之流涕。是岁,东乡君卒,公私咸谓赍财宜归二女,田宅、僮役应属弘微。弘微一无所取,自以私禄葬东乡君。

混女夫殷叡好樗蒲,闻弘微不取财物,乃夺其妻妹及伯母、两姑之分以还戏责,内人皆化弘微之让,一无所争。或讥之曰:"谢氏累世财产,充殷君一朝戏责。理之不允,莫此为大。卿视而不言,譬弃物江海以为廉耳。设使立清名,而令家内不足,亦吾所不取也。"弘微曰:"亲戚争财,为鄙之甚。今内人尚能无言,岂可导之使争乎!分多共少,不至有乏,身死之后,岂复见关也?"

秃发保周自凉奔魏,魏封保周为张掖公。

魏李顺复奉使至凉。凉王蒙逊遣中兵校郎杨定归谓顺曰:"年衰多疾,腰髀不随,不堪拜伏。比三五日,消息小差,当相见。"顺曰:"王之老疾,朝廷所知。岂得自安,不见诏使!"明日,蒙逊延顺入,至庭中,蒙逊箕坐隐几,无动起之状。顺正色大言曰:"不谓此叟无礼乃至于此!今不忧覆亡,而敢陵侮天地。魂魄逝矣,何用见之!"握节将出。凉王使定归追止之,曰:"太常既雅恕衰疾,传闻朝廷有不拜之诏,是以敢自安耳。"顺曰:"齐桓公九合诸侯,一匡天下,周天子赐胙,命无下拜,桓公犹不敢失臣礼,下拜登受。今王虽功高,未如齐桓,朝廷虽相崇重,未有不拜之诏,而遽自偃蹇,此岂社稷之福邪!"蒙逊乃起,拜受诏。

使还,魏主问以凉事。顺曰:"蒙逊控制河右逾三十年,经涉艰难,粗识机变,绥集荒裔,群下畏服,虽不能贻厥孙谋,犹足以终其一世。然礼者德之舆,敬者身之基也。蒙逊无礼,不敬,以臣观之,不复年矣。"魏主曰:"易世之后,何时当灭?"顺曰:"蒙逊诸子,臣略见之,皆庸才也。如闻敦煌太守牧犍,器性粗立,继蒙逊者,必此人也。然比之于父,皆云不及。此殆天之所以资圣明也。"魏主曰:"朕方有事东方,未暇西略。如卿所言,不过数年之外,不为晚也。"

初,罽宾沙门昙无谶,自云能使鬼治病,且有秘术。凉王蒙逊甚重之,谓之"圣人",诸女及子妇皆往受术。魏主闻之,使李顺往征之。蒙逊留不遣,仍杀之。魏主由是怒凉。蒙逊荒淫猜虐,群下苦之。

十年(癸酉、433)

春,正月,乙卯,魏主遣永昌王健督诸军救辽西。

己未,大赦。

丙寅,魏以乐安王范为都督秦、雍等五州诸军事、卫大将军、开府仪同三司、长安镇都大将。魏主以范年少,更选旧德平西将军崔徽、征北大将军雁门张黎为之副,共镇长安。徽,宏之弟也。范谦恭宽惠,徽务敦大体,黎清约公平,政刑简易,轻徭薄赋,关中遂安。

二月,庚午,魏主以冯崇为都督幽、平、东夷诸军事、车骑大将军、幽、平二州牧,封辽西王,录其国尚书事,食辽西十郡,承制假授尚书、刺史、征虏已下官。

魏平凉休屠征西将军金崖、羌泾州刺史狄子玉与安定镇将延普争权,崖、子玉举兵攻普,不克,退保胡空谷。魏主以虎牢镇大将陆俟为安定镇大将,击崖等,皆擒之。

魏主征陆俟为散骑常侍，出为怀荒镇大将，未期岁，高车诸莫弗讼俟严急无恩，复请前镇将郎孤。魏主征俟还，以孤代之。俟既至，言于帝曰："不过期年，郎孤必败，高车必叛。"帝怒，切责之，使以建业公归第。明年，诸莫弗果杀郎孤而叛。帝大惊，立召俟问之曰："卿何以知其然也？"俟曰："高车不知上下之礼，故臣临之以威，制之以法，欲以渐训导，使知分限。而诸莫弗恶臣所为，讼臣无恩，称孤之美。臣以罪去，孤获还镇，悦其称誉，益收名声，专用宽恕待之。无礼之人，易生骄慢，不过期年，无复上下，孤所不堪，必将复以法裁之。如此，则众心怨怼，必生祸乱矣。"帝笑曰："卿身虽短，思虑何长也。"即日复以为散骑常侍。

壬午，魏主如河西，遣兼散骑常侍宋宣来聘，且为太子晃求婚；帝依违答之。

刘道济卒，梁俊之、裴方明等密理其尸于斋后，诈为道济教命以答签疏，虽其母、妻亦不知也。程道养于毁金桥登坛郊天，方明将三千人出击之，道养等大败，退保广汉。荆州刺史临川王义庆以巴东太守周籍之督巴西等五郡诸军事，将二千人救成都。

三月，亡人司马天助降于魏，自称晋会稽世子元显之子，魏人以为青、徐二州刺史、东海公。

壬子，魏主还宫。

赵广等自广汉至郫，连营百数。周籍之与裴方明等合兵攻郫，克之，进击广等于广汉，广等走还涪及五城。夏，四月，戊寅，始发刘道济丧。

帝闻梁、南秦二州刺史甄法护刑政不治，失氐、羌之和，乃自徒中起萧思话为梁、南秦二州刺史。法护，法崇之兄也。

凉王蒙逊病甚，国人共议，以世子菩提幼弱，立菩提之兄敦煌太守牧犍为世子，加中外都督、大将军、录尚书事。蒙逊卒，谥曰武宣王，庙号太祖。牧犍即河西王位，大赦，改元永和。立子封坛为世子，加抚军大将军、录尚书事，遣使请命于魏。牧犍聪颖好学，和雅有度量，故国人立之。

先是，魏主遣李顺迎武宣王女为夫人，会卒，牧犍称先王遗意，遣左丞宋繇送其妹兴平公主于魏，拜右昭仪。

魏主谓李顺曰："卿言蒙逊死，今则验矣，又言牧犍立，何其妙哉！朕克凉州，亦当不远。"于是赐绢千匹，厩马一乘，进号安西将军，宠待弥厚，政事无巨细皆与之参议。

遣顺拜牧犍都督凉沙河三州、西域羌戎诸军事、车骑将军、开府仪同三司、凉州刺史、河西王，以宋繇为河西王右相。牧犍以无功受赏，留顺，上表乞安、平一号，优诏不许。

牧犍尊敦煌刘昞为国师,亲拜之,命官属以下皆北面受业。

五月,己亥,魏主如山北。

林邑王范阳迈遣使入贡,求领交州,诏答以道远,不许。

裴方明进军向涪城,破张寻、唐频,擒程道助,斩严遐,于是赵广等皆奔散。

六月,魏永昌王健、左仆射安原督诸军击和龙,将军楼教别将五千骑围凡城。燕守将封羽以凡城降,收其三千余家而还。

辛巳,魏人发秦、雍兵一万,筑小城于长安城内。

秋,八月,冯崇上表请说降其父,魏主不听。

九月,益州刺史甄法崇至成都,收费谦,诛之。程道养、张寻将二千余家逃入鄞山,余党各拥众藏窜山谷,时出为寇不绝。

戊午,魏主遣兼大鸿胪崔赜持节拜氐王杨难当为征南大将军、开府仪同三司、秦、梁二州牧、南秦王。赜,逞之子也。

杨难当因萧思话未至,甄法护将下,举兵袭梁州,破白马,获晋昌太守张范,败法护参军鲁安期等。又攻葭萌,获晋寿太守范延朗。冬,十一月,丁未,法护弃城奔洋川之西城。难当遂有汉中之地,以其司马赵温为梁、秦二州刺史。

甲寅,魏主还宫。

十二月,己巳,魏大赦。

辛未,魏主如阴山之北。

魏宁朔将军卢玄来聘。

前秘书监谢灵运,好为山泽之游,穷幽极险。从者数百人,伐木开径,百姓惊扰,以为山贼。会稽太守孟顗与灵运有隙,表其有异志,发兵自防。灵运诣阙自陈,上以为临川内史。灵运游放自若,废弃郡事,为有司所纠。是岁,司徒遣使随州从事郑望生收灵运,灵运执望生,兴兵逃逸,作诗曰:"韩亡子房奋,秦帝鲁连耻。"追讨擒之。廷尉奏灵运帅众反叛,论正斩刑,上爱其才,欲免官而已。彭城王义康坚执谓不宜恕,乃降死一等,徙广州。久之,或告灵运令人买兵器,结健儿,欲于三江口篡取之,不果。诏于广州弃市。灵运恃才放逸,多所陵忽,故及于祸。

魏立徐州于外黄,以刁雍为刺史。

十一年(甲戌、434)

春,正月,戊戌,燕王遣使请和于魏,魏主不许。

杨难当以克汉中告捷于魏,送雍州流民七千家于长安。萧思话至襄阳,遣横野司马萧承之为前驱。承之缘道收兵,得千人,进据磝头。杨难当焚掠汉中,引众西还,留赵温守梁州,又遣其魏兴太守薛健据黄金山。思话遣阴平太守萧坦攻铁城戍,拔之。

二月,赵温、薛健与其冯翊太守蒲甲子合攻坦营,坦击破之,温等退保西水。临川王义庆遣龙骧将军裴方明将三千人助承之,拔黄金戍而据之。温弃州城,退据小城,健、甲子退保下桃城。思话继至,与承之共击赵温等,屡破之。行参军王灵济别将出洋川,攻南城,拔之,擒其守将赵英。南城空无所资,灵济引兵还,与承之合。

魏主以西海公主妻柔然敕连可汗,又纳其妹为夫人,遣颍川王提往逆之。丁卯,敕连遣其异母兄秃鹿傀送妹,并献马二千匹。魏主以其妹为左昭仪。提,曜之子也。

辛卯,魏主还宫。三月,甲寅,复如河西。

杨难当遣其子和将兵与蒲甲子等共击萧承之,相拒四十余日,围承之数十重,短兵接,弓矢无所施。氐悉衣犀甲,戈矛所不能入。承之断稍长数尺,以大斧椎之,一稍辄贯数人。氐不能当,烧营走,据大桃。闰月,承之等迫击之,至南城,氐败走,斩获甚众,悉收汉中故地,置戍于葭萌水。

初,桓希既败,氐王杨盛据汉中,梁州刺史范元之、傅歆皆治魏兴,唯得魏兴、上庸、新城三郡。及索邈为刺史,乃治南城。至是,南城为氐所焚,不可复固,萧思话徙镇南郑。

甲戌,赫连昌叛魏西走。丙子,河西候将格杀之。魏人并其群弟诛之。

己卯,魏主还宫。

辛巳,燕王遣尚书高颙上表称藩,请罪于魏,乞以季女充掖庭。魏主乃许之,征其太子王仁入朝。

燕王送魏使者于什门还平城。什门在燕二十一年,不屈节。魏主下诏褒称,以比苏武,拜治书御史,赐羊千口,帛千匹,策告宗庙,颁示天下。

戊子,休屠金当川围魏阴密。夏,四月,乙未,魏征西大将军常山王素击之。丁未,魏主行如河西。壬戌,获当川,斩之。

甄法护坐委镇,赐死于狱。杨难当遣使奉表谢罪,帝下诏赦之。

河西王牧犍遣使上表,告嗣位。戊寅,诏以牧犍为都督凉、秦等四州诸军事、征西大将军、凉州刺史、河西王。

六月,甲辰,魏主还宫。

燕王不遣太子质魏,散骑常侍刘滋谏曰:“昔刘禅有重山之险,孙皓有长江之阻,皆为晋擒。何则?强弱之势异也。今吾弱于吴、蜀,而魏强于晋,不从其欲,将有危亡之祸。愿亟遣太子,而修政事,抚百姓,收离散,赈饥穷,劝农桑,省赋役,社稷犹庶几可保。”燕王怒,杀之。辛亥,魏主遣抚军大将军永昌王健等伐燕,收其禾稼,徙民而还。

秋,七月,壬午,魏主如美稷,遂至隰城。命阳平王它督诸军击山胡白龙于西河。它,熙之子也。

魏主轻山胡,日引数十骑登山临视之。白龙伏壮士十余处掩击之,魏主坠马,几为所擒。内入行长代人陈建以身扞之,大呼奋击,杀胡数人,身被十余疮,魏主乃免。

九月,戊子,大破胡众,斩白龙,屠其城。冬,十月,甲午,魏人破白龙余党于五原,诛数千人,以其妻子赐将士。

十一月,魏主还宫。十二月,甲辰,复如雲中。

十二年(乙亥、435)

春,正月,己未朔,日有食之。

辛酉,大赦。

辛未,上祀南郊。

燕王数为魏所攻,遣使诣建康称藩奉贡。癸酉,诏封为燕王,江南谓之黄龙国。

甲申,魏大赦,改元太延。

有老父投书于敦煌东门,求之,不获。书曰:"凉王三十年若七年。"河西王牧犍以问奉常张慎,对曰:"昔虢之将亡,神降于莘。愿殿下崇德修政,以享三十年之祚。若盘于游田,荒于酒色,臣恐七年将有大变。"牧犍不悦。

二月,丁未,魏主还宫。

三月,癸亥,燕王遣大将汤烛入贡于魏,辞以太子王仁有疾,故未之遣。

领军将军刘湛与仆射殷景仁素善,湛之入也,景仁实引之。湛既至,以景仁位遇本不逾己,而一旦居前,意甚愤愤。俱被时遇,以景仁专管内任,谓为间己,猜隙渐生。知帝信仗景仁,不可移夺,时司徒义康专秉朝权,湛尝为义康上佐,遂委心自结,欲因宰相之力以回上意,倾黜景仁,独当时务。

夏,四月,己巳,帝加景仁中书令、中护军,即家为府;湛加太子詹事。湛愈愤怒,使义康毁景仁于帝,帝遇之益隆。景仁对亲旧叹曰:"引之令入,入便噬人!"乃称疾解职,表疏累上,帝不许,使停家养病。

湛议遣人若劫盗者于外杀之,以为帝虽知,当有以解之,不能伤义康至亲之爱。帝微闻之,迁护军府于西掖门外,使近宫禁,故湛谋不行。

义康僚属及诸附丽湛者,潜相约勒,无敢历殷氏之门。彭城王主簿沛郡刘敬文父成,未悟其机,诣景仁求郡。敬文遽往谢湛曰:"老父悖耄,遂就殷铁干禄。由敬文暗浅,上负生成,阖门惭惧,无地自处。"唯后军司马庾炳之游二人之间,皆得其欢心,而密输忠于朝廷。景仁卧家不朝谒,帝常使炳之衔命往来,湛不疑也。炳之,登之弟也。

燕王遣右卫将军孙德来乞师。

五月,庚申,魏主进宜都公穆寿爵为王,汝阴公长孙道生为上党王,宜城公奚斤为恒农王,广陵公楼伏连为广陵王。加寿征东大将军,寿辞曰:"臣祖父崇所以得效功前朝,流福于后者,由梁眷之忠也。今眷元勋未录,而臣独奕世受赏,心实愧之。"魏主悦,求眷后,得其孙,赐爵郡公。寿,观之子也。

龟兹、疏勒、乌孙、悦般、渴槃陁、鄯善、焉耆、车师、粟特九国入贡于魏。魏主以汉世虽通西域,有求则卑辞而来,无求则骄慢不服,盖自知去中国绝远,大兵不能至故也。今报使往来,徒为劳费,终无所益,欲不遣使。有司固请,以为:"九国不惮险远,慕义入贡,不宜拒绝,以抑将来。"乃遣使者王恩生等二十辈使西域。恩生等始度流沙,为柔然所执,恩生见敕连可汗,持魏节不屈。魏主闻之,切责敕连,敕连乃遣恩生等还。竟不能达西域。

甲戌,魏主如云中。

六月,甲午,魏主以时和年丰,嘉瑞沓臻,诏大酺五日,遍祭百神,用答天贶。

丙午,高丽王琏遣使入贡于魏,且请国讳。魏主使录帝系及讳以与之,拜琏都督辽海诸军事、征东将军、辽东郡公、高句丽王。琏,钊之曾孙也。

戊申,魏主命骠骑大将军乐平王丕、镇东大将军徒河屈垣等帅骑四万伐燕。

扬州诸郡大水,己酉,运徐、豫、南兖谷以赈之。扬州西曹主簿沈亮建议,以为酒糜谷而不足疗饥,请权禁止,诏从之。亮,林子之子也。

秋,七月,魏主畋于楄阳。

己卯,魏乐平王丕等至和龙,燕王以牛酒犒军,献甲三千。屈垣责其不送侍子,掠男女六千口而还。

八月,丙戌,魏主如河西。九月,甲戌,还宫。

魏左仆射河间公安原,恃宠骄恣。或告原谋为逆,冬,十月,癸卯,原坐族诛。甲辰,魏主如定州。十一月,乙丑,如冀州。己巳,畋于广川。丙子,如邺。

魏人数伐燕,燕日危蹙,上下忧惧。太常杨崏复劝燕王速遣太子入侍。燕王曰:"吾未忍为此。若事急,且东依高丽,以图后举。"崏曰:"魏举天下以击一隅,理无不克。高丽无信,始虽相亲,终恐为变。"燕王不听,密遣尚书阳伊请迎于高丽。

丹杨尹萧摹之上言:"佛化被于中国,已历四代,形像塔寺,所在千数。自顷以来,情敬浮末,不以精诚为至,更以奢竞为重。材竹铜彩,糜损无极,无关神祇,有累人事。不为之防,流遁未息。请自今欲铸铜像及造塔寺者,皆当列言,须报乃得为之。"诏从之。摹之,思话从叔也。

魏秦州刺史薛谨击吐没骨,灭之。

杨难当释杨保宗之囚,使镇童亭。

资治通鉴卷第一百二十三

端明殿学士兼翰林侍读学士朝散大夫右谏议大夫充集贤殿修撰提举西京嵩山崇福宫上柱国河内郡开国侯食邑一千八百户食实封六百户赐紫金鱼袋臣　司马光　奉敕编集

宋纪五起柔兆困敦(丙子),尽重光大荒落(辛巳),凡六年。

太祖文皇帝中之上

元嘉十三年(丙子、436)

春,正月,癸丑朔,上有疾,不朝会。

甲寅,魏主还宫。

二月,戊子,燕王遣使入贡于魏,请送侍子,魏主不许,将举兵讨之。壬辰,遣使者十余辈诣东方高丽等诸国告谕之。

司空、江州刺史、永脩公檀道济,立功前朝,威名甚重,左右腹心并经百战,诸子又有才气,朝廷疑畏之。帝久疾不愈,刘湛说司徒义康,以为:"宫车一日晏驾,道济不复可制。"会帝疾笃,义康言于帝,召道济入朝。其妻向氏谓道济曰:"高世之勋,自古所忌。今无事相召,祸其至矣。"既至,留之累月。帝稍间,将遣还,已下渚,未发,会帝疾动,义康矫诏召道济入祖道,因执之。三月,己未,下诏称:"道济潜散金货,招诱剽猾,因朕寝疾,规肆祸心。"收付廷尉,并其子给事黄门侍郎植等十一人诛之,唯宥其孙孺。又杀司空参军薛彤、高进之。二人皆道济腹心,有勇力,时人比之关、张。

道济见收,愤怒,目光如炬,脱帻投地曰:"乃坏汝万里长城!"魏人闻之,喜曰:"道济死,吴子辈不足复惮。"

庚申,大赦。以中军将军南谯王义宣为江州刺史。

辛未,魏平东将军娥清、安西将军古弼将精骑一万伐燕,平州刺史拓跋婴帅辽西诸军会之。

氐王杨难当自称大秦王,改元建义,立妻为王后,世子为太子,置百官皆如天子之制,然犹贡奉宋、魏不绝。

夏,四月,魏娥清、古弼攻燕白狼城,克之。高丽遣其将葛卢孟光将众数万随阳伊至和龙迎燕王。高丽屯于临川。燕尚书令郭生因民之惮迁,开城门纳魏兵,魏人疑之,不入。生遂勒兵攻燕王,王引高丽兵入自东门,与生战于阙下,生中流矢死。葛卢孟光入城,命军士脱弊褐,取燕武库精仗以给之,大掠城中。

五月,乙卯,燕王帅龙城见户东徙,焚宫殿,火一旬不灭。令妇人被甲居中,阳伊等勒精兵居外,葛卢孟光帅骑殿后,方轨而进,前后八十余里。古弼部将高苟子帅骑欲追之,弼醉,拔刀止之,故燕王得逃去。魏主闻之,怒,槛车征弼及娥清至平城,皆黜为门卒。戊午,魏主遣散骑常侍封拨使高丽,令送燕王。

丁卯,魏主如河西。

六月,诏宁朔将军萧汪之将兵讨程道养。军至郫口,帛氏奴请降。道养兵败,还入郫山。

赫连定之西迁也,杨难当遂据上邦。秋,七月,魏主遣骠骑大将军乐平王丕、尚书令刘絜督河西、高平诸军以讨之,先遣平东将军崔赜赍诏书谕难当。

魏散骑侍郎游雅来聘。

己未,零陵王太妃褚氏卒,追谥曰晋恭思皇后,葬以晋礼。

八月,魏主畋于河西。

魏主遣广平公张黎发定州兵一万二千通莎泉道。

九月,庚戌,魏乐平王丕等至略阳,杨难当惧,请奉诏,摄上邦守兵还仇池。诸将议,以为:“不诛其豪帅,军还之后,必相聚为乱。又,大众远出,不有所掠,无以充军实,赏将士。”丕将从之,中书侍郎高允参丕军事,谏曰:“如诸将之谋,是伤其向化之心,大军既还,为乱必速。”丕乃止,抚慰初附,秋毫不犯,秦、陇遂安。难当以其子顺为雍州刺史,守下辩。

高丽不送燕王于魏,遣使奉表,称“当与冯弘俱奉王化”。魏主以高丽违诏,议击之,将发陇右骑卒。刘絜曰:“秦、陇新民,且当优复,俟其饶实,然后用之。”乐平王丕曰:“和龙新定,宜广修农桑以丰军实,然后进取,则高丽一举可灭也。”魏主乃止。

癸丑,封皇子濬为始兴王,骏为武陵王。

冬,十一月,己酉,魏主如栢阳,驱野马于云中,置野马苑。闰月,壬子,还宫。

初,高祖克长安,得古铜浑仪,仪状虽举,不缀七曜。是岁,诏太史令钱乐之更铸浑仪,径六尺八分,以水转之,昏明中星与天相应。

柔然与魏绝和亲,犯魏边。

吐谷浑惠王慕璝卒,弟慕利延立。

十四年(丁丑、437)

春,正月,戊子,魏北平宣王长孙嵩卒。

辛卯,大赦。

二月,乙卯,魏主如幽州。三月,丁丑,魏主以南平王浑为镇东大将军、仪同三司,镇和龙。己卯,还宫。

帝遣散骑常侍刘熙伯如魏议纳币,会帝女亡而止。

夏,四月,赵广、张寻、梁显等各帅众降。别将王道恩斩程道养,送首,余党悉平。丁未,以辅国将军周籍之为益州刺史。

魏主以民官多贪,夏,五月,己丑,诏吏民得举告守令不如法者。于是奸猾专求牧宰之失,迫胁在位,横于闾里;而长吏咸降心待之,贪纵如故。

丙申,魏主如云中。

秋,七月,戊子,魏永昌〔王〕健等讨山胡白龙余党于西河,灭之。

八月,甲辰,魏主如河西。九月,甲申,还宫。

丁酉,魏主遣使者拜吐谷浑王慕利延为镇西大将军、仪同三司,改封西平王。

冬,十月,癸卯,魏主如云中。十一月,壬申,还宫。

魏主复遣散骑侍郎董琬、高明等多赍金帛,使西域,招抚九国。琬等至乌孙,其王甚喜,曰:“破洛那、者舌二国皆欲称臣致贡于魏,但无路自致耳,今使君宜过抚之。”乃遣导译送琬诣破洛那,明诣者舌。旁国闻之,争遣使者随琬等入贡,凡十六国。自是每岁朝贡不绝。

魏主以其妹武威公主妻河西王牧犍,河西王遣宋繇奉表诣平城谢,且问其母及公主所宜称。魏主使群臣议之,皆曰:“母以子贵,妻从夫爵。牧犍母宜称河西国太后,公主于其国称王后,于京师则称公主。”魏主从之。

初,牧犍娶凉武昭王之女,及魏公主至,李氏与其母尹氏迁居酒泉。顷之,李氏卒,尹氏抚之,不哭,曰:“汝曹破家亡,今死晚矣。”牧犍之弟无讳镇酒泉,谓尹氏曰:“后诸孙在伊吾,后欲就之乎?”尹氏未测其意,绐之曰:“吾子孙漂荡,托身异域,余生无几,当死此,不复为毡裘之鬼也。”未几,潜奔伊吾。无讳遣骑追及之,尹氏谓追骑曰:“沮渠酒泉许吾归北,何为复追!汝取吾首以往,吾不复还矣。”追骑不敢逼,引还。尹氏卒于伊吾。

牧犍遣将军沮渠旁周入贡于魏,魏主遣侍中古弼、尚书李顺赐其侍臣衣服,并征世子封坛入侍。是岁,牧犍遣封坛如魏,亦遣使诣建康,献杂书及敦煌赵䣙所撰《甲寅元历》,并求杂书数十种,帝皆与之。

李顺自河西还,魏主问之曰:“卿往年言取凉州之策,朕以东方有事,未遑也。今和龙已平,吾欲即以此年西征,可乎?”对曰:“臣畴昔所言,以今观之,私谓不谬。然国家戎车屡动,士马疲劳,西征之议,请俟它年。”魏主乃止。

十五年(戊寅、438)

· 春,二月,丁未,以吐谷浑王慕利延为都督西秦、河、沙三州诸军事、镇西大将军、西秦、河二州刺史、陇西王。

三月,癸未,魏主诏罢沙门年五十已下者。

初,燕王弘至辽东,高丽王琏遣使劳之曰:"龙城王冯君,爰适野次,士马劳乎?"弘惭怒,称制让之。高丽处之平郭,寻徙北丰。弘素侮高丽,政刑赏罚,犹如其国,高丽乃夺其侍人,取其太子王仁为质。弘怨高丽,遣使来上表求迎,上遣使者王白驹等迎之,并令高丽资遣。高丽王不欲使弘南来,遣将孙漱、高仇等杀弘于北丰,并其子孙十余人,谥弘曰昭成皇帝。白驹等帅所领七千余人掩讨漱、仇,杀仇,生擒漱。高丽王以白驹等专杀,遣使执送之。上以远国,不欲违其意,下白驹等狱,已而原之。

夏,四月,纳故黄门侍郎殷淳女为太子劭妃。

五月,戊寅,魏大赦。

丙申,魏主如五原。秋,七月,自五原北伐柔然。命乐平王丕督十五将出东道,永昌王健督十五将出西道,魏主自出中道。至浚稽山,复分中道为二,陈留王崇从大泽向涿邪山,魏主从浚稽北向天山。西登白阜,不见柔然而还。时漠北大旱,无水草,人马多死。

冬,十一月,丁卯朔,日有食之。

十二月,丁巳,魏主至平城。

豫章雷次宗好学,隐居庐山。尝征为散骑侍郎,不就。是岁,以处士征至建康,为开馆于鸡笼山,使聚徒教授。帝雅好艺文,使丹杨尹庐江何尚之立玄学,太子率更令何承天立史学,司徒参军谢元立文学,并次宗儒学为四学。元,灵运之从祖弟也。帝数幸次宗学馆,令次宗以巾褠侍讲,资给甚厚。又除给事中,不就。久之,还庐山。

> 臣光曰:《易》曰:"君子多识前言往行以畜其德。"孔子曰:"辞达而已矣。"然则史者儒之一端,文者儒之余事。至于老、庄虚无,固非所以为教也。
> 夫学者所以求道,天下无二道,安有四学哉!

帝性仁厚恭俭,勤于为政,守法而不峻,容物而不弛。百官皆久于其职,守宰以六期为断,吏不苟免,民有所系。三十年间,四境之内,晏安无事,户口蕃息;出租供徭,止于岁赋,晨出暮归,自事而已。闾阎之内,讲诵相闻;士敦操尚,乡耻轻薄。江左风俗,于斯为美。后之言政治者,皆称元嘉焉。

十六年(己卯、439)

春,正月,庚寅,司徒义康进位大将军、领司徒,南兖州刺史、江夏王义恭进位司空。

魏主如定州。

初,高祖遗诏,令诸子次第居荆州。临川王义庆在荆州八年,欲为之选代,其次应在南谯王义宣。帝以义宣人才凡鄙,置不用。二月,己亥,以衡阳王义季为都督荆、湘等八州诸军事、荆州刺史，义季尝春月出畋，有老父被苫而耕，左右斥之，老父曰："盘于游畋，古人所戒。今阳和布气，一日不耕，民失其时，奈何以从禽之乐而驱斥老农也。"义季止马曰："贤者也。"命赐之食，辞曰："大王不夺农时，则境内之民皆饱大王之食，老夫何敢独受大王之赐乎。"义季问其名，不告而退。

三月，魏雍州刺史葛那寇上洛，上洛太守镡长生弃郡走。

辛未，魏主还宫。

杨保宗与兄保显自童亭奔魏。庚寅，魏主以保宗为都督陇西诸军事、征西大将军、开府仪同三司、秦州牧、武都王，镇上邽，妻以公主，保显为镇西将军、晋寿公。

河西王牧犍通于其嫂李氏，兄弟三人传嬖之。李氏与牧犍之姊共毒魏公主，魏主遣解毒医乘传救之，得愈。魏主征李氏，牧犍不遣，厚资给，使居酒泉。

魏每遣使者诣西域，常诏牧犍发导护送出流沙。使者自西域还，至武威，牧犍左右有告魏使者曰："我君承蠕蠕可汗妄言云：'去岁魏天子自来伐我，士马疫死，大败而还，我擒其长弟乐平王丕。'我君大喜，宣言于国。又闻可汗遣使告西域诸国，称：'魏已削弱，今天下唯我为强，若更有魏使，勿复供奉。'西域诸国颇有贰心。"使还，具以状闻。魏主遣尚书贺多罗使凉州观虚实，多罗还，亦言牧犍虽外修臣礼，内实乖悖。

魏主欲讨之，以问崔浩。对曰："牧犍逆心已露，不可不诛。官军往年北伐，虽不克获，实无所损。战马三十万匹，计在道死伤不满八千，常岁羸死亦不减万匹。而远方乘虚，遽谓衰耗不能复振。今出其不意，大军猝至，彼必骇扰，不知所为，擒之必矣。"魏主曰："善。吾意亦以为然。"于是大集公卿议于西堂。

弘农王奚斤等三十余人皆曰："牧犍西垂下国，虽心不纯臣，然继父位以来，职贡不乏。朝廷待以藩臣，妻以公主。今其罪恶未彰，宜加恕宥。国家新征蠕蠕，士马疲弊，未可大举。且闻其土地卤瘠，难得水草，大军既至，彼必婴城固守。攻之不拔，野无所掠，此危道也。"

初，崔浩恶尚书李顺，顺使凉州凡十二返，魏主以为能。凉武宣王数与顺游宴，对其群下时为骄慢之语，恐顺泄之，随以金宝纳于顺怀，顺亦为之隐。浩知之，密以白魏主，魏主未之信。及议伐凉州，顺与尚书古弼皆曰："自温圉水以西至姑臧，地皆枯石，绝无水草。彼人言，姑臧城南天梯山上，冬有积雪，深至丈余，春夏消释，下流成川，居民引以溉灌。彼闻军至，决此渠口，水必乏绝。环城百里之内，地不生草，人马饥渴，难以久留。斤等之议是也。"魏主乃命浩与斤等相诘难。众无复它言，但云"彼无水草"。浩曰："《汉书·地理志》称'凉州之畜为天下饶'，若无水草，畜何以蕃？又，汉人终不于无水草之地筑城郭，建郡县也。且雪之消释，仅能敛尘，何得通渠溉灌乎？此言大为欺诬矣。"李顺曰："耳闻不如目见，吾尝目见，何可共辩！"浩曰："汝受人金钱，欲为之游说，谓我目不见便可欺邪！"帝隐听，闻之，乃出见斥等，辞色严厉，群臣不敢复言，唯唯而已。

群臣既出，振威将军代人伊馛言于帝曰："凉州若果无水草，彼何以为国？众议皆不可用，宜从浩言。"帝善之。

夏，五月，丁丑，魏主治兵于西郊。六月，甲辰，发平城。使侍中宜都王穆寿辅太子晃监国，决留台事，内外听焉。又使大将军长乐王稽敬、辅国大将军建宁王崇将二万人屯漠南，以备柔然。命公卿为书以让河西王牧犍，数其十二罪，且曰："若亲帅群臣委贽远迎，谒拜马首，上策也。六军既临，面缚舆榇，其次也。若守迷穷城，不时悛悟，身死族灭，为世大戮。宜思厥中，自求多福。"

己酉，改封陇西王吐谷浑慕利延为河南王。

魏主自云中济河，秋，七月，己巳，至上郡属国城。壬午，留辎重，部分诸军，使抚军大将军永昌王健、尚书令刘絜与常山王素为前锋，两道并进；骠骑大将军乐平王丕、太宰阳平王杜超为后继；以平西将军源贺为乡导。

魏主问贺以取凉州方略，对曰："姑臧城旁有四部鲜卑，皆臣祖父旧民，臣愿处军前，宣国威信，示以祸福，必相帅归命。外援既服，然后取其孤城，如反掌耳。"魏主曰："善。"

八月，甲午，永昌王健获河西畜产二十余万。

河西王牧犍闻有魏师，惊曰："何为乃尔！"用左丞姚定国计，不肯出迎，求救于柔然。遣其弟征南大将军董来将兵万余人出战于城南，望风奔溃。刘絜用卜者言，以为日辰不利，敛兵不追，董来遂得入城。魏主由是怒之。

丙申，魏主至姑臧，遣使谕牧犍令出降。牧犍闻柔然欲入魏边为寇，冀幸魏主东还，遂婴城固守。其兄子祖逾城出降，魏主具知其情，乃分军围之。源贺引兵招慰诸部下三万余落，故魏主得专攻姑臧，无复外虑。

魏主见姑臧城外水草丰饶，由是恨李顺，谓崔浩曰："卿之昔言，今果验矣。"对曰："臣之言不敢不实，类皆如此。"

魏主之将伐凉州也，太子晃亦以为疑。至是，魏主赐太子诏曰："姑臧城东、西门外，涌泉合于城北，其大如河。自余沟渠流入漠中，其间乃无燥地。故有此敕，以释汝疑。"

庚子，立皇子铄为南平王。

九月，丙戌，河西王牧犍兄子万年帅所领降魏。姑臧城溃，牧犍帅其文武五千人面缚请降，魏主释其缚而礼之。收其城内户口二十余万，仓库珍宝不可胜计。使张掖王秃发保周、龙骧将军穆罢、安远将军源贺分徇诸郡，杂胡降者又数十万。

初,牧犍以其弟无讳为沙州刺史、都督建康以西诸军事、领酒泉太守,宜得为秦州刺史、都督丹岭以西诸军事、领张掖太守,安周为乐都太守,从弟唐儿为敦煌太守。及姑臧破,魏主遣镇南将军代人奚眷击张掖,镇北将军封沓击乐都。宜得烧仓库,西奔酒泉;安周南奔吐谷浑,封沓掠数千户而还。奚眷进攻酒泉,无讳、宜得收遗民奔晋昌,遂就唐儿于敦煌。魏主使弋阳公元絜守酒泉,及武威、张掖皆置将守之。

魏主置酒姑臧,谓群臣曰:“崔公智略有余,吾不复以为奇。伊馛弓马之士,而所见乃与崔公同,此深可奇也。”馛善射,能曳牛却行,走及奔马,而性忠谨,故魏主特爱之。

魏主之西伐也,穆寿送至河上,魏主敕之曰:“吴提与牧犍相结素深,闻朕讨牧犍,吴提必犯塞,朕故留壮兵肥马,使卿辅佐太子。收田既毕,即发兵诣漠南,分伏要害以待虏至,引使深入,然后击之,无不克矣。凉州路远,朕不得救,卿勿违朕言。”寿顿首受命。寿雅信中书博士公孙质,以为谋主。寿、质皆信卜筮,以为柔然必不来,不为之备。质,轨之弟也。

柔然敕连可汗闻魏主向姑臧,乘虚入寇,留其兄乞列归与秸敬、建宁王崇相拒于北镇,自帅精骑深入,至善无七介山,平城大骇,民争走中城。穆寿不知所为,欲塞西郭门,请太子避保南山,窦太后不听而止。遣司空长孙道生、征北大将军张黎拒之于吐颓山。会秸敬、建宁王崇击破乞列归于阴山之北,擒之,并其伯父他吾无鹿胡及将帅五百人,斩首万余级。敕连闻之,遁去。追至漠南而还。

冬,十月,辛酉,魏主东还。留乐平王丕及征西将军贺多罗镇凉州,徙沮渠牧犍宗族及吏民三万户于平城。

癸亥,秃发保周帅诸部鲜卑据张掖叛魏。

十二月,乙亥,太子劭加元服,大赦。劭美鬓眉,好读书,便弓马,喜延宾客。意之所欲,上必从之,东宫置兵与羽林等。

壬午,魏主至平城,以柔然入寇,无大失亡,故穆寿等得不诛。魏主犹以妹婿待沮渠牧犍,征西大将军、河西王如故。牧犍母卒,葬以太妃〔之〕礼。为武宣王置守冢三十家。

凉州自张氏以来,号为多士。沮渠牧犍尤喜文学,以敦煌阚骃为姑臧太守,张湛为兵部尚书,刘昞、索敞、阴兴为国师助教,金城宋钦为世子洗马,赵柔为金部郎,广平程骏、骏从弟弘为世子侍讲。魏主克凉州,皆礼而用之,以阚骃、刘昞为乐平王丕从事中郎。安定胡叟,少有俊才,往从牧犍,牧犍不甚重之,叟谓程弘曰:"贵主居僻陋之国而淫名僭礼,以小事大而心不纯壹,外慕仁义而实无道德,其亡可翘足待也。吾将择木,先集于魏,与子暂违,非久阔也。"遂适魏。岁余而牧犍败。魏主以叟为先识,拜虎威将军,赐爵始复男。河内常爽,世寓凉州,不受礼命,魏主以为宣威将军。河西右相宋繇从魏主至平城而卒。

魏主以索敞为中书博士。时魏朝方尚武功,贵游子弟不以讲学为意。敞为博士十余年,勤于诱导,肃而有礼,贵游皆严惮之,多所成立,前后显达至尚书、牧守者数十人。常爽置馆于温水之右,教授七百余人,爽立赏罚之科,弟子事之如严君。由是魏之儒风始振。高允每称爽训厉有方,曰:"文翁柔胜,先生刚克,立教虽殊,成人一也。"

陈留江强,寓居凉州,献经、史、诸子千余卷及书法,亦拜中书博士。魏主命崔浩监秘书事,综理史职;以中书侍郎高允、散骑侍郎张伟参典著作。浩启称:"阴仲达、段承根,凉土美才,请同修国史。"皆除著作郎。仲达,武威人;承根,晖之子也。

浩集诸历家,考校汉元以来日月薄食、五星行度,并讥前史之失,别为《魏历》,以示高允。允曰:"汉元年,十月,五星聚东井,此乃历术之浅事。今讥汉史而不觉此谬,恐后人之讥今犹今之讥古也。"浩曰:"所谬云何?"允曰:"案《星传》:'太白、辰星常附日而行。'十月日在尾、箕,昏没于申南,而东井方出于寅北,二星何得背日而行?是史官欲神其事,不复推之于理也。"浩曰:"天文欲为变者,何所不可邪?"允曰:"此不可以空言争,宜更审之。"坐者咸怪允之言,唯东宫少傅游雅曰:"高君精于历数,当不虚也。"后岁余,浩谓允曰:"先所论者,本不经心,乃更考究,果如君言。五星乃以前三月聚东井,非十月也。"众乃叹服。允虽明历,初不推步及为人论说,唯游雅知之。雅数以灾异问允,允曰:"阴阳灾异,知之甚难。既已知之,复恐漏泄,不如不知也。天下妙理至多,何以问此。"雅乃止。

魏主问允:"为政何先?"时魏多封禁良田,允曰:"臣少贱,唯知农事。若国家广田积谷,公私有备,则饥馑不足忧矣。"帝乃命悉除田禁以赋百姓。

吐谷浑王慕利延闻魏克凉州,大惧,帅众西遁,逾沙漠。魏主以其兄慕璝有擒赫连定之功,遣使抚谕之,慕利延乃还故地。

氐王杨难当将兵数万寇魏上邽,秦州人多应之。东平吕罗汉说镇将拓跋意头曰:"难当众甚,今不出战,示之以弱,众情离沮,不可守也。"意头遣罗汉将精骑千余出冲难当陈,所向披靡,杀其左右骑八人,难当大惊。会魏主以玺书责让难当,难当引还仇池。

南丰太妃司马氏卒,故营阳王之后也。

赵广、张寻等复谋反,伏诛。

十七年（庚辰、440）

春，正月，己酉，沮渠无讳寇魏酒泉，元絜轻之，出城与语，壬子，无讳执絜以围酒泉。

二月，魏假通直常侍邢颖来聘。

三月，沮渠无讳拔酒泉。

夏，四月，戊午朔，日有食之。

庚辰，沮渠无讳寇魏张掖，秃发保周屯删丹。丙戌，魏主遣抚军大将军永昌王健督诸将讨之。

司徒义康专总朝权。上羸疾积年，心劳辄发之，至危殆。义康尽心营奉，药食非口所亲尝不进，或连夕不寐，内外众事皆专决施行。性好吏职，纠剔文案，莫不精尽。上由是多委以事，凡所陈奏，入无不可，方伯以下，并令义康选用，生杀大事，或以录命断之。势倾远近，朝野辐凑，每旦府门常有车数百乘，义康倾身引接，未尝懈倦。复能强记，耳目所经，终身不忘，好于稠人广席，标题所忆以示聪明。士之干练者，多被意遇。尝谓刘湛曰："王敬弘、王球之属，竟何所堪！坐取富贵，复那可解！"然素无学术，不识大体。朝士有才用者皆引入己府，府僚无施及忤旨者乃斥为台官。自谓兄弟至亲，不复存君臣形迹，率心所行，曾无猜防。私置僮六千余人，不以言台。四方献馈，皆以上品荐义康，而以次者供御。上尝冬月啖甘，叹其形味并劣，义康曰："今年甘殊有佳者。"遣人还东府取甘，大供御者三寸。

领军刘湛与仆射殷景仁有隙，湛欲倚义康之重以倾之。义康权势已盛，湛愈推崇之，无复人臣之礼，上浸不能平。湛初入朝，上恩礼甚厚。湛善论治道，谙前代故事，叙致铨理，听者忘疲。每入云龙门，御者即解驾，左右及羽仪随意分散，不夕不出，以此为常。及晚节驱煽义康，上意虽内离而接遇不改，尝谓所亲曰："刘班初自西还宫，与语，常视日早晚，虑其将去。比入，吾亦视日早晚，苦其不去。"

殷景仁密言于上曰："相王权重，非社稷计，宜少加裁抑。"上阴然之。

司徒左长史刘斌，湛之宗也；大将军从事中郎王履，（谧）〔谧〕之孙也；及主簿刘敬文、祭酒鲁郡孔胤秀，皆以倾谄有宠于义康；见上多疾，皆谓"宫车一日晏驾，宜立长君。"上尝疾笃，使义康具顾命诏，义康还省，流涕以告湛及景仁。湛曰："天下艰难，讵是幼主所御！"义康、景仁并不答。而胤秀等辄就尚书议曹索晋咸康末立康帝旧事，义康不知也。及上疾瘳，微闻之。而斌等密谋，欲使大业终归义康，遂邀结朋党，伺察禁省，有不与己同者，必百方构陷之。又采拾景仁短长，或虚造异同以告湛。自是主、相之势分矣。

　　义康欲以刘斌为丹杨尹,言次,启上陈其家贫。言未卒,上曰:"以为吴郡。"后会稽太守羊玄保求还,义康又欲以斌代之,启上曰:"羊玄保欲还,不审以谁为会稽?"上时未有所拟,仓猝曰:"我已用王鸿。"自去年秋,上不复往东府。

　　五月,癸巳,刘湛遭母忧去职。湛自知罪衅已彰,无复全地,谓所亲曰:"今年必败。常日正赖口舌争之,故得推迟耳。今既穷毒,无复此望,祸至其能久乎!"

　　乙巳,沮渠无讳复围张掖,不克,退保临松。魏主不复加讨,但以诏谕之。

　　六月,丁丑,魏皇孙濬生,大赦,改元太平真君,取寇谦之《神书》云"辅佐北方太平真君"故也。

　　太子劭诣京口拜京陵,司徒义康、竟陵王诞等并从,南兖州刺史、江夏王义恭自江都会之。

　　秋,七月,己丑,魏永昌王健击破秃发保周于番禾,保周走,遣安南将军尉眷追之。

　　丙申,魏太后窦氏殂。

　　壬子,皇后袁氏殂。

　　癸丑,秃发保周穷迫自杀。

　　八月,甲申,沮渠无讳使其中尉梁伟诣魏永昌王健请降,归酒泉郡及所房将士元絜等。魏主使尉眷留镇凉州。

　　九月,壬子,葬元皇后。

　　上以司徒彭城王义康嫌隙已著,将成祸乱。冬,十月,戊申,收刘湛付廷尉,下诏暴其罪恶,就狱诛之,并诛其子黯、亮、俨及其党刘斌、刘敬文、孔胤秀等八人,徙尚书库部郎何默子等五人于广州,因大赦。是日,敕义康入宿,留止中书省。其夕,分收湛等,青州刺史杜骥勒兵殿内,以备非常。遣人宣旨告义康以湛等罪状。义康上表逊位,诏以义康为江州刺史,侍中、大将军如故,出镇豫章。

　　初,殷景仁卧疾五年,虽不见上,而密函去来,日以十数,朝政大小,必以咨之,影迹周密,莫有窥其际者。收湛之日,景仁使拂拭衣冠,左右皆不晓其意。其夜,上出华林园延贤堂召景仁,景仁犹称脚疾,以小床舆就坐,诛讨处分,一皆委之。

　　初,檀道济荐吴兴沈庆之忠谨晓兵,上使领队防东掖门。刘湛为领军,尝谓之曰:"卿在省岁久,比当相论。"庆之正色曰:"下官在省十年,自应得转,不复以此仰累。"收湛之夕,上开门召庆之,庆之戎服缚袴而入,上曰:"卿何意乃尔急装?"庆之曰:"夜半唤队主,不容缓服。"上遣庆之收刘斌,杀之。

　　骁骑将军徐湛之,逵之之子也,与义康尤亲厚,上深衔之。义康败,湛之被收,罪当死。其母会稽公主,于兄弟为长嫡,素为上所礼,家事大小,必咨而后行。

高祖微时,尝自于新洲伐荻,有纳布衫袄,臧皇后手所作也,既贵,以付公主曰:"后世有骄奢不节,可以此衣示之。"至是,公主入宫见上,号哭,不复施臣妾之礼,以锦囊盛纳衣掷地曰:"汝家本贫贱,此是我母为汝父所作。今日得一饱餐,遽欲杀我儿邪!"上乃赦之。

　　吏部尚书王球,履之叔父也,以简淡有美名,为上所重。履性进利,深结义康及湛,球屡戒之,不从。诛湛之夕,履徒跣告球,球命左右为取履,先温酒与之,谓曰:"常日语汝云何?"履怖惧不得答。球徐曰:"阿父在,汝亦何忧。"上以球故,履得免死,废于家。

　　义康方用事,人争求亲昵,唯司徒主簿江湛早能自疏,求出为武陵内史。檀道济尝为其子求婚于湛,湛固辞,道济因义康以请之,湛拒之愈坚,故不染于二公之难。上闻而嘉之。湛,夷之子也。

　　彭城王义康停省十余日,见上奉辞,便下渚。上唯对之恸哭,余无所言。上遣沙门慧琳视之,义康曰:"弟子有还理不?"慧琳曰:"恨公不读数百卷书!"

　　初,吴兴太守谢述,裕之弟也,累佐义康,数有规益,早卒。义康将南,叹曰:"昔谢述唯劝吾退,刘湛唯劝吾进,今湛存而述死,其败也宜哉!"上亦曰:"谢述若存,义康必不至此。"

　　以征虏司马萧斌为义康谘议参军,领豫章太守,事无大小,皆以委之。斌,摹之之子也。使龙骧将军萧承之将兵防守。义康左右爱念者,并听随从。资奉优厚,信赐相系,朝廷大事,皆报示之。

　　久之,上就会稽公主宴集甚欢,主起,再拜叩头,悲不自胜。上不晓其意,自起扶之。主曰:"车子岁暮必不为陛下所容,今特请其命。"因恸哭。上亦流涕,指蒋山曰:"必无此虑。若违今誓,便是负初宁陵。"即封所饮酒赐义康,并书曰:"会稽姊饮宴忆弟,所余酒今封送。"故终主之身,义康得无恙。

　　　臣光曰:文帝之于义康,友爱之情,其始非不隆也。终于失兄弟之欢,亏君臣之义,迹其乱阶,正由刘湛权利之心无有厌已。《诗》云:"贪人败类。"其是之谓乎!

　　征南兖州刺史江夏王义恭为司徒、录尚书事。戊寅,以临川王义庆为南兖州刺史,殷景仁为扬州刺史,仆射、吏部尚书如故。义恭惩彭城之败,虽为总录,奉行文书而已,上乃安之。上年给相府钱二千万,它物称此,而义恭性奢,用常不足,上又别给钱,年至千万。

　　十一月,丁亥,魏主如山北。

　　殷景仁既拜扬州,赢疾遂笃,上为之敕西州道上不得有车声。癸丑,卒。

　　十二月,癸亥,以光禄大夫王球为仆射。戊辰,以始兴王濬为扬州刺史。时濬尚幼,州事悉委后军长史范晔、主簿沈璞。晔,泰之子;璞,林子之子也。晔寻迁左卫将军,以吏部郎沈演之为右卫将军,对掌禁旅;又以庾炳之为吏部郎,俱参机密。演之,劲之曾孙也。

晔有俊才,而薄情浅行,数犯名教,为士流所鄙。性躁竞,自谓才用不尽,常怏怏不得志。吏部尚书何尚之言于帝曰:"范晔志趋异常,请出为广州刺史。若在内衅成,不得不加铁钺。铁钺亟行,非国家之美也。"帝曰:"始诛刘湛,复迁范晔,人将谓卿等不能容才,朕信受谗言。但共知其如此,无能为害也。"

是岁,魏宁南将军王慧龙卒,吕玄伯留守其墓,终身不去。

魏主欲以伊馛为尚书,封郡公,馛辞曰:"尚书务殷,公爵至重,非臣年少愚近所宜膺受。"帝问其所欲,对曰:"中、秘二省多诸文士,若恩矜不已,请参其次。"帝善之,以为中护军将军、秘书监。

大秦王杨难当复称武都王。

十八年(辛巳、441)

春,正月,癸卯,魏以沮渠无讳为征西大将军、凉州牧、酒泉王。

彭城王义康至豫章,辞刺史;甲辰,以义康都督江、交、广三州诸军事。前龙骧参军巴东扶令育诣阙上表,称:"昔袁盎谏汉文帝曰:'淮南王若道路遇霜露死,陛下有杀弟之名。'文帝不用,追悔无及。彭城王义康,先朝之爱子,陛下之次弟,若有迷谬之愆,正可数之以善恶,导之以义方,奈何信疑似之嫌,一旦黜削,远送南垂!草莱黔首,皆为陛下痛之。庐陵往事,足为龟鉴。恐义康年穷命尽,奄忽于南,臣虽微贱,窃为陛下羞之。陛下徒知恶枝之宜伐,岂知伐枝之伤树!伏愿亟召义康返于京甸,兄弟协和,君臣辑睦,则四海之望塞,多言之路绝矣。何必司徒公、扬州牧然后可以置彭城王哉!若臣所言于国为非,请伏重诛以谢陛下。"表奏,即收付建康狱,赐死。

> 裴子野论曰:夫在上为善,若云行雨施,万物受其赐;及其恶也,若天裂地震,万物所惊骇,其谁弗知,其谁弗见?岂戮一人之身,钳一夫之口,所能禳逃,所能弭灭哉?是皆不胜其忿怒而有增于疾疢也。以太祖之含弘,尚掩耳于彭城之戮,自斯以后,谁易由言!有宋累叶,罕闻直谅,岂骨鲠之气,俗愧前古?抑时王刑政使之然乎?张约隙于权臣,扶育毙于哲后,宋之鼎镬,吁,可畏哉!

魏新兴王俊荒淫不法,三月,庚戌,降爵为公。俊母先得罪死,俊积怨望,有逆谋,事觉,赐死。

辛亥,魏赐郁久闾乞列归爵为朔方王,沮渠万年为张掖王。

夏,四月,沮渠唐儿叛沮渠无讳,无讳留从弟天周守酒泉,与弟宜得引兵击唐儿,唐儿败死。魏以无讳终为边患,庚辰,遣镇南将军奚眷击酒泉。

秋,八月,辛亥,魏遣散骑侍郎张伟来聘。

九月,戊戌,魏永昌王健卒。

冬,十一月,戊子,王球卒。己亥,以丹杨尹孟颧为尚书仆射。

酒泉城中食尽,万余口皆饿死,沮渠天周杀妻以食战士。庚子,魏奚眷拔酒泉,获天周,送平城,杀之。沮渠无讳乏食,且畏魏兵之盛,乃谋西度流沙,遣其弟安周西击鄯善。鄯善王欲降,会魏使者至,劝令拒守。安周不能克,退保东城。

氐王杨难当倾国入寇,谋据蜀土,遣其建忠将军符冲出东洛以御梁州兵。梁、秦二州刺史刘真道击冲,斩之。真道,怀敬之子也。难当攻拔葭萌,获晋寿太守申坦,遂围涪城,巴西、梓潼二郡太守刘道锡婴城固守,难当攻之十余日,不克,乃还。道锡,道产之弟也。十二月,癸亥,诏龙骧将军裴方明等帅甲士三千人,又发荆、雍二州兵以讨难当,皆受刘真道节度。

晋宁太守爨松子反,宁州刺史徐循讨平之。

天门蛮田向求等反,破溇中。荆州刺史衡阳王义季遣行参军曹孙念讨破之。

魏寇谦之言于魏主曰:"今陛下以真君御世,建静轮天宫之法,开古以来,未之有也。应登受符书,以彰圣德。"帝从之。

资治通鉴卷第一百二十四

端明殿学士兼翰林侍读学士朝散大夫右谏议大夫充集贤殿修撰提举西京嵩
山崇福宫上柱国河内郡开国侯食邑一千八百户食实封六百户赐紫金鱼袋臣　司马光　奉敕编集

宋纪六 起玄黓敦牂(壬午),尽柔兆阉茂(丙戌),凡五年。

太祖文皇帝中之中

元嘉十九年(壬午、442)

春,正月,甲申,魏主备法驾,诣道坛受符箓,旗帜尽青。自是每帝即位皆受
箓。谦之又奏作静轮宫,必令其高不闻鸡犬,欲以上接天神。崔浩劝帝为之,功
费万计,经年不成。太子晃谏曰:"天人道殊,卑高定分,不可相接,理在必然。今
虚耗府库,疲弊百姓,为无益之事,将安用之!必如谦之所言,请因东山万仞之
高,为功差易。"帝不从。

夏,四月,沮渠无讳将万余家,弃敦煌西就沮渠安周。未至,鄯善王比龙畏
之,将其众奔且末,其世子降于安周。无讳遂据鄯善,其士卒经流沙,渴死者
太半。

李宝自伊吾帅众二千入据敦煌,缮修城府,安集故民。

沮渠牧犍之亡也,凉州人阚爽据高昌,自称太守。唐契为柔然所逼,拥众西
趋高昌,欲夺其地。柔然遣其将阿若追击之,契败死,契弟和收余众奔车师前部
王伊洛。时沮渠安周屯横截城,和攻拔之,又拔高宁、白力二城,遣使请降于魏。

甲戌,上以疾愈,大赦。

五月,裴方明等至汉中,与刘真道分兵攻武兴、下辩、白水,皆取之。杨难当
遣建节将军符弘祖守兰皋,使其子抚军大将军和将重兵为后继。方明与弘祖战
于浊水,大破之,斩弘祖。和退走,追至赤亭,又破之。难当奔上邽,获难当兄子
建节将军保炽。难当以其子虎为益州刺史,守阴平,闻难当走,引兵还,至下辩。
方明使其子肃之邀击之,擒虎,送建康,斩之。仇池平。以辅国司马胡崇之为北
秦州刺史,镇其地;立杨保炽为杨玄后,使守仇池。魏人遣中山王辰迎杨难当诣
平城。秋,七月,以刘真道为雍州刺史,裴方明为梁、南秦二州刺史,方明辞不拜。

丙寅,魏主使安西将军古弼督陇右诸军及殿中虎贲与武都王杨保宗自祁山
南入,征西将军渔阳皮豹子与琅邪王司马楚之督关中诸军自散关西入,俱会仇
池。又使谯王司马文思督洛、豫诸军南趋襄阳,征南将军刁雍东趋广陵,移书徐

州,称为杨难当报仇。

甲戌晦,日有食之。

唐契之攻阚爽也,爽遣使诈降于沮渠无讳,欲与之共击契。八月,无讳将其众趋高昌,比至,契已死,爽闭门拒之。九月,无讳将卫兴奴夜袭高昌,屠其城,爽奔柔然。无讳据高昌,遣其常侍氾隽奉表诣建康。诏以无讳为都督凉、河、沙三州诸军事、征西大将军、凉州刺史、河西王。

冬,十月,己卯,魏立皇子伏罗为晋王,翰为秦王,谭为燕王,建为楚王,余为吴王。

甲申,柔然遣使诣建康。

十二月,辛巳,魏襄城孝王卢鲁元卒。

丙申,诏鲁郡修孔子庙及学舍,蠲墓侧五户课役以供洒扫。

李宝遣其弟怀达、子承奉表诣平城,魏人以宝为都督西垂诸军事、镇西大将军、开府仪同三司、沙州牧、敦煌公,四品以下听承制假授。

雍州刺史晋安襄侯刘道产卒。道产善为政,民安其业,小大丰赡,由是民间有《襄阳乐歌》。山蛮前后不可制者皆出,缘沔为村落,户口殷盛。及卒,蛮追送至沔口。未几,群蛮大动,征西司马朱脩之讨之,不利。诏建威将军沈庆之代之,杀虏万余人。

魏主使尚书李顺差次群臣,赐以爵位,顺受贿,品第不平。是岁,凉州人徐桀告之。魏主怒,且以顺保庇沮渠氏,面欺误国,赐顺死。

二十年(癸未、443)

春,正月,魏皮豹子等进击乐乡,将军王奂之等败没。魏军进至下辩,将军强玄明等败死。二月,胡崇之与魏战于浊水,崇之为魏所擒,余众走还汉中。将军姜道祖兵败,降魏,魏遂取仇池。杨保炽走。

丙午,魏主如恒山之阳。三月,庚申,还宫。

壬戌,乌洛侯国遣使如魏。初,魏之居北荒也,凿石为庙,在乌洛侯西北,以祀其先,高七十尺,深九十步。及乌洛侯使者至魏,言石庙具在,魏主遣中书侍郎李敞诣石庙致祭,刻祝文于壁而还,去平城四千余里。

魏河间公齐与武都王杨保宗对镇雒谷,保宗弟文德说保宗,令闭险自固以叛魏。或以告齐,夏,四月,齐诱执保宗,送平城,杀之。前镇东司马符达、征西从事中郎任胐等遂举兵立杨次德为主,据白崖,分兵取诸戍,进围仇池,自号征西将军、秦、河、梁三州牧、仇池公。

甲午,立皇子诞为广陵王。

丁酉,魏大赦。

己亥,魏主如阴山。

五月,魏古弼发上邽、高平、岍城诸军击杨文德,文德退走。皮豹子督关中诸军至下辩,闻仇池解围,欲还。弼遣人谓豹子曰:"宋人耻败,必将复来。军还之后,再举为难,不如练兵蓄力以待之。不出秋冬,宋师必至,以逸待劳,无不克矣。"豹子从之。魏以豹子为仇池镇将。

杨文德遣使来求援。秋,七月,癸丑,诏以文德为都督北秦、雍二州诸军事、征西大将军、北秦州刺史、武都王。文德屯葭芦城,以任胐为左司马,武都、阴平氐多归之。

甲子,前雍州刺史刘真道、梁、南秦二州刺史裴方明坐破仇池减匿金宝及善马,下狱死。

九月,辛巳,魏主如漠南。甲辰,舍辎重,以轻骑袭柔然。分军为四道:乐安王范、建宁王崇各统十五将出东道,乐平王丕督十五将出西道,魏主出中道,中山王辰督十五将为后继。

魏主至鹿浑谷,遇敕连可汗。太子晃言于魏主曰:"贼不意大军猝至,宜掩其不备,速进击之。"尚书令刘絜固谏,以为贼营中尘盛,其众必多,出至平地,恐为所围,不如须诸军大集,然后击之。晃曰:"尘之盛者,由军士惊怖扰乱故也,何得营上而有此尘乎?"魏主疑之,不急击,柔然遁去。追至石水,不及而还。既而获柔然候骑曰:"柔然不觉魏军至,上下惶骇,引众北走,经六七日,知无追者,始乃徐行。"魏主深恨之。自是军国大事,皆与太子谋之。

司马楚之别将兵督军粮,镇北将军封沓亡降柔然,说柔然令击楚之以绝军食。俄而军中有告失驴耳者,诸将莫晓其故。楚之曰:"此必贼遣奸人入营觇伺,割驴耳以为信耳。贼至不久,宜急为之备。"乃伐柳为城,以水灌之令冻。城立而柔然至,冰坚滑,不可攻,乃散走。

十一月,将军姜道盛与杨文德合众二万攻魏浊水戍,魏皮豹子、河间公齐救之,道盛败死。

甲子,魏主还,至朔方,下诏令皇太子副理万机,总统百揆。且曰:"诸功臣勤劳日久,皆当以爵归第,随时朝请,飨宴朕前,论道陈谟而已,不宜复烦以剧职。更举贤俊,以备百官。"十二月,辛卯,魏主还平城。

二十一年(甲申、444)

春,正月,己亥,帝耕藉田,大赦。

壬寅,魏太子始总百揆,命侍中、中书监穆寿、司徒崔浩、侍中张黎、古弼辅太子决庶政,上书者皆称臣,仪与表同。

古弼为人,忠慎质直。尝以上谷苑囿太广,乞减太半以赐贫民,入见魏主,欲奏其事。帝方与给事中刘树围棋,志不在弼。弼侍坐良久,不获陈闻。忽起,捽树头,掣下床,搏其耳,殴其背,曰:"朝廷不治,实尔之罪!"帝失容,舍棋曰:"不听奏事,朕之过也,树何罪? 置之!"弼具以状闻,帝皆可其奏。弼曰:"为人臣无礼至此,其罪大矣。"出诣公车,免冠徒跣请罪。帝召入,谓曰:"吾闻筑社之役,蹇蹶而筑之,端冕而事之,神降之福。然则卿有何罪? 其冠履就职。苟有可以利社稷、便百姓者,竭力为之,勿顾虑也。"

太子课民稼穑,使无牛者借人牛以耕种,而为之芸田以偿之,凡耕种二十二亩而芸七亩,大略以是为率。使民各标姓名于田首,以知其勤惰,禁饮酒游戏者。于是垦田大增。

戊申,魏主诏:"王、公以下至庶人,有私养沙门、巫觋于家者,皆遣诣官曹。过二月十五日不出,沙门、巫觋死,主人门诛。"庚戌,又诏:"王、公、卿、大夫之子皆诣太学,其百工、商贾之子,当各习父兄之业,毋得私立学校。违者师死,主人门诛。"

二月,辛未,魏中山王辰、内都坐大官薛辨、尚书奚眷等八将坐击柔然后期,斩于都南。

初,魏尚书令刘洁,久典机要,恃宠自专,魏主心恶之。及将袭柔然,洁谏曰:"蠕蠕迁徙无常,前者出师,劳而无功;不如广农积谷,以待其来。"崔浩固劝魏主行,魏主从之。洁耻其言不用,欲败魏师,魏主与诸将期会鹿浑谷,洁矫诏易其期。帝至鹿浑谷,欲击柔然,洁谏止之,使待诸将。帝留鹿浑谷六日,诸将不至,柔然遂远遁,追之不及。军还,经漠中,粮尽,士卒多死。洁阴使人惊魏军,劝帝委军轻还,帝不从。洁以军出无功,请治崔浩之罪。帝曰:"诸将失期,遇贼不击,浩何罪也!"浩以洁矫诏事白帝,帝至五原,收洁囚之。帝之北行也,洁私谓所亲曰:"若车驾不返,吾当立乐平王。"洁闻尚书右丞张嵩家有图谶,问曰:"刘氏应王,继国家后,吾有姓名否?"嵩曰:"有姓无名。"帝闻之,命有司穷治,索嵩家,得谶书。事连南康公狄邻,洁、嵩、邻皆夷三族,死者百余人。洁在势要,好作威福,诸将破敌,所得财皆与洁分之。既死,籍其家,财巨万。帝每言之,则切齿。

癸酉,乐平戾王丕以忧卒。初,魏主筑白台,高二百余尺,丕梦登其上,四顾不见人,命术士董道秀筮之,道秀曰:"大吉。"丕默有喜色。及丕卒,道秀亦坐弃市。高允闻之,曰:"夫筮者皆当依附爻象,劝以忠孝。王之问道秀也,道秀宜曰:'穷高为亢。《易》曰:"亢龙有悔。"又曰:"高而无民。"皆不祥也,王不可以不戒。'如此,则王安于上,身全于下矣。道秀反之,宜其死也。"

庚辰,魏主幸庐。

己丑,江夏王义恭进位太尉,领司徒。

庚寅，以侍中、领右卫将军沈演之为中领军，左卫将军范晔为太子詹事。

辛卯，立皇子宏为建平王。

三月，甲辰，魏主还宫。

癸丑，魏主遣司空长孙道生镇统万。

夏，四月，乙亥，魏侍中、太宰、阳平王杜超为帐下所杀。

六月，魏北部民杀立义将军衡阳公莫孤，帅五千余落北走。遣兵追击之，至漠南，杀其渠帅，余徙冀、相、定三州为营户。

吐谷浑王慕利延兄子纬世与魏使者谋降魏，慕利延杀之。是月，纬世弟叱力延等八人奔魏，魏以叱力延为归义王。

沮渠无讳卒，弟安周代立。

魏入中国以来，虽颇用古礼祀天地、宗庙、百神，而犹循其旧俗，所祀胡神甚众。崔浩请存合于祀典者五十七所，其余重及小神悉罢之。魏主从之。

秋，七月，癸卯，魏东雍州刺史沮渠秉谋反，伏诛。

八月，乙丑，魏主畋于河西。尚书令古弼留守，诏以肥马给猎骑，弼悉以弱者给之。帝大怒曰："笔头奴敢裁量朕！朕还台，先斩此奴。"弼头锐，故帝常以笔目之。弼官属惶怖，恐并坐诛，弼曰："吾为人臣，不使人主盘于游畋，其罪小。不备不虞，乏军国之用，其罪大。今蠕蠕方强，南寇未灭，吾以肥马供军，弱马供猎，为国远虑，虽死何伤！且吾自为之，非诸君之忧也。"帝闻之，叹曰："有臣如此，国之宝也。"赐衣一袭，马二匹，鹿十头。

它日，魏主复畋于山北，获麋鹿数千头，诏尚书发牛车五百乘以运之。诏使已去，魏主谓左右曰："笔公必不与我，汝辈不如自以马运之。"遂还。行百余里，得弼表曰："今秋谷悬黄，麻菽布野，猪鹿窃食，鸟雁侵费，风雨所耗，朝夕三倍。乞赐矜缓，使得收载。"帝曰："果如吾言，笔公可谓社稷之臣矣。"

魏主使员外散骑常侍高济来聘。

戊辰，以荆州刺史衡阳王义季为征北大将军、开府仪同三司、南兖州刺史，以南谯王义宣为荆州刺史。初，帝以义宣不才，故不用。会稽公主屡以为言，帝不得已用之。先赐中诏敕之曰："师护以在西久，比表求还，今欲听许，以汝代之。师护虽无殊绩，洁己节用，通怀期物，不恣群下，声著西土，为士庶所安，论者乃未议迁之。今之回换，更为汝与师护年时一辈，欲各试其能。汝往，脱有一事减之者，既于西夏交有巨碍，迁代之讥，必归责于吾矣。此事亦易勉耳，无为使人复生评论也。"义宣至镇，勤自课厉，事亦修理。

庚辰，会稽长公主卒。

吐谷浑叱力延等请师于魏以讨吐谷浑王慕利延，魏主使晋王伏罗督诸军击之。

九月，甲辰，以沮渠安周为都督凉、河、沙三州诸军事、凉州刺史、河西王。

丁未，魏主如漠南，将袭柔然，柔然敕连可汗远遁，乃止。敕连寻卒，子吐贺真立，号处罗可汗。

魏晋王伏罗至乐都，引兵从间道袭吐谷浑。至大母桥，吐谷浑王慕利延大惊，逃奔白兰，慕利延兄子拾寅奔河西，魏军斩首五千余级，慕利延从弟伏念等帅万三千落降于魏。

冬，十月，己卯，以左军将军徐琼为兖州刺史，大将军参军申恬为冀州刺史。徙兖州镇须昌，冀州镇历下。恬，谟之弟也。

十二月，丙戌，魏主还平城。

是岁，沙州牧李宝入朝于魏，魏人留之，以为外都大官。

太子率更令何承天撰《元嘉新历》，表上之。以月食之冲知日所在。又以中星检之，知尧时冬至日在须女十度，今在斗十七度。又测景校二至，差三日有余，知今之南至日应在斗十三四度。于是更立新法，冬至徙上三日五时，日之所在，移旧四度。又月有迟疾，前历合朔，月食不在朔望，今皆以盈缩定其小余，以正朔望之日。诏付外详之。太史令钱乐之等奏，皆如承天所上，唯月有频三大，频二小，比旧法殊为乖异，谓宜仍旧。诏可。

二十二年（乙酉、445）

春，正月，辛卯朔，始行新历。初，汉京房以十二律中吕上生黄钟，不满九寸，更演为六十律。钱乐之复演为三百六十律，日当一管。何承天立议，以为上下相生，三分损益其一，盖古人简易之法，犹如古历周天三百六十五度四分度之一也。而京房不悟，谬为六十。乃更设新率，林钟长六寸一厘，则从中吕还得黄钟，十二旋宫，声韵无失。

壬辰，以武陵王骏为雍州刺史。帝欲经略关、河，故以骏镇襄阳。

魏主使散骑常侍宋愔来聘。

二月，魏主如上党，西至吐京，讨徙叛胡，出配郡县。

甲戌，立皇子祎为东海王，昶为义阳王。

三月，庚申，魏主还宫。

魏诏："诸疑狱皆付中书，以经义量决。"

夏，四月，庚戌，魏主遣征西大将军高凉王那等击吐谷浑王慕利延于白兰，秦州刺史代人封敕文、安远将军乙乌头击慕利延兄子什归于枹罕。

河西之亡也，鄯善人以其地与魏邻，大惧，曰："通其使人，知我国虚实，取亡必速。"乃闭断魏道，使者往来，辄钞劫之。由是西域不通者数年。魏主使散骑常侍万度归发凉州以西兵击鄯善。

六月,壬辰,魏主北巡。

帝谋伐魏,罢南豫州入豫州。辛亥,以南豫州刺史南平王铄为豫州刺史。

秋,七月,己未,以尚书仆射孟颛为左仆射,中护军何尚之为右仆射。

武陵王骏将之镇,时缘沔诸蛮犹为寇,水陆梗碍,骏分军遣抚军中兵参军沈庆之掩击,大破之。骏至镇,蛮断驿道,欲攻随郡,随郡太守河东柳元景募得六七百人,邀击,大破之。遂平诸蛮,获七万余口。涢山蛮最强,沈庆之讨平之,获三万余口,徙万余口于建康。

吐谷浑什归闻魏军将至,弃城夜遁。八月,丁亥,封敕文入枹罕,分徙其民千家还上邽,留乙乌头守枹罕。

万度归至敦煌,留辎重,以轻骑五千度流沙,袭鄯善。壬辰,鄯善王真达面缚出降。度归留军屯守,与真达诣平城,西域复通。

魏主如阴山之北,发诸州兵三分之一,各于其州戒严,以须后命。徙诸种杂民五千余家于北边,令就北畜牧,以饵柔然。

壬寅,魏高凉王那军至宁头城,吐谷浑王慕利延拥其部落西度流沙。吐谷浑慕璝之子被囊逆战,那击破之,被囊遁走。中山公杜丰帅精骑追之,度三危,至雪山,生擒被囊及吐谷浑什归、乞伏炽磐之子成龙,皆送平城。慕利延遂西入于阗,杀其王,据其地,死者数万人。

九月,癸酉,上饯衡阳王义季于武帐冈。上将行,敕诸子且勿食,至会所设馔。日旰,不至,有饥色。上乃谓曰:"汝曹少长丰佚,不见百姓艰难。今使汝曹识有饥苦,知以节俭御物耳。"

> 裴子野论曰:善乎太祖之训也!夫侈兴于有余,俭生于不足。欲其隐约,莫若贫贱。习其险艰,利以任使;达其情伪,易以躬临。太祖若能率此训也,难其志操,卑其礼秩,教成德立,然后授以政事,则无怠无荒,可播之于九服矣。

> 高祖思固本枝,崇树福裸,后世遵守,迭据方岳。及乎泰始之初,升明之季,绝咽于斧柱者动数十人。国之存亡,既不是系,早肆民上,非善诲也。

魏民间讹言"灭魏者吴",卢水胡盖吴聚众反于杏城,诸种胡争应之,有众十余万,遣其党赵绾来上表自归。冬,十月,戊子,长安镇副将拓跋纥帅众讨吴,纥败死。吴众愈盛,民皆渡渭奔南山,魏主发高平敕勒骑赴长安,命将军叔孙拔领摄并、秦、雍三州兵屯渭北。

十一月,魏发冀州民造浮桥于碻磝津。

盖吴遣别部帅白广平西掠新平,安定诸胡皆聚众应之。又分兵东掠临晋

(巴)〔巳〕东,将军章直击破之,溺死于河者三万余人。吴又遣兵西掠至长安,将军叔孙拔与战于渭北,大破之,斩首三万余级。

河东蜀薛永宗聚众以应吴,袭击闻喜。闻喜县无兵仗,令忧惶无计,县人裴骏帅厉乡豪击之,永宗引去。

魏主命薛谨之子拔纠合宗、乡,壁于河际,以断二寇往来之路。庚午,魏主使殿中尚书拓跋处直等将二万骑讨薛永宗,殿中尚书乙拔将三万骑讨盖吴,西平公寇提将万骑讨白广平。吴自号天台王,署置百官。

辛未,魏主还宫。

魏选六州骁骑二万,使永昌王仁、高凉王那分将之,为二道,掠淮、泗以北,徙青、徐之民以实河北。

癸未,魏主西巡。

初,鲁国孔熙先博学文史,兼通数术,有纵横才志。为员外散骑侍郎,不为时所知,愤愤不得志。父默之为广州刺史,以赃获罪,大将军彭城王义康为救解,得免。及义康迁豫章,熙先密怀报效。且以为天文、图谶,帝必以非道晏驾,由骨肉相残,江州应出天子。以范晔志意不满,欲引与同谋,而熙先素不为晔所重。太子中舍人谢综,晔之甥也,熙先倾身事之。综引熙先与晔相识。

熙先家饶于财,数与晔博,故为拙行,以物输之。晔既利其财,又爱其文艺,由是情好款洽。熙先乃从容说晔曰:"大将军英断聪敏,人神攸属,失职南垂,天下愤怨。小人受先君遗命,以死报大将军之德。顷人情骚动,天文舛错,此所谓时运之至,不可推移者也。若顺天人之心,结英豪之士,表里相应,发于肘腋,然后诛除异我,崇奉明圣,号令天下,谁敢不从!小人请以七尺之躯,三寸之舌,立功立事而归诸君子,丈人以为何如?"晔甚愕然。熙先曰:"昔毛玠竭节于魏武,张温毕议于孙权,彼二人者,皆国之俊义,岂言行玷缺,然后至于祸辱哉?皆以廉直劲正,不得久容。丈人之于本朝,不深于二主,人间雅誉,过于两臣,逸夫侧目,为日久矣,比肩竞逐,庸可遂乎!近者殷铁一言,而刘班碎首,彼岂父兄之仇,百世之怨乎?所争不过荣名势利先后之间耳。及其末也,唯恐陷之不深,发之不早,戮及百口,犹曰未厌。是可为寒心悼惧,岂书籍远事也哉!今建大勋,奉贤哲,图难于易,以安易危,享厚利,收鸿名,一旦苞举而有之,岂可弃置而不取哉!"晔犹疑未决。熙先曰:"又有过于此者,愚则未敢道耳。"晔曰:"何谓也?"熙先曰:"丈人奕叶清通,而不得连姻帝室,人以犬豕相遇,而丈人曾不耻,欲为之死,不亦惑乎?"晔门无内行,故熙先以此激之。晔默然不应,反意乃决。

晔与沈演之并为帝所知,晔先至,必待演之俱入,演之先至,尝独被引,晔以此为怨。晔累经义康府佐,中间获罪于义康。谢综及父述,皆为义康所厚,综弟约娶义康女。综为义康记室参军，自豫章还，申义康意于晔，求解晚隙，复敦往好。大将军府史仲承祖，有宠于义康，闻熙先有谋，密相结纳。丹杨尹徐湛之，素为义康所爱，承祖因此结事湛之，告以密计。道人法略、尼法静，皆感义康旧恩，并与熙先往来。法静妹夫许曜，领队在台，许为内应。法静之豫章，熙先付以笺书，陈说图谶。于是密相署置，及素所不善者，并入死目。熙先又使弟休先作檄文，称："贼臣赵伯符肆兵犯跸，祸流储єи。湛之、晔等投命奋戈，即日斩伯符首及其党与。今遣护军将军臧质奉玺绶迎彭城王正位辰极。"熙先以为举大事宜须以义康之旨谕众，晔又诈作义康与湛之书，令诛君侧之恶，宣示同党。

帝之燕武帐冈也，晔等谋以其日作乱。许曜侍帝，扣刀目晔，晔不敢仰视。俄而座散，徐湛之恐事不济，密以其谋白帝。帝使湛之具探取本末，得其檄书，选署姓名，上之。帝乃命有司收掩穷治。其夜，呼晔置客省。先于外收综及熙先兄弟，皆款服。帝遣使诘问晔，晔犹隐拒。熙先闻之，笑曰："凡处分、符檄、书疏，皆范所造，云何于今方作如此抵蹋邪？"帝以晔墨迹示之，乃具陈本末。

明日，仗士送付廷尉。熙先望风吐款，辞气不桡。上奇其才，遣人慰勉之曰："以卿之才，而滞于集书省，理应有异志。此乃我负卿也。"又责前吏部尚书何尚之曰："使孔熙先年将三十作散骑郎，那不作贼！"熙先于狱中上书谢恩，且陈图谶，深戒上以骨肉之祸，曰："愿且勿遗弃，存之中书。若囚死之后，或可追录，庶九泉之下，少塞衅责。"

晔在狱，为诗曰："虽无嵇生琴，庶同夏侯色。"晔本意谓入狱即死，而上穷治其狱，遂经二旬，晔更有生望。狱吏戏之曰："外传詹事或当长系。"晔闻之，惊喜。综、熙先笑之曰："詹事畴昔攘袂瞋目，跃马顾盼，自以为一世之雄。今扰攘纷纭，畏死乃尔！设令赐以性命，人臣图主，何颜可以生存。"

十二月，乙未，晔、综、熙先及其子弟、党与皆伏诛。晔母至市，涕泣责晔，以手击晔颈，晔色不怍。妹及妓妾来别，晔悲涕流涟，综曰："舅殊不及夏侯色。"晔收泪而止。

谢约不预逆谋，见兄综与熙先游，常谏之曰："此人轻事好奇，不近于道，果锐无检，未可与狎。"综不从而败。综母以子弟自蹈逆乱，独不出视。晔语综曰："姊今不来，胜人多矣。"

收籍晔家，乐器服玩，并皆珍丽，妓妾不胜珠翠。母居止单陋，唯有一厨盛樵薪，弟子冬无被，叔父单布衣。

> 裴子野论曰：夫有逸群之才，必思冲天之据；盖俗之量，则愤常均之下。其能守之以道，将之以礼，殆为鲜乎！刘弘仁、范蔚宗皆忹志而贪权，矜才以徇逆，累叶风素，一朝而陨。向之所谓智能，翻为亡身之具矣。

徐湛之所陈多不尽，为晔等辞所连引，上赦不问。臧质，熹之子也，先为徐、兖二州刺史，与晔厚善，晔败，以为义兴太守。

有司奏削彭城王义康爵，收付廷尉治罪。丁酉，诏免义康及其男女皆为庶人，绝属籍，徙付安成郡。以宁朔将军沈邵为安成相，领兵防守。邵，璞之兄也。义康在安成读书，见淮南厉王长事，废书叹曰：“自古有此，我乃不知，得罪为宜也。”

庚戌，以前豫州刺史赵伯符为护军将军。伯符，孝穆皇后之弟子也。

初，江左二郊无乐，宗庙虽有登歌，亦无二舞。是岁，南郊始设登歌。

魏安南、平南府移书兖州，以南国侨置诸州多滥北境名号，又欲游猎具区。兖州答移曰：“必若因土立州，则彼立徐、扬，岂有其地？复知欲游猎具区，观化南国。开馆饰邸，则有司存。呼韩入汉，厥仪未泯，馈饩之秩，每存丰厚。”

二十三年（丙戌、446）

春，正月，庚申，尚书左仆射孟颛罢。

戊辰，魏主军至东雍州，临薛永宗垒，崔浩曰：“永宗未知陛下自来，众心纵弛。今北风迅疾，宜急击之。”魏主从之。庚午，围其垒。永宗出战，大败，与家人皆赴汾水死。其族人安都先据弘农，弃城来奔。

辛未，魏主南如汾阴，济河，至洛水桥。闻盖吴在长安北，帝以渭北地无谷草，欲渡渭南，循渭而西。以问崔浩，对曰：“夫击蛇者先击其首，首破则尾不能掉。今盖吴营去此六十里，轻骑趋之，一日可到，到则破之必矣。破吴，南向长安，亦不过一日。一日之乏，未至有伤。若从南道，则吴徐入北山，猝未可平。”帝不从，自渭南向长安。庚辰，至戏水。吴众闻之，悉散入北地山，军无所获。帝悔之。二月，丙戌，帝至长安。丙申，如盩厔。历陈仓，还，如雍城。所过诛民、夷与盖吴通谋者。

乙拔等诸军大破盖吴于杏城，吴复遣使上表求援。诏以吴为都督关、陇诸军事、雍州刺史、北地公，使雍、梁二州发兵屯境上，为吴声援。遣使赐吴印一百二十一纽，使吴随宜假授。

初，林邑王范阳迈，虽遣使入贡，而寇盗不绝，所贡亦薄陋。帝遣交州刺史檀和之讨之。南阳宗悫，家世儒素，悫独好武事，常言“愿乘长风破万里浪”。及和之伐林邑，悫自奋请从军，诏以悫为振武将军，和之遣悫为前锋。阳迈闻军出，遣使上表，请还所掠日南民，输金一万斤，银十万斤。帝诏和之：“若阳迈果有款诚，亦许其归顺。”和之至朱梧戍，遣府户曹参军姜仲基等诣阳迈，阳迈执之。和之乃进军围林邑将范扶龙于区粟城。阳迈遣其将范毗沙达救之，宗悫潜兵迎击毗沙达，破之。

魏主与崔浩皆信重寇谦之,奉其道。浩素不喜佛法,每言于魏主,以为佛法虚诞,为世费害,宜悉除之。及魏主讨盖吴,至长安,入佛寺,沙门饮从官酒,从官入其室,见大有兵器,出以白帝。帝怒曰:"此非沙门所用,必与盖吴通谋,欲为乱耳。"命有司案诛阖寺沙门,阅其财产,大得酿具及州郡牧守、富人所寄藏物以万计,又为窟室以匿妇女。浩因说帝悉诛天下沙门,毁诸经像,帝从之。寇谦之与浩固争,浩不从。先尽诛长安沙门,焚毁经像,并敕留台下四方,令一用长安法。诏曰:"昔后汉荒君,信惑邪伪,以乱天常,自古九州之中,未尝有此。夸诞大言,不本人情,叔季之世,莫不眩焉。由是政教不行,礼义大坏,九服之内,鞠为丘墟。朕承天绪,欲除伪定真,复羲、农之治。其一切荡除,灭其踪迹。自今已后,敢有事胡神及造形像泥人、铜人者门诛。有非常之人,然后能行非常之事。非朕孰能去此历代之伪物!有司宣告征镇诸军、刺史,诸有浮图形像及胡经,皆击破焚烧,沙门无少长悉坑之。"太子晃素好佛法,屡谏不听,乃缓宣诏书,使远近豫闻之,得各为计。沙门多亡匿获免,或收藏经像,唯塔庙在魏境者无复孑遗。

魏主徙长安工巧二千家于平城。还,至洛水,分军诛李闰叛羌。

太原颜白鹿私入魏境,为魏人所得,将杀之,诈云青州刺史杜骥使其归诚。魏人送白鹿诣平城,魏主喜曰:"我外家也。"使崔浩作书与骥,且命永昌王仁、高凉王那将兵迎骥,攻冀州刺史申恬于历城。杜骥遣其府司马夏侯祖欢等将兵救历城。魏人遂寇兖、青、冀三州,至清东而还,杀掠甚众,北边骚动。

帝以魏寇为忧,咨访群臣。御史中丞何承天上表,以为:"凡备匈奴之策,不过二科,武夫尽征伐之谋,儒生讲和亲之约。今若欲追踪卫、霍,自非大田淮、泗,内实青、徐,使民有赢储,野有积谷,然后发精卒十万,一举荡夷,则不足为也。若但欲遣军追讨,报其侵暴,则彼必轻骑奔走,不肯会战,徒兴巨费,不损于彼,报复之役,将遂无已。斯策之最末者也。安边固守,于计为长。臣窃以曹、孙之霸,才均智敌,江、淮之间,不居各数百里。何者?斥候之郊,非耕牧之地,故坚壁清野,以候其来,整甲缮兵,以乘其弊。保民全境,不出此涂。要而归之,其策有四:一曰移远就近。今青、兖旧民及冀州新附,在界首者三万余家,可悉徙置大岘之南,以实内地。二曰多筑城邑,以居新徙之家。假其经用,春夏佃牧,秋冬入保。寇至之时,一城千家,堪战之士,不下二千,其余羸弱,犹能登陴鼓噪,足抗群虏三万矣。三曰纂偶车牛,以载粮械。计千家之资,不下五百耦牛,为车五百两。参合钩连,以卫其众。设使城不可固,平行趋险,贼所不能干。有急征发,信宿可聚。四曰计丁课仗。凡战士二千,随其便能,各自有仗,素所服习,铭刻由己,还保输之于库,出行请以自新。弓簳利铁,民不得者,官以渐充之,数年之内,军用粗备矣。近郡之师,远屯清、济,功费既重,嗟怨亦深。以臣料之,未若即用彼众之易也。今因民所利,导而帅之,兵强而敌不戒,国富而民不劳,比于优复队伍,坐食粮廪者,不可同年而校矣。"

魏金城边固、天水梁会,与秦、益杂民万余户据上邽东城反,攻逼西城。秦、益二州刺史封敕文拒却之。氐、羌万余人,休官、屠各二万余人皆起兵应固、会,敕文击固,斩之。余众推会为主,与敕文相攻。

夏,四月,甲申,魏主至长安。

丁未,大赦。

仇池人李洪聚众,自言应王。梁会求救于氐王杨文德,文德曰:"两雄不并立,若须我者,宜先杀洪。"会诱洪斩之,送首于文德。五月,癸亥,魏主遣安丰公闾根帅骑赴上邽,未至,会弃东城走。敕文先掘重堑于外,严兵守之,格斗从夜至旦。敕文曰:"贼知无生路,致死于我,多杀伤士卒,未易克也。"乃以白虎幡宣告会众,降者赦之,会众遂溃。分兵追讨,悉平之。略阳人王元达聚众屯松多川,敕文又讨平之。

盖吴收兵屯杏城,自号秦地王,声势复振。魏主遣永昌王仁、高凉王那督北道诸军讨之。

檀和之等拔区粟,斩范扶龙,乘胜入象浦。林邑王阳迈倾国来战,以具装被象,前后无际。宗悫曰:"吾闻外国有师子,威服百兽。"乃制其形,与象相拒,象果惊走,林邑兵大败。和之遂克林邑,阳迈父子挺身走,所获未名之宝,不可胜计。宗悫一无所取,还家之日,衣栉萧然。

六月,癸未朔,日有食之。

甲申,魏发冀、相、定三州兵二万人屯长安南山诸谷,以备盖吴窜逸。丙戌,又发司、幽、定、冀四州十万人筑畿上塞围,起上谷,西至河,广纵千里。

帝筑北堤,立玄武湖,筑景阳山于华林园。

秋,七月,辛未,以散骑常侍杜坦为青州刺史。坦,骥之兄也。初,杜预之子耽,避晋乱,居河西,仕张氏。前秦克凉州,子孙始还关中。高祖灭后秦,坦兄弟从高祖过江。时江东王、谢诸族方盛,北人晚渡者,朝廷悉以伧荒遇之,虽复人才可施,皆不得践清涂。上尝与坦论金日磾,曰:"恨今无复此辈人。"坦曰:"日磾假生今世,养马不暇,岂办见知。"上变色曰:"卿何量朝廷之薄也!"坦曰:"请以臣言之。臣本中华高族,晋氏丧乱,播迁凉土,世业相承,不殒其旧。直以南度不早,便以荒伧赐隔。日磾胡人,身为牧圉,乃超登内侍,齿列名贤。圣朝虽复拔才,臣恐未必能也。"上默然。

八月,魏高凉王那等破盖吴,获其二叔。诸将欲送诣平城,长安镇将陆俟曰:"长安险固,风俗豪忮,平时犹不可忽,况承荒乱之余乎!今不斩吴,则长安之变未已也。吴一身潜窜,非其亲信,谁能获之? 若停十万之众以追一人,又非长策。不如私许吴叔,免其妻子,使自追吴,擒之必矣。"诸将咸曰:"今贼党众已散,唯吴一身,何所能至?"俟曰:"诸君不见毒蛇乎? 不断其首,犹能为害。吴天性凶狡,今若得脱,必自称王者不死,以惑愚民,为患愈大。"诸将曰:"公言是也。但得贼不杀,而更遣之,若遂往不返,将何以任其罪?"俟曰:"此罪我为诸君任之。"高凉王那亦以俟计为然,遂赦二叔,与刻期而遣之。及期,吴叔不至,诸将皆咎俟,俟曰:"彼伺之未得其便耳,必不负也。"后数日,吴叔果以吴首来,传诣平城。永昌王仁等讨吴余党白广平、路那罗等,悉平之。以陆俟为内都大官。

会安定卢水胡刘超等聚众万余人反,魏主以俟威恩著于关中,复加俟都督秦、雍二州诸军事,镇长安。谓俟曰:"关中奉化日浅,恩信未洽,吏民数为逆乱。今朕以重兵授卿,则超等必同心协力,据险拒守,未易攻也;若兵少,则不能制贼。卿当自以方略取之。"俟乃单马之镇。超等闻之,大喜,以俟为无能为也。

俟既至,谕以成败,诱纳超女,与为姻戚以招之。超自恃其众,犹无降意。俟乃帅其帐下亲往见超,超使人逆谓俟曰:"从者过三百人,当以弓马相待,不及三百人,当以酒食相供。"俟乃将二百骑诣超。超设备甚严,俟纵酒尽醉而还。顷之,俟复选敢死士五百人出猎,因诣超营,约曰:"发机当以醉为限。"既饮,俟阳醉,上马大呼,手斩超首。士卒应声纵击,杀伤千数,遂平之。魏主征俟还,为外都大官。

是岁,吐谷浑复还旧土。

资治通鉴卷第一百二十五

端明殿学士兼翰林侍读学士朝散大夫右谏议大夫充集贤殿修撰提举西京嵩
山崇福宫上柱国河内郡开国侯食邑一千八百户食实封六百户赐紫金鱼袋臣　司马光　奉敕编集

宋纪七 起强圉大渊献（丁亥），尽上章摄提格（庚寅），凡四年。

太祖文皇帝中之下

元嘉二十四年（丁亥、447）

春，正月，甲戌，大赦。

魏吐京胡及山胡曹仆浑等反。二月，征东将军武昌王提等讨平之。

癸未，魏主如中山。

魏师之克敦煌也，沮渠牧犍使人斫开府库，取金玉及宝器，因不复闭，小民争
入盗取之，有司索盗不获。至是，牧犍所亲及守藏者告之，且言牧犍父子多蓄毒
药，潜杀人前后以百数；姊妹皆学左道。有司索牧犍家，得所匿物。魏主大怒，赐
沮渠昭仪死，并诛其宗族，唯沮渠祖以先降得免。又有告牧犍犹与故臣民交通谋
反者，三月，魏主遣崔浩就第赐牧犍死，谥曰哀王。

魏人徙定州丁零三千家于平城。

六月，魏西征诸将扶风公处真等八人，坐盗没军资及虏掠赃各千万计，并
斩之。

初，上以货重物轻，改铸四铢钱。民多翦凿古钱，取铜盗铸，上患之。录尚书
事江夏王义恭建议，请以大钱一当两。右仆射何尚之议曰：“夫泉贝之兴，以估货
为本，事存交易，岂假多铸！数少则〔弊〕〔币〕重，数多则物重，多少虽异，济用不
殊。况复以一当两，徒崇虚价者邪？若今制遂行，富人之赀自倍，贫者弥增其困，
惧非所以使之均壹也。”上卒从义恭议。

秋，八月，乙未，徐州刺史衡阳文王义季卒。义季自彭城王义康之贬，遂纵酒
不事事。帝以书诮责，且戒之，义季犹酣饮自若，以至成疾而终。

魏乐安宣王范卒。

冬，十月，壬午，胡藩之子诞世杀豫章太守桓隆之，据郡反，欲奉前彭城王义
康为主。前交州刺史檀和之去官归，过豫章，击斩之。

十一月，甲寅，封皇子浑为汝阴王。

十二月，魏晋王伏罗卒。

杨文德据葭芦城,招诱氐、羌,武都等五郡氐皆应之。

二十五年(戊子、448)

春,正月,魏仇池镇将皮豹子帅诸军击之。文德兵败,弃城奔汉中。豹子收其妻子、僚属、军资及杨保宗所尚魏公主而还。

初,保宗将叛,公主劝之。或曰:"奈何叛父母之国?"公主曰:"事成,为一国之母,岂比小县公主哉!"魏主赐之死。

杨文德坐失守,免官,削爵土。

二月,癸卯,魏主如定州,罢塞围役者。遂如上党,诛潞县叛民二千余家,徙河西离石民五千余家于平城。

闰月,己酉,帝大蒐于宣武场。

初,刘湛既诛,庾炳之遂见宠任,累迁吏部尚书,势倾朝野。炳之无文学,性强急轻浅。既居选部,好诟詈宾客,且多纳货赂,士大夫皆恶之。

炳之留令史二人宿于私宅,为有司所纠。上薄其过,欲不问。仆射何尚之因极陈炳之之短曰:"炳之见人有烛盘、佳驴,无不乞丐。选用不平,不可一二。交结朋党,构扇生非,乱俗伤风,过于范晔,所少贼一事耳。纵不加罪,故宜出之。"上欲以炳之为丹杨尹。尚之曰:"炳之蹈罪负恩,方复有尹京赫赫之授,乃更成其形势也。古人云:'无赏无罚,虽尧、舜不能为治。'臣昔启范晔,亦惧犯颜,苟(曰)〔白〕愚怀,九死不悔。历观古今,未有众过藉藉,受货数百万,更得高官厚禄如炳之者也。"上乃免炳之官,以徐湛之为丹杨尹。

彭城太守王玄谟上言:"彭城要兼水陆,请以皇子抚临州事。"夏,四月,乙卯,以武陵王骏为安北将军、徐州刺史。

五月,甲戌,魏以交阯公韩拔为鄯善王,镇鄯善,赋役其民,比之郡县。

当两大钱行之经时,公私不以为便。己卯,罢之。

六月,丙寅,荆州刺史南谯王义宣进位司空。

辛酉,魏主如广德宫。

秋,八月,甲子,封皇子彧为淮阳王。

西域般悦国去平城万有余里,遣使诣魏,请与魏东西合击柔然。魏主许之,中外戒严。

九月,辛未,以尚书右仆射何尚之为左仆射,领军将军沈演之为吏部尚书。

丙戌,魏主如阴山。

魏成周公万度归击焉耆,大破之,焉耆王鸠尸卑那奔龟兹。魏主诏唐和与前部王车伊洛帅所部兵会度归讨西域。和说降柳驴等六城,因共击波居罗城,拔之。

冬,十月,辛丑,魏弘农昭王奚斤卒,子它观袭。魏主曰:"斤关西之败,罪固当死。朕以斤佐命先朝,复其爵邑,使得终天年,君臣之分亦足矣。"乃降它观爵为公。

癸亥,魏大赦。

十二月,魏万度归自焉耆西讨龟兹,留唐和镇焉耆。柳驴戍主乙直伽谋叛,和击斩之,由是诸胡咸附,西域复平。

魏太子朝于行宫,遂从伐柔然。至受降城,不见柔然,因积粮于城内,置戍而还。

二十六年(己丑、449)

春,正月,戊辰朔,魏主飨群臣于漠南。甲戌,复伐柔然。高凉王那出东道,略阳王羯儿出西道,魏主与太子出涿邪山,行数千里。柔然处罗可汗恐惧,远遁。

二月,己亥,上如丹徒,谒京陵。三月,丁巳,大赦。募诸州乐移者数千家以实京口。

庚寅,魏主还平城。

夏,五月,壬午,帝还建康。

庚寅,魏主如阴山。

帝欲经略中原,群臣争献策以迎合取宠。彭城太守王玄谟尤好进言,帝谓侍臣曰:"观玄谟所陈,令人有封狼居胥意。"御史中丞袁淑言于上曰:"陛下今当席卷赵、魏,检玉岱宗。臣逢千载之会,愿上封禅书。"上悦。淑,耽之曾孙也。

秋,七月,辛未,以广陵王诞为雍州刺史。上以襄阳外接关、河,欲广其资力,乃罢江州军府,文武悉配雍州,湘州入台租税,悉给襄阳。

九月,魏主伐柔然。高凉王那出东道,略阳王羯儿出中道。柔然处罗可汗悉国中精兵围那数十里,那掘堑坚守,相持数日。处罗数挑战,辄为那所败,以那众少而坚,疑大军将至,解围夜去。那引兵追之,九日九夜,处罗益惧,弃辎重,逾穹隆岭远遁。那收其辎重,引军还,与魏主会于广泽。略阳王羯儿收柔然民畜凡百余万。自是柔然衰弱,屏迹不敢犯魏塞。冬,十二月,戊申,魏主还平城。

沔北诸山蛮寇雍州,建威将军沈庆之帅后军中兵参军柳元景、随郡太守宗悫等二万人讨之,八道俱进。先是,诸将讨蛮者皆营于山下以迫之,蛮得据山发矢石以击,官军多不利。庆之曰:"去岁蛮田大稔,积谷重岩,不可与之旷日相守也。不若出其不意,冲其腹心,破之必矣。"乃命诸军斩木登山,鼓噪而前,群蛮震恐,因其恐而击之,所向奔溃。

二十七年(庚寅、450)

春,正月,乙酉,魏主如洛阳。

沈庆之自冬至春,屡破雍州蛮,因蛮所聚谷以充军食,前后斩首三千级,虏二万八千余口,降者二万五千余户。幸诸山大羊蛮凭险筑城,守御甚固。庆之击之,命诸军连营于山中,开门相通,各穿池于营内,朝夕不外汲。顷之,风甚,蛮潜兵夜来烧营。诸军以池水沃火,多出弓弩夹射之,蛮兵散走。蛮所据险固,不可攻,庆之乃置六戍以守之。久之,蛮食尽,稍稍请降,悉迁于建康以为营户。

魏主将入寇,二月,甲午,大猎于梁川。帝闻之,敕淮、泗诸郡:"若魏寇小至,则各坚守;大至,则拔民归寿阳。"边戍侦候不明,辛亥,魏主自将步骑十万奄至。南顿太守郑琨、颍川太守郭道隐并弃城走。是时,豫州刺史南平王铄镇寿阳,遣左军行参军陈宪行汝南郡事,守悬瓠,城中战士不满千人,魏主围之。

三月,以军兴,减内外百官俸三分之一。

魏人昼夜攻悬瓠,多作高楼,临城以射之,矢下如雨,城中负户以汲,施大钩于冲车之端以牵楼堞,坏其南城。陈宪内设女墙,外立木栅以拒之。魏人填堑,肉薄登城,宪督厉将士苦战,积尸与城等。魏人乘尸上城,短兵相接,宪锐气愈奋,战士无一不当百,杀伤万计,城中死者亦过半。

魏主遣永昌王仁将步骑万余,驱所掠六郡生口北屯汝阳。时徐州刺史武陵王骏镇彭城,帝遣间使命骏发骑,赍三日粮袭之。骏发百里内马,得千五百匹,分为五军,遣参军刘泰之帅安北骑兵行参军垣谦之、田曹行参军臧肇之、集曹行参军尹定、武陵左常侍杜幼文、殿中将军程天祚等将之,直趋汝阳。魏人唯虑救兵自寿阳来,不备彭城。丁酉,泰之等潜进击之,杀三千余人,烧其辎重,魏人奔散,诸生口悉得东走。魏人侦知泰之等兵无后继,复引兵击之。垣谦之先退,士卒惊乱,弃仗走。泰之为魏人所杀,肇之溺死,天祚为魏所擒,谦之、定、幼文及士卒免者九百余人,马还者四百匹。

魏主攻悬瓠四十二日,帝遣南平内史臧质诣寿阳,与安蛮司马刘康祖共将兵救悬瓠。魏主遣殿中尚书任城公乞地真逆拒之,质等击斩乞地真。康祖,道锡之从兄也。

夏,四月,魏主引兵还。癸卯,至平城。

壬子,安北将军武陵王骏降号镇军将军,垣谦之伏诛,尹定、杜幼文付尚方。以陈宪为龙骧将军、汝南、新蔡二郡太守。

魏主遗帝书曰:"前盖吴反逆,扇动关、陇,彼复使人就而诱之,丈夫遗以弓矢,妇人遗以环钏,是曹正欲谲诳取赂,岂有远相服从之理!为大丈夫,何不自来取之,而以货诱我边民,募往者复除七年,是赏奸也。我今来至此土,所得多少,孰与彼前后得我民邪?彼若欲存刘氏血食者,当割江以北输之,摄守南度,如此当释江南使彼居之。不然,可善敕方镇、刺史、守宰,严供帐之具,来秋当往取扬州。大势已至,终不相纵。

彼往日北通蠕蠕,西结赫连、沮渠、吐谷浑,东连冯弘、高丽。凡此数国,我皆灭之。以此而观,彼岂能独立!蠕蠕吴提、吐贺真皆已死,我今北征,先除有足之寇。彼若不从命,来秋当复壮取之。以彼无足,故不先讨耳。

我往之日,彼作何计,为掘堑自守,为筑垣以自障也。我当显然往取扬州,不若彼翳行窃步也。彼来侦谍,我已擒之,复纵还。其人目所尽见,委曲善问之。彼前使裴方明取仇池,既得之,疾其勇功,已不能容。有臣如此,尚杀之,乌得与我校邪!彼非我敌也。彼常欲与我一交战,我亦不痴,复非苻坚。何时与彼交战,昼则遣骑围逡,夜则离彼百里外宿,吴人正有斫营伎,彼募人以来,不过行五十里,天已明矣,彼募人之首,岂得不为我有哉!

彼公时旧臣虽老,犹有智策,知今已杀尽,岂非天资我邪!取彼亦不须我兵刃,此有善咒婆罗门,当使鬼缚以来耳。"

侍中、左卫将军江湛迁吏部尚书。湛性公廉,与仆射徐湛之并为上所宠信,时称"江、徐"。

魏司徒崔浩,自恃才略及魏主所宠任,专制朝权,尝荐冀、定、相、幽、并五州之士数十人,皆起家为郡守。太子晃曰:"先征之人,亦州郡之选也,在职已久,勤劳未答。宜先补郡县,以新征者代为郎吏。且守令治民,宜得更事者。"浩固争而遣之。中书侍郎、领著作郎高允闻之,谓东宫博士管恬曰:"崔公其不免乎!苟遂其非而校胜于上,将何以堪之!"

魏主以浩监秘书事,使与高允等共撰《国记》,曰:"务从实录。"著作令史闵湛、郗标,性巧佞,为浩所宠信。浩尝注《易》及《论语》《诗》《书》,湛、标上疏言:"马、郑、王、贾不如浩之精微,乞收境内诸书,班浩所注,令天下习业。并求敕浩注《礼传》,令后生得观正义。"浩亦荐湛、标有著述才。湛、标又劝浩刊所撰《国史》于石,以彰直笔。高允闻之,谓著作郎宗钦曰:"湛、标所营,分寸之间,恐为崔门万世之祸,吾徒亦无噍类矣。"浩竟用湛、标议,刊石立于郊坛东,方百步,用功三百万。浩书魏之先世,事皆详实,列于衢路,往来见者咸以为言。北人无不忿恚,相与谮浩于帝,以为暴扬国恶。帝大怒,使有司案浩及秘书郎吏等罪状。

初,辽东公翟黑子有宠于帝,奉使并州,受布千匹。事觉,黑子谋于高允曰:"主上问我,当以实告,为当讳之?"允曰:"公帷幄宠臣,有罪首实,庶或见原,不可重为欺罔也。"中书侍郎崔览、公孙质曰:"若首实,罪不可测,不如讳之。"黑子怨允曰:"君奈何诱人就死地!"入见帝,不以实对,帝怒,杀之。帝使允授太子经。

及崔浩被收,太子召允至东宫,因留宿。明旦,与俱入朝,至宫门,谓允曰:"入见至尊,吾自导卿。脱至尊有问,但依吾语。"允曰:"为何等事也?"太子曰:

"入自知之。"太子见帝,言"高允小心慎密,且微贱,制由崔浩,请赦其死。"帝召允,问曰:"《国书》皆浩所为乎?"对曰:"《太祖记》,前著作郎邓渊所为。《先帝记》及《今记》,臣与浩共为之。然浩所领事多,总裁而已。至于著述,臣多于浩。"帝怒曰:"允罪甚于浩,何以得生!"太子惧,曰:"天威严重,允小臣,迷乱失次耳。臣向问,皆云浩所为。"帝问允:"信如东宫所言乎?"对曰:"臣罪当灭族,不敢虚妄。殿下以臣侍讲日久,哀臣,欲丐其生耳。实不问臣,臣亦无此言,不敢迷乱。"帝顾谓太子曰:"直哉!此人情所难,而允能为之。临死不易辞,信也;为臣不欺君,贞也。宜特除其罪以旌之。"遂赦之。

于是召浩前,临诘之。浩惶惑不能对。允事事申明,皆有条理。帝命允为诏,诛浩及僚属宗钦、段承根等,下至僮吏,凡百二十八人,皆夷五族。允持疑不为,帝频使催切。允乞更一见,然后为诏。帝引使前,允曰:"浩之所坐,若更有余衅,非臣敢知。若直以触犯,罪不至死。"帝怒,命武士执允。太子为之拜请,帝意解,乃曰:"无斯人,当更有数千口死矣。"

六月,己亥,诏诛清河崔氏与浩同宗者无远近,及浩姻家范阳卢氏、太原郭氏、河东柳氏,并夷其族,余皆止诛其身。执浩置槛内,送城南,卫士数十人溲其上,呼声嗷嗷,闻于行路。宗钦临刑叹曰:"高允其殆圣乎!"

它日,太子让允曰:"人亦当知机。吾欲为卿脱死,既开端绪,而卿终不从,激怒帝如此。每念之,使人心悸。"允曰:"夫史者,所以记人主善恶,为将来劝戒,故人主有所畏忌,慎其举措。崔浩孤负圣恩,以私欲没其廉洁,爱憎蔽其公直,此浩之责也。至于书朝廷起居,言国家得失,此为史之大体,未为多违。臣与浩实同其事,死生荣辱,义无独殊。诚荷殿下再造之慈,违心苟免,非臣所愿也。"太子动容称叹。允退,谓人曰:"我不奉东宫指导者,恐负翟黑子故也。"

初,冀州刺史崔赜,武城男崔模,与浩同宗而别族,浩常轻侮之,由是不睦。及浩诛,二家独得免。赜,逞之子也。

辛丑,魏主北巡阴山。魏主既诛崔浩而悔之,会北部尚书宣城公李孝伯病笃,或传已卒,魏主悼之曰:"李宣城可惜。"既而曰:"朕失言,崔司徒可惜,李宣城可哀。"孝伯,顺之从父弟也,自浩之诛,军国谋议皆出孝伯,宠眷亚于浩。

初,车师大帅车伊洛世服于魏,魏拜伊洛平西将军,封前部王。伊洛将入朝,沮渠无讳断其路,伊洛屡与无讳战,破之。无讳卒,弟安周夺其子乾寿兵,伊洛遣人说乾寿,乾寿遂帅其民五百余家奔魏。伊洛又说李宝弟钦等五十余人下之,皆送于魏。伊洛西击焉耆,留其子歇守城,沮渠安周引柔然兵间道袭之,攻拔其城。歇走就伊洛,共收余众,保焉耆镇,遣使上书于魏主,言:"为沮渠氏所攻,首尾八年,百姓饥穷,无以自存。臣今弃国出奔,得免者才三分之一,已至焉耆东境,乞垂赈救。"魏主诏开苫耆仓以赈之。

吐谷浑王慕利延为魏所逼,上表求入保越巂,上许之;慕利延竟不至。

上欲伐魏,丹杨尹徐湛之、吏部尚书江湛、彭城太守王玄谟等并劝之,左军将军刘康祖以为"岁月已晚,请待明年。"上曰:"北方苦虏虐政,义徒并起,顿兵一周,沮向义之心,不可。"

太子步兵校尉沈庆之谏曰:"我步彼骑,其势不敌。檀道济再行无功,到彦之失利而返。今料王玄谟等未逾两将,六军之盛,不过往时,恐重辱王师。"上曰:"王师再屈,别自有由,道济养寇自资,彦之中涂疾动。虏所恃者唯马,今夏水浩汗,河道流通,泛舟北下,碻磝必走,滑台小戍,易可覆拔。克此二城,馆谷吊民,虎牢、洛阳,自然不固。比及冬初,城守相接,虏马过河,即成擒也。"庆之又固陈不可。上使徐湛之、江湛难之。庆之曰:"治国譬如治家,耕当问奴,织当访婢。陛下今欲伐国,而与白面书生辈谋之,事何由济!"上大笑。太子劭及护军将军萧思话亦谏,上皆不从。

魏主闻上将北伐,复与上书曰:"彼此和好日久,而彼志无厌,诱我边民。今春南巡,聊省我民,驱之使还。今闻彼欲自来,设能至中山及桑乾川,随意而行,来亦不迎,去亦不送。若厌其区宇者,可来平城居,我亦往扬州,相与易也。彼年已五十,未尝出户,虽自力而来,如三岁婴儿,与我鲜卑生长马上者果如何哉!更无余物可以相与,今送猎马十二匹并毡、药等物。彼来道远,马力不足,可乘;或不服水土,药可自疗也。"

秋,七月,庚午,诏曰:"虏近虽摧挫,兽心靡革。比得河朔、秦、雍华戎表疏,归诉困棘,跂望绥拯,潜相纠结,以候王师。芮芮亦遣间使,远输诚款,誓为掎角。经略之会,实在兹日。可遣宁朔将军王玄谟帅太子步兵校尉沈庆之、镇军谘议参军申坦水军入河,受督于青、冀二州刺史萧斌;太子左卫率臧质、骁骑将军王方回径造许、洛;徐、兖二州刺史武陵王骏、豫州刺史南平王铄各勒所部,东西齐举;梁、南、北秦三州刺史刘秀之震荡汧、陇;太尉江夏王义恭出次彭城,为众军节度。"坦,钟之曾孙也。

是时军旅大起,王公、妃主及朝士、牧守,下至富民,各献金帛、杂物以助国用。又以兵力不足,悉发青、冀、徐、豫、二兖六州三五民丁,倩使暂行,符到十日装束。缘江五郡集广陵,缘淮三郡集盱眙。又募中外有马步众艺武力之士应科者,皆加厚赏。有司又奏军用不充,扬、南徐、兖、江四州富民家赀满五十万,僧尼满二十万,并四分借一,事息即还。

建武司马申元吉引兵趋碻磝。乙亥,魏济州刺史王买德弃城走,萧斌遣将军崔猛攻乐安,魏青州刺史张淮之亦弃城走。斌与沈庆之留守碻磝,使王玄谟进围滑台。雍州刺史随王诞遣中兵参军柳元景、振威将军尹显祖、奋武将军曾方平、建武将军薛安都、略阳太守庞法起将兵出弘农。后军外兵参军庞季明,年七十余,自以关中豪右,请入长安招合夷、夏,诞许之。乃自赀谷入卢氏,卢氏民赵难纳之,季明遂诱说士民,应者甚众。安都等因之,自熊耳山出,元景引兵继进。豫州刺史南平王铄遣中兵参军胡盛之出汝南,梁坦出上蔡向长社。魏荆州刺史鲁爽镇长社,弃城走。爽,轨之子也。幢主王阳儿击魏豫州刺史仆兰,破之,仆兰奔虎牢;铄又遣安蛮司马刘康祖将兵助坦,进逼虎牢。

魏群臣初闻有宋师,言于魏主,请遣兵救缘河谷帛。魏主曰:"马今未肥,天时尚热,速出必无功。若兵来不止,且还阴山避之。国人本著羊皮袴,何用绵帛!展至十月,吾无忧矣。"

九月,辛卯,魏主引兵南救滑台,命太子晃屯漠南以备柔然,吴王余守平城。庚子,魏发州郡兵五万分给诸军。

王玄谟士众甚盛,器械精严,而玄谟贪愎好杀。初围滑台,城中多茅屋,众请以火箭烧之。玄谟曰:"彼吾财也,何遽烧之!"城中即撤屋穴处。时河、洛之民竞出租谷、操兵来赴者日以千数,玄谟不即其长帅而以配私昵;家付匹布,责大梨八百,由是众心失望。攻城数月不下,闻魏救将至,众请发车为营,玄谟不从。

冬,十月,癸亥,魏主至枋头,使关内侯代人陆真夜与数人犯围,潜入滑台,抚慰城中,且登城视玄谟营曲折还报。乙丑,魏主渡河,众号百万,鞞鼓之声,震动天地。玄谟惧,退走。魏人追击之,死者万余人,麾下散亡略尽,委弃军资器械山积。

先是,玄谟遣钟离太守垣护之以百舸为前锋,据石济,在滑台西南百二十里。护之闻魏兵将至,驰书劝玄谟急攻曰:"昔武皇攻广固,死没者甚众。况今事迫于曩日,岂得计士众伤疲!愿以屠城为急。"玄谟不从。及玄谟败退,不暇报护之。魏人以所得玄谟战舰,连以铁锁三重,断河以绝护之还路。河水迅急,护之中流而下,每至铁锁,以长柯斧断之,魏不能禁。唯失一舸,余皆完备而返。

萧斌遣沈庆之将五千人救玄谟,庆之曰:"玄谟士众疲老,寇虏已逼,得数万人乃可进,小军轻往,无益也。"斌固遣之。会玄谟遁还,斌将斩之,庆之固谏曰:"佛狸威震天下,控弦百万,岂玄谟所能当。且杀战将以自弱,非良计也。"斌乃止。

斌欲固守碻磝,庆之曰:"今青、冀虚弱,而坐守穷城,若虏众东过,清东非国家有也。碻磝孤绝,复作朱脩之滑台耳。"会诏使至,不听斌等退师。斌复召诸将议之,并谓宜留,庆之曰:"阃外之事,将军得以专之。诏从远来,不知事势。节下有一范增不能用,空议何施!"斌及坐者并笑曰:"沈公乃更学问。"庆之厉声曰:

"众人虽知古今,不如下官耳学也。"斌乃使王玄谟戍碻磝,申坦、垣护之据清口,自帅诸军还历城。

闰月,庞法起等诸军入卢氏,斩县令李封,以赵难为卢氏令,使帅其众为乡导。柳元景自百丈崖从诸军于卢氏。法起等进攻弘农,辛未,拔之,擒魏弘农太守李初古拔。薛安都留屯弘农。丙戌,庞法起进向潼关。

魏主命诸将分道并进:永昌王仁自洛阳趋寿阳,尚书长孙真趣马头,楚王建趣钟离,高凉王那自青州趣下邳。魏主自东平趣邹山。

十一月,辛卯,魏主至邹山,鲁郡太守崔邪利为魏所擒。魏主见秦始皇石刻,使人排而仆之,以太牢祠孔子。

楚王建自清西进,屯萧城;步尼公自清东进,屯留城。武陵王骏遣参军马文恭将兵向萧城,江夏王义恭遣军主稽玄敬将兵向留城。文恭为魏所败。步尼公遇玄敬,引兵趣苞桥,欲渡清西,沛县民烧苞桥,夜于林中击鼓。魏(为)〔谓〕宋兵大至,争渡苞水,溺死者殆半。

诏以柳元景为弘农太守。元景使薛安都、尹显祖先引兵就庞法起等于陕,元景于后督租。陕城险固,诸军攻之不拔。魏洛州刺史张是连提帅众二万度崤救陕,安都等与战于城南。魏人纵突骑,诸军不能敌,安都怒,脱兜鍪,解铠,唯著绛纳两当衫,马亦去具装,瞋目横矛,单骑突陈,所向无前,魏人夹射不能中。如是数四,杀伤不可胜数。会日暮,别将鲁元保引兵自函谷关至,魏兵乃退。

元景遣军副柳元怙将步骑二千救安都等,夜至,魏人不之知。明日,安都等陈于城西南。曾方平谓安都曰:"今劲敌在前,坚城在后,是吾敢死之日。卿若不进,我当斩卿;我若不进,卿斩我也。"安都曰:"善,卿言是也。"遂合战。元怙引兵自南门鼓噪直出,旌旗甚盛,魏众惊骇。安都挺身奋击,流血凝肘,矛折,易之更入,诸军齐奋。自旦至日昃,魏众大溃,斩张是连提及将卒三千余级,其余赴河堑死者甚众,生降二千余人。

明日,元景至,让降者曰:"汝辈本中国民,今为虏尽力,力屈乃降,何也?"皆曰:"虏驱民使战,后出者灭族,以骑蹙步,未战先死,此将军所亲见也。"诸将欲尽杀之,元景曰:"今王旗北指,当令仁声先路。"尽释而遣之,皆称万岁而去。甲午,克陕城。

庞法起等进攻潼关,魏戍主娄须弃城走,法起等据之。关中豪桀所在蜂起,及四山羌、胡皆来送款。

上以王玄谟败退,魏兵深入,柳元景等不宜独进,皆召还。元景使薛安都断后,引兵归襄阳。诏以元景为襄阳太守。

魏永昌王仁攻悬瓠、项城,拔之。帝恐魏兵至寿阳,召刘康祖使还。癸卯,仁将八万骑追及康祖于尉武。康祖有众八千人,军副胡盛之欲依山险间行取至,康祖怒曰:"临河求敌,遂无所见,幸其自送,奈何避之!"乃结车营而进,下令军中曰:"顾望者斩首,转步者斩足!"魏人四面攻之,将士皆殊死战。自旦至晡,杀魏兵万余人,流血没踝,康祖身被十创,意气弥厉。魏分其众为三,且休且战。会日暮风急,魏以骑负草烧车营,康祖随补其阙。有流矢贯康祖颈,坠马死,余众不能战,遂溃,魏人掩杀殆尽。

南平王铄使左军行参军王罗汉以三百人戍尉武。魏兵至,众欲南依卑林以自固,罗汉以受命居此,不去。魏人攻而擒之,锁其颈,使三郎将掌之。罗汉夜断三郎将首,抱锁亡奔盱眙。

魏永昌王仁进逼寿阳,焚掠马头、钟离,南平王铄婴城固守。

魏军在萧城,去彭城十余里。彭城兵虽多,而食少,太尉江夏王义恭欲弃彭城南归。安北中兵参军沈庆之以为历城兵少食多,欲为函箱车陈,以精兵为外翼,奉二王及妃女直趋历城;分兵配护军萧思话,使留守彭城。太尉长史何勖欲席卷奔郁洲,自海道还京师。义恭去意已判,唯二议弥日未决。安北长史沛郡太守张畅曰:"若历城、郁洲有可至之理,下官敢不高赞!今城中乏食,百姓咸有走志,但以关扃严固,欲去莫从耳。一旦动足,则各自逃散,欲至所在,何由可得!今军食虽寡,朝夕犹未窘罄,岂有舍万安之术而就危亡之道?若此计必行,下官请以颈血污公马蹄。"武陵王骏谓义恭曰:"阿父既为总统,去留非所敢干。道民忝为城主,而委镇奔逃,实无颜复奉朝廷,必与此城共其存没,张长史言不可异也。"义恭乃止。

壬子,魏主至彭城,立毡屋于戏马台以望城中。

马文恭之败也,队主蒯应没于魏。魏主遣应至小市门求酒及甘蔗,武陵王骏与之,仍就求橐驼。明日,魏主使尚书李孝伯至南门,饷义恭貂裘,饷骏橐驼及骡,且曰:"魏主致意安北,可暂出见我。我亦不攻此城,何为劳苦将士,备守如此!"骏使张畅开门出见之,曰:"安北致意魏主,常迟面写,但以人臣无境外之交,恨不暂悉。备守乃边镇之常,悦以使之,则劳而无怨耳。"魏主求甘橘及借博具,皆与之,复饷毡及九种盐胡豉。又借乐器,义恭应之曰:"受任戎行,不赍乐具。"孝伯问畅:"何为匆匆闭门绝桥?"畅曰:"二王以魏主营垒未立,将士疲劳,此精甲十万,恐轻相陵践,故闭城耳。待休息士马,然后共治战场,刻日交戏。"孝伯曰:"宾有礼,主则择之。"畅曰:"昨见众宾至门,未为有礼。"魏主使人来言曰:"致意太尉、安北,何不遣人来至我所? 彼此之情,虽不可尽,要须见我小大,知我老小,观我为人。若诸佐不可遣,亦可使僮干来。"畅以二王命对曰:"魏主形状才力,久为来往所具。李尚书亲自衔命,不患彼此不尽,故不复遣使。"孝伯又曰:"王玄谟亦常才耳，南国何意作如此任使，以致奔败？自入此境七百余里，主人竟不能一相拒逆。邹山之险，君家所凭，前锋始接，崔邪利遽藏入穴，诸将倒曳出之，魏主赐其余生，今从在此。"畅曰："王玄谟南土偏将，不谓为才，但以之为前驱。大军未至，河冰向合，玄谟因夜还军，致戎马小乱耳。崔邪利陷没，何损于国。魏主自以数十万众制一崔邪利，乃足言邪！知入境七百里无相拒者，此自太尉神算，镇军圣略，用兵有机，不用相语。"孝伯曰："魏主当不围此城，自帅众军直造瓜步。南事若办，彭城不待围；若其不捷，彭城亦非所须也。我今当南饮江湖以疗渴耳。"畅曰："去留之事，自适彼怀。若虏马遂得饮江，便为无复天道。"先是童谣云："虏马饮江水，佛狸死卯年。"故畅云然。畅音容雅丽，孝伯与左右皆叹息。孝伯亦辩赡，且去，谓畅曰："长史深自爱，相去步武，恨不执手。"畅曰："君善自爱，冀荡定有期，相见无远。君若得还宋朝，今为相识之始。"

上起杨文德为辅国将军，引兵自汉中西入，摇动沔、陇。文德宗人杨高帅阴平、平武群氐拒之，文德击高，斩之，阴平、平武悉平。梁、南秦二州刺史刘秀之遣文德伐啖提氐，不克，执送荆州，使文德从祖兄头戍葭芦。

丁未，大赦。

魏主攻彭城，不克。十二月，丙辰朔，引兵南下，使中书郎鲁秀出广陵，高凉王那出山阳，永昌王仁出横江，所过无不残灭，城邑皆望风奔溃。戊午，建康纂严。己未，魏兵至淮上。

上使辅国将军臧质将万人救彭城，至盱眙，魏主已过淮。质使冗从仆射胡崇之、积弩将军臧澄之营东山，建威将军毛熙祚据前浦，质营于城南。乙丑，魏燕王谭攻崇之等三营，皆败没，质案兵不敢救。澄之，焘之孙；熙祚，脩之兄子也。是夕，质军亦溃，质弃辎重器械，单将士百人赴城。

初，盱眙太守沈璞到官，王玄谟犹在滑台，江淮无警。璞以郡当冲要，乃缮城浚隍，积财谷，储矢石，为城守之备。僚属皆非之，朝廷亦以为过。及魏兵南向，守宰多弃城走。或劝璞宜还建康，璞曰："虏若以城小不顾，夫复何惧！若肉薄来攻，此乃吾报国之秋，诸君封侯之日也，奈何去之！诸君尝见数十万人聚于小城之下而不败者乎？昆阳、合肥，前事之明验也。"众心稍定。璞收集得二千精兵，曰："足矣。"及臧质向城，众谓璞曰："虏若不攻城，则无所事众；若其攻城，则城中止可容见力耳，地狭人多，鲜不为患。且敌众我寡，人所共知。若以质众能退敌完城者，则全功不在我；若避罪归都，会资舟楫，必更相蹂践，正足为患。不若闭门勿受。"璞叹曰："虏必不能登城，敢为诸君保之。舟楫之计，固已久息。虏之残害，古今未有，屠剥之苦，众所共见，其中幸者，不过得驱还北国作奴婢耳。彼虽乌合，宁不惮此邪！所谓'同舟而济，胡、越一心'者也。今兵多则虏退速，少则退缓。吾宁可欲专功而留虏乎!"乃开门纳质。质见城中丰实,大喜,众皆称万岁,因与璞共守。

魏人之南寇也,不赍粮用,唯以抄掠为资。及过淮,民多窜匿,抄掠无所得,人马饥乏,闻盱眙有积粟,欲以为北归之资。既破崇之等,一攻城不拔,即留其将韩元兴以数千人守盱眙,自帅大众南向。由是盱眙得益完守备。

庚午,魏主至瓜步,坏民庐舍,及伐苇为筏,声言欲渡江。建康震惧,民皆荷担而立。壬午,内外戒严,丹杨统内尽户发丁,王公以下子弟皆从役。命领军将军刘遵考等将兵分守津要,游逻上接于湖,下至蔡洲,陈舰列营,周亘江滨,自采石至于暨阳,六七百里。太子劭出镇石头,总统水军,丹杨尹徐湛之守石头仓城,吏部尚书江湛兼领军,军事处置悉以委焉。

上登石头城,有忧色,谓江湛曰:"北伐之计,同议者少。今日士民劳怨,不得无惭。贻大夫之忧,予之过也。"又曰:"檀道济若在,岂使胡马至此?"上又登莫府山,观望形势。购魏主及王公首,许以封爵、金帛。又募人赍野葛酒置空村中,欲以毒魏人,竟不能伤。

魏主凿瓜步山为蟠道,于其上设毡屋。魏主不饮河南水,以橐驼负河北水自随。饷上橐驼、名马,并求和请婚。上遣奉朝请田奇饷以珍羞异味。魏主得黄甘,即啖之,并大进鄙酒。左右有附耳语者,疑食中有毒,魏主不应,举手指天,以其孙示奇曰:"吾远来至此,非欲为功名,实欲继好息民,永结姻援。宋若能以女妻此孙,我以女妻武陵王,自今匹马不复南顾。"

奇还,上召太子劭及群臣议之,众并谓宜许,江湛曰:"戎狄无亲,许之无益。"劭怒,谓湛曰:"今三王在厄,讵宜苟执异议!"声色甚厉。坐散,俱出,劭使班剑及左右排湛,湛几至僵仆。

劭又言于上曰:"北伐败辱,数州沦破,独有斩江湛、徐湛之可以谢天下。"上曰:"北伐自是我意,江、徐但不异耳。"由是太子与江、徐不平,魏亦竟不成婚。

资治通鉴卷第一百二十六

端明殿学士兼翰林侍读学士朝散大夫右谏议大夫充集贤殿修撰提举西京嵩
山崇福宫上柱国河内郡开国侯食邑一千八百户食实封六百户赐紫金鱼袋臣　司马光　奉敕编集

宋纪八　起重光单阏（辛卯），尽玄黓执徐（壬辰），凡二年。

太祖文皇帝下之上

元嘉二十八年（辛卯、451）

春，正月，丙戌朔，魏主大会群臣于瓜步山上，班爵行赏有差。魏人缘江举
火，太子右卫率尹弘言于上曰："六夷如此，必走。"丁亥，魏掠居民、焚庐舍而去。

胡诞世之反也，江夏王义恭等奏彭城王义康数有怨言，摇动民听，故不逞之
族因以生心，请徙义康广州。上将徙义康，先遣使语之，义康曰："人生会死，吾岂
爱生！必为乱阶，虽远何益！请死于此，耻复屡迁。"竟未及往。魏师之瓜步，人
情恟惧。上虑不逞之人复奉义康为乱，太子劭及武陵王骏、尚书左仆射何尚之屡
启宜早为之所，上乃遣中书舍人严龙赍药赐义康死。义康不肯服，曰："佛教不许
自杀，愿随宜处分。"使者以被掩杀之。

江夏王义恭以碻磝不可守，召王玄谟还历城，魏人追击败之，遂取碻磝。

初，上闻魏将入寇，命广陵太守刘怀之逆烧城府、船乘，尽帅其民渡江。山阳
太守萧僧珍悉敛其民入城，台送粮仗诣盱眙及滑台者，以路不通，皆留山阳。蓄
陂水令满，须魏人至，决以灌之。魏人过山阳，不敢留，因攻盱眙。

魏主就臧质求酒，质封溲便与之。魏主怒，筑长围，一夕而合，运东山土石以
填堑，作浮桥于君山，绝水陆道。魏主遗质书曰："吾今所遣斗兵，尽非我国人，城
东北是丁零与胡，南是氐、羌。设使丁零死，正〔何〕〔可〕减常山、赵郡贼；胡死，减
并州贼；氐、羌死，减关中贼。卿若杀之，无所不利。"质复书曰："省示，具悉奸怀。
尔自恃四足，屡犯边境。王玄谟退于东，申坦散于西，尔知其所以然邪？尔独不
闻童谣之言乎？盖卯年未至，故以二军开饮江之路耳，冥期使然，非复人事。寡
人受命相灭，期之白登，师行未远，尔自送死，岂容复令尔生全，飨有桑乾哉！尔
有幸得为乱兵所杀，不幸则生相锁缚，载以一驴，直送都市耳。我本不图全，若天
地无灵，力屈于尔，齑之粉之，屠之裂之，犹未足以谢本朝。尔智识及众力，岂能
胜苻坚邪！今春雨已降，兵方四集，尔但安意攻城，勿遽走。粮食乏者可见语，当
出廪相贻。得所送剑刀，欲令我挥之尔身邪！"魏主大怒，作铁床，于其上施铁镵，

曰:"破城得质,当坐之此上。"质又与魏众书曰:"尔语虏中诸士庶:佛狸见与书,相待如此。尔等正朔之民,何为自取(糜)〔糜〕灭,岂可不知转祸为福邪!"并写台格以与之云:"斩佛狸首,封万户侯,赐布、绢各万匹。"

魏人以钩车钩城楼,城内系以䢪縆,数百人唱呼引之,车不能退。既夜,缒桶悬卒出,截其钩获之。明日,又以冲车攻城,城土坚密,每至,颓落不过数升。魏人乃肉薄登城,分番相代,坠而复升,莫有退者,杀伤万计,尸与城平。凡攻之三旬,不拔。会魏军中多疾疫,或告以建康遣水军自海入淮,又敕彭城断其归路。二月,丙辰朔,魏主烧攻具退走。盱眙人欲追之,沈璞曰:"今兵不多,虽可固守,不可出战。但整舟楫,示若欲北渡者,以速其走计,不须实行也。"

臧质以璞城主,使之上露板,璞固辞,归功于质。上闻,益嘉之。

魏师过彭城,江夏王义恭震惧不敢击。或告"虏驱南口万余,夕应宿安王陂,去城数十里,今追之,可悉得。"诸将皆请行,义恭禁不许。明日,驿使至,上敕义恭悉力急追。魏师已远,义恭乃遣镇军司马檀和之向萧城。魏人先已闻之,尽杀所驱者而去。程天祚逃归。

魏人凡破南兖、徐、兖、豫、青、冀六州,杀掠不可胜计,丁壮者即加斩截,婴儿贯于槊上,槃舞以为戏。所过郡县,赤地无余,春燕归,巢于林木。魏之士马死伤亦过半,国人皆尤之。

上每命将出师,常授以成律,交战日时,亦待中诏,是以将帅趑趄,莫敢自决。又江南白丁,轻进易退,此其所以败也。自是邑里萧条,元嘉之政衰矣。

癸酉,诏赈恤郡县民遭寇者,蠲其税调。

甲戌,降太尉义恭为骠骑将军、开府仪同三司。

戊寅,魏主济河。

辛巳,降镇军将军武陵王骏为北中郎将。

壬午,上如瓜步。是日,解严。

初,魏中书学生卢度世,玄之子也,坐崔浩事亡命匿高阳郑罴家。吏囚罴子,掠治之。罴戒其子曰:"君子杀身成仁,虽死不可言。"其子奉父命,吏以火爇其体,终不言而死。及魏主临江,上遣殿上将军黄延年使于魏,魏主问曰:"卢度世亡命,已应至彼。"延年曰:"都下不闻有度世也。"魏主乃赦度世及其族逃亡籍没者,度世自出,魏主以为中书侍郎。度世为其弟娶郑罴妹以报德。

三月,乙酉,帝还宫。

己亥,魏主还平城,饮至告庙,以降民五万余家分置近畿。

初,魏主过彭城,遣人语城中曰:"食尽且去,须麦熟更来。"及期,江夏王义恭议欲芟麦翦苗,移民堡聚。镇军录事参军王孝孙曰:"虏不能复来,既自可保,如其更至,此议亦不可立。百姓闭在内城,饥馑日久,方春之月,野采自资,一入堡聚,饿死立至。民知必死,何可制邪? 虏若必来,芟麦无晚。"四坐默然,莫之敢对。长史张畅曰:"孝孙之议,实有可寻。"镇军府典签董元嗣侍武陵王骏之侧,进曰:"王录事议不可夺。"别驾王子夏曰:"此论诚然。"畅敛板白骏曰:"下官欲命孝孙弹子夏。"骏曰:"王别驾有何事邪?"畅曰:"芟麦移民,可谓大议,一方安危,事系于此。子夏亲为州端,曾无同异,及闻元嗣之言,则欢笑酬答,阿意左右,何以事君!"子夏、元嗣皆大惭,义恭之议遂寝。

初,鲁宗之奔魏,其子轨为魏荆州刺史、襄阳公,镇长社。常思南归,以昔杀刘康祖及徐湛之之父,故不敢来。轨卒,子爽袭父官爵。爽少有武干,与弟秀皆有宠于魏主,秀为中书郎。既而兄弟各有罪,魏主诘责之。爽、秀惧诛,从魏主自瓜步还,至湖陆,请曰:"奴与南有仇,每兵来,常恐祸及坟墓,乞共迎丧,还葬平城。"魏主许之。爽至长社,杀魏戍兵数百人,帅部曲及愿从者千余家奔汝南。夏,四月,爽遣秀诣寿阳,奉书于南平王铄以请降。上闻之,大喜,以爽为司州刺史,镇义阳;秀为颍川太守,余弟侄并授官爵,赏赐甚厚。魏人毁其坟墓。徐湛之以为庙算远图,特所奖纳,不敢苟申私怨,乞屏居田里,不许。

青州民司马顺则自称晋室近属,聚众号齐王。梁邹戍主崔勋之诣州,五月,乙酉,顺则乘虚袭据梁邹城。又有沙门自称司马百年,亦聚众号安定王以应之。

壬寅,魏大赦。

己巳,以江夏王义恭领南兖州刺史,徙镇盱眙,增督十二州诸军事。

戊申,以尚书左仆射何尚之为尚书令,太子詹事徐湛之为仆射、护军将军。尚之以湛之国戚,任遇隆重,每事推之。诏湛之与尚之并受辞诉。尚之虽为令,而朝事悉归湛之。

六月,壬戌,魏改元正平。

魏主命太子少傅游雅、中书侍郎胡方回等更定律令,多所增损,凡三百九十一条。

魏太子晃监国,颇信任左右,又营园田,收其利。高允谏曰:"天地无私,故能覆载;王者无私,故能容养。今殿下国之储贰,万方所则,而营立私田,畜养鸡犬,乃至酤贩市廛,与民争利,谤声流布,不可追掩。夫天下者,殿下之天下,富有四海,何求而无,乃与贩夫贩妇竞此尺寸之利乎! 昔虢之将亡,神赐之土田,汉灵帝私立府藏,皆有颠覆之祸。前鉴若此,甚可畏也。武王爱周、邵、齐、毕,所以王天下;殷纣爱飞廉、恶来,所以丧其国。今东宫俊乂不少,顷来侍御左右者,恐非在朝之选。愿殿下斥去佞邪,亲近忠良,所在田园,分给贫下,贩卖之物,以时收散。如此则休声日至,谤议可除矣。"不听。

太子为政精察,而中常侍宗爱,性险暴,多不法,太子恶之。给事中仇尼道盛、侍郎任平城有宠于太子,颇用事,皆与爱不协。爱恐为道盛等所纠,遂构告其罪。魏主怒,斩道盛等于都街,东宫官属多坐死。帝怒甚,戊辰,太子以忧卒。壬申,葬金陵,谥曰景穆。帝徐知太子无罪,甚悔之。

秋,七月,丁亥,魏主如阴山。

青、冀二州刺史萧斌遣振武将军刘武之等击司马顺则、司马百年,皆斩之。癸亥,梁邹平。

萧斌、王玄谟皆坐退败免官。上问沈庆之曰:"斌欲斩玄谟而卿止之,何也?"对曰:"诸将奔退,莫不惧罪;自归而死,将至逃散,故止之。"

九月,癸巳,魏主还平城。冬,十月,庚申,复如阴山。

上遣使至魏,魏遣殿中将军郎法祐来修好。

己巳,魏上党靖王长孙道生卒。

十二月,丁丑,魏主封景穆太子之子濬为高阳王。既而以皇孙世嫡,不当为藩王,乃止。时濬生四年,聪达过人,魏主爱之,常置左右。徙秦王翰为东平王,燕王谭为临淮王,楚王建为广阳王,吴王余为南安王。

帝使沈庆之徙彭城流民数千家于瓜步,征北参军程天祚徙江西流民数千家于姑孰。

帝以吏部郎王僧绰为侍中。僧绰,昙首之子也,幼有大成之度,众皆以国器许之。好学有思理,练悉朝典。尚帝女东阳献公主。在吏部,谙悉人物,举拔咸得其分。及为侍中,年二十九,沉深有局度,不以才能高人。帝颇以后事为念,以其年少,欲大相付托,朝政小大,皆与参焉。帝之始亲政事也,委任王华、王昙首、殷景仁、谢弘微、刘湛,次则范晔、沈演之、庾炳之,最后江湛、徐湛之、何瑀之及僧绰,凡十二人。

唐和入朝于魏,魏主厚礼之。

二十九年(壬辰、452)

春,正月,魏所得宋民五千余家在中山者谋叛,州军讨诛之。冀州刺史张掖王沮渠万年坐与叛者通谋,赐死。

魏世祖追悼景穆太子不已,中常侍宗爱惧诛,二月,甲寅,弑帝,尚书左仆射兰延、侍中和疋、薛提等秘不发丧。延、疋以皇孙濬冲幼,欲立长君,征秦王翰,置之秘室。提以濬嫡皇孙,不可废。议久不决。宗爱知之,自以得罪于景穆太子,而素恶秦王翰,善南安王余,乃密迎余自中宫便门入禁中,矫称赫连皇后令召延等。延等以爱素贱,不以为疑,皆随入。爱先使宦者三十人持兵伏于禁中,延等入,以次收缚,斩之。杀秦王翰于永巷而立余。大赦,改元承平,尊皇后为皇太后,以爰为大司马、大将军、太师、都督中外诸军事、领中秘书,封冯翊王。

庚午,立皇子休仁为建安王。

三月,辛卯,魏葬太武皇帝于金陵,庙号世祖。

上闻魏世祖殂,更谋北伐,鲁爽等复劝之。上访于群臣,太子中庶子何偃以为:"淮、泗数州疮痍未复,不宜轻动。"上不从。偃,尚之之子也。

夏,五月,丙申,诏曰:"虐虏穷凶,著于自昔;未劳资斧,已伏天诛。拯溺荡秽,今其会也。可符骠骑、司空二府,各部分所统,东西应接。归义建绩者,随劳酬奖。"于是遣抚军将军萧思话督冀州刺史张永等向碻磝,鲁爽、鲁秀、程天祚将荆州甲士四万出许、洛,雍州刺史臧质帅所领趣潼关。永,茂度之子也。沈庆之固谏北伐,上以其异议,不使行。

青州刺史刘兴祖上言,以为:"河南阻饥,野无所掠,脱诸城固守,非旬月可拔,稽留大众,转输方劳。应机乘势,事存急速。今伪帅始死,兼逼暑时,国内猜扰,不暇远赴。愚谓宜长驱中山,据其关要。冀州以北,民人尚丰,兼麦已向熟,因资为易,尚义之徒,必应响赴。若中州震动,黄河以南,自当消费。臣请发青、冀七千兵,遣将领之,直入其心腹。若前驱克胜,张永及河南众军宜一时济河,使声实兼举。并建司牧,抚柔初附,西拒太行,北塞军都,因事指麾,随宜加授,畏威欣宠,人百其怀。若能成功,清壹可待;若不克捷,不为大伤。并催促装束,伏听敕旨。"上意止存河南,亦不从。上又使员外散骑侍郎琅邪徐爰随军向碻磝,衔中旨授诸将方略,临时宣示。

尚书令何尚之以老请致仕,退居方山。议者咸谓尚之不能固志。既而诏书敦谕数四,六月,戊申朔,尚之复起视事。御史中丞袁淑录自古隐士有迹无名者为《真隐传》以嗤之。

秋,七月,张永等至碻磝,引兵围之。

壬辰,徙汝阴王浑为武昌王,淮阳王彧为湘东王。

初,潘淑妃生始兴王濬。元皇后性妒,以淑妃有宠于上,恚恨而殂,淑妃专总内政。由是太子劭深恶淑妃及濬。濬惧为将来之祸,乃曲意事劭,劭更与之善。

吴兴巫严道育,自言能辟谷服食,役使鬼物,因东阳公主婢王鹦鹉出入主家。道育谓主曰:"神将有符赐主。"主夜卧,见流光若萤,飞入书笥,开视,得二青珠,由是主与劭、濬皆信惑之。劭、濬并多过失,数为上所诘责,使道育祈请,欲令过不上闻。道育曰:"我已为上天陈请,必不泄露。"劭等敬事之,号曰"天师"。其后遂与道育、鹦鹉及东阳主奴陈天与、黄门陈庆国共为巫蛊,琢玉为上形像,埋于含章殿前。劭补天与为队主。

东阳主卒,鹦鹉应出嫁,劭、濬虑语泄,濬府佐吴兴沈怀远,素为濬所厚,以鹦鹦鹉嫁之为妾。

上闻天与领队，以让劭曰："汝所用队主副，并是奴邪?"劭惧，以书告濬。濬复书曰："彼人若所为不已，正可促其余命，或是大庆之渐耳。"劭、濬相与往来书疏，常谓上为"彼人"，或曰："其人"，谓江夏王义恭为"佞人"。

鹦鹉先与天与私通，既适怀远，恐事泄，白劭使密杀之。陈庆国惧，曰："巫蛊事，唯我与天与宣传往来。今天与死，我其危哉。"乃具以其事白上。上大惊，即遣收鹦鹉，封籍其家，得劭、濬书数百纸，皆咒诅巫蛊之言，又得所埋玉人，命有司穷治其事。道育亡命，捕之不获。

先是，濬自扬州刺史出镇京口，及庐陵王绍以疾解扬州，意谓己必复得之。既而上用南谯王义宣，濬殊不乐，乃求镇江陵，上许之。濬入朝，遣还京口，为行留处分，至京口数日而巫蛊事发。上慨叹弥日，谓潘淑妃曰："太子图富贵，更是一理。虎头复如此，非复思虑所及。汝母子岂可一日无我邪!"遣中使切责劭、濬，劭、濬惶惧无辞，惟陈谢而已。上虽怒甚，犹未忍罪也。

诸军攻碻磝，治三攻道：张永等当东道，济南太守申坦等当西道，扬武司马崔训当南道。攻之累旬，不拔。八月，辛亥夜，魏人自地道潜出，烧崔训营及攻具。癸丑夜，又烧东围及攻具，寻复毁崔训攻道。张永夜撤围退军，不告诸将，士卒惊扰，魏人乘之，死伤涂地。萧思话自往，增兵力攻旬余，不拔。是时，青、徐不稔，军食乏。丁卯，思话命诸军皆退屯历城，斩崔训，系张永、申坦于狱。

鲁爽至长社，魏戍主秃发幡弃城走。臧质顿兵近郊，不以时发，独遣冠军司马柳元景帅后军行参军薛安都等向潼关，元景等进据洪关。梁州刺史刘秀之遣司马马汪与左军中兵参军萧道成将兵向长安。道成，承之之子也。魏冠军将军封礼自浢津南渡，赴弘农。九月，司空高平公儿乌干屯潼关，平南将军黎公辽屯河内。

吐谷浑王慕利延卒，树洛干之子拾寅立，始居伏罗川，遣使来请命，〔亦请命〕于魏。丁亥，以拾寅为安西将军、西秦、河、沙三州刺史、河南王。魏以拾寅为镇西大将军、沙州刺史、西平王。

庚寅，鲁爽与魏豫州刺史拓跋仆兰战于大索，破之，进攻虎牢。闻碻磝败退，与柳元景皆引兵还。萧道成、马汪等闻魏救兵将至，还趣仇池。己丑，诏解萧思话徐州，更领冀州刺史，镇历城。

上以诸军屡出无功，不可专责张永等，赐思话诏曰："虏既乘利，方向盛冬，若脱敢送死，兄弟父子自共当之耳。言及增愤，可以示张永、申坦。"又与江夏王义恭书曰："早知诸将辈如此，恨不以白刃驱之。今者悔何所及!"义恭寻奏免思话官，从之。

魏南安隐王余自以违次而立,厚赐群下,欲以收众心,旬月之间,府藏虚竭。又好酗饮及声乐、畋猎,不恤政事。宗爱为宰相,录三省,总宿卫,坐召公卿,专恣日甚。余患之,谋夺其权,爱愤怒。冬,十月,丙午朔,余夜祭东庙,爱使小黄门贾周等就弒余,而秘之,唯羽林郎中代人刘尼知之。尼劝爱立皇孙濬,爱惊曰:"君大痴人!皇孙若立,岂忘正平时事乎?"尼曰:"若尔,今当立谁?"爱曰:"待还宫,当择诸王贤者立之。"

尼恐爱为变,密以状告殿中尚书源贺。贺时与尼俱典兵宿卫,乃与南部尚书陆丽谋曰:"宗爱既立南安,还复杀之。今又不立皇孙,将不利于社稷。"遂与丽定谋,共立皇孙。丽,俟之子也。

戊申,贺与尚书长孙渴侯严兵守卫宫禁,使尼、丽迎皇孙于苑中。丽抱皇孙于马上,入平城,贺、渴侯开门纳之。尼驰还东庙,大呼曰:"宗爱弒南安王,大逆不道。皇孙已登大位,有诏,宿卫之士皆还宫。"众咸呼万岁。遂执宗爱、贾周等,勒兵而入,奉皇孙即皇帝位。登永安殿,大赦,改元兴安。杀爱、周,皆具五刑,夷三族。

西阳五水群蛮反,自淮、汝至于江、沔,咸被其患。诏太尉中兵参军沈庆之督江、豫、荆、雍四州兵讨之。

魏以骠骑大将军拓跋寿乐为太宰、都督中外诸军、录尚书事,长孙渴侯为尚书令,加仪同三司。十一月,寿乐、渴侯坐争权,并赐死。

癸未,魏广阳简王建、临淮宣王谭皆卒。

甲申,魏主母闾氏卒。

魏南安王余之立也,以古弼为司徒,张黎为太尉。及高宗立,弼、黎议不合旨,黜为外都大官。坐有怨言,且家人告其为巫蛊,皆被诛。

壬寅,庐陵昭王绍卒。

魏追尊景穆太子为景穆皇帝,皇妣闾氏为恭皇后,尊乳母常氏为保太后。

陇西屠各王景文叛魏,署置王侯,魏统万镇将南阳王惠寿、外都大官于洛拔督四州之众讨平之,徙其党三千余家于赵、魏。

十二月,戊申,魏葬恭皇后于金陵。

魏世祖晚年,佛禁稍弛,民间往往有私习者。及高宗(卿)〔即〕位,群臣多请复之。乙卯,诏州郡县众居之所,各听建佛图一区。民欲为沙门者,听出家,大州五十人,小州四十人。于是向所毁佛图,率皆修复。魏主亲为沙门师贤等五人下发,以师贤为道人统。

丁巳,魏以乐陵王周怃为太尉,南部尚书陆丽为司徒,镇西将军杜元宝为司空。丽以迎立之功,受心膂之寄,朝臣无出其右者,赐爵平原王。丽辞曰:"陛下国之正统,当承基绪,效顺奉迎,臣子常职,不敢惝天之功以干大赏。"再三不受,魏主不许。丽曰:"臣父奉事先朝,忠勤著效。今年逼桑榆,愿以臣爵授之。"帝曰:"朕为天下主,岂不能使卿父子为二王邪!"戊午,进其父建业公侯爵为东平王。又命丽妻为妃,复其子孙。丽力辞不受,帝益嘉之。

以东安公刘尼为尚书仆射,西平公源贺为征北将军,并进爵为王。帝班赐群臣,谓源贺曰:"卿任意取之。"贺辞曰:"南北未宾,府库不可虚也。"固与之,乃取戎马一匹。

高宗之立也,高允预其谋,陆丽等皆受重赏,而不及允,允终身不言。

甲子,周忸坐事赐死。时魏法深峻,源贺奏:"谋反之家,男子十三以下本不预谋者,宜免死没官。"从之。

江夏王义恭还朝。辛未,以义恭为大将军、南徐州刺史,录尚书如故。

初,魏入中原,用《景初历》,世祖克沮渠氏,得赵𥇛《玄始历》,时人以为密,是岁,始行之。

资治通鉴卷第一百二十七

端明殿学士兼翰林侍读学士朝散大夫右谏议大夫充集贤殿修撰提举西京嵩山崇福宫上柱国河内郡开国侯食邑一千八百户食实封六百户赐紫金鱼袋臣　司马光　奉敕编集

宋纪九昭阳大荒落（癸巳），一年。

太祖文皇帝下之下

元嘉三十年（癸巳、453）

春，正月，戊寅，以南谯王义宣为司徒、扬州刺史。

萧道成等帅氐、羌攻魏武都，魏高平镇将苟莫于将突骑二千救之。道成等引还南郑。

壬午，以征北将军始兴王濬为荆州刺史。帝怒未解，故濬久留京口，既除荆州，乃听入朝。

戊子，诏江州刺史武陵王骏统诸军讨西阳蛮，军于五洲。

严道育之亡命也，上分遣使者搜捕甚急。道育变服为尼，匿于东宫，又随始兴王濬至京口，或出止民张旿家。濬入朝，复载还东宫，欲与俱往江陵。丁巳，上临轩，濬入受拜。是日，有告道育在张旿家者，上遣掩捕，得其二婢，云道育随征北还都。上谓濬与太子劭已斥遣道育，而闻其犹与往来，惆怅惋骇，乃命京口送二婢，须至检覆，乃治劭、濬之罪。

潘淑妃抱濬泣曰："汝前祝诅事发，犹冀能刻意思愆，何意更藏严道育。上怒甚，我叩头乞恩不能解，今何用生为！可送药来，当先自取尽，不忍见汝祸败也。"濬奋衣起曰："天下事寻当自判，愿小宽虑，必不上累。"

己未，魏京兆王杜元宝坐谋反诛，建宁王崇及其子济南王丽皆为元宝所引，赐死。

帝欲废太子劭，赐始兴王濬死，先与侍中王僧绰谋之。使僧绰寻汉魏以来废太子、诸王典故，送尚书仆射徐湛之及吏部尚书江湛。

武陵王骏素无宠，故屡出外藩，不得留建康；南平王铄、建平王宏皆为帝所爱。铄妃，江湛之妹；随王诞妃，徐湛之之女也。湛劝帝立铄，湛之意欲立诞。僧绰曰："建立之事，仰由圣怀。臣谓唯宜速断，不可稽缓。'当断不断，反受其乱。'愿以义割恩，略小不忍，不尔，便应坦怀如初，无烦疑论。事机虽密，易致宣广，不可使难生虑表，取笑千载。"帝曰："卿可谓能断大事。然此事至重，不可不殷勤三思。且彭城始亡,人将谓我无复慈爱之道。"僧绰曰:"臣恐千载之后,言陛下唯能裁弟,不能裁儿。"帝默然。江湛同侍坐,出阁,谓僧绰曰:"卿向言,将不太伤切直?"僧绰曰:"弟亦恨君不直。"

铄自寿阳入朝,既至,失旨。帝欲立宏,嫌其非次,是以议久不决。每夜与湛之屏人语,或连日累夕。常使湛之自秉烛,绕壁检行,虑有窃听者。帝以其谋告潘淑妃,淑妃以告濬,濬驰报劭。劭乃密与腹心队主陈叔儿、斋帅张超之等谋为逆。

初,帝以宗室强盛,虑有内难,特加东宫兵,使与羽林相若,至有实甲万人。劭性狠而刚猛,帝深倚之。及将作乱,每夜飨将士,或亲自行酒。王僧绰密以启闻。会严道育婢将至,癸亥夜,劭诈为帝诏云:"鲁秀谋反,汝可平明守阙,帅众入。"因使张超之等集素所畜养兵士二千余人,皆被甲,召内外幢队主副,豫加部勒,云有所讨。夜,呼前中庶子右军长史萧斌、左卫率袁淑、中舍人殷仲素、左积弩将军王正见并入宫。劭流涕谓曰:"主上信谗,将见罪废。内省无过,不能受枉。明旦当行大事,望相与戮力。"因起,遍拜之。众惊愕,莫能对。久之,淑、斌皆曰:"自古无此,愿加善思。"劭怒,变色。斌惧,与众俱曰:"当竭身奉令。"淑叱之曰:"卿便谓殿下真有是邪?殿下幼尝患风,或是疾动耳。"劭愈怒,因昞淑曰:"事当克不?"淑曰:"居不疑之地,何患不克!但既克之后,不为天地所容,大祸亦旋至耳。假有此谋,犹将可息。"左右引淑出,曰:"此何事,而云可罢乎!"淑还省,绕床行,至四更乃寝。

甲子,宫门未开,劭以朱衣加戎服上,乘画轮车,与萧斌同载,卫从如常入朝之仪。呼袁淑甚急,淑眠不起,劭停车奉化门,催之相续。淑徐起,至车后,劭使登车,又辞不上,劭命左右杀之。守门开,从万春门入。旧制,东宫队不得入城。劭以伪诏示门卫曰:"受敕,有所收讨。"令后队速来。张超之等数十人驰入云龙门及斋阁,拔刃径上合殿。帝其夜与徐湛之屏人语,至旦烛犹未灭,门阶户席直卫兵尚寝未起。帝见超之入,举几捍之。五指皆落,遂弑之。湛之惊起,趣北户,未及开,兵人杀之。劭进至合殿中阁,闻帝已殂,出坐东堂,萧斌执刀侍直。呼中书舍人顾嘏,嘏震惧,不时出,既至,问曰:"欲共见废,何不早启?"嘏未及答,即于前斩之。江湛直上省,闻喧噪声,叹曰:"不用王僧绰言,以至于此!"乃匿傍小屋中,劭遣兵就杀之。宿卫旧将罗训、徐罕皆望风屈附,左细仗主、广威将军吴兴卜天与不暇被甲,执刀持弓,疾呼左右出战。徐罕曰:"殿下入,汝欲何为?"天与骂曰:"殿下常来,云何于今乃作此语!只汝是贼。"手射劭于东堂,几中之。劭党击之,断臂而死。队将张泓之、朱道钦、陈满与天与俱战死。左卫将军尹弘惶怖通启,求受处分。劭使人从东阁入,杀潘淑妃及太祖亲信左右数十人。急召始兴王濬,使帅众屯中堂。

濬时在西州,府舍人朱法瑜奔告濬曰:"台内喧噪,宫门皆闭,道上传太子反,未测祸变所至。"濬阳惊曰:"今当奈何?"法瑜劝入据石头。濬未得劭信,不知事之济不,骚扰不知所为。将军王庆曰:"今宫内有变,未知主上安危,凡在臣子,当投袂赴难。凭城自守,非臣节也。"濬不听,乃从南门出,径向石头,文武从者千余人。时南平王铄戍石头,兵士亦千余人。俄而劭遣张超之驰马召濬,濬屏人问状,即戎服乘马而去。朱法瑜固止濬,濬不从。出中门,王庆又谏曰:"太子反逆,天下怨愤。明公但当坚闭城门,坐食积粟,不过三日,凶党自离。公情事如此,今岂宜去!"濬曰:"皇太子令,敢有复言者斩!"既入,见劭,劭谓濬曰:"潘淑妃遂为乱兵所害。"濬曰:"此是下情由来所愿。"

劭诈以太祖诏召大将军义恭、尚书令何尚之入,拘于内。并召百官,至者才数十人。劭遽即位,下诏曰:"徐湛之、江湛弑逆无状,吾勒兵入殿,已无所及,号恸崩衄,肝心破裂。今罪人斯得,元凶克殄,可大赦,改元太初。"

即位毕,亟称疾还永福省。不敢临丧,以白刃自守,夜则列灯以防左右。以萧斌为尚书仆射、领军将军,以何尚之为司空,前右卫率檀和之戍石头,征虏将军营道侯义綦镇京口。义綦,义庆之弟也。乙丑,悉收先给诸处兵还武库,杀江、徐亲党尚书左丞荀赤松、右丞臧凝之等。凝之,焘之孙也。以殷仲素为黄门侍郎,王正见为左军将军,张超之、陈叔儿等皆拜官、赏赐有差。辅国将军鲁秀在建康,劭谓秀曰:"徐湛之常欲相危,我已为卿除之矣。"使秀与屯骑校尉庞秀之对掌军队。劭不知王僧绰之谋,以僧绰为吏部尚书,司徒左长史何偃为侍中。

武陵王骏屯五洲,沈庆之自巴水来,咨受军略。三月,乙亥,典签董元嗣自建康至五洲,具言太子弑逆,骏使元嗣以告僚佐。沈庆之密谓腹心曰:"萧斌妇人,其余将帅,皆易与耳。东宫同恶不过三十人,此外屈逼,必不为用。今辅顺讨逆,不忧不济也。"

壬午,魏尊保太后为皇太后,追赠祖考,官爵兄弟,皆如外戚。

太子劭分浙东五郡为会州,省扬州,立司隶校尉,以其妃父殷冲为司隶校尉。冲,融之曾孙也。以大将军义恭为太保,荆州刺史南谯王义宣为太尉,始兴王濬为骠骑将军,雍州刺史臧质为丹杨尹,会稽太守随王诞为会州刺史。

劭料检文帝巾箱及江湛家书疏,得王僧绰所启飧士并前代故事,甲申,收僧绰,杀之。僧绰弟僧虔为司徒左西属,所亲咸劝之逃,僧虔泣曰:"吾兄奉国以忠贞,抚我以慈爱,今日之事,苦不见及耳;若得同归九泉,犹羽化也。"劭因诬北第诸王侯,云与僧绰谋反,杀长沙悼王瑾、瑾弟楷、临川哀王烨、桂阳孝侯觊、新渝怀侯玠,皆劭素所恶也。瑾,义欣之子;烨,义庆之子;觊、玠,义庆之弟子也。

劭密与沈庆之手书，令杀武陵王骏。庆之求见王，王惧，辞以疾。庆之突入，以劭书示王，王泣求入内与母诀。庆之曰："下官受先帝厚恩，今日之事，唯力是视，殿下何见疑之深！"王起再拜曰："家国安危，皆在将军。"庆之即命内外勒兵。府主簿颜竣曰："今四方未知义师之举，劭据有天府，若首尾不相应，此危道也。宜待诸镇协谋，然后举事。"庆之厉声曰："今举大事，而黄头小儿皆得参预，何得不败！宜斩以徇众。"王令竣拜谢庆之，庆之曰："君但当知笔札事耳。"于是专委庆之处分。旬日之间，内外整办，人以为神兵。竣，延之之子也。

庚寅，武陵王戒严誓众。以沈庆之领府司马；襄阳太守柳元景、随郡太守宗悫为谘议参军，领中兵；江夏内史朱脩之行平东将军；记室参军颜竣为谘议参军，领录事，兼总内外；以谘议参军刘延孙为长史、寻阳太守，行留府事。延孙，道产之子也。

南谯王义宣及臧质皆不受劭命，与司州刺史鲁爽同举兵以应骏。质、爽俱诣江陵见义宣，且遣使劝进于王。辛卯，臧质子敦等在建康者闻质举兵，皆逃亡。劭欲相慰悦，下诏曰："臧质国戚勋臣，方赞翼京辇，而子弟波进，良可怪叹。可遣宣譬令还，咸复本位。"劭寻录得敦，使大将军义恭行训杖三十，厚给赐之。

癸巳，劭葬太祖于长宁陵，谥曰景皇帝，庙号中宗。

乙未，武陵王发西阳。丁酉，至寻阳。庚子，王命颜竣移檄四方，使共讨劭。州郡承檄，翕然响应。南谯王义宣遣臧质引兵诣寻阳，与骏同下，留鲁爽于江陵。

劭以兖、冀二州刺史萧思话为徐、兖二州刺史，起张永为青州刺史。思话自历城引部曲还平城，起兵以应寻阳。建武将军垣护之在历城，亦帅所领赴之。南谯王义宣板张永为冀州刺史。永遣司马崔勋之等将兵赴义宣。义宣虑萧思话与永不释前憾，自为书与思话，使长史张畅为书与永，劝使相与坦怀。

随王诞将受劭命，参军事沈正说司马顾琛曰："国家此祸，开辟未闻。今以江东骁锐之众，唱大义于天下，其谁不响应！岂可使殿下北面凶逆，受其伪宠乎！"琛曰："江东忘战日久，虽逆顺不同，然强弱亦异，当须四方有义举者，然后应之，不为晚也。"正曰："天下未尝有无父无君之国，宁可自安仇耻而责义于余方乎！今正以弑逆冤丑，义不同天，举兵之日，岂求必全邪！冯衍有言：'大汉之贵臣，将不如荆、齐之贱士乎！'况殿下义兼臣子，事实国家者哉！"琛乃与正共入说诞，诞从之。正，田子之兄子也。

劭自谓素习武事，语朝士曰："卿等但助我理文书，勿措意戎旅。若有寇难，吾自当之，但恐贼虏不敢动耳。"及闻四方兵起，始忧惧，戒严，悉召下番将吏，迁淮南岸居民于北岸，尽聚诸王及大臣于城内，移江夏王义恭处尚书下舍，分义恭诸子处侍中下省。

夏,四月,癸卯朔,柳元景统宁朔将军薛安都等十二军发溧口,司空中兵参军徐遗宝以荆州之众继之。丁未,武陵王发寻阳,沈庆之总中军以从。

劭立妃殷氏为皇后。

庚戌,武陵王檄书至建康,劭以示太常颜延之曰:"彼谁笔也?"延之曰:"竣之笔也。"劭曰:"言辞何至于是!"延之曰:"竣尚不顾老臣,安能顾陛下!"劭怒稍解。悉拘武陵王子于侍中下省,南谯王义宣子于太仓空舍。劭欲尽杀三镇士民家口,江夏王义恭、何尚之皆曰:"凡举大事者不顾家。且多是驱逼,今忽诛其室累,正足坚彼意耳。"劭以为然,乃下书一无所问。

劭疑朝廷旧臣皆不为己用,乃厚抚鲁秀及右军参军王罗汉,悉以军事委之。以萧斌为谋主,殷冲掌文符。萧斌劝劭勒水军自上决战,不尔则保据梁山。江夏王义恭以南军仓猝,船舫陋小,不利水战,乃进策曰:"贼骏小年未习军旅,远来疲弊,宜以逸待之。今远出梁山,则京都空弱,东军乘虚,或能为患。若分力两赴,则兵散势离,不如养锐待期,坐而观衅。割弃南岸,栅断石头,此先朝旧法,不忧贼不破也。"劭善之。斌厉色曰:"南中郎二十年少,能建如此大事,岂复可量!三方同恶,势据上流,沈庆之甚练军事,柳元景、宗悫屡尝立功。形势如此,实非小敌。唯宜及人情未离,尚可决力一战。端坐台城,何由得久!今主、相咸无战意,岂非天也。"劭不听。或劝劭保石头城,劭曰:"昔人所以固石头城者,俟诸侯勤王耳。我若守此,谁当见救!唯应力战决之,不然不克。"日日自出行军,慰劳将士,亲督都水治船舰。壬子,焚淮南岸室屋、淮内船舫,悉驱民家度水北。

立子伟之为皇太子。以始兴王濬妃父褚湛之为丹杨尹。湛之,裕之兄子也。濬为侍中、中书监、司徒、录尚书六条事,加南平王铄开府仪同三司,以南兖州刺史建平王宏为江州刺史。太尉司马庞秀之自石头先众南奔,人情由是大震。以营道侯义綦为湘州刺史,檀和之为雍州刺史。

癸丑,武陵王军于鹊头。宣城太守王僧达得武陵王檄,未知所从。客说之曰:"方今衅逆滔天,古今未有。为君计,莫若承义师之檄,移告傍郡。苟在有心,谁不响应!此上策也。如其不能,可躬帅向义之徒,详择水陆之便,致身南归,亦其次也。"僧达乃自候道南奔,逢武陵王于鹊头,王即以为长史。僧达,弘之子也。王初发寻阳,沈庆之谓人曰:"王僧达必来赴义。"人问其故,庆之曰:"吾见其在先帝前议论开张,执意明决,以此言之,其至必也。"

柳元景以舟舰不坚,惮于水战,乃倍道兼行。丙辰,至江宁步上,使薛安都帅铁骑曜兵于淮上,移书朝士,为陈逆顺。

劭加吴兴太守汝南周峤冠军将军。随王诞檄亦至,峤素恇怯,回惑不知所从,府司马丘珍孙杀之,举郡应诞。

戊午，武陵王至南洲，降者相属，己未，军于溧洲。王自发寻阳，有疾，不能见将佐，唯颜竣出入卧内，拥王于膝，亲视起居。疾屡危笃，不任咨禀，竣皆专决。军政之外，间以文教书檄，应接遝迹，昏晓临哭，若出一人。如是累旬，自舟中甲士亦不知王之危疾也。

癸亥，柳元景潜至新亭，依山为垒。新降者皆劝元景速进，元景曰："不然。理顺难恃，同恶相济，轻进无防，实启寇心。"

元景营未立，劭龙骧将军詹叔儿觇知之，劝劭出战，劭不许。甲子，劭使萧斌统步军，褚湛之统水军，与鲁秀、王罗汉、刘简之等精兵合万人，攻新亭垒，劭自登朱雀门督战。元景宿令军中曰："鼓繁气易衰，叫数力易竭。但衔枚疾战，一听吾鼓声。"劭将士怀劭重赏，皆殊死战。元景水陆受敌，意气弥强，麾下勇士，悉遣出斗，左右唯留数人宣传。劭兵势垂克，鲁秀击退鼓，劭众遽止。元景乃开垒鼓噪以乘之，劭众大溃，坠淮死者甚多。劭更帅余众，自来攻垒，元景复大破之，所杀伤于前战，士卒争赴死马涧，涧为之溢。劭手斩退者，不能禁。刘简之死，萧斌被创，劭仅以身免，走还宫。鲁秀、褚湛之、檀和之皆南奔。

丙寅，武陵王至江宁。丁卯，江夏王义恭单骑南奔，劭杀义恭十二子。

劭、濬忧迫无计，以辇迎蒋侯神像置宫中，稽颡乞恩，拜为大司马，封钟山王；拜苏侯神为骠骑将军。以濬为南徐州刺史，与南平王铄并录尚书事。

戊辰，武陵王军于新亭，大将军义恭上表劝进。散骑侍郎徐爰在殿中，诳劭云自追义恭，遂归武陵王。时王军府草创，不晓朝章，爰素所谙练，乃以爰兼太常丞，撰即位仪注。己巳，王即皇帝位，大赦。文武赐爵一等，从军者二等。改谥大行皇帝曰文，庙号太祖。以大将军义恭为太尉、录尚书六条事、南徐州刺史。是日，劭亦临轩拜太子伟之，大赦，唯刘骏、义恭、义宣、诞不在原例。庚子，以南谯王义宣为中书监、丞相、录尚书六条事、扬州刺史，随王诞为卫将军、开府仪同三司、荆州刺史，臧质为车骑将军、开府仪同三司、江州刺史，沈庆之为领军将军，萧思话为尚书左仆射。壬申，以王僧达为右仆射，柳元景为侍中、左卫将军，宗悫为右卫将军，张畅为吏部尚书，刘延孙、颜竣并为侍中。

五月，癸酉朔，臧质以雍州兵二万至新亭。豫州刺史刘遵考遣其将夏侯献之帅步骑五千军于瓜步。

先是，世祖遣宁朔将军顾彬之将兵东入，受随王诞节度。诞遣参军刘季之将兵与彬之俱向建康，诞自顿西陵，为之后继。劭遣殿中将军燕钦等拒之，相遇于曲阿奔牛塘，钦等大败。劭于是缘淮树栅以自守，又决破岗、方山埭以绝东军。时男丁既尽，召妇女供役。

甲戌，鲁秀等募勇士攻大航，克之。王罗汉闻官军已度，即放仗降，缘渚幢队以次奔散，器仗鼓盖充塞路衢。是夜，劭闭守六门，于门内凿堑立栅。城中沸乱，丹杨尹尹弘等文武将吏争逾城出降。劭烧辇及衮冕服于宫庭。萧斌宣令所统，皆使解甲，自石头戴白幡来降，诏斩斌于军门。濬劝劭载宝货逃入海，劭以人情离散，不果行。

乙亥，辅国将军朱脩之克东府。丙子，诸军克台城，各由诸门入会于殿庭，获王正见，斩之。张超之走至合殿御床之所，为军士所杀，刳肠割心，诸将脔其肉，生啖之。建平等七王号哭俱出。劭穿西垣，入武库井中，队副高禽执之。劭曰："天子何在？"禽曰："近在新亭。"至殿前，臧质见之恸哭，劭曰："天地所不覆载，丈人何为见哭？"又谓质曰："可得为启乞远徙不？"质曰："主上近在航南，自当有处分。"缚劭于马上，防送军门。时不见传国玺，以问劭，劭曰："在严道育处。"就取，得之。斩劭及四子于牙下。濬帅左右数十人挟南平王铄南走，遇江夏王义恭于越城，濬下马曰："南中郎何为所作？"义恭曰："上已君临万国。"又曰："虎头来得无晚乎？"义恭曰："殊当恨晚。"又曰："故当不死邪？"义恭曰："可诣行阙请罪。"又曰："未审犹能赐一职自效不？"义恭又曰："此未可量。"勒与俱归，于道斩之，及其三子。劭、濬父子首并枭于大航，暴尸于市。劭妃殷氏及劭、濬诸女、妾媵，皆赐死于狱。污潴劭所居斋。殷氏且死，谓狱丞江恪曰："汝家骨肉相残，何以枉杀无罪人？"恪曰："受拜皇后，非罪而何？"殷氏曰："此权时耳，当以鹦鹉为后。"褚湛之之南奔也，濬即与褚妃离绝，故免于诛。严道育、王鹦鹉并都街鞭杀，焚尸，扬灰于江。殷冲、尹弘、王罗汉及淮南太守沈璞皆伏诛。

庚辰，解严。辛巳，帝如东府，百官请罪，诏释之。甲申，尊帝母路淑媛为皇太后。太后，丹杨人也。乙酉，立妃王氏为皇后。后父偃，导之玄孙也。戊子，以柳元景为雍州刺史。辛卯，追赠袁淑为太尉，谥忠宪公；徐湛之为司空，谥忠烈公；江湛为开府仪同三司，谥忠简公；王僧绰为金紫光禄大夫，谥简侯。壬辰，以太尉义恭为扬、南徐二州刺史，进位太傅，领大司马。

初，劭以尚书令何尚之为司空、领尚书令，子征北长史偃为侍中，父子并居权要。及劭败，尚之左右皆散，自洗黄阁。殷冲等既诛，人为之寒心。帝以尚之、偃素有令誉，且居劭朝用智将迎，时有全脱，故特免之，复以尚之为尚书令，偃为大司马长史，任遇无改。

甲午，帝谒初宁、长宁陵。追赠卜天与益州刺史，谥壮侯，与袁淑等四家，长给禀禄。张泓之等各赠郡守。戊戌，以南平王铄为司空，建平王宏为尚书左仆射，萧思话为中书令、丹杨尹。六月，丙午，帝还宫。

初，帝之讨西阳蛮也，臧质使柳元景将兵会之。及质起兵，欲奉南谯王义宣为主，潜使元景帅所领西还，元景即以质书呈帝，语其信曰："臧冠军当是未知殿下义举耳。方应伐逆,不容西还。"质以此恨之。及元景为雍州,质虑其为荆、江后患,建议元景当为爪牙,不宜远出。帝重违其言,戊申,以元景为护军将军,领石头戍事。

己酉,以司州刺史鲁爽为南豫州刺史。庚戌,以卫军司马徐遗宝为兖州刺史。

庚申,诏有司论功行赏,封颜竣等为公、侯。

辛未,徙南谯王义宣为南郡王,随王诞为竟陵王,立义宣次子宜阳侯恺为南谯王。

闰月,壬申,以领军将军沈庆之为南兖州刺史,镇盱眙。癸酉,以柳元景为领军将军。

乙亥,魏太皇太后赫连氏殂。

丞相义宣固辞内任及子恺王爵。甲午,更以义宣为荆、湘二州刺史,恺为宜阳县王,将佐以下并加赏秩。以竟陵王诞为扬州刺史。

秋,七月,辛丑朔,日有食之。甲寅,诏求直言。辛酉,诏省细作并尚方雕文涂饰;贵戚竞利,悉皆禁绝。

中军录事参军周朗上疏,以为:"毒之在体,必割其缓处。历下、泗间,不足戍守。议者必以为胡衰不足避,而不知我之病甚于胡矣。今空守孤城,徒费财役。使虏但发轻骑三千,更互出入,春来犯麦,秋至侵禾,水陆漕输,居然复绝。于贼不劳,而边已困,不至二年,卒散民尽,可跷足而待也。今人知不以羊追狼,蟹捕鼠,而令重车弱卒与肥马悍胡相逐,其不能济固宜矣。又,三年之丧,天下之达丧。汉氏节其臣则可矣,薄其子则乱也。凡法有变于古而刻于情,则莫能顺焉。至乎败于礼而安于身,必遽而奉之。今陛下以大孝始基,宜反斯谬。又,举天下以奉一君,何患不给。一体炫金,不及百两,一岁美衣,不过数袭,而必收宝连椟,集服累笥,目岂常视,身未时亲,是椟带宝、笥著衣也,何糜蠹之剧,惑鄙之甚邪!且细作始并,以为俭节,而市造华怪,即传于民。如此,则迁也,非罢也。凡厥庶民,制度日侈,见车马不辨贵贱,视冠服不知尊卑。尚方今造一物,小民明已睥睨;宫中朝制一衣,庶家晚已裁学。侈丽之源,实先宫闱。又,设官者宜官称事立,人称官置。王侯识未堪务,不应强仕。且帝子未官,人谁谓贱。但宜详置宾友,茂择正人,亦何必列长史、参军、别驾从事,然后为贵哉!又,俗好以毁沉人,不知察其所以致毁;以誉进人,不知测其所以致誉。毁徒皆鄙,则宜擢其毁者;誉党悉庸,则宜退其誉者。如此,则毁誉不妄,善恶分矣。凡无世不有言事,无时不有下令。然升平不至,昏危相继,何哉?设令之本非实故也。"书奏忤旨,自解去职。朗,峤之弟也。

侍中谢庄上言:"诏云:'贵戚竞利,悉皆禁绝。'此实允惬民听。若有犯违,则应(生)〔依〕制裁纠。若废法申恩,便为明诏既下,而声实乖爽也。臣愚谓大臣在禄位者,尤不宜与民争利,不审可得在此诏不?"庄,弘微之子也。

上多变易太祖之制,郡县以三周为满,宋之善政,于是乎衰。

乙丑,魏濮阳王闾若文、征西大将军永昌王仁皆坐谋叛,仁赐死于长安,若文伏诛。

南平穆王铄素负才能,意常轻上,又为太子劭所任,出降最晚。上潜使人毒之,己巳,铄卒,赠司徒,以商臣之谥谥之。

南海太守萧简据广州反。简,斌之弟也。诏新南海太守南昌邓琬、始兴太守沈法系讨之。法系,庆之之从弟也。简诳其众曰:"台军是贼劭所遣。"众信之,为之固守。琬先至,止为一攻道,法系至,曰:"宜四面并攻,若守一道,何时可拔!"琬不从。法系曰:"更相申五十日。"日尽又不克,乃从之。八道俱攻,一日即破之。九月,丁卯,斩简,广州平。法系封府库付琬而还。

冬,十一月,丙午,以左军将军鲁秀为司州刺史。

辛酉,魏主如信都、中山。

十二月,癸未,以将置东宫,省太子率更令等官,中庶子等各减旧员之半。

甲午,魏主还平城。

资治通鉴卷第一百二十八

端明殿学士兼翰林侍读学士朝散大夫右谏议大夫充集贤殿修撰提举西京嵩山崇福宫上柱国河内郡开国侯食邑一千八百户食实封六百户赐紫金鱼袋臣 司马光 奉敕编集

宋纪十起阏逢敦牂(甲午),尽著雍阉茂(戊戌),凡五年。

世祖孝武皇帝上

孝建元年(甲午、454)

春,正月,己亥朔,上祀南郊,改元,大赦。甲辰,以尚书令何尚之为左光禄大夫、护军将军,以左卫将军颜竣为吏部尚书、领骁骑将军。

壬戌,更铸孝建四铢钱。

乙丑,魏以侍中伊馛为司空。

丙子,立皇子子业为太子。

初,江州刺史臧质,自谓人才足为一世英雄,太子劭之乱,质潜有异图,以荆州刺史南郡王义宣庸暗易制,欲外相推奉,因而覆之。质于义宣为内兄,既至江陵,即称名拜义宣。义宣惊愕问故,质曰:"事中宜然。"时义宣已奉帝为主,故其计不行。及至新亭,又拜江夏王义恭,曰:"天下屯危,礼异常日。"

劭既诛,义宣与质功皆第一,由是骄恣,事多专行,凡所欲为,无不必从。义宣在荆州十年,财富兵强,朝廷所下制度,意有不同,一不遵承。质自建康之江州,舫千余乘,部伍前后百余里。帝方自揽威权,而质以少主遇之,政刑庆赏,一不咨禀。擅用溢口、钩圻米,台符屡加检诘,渐致猜惧。

帝淫义宣诸女,义宣由是恨怒。质乃遣密信说义宣,以为:"负不赏之功,挟震主之威,自古能全者有几?今万物系心于公,声迹已著,见几不作,将为它人所先。若命徐遗宝、鲁爽驱西北精兵来屯江上,质帅九江楼船为公前驱,已为得天下之半。公以八州之众,徐进而临之,虽韩、白更生,不能为建康计矣。且少主失德,闻于道路,沈、柳诸将,亦我之故人,谁肯为少主尽力者?夫不可留者年也,不可失者时也。质常恐溘先朝露,不得展其旅力,为公扫除,于时悔之何及。"义宣腹心将佐咨议参军蔡超、司马竺超民等咸有富贵之望,欲倚质威名以成其业,共劝义宣从其计。质女为义宣子采之妇,义宣谓质无复异同,遂许之。超民,爰之子也。臧敦时为黄门侍郎,帝使敦至义宣所,道经寻阳,质更令敦说诱义宣,义宣意遂定。

豫州刺史鲁爽有勇力,义宣、质素与之相结。义宣密使人报爽及兖州刺史徐遗宝,期以今秋同举兵。使者至寿阳,爽方饮醉,失义宣指,即日举兵。爽弟瑜在建康,闻之,逃叛。爽使其众戴黄标,窃造法服,登坛,自号建平元年。疑长史韦处穆、中兵参军杨元驹、治中庾腾之不与己同,皆杀之。遗宝亦勒兵向彭城。

二月,义宣闻爽已反,狼狈举兵。鲁瑜弟弘为质府佐,帝敕质收之,质即执台使,举兵。

义宣与质皆上表,言为左右所谗疾,欲诛君侧之恶。义宣进爽号征北将军。爽于是送所造舆服诣江陵,使征北府户曹板义宣等文曰:“丞相刘,今补天子,名义宣;车骑臧,今补丞相,名质;平西朱,今补车骑,名脩之。皆板到奉行。”义宣骇愕,爽所送法物并留竟陵,不听进。质加鲁弘辅国将军,下戍大雷。义宣遣咨议参军刘谌之将万人就弘,召司州刺史鲁秀,欲使为谌之后继。秀至江陵见义宣,出,拊膺曰:“吾兄误我,乃与痴人作贼,今年败矣。”

义宣兼荆、江、兖、豫四州之力,威震远近。帝欲奉乘舆法物迎之,竟陵王诞固执不可,曰:“奈何持此座与人!”乃止。

己卯,以领军将军柳元景为抚军将军。辛卯,以左卫将军王玄谟为豫州刺史。命元景统玄谟等诸将以讨义宣。癸巳,进据梁山洲,于两岸筑偃月垒,水陆待之。义宣自称都督中外诸军事,命僚佐悉称名。

甲午,魏主诣道坛受图箓。

丙申,以安北司马夏侯祖欢为兖州刺史。三月,己亥,内外戒严。辛丑,以徐州刺史萧思话为江州刺史,柳元景为雍州刺史。癸卯,以太子左卫率庞秀之为徐州刺史。

义宣移檄州郡,加进位号,使同发兵。雍州刺史朱脩之伪许之,而遣使陈诚于帝。益州刺史刘秀之斩义宣使者,遣中兵参军韦崧将万人袭江陵。

戊申,义宣帅众十万发江津,舳舻数百里。以子恺为辅国将军,与左司马竺超民留镇江陵。檄朱脩之使发兵万人继进,脩之不从。义宣知脩之贰于己,乃以鲁秀为雍州刺史,使将万余人击之。王玄谟闻秀不来,喜曰:“臧质易与耳。”

冀州刺史垣护之妻,徐遗宝之姊也,遗宝邀护之同反,护之不从,发兵击之。遗宝遣兵袭徐州长史明胤于彭城,不克。胤与夏侯祖欢、垣护之共击遗宝于湖陆,遗宝弃众焚城,奔鲁爽。

义宣至寻阳,以质为前锋而进,爽亦引兵直趣历阳,与质水陆俱下。殿中将军沈灵赐将百舸,破质前军于南陵,擒军主徐庆安等。质至梁山,夹陈两岸,与官军相拒。

夏,四月,戊辰,以后将军刘义綦为湘州刺史。甲申,以朱脩之为荆州刺史。

上遣左军将军薛安都、龙骧将军南阳宗越等戍历阳,与鲁爽前锋杨胡兴等战,斩之。爽不能进,留军大岘,使鲁瑜屯小岘。上复遣镇军将军沈庆之济江,督诸将讨爽。爽食小,引兵稍退,自留断后。庆之使薛安都帅轻骑追之,丙戌,及爽于小岘。爽将战,饮酒过醉,安都望见爽,即跃马大呼,直往刺之,应手而倒,左右范双斩其首。爽众奔散,瑜亦为部下所杀。遂进攻寿阳,克之。徐遗宝奔东海,东海人杀之。

　　李延寿论曰:凶人之济其身,非世乱莫由焉。鲁爽以乱世之情,而行之于平日,其取败也宜哉!

南郡王义宣至鹊头,庆之送爽首示之,并与书曰:"仆荷任一方,而衅生所统。近聊帅轻师,指往剪扑,军锋裁及,贼爽授首。公情契异常,或欲相见,及其可识,指送相呈。"爽累世将家,骁猛善战,号万人敌。义宣与质闻其死,皆骇惧。

柳元景军于采石。王玄谟以臧质众盛,遣使来求益兵,上使元景进屯姑孰。

太傅义恭与义宣书曰:"往时仲堪假兵,灵宝寻害其族;孝伯推诚,牢之旋踵而败。臧质少无美行,弟所具悉。今藉西楚之强力,图济其私,凶谋若果,恐非复池中物也。"义宣由此疑之。五月,甲辰,义宣至芜湖,质进计曰:"今以万人取南州,则梁山中绝,万人缀梁山,则玄谟必不敢动。下官中流鼓棹,直趣石头,此上策也。"义宣将从之。刘谌之密言于义宣曰:"质求前驱,此志难测。不如尽锐攻梁山,事克然后长驱,此万安之计也。"义宣乃止。

冗从仆射胡子反等守梁山西垒,会西南风急,质遣其将尹周之攻西垒,子反方度东岸就玄谟计事,闻之,驰归。周之攻垒甚急,偏将刘季之帅水军殊死战,求救于玄谟,玄谟不遣,大司马参军崔勋之固争,乃遣勋之与积弩将军垣询之救之。比至,城已陷,勋之、询之皆战死。询之,护之弟也。子反等奔还东岸。质又遣其将庞法起将数千兵趋南浦,欲自后掩玄谟,游击将军垣护之引水军与战,破之。

朱脩之断马鞍山道,据险自守。鲁秀攻之不克,屡为脩之所败,乃还江陵,脩之引兵蹑之。或劝脩之急追,脩之曰:"鲁秀,骁将也,兽穷则攫,不可迫也。"

王玄谟使垣护之告急于柳元景曰:"西城不守,唯余东城万人。贼军数倍,强弱不敌,欲退还姑孰,就节下协力当之,更议进取。"元景不许,曰:"贼势方盛,不可先退,吾当卷甲赴之。"护之曰:"贼谓南州有三万人,而将军麾下裁十分之一,若往造贼垒,则虚实露矣。王豫州必不可来,不如分兵援之。"元景曰:"善。"乃留羸弱自守,悉遣精兵助玄谟,多张旗帜。梁山望之如数万人,皆以为建康兵悉至,众心乃安。

质请自攻东城,咨议参军颜乐之说义宣曰:"质若复克东城,则大功尽归之矣。宜遣麾下自行。"义宣乃遣刘谌之与质俱进。甲寅,义宣至梁山,顿兵西岸,质与刘谌之进攻东城。玄谟督诸军大战,薛安都帅突骑先冲其陈之东南,陷之,斩谌之首,刘季之、宗越又陷其西北,质等兵大败。垣护之烧江中舟舰,烟焰覆水,延及西岸,营垒殆尽。诸军乘势攻之,义宣兵亦溃。义宣单舸进走,闭户而泣,荆州人随之者犹百余舸。质欲见义宣计事,而义宣已去,质不知所为,亦走,其众皆降散。己未,解严。

癸亥,以吴兴太守刘延孙为尚书右仆射。

六月,丙寅,魏主如阴山。

臧质至寻阳,焚烧府舍,载妓妾西走。使嬖人何文敬领余兵居前,至西阳。西阳太守鲁方平给文敬曰:“诏书唯捕元恶,余无所问。不如逃之。”文敬弃众亡去。质先以妹夫羊冲为武昌郡,质往投之,冲已为郡丞胡庇之所杀,质无所归,乃逃于南湖。掇莲实噉之,追兵至,以荷覆头,自沉于水,出其鼻。戊辰,军主郑俱儿望见,射之中心,兵刃乱至,肠胃萦水草,斩首送建康,子孙皆弃市,并诛其党豫章太守乐安任荟之、临川内史刘怀之、鄱阳太守杜仲儒。仲儒,骥之兄子也。功臣柳元景等封赏各有差。

丞相义宣走至江夏,闻巴陵有军,回向江陵。众散且尽,与左右十许人徒步,脚痛不能前,僦民露车自载,缘道求食。至江陵郭外,遣人报竺超民,超民具羽仪兵众迎之。时荆州带甲士万余人,左右翟灵宝诚义宣使抚慰将佐,以“臧质违指授之宜,用致失利。今治兵缮甲,更为后图。昔汉高百败,终成大业。”而义宣忘灵宝之言,误云“项羽千败”,众咸掩口。鲁秀、竺超民等犹欲收余兵,更图一决,而义宣惛沮,无复神守,入内不复出。左右腹心,稍稍离叛。鲁秀北走,义宣不能自立,欲随秀去,乃携息悒及所爱妾五人著男子服相随。城内扰乱,白刃交横,义宣惧,坠马,遂步进,竺超民送至城外,更以马与之,归而城守。义宣求秀不得,左右尽弃之,夜,复还南郡空廨。旦日,超民收送刺奸。义宣止狱户,坐地叹曰:“臧质老奴误我!”五妾寻被遣出,义宣号泣,语狱吏曰:“常日非苦,今日分别始是苦。”鲁秀众散,不能去,还向江陵,城上人射之,秀赴水死,就取其首。

诏右仆射刘延孙使荆、江二州,旌别枉直,就行诛赏。且分割二州之地,议更置新州。

初,晋氏南迁,以扬州为京畿,谷帛所资皆出焉;以荆、江为重镇,甲兵所聚尽在焉,常使大将居之。三州户口,居江南之半,上恶其强大,故欲分。癸未,分扬州浙东五郡置东扬州,治会稽。分荆、湘、江、豫州之八郡置郢州,治江夏。罢南蛮校尉,迁其营于建康。太傅义恭议使郢州治巴陵,尚书令何尚之曰:“夏口在荆、江之中,正对沔口,通接雍、梁,实为津要。由来旧镇,根基不易,既有见城,浦大容舫,于事为便。”上从之。既而荆、扬因此虚耗,尚之请复合二州,上不许。

戊子,省录尚书事。上恶宗室强盛,不欲权在臣下,太傅义恭知其指,故请省之。

上使王公、八座与荆州刺史朱脩之书,令丞相义宣自为计。书未达,庚寅,脩之入江陵,杀义宣,并诛其子十六人,及同党竺超民、从事中郎蔡超、咨议参军颜乐之等。超民兄弟应从诛,何尚之上言:"贼既遁走,一夫可擒。若超民反覆昧利,即当取之,非唯免愆,亦可要不义之赏。而超民曾无此意,微足观过知仁。且为官保全城府,谨守库藏,端坐待缚。今戮及兄弟,则与其余逆党无异,于事为重。"上乃原之。

秋,七月,丙申朔,日有食之。

庚子,魏皇子弘生。辛丑,大赦,改元兴光。

丙辰,大赦。

八月,甲戌,魏赵王深卒。

乙亥,魏主还平城。

冬,十一月,戊戌,魏主如中山,遂如信都。十二月,丙子,还,幸灵丘,至温泉宫。庚辰,还平城。

二年(乙未、455)

春,正月,魏车骑大将军乐平王拔有罪,赐死。

镇北大将军、南兖州刺史沈庆之请老,二月,丙寅,以为左光禄大夫、开府仪同三司。庆之固让,表疏数十上,又面自陈,乃至稽颡泣涕。上不能夺,听以始兴公就第,厚加给奉。顷之,上复欲用庆之,使何尚之往起之。尚之累陈上意,庆之笑曰:"沈公不效何公,往而复返。"尚之惭而止。辛巳,以尚书右仆射刘延孙为南兖州刺史。

夏,五月,戊戌,以湘州刺史刘遵考为尚书右仆射。

六月,壬戌,魏改元太安。

甲子,大赦。

甲申,魏主还平城。

秋,七月,癸巳,立皇弟休祐为山阳王,休茂为海陵王,休业为鄱阳王。

丙辰,魏主如河西。

雍州刺史武昌王浑与左右作檄文,自号楚王,改元永光,备置百官,以为戏笑。长史王翼之封呈其手迹。八月,庚申,废浑为庶人,徙始安郡。上遣员外散骑侍郎东海戴明宝诘责浑,因逼令自杀,时年十七。

丁亥,魏主还平城。

诏祀郊庙,初设备乐,从前殿中曹郎荀万秋之议也。

上欲削弱王侯，冬，十月，己未，江夏王义恭、竟陵王诞奏裁损王、侯车服、器用、乐舞制度，凡九事。上因讽有司奏增广为二十四条，听事不得南向坐，施帐；剑不得为鹿卢形；内史、相及封内官长止称下官，不得称臣，罢官则不复追敬。诏可。

庚午，魏以辽西王常英为太宰。

壬午，以太傅义恭领扬州刺史，竟陵王诞为司空、领南徐州刺史，建平王宏为尚书令。

是岁，以故氐王杨保宗子元和为征虏将军，杨头为辅国将军。头，文德之从祖兄也。元和虽杨氏正统，朝廷以其年幼才弱，未正位号，部落无定主。头先戍葭芦，母妻子弟并为魏所执，而头为宋坚守无贰心。雍州刺史王玄谟上言："请以头为假节、西秦州刺史，用安辑其众。俟数年之后，元和稍长，使嗣故业。若元和才用不称，便应归头。头能藩扞汉川，使无虏患，彼四千户荒州殆不足惜。若葭芦不守，汉川亦无立理。"上不从。

三年（丙申、456）

春，正月，庚寅，立皇弟休范为顺阳王，休若为巴陵王。戊戌，立皇子子尚为西阳王。

壬子，纳右卫将军何瑀女为太子妃。瑀，澄之曾孙也。甲寅，大赦。

乙卯，魏立贵人冯氏为皇后。后，辽西郡公朗之女也，朗为秦、雍二州刺史，坐事诛，后由是没入宫。

二月，丁巳，魏主立子弘为皇太子，先使其母李贵人条记所付托兄弟，然后依故事赐死。

甲子，以广州刺史宗悫为豫州刺史。故事，府州部内论事，皆签前直叙所论之事，置典签以主之。宋世诸皇子为方镇者多幼，时主皆以亲近左右领典签，典签之权稍重。至是，虽长王临藩，素族出镇，典签皆出纳教命，执其枢要，刺史不得专其职任。及悫为豫州，临安吴喜为典签。悫刑政所施，喜每多违执，悫大怒，曰："宗悫年将六十，为国竭命，正得一州如斗大，不能复与典签共临之！"喜稽颡流血，乃止。

丁零数千家匿井陉山中为盗，魏选部尚书陆真与州郡合兵讨灭之。

闰月，戊午，以尚书左仆射刘遵考为丹杨尹。

癸酉，鄱阳哀王休业卒。

太傅义恭以南兖州刺史西阳王子尚有宠，将避之，乃辞扬州。秋，七月，解义恭扬州。丙子，以子尚为扬州刺史。时荧惑守南斗，上废西州旧馆，使子尚移治东城以厌之。扬州别驾从事沈怀文曰："天道示变，宜应之以德。今虽空西州，恐无益也。"不从。怀文,怀远之兄也。

八月,魏平西将军渔阳公尉眷击伊吾,克其城,大获而还。

九月,壬戌,以丹杨尹刘遵考为尚书右仆射。

冬,十月,甲申,魏主还平城。

丙午,太傅义恭进位太宰,领司徒。

十一月,魏以尚书西平王源贺为冀州刺史,更赐爵陇西王。贺上言:"今北虏游魂,南寇负险,疆场之间,犹须防戍。臣愚以为,自非大逆、赤手杀人,其坐赃盗及过误应入死者,皆可原宥,谪使守边。则是已断之体受更生之恩,徭役之家蒙休息之惠。"魏高宗从之。久之,谓群臣曰:"吾用贺言,一岁所活不少,增戍兵亦多。卿等人人如贺,朕何忧哉!"会武邑人石华告贺谋反,有司以闻,帝曰:"贺竭诚事国,朕为卿等保之,无此明矣。"命精加讯验,华果引诬,帝诛之,因谓左右曰:"以贺忠诚,犹不免诬谤,不及贺者可无慎哉?"

十二月,濮阳太守姜龙驹、新平太守杨自伦帅吏民弃郡奔魏。

上欲移青、冀二州并镇历城,议者多不同。青、冀二州刺史垣护之曰:"青州北有河、济,又多陂泽,非虏所向,每来寇掠,必由历城。二州并镇,此经远之略也。北又近河,归顺者易。近息民患,远申王威,安边之上计也。"由是遂定。

元嘉中,官铸四铢钱,轮郭、形制与五铢同,用费无利,故民不盗铸。及上即位,又铸孝建四铢,形式薄小,轮郭不成。于是盗铸者众,杂以铅、锡,剪凿古钱,钱转薄小。守宰不能禁,坐死、免者相继。盗铸益甚,物价踊贵,朝廷患之。去岁春,诏钱薄小无轮郭者悉不得行,民间喧扰。是岁,始兴郡公沈庆之建议,以为:"宜听民铸钱,郡县置钱署,乐铸之家皆居署内,平其准式,去其杂伪。去春所禁新品,一时施用,今铸悉依此格。万税三千,严检盗铸。"丹杨尹颜竣驳之,以为:"五铢轻重,定于汉世,魏、晋以降,莫之能改。诚以物货既均,改之伪生故也。今云'去春所禁,一时施用',若巨细总行,而不从公铸,利已既深,情伪无极,私铸、翦凿,尽不可禁,财货未赡,大钱已竭,数岁之间,悉为尘土矣。今新禁初行,品式未一,须臾自止,不足以垂圣虑。唯府藏空匮,实为重忧。今纵行细钱,官无益赋之理,百姓虽赡,无解官乏。唯简费去华,专在节俭,求赡之道,莫此为贵耳。"议者又以铜转难得,欲铸二铢钱。竣曰:"议者以为官藏空虚,宜更改铸,天下铜少,宜减钱式,以救交弊,赈国舒民。愚以为不然。今铸二铢,恣行新细,于官无解于乏,而民间奸巧大兴,天下之货将糜碎至尽。空严立禁,而利深难绝,不一二年,其弊不可复救。民惩大钱之改,兼畏近日新禁,市井之间,必生纷扰,远利未闻,切患猥及,富商得志,贫民困窘。此皆甚不可者也。"乃止。

魏定州刺史高阳许宗之求取不节,深泽民马超谤毁宗之,宗之殴杀超,恐其家人告状,上超诋讪朝政。魏高宗曰:"此必妄也。朕为天下主,何恶于超而有此言? 必宗之惧罪诬超。"案验果然,斩宗之于都南。

金紫光禄大夫颜延之卒。延之子竣贵重,凡所资供,延之一无所受,布衣茅屋,萧然如故。常乘羸牛笨车,逢竣卤簿,即屏住道侧。常语竣曰:"吾平生不喜见要人,今不幸见汝。"竣起宅,延之谓曰:"善为之,无令后人笑汝拙也。"延之尝早诣竣,见宾客盈门,竣尚未起,延之怒曰:"汝出粪土之中,升云霞之上,遽骄傲如此,其能久乎!"竣丁父忧,裁逾月,起为右将军,丹杨尹如故。竣固辞,表十上,不许。遣中书舍人戴明宝抱竣登车,载之郡舍,赐以布衣一袭,絮以彩纶,遣主衣就衣诸体。

大明元年(丁酉、457)

春,正月,辛亥朔,改元,大赦。

壬戌,魏主畋于崞山。戊辰,还平城。

魏以渔阳王尉眷为太尉、录尚书事。

二月,魏人寇兖州,向无盐,败东平太守南阳刘胡。诏遣太子左卫率薛安都将骑兵,东阳太守沈法系将水军,向彭城以御之,并受徐州刺史申坦节度。比至,魏兵已去。先是,群盗聚任城荆榛中,累世为患,谓之"任榛"。申坦请回军讨之,上许之。任榛闻之,皆逃散。时天旱,人马渴乏,无功而还。安都、法系坐白衣领职。坦当诛,群臣为请,莫能得。沈庆之抱坦哭于市曰:"汝无罪而死,我哭汝于市,行当就汝矣!"有司以闻,上乃免之。

三月,庚申,魏主畋于松山。己巳,还平城。

魏主立其弟新成为阳平王。

上自即吉之后,奢淫自恣,多所兴造。丹杨尹颜竣以蕃朝旧臣,数恳切谏争,无所回避,上浸不悦。竣自谓才足干时,恩旧莫比,当居中永执朝政,而所陈多不纳,疑上欲疏之,乃求外出,以占上意。夏,六月,丁亥,诏以竣为东扬州刺史,竣始大惧。

癸卯,魏主如阴山。

雍州所统多侨郡县,刺史王玄谟上言:"侨郡县无有境土,新旧错乱,租课不时,请皆土断。"秋,七月,辛未,诏并雍州三郡十六县为一郡。郡县流民不愿属籍,讹言玄谟欲反。时柳元景宗强,群从多为雍部二千石,乘声皆欲讨玄谟。玄谟令内外晏然,以解众惑,驰使启上,具陈本末。上知其虚,遣主书吴喜抚慰之,且报曰:"七十老公,反欲何求! 君臣之际,足以相保,聊复为笑,伸卿眉头耳。"玄谟性严,未尝妄笑,故上以此戏之。

八月,己亥,魏主还平城。

甲辰,徙司空、南徐州刺史竟陵王诞为南兖州刺史,以太子詹事刘延孙为南徐州刺史。初,高祖遗诏,以京口要地,去建康密迩,自非宗室近亲,不得居之。延孙之先虽与高祖同源,而高祖属彭城,延孙属莒县,从来不序昭穆。上既命延孙镇京口,仍诏与延孙合族,使诸王皆序长幼。

上闺门无礼,不择亲疏、尊卑,流闻民间,无所不至。诞宽而有礼,又诛太子劭、丞相义宣皆有大功,人心窃向之。诞多聚才力之士,蓄精甲利兵,上由是畏而忌之,不欲诞居中,使出镇京口,犹嫌其逼,更徙之广陵。以延孙腹心之臣,故使镇京口以防之。

魏主将东巡,冬,十月,诏太宰常英起行宫于辽西黄山。

十二月,丁亥,更以顺阳王休范为桂阳王。

二年(戊戌、458)

春,正月,丙午朔,魏设酒禁,酿、酤、饮者皆斩之,吉凶之会,听开禁,有程日。魏主以士民多因酒致斗及议国政,故禁之。增置内外候官,伺察诸曹及州、镇,或微服杂乱于府寺间,以求百官过失。有司穷治,讯掠取服。百官赃满二丈皆斩。又增律七十九章。

乙卯,魏主如广宁温泉宫,遂巡平州。庚午,至黄山宫。二月,丙子,登碣石山,观沧海。戊寅,南如信都,畋于广川。

乙酉,以金紫光禄大夫褚湛之为尚书左仆射。

丙戌,建平宣简王宏以疾解尚书令。三月,丁未,卒。

丙辰,魏高宗还平城,起太华殿。是时,给事中郭善明,性倾巧,说帝大起宫室。中书侍郎高允谏曰:"太祖始建都邑,其所营立,必因农隙。况建国已久,永安前殿足以朝会,西堂、温室足以宴息,紫楼足以临望,纵有修广,亦宜驯致,不可仓猝。今计所当役凡二万人,老弱供饷,又当倍之,期半年可毕。一夫不耕,或受之饥,况四万人之劳费,可胜道乎! 此陛下所宜留心也。"帝纳之。

允好切谏,朝廷事有不便,允辄求见,帝常屏左右以待之。或自朝至暮,或连日不出,群臣莫知其所言。语或痛切,帝所不忍闻,命左右扶出,然终善遇之。时有上事为激讦者,帝省之,谓群臣曰:"君、父一也。父有过,子何不作书于众中谏之,而于私室屏处谏者,岂非不欲其父之恶彰于外邪! 至于事君,何独不然! 君有得失,不能面陈,而上表显谏,欲以彰君之短,明己之直,此岂忠臣所为乎! 如高允者,乃真忠臣也。朕有过,未尝不面言,至有朕所不堪闻者,允皆无所避。朕闻其过而天下不知,可不谓忠乎!"

允所与同征者游雅等皆至大官,封侯,部下吏至刺史、二千石者亦数十百人,而允为郎二十七年不徙官。帝谓群臣曰:"汝等虽执弓刀在朕左右,徒立耳,未尝有一言规正,唯伺朕喜悦之际,祈官乞爵,今皆无功而至王公。允执笔佐我国家数十年,为益不少,不过为郎,汝等不自愧乎?"乃拜允中书令。

时魏百官无禄,允常使诸子樵采以自给。司徒陆丽言于帝曰:"高允虽蒙宠待,而家贫,妻子不立。"帝曰:"公何不先言,今见朕用之,乃言其贫乎!"即日,至允第,惟草屋数间,布被缊袍,厨中盐菜而已。帝叹息,赐帛五百匹,粟千斛,拜长子悦为长乐太守。允固辞,不许。帝重允,常呼为令公而不名。

游雅常曰:"前史称卓子康、刘文饶之为人,褊心者或不之信。余与高子游处四十年,未尝见其喜愠之色,乃知古人为不诬耳。高子内文明而外柔顺,其言呐呐不能出口。昔崔司徒尝谓余云:'高生丰才博学,一代佳士,所乏者,矫矫风节耳。'余亦以为然。及司徒得罪,起于纤微,诏指临责,司徒声撕股栗,殆不能言,宗钦已下,伏地流汗,皆无人色。高子独敷陈事理,申释是非,辞义清辩,音韵高亮。人主为之动容,听者无不神耸,此非所谓矫矫者乎!宗爱方用事,威振四海。尝召百官于都坐,王公已下皆趋庭望拜,高子独升阶长揖。由此观之,汲长孺可以卧见卫青,何抗礼之有!此非所谓风节者乎!夫人固未易知,吾既失之于心,崔又漏之于外,此乃管仲所以致恸于鲍叔也。"

乙丑,魏东平成王陆俟卒。

夏,四月,甲申,立皇子子绥为安陆王。

帝不欲权在臣下,六月,戊寅,分吏部尚书置二人,以都官尚书谢庄、度支尚书吴郡顾觊之为之。又省五兵尚书。

初,晋世散骑常侍选望甚重,与侍中不异,其后职任闲散,用人渐轻。上欲重其选,乃用当时名士临海太守孔觊、司徒长史王或为之。侍中蔡兴宗谓人曰:"选曹要重,常侍闲淡,改之以名而不以实,虽主意欲为轻重,人心岂可变邪!"既而常侍之选复卑,选部之贵不异。觊,琳之之孙;或,谧之兄孙;兴宗,廓之子也。

　　裴子野论曰:官人之难,先王言之,尚矣。周礼,始于学校,论之州里,告诸六事,而后贡于王庭。其在汉家,州郡积其功能,五府举为掾属,三公参其得失,尚书奏之天子,一人之身,所阅者众,故能官得其才,鲜有败事。魏、晋易是,所失弘多。夫厚貌深衷,险如黯蛰,择言观行,犹惧弗周。况今万品千群,俄折乎一面,庶僚百位,专断于一司,于是嚣风遂行,不可抑止。干进务得,兼加谄黩,无复廉耻之风,谨厚之操,官邪国败,不可纪纲。假使龙作纳言,舜居南面,而治致平章,不可必也,况后之官人者哉!孝武虽分曹为两,不能反之于周、汉,朝三暮四,其庸愈乎!

丙申,魏主畋于松山。秋,七月,庚午,如河西。

南彭城民高阇、沙门昙标以妖妄相扇,与殿中将军苗允等谋作乱,立阇为帝。

事觉,甲辰,皆伏诛,死者数十人。于是下诏沙汰诸沙门,设诸条禁,严其诛坐,自非戒行精苦,并使还俗。而诸尼多出入宫掖,此制竟不能行。

中书令王僧达,幼聪警能文,而跌荡不拘。帝初践祚,擢为仆射,居颜、刘之右。自负才地,谓当时莫及,一二年间,即望宰相。既而迁护军,怏怏不得志,累启求出。上不悦,自是稍稍下迁,五岁七徙,再被弹削。僧达既耻且怨,所上表奏,辞旨抑扬,又好非议时政,上已积愤怒。路太后兄子尝诣僧达,趋升其榻,僧达令舁弃之。太后大怒,固邀上令必杀僧达。会高阇反,上因诬僧达与阇通谋,八月,丙戌,收付廷尉,赐死。

沈约论曰:夫君子、小人,类物之通称,蹈道则为君子,违之则为小人。是以太公起屠钓为周师,傅说去板筑为殷相,明扬幽仄,唯才是与。逮于二汉,兹道未革。胡广累世农夫,致位公相;黄宪牛医之子,名重京师,非若晚代分为二途也。魏武始立九品,盖以论人才优劣,非谓世族高卑。而都正俗士,随时俯仰,凭藉世资,用相陵驾,因此相沿,遂为成法。周、汉之道,以智役愚,魏、晋以来,以贵役贱,士庶之科,较然有辨矣。

裴子野论曰:古者,德义可尊,无择负贩;苟非其人,何取世族!名公子孙,还齐布衣之伍;士庶虽分,本无华素之隔。有晋以来,其流稍改,草泽奇士,犹显清途,降及季年,专限阀阅。自是三公之子,傲九棘之家,黄散之孙,蔑令长之室,转相骄矜,互争铢两,唯论门户,不问贤能。以谢灵运、王僧达之才华轻躁,使生自寒宗,犹将覆折,重以怙其庇荫,召祸宜哉。

九月,乙巳,魏主还平城。

丙寅,魏大赦。

冬,十月,甲戌,魏主北巡,欲伐柔然。至阴山,会雨雪,魏主欲还,太尉尉眷曰:"今动大众,以威北敌,去都不远而车驾遽还,虏必疑我有内难。将士虽寒,不可不进。"魏主从之。辛卯,军于车崘山。

积射将军殷孝祖筑两城于清水之东。魏镇西将军封敕文攻之,清口戍主、振威将军傅乾爱拒破之。孝祖,羡之曾孙也。上遣虎贲主庞孟虬将兵救清口,青、冀二州刺史颜师伯遣中兵参军苟思达助之,败魏兵于沙沟。师伯,竣之族兄也。上遣司空参军卜天生将兵会傅乾爱及中兵参军江方兴共击魏兵,屡破之,斩魏将窟瑰公等数人。十一月,魏征西将军皮豹子等将三万骑助封敕文寇青州,颜师伯御之,辅国参军焦度刺豹子坠马,获其铠稍具装,手杀数十人。度,本南安氏也。

魏主自将骑十万、车十五万两击柔然,度大漠,旌旗千里。柔然处罗可汗远遁,其别部乌朱驾颓等帅数千落降于魏。魏主刻石纪功而还。

初,上在江州,山阴戴法兴、戴明宝、蔡闲为典签。及即位,皆以为南台侍御史兼中书通事舍人。是岁,三典签并以初举兵预密谋,赐爵县男。闲已卒,追赐之。

时上亲览朝政,不任大臣,而腹心耳目,不得无所委寄。法兴颇知古今,素见亲待。鲁郡巢尚之,人士之末,涉猎文史,为上所知,亦以为中书通事舍人。凡选授迁徙诛赏大处分,上皆与法兴、尚之参怀,内外杂事,多委明宝。三人权重当时,而法兴、明宝大纳货贿,凡所荐达,言无不行,天下辐凑,门外成市,家产并累千金。

吏部尚书顾觊之独不降意于法兴等。蔡兴宗与觊之善,嫌其风节太峻,觊之曰:“辛毗有言:‘孙、刘不过使吾不为三公耳。’”觊之常以为:“人禀命有定分,非智力所移,唯应恭己守道,而闇者不达,妄意徼幸,徒亏雅道,无关得丧。”乃以其意命弟子原著《定命论》以释之。

资治通鉴卷第一百二十九

端明殿学士兼翰林侍读学士朝散大夫右谏议大夫充集贤殿修撰提举西京嵩
山崇福宫上柱国河内郡开国侯食邑一千八百户食实封六百户赐紫金鱼袋臣 司马光 奉敕编集

宋纪十一 起屠维大渊献(己亥),尽阏逢执徐(甲辰),凡六年。

世祖孝武皇帝下

大明三年(己亥、459)

春,正月,己巳朔,兖州兵与魏皮豹子战于高平,兖州兵不利。

己丑,以骠骑将军柳元景为尚书令,右仆射刘遵考为领军将军。

己酉,魏河南公伊䫂卒。

三月,乙卯,以扬州六郡为王畿。更以东扬州为扬州,徙治会稽,犹以星变故也。

三月,庚寅,以义兴太守垣阆为兖州刺史。阆,遵之子也。

夏,四月,乙巳,魏主立其弟子推为京兆王。

竟陵王诞知上意忌之,亦潜为之备,因魏人入寇,修城浚隍,聚粮治仗。诞记室参军江智渊知诞有异志,请假先还建康,上以为中书侍郎。智渊,夷之弟子也,少有操行,沈怀文每称之曰:"人所应有尽有,人所应无尽无者,其唯江智渊乎!"

是时,道路皆云诞反。会吴郡民刘成上书称:"息道龙昔事诞,见诞在石头城修乘舆法物,习唱警跸。道龙忧惧,私与伴侣言之,诞杀道龙。"又豫章民陈谈之上书称:"弟詠之在诞左右,见诞疏陛下年纪姓讳,往巫郑师怜家祝诅。詠之密以启闻,诞诬詠之乘酒骂詈,杀之。"上乃令有司奏诞罪恶,请收付廷尉治罪。乙卯,诏贬诞爵为侯,遣之国。诏书未下,先以羽林禁兵配兖州刺史垣阆,使以之镇为名,与给事中戴明宝袭诞。

阆至广陵,诞未悟也。明宝夜报诞典签蒋成,使明晨开门为内应。成以告府舍人许宗之,宗之入告诞。诞惊起,呼左右及素所畜养数百人执蒋成,勒兵自卫。天将晓,明宝与阆帅精兵数百人猝至,而门不开,诞已列兵登陴,自在门上斩蒋成,赦作徒、系囚,开门击阆,杀之,明宝从间道逃还。诏内外纂严。以始兴公沈庆之为车骑大将军、开府仪同三司、南兖州刺史,将兵讨诞。甲子,上亲总禁兵顿宣武堂。

司州刺史刘季之,诞故将也,素与都督宗悫有隙,闻诞反,恐为悫所害,委官间道自归朝廷。至盱眙,盱眙太守郑瑗疑季之与诞同谋,邀杀之。

沈庆之至欧阳,诞遣庆之宗人沈道愍赍书说庆之,饷以玉环刀。庆之遣道愍返,数以罪恶。诞焚郭邑,驱居民悉使入城,闭门自守,分遣书檄,邀结远近。时山阳内史梁旷,家在广陵,诞执其妻子,遣使邀旷,旷斩使拒之。诞怒,灭其家。

诞奉表投之城外曰:"陛下信用谗言,遂令无名小人来相掩袭,不任枉酷,即加诛翦。雀鼠贪生,仰违诏敕。今亲勒部曲,镇扞徐、兖。先经何福,同生皇家;今有何怨,便成胡、越?陵锋奋戈,万没岂顾,荡定之期,冀在旦夕。"又曰:"陛下宫帏之丑,岂可三缄!"上大怒,凡诞左右、腹心、同籍、期亲在建康者并诛之,死者以千数,或有家人已死,方自城内出奔者。

庆之至城下,诞登楼谓之曰:"沈公垂白之年,何苦至此!"庆之曰:"朝廷以君狂愚,不足劳少壮故耳。"

上虑诞奔魏,使庆之断其走路。庆之移营白土,去城十八里,又进军新亭。豫州刺史宗悫、徐州刺史刘道隆并帅众来会,兖州刺史沈僧明,庆之兄子也,亦遣兵助庆之。先是,诞诳其众云:"宗悫助我。"悫至,绕城曜马呼曰:"我,宗悫也。"

诞见众军大集,欲弃城北走,留中兵参军申灵赐守广陵,自将步骑数百人,亲信并自随,声云出战,邪趋海陵道。庆之遣龙骧将军武念追之。诞行十余里,众皆不欲去,互请诞还城。诞曰:"我还易耳,卿能为我尽力乎?"众皆许诺。诞乃复还,筑坛歃血以誓众,凡府州文武皆加秩。以主簿刘琨之为中兵参军,琨之,遵考之子也,辞曰:"忠孝不得并。琨之老父在,不敢承命。"诞囚之十余日,终不受,乃杀之。

右卫将军垣护之、虎贲中郎将殷孝祖等击魏还,至广陵,上并使受庆之节度。庆之进营,逼广陵城。诞饷庆之食,提挈者百余人,出自北门,庆之不开视,悉焚之。诞于城上授函表,请庆之为送,庆之曰:"我受诏讨贼,不得为汝送表。汝必欲归死朝廷,自应开门遣使,吾为汝护送。"

东扬州刺史颜竣遭母忧,送丧还都,上恩待犹厚,竣时对亲旧有怨言,或语及朝廷得失。会王僧达得罪,疑竣谮之,将死,具陈竣前后怨望诽谤之语。上乃使御史中丞庾徽之劾奏,免竣官。竣愈惧,上启陈谢,且请生命。上益怒,诏答曰:"卿讪讟怨愤,已孤本望,乃复过烦思虑,惧不自全,岂为下事上诚节之至邪!"及竟陵王诞反,上遂诬竣与诞通谋,五月,收竣付廷尉,先折其足,然后赐死。妻子徙交州,至宫亭湖,复沉其男口。

六月,戊申,魏主如阴山。

上命沈庆之为三烽于桑里,若克外城,举一烽,克内城,举两烽,擒刘诞,举三烽。玺书督趣,前后相继。庆之焚其东门,塞堑,造攻道,立行楼、土山并诸攻具,值久雨，不得攻城。上使御史中丞庾徽之奏免庆之官，诏勿问，以激之。自四月至于秋七月，雨止，城犹未拔。上怒，命太史择日，将自济江讨诞，太宰义恭固谏，乃止。

诞初闭城拒使者，记室参军山阴贺弼固谏，诞怒，抽刀向之，乃止。诞遣兵出战，屡败，将佐多逾城出降。或劝弼宜早出，弼曰："公举兵向朝廷，此事既不可从，荷公厚恩，又义无违背，唯当以死明心耳。"乃饮药自杀。参军何康之等谋开门纳官军，不果，斩关出降。诞为高楼，置康之母于其上，暴露之，不与食，母呼康之，数日而死。诞以中军长济阳范义为左司马。义母妻子皆在城内，或谓义曰："事必不振，子其行乎！"义曰："吾人吏也，子不可以弃母，吏不可以叛君。必若何康之而活，吾弗为也。"

沈庆之帅众攻城，身先士卒，亲犯矢石，乙巳，克其外城，乘胜而进，又克小城。诞闻兵入，走趋后园，队主沈胤之等追及之，击伤诞，坠水，引出，斩之。诞母、妻皆自杀。

上闻广陵平，出宣阳门，敕左右皆呼万岁。侍中蔡兴宗陪辇，上顾曰："卿何独不呼？"兴宗正色曰："陛下今日正应涕泣行诛，岂得皆称万岁！"上不悦。

诏贬诞姓留氏。广陵城中士民，无大小悉命杀之。沈庆之请自五尺以下全之，其余男子皆死，女子以为军赏，犹杀三千余口。长水校尉宗越临决，皆先刳肠抉眼，或笞面鞭腹，苦酒灌创，然后斩之，越对之，欣欣若有所得。上聚其首于石头南岸为京观，侍中沈怀文谏，不听。

初，诞自知将败，使黄门吕昙济与左右素所信者将世子景粹匿于民间，谓曰："事若不济，思相全脱，如其不免，可深埋之。"各分以金宝赍送。既出门，并散走。唯昙济不去，携负景粹十余日，捕得，斩之。

临川内史羊璿坐与诞素善，下狱死。

擢梁旷为后将军，赠刘琨之给事黄门侍郎。

蔡兴宗奉旨慰劳广陵。兴宗与范义素善，收敛其尸，送丧归豫章。上谓曰："卿何敢故触王宪？"兴宗抗言对曰："陛下自杀贼，臣自葬故交，何不可之有！"上有惭色。

宗越治军严，善为营陈。每数万人止顿，越自骑马前行，使军人随其后，马止营合，未尝参差。

辛未，大赦。

丙子，以丹杨尹刘秀之为尚书右仆射。

丙戌，以南兖州刺史沈庆之为司空，刺史如故。

八月，庚戌，魏主如云中。壬戌，还平城。

九月,壬辰,筑上林苑于玄武湖北。

初,晋人筑南郊坛于巳位,尚书右丞徐爰以为非礼,诏徙于牛头山西,直宫城之午位。及废帝即位,以旧地为吉,复还故处。帝又命尚书左丞荀万秋造五路,依金根车,加羽葆盖。

四年(庚子、460)

春,正月,甲子朔,魏大赦,改元和平。

乙亥,上耕籍田,大赦。

己卯,诏祀郊庙,初乘玉路。

庚寅,立皇子子勋为晋安王,子房为寻阳王,子顼为历阳王,子鸾为襄阳王。

魏散骑侍郎冯阐来聘。

二月,魏卫将军乐安王良讨河西叛胡。

三月,魏人寇北阴平,朱提太守杨归子击破之。

甲申,皇后亲桑于西郊,皇太后观礼。

夏,四月,魏太后常氏殂。五月,癸丑,魏葬昭太后于鸣鸡山。

丙戌,尚书左仆射褚湛之卒。

吐谷浑王拾寅两受宋、魏爵命,居止出入,拟于王者,魏人忿之。定阳侯曹安表:"拾寅今保白兰,若分军出其左右,必走保南山,不过十日,人畜乏食,可一举而定。"六月,甲午,魏遣征西大将军阳平王新成等督统万、高平诸军出南道,南郡公中山李惠等督凉州诸军出北道,以击吐谷浑。

魏崔浩之诛也,史官遂废,至是复置。

河西叛胡诣长安首罪,魏遣使者安慰之。

秋,七月,遣使如魏。

甲戌,开府仪同三司何尚之卒。

壬午,魏主如河西。

魏军至西平,吐谷浑王拾寅走保南山。九月,魏军济河追之,会疾疫,引还,获杂畜二十余万。

庚午,魏主还平城。

丁亥,徙襄阳王子鸾为新安王。

冬,十月,庚寅,诏沈庆之讨缘江蛮。

前庐陵内史周朗,言事切直,上衔之,使有司奏朗居母丧不如礼,传送宁州,于道杀之。朗之行也,侍中蔡兴宗方在直,请与朗别,坐白衣领职。

十一月,魏散骑侍郎卢度世等来聘。

是岁,上征青、冀二州刺史颜师伯为侍中。师伯以谄佞被亲任,群臣莫及,多纳货贿，家累千金。上尝与之樗蒲，上掷得雉，自谓必胜，师伯次掷，得卢，上失色。师伯遽敛手曰："几作卢！"是日，师伯一输百万。

柔然攻高昌，杀沮渠安周，灭沮渠氏，以阚伯周为高昌王。高昌称王自此始。

五年（辛丑、461）

春，正月，戊午朔，朝贺。雪落太宰义恭衣，有六出，义恭奏以为瑞，上悦。义恭以上猜暴，惧不自容，每卑辞逊色，曲意祗奉，由是终上之世，得免于祸。

二月，辛卯，魏主如中山。丙午，至邺，遂如信都。

三月，遣使如魏。

魏主发并、肆州民五千人治河西猎道。辛巳，还平城。

夏，四月，癸巳，更以西阳王子尚为豫章王。

庚子，诏经始明堂，直作大殿于丙、己之地，制如太庙，唯十有二间为异。

雍州刺史海陵王休茂，年十七，司马新野庾深之行府事。休茂性急，欲自专处决，深之及主帅每禁之，常怀忿恨。左右张伯超有宠，多罪恶，主帅屡责之。伯超惧，说休茂曰："主帅密疏官过失，欲以启闻，如此恐无好。"休茂曰："为之奈何？"伯超曰："唯有杀行事及主帅，举兵自卫。此去都数千里，纵大事不成，不失入房中为王。"休茂从之。

丙午夜，休茂与伯超等帅夹毂队，杀典签杨庆于城中，出金城，杀深之及典签戴双。征集兵众，建牙驰檄，使佐吏上己为车骑大将军、开府仪同三司，加黄钺。侍读博士荀诜谏，休茂杀之。伯超专任军政，生杀在己。休茂左右曹万期挺身斫休茂，不克而死。

休茂出城行营，咨议参军沈畅之等帅众闭门拒之。休茂驰还，不得入。义成太守薛继考为休茂尽力攻城，克之，斩畅之及同谋数十人。其日，参军尹玄庆复起兵攻休茂，生擒，斩之，母、妻皆自杀，同党伏诛。城中扰乱，莫相统摄。中兵参军刘恭之，秀之弟也，众共推行府州事。继考以兵胁恭之，使作启事，言"继考立义"，自乘驿还都，上以为北中郎咨议参军，赐爵冠军侯。事寻泄，伏诛。以玄庆为射声校尉。

上自即位以来，抑黜诸弟，既克广陵，欲更峻其科。沈怀文曰："汉明不使其子比光武之子，前史以为美谈。陛下既明管、蔡之诛，愿崇唐、卫之寄。"及襄阳平，太宰义恭探知上旨，复上表请裁抑诸王，不使任边州，及悉输器甲，禁绝宾客。沈怀文固谏，以为不可，乃止。

上畋游无度，尝出，夜还，敕开门。侍中谢庄居守，以荣信或虚，执不奉旨，须墨敕乃开。上后因燕饮，从容曰："卿欲郊邽君章邪？"对曰："臣闻王者祭祀、畋游，出入有节。今陛下晨往宵归，臣恐不逞之徒，妄生矫诈，是以伏须神笔，乃敢开门耳。”

魏大旱,诏:“州郡境内,神无大小,悉洒扫致祷。俟丰登,各以其秩祭之。”于是群祀之废者皆复其旧。

秋,七月,戊寅,魏主立其弟小新成为济阳王,加征东大将军,镇平原;天赐为汝阴王,加征南大将军,镇虎牢;万寿为乐浪王,加征北大将军,镇和龙;洛侯为广平王。

壬午,魏主巡山北。八月,丁丑,还平城。

戊子,立皇子子仁为永嘉王,子真为始安王。

九月,甲寅朔,日有食之。

沈庆之固让司空,柳元景固让开府仪同三司,诏许之,仍命庆之朝会位次司空,俸禄依三司,元景在从公之上。

庆之目不知书,家素富,产业累万金,童奴千计。再献钱千万,谷万斛。先有四宅,又有园舍在娄湖,庆之一夕携子孙及中表亲戚徙居娄湖,以四宅输官。庆之多蓄妓妾,优游无事,尽意欢娱,非朝贺不出门。车马率素,从者不过三五人,遇之者不知其三公也。

甲戌,移南豫州治于湖。丁丑,以浔阳王子房为南豫州刺史。

闰月,戊子,皇太子妃何氏卒,谥曰献妃。

壬寅,更以历阳王子顼为临海王。

冬,十月,甲寅,以南徐州刺史刘延孙为尚书左仆射,右仆射刘秀之为雍州刺史。

乙卯,以新安王子鸾为南徐州刺史。子鸾母殷淑仪,宠倾后宫,子鸾爱冠诸子,凡为上所眄遇者,莫不入子鸾之府。及为南徐州,割吴郡以属之。

初,巴陵王休若为北徐州刺史,以山阴令张岱为咨议参军,行府、州、国事。后临海王子顼为广州,豫章王子尚为扬州,晋安王子勋为南兖州,岱历为三府咨议、三王行事,与典签、主帅共事,事举而情不相失。或谓岱曰:“主王既幼,执事多门,而每能缉和公私,云何致此!”岱曰:“古人言:‘一心可以事百君。’我为政端平,待物以礼,悔吝之事,无由而及;明暗短长,更是才用之多少耳。”及子鸾为南徐州,复以岱为别驾、行事。岱,永之弟也。

魏员外散骑常侍游明根等来聘。明根,雅之从祖弟也。

魏广平王洛侯卒。

十二月,壬申,以领军将军刘遵考为尚书右仆射。

甲戌,制民户岁输布四匹。

是岁,诏士族杂婚者皆补将吏。士族多避役逃亡,乃严为之制,捕得即斩之,往往奔窜湖山为盗贼。沈怀文谏,不听。

六年(壬寅、462)

春,正月,癸未,魏乐浪王万寿卒。

辛卯,上初祀五帝于明堂,大赦。

丁未,策秀、孝于中堂。扬州秀才顾法对策曰:"源清则流洁,神圣则刑全。躬化易于上风,体训速于草偃。"上览之,恶其谅也,投策于地。

二月,乙卯,复百官禄。

三月,庚寅,立皇子子元为邵陵王。

初,侍中沈怀文,数以直谏忤旨。怀文素与颜竣、周朗善,上谓怀文曰:"竣若知我杀之,亦当不敢如此。"怀文嘿然。侍中王彧,言次称竣、朗人才之美,怀文与相酬和,颜师伯以白上,上益不悦。上尝出射雉,风雨骤至,怀文与王彧、江智渊约相与谏。会召人雉场,怀文曰:"风雨如此,非圣躬所宜冒。"彧曰:"怀文所启宜从。"智渊未及言,上注弩作色曰:"卿欲效颜竣邪?何以恒知人事。"又曰:"颜竣小子,恨不先鞭其面!"每上燕集,在坐者皆令沉醉,嘲谑无度,怀文素不饮酒,又不好戏调,上谓故欲异己。谢庄尝戒怀文曰:"卿每与人异,亦何可久!"怀文曰:"吾少来如此,岂可一朝而变。非欲异物,性所得耳。"上乃出怀文为晋安王子勋征虏长史,领广陵太守。

怀文诣建康朝正,事毕遣还,以女病求申期,至是犹未发,为有司所纠,免官,禁锢十年。怀文卖宅,欲还东,上闻之,大怒,收付廷尉,丁未,赐怀文死。怀文三子澹、渊、冲,行哭为怀文请命,见者伤之。柳元景欲救怀文,言于上曰:"沈怀文三子,涂炭不可见,愿陛下速正其罪。"上竟杀之。

夏,四月,淑仪殷氏卒。追拜贵妃,谥曰宣。上痛悼不已,精神为之罔罔,颇废政事。

五月,壬寅,太宰义恭解领司徒。

六月,辛酉,东昌文穆公刘延孙卒。

庚午,魏主如阴山。

魏石楼胡贺略孙反,长安镇将陆真讨平之。魏主命真城长蛇镇。氐豪仇傉檀反,真讨平之,卒城而还。

秋,七月,壬寅,魏主如河西。

乙未,立皇子子云为晋陵王。是日卒,谥曰孝。

初,晋庾冰议使沙门敬王者,桓玄复述其议,并不果行。至是,上使有司奏曰:"儒、法枝派,名、墨条分,至于崇亲严上,厥猷靡爽。唯浮图为教,反经提传,拘文蔽道,在末弥扇。夫佛以谦俭自牧,忠虔为道,宁有屈膝四辈而简礼二亲,稽颡者腊而直体万乘者哉！臣等参议，以为沙门接见，比当尽虔，礼敬之容，依其本俗。”九月，戊寅，制沙门致敬人主。及废帝即位，复旧。

乙未，以尚书右仆射刘遵考为左仆射，丹杨尹王僧朗为右仆射。僧朗，彧之父也。

冬，十月，壬申，葬宣贵妃于龙山。凿冈通道数十里，民不堪役，死亡甚众。自江南葬埋之盛，未之有也。又为之别立庙。

魏员外散骑常侍游明根等来聘。

辛巳，加尚书令柳元景司空。

壬寅，魏主还平城。

南徐州从事史范阳祖冲之上言，何承天《元嘉历》疏舛犹多，更造新历，以为：“旧法，冬至日有定处，未盈百载，辄差二度；今令冬至日度，岁岁微差，将来久用，无烦屡改。又，子为辰首，位在正北，虚为北方列宿之中；今历，上元日度，发自虚一。又，日辰之号，甲子为先；今历，上元岁在甲子。又，承天法，日、月、五星各自有元；今法，交会、迟疾悉以上元岁首为始。”上令善历者难之，不能屈。会上晏驾，不果施行。

七年（癸卯、463）

春，正月，丁亥，以尚书右仆射王僧朗为太常，卫将军颜师伯为尚书仆射。

上每因宴集，好使群臣自相嘲讦以为乐。吏部郎江智渊素恬雅，渐不会旨。尝使智渊以王僧朗戏其子彧，智渊正色曰：“恐不宜有此戏。”上怒曰：“江僧安痴人，痴人自相惜。”僧安，智渊之父也。智渊伏席流涕，由此恩宠大衰。又议殷贵妃谥曰怀，上以为不尽美，甚衔之。它日，与群臣乘马至贵妃墓，举鞭指墓前石柱，谓智渊曰：“此上不容有‘怀’字！”智渊益惧，竟以忧卒。

己丑，以尚书令柳元景为骠骑大将军、开府仪同三司。

二月，甲寅，上南巡豫、南兖二州。丁卯，校猎于乌江。壬戌，大赦。甲子，如瓜步山。壬申，还建康。

夏，四月，甲子，诏：“自非临军战陈，并不得专杀。其罪应重辟者，皆先上须报。违犯者以杀人论。”

五月，丙子，诏曰：“自今刺史、守宰，动民兴军，皆须手诏施行。唯边隅外警及奸衅内发，变起仓猝者，不从此例。”

戊辰，以左民尚书蔡兴宗、左卫将军袁粲为吏部尚书。粲，淑之兄子也。

上好狎侮群臣，自太宰义恭以下，不免秽辱。常呼金紫光禄大夫王玄谟为老伧，仆射刘秀之为老悭，颜师伯为齴，其余短、长、肥、瘦，皆有称目。黄门侍郎宗灵秀体肥，拜起不便，每至集会，多所赐与，欲其瞻谢倾踣，以为欢笑。又宠一昆仑奴,令以杖击群臣,尚书令柳元景以下皆不能免。唯惮蔡兴宗方严,不敢侵媟。颜师伯谓议曹郎王耽之曰:"蔡尚书常免眤戏,去人实远。"耽之曰:"蔡豫章昔在相府,亦以方严不狎,武帝宴私之日,未尝相召。蔡尚书今日可谓能负荷矣。"

壬寅,魏主如阴山。

六月,戊辰,以秦郡太守刘德愿为豫州刺史。德愿,怀慎之子也。

上既葬殷贵妃,数与群臣至其墓,谓德愿曰:"卿哭贵妃,悲者当厚赏。"德愿应声恸哭,抚膺擗踊,涕泗交流。上甚悦,故用豫州刺史以赏之。上又令医术人羊志哭贵妃,志亦呜咽极悲。他日有问志者曰:"卿那得此副急泪?"志曰:"我尔日自哭亡妾耳。"

上为人,机警勇决,学问博洽,文章华敏,省读书奏,能七行俱下,又善骑射,而奢欲无度。自晋氏渡江以来,宫室草创,朝宴所临,东、西二堂而已。晋孝武末,始作清暑殿。宋兴,无所增改。上始大修宫室,土木被锦绣,嬖妾幸臣,赏赐倾府藏。坏高祖所居阴室,于其处起玉烛殿。与群臣观之,床头有土障,壁上挂葛灯笼、麻蝇拂。侍中袁顗因盛称高祖俭素之德,上不答,独曰:"田舍公得此,已为过矣。"顗,淑之兄子也。

秋,八月,乙丑,立皇子子孟为淮南王,子产为临贺王。

丙寅,魏主畋于河西。九月,辛巳,还平城。

庚寅,以新安王子鸾兼司徒。

丙申,立皇子子嗣为东平王。

冬,十月,癸亥,以东海王祎为司空。

己巳,上校猎姑孰。

魏员外散骑常侍游明根等来聘。明根奉使三返,上以其长者,礼之有加。

十一月,癸巳,上习水军于梁山。

十二月,丙午,如历阳。

甲寅,大赦。

己未,太宰义恭加尚书令。

癸亥,上还建康。

八年(甲辰、464)

春,正月,丁亥,魏主立其弟云为任城王。

戊子,以徐州刺史新安王子鸾领司徒。

夏,闰五月,壬寅,太宰义恭领太尉。

上末年尤贪财利,刺史、二千石罢还,必限使献奉,又以蒲戏取之,要令罄尽乃止。终日酣饮,少有醒时。常凭几昏睡,或外有奏事,即肃然整容,无复酒态。

由是内外畏之，莫敢弛惰。庚申，上殂于玉烛殿。遗诏："太宰义恭解尚书令，加中书监；以骠骑将军、南兖州刺史柳元景领尚书令，入居城内。事无巨细，悉关二公，大事与始兴公沈庆之参决；若有军旅，悉委庆之；尚书中事，委仆射颜师伯；外监所统，委领军将军王玄谟。"是日，太子即皇帝位，年十六，大赦。吏部尚书蔡兴宗亲奉玺绶，太子受之，傲惰无戚容。兴宗出，告人曰："昔鲁昭不戚，叔孙知其不终。家国之祸，其在此乎！"

甲子，诏复以太宰义恭录尚书事，柳元景加开府仪同三司，领丹杨尹，解南兖州。

六月，丁亥，魏主如阴山。

秋，七月，己亥，以晋安王子勋为江州刺史。

柔然处罗可汗卒，子予成立，号曰受罗部真可汗，改元永康。部真帅众侵魏，辛丑，魏北镇游军击破之。

壬寅，魏主如河西。高车五部相聚祭天，众至数万。魏主亲往临视之，高车大喜。

丙午，葬孝武皇帝于景宁陵，庙号世祖。

庚戌，尊皇太后曰太皇太后，皇后曰皇太后。

乙卯，罢南北二驰道，及孝建以来所改制度，还依元嘉。尚书蔡兴宗于都座慨然谓颜师伯曰："先帝虽非盛德之主，要以道始终。三年无改，古典所贵。今殡宫始撤，山陵未远，而凡诸制度兴造，不论是非，一皆刊削，虽复禅代，亦不至尔。天下有识，当以此窥人。"师伯不从。

太宰义恭素畏戴法兴、巢尚之等，虽受遗辅政，而引身避事，由是政归近习。法兴等专制朝权，威行近远，诏敕皆出其手，尚书事无大小，咸取决焉，义恭与颜师伯但守空名而已。

蔡兴宗自以职管铨衡，每至上朝，辄为义恭陈登贤进士之意，又箴规得失，博论朝政。义恭性恇挠，阿顺法兴，恒虑失旨，闻兴宗言，辄战惧无答。兴宗每奏选事，法兴、尚之等辄点定回换，仅有在者。兴宗于朝堂谓义恭、师伯曰："主上谅闇，不亲万机，而选举密事，多被删改，复非公笔，亦不知是何天子意！"数与义恭等争选事，往复论执。义恭、法兴皆恶之，左迁兴宗新昌太守，既而以其人望，复留之建康。

丙辰，追立何妃曰献皇后。

乙丑，新安王子鸾解领司徒。戴法兴等恶王玄谟刚严，八月，丁卯，以玄谟为南徐州刺史。

王太后疾笃，使呼废帝。帝曰："病人间多鬼，那可往。"太后怒，谓侍者："取刀来,剖我腹,那得生宁馨儿!"己丑,太后殂。

九月,辛丑,魏主还平城。

癸卯,以尚书左仆射刘遵考为特进、右光禄大夫。

乙卯,葬文穆皇后于景宁陵。

冬,十二月,壬辰,以王畿诸郡为扬州,以扬州为东扬州。癸巳,以豫章王子尚为司徒、扬州刺史。

是岁,青州移治东阳。

宋之境内,凡有州二十二,郡二百七十四,县千二百九十九,户九十四万有奇。

东方诸郡连岁旱、饥,米一升钱数百,建康亦至百余钱,饿死者什六七。

资治通鉴卷第一百三十

端明殿学士兼翰林侍读学士朝散大夫右谏议大夫充集贤殿修撰提举西京嵩山崇福宫上柱国河内郡开国侯食邑一千八百户食实封六百户赐紫金鱼袋臣　司马光　奉敕编集

宋纪十二 旃蒙大荒落(乙巳),一年。

太宗明皇帝上之上

泰始元年(乙巳、465)

春,正月,乙未朔,废帝改元永光,大赦。

丙申,魏大赦。

二月,丁丑,魏主如楼烦宫。

自孝建以来,民间盗铸滥钱,商货不行。庚寅,更铸二铢钱,形式转细。官钱每出,民间即模效之,而更薄小,无轮郭,不磨鑢,谓之"耒子"。

三月,乙巳,魏主还平城。

夏,五月,癸卯,魏高宗殂。初,魏世祖经营四方,国颇虚耗,重以内难,朝野楚楚。高宗嗣之,与时消息,静以镇之,怀集中外,民心复安。甲辰,太子弘即皇帝位,大赦。尊皇后曰皇太后。

显祖时年十二,侍中、车骑大将军乙浑专权,矫诏杀尚书杨保年、平阳公贾爱仁、南阳公张天度于禁中。侍中、司徒、平原王陆丽治疾于代郡温泉,乙浑使司卫监穆多侯召之。多侯谓丽曰:"浑有无君之心。今宫车晏驾,王德望素重,奸臣所忌,宜少淹留以观之,朝廷安静,然后入,未晚也。"丽曰:"安有闻君父之丧,虑患而不赴者乎!"即驰赴平城。乙浑所为多不法,丽数争之。戊申,浑又杀丽及穆多侯。多侯,寿之弟也。己酉,魏以浑为太尉、录尚书事,东安王刘尼为司徒,尚书左仆射代人和其奴为司空。殿中尚书顺阳公郁谋诛乙浑,浑杀之。

壬子,魏以淮南王它为镇西大将军、仪同三司,镇凉州。

六月,魏开酒禁。

壬午,加柳元景南豫州刺史,加颜师伯丹杨尹。

秋,七月,癸巳,魏以太尉乙浑为丞相,位居诸王上,事无大小,皆决于浑。

废帝幼而猜暴。及即位,始犹难太后、大臣及戴法兴等,未敢自恣。太后既殂,帝年渐长,欲有所为,法兴辄抑制之,谓帝曰:"官所为如此,欲作营阳邪?"帝稍不能平。所幸阉人华愿儿,赐与无算,法兴常加裁减,愿儿恨之。帝使愿儿于

1425

外察听风谣,愿儿言于帝曰:"道路皆言'宫中有二天子,法兴为真天子,官为赝天子。'且官居深宫,与人物不接,法兴与太宰、颜、柳共为一体,往来门客恒有数百,内外士庶莫不畏服。法兴是孝武左右,久在宫闱,今与它人作一家,深恐此坐席非复官有。"帝遂发诏免法兴,遣还田里,仍徙远郡。八月,辛酉,赐法兴死,解巢尚之舍人。

员外散骑侍郎东海奚显度,亦有宠于世祖。常典作役,课督苛虐,捶扑惨毒,人皆苦之。帝常戏曰:"显度为百姓患,比当除之。"左右因唱诺,即宣旨杀之。

尚书右仆射、领卫尉卿、丹杨尹颜师伯居权日久,海内辐凑,骄奢淫恣,为衣冠所疾。帝欲亲朝政,庚午,以师伯为尚书左仆射,解卿、尹,以吏部尚书王彧为右仆射,分其权任。师伯始惧。

初,世祖多猜忌,王公、大臣,重足屏息,莫敢妄相过从。世祖殂,太宰义恭等皆相贺曰:"今日始免横死矣。"甫过山陵,义恭与柳元景、颜师伯等声乐酣饮,不舍昼夜;帝内不能平。既杀戴法兴,诸大臣无不震慑,各不自安,于是元景、师伯密谋废帝,立义恭,日夜聚谋,而持疑不能决。元景以其谋告沈庆之,庆之与义恭素不厚,又师伯常专断朝事,不与庆之参怀,谓令史曰:"沈公,爪牙耳,安得预政事!"庆之恨之,乃发其事。

癸酉,帝自帅羽林兵讨义恭,杀之,并其四子。断绝义恭支体,分裂肠胃,挑取眼睛,以蜜渍之,谓之"鬼目粽"。别遣使者称诏召柳元景,以兵随之。左右奔告兵刃非常,元景知祸至,入辞其母,整朝服乘车应召。弟车骑司马叔仁戎服,帅左右壮士欲拒命,元景苦禁之。既出巷,军士大至,元景下车受戮,容色恬然,并其八子、六弟及诸侄。获颜师伯于道,杀之,并其六子。又杀廷尉刘德愿。改元景和,文武进位二等。遣使诛湘州刺史江夏世子伯禽。自是公卿以下,皆被捶曳如奴隶矣。

初,帝在东宫,多过失,世祖欲废之而立新安王子鸾,侍中袁顗盛称"太子好学,有日新之美",世祖乃止。帝由是德之。既诛群公,欲引进颙,任以朝政,迁为吏部尚书,与尚书左丞徐爰皆以诛义恭等功,赐爵县子。

徐爰便僻善事人,颇涉书传,自元嘉初,入侍左右,豫参顾问,既长于附会,又饰以典文,故为太祖所任遇。大明之世,委寄尤重。时殿省旧人多见诛逐,唯爰巧于将迎,始终无坠。废帝待之益厚,群臣莫及。帝每出,常与沈庆之及山阴公主同辇,爰亦预焉。

山阴公主,帝姊也,适驸马都尉何戢。戢,偃之子也。公主尤淫恣,尝谓帝曰:"妾与陛下,男女虽殊,俱托体先帝。陛下六宫万数,而妾唯驸马一人,事太不均。"帝乃为公主置面首左右三十人,进爵会稽郡长公主,秩同郡王。吏部郎褚渊貌美,公主就帝请以自侍,帝许之。渊侍公主十日,备见逼迫,以死自誓,乃得免。渊,湛之之子也。

帝令太庙别画祖考之像,帝入庙,指高祖像曰:"渠大英雄,生擒数天子。"指太祖像曰:"渠亦不恶,但末年不免儿斫去头。"指世祖像曰:"渠大齄鼻,如何不齄?"立召画工令齄之。

以建安王休仁为雍州刺史,湘东王彧为南豫州刺史,皆留不遣。

甲戌,以司徒、扬州刺史、豫章王子尚领尚书令。乙亥,以始兴公沈庆之为侍中、太尉,庆之固辞。征青、冀二州刺史王玄谟为领军将军。

魏葬文成皇帝于金陵,庙号高宗。

九月,癸巳,帝如湖熟。戊戌,还建康。

新安王子鸾有宠于世祖,帝疾之。辛丑,遣使赐子鸾死,又杀其母弟南海王子师及其母妹,发殷贵妃墓。又欲掘景宁陵,太史以为不利于帝,乃止。

初,金紫光禄大夫谢庄为殷贵妃《诔》曰:"赞轨尧门。"帝以庄比贵妃于钩弋夫人,欲杀之。或说帝曰:"死者人之所同,一往之苦,不足为困。庄生长富贵,今系之尚方,使知天下苦剧,然后杀之,未晚也。"帝从之。

徐州刺史义阳王昶,素为世祖所恶,民间每讹言昶当反。是岁,讹言尤甚。废帝常谓左右曰:"我即大位来,遂未尝戒严,使人邑邑。"昶使典签蘧法生奉表诣建康,求入朝,帝谓法生曰:"义阳与太宰谋反,我正欲讨之。今知求还,甚善。"又屡诘问法生:"义阳谋反,何故不启?"法生惧,逃还彭城。帝因此用兵,己酉,下诏讨昶,内外戒严。帝自将兵渡江,命沈庆之统诸军前驱。

法生至彭城,昶即聚兵反。移檄统内诸郡,皆不受命,斩昶使,将佐文武悉怀异心。昶知事不成,弃母、妻,携爱妾,夜与数十骑开北门奔魏。昶颇涉学,能属文,魏人重之,使尚公主,拜侍中、征南将军、驸马都尉,赐爵丹杨王。

吏部尚书袁颛,始为帝所宠任,俄而失旨,待遇顿衰,使有司纠奏其罪,白衣领职。颛惧,诡辞求出。甲寅,以颛为督雍、梁等四州诸军事、雍州刺史。颛舅蔡兴宗谓之曰:"襄阳星恶,何可往?"颛曰:"白刃交前,不救流矢。今者之行,唯愿生出虎口耳。且天道辽远,何必皆验!"

是时,临海王子顼为都督荆、湘等八州诸军事、荆州刺史,朝廷以兴宗为子顼长史、南郡太守,行府、州事,兴宗辞不行。颛说兴宗曰:"朝廷形势,人所共见,在内大臣,朝不保夕。舅今出居陕西,为八州行事,颛在襄、沔,地胜兵强,去江陵咫尺,水陆流通。若朝廷有事,可以共立桓、文之功,岂比受制凶狂,临不测之祸乎?今得间不去,后复求出,岂可得邪!"兴宗曰:"吾素门平进,与主上甚疏,未容有患。宫省内外,人不自保,会应有变。若内难得弭,外衅未必可量。汝欲在外求全,我欲居中免祸,各行其志,不亦善乎。”

颛于是狼狈上路,犹虑见追,行至寻阳,喜曰:“今始免矣。”邓琬为晋安王子勋镇军长史、寻阳内史,行江州事。颛与之款狎过常,每清闲,必尽日穷夜。颛与琬人地本殊,见者知其有异志矣。寻复以兴宗为吏部尚书。

戊午,解严。帝因自白下济江至瓜步。

沈庆之复启听民私铸钱,由是钱货乱败。千钱长不盈三寸,大小称此,谓之“鹅眼钱”。劣于此者,谓之“綖环钱”。贯之以缕,入水不沉,随手破碎。市井不复料数,十万钱不盈一掬,斗米一万,商货不行。

冬,十月,丙寅,帝还建康。

帝舅东阳太守王藻尚世祖女临川长公主。公主妒,谮藻于帝。己卯,藻下狱死。

会稽太守孔灵符,所至有政绩,以忤犯近臣,近臣谮之,帝遣使鞭杀灵符,并诛其二子。

宁朔将军何迈,瑀之子也,尚帝姑新蔡长公主。帝纳公主于后宫,谓之谢贵嫔,诈言公主薨,杀宫婢,送加第殡葬行丧礼。庚辰,拜贵嫔为夫人,加鸾辂龙旂,出警入跸。迈素豪侠,多养死士,谋因帝出游,废之,立晋安王子勋。事泄,十一月,壬辰,帝自将兵诛迈。

初,沈庆之既发颜、柳之谋,遂自昵于帝,数尽言规谏,帝浸不悦。庆之惧祸,杜门不接宾客。尝遣左右范羡至吏部尚书蔡兴宗所,兴宗使羡谓庆之曰:“公闭门绝客,以避悠悠请托者耳。如兴宗,非有求于公者也,何为见拒?”庆之使羡邀兴宗。

兴宗往见庆之,因说之曰:“主上比者所行,人伦道尽,率德改行,无可复望。今所忌惮,唯在于公,百姓喁喁,所瞻赖者,亦在公一人而已。公威名素著,天下所服,今举朝遑遑,人怀危怖,指麾之日,谁不响应!如犹豫不断,欲坐观成败,岂惟旦暮及祸,四海重责将有所归。仆蒙眷异常,故敢尽言,愿公详思其计。”庆之曰:“仆诚知今日忧危,不复自保,但尽忠奉国,始终以之,当委任天命耳。加老退私门,兵力顿阙,虽欲为之,事亦无成。”兴宗曰:“当今怀谋思奋者,非欲邀功赏富贵,正求脱朝夕之死耳。殿中将帅,唯听外间消息,若一人唱首,则俯仰可定。况公统戎累朝,旧日部曲,布在宫省,受恩者多,沈攸之辈皆公家子弟耳,何患不从!且公门徒、义附,并三吴勇士。殿中将军陆攸之,公之乡人,今入东讨贼,大有铠仗,在青溪未发。公取其器仗以配衣麾下,使陆攸之帅以前驱,仆在尚书中,自当帅百僚案前世故事,更简贤明,以奉社稷,天下之事立定矣。又,朝廷诸所施为,民间传言公悉豫之。公今不决,当有先公起事者,公亦不免附从之祸。闻车驾屡幸贵第,酗醉淹留,又闻屏左右独入阁内,此万世一时,不可失也。"庆之曰:"感君至言。然此大事,非仆所能行,事至,固当抱忠以没耳。"

青州刺史沈文秀,庆之弟子也,将之镇,帅部曲出屯白下,亦说庆之曰:"主上狂暴如此,祸乱不久,而一门受其宠任,万物皆谓与之同心。且若人爱憎无常,猜忍特甚,不测之祸,进退难免。今因此众力,图之易于反掌,机会难值,不可失也。"再三言之,至于流涕,庆之终不从。文秀遂行。

及帝诛何迈,量庆之必入谏,先闭青溪诸桥以绝之。庆之闻之,果往,不得进而还。帝乃使庆之从父兄子直阁将军攸之赐庆之药,庆之不肯饮,攸之以被掩杀之,时年八十。庆之子侍中文叔欲亡,恐如太宰义恭被支解,谓其弟中书郎文季曰:"我能死,尔能报。"遂饮庆之之药而死。弟秘书郎昭明亦自经死。文季挥刀驰马而去,追者不敢逼,遂得免。帝诈言庆之病薨,赠侍中、太尉,谥曰忠武公,葬礼甚厚。

领军将军王玄谟数流涕谏帝以刑杀过差,帝大怒。玄谟宿将,有威名,道路讹言玄谟已见诛。蔡兴宗尝为东阳太守,玄谟典签包法荣家在东阳,玄谟使法荣至兴宗所。兴宗谓法荣曰:"领军殊当忧惧。"法荣曰:"领军比日殆不复食,夜亦不眠,恒言收己在门,不保俄顷。"兴宗曰:"领军忧惧,当为方略,那得坐待祸至!"因使法荣劝玄谟举事。玄谟使法荣谢曰:"此亦未易可行,期当不泄君言。"

右卫将军刘道隆,为帝所宠任,专典禁兵。兴宗尝与之俱从帝夜出,道隆过兴宗车后,兴宗曰:"刘君,比日思一闲写。"道隆解其意,掐兴宗手曰:"蔡公勿多言!"

壬寅,立皇后路氏,太皇太后弟道庆之女也。

帝畏忌诸父,恐其在外为患,皆聚之建康,拘于殿内,殴捶陵曳,无复人理。湘东王彧、建安王休仁、山阳王休祐,皆肥壮,帝为竹笼,盛而称之,以彧尤肥,谓之"猪王",谓休仁为"杀王",休祐为"贼王"。以三王年长,尤恶之,常录以自随,不离左右。东海王祎性凡劣,谓之"驴王",桂阳王休范、巴陵王休若年尚少,故并得从容。尝以木槽盛饭,并杂食搅之,掘地为坑,实以泥水,裸彧内坑中,使以口就槽食之,用为欢笑。前后欲杀三王以十数,体仁多智数,每以谈笑佞谀说之,故得推迁。

少府刘矇妾孕临月,帝迎入后宫,俟其生男,欲立为太子。彧尝忤旨,帝裸之,缚其手足,贯之以杖,使人担付太官,曰:"今日屠猪。"休仁笑曰:"猪未应死。"帝问其故,休仁曰:"待皇太子生,杀猪取其肝肺。"帝怒乃解,曰:"且付廷尉。"一宿,释之。丁未,矇妾生子,名曰皇子,为之大赦,赐为父后者爵一级。

帝又以太祖、世祖在兄弟数皆第三,江州刺史晋安王子勋亦第三,故恶之,因何迈之谋,使左右朱景云送药赐子勋死。景云至溢口,停不进。子勋典签谢道迈、主帅潘欣之、侍书褚灵嗣闻之,驰以告长史邓琬,泣涕请计。琬曰:"身南土寒士,蒙先帝殊恩,以爱子见托,岂得惜门户百口,期当以死报效。幼主昏暴,社稷危殆,虽曰天子,事犹独夫。今便指帅文武,直造京邑,与群公卿士,废昏立明耳。"戊申,琬称子勋教,令所部戒严。子勋戎服出听事,集僚佐,使潘欣之口宣旨谕之。四座未对,录事参军陶亮首请效死前驱,众皆奉旨。乃以亮为谘议参军,领中兵,总统军事;功曹张沈为谘议参军,统作舟舰;南阳太守沈怀宝、岷山太守薛常宝、彭泽令陈绍宗等并为将帅。初,帝使荆州录送前军长史、荆州行事张悦至溢口,琬称子勋命,释其桎梏,迎以所乘车,以为司马。悦,畅之弟也。琬、悦二人共掌内外众事,遣将军俞伯奇帅五百人断大雷,禁绝商旅及公私使命。遣使上诸郡民丁,收敛器械,旬日之内,得甲士五千人,出顿大雷,于两岸筑垒,又以巴东、建平二郡太守孙冲之为谘议参军,领中兵,与陶亮并统前军,移檄远近。

戊午,帝召诸妃、主列于前,强左右使辱之。南平王铄妃江氏不从,帝怒,杀妃三子南平王敬猷、庐陵王敬先、安南侯敬渊,鞭江妃一百。

先是民间讹言湘中出天子,帝将南巡荆、湘二州以厌之。明旦,欲先诛湘东王彧,然后发。

初,帝既杀诸公,恐群下谋己,以直阁将军宗越、谭金、童太一、沈攸之等有勇力,引为爪牙,赏赐美人、金帛,充牣其家。越等久在殿省,众所畏服,皆为帝尽力。帝恃之,益无所顾惮,恣为不道,中外骚然。左右宿卫之士皆有异志,而畏越等,不敢发。时三王久幽,不知所为,湘东王彧主衣会稽阮佃夫、内监吴兴王道隆、学官令临淮李道儿与直阁将军柳光世及帝左右琅邪淳于文祖等阴谋弑帝。帝以立后故,假诸王阉人,彧左右钱蓝生亦在中,彧密使候帝动止。

先是,帝游华林园竹林堂,使宫人倮相逐,一人不从命,斩之。夜,梦在竹林堂,有女子骂曰:"帝悖虐不道,明年不及熟矣!"帝于宫中求得一人似所梦者斩之。又梦所杀者骂曰:"我已诉上帝矣!"于是巫觋言竹林堂有鬼。是日晡时,帝出华林园。建安王休仁、山阳王休祐、会稽公主并从,湘东王彧独在秘书省,不被召,益忧惧。

帝素恶主衣吴兴寿寂之,见辄切齿。阮佃夫以其谋告寂之及外监典事东阳朱幼、细铠主南彭城姜产之、细铠将晋陵王敬则、中书舍人戴明宝,寂之等闻之,皆响应。幼豫约勒内外,使钱蓝生密报休仁、休祐。时帝欲南巡,腹心宗越等并听出外装束,唯队主樊僧整防华林阁。柳光世与僧整,乡人,因密邀之,僧整即受命。凡同谋十余人。阮佃夫虑力少不济,更欲招合,寿寂之曰:"谋广或泄,不烦多人。"其夕,帝悉屏侍卫,与群巫及彩女数百人射鬼于竹林堂。事毕,将奏乐,寿寂之抽刀前入,姜产之次之,淳于文祖等皆随其后。休仁闻行声甚疾,谓休祐曰:"事作矣。"相随奔景阳山。帝见寂之至,引弓射之,不中,彩女皆迸走,帝亦走,大呼"寂寂"者三。寂之追而弑之,宣令宿卫曰:"湘东王受太皇太后令,除狂主,今已平定。"殿省惶惑,未知所为。

休仁就秘书省见湘东王,即称臣,引升西堂,登御座,召见诸大臣。于时事起仓猝,王失履,跣至西堂,犹著乌帽。坐定,休仁呼主衣以白帽代之,令备羽仪。虽未即位,凡事悉称令书施行。宣太皇太后令,数废帝罪恶,命湘东王纂承皇极。及明,宗越等始入,湘东王抚接甚厚。废帝母弟司徒、扬州刺史、豫章王子尚,顽悖有兄风,己未,湘东王以太皇太后令,赐子尚及会稽公主死。建安王休仁等始得出居外舍。释谢庄之囚。废帝犹横尸太医阁口。蔡兴宗谓尚书右仆射王彧曰:"此虽凶悖,要是天下之主,宜使丧礼粗足。若直如此,四海必将乘人。"乃葬之秣陵县南。

初,湘东王母沈婕妤早卒,路太后养之。王事太后甚谨,太后爱王亦笃。王既弑废帝,欲慰太后心,下令以太后弟子休之为黄门侍郎,茂之为中书侍郎。

论功行赏,寿寂之等十四人皆封县侯、县子。

十二月,庚申朔,以东海王祎为中书监、太尉,进镇军将军、江州刺史晋安王子勋为车骑将军、开府仪同三司。癸亥,以建安王休仁为司徒、尚书令、扬州刺史,以山阳王休祐为荆州刺史,桂阳王休范为南徐州刺史。乙丑,徙安陆王子绥为江夏王。

丙寅,湘东王即皇帝位,大赦,改元。其废帝时昏制谬封,并皆刊削。

庚午,以右卫将军刘道隆为中护军。道隆昵于废帝,尝无礼于建安太妃,至是,建安王休仁求解职,明帝乃赐道隆死。

宗越、谭金、童太一等虽为上所抚接,内不自安。上亦不欲使居中,从容谓之曰:"卿等遭罹暴朝,勤劳日久,应得自养之地。兵马大郡,随卿等所择。"越等素已自疑,闻之,皆相顾失色,因谋作乱。以告沈攸之,攸之以闻,上收越等,下狱死。攸之复入直阁。

辛未,徙临贺王子产为南平王,晋熙王子舆为庐陵王。

壬申,以尚书右仆射王景文为尚书仆射。景文,即彧也,避上名,以字行。

乙亥,追尊沈太妃曰宣太后,陵曰崇宁。

初,豫州刺史山阳王休祐入朝,以长史、南梁郡太守陈郡殷琰行府州事。及休祐徙荆州,即以琰为督豫、司二州诸军事、豫州刺史。

有司奏路太后宜即前号,移居外宫,上不许。戊寅,尊路太后为崇宪皇太后,居崇宪宫,供奉礼仪,不异旧日。立妃王氏为皇后。后,景文之妹也。

罢二铢钱,禁鹅眼、綖环钱,余皆通用。

江州佐吏得上所下令书,皆喜,共造邓琬,曰:"暴乱既除,殿下又开黄阁,实为公私大庆。"琬以晋安王子勋次第居三,又以寻阳起事与世祖同符,谓事必有成,取令书投地曰:"殿下当开端门,黄阁是吾徒事耳!"众皆骇愕。琬更与陶亮等缮治器甲,征兵四方。

袁颛既至襄阳,即与谘议参军刘胡缮修兵械,简集士卒,诈称被太皇太后令,使其起兵,即建牙驰檄,奉表劝子勋即大位。

辛巳,更以山阳王休祐为江州刺史,荆州刺史临海王子顼即留本任。

先是,废帝以邵陵王子元为湘州刺史,中兵参军沈仲玉为道路行事,至鹊头,闻寻阳兵起,不敢进。琬遣数百人劫迎之,令子勋建牙于桑尾,传檄建康,称:"孤志遵前典,黜幽陟明。"又谓上"矫害明茂,篡窃天宝,干我昭穆,寡我兄弟。藐孤同气,犹有十三,圣灵何辜,而当乏飨。"

郢州刺史安陆王子绥承子勋初檄,欲攻废帝,闻废帝已陨,即解甲下标。既而闻江、雍犹治兵,郢府行事荀卞之大惧,即遣谘议、领中兵参军郑景玄帅车驰下,并送军粮。荆州行事孔道存奉刺史临海王子顼,会稽将佐奉太守寻阳王子房,皆举兵以应子勋。

端明殿学士兼翰林侍读学士朝散大夫右谏议大夫充集贤殿修撰提举西京嵩山崇福宫上柱国河内郡开国侯食邑一千八百户食实封六百户赐紫金鱼袋臣　司马光　奉敕编集

宋纪十三 柔兆敦牂(丙午)，一年。

太宗明皇帝上之下

泰始二年(丙午、466)

春，正月，己丑朔，魏大赦，改元天安。

癸巳，征会稽太守寻阳王子房为抚军将军，以巴陵王休若代之。

甲午，中外戒严。以司徒建安王休仁都督征讨诸军事，车骑将军、江州刺史王玄谟副之。休仁军于南州，以沈攸之为寻阳太守，将兵屯虎槛。时玄谟未发，前锋凡十军，络绎继至，每夜各立姓号，不相禀受。攸之谓诸将曰："今众军姓号不同，若有耕夫、渔父夜相呵叱，便致骇乱，取败之道也。请就一军取号。"众咸从之。

邓琬称说符瑞，诈称受路太后玺书，帅将佐上尊号于晋安王子勋。乙未，子勋即皇帝位于寻相，改元义嘉。以安陆王子绥为司徒、扬州刺史，寻阳王子房、临海王子顼并加开府仪同三司，以邓琬为尚书右仆射，张悦为吏部尚书，袁顗加尚书左仆射。自余将佐及诸州郡，除官进爵号各有差。

丙申，以征虏司马申令孙为徐州刺史。令孙，坦之子也。置司州于义阳，以义阳内史庞孟虬为司州刺史。

徐州刺史薛安都、冀州刺史清河崔道固皆举兵应寻阳。上征兵于青州刺史沈文秀，文秀遣其将平原刘弥之等将兵赴建康。会薛安都遣使邀文秀，文秀更令弥之等应安都。济阴太守申阐据睢陵应建康，安都遣其从子直阁将军索儿、太原太守清河傅灵越等攻之。阐，令孙之弟也。安都婿裴祖隆守下邳，刘弥之至下邳，更以所领应建康，袭击祖隆。祖隆兵败，与征北参军垣崇祖奔彭城。崇祖，护之之从子也。弥之族人北海太守怀恭、从子善明皆举兵以应弥之，薛索儿闻之，释睢陵，引兵击弥之。弥之战败，走保北海。申令孙进据淮阳，请降于索儿。庞孟虬亦不受命，举兵应寻阳。

帝召寻阳王长史行会稽郡事孔觊为太子詹事，以平西司马庾业代之。又遣都水使者孔璪入东慰劳。璪说觊以"建康虚弱，不如拥五郡以应袁、邓。"觊遂发兵,驰檄奉寻阳。吴郡太守顾琛、吴兴太守王昙生、义兴太守刘延熙、晋陵太守袁标皆据郡应之。上又以庾业代延熙为义兴,业至长塘湖,即与延熙合。

益州刺史萧惠开,闻晋安王子勋举兵,集将佐谓之曰:"湘东太祖之昭,晋安世祖之穆,其于当璧,并无不可。但景和虽昏,本是世祖之嗣,不任社稷,其次犹多。吾荷世祖之眷,当推奉九江。"乃遣巴郡太守费欣寿将五千人东下。于是湘州行事何慧文、广州刺史袁昙远、梁州刺史柳元怙、山阳太守程天祚皆附于子勋。元怙,元景之从兄也。

是岁,四方贡计皆归寻阳,朝廷所保,唯丹杨、淮南等数郡,其间诸县或应子勋。东兵已至永世,宫省危惧,上集群臣以谋成败。蔡兴宗曰:"今普天同叛,人有异志,宜镇之以静,至信待人。叛者亲戚布在宫省,若绳之以法,则土崩立至,宜明罪不相及之义。物情既定,人有战心,六军精勇,器甲犀利,以待不习之兵,其势相万耳。愿陛下勿忧。"上善之。

建武司马刘顺说豫州刺史殷琰使应寻阳,琰以家在建康,未许。右卫将军柳光世自省内出奔彭城,过寿阳,言建康必不能守,琰信之,且素无部曲,为土豪前右军参军杜叔宝等所制,不得已而从之。琰以叔宝为长史,内外军事,皆叔宝专之。上谓蔡兴宗曰:"诸处未平,殷琰已复同逆。顷日人情云何?事当济不?"兴宗曰:"逆之与顺,臣无以辨。今商旅断绝,米甚丰贱,四方云合,而人情更安,以此卜之,清荡可必。但臣之所忧,更在事后,犹羊公言:'既平之后,方当劳圣虑耳。'"上曰:"诚如卿言。"上知琰附寻阳非本意,乃更厚抚其家以招之。

汝南、新蔡二郡太守周矜起兵于悬瓠以应建康。袁颛诱矜司马汝南常珍奇执矜,斩之,以珍奇代为太守。

上使冗从仆射垣荣祖还徐州说薛安都,安都曰:"今京都无百里地,不论攻围取胜,自可拍手笑杀。且我不欲负孝武。"荣祖曰:"孝武之行,足致余殃。今虽天下雷同,正是速死,无能为也。"安都不从,因留荣祖使为将。荣祖,崇祖之从父兄也。

兖州刺史殷孝祖之甥司法参军颍川葛僧韶请殷孝祖入朝,上遣之。时薛索儿屯据津迳,僧韶间行得至,说孝祖曰:"景和凶狂,开辟未有,朝野危极,假命漏刻。主上夷凶剪暴,更造天地,国乱朝危,宜立长君。而群迷相煽,构造无端,贪利幼弱,竞怀希望。使天道助逆,群凶事申,则主幼时艰,权柄不一,兵难互起,岂有自容之地!舅少有立功之志,若能控济义勇,还奉朝廷,非唯匡主静乱,乃可以垂名竹帛。"孝祖具问朝廷消息,僧韶随方酬譬,并陈兵甲精强,主上欲委以前驱之任。孝祖即日委妻子于瑕丘,帅文武二千人,随僧韶还建康。时四方皆附寻阳,朝廷唯保丹杨一郡,而永世令孔景宣复叛,义兴兵垂至延陵,内外忧危,咸欲奔散。孝祖忽至,众力不少,并伧楚壮士,人情大安。甲辰,进孝祖号抚军将军,假节、督前锋诸军事,遣向虎槛,宠赉甚厚。

初,上遣东平毕众敬诣兖州募人,至彭城,薛安都以利害说之,矫上命以众敬行兖州事,众敬从之。殷孝祖使司马刘文石守瑕丘,众敬引兵击杀之。安都素与孝祖有隙,使众敬杀孝祖诸子。州境皆附之,唯东平太守申纂据无盐,不从。纂,钟之曾孙也。

丙午,上亲总兵,出顿中堂。辛亥,以山阳王休祐为豫州刺史,督辅国将军彭城刘勔、宁朔将军广陵吕安国等诸军西讨殷琰。巴陵王休若督建威将军吴兴沈怀明、尚书张永、辅国将军萧道成等诸军东讨孔觊。时将士多东方人,父兄子弟皆已附觊。上因送军,普加宣示曰:“朕方务德简刑,使父子兄弟罪不相及,助顺同逆者,一以所为断。卿等当深达此怀,勿以亲戚为虑也。”众于是大悦。凡叛者亲党在建康者,皆使居职如故。

壬子,路太后殂。

孔觊遣其将孙昙瓘等军于晋陵九里,部陈甚盛。沈怀明至奔牛,所领寡弱,乃筑垒自固。张永至曲阿,未知怀明安否,百姓惊扰,永退还延陵,就巴陵王休若。诸将帅咸劝休若退保破冈。其日,大寒,风雪甚猛,塘埭决坏,众无固心。休若宣令:“敢有言退者斩!”众小定,乃筑垒息甲。寻得怀明书,贼定未进,军主刘亮又至,兵力转盛,人情乃安。亮,怀慎之从孙也。

殿中御史吴喜以主书事世祖,稍迁至河东太守。至是,请得精兵三百,致死于东。上假喜建武将军,简羽林勇士配之。议者以“喜刀笔主者,未尝为将,不可遣”。中书舍人巢尚之曰:“喜昔随沈庆之,屡经军旅,性既勇决,又习战陈,若能任之,必有成绩。诸人纷纭,皆是不别才耳。”乃遣之。喜先时数奉使东吴,性宽厚,所至人并怀之。百姓闻吴河东来,皆望风降散,故喜所至克捷。

永世人徐崇之攻孔景宣,斩之,喜板崇之领县事。喜至国山,遇东军,进击,大破之,自国山进屯吴城。刘延熙遣其将杨玄等拒战。喜兵力甚弱,玄等众盛,喜奋击,斩之,进逼义兴。延熙栅断长桥,保郡自守,喜筑垒与之相持。

庚业于长塘湖口夹岸筑城,有众七千人,与延熙遥相应接。沈怀明、张永与晋陵军相持,久不决。外监朱幼举司徒参军督护任农夫骁果有胆力,上以四百人配之,使助东讨。农夫自延陵出长塘,庚业筑城犹未合,农夫驰往攻之,力战,大破之,庚业弃城走义兴。农夫收其船仗,进向义兴,助吴喜。二月,己未朔,喜渡水攻郡城,分兵击诸垒,登高指麾,若令四面俱进者。义兴人大惧,诸垒皆溃,延熙赴水死,遂克义兴。

魏丞相太原王乙浑专制朝权,多所诛杀。安远将军贾秀掌吏曹事,浑屡言于秀,为其妻求称公主,秀曰:"公主岂庶姓所宜称! 秀宁取死今日,不可取笑后世。"浑怒,骂曰:"老奴官,悭!"会侍中拓跋丕告浑谋反,庚申,冯太后收浑,诛之。秀,彝之子;丕,烈帝之玄孙也。太后临朝称制,引中书令高允、中书侍郎渔阳高闾及贾秀共参大政。

沈怀明、张永、萧道成等军于九里西,与东军相持。东军闻义兴败,皆震恐。上遣积射将军济阳江方兴、御史王道隆至晋陵视东军形势。孔觊将孙昙瓘、程捍宗等列五城,互相连带。捍宗城犹未固,王道隆与诸将谋曰:"捍宗城既未立,可以藉手。上副圣旨,下成众气。"辛酉,道隆帅所领急攻,拔之,斩捍宗首。永等因乘胜进击昙瓘等,壬戌,昙瓘等兵败,与袁标俱弃城走,遂克晋陵。

吴喜军至义乡。孔璪屯吴兴南亭,太守王昙生诣璪计事;闻台军已近,璪大惧,堕床,曰:"悬赏所购,唯我而已,今不遽走,将为人擒。"遂与昙生奔钱唐。喜入吴兴,任农夫引兵向吴郡,顾琛弃郡奔会稽。上以四郡既平,乃留吴喜使统沈怀明等诸将东击会稽,召张永等北击彭城,江方兴等南击寻阳。

以吏部尚书蔡兴宗为左仆射,侍中褚渊为吏部尚书。

丁卯,吴喜至钱唐,孔璪、王昙生奔浙东。喜遣强弩将军任农夫等引兵向黄山浦,东军据岸结寨,农夫等击破之。喜自柳浦渡,取西陵,击斩庾业。会稽人大惧,将士多奔亡,孔觊不能制。戊寅,上虞令王晏起兵攻郡,觊逃奔嵴山,车骑从事中郎张绥封府库以待吴喜。己卯,王晏入城,杀绥,执寻阳王子房于别署,纵兵大掠,府库皆空。获孔璪,杀之。庚辰,嵴山民缚孔觊送晏,晏谓之曰:"此事孔璪所为,无预卿事。可作首辞,当相为申上。"觊曰:"江东处分,莫不由身,委罪求活,便是君辈行意耳。"晏乃斩之。顾琛、王昙生、袁标等诣吴喜归罪,喜皆宥之。东军主凡七十六人,于陈斩十七人,其余皆原宥。

薛索儿攻申阐,久不下,使申令孙入睢陵说阐,阐出降,索儿并令孙杀之。

山阳王休祐在历阳,辅国将军刘勔进军小岘。殷琰所署南汝阴太守裴季以合肥来降。

邓琬性鄙暗贪吝,既执大权,父子卖官鬻爵,使婢仆出市道贩卖,酣歌博弈,日夜不休。大自矜遇,宾客到门,历旬不得前。内事悉委褚灵嗣等三人,群小横恣,竞为威福,于是士民忿怨,内外离心。

琬遣孙冲之帅龙骧将军薛常宝、陈绍宗、焦度等兵一万为前锋,据赭圻。冲之于道与晋安王子勋书曰:"舟楫已办,器械亦整,三军踊跃,人争效命,便欲沿流挂帆,直取白下。愿速遣陶亮众军兼行相接,分据新亭、南洲,则一麾定矣。"子勋加冲之左卫将军,以陶亮为右卫将军,统郢、荆、湘、梁、雍五州兵合二万人,一时俱下。陶亮本无干略,闻建安王休仁自上,殷孝祖又至,不敢进,屯军鹊洲。

殷孝祖负其诚节,陵轹诸将,台军有父子兄弟在南者,孝祖悉欲推治,由是人情乖离,莫乐为用。宁朔将军沈攸之,内抚将士,外谐群帅,众并赖之。孝祖每战,常以鼓盖自随,军中人相谓:"殷统军可谓死将矣!今与贼交锋,而以羽仪自标显,若善射者十人共射之,欲不(弊)〔毙〕,得乎?"三月,庚寅,众军水陆并进,攻赭圻,陶亮等引兵救之,孝祖于陈为流矢所中死。军主范潜帅五百人降于亮。人情震骇,并谓沈攸之宜代孝祖为统。

时建安王休仁屯虎槛,遣宁朔将军江方兴、龙骧将军襄阳刘灵遗各将三千人赴赭圻。攸之以为孝祖既死,亮等有乘胜之心,明日若不更攻,则示之以弱。方兴名位相亚,必不为己下,军政不壹,致败之由也。乃帅诸军主诣方兴曰:"今四方并反,国家所保,无复百里之地。唯有殷孝祖为朝廷所委赖,锋镝裁交,舆尸而反,文武丧气,朝野危心。事之济否,唯在明旦一战,战若不捷,则大事去矣。诘朝之事,诸人或谓吾应统之,自卜懦薄,干略不如卿。今辄相推为统,但当相与戮力耳。"方兴甚悦,许诺。攸之既出,诸军主并尤之,攸之曰:"吾本以济国活家,岂计此之升降。且我能下彼,彼必不能下我,共济艰难,岂可自措同异也。"

孙冲之谓陶亮曰:"孝祖枭将,一战便死。天下事定矣,不须复战,便当直取京都。"亮不从。

辛卯,方兴帅诸军进战,建安王休仁又遣军主郭季之、步兵校尉杜幼文、屯骑校尉垣恭祖、龙骧将军济地顿生、京兆段佛荣等三万人往会战,自寅及午,大破之,追奔至姥山而还。幼文,骥之子也。

孙冲之于湖、白口筑二城,军主竟陵张兴世攻拔之。

壬辰,诏以沈攸之为辅国将军、假节,代殷孝祖督前锋诸军事。

陶亮闻湖、白二城不守,大惧,急召孙冲之还鹊尾,留薛常宝等守赭圻。先于姥山及诸冈分立营寨,亦悉散还,共保浓湖。

时军旅大起,国用不足,募民上钱谷者,赐荒县、荒郡,或五品至三品散官有差。

军中食少,建安王休仁抚循将士,均其丰俭,吊死问伤,身亲隐恤,故十万之众,莫有离心。

邓琬遣其豫州刺史刘胡帅众三万、铁骑二千,东屯鹊尾,并旧兵凡十余万。胡宿将,勇健多权略,屡有战功,将士畏之。司徒中兵参军冠军察那,子弟在襄阳,胡每战,悬之城外,那进战不顾。吴喜既定三吴,帅所领五千人,并运资实,至于赭圻。

薛索儿将马步万余人自睢陵渡淮,进逼青、冀二州刺史张永营。丙申,诏南徐州刺史桂阳王休范统北讨诸军事,进据广陵。又诏萧道成将兵救永。

戊戌，寻阳王子房至建康，上宥之，贬爵为松滋侯。

庚子，魏以陇西王源贺为太尉。

上遣宁朔将军刘怀珍帅龙骧将军王敬则等步骑五千，助刘勔讨寿阳，斩庐江太守刘道蔚。怀珍，善明之从子也。

中书舍人戴明宝启上，遣军主竟陵黄回募兵击斩寻阳所署马头太守王广元。

前(朝)奉〔朝〕请寿阳郑黑起兵于淮上以应建康，东扞殷琰，西拒常珍奇，乙巳，以黑为司州刺史。

殷琰将刘顺、柳伦、皇甫道烈、庞天生等马步八千人东据宛唐。刘勔帅众军并进，去顺数里立营。时琰所遣诸军，并受顺节度，而以皇甫道烈土豪，柳伦台之所遣，顺本卑微，唯不使统督二军。勔始至，堑垒未立，顺欲击之，道烈、伦不同，顺不能独进，乃止。勔营既立，不可复攻，因相持守。

壬子，断新钱，专用古钱。

沈攸之帅诸军围赭圻。薛常宝等粮尽，告刘胡求救，胡以囊盛米，系流查及船腹，阳覆船，顺风流下以饷之。沈攸之疑其有异，遣人取船及流查，大得囊米。丙辰，刘胡帅步卒一万，夜，斫山开道，以布囊运米饷赭圻。平旦，至城下，犹隔小堑，未能入。沈攸之帅诸军邀之，殊死战，胡众大败，舍粮弃甲，缘山走，斩获甚众。胡被疮，仅得还营。常宝等惶惧，夏，四月，辛酉，开城突围，走还胡军。攸之拔赭圻城，斩其宁朔将军沈怀宝等，纳降数千人。陈绍宗单舸奔鹊尾。建安王休仁自虎槛进屯赭圻。

刘胡等兵犹盛，上欲绥慰人情，遣吏部尚书褚渊至虎槛选用将士。时以军功除官者众，板不能供，始用黄纸。

邓琬以晋安王子勋之命，征袁觊下寻阳，颛悉雍州之众驰下。琬以黄门侍郎刘道宪行荆州事，侍中孔道存行雍州事。上庸太守柳世隆乘虚袭襄阳，不克。世隆，元景之弟子也。

散骑侍郎明僧暠起兵攻沈文秀以应建康。壬午，以僧暠为青州刺史。平原、乐安二郡太守王玄默据琅邪，清河、广川二郡太守王玄邈据盘阳城，高阳、勃海二郡太守刘乘民据临济城，并起兵以应建康。玄邈、玄谟之从弟；乘民，弥之从子也。沈文秀遣军主解彦士攻北海，拔之，杀刘弥之。乘民从弟伯宗，合帅乡党，复取北海，因引兵向青州所治东阳城。文秀拒之，伯宗战死。僧暠、玄默、玄邈、乘民合兵攻东阳城，每战，辄为文秀所破，离而复合，如此者十余，卒不能克。

杜叔宝谓台军住历阳，不能遽进，及刘勔等至，上下震恐。刘顺等始行，唯赍一月粮，既与勔久相持，粮尽。叔宝发车千五百乘，载米饷顺，自将五千精兵送之。吕安国闻之，言于刘勔曰："刘顺精甲八千，而我众不能居半，相持既久，强弱势殊,更复推迁,则无以自立,所赖者,彼粮行竭,我食有余耳。若使叔宝米至,非唯难可复图,我亦不能持久。今唯有间道袭其米车,出彼不意,若能制之,将不战走矣。"勔以为然,以疲弱守营,简精兵千人配安国及龙骧将军黄回,使从间道出顺后,于横塘抄之。

安国始行,赍二日熟食,食尽,叔宝不至,将士欲还。安国曰:"卿等旦已一食,今晚米车不容不至。若其不至,夜去不晚。"叔宝果至,以米车为函箱陈,叔宝于外为游军,幢主杨仲怀将五百人居前,安国、回等击斩之,及其士卒皆尽。叔宝至,回欲乘胜击之,安国曰:"彼将自走,不假复击。"退三十里,止宿。夜遣骑参候,叔宝果弃米车走。安国复夜往烧米车,驱牛二千余头而还。

五月,丁亥朔,夜,刘顺众溃,顺走淮西就常珍奇。于是刘勔鼓行,进向寿阳。叔宝敛居民及散卒,婴城自守。勔与诸军分营城外。

山阳王休祐与殷琰书,为陈利害。上又遣御史王道隆赍诏宥琰罪。勔与琰书,并以琰兄瑗子邈书与之。琰与叔宝等皆有降意,而众心不壹,复婴城固守。

弋阳西山蛮田益之起兵应建康,诏以益之为辅国将军,督弋阳西山事。壬辰,以辅国将军沈攸之为雍州刺史。丁未,以尚书左仆射王景文为中军将军。庚戌,以宁朔将军刘乘民为冀州刺史。

甲寅,葬昭太后于脩宁陵。

张永、萧道成等与薛索儿战,大破之,索儿退保石梁。食尽而溃,走向乐平,为申令孙子孝叔所斩。薛安都子道智走向合肥,诣裴季降。傅灵越走至淮西,武卫将军沛郡王广之生获之,送诣勔。勔诘其叛逆,灵越曰:"九州唱义,岂独在我!薛公不能专任智勇,委付子侄,此其所以败也。人生归于一死,实无面求活。"勔送诣建康。上欲赦之,灵越辞终不改,乃杀之。

邓琬以刘胡与沈攸之等相持,久不决,乃加袁顗督征讨诸军事。六月,甲戌,顗帅楼船千艘,战士二万,来入鹊尾。顗本无将略,性又怯桡,在军中未尝戎服,语不及战陈,唯赋诗谈义而已。不复抚接诸将,刘胡每论事,酬对甚简,由此大失人情,胡常切齿恚恨。胡以南运米未至,军士匮乏,就顗借襄阳之资,顗不许,曰:"都下两宅未成,方应经理。"又信往来之言,云"建康米贵,斗至数百",以为将不攻自溃,拥甲以待之。

田益之帅蛮众万余人围义阳,邓琬使司州刺史庞孟虬帅精兵五千救之,益之不战溃去。

安成太守刘袭、始安内史王识之、建安内史赵道生,并举郡来降。袭,道怜之孙也。

萧道成世子赜为南康赣令,邓琬遣使收系之。门客兰陵桓康担赜妻裴氏及其子长懋、子良逃于山中,与颐族人萧欣祖等结客得百余人,攻郡,破狱出颐。南康相沈肃之帅将吏追颐,颐与战,擒之。颐自号宁朔将军,据郡起兵,与刘袭等相应。琬以中护军殷孚为豫章太守,督上流五郡以防袭等。

衡阳内史王应之起兵应建康,袭击(襄)〔湘〕州行事何慧文于长沙。应之与慧文舍军身战,研慧文八创,慧文斫应之断足,杀之。

始兴人刘嗣祖等据郡起兵应建康,广州刺史袁昙远遣其将李万周等讨之。嗣祖诳万周云"寻阳已平",万周还袭番禺,擒昙远,斩之。上以万周行广州事。

初,武都王杨元和治白水,微弱不能自立,弃国奔魏。元和从弟僧嗣复自立,屯葭芦。

费欣寿至巴东,巴东人任叔儿据白帝,自号辅国将军,击欣寿,斩之,叔儿遂阻守三峡。萧惠开复遣治中程法度将兵三千出梁州,杨僧嗣帅群氏断其道,间使以闻。秋,七月,丁酉,以僧嗣为北秦州刺史、武都王。

诸军与袁颛相拒于浓湖,久未决。龙骧将军张兴世建议曰:"贼据上流,兵强地胜,我虽持之有余,而制之不足。若以奇兵数千潜出其上,因险而壁,见利而动,使其首尾周遑,进退疑阻,中流既梗,粮运自艰,此制贼之奇也。钱溪江岸最狭,去大军不远,下临洄洑,船下必来泊岸,又有横浦可以藏船,千人守险,万人不能过,冲要之地,莫出于此。"沈攸之、吴喜并赞其策。会庞孟虬引兵来助殷琰,刘勔遣使求援甚急,建安王休仁欲遣兴世救之。沈攸之曰:"孟虬蚁聚,必无能为,遣别将马步数千,足以相制。兴世之行,是安危大机,必不可辍。"乃遣段佛荣将兵救勔,而选战士七千、轻舸二百配兴世。

兴世帅其众溯流稍上,寻复退归,如是者累日。刘胡闻之,笑曰:"我尚不敢越彼下取扬州,张兴世何物人,欲轻据我上!"不为之备。一夕,四更,值便风,兴世举帆直前,渡湖、白,过鹊尾。胡既觉,乃遣其将胡灵秀将兵于东岸翼之而进。戊戌夕,兴世宿景洪浦,灵秀亦留。兴世潜遣其将黄道标帅七十舸径趣钱溪,立营寨。己亥,兴世引兵进据之,灵秀不能禁。庚子,刘胡自将水步二十六军来攻钱溪。将士欲迎击之,兴世禁之曰:"贼来尚远,气盛而矢骤,骤既易尽,盛亦易衰,不如待之。"令将士治城如故。俄而胡来转近,船入洄洑,兴世命寿寂之、任农夫帅壮士数百击之,众军相继并进,胡败走,斩首数百,胡收兵而下。时兴世城寨未固,建安王休仁虑袁颛并力更攻钱溪,欲分其势。辛丑,命沈攸之、吴喜等以皮舰进攻浓湖,斩获千数。是日,刘胡帅步卒二万、铁马一千,欲更攻兴世。未至钱溪数十里,袁颛以浓湖之急,遽追之,钱溪城由此得立。胡遣人传唱"钱溪已平",众并惧,沈攸之曰:"不然。若钱溪实败,万人中应有一人逃亡还者。必是彼战失利,唱空声以惑众耳。"勒军中不得妄动。钱溪捷报寻至。攸之以钱溪所送胡军耳鼻示浓湖,袁顗骇惧。攸之日暮引归。

龙骧将军刘道符攻山阳,程天祚请降。

庞孟虬进至弋阳,刘勔遣吕安国等迎击于蓼潭,大破之,孟虬走向义阳。王玄谟之子昙善起兵据义阳以应建康,孟虬走死蛮中。

刘胡遣辅国将军薛道标袭合肥,杀汝阴太守裴季,刘勔遣辅国将军垣阆击之。阆,阅之弟;道标,安都之子也。

淮西人郑叔举起兵击常珍奇以应郑黑,辛亥,以叔举为北豫州刺史。

崔道固为土人所攻,闭门自守。上遣使宣慰,道固请降。甲寅,复以道固为徐州刺史。

八月,皇甫道烈等闻庞孟虬败,并开门出降。

张兴世既据钱溪,浓湖军乏食。邓琬大送资粮,畏兴世,不敢进。刘胡帅轻舸四百,由鹊头内路欲攻钱溪,既而谓长史史王念叔曰:"吾少习步战,未闲水斗。若步战,恒在数万人中,水战在一舸之上,舸舸各进,不复相关,正在三十人中,此非万全之计,吾不为也。"乃托痁疾,住鹊头不进。遣龙骧将军陈庆将三百舸向钱溪,戒庆:"不须战。张兴世吾之所悉,自当走耳。"陈庆至钱溪,军于梅根。

胡遣别将王起将百舸攻兴世,兴世击起,大破之。胡帅其余舸驰还,谓顗曰:"兴世营寨已立,不可猝攻,昨日小战,未足为损。陈庆已与南陵、大雷诸军共遏其上,大军在此,鹊头诸将又断其下流,已堕围中,不足复虑。"顗怒胡不战,谓曰:"粮运鲠塞,当如何之?"胡曰:"彼尚得溯流越我而上,此运何以不得沿流越彼而下邪!"乃遣安北府司马沈仲玉将千人步趣南陵迎粮。

仲玉至南陵,载米三十万斛,钱布数十舫,竖榜为城,规欲突过。行至贵口,不敢进,遣间信报胡,令遣重军援接。张兴世遣寿寂之、任农夫等将三千人至贵口击之,仲玉走还顗营,悉虏其资实。胡众骇惧,胡将张喜来降。

镇东中兵参军刘亮进兵逼胡营,胡不能制。袁顗惧曰:"贼入人肝脾里,何由得活!"胡阴谋遁去,己卯,诳顗云:"欲更帅步骑二万,上取钱溪,兼下大雷余运。"令顗悉选马配之。其日,胡委顗去,径趣梅根。先令薛常宝办船,悉发南陵诸军,烧大雷诸城而走。至夜,顗方知之,大怒,骂曰:"今年为小子所误!"呼取常所乘善马"飞燕",谓其众曰:"我当自出追之。"因亦走。

庚辰,建安王休仁勒兵入顗营,纳降卒十万,遣沈攸之等追顗。顗走至鹊头,与戍主薛伯珍并所领数千人偕去,欲向寻阳。夜,止山间,杀马以劳将士,顾谓伯珍曰:"我非不能死,且欲一至寻阳,谢罪主上,然后自刭耳。"因慷慨叱左右索节,无复应者。及旦,伯珍请屏人言事,遂斩顗首,诣钱溪马军主襄阳俞湛之。湛之因斩伯珍,并送首以为己功。

刘胡帅二万人向寻阳,诈晋安王子勋云:"袁顗已降,军皆散,唯己帅所领独返。宜速处分,为一战之资,当停据溢城,誓死不贰。"乃于江外夜趣沔口。

邓琬闻胡去,忧惶无计,呼中书舍人褚灵嗣等谋之,并不知所出。张悦诈称疾,呼琬计事,令左右伏甲帐后,戒之:"若闻索酒,便出。"琬既至,悦曰:"卿首唱此谋,今事已急,计将安出?"琬曰:"正当斩晋安王,封府库,以谢罪耳。"悦曰:"今日宁可卖殿下求活邪!"因呼酒。子洵提刀出,斩琬。中书舍人潘欣之闻琬死,勒兵而至,悦使人语之曰:"邓琬谋反,今已枭戮。"欣之乃还。取琬子,并杀之。悦因单舸赍琬首驰下,诣建安王休仁降。

寻阳乱,蔡那之子道渊在寻阳被系作部,脱锁入城,执子勋,囚之。沈攸之等诸军至寻阳,斩晋安王子勋,传首建康,时年十一。

初,邓琬遣临川内史张淹自鄱阳峤道入三吴,军于上饶,闻刘胡败,军副鄱阳太守费晔斩淹以降。淹,畅之子也。

废帝之世,衣冠惧祸,咸欲远出。至是流离外难,百不一存,众乃服蔡兴宗之先见。

九月,壬辰,山阳王休祐为荆州刺史。

癸巳,解严,大赦。

庚子,司徒休仁至寻阳,遣吴喜、张兴世向荆州,沈怀明向郢州,刘亮及宁朔将军南阳张敬儿向雍州,孙超之向湘州,沈思仁、任农夫向豫章,平定余寇。

刘胡逃至石城,捕得,斩之。郢州行事张沈变形为沙门,潜走,追获,杀之。荆州行事刘道宪闻浓湖平,散兵,遣使归罪,荆州治中宗景等勒兵入城,杀道宪,执临海王子顼以降。孔道存知寻阳已平,遣使请降。寻闻柳世隆、刘亮当至,众悉逃溃,道存及三子皆自杀。上以何慧文才兼邲吏,使吴喜宣旨赦之。慧文曰:"既陷逆节,手害忠义,何面见天下之士!"遂自杀。安陆王子绥、临海王子顼、邵陵王子元并赐死,刘顺及余党在荆州者皆伏诛。诏追赠诸死节之臣,及封赏有功者各有差。

己酉,魏初立郡学,置博士、助教、生员,从中书令高允、相州刺史李䜣之请也。䜣,崇之子也。

上既诛晋安王子勋等,待世祖诸子犹如平日。司徒休仁还自寻阳,言于上曰:"松滋侯兄弟尚在,将来非社稷计,宜早为之所。"冬,十月,乙卯,松滋侯子房、永嘉王子仁、始安王子真、淮南王子孟、南平王子产、庐陵王子舆、子趋、子期、东平王子嗣、子悦并赐死,及镇北谘议参军路休之、司徒从事中郎路茂之、兖州刺史刘袛、中书舍人严龙皆坐诛。世祖二十八子于此尽矣。袛,义欣之子也。

刘勔围寿阳,垣闳攻合肥,俱未下。勔患之,召诸将会议。马队主王广之曰:

"得将军所乘马,判能平合肥。"幢主皇甫肃怒曰:"广之敢夺节下马,可斩!"勔笑曰:"观其意,必能立功。"即推鞍下马与之。广之往攻合肥,三日,克之,薛道标突围奔淮西归常珍奇。勔擢广之为军主。广之谓肃曰:"节下若从卿言,何以平贼?卿不赏才,乃至于此!"肃有学术,及勔卒,更依广之,广之荐于齐世祖为东海太守。

沈灵宝自庐江引兵攻晋熙,晋熙太守阎湛之弃城走。

徐州刺史薛安都、益州刺史萧惠开、梁州刺史柳元怙、兖州刺史毕众敬、豫章太守殷孚、汝南太守常珍奇,并遣使乞降。上以南方已平,欲示威淮北,乙亥,命镇军将军张永、中领军沈攸之将甲士五万迎薛安都。蔡兴宗曰:"安都归顺,此诚非虚,正须单使尺书。今以重兵迎之,势必疑惧,或能招引北虏,为患方深。若以叛臣罪重,不可不诛,则乡之所宥,亦已多矣。况安都外据大镇,密迩边陲,地险兵强,攻围难克,考之国计,尤宜驯养。如其外叛,将为朝廷肝食之忧。"上不从,谓征北司马行南徐州事萧道成曰:"吾今因此北讨,卿意以为何如?"对曰:"安都狡猾有余,今以兵逼之,恐非国之利。"上曰:"诸军猛锐,何往不克!卿勿多言。"安都闻大兵北上,惧,遣使乞降于魏,常珍奇亦以悬瓠降魏,皆请兵自救。

戊寅,立皇子昱为太子。

薛安都以其子为质于魏,魏遣镇东大将军代人尉元、镇东将军魏郡孔伯恭等帅骑一万出东道,救彭城;镇西大将军西河公石、都督荆、豫、南雍州诸军事张穷奇出西道,救悬瓠。以安都为都督徐、兖等五州诸军事、镇南大将军、徐州刺史、河东公;常珍奇为平南将军、豫州刺史、河内公。

兖州刺史申纂诈降于魏,尉元受之,而阴为之备。魏师至无盐,纂闭门拒守。

薛安都之召魏兵也,毕众敬不与之同,遣使来请降,上以众敬为兖州刺史。众敬子元宾在建康,先坐它罪诛。众敬闻之,怒,拔刀斫柱曰:"吾皓首唯一子,不能全,安用独生!"十一月,壬子,魏师至瑕丘,众敬请降于魏。尉元遣部将先据其城,众敬悔恨,数日不食。元长驱而进,十二月,己未,军于秺。

西河公石至上蔡,常珍奇帅文武出迎。石欲顿军汝北,未即入城,中书博士郑羲曰:"今珍奇虽来,意未可量。不如直入其城,夺其管籥,据有府库,制其腹心,策之全者也。"石遂策马入城,因置酒嬉戏。羲曰:"观珍奇之色甚不平,不可不为之备。"乃严兵设备。其夕,珍奇使人烧府屋,欲为变,以石有备而止。羲,豁之曾孙也。

淮西七郡民多不愿属魏,连营南奔。魏遣建安王陆馛宣慰新附民,有陷军为奴婢者,馛悉免之,新民乃悦。

乙丑,诏坐依附寻阳削官爵禁锢者,皆从原荡,随才铨用。

刘勔围寿阳,自首春至于末冬,内攻外御,战无不捷,以宽厚得将士心。寻阳既平,上使中书为诏谕殷琰,蔡兴宗曰:"天下既定,是琰思过之日,陛下宜赐手诏数行以相慰引。今直中书为诏,彼必疑谓非真,非所以速清方难也。"不从。琰得诏,谓刘勔诈为之,不敢降。杜叔宝闭绝寻阳败问。有传者即杀之,守备益固。凡有降者,上辄送寿阳城下,使与城中人语,由是众情离沮。

琰欲请降于魏,主簿谯郡夏侯详说琰曰:"今日之举,本效忠节。若社稷有奉,便当归身朝廷,何可北面左衽乎!且今魏军近在淮次,官军未测吾之去就,若遣使归款,必厚相慰纳,岂止免罪而已。"琰乃使详出见刘勔。详说勔曰:"今城中士民知困而犹固守者,畏将军之诛,皆欲自归于魏。愿将军缓而赦之,则莫不相帅而至矣。"勔许诺,使详至城下,呼城中人,谕以勔意。丙寅,琰帅将佐面缚出降,勔悉加慰抚,不戮一人。入城,约勒将士,士民资财,秋毫无所失,寿阳人大悦。魏兵至师水,将救寿阳,闻琰已降,乃掠义阳数千人而去。久之,琰复仕至少府而卒。

萧惠开在益州,多任刑诛,蜀人猜怨。闻费欣寿败没,程法度不得前,于是晋原一郡反,诸郡皆应之,合兵围成都。城中东兵不过二千,惠开悉遣蜀人出,独与东兵拒守。蜀人闻寻阳已平,争欲屠城,众至十余万人。惠开每遣兵出战,未尝不捷。

上遣其弟惠基自陆道使成都,赦惠开罪。惠基至涪,蜀人遏留惠基,不听进。惠基帅部曲击之,斩其渠帅,然后得前。惠开奉旨归降,城围得解。

上遣惠开宗人宝首自水道慰劳益州,宝首欲以平蜀为己功,更奖说蜀人,使攻惠开。于是处处蜂起,凡诸离散者一时还合,与宝首进逼成都,众号二十万。惠开欲击之,将佐皆曰:"今慰劳使至而拒之,何以自明?"惠开曰:"今表启路绝,不战则何以得通使京师?"乃遣宋宁太守萧惠训等将万兵与战,大破之,生擒宝首,囚于成都,遣使言状。上使执送宝首,召惠开还建康。既至,上问以举兵状,惠开曰:"臣唯知逆顺,不识天命。且非臣不乱,非臣不平。"上释之。

是岁,侨立兖州,治淮阴;徐州治钟离;青、冀二州共一刺史,治郁洲。郁洲在海中,周数百里,累石为城,高八九尺,虚置郡县,荒民无几。

张永、沈攸之进兵逼彭城,军于下磕,分遣羽林监王穆之将卒五千守辎重于武原。

魏尉元至彭城,薛安都出迎。元遣李璨与安都先入城,收其管籥,别遣孔伯恭以精甲二千安抚内外,然后入。其夜,张永攻南门,不克而退。

元不礼于薛安都,安都悔降,复谋叛魏,元和之,不果发。安都重赂元等,委罪于女婿裴祖隆而杀之。元使李璨与安都守彭城,自将兵击张永,绝其粮道,又破王穆之于武原。穆之帅余众就永,元进攻之。

资治通鉴卷第一百三十二

端明殿学士兼翰林侍读学士朝散大夫右谏议大夫充集贤殿修撰提举西京嵩山崇福宫上柱国河内郡开国侯食邑一千八百户食实封六百户赐紫金鱼袋臣　司马光　奉敕编集

宋纪十四 起强圉协洽(丁未)，尽上章阉茂(庚戌)，凡四年。

太宗明皇帝中

泰始三年(丁未、467)

春，正月，张永等弃城夜遁。会天大雪，泗水冰合，永等弃船步走，士卒冻死者太半，手足断者什七八。尉元邀其前，薛安都乘其后，大破永等于吕梁之东，死者以万数，枕尸六十余里，委弃军资、器械不可胜计。永足指亦堕，与沈攸之仅以身免，梁、南秦二州刺史垣恭祖等为魏所虏。上闻之，召蔡兴宗，以败书示之，曰："我愧卿甚！"永降号左将军，攸之免官，以贞阳公领职还屯淮阴。由是失淮北四州及豫州淮西之地。

　　裴子野论曰：昔齐桓秩于葵丘而九国叛，曹公不礼张松而天下分。一失毫厘，其差远矣。太宗之初，威令所被，不满百里，卒有离心，士无固色，而能开诚心，布款实，莫不感恩服德，致命效死，故西摧北荡，寓内寨开。既而六军献捷，方隅束手，天子欲贾其余威，师出无名，长淮以北，倏忽为戎。惜乎！若以向之虚怀，不骄不伐，则三叛奚为而起哉！高祖虮虱生介胄，经启疆场，后之子孙，日蹙百里。播获堂构，岂云易哉！

魏尉元以彭城兵荒之后，公私困竭，请发冀、相、济、兖四州粟，取张永所弃船九百艘，沿清运载，以赈新民，魏朝从之。

魏东平王道符反于长安，杀副将驸马都尉万古真等。丙午，司空和其奴等将殿中兵讨之。丁未，道符司马段太阳攻道符，斩之。以安西将军陆真为长安镇将以抚之。道符，翰之子也。

闰月，魏以频丘王李峻为太宰。

沈文秀、崔道固为土人所攻，遣使乞降于魏，且请兵自救。

二月，魏西河公石自悬瓠引兵攻汝阴太守张超，不克，退屯陈项，议还长社，待秋击之。郑羲曰："张超蚁聚穷命，粮食已尽，不降当走，可翘足而待也。今弃之远去，超修城浚隍，积薪储谷，更来恐难图矣。"石不从，遂还长社。

初，寻阳既平，帝遣沈文秀弟文炳以诏书谕文秀，又遣辅国将军刘怀珍将马步三千人与文炳偕行。未至,值张永等败退,怀珍还镇山阳。文秀攻青州刺史明僧暠,帝使怀珍帅龙骧将军王广之将五百骑、步卒二千人浮海救之,至东海,僧暠已退保东莱,怀珍进据朐城,众心凶惧,欲且保郁洲。怀珍曰:"文秀欲以青州归索虏,计齐之士民,安肯甘心左衽邪!今扬兵直前,宣布威德,诸城可飞书而下,奈何守此不进,自为沮桡乎!"遂进,至黔陬,文秀所署高密、平昌二郡太守弃城走。怀珍送致文炳,达朝廷意,文秀犹不降。百姓闻怀珍至,皆喜。文秀所署长广太守刘桃根将数千人戍不其城,怀珍军于洋水,众谓且宜坚壁伺隙。怀珍曰:"今众少粮竭,悬军深入,正当以精兵速进,掩其不备耳。"乃遣王广之将百骑袭不其城,拔之。文秀闻诸城皆败,乃遣使请降,帝复以为青州刺史。崔道固亦请降,复以为冀州刺史。怀珍引还。

魏济阴王小新成卒。

沈攸之之自彭城还也,留长水校尉王玄载守下邳,积射将军沈韶守宿豫,睢陵、淮阳皆留兵戍之。玄载,玄谟之从弟也。时东平太守申纂守无盐,幽州刺史刘休宾守梁邹,并州刺史清河房崇吉守升城,辅国将军清河张谠守团城,及兖州刺史王整、兰陵太守桓忻、肥城、糜沟、垣苗等戍皆不附于魏。休宾,乘民之兄子也。

魏遣平东将军长孙陵等将兵赴青州,征南大将军慕容白曜将骑五万为之继援。白曜,燕太祖之玄孙也。白曜至无盐,欲攻之,将佐皆以为攻具未备,不宜遽进。左司马范阳郦范曰:"今轻军远袭,深入敌境,岂宜淹缓!且申纂必谓我军来速,不暇攻围,将不为备。今若出其不意,可一鼓而克。"白曜曰:"司马策是也。"乃引兵伪退。申纂不复设备,白曜夜中部分,三月,甲寅旦,攻城,食时克之,纂走,追擒,杀之。白曜欲尽以无盐人为军赏,郦范曰:"齐形胜之地,宜远为经略。今王师始入其境,人心未洽,连城相望,咸有拒守之志,苟非以德信怀之,未易平也。"白曜曰:"善。"皆免之。

白曜将攻肥城,郦范曰:"肥城虽小,攻之引日,胜之不能益军势,不胜足以挫军威。彼见无盐之破,死伤涂地,不敢不惧。若飞书告谕,纵使不降,亦当逃散。"白曜从之,肥城果溃,获粟三十万斛。白曜谓范曰:"此行得卿,三齐不足定也。"遂取垣苗、糜沟二戍。一旬中连拔四城,威震齐土。

丙子,以尚书左仆射蔡兴宗为郢州刺史。

房崇吉守升城,胜兵者不过七百人。慕容白曜筑长围以攻之,自二月至于夏四月,乃克之。白曜忿其不降,欲尽坑城中人,参军事昌黎韩麒麟谏曰:"今勍敌在前而坑其民,自此以东,诸城人自为守,不可克。师老粮尽,外寇乘之,此危道也。"白曜乃慰抚其民,各使复业。

崇吉脱身走。崇吉母傅氏，申纂妻贾氏，与济州刺史卢度世有中表亲，然已疏远。及为魏所虏，度世奉事甚恭，赡给优厚。度世闺门之内，和而有礼。虽世有屯夷，家有贫富，百口怡怡，丰俭同之。

崔道固闭门拒魏。沈文秀遣使迎降于魏，请兵援接。白曜欲遣兵赴之，郦范曰："文秀室家坟墓皆在江南，拥兵数万，城固甲坚，强则拒战，屈则遁去。我师未逼其城，无朝夕之急，何所畏忌，而遽求援军？且观其使者，视下而色愧，语烦而志怯，此必挟诈以诱我，不可从也。不若先取历城，克盘阳，下梁邹，平乐陵，然后案兵徐进，不患其不服也。"白曜曰："崔道固等兵力单弱，不敢出战，吾通行无碍，直抵东阳，彼自知必亡，故望风求服，夫又何疑？"范曰："历城兵多粮足，非朝夕可拔。文秀坐据东阳，为诸城根本。今多遣兵则无以攻历城，少遣兵则不足以制东阳。若进为文秀所拒，退为诸城所邀，腹背受敌，必无全理。愿更审计，无堕贼彀中。"白曜乃止。文秀果不降。

魏尉元上表称："彭城贼之要藩，不有重兵积粟，则不可固守。若资储既广，虽刘彧师徒悉起，不敢窥淮北之地。"又言："若贼向彭城，必由清、泗过宿豫，历下邳；趋青州，亦由下邳、沂水经东安。此数者，皆为贼用师之要。今若先定下邳，平宿豫，镇淮阳，戍东安，则青、冀诸镇可不攻而克。若四城不服，青、冀虽拔，百姓狼顾，犹怀侥幸之心。臣愚以为宜释青、冀之师，先定东南之地，断刘彧北顾之意，绝愚民南望之心。夏水虽盛，无津途可由，冬路虽通，无高城可固。如此，则淮北自举，暂劳永逸。兵贵神速，久则生变。若天雨既降，彼或因水通，运粮益众，规为进取，恐近淮之民翻然改图，青、冀二州猝未可拔也。"

五月，壬戌，以太子詹事袁粲为尚书右仆射。

沈攸之自送运米至下邳，魏人遣清、泗间人诈攸之云："薛安都欲降，求军迎接。"军副吴喜请遣千人赴之，攸之不许。既而来者益多，喜固请不已，攸之乃集来者告之曰："君诸人既有诚心，若能与薛徐州子弟俱来者，皆即假君以本乡县，唯意所欲；如其不尔，无为空劳往还。"自是一去不返。攸之使军主彭城陈显达将千人助戍下邳而还。

薛安都子伯令亡命梁、雍之间，聚党数千人，攻陷郡县。秋，七月，雍州刺史巴陵王休若遣南阳太守张敬儿等击斩之。

上复遣中领军沈攸之等击彭城，攸之以为清、泗方涸，粮运不继，固执以为不可。使者七返，上怒，强遣之。八月，壬寅，以攸之行南兖州刺史，将兵北出；使行徐州事萧道成将千人镇淮阴。道成收养豪俊，宾客始盛。

魏之入彭城也，垣崇祖将部曲奔朐山，据之，遣使来降，萧道成以为朐山戍主。朐山滨海孤绝，人情未安，崇祖浮舟水侧，欲有急则逃入海。魏东徐州刺史成固公戍围城,崇祖部将有罪,亡降魏。成固公遣步骑二万袭朐山,去城二十里。崇祖方出送客,城中人惊惧,皆下船欲去。崇祖还,谓腹心曰:"虏非有宿谋,承叛者之言而来耳,易诳也。今得百余人还,事必济矣。但人情一骇,不可敛集。卿等可亟去此一里外,大呼而来云:'艾塘义人已得破虏,须戍军速往,相助逐之。'"舟中人果喜,争上岸。崇祖引入,据城,遣羸弱入岛,人持两炬火,登山鼓噪。魏参骑以为军备甚盛,乃退。上以崇祖为北琅邪、兰陵二郡太守。

垣荣祖亦自彭城奔朐山,以奉使不效,畏罪不敢出,往依萧道成于淮阴。荣祖少学骑射,或谓之曰:"武事可畏,何不学书?"荣祖曰:"昔曹公父子上马横槊,下马谈咏,此于天下,可不负饮食矣。君辈无自全之伎,何异犬羊乎!"刘善明从弟僧副将部曲二千人避魏居海岛,道成亦召而抚之。

魏于天宫寺作大像,高四十三尺,用铜十万斤,黄金六百斤。

魏尉元遣孔伯恭帅步骑一万拒沈攸之,又以攸之前败所丧士卒瘃堕膝行者悉还攸之,以沮其气。上寻悔遣攸之等,复召使还。攸之至焦墟,去下邳五十余里,陈显达引兵迎攸之至睢清口,伯恭击破之。攸之引兵退,伯恭追击之,攸之大败,龙骧将军姜(彦)〔产〕之等战没。攸之创重,入保显达营,丁酉夜,众溃,攸之轻骑南走,委弃军资、器械以万计,还屯淮阴。

尉元以书谕徐州刺史王玄载,玄载弃下邳走,魏以陇西辛绍先为下邳太守。绍先不尚苛察,务举大纲,教民治生御寇而已,由是下邳安之。

孔伯恭进攻宿豫,宿豫戍将鲁僧遵亦弃城走。魏将孔大恒等将千骑南攻淮阳,淮阳太守崔武仲焚城走。

慕容白曜进屯瑕丘。崔道固之未降也,绥边将军房法寿为王玄邈司马,屡破道固军,历城人畏之。及道固降,皆罢兵。道固畏法寿扇动百姓,迫遣法寿使还建康。会从弟崇吉自升城来,以母妻为魏所获,谋于法寿。法寿雅不欲南行,怨道固迫之。时道固遣兼治中房灵宾督清河、广川二郡事,戍磐阳,法寿乃与崇吉谋袭磐阳,据之,降于慕容白曜,以赎崇吉母妻。道固遣兵攻之,白曜自瑕丘遣将军长孙观救磐阳,道固兵退。白曜表冠军将军韩麒麟与法寿对为冀州刺史,以法寿从弟灵民、思顺、灵悦、伯怜、伯玉、叔玉、思安、幼安等八人皆为郡守。

白曜自瑕丘引兵攻崔道固于历城,遣平东将军长孙陵等攻沈文秀于东阳。道固拒守不降,白曜筑长围守之。陵等至东阳,文秀请降。陵等入其西郭,纵士卒暴掠,文秀悔怒,闭城拒守,击陵等,破之。陵等退屯清西,屡进攻城,不克。

癸卯,大赦。

戊申,魏主夫人生子宏。夫人,惠之女也。冯太后自抚养宏;顷之,还政于魏主。魏主始亲国事,勤于为治,赏罚严明,拔清节,黜贪污,于是魏之牧守始有以廉洁著闻者。

太中大夫徐爰,自太祖时用事,素不礼于上。上衔之,诏数其奸佞之罪,徙交州。

冬,十月,辛巳,诏徙义阳王昶为晋熙王,使员外郎李丰以金千两赎昶于魏。魏人弗许,使昶与上书,为兄弟之仪。上责其不称臣,不答。魏主复使昶与上书,昶辞曰:"臣本实或兄,未经为臣。若改前书,事为二敬;苟或不改,彼所不纳。臣不敢奉诏。"乃止。魏人爱重昶,凡三尚公主。

十一月,乙卯,分徐州置东徐州,以辅国将军张谠为刺史。

十二月,庚戌,以幽州刺史刘休宾为兖州刺史。休宾之妻,崔邪利之女也,生子文晔,与邪利皆没于魏。慕容白曜将其妻子至梁邹城下示之,休宾密遣主簿尹文达至历城见白曜,且视其妻子。休宾欲降,而兄子闻慰不可。白曜使人至城下呼曰:"刘休宾数遣人来见仆射约降,何故违期不至!"由是城中皆知之,共禁制休宾不得降,魏兵围之。

魏西河公石复攻汝阴,汝阴有备,无功而还。常珍奇虽降于魏,实怀贰心,刘勔复以书招之。会西河公石攻汝阴,珍奇乘虚烧劫悬瓠,驱掠上蔡、安成、平舆三县民,屯于灌水。

四年(戊申、468)

春,正月,己未,上祀南郊,大赦。

魏汝阳司马赵怀仁帅众寇武津,豫州刺史刘勔遣龙骧将军申元德击破之,又斩魏于都公阒于拔于汝阳台东,获运车千三百乘。魏复寇义阳,勔使司徒参军孙台瓘击破之。

淮西民贾元友上书,陈伐魏取陈、蔡之策。上以其书示刘勔,勔上言:"元友称'虏主幼弱,内外多难,天亡有期'。臣以为虏自去冬蹈藉王土,磐据数郡,百姓残亡。今春以来,连城围逼,国家未能复境,何暇灭虏!元友所陈,率多夸诞狂谋,皆非实,言之甚易,行之甚难。臣窃寻元嘉以来,伧荒远人,多干国议,负担归阙,皆劝讨虏,从来信纳,皆贻后悔。境上之人,唯视强弱,王师至彼,必壶浆候涂,裁见退军,便抄截蜂起。此前后所见,明验非一也。"上乃止。

魏尉元遣使说东徐州刺史张谠,谠以团城降魏。魏以中书侍郎高闾与谠对为东徐州刺史,李璨与毕众敬对为东兖州刺史。元又说兖州刺史王整、兰陵太守桓忻,整、忻皆降于魏。魏以元为开府仪同三司、都督徐、南、北兖三州诸军事、徐州刺史,镇彭城。召薛安都、毕众敬入朝,至平城,魏以上客待之,群从皆封侯,赐第宅,资给甚厚。

慕容白曜围历城经年,二月,庚寅,拔其东郭。癸巳,崔道固面缚出降。白曜遣道固之子景业与刘文晔同至梁邹,刘休宾亦出降。白曜送道固、休宾及其僚属于平城。

辛丑,以前龙骧将军常珍奇为都督司、北豫二州诸军事、司州刺史。魏西河公石攻之,珍奇单骑奔寿阳。

乙巳,车骑大将军、曲江庄公王玄谟卒。

三月,魏慕容白曜进围东阳。

上以崔道固兄子僧祐为辅国将军,将兵数千从海道救历城,至不其,闻历城已没,遂降于魏。

交州刺史刘牧卒。州人李长仁杀牧北来部曲,据州反,自称刺史。

广州刺史羊希使晋康太守沛郡刘思道伐俚。思道违节度,失利,希遣收之。思道帅所领攻州,希兵败而死。龙骧将军陈伯绍将兵伐俚,还,击思道,擒斩之。希,玄保之兄子也。

夏,四月,己卯,复减郡县田租之半。

徙东海王祎为庐江王,山阳王休祐为晋平王。上以废帝谓祎为驴王,故以庐江封之。

刘勔败魏兵于许昌。

魏以南郡公李惠为征南大将军、仪同三司、都督关右诸军事、雍州刺史,进爵为王。

五月,乙卯,魏主畋于崞山,遂如繁畤。辛酉,还宫。

六月,魏以昌黎王冯熙为太傅。熙,太后之兄也。

秋,七月,庚申,以骁骑将军萧道成为南兖州刺史。

八月,戊子,以南康相刘勃为交州刺史。

上以沈文秀之弟征北中兵参军文静为辅国将军,统高密等五郡军事,自海道救东阳。至不其城,为魏所断,因保城自固。魏人攻之,不克。

辛卯,分青州置东青州,以文静为刺史。

九月,辛亥,魏立皇叔桢为南安王,长寿为城阳王,太洛为章武王,休为安定王。

冬,十月,癸酉朔,日有食之。发诸州兵北伐。

十一月,李长仁遣使请降,自贬行州事,许之。

十二月,魏人拔不其城,杀沈文静,入东阳西郭。

义嘉之乱,巫师请发脩宁陵,戮玄宫为厌胜。是岁,改葬昭太后。

先是,中书侍郎、舍人皆以名流为之。太祖始用寒士秋当,世祖犹杂选士庶,巢尚之、戴法兴皆用事。友上即位,尽用左右细人,游击将军阮佃夫、中书通事舍人王道隆、员外散骑侍郎杨运长等,并参预政事,权亚人主,巢、戴所不及也。佃夫尤恣横,人有顺迕,祸福立至。大纳货赂,所饷减二百匹绢,则不报书。园宅饮馔,过于诸王,妓乐服饰,宫掖不如也。朝士贵贱,莫不自结。仆隶皆不次除官,捉车人至虎贲中郎将,马士至员外郎。

五年(己酉、469)

春,正月,癸亥,上耕籍田,大赦。

沈文秀守东阳,魏人围之三年,外无救援,士卒昼夜拒战,甲胄生虮虱,无离叛之志。乙丑,魏人拔东阳。文秀解戎服,正衣冠,取所持节坐斋内。魏兵交至,问:"沈文秀何在?"文秀厉声曰:"身是!"魏人执之,去其衣,缚送慕容白曜,使之拜,文秀曰:"各为两国大臣,何拜之有!"白曜还其衣,为之设馔,锁送平城。魏主数其罪而宥之,待为下客,给恶衣疏食。既而重其不屈,稍嘉礼之,拜外都下大夫。于是青、冀之地尽入于魏矣。

戊辰,魏平昌宣王和其奴卒。

二月,己卯,魏以慕容白曜为都督青、齐、东徐三州诸军事、征南大将军、开府仪同三司、青州刺史,进爵济南王。白曜抚御有方,东人安之。

魏自天安以来,比岁旱饥,重以青、徐用兵,山东之民疲于赋役。显祖命因民贫富,为三等输租之法,等为三品:上三品输平城,中输它州,下输本州。又,魏旧制,常赋之外,有杂调十五,至是悉罢之,由是民稍赡给。

河东柳欣慰等谋反,欲立太尉庐江王祎。祎自以于帝为兄,而帝及诸兄弟皆轻之,遂与欣慰等通谋相酬和。征北谘议参军杜幼文告之。丙申,诏降祎为车骑将军、开府仪同三司、南豫州刺史,出镇宣城,帝遣腹心杨运长领兵防卫。欣慰等并伏诛。

三月,魏人寇汝阴,太守杨文苌击却之。

夏,四月,丙申,魏大赦。

五月,魏徙青、齐民于平城,置升城、历城民望于桑乾,立平齐郡以居之。自余悉为奴婢,分赐百官。

魏沙门统昙曜奏:"平齐户及诸民有能岁输谷六十斛入僧曹者,即为僧祇户,粟为僧祇粟,遇凶岁,赈给饥民。"又请:"民犯重罪及官奴,以为佛图户,以供诸寺扫洒。"魏主并许之。于是僧祇户、粟及寺户遍于州镇矣。

六月,魏立皇子宏为太子。

癸酉,以左卫将军沈攸之为郢州刺史。

上又令有司奏庐江王祎忿怼有怨言,请穷治,不许。丁丑,免祎官爵,遣大鸿胪持节奉诏责祎,因逼令自杀,子辅国将军充明废徙新安。

冬,十月,丁卯朔,日有食之。

魏顿(兵)〔丘〕王李峻卒。

十一月,丁未,魏复遣使来修和亲,自是信使岁通。

闰月,戊子,以辅师将军孟阳为兖州刺史,始治淮阴。

十二月,戊戌,司徒建安王休仁解扬州。休仁年与上邻亚,素相友爱,景和之世,上赖其力以脱祸。及泰始初,四方兵起,休仁亲当矢石,克成大功,任总百揆,亲寄甚隆,由是朝野辐凑,上渐不悦。休仁悟其旨,故表解扬州。己未,以桂阳王休范为扬州刺史。

分荆州之巴东、建平,益州之巴西、梓潼郡,置三巴校尉,治白帝。先是,三峡蛮、獠岁为抄暴,故立府以镇之。上以司徒参军东莞孙谦为巴东、建平二郡太守。谦将之官,敕募千人自随,谦曰:"蛮夷不宾,盖待之失节耳。何烦兵役,以为国费。"固辞不受。至郡,开布恩信,蛮、獠翕然怀之,竞饷金宝,谦皆慰谕,不受。

临海贼帅田流自称东海王,剽掠海盐,杀鄞令,东土大震。

六年(庚戌、470)

春,正月,乙亥,初制间二年一祭南郊,间一年一祭明堂。

二月,壬寅,以司徒休仁为太尉,领司徒,固辞。

癸丑,纳江智渊孙女为太子妃。甲寅,大赦。令百官皆献物,始兴太守孙奉伯止献琴、书,上大怒,封药赐死,既而原之。

魏以东郡王陆定国为司空。定国,丽之子也。

魏主遣征西大将军上党王长孙观击吐谷浑。

夏,四月,辛丑,魏大赦。

戊申,魏长孙观与吐谷浑王拾寅战于曼头山,拾寅败走,遣别驾康盘龙入贡,魏主囚之。

癸亥,立皇子燮为晋熙王,奉晋熙王昶后。

五月,魏立皇弟长乐为建昌王。

六月,癸卯,以江州刺史王景文为尚书左仆射、扬州刺史,以尚书仆射袁粲为右仆射。

上宫中大宴,裸妇人而观之,王后以扇障面。上怒曰:"外舍寒乞,今共为乐,何独不视?"后曰:"为乐之事,其方自多。岂有姑姊妹集而裸妇人以为笑!外舍之乐,雅异于此。"上大怒,遣后起。后兄景文闻之,曰:"后在家劣弱,今段遂能刚正如此。"

南兖州刺史萧道成在军中久,民间或言道成有异相,当为天子。上疑之,征为黄门侍郎、越骑校尉。道成惧,不欲内迁,而无计得留。冠军参军广陵荀伯玉劝道成遣数十骑入魏境，安置标榜，魏果遣游骑数百履行境上，道成以闻，上使道成复本任。秋，九月，命道成迁镇淮阴。以侍中、中领军刘勔为都督南徐、兖等五州诸军事，镇广陵。

戊寅，立总明观，置祭酒一人，儒、玄、文、史学士各十人。

柔然部真可汗侵魏，魏主引群臣议之。尚书右仆射南平公目辰曰："若车驾亲征，京师危惧，不如持重固守。虏悬军深入，粮运无继，不久自退，遣将追击，破之必矣。"给事中张白泽曰："蠢尔荒愚，轻犯王略，若銮舆亲行，必望麾崩散，岂可坐而纵敌！以万乘之尊，婴城自守，非所以威服四夷也。"魏主从之。白泽，衮之孙也。

魏主使京兆王子推等督诸军出西道，任城王云等督诸军出东道，汝阴王赐等督诸军为前锋，陇西王源贺等督诸军为后继，镇西将军吕罗汉等掌留台事。诸将会魏主于女水之滨，与柔然战，柔然大败，乘胜逐北，斩首五万级，降者万余人，获戎马、器械不可胜计。旬有九日，往返六千余里。改女水曰武川。司徒东安王刘尼坐醉酣，军陈不整，免官。壬申，还至平城。

是时，魏百官不给禄，少能以廉白自立者。魏主诏："吏受所监临羊一口、酒一斛者死，与者以从坐论。有能纠告尚书已下罪状者，随所纠官轻重授之。"张白泽谏曰："昔周之下士，尚有代耕之禄。今皇朝贵臣，服勤无报。若使受礼者刑身，纠之者代职，臣恐奸人窥望，忠臣懈节，如此而求事简民安，不亦难乎！请依律令旧法，仍班禄以酬廉吏。"魏主乃为之罢新法。

冬，十月，辛卯，诏以世祖继体，陷宪无遗，以皇子智随为世祖子，立为武陵王。

初，魏乙浑专政，慕容白曜颇附之。魏主追以为憾，遂称白曜谋反，诛之，及其弟如意。

初，魏南部尚书李敷，仪曹尚书李䜣，少相亲善，与中书侍郎卢度世皆以才能为世祖、显祖所宠任，参像机密，出纳诏命。其后䜣出为相州刺史，受纳货赂，为人所告，敷掩蔽之。显祖闻之，槛车征䜣，案验服罪，当死。是时敷弟弈得幸于冯太后，帝意已疏之。有司以中旨讽䜣告敷兄弟阴事，可以得免。䜣谓其婿裴攸曰："吾与敷族世虽远，恩逾同生。今在事劝吾为此，吾情所不忍。每引簪自刺，解带自绞，终不得死。且吾安能知其阴事，将若之何？"攸曰："何为为人死也？有冯阐者，先为敷所败，其家深怨之。今询其弟，敷之阴事可得也。"䜣从之。又赵郡范摽条列敷兄弟事状凡三十余条。有司以闻，帝大怒，诛敷兄弟。䜣得减死，鞭髡配役。未几，复为太仓尚书，摄南部事。敷，顺之子也。

魏阳平王新成卒。

　　是岁,命龙骧将军义兴周山图将兵屯浃口讨田流,平之。

　　柔然攻于阗,于阗遣使者素目伽奉表诣魏求救。魏主命公卿议之,皆曰:"于阗去京师几万里,蠕蠕唯习野掠,不能攻城,若其可攻,寻已亡矣。虽欲遣师,势无所及。"魏主以议示使者,使者亦以为然。乃诏之曰:"朕应急救诸军以拯汝难。但去汝遐阻,必不能救当时之急,汝宜知之。朕今练甲养士,一二岁间,当躬帅猛将,为汝除患,汝其谨修警候,以待大举。"

资治通鉴卷第一百三十三

端明殿学士兼翰林侍读学士朝散大夫右谏议大夫充集贤殿修撰提举西京嵩　司马光　奉敕编集
山崇福宫上柱国河内郡开国侯食邑一千八百户食实封六百户赐紫金鱼袋臣

宋纪十五 起重光大渊献(辛亥),尽旃蒙单阏(乙卯),凡五年。

太宗明皇帝下

泰始七年(辛亥、471)

春,二月,戊戌,分交,广置越州,治临漳。

初,上为诸王,宽和有令誉,独为世祖所亲。即位之初,义嘉之党多蒙全宥,随才引用,有如旧臣。及晚年,更猜忌忍虐,好鬼神,多忌讳,言语、文书,有祸败、凶丧及疑似之言应回避者数百千品,有犯必加罪戮。改"骁"字为"马区",以其似祸字故也。左右忤意,往往有刽斫者。

时淮、泗用兵,府藏空竭,内外百官,并断俸禄。而上奢费过度,每所造器用,必为正御、副御、次副各三十枚。嬖幸用事,货赂公行。

上素无子,密取诸王姬有孕者内宫中,生男则杀其母,使宠姬子之。

至是寝疾,以太子幼弱,深忌诸弟。南徐州刺史晋平刺王休祐,前镇江陵,贪虐无度,上不使之镇,留之建康,遣上佐行府州事。休祐性刚很,前后忤上非一。上积不能平,且虑将来难制,欲方便除之。甲寅,休祐从上于岩山射雉,左右从者并在仗后。日欲暗,上遣左右寿寂之等数人,逼休祐令坠马,因共殴拉杀之,传呼:"骠骑落马。"上阳惊,遣御医络驿就视,比其左右至,休祐已绝。去车轮,舆还第。追赠司空,葬之如礼。

建康民间讹言,荆州刺史巴陵王休若有至贵之相,上以此言报之,休若忧惧。戊午,以休若代休祐为南徐州刺史。休若腹心将佐皆谓休若还朝,必不免祸。中兵参军京兆王敬先说休若曰:"今主上弥留,政成省阁,群竖恟恟,欲悉去宗支以便其私。殿下声著海内,受诏入朝,必往而不返。荆州带甲十余万,地方数千里,上可以匡天子,除奸臣,下可以保境土,全一身,孰与赐剑邸第,使臣妾饮泣而不敢葬乎!"休若素谨畏,伪许之。敬先出,使人执之,以白于上而诛之。

三月,辛酉,魏假员外散骑常侍邢祐来聘。

魏主使殿中尚书胡莫寒简西部敕勒为殿中武士。莫寒大纳货赂,众怒,杀莫寒及高平假镇将奚陵。夏,四月,诸部敕勒皆叛。魏主使汝阴王天赐将兵讨之,以给事中罗云为前锋;敕勒诈降,袭云,杀之,天赐仅以身免。

晋平剌王既死,建安王休仁益不自安。上与嬖臣杨运长等为身后之计,运长等亦虑上晏驾后,休仁秉政,己辈不得专权,弥赞成之。上疾尝暴甚,内外莫不属意于休仁,主书以下皆往东府访休仁所亲信,豫自结纳,其或在直不得出者,皆恐惧。上闻,愈恶之。五月,戊午,召休仁入见,既而谓曰:“今夕停尚书下省宿,明可早来。”其夜,遣人赍药赐死。休仁骂曰:“上得天下,谁之力邪!孝武以诛锄兄弟,子孙灭绝。今复为尔,宋祚其得久乎!”上虑有变,力疾乘舆出端门,休仁死,乃入。下诏称:“休仁规结禁兵,谋为乱逆,朕未忍明法,申诏诘厉。休仁惭恩惧罪,遽自引决。可宥其二子,降为始安县王,听其子伯融袭封。”

上虑人情不悦,乃与诸大臣及方镇诏,称:“休仁与休祐深相亲结,语休祐云:‘汝但作恶,此法自足安身;我从来颇得此力。’休祐之陨,本欲为民除患,而休仁从此日生娆惧。吾每呼令入省,便入辞杨太妃。吾春中多与之射雉,或阴雨不出,休仁辄语左右云:‘我已复得今一日。’休仁既经南讨,与宿卫将帅经习狎共事。吾前者积日失适,休仁出入殿省,无不和颜厚相抚劳。如其意趣,人莫能测。事不获已,反覆思惟,不得不有近日处分。恐当不必即解,故相报知。”

上与休仁素厚,虽杀之,每谓人曰:“我与建安年时相邻,少便款狎。景和、泰始之间,勋诚实重。事计交切,不得不相除,痛念之至,不能自已。”因流涕不自胜。

初,上在藩与褚渊以风素相善,及即位,深相委仗。上寝疾,渊为吴郡太守,急召之。既至,入见,上流涕曰:“吾近危笃,故召卿,欲使著黄褾耳。”黄褾者,乳母服也。上与渊谋诛建安王休仁,渊以为不可,上怒曰:“卿痴人!不足与计事!”渊惧而从命。复以渊为吏部尚书。庚午,以尚书右仆射袁粲为尚书令,褚渊为左仆射。

上恶太子屯骑校尉寿寂之勇健,会有司奏寂之擅杀逻将,徙越州,于道杀之。

丙戌,追废晋平王休祐为庶人。

巴陵王休若至京口,闻建安王死,益惧。上以休若和厚,能谐缉物情,恐将来倾夺幼主,欲遣使杀之,虑不奉诏;欲征入朝,又恐猜骇。六月,丁酉,以江州刺史桂阳王休范为南徐州刺史,以休若为江州刺史。手书殷勤,召休若使赴七月七日宴。

丁未,魏主如河西。

秋,七月,巴陵哀王休若至建康。乙丑,赐死于第,赠侍中、司空。复以桂阳王休范为江州刺史。时上诸弟俱尽,唯休范以人才凡劣,不为上所忌,故得全。

沈约论曰:圣人立法垂制,所以必称先王,盖由遗训余风,足以贻之来世也。太祖经国之义虽弘，隆家之道不足。彭城王照不窥古，徒见昆弟之义，未识君臣之礼，冀以家情行之国道，主猜而犹犯，恩薄而未悟，致以呵训之微行，遂成灭亲之大祸。开端树隙，垂之后人。太宗因易隙之情。据已行之典，剪落洪枝，不待顾虑。既而本根无庇，幼主孤立，神器以势弱倾移，灵命随乐推回改，斯盖履霜有渐，坚冰自至，所由来远矣。

裴子野论曰：夫噬虎之兽，知爱己子；搏狸之鸟，非护异巢。太宗保字螟蛉，剿拉同气，既迷在原之天属，未识父子之自然。宋德告终，非天废也。夫危亡之君，未尝不先弃本枝，妪煦旁孽，推诚婴犷，疾恶父兄。前乘覆车，后来并辔。借使叔仲有国，犹不失配天，而它人入室，将七庙绝祀，曾是莫怀，甘心揃落。晋武背文明之托，而覆中州者贾后；太祖弃初宁之誓，而登合殿者元凶。祸福无门，吴其豫择！友于兄弟，不亦安乎！

丙寅，魏主至阴山。

初，吴喜之讨会稽也，言于上曰："得寻阳王子房及诸贼帅，皆即于东戮之。"既而生送子房，释顾琛等。上以其新立大功，不问，而心衔之。及克荆州，剽掠，赃以万计。寿寂之死，喜为淮陵太守，督豫州诸军事，闻之，内惧，启乞中散大夫，上尤疑骇。或潜萧道成在淮阴有贰心于魏，上封银壶酒，使喜自持赐道成。道成惧，欲逃，喜以情告道成，且先为之饮，道成即饮之。喜还朝，保证道成。或密以启上，上以喜多计数，素得人情，恐其不能事幼主，乃召喜入内殿，与共言谑甚款，既出，赐以名馔。寻赐死，然犹发诏赗赐。

又与刘勔等诏曰："吴喜轻狡万端，苟取物情。昔大明中，黟、歙有亡命数千人，攻县邑，杀官长，刘子尚遣三千精甲讨之，再往失利。孝武以喜将数十人至县，说诱群贼，贼即归降。诡数幻惑，乃能如此。及泰始初东讨，正有三百人，直造三吴，凡再经薄战，而自破冈以东至海十郡，无不清荡。百姓闻吴河东来，便望风自退，若非积取三吴人情，何以得弹伏如此。寻喜心迹，岂可奉守文之主，遭国家可乘之会邪！譬如饵药，当人羸冷，资散石以全身，及热势发动，去坚积以止患，非忘其功，势不获已耳。"

戊寅，以淮阴为北兖州，征萧道成入朝。道成所亲以朝廷方诛大臣，劝勿就征，道成曰："诸卿殊不见事。主上自以太子稚弱，剪除诸弟，何预它人。今唯应速发，淹留顾望，必将见疑。且骨肉相残，自非灵长之祚，祸难将兴，方与卿等戮力耳。"既至，拜散骑常侍、太子左卫率。

八月，丁亥，魏主还平城。

戊子，以皇子跻继江夏文献王义恭。

庚寅，上疾有间，大赦。

戊戌,立皇子准为安成王,实桂阳王休范之子也。

魏显祖聪睿夙成,刚毅有断,而好黄、老、浮屠之学,每引朝士及沙门共谈玄理,雅薄富贵,常有遗世之心。以叔父中都大官京兆王子推沉雅仁厚,素有时誉,欲禅以帝位。时太尉源贺督诸军屯漠南,驰传召之。既至,会公卿大议,皆莫敢先言。任城王云,子推之弟也,对曰:"陛下方隆太平,临覆四海,岂得上违宗庙,下弃兆民。且父子相传,其来久矣。陛下必欲委弃尘务,则皇太子宜承正统。夫天下者,祖宗之天下。陛下若更授旁支,恐非先圣之意,启奸乱之心,斯乃祸福之原,不可不慎也。"源贺曰:"陛下今欲禅位皇叔,臣恐紊乱昭穆,后世必有逆祀之讥。愿深思任城之言。"东阳公丕等曰:"皇太子虽圣德早彰,然实冲幼。陛下富于春秋,始览万机,奈何欲隆独善,不以天下为心,其若宗庙何,其若亿兆何!"尚书陆馛曰:"陛下若舍皇太子,更议诸王,臣请刎颈殿庭,不敢奉诏。"帝怒,变色,以问宦者选部尚书酒泉赵黑,黑曰:"臣以死奉戴皇太子,不知其它。"帝默然。时太子宏生五年矣,帝以其幼,故欲传位子推。中书令高允曰:"臣不敢多言,愿陛下上思宗庙托付之重,追念周公抱成王之事。"帝乃曰:"然则立太子,群公辅之,有何不可!"又曰:"陆馛,直臣也,必能保吾子。"乃以馛为太保,与源贺持节奉皇帝玺绶传位于太子。丙午,高祖即皇帝位,大赦,改元延兴。

高祖幼有至性,前年,显祖病痈,高祖亲吮。及受禅,悲泣不自胜。显祖问其故,对曰:"代亲之感,内切于心。"

丁未,显祖下诏曰:"朕希心玄古,志存澹泊,爰命储宫,践升大位,朕得优游恭己,栖心浩然。"群臣奏曰:"昔汉高祖称皇帝,尊其父为太上皇,明不统天下也。今皇帝幼冲,万机大政,犹宜陛下总之。谨上尊号曰太上皇帝。"显祖从之。己酉,上皇徙居崇光宫,采椽不斫,土阶而已。国之大事咸以闻。崇光宫在北苑中,又建鹿野浮图于苑中之西山,与禅僧居之。

冬,十月,魏沃野、统万二镇敕勒叛。遣太尉源贺帅众讨之,降二千余落,追击余党至枹罕、金城,大破之,斩首八千余级,虏男女万余口,杂畜三万余头。诏贺都督三道诸军,屯于漠南。

先是,魏每岁秋、冬发军,三道并出,以备柔然,春中乃还。贺以为:"往来疲劳,不可支久。请募诸州镇武健者三万余人,筑三城以处之,使冬则讲武,春则耕种。"不从。

庚寅,魏以南安王桢为都督凉州及西戎诸军事,领护西域校尉,镇凉州。

上命北琅邪、兰陵二郡太守垣崇祖经略淮北,崇祖自郁洲将数百人入魏境七百里,据蒙山。十一月,魏东兖州刺史于洛侯击之,崇祖引还。

上以故第为湘宫寺,备极壮丽,欲造十级浮图而不能,乃分为二。新安太守巢尚之罢郡入见,上谓曰:"卿至湘宫寺未?此是我大功德,用钱不少。"通直散骑侍郎会稽虞愿侍侧,曰:"此皆百姓卖儿贴妇钱所为,佛若有知,当慈悲嗟愍。罪高浮图,何功德之有!"侍坐者失色。上怒,使人驱下殿。愿徐去,无异容。上好围棋,棋甚拙,与第一品彭城丞王抗围棋,抗每假借之,曰:"皇帝飞棋,臣抗不能断。"上终不悟,好之愈笃。愿又曰:"尧以此教丹朱,非人主所宜好也。"上虽怒甚,以愿王国旧臣,每优容之。

王景文常以盛满为忧,屡辞位任,上不许。然中心以景文外戚贵盛,张永累经军旅,疑其将来难信,乃自为谣言曰:"一士不可亲,弓长射杀人。"景文弥惧,自表解扬州,情甚切至。诏报曰:"人居贵要,但问心若为耳。大明之世,巢、徐、二戴,位不过执戟,权亢人主。今袁粲作仆射领选,而人往往不知有粲,粲迁为令,居之不疑。人情向粲,淡然亦复不改常日。以此居贵位要任,当有致忧竟不?夫贵高有危殆之惧,卑贱有沟壑之忧,有心于避祸,不如无心于任运,存亡之要,巨细一揆耳。"

泰豫元年(壬子、472)

春,正月,甲寅朔,上以疾久不平,改元。戊午,皇太子会四方朝贺者于东宫,并受贡计。

大阳蛮酋桓诞拥沔水以北、滍、叶以南八万余落降于魏,自云桓玄之子,亡匿蛮中,以智略为群蛮所宗。魏以诞为征南将军、东荆州刺史、襄阳王,听自选郡县吏。使起部郎京兆韦珍与诞安集新民,区置诸事,皆得其所。

二月,柔然侵魏,上皇遣将击之,柔然走。东部敕勒叛奔柔然,上皇自将追之,至石碛,不及而还。

上疾笃,虑晏驾之后,皇后临朝,江安懿侯王景文以元舅之势,必为宰相,门族强盛,或有异图。己未,遣使赍药赐景文死,手敕曰:"与卿周旋,欲全卿门户,故有此处分。"敕至,景文正与客棋,叩函看已,复置局下,神色不变。方与客思行争劫,局竟,敛子内奁毕,徐曰:"奉敕见赐以死。"方以敕示客。中直兵焦度赵智略愤怒,曰:"大丈夫安能坐受死!州中文武数百,足以一奋。"景文曰:"知卿至心;若见念者,为我百口计。"乃作墨启答敕致谢,饮药而卒。赠开府仪同三司。

上梦有人告曰:"豫章太守刘愔反。"既寤,遣人就郡杀之。

魏显祖还平城。

庚午,魏主耕籍田。

夏,四月,以垣崇祖行徐州事,徙戍龙沮。

己亥,上大渐,以江州刺史桂阳王休范为司空,又以尚书右仆射褚渊为护军将军,加中领军刘勔右仆射,诏渊、勔与尚书令袁粲、荆州刺史蔡兴宗、郢州刺史沈攸之并受顾命。褚渊素与萧道成善,引荐于上,诏又以道成为右卫将军,领卫尉,与袁粲等共掌机事。是夕,上殂。庚子,太子即皇帝位,大赦。时苍梧王方十岁,袁粲、褚渊秉政,承太宗奢侈之后,务弘节俭,欲救其弊,而阮佃夫、王道隆等用事,货赂公行,不能禁也。

乙巳,以安成王准为扬州刺史。

五月,戊寅,葬明皇帝于高宁陵,庙号太宗。六月,乙巳,尊皇后曰皇太后,立妃江氏为皇后。

秋,七月,柔然部帅无卢真将三万骑寇魏敦煌,镇将尉多侯击走之。多侯,眷之子也。又寇晋昌,守将薛奴击走之。

戊午,魏主如阴山。

戊辰,尊帝母陈贵妃为皇太妃,更以诸国太妃为太姬。

右军将军王道隆以蔡兴宗强直,不欲使居上流,闰月,甲辰,以兴宗为中书监,更以沈攸之为都督荆、襄等八州诸军事、荆州刺史。兴宗辞中书监不拜。王道隆每诣兴宗,蹑履到前,不敢就席,良久去,竟不呼坐。

沈攸之自以才略过人,自至夏口以来,阴蓄异志。及徙荆州,择郢州士马、器仗精者,多以自随。到官,以讨蛮为名,大发兵力,招聚才勇,部勒严整,常如敌至。重赋敛以缮器甲,旧应供台者皆割留之,养马至二千余匹,治战舰近千艘,仓廪、府库莫不充积。士子、商旅过荆州者,多为所羁留;四方亡命归之者,皆蔽匿拥护;所部或有逃亡,无远近穷追,必得而止。举错专恣,不复承用符敕,朝廷疑而惮之。为政刻暴,或鞭挞士大夫,上佐以下,面加詈辱。然吏事精明,人不敢欺,境内盗贼屏息,夜户不闭。

攸之赋罚群蛮太甚,又禁五溪鱼盐,蛮怨叛。西溪蛮王田头拟死,弟娄侯篡立,其子田都走入獠中。于是群蛮大乱,掠抄至武城下。武陵内史萧嶷遣队主张英儿击破之,诛娄侯,立田都,群蛮乃定。嶷,赜之弟也。

八月,戊午,乐安宣穆公蔡兴宗卒。

九月,辛巳,魏主还平城。

冬,十月,柔然侵魏,及五原。十一月,上皇自将讨之。将度漠,柔然北走数千里,上皇乃还。

丁亥,魏封上皇之弟略为广川王。

己亥,以郢州刺史刘秉为尚书左仆射。秉,道怜之孙也,和弱无干能,以宗室清令,故袁、褚引之。

中书通事舍人阮佃夫加给事中、辅国将军,权任转重,欲用其所亲吴郡张澹为武陵郡,袁粲等皆不同,佃夫称敕施行,粲等不敢执。

魏有司奏诸祠祀合一千七十五所,岁用牲七万五千五百。上皇恶其多杀,诏:"自今非天地、宗庙、社稷,皆勿用牲,荐以酒脯而已。"

苍梧王上

元徽元年(癸丑、473)

春,正月,戊寅朔,改元,大赦。

庚辰,魏员外散骑常侍崔演来聘。

戊戌,魏上皇还,至云中。

癸丑,魏诏守令劝课农事,同部之内,贫富相通。家有兼牛,通借无者,若不从诏,一门终身不仕。

戊午,魏上皇至平城。

甲戌,魏诏:"县令能静一县劫盗者,兼治二县,即食其禄;能静二县者,兼治三县,三年迁为郡守。二千石能静二郡,上至三郡,亦如之,三年迁为刺史。"

桂阳王休范,素凡讷,少知解,不为诸兄所齿遇,物情亦不向之,故太宗之末得免于祸。及帝即位,年在冲幼,素族秉政,近习用权,休范自谓尊亲莫二,应入为宰辅,既不如志,怨愤颇甚。典签新蔡许公舆为之谋主,令休范折节下士,厚相资给,于是远近赴之,岁中万计,收养勇士,缮治器械。朝廷知其有异志,亦阴为之备。会夏口阙镇,朝廷以其地居寻阳上流,欲使腹心居之。二月,乙亥,以晋熙王燮为郢州刺史。燮始四岁,以黄门郎王奂为长史,行府州事,配以资力,使镇夏口。复恐其过寻阳为休范所劫留,使自太洑径去。休范闻之,大怒,密与许公舆谋袭建康,表治城(湟)〔隍〕,多解材板而蓄之。奂,景文之兄子也。

吐谷浑王拾寅寇魏浇河。夏,四月,戊申,魏以司空长孙观为大都督,发兵讨之。

魏以孔子二十八世孙乘为崇圣大夫,给十户以供洒扫。

秋,七月,魏诏:"河南六州之民,户收绢一匹,绵一斤,租三十石。"

乙亥,魏主如阴山。

八月,庚申,魏上皇如河西。

长孙观入吐谷浑境,刈其秋稼。吐谷浑王拾寅窘急请降,遣子斤入侍。自是岁修职贡。

九月,辛巳,上皇还平城。

遣使如魏。

冬,十月,癸酉,割南兖、豫州之境置徐州,治钟离。

魏上皇将入寇,诏州郡之民十丁取一以充行,户收租五十石以备军粮。

魏武都氏反,攻仇池,诏长孙观回师讨之。

武都王杨僧嗣卒于葭芦,从弟文度自立为武兴王,遣使降魏,魏以文度为武兴镇将。

十一月,丁丑,尚书令袁粲以母忧去职。

癸巳,魏上皇南巡,至怀州。枋头镇将代人薛虎子,先为冯太后所黜,为门士。时山东饥,盗贼竞起,相州民孙诲等五百人称虎子在镇,境内清晏,乞还虎子。上皇复以虎子为枋头镇将,即日之官,数州盗贼皆息。

十二月,癸卯朔,日有食之。

乙巳,江州刺史桂阳王休范进位太尉。

诏起袁粲,以卫军将军摄职,粲固辞。

壬子,柔然侵魏,柔玄镇二部敕勒应之。

魏州镇十一水旱,相州民饿死者二千八百余人。

是岁,魏妖人刘举聚众自称天子。齐州刺史武昌王平原讨斩之。平原,提之子也。

二年(甲寅、474)

春,正月,丁丑,魏太尉源贺以疾罢。

二月,甲辰,魏上皇还平城。

三月,丁亥,魏员外散骑常侍许赤虎来聘。

夏,五月,壬午,桂阳王休范反。掠民船,使军队称力请受,付以材板,合手装治,数日即办。丙戌,休范帅众二万、骑五百发寻阳,昼夜取道。以书与诸执政,称:"杨运长、王道隆蛊惑先帝,使建安、巴陵二王无罪被戮。望执录二竖,以谢冤魂。"

庚寅,大雷戍主杜道欣驰下告变,朝廷惶骇。护军褚渊、征北将军张永、领军刘勔、仆射刘秉、右卫将军萧道成、游击将军戴明宝、骁骑将军阮佃夫、右军将军王道隆、中书舍人孙千龄、员外郎杨运长集中书省计事,莫有言者。道成曰:"昔上流谋逆,皆因淹缓致败,休范必远惩前失,轻兵急下,乘我无备。今应变之术,不宜远出,若偏师失律,则大沮众心。宜顿新亭、白下,坚守宫城、东府、石头,以待贼至。千里孤军,后无委积,求战不得,自然瓦解。我请顿新亭以当其锋,征北守白下,领军屯宣阳门为诸军节度;诸贵安坐殿中,不须竞出,我自破贼必矣。"因索笔下议,众并注"同"。孙千龄阴与休范通谋,独曰:"宜依旧遣军据梁山。"道成正色曰:"贼今已近,梁山岂可得至!新亭既是兵冲,所欲以死报国耳。常时乃可屈曲相从,今不得也。"坐起,道成顾谓刘勔曰:"领军已同鄙议,不可改易。"袁粲闻难,扶曳入殿。即日,内外戒严。

道成将前锋兵出屯新亭,张永屯白下,前南兖州刺史沈怀明戍石头,袁粲、褚渊入卫殿省。时仓猝,不暇授甲,开南、北二武库,随将士意所取。

萧道成至新亭,治城垒未毕,辛卯,休范前军已至新林。道成方解衣高卧,以安众心,徐索白虎幡,登西垣,使宁朔将军高道庆、羽林监陈显达、员外郎王敬则帅舟师与休范战,颇有杀获。壬辰,休范自新林舍舟步上,其将丁文豪请休范直攻台城。休范遣文豪别将兵趣台城,自以大众攻新亭垒。道成帅将士悉力拒战,自巳至午,外势愈盛,众皆失色,道成曰:"贼虽多而乱,寻当破矣。"

休范白服,乘肩舆,自登城南临沧观,以数十人自卫。屯骑校尉黄回与越骑校尉张敬儿谋诈降以取之。回谓敬儿曰:"卿可取之,我誓不杀诸王。"敬儿以白道成,道成曰:"卿能办事,当以本州相赏。"乃与回出城南,放仗走,大呼称降。休范喜,召至舆侧,回阳致道成密意,休范信之,以二子德宣、德嗣付道成为质。二子至,道成即斩之。休范置回、敬儿于左右,所亲李恒、钟爽谏,不听。时休范日饮醇酒,回见休范无备,目敬儿,敬儿夺休范防身刀,斩休范首,左右皆散走。敬儿驰马持首归新亭。

道成遣队主陈灵宝送休范首还台。灵宝道逢休范兵,弃首于水,挺身得达,唱云"已平",而无以为验,众莫之信。休范将士亦不之知,其将杜黑骡攻新亭甚急。萧道成在射堂,司空主簿萧惠朗帅敢死士数十人突入东门,至射堂下。道成上马,帅麾下搏战,惠朗乃退,道成复得保城。惠朗,惠开之弟也,其姊为休范妃。惠朗兄黄门郎惠明,时为道成军副,在城内,了不自疑。

道成与黑骡拒战,自晡达旦,矢石不息。其夜,大雨,鼓叫不复相闻。将士积日不得寝食,军中马夜惊,城内乱走,道成秉烛正坐,厉声呵之,如是者数四。

丁文豪破台军于皂荚桥,直至朱雀桁南,杜黑骡亦舍新亭北趣朱雀桁。右军将军王道隆将羽林精兵在朱雀门内,急召鄱阳忠昭公刘勔于石头。勔至,命撤桁以折南军之势,道隆怒曰:"贼至,但当急击,宁可开桁自弱邪!"勔不敢复言。道隆趣勔进战,勔渡桁南,战败而死。黑骡等乘胜渡淮,道隆弃众走还台,黑骡兵追杀之。黄门侍郎王蕴重伤,踣于御沟之侧,或扶之以免。蕴,景文之兄子也。于是中外大震,道路皆云"台城已陷",白下、石头之众皆溃,张永、沈怀明逃还。宫中传新亭亦陷,太后执帝手泣曰:"天下败矣!"

先是,月犯右执法,太白犯上将,或劝刘勔解职。勔曰:"吾执心行己,无愧幽明,若灾眚必至,避岂得免?"勔晚年颇慕高尚,立园宅,名为东山,遗落世务,罢遣部曲。萧道成谓勔曰:"将军受顾命,辅幼主,当此艰难之日,而深尚从容,废省羽翼,一朝事至,悔可追乎!"勔不从而败。

甲午,抚军长史褚澄开东府门纳南军,拥安成王准据东府,称桂阳王教曰:

"安成王,吾子也,勿得侵犯。"澄,渊之弟也。杜黑骡径进至杜姥宅,中书舍人孙千龄开承明门出降,宫省怔扰。时府藏已竭,皇太后、太妃剔取宫中金银器物以充赏,众莫有斗志。

俄而丁文豪之众知休范已死,稍谷退散。文豪厉声曰:"我独不能定天下邪!"许公舆诈称桂阳王在新亭,士民惶惑,诣萧道成垒投刺者以千数。道成得,皆焚之,登北城谓曰:"刘休范父子昨已就戮,尸在南冈下。身是萧平南,诸君谛视之,名刺皆已焚,勿忧惧也。"

道成遣陈显达、张敬儿及辅师将军任农夫、马军主东平周盘龙等将兵自石头济淮,从承明门入卫宫省。袁粲慷慨谓诸将曰:"今寇贼已逼,而众情离沮。孤子受先帝付托,不能绥靖国家,请与诸君同死社稷!"被甲上马,将驱之。于是陈显达等引兵出战,大破杜黑骡于杜姥宅,飞矢贯显达目。丙申,张敬儿等又破黑骡等于宣阳门,斩黑骡及丁文豪,进克东府,余党悉平。萧道成振旅还建康,百姓缘道聚观,曰:"全国家者此公也。"道成与袁粲、褚渊、刘秉皆上表引咎解职,不许。丁酉,解严,大赦。

柔然遣使来聘。

六月,庚子,以平南将军萧道成为中领军、南兖州刺史,留卫建康,与袁粲、褚渊、刘秉更日入直决事,号为"四贵"。

桂阳王休范之反也,使道士陈公昭作《天公书》,题云"沈丞相",付荆州刺史沈攸之门者。攸之不开视,推得公昭,送之朝廷。及休范反,攸之谓僚佐曰:"桂阳必声言我与之同。若不颠沛勤王,必增朝野之惑。"乃与南徐州刺史建平王景素、郢州刺史晋熙王燮、湘州刺史王僧虔、雍州刺史张兴世同举兵讨休范。休范留中兵参军毛惠连等守寻阳,燮遣中兵参军冯景祖袭之。癸卯,惠连等开门请降,杀休范二子,诸镇皆罢兵。景素,宏之子也。

乙卯,魏诏曰:"下民凶戾,不顾亲戚,一人为恶,殃及阖门。朕为民父母,深所愍悼。自今非谋反、大逆、外叛,罪止其身。"于是始罢门、房之诛。

魏显祖勤于为治,赏罚严明,慎择牧守,进廉退贪。诸曹疑事,旧多奏决,又口传诏敕,或致矫擅。上皇命事无大小,皆据律正名,不得为疑奏,合则制可,违则弹诘,尽用墨诏,由是事皆精审。尤重刑罚,大刑多令覆鞫,或囚系积年。群臣颇以为言,上皇曰:"滞狱诚非善治,不犹愈于仓猝而滥乎!夫人幽苦则思善,故智者以图圄为福堂,朕特苦之,欲其改悔而加矜恕尔。"由是囚系虽滞,而所刑多得其宜。又以赦令长奸,故自延兴以后,不复有赦。

秋,七月,庚辰,立皇弟友为邵陵王。

乙酉,加荆州刺史沈攸之开府仪同三司,攸之固辞。执政欲征攸之而惮于发命,乃以太后令遣中使谓曰:"公久劳于外,宜还京师。任寄实重,未欲轻之,进退可否,在公所择。"攸之曰:"臣无廊庙之资,居中实非其才。至于扑讨蛮、蜑,克清江、汉,不敢有辞。虽自上如此,去留伏听朝旨。"乃止。

癸巳,柔然寇魏敦煌,尉多侯击破之。尚书奏:"敦煌僻远,介居西、北强寇之间,恐不能自固,请内徙就凉州。"群臣集议,皆以为然。给事中昌黎韩秀独以为:"敦煌之置,为日已久。虽逼强寇,人习战斗,纵有草窃,不为大害,循常置戍,足以自全。而能隔阂西、北二虏,使不得相通。今徙就凉州,不唯有蹙国之名,且姑臧去敦煌千有余里,防逻甚难,二虏必有交通窥窬之志。若骚动凉州,则关中不得安枕。又,士民或安土重迁,招引外寇,为国深患,不可不虑也。"乃止。

九月,丁酉,以尚书令袁粲为中书监、领司徒,加褚渊尚书令,刘秉丹杨尹。粲固辞,求反居墓所,不许。

渊以褚澄为吴郡太守,司徒左长史萧惠明言于朝曰:"褚澄开门纳贼,更为股肱大郡,王蕴力战几死,弃而不收。赏罚如此,何忧不乱!"渊甚惭。冬,十月,庚申,以侍中王蕴为湘州刺史。

十一月,丙戌,帝加元服,大赦。

十二月,癸亥,立皇弟跻为江夏王,赞为武陵王。

是岁,魏建安贞王陆馛卒。

三年(乙卯、475)

春,正月,辛巳,帝祀南郊、明堂。

萧道成以襄阳重镇,张敬儿人位俱轻,不欲使居之,而敬儿求之不已,谓道成曰:"沈攸之在荆州,公知其欲何所作? 不出敬儿,以表里制之,恐非公之利。"道成笑而无言。三月,己巳,以骁骑将军张敬儿为都督雍、梁二州诸军事、雍州刺史。

沈攸之闻敬儿上,恐其见袭,阴为之备。敬儿既至,奉事攸之,亲敬甚至,动辄咨禀,信馈不绝。攸之谓为诚然,酬报款厚。累书欲因游猎会境上,敬儿报以为"心期有在,影迹不宜过敦。"攸之益信之。敬儿得其事迹,皆密白道成。道成与攸之书,问:"张雍州迁代之日,将欲谁拟?"攸之即以示敬儿,欲以间之。

夏,五月,丙午,魏主使员外散骑常侍许赤虎来聘。

丁未,魏主如武州山。辛酉,如车轮山。

六月,庚午,魏初禁杀牛马。

袁粲、褚渊皆固让新官。秋,七月,庚戌,复以粲为尚书令。八月,庚子,加护军将军褚渊中书监。

冬,十二月,丙寅,魏徙建昌王长乐为安乐王。

己丑,魏城阳王长寿卒。

南徐州刺史建平王景素,孝友清令,服用俭素,又好文学,礼接士大夫,由是有美誉。太宗特爱之,异其礼秩。时太祖诸子俱尽,诸孙唯景素为长,帝凶狂失德,朝野皆属意于景素。帝外家陈氏深恶之,杨运长、阮佃夫等欲专权势,不利立长君,亦欲除之。其腹心将佐多劝景素举兵,镇军参军济阳江淹独谏之,景素不悦。是岁,防阁将军王季符得罪于景素,单骑亡奔建康,告景素谋反。运长等即欲发兵讨之,袁粲、萧道成以为不可。景素亦遣世子延龄诣阙自陈。乃徙季符于梁州,夺景素征北将军、开府仪同三司。

资治通鉴卷第一百三十四

端明殿学士兼翰林侍读学士朝散大夫右谏议大夫充集贤殿修撰提举西京嵩山崇福宫上柱国河内郡开国侯食邑一千八百户食实封六百户赐紫金鱼袋臣 司马光 奉敕编集

宋纪十六 起柔兆执徐（丙辰），尽著雍敦牂（戊午），凡三年。

苍梧王下

元徽四年（丙辰、476）

春、正月、己亥，帝耕籍田，大赦。

二月，魏司空东郡王陆定国坐恃恩不法，免官爵为兵。

魏冯太后内行不正，以李弈之死怨显祖，密行鸩毒，夏，六月，辛未，显祖殂。壬申，大赦，改元承明。葬显祖于金陵，谥曰献文皇帝。

魏大司马、大将军代人万安国坐矫诏杀神部长奚买奴，赐死。

戊寅，魏以征西大将军、安乐王长乐为太尉，尚书左仆射、宜都王目辰为司徒，南部尚书李䜣为司空。尊皇太后曰太皇太后，复临朝称制。以冯熙为侍中、太师、中书监。熙自以外戚，固辞内任，乃除都督、洛州刺史，侍中、太师如故。

显祖神主祔太庙，有司奏庙中执事之官，请依故事皆赐爵。秘书令广平程骏上言："建侯裂地，帝王所重，或以亲贤，或因功伐，未闻神主祔庙而百司受封者也。皇家故事，盖一时之恩，岂可为长世之法乎？"太后善而从之，谓群臣曰："凡议事，当依古典正言，岂得但修故事而已！"赐骏衣一袭，帛二百匹。

太后性聪察，知书计，晓政事，被服俭素，膳羞减于故事什七八，而猜忍多权数。高祖性至孝，能承颜顺志，事无大小，皆仰成于太后。太后往往专决，不复关白于帝。所幸宦者高平王琚、安定张祐、杞嶷、冯翊王遇、略阳苻承祖、高阳王质，皆依势用事。祐官至尚书左仆射，爵新平王；琚官至征南将军，爵高平王；嶷等官亦至侍中、吏部尚书、刺史，爵为公、侯，赏赐巨万，赐铁券，许以不死。又，太卜令姑臧王叡得幸于太后，超迁至侍中、吏部尚书，爵太原公。秘书令李冲，虽以才进，亦由私宠，赏赐皆不可胜纪。又外礼人望东阳王丕、游明根等，皆极其优厚，每褒赏叡等，辄以丕等参之，以示不私。丕，烈帝之玄孙；冲，宝之子也。

太后自以失行，畏人议己，群下语言小涉疑忌，辄杀之。然所宠幸左右，苟有小过，必加答棰，或至百余。而无宿憾，寻复待之如初，或因此更富贵。故左右虽被罚，终无离心。

乙亥,加萧道成尚书左仆射,刘秉中书令。

杨运长、阮佃夫等忌建平王景素益甚,景素乃与录事参军陈郡殷沵、中兵参军略阳垣庆延、参军沈颙、左暄等谋为自全之计。遣人往来建康,要结才力之士,冠军将军黄回、游击将军高道庆、辅国将军曹欣之、前军将军韩道清、长水校尉郭兰之、羽林监垣祗祖,皆阴与通谋,武人不得志者,无不归之。时帝好独出游走郊野,欣之谋据石头城,伺帝出作乱。道清、兰之欲说萧道成因帝夜出,执帝迎景素,道成不从者即图之。景素每禁使缓之。杨、阮微闻其事,遣伧人周天赐伪投景素,劝令举兵。景素知之,斩天赐首送台。

秋,七月,祗祖帅数百人自建康奔京口,云京师已溃乱,劝令速入。景素信之,戊子,据京口起兵,士民赴之者以千数。杨、阮闻祗祖叛走,即命纂严。己丑,遣骁骑将军任农夫、领军将军黄回、左军将军兰陵李安民将步军,右军将军张保将水军,以讨之。辛卯,又命南豫州刺史段佛荣为都统。萧道成知黄回有异志,故使安民、佛荣与之偕行。回私戒其士卒:“道逢京口兵,勿得战。”道成屯玄武湖,冠军将军萧颐镇东府。

始安王伯融,都乡侯伯猷,皆建安王休仁之子也,杨、阮忌其年长,悉称诏赐死。

景素欲断竹鱼以拒台军。垣庆延、垣祗祖、沈颙皆曰:“今天时旱热,台军远来疲困,引之使至,以逸待劳,可一战而克。”殷沵等固争,不能得。农夫等既至,纵火烧市邑,庆延等各相顾望,莫有斗志。景素本乏威略,惟扰不知所为。黄回迫于段佛荣,且见京口军弱,遂不发。

张保泊西渚,景素左右勇士数十人,自相要结,进击水军。甲午,张保败死,而诸将不相应赴,复为台军所破。台军既薄城下,颙先帅众走,祗祖次之,其余诸军相继奔退。独左暄与台军力战于万岁楼下,而所配兵力甚弱,不能敌而散。乙未,拔京口。黄回军先入,自以有誓不杀诸王,乃以景素让殿中将军张倪奴。倪奴擒景素,斩之,并其三子,同党垣祗祖等数十人皆伏诛。萧道成释黄回、高道庆不问,抚之如旧。是日,解严。丙申,大赦。

初,巴东建平蛮反,沈攸之遣军讨之。及景素反,攸之急追峡中军以赴建康。巴东太守刘攘兵、建平太守刘道欣疑攸之有异谋,勒兵断峡,不听军下。攘兵子天赐为荆州西曹,攸之遣天赐往谕之。攘兵知景素实反,乃释甲谢愆,攸之待之如故。刘道欣坚守建平,攘兵譬说不回,乃与伐蛮军攻斩之。

甲辰,魏主追尊其母李贵人曰思皇后。

八月,丁卯,立皇弟翙为南阳王,嵩为新兴王,禧为始建王。

庚午,以给事黄门侍郎阮佃夫为南豫州刺史,留镇京师。

九月,戊子,赐骁骑将军高道庆死。

冬,十月,辛酉,以吏部尚书王僧虔为尚书右仆射。

十一月,戊子,魏以太尉、安乐王长乐为定州刺史,司空李䜣为徐州刺史。

顺皇帝

昇明元年(丁巳、477)

春,正月,乙酉朔,魏改元太和。

己酉,略阳民王元寿聚众五千余家,自称冲天王。二月,辛未,魏秦、益二州刺史尉洛侯击破之。

三月,庚子,魏以东阳王丕为司徒。

夏,四月,丁卯,魏主如白登。壬申,如崞山。

初,苍梧王在东宫,好缘漆帐竿,去地丈余,喜怒乖节,主帅不能禁。太宗屡敕陈太妃痛捶之。及即帝位,内畏太后、太妃,外惮诸大臣,未敢纵逸。自加元服,内外稍无以制,数出游行。始出宫,犹整仪卫。俄而弃车骑,帅左右数人,或出郊野,或入市廛。太妃每乘青辇车,随相检摄。既而轻骑远走一二十里,太妃不复能追,仪卫亦惧祸不敢追寻,唯整部伍,别在一处瞻望而已。

初,太宗尝以陈太妃赐嬖人李道儿,已复迎还,生帝。故帝每微行,自称"刘统",或称"李将军"。常著小袴衫,营署巷陌,无不贯穿,或夜宿客舍,或昼卧道旁,排突厮养,与之交易,或遭慢辱,悦而受之。凡诸鄙事,裁衣、作帽,过目则能。未尝吹篪,执管便韵。及京口既平,骄恣尤甚,无日不出,夕去晨返,晨出暮归。从者并执鋋矛,行人男女及犬马牛驴,逢无免者。民间扰惧,商贩皆息,门户昼闭,行人殆绝。鍼、椎、凿、锯,不离左右,小有忤意,即加屠剖,一日不杀,则惨然不乐。殿省忧惶,食息不保。阮佃夫与直阁将军申伯宗等谋因帝出江乘射雉,称太后令,唤队仗还,闭城门,遣人执帝废之,立安成王准。事觉,甲戌,帝收佃夫等杀之。

太后数训戒帝,帝不悦。会端午,太后赐帝毛扇。帝嫌其不华,令太医煮药,欲鸩太后。左右止之曰:"若行此事,官便应作孝子,岂复得出入狡狯!"帝曰:"汝语大有理!"乃止。

六月,甲戌,有告散骑常侍杜幼文、司徒左长史沈勃、游击将军孙超之与阮佃夫同谋者,常登帅卫士,自掩三家,悉诛之,剐解脔割,婴孩不免。沈勃时居丧在庐,左右未至,帝挥刀独前,勃知不免,手搏帝耳,唾骂之曰:"汝罪逾桀、纣,屠戮无日。"遂死。是日,大赦。

帝尝直入领军府。时盛热,萧道成昼卧裸袒,帝立道成于室内,画腹为的,自引满,将射之。道成敛板曰:"老臣无罪。"左右王天恩曰:"领军腹大,是佳射堋,一箭便死,后无复射,不如以骲箭射之。"帝乃更以骲箭射,正中其齐。投弓大笑曰:"此手何如?"帝忌道成威名,尝自磨锃,曰:"明日杀萧道成。"陈太妃骂之曰:"萧道成有功于国,若害之,谁复为汝尽力邪?"帝乃止。

道成忧惧,密与袁粲、褚渊谋废立。粲曰:"主上幼年,微过易改。伊、霍之事,非季世所行,纵使功成,亦终无全地。"渊默然。领军功曹丹阳纪僧真言于道成曰:"今朝廷猖狂,人不自保,天下之望,不在袁、褚,明公岂得坐受夷灭!存亡之机,仰希熟虑。"道成然之。

或劝道成奔广陵起兵。道成世子赜,时为晋熙王长史,行郢州事,欲使赜将郢州兵东下会京口。道成密遣所亲刘僧副告其从兄青、冀二州刺史刘善明曰:"人多见劝北固广陵,恐未为长算。今秋风行起,卿若能与垣东海微共动虏,则我诸计可立。"亦告东海太守垣荣祖。善明曰:"宋氏将亡,愚智共知,北虏若动,反为公患。公神武高世,唯当静以待之,因机奋发,功业自定,不可远去根本,自贻猖蹶。"荣祖亦曰:"领府去台百步,公走,人岂不知。若单骑轻行,广陵人闭门不受,公欲何之?公今动足下床,恐即有叩台门者,公事去矣。"纪僧真曰:"主上虽无道,国家累世之基犹为安固。公百口北度,必不得俱。纵得广陵城,天子居深宫,施号令,目公为逆,何以避之?此非万全策也。"道成族弟镇军长史顺之及次子骠骑从事中郎嶷,皆以为:"帝好单行道路,于此立计,易以成功。外州起兵,鲜有克捷,徒先人受祸耳。"道成乃止。

东中郎司马、行会稽郡事李安民欲奉江夏王跻起兵于东方,道成止之。

越骑校尉王敬则潜自结于道成,夜著青衣,扶舆道路,为道成听察帝之往来。道成命敬则阴结帝左右杨玉夫、杨万年、陈奉伯等一十五人,于殿中诇伺机便。

秋,七月,丁亥夜,帝微行至领军府门。左右曰:"一府皆眠,何不缘墙入?"帝曰:"我今夕欲于一处作适,宜待明夕。"员外郎桓康等于道成门间听闻之。

戊子,帝乘露车,与左右于台冈赌跳。仍往青园尼寺,晚,至新安寺偷狗,就昙度道人煮之。饮酒醉,还仁寿殿寝。杨玉夫常得帝意,至是忽憎之,见辄切齿曰:"明日当杀小子,取肝肺。"是夜,令玉夫伺织女度河,曰:"见当报我;不见,将杀汝。"时帝出入无常,省内诸阁,夜皆不闭。厢下畏相逢值,无敢出者。宿卫并逃避,内外莫相禁摄。是夕,王敬则出外,玉夫伺帝熟寝,与杨万年取帝防身刀刎之。敕厢下奏伎陈奉伯袖其首,依常行法,称敕开承明门出,以首与敬则。敬则驰诣领军府,叩门大呼,萧道成虑苍梧王诳之,不敢开门。敬则于墙上投其首,道成洗视,乃戎服乘马而出,敬则、桓康等皆从。入宫,至承明门,诈为行还。敬则恐内人觇见,以刀环塞窒孔,呼门甚急,门开而入。他夕,苍梧王每开门,门者震慑,不敢仰视,至是弗之疑。道成入殿,殿中惊怖,既而闻苍梧王死,咸称万岁。

己丑旦,道成戎服出殿庭槐树下,以太后令召袁粲、褚渊、刘秉入会议。道成谓秉曰:"此使君家事,何以断之?"秉未答。道成须髯尽张,目光如电。秉曰:"尚书众事,可以见付,军旅处分,一委领军。"道成次让袁粲,粲亦不敢当。王敬则拔白刃,在床侧跳跃曰:"天下事皆应关萧公,敢有开一言者,血染敬则刀!"仍手取白纱帽加道成首,令即位,曰:"今日谁敢复动,事须及热。"道成正色呵之曰:"卿都自不解。"粲欲有言,敬则叱之,乃止。褚渊曰:"非萧公无以了此。"手取事授道成。道成曰:"相与不肯,我安得辞!"乃下议,备法驾诣东城,迎立安成王。于是长刀遮粲、秉等,各失色而去。秉出,于路逢从弟韫,韫开车迎问曰:"今日之事,当归兄邪?"秉曰:"吾等已让领军矣。"韫拊膺曰:"兄肉中讵有血邪,今年族矣!"

是日,以太后令,数苍梧王罪恶,曰:"吾密令萧领军潜运明略。安成王准,宜临万国。"追封昱为苍梧王。仪卫至东府门,安成王令门者勿开,以待袁司徒。粲至,王乃入居朝宫。壬辰,王即皇帝位,时年十一。改元,大赦。葬苍梧王于郊坛西。

魏京兆康王子推卒。

甲午,萧道成出镇东府。丙申,以道成为司空、录尚书事、骠骑大将军,袁粲迁中书监,褚渊加开府仪同三司,刘秉迁尚书令,加中领军。以晋熙王燮为扬州刺史。刘秉始谓尚书万机,本以宗室居之,则天下无变,既而萧道成兼总军国,布置心膂,与夺自专,褚渊素相凭附,秉与袁粲阁手仰成矣。辛丑,以尚书右仆射王僧虔为仆射。丙午,以武陵王赞为郢州刺史,萧道成改领南徐州刺史。

八月,壬子,魏大赦。

癸亥,诏袁粲镇石头。粲性冲静,每有朝命,常固辞,逼切不得已,乃就职。至是知萧道成有不臣之志,阴欲图之,即时顺命。

初,太宗使陈昭华母养顺帝。戊辰,尊昭华为皇太妃。

丙子,魏诏曰:"工商皂隶,各有厥分,而有司纵滥,或染流俗。自今户内有役者,唯止本部丞。若有勋劳者,不从此制。"

萧道成固让司空,庚辰,以为骠骑大将军、开府仪同三司。

九月,乙酉,魏更定律令。

戊申,封杨玉夫等二十五人为侯、伯、子、男。

冬,十月,氐帅杨文度遣其弟文弘袭魏仇池,陷之。

初,魏徐州刺史李䜣,事显祖为仓部尚书,信用卢奴令范檦。䜣弟左将军璞谏曰:"檦能降人以色,假人以财,轻德义而重势利。听其言也甘,察其行也贼,不早绝之,后悔无及。"䜣不从,腹心之事,皆以语檦。

尚书赵黑,与䜣皆有宠于显祖,对掌选部。䜣以其私用人为方州,黑对显祖发之,由是有隙。顷之,䜣发黑前为监藏,盗用官物,黑坐黜为门士。黑恨之,寝食为之衰少。逾年,复入为侍中、尚书左仆射,领选。

及显祖殂,黑白冯太后,称䜣专恣,出为徐州。范摽知太后怨䜣,乃告䜣谋外叛。太后征䜣至平城问状,䜣对无之,太后引摽使证之。䜣谓摽曰:"汝今诬我,我复何言!然汝受我恩如此之厚,乃忍为尔乎?"摽曰:"摽受公恩,何如公受李敷恩?公忍之于敷,摽何为不忍于公!"䜣慨然叹曰:"吾不用瑛言,悔之何及!"赵黑复于中构成其罪。丙子,诛䜣及其子令和、令度。黑然后寝食如故。

十一月,癸未,魏征西将军皮欢喜等三将军帅众四万击杨文弘。

丁亥,魏怀州民伊祁苟自称尧后,聚众于重山作乱,洛州刺史冯熙讨灭之。冯太后欲尽诛阖城之民,雍州刺史张白泽谏曰:"凶渠逆党,尽已枭夷,城中岂无忠良仁信之士,奈何不问白黑,一切诛之!"乃止。

十二月,魏皮欢喜军至建安,杨文弘弃城走。

初,沈攸之与萧道成于大明、景和之间同直殿省,深相亲善,道成女为攸之子中书侍郎文和妇。攸之在荆州,直阁将军高道庆,家在华容,假还,过江陵,与攸之争戏槊。驰还建康,言攸之反状已成,请以三千人袭之。执政皆以为不可,道成仍保证其不然。杨运长等恶攸之,密与道庆谋遣刺客杀攸之,不克。会苍梧王遇弑,主簿宗俨之、功曹臧寅劝攸之因此起兵。攸之以其长子元琰在建康为司徒左长史,故未发。寅,凝之之子也。

时杨运长等已不在内,萧道成遣元琰以苍梧王剒斫之具示攸之。攸之以道成名位素出己下,一旦专制朝权,心不平,谓元琰曰:"吾宁为王〔陵〕〔凌〕死,不为贾充生。"然亦未暇举兵。乃上表庆,因留元琰。

雍州刺史张敬儿,素与攸之司马刘攘兵善,疑攸之将起事,密以问攘兵。攘兵无所言,寄敬儿马镫一只,敬儿乃为之备。

攸之有素书十数行,常韬在袴裆角,云是明帝与己约誓。攸之将举兵,其妾崔氏谏曰:"官年已老,那不为百口计!"攸之指袴裆角示之,且称太后使至,赐攸之烛,割之,得太后手令云:"社稷之事,一以委公。"于是勒兵移檄,遣使邀张敬儿及豫州刺史刘怀珍、梁州刺史梓潼范柏年、司州刺史姚道和、湘州行事庾佩玉、巴陵内史王文和同举兵。敬儿、怀珍、文和并斩其使,驰表以闻,文和寻弃州奔夏口。柏年、道和、佩玉皆怀两端。道和,后秦高祖之孙也。

辛酉,攸之遣辅国将军孙同等相继东下。攸之遗道成书,以为:"少帝昏狂,宜与诸公密议,共白太后,下令废之。奈何交结左右,亲行弑逆,乃至不殡,流虫在户。凡在臣下,谁不惋骇!又,移易朝旧,布置亲党,宫阖管钥,悉关家人。吾不知子孟、孔明遗训固如此乎！足下既有贼宋之心，吾宁敢捐包胥之节邪！"朝廷闻之，恟惧。

丁卯，道成入守朝堂，命侍中萧嶷代镇东府，抚军行参军萧映镇京口。映，嶷之弟也。戊辰，内外纂严。己巳，以郢州刺史武陵王赞为荆州刺史。庚午，以右卫将军黄回为郢州刺史，督前锋诸军以讨攸之。

初，道成以世子赜为晋熙王燮长史，行郢州事，修治器械以备攸之。及征燮为扬州，以赜为左卫将军，与燮俱下。刘怀珍言于道成曰："夏口冲要，宜得其人。"道成与赜书曰："汝既入朝，当须文武兼资与汝意合者，委以后事。"赜乃荐燮司马柳世隆自代。道成以世隆为武陵王赞长史，行郢州事。赜将行，谓世隆曰："攸之一旦为变，焚夏口舟舰，沿流而东，不可制也。若得攸之留攻郢城，必未能猝拔。君为其内，我为其外，破之必矣。"及攸之起兵，赜行至寻阳，未得朝廷处分，众欲倍道趋建康，赜曰："寻阳地居中流，密迩畿甸。若留屯湓口，内藩朝廷，外据夏首，保据形胜，控制西南，今日会此，天所置也。"或以为湓口城小难固，左中郎将周山图曰："今据中流，为四方势援，不可以小事难之。苟众心齐一，江山皆城隍也。"庚午，赜奉燮镇湓口，赜悉以事委山图。山图断取行旅船板，以造楼橹，立水栅，旬日皆办。道成闻之，喜曰："赜真我子也。"以赜为西讨都督。赜启山图为军副。时江州刺史邵陵王友镇寻阳，赜以为寻阳城不足固，表移友同镇湓口，留江州别驾豫章胡谐之守寻阳。

湘州刺史王蕴遭母丧罢归，至巴陵，与沈攸之深相结。时攸之未举兵，蕴过郢州，欲因萧赜出吊作难，据郢城，赜知之，不出。还，至东府，又欲因萧道成出吊作难，道成又不出。蕴乃与袁粲、刘秉密谋诛道成，将帅黄回、任候伯、孙昙瓘、王宜兴、卜伯兴等皆与通谋。伯兴，天与之子也。

道成初闻攸之事起，自往诣粲，粲辞不见。通直郎袁达谓粲"不宜示异同"，粲曰："彼若以主幼时艰，与桂阳时不异，劫我入台，我何辞以拒之。一朝同止，欲异得乎！"道成乃召褚渊，与之连席，每事必引渊共之。时刘韫为领军将军，入直门下省，卜伯兴为直阁，黄回等诸将皆出屯新亭。

初，褚渊为卫将军，遭母忧去职，朝廷敦迫，不起。粲素有重名，自往譬说，渊乃从之。及粲为尚书令，遭母忧，渊譬说恳至，粲遂不起，渊由是恨之。及沈攸之事起，道成与渊议之。渊曰："西夏衅难，事必无成，公当先备其内耳。"粲谋既定，将以告渊，众谓渊与道成素善，不可告。粲曰："渊与彼虽善，岂容大作同异。今若不告，事定便应除之。"乃以谋告渊，渊即以告道成。

道成亦先闻其谋，遣军主苏烈、薛渊、太原王天生将兵助粲守石头。薛渊固辞，道成强之，渊不得已，涕泣拜辞。道成曰："卿近在石头，日夕去来，何悲如是，且又何辞?"渊曰:"不审公能保袁公共为一家否? 今渊往,与之同则负公,不同则立受祸,何得不悲!"道成曰:"所以遣卿,正为能尽临事之宜,使我无西顾之忧耳。但当努力,无所多言。"渊,安都之从子也。道成又以骁骑将军王敬则为直阁,与伯兴共总禁兵。

粲谋矫太后令,使韫、伯兴帅宿卫兵攻道成于朝堂,回等帅所领为应,刘秉、任候伯等并赴石头。本期壬申夜发,秉恇扰不知所为,晡后即束装,临去,啜羹,写胸上,手振不自禁。未暗,载妇女,尽室奔石头,部曲数百,赫弈满道。既至,见粲,粲惊曰:"何事遽来? 今败矣。"秉曰:"得见公,万死何恨。"孙昙瓘闻之,亦奔石头。丹杨丞王逊等走告道成,事乃大露。逊,僧绰之子也。

道成密使人告王敬则。时阁已闭,敬则欲开阁出,卜伯兴严兵为备,敬则乃锯所止屋壁,得出,至中书省收韫。韫已成严,列烛自照。见敬则猝至,惊起迎之,曰:"兄何能夜顾?"敬则呵之曰:"小子那敢作贼!"韫抱敬则,敬则拳殴其颊仆地而杀之,又杀伯兴。苏烈等据仓城拒粲。王蕴闻秉已走,叹曰:"事不成矣。"狼狈帅部曲数百向石头。本期开南门,时暗夜,薛渊据门射之。蕴谓粲已败,即散走。

道成遣军主会稽戴僧静帅数百人向石头助烈等,自仓门得入,与之并力攻粲。孙昙瓘骁勇善战,台军死者百余人。王天生殊死战,故得相持。自亥至丑,戴僧静分兵攻府西门。焚之。粲与秉在城东门,见火起,欲还赴府。秉与二子俣、陔逾城走。粲下城,烈烛自照,谓其子最曰:"本知一木不能止大厦之崩,但以名义至此耳。"僧静乘暗逾城独进,最觉有异人,以身卫粲,僧静直前斫之。粲谓最曰:"我不失忠臣,汝不失孝子。"遂父子俱死。百姓哀之,为之谣曰:"可怜石头城,宁为袁粲死,不作褚渊生!"刘秉父子走至额檐湖,追执,斩之。任候伯等并乘船赴石头,既至,台军已集,不得入,乃驰还。

黄回严兵,期诘旦帅所领从御道直向台门攻道成。闻事泄,不敢发。道成抚之如旧。王蕴、孙昙瓘皆逃窜,先捕得蕴,斩之,其余粲党皆无所问。

粲典签莫嗣祖为粲、秉宣通密谋,道成召诘之曰:"袁粲谋反,何不启闻?"嗣祖曰:"小人无识,但知报恩,何敢泄其大事! 今袁公已死,义不求生。"蕴嬖人张承伯藏匿蕴,道成并赦而用之。

粲简淡平素,而无经世之才。好饮酒,善吟讽,身居剧任,不肯当事,主事每往谘决,或高咏对之。闲居高卧,门无杂宾,物情不接,故及于败。

> 裴子野论曰:袁景倩,民望国华,受付托之重,智不足以除奸,权不足以处变,萧条散落,危而不扶。及九鼎既轻,三才将换,区区斗城之里,出万死而不辞,盖蹈匹夫之节而无栋梁之具矣。

甲戌，大赦。

乙亥，以尚书仆射王僧虔为左仆射，新除中书令王延之为右仆射，度支尚书张岱为吏部尚书，吏部尚书王奂为丹杨尹。延之，裕之孙也。

刘秉弟遐为吴郡太守。司徒右长史张瓌，永之子也，遭父丧在吴，家素豪盛，萧道成使瓌伺间取遐。会遐召瓌诣府，瓌帅部曲十余人直入斋中，执遐，斩之，郡中莫敢动。道成闻之，以告瓌从父领军冲，冲曰："瓌以百口一掷，出手得卢矣。"道成即以瓌为吴郡太守。

道成移屯阅武堂，犹以重兵付黄回使西上，而配以腹心。回素与王宜兴不协，恐宜兴反告其谋，闰月，辛巳，因事收宜兴，斩之。诸将皆言回握强兵必反，宁朔将军桓康请独往刺之，道成曰："卿等何疑，彼无能为也。"

沈攸之遣中兵参军孙同等五将以三万人为前驱，司马刘攘兵等五将以二万人次之，又遣中兵参军王灵秀等四将分兵出夏口，据鲁山。癸巳，攸之至夏口，自恃兵强，有骄色。以郢城弱小，不足攻，云"欲问讯安西，暂泊黄金浦。"遣人告柳世隆曰："被太后令，当暂还都。卿既相与奉国，想得此意。"世隆曰："东下之师，久承声问。郢城小镇，自守而已。"宗俨之劝攸之攻郢城，臧寅以为："郢城兵虽少而地险，攻守势异，非旬日可拔。若不时举，挫锐损威。今顺流长驱，计日可捷。既倾根本，则郢城岂能自固！"攸之从其计，欲留偏师守郢城，自将大众东下。乙未，将发，柳世隆遣人于西渚挑战，前军中兵参军焦度于城楼上肆言骂攸之，且秽辱之。攸之怒，改计攻城，令诸军登岸烧郭邑，筑长围，昼夜攻战。世隆随宜拒应，攸之不能克。

道成命吴兴太守沈文〔秀〕〔季〕督吴、钱唐军事。文季收攸之弟新安太守登之，诛其宗族。

乙未，以后军将军杨运长为宣城太守。于是太宗嬖臣无在禁省者矣。

沈约论曰：夫人君南面，九重奥绝，陪奉朝夕，义隔卿士，阶闼之任，宜有司存。既而恩以狎生，信由恩固，无可惮之姿，有易亲之色。孝建、泰始，主威独运，而刑政纠杂，理难遍通，耳目所寄，事归近习。及岘欢愠，候惨舒，动中主情，举无谬旨，人主谓其身卑位薄，以为权不得重。曾不知鼠凭社贵，狐藉虎威，外无逼主之嫌，内有专用之效，势倾天下，未之或悟。及太宗晚运，虑经盛衰，权幸之徒，慅惮宗戚，欲使幼主孤立，永窃国权，构造同异，兴树祸隙，帝弟宗王，相继屠剿，宝祚夙倾，实由于此矣。

辛丑，尚书左丞济阳江谧建议假萧道成黄钺，从之。

加北秦州刺史武都王杨文度都督北秦、雍二州诸军事，以龙骧将军杨文弘为略阳太守。壬寅，魏皮欢喜拔葭芦，斩文度。魏以杨难当族弟广香为阴平公、葭芦成主,仍诏欢喜筑骆谷城。文弘奉表谢罪于魏,遣子苟奴入侍。魏以文弘为南秦州刺史、武都王。

乙巳,萧道成出顿新亭,谓骠骑参军江淹曰:"天下纷纷,君谓何如?"淹曰:"成败在德,不在众寡。公雄武有奇略,一胜也;宽容而仁恕,二胜也;贤能毕力,三胜也;民望所归,四胜也;奉天子以伐叛逆,五胜也。彼志锐而器小,一败也;有威而无恩,二败也;士卒解体,三败也;搢绅不怀,四败也;悬兵数千里而无同恶相济,五败也。虽豺狼十万,终为我获。"道成笑曰:"君谈过矣。"南徐州行事刘善明言于道成曰:"攸之收众聚骑,造舟治械,苞藏祸心,于今十年。性既险躁,才非持重,而起逆累旬,迟回不进。一则暗于兵机,二则人情离怨,三则有掣肘之患,四则天夺其魄。本虑其剽勇轻速,掩袭未备,决于一战。今六师齐奋,诸侯同举,此笼中之鸟耳。"萧赜问攸之于周山图,山图曰:"攸之相与邻乡,数共征伐,颇悉其为人,性度险刻,士心不附。今顿兵坚城之下,适所以为离散之渐耳。"

二年(戊午、478)

春,正月,己酉朔,百官戎服入朝。

沈攸之尽锐攻郢城,柳世隆乘间屡破之。萧赜遣军主桓敬等八军据西塞,为世隆声援。

攸之获郢府法曹南乡范云,使送书入城,饷武陵王赞犊一羫,柳世隆鱼三十尾,皆去其首。城中欲杀之,云曰:"老母弱弟,悬命沈氏,若违其命,祸必及亲。今日就戮,甘心如荠。"乃赦之。

攸之遣其将皇甫仲贤向武昌,中兵参军公孙方平向西阳。武昌太守臧涣降于攸之,西阳太守王毓奔溢城。方平据西阳,豫州刺史刘怀珍遣建宁太守张谟等将万人击之。辛酉,方平败走。平西将军黄回等军至西阳,溯流而进。

攸之素失人情,但劫以威力。初发江陵,已有逃者,及攻郢城,三十余日不拔,逃者稍多,攸之旦夕乘马历营抚慰,而去者不息。攸之大怒,召诸军主曰:"我被太后令,建义下都。大事若克,白纱帽共著耳;如其不振,朝廷自诛我百口,不关余人。比军人叛散,皆卿等不以为意。我亦不能问叛身,自今军中有叛者,军主任其罪。"于是一人叛,遣人追之,亦去不返,莫敢发觉,咸有异计。

刘攘兵射书入城请降,柳世隆开门纳之,丁卯夜,攘兵烧营而去。军中见火起,争弃甲走,将帅不能禁。攸之闻之,怒,衔须咀之,收攘兵兄子天赐、女婿张平虏,斩之。向旦,攸之帅众过江,至鲁山,军遂大散,诸将皆走。臧寅曰:"幸其成而弃其败,吾不忍为也。"乃投水死。攸之犹有数十骑自随,宣令军中曰:"荆州城中大有钱,可相与还,取以为资粮。"郢城未有追军,而散军畏蛮抄,更相聚结,可二万人,随攸之还江陵。

张敬儿既斩攸之使者,即勒兵,侦攸之下,遂袭江陵。攸之使子元琰与兼长史江义、别驾傅宣共守江陵城。敬儿至沙桥,观望未进。城中夜闻鹤唳,谓为军来,义、宣开门出走,吏民崩溃。元琰奔宠洲,为人所杀。敬儿至江陵,诛攸之二子、四孙。

攸之将至江陵百余里,闻城已为敬儿所据,士卒随之者皆散。攸之无所归,与其子文和走至华容界,皆缢于栎林,己巳,村民斩首送江陵。敬儿擎之以楯,覆以青伞,徇诸市郭,乃送建康。敬儿诛攸之亲党,收其财物数十万,皆以入私。

初,仓曹参军金城边荣,为府录事所辱,攸之为荣鞭杀录事。及敬儿将至,荣为留府司马,或说之使诣敬儿降,荣曰:"受沈公厚恩,共如此大事,一朝缓急,便易本心,吾不能也。"城溃,军士执以见敬儿,敬儿曰:"边公何不早来?"荣曰:"沈公见留守城,不忍委去。本不祈生,何须见问。"敬儿曰:"死何难得。"命斩之。荣欢笑而去。荣客太山程邕之抱荣曰:"与边公周游,不忍见边公死,乞先见杀。"兵人不得行戮,以白敬儿,敬儿曰:"求死甚易,何为不许。"先杀邕之,然后及荣,军人莫不垂泣。孙同、宗俨之等皆伏诛。

丙子,解严,以侍中柳世隆为尚书右仆射,萧道成还镇东府。丁丑,以左卫将军萧赜为江州刺史,侍中萧嶷为中领军。二月,庚辰,以尚书左仆射王僧虔为尚书令,右仆射王延之为左仆射。癸未,加萧道成太尉、都督南徐等十六州诸军事,以卫将军褚渊为中书监、司空。道成表送黄钺。

吏部郎王俭,僧绰之子也,神彩渊旷,好学博闻,少有宰相之志,时论亦推许之。道成以俭为太尉右长史,待遇隆密,事无大小专委之。

丁亥,魏主如代汤泉。癸卯,还。

宕昌王弥机初立。三月,丙子,魏遣使拜弥机征南大将军、梁、益二州牧、河南公、宕昌王。

黄回不乐在郢州,固求南兖,遂帅部曲辄还,辛卯,改都督南兖等五州诸军事、南兖州刺史。

初,王蕴去湘州,湘州刺史南阳王翙未之镇,长沙内史庾佩玉行府事。翙先遣中兵参军韩幼宗将兵戍湘州,与佩玉不相能。及沈攸之反,两人互相疑,佩玉袭杀幼宗。黄回至郢州,遣辅国将军任候伯行湘州事,候伯辄杀佩玉,冀以自免。湘州刺史吕安国之镇,萧道成使安国诛候伯。

夏,四月,甲申,魏主如崞山;丁亥,还。

萧道成以黄回终为祸乱,回有部曲数千人,欲遣收,恐为乱。辛卯,召回入东府。至,停外斋,使桓康将数十人,数回罪而杀之,并其子竟陵相僧念。

甲午,以淮南、宣城二郡太守萧映行南兖州事,仍以其弟晃代之。

五月，魏禁皇族、贵戚及士民之家不顾氏族，下与非类婚偶，犯者以违制论。

魏主与太后临虎圈，有虎逸，登阁道，几至御座，侍卫皆惊靡；吏部尚书王叡执戟御之，太后称以为忠，亲任愈重。

六月，丁酉，以辅国将军杨文弘为北秦州刺史、武都王。

庚子，魏皇叔若卒。

萧道成以大明以来，公私奢侈，秋，八月，奏罢御府，省二尚方雕饰器玩。辛卯，又奏禁民间华伪杂物，凡十七条。

乙未，以萧赜为领军将军，萧嶷为江州刺史。

九月，乙巳朔，日有食之。

萧道成欲引时贤参赞大业，夜，召骠骑长史谢朏，屏人与语久之，朏无言。唯二小儿捉烛，道成虑朏难之，仍取烛遣儿，朏又无言，道成乃呼左右。朏，庄之子也。

太尉右长史王俭知其指，它日，请间言于道成曰："功高不赏，古今非一，以公今日位地，欲终北面，可乎？"道成正色裁之，而神采内和。俭因曰："俭蒙公殊眄，所以吐所难吐，何赐拒之深。宋氏失德，非公岂复宁济。但人情浇薄，不能持久，公若小复推迁，则人望去矣。岂唯大业永沦，七尺亦不可得保。"道成曰："卿言不无理。"俭曰："公今名位，故是经常宰相，宜礼绝群后，微示变革。当先令褚公知之，俭请衔命。"道成曰："我当自往。"经少日，道成自造褚渊，款言移晷，乃谓曰："我梦应得官。"渊曰："今授始尔，恐一二年间未容便移。且吉梦未必应在旦夕。"道成还，以告俭。俭曰："褚是未达理耳。"俭乃唱议加道成太傅，假黄钺，使中书舍人虞整作诏。

道成所亲任遐曰："此大事，应报褚公。"道成曰："褚公不从，奈何？"遐曰："彦回惜身保妻子，非有奇才异节，遐能制之。"渊果无违异。

丙午，诏进道成假黄钺、大都督中外诸军事、太傅、领扬州牧，剑履上殿，入朝不趋，赞拜不名，使持节、太尉、骠骑大将军，录尚书、南徐州刺史如故。道成固辞殊礼。

以扬州刺史晋熙王燮为司徒。

戊申，太傅道成以萧映为南兖州刺史。冬，十月，丁丑，以萧晃为豫州刺史。

己卯，获孙昙瓘，杀之。

魏员外散骑常侍郑羲来聘。

壬寅，立皇后谢氏。后，庄之孙也。

十一月，癸亥，临澧侯刘晃坐谋反，与其党皆伏诛。晃，秉之从子也。

甲子，徙南阳王翙为随郡王。

　　魏冯太后忌青州刺史南郡王李惠,诬云惠将南叛,十二月,癸巳,诛惠及妻并其子弟。太后以猜嫌所夷灭者十余家,而惠所历皆有善政,魏人尤冤惜之。

　　尚书令王僧虔奏以"朝廷礼乐,多违正典。大明中即以宫县合和鞞拂,节数虽会,虑乖雅体。又,今之清商,实由铜爵,三祖风流,遗音盈耳,京、洛相高,江左弥贵,中庸和雅,莫近于斯。而情变听移,稍复销落,十数年间,亡者将半,民间竞造新声杂曲,烦淫无极,宜命有司悉加补缀。"朝廷从之。

　　是岁,魏怀州刺史高允以老疾告归乡里,寻复以安车征至平城,拜镇军大将军、中书监,固辞,不许。乘车入殿,朝贺不拜。

资治通鉴卷第一百三十五

端明殿学士兼翰林侍读学士朝散大夫右谏议大夫充集贤殿修撰提举西京嵩山崇福宫上柱国河内郡开国侯食邑一千八百户食实封六百户赐紫金鱼袋臣　司马光　奉敕编集

齐纪一　起屠维协洽(己未)，尽昭阳大渊献(癸亥)，凡五年。

太祖高皇帝

建元元年(己未、479)

春，正月，甲辰，以江州刺史萧嶷为都督荆、湘等八州诸军事、荆州刺史，尚书左仆射王延之为江州刺史，安南长史萧子良为督会稽等五郡诸军事、会稽太守。

初，沈攸之欲聚众，开民相告，士民坐执役者甚众。嶷至镇，一日罢遣三千余人。府州仪物，务存俭约，轻刑薄敛，所部大悦。

辛亥，以竟陵世子赜为尚书仆射，进号中军大将军、开府仪同三司。

太傅道成以谢朏有重名，必欲引参佐命，以为左长史。尝置酒与论魏、晋故事，因曰："石苞不早劝晋文，死方恸哭，方之冯异，非知机也。"朏曰："晋文世事魏室，必将身终北面。借使魏依唐、虞故事，亦当三让弥高。"道成不悦。甲寅，以朏为侍中，更以王俭为左长史。

丙辰，以给事黄门侍郎萧长懋为雍州刺史。

二月，丙子，邵陵殇王友卒。

辛巳，魏太皇太后及魏主如代郡温泉。

甲午，诏申前命，命太傅赞拜不名。

己亥，魏太皇太后及魏主如西宫。

三月，癸卯朔，日有食之。

甲辰，以太傅为相国，总百揆，封十郡，为齐公，加九锡，其骠骑大将军、扬州牧、南徐州刺史如故。乙巳，诏齐国官爵礼仪，并仿天朝。丙午，以世子赜领南豫州刺史。

杨运长去宣城郡还家，齐公遣人杀之。凌源令潘智与运长厚善，临川王绰，义庆之孙也，绰遣腹心陈讚说智曰："君先帝旧人，身是宗室近属，如此形势，岂得久全！若招合内外，计多有从者。台城内人常有此心，正苦无人建意耳。"智即以告齐公。庚戌，诛绰兄弟及其党与。

甲寅，齐公受策命，赦其境内，以石头为世子宫，一如东宫。褚渊引何曾自魏司徒为晋丞相故事,求为齐官,齐公不许。以王俭为齐尚书右仆射,领吏部,俭时年二十八。

夏,四月,壬申朔,进齐公爵为王,增封十郡。

甲戌,武陵王赞卒,非疾也。

丙戌,加齐王殊礼,进世子为太子。

辛卯,宋顺帝下诏禅位于齐。壬辰,帝当临轩,不肯出,逃于佛盖之下,王敬则勒兵殿庭,以板舆入迎帝。太后惧,自帅阉人索得之,敬则启譬令出,引令升车。帝收泪谓敬则曰:"欲见杀乎?"敬则曰:"出居别宫耳。官先取司马家亦如此。"帝泣而弹指曰:"愿后身世世勿复生天王家!"宫中皆哭。帝拍敬则手曰:"必无过虑,当饷辅国十万钱。"是日,百僚陪位。侍中谢朏在直,当解玺绶,阳为不知,曰:"有何公事?"传诏云:"解玺绶授齐王。"朏曰:"齐自应有侍中。"乃引枕卧。传诏惧,使朏称疾,欲取兼人,朏曰:"我无疾,何所道。"遂朝服步出东掖门,仍登车还宅。乃以王俭为侍中,解玺绶。礼毕,帝乘画轮车,出东掖门就东邸,问:"今日何不奏鼓吹?"左右莫有应者。右光禄大夫王琨,华之从父弟也,在晋世已为郎中,至是,攀车獬尾恸哭曰:"人以寿为欢,老臣以寿为戚。既不能先驱蝼蚁,乃复频见此事!"呜咽不自胜,百官雨泣。

司空兼太保褚渊等奉玺绶,帅百官诣齐宫劝进,王辞让未受。渊从弟前(成)安〔成〕太守炤谓渊子贲曰:"司空今日何在?"贲曰:"奉玺绶在齐大司马门。"炤曰:"不知汝家司空将一家物与一家,亦复何谓。"甲午,王即皇帝位于南郊。还宫,大赦,改元。奉宋顺帝为汝阴王,优崇之礼,皆仿宋初。筑宫丹杨,置兵守卫之。宋神主迁汝阴庙,诸王皆降为公。自非宣力齐室,余皆除国,独置南康、华容、萍乡三国,以奉刘穆之、王弘、何无忌之后,除国者凡百二十人。二台官僚,依任摄职,名号不同、员限盈长者,别更详议。

以褚渊为司徒。宾客贺者满座。褚炤叹曰:"彦回少立名行,何意披狷至此!门户不幸,乃复有今日之拜。使彦回作中书郎而死,不当为一名士邪! 名德不昌,乃复有期颐之寿。"渊固辞不拜。

奉朝请河东裴颙上表,数帝过恶,挂冠径去,帝怒,杀之。太子赜请杀谢朏,帝曰:"杀之遂成其名,正应容之度外耳。"久之,因事废于家。

帝问为政于前抚军行参军沛国刘瓛,对曰:"政在《孝经》。凡宋氏所以亡,陛下所以得者,皆是也。陛下若戒前车之失,加之以宽厚,虽危可安;若循其覆辙,虽安必危矣。"帝叹曰:"儒者之言,可宝万世。"

丙申,魏主如崞山。

丁酉,以太子詹事张绪为中书令,齐国左卫将军陈显达为中护军,右卫将军李安民为中领军。绪,岱之兄子也。

戊戌,以荆州刺史巘为尚书令、骠骑大将军、开府仪同三司、扬州刺史,南兖州刺史映为荆州刺史。

帝命群臣各言得失。淮南、宣城二郡太守刘善明请除宋氏大明、泰始以来诸苛政细制,以崇简易。又以为:"交州险远,宋末政苛,遂至怨叛,今大化创始,宜怀以恩德。且彼土所出,唯有珠宝,实非圣朝所须之急。讨伐之事,谓宜且停。"给事黄门郎清河崔祖思亦上言,以为:"人不学则不知道,此悖逆祸乱所由生也。今无员之官,空受禄力,雕耗民财。宜开文武二学,课台、府、州、国限外之人各从所乐,依方习业。若有废惰者,遣还故郡。经艺优殊者,待以不次。又,今陛下虽躬履节俭,而群下犹安习侈靡。宜褒进朝士之约素清修者,贬退其骄奢荒淫者,则风俗可移矣。"宋元嘉之世,凡事皆责成郡县。世祖征求急速,以郡县迟缓,始遣台使督之。自是使者所在旁午,竞作威福,营私纳赂,公私劳扰。会稽太守闻喜公子良上表极陈其弊,以为:"台有求须,但明下诏敕,为之斯会,则人思自竭。若有稽迟,自依纠坐之科。今虽台使盈凑,会取正属所办,徒相疑愤,反更淹懈,宜悉停台使。"员外散骑郎刘思效上言:"宋自大明以来,渐见雕弊,征赋有加而天府尤贫。小民嗷嗷,殆无生意,而贵族富室,以侈丽相高,乃至山泽之民,不敢采食其水草。陛下宜一新王度,革正其失。"上皆加褒赏,或以表付外,使有司详择所宜,奏行之。己亥,诏:"二宫诸王,悉不得营立屯邸,封略山湖。"

魏主还平城。

魏秦州刺史尉洛侯、雍州刺史宜都王目辰、长安镇将陈提等皆坐贪残不法,洛侯、目辰伏诛,提徙边。又诏以"候官千数,重罪受赇不列,轻罪吹毛发举,宜悉罢之。"更置谨直者数百人,使防逻街(术)〔衢〕,执喧斗者而已。自是吏民始得安业。

自泰始以来,内外多虞,将帅各募部曲,屯聚建康。李安民上表,以为:"自非淮北常备外,余军悉皆输遣。若亲近宜立随身者,听限人数。"上从之。五月,辛亥,诏断众募。

壬子,上赏佐命之功,褚渊、王俭等进爵、增户各有差。处士何点谓人曰:"我作《齐书》已竟,赞云:'渊既世族,俭亦国华。不赖舅氏,遑恤国家。'"点,尚之之孙也。渊母宋始安公主继母吴郡公主;又尚巴西公主。俭母武康公主;又尚阳羡公主。故点云然。

己未,或走马过汝阴王之门,卫士恐有为乱者,奔入杀王,而以疾闻,上不罪而赏之。辛酉,杀宋宗室阴安公燮等,无少长皆死。前豫州刺史刘澄之,遵考之子也,与褚渊善,渊为之固请曰:"澄之兄弟不武,且于刘宗又疏。"故遵考之族独得免。

丙寅,追尊皇考曰宣皇帝,皇妣陈氏曰孝皇后。

丁卯,封皇子钧为衡阳王。

上谓兖州刺史垣崇祖曰:"吾新得天下,索房必以纳刘昶为辞,侵犯边鄙。寿阳当房之冲,非卿无以制此房也。"乃徙崇祖为豫州刺史。

六月,丙子,诛游击将军姚道和,以其贰于沈攸之也。

甲(子)〔申〕,立太子赜为皇太子;皇子嶷为豫章王,映为临川王,晃为长沙王,晔为武陵王,暠为安成王,锵为鄱阳王,铄为桂阳王,鑑为广陵王;皇孙长懋为南郡王。

乙酉,葬宋顺帝于遂宁陵。

帝以建康居民舛杂,多奸盗,欲立符伍以相检括,右仆射王俭谏曰:"京师之地,四方辐凑,必也持符,于事既烦,理成不旷,谢安所谓'不尔何以为京师'也。"乃止。

初,交州刺史李长仁卒,从弟叔献代领州事,以号令未行,遣使求刺史于宋。宋以南海太守沈焕为交州刺史,以叔献为焕宁远司马、武平、新昌二郡太守。叔献既得朝命,人情服从,遂发兵守险,不纳焕。焕停郁林,病卒。

秋,七月,丁未,诏曰:"交阯、比景独隔书朔,斯乃前运方季,因迷遂往。宜曲赦交州,即以叔献为刺史,抚安南土。"

魏葭芦镇主杨广香请降,丙辰,以广香为沙州刺史。

八月,乙亥,魏主如方山。丁丑,还宫。

上闻魏将入寇,九月,乙巳,复以豫章王嶷为荆、湘二州刺史,都督如故;以临川王映为扬州刺史。

丙午,以司空褚渊领尚书令。

壬子,魏以侍中、司徒、东阳王丕为太尉,侍中、尚书右仆射陈建为司徒,侍中、尚书代人荀颓为司空。

己未,魏安乐厉王长乐谋反,赐死。

庚申,魏陇西宣王源贺卒。

冬,十月,己巳朔,魏大赦。

癸未,汝阴太妃王氏卒,谥曰宋恭皇后。

初,晋寿民李乌奴与白水氐杨成等寇梁州,梁州刺史范柏年说降乌奴,击成等,破之。及沈攸之之事起,柏年遣兵出魏兴,声云入援,实候望形势。事平,朝廷遣王玄邈代之。诏柏年与乌奴俱下,乌奴劝柏年不受代,柏年计未决,玄邈已至,柏年乃留乌奴于汉中,还至魏兴,盘桓不进。左卫率豫章胡谐之尝就柏年求马,柏年曰:"马非狗也,安能应无已之求。"待使者甚薄,使者还,语谐之曰:"柏年云:'胡谐之何物狗!所求无厌。'"谐之恨之,潜于上曰:"柏年恃险聚众,欲专据一州。"上使雍州刺史南郡王长懋诱柏年,启为府长史。柏年至襄阳,上欲不问,谐之曰:"见虎格得,而纵上山乎?"甲午,赐柏年死。李乌奴叛入氐,依杨文弘,引氐兵千余人寇梁州,陷白马戍。王玄邈使人诈降诱乌奴,乌奴轻兵袭州城,玄邈伏兵邀击,大破之,乌奴挺身复走入氐。

初,玄邈为青州刺史,上在淮阴,为宋太宗所疑,欲北附魏,遗书结玄邈,玄邈长史清河房叔安曰:"将军房方州之重,无故举忠孝而弃之,三齐之士,宁蹈东海而死耳,不敢随将军也。"玄邈乃不答上书。及罢州还,至淮阴,严军直过,至建康,启太宗,称上有异志。及上为骠骑,引为司马,玄邈甚惧,而上待之如初。及破乌奴,上曰:"玄邈果不负吾意遇也。"叔安为宁蜀太守,上赏其忠正,欲用为梁州,会病卒。

十一月,辛亥,立皇太子妃裴氏。

癸丑,魏遣假梁郡王嘉督二将出淮阴,陇西公琛督三将出广陵,河东公薛虎子督三将出寿阳,奉丹杨王刘昶入寇。许昶以克复旧业,世祚江南,称藩于魏。蛮酋桓诞请为前驱,以诞为南征西道大都督。义阳民谢天盖自称司州刺史,欲以州附魏,魏乐陵镇将韦珍引兵渡淮应接。豫章王嶷遣中兵参军萧惠朗将二千人助司州刺史萧景先讨天盖,韦珍略七千余户而去。景先,上之从子也。南兖州刺史王敬则闻魏将济淮,委镇还建康,士民惊散,既而魏竟不至。上以其功臣,不问。

上之辅宋也,遣骁骑将军王洪範使柔然,约与共攻魏。洪範自蜀出吐谷浑历西域乃得达。至是,柔然十余万骑寇魏,至塞上而还。

是岁,魏诏中书监高允议定律令。允虽笃老,而志识不衰。诏以允家贫养薄,令乐部丝竹十人,五日一诣允,以娱其志。朝晡给膳,朔望致牛酒,月给衣服绵绢。入见则备几杖,问以政治。

契丹莫贺弗勿干帅部落万余口入附于魏,居白狼水东。

二年(庚申、480)

春,正月,戊戌朔,大赦。

以司空褚渊为司徒,尚书右仆射王俭为左仆射。渊不受。

辛丑,上祀南郊。

魏陇西公琛等攻拔马头戍,杀太守刘从。乙卯,诏内外纂严,发兵拒魏,征南郡王长懋为中军将军,镇石头。

魏广川庄王略卒。

魏师攻钟离,徐州刺史崔文仲击破之。文仲遣军主崔孝伯渡淮,攻魏茌眉戍主龙得侯等,杀之。文仲,祖思之族人也。

群蛮依阻山谷,连带荆、湘、雍、郢、司五州之境,闻魏师入寇,官尽发民丁,南襄城蛮秦远乘虚寇潼阳,杀县令。司州蛮引魏兵寇平昌,平昌戍主苟元宾击破之。北上黄蛮文勉德寇汶阳,汶阳太守戴元宾弃城奔江陵,豫章王嶷遣中兵参军刘伾绪将千人讨之,至当阳,勉德请降,秦远遁去。

魏将薛道标引兵趣寿阳,上使齐郡太守刘怀慰作冠军将军薛渊书以招道标。魏人闻之,召道标还,使梁郡王嘉代之。怀慰,乘民之子也。二月,丁卯朔,嘉与刘昶寇寿阳。将战,昶四向拜将士,流涕纵横,曰:“愿同戮力,以雪仇耻。”

魏步骑号二十万,豫州刺史垣崇祖集文武议之,欲治外城,堰肥水以自固。皆曰:“昔佛狸入寇,南平王士卒完盛,数倍于今,犹以郭大难守,退保内城。且自有肥水,未尝堰也,恐劳而无益。”崇祖曰:“若弃外城,虏必据之,外修楼橹,内筑长围,则坐成擒矣。守郭筑堰,是吾不谏之策也。”乃于城西北堰肥水,堰北筑小城,周为深堑,使数千人守之,曰:“虏见城小,以为一举可取,必悉力攻之,以谋破堰。吾纵水冲之,皆为流尸矣。”魏人果蚁附攻小城,崇祖著白纱帽,肩舆上城。晡时,决堰下水,魏攻城之众漂坠堑中,人马溺死以千数。魏师退走。

谢天盖部曲杀天盖以降。

宋自孝建以来,政纲弛紊,簿籍讹谬。上诏黄门郎会稽虞玩之等更加检定,曰:“黄籍,民之大纪,国之治端。自顷巧伪日甚,何以厘革?”玩之上表,以为:“元嘉中,故光禄大夫傅隆年出七十,犹手自书籍,躬加隐校。今欲求治取正,必在勤明令长。愚谓宜以元嘉二十七年籍为正,更立明科,一听首悔,迷而不返,依制必戮。若有虚昧,州县同科。”上从之。

上以群蛮数为叛乱,分荆、益置巴州以镇之。壬申,以三巴校尉明慧昭为巴州刺史,领巴东太守。是时,齐之境内,有州二十三,郡三百九十,县千四百八十五。

乙酉,崔文仲遣军主陈靖拔魏竹邑,杀戍主白仲都;崔叔延破魏睢陵,杀淮阳太守梁恶。

三月,丁酉朔,以侍中西昌侯鸾为郢州刺史。鸾,帝兄始安贞王道生之子也,早孤,为帝所养,恩过诸子。

魏刘昶以雨水方降,表请还师,魏人许之,丙午,遣车骑大将军冯熙将兵迎之。

夏,四月,辛巳,魏主如白登山。五月,丙申朔,如火山。壬寅,还平城。

自晋以来,建康宫之外城唯设竹篱,而有六门。会有发白虎樽者,言“白门三重关,竹篱穿不完"。上感其言,命改立都墙。

李乌奴数乘间出寇梁州,豫章王嶷遣中兵参军王图南将益州兵从剑阁掩击之,梁、南秦二州刺史崔慧景发梁州兵屯白马,与图南覆背击乌奴,大破之,乌奴走保武兴。慧景,祖思之族人也。

秋,七月,辛亥,魏主如火山。

戊午,皇太子穆妃裴氏卒。

诏南郡王长懋移镇西州。

角城戍主举城降魏,秋,八月,丁酉,魏遣徐州刺史梁郡王嘉迎之。又遣平南将军郎大檀等三将出朐城,将军白吐头等二将出海西,将军元泰等二将出连口,将军封延等三将出角城,镇南将军贺罗出下蔡,同入寇。

甲辰,魏主如方山。戊申,游武州山石窟寺。庚戌,还平城。

崔慧景遣长史裴叔保攻李乌奴于武兴,为氐王杨文弘所败。

九月,甲午朔,日有食之。

丙午,柔然遣使来聘。

汝南太守常元真、龙骧将军胡青苟降于魏。

闰月,辛巳,遣领军李安民循行清、泗诸戍以备魏。

魏梁郡王嘉帅众十万围朐山,朐山戍主玄元度婴城固守。青、冀二州刺史范阳卢绍之遣子奂将兵助之。庚寅,元度大破魏师。台遣军主崔灵建等将万余人自淮入海,夜至,各举两炬,魏师望见,遁去。

冬,十月,王俭固请解选职,许之,加俭侍中,以太子詹事何戢领选。上以戢资重,欲加常侍,褚渊曰:"圣旨每以蝉冕不宜过多,臣与王俭既已左珥,若复加戢,则八座遂有三貂。若帖以骁、游,亦为不少。"乃以戢为吏部尚书,加骁骑将军。

甲辰,以沙州刺史杨广香为西秦州刺史,又以其子炅为武都太守。

丁未,魏以昌黎王冯熙为西道都督,与征南将军桓诞出义阳,镇南将军贺罗出钟离,入寇。

淮北四州民不乐属魏,常思归江南,上多遣间谍诱之。于是徐州民桓标之、兖州民徐猛子等所在蜂起为寇盗,聚众保五固,推司马朗之为主。魏遣淮阳王尉元、平南将军薛虎子等讨之。

十一月,戊寅,丹杨尹王僧虔上言:"郡县狱相承有上汤杀囚,名为救疾,实行冤暴。岂有死生大命,而潜制下邑!愚谓囚病必先刺郡,求职司与医对共诊验,远县家人省视,然后处治。"上从之。

戊子,以杨难当之孙后起为北秦州刺史、武都王,镇武兴。

十二月,戊戌,以司空褚渊为司徒。渊入朝,以腰扇障日,征虏功曹刘祥从侧过,曰:"作如此举止,羞面见人,扇障何益?"渊曰:"寒士不逊。"祥曰:"不能杀袁、刘,安得免寒士?"祥,穆之孙也。祥好文学,而性韵刚疏,撰《宋书》,讥斥禅代,王俭密以闻,坐徙广州而卒。

太子宴朝臣于玄圃,右卫率沈文季与褚渊语相失,文季怒曰:"渊自谓忠臣,不知死之日何面目见宋明帝!"太子笑曰:"沈率醉矣。"

壬子,以豫章王嶷为中书监、司空、扬州刺史,以临川王映为都督荆、雍等九州诸军事、荆州刺史。

是岁,魏尚书令王叡进爵中山王,加镇东大将军。置王官二十二人,以中书侍郎郑羲为傅,郎中令以下皆当时名士。又拜叡妻丁氏为妃。

三年(辛酉、481)

春,正月,封皇子锋为江夏王。

魏人寇淮阳,围军主成买于朐城,上遣领军将军李安民为都督,与军主周盘龙等救之。魏人缘淮大掠,江北民皆惊走,渡江,成买力战而死。盘龙之子奉叔以二百人陷陈深入,魏以万馀骑张左右翼围之。或告盘龙云"奉叔已没",盘龙驰马奋矟,直突魏陈,所向披靡。奉叔已出,复入求盘龙。父子两骑萦扰,魏数万之众莫敢当者,魏师遂败,杀伤万计。魏师退,李安民等引兵追之,战于孙溪渚,又破之。

己卯,魏主南巡,司空苟颓留守。丁亥,魏主至中山。

二月,辛卯朔,魏大赦。

丁酉,游击将军桓康复败魏师于淮阳,进攻樊谐城,拔之。

魏主自中山如信都,癸卯,复如中山。庚戌,还,至肆州。

沙门法秀以妖术惑众,谋作乱于平城,苟颓帅禁兵收掩,悉擒之。魏主还平城,有司囚法秀,加以笼头,铁锁无故自解。魏人穿其颈骨,祝之曰:"若果有神,当令穿肉不入。"遂穿以徇,三日乃死。议者或欲尽杀道人,冯太后不可,乃止。

垣崇祖之败魏师也,恐魏复寇淮北,乃徙下蔡戍于淮东。既而魏师果至,欲攻下蔡,闻其内徙,欲夷其故城。己酉,崇祖引兵渡淮击魏,大破之,杀获千计。

晋、宋之际,荆州刺史多不领南蛮校尉,别以重人居之。豫章王嶷为荆、湘二州刺史,领南蛮。嶷罢,更以侍中王奂为之,奂固辞,曰:"西土戎烬之后,痍毁难复。今复割撤太府,制置偏校,崇望不足助强,语实又能相弊。且资力既分,职司增广,众劳务倍,文案滋烦,窃以为国计非允。"癸丑,罢南蛮校尉官。

三月,辛酉朔,魏主如肆州。己巳,还平城。

魏法秀之乱,事连兰台御史张求等百馀人,皆以反,法当族。尚书令王叡请诛首恶,宥其余党。乃诏:"应诛五族者,降为三族;三族者,门诛;门诛,止其身。"所免千余人。

夏,四月,己亥,魏主如方山。冯太后乐其山川,曰:"它日必葬我于是,不必祔山陵也。"乃为太后作寿陵,又建永固石室于山上,欲以为庙。

桓标之等有众数万,寨险求援。庚子,诏李安民督诸将往迎之,又使兖州刺史周山图自淮入清,倍道应接。淮北民桓磊磈破魏师于抱犊固。李安民赴救迟留,标之等皆为魏所灭,余众得南归者尚数千家,魏人亦掠三万余口归平城。

魏任城康王云卒。

五月,壬戌,邓至王像舒遣使入贡于魏。邓至者,羌之别种,国于宕昌之南。

六月,壬子,大赦。

甲辰,魏中山宣王王叡卒。叡疾病,太皇太后、魏主累至其家视疾。及卒,赠太宰,立庙于平城南。文士为叡作哀诗及诔者百余人,及葬,自称亲姻、义旧,缞绖哭送者千余人。魏主以叡子中散大夫袭代叡为尚书令,领吏部曹。

戊午,魏封皇叔简为齐郡王,猛为安丰王。

秋,七月,己未朔,日有食之。

上使后军参军车僧朗使于魏。甲子,僧朗至平城,魏主问曰:"齐辅宋日浅,何故遽登大位?"对曰:"虞、夏登庸,身陟元后,魏、晋匡辅,贻厥子孙,时宜各异耳。"

辛酉,柔然别帅他稽帅众降魏。

杨文弘遣使请降,诏复以为北秦州刺史。先是,杨广香卒,其众半奔文弘,半奔梁州。文弘遣杨后起进据白水。上虽授以官爵,而阴敕晋寿太守杨公则使伺便图之。

宋昇明中,遣使者殷灵诞、苟昭先如魏,闻上受禅,灵诞谓魏典客曰:"宋、魏通好,忧患是同。宋今灭亡,魏不相救,何用和亲?"及刘昶入寇,灵诞请为昶司马,不许。九月,庚午,魏阅武于南郊,因宴群臣,置车僧朗于灵诞下,僧朗不肯就席,曰:"灵诞昔为宋使,今为齐民。乞魏主以礼见处。"灵诞遂与相忿詈。刘昶赂宋降人解奉君于会刺杀僧朗,魏人收奉君诛之,厚送僧朗之丧于灵诞等南归。及世祖即位,昭先具以灵诞之语启闻,灵诞坐下狱死。

辛未,柔然主遣使来聘,与上书,谓上为"足下",自称曰"吾",遗上师子皮袴褶,约共伐魏。

魏尉元、薛虎子克五固,斩司马朗之,东南诸州皆平。尉元入为侍中、都曹尚书,薛虎子为彭城镇将,迁徐州刺史。时州镇戍兵,资绢自随,不入公库。虎子上表,以为:"国家欲取江东,先须积谷彭城。切惟在镇之兵,不减数万,资粮之绢,人十二匹,用度无准,未及代下,不免饥寒,公私损费。今徐州良田十万余顷,水陆肥沃,清、汴通流,足以溉灌。若以兵绢市牛,可得万头,兴置屯田,一岁之中,且给官食,半兵芸殖,余兵屯戍,且耕且守,不妨捍边。一年之收,过于十倍之绢;暂时之耕,足充数载之食。于后兵资皆贮公库,五稔之后,谷帛俱溢,非直戍卒丰饱,亦有吞敌之势。"魏人从之。虎子为政有惠爱,兵民怀之。会沛郡太守邵安、下邳太守张攀以赃污为虎子所案,各遣子上书,告虎子与江南通,魏主曰:"虎子必不然。"推案,果虚,诏安、攀皆赐死,二子各鞭一百。

吐谷浑王拾寅卒,世子度易侯立。冬,十月,戊子朔,以度易侯为西秦、河二州刺史、河南王。

魏中书令高闾等更定新律成,凡八百三十二章,门房之诛十有六,大辟二百三十五,杂刑三百七十七。

初,高昌王阚伯周卒,子义成立。是岁,其从兄首归杀义成自立。高车王可至罗杀首归兄弟,以敦煌张明为高昌王。国人杀明,立马儒为王。

四年(壬戌、482)

春,正月,壬戌,诏置学生二百人,以中书令张绪为国子祭酒。

甲戌,魏大赦。

三月,庚申,上召司徒褚渊、尚书左仆射王俭受遗诏辅太子。壬戌,殂于临光殿。太子即位,大赦。

高帝沉深有大量,博学能文。性清俭,主衣中有玉导,上敕中书曰:"留此正是兴长病源。"即命击碎,仍案检有何异物,皆随此例。每曰:"使我治天下十年,当使黄金与土同价。"

乙丑,以褚渊录尚书事,王俭为侍中、尚书令,车骑将军张敬儿开府仪同三司。丁卯,以前将军王奂为尚书左仆射。庚午,以豫章王嶷为太尉。

庚辰,魏主临虎圈,诏曰:"虎狼猛暴,取捕之日,每多伤害,既无所益,损费良多,从今勿复捕贡。"

夏,四月,庚寅,上大行谥曰高皇帝,庙号太祖。丙午,葬(秦)〔泰〕安陵。

辛卯,追尊穆妃为皇后。六月,甲申朔,立南郡王长懋为皇太子。丙申,立太子妃王氏。妃,琅邪人也。封皇子闻喜公子良为竟陵王,临汝公子卿为庐陵王,应城公子敬为安陆王,江陵公子懋为晋安王,枝江公子隆为随郡王,子真为建安王,皇孙昭业为南郡王。

司徒褚渊寝疾,自表逊位,世祖不许。渊固请恳切,癸卯,以渊为司空,领骠骑将军,侍中、录尚书如故。

秋,七月,魏发州郡五万人治灵丘道。

吏部尚书济阳江谧,性诡躁,太祖殂,谧恨不豫顾命。上即位,谧又不迁官,以此怨望诽谤。会上不豫,谧诣豫章王嶷请间,曰:"至尊非起疾,东宫又非才,公今欲作何计?"上知之,使御史中丞沈冲奏谧前后罪恶,庚寅,赐谧死。

癸卯,南康文简公褚渊卒,世子侍中贲耻其父失节,服除,遂不仕,以爵让其弟蓁,屏居墓下终身。

九月,丁巳,以国哀罢国子学。

氐王杨文弘卒。诸子皆幼,乃以兄子后起为嗣。九月,辛酉,魏以后起为武都王,文弘子集始为白水太守。既而集始自立为王,后起击破之。

魏以荆州巴、氐扰乱,以镇西大将军李崇为荆州刺史。崇,显祖之舅子也。将之镇,敕发陕、秦二州兵送之,崇辞曰:"边人失和,本怨刺史。今奉诏代之,自然安靖,但须一诏而已,不烦发兵自防,使之怀惧也。"魏朝从之。崇遂轻将数十骑驰至上洛,宣诏慰谕,民夷帖然。崇命边戍掠得齐人者悉还之,由是齐人亦还其生口二百许人,二境交和,无复烽燧之警。久之,徙兖州刺史。

兖土旧多劫盗,崇命村置一楼,楼皆悬鼓,盗发之处,乱击之;旁村始闻者,以一击为节,次二,次三,俄顷之间,声布百里;皆发人守险要。由是盗发无不擒获。其后诸州皆效之,自崇始也。

辛未,以征南将军王僧虔为左光禄大夫、开府仪同三司,以尚书右仆射王奂为湘州刺史。

宋故建平王景素主簿何昌㝢、记室王摛及所举秀才刘琎,前后上书陈景素德美,为之讼冤。冬,十月,辛丑,诏听以士礼还葬旧茔。琎,瓛之弟也。

十一月,魏高祖将亲祀七庙,命有司具仪法,依古制备牲牢、器服及乐章,自是四时常祀皆举之。

世祖武皇帝上之上

永明元年(癸亥、483)

春,正月,辛亥,上祀南郊,大赦,改元。

诏以边境宁晏,治民之官,普复田秩。

以太尉豫章王嶷领太子太傅。嶷不参朝务,而常密献谋画,上多从之。

壬戌,立皇弟锐为南平王,铿为宜都王,皇子子明为武昌王,子罕为南海王。

二月,辛巳,以征虏将军杨灵为沙州刺史、阴平王。

辛丑,以宕昌王梁弥机为河、凉二州刺史,邓至王像舒为西凉州刺史。

宋末,以治民之官六年过久,乃以三年为断,谓之小满,而迁换去来,又不能依三年之制。三月,癸丑,诏:"自今一以小满为限。"

有司以天文失度，请禳之。上曰："应天以实不以文。我克己求治，思隆惠政，若灾眚在我，禳之何益！"

夏，四月，壬午，诏："袁粲、刘秉、沈攸之，虽末节不终，而始诚可录。"皆命以礼改葬。

上之为太子也，自以年长，与太祖同创大业，朝事大小，率皆专断，多违制度。信任左右张景真，景真骄侈，被服什物，僭拟乘舆，内外畏之，莫敢言者。司空谘议荀伯玉，素为太祖所亲厚，叹曰："太子所为，官终不知，岂得畏死，蔽官耳目。我不启闻，谁当启者！"因太子拜陵，密以启太祖。太祖怒，命检校东宫。

太子拜陵还，至方山，晚，将泊舟，豫章王嶷自东府乘飞燕东迎太子，告以上怒之意。太子夜归，入宫，太祖亦停门钥待之。明日，太祖使南郡王长懋、闻喜公子良宣敕诘责，并示以景真罪状，使以太子令收景真，杀之。太子忧惧，称疾月余。太祖怒不解，昼卧太阳殿，王敬则直入，叩头启太祖曰："官有天下日浅，太子无事被责，人情恐惧，愿官往东宫解释之。"太祖无言。敬则因大声宣旨，装束往东宫，又敕太官设馔，呼左右索舆，太祖了无动意。敬则索衣被太祖，仍牵强登舆。太祖不得已至东宫，召诸王宴于玄圃。长沙王晃捉华盖，临川王映执雉尾扇，闻喜公子良持酒鎗，南郡王长懋行酒，太子及豫章王嶷、王敬则自捧酒馔，至暮，尽醉乃还。

太祖嘉伯玉忠(尽)〔荩〕，愈见亲信，军国密事，多委使之，权动朝右。遭母忧，去宅二里许，冠盖已塞路。左率萧景先、侍中王晏共吊之，自旦至暮，始得前。比出，饥乏，气息惙然，愤悒形于声貌。明日，言于太祖曰："臣等所见二宫门庭，比荀伯玉宅可张雀罗矣。"晏，敬弘之从子也。

骁骑将军陈胤叔，先亦白景真及太子得失，而语太子皆云"伯玉以闻"。太子由是深怨伯玉。

太祖阴有以豫章王嶷代太子之意，而嶷事太子愈谨，故太子友爱不衰。

豫州刺史垣崇祖不亲附太子，会崇祖破魏兵，太祖召还朝，与之密谋。太子疑之，曲加礼待，谓曰："世间流言，我已豁怀，自今以富贵相付。"崇祖拜谢。会太祖复遣荀伯玉，敕以边事，受旨夜发，不得辞东宫，太子以为不尽诚，益衔之。

太祖临终，指伯玉以属太子。上即位，崇祖累迁五兵尚书，伯玉累迁散骑常侍。伯玉内怀忧惧，上以伯玉与崇祖善，恐其为变，加意抚之。丁亥，下诏诬崇祖招结江北荒人，欲与伯玉作乱，皆收杀之。

庚子，魏主如崞山。壬寅，还宫。

闰月，癸丑，魏主后宫平凉林氏生子恂，大赦。文明太后以恂当为太子，赐林氏死，自抚养恂。

五月,戊寅朔,魏主如武州山石窟佛寺。

车骑将军张敬儿好信梦。初为南阳太守,其妻尚氏梦一手热如火;及为雍州,梦一胛热;为开府,梦半身热。敬儿意欲无限,尝谓所亲曰:"吾妻复梦举体热矣。"又自言梦旧村社树高至天,上闻而恶之。垣崇祖死,敬儿内自疑,会有人告敬儿遣人至蛮中货易,上疑其有异志。会上于华林园设八关斋,朝臣皆预,于坐收敬儿。敬儿脱冠貂投地曰:"此物误我!"丁酉,杀敬儿,并其四子。

敬儿弟恭儿,常虑为兄祸所及,居于冠军,未常出襄阳,村落深阻,墙垣重复。敬儿每遣信,辄上马属鞭,然后见之。敬儿败问至,席卷入蛮。后自出,上恕之。

敬儿女为征北谘议参军谢超宗子妇,超宗谓丹杨尹李安民曰:"'往年杀韩信,今年杀彭越。'尹欲何计?"安民具启之。上素恶超宗轻慢,使兼御史中丞袁彖奏弹超宗,丁巳,收付廷尉,徙越巂,于道赐死。以彖语不刻切,又使左丞王逡之奏弹彖轻文略奏,挠法容非,彖坐免官,禁锢十年。超宗,灵运之孙;彖,颛之弟子也。

秋,七月,丁丑,魏主及太后如神渊池。甲申,如方山。

魏使假员外散骑常侍顿丘李彪来聘。

侍中、左光禄大夫、开府仪同三司王僧虔固辞开府,谓兄子俭曰:"汝任重于朝,行登三事,我若复有此授,乃是一门有二台司,吾实惧焉。"累年不拜,上乃许之。戊戌,加僧虔特进。俭作长梁斋,制度小过,僧虔视之不悦,竟不入户。俭即日毁之。

初,王弘与兄弟集会,任子孙戏适。僧达跳下地作虎子。僧绰正坐,采蜡烛珠为凤皇,僧达夺取打坏,亦复不惜。僧虔累十二博棋,既不坠落,亦不重作。弘叹曰:"僧达俊爽,当不减人,然恐终危吾家;僧绰当以名义见美;僧虔必为长者,位至公台。"已而皆如其言。

八月,庚申,骁骑将军王洪范自柔然还,经涂三万余里。

冬,十月,丙寅,遣骁骑将军刘缵聘于魏,魏主客令李安世主之。魏人出内藏之宝,使贾人鬻之于市。缵曰:"魏金玉大贱,当由山川所出。"安世曰:"圣朝不贵金玉,故贱同瓦砾。"缵初欲多市,闻其言,内惭而止。缵屡奉使至魏,冯太后遂私幸之。

十二月,乙巳朔,日有食之。

癸丑,魏始禁同姓为婚。

王俭进号卫将军,参掌选事。

是岁,省巴州。

魏秦州刺史于洛侯,性残酷,刑人或断腕,拔舌,分悬四体。合州惊骇,州民王元寿等一时俱反。有司劾奏之,魏主遣使至州,於洛侯常刑人处宣告吏民,然后斩之。

齐州刺史韩麒麟,为政尚宽,从事刘普庆说麒麟曰:"公杖节方夏,而无所诛斩,何以示威?"麒麟曰:"刑罚所以止恶,仁者不得已而用之。今民不犯法,又何诛乎? 若必断斩然后可以立威,当以卿应之。"普庆惭惧而起。

资治通鉴卷第一百三十六

端明殿学士兼翰林侍读学士朝散大夫右谏议大夫充集贤殿修撰提举西京嵩山崇福宫上柱国河内郡开国侯食邑一千八百户食实封六百户赐紫金鱼袋臣　司马光　奉敕编集

齐纪二起阏逢困敦（甲子），尽屠维大荒落（己巳），凡六年。

世祖武皇帝上之下

永明二年（甲子、484）

春，正月，乙亥，以后将军柳世隆为尚书右仆射；竟陵王子良为护军将军兼司徒，领兵置佐，镇西州。子良少有清尚，倾意宾客，才俊之士，皆游集其门。开西邸，多聚古人器服以充之。记室参军范云、萧琛、乐安任昉、法曹参军王融、卫军东阁祭酒萧衍、镇西功曹谢（眺）〔朓〕、步兵校尉沈约、扬州秀才吴郡陆倕，并以文学，尤见亲待，号曰八友。法曹参军柳恽、太学博士王僧孺、南徐州秀才济阳江革、尚书殿中郎范缜、会稽孔休源亦预焉。琛，惠开之从子；恽，元景之从孙；融，僧达之孙；衍，顺之之子；朓，述之孙；约，璞之子；僧孺，雅之曾孙；缜，云之从兄也。

子良笃好释氏，招致名僧，讲论佛法，道俗之盛，江左未有。或亲为众僧赋食、行水，世颇以为失宰相体。

范缜盛称无佛。子良曰："君不信因果，何得有富贵、贫贱？"缜曰："人生如树花同发，随风而散，或拂帘幌坠茵席之上，或关篱墙落粪溷之中。坠茵席者，殿下是也；落粪溷者，下官是也。贵贱虽复殊途，因果竟在何处？"子良无以难。缜又著《神灭论》，以为："形者神之质，神者形之用也。神之于形，犹利之于刀。未闻刀没而利存，岂容形亡而神在哉！"此论出，朝野喧哗，难之终不能屈。太原王琰著论讥缜曰："呜呼范子！曾不知其先祖神灵所在。"欲以杜缜后对。缜对曰："呜呼王子！知其先祖神灵所在，而不能杀身以从之。"子良使王融谓之曰："以卿才美，何患不至中书郎，而故乖剌为此论，甚可惜也。宜急毁弃之。"缜大笑曰："使范缜卖论取官，已至令、仆矣，何但中书郎邪！"

萧衍好筹略，有文武才干，王俭深器异之，曰："萧郎出三十，贵不可言。"

壬寅，以柳世隆为尚书左仆射，丹杨尹李安民为右仆射，王俭领丹杨尹。

夏，四月，甲寅，魏主如方山。戊午，还宫。庚申，如鸿池。丁卯，还宫。

五月，甲申，魏遣员外散骑常侍李彪等来聘。

六月,壬寅朔,中书舍人吴兴茹法亮封望蔡男。时中书舍人四人,各住一省,谓之"四户",以法亮及临海吕文显等为之;既总重权,势倾朝廷。守宰数迁换去来,四方饷遗,岁数百万。法亮尝于众中语人曰:"何须求外禄,此一户中年办百万。"盖约言之也。后因天文有变,王俭极言"文显等专权徇私,上天见异,祸由四户。"上手诏酬答,而不能改也。

魏旧制,户调帛二匹,絮二斤,丝一斤,谷二十斛;又入帛一匹二丈,委之州库,以供调外之费;所调各随土之所出。丁卯,诏曰:"置官班禄,行之尚矣。自中原丧乱,兹制中绝。朕宪章旧典,始班俸禄。户增调帛三匹,谷二斛九斗,以为官司之禄;增调外帛二匹。禄行之后,赃满一匹者死。变法改度,宜为更始,其大赦天下。"

秋,七月,甲申,立皇子子伦为巴陵王。

乙未,魏主如武州山石窟寺。

九月,魏诏,班禄以十月为始,季别受之。旧律,枉法十匹,义赃二十匹,罪死。至是,义赃一匹,枉法无多少,皆死。仍分命使者,纠按守宰之贪者。

秦、益二州刺史恒农李洪之以外戚贵显,为治贪暴,班禄之后,洪之首以赃败。魏主命锁赴平城,集百官亲临数之,犹以其大臣,听在家自裁。自余守宰坐赃死者四十余人。受禄者无不跼蹐,赇赂殆绝。然吏民犯它罪者,魏主率宽之,疑罪奏谳多减死徙边,岁以千计。都下决大辟,岁不过五六人,州镇亦简。

久之,淮南王佗奏请依旧断禄,文明太后召群臣议之。中书监高闾以为:"饥寒切身,慈母不能保其子。今给禄,则廉者足以无滥,贪者足以劝慕;不给,则贪者得肆其奸,廉者不能自保。淮南之议,不亦谬乎!"诏从闾议。

闾又上表,以为:"北狄悍愚,同于禽兽。所长者野战,所短者攻城。若以狄之所短,夺其所长,则虽众不能成患,虽来不能深入。又,狄散居野泽,随逐水草,战则与家业并至,奔则与畜牧俱逃,不赍资粮而饮食自足,是以历代能为边患。六镇势分,倍众不斗,互相围逼,难以制之。请依秦、汉故事,于六镇之北筑长城,择要害之地,往往开门,造小城于其侧,置兵扞守。狄既不攻城,野掠无获,草尽则走,终必惩艾。计六镇东西不过千里,一夫一月之功可城三步之地,强弱相兼,不过用十万人,一月可就,虽有暂劳,可以永逸。凡长城有五利:罢游防之苦,一也;北部放牧无抄掠之患,二也;登城观敌,以逸待劳,三也;息无时之备,四也;岁常游运,永得不匮,五也。"魏主优诏答之。

冬,十月,丁巳,以南徐州刺史长沙王晃为中书监。初,太祖临终,以晃属帝,使处以辇下或近藩,勿令远出。且曰:"宋氏若非骨肉相残,它族岂得乘其弊?汝深诫之。"旧制,诸王在都,唯得置捉刀左右四十人。晃好武饰,及罢南徐州,私载数百人仗还建康,为禁司所觉,投之江水。帝闻之,大怒,将纠以法。豫章王嶷叩头流涕曰:"晃罪诚不足宥,陛下当忆先朝念晃。"帝亦垂泣,由是终无异意,然亦不被亲宠。论者谓帝优于魏文,减于汉明。

武陵王晔多才艺而疏婞,亦无宠于帝。尝侍宴,醉伏地;貂抄肉柈。帝笑曰:"肉污貂。"对曰:"陛下爱羽毛而疏骨肉。"帝不悦。晔轻财好施,故无畜积,名后堂山曰"首阳",盖怨贫薄也。

高丽王琏遣使入贡于魏,亦入贡于齐。时高丽方强,魏置诸国使邸,齐使第一,高丽次之。

益州大度獠恃险骄恣,前后刺史不能制。及陈显达为刺史,遣使责其租赕,獠帅曰:"两眼刺史尚不敢调我,况一眼乎!"遂杀其使。显达分部将吏,声言出猎,夜往袭之,男女无少长皆斩之。

晋氏以来,益州刺史皆以名将为之。十一月,丁亥,帝始以始兴王鑑为督益、宁诸军事、益州刺史,征显达为中护军。先是,劫帅韩武方聚党千余人断流为暴,郡县不能禁。鑑行至上明,武方出降。长史虞悰等咸请杀之,鑑曰:"杀之失信,且无以劝善。"乃启台而宥之,于是巴西蛮夷为寇暴者皆望风降附。鑑时年十四,行至新城,道路籍籍,云"陈显达大选士马,不肯就征。"乃停新城,遣典签张昙皙往观形势。俄而显达遣使诣鑑,咸劝鑑执之。鑑曰:"显达立节本朝,必自无此。"居二日,昙皙还,具言"显达已迁家出城,日夕望殿下至。"于是乃前。鑑喜文学,器服如素士,蜀人悦之。

乙未,魏员外散骑常侍李彪等来聘。

是岁,诏增豫章王嶷封邑为四千户。宋元嘉之世,诸王入斋阁,得白服、(群)〔裙〕帽见人主,唯出太极四庙,乃备朝服。自后此制遂绝。上于嶷友爱,宫中曲宴,听依元嘉故事。嶷固辞不敢,唯车驾至其第,乃白服、乌纱帽以侍宴。至于衣服、器用制度,动皆陈启,事无专制,务从减省。上并不许。嶷常虑盛满,求解扬州,以授竟陵王子良。上终不许,曰:"毕汝一世,无所多言。"嶷长七尺八寸,善修容范,文物卫从,礼冠百僚,每出入殿省,瞻望者无不肃然。

交州刺史李叔献既受命,而断割外国贡献,上欲讨之。

三年(乙丑、485)

春,正月,丙辰,以大司农刘楷为交州刺史,发南康、庐陵、始兴兵以讨叔献。叔献闻之,遣使乞更申数年,献十二队纯银兜鍪及孔雀毦,上不许。叔献惧为楷所袭,间道自湘川还朝。

戊寅,魏诏曰:"图谶之兴,出于三季。既非经国之典,徒为妖邪所凭。自今图谶、秘纬,一皆焚之。留者以大辟论。"又严禁诸巫觋及委巷卜筮非经典所载者。

魏冯太后作《皇诰》十八篇,癸未,大飨群臣于太华殿,班《皇诰》。

辛卯,上祀南郊,大赦。

诏复立国学,释奠先师用上公礼。

二月,己亥,魏制皇子皇孙有封爵者,岁禄各有差。

辛丑,上祭北郊。

三月,丙申,魏封皇弟禧为咸阳王,幹为河南王,羽为广陵王,雍为颍川王,勰为始平王,详为北海王。文明太后令置学馆,选师傅以教诸王。勰于兄弟最贤,敏而好学,善属文,魏主尤奇爱之。

夏,四月,癸丑,魏主如方山。甲寅,还宫。

初,宋太宗置总明观以集学士,亦谓之东观。上以国学既立,五月,乙未,省总明观。时王俭领国子祭酒,诏于俭宅开学士馆,以总明四部书充之。又诏俭以家为府。

自宋世祖好文章,士大夫悉以文章相尚,无以专经为业者。俭少好《礼》学及《春秋》,言论造次必于儒者,由是衣冠翕然,更尚儒术。俭撰次朝仪、国典,自晋、宋以来故事,无不谙忆,故当朝理事,断决如流。每博议引证,八坐、丞、郎无能异者。令史谘事常数十人,宾客满席,俭应接辨析,傍无留滞,发言下笔,皆有音彩。十日一还学监试诸生,巾卷在庭,剑卫、令史仪容甚盛。作解散髻,斜插簪,朝野慕之,相与仿效。俭常谓人曰:“江左风流宰相,唯有谢安。”意以自比也。上深委仗之,士流选用,奏无不可。

六月,庚戌,进河南王度易侯为车骑将军,遣给事中吴兴丘冠先使河南,并送柔然使。

辛亥,魏主如方山。丁巳,还宫。

秋,七月,癸未,魏遣使拜宕昌王梁弥机兄子弥承为宕昌王。初,弥机死,子弥博立,为吐谷浑所逼,奔仇池。仇池镇将穆亮以弥机事魏素厚,矜其灭亡,弥博凶悖,所部恶之,弥承为众所附,表请纳之。诏许之。亮帅骑三万军于龙鹄,击走吐谷浑,立弥承而还。亮,崇之曾孙也。

戊子,魏主如鱼池,登青原冈。甲午,还宫。八月,己亥,如弥泽。甲寅,登牛头山。甲子,还宫。

魏初,民多荫附;荫附者皆无官役,而豪强征敛倍于公赋。给事中李安世上言:“岁饥民流,田业多为豪右所占夺。虽桑井难复,宜更均量,使力业相称。又,所争之田,宜限年断,事久难明,悉归今主,以绝诈妄。”魏主善之,由是始议均田。冬,十月,丁未,诏遣使者循行州郡,与牧守均给天下之田:诸男夫十五以上受露田四十亩,妇人二十亩,奴婢依良。丁牛一头,受田三十亩,限止四牛。所授之田率倍之,三易之田再倍之,以供耕作及还受之盈缩。人年及课则受田,老免及身没则还田。奴婢、牛随有无以还受。初受田者,男夫给二十亩,课种桑五十株。桑田皆为世业,身终不还。恒计见口,有盈者无受无还,不足者受种如法,盈者得卖其盈。诸宰民之官,各随近给公田有差,更代相付,卖者坐如律。

辛酉,魏魏郡王陈建卒。

魏员外散骑常侍李彪等来聘。

十二月,乙卯,魏以侍中淮南王佗为司徒。

柔然犯魏塞,魏任城王澄帅众拒之,柔然遁去。澄,云之子也。氐、羌反,诏以澄为都督梁、益、荆三州诸军事、梁州刺史。澄至州,讨叛柔服,氐、羌皆平。

初,太祖命黄门郎虞玩之等检定黄籍。上即位,别立校籍官,置令史,限人一日得数巧。既连年不已,民愁怨不安。外监会稽吕文度启上,籍被却者悉充远戍,民多逃亡避罪。富阳民唐寓之因以妖术惑众作乱,攻陷富阳,三吴却籍者奔之,众至三万。

文度与茹法亮、吕文显皆以奸谄有宠于上。文度为外监,专制兵权,领军守虚位而已。法亮为中书通事舍人,权势尤盛。王俭常曰:"我虽有大位,权寄岂及茹公邪!"

是岁,柔然部真可汗卒,子豆仑立,号伏名敦可汗,改元太平。

四年(丙寅、486)

春,正月,癸亥朔,魏高祖朝会,始服衮冕。

壬午,柔然寇魏边。

唐寓之攻陷钱唐,吴郡诸县令多弃城走。寓之称帝于钱唐,立太子,置百官。遣其将高道度等攻陷东阳,杀东阳太守萧崇之。崇之,太祖族弟也。又遣其将孙泓寇山阴,至浦阳江,浃口戍主汤休武击破之。上发禁兵数千人,马数百匹,东击寓之。台军至钱唐,寓之众乌合,畏骑兵,一战而溃,擒斩寓之,进平诸郡县。

台军乘胜,颇纵抄掠。军还,上闻之,丁酉,收军主前军将军陈天福弃市,左军将军刘明彻免官、削爵,付东冶。天福,上宠将也,既伏诛,内外莫不震肃。使通事舍人丹杨刘系宗随军慰劳,遍至遭贼郡县,百姓被驱逼者悉无所问。

闰月,癸巳,立皇子子贞为邵陵王,皇孙昭文为临汝公。

氐王杨后起卒。丁未,诏以白水太守杨集始为北秦州刺史、武都王。集始,文弘之子也。后起弟后明为白水太守。魏亦以集始为武都王。集始入朝于魏,魏以为南秦州刺史。

辛亥,上耕藉田。

二月,己未,立皇弟铄为晋熙王,铉为河东王。

魏无乡党之法,唯立宗主督护,民多隐冒,三五十家始为一户。内秘书令李冲上言:"宜准古法,五家立邻长,五邻立里长,五里立党长,取乡人强谨者为之。邻长复一夫,里长二夫,党长三夫,三载无过,则升一等。其民调,一夫一妇帛一匹,粟二石。大率十匹为公调,二匹为调外费,三匹为百官俸。此外复有杂调。民年八十已上,听一子不从役。孤独、癃老、笃疾、贫穷不能自存者,三长内迭养食之。"书奏,诏百官通议。中书令郑羲等皆以为不可。太尉丕曰:"臣谓此法若行,于公私有益。但方有事之月,校比户口,民必劳怨。请过今秋,至冬乃遣使者,于事为宜。"冲曰:"'民可使由之,不可使知之。'若不因调时,民徒知立长校户之勤,未见均徭省赋之益,心必生怨。宜及课调之月,令知赋税之均,既识其事,又得其利,行之差易。"群臣多言:"九品差调,为日已久,一旦改法,恐成扰乱。"文明太后曰:"立三长则课调,有常准,苞荫之户可出,侥幸之人可止,何为不可。"甲戌,初立党、里、邻三长,定民户籍。民始皆愁苦,豪强者尤不愿。既而课调省费十余倍,上下安之。

三月,丙申,柔然遣使者牟提如魏。时敕勒叛柔然,柔然伏名敦可汗自将讨之,追奔至西漠。魏左仆射穆亮等请乘虚击之,中书监高闾曰:"秦、汉之世,海内一统,故可远征匈奴。今南有吴寇,何可舍之深入虏庭!"魏主曰:"'兵者凶器,圣人不得已而用之。'先帝屡出征伐者,以有未宾之虏故也。今朕承太平之业,奈何无故动兵革乎!"厚礼其使者而归之。

夏,四月,辛酉朔,魏始制五等公服。甲子,初以法服、御辇祀西郊。

癸酉,魏主如灵泉池。戊寅,还宫。

湘州蛮反,刺史昌安国有疾不能讨。丁亥,以尚书左仆射柳世隆为湘州刺史,讨平之。

六月,辛酉,魏主如方山。

己卯,魏文明太后赐皇子恂名,大赦。

秋,七月,戊戌,魏主如方山。

八月,乙亥,魏给尚书五等爵已上朱衣、玉佩、大小组绶。

九月,辛卯,魏作明堂、辟雍。

冬,十一月,魏议定民官依户给俸。

十二月,柔然寇魏边。

是岁,魏改中书学曰国子学。分置州郡,凡三十八州,二十五在河南,十三在河北。

五年(丁卯、487)

春,正月,丁亥朔,魏主诏定乐章,非雅者除之。

戊子,以豫章王嶷为大司马,竟陵王子良为司徒,临川王映、卫将军王俭、中军将军王敬则并加开府仪同三司。子良启记室范云为郡,上曰:"闻其恒相卖弄,朕不复穷法,当宥之以远。"子良曰:"不然。云动相规诲,谏书具存。"遂取以奏,凡百余纸,辞皆切直。上叹息,谓子良曰:"不谓云能尔。方使弼汝,何宜出守。"文惠太子尝出东田观获,顾谓众宾曰:"刘此亦殊可观。"众皆唯唯,云独曰:"三时之务,实为长勤。伏愿殿下知稼穑之艰难,无徇一朝之宴逸。"

荒人桓天生自称桓玄宗族,与雍、司二州蛮相扇动,据南阳故城,请兵于魏,将入寇。丁酉,诏假丹杨尹萧景先节,总帅步骑,直指义阳,司州诸军皆受节度;又假护军将军陈显达节,帅征虏将军戴僧静等水军向宛、叶,雍、司众军皆受显达节度,以讨之。

魏光禄大夫咸阳文公高允,历事五帝,出入三省,五十余年,未尝有谴。冯太后及魏主甚重之,常命中黄门苏兴寿扶侍。允仁恕简静,虽处贵重,情同寒素。执书吟览,昼夜不去手。诲人以善,恂恂不倦。笃亲念故,无所遗弃。显祖平青、徐,悉徙其望族于代,其人多允之婚媾,流离饥寒,允倾家赈施,咸得其所,又随其才行,荐之于朝。议者多以初附间之,允曰:"任贤使能,何有新旧。必若有用,岂可以此抑之。"允体素无疾,至是微有不适,犹起居如常,数日而卒,年九十八。赠侍中、司空,赙襚甚厚,魏初以来,存亡蒙赉,皆莫及也。

桓天生引魏兵万余人至泚阳,陈显达遣戴僧静等与战于深桥,大破之,杀获万计。天生退保泚阳,僧静围之,不克而还。荒人胡丘生起兵悬瓠以应齐,魏人击破之,丘生来奔。天生又引魏兵寇舞阴,舞阴戍主殷公愍拒击破之,杀其副张麒麟,天生被创退走。三月,丁未,以陈显达为雍州刺史。显达进据舞阳城。

夏,五月,壬辰,魏主如灵泉池。

癸巳,魏南平王浑卒。

甲午,魏主还平城。诏复七庙子孙及外戚缌麻服已上,赋役无所与。

魏南部尚书公孙邃、上谷公张儵帅众与桓天生复寇舞阴,殷公愍击破之,天生还窜荒中。邃,表之孙也。

魏春夏大旱,代地尤甚,加以牛疫,民馁死者多。六月,癸未,诏内外之臣极言无隐。齐州刺史韩麒麟上表曰:"古先哲王,储积九稔。逮于中代,亦崇斯业,入粟者与斩敌同爵,力田者与孝悌均赏。今京师民庶,不田者多,游食之口,叁分居二。自承平日久,丰穰积年,竞相矜夸,遂成侈俗。贵富之家,童妾袆服,工商之族,仆隶玉食,而农夫阙糟糠,蚕妇乏短褐。故令耕者日少,田有荒芜。谷帛罄于府库,宝货盈于市里;衣食匮于室,丽服溢于路。饥寒之本,实在于斯。愚谓凡珍异之物,皆宜禁断,吉凶之礼,备为格式。劝课农桑,严加赏罚,数年之中,必有盈赡。往年校比户贯,租赋轻少。臣所统齐州,租粟才可给俸,略无入仓,虽于民为利,而不可长久。脱有戎役,或遭天灾,恐供给之方,无所取济。可减绢布,增益谷租,年丰多积,岁俭出赈。所谓私民之谷,寄积于官,官有宿积,则民无荒年矣。"秋,七月,己丑,诏有司开仓赈贷,听民出关就食。遣使者造籍,分遣去留,所过给粮廪,所至三长赡养之。

柔然伏名敦可汗残暴,其臣侯医垔石洛候数谏止之,且劝其与魏和亲。伏名敦怒,族诛之,由是部众离心。八月,柔然寇魏边,魏以尚书陆叡为都督,击柔然,大破之。叡,丽之子也。

初,高车阿伏至罗有部落十余万,役属柔然。伏名敦之侵魏也,阿伏至罗谏,不听。阿伏至罗怒,与从弟穷奇帅部落西走,至前部西北,自立为王,国人号曰"候娄匐勒",夏言天子也。号穷奇曰"候倍",夏言太子也。二人甚亲睦,分部而立,阿伏至罗居北,穷奇居南。伏名敦追击之,屡为阿伏至罗所败,乃引众东徙。

九月,辛未,魏诏罢起部无益之作,出宫人不执机杼者。冬,十月,丁未,又诏罢尚方锦绣、绫罗之工,四民欲造,任之无禁。是时,魏久无事,府藏盈积。诏尽出御府衣服珍宝、太官杂器、太仆乘具、内库弓矢刀钤十分之八,外府衣物、缯布、丝矿非供国用者,以其太半班赉百司,下至工、商、皂隶,逮于六镇边戍,畿内鳏、寡、孤、独、贫、癃,皆有差。

魏秘书令高祐、丞李彪奏请改《国书》编年为纪、传、表、志,魏主从之。祐,允之从祖弟也。十二月,诏彪与著作郎崔光改修《国书》。光,道固之从孙也。

魏主问高祐曰:"何以止盗?"对曰:"昔宋均立德,猛虎渡河;卓茂行化,蝗不入境。况盗贼,人也,苟守宰得人,治化有方,止之易矣。"祐又上疏言:"今之选举,不采识治之优劣,专简年劳之多少,斯非尽才之谓。宜停此薄艺,弃彼朽劳,唯才是举,则官方斯穆。又勋旧之臣,虽年勤可录,而才非抚民者,可加之以爵赏,不宜委之以方任,所谓王者可私人以财,不私人以官者也。"帝善之。

祐出为西兖州刺史,镇滑台。以郡国虽有学,县、党亦宜有之,乃命县立讲学,党立小学。

六年(戊辰、488)

春,正月,乙未,魏诏:"犯死刑者,父母、祖父母年老,更无成人子孙,旁无期亲者,具状以闻。"

初,皇子右卫将军子响出继豫章王嶷,嶷后有子,表留为世子。子响每入朝,以车服异于诸王,每拳击车壁。上闻之,诏车服与皇子同。于是有司奏子响宜还本。三月,己亥,立子响为巴东王。

角城戍将张蒲,因大雾乘船入清中采樵,潜纳魏兵。戍主皇甫仲贤觉之,帅众拒战于门中,仅能却之。魏步骑三千余人已至堙外,淮阴军主王僧庆等引兵救之,魏人乃退。

夏,四月,桓天生复引魏兵出据隔城,诏游击将军下邳曹虎督诸军讨之。辅国将军朱公恩将兵蹀伏,遇天生游军,与战,破之,遂进围隔城。天生引魏兵步骑万余人来战,虎奋击,大破之,俘斩二千余人。明日,攻拔隔城,斩其襄城太守帛乌祝,复俘斩二千余人。天生弃平氏城走。

陈显达侵魏,甲寅,魏遣豫州刺史拓跋斤将兵拒之。

甲子,魏大赦。

乙丑,魏主如灵泉池。丁卯,如方山。己巳,还宫。

魏筑城于醴阳,陈显达攻拔之,进攻沘阳。城中将士皆欲出战,镇将韦珍曰:"彼初至气锐,未可与争,且共坚守,待其力攻疲弊,然后击之。"乃凭城拒战,旬有二日,珍夜开门掩击,显达还。

五月,甲午,以宕昌王梁弥承为河、凉二州刺史。

秋,七月,己丑,魏主如灵泉池,遂如方山。己亥,还宫。

九月,壬寅,上如琅邪城讲武。

癸卯,魏淮南靖王佗卒。魏主方享宗庙,始荐,闻之,为废祭,临视哀恸。

冬,十月,庚申,立冬,初临太极殿读时令。

闰月,辛酉,以尚书仆射王奂为领军将军。

辛未,魏主如灵泉池。癸酉,还宫。

十二月,柔然伊吾戍主高羔子帅众三千以城附魏。

上以中外谷帛至贱,用尚书右丞江夏李珪之议,出上库钱五千万及出诸州钱,皆令籴买。

西陵戍主杜元懿建言:"吴兴无秋,会稽丰登,商旅往来,倍多常岁。西陵牛埭税,官格日三千五百,如臣所见,日可增倍。并浦阳南北津、柳浦四埭,乞为官领摄,一年格外可长四百许万。西陵戍前检税,无妨戍事,余三埭自举腹心。"上以其事下会稽,会稽行事吴郡顾宪之议以为:"始立牛埭之意,非苟逼蹴以取税也,乃以风涛迅险,济急利物耳。后之监领者不达其本,各务己功,或禁遏他道,或空税江行。案吴兴频岁失稔,今兹尤甚,去之从丰,良由饥棘。埭司责税,依格弗降,旧格新减,尚未议登,格外加倍,将以何术? 皇慈恤隐,振廪蠲调,而元懿幸灾榷利,重增困瘼,人而不仁,古今共疾。若事不副言,惧贻谴诘,必百方侵苦,为公贾怨。元懿禀性苛刻,已彰往效,任以物土,譬以狼将羊,其所欲举腹心,亦当虎而冠耳。书云:'与其有聚敛之臣,宁有盗臣。'此言盗公为损盖微,敛民所害乃大也。愚又以便宜者,盖谓便于公,宜于民也。窃见顷之言便宜者,非能于民力之外,用天分地。率皆即日不宜于民,方来不便于公。名与实反,有乖政体。凡如此等,诚宜深察。"上纳之而止。

魏主访群臣以安民之术。秘书丞李彪上封事,以为豪贵之家,奢僭过度,第宅车服,宜为之等制。

又,国之兴亡,在冢嗣之善恶;冢嗣善恶,在教谕之得失。高宗文成皇帝尝谓群臣曰:"朕始学之日,年尚幼冲,情未能专,既临万机,不遑温习,今日思之,岂唯予咎,抑亦师傅之不勤。"尚书李䜣免冠谢。此近事之可鉴者也。臣谓宜准古立师傅之官,以训导太子。

又,汉置常平仓以救匮乏。去岁京师不稔,移民就丰,既废营生,困而后达,又于国体,实有虚损。曷若豫储仓粟,安而给之,岂不愈于驱督老弱糊口千里之外哉!宜析州郡常调九分之二,京师度支岁用之余,各立官司,年丰籴粟积之于仓,俭则加私之二,粜之于人。如此,民必力田以取官绢,积财以取官粟,年登则常积,岁凶则直给。数年之中,谷积而人足,虽灾不为害矣。

又,宜于河表七州人中,擢其门才,引令赴阙,依中州官比,随能序之。一可以广圣朝均新旧之义,一可以怀江、汉归有道之情。

又,父子兄弟,异体同气,罪不相及,乃君上之厚恩。至于忧惧相连,固自然之恒理也。无情之人,父兄系狱,子弟无惨惕之容;子弟逃刑,父兄无愧恶之色。宴安荣位,游从自若,车马衣冠,不变华饰,骨肉之恩,岂当然也?臣愚以为父兄有犯,宜令子弟素服肉袒,诣阙请罪。子弟有坐,宜令父兄露板引咎,乞解所司。若职任必要,不宜许者,慰勉留之。如此,足以敦厉凡薄,使人知所耻矣。

又,朝臣遭亲丧者,假满赴职,衣锦乘轩,从郊庙之祀,鸣玉垂绶,同庆赐之燕,伤人子之道,亏天地之经。愚谓凡遭大父母、父母丧者,皆听终服。若无其人,职业有旷者,则优旨慰喻,起令视事,但综司出纳、敷奏而已,国之吉庆,一令无预。其军旅之警,墨缞从役,虽愆于礼,事所宜行也。魏主皆从之。由是公私丰赡,虽时有水旱,而民不困穷。

魏遣兵击百济,为百济所败。

七年(己巳、489)

春,正月,辛亥,上祀南郊,大赦。

魏主祀南郊,始备大驾。

壬戌,临川献王映卒。

初,上为镇西长史,主簿王晏以倾谄为上所亲,自是常在上府。上为太子,晏为中庶子。上之得罪于太祖也，晏称疾自疏。及即位，为丹杨尹，意任如旧，朝夕进见，议论朝事；自豫章王嶷及王俭皆降意接之。二月，壬寅，出为江州刺史，晏不愿外出，复留为吏部尚书。

三月，甲寅，立皇子子岳为临贺王，子峻为广汉王，子琳为宣城王，子珉为义安王。

夏，四月，丁丑，魏主诏曰："升楼散物，以赉百姓，至使人马腾践，多有伤毁，今可断之，以本所费之物，赐老疾贫独者。"

丁亥，魏主如灵泉池，遂如方山。己丑，还宫。

上优礼南昌文宪公王俭，诏三日一还朝，尚书令史出外谘事。上犹以往来烦数，复诏俭还尚书下省，月听十日出外。俭固求解选。诏改中书监，参掌选事。

五月，乙巳，俭卒。王晏既领选，权行台阁，与俭颇不平。礼官欲依王导，谥俭为文献。晏启上曰："导乃得此谥，但宋氏以来，不加异姓。"出，谓亲人曰："'平头宪'事已行矣。"

徐湛之之死也，其孙孝嗣在孕得免，八岁，袭爵枝江县公，尚宋康乐公主。及上即位，孝嗣为御史中丞，风仪端简。王俭谓人曰："徐孝嗣将来必为宰相。"上尝问俭："谁可继卿者？"俭曰："臣东都之日，其在徐孝嗣乎！"俭卒，孝嗣时为吴兴太守，征为五兵尚书。

庚戌，魏主祭方泽。

上欲用领军王奂为尚书令，以问王晏。晏与奂不相能，对曰："柳世隆有勋望，恐不宜在奂后。"甲子，以尚书左仆射柳世隆为尚书令，王奂为左仆射。

六月，丁亥，上如琅邪城。

魏怀朔镇将汝阴灵王天赐、长安镇都大将、雍州刺史南安惠王桢，皆坐赃当死。冯太后及魏主临皇信堂，引见王公，太后令曰："卿等以为当存亲以毁令邪？当灭亲以明法邪？"群臣皆言："二王景穆皇帝之子，宜蒙矜恕。"太后不应。魏主乃下诏，称："二王所犯难恕，而太皇太后追惟高宗孔怀之恩，且南安王事母孝谨，闻于中外，并特免死，削夺官爵，禁锢终身。"初，魏朝闻桢贪暴，遣中散间文祖诣长安察之。文祖受桢赂，为之隐，事觉，文祖亦抵罪。冯太后谓群臣曰："文祖前自谓廉，今竟犯法，以此言之，人心信不可知。"魏主曰："古有待放之臣，卿等自审不胜贪心者，听辞位归第。"宰官、中散慕容契进曰："小人之心无常，而帝王之法有常。以无常之心奉有常之法，非所克堪。乞从退黜。"魏主曰："契知心不可常，则知贪之可恶矣，何必求退。"迁宰官令。契，白曜之弟子也。

秋，七月，丙寅，魏主如灵泉池。

魏主使群臣议，"久与齐绝，今欲通使，何如？"尚书游明根曰："朝廷不遣使者,又筑醴阳深入彼境,皆直在萧赜。今复遣使,不亦可乎!"魏主从之。八月,乙亥,遣兼员外散骑常侍邢产等来聘。

九月,魏出宫人以赐北镇人贫无妻者。

冬,十一月,己未,魏安丰匡王猛卒。

十二月,丙子,魏河东王苟颓卒。

平南参军颜幼明等聘于魏。

魏以尚书令尉元为司徒,左仆射穆亮为司空。

豫章王嶷自以地位隆重,深怀退素,是岁,启求还第,上令其世子子廉代镇东府。

太子詹事张绪领扬州中正,长沙王晃属用吴兴闻人邕为州议曹,绪不许。晃使书佐固请,绪正色曰:"此是身家州乡,殿下何得见逼!"

侍中江敩为都官尚书。中书舍人纪僧真得幸于上,容表有士风,请于上曰:"臣出自本县武吏,邀逢圣时,阶荣至此。为儿昏,得荀昭光女,即时无复所须,唯就陛下乞作士大夫。"上曰:"此由江敩、谢瀹,我不得措意,可自诣之。"僧真承旨诣敩,登榻坐定,敩顾命左右曰:"移吾床远客。"僧真丧气而退,告上曰:"士大夫故非天子所命。"敩,湛之孙;瀹,朏之弟也。

柔然别帅叱吕勤帅众降魏。

资治通鉴卷第一百三十七

端明殿学士兼翰林侍读学士朝散大夫右谏议大夫充集贤殿修撰提举西京嵩山崇福宫上柱国河内郡开国侯食邑一千八百户食实封六百户赐紫金鱼袋臣 司马光 奉敕编集

齐纪三 起上章敦牂(庚午),尽玄黓涒滩(壬申),凡三年。

世祖武皇帝中

永明八年(庚午、460)

春,正月,诏放隔城俘二千余人还魏。

乙丑,魏主如方山。二月,辛未,如灵泉。壬申,还宫。

地豆干频寇魏边,夏,四月,甲戌,魏征西大将军阳平王颐击走之。颐,新城之子也。

甲午,魏遣兼员外散骑常侍邢产等来聘。

五月,己酉,库莫奚寇魏边,安州都将楼龙儿击走之。

秋,七月,辛丑,以会稽太守安陆侯缅为雍州刺史。缅,鸾之弟也。缅留心狱讼,得劫,皆赦遣,许以自新,再犯乃加诛,民畏而爱之。

癸卯,大赦。

丙午,魏主如方山。丙辰,遂如灵泉池。八月,丙寅朔,还宫。

河南王度易侯卒,乙酉,以其世子伏连筹为秦、河二州刺史,遣振武将军丘冠先拜授,且吊之。伏连筹遍冠先使拜,冠先不从,伏连筹推冠先坠崖而死。上厚赐其子雄,敕以丧委绝域,不可复寻,仕进无嫌。

荆州刺史巴东王子响,有勇力,善骑射,好武事,自选带仗左右六十人,皆有胆干,至镇,数于内斋以牛酒犒之。又私作锦袍、绛袄,欲以饷蛮,交易器仗。长史高平刘寅、司马安定席恭穆等连名密启,上敕精检。子响闻台使至,不见敕,召寅、恭穆及谘议参军江悆、典签吴修之、魏景渊等诘之,寅等秘而不言。修之曰:"既已降敕,政应方便答塞。"景渊曰:"应先检校。"子响大怒,执寅等八人,于后堂杀之,具以启闻。上欲赦江悆,闻皆已死,怒,壬辰,以随王子隆为荆州刺史。

上欲遣淮南太守戴僧静将兵讨子响,僧静面启曰:"巴东王年少,长史执之太急,忿不思难故耳。天子儿过误杀人,有何大罪?官忽遣军西上,人情惶惧,无所不至。僧静不敢奉敕。"上不答而心善之。乃遣卫尉胡谐之、游击将军尹略、中书舍人茹法亮帅斋仗数百人诣江陵,检捕群小,敕之曰:"子响若束手自归,可全其

命。"以平南内史张欣泰为谐之副。欣泰谓谐之曰:"今段之行,胜既无名,负成奇
耻。彼凶狡相聚,所以为其用者,或利赏逼威,无由自溃。若顿军夏口,宣示祸
福,可不战而擒也。"谐之不从。欣泰,兴世之子也。

谐之等至江津,筑城燕尾洲。子响白服登城,频遣使与相闻,曰:"天下岂有
儿反! 身不作贼,直是粗疏。今便单舸还阙,受杀人之罪,何筑城见捉邪?"尹略
独答曰:"谁将汝反父人共语!"子响唯洒泣,乃杀牛,具酒馔,饷台军,略弃之江
流。子响呼茹法亮,法亮疑畏,不肯往。又求见传诏,法亮亦不遣,且执录其使。
子响怒,遣所养勇士收集府、州兵二千人,从灵溪西渡。子响自与百余人操万钧
弩,宿江堤上。明日,府、州兵与台军战,子响于堤上发弩射之,台军大败,尹略
死,谐之等单艇逃去。

上又遣丹杨尹萧顺之将兵继至,子响即日将白衣左右三十人,乘舴艋沿流赴
建康。太子长懋素忌子响,顺之之发建康也,太子密谕顺之,使早为之所,勿令得
还。子响见顺之,欲自申明,顺之不许,于射堂缢杀之。

子响临死,启上曰:"臣罪逾山海,分甘斧钺。敕救谐之等至,竟无宣旨,便建
旗入津,对城南岸筑城守。臣累遣书信呼法亮,乞白服相见,法亮终不肯。群小
惧怖,遂致攻战,此臣之罪也。臣此月二十五日束身投军,希还天阙,停宅一月,
臣自取尽,可使齐代无杀子之讥,臣免逆父之谤。既不遂心,今便命尽,临启哽
塞,知复何陈。"

有司奏绝子响属籍。削爵土,易姓蛸氏。诸所连坐,别下考论。

久之,上游华林园,见一猿透掷悲鸣,问左右,曰:"猿子前日坠崖死。"上思子
响,因呜咽流涕。茹法亮颇为上所责怒,萧顺之惭惧,发疾而卒。豫章王嶷表请
收葬子响,不许,贬为鱼复侯。

子响之乱,方镇皆启子响为逆,兖州刺史垣荣祖曰:"此非所宜言。正应云:
'刘寅等孤负恩奖,逼迫巴东,使至于此。'"上省之,以荣祖为知言。

台军焚烧江陵府舍,官曹文书,一时荡尽。上以大司马记室南阳乐蔼屡为本
州僚佐,引见,问以西事。蔼应对详敏,上悦,用为荆州治中,敕付以修复府州事。
蔼缮修廨舍数百区,顷之咸毕,而役不及民,荆部称之。

九月,癸丑,魏太皇太后冯氏殂,高祖勺饮不入口者五日,哀毁过礼。中部曹
华阴杨椿谏曰:"陛下荷祖宗之业,临万国之重,岂可同匹夫之节,以取僵仆。群
下惶灼,莫知所言。且圣人之礼,毁不灭性,纵陛下欲自贤于万代,其若宗庙何!"
帝感其言,为之一进粥。

于是诸王公等皆诣阙上表,"请时定兆域,及依汉、魏故事,并太皇太后终制,
既葬,公除"。诏曰:"自遭祸罚,慌惚如昨,奉侍梓宫,犹希仿佛。山陵迁厝,所未

忍闻。"冬,十月,王公复上表固请。诏曰:"山陵可依典册,衰服之宜,情所未忍。"帝欲亲至陵所,戊辰,诏:"诸常从之具,悉可停之,其武卫之官,防侍如法。"癸酉,葬文明太皇太后于永固陵。甲戌,帝谒陵,王公固请公除。诏曰:"比当别叙在心。"己卯,又谒陵。

庚辰,帝出至思贤门右,与群臣相慰劳。太尉丕等进言曰:"臣等以老朽之年,历奉累圣,国家旧事,颇所知闻。伏惟远祖有大讳之日,唯侍送梓宫者凶服,左右尽皆从吉。四祖三宗,因而无改。陛下以至孝之性,哀毁过礼,伏闻所御三食不满半溢,昼夜不释经带,臣等叩心绝气,坐不安席。愿少抑至慕之情,奉行先朝旧典。"帝曰:"哀毁常事,岂足关言。朝夕食粥,粗可支任,诸公何足忧怖。祖宗情专武略,未修文教。朕今仰禀圣训,庶习古道,论时比事,又与先世不同。太尉等国老,政之所寄,于典记旧式,或所未悉,且可知朕大意。其余古今丧礼,朕且以所怀别问尚书游明根、高闾等,公可听之。"

帝因谓明根等曰:"圣人制卒哭之礼,授服之变,皆夺情以渐。今则旬日之间,言及即吉,特成伤理。"对曰:"臣等伏寻金册遗旨,逾月而葬,葬而即吉。故于下葬之初,奏练除之事。"帝曰:"朕惟中代所以不遂三年之丧,盖由君上违世,继主初立,君德未流,臣义不洽,故身袭衮冕,行即位之礼。朕诚不德,在位过纪,足令亿兆知有君矣。于此之日而不遂哀慕之心,使情礼俱失,深可痛恨。"高闾曰:"杜预晋之硕学,论自古天子无有行三年之丧者,以为汉文之制,暗与古合。虽叔世所行,事可承踵,是以臣等偻偻干请。"帝曰:"窃寻金册之旨,所以夺臣子之心,令早即吉者,虑废绝政事故也。群公所请,其志亦然。朕今仰奉册令,俯顺群心,不敢暗默不言,以荒庶政。唯欲衰麻废吉礼,朔望尽哀诚,情在可许,故专欲行之。如杜预之论,于孺慕之君,谅闇之主,盖亦诬矣。"秘书丞李彪曰:"汉明德马后保养章帝,母子之道,无可间然,及后之崩,葬不淹旬,寻已从吉。然章章不受讥,明德不损名。愿陛下遵金册遗令,割哀从议。"帝曰:"朕所以眷恋衰绖,不从所议者,实情不能忍,岂徒苟免嗤嫌而已哉!今奉终俭素,一已仰遵遗册,但痛慕之心,事系于予,庶圣灵不夺至愿耳。"高闾曰:"陛下既不除服于上,臣等独除服于下,则为臣之道不足。又亲御衰麻,复听朝政,吉凶事杂,臣窃为疑。"帝曰:"先后抚念群下,卿等哀慕,犹不忍除,奈何令朕独忍之于至亲乎!朕今逼于遗册,唯望至期,虽不尽礼,蕴结差申。群臣各以亲疏、贵贱、远近为除服之差,庶几稍近于古,易行于今。"高闾曰:"昔王孙裸葬,士安去棺,其子皆从而不违。今亲奉遗令而有所不从,臣等所以频频干奏。"李彪曰:"三年不改其父之道,可谓大孝。今不遵册令,恐涉改道之嫌。"帝曰:"王孙、士安皆诲子以俭,及其遵也,岂异今日。改父之道,殆与此殊。纵有所涉,甘受后代之讥,未忍今日之请。"群臣又言:"春秋烝尝,事难废阙。"帝曰:"自先朝以来,恒有司行事。朕赖蒙慈训,常亲致敬。今昊天降罚,人神丧恃,想宗庙之灵,亦辍歆祀。脱行飨荐,恐乖冥旨。"群臣又言:"古者葬而即吉,不必终礼,此乃二汉所以经纶治道,魏、晋所以纲理庶政也。"帝曰:"既葬即吉,盖季俗多乱,权宜救世耳。二汉之盛,魏、晋之兴,岂由简略丧礼、遗忘仁孝哉!平日之时,公卿每称当今四海晏安,礼乐日新,可以参美唐、虞,比盛夏、商。及至今日,即欲苦夺朕志,使不逾于魏、晋。如此之意,未解所由。"李彪曰:"今虽治化清晏,然江南有未宾之吴,漠北有不臣之虏,是以臣等犹怀不虞之虑。"帝曰:"鲁公带经从戎,晋侯墨衰败敌,固圣贤所许。如有不虞,虽越绋无嫌,而况衰麻乎!岂可于晏安之辰,豫念军旅之事,以废丧纪哉!古人亦有称王者除衰而谅闇终丧者,若不许朕衰服,则当除衰拱默,委政冢宰。二事之中,唯公卿所择。"游明根曰:"渊默不言,则大政将旷,仰顺圣心,请从衰服。"太尉丕曰:"臣与尉元历事五帝,魏家故事,尤讳之后三月,必迎神于西,禳恶于北,具行吉礼,自皇始以来,未之或改。"帝曰:"若能以道事神,不迎自至。苟失仁义,虽迎不来。此乃平日所不当行,况居丧乎!朕在不言之地,不应如此喋喋。但公卿执夺朕情,遂成往复,追用悲绝。"遂号恸,群官亦哭而辞出。

初,太后忌帝英敏,恐不利于己,欲废之,盛寒,闭于空室,绝其食三日,召咸阳王禧,将立之。太尉东阳王丕、尚书右仆射穆泰、尚书李冲固谏,乃止。帝初无憾意,唯深德丕等。泰,崇之玄孙也。

又有宦者谮帝于太后,太后杖帝数十,帝默然受之,不自申理。及太后殂,亦不复追问。

甲申,魏主谒永固陵。辛卯,诏曰:"群官以万机事重,屡求听政。但哀慕缠绵,未堪自力。近侍先掌机衡者,皆谋猷所寄,且可委之,如有疑事,当时与论决。"

交州刺史清河房法乘,专好读书,常属疾不治事,由是长史伏登之得擅权,改易将吏,不令法乘知。录事房季文白之,法乘大怒,系登之于狱十馀日。登之厚赂法乘妹夫崔景叔,得出,因将部曲袭州,执法乘,谓之曰:"使君既有疾,不宜烦劳。"因之别室。法乘无事,复就登之求书读之,登之曰:"使君静处,犹恐动疾,岂可看书!"遂不与。乃启法乘心疾动,不任视事。十一月,乙卯,以登之为交州刺史。法乘还,至岭而卒。

十二月,己卯,立皇子子建为湘东王。

初,太祖以南方钱少,更欲铸钱。建元末,奉朝请孔颛上言,以为:"食货相通,理势自然。李悝云:'籴甚贵伤民,甚贱伤农。'甚贱甚贵,其伤一也。三吴国之关奥,比岁时被水潦而籴不贵,是天下钱少,非谷贱,此不可不察也。铸钱之弊,在轻重屡变。重钱患难用,而难用为累轻;轻钱弊盗铸,而盗铸为祸深。民所以盗铸,严法不能禁者,由上铸钱惜铜爱工也。惜铜爱工者,意谓钱为无用之器,以通交易,务欲令质轻而数多,使省工而易成,不详虑其为患也。夫民之趋利,如水走下。今开其利端,从以重刑,是导其为非而陷之于死,岂为政欤!汉兴,铸轻钱,民巧伪者多。至元狩中,始惩其弊,乃铸五铢钱,周郭其上下,令不可磨取镕,而民计其费不能相偿,私铸益少,此不惜铜不爱工之效也。王者不患无铜乏工,每令民不能竞,则盗铸绝矣。宋文帝铸四铢,至景和,钱益轻,虽有周郭,而熔冶不精,于是盗铸纷纭而起,不可复禁。此惜铜爱工之验也。凡铸钱,与其不衷,宁重无轻。自汉铸五铢至宋文帝,历五百余年,制度世有废兴,而不变五铢者,明其轻重可法,得货之宜故也。案今钱文率皆五铢,异钱时有耳。自文帝铸四铢,又不禁民剪凿,为祸既博,钟弊于今,岂不悲哉!晋氏不铸钱,后经寇戎水火,耗散沉铄,所失岁多,譬犹磨砻砥砺,不见其损,有时而尽,天下钱何得不竭!钱竭则士、农、工、商皆丧其业,民何以自存!愚以为宜如旧制,大兴熔铸,钱重五铢,一依汉法。若官铸者已布于民,便严断剪凿,轻小破缺无周郭者,悉不得行。官钱细小者,称合铢两,销以为大。利贫良之民,塞奸巧之路。钱货既均,远近若一,百姓乐业,市道无争,衣食滋殖矣。"太祖然之,使诸州郡大市铜炭。会晏驾,事寝。

是岁,益州行事刘悛上言:"蒙山下有严道铜山,旧铸钱处,可以经略。"上从之,遣使入蜀铸钱。顷之,以功费多而止。

自太祖治黄籍,至上,谪巧者戍缘淮各十年,百姓怨望。乃下诏:"自宋昇明以前,皆听复注;其有谪役边疆,各许还本;此后有犯,严加剪治。"

长沙威王晃卒。

吏部尚书王晏陈疾自解,上欲以西昌侯鸾代晏领选,手敕问之。晏启曰:"鸾清干有馀,然不谙百氏,恐不可居此职。"上乃止。

以百济王牟大为镇东大将军、百济王。

高车阿伏至罗及穷奇遣使如魏,请为天子讨除蠕蠕,魏主赐以绣袴褶及杂彩百匹。

九年(辛未、491)

春,正月,辛丑,上祀南郊。

丁卯,魏主始听政于皇信东室。

诏太庙四时之祭,荐宣皇帝,起面饼、鸭臛;孝皇后,笋、鸭卵;高皇帝,肉脍、菹羹;昭皇后,茗、柵、炙鱼:皆所嗜也。上梦太祖谓己:"宋氏诸帝常在太庙从我求食,可别为吾致祠。"乃命豫章王妃庾氏四时祠二帝、二后于清溪故宅。牲牢、服章,皆用家人礼。

臣光曰:昔屈到嗜芰,屈建去之,以为不可以私欲干国之典,况子为天子,而以庶人之礼祭其父,违礼甚矣!卫成公欲祀相,宁武子犹非之,而况降祀祖考于私室,使庶妇尸之乎!

初,魏主召吐谷浑王伏连筹入朝,伏连筹辞疾不至,辄修洮阳、泥和二城,置戍兵焉。二月,乙亥,魏枹罕镇将长孙百年请击二戍,魏主许之。

散骑常侍裴昭明、散骑侍郎谢竣如魏吊,欲以朝服行事。魏主客曰:"吊有常礼,何得以朱衣入凶庭!"昭明等曰:"受命本朝,不敢辄易。"往返数四,昭明等固执不可。魏主命尚书李冲选学识之士与之言,冲奏遣著作郎上谷成淹。昭明等曰:"魏朝不听使者朝服,出何典礼?"淹曰:"吉凶不相厌。羔裘玄冠不以吊,此童稚所知也。昔季孙如晋,求遭丧之礼以行。今卿自江南远来吊魏,方问出何典礼;行人得失,何其远哉!"昭明:"二国之礼,应相准望。齐高皇帝之丧,魏遣李彪来吊,初不素服,齐朝亦不以为疑,何至今日独见要逼。"淹曰:"齐不能行亮阴之礼,逾月即吉。彪奉使之日,齐之君臣,鸣玉盈庭,貂珰曜目。彪不得主人之命,敢独以素服厕其间乎?皇帝仁孝,侔于有虞,执亲之丧,居庐食粥,岂得以此方彼乎?"昭明曰:"三王不同礼,孰能知其得失!"淹曰:"然则虞舜、高宗皆非邪?"昭明、竣相顾而笑曰:"非孝者无亲,何可当也。"乃曰:"使人之来,唯赍袴褶,此既戎服,不可以吊,唯主人裁其吊服。然违本朝之命,返必获罪。"淹曰:"使彼有君子,卿将命得宜,且有厚赏。若无君子,卿出而光国,得罪何伤!自当有良史书之。"乃以衣、帻给昭明等,使服以致命。己丑,引昭明等入见,文武皆哭尽哀。魏主嘉淹之敏,迁侍郎,赐绢百匹。昭明,骃之子也。

始兴简王鉴卒。

三月,甲辰,魏主谒永固陵。夏,四月,癸亥朔,设荐于太和庙。魏主始进蔬食,追感哀哭,终日不饭。侍中冯诞等谏,经宿乃饭。甲子,罢朝夕哭。乙丑,复谒永固陵。

魏自正月不雨至于癸酉,有司请祈百神,帝曰:"成汤遭旱,以至诚致雨,固不在曲祷山川。今普天丧恃,幽显同哀,何宜四气未周,遽行祀事。唯当责躬以待天谴。"

甲戌,魏员外散骑常侍李彪等来聘,为之置燕设乐。彪辞乐,且曰:"主上孝思罔极,兴坠正失。去三月晦,朝臣始除衰绖,犹以素服从事,是以使臣不敢承奏乐之赐。"朝廷从之。彪凡六奉使,上甚重之。将还,上亲送至琅邪城,命群臣赋诗以宠之。

己卯,魏作明堂,改营太庙。

五月,己亥,魏主更定律令于东明观,亲决疑狱。命李冲议定轻重,润色辞旨,帝执笔书之。李冲忠勤明断,加以慎密,为帝所委,情义无间,旧臣贵戚,莫不心服,中外推之。

乙卯,魏长孙百年攻洮阳、泥和二戍,克之,俘三千余人。

丙辰,魏初造五辂。

六月,甲戌,以尚书左仆射王奂为雍州刺史。

丁未,魏济阴王郁以贪残赐死。

秋,闰七月,乙丑,魏主谒永固陵。

己卯,魏主诏曰:"烈祖有创业之功,世祖有开拓之德,宜为祖宗,百世不迁。平文之功少于昭成,而庙号太祖,道武之功高于平文,而庙号烈祖,于义未允。朕今奉尊烈祖为太祖,以世祖、显祖为二祧,馀皆以次而迁。"

八月,壬辰,又诏议养老及禋于六宗之礼。先是,魏常以正月吉日于朝廷设幕,中置松柏树,设五帝座而祠之。又有探策之祭。帝皆以为非礼,罢之。戊戌,移道坛于桑乾之阴,改曰崇虚寺。

乙巳,帝引见群臣,问以"'禘祫',王、郑之义,是非安在?"尚书游明根等从郑,中书监高闾等从王。诏:"圜丘、宗庙皆有禘名,从郑;禘祫并为一祭,从王。著之于令。"戊午,又诏:"国家飨祀诸神,凡一千二百余处。今欲减省群祀,务从简约。"又诏:"明堂、太庙,配祭配享,于斯备矣。白登、崞山、鸡鸣山庙,唯遣有司行事。冯宣王庙在长安,宜敕雍州以时供祭。"又诏:"先有水火之神四十余名及城北星神,今圜丘之下既祭风伯、雨师、司中、司命,明堂祭门、户、井、灶、中霤,四十神悉可罢之。"甲寅,诏曰:"近论朝日、夕月,皆欲以二分之日于东、西郊行礼。然月有余闰,行无常准。若一依分日,或值月于东而行礼于西,序情即理,不可施行。昔秘书监薛谓等以为朝日以朔,夕月以朏。卿等意谓朔朏、二分,何者为是?"尚书游明根等请用朔朏,从之。

丙辰,魏有司上言,求卜祥日。诏曰:"筮日求吉,既乖敬事之志,又违永慕之心,今直用晦日。"九月,丁丑夜,帝宿于庙,帅群臣哭已,帝易服缟冠、革带、黑屦,侍臣易服黑介帻、白绢单衣、革带、乌履,遂哭尽乙夜。戊子晦,帝易祭服,缟冠素纰、白布深衣、麻绳履,侍臣去帻易帕。既祭,出庙,帝立哭。久之,乃还。

冬,十月,魏明堂、太庙成。

庚寅,魏主谒永固陵,毁瘠犹甚。司空穆亮谏曰:"陛下祥练已阕,号慕如始。王者为天地所子,为万民父母,未有子过哀而父母不戚,父母忧而子独悦豫者也。今和气不应,风旱为灾,愿陛下袭轻服,御常膳,銮舆时动,咸秩百神,庶使天人交庆。"诏曰:"孝悌之至,无所不通。今飘风、旱气,皆诚慕未浓,幽显无感也。所言过哀之咎,谅为未衷。"十一月,己未朔,魏主禫于太和庙,衮冕以祭。既而服黑介帻,素纱深衣,拜陵而还。癸亥,冬至,魏主祀圜丘,遂祀明堂,还,至太和庙,乃入。甲子,临太华殿,服通天冠,绛纱袍,以飨群臣。乐县而不作。丁卯,服衮冕,辞太和庙,帅百官奉神主迁于新庙。

乙亥,魏大定官品。戊戌,考诸牧守。

魏假通直散骑〔常侍〕李彪等来聘。

魏旧制,群臣季冬朝贺,服袴褶行事,谓之小岁。丙戌,诏罢之。

十二月,壬辰,魏迁社于内城之西。

魏以安定王休为太傅,齐郡王简为太保。

高丽王琏卒,寿百馀岁。魏主为之制素委貌,布深衣,举哀于东郊。遣谒者仆射李安上策赠太傅,谥曰康。孙云嗣立。

乙酉,魏主始迎春于东郊。自是四时迎气皆亲之。

初,魏世祖克统万及姑臧,获雅乐器服工人,并存之。其后累朝无留意者,乐工浸尽,音制多亡。高祖始命有司访民间晓音律者议定雅乐,当时无能知者。然金、石、羽旄之饰,稍壮丽于往时矣。辛亥,诏简置乐官,使修其职,又命中书监高闾参定。

初,晋张斐、杜预共注《律》三十卷,自泰始以来用之,《律》文简约,或一章之中,两家所处,生杀顿异,临时斟酌,吏得为奸。上留心法令,诏狱官详正旧注。七年,尚书删定郎王植集定二注,表奏之。诏公卿、八座参议考正,竟陵王子良总其事。众议异同不能壹者,制旨平决。是岁,书成。廷尉山阴孔稚珪上表,以为:"《律》文虽定,苟用失其平,则法书徒明于椟里,冤魂犹结于狱中。窃寻古之名流,多有法学。今之士子,莫肯为业,纵有习者,世议所轻,将恐此书永沦走吏之手矣。今若置《律》助教,依五经例,国子生有欲读者,策试高第,即加擢用,以补内外之官,庶几士流有所劝慕。"诏从其请。事竟不行。

初,林邑王范阳迈,世相承袭,夷人范当根纯攻夺其国,遣使献金簟等物。诏以当根纯为都督缘海诸军事、林邑王。

魏冀州刺史咸阳王禧入朝。有司奏:"冀州民三千人称禧清明有惠政,请世胙冀州。"魏主诏曰:"利建虽古,未必今宜;经野由君,理非下请。"以禧为司州牧、都督司、豫等六州诸军事。

初,魏文明太后宠任宦者略阳苻承祖,官至侍中,知都曹事,赐以不死之诏。太后殂,承祖坐赃应死,魏主原之,削职禁锢于家,仍除悖义将军,封佞浊子,月余而卒。承祖方用事,亲姻争趋附以求利,其从母杨氏为姚氏妇独否。常谓承祖之母曰:"姊虽有一时之荣,不若妹有无忧之乐。"姊与之衣服,多不受,强与之,则曰:"我夫家世贫,美衣服使人不安。"不得已,或受而埋之。与之奴婢,则曰:"我家无食,不能饲也。"常著弊衣,自执劳苦。承祖遣车迎之,不肯起,强使人抱置车上,则大哭曰:"尔欲杀我!"由是苻氏内外号为"痴姨"。及承祖败,有司执其二姨至殿廷。其一姨伏法,帝见姚氏姨贫弊,特赦之。

李惠之诛也,思皇后之昆弟皆死。惠从弟凤为安乐王长乐主簿,长乐坐不轨,诛,凤亦坐死。凤子安祖等四人逃匿获免,遇赦乃出。既而魏主访舅氏存者,得安祖等,皆封侯,加将军。既而引见,谓曰:"卿之先世,再获罪于时。王者设官以待贤才,由外戚而举者,季世之法也。卿等既无异能,且可还家。自今外戚无能者视此。"后又例降爵为伯,去其军号。时人皆以为帝待冯氏太厚,待李氏太薄。太常高闾尝以为言,帝不听。及世宗尊宠外家,乃以安祖弟兴祖为中山太守,追赠李惠开府仪同三司、中山公,谥曰庄。

十年(壬申、492)

春,正月,戊午朔,魏主朝飨群臣于太华殿,悬而不乐。

己未,魏主宗祀显祖于明堂以配上帝,遂登灵台以观云物,降居青阳左个,布政事。自是每朔依以为常。

散骑常侍庾荜等聘于魏,魏主使侍郎成淹引荜等于馆南瞻望行礼。

辛酉,魏始以太祖配南郊。

魏主命群臣议行次。中书监高闾议,以为:"帝王莫不以中原为正统,不以世数为与夺,善恶为是非。故桀、纣至虐,不废夏、商之历;厉、惠至昏,无害周、晋之录。晋承魏为金,赵承晋为水,燕承赵为木,秦承燕为火。秦之既亡,魏乃称制玄朔,且魏之得姓,出于轩辕。臣愚以为宜为土德。"秘书丞李彪、著作郎崔光等议,以为:"神元与晋武往来通好,至于桓、穆,志辅晋室,是则司马祚终于邺、郿,而拓跋受命于云、代。昔秦并天下,汉犹比之共工,卒继周为火德。况刘、石、苻氏,地褊世促,魏承其弊,岂可舍晋而为土邪?"司空穆亮等皆请从彪等议。壬戌,诏承晋为水德,祖申、腊辰。

甲子,魏罢租课。

魏宗室及功臣子孙封王者众,乙丑,诏:"自非烈祖之胄,馀王皆降为公,公降为侯,而品如旧。"蛮王桓诞亦降为公。唯上党王长孙观,以其祖有大功,特不降。丹杨王刘昶封齐郡公,加号宋王。

魏旧制,四时祭庙皆用中节。丙子,始诏用孟月,择日而祭。

以竟陵王子良领尚书令。

魏主毁太华殿,为太极殿。二月,戊子,徙居永乐宫。以尚书李冲领将作大匠,与司空穆亮共营之。

辛卯,魏罢寒食飨。

甲午,魏主始朝日于东郊。自是朝日、夕月皆亲之。

丁酉,诏祀尧于平阳,舜于广宁,禹于安邑,周公于洛阳,皆令牧守执事。其宣尼之庙,祀于中书省。丁未,改谥宣尼曰文圣尼父,帝亲行拜祭。

魏旧制,每岁祀天于西郊,魏主与公卿从二千馀骑,戎服绕坛,谓之蹋坛。明日,复戎服登坛致祀,已又绕坛,谓之绕天。三月,癸酉,诏尽省之。

辛巳,魏以高丽王云为督辽海诸军事、辽东公、高句丽王,诏云遣其世子入朝。云辞以疾,遣其从叔升干随使者诣平城。

夏,四月,丁亥朔,魏班新律令,大赦。

辛丑,豫章文献王嶷卒,赠假黄钺、都督中外诸军事、丞相,丧礼皆如汉东平献王故事。嶷性仁谨廉俭,不以财贿为事。斋库失火,烧荆州还资,评直三千馀万,主局各杖数十而已。疾笃,遗令诸子曰:"才有优劣,位有通塞,运有贫富,此自然之理,无足以相陵侮也。"上哀痛特甚,久之,语及嶷,犹歔欷流涕。嶷卒之日,第库无见钱,上敕月给嶷第钱百万,终上之世乃省。

五月,己巳,以竟陵王子良为扬州刺史。

魏文明太后之丧,使人告于吐谷浑。吐谷浑王伏连筹拜命不恭,群臣请讨之,魏主不许。又请还其贡物,帝曰:"贡物乃人臣之礼。今而不受,是弃绝之,彼虽欲自新,其路无由矣。"因命归洮阳、泥和之俘。

秋,七月,庚申,吐谷浑遣其世子贺房头入朝于魏。诏以伏连筹为都督西垂诸军事、西海公、吐谷浑王,遣兼员外散骑常侍张礼使于吐谷浑。伏连筹谓礼曰:"曩者宕昌常自称名而见谓为大王,今忽称仆,又拘执使人,欲使偏师往问,何如?"礼曰:"君与宕昌皆为魏藩,比辄兴兵攻之,殊违臣节。离京师之日,宰辅有言,以为君能自知其过,则藩业可保,若其不悛,祸难将至矣。"伏连筹默然。

甲戌,魏遣兼员外散骑常侍广平宋弁等来聘。及还,魏主问弁:"江南何如?"弁曰:"萧氏父子无大功于天下,既以逆取,不能顺守。政令苛碎,赋役繁重,朝无股肱之臣,野有愁怨之民,其得没身幸矣,非贻厥孙谋之道也。"

八月,乙未,魏以怀朔镇将阳平王颐、镇北大将军陆叡皆为都督,督十二将,步骑十万,分为三道以击柔然:中道出黑山,东道趣士卢河,西道趣侯延河。军过大碛,大破柔然而还。

初,柔然伏名敦可汗与其叔父那盖分道击高车阿伏至罗,伏名敦屡败,那盖屡胜。国人以那盖为得天助,乃杀伏名敦而立那盖,号候其伏代库者可汗,改元大安。

魏司徒尉元、大鸿胪卿游明根累表请老,魏主许之。引见,赐元玄冠、素衣,明根委貌、青纱单衣,及被服杂物等而遣之。魏主亲养三老、五更于明堂。己酉,诏以元为三老,明根为五更。帝再拜三老,亲袒割牲,执爵而馈,肃拜五更;且乞言焉,元、明根劝以孝友化民。又养国老、庶老于阶下。礼毕,各赐元、明根以步挽车及衣服,禄三老以上公,五更以元卿。

九月,甲寅,魏大序昭穆于明堂,祀文明太后于玄室。辛未,魏主以文明太后再期,哭于永固陵左,终日不辍声,凡二日不食。甲戌,辞陵,还永乐宫。

武兴氐王杨集始寇汉中,至白马。梁州刺史阴智伯遣军主桓卢奴、阴(冲)〔仲〕昌等击破之,俘斩数千人。集始走还武兴,请降于魏。辛巳,入朝于魏。魏以集始为南秦州刺史、汉中郡侯、武兴王。

冬,十月,甲午,上殷祭太庙。

庚戌,魏以安定王休为大司马,特进冯诞为司徒。诞,熙之子也。

魏太极殿成。

十二月,司徒参军萧琛、范云聘于魏。魏主甚重齐人,亲与谈论。顾谓群臣曰:“江南多好臣。”侍臣李元凯对曰:“江南多好臣,岁一易主;江北无好臣,百年一易主。”魏主甚惭。

上使太子家令沈约撰《宋书》,疑立《袁粲传》,审之于上。上曰:“袁粲自是宋室忠臣。”约又多载宋世祖、太宗诸鄙渎事。上曰:“孝武事迹,不容顿尔。我昔经事明帝,卿可思讳恶之义。”于是多所删除。

是岁,林邑王范阳迈之孙诸农,帅种人攻范当根纯,复得其国。诏以诸农为都督缘海诸军事、林邑王。

魏南阳公郑羲与李冲昏姻,冲引为中书令。出为西兖州刺史,在州贪鄙。文明太后为魏主纳其女为嫔,征为秘书监。及卒,尚书奏谥曰宣。诏曰:“盖棺定谥,激扬清浊。故何曾虽孝,良史载其缪丑;贾充有劳,直士谓之荒公。羲虽宿有文业,而治阙廉清。尚书何乃情遗至公,愆违明典!依《谥法》:‘博闻多见曰文,不勤成名曰灵。’可赠以本官,加谥文灵。”

资治通鉴卷第一百三十八

端明殿学士兼翰林侍读学士朝散大夫右谏议大夫充集贤殿修撰提举西京嵩山崇福宫上柱国河内郡开国侯食邑一千八百户食实封六百户赐紫金鱼袋臣 司马光 奉敕编集

齐纪四 昭阳作噩(癸酉)，一年。

世祖武皇帝下

永明十一年(癸酉、493)

春，正月，以骠骑大将军王敬则为司空，镇军大将军陈显达为江州刺史。显达自以门寒位重，每迁官，常有愧惧之色，戒其子勿以富贵陵人。而诸子多事豪侈，显达闻之，不悦。子休尚为郢府主簿，过九江，显达曰："麈尾蝇拂是王、谢家物，汝不须捉此。"即取于前烧之。

初，上于石头造露车三千乘，欲步道取彭城。魏人知之，刘昶数泣诉于魏主，乞处边戍，招集遗民，以雪私耻。魏主大会公卿于经武殿，以议南伐，于淮、泗间大积马刍。上闻之，以右卫将军崔慧景为豫州刺史以备之。

魏遣员外散骑侍郎邢峦等来聘。峦，颖之孙也。

丙子，文惠太子长懋卒。太子风韵甚和，上晚年好游宴，尚书曹事分送太子省之，由是威加内外。

太子性奢靡，治堂殿、园圃过于上宫，费以千万计。恐上望见之，乃傍门列修竹。凡诸服玩，率多僭侈。启于东田起小苑，使东宫将吏更番筑役，营城包巷，弥亘华远。上性虽严，多布耳目，太子所为，人莫敢以闻。上尝过太子东田，见其壮丽，大怒，收监作主帅，太子皆藏之，由是大被诮责。

又使嬖人徐文景造辇及乘舆御物，上尝幸东宫，匆匆不暇藏辇，文景乃以佛像内辇中，故上不疑。文景父陶仁谓文景曰："我正当扫墓待丧耳。"仍移家避之。后文景竟赐死，陶仁遂不哭。

及太子卒，上履行东宫，见其服玩，大怒，敕有司随事毁除。以竟陵王子良与太子善，而不启闻，并责之。

太子素恶西昌侯鸾，尝谓子良曰："我意中殊不喜此人，不解其故，当由其福薄故也。"子良为之救解。及鸾得政，太子子孙无遗焉。

二月，魏主始耕藉田于平城南。

雍州刺史王奂恶宁蛮长史刘兴祖，收系狱，诬其构扇山蛮，欲为乱。敕送兴祖下建康,死于狱中杀之,诈云自经。上大怒,遣中书舍人吕文显、直阁将军曹道刚将斋仗五百人收兖,敕镇西司马曹虎从江陵步道会襄阳。

兖子彪,素凶险,兖不能制。长史殷叡,兖之婿也,谓兖曰:"曹、吕来,既不见真敕,恐为奸变,正宜录取,驰启闻耳。"兖纳之。彪辄发州兵千余人,开库配甲仗,出南堂列兵,闭门拒守。兖门生郑羽叩头启兖,乞出城迎台使,兖曰:"我不作贼,欲先遣启自申。正恐曹、吕辈小人相陵藉,故且闭门自守耳。"彪遂出,与虎军战,兵败,走归。三月,乙亥,司马黄瑶起、宁蛮长史河东裴叔业于城内起兵,攻兖,斩之,执彪及弟爽、弼、殷叡,皆伏诛。彪兄融、琛死于建康,琛弟秘书丞肃独得脱,奔魏。

夏,四月,甲午,立南郡王昭业为皇太孙,东宫文武悉改为太孙官属,以太子妃琅邪王氏为皇太孙太妃,南郡王妃何氏为皇太孙妃。妃,戢之女也。

魏太尉丕等请建中宫,戊戌,立皇后冯氏。后,熙之女也。魏主以《白虎通》云"王者不臣妻之父母",下诏令太师上书不称臣,入朝不拜,熙固辞。

光城蛮帅征虏将军田益宗帅部落四千余户叛,降于魏。

五月,壬戌,魏主宴四庙子孙于宣文堂,亲与之齿,用家人礼。

甲子,魏主临朝堂,引公卿以下决疑政,录囚徒。帝谓司空穆亮曰:"自今朝廷政事,日中以前,卿等先自论议;日中以后,朕与卿等共决之。"

丙子,以宜都王铿为南豫州刺史。先是庐陵王子卿为南豫州刺史,之镇,道中戏部伍为水军。上闻之,大怒,杀其典签,以铿代之。子卿还第,上终身不与相见。

襄阳蛮首雷婆思等帅户千余求内徙于魏,魏人处之沔北。

魏主以平城地寒,六月雨雪,风沙常起,将迁都洛阳;恐群臣不从,乃议大举伐齐,欲以胁众。斋于明堂左个,使太常卿王谌筮之,遇《革》,帝曰:"'汤、武革命,顺乎天而应乎人。'吉孰大焉!"群臣莫敢言。尚书任城王澄曰:"陛下奕叶重光,帝有中土。今出师以征未服,而得汤、武革命之象,未为全吉也。"帝厉声曰:"繇云:'大人虎变',何言不吉!"澄曰:"陛下龙兴已久,何得今乃虎变!"帝作色曰:"社稷我之社稷,任城欲沮众邪!"澄曰:"社稷虽为陛下之有,臣为社稷之臣,安可知危而不言。"帝久之乃解,曰:"各言其志,夫亦何伤。"

既还宫,召澄入见,逆谓之曰:"向者《革》卦,今当更与卿论之。明堂之忿,恐人人竞言,沮我大计,故以声色怖文武耳,想识朕意。"因屏人,谓澄曰:"今日之举,诚为不易。但国家兴自朔土,徙居平城,此乃用武之地,非可文治。今将移风易俗,其道诚难,朕欲因此迁宅中原,卿以为何如?"澄曰:"陛下欲卜宅中土以经略四海,此周、汉之所以兴隆也。"帝曰:"北人习常恋故,必将惊扰,奈何?"澄曰:

"非常之事,故非常人之所及。陛下断自圣心,彼亦何所能为。"帝曰:"任城,吾之子房也。"

六月,丙戌,命作河桥,欲以济师。秘书监卢渊上表,以为:"前世承平之主,未尝亲御六军,决胜行陈之间。岂非胜之不足为武,不胜有亏威望乎?昔魏武以弊卒一万破袁绍,谢玄以步兵三千摧苻秦。胜负之变,决于须臾,不在众寡也。"诏报曰:"承平之主,所以不亲戎事者,或以同轨无敌,或以懦劣偷安。今谓之同轨则未然,以之懦劣则可耻,必若王者不当亲戎,则先王制革辂,何所施也?魏武之胜,盖由仗顺;苻氏之败,亦由失政。岂寡必能胜众,弱必能制强邪!"丁未,魏主讲武,命尚书李冲典武选。

建康僧法智与徐州民周盘龙等作乱,夜,攻徐州城,入之。刺史王玄邈讨诛之。

秋,七月,癸丑,魏立皇子恂为太子。

戊午,魏中外戒严,发露布及移书,称当南伐。诏发扬、徐州民丁,广设召募以备之。

中书郎王融,自恃人地,三十内望为公辅。尝夜直省中,抚案叹曰:"为尔寂寂,邓禹笑人。"行逢朱雀桁开,喧湫不得进,捶车壁叹曰:"车前无八驺,何得称丈夫!"竟陵王子良爱其文学,特亲厚之。

融见上有北伐之志,数上书奖劝,因大习骑射。及魏将入寇,子良于东府募兵,板融宁朔将军,使典其事。融倾意招纳,得江西伧楚数百人,并有干用。

会上不豫,诏子良甲仗入延昌殿侍医药,子良以萧衍、范雲等皆为帐内军主。戊辰,遣江州刺史陈显达镇樊城。上虑朝野忧遑,力疾召乐府奏正声伎。子良日夜在内,太孙间日参承。

戊寅,上疾亟,暂绝,太孙未入,内外惶惧,百僚皆已变服。王融欲矫诏立子良,诏草已立。萧衍谓范雲曰:"道路籍籍,皆云将有非常之举。王元长非济世才,视其败也。"雲曰:"忧国家者,唯有王中书耳。"衍曰:"忧国,欲为周、召,欲为竖刁邪?"雲不敢答。及太孙来,王融戎服绛衫,于中书省阁口断东宫仗不得进。顷之,上复苏,问太孙所在,因召东宫器甲皆入,以朝事委尚书左仆射西昌侯鸾。俄而上殂,融处分以子良兵禁诸门。鸾闻之,急驰至云龙门,不得进,鸾曰:"有敕召我。"排之而入,奉太孙登殿,命左右扶出子良,指麾部署,音响如钟,殿中无不从命。融知不遂,释服还省,叹曰:"公误我。"由是郁林王深怨之。

遗诏曰:"太孙进德日茂,社稷有寄。子良善相毗辅,思弘治道,内外众事无大小,悉与鸾参怀共下意。尚书中事,职务根本,悉委右仆射王晏、吏部尚书徐孝嗣。军旅之略,委王敬则、陈显达、王广之、王玄邈、沈文季、张瑰、薛渊等。"

世祖留心政事,务总大体,严明有断,郡县久于其职,长吏犯法,封刃行诛。故永明之世,百姓丰乐,贼盗屏息。然颇好游宴,华靡之事,常言恨之,未能顿遣。

郁林王之未立也,众皆疑立子良,口语喧腾。武陵王晔于众中大言曰:"若立长,则应在我;立嫡,则应在太孙。"由是帝深凭赖之。直阁周奉叔、曹道刚素为帝心膂,并使监殿中直卫。少日,复以道刚为黄门郎。

初,西昌侯鸾为太祖所爱,鸾性俭素,车服仪从,同于素士,所居官名为严能,故世祖亦重之。世祖遗诏,使竟陵王子良辅政,鸾知尚书事。子良素仁厚,不乐世务,乃更推鸾,故遗诏云"事无大小,悉与鸾参怀",子良之志也。

帝少养于子良妃袁氏,慈爱甚著。及王融有谋,遂深忌子良。大行出太极殿,子良居中书省,帝使虎贲中郎将潘敞领二百人仗屯太极西阶以防之。既成服,诸王皆出,子良乞停至山陵,不许。

壬午,称遗诏,以武陵王晔为卫将军,与征南大将军陈显达并开府仪同三司,尚书左仆射、西昌侯鸾为尚书令,太孙詹事沈文季为护军。癸未,以竟陵王子良为太傅。蠲除三调及众逋,省御府及无用池田、邸治,减关市征税。先是,蠲原之诏,多无事实,督责如故。是时西昌侯鸾知政,恩信两行,众皆悦之。

魏山阳景桓公尉元卒。

魏主使录尚书事广陵王羽持节安抚六镇,发其突骑。丁亥,魏主辞永固陵。己丑,发平城,南伐,步骑三十余万。使太尉丕与广陵王羽留守平城,并加使持节。羽曰:"太尉宜专节度,臣正可为副。"魏主曰:"老者之智,少者之决,汝无辞也。"以河南王幹为车骑大将军、都督关右诸军事,又以司空穆亮、安南将军卢渊、平南将军薛胤皆为幹副,众合七万出子午谷。胤,辩之曾孙也。

郁林王性辩慧,美容止,善应对,哀乐过人,世祖由是爱之。而矫情饰诈,阴怀鄙慝,与左右群小共衣食,同卧起。

始为南郡王,从竟陵王子良在西州,文惠太子每禁其起居,节其用度。王密就富人求钱,无敢不与。别作钥钩,夜开西州后阁,与左右至诸营署中淫宴。师史仁祖、侍书胡天翼相谓曰:"若言之二宫,则其事未易,若于营署为异人所殴及犬物所伤,岂直罪止一身,亦当尽室及祸。年各七十,馀生宁足吝邪!"数日间,二人相继自杀,二宫不知也。所爱左右,皆逆加官爵,疏于黄纸,使囊盛带之,许南面之日,依此施行。

侍太子疾及居表,忧容号毁,见者呜咽,裁还私室,即欢笑酣饮。常令女巫杨氏祷祀,速求天位。及太子卒,谓由杨氏之力,倍加敬信。既为太孙,世祖有疾,又令杨氏祷祀。时何妃犹在西州,世祖疾稍危,太孙与何妃书,纸中央作一大"喜"字,而作三十六小"喜"字绕之。

侍世祖疾，言发泪下。世祖以为必能负荷大业，谓曰："五年中一委宰相，汝勿措意。五年外勿复委人。若自作无成，无所多恨。"临终，执其手曰："若忆翁，当好作。"遂殂。大敛始毕，悉呼世祖诸伎，备奏众乐。

即位十馀日，即收王融下廷尉，使中丞孔稚珪奏融险躁轻狡，招纳不逞，诽谤朝政。融求援于竟陵王子良，子良忧惧，不敢救。遂于狱赐死，时年二十七。

初，融欲与东海徐勉相识，每托人召之。勉谓人曰："王君名高望促，难可轻繄衣裾。"俄而融及祸，勉由是知名。太学生会稽魏准，以才学为融所赏，融欲立子良，准鼓成其事。太学生虞羲、丘国宾窃相谓曰："竟陵才弱，王中书无断，败在眼中矣。"及融诛，召准入舍人省诘问，惶惧而死，举体皆青，时人以为胆破。

壬寅，魏主至肆州，见道路民有跛、眇者，停驾慰劳，给衣食终身。

大司马安定王休执军士为盗者三人以徇于军，将斩之。魏主行军遇之，命赦之，休不可，曰："陛下亲御六师，将远清江表，今始行至此，而小人已为攘盗，不斩之，何以禁奸？"帝曰："诚如卿言。然王者之体，时有非常之泽。三人罪虽应死，而因缘遇朕，虽违军法，可特赦之。"既而谓司徒冯诞曰："大司马执法严，诸君不可不慎。"于是军中肃然。

> 臣光曰：人主之于其国，譬犹一身，视远如视迩，在境如在庭。举贤才以任百官，修政事以利百姓，则封域之内无不得其所矣。是以先王黈纩塞耳，前旒蔽明，欲其废耳目之近用，推聪明于四远也。彼废疾者宜养，当命有司均之于境内，今独施于道路之所遇，则所遗者多矣，其为仁也，不亦微乎！况赦罪人以桡有司之法，尤非人君之体也。惜也，孝文魏之贤君，而犹有是乎！

戊申，魏主至并州。并州刺史王袭，治有声迹，境内安静，帝嘉之。袭教民多立铭置道侧，虚称其美，帝闻而问之，袭对不以实。帝怒，降袭号二等。

九月，壬子，魏遣兼员外散骑常侍勃海高聪等来聘。

丁巳，魏主诏车驾所经，伤民秋稼者，亩给谷五斛。

辛酉，追尊文惠太子为文皇帝，庙号世宗。

世祖梓宫下渚，帝于端门内奉辞，辒辌车未出端门，亟称疾还内。裁入阁，即于内奏胡伎，鞞铎之声，响震内外。丙寅，葬武皇帝于景安陵，庙号世祖。

戊辰，魏主济河。庚午，至洛阳。壬申，诣故太学观《石经》。

乙亥，邓至王像舒彭遣其子旧朝于魏，且请传位于旧，魏主许之。

魏主自发平城至洛阳，霖雨不止。丙子，诏诸军前发。丁丑，帝戎服，执鞭乘马而出。群臣稽颡于马前。帝曰："庙算已定，大军将进，诸公更欲何云？"尚书李冲等曰："今者之举，天下所不愿，唯陛下欲之。臣不知陛下独行，竟何之也？臣等有其意而无其辞,敢以死请。"帝大怒曰:"吾方经营天下。期于混壹,而卿等儒生,屡疑大计,斧钺有常,卿勿复言!"策马将出,于是安定王休等并殷勤泣谏。帝乃谕群臣曰:"今者兴发不小,动而无成,何以示后?朕世居幽朔,欲南迁中土,苟不南伐,当迁都于此,王公以为何如?欲迁者左,不欲者右。"安定王休等相帅如右。南安王桢进曰:"'成大功者不谋于众。'今陛下苟辍南伐之谋,迁都洛邑,此臣等之愿,苍生之幸也。"群臣皆呼万岁。时旧人虽不愿内徙,而惮于南伐,无敢言者,遂定迁都之计。

李冲言于上曰:"陛下将定鼎洛邑。宗庙宫室,非可马上行游以待之。愿陛下暂还代都,俟群臣经营毕功,然后备文物、鸣和鸾而临之。"帝曰:"朕将巡省州郡,至邺小停,春首即还,未宜归北。"乃遣任城王澄还平城,谕留司百官以迁都之事,曰:"今日真所谓革也。王其勉之。"

帝以群臣意多异同,谓卫尉卿、镇南将军于烈曰:"卿意如何?"烈曰:"陛下圣略渊远,非愚浅所测。若隐心而言,乐迁之与恋旧,适中半耳。"帝曰:"卿既不唱异,即是肯同,深感不言之益。"使还镇平城,曰:"留台庶政,一以相委。"烈,栗碑之孙也。

先是,北地民支酉聚众数千,起兵于长安城北石山,遣使告梁州刺史阴智伯。秦州民王广亦起兵应之,攻执魏刺史刘藻。秦、雍间七州民皆响震,众至十万,各守堡壁以待齐救。魏河南王幹引兵击之,幹兵大败。支酉进至咸阳北浊谷,穆亮与战,又败。阴智伯遣军主席德仁等将兵数千与相应接。酉等进向长安,卢渊、薛胤等拒击,大破之,降者数万口。渊唯诛首恶,余悉不问,获酉、广,并斩之。

冬,十月,戊寅朔,魏主如金墉城。征穆亮,使与尚书李冲、将作大匠董尔经营洛都。己卯,如河南城。乙酉,如豫州。癸巳,舍于石济。乙未,魏解严,设坛于滑台城东,告行庙以迁都之意。大赦。起滑台宫。任城王澄至平城,众始闻迁都,莫不惊骇。澄援引古今,徐以晓之,众乃开伏。澄还报于滑台,魏主喜曰:"非任城,朕事不成。"

壬寅,尊皇太孙太妃为皇太后,立妃为皇后。

癸卯,魏主如邺城。王肃见魏主如邺,陈伐齐之策。魏主与之言,不觉促席移晷。自是器遇日隆,亲旧贵臣莫能间也。魏主或屏左右与肃语,至夜分不罢,自谓君臣相得之晚。寻除辅国将军、大将军长史。时魏主方议兴礼乐,变华风,凡威仪文物,多肃所定。

乙巳,魏主遣安定王休帅从官迎家于平城。

辛亥,封皇弟昭文为新安王,昭秀为临海王,昭粲为永嘉王。

魏主筑宫于邺西，十一月，癸亥，徙居之。

御史中丞江淹劾奏前益州刺史刘悛、梁州刺史阴智伯赃货巨万，皆抵罪。初，悛罢广、司二州，倾赀以献世祖，家无留储。在益州，作金浴盆，余物称是。及郁林王即位，悛所献减少，帝怒，收悛付廷尉，欲杀之。西昌侯鸾救之，得免，犹禁锢终身。悛，勔之子也。

资治通鉴卷第一百三十九

端明殿学士兼翰林侍读学士朝散大夫右谏议大夫充集贤殿修撰提举西京嵩山崇福宫上柱国河内郡开国侯食邑一千八百户食实封六百户赐紫金鱼袋臣 司马光 奉敕编集

齐纪五 阏逢阉茂（甲戌），一年。

高宗明皇帝上

建武元年（甲戌、494）

春，正月，丁未，改元隆昌，大赦。

雍州刺史晋安王子懋，以主幼时艰，密为自全之计，令作部造仗。征南大将军陈显达屯襄阳，子懋欲胁取以为将。显达密启西昌侯鸾，鸾征显达为车骑大将军。徙子懋为江州刺史，仍令留部曲助镇襄阳，单将白直、侠毂自随。显达过襄阳，子懋谓曰："朝廷令身单身而返，身是天王，岂可过尔轻率！今犹欲将二三千人自随，公意何如？"显达曰："殿下若不留部曲，乃是大违敕旨，其事不轻。且此间人亦难可收用。"子懋默然。显达因辞出，即发去。子懋计未立，乃之寻阳。

西昌侯鸾将谋废立，引前镇西谘议参军萧衍与同谋。荆州刺史随王子隆，性温和，有文才，鸾欲征之，恐其不从。衍曰："随王虽有美名，其实庸劣。既无智谋之士，爪牙唯仗司马垣历生、武陵太守卞白龙耳。二人唯利是从，若啗以显职，无有不来。随王止须折简耳。"鸾从之。征历生为太子左卫率，白龙为游击将军，二人并至。续召子隆为侍中、抚军将军。豫州刺史崔慧景，高、武旧将，鸾疑之，以萧衍为宁朔将军，戍寿阳。慧景惧，白服出迎，衍抚安之。

辛亥，郁林王祀南郊，戊午，拜崇安陵。

癸亥，魏主南巡。戊辰，过比干墓，祭以太牢，魏主自为祝文曰："乌呼介士，胡不我臣！"

帝宠幸中书舍人綦毋珍之、朱隆之、直阁将军曹道刚、周奉叔、宦者徐龙驹等。珍之所论荐，事无不允。内外要职，皆先论价，旬月之间，家累千金。擅取官物及役作，不俟诏旨。有司至相语云："宁拒至尊敕，不可违舍人命。"帝以龙驹为后阁舍人，常居含章殿，著黄纶帽，被貂裘，南面向案，代帝画敕，左右侍直，与帝不异。

帝自山陵之后，即与左右微服游走市里，好于世宗崇安陵隧中掷涂、赌跳，作诸鄙戏，极意赏赐左右，动至百数十万。每见钱，曰："我昔思汝一枚不得，今日得用汝未?"世祖聚钱上库五亿万,斋库亦出三亿万,金银布帛不可胜计。郁林王即位未期岁,所用垂尽。入主衣库,令何后及宠姬以诸宝器相投击破碎之,用为笑乐。蒸于世祖幸姬霍氏,更其姓曰徐。朝事大小,皆决于西昌侯鸾。鸾数谏争,帝多不从,心忌鸾,欲除之。以尚书右仆射鄱阳王锵为世祖所厚,私谓锵曰:"公闻鸾于法身如何?"锵素和谨,对曰:"臣鸾于宗戚最长,且受寄先帝。臣等皆年少,朝廷所赖,唯鸾一人,愿陛下无以为虑。"帝退,谓徐龙驹曰:"我欲与公共计取鸾,公既不同,我不能独办,且复小听。"

卫尉萧谌,世祖之族子也,自世祖在郢州,谌已为腹心。及即位,常典宿卫,机密之事,无不预闻。征南谘议萧坦之,谌之族人也,尝为东宫直阁,为世宗所知。帝以二人祖父旧人,甚亲信之。谌每请急出宿,帝通夕不寐,谌还乃安。坦之得出入后宫,帝褻狎宴游,坦之皆在侧。帝醉后,常裸袒,坦之辄扶持谏谕。西昌侯鸾欲有所谏,帝在后宫不出,唯遣谌、坦之径进,乃得闻达。

何后亦淫泆,私于帝左右杨珉,与同寝处如伉俪。又与帝相爱狎,故帝恣之。迎后亲戚入宫,以耀灵殿处之。斋阁通夜洞开,外内淆杂,无复分别。西昌侯鸾遣坦之入奏诛珉,何后流涕覆面曰:"杨郎好年少,无罪,何可枉杀。"坦之附耳语帝曰:"外间并云杨珉与皇后有情,事彰遐迩,不可不诛。"帝不得已许之,俄敕原之,已行刑矣。鸾又启诛徐龙驹,帝亦不能违,而心忌鸾益甚。萧谌、萧坦之见帝狂纵日甚,无复悛改,恐祸及己,乃更回意附鸾,劝其废立,阴为鸾耳目,帝不之觉也。

周奉叔恃勇挟势,陵轹公卿。常翼单刀二十口自随,出入禁闼,门卫不敢诃。每语人曰:"周郎刀不识君。"鸾忌之,使萧谌、萧坦之说帝出奉叔为外援。己巳,以奉叔为青州刺史,曹道刚为中军司马。奉叔就帝求千户侯,许之。鸾以为不可,封曲江县男,食三百户。奉叔大怒,于众中攘刀厉色,鸾说谕之,乃受。奉叔辞毕,将之镇,部伍已出。鸾与萧谌称敕,召奉叔于省中,殴杀之,启云:"奉叔慢朝廷。"帝不获已,可其奏。

溧阳令钱唐杜文谦,尝为南郡王侍读,前此说綦毋珍之曰:"天下事可知,灰尘粉灭,匪朝伊夕,不早为计,吾徒无类矣。"珍之曰:"计将安出?"文谦曰:"先帝旧人,多见摈斥,今召而使之,谁不慷慨。近闻王洪范与宿卫将万灵会等共语,皆攘袂捶床。君其密报周奉叔,使万灵会等杀萧谌,则宫内之兵皆我用也。即勒兵入尚书,斩萧令,两都伯力耳。今举大事亦死,不举事亦死,二死等耳,死社稷可乎! 若迟疑不断,复少日,录君称敕赐死,父母为殉,在眼中矣。"珍之不能用。及鸾杀奉叔,并收珍之、文谦,杀之。

乙亥,魏主如洛阳西宫。中书侍郎韩显宗上书陈四事:其一以为:"窃闻舆驾今夏不巡三齐,当幸中山。往冬舆驾停邺,当农隙之时,犹比屋供奉,不胜劳费。况今蚕麦方急,将何以堪命。且六军涉暑,恐生疠疫。臣愿早还北京,以省诸州供张之苦,成洛都营缮之役。"其二以为:"洛阳宫殿故基,皆魏明帝所造,前世已讥其奢。今兹营缮,宜加裁损。又,顷来北都富室,竞以第舍相尚,宜因迁徙,为之制度。及端广衢路,通利沟渠。"其三以为:"陛下之还洛阳,轻将从骑。王者于闺闼之内犹施警跸,况涉履山河而不加三思乎!"其四以为:"陛下耳听法音,目玩坟典,口对百辟,心虞万机,景昃而食,夜分而寝。加以孝思之至,随时而深;文章之业,日成篇卷。虽睿明所用,未足为烦,然非所以啬神养性,保无疆之祚也。伏愿陛下垂拱司契而天下治矣。"帝颇纳之。显宗,麒麟之子也。

显宗又上言,以为:"州郡贡察,徒有秀、孝之名,而无秀、孝之实。朝廷但检其门望,不复弹坐。如此,则可令别贡门望,以叙士人,何假冒秀、孝之名也?夫门望者,乃其父祖之遗烈,亦何益于皇家?益于时者,贤才而已。苟有其才,虽屠钓奴虏,圣王不耻以为臣;苟非其才,虽三后之胤,坠于皂隶矣。议者或云'今世等无奇才,不若取士于门',此亦失矣。岂可以世无周、邵,遂废宰相邪?但当校其寸长铢重者先叙之,则贤才无遗矣。

又,刑罚之要,在于明当,不在于重。苟不失有罪,虽捶挞之薄,人莫敢犯。若容可侥幸,虽参夷之严,不足惩禁。今内外之官,欲邀当时之名,争以深酷为无私,迭相敦厉,遂成风俗。陛下居九重之内,视人如赤子;百司分万务之任,遇下如仇雠。是则尧、舜止一人,而桀、纣以千百。和气不至,盖由于此。谓宜敕示百僚,以惠元元之命。

又,昔周居洛邑,犹存宗周;汉迁东都,京兆置尹。案《春秋》之义,有宗庙曰都,无曰邑。况代京宗庙山陵所托,王业所基,其为神乡福地,实亦远矣。今便同之郡国,臣窃不安。谓宜建畿置尹,一如故事,崇本重旧,光示万叶。

又,古者四民异居,欲其业专志定也。太祖道武皇帝创基拨乱,日不暇给,然犹分别士庶,不令杂居,工伎屠沽,各有攸处。但不设科禁,久而混淆。今闻洛邑居民之制,专以官位相从,不分族类。夫官位无常,朝荣夕悴,则是衣冠、皂隶不日同处矣。借使一里之内,或调习歌舞,或讲肄诗书,纵群儿随其所之,则必不弃歌舞而从诗书矣。然则使工伎之家习士人风礼,百年难成;士人之子效工伎容态,一朝而就。是以仲尼称里仁之美,孟母勤三徙之训。此乃风俗之原,不可不察。朝廷每选人士,校其一婚一宦以为升降,何其密也。至于度地居民,则清浊连薨,何其略也。今因迁徙之初,皆是公地,分别工伎,在于一言,有何可疑,而阙盛美。

又,南人昔有淮北之地,自比中华,侨置郡县。自归附圣化,仍而不改,名实交错，文书难辨。宜依地理旧名，一皆厘革，小者并合，大者分置。及中州郡县，昔以户少并省，今民口既多，亦可复旧。

又，君人者以天下为家，不可有所私。仓库之储，以供军国之用，自非有功德者不当加赐。在朝诸贵，受禄不轻，比来颁赉，动以千计。若分以赐鳏寡孤独之民，所济实多。今直以与亲近之臣，殆非'周急不继富'之谓也。"帝览奏，甚善之。

二月，乙丑，魏主如河阴，规方泽。

辛卯，帝祀明堂。

司徒参军刘敩等聘于魏。

丙申，魏徙河南王幹为赵郡王，颍川王雍为高阳王。

壬寅，魏主北巡。癸卯，济河。三月，壬申，至平城。使群臣更论迁都利害，各言其志。燕州刺史穆罴曰："今四方未定，未宜迁都。且征伐无马，将何以克？"帝曰："厩牧在代，何患无马！今代在恒山之北，九州之外，非帝王之都也。"尚书于果曰："臣非以代地为胜伊、洛之美也。但自先帝以来，久居于此，百姓安之，一旦南迁，众情不乐。"平阳公丕曰："迁都大事，当讯之卜筮。"帝曰："昔周、邵圣贤，乃能卜宅。今无其人，卜之何益！且卜以决疑，不疑何卜？黄帝卜而龟焦，天老曰'吉'，黄帝从之。然则至人之知未然，审于龟矣。王者以四海为家，或南或北，何常之有！朕之远祖，世居北荒，平文皇帝始都东木根山，昭成皇帝更营盛乐，道武皇帝迁于平城。朕幸属胜残之运，何为独不得迁乎！"群臣不敢复言。罴，寿之孙；果，烈之弟也。癸酉，魏主临朝堂，部分迁留。

夏，四月，庚辰，魏罢西郊祭天。

辛巳，武陵昭王晔卒。

戊子，竟陵文宣王子良以忧卒。帝常忧子良为变，闻其卒，甚喜。

臣光曰：孔子称"鄙夫不可与事君，未得之，患得之。既得之，患失之。苟患失之，无所不至"。王融乘危徼幸，谋易嗣君。子良当时贤王，虽素以忠慎自居，不免忧死。迹其所以然，正由融速求富贵而已。轻躁之士，乌可近哉！

己亥，魏罢五月五日、七月七日飨祖考。

魏录尚书事广陵王羽奏："令文，每岁终，州镇列属官治状。及再考，则行黜陟。去十五年京官尽经考为三等，今已三载。臣辄准外考，以定京官治行。"魏主曰："考绩事重，应关朕听，不可轻发。且俟至秋。"

闰月，丁卯，镇军将军鸾即本号，开府仪同三司。

戊辰，以新安王昭文为扬州刺史。

五月，甲戌朔，日有食之。

六月，己巳，魏遣兼员外散骑常侍卢昶、兼员外散骑侍郎王清石来聘。昶，度世之子也。清石世仕江南，魏主谓清石曰："卿勿以南人自嫌。彼有知识，欲见则见，欲言则言。凡使人以和为贵，勿迭相矜夸，见于辞色，失将命之体也。"

秋，七月，乙亥，魏以宋王刘昶为使持节、都督吴、越、楚诸军事、大将军，镇彭城。魏主亲饯之。以王肃为昶府长史。昶至镇，不能抚接义故，卒无成功。

壬午，魏安定靖王休卒。自卒至殡，魏主三临其第；葬之如尉元之礼，送之出郊，恸哭而返。

壬戌，魏主北巡。

西昌侯鸾既诛徐龙驹、周奉叔，而尼媪外入者，颇传异语。中书令何胤，以后之从叔，为帝所亲，使直殿省。帝与胤谋诛鸾，令胤受事，胤不敢当，依违谏说，帝意复止。乃谋出鸾于西州，中敕用事，不复关咨于鸾。

是时，萧谌、萧坦之握兵权，左仆射王晏总尚书事。谌密召诸王典签，约语之，不许诸王外接人物。谌亲要日久，众皆惮而从之。

鸾以其谋告王晏，晏闻之，响应。又告丹杨尹徐孝嗣，孝嗣亦从之。骠骑录事南阳乐豫谓孝嗣曰："外传籍籍，似有伊、周之事。君蒙武帝殊常之恩，荷托附之重，恐不得同人此举。人笑褚公，至今齿冷。"孝嗣心然之而不能从。

帝谓萧坦之曰："人言镇军与王晏、萧谌欲共废我，似非虚传。卿所闻云何？"坦之曰："天下宁当有此，谁乐无事废天子邪？朝贵不容造此论，当是诸尼姥言耳，岂可信邪！官若无事除此二人，谁敢自保。"直阁将军曹道刚疑外间有异，密有处分，谋未能发。

时始兴内史萧季敞、南阳太守萧颖基皆内迁，谌欲待二人至，藉其势力以举事。鸾虑事变，以告坦之，坦之驰谓谌曰："废天子古来大事。比闻曹道刚、朱隆之等转已猜疑，卫尉明日若不就事，无所复及。弟有百岁母，岂能坐听祸败，正应作余计耳！"谌惶遽从之。

壬辰，鸾使萧谌先入宫，遇曹道刚及中书舍人朱隆之，皆杀之。直后徐僧亮盛怒，大言于众曰："吾等荷恩，今日应死报！"又杀之。鸾引兵自尚书入云龙门，戎服加朱衣于上，比入门，三失履。王晏、徐孝嗣、萧坦之、陈显达、王广之、沈文季皆随其后。帝在寿昌殿，闻外有变，犹密为手敕呼萧谌，又使闭内殿诸房阁。俄而谌引兵入寿昌阁，帝走趋徐姬房，拔剑自刺，不入，以帛缠颈，舆接出延德殿。谌初入殿，宿卫将士皆操弓楯欲拒战。谌谓之曰："所取自有人，卿等不须动！"宿卫素隶服于谌，皆信之，及见帝出，各欲自奋，帝竟无一言。行至西弄，弑之。舆尸出殡徐龙驹宅，葬以王礼。徐姬及诸嬖幸皆伏诛。鸾既执帝，欲作太后令，徐孝嗣于袖中出而进之，鸾大悦。癸巳，以太后令追废帝为郁林王，又废何后为王妃,迎立新安王昭文。

吏部尚书谢瀹方与客围棋,左右闻有变,惊走报瀹。瀹每下子,辄云"其当有意",竟局,乃还斋卧,竟不问外事。大匠卿虞悰窃叹曰:"王、徐遂缚袴废天子,天下岂有此理邪?"悰,啸父之孙也。朝臣被召入宫,国子祭酒江敩至云龙门,托药发,吐车中而去。西昌侯鸾欲引中散大夫孙谦为腹心,使兼卫尉,给甲仗百人。谦不欲与之同,辄散甲士,鸾亦不之罪也。

丁酉,新安王即皇帝位,时年十五。以西昌侯鸾为骠骑大将军、录尚书事、扬州刺史、宣城郡公。大赦,改元延兴。

辛丑,魏主至朔州。

八月,甲辰,以司空王敬则为太尉,鄱阳王锵为司徒,车骑大将军陈显达为司空,尚书左仆射王晏为尚书令。

魏主至阴山。

以始安王遥光为南郡太守,不之官。遥光,鸾之兄子也。鸾有异志,遥光赞成之,凡大诛赏,无不预谋。戊申,以中书郎萧遥欣为兖州刺史。遥欣,遥光之弟也。鸾欲树置亲党,故用之。

癸丑,魏主如怀朔镇。己未,如武川镇。辛酉,如抚宜镇。甲子,如柔玄镇。乙丑,南还。辛未,至平城。

九月,壬申朔,魏诏曰:"三载考绩,三考黜陟,可黜者不足为迟,可进者大成赊缓。朕今三载一考,即行黜陟,欲令愚滞无妨于贤者,才能不拥于下位。各令当曹考其优劣为三等,其上下二等仍分为三。六品已下,尚书重问;五品已上,朕将亲与公卿论其善恶。上上者迁之,下下者黜之,中者守其本任。"

魏主之北巡也,留任城王澄铨简旧臣。自公侯已下,有官者以万数,澄其优劣能否为三等,人无怨者。

壬午,魏主临朝堂,黜陟百官,谓诸尚书曰:"尚书枢机之任,非徒总庶务、行文书而已,朕之得失,尽在于此。卿等居官,年垂再期,未尝献可替否,进一贤退一不肖,此最罪之大者。"又谓录尚书事广陵王羽曰:"汝为朕弟,居机衡之右,无勤恪之声,有阿党之迹,今黜汝录尚书、廷尉,但为特进、太子太保。"又谓尚书令陆叡曰:"叔翻到省之初,甚有善称,比来偏颇懈怠,由卿不能相导以义。虽无大责,宜有小罚。今夺卿禄一期。"又谓左仆射拓跋赞曰:"叔翻受黜,卿应大辟,但以咎归一人,不复重责。今解卿少师,削禄一期。"又谓左丞公孙良、右丞乞伏义受曰:"卿亦应大辟。可以白衣守本官,冠服禄恤,尽从削夺。若三年有成,还复本任;无成,永归南亩。"又谓尚书任城王澄曰"叔神志骄傲,可解少保。"又谓长兼尚书于果曰:"卿不勤职事,数辞以疾。可解长兼,削禄一期。"其余守尚书尉羽、卢渊等,并以不职,或解任,或黜官,或夺禄,皆面数其过而行之。渊,昶之兄也。

帝又谓陆叡曰:"北人每言'北俗质鲁,何由知书!'朕闻之,深用忧然。今知书者甚众,岂皆圣人,顾学与不学耳。朕修百官,兴礼乐,其志固欲移风易俗。朕为天子,何必居中原,正欲卿等子孙渐染美俗,闻见广博。若永居恒北,复值不好文之主,不免面墙耳。"对曰:"诚如圣言。金日磾不入仕汉朝,何能七世知名!"帝甚悦。

郁林王之废也,鄱阳王锵初不知谋。及宣城公鸾权势益重,中外皆知其蓄不臣之志。锵每诣鸾,鸾常屣履至车后迎之,语及家国,言泪俱发,锵以此信之。宫台之内皆属意于锵,劝锵入宫发兵辅政。制局监谢粲说锵及随王子隆曰:"二王但乘油壁车入宫,出天子置朝堂,夹辅号令,粲等闭城门、上仗,谁敢不同?东城人正共缚送萧令耳。"子隆欲定计,锵以上台兵力既悉度东府,且虑事不捷,意甚犹豫。马队主刘巨,世祖时旧人,诣锵请间,叩头劝锵立事。锵命驾将入,复还内,与母陆太妃别,日暮不成行。典签知其谋,告之。癸酉,鸾遣兵二千人围锵第,杀锵,遂杀子隆及谢粲等。于时太祖诸子,子隆最壮大,有才能,故鸾尤忌之。

江州刺史晋安王子懋闻鄱阳、随王死,欲起兵,谓防阁吴郡陆超之曰:"事成则宗庙获安,不成犹为义鬼。"防阁丹阳董僧慧曰:"此州虽小,宋孝武尝用之。若举兵向阙以请郁林之罪,谁能御之!"子懋母阮氏在建康,密遣书迎之,阮氏报其同母兄于(谣)〔瑶〕之为计,瑶之驰告宣城公鸾。乙亥,假鸾黄钺,内外纂严,遣中护军王玄邈讨子懋,又遣军主裴叔业与于瑶之先袭寻阳,声云为郢府司马。子懋知之,遣三百人守湓城。叔业溯流直上,至夜,回袭湓城,城局参军乐贲开门纳之。子懋闻之,帅府州兵力据城自守。子懋部曲多雍州人,皆勇跃愿奋。叔业畏之,遣于瑶之说子懋曰:"今还都必无过忧,正当作散官,不失富贵也。"子懋既不出兵攻叔业,众情稍沮。中兵参军于琳之,瑶之兄也,说子懋重赂叔业,可以免祸。子懋使琳之往,琳之因说叔业取子懋。叔业遣军主徐玄庆将四百人随琳之入州城,僚佐皆奔散,琳之从二百人拔白刃入斋,子懋骂曰:"小人何忍行此!"琳之以袖鄣面,使人杀之。王玄邈执董僧慧,将杀之,僧慧曰:"晋安举义兵,仆实豫其谋,得为主人死,不恨矣。愿至大敛毕,退就鼎镬。"玄邈义之,具以白鸾,免死配东冶。子懋子昭基,九岁,以方二寸绢为书,参其消息,并遗钱五百,行金得达,僧慧视之曰:"郎君书也。"悲恸而卒。于琳之劝陆超之逃亡,超之曰:"人皆有死,此不足惧。吾若逃亡,非唯孤晋安之眷,亦恐田横客笑人。"玄邈等欲因以还都,超之端坐俟命。超之门生谓杀超之当得赏,密自后斩之,头坠而身不僵。玄邈厚加殡敛。门生亦助举棺,棺坠,压其首,折颈而死。

鸾遣平西将军王广之袭南兖州刺史安陆王子敬。广之至欧阳，遣部将济阴陈伯之先驱，伯之因城开，独入，斩子敬。

鸾又遣徐玄庆西上害诸王。临海王昭秀为荆州刺史，西中郎长史何昌寓行州事。玄庆至江陵，欲以便宜从事。昌寓曰："仆受朝廷意寄，翼辅外藩。殿下未有愆失，君以一介之使来，何容即以相付邪！若朝廷必须殿下，当自启闻，更听后旨。"昭秀由是得还建康。昌寓，尚之之弟子也。

鸾以吴兴太守孔琇之行郢州事，欲使之杀晋熙王铼。琇之辞，不许，遂不食而死。琇之，靖之孙也。

裴叔业自寻阳仍进向湘州，欲杀湘州刺史南平王锐。防阁周伯玉大言于众曰："此非天子意。今斩叔业，举兵匡社稷，谁敢不从！"锐典签叱左右斩之。乙酉，杀锐，又杀郢州刺史晋熙王铼、南豫州刺史宜都王铿。

丁亥，以庐陵王子卿为司徒，桂阳王铄为中军将军、开府仪同三司。

冬，十月，丁酉，解严。

以宣城公鸾为太傅、领大将军、扬州牧、都督中外诸军事，加殊礼，进爵为王。

宣城王谋继大统，多引朝廷名士与参筹策。侍中谢朏心不愿，乃求出为吴兴太守。至郡，致酒数斛遗其弟吏部尚书瀹，为书曰："可力饮此，勿豫人事。"

臣光曰：臣闻"衣人之衣者怀人之忧，食人之食者死人之事"。二谢兄弟，比肩贵近，安享荣禄，危不预知，为臣如此，可谓忠乎！

宣城王虽专国政，人情犹未服。王胂上有赤誌，骠骑谘议参军考城江祏劝王出以示人。王以示晋寿太守王洪范，曰："人言此是日月相，卿幸勿泄。"洪范曰："公日月在躯，如何可隐，当转言之。"王母，祏之姑也。

戊戌，杀桂阳王铄、衡阳王钧、江夏王锋、建安王子真、巴陵王子伦。

铄与鄱阳王锵齐名，锵好文章，铄好名理，时人称为"鄱、桂"。锵死，铄不自安，至东府见宣城王，还，谓左右曰："向录公见接殷勤，流连不能已，而面有惭色，此必欲杀我。"是夕，遇害。

宣城王每杀诸王，常夜遣兵围其第，斩关逾垣，呼噪而入，家赀皆封籍之。江夏王锋，有才行，宣城王尝与之言"遥光才力可委"，锋曰："遥光之于殿下，犹殿下之于高皇，卫宗庙，安社稷，实有攸寄。"宣城王失色。及杀诸王，锋遗宣城王书，诮责之，宣城王深惮之，不敢于第收锋，使兼祠官于太庙，夜，遣兵庙中收之。锋出，登车，兵人欲上车，锋有力，手击数人皆仆地，然后死。

宣城王遣典签柯令孙杀建安王子真，子真走入床下，令孙手牵出之，叩头乞为奴，不许而死。

又遣中书舍人茹法亮杀巴陵王子伦。子伦性英果，时为南兰陵太守，镇琅邪城,有守兵。宣城王恐不肯就死,以问典签华伯茂,伯茂曰:"公若以兵取之,恐不可即办。若委伯茂,一夫力耳。"乃手自执鸩逼之。子伦正衣冠,出受诏,谓法亮曰:"先朝昔灭刘氏,今日之事,理数固然。君是身家旧人,今衔此使,当由事不获已。此酒非劝酬之爵。"因仰之而死,时年十六。法亮及左右皆流涕。

初,诸王出镇,皆置典签主帅,一方之事,悉以委之。时入奏事,一岁数返,时主辄与之间语,访以州事,刺史美恶专系其口,自刺史以下莫不折节奉之,恒虑弗及。于是威行州部,大为奸利。武陵王晔为江州,性烈直,不可干,典签赵渥之谓人曰:"今出都易刺史。"及见世祖,盛毁之,晔遂免还。

南海王子罕戍琅邪,欲暂游东堂,典签姜秀不许。子罕还,泣谓母曰:"儿欲移五步亦不得,与囚何异!"邵陵王子贞尝求熊白,厨人答典签不在,不敢与。

永明中,巴东王子响杀刘寅等,世祖闻之,谓群臣曰:"子响遂反。"戴僧静大言曰:"诸王都自应反,岂唯巴东!"上问其故,对曰:"天王无罪,而一时被囚,取一挺藕,一杯浆,皆谘签帅,签帅不在,则竟日忍渴。诸州唯闻有签帅,不闻有刺史。何得不反!"

竟陵王子良尝问众曰:"士大夫何意诣签帅?"参军范云曰:"诣长史以下皆无益,诣签帅立有倍本之价。不诣谓何!"子良有愧色。及宣城王诛诸王,皆令典签杀之,竟无一人能抗拒者。孔珪闻之流涕曰:"齐之衡阳、江夏最有意,而复害之。若不立签帅,故当不至于此。"宣城王亦深知典签之弊,乃诏:"自今诸州有急事,当密以奏闻,勿复遣典签入都。"自是典签之任浸轻矣。

　　萧子显论曰:帝王之子,生长富厚,朝出闺闼,暮司方岳,防骄翦逸,积代常典。故辅以上佐,简自帝心,劳旧左右,用为主帅。饮食游居,动应闻启,处地虽重,行己莫由。威不在身,恩未下及,一朝艰难总至,望其释位扶危,何可得矣。斯宋氏之余风,至齐室而尤弊也。

癸卯,以宁朔将军萧遥欣为豫州刺史,黄门郎萧遥昌为郢州刺史,辅国将军萧诞为司州刺史。遥昌,遥欣之弟;诞,谌之兄也。

甲辰,魏以太尉东阳王丕为太傅、录尚书事,留守平城。

戊申,魏主亲告太庙,使高阳王雍、于烈奉迁神主于洛阳。辛亥,发平城。

海陵王在位,起居饮食,皆谘宣城王而后行。尝思食蒸鱼菜,太官令答无录公命,竟不与。辛亥,皇太后令曰:"嗣主冲幼,庶政多昧,且早婴尪疾,弗克负荷。太傅宣城王,胤体宣皇,钟慈太祖,宜入承宝命。帝可降封海陵王,吾当归老别馆。"且以宣城王为太祖第三子。癸亥,高宗即皇帝位,大赦,改元。以太尉王敬则为大司马,司空陈显达为太尉,尚书令王晏加骠骑大将军,左仆射徐孝嗣加军大将军,中领军萧谌为领军将军。

度支尚书虞悰称疾不陪位。帝以悰旧人,欲引参佐命,使王晏责废立事示悰。悰曰:"主上圣明,公卿戮力,宁假朽老以赞惟新乎?不敢闻命。"因呜哭。朝议欲纠之,徐孝嗣曰:"此亦古之遗直。"乃止。

帝与群臣宴会,诏功臣上酒。王晏等兴席,谢瀹独不起,曰:"陛下受命,应天顺人,王晏妄叨天功以为己力。"帝大笑解之。座罢,晏呼瀹共载还令省,欲相抚悦,瀹正色曰:"君巢窟在何处?"晏甚惮之。

丁卯,诏:"藩牧守宰,或有荐献,事非任土,悉加禁断。"

己巳,魏主如信都。庚午,诏曰:"比闻缘边之蛮,多窃掠南土,使父子乖离,室家分绝。朕方荡壹区宇,子育万姓,若苟如此,南人岂知朝德哉!可诏荆、郢、东荆三州,禁勒蛮民,勿有侵暴。"

十一月,癸酉,以始安王遥光为扬州刺史。

丁丑,魏主如邺。

庚辰,立皇子宝义为晋安王,宝玄为江夏王,宝源为庐陵王,宝寅为建安王,宝融为随郡王,宝攸为南平王。

甲申,诏曰:"邑宰禄薄,虽任土恒贡,自今悉断。"

乙酉,追尊始安贞王为景皇,妃为懿后。

丙戌,以闻喜公遥欣为荆州刺史,丰城公遥昌为豫州刺史。时上长子晋安王宝义有废疾,诸子皆弱小,故以遥光居中,遥欣镇抚上流。

戊子,立皇子宝卷为太子。

魏主至洛阳,欲澄清流品,以尚书崔亮兼吏部郎。亮,道固之兄孙也。

魏主敕后军将军宇文福行牧地。福表石济以西,河内以东,距河凡十里。魏主自代徙杂畜置其地,使福掌之,畜无耗失,以为司卫监。

初,世祖平统万及秦、凉,以河西水草丰美,用为牧地,畜甚蕃息,马至二百余万匹,橐驼半之,牛羊无数。及高祖置牧场于河阳,常畜戎马十万匹,每岁自河西徙牧并州,稍复南徙,欲其渐习水土,不至死伤,而河西之牧愈更蕃滋。及正光以后,皆为寇盗所掠,无孑遗矣。

永明中,御史中丞沈渊表,百官年七十,皆令致仕,并穷困私门。庚子,诏依旧铨叙。上辅政所诛诸王,皆复属籍,封其子为侯。

上诈称海陵恭王有疾,数遣御师瞻视,因而殒之,葬礼并依汉东海恭王故事。

魏郢州刺史韦珍,在州有声绩,魏主赐以骏马、谷帛。珍集境内孤贫者,悉散与之,谓之曰:"天子以我能绥抚卿等,故赐以谷帛,吾何敢独有之。"

魏主以上废海陵王自立,谋大举入寇。会边将言,雍州刺史下邳曹虎遣使请降于魏,十二月,辛丑朔,魏遣行征南将军薛真度督四将向襄阳,大将军刘昶、平南将军王肃向义阳,徐州刺史拓跋衍向钟离,平南将军广平刘藻向南郑。真度,安都从祖弟也。以尚书卢渊为安南将军,督襄阳前锋诸军。渊辞以不习军旅,不许。渊曰:"但恐曹虎为周鲂耳。"

魏主欲变易旧风,壬寅,诏禁士民胡服。国人多不悦。

通直散骑常侍刘芳,缵之族弟也,与给事黄门侍郎太原郭祚,皆以文学为帝所亲礼,多引与讲论及密议政事。大臣贵戚皆以为疏己,怏怏有不平之色。帝使给事黄门侍郎陆凯私谕之曰:"至尊但欲广知古事,询访前世法式耳,终不亲彼而相疏也。"众意乃稍解。凯,馛之子也。

魏主欲自将入寇。癸卯,中外戒严。戊申,诏代民迁洛者复租赋三年。相州刺史高闾上表称:"洛阳草创,曹虎既不遣质任,必非诚心,无宜轻举。"魏主不从。

久之,虎使竟不再来,魏主引公卿议行留之计,公卿或以为宜止,或以为宜行。帝曰:"众人纷纭,莫知所从。必欲尽行留之势,宜有客主,共相起发。任城、镇南为留议,朕为行论,诸公坐听得失,长者为之。"众皆曰:"诺。"镇南将军李冲曰:"臣等正以迁都草创,人思少安,为内应者未得审谛,不宜轻动。"帝曰:"彼降款虚实,诚未可知。若其虚也,朕巡抚淮甸,访民疾苦,使彼知君德之所在,有北向之心。若其实也,今不以时应接,则失乘时之机,孤归义之诚,败朕大略矣。"任城王澄曰:"虎无质任,又使不再来,其诈可知也。今代都新迁之民,皆有恋本之心。扶老携幼,始就洛邑,居无一椽之室,食无甔石之储。又冬月垂尽,东作将起,乃'百堵皆兴'、'俶载南亩'之时,而驱之使擐甲执兵,泣当白刃,殆非歌舞之师也。且诸军已进,非无应接。若降款有实,待既平樊、沔,然后銮舆顺动,亦何晚之有!今率然轻举,上下疲劳,若空行空返,恐挫损天威,更成贼气,非策之得者也。"司空穆亮以为宜行,公卿皆同之。澄谓亮曰:"公辈在外之时,见张旗授甲,皆有忧色,平居论议,不愿南征,何得对上即为此语!面背不同,事涉欺佞,岂大臣之义,国士之体乎!万一倾危,皆公辈所为也。"冲曰:"任城王可谓忠于社稷。"帝曰:"任城以从朕者为佞,不从朕者岂必皆忠。夫小忠者,大忠之贼,无乃似诸?"澄曰:"臣愚暗,虽涉小忠,要是竭诚谋国,不知大忠者竟何所据!"帝不从。

辛亥,发洛阳,以北海王详为尚书仆射,统留台事;李冲兼仆射,同守洛阳。给事黄门侍郎崔休为左丞,赵郡王幹都督中外诸军事,始平王勰将宗子军宿卫左右。休,逞之玄孙也。戊辰,魏主至悬瓠。己巳,诏寿阳、钟离、马头之师所获男女皆放还南。曹虎果不降。

魏主命卢渊攻南阳。渊以军中乏粮,请先攻赭阳以取叶仓,魏主许之。乃与征南大将军城阳王鸾、安南将军李佐、荆州刺史韦珍共攻赭阳。鸾,长寿之子;

佐,宝之子也。北襄城太守成公期闭城拒守。薛真度军于沙埚,南阳太守房伯玉、新野太守刘思忌拒之。

先是,魏主遣中书监高闾治古乐,会闾出为相州刺史,是岁,表荐著作郎韩显宗、太乐祭酒公孙崇参知钟律,帝从之。

资治通鉴卷第一百四十

端明殿学士兼翰林侍读学士朝散大夫右谏议大夫充集贤殿修撰提举西京嵩山崇福宫上柱国河内郡开国侯食邑一千八百户食实封六百户赐紫金鱼袋臣 司马光 奉敕编集

齐纪六 起旃蒙大渊献（乙亥），尽柔兆困敦（丙子），凡二年。

高宗明皇帝中

建武二年（乙亥、495）

春，正月，壬申，遣镇南将军王广之督司州、右卫将军萧坦之督徐州、尚书右仆射沈文季督豫州诸军以拒魏。

癸酉，魏诏："淮北之人不得侵掠，犯者以大辟论。"

乙未，拓跋衍攻钟离，徐州刺史萧惠休乘城拒守，间出袭击魏兵，破之。惠休，惠明之弟也。刘昶、王肃攻义阳，司州刺史萧诞拒之。肃屡破诞兵，招降万余人。魏以肃为豫州刺史。刘昶性褊躁，御军严暴，人莫敢言。法曹行参军北平阳固苦谏，昶怒，欲斩之，使当攻道。固志意闲雅，临敌勇决，昶始奇之。

丁酉，中外纂严。以太尉陈显达为使持节、都督西北讨诸军事，往来新亭、白下以张声势。

己亥，魏主济淮。二月，至寿阳，众号三十万，铁骑弥望。甲辰，魏主登八公山，赋诗。道遇甚雨，命去盖，见军士病者，亲抚慰之。

魏主遣使呼城中人，丰城公遥昌使参军崔庆远出应之。庆远问师故，魏主曰："固当有故。卿欲我斥言之乎，欲我含垢依违乎？"庆远曰："未承来命，无所含垢。"魏主曰："齐主何故废立？"庆远曰："废昏立明，古今非一，未审何疑？"魏主曰："武帝子孙，今皆安在？"庆远曰："七王同恶，已伏管、蔡之诛，其余二十余王，或内列清要，或外典方牧。"魏主曰："卿主若不忘忠义，何以不立近亲，如周公之辅成王，而自取之乎？"庆远曰："成王有亚圣之德，故周公得而相之。今近亲皆非成王之比，故不可立。且霍光亦舍武帝近亲而立宣帝，唯其贤也。"魏主曰："霍光何以不自立？"庆远曰："非其类也。主上正可比宣帝，安得比霍光？若尔，武王伐纣，不立微子而辅之，亦为苟贪天下乎？"魏主大笑曰："朕来问罪。如卿之言，便可释然。"庆远曰："'见可而进，知难而退。'圣人之师也。"魏主曰："卿欲吾和亲，为不欲乎？"庆远曰："和亲则二国交欢，生民蒙福；否则二国交恶，生民涂炭。和亲与否，裁自圣衷。"魏主赐庆远酒殽、衣服而遣之。

戊申,魏主循淮而东,民皆安堵,租运属路。丙辰,至钟离。

上遣左卫将军崔慧景、宁朔将军裴叔业救钟离。刘昶、王肃众号二十万,堑栅三重,并力攻义阳,城中负楯而立。王广之引兵救义阳,去城百余里,畏魏强,不敢进。城中益急,黄门侍郎萧衍请先进,广之分麾下精兵配之。衍间道夜发,与太子右率萧诔等径上贤首山,去魏军数里。魏人出不意,未测多少,不敢逼。黎明,城中望见援军至,萧诞遣长史王伯瑜出攻魏栅,因风纵火,衍等众军自外击之,魏不能支,解围去。己未,诞等追击,破之。诔,谌之弟也。

先是,上以义阳危急,诏都督青、冀二州诸军事张冲出军攻魏以分其兵势。冲遣军主桑系祖攻魏建陵、驿马、厚丘三城,又遣军主杜僧护攻魏虎阬、冯时、即丘三城,皆拔之。青、冀二州刺史王洪範遣军主崔延袭魏纪城,据之。

魏主欲南临江水,辛酉,发钟离。司徒长乐元懿公冯诞病,不能从,魏主与之泣诀,行五十里,闻诞卒。时崔慧景等军去魏主营不过百里,魏主轻将数千人夜还钟离,拊尸而哭,达旦,声泪不绝。壬戌,敕诸军罢临江之行,葬诞依晋齐献王故事。诞与帝同年,幼同砚席,尚帝妹乐安长公主。虽无学术,而资性淳笃,故特有宠。丁卯,魏主遣使临江,数上罪恶。

魏久攻钟离不克,士卒多死。三月,戊寅,魏主如邵阳,筑城于洲上,栅断水路,夹筑二城。萧坦之遣军主裴叔业攻二城,拔之。

魏主欲筑城置戍于淮南,以抚新附之民,赐相州刺史高闾玺书,具论其状。闾上表,以为:“《兵法》:‘十则围之,五则攻之。’向者国家止为受降之计,发兵不多,东西辽阔,难以成功。今又欲置戍淮南,招抚新附。昔世祖以回山倒海之威,步骑数十万,南临瓜步,诸郡尽降,而盱眙小城,攻之不克。班师之日,兵不成一城,土不辟一廛,夫岂无人?以为大镇未平,不可守小故也。夫壅水者先塞其原,伐木者先断其本。本原尚在而攻其末流,终无益也。寿阳、盱眙、淮阴,淮南之本原也。三镇不克其一,而留守孤城,其不能自全明矣。敌之大镇逼其外,长淮隔其内,少置兵则不足以自固,多置兵则粮运难通。大军既还,士心孤怯,夏水盛涨,救援甚难。以新击旧,以劳御逸,若果如此,必为敌擒,虽忠勇奋发,终何益哉!且安土恋本,人之常情。昔彭城之役,既克大镇,城戍已定,而不服思叛者犹逾数万。角城蕞尔,处在淮北,去淮阳十八里,五固之役,攻围历时,卒不能克。以今准昔,事兼数倍。天时向热,雨水方降,愿陛下蹑世祖之成规,旋辕返旆,经营洛邑,蓄力观衅,布德行化,中国既和,远人自服矣。”尚书令陆叡上表,以为:“长江浩荡,彼之巨防。又南土昏雾,暑气郁蒸,师人经夏,必多疾病。而迁鼎草创,庶事甫尔,台省无论政之馆,府寺靡听治之所,百僚居止,事等行路,沉雨炎阳,自成疠疫。且兵徭并举,圣王所难。今介胄之士,外攻寇仇,羸弱之夫,内勤土木,运给之费,日损千金。驱罢弊之兵,讨坚城之虏,将何以取胜乎?陛下去冬之举,正欲曜武江、汉耳,今自春几夏,理宜释甲。愿早还洛邑,使根本深固,圣怀无内顾之忧,兆民休斤板之役,然后命将出师,何忧不服。"魏主纳其言。

崔慧景以魏人城邵阳,患之。张欣泰曰:"彼有去志,所以筑城者,外自夸大,惧我蹑其后耳。今若说之以两愿罢兵,彼无不听矣。"慧景从之,使欣泰诣城下语魏人,魏主乃还。济淮,余五将未济,齐人据渚邀断津路。魏主募能破中渚兵者以为直阁将军,军主代人奚康生应募,缚筏积柴,因风纵火,烧齐船舰,依烟直进,飞刀乱斫,中渚兵遂溃。魏主假康生直阁将军。

魏主使前将军杨播将步卒三千、骑五百为殿。时春水方长,齐兵大至,战舰塞川。播结陈于南岸以御之,诸军尽济。齐军四集围播,播为圆阵以御之,身自搏战,所杀甚众。相拒再宿,军中食尽,围兵愈急。魏主在北岸望之,以水盛不能救,既而水稍减,播引精骑三百历齐舰大呼曰:"我今欲渡,能战者来。"遂拥众而济。播,椿之兄也。

魏军既退,邵阳洲上馀兵万人,求输马五百匹,假道以归。崔慧景欲断路攻之,张欣泰曰:"归师勿遏,古人畏之,兵在死地,不可轻也。今胜之不足为武,不胜徒丧前功,不如许之。"慧景从之。萧坦之还,言于上曰:"邵阳洲有死贼万人,慧景、欣泰纵而不取。"由是皆不加赏。甲申,解严。

初,上闻魏主欲饮马于江,惧,敕广陵太守行南兖州事萧颖胄移居民入城。民惊恐,欲席卷南渡。颖胄以魏寇尚远,不即施行,魏兵竟不至。颖胄,太祖之从子也。

上遣尚书右仆射沈文季助丰城公遥昌守寿阳。文季入城,止游兵不听出,洞开城门,严加守备。魏兵寻退。

魏之入寇也,卢昶等犹在建康,齐人恨之,饲以蒸豆。昶怖惧,食之,泪汗交横。谒者张思宁辞气不屈,死于馆下。及还,魏主让昶曰:"人谁不死,何至自同牛马,屈身辱国。纵不远惭苏武,独不近愧思宁乎!"乃黜为民。

戊子,魏太师京兆武公冯熙卒于平城。

乙未,魏主如下邳。夏,四月,庚子,如彭城。辛丑,为冯熙举哀。太傅、录尚书事平阳公丕不乐南迁,与陆叡表请魏主还临熙葬。帝曰:"开辟以来,安有天子远奔舅丧者乎!今经始洛邑,岂宜妄相诱引,陷君不义。令,仆以下,可付法官贬之。"仍诏迎熙及博陵长公主之枢,南葬洛阳,礼如晋安平献王故事。

魏主之在钟离也,仇池镇都大将、梁州刺史拓跋英请以州兵会刘藻击汉中,魏主许之。梁州刺史萧懿遣部将尹绍祖、梁季群等将兵二万,据险,立五栅以拒之。英曰:"彼帅贱,莫相统壹。我选精卒并攻一营,彼必不相救,若克一营,四营皆走矣。"乃引兵急攻一营,拔之,四营俱溃,生擒梁季群,斩三千余级,俘七百余人,乘胜长驱,进逼南郑。懿又遣其将姜脩击英,英掩击,尽获之。将还,懿别军继至,将士皆已疲,不意其至,大惧,欲走。英故缓辔徐行,神色自若,登高望敌,东西指麾,状若处分,然后整列而前。懿军疑有伏兵,迁延引退,英追击,破之。遂围南郑。禁将士毋得侵暴,远近悦附,争供租运。

懿婴城自守,军主范絷先将三千余人在外,还救南郑,英掩击,尽获之。围城数十日,城中恟惧。录事参军新野庾域封题空仓数十,指示将士曰:"此中粟皆满,足支二年,但努力坚守。"众心乃安。会魏主召英还,英使老弱先行,自将精兵为后拒,遣使与懿告别。懿以为诈,英去一日,犹不开门。二日,乃遣将追之。英与士卒下马交战,懿兵不敢逼,行四日四夜,懿兵乃返。英入斜谷,会天大雨,士卒截竹贮米,执炬火于马上炊之。

先是,懿遣人诱说仇池诸氏,使起兵断英运道及归路。英勒兵奋击,且战且前,矢中英颊,卒全军还仇池,讨叛氏,平之。英,桢之子;懿,衍之兄也。

英之攻南郑也,魏主诏雍、泾、岐三州发兵六千人戍南郑,俟克城则遣之。侍中兼左仆射李冲表谏曰:"秦川险陂,地接羌、夷。自西师出后,饷援连续,加氐、胡叛逆,所在奔命,运粮擐甲,迄兹未已。今复豫差戍卒,悬拟山外,虽加优复,恐犹惊骇。脱终攻不克,徒动民情,连胡结夷,事或难测。辄依旨密下刺史,待军克郑城,然后差遣。如臣愚见,犹谓未足。何者?西道险陂,单径千里,今欲深戍绝界之外,孤据群贼之中,敌攻不可猝援,食尽不可运粮。古人有言,'虽鞭之长,不及马腹。'南郑于国,实为马腹也。且魏境所掩,九州过八,民人所臣,十分而九。所未民者,唯漠北之与江外耳。羁之在近,岂汲汲于今日也?宜待疆宇既广,粮食既足,然后置邦树将,为吞并之举。今钟离、寿阳,密迩未拔;赭城、新野,跬步弗降。东道既未可以近力守,西藩宁可以远兵固?若果欲置者,臣恐终以资敌也。又,建都土中,地接寇壤,方须大收死士,平荡江会。若轻遣单寡,弃令陷没,恐后举之日,众以留守致惧,求其死效,未易可获。推此而论,不戍为上。"魏主从之。

癸丑,魏主如小沛。己未,如瑕丘。庚申,如鲁城,亲祠孔子。辛酉,拜孔氏四人、颜氏二人官,仍选诸孔宗子一人封崇圣侯,奉孔子祀,命兖州修孔子墓,更建碑铭。

戊辰,魏主如碻磝,命谒者仆射成淹具舟楫,欲自泗入河,溯流还洛。淹谏,以为"河流悍猛,非万乘所宜乘"。帝曰:"我以平城无漕运之路,故京邑民贫。今迁都洛阳,欲通四方之运,而民犹惮河流之险。故朕有此行,所以开百姓之心也。"

魏城阳王鸾等攻赭阳,诸将不相统壹,围守百馀日,诸将欲案甲不战以疲之。李佐独昼夜攻击,士卒死者甚众,帝遣太子右卫率垣历生救之,诸将以众寡不敌,欲退,佐独帅骑二千逆战而败。卢渊等引去,历生追击,大破之。历生,荣祖之从弟也。南阳太守房伯玉等又败薛真度于沙堨。

鸾等见魏主于瑕丘。魏主责之曰:"卿等沮辱威灵,罪当大辟。朕以新迁洛邑,特从宽典。"五月,己巳,降封鸾为定襄县王,削户五百。卢渊、李佐、韦珍皆削官爵为民,佐仍徙瀛州。以薛真度与其从兄安都有开徐方之功,听存其爵及荆州刺史,余皆削夺,曰:"进足明功,退足彰罪矣。"

魏广川刚王谐卒。谐,略之子也。魏主曰:"古者,大臣之丧有三临之礼。魏、晋以来,王公之丧,哭于东堂。自今诸王之丧,期亲三临,大功再临,小功、缌麻一临,罢东堂之哭。广川王于朕,大功也。"将大敛,素服、深衣往哭之。

甲戌,魏主如滑台。丙子,舍于石济。庚辰,太子出迎于平桃城。

赵郡王幹在洛阳,贪淫不法,御史中尉李彪私戒之,且曰:"殿下不悛,不敢不以闻。"幹悠然不以为意。彪表弹之。魏主诏幹与北海王详俱从太子诣行在。既至,见详而不见幹,阴使左右察其意色,知无忧悔,乃亲数其罪,杖之一百,免官还第。

癸未,魏主还洛阳,告于太庙。甲申,减冗官之禄以助军国之用。乙酉,行饮至之礼,班赏有差。

甲午,魏太子冠于庙。

魏主欲变北俗,引见群臣,谓曰:"卿等欲朕远追商、周,为欲不及汉、晋邪?"咸阳王禧对曰:"群臣愿陛下度越前王耳。"帝曰:"然则当变风易俗,当因循守故邪?"对曰:"愿圣政日新。"帝曰:"为止于一身,为欲传之子孙邪?"对曰:"愿传之百世。"帝曰:"然则必当改作,卿等不得违也。"对曰:"上令下从,其谁敢违。"帝曰:"夫'名不正,言不顺,则礼乐不可兴。'今欲断诸北语,一从正音。其年三十已上,习性已久,容不可猝革。三十已下,见在朝廷之人,语音不听仍旧。若有故为,当加降黜。各宜深戒。王公卿士,以为然不?"对曰:"实如圣旨。"帝曰:"朕尝与李冲论此,冲曰:'四方之语,竟知谁是? 帝者言之,即为正矣。'冲之此言,其罪当死。"因顾冲曰:"卿负社稷,当令御史牵下。"冲免冠顿首谢。又责留守之官曰:"昨望见妇女犹服夹领小袖,卿等何为不遵前诏?"皆谢罪。帝曰:"朕言非是,卿等当庭争。如何入则顺旨,退则不从乎!"六月,己亥,下诏:"不得为北俗之语于朝廷,违者免所居官。"

癸卯,魏主使太子如平城赴太师熙之丧。

癸丑,魏诏求遗书,秘阁所无,有益时用者,加以优赏。

魏有司奏："广川王妃葬于代都,未审以新尊从旧卑,以旧卑就新尊?"魏主曰:"代人迁洛者,宜悉葬邙山。其先有夫死于代者,听妻还葬。夫死于洛者,不得还代就妻。其徐州之人,自听从便。"丙辰,诏:"迁洛之民死,葬河南,不得还北。"于是代人南迁者,悉为河南洛阳人。

戊午,魏改用长尺、大斗,其法依《汉志》为之。

上之废郁林王也,许萧谌以扬州,既而除领军将军、南徐州刺史。谌恚曰:"见炊饭,推以与人。"谌恃功,颇干预朝政,所欲选用,辄命尚书使为申论。上闻而忌之,以萧诞、萧诔方将兵拒魏,隐忍不发。壬戌,上游华林园,与谌及尚书令王晏等数人宴,尽欢,坐罢,留谌晚出,至华林阁,仗身执还入省。上遣左右莫智明数谌曰:"隆昌之际,非卿无有今日。今一门二州,兄弟三封,朝廷相报,正可极此。卿恒怀怨望,乃云炊饭已熟,合甑与人邪?今赐卿死。"遂杀之,并其弟诔。以黄门郎萧衍为司州别驾,往执诞,杀之。谌好术数,吴兴沈文猷常语之曰:"君相不减高帝。"谌死,文猷亦伏诛。谌死之日,上又杀西阳王子明、南海王子罕、邵陵王子贞。

乙丑,以右卫将军萧坦之为领军将军。

魏高闾上言:"邺城密皇后庙颓圮,请更葺治。若谓已配飨太庙,即宜罢毁。"诏罢之。

魏拓跋英之寇汉中也,沮水氐杨馥之为齐击武兴氐杨集始,破之。秋,七月,辛卯,以馥之为北秦州刺史、仇池公。

八月,乙巳,魏选武勇之士十五万人为羽林、虎贲以充宿卫。

魏金墉宫成,立国子、太学、四门小学于洛阳。

魏高祖游华林园,观故景阳山,黄门侍郎郭祚曰:"山水者,仁智之所乐,宜复修之。"帝曰:"魏明帝以奢失之于前,朕岂可袭之于后乎!"帝好读书,手不释卷,在舆、据鞍,不忘讲道。善属文,多于马上口占,既成,不更一字。自太和十年以后,诏策皆自为之。好贤乐善,情如饥渴,所与游接,常寄以布素之意。如李冲、李彪、高闾、王肃、郭祚、宋弁、刘芳、崔光、邢峦之徒,皆以文雅见亲,贵显用事。制礼作乐,郁然可观,有太平之风焉。

治书侍御史薛聪,辩之曾孙也,弹劾不避强御,帝或欲宽贷者,聪辄争之。帝每曰:"朕见薛聪,不能不惮,何况诸人也。"自是贵戚敛手。累迁直阁将军,兼给事黄门侍郎、散骑常侍,帝外以德器遇之,内以心膂为寄,亲卫禁兵,委聪管领,故终太和之世,恒带直阁将军。群臣罢朝之后,聪恒陪侍帷幄,言兼昼夜,时政得失,动辄匡谏,事多所允,而重厚沉密,外莫窥其际。帝欲进以名位,辄苦让不受。帝亦雅相体悉,谓之曰:"卿天爵自高,固非人爵之所能荣也。"

九月，庚午，魏六宫、文武悉迁于洛阳。

丙戌，魏主如邺，屡至相州刺史高闾之馆，美其治效，赏赐甚厚。闾数请本州，诏曰："闾以悬车之年，方求衣锦，知进忘退，有尘谦德，可降号平北将军。朝之老成，宜遂情愿，徙授幽州刺史，令存劝两修，恩法并举。"以高阳王雍为相州刺史，戒之曰："作牧亦易亦难：'其身正，不令而行'，所以易；'其身不正，虽令不从'，所以难。"

己丑，徙南平王宝攸为邵陵王，蜀郡王子文为西阳王，广汉王子峻为衡阳王，临海王昭秀为巴陵王，永嘉王昭粲为桂阳王。

乙未，魏主自邺还。冬，十月，丙辰，至洛阳。

壬戌，魏诏："诸州牧精品属官，考其得失为三等以闻。"又诏："徐、兖、光、南青、荆、洛六州，严纂戎备，应须赴集。"

十一月，丁卯，诏罢世宗东田，毁兴光楼。

己卯，纳太子妃褚氏，大赦。妃，澄之女也。

庚午，魏主如委粟山，定圜丘。己卯，帝引诸儒议圜丘礼。秘书令李彪建言："鲁人将有事于上帝，必先有事于泮宫。请前一日告庙。"从之。甲申，魏主祀圜丘。丙戌，大赦。

十二月，乙未朔，魏主见群臣于光极堂，宣下品令，为大选之始。光禄勋于烈子登引例求迁官，烈上表曰："方今圣明之朝，理应廉让，而臣子登引人求进，是臣素无教训，乞行黜落。"魏主曰："此乃有识之言，不谓烈能办此。"乃引见登，谓曰："朕将流化天下，以卿父有谦逊之美，直士之风，故进卿为太子翊军校尉。"又加烈散骑常侍，封聊城县子。

魏主谓群臣曰："国家从来有一事可叹，臣下莫肯公言得失是也。夫人君患不能纳谏，人臣患不能尽忠。自今朕举一人，如有不可，卿等直言其失；若有才能而朕所不识，卿等亦当举之。如是，得人者有赏，不言者有罪，卿等当知之。"

丁酉，诏修晋帝诸陵，增置守卫。

甲子，魏主引见群臣于光极堂，颁赐冠服。

先是，魏人未尝用钱，魏主始命铸太和五铢。是岁，鼓铸粗备，诏公私用之。

魏以光城蛮帅田益光为南司州刺史，所统守宰，听其铨置。后更于新蔡立东豫州，以益光为刺史。

氐王杨炅卒。

三年（丙子、496）

春，正月，丁卯，以杨炅子崇祖为沙州刺史，封阴平王。

魏主下诏，以为："北人谓土为拓，后为跋。魏之先出于黄帝，以土德王，故为拓跋氏。夫土者,黄中之色,万物之元也,宜改姓元氏。诸功臣旧族自代来者,姓或重复,皆改之。"于是始改拔拔氏为长孙氏,达奚氏为奚氏,乙㫋氏为叔孙氏,丘穆陵氏为穆氏,步六孤氏为陆氏,贺赖氏为贺氏,独孤氏为刘氏,贺楼氏为楼氏,勿忸于氏为于氏,尉迟氏为尉氏。其余所改,不可胜纪。

魏主雅重门族,以范阳卢敏、清河崔宗伯、荥阳郑羲、太原王琼四姓,衣冠所推,咸纳其女以充后宫。陇西李冲以才识见任,当朝贵重,所结姻娅,莫非清望,帝亦以其女为夫人。诏黄门郎、司徒左长史宋弁定诸州士族,多所升降。又诏以"代人先无姓族,虽功贤之胤,无异寒贱。故宦达者位极公卿,其功、衰之亲仍居猥任。其穆、陆、贺、刘、楼、于、嵇、尉八姓,自太祖已降,勋著当世,位尽王公,灼然可知者,且下司州、吏部,勿充猥官,一同四姓。自此以外,应班士流者,寻续别敕。其旧为部落大人,而皇始已来,三世官在给事已上及品登王公者为姓。若本非大人,而皇始已来,三世官在尚书已上及品登王公者亦为姓。其大人之后而官不显为族。若本非大人而官显者亦为族。凡此姓族,皆应审核,勿容伪冒。令司空穆亮、尚书陆琇等详定,务令平允"。琇,馛之子也。

魏旧制,王国舍人皆应娶八族及清修之门。咸阳王禧娶隶户为之,帝深责之,因下诏为六弟聘室:"前者所纳,可为妾媵。咸阳王禧,可聘故颍川太守陇西李辅女;河南王幹,可聘故中散代郡穆明乐女;广陵王羽,可聘骠骑谘议参军荥阳郑平城女;颍川王雍,可聘故中书博士范阳卢神宝女;始平王勰,可聘廷尉卿陇西李冲女;北海王详,可聘吏部郎中荥阳郑懿女。"懿,羲之子也。

时赵郡诸李,人物尤多,各盛家风,故世之言高华者,以五姓为首。

众议以薛氏为河东茂族。帝曰:"薛氏,蜀也,岂可入郡姓?"直阁薛宗起执戟在殿下,出次对曰:"臣之先人,汉末仕蜀,二世复归河东,今六世相袭,非蜀人也。伏以陛下黄帝之胤,受封北土,岂可亦谓之胡邪?今不预郡姓,何以生为!"乃碎戟于地。帝徐曰:"然则朕甲、卿乙乎?"乃入郡姓,仍曰:"卿非'宗起',乃'起宗'也。"

帝与群臣论选调曰:"近世高卑出身,各有常分,此果如何?"李冲对曰:"未审上古已来,张官列位,为膏粱子弟乎,为致治乎?"帝曰:"欲为治耳。"冲曰:"然则陛下今日何为专取门品,不拔才能乎?"帝曰:"苟有过人之才,不患不知。然君子之门,借使无当世之用,要自德行纯笃,朕故用之。"冲曰:"傅说、吕望,岂可以门地得之?"帝曰:"非常之人,旷世乃有一二耳。"秘书令李彪曰:"陛下若专取门地,不审鲁之三卿,孰若四科?"著作佐郎韩显宗曰:"陛下岂可以贵袭贵,以贱袭贱?"帝曰:"必有高明卓然、出类拔萃者,朕亦不拘此制。"顷之,刘昶入朝,帝谓昶曰:"或言唯能是寄,不必拘门,朕以为不尔。何者?清浊同流,混齐一等,君子小人,名品无别,此殊为不可。我今八族以上士人,品第有九,九品之外,小人之官复有七等。若有其人,可起家为三公。正恐贤才难得,不可止为一人浑我典制也。”

臣光曰:选举之法,先门地而后贤才,此魏、晋之深弊,而历代相因,莫之能改也。夫君子、小人,不在于世禄与侧微,以今日视之,愚智所同知也。当是之时,虽魏孝文之贤,犹不免斯蔽。故夫明辨是非而不惑于世俗者诚鲜矣。

壬辰,魏徙始平王勰为彭城王,复定襄县王鸾为城阳王。

二月,壬寅,魏诏:“群臣自非金革,听终三年丧。”

丙午,魏诏:“畿内七十已上,暮春赴京师行养老之礼。”三月,丙寅,宴群臣及国老、庶老于华林园。诏:“国老,黄耇已上,假中散大夫、郡守;耆年已上,假给事中、县令;庶老,直假郡、县。各赐鸠杖、衣裳。”

丁丑,魏诏:“诸州中正各举其乡之民望,年五十已上守素衡门者,授以令、长。”

壬午,诏:“乘舆有金银饰校者,皆剔除之。”

上志慕节俭。太官尝进裹蒸,上曰:“我食此不尽,可四破之,馀充晚食。”又尝用皂荚,以馀沃授左右曰:“此可更用。”太官元日上寿,有银酒鎗,上欲坏之,王晏等咸称盛德。卫尉萧颖胄曰:“朝廷盛礼,莫若三元。此一器既是旧物,不足为侈。”上不悦。后预曲宴,银器满席。颖胄曰:“陛下前欲坏酒鎗,恐宜移在此器。”上甚惭。

上躬亲细务,纲目亦密,于是郡县及六署、九府常行职事,莫不启闻,取决诏敕。文武勋旧,皆不归选部,亲近凭势,户相通进,人君之务过繁密。南康王侍郎颍川钟嵘上书言:“古者明君揆才颁政,量能授职,三公坐而论道,九卿作而成务,天子唯恭己南面而已。”书奏,上不怿,谓太中大夫顾暠曰:“钟嵘何人,欲断朕机务,卿识之不?”对曰:“嵘虽位末名卑,而所言或有可采。且繁碎职事,各有司存;今人主总而亲之,是人主愈劳而人臣愈逸,所谓‘代庖人宰而为大匠斫’也。”上不顾而言他。

夏,四月,甲辰,魏广州刺史薛法护来降。

魏寇司州,柽城戍主魏僧珉拒破之。

五月,丙戌,魏营方泽于河阴。又诏汉、魏、晋诸帝陵,百步内禁樵苏。丁亥,魏主有事于方泽。

秋,七月,魏废皇后冯氏。初,文明太后欲其家贵重,简冯熙二女入掖庭,其一早卒,其一得幸于魏主,未几,有疾,还家为尼。及太后殂,帝立熙少女为皇后。既而其姊疾愈,帝思之,复迎入宫,拜左昭仪,后宠浸衰。昭仪自以年长,且先入宫,不率妾礼。后颇愧恨,昭仪因潛而废之。后素有德操,遂居瑶光寺为练行尼。

魏主以久旱,自癸未不食至于乙酉,群臣皆诣中书省请见。帝在崇虚楼,遣舍人辞焉,且问来故。豫州刺史王肃对曰:"今四郊雨已沾洽,独京城微少。庶民未乏一餐,而陛下辍膳三日,臣下惶惶,无复情地。"帝使舍人应之曰:"朕不食数日,犹无所感。比来中外贵贱,皆言四郊有雨,朕疑其欲相宽勉,未必有实。方将遣使视之,果如所言,即当进膳;如其不然,朕何以生为!当以身为万民塞咎耳。"是夕,大雨。

魏太子恂不好学,体素肥大,苦河南地热,常思北归。魏主赐之衣冠,恂常私著胡服。中庶子辽东高道悦数切谏,恂恶之。八月,戊戌,帝如嵩高,恂与左右密谋,召牧马轻骑奔平城,手刃道悦于禁中。领军元俨勒门防遏,入夜乃定。诘旦,尚书陆琇驰以启帝,帝大骇,秘其事,仍至汴口而还。甲寅,入宫,引见恂,数其罪,亲与咸阳王禧等更代杖之百余下,扶曳出外,囚于城西,月余乃能起。

丁巳,魏相州刺史南安惠王桢卒。

九月,戊辰,魏主讲武于小平津。癸酉,还宫。

冬,十月,戊戌,魏诏:"军士自代来者,皆以为羽林、虎贲。司州民十二夫调一吏,以供公私力役。"

魏吐京胡反,诏朔州刺史元彬行汾州事,帅并、肆之众以讨之。彬,桢之子也。彬遣统军奚康生击叛胡,破之,追至车突谷,又破之,俘杂畜以万数。诏以彬为汾州刺史。胡去居等六百余人保险不服,彬请兵二万以讨之,有司奏许之。魏主大怒曰:"小寇何有发兵之理!可随宜讨治。若不能克,必须大兵者,则先斩刺史,然后发兵。"彬大惧,督帅州兵,身先将士,讨去居,平之。

魏主引见群臣于清徽堂,议废太子恂。太子太傅穆亮、少保李冲免冠顿首谢。帝曰:"卿所谢私也,我所议者国也。'大义灭亲',古人所贵。今恂欲违父逃叛,跨据恒、朔,天下之恶孰大焉!若不去之,乃社稷之忧也。"闰月,丙寅,废恂为庶人,置于河阳无鼻城,以兵守之,服食所供,粗免饥寒而已。

戊辰,魏置常平仓。

戊寅,太子宝卷冠。

初,魏文明太后欲废魏主,穆泰切谏而止,由是有宠。及帝南迁洛阳,所亲任者多中州儒士,宗室及代人往往不乐。泰自尚书右仆射出为定州刺史,自陈久病,土温则甚,乞为恒州,帝为之徙恒州刺史陆叡为定州,以泰代之。泰至,叡未发,遂相与谋作乱,阴结镇北大将军乐陵王思誉、安乐侯隆、抚冥镇将鲁郡侯业、骁骑将军超等,共推朔州刺史阳平王颐为主。思誉,天赐之子;业,丕之弟;隆、超,皆丕之子也。叡以为洛阳休明,劝泰缓之,泰由是未发。

　　颐伪许泰等以安其意,而密以状闻。行吏部尚书任城王澄有疾,帝召见于凝闲堂,谓之曰:"穆泰谋为不轨,扇诱宗室。脱或必然,今迁都甫尔,北人恋旧,南北纷扰,朕洛阳不立也。此国家大事,非卿不能办。卿虽疾,强为我北行,审观其势。傥其微弱,直往擒之;若已强盛,可承制发并、肆兵击之。"对曰:"泰等愚惑,正由恋旧,为此计耳,非有深谋远虑。臣虽驽怯,足以制之,愿陛下勿忧。虽有犬马之疾,何敢辞也。"帝笑曰:"任城肯行,朕复何忧。"遂授澄节、铜虎、竹使符、御仗左右,仍行恒州事。

　　行至雁门,雁门太守夜告云:"泰已引兵西就阳平。"澄遽令进发。右丞孟斌曰:"事未可量,宜依敕召并、肆兵,然后徐进。"澄曰:"泰既谋乱,应据坚城,而更迎阳平,度其所为,当似势弱。泰既不相拒,无故发兵,非宜也。但速往镇之,民心自定。"遂倍道兼行。先遣治书侍御史李焕单骑入代,出其不意,晓谕泰党,示以祸福,皆莫为之用。泰计无所出,帅麾下数百人攻焕,不克,走出城西,追擒之。澄亦寻至,穷治党与,收陆叡等百余人,皆系狱,民间帖然。澄具状表闻,帝喜,召公卿,以表示之曰:"任城可谓社稷臣也。观其狱辞,正复皋陶何以过之!"顾谓咸阳王禧等曰:"汝曹当此,不能办也。"

　　魏主谋入寇,引见公卿于清徽堂,曰:"朕卜宅土中,纲条粗举。唯南寇未平,安能效近世天子下帷于深宫之中乎! 朕今南征决矣,但未知早晚之期。比来术者皆云,今往必克,此国之大事,宜君臣各尽所见,勿以朕先言而依违于前,同异于后也。"李冲对曰:"凡用兵之法,宜先论人事,后察天道。今卜筮虽吉而人事备,迁都尚新,秋谷不稔,未可以兴师旅。如臣所见,宜俟来秋。"帝曰:"去十七年,朕拥兵二十万,此人事之盛也,而天时不利。今天时既从,复云人事未备,如仆射之言,是终无征伐之期也。寇戎咫尺,异日将为社稷之忧,朕何敢自安! 若秋行不捷,诸君当尽付司寇,不可不尽怀也。"

　　魏主以有罪徙边者多逋亡,乃制一人逋亡,阖门充役。光州刺史博陵崔挺上书谏曰:"天下善人少,恶人多。若一人有罪,延及阖门,则司马牛受桓魋之罚,柳下惠婴盗跖之诛,岂不哀哉!"帝善之,遂除其制。

资治通鉴卷第一百四十一

端明殿学士兼翰林侍读学士朝散大夫右谏议大夫充集贤殿修撰提举西京嵩　司马光 奉敕编集
山崇福宫上柱国河内郡开国侯食邑一千八百户食实封六百户赐紫金鱼袋臣

齐纪七 起强圉赤奋若(丁丑)，尽著雍摄提格(戊寅)，凡二年。

高宗明皇帝下

建武四年(丁丑、497)

春，正月，大赦。

丙申，魏立皇子恪为太子。魏主宴于清徽堂，语及太子恂，李冲谢曰："臣忝师傅，不能辅导。"帝曰："朕尚不能化其恶，师傅何谢也。"

乙巳，魏主北巡。

初，尚书令王晏为世祖所宠任，及上谋废郁林王，晏即欣然推奉。郁林王已废，上与晏宴于东府，语及时事，晏抵掌曰："公常言晏怯，今定何如？"上即位，晏自谓佐命新朝，常非薄世祖故事。既居朝端，事多专决，内外要职，并用所亲，每与上争用人。上虽以事际须晏，而心恶之。尝料简世祖中诏，得与晏手敕三百余纸，皆论国家事，又得晏启谏世祖以上领选事，以此愈猜薄之。始安王遥光劝上诛晏，上曰："晏于我有功，且未有罪。"遥光曰："晏尚不能为武帝，安能为陛下乎！"上默然。上遣心腹左右陈世範等出涂巷，采听异言。晏轻浅无防，意望开府，数呼相工自视，云当大贵。与宾客语，好屏人清闲。上闻之，疑晏欲反，遂有诛晏之意。

奉朝请鲜于文粲密探上旨，告晏有异志。世範等又启上云："晏谋因四年南郊，与世祖故主帅于道中窃发。"会虎犯郊坛，上愈惧。未郊一日，有敕停行，先报晏及徐孝嗣。孝嗣奉旨，而晏陈"郊祀事大，必宜自力。"上益信世範之言。丙辰，召晏于华林省，诛之，并北中郎司马萧毅、台队主刘明达，及晏子德元、德和。下诏云："晏与毅、明达以河东王铉识用微弱，谋奉以为主，使守虚器。"晏弟诩为广州刺史，上遣南中郎司马萧季敞袭杀之。季敞，上之从祖弟也。萧毅奢豪，好弓马，为上所忌，故因事陷之。河东王铉先以年少才弱，故未为上所杀。铉朝见，常鞠躬俯偻，不敢平行直视。至是，年稍长，遂坐晏事免官，禁不得与外人交通。

郁林王之将废也，晏从弟御史中丞思远谓晏曰："兄荷世祖厚恩，今一旦赞人如此事，彼或可以权计相须，未知兄将来何以自立。若及此引决，犹可保全门户，不失后名。"晏曰:"方啜粥,未暇此事。"及拜骠骑将军,集会子弟,谓思远兄思微曰:"隆昌之末,阿戎劝吾自裁,若从其语,岂有今日。"思远遽应曰:"如阿戎所见,今犹未晚也。"思远知上外待晏厚而内已疑异,乘间谓晏曰:"时事稍异,兄亦觉不?凡人多拙于自谋而巧于谋人。"晏不应。思远退,晏方叹曰:"世乃有劝人死者。"旬日而晏败。上闻思远言,故不之罪,仍迁侍中。

晏外弟尉氏阮孝绪亦知晏必败,晏屡至其门,逃匿不见。尝食酱美,问知得于晏家,吐而覆之。及晏败,人为之惧,孝绪曰:"亲而不党,何惧之有!"卒免于罪。

二月,壬戌,魏主至太原。

甲子,以左仆射徐孝嗣为尚书令,征虏将军萧季敞为广州刺史。

癸酉,魏主至平城,引见穆泰、陆叡之党问之,无一人称枉者,时人皆服任城王澄之明。穆泰及其亲党皆伏诛;赐陆叡死于狱,宥其妻子,徙辽西为民。

初,魏主迁都,变易旧俗,并州刺史新兴公丕皆所不乐,帝以其宗室耆旧,亦不之逼,但诱示大理,令其不生同异而已。及朝臣皆变衣冠,朱衣满坐,而丕独胡服于其间,晚乃稍加冠带,而不能修饰容仪,帝亦不强也。

太子恂自平城将迁洛阳,元隆与穆泰等密谋留恂,因举兵断关,规据陉北。丕在并州,隆等以其谋告之。丕外虑不成,口虽折难,心颇然之。及事觉,丕从帝至平城,帝每推问泰等,常令丕坐观。有司奏元业、元隆、元超罪当族,丕应从坐。帝以丕常受诏许以不死,听免死为民,留其后妻、二子,与居于太原,杀隆、超、同产乙升,余子徙敦煌。

初,丕、叡与仆射李冲、领军于烈俱受不死之诏。叡既诛,帝赐冲、烈诏曰:"叡反逆之志,自负幽冥;违誓在彼,不关朕也。反逆既异余犯,虽欲矜恕,如何可得?然犹不忘前言,听自死别府,免其孥戮。元丕二子、一弟,首为贼端,连坐应死,特恕为民。朕本期始终而彼自弃绝,违心乖念,一何可悲!故此别示,想无致怪。谋反之外,皎如白日耳。"冲、烈皆上表谢。

> 臣光曰:夫爵禄废置,杀生予夺,人君所以驭臣之大柄也。是故先王之制,虽有亲、故、贤、能、功、贵、勤、宾,苟有其罪,不直赦也,必议于槐棘之下,可赦则赦,可宥则宥,可刑则刑,可杀则杀。轻重视情,宽猛随时。故君得以施恩而不失其威,臣得以免罪而不敢自恃。及魏则不然,勋贵之臣,往往豫许之以不死,使彼骄而触罪,又从而杀之。是以不信之令诱之使陷于死地也。刑政之失,无此为大焉!

是时,代乡旧族,多与泰等连谋,唯于烈一族无所染涉,帝由是益重之。帝以北方酋长及侍子畏暑,听秋朝洛阳,春还部落,时人谓之"雁臣"。

三月，己酉，魏主南至离石。叛胡请降，诏宥之。夏，四月，庚申，至龙门，遣使祀夏禹。癸亥，至蒲坂，祀虞舜。辛未，至长安。

魏太子恂既废，颇自悔过。御史中尉李彪密表恂复与左右谋逆，魏主使中书侍郎邢峦与咸阳王禧奉诏赍椒酒诣河阳，赐恂死，敛以粗棺、常服，瘗于河阳。

癸未，魏大将军宋明王刘昶卒于彭城，追加九锡，葬以殊礼。

五月，己丑，魏主东还，泛渭入河。壬辰，遣使祀周文王于丰，武王于镐。六月，庚申，还洛阳。

壬戌，魏发冀、定、瀛、相、济五州兵二十万，将入寇。

魏穆泰之反也，中书监魏郡公穆罴与之通谋，敕后事发，削官爵为民。罴弟司空亮以府事付司马慕容契，上表自劾，魏主优诏不许，亮固请不已，癸亥，听亮逊位。

丁卯，魏分六师以定行留。

秋，七月，甲午，魏立昭仪冯氏为皇后。后欲母养太子恪，恪母高氏自代如洛阳，暴卒于共县。

戊辰，魏以穆亮为征北大将军、开府仪同三司、冀州刺史。

八月，丙辰，魏诏中外戒严。

壬戌，魏立皇子愉为京兆王，怿为清河王，怀为广平王。

追尊景皇所生王氏为恭太后。

甲戌，魏讲武于华林园。庚辰，军发洛阳。使吏部尚书任城王澄居守，以御史中丞李彪兼度支尚书，与仆射李冲参治留台事。假彭城王勰中军大将军，勰辞曰："亲疏并用，古之道也。臣独何人，频烦宠授。昔陈思求而不允，愚臣不请而得，何否泰之相远也。"魏主大笑，执勰手曰："二曹以才名相忌，吾与汝以道德相亲。"

上遣军主、直阁将军胡松助北襄城太守成公期戍赭阳，军主鲍举助西汝南、北义阳二郡太守黄瑶起戍舞阴。

魏以氐帅杨灵珍为南梁州刺史。灵珍举州来降，送其母及子于南郑以为质，遣其弟婆罗阿卜珍将步骑万余袭魏武兴王杨集始，杀其二弟集同、集众，集始窘急，请降。九月，丁酉，魏主以河南尹李崇为都督陇右诸军事，将兵数万讨之。

初，魏迁洛阳，荆州刺史薛真度劝魏主先取樊、邓。真度引兵寇南阳，太守房伯玉击败之。魏主怒，以南阳小郡，志必灭之，遂引兵向襄阳，彭城王勰等三十六军前后相继，众号百万，吹唇沸地。辛丑，魏主留诸将攻赭阳，自引兵南下。癸卯，至宛，夜袭其郛，克之。房伯玉婴内城拒守，魏主遣中书舍人孙延景谓伯玉曰："我今荡壹六合，非如向时冬来春去，不有所克，终不还北。卿此城当我六龙之首，无容不先攻取。远期一年，近止一月。封侯、枭首，事在俯仰，宜善图之。且卿有三罪，今令卿知。卿先事武帝，蒙殊常之宠，不能建忠致命而尽节于其仇，罪一也，顷者薛真度来，卿伤我偏师，罪二也。今銮辂亲临，不面缚麾下，罪三也。"伯玉遣军副乐稚柔对曰："承欲攻围，期于必克。卑微常人，得抗大威，真可谓获其死所。外臣蒙武帝采拔，岂敢忘恩。但嗣君失德，主上光绍大宗，非唯副亿兆之深望，抑亦兼武皇之遗敕。是以区区尽节，不敢失坠。往者北师深入，寇扰边民，辄厉将士以修职业。返已而言，不应垂责。"

宛城东南隅沟上有桥，魏主引兵过之。伯玉使勇士数人，衣斑衣，戴虎头帽，伏于窦下，突出击之，魏主人马俱惊，召善射者原灵度射之，应弦而毙，乃得免。

李崇槎山分道，出氐不意，表里袭之。群氐皆弃杨灵珍散归，灵珍之众减太半。崇进据赤土，灵珍遣从弟建帅五千人屯龙门，自帅精勇一万屯鹫硖。龙门之北数十里中伐树塞路，鹫硖之口积大木，聚礌石，临崖下之，以拒魏兵。崇命统军慕容拒帅众五千，从它路夜袭龙门，破之。崇自攻鹫硖，灵珍连战败走，俘其妻子，遂克武兴。梁州刺史阴广宗、参军郑猷等将兵救灵珍，崇进击，大破之，斩杨婆罗阿卜珍，生擒猷等，灵珍奔还汉中。魏主闻之，喜曰："使朕无西顾之忧者，李崇也。"以崇为都督梁、秦二州诸军事、梁州刺史，以安集其地。

丁未，魏主发南阳，留太尉咸阳王禧等攻之。己酉，魏主至新野，新野太守刘思忌拒守。冬，十月，丁巳，魏军攻之，不克，筑长围守之，遣人谓城中曰："房伯玉已降，汝何为独取糜碎？"思忌遣人对曰："城中兵食犹多，未暇从汝小虏语也。"魏右军府长史韩显宗将别军屯赭阳，成公期遣胡松引蛮兵攻其营，显宗力战破之，斩其裨将高法援。显宗至新野，魏主谓曰："卿破贼斩将，殊益军势。朕方攻坚城，何不作露布？"对曰："顷闻镇南将军王肃获贼二三人，驴马数匹，皆为露布，臣在东观，私常哂之。近虽仰凭威灵，得摧丑房，兵寡力弱，擒斩不多。脱复高曳长缣，虚张功烈，尤而效之，其罪弥大。臣所以不敢为之，解上而已。"魏主益贤之。

上诏徐州刺史裴叔业引兵救雍州。叔业启称："北人不乐远行，唯乐钞掠。若侵虏境，则司、雍之寇自然分矣。"上从之。叔业引兵攻虹城，获男女四千余人。

甲戌，遣太子中庶子萧衍、右军司马张稷救雍州。十一月，甲午，前军将军韩秀方等十五将降于魏。丁酉，魏败齐兵于沔北，将军王伏保等为魏所获。

丙辰，以杨灵珍为北秦州刺史、仇池公、武都王。

新野人张䐗帅万余家据栅拒魏。十二月，庚申，魏人攻拔〔之〕。雍州刺史曹虎与房伯玉不协，故缓救之，顿军樊城。

丁丑，诏遣度支尚书崔慧景救雍州，假慧景节，帅众二万、骑千匹向襄阳，雍州众军并受节度。

庚午，魏主南临沔水。戊寅，还新野。

将军王昙纷以万余人攻魏南青州黄郭戍，魏戍主崔僧渊破之，举军皆没。将军鲁康祚、赵公政将兵万人侵魏太仓口，魏豫州刺史王肃使长史清河傅永将甲士三千击之。康祚等军于淮南，永军于淮北，相去十余里。永曰："南人好夜斫营，必于渡淮之所置火以记浅处。"乃夜分兵为二部，伏于营外，又以瓠贮火，密使人过淮南岸，于深处置之，戒曰："见火起，则亦然之。"是夜，康祚等果引兵斫永营，伏兵夹击之，康祚等走趣淮水。火既竞起，不知所从，溺死及斩首数千级，生擒公政，获康祚之尸以归。豫州刺史裴叔业侵魏楚王戍，肃复令永击之。永将心腹一人驰诣楚王戍，令填外堑，夜伏战士千人于城外。晓而叔业等至城东，部分将置长围。永伏兵击其后军，破之。叔业留将佐守营，自将精兵数千救之。永登门楼，望叔业南行数里，即开门奋击，大破之，获叔业伞扇、鼓幕、甲仗万余。叔业进退失据，遂走。左右欲追之，永曰："吾弱卒不满三千，彼精甲犹盛，非力屈而败，自堕吾计中耳。既不测我之虚实，足使丧胆，俘此足矣，何更追之！"魏主遣谒者就拜永安远将军、汝南太守，封贝丘县男。永有勇力，好学能文。魏主常叹曰："上马能击贼，下马作露板，唯傅修期耳。"

曲江公遥欣好武事，上以诸子尚幼，内亲则仗遥欣兄弟，外亲则倚后弟西中郎长史彭城刘暄、内弟太子詹事江祏。故以始安王遥光为扬州刺史，居中用事；遥欣为都督荆、雍等七州诸军事、荆州刺史，镇据西面。而遥欣在江陵，多招才勇，厚自封殖，上甚恶之。遥欣侮南郡太守刘季连，季连密表遥欣有异迹，上乃以季连为益州刺史，使据遥欣上流以制之。季连，思考之子也。

是岁，高昌王马儒遣司马王体玄入贡于魏，请兵迎接，求举国内徙。魏主遣明威将军韩安保迎之，割伊吾之地五百里以居儒众。儒遣左长史顾礼、右长史金城麹嘉将步骑一千五百迎安保，而安保不至，礼、嘉还高昌，安保亦还伊吾。安保遣其属朝兴安等使高昌，儒复遣顾礼将世子义舒迎安保。至白棘城，去高昌百六十里，高昌旧人恋土，不愿东迁，相与杀儒，立麹嘉为王，复臣于柔然。安〔保〕独与顾礼、马义舒还洛阳。

永泰元年（戊寅、498）

春，正月，癸未朔，大赦。

加中军大将军徐孝嗣开府仪同三司，孝嗣固辞。

魏统军李佐攻新野，丁亥，拔之，缚刘思忌，问之曰："今欲降未？"思忌曰："宁为南鬼，不为北臣。"乃杀之。于是沔北大震。戊子，湖阳戍主蔡道福，辛卯，赭阳戍主成公期，壬辰，舞阴戍主黄瑶起、南乡太守席谦，相继南遁。瑶起为魏所获，魏主以赐王肃,肃斋而食之。乙巳,命太尉陈显达救雍州。

上有疾,以近亲寡弱,忌高、武子孙。时高、武子孙犹有十王,每朔望入朝,上还后宫,辄叹息曰:"我及司徒诸子皆不长,高、武子孙日益长大。"上欲尽除高、武之族,以微言问陈显达,对曰:"此等岂足介虑。"以问扬州刺史始安王遥光,遥光以为当以次施行。遥光有足疾,上常令乘舆自望贤门入,每与上屏人久语毕,上索香火,呜咽流涕,明日必有所诛。会上疾暴甚,绝而复苏,遥光遂行其策。丁未,杀河东王铉、临贺王子岳、西阳王子文、永阳王子峻、南康王子琳、衡阳王子珉、湘东王子建、南郡王子夏、桂阳王昭粲、巴陵王昭秀,于是太祖、世祖及世宗诸子皆尽矣。铉等已死,乃使公卿奏其罪状,请诛之,下诏不许,再奏,然后许之。南康侍读济阳江泌哭子琳,泪尽,继之以血,亲视殡葬毕,乃去。

庚戌,魏主如南阳。二月,癸丑,诏左卫将军萧惠休救寿阳。甲子,魏人拔宛北城,房伯玉面缚出降。伯玉从父弟思安为魏中统军,数为伯玉泣请,魏主乃赦之。庚午,魏主如新野。辛巳,以彭城王勰为使持节、都督南征诸军事、中军大将军、开府仪同三司。

三月,壬午朔,崔慧景、萧衍大败于邓城。时慧景至襄阳,五郡已没,慧景与衍及军主刘山阳、傅法宪等帅五千余人进行邓城,魏数万骑奄至,诸军登城拒守。时将士蓐食轻行,皆有饥惧之色。衍欲出战,慧景曰:"虏不夜围人城,待日暮自当去。"既而魏众转至,慧景于南门拔军去,诸军不相知,相继皆遁。魏兵自北门入,刘山阳与部曲数百人断后死战,且战且却行。慧景过闹沟,军人相蹈藉,桥皆断坏,魏兵夹路射之,杀傅法宪,士卒赴沟死者相枕。山阳取袄仗填沟乘之,得免。魏主将大兵追之,晡时至沔。山阳据城苦战,至暮,魏兵乃退。诸军恐惧,是夕,皆下船还襄阳。

庚寅,魏主将十万众,羽仪华盖,以围樊城,曹虎闭门自守。魏主临沔水,望襄阳岸,乃去,如湖阳。辛亥,如悬瓠。

魏镇南将军王肃攻义阳,裴叔业将兵五万围涡阳以救义阳。魏南兖州刺史济北孟表守涡阳,粮尽,食草木皮叶。叔业积所杀魏人高五丈,以示城内。别遣军主萧璝等攻龙亢,魏广陵王羽救之。叔业引兵击羽,大破之,追获其节。魏主使安远将军傅永、征虏将军刘藻、假辅国将军高聪等救涡阳,并受王肃节度。叔业进击,大破之,聪奔悬瓠,永收散卒徐还。叔业再战,凡斩首万级,俘三千余人,获器械杂畜财物以千万计。魏主命锁三将诣悬瓠。刘藻、高聪免死,徙平州,傅永夺官爵,黜王肃为平南将军。肃表请更遣军救涡阳,魏主报曰:"观卿意,必以藻等新败,故难于更往。朕今少分兵则不足制敌,多分兵则禁旅有阙,卿审图之。义阳当止则止,当下则下。若失涡阳,卿之过也。"肃乃解义阳之围,与统军杨大眼、奚康生等步骑十余万救涡阳。叔业见魏兵盛,夜,引兵退。明日,士众奔溃,魏人追之,杀伤不可胜数。叔业还保涡口。

初,魏中尉李彪,家世孤微,朝无亲援。初游代都,以清渊文穆公李冲好士,倾心附之。冲亦重其材学,礼遇甚厚,荐于魏主,且为之延誉于朝,公私汲引。及为中尉,弹劾不避贵戚,魏主贤之,以比汲黯。彪自以结知人主,不复藉冲,稍稍疏之,唯公坐敛袂而已,无复宗敬之意,冲浸衔之。

及魏主南伐,彪与冲及任城王澄共掌留务。彪性刚豪,意议多所乖异,数与冲争辩,形于声色,自以身为法官,它人莫能纠劾,事多专恣。冲不胜忿,乃积其前后过恶,禁彪于尚书省,上表劾彪“违傲高亢,公行僭逸,坐舆禁省,私取官材,辄驾乘黄,无所惮慑。臣辄集尚书已下、令史已上于尚书都座,以彪所犯罪状告彪,讯其虚实,彪皆伏罪。请以见事免彪所居职,付廷尉治罪。”冲又表称:“臣与彪相识以来,垂二十载。见其才优学博,议论刚正,愚意诚谓拔萃公清之人。后稍察其为人酷急,犹谓益多损少。自大驾南行以来,彪兼尚书,日夕共事,始知其专恣无忌,尊身忽物。听其言如振古忠恕之贤,校其行实天下佞暴之贼。臣与任城卑躬曲己,若顺弟之奉暴兄,其所欲者,事虽非理,无不屈从。依事求实,悉有成验。如臣列得实,宜殛彪于北荒,以除乱政之奸;所引无证,宜投臣于四裔,以息青蝇之谮。”冲手自作表,家人不知。

帝览表,叹怅久之,曰:“不意留台乃至于此!”既而曰:“道固可谓溢矣,而仆射亦为满也。”黄门侍郎宋弁素怨冲,而与彪同州相善,阴左右之。有司处彪大辟,帝宥之,除名而已。

冲雅性温厚,及收彪之际,亲数彪前后过失,瞋目大呼,投折几案,御史皆泥首面缚。冲詈辱肆口,遂发病荒悸,言语错缪,时扼腕大骂,称“李彪小人”,医药皆不能疗,或以为肝裂,旬余而卒。帝哭之,悲不自胜,赠司空。

冲勤敏强力,久处要剧,文案盈积,终日视事,未尝厌倦,职业修举,才四十而发白。兄弟六人,凡四母,少时颇多忿竞。及冲贵,禄赐皆与共之,更成敦睦。然多援引族姻,私以官爵,一家岁禄万匹有余,时人以此少之。

魏主以彭城王勰为宗师,诏使督察宗室,有不帅教者以闻。

夏,四月,甲寅,改元。

大司马会稽太守王敬则,自以高、武旧将,心不自安。上虽外礼甚厚,而内相疑备,数访问敬则饮食体干堪宜,闻其衰老,且以居内地,故得少宽。前二岁,上遣领军将军萧坦之将斋仗五百人行武进陵,敬则诸子在都,忧怖无计。上知之,遣敬则世子仲雄入东安尉之。

仲雄善琴,上以蔡邕焦尾琴借之。仲雄于御前鼓琴作《懊侬歌》,曰:“常叹负情依,郎今果行许。"又曰:"君行不净心,那得恶人题。"上愈猜愧。

上疾屡危,乃以光禄大夫张瓌为平东将军、吴郡太守、置兵佐以密防敬则。中外传言,当有异处分。敬则闻之,窃曰:"东今有谁,只是欲平我耳。东亦何易可平,吾终不受金罂。"金罂,谓鸩也。

敬则女为徐州行事谢朓妻,敬则子太子洗马幼隆遣正员将军徐岳以情告朓:"为计若同者,当往报敬则。"朓执岳,驰启以闻。敬则城局参军徐庶,家在京口,其子密以报庶,庶以告敬则五官王公林。公林,敬则族子也,常所委信。公林劝敬则急送启赐儿死,单舟星夜还都。敬则令司马张思祖草启,既而曰:"若尔,诸郎在都,要应有信,且忍一夕。"

其夜,呼僚佐文武樗蒲,谓众曰:"卿诸人欲令我作何计?"莫敢先答。防阁丁兴怀曰:"官祗应作尔。"敬则不应。明旦,召山阴令王询、台传御史钟离祖愿,敬则横刀跂坐,问询等:"发丁可得几人?库见有几钱物?"询称"县丁猝不可集",祖愿称"库物多未输入"。敬则怒,将出斩之,王公林又谏曰:"凡事皆可悔,唯此事不可悔。官讵不更思?"敬则唾其面曰:"我作事,何关汝小子!"丁卯,敬则举兵反,招集配衣,二三日便发。

前中书令何胤,弃官隐居若邪山,敬则欲劫以为尚书令。长史王弄璋等谏曰:"何令高蹈,必不从;不从,便应杀之。举大事先杀名贤,事必不济。"敬则乃止。胤,尚之之孙也。

庚午,魏发州郡兵二十万人,期八月中旬集悬瓠。

魏赵郡灵王幹卒。

上闻王敬则反,收王幼隆及其兄员外郎世雄、记室参军季哲、其弟太子舍人少安等,皆杀之。长子黄门郎元迁将千人在徐州击魏,敕徐州刺史徐玄庆杀之。前吴郡太守南康侯子恪,嶷之子也,敬则起兵,以奉子恪为名,子恪亡走,未知所在。始安王遥光劝上尽诛高、武子孙,于是悉召诸王侯入宫。晋安王宝义、江陵公宝览等处中书省,高、武诸孙处西省,敕人各从左右两人,过此依军法,孩幼者与乳母俱人。其夜,令太医煮椒二斛,都水办棺材数十具,须三更当尽杀之。子恪徒跣自归,二更达建阳门,刺启。时刻已至,而上眠不起,中书舍人沈徽孚与上所亲左右单景隽共谋少留其事。须臾,上觉,景隽启子恪已至。上惊问曰:"未邪?未邪?"景隽具以事对。上抚床曰:"遥光几误人事!"乃赐王侯供馔,明日,悉遣还第。以子恪为太子中庶子。宝览,缅之子也。

敬则帅实甲万人过浙江。张瓌遣兵三千拒敬则于松江,闻敬则军鼓声,一时散走,瓌弃郡,逃民间。敬则以旧将举事,百姓担篙荷锸,随之者十余万众。至晋陵,南沙人范脩化杀县令公上延孙以应之。敬则至武进陵口,恸哭而过。乌程丘仲孚为曲阿令,敬则前锋奄至,仲孚谓吏民曰:"贼乘胜虽锐,而乌合易离。今若收船舰,凿长冈埭,泻渎水以阻其路,得留数日,台军必至,如此,则大事济矣。"敬则军至,值渎涸,果顿兵不得进。

五月,壬午,诏前军司马左兴盛、后军将军崔恭祖、辅国将军刘山阳、龙骧将军、马军主胡松筑垒于曲阿长冈;右仆射沈文季为持节都督,屯湖头,备京口路。恭祖,慧景之族也。敬则急攻兴盛、山阳二垒,台军不能敌,欲退而围不开,各死战。胡松引骑兵突其后,白丁无器仗,皆惊散。敬则军大败,索马再上,不能得,崔恭祖刺之仆地,兴盛军客袁文旷斩之。乙酉,传首建康。

是时上疾已笃,敬则仓猝东起,朝廷震惧。太子宝卷使人上屋,望见征虏亭失火,谓敬则至,急装欲走。敬则闻之,喜曰:"檀公三十六策,走为上策,计汝父子唯有走耳。"盖时人讥檀道济避魏之语也。敬则之来,声势甚盛,裁少日而败。

台军讨贼党,晋陵民以附敬则应死者甚众。太守王瞻上言:"愚民易动,不足穷法。"上许之,所全活以万数。瞻,弘之从孙也。

上赏谢朓之功,迁尚书吏部郎。朓上表三让,上不许。中书疑朓官未及让,国子祭酒沈约曰:"近世小官不让,遂成恒俗。谢吏部今授超阶,让别有意。夫让出人情,岂关官之大小邪!"朓妻常怀刃欲杀朓,朓不敢相见。

秋,七月,魏彭城王勰表以一岁国秩、职俸、亲恤裨军国之用。魏主诏曰:"割身存国,理为远矣。职俸便停,亲、国听三分受一。"壬午,又诏损皇后私府之半,六宫嫔御、五服男女供恤亦减半,在军者三分省一,以给军赏。

癸卯,以太子中庶子萧衍为雍州剌史。

己酉,上殂于正福殿。遗诏:"徐令可重申前命。沈文季可左仆射,江祏可右仆射,江祀可侍中,刘暄可卫尉。军政事委陈太尉。内外众事无大小委徐孝嗣、遥光、坦之、江祏,其大事与沈文季、江祀、刘暄参怀。心膂之任可委刘悛、萧惠休、崔慧景。"

上性猜多虑,简于出入,竟不郊天。又深信巫觋,每出先占利害,东出云西,南出云北。初有疾,甚秘之,听览不辍。久之,敕台省文簿中求白鱼以为药,外始知之。

太子即位。

八月,辛亥,魏太子自洛阳朝于悬瓠。

壬子,奉朝请邓学以齐兴郡降魏。

魏主之入寇也,遣使发高车兵。高车惮远役,奉袁纥树者为主,相帅北叛。魏主遣征北将军宇文福讨之,大败而还,福坐黜官。更命平北将军江阳王继都督北讨诸军事以讨之,自怀朔已东悉禀节度,仍摄镇平城。继,熙之曾孙也。

八月，葬明皇帝于兴安陵，庙号高宗。东昏侯恶灵在太极殿，欲速葬，徐孝嗣固争，得逾月。帝每当哭，辄云喉痛。太中大夫羊阐入临，无发，号恸俯仰，帻遂脱地，帝辍哭大笑，谓左右曰："秃鹙啼来乎。"

九月，己亥，魏主闻高宗殂，下诏称"礼不伐丧"，引兵还。庚子，诏北伐高车。

魏主得疾甚笃，旬日不见侍臣，左右唯彭城王勰等数人而已。勰内侍医药，外总军国之务，远近肃然，人无异议。右军将军丹阳徐謇善医，时在洛阳，急召之。既至，勰涕泣执手谓曰："君能已至尊之疾，当获意外之赏；不然，有不测之诛。非但荣辱，乃系存亡。"勰又密为坛于汝水之滨，依周公故事，告天地及显祖，乞以身代魏主。魏主疾有间，丙午，发悬瓠，舍于汝滨，集百官，坐徐謇于上席，称扬其功，除鸿胪卿，封金乡县伯，赐钱万缗。诸王别饷赍，各不减千匹。

冬，十一月，辛巳，魏主如邺。

戊子，立妃褚氏为皇后。

魏江阳王继上言："高车顽昧，避役遁逃，若悉追戮，恐遂扰乱。请遣使镇别推检，斩魁首一人，自馀加以慰抚，若悔悟从役者，即令赴军。"诏从之。于是叛者往往自归。继先遣人慰谕树者。树者亡入柔然，寻自悔，相帅出降。魏主善之，曰："江阳可大任也。"十二月，甲寅，魏主自邺班师。

林邑王诸农入朝，海中值风，溺死，以其子文款为林邑王。

资治通鉴卷第一百四十二

端明殿学士兼翰林侍读学士朝散大夫右谏议大夫充集贤殿修撰提举西京嵩山崇福宫上柱国河内郡开国侯食邑一千八百户食实封六百户赐紫金鱼袋臣 司马光 奉敕编集

齐纪八 屠维单阏(己卯)，一年。

东昏侯上

永元元年(己卯、499)

春，正月，戊寅朔，大赦，改元。

太尉陈显达督平北将军崔慧景等军四万击魏，欲复雍州诸郡。癸未，魏遣前将军元英拒之。

乙酉，魏主发邺。

辛卯，帝祀南郊。

戊戌，魏主至洛阳，过李冲冢。时卧疾，望之而泣，见留守官，语及冲，辄流涕。

魏主谓任城王澄曰："朕离京以来，旧俗少变不？"对曰："圣化日新。"帝曰："朕入城，见车上妇人犹戴帽、著小袄，何谓日新？"对曰："著者少，不著者多。"帝曰："任城，此何言也。必欲使满城尽著邪？"澄与留守官皆免冠谢。

甲辰，魏大赦。魏主之幸邺也，李彪迎拜于邺南，且谢罪。帝曰："朕欲用卿，思李仆射而止。"慰而遣之。会御史台令史龙文观告："太子恂被收之日，有手书自理，彪不以闻。"尚书表收彪赴洛阳。帝以为彪必不然，以牛车散载诣洛阳。会赦，得免。

魏太保齐郡灵王简卒。

二月，辛亥，魏以咸阳王禧为太尉。

魏主连年在外，冯后私于宦官高菩萨。及帝在悬瓠病笃，后益肆意无所惮，中常侍双蒙等为之心腹。

彭城公主为宋王刘昶子妇，寡居。后为其母弟北平公冯凤求婚，帝许之，公主不愿，后强之。公主密与家僮冒雨诣悬瓠，诉于帝，且具道后所为。帝疑而秘之。后闻之，始惧，阴与母常氏使女巫厌祷，曰："帝疾若不起，一旦得如文明太后辅少主称制者，当赏报不赀。"

帝还洛，收高菩萨、双蒙等，案问，具伏。帝在含温室，夜引后入，赐坐东榻，去御榻二丈余,命菩萨等陈状。既而召彭城王勰、北海王详入坐,曰:"昔为汝嫂,今是路人,但入勿避。"又曰:"此妪欲手刃吾胁!吾以文明太后家女,不能废,但虚置宫中,有心庶能自死,汝等勿谓吾犹有情也。"二王出,赐后辞诀,后再拜,稽首涕泣。入居后宫,诸嫔御奉之犹如后礼,唯命太子不复朝谒而已。

初,冯熙以文明太后之兄尚恭宗女博陵长公主。熙有三女,二为皇后,一为左昭仪,由是冯氏贵宠冠群臣,赏赐累巨万。公主生二子:诞、脩。熙为太保,诞为司徒,脩为侍中、尚书,庶子聿为黄门郎。黄门侍郎崔光与聿同直,谓聿曰:"君家富贵太盛,终必衰败。"聿曰:"我家何所负,而君无故诅我。"光曰:"不然。物盛必衰,此天地之常理。若以古事推之,不可不慎。"后岁余而脩败。脩性浮竞,诞屡戒之,不悛,乃白于太后及帝而杖之。脩由是恨诞,求药,使诞左右毒之。事觉,帝欲诛之,诞自引咎,恳乞其生。帝亦以其父老,杖脩百余,黜为平城民。及诞、熙继卒,幽后寻废,聿亦摈弃,冯氏遂衰。

癸亥,魏以彭城王勰为司徒。

陈显达与魏元英战,屡破之。攻马圈城四十日,城中食尽,噉死人肉及树皮。癸酉,魏人突围走,斩获千计。显达入城,将士竞取城中绢,遂不穷追。显达又遣军主庄丘黑进击南乡,拔之。

魏主谓任城王澄曰:"显达侵扰,朕不亲行,无以制之。"三月,庚辰,魏主发洛阳,命于烈居守,以右卫将军宋弁兼祠部尚书,摄七兵事以佐之。弁精勤吏治,恩遇亚于李冲。

癸未,魏主至梁城。崔慧景攻魏顺阳,顺阳太守清河张烈固守。甲申,魏主遣振威将军慕容平城将骑五千救之。

自魏主有疾,彭城王勰常居中侍医药,昼夜不离左右,饮食必先尝而后进,蓬首垢面,衣不解带。帝久疾多忿,近侍失指,动欲诛斩,勰承颜伺间,多所匡救。丙戌,以勰为使持节、都督中外诸军事。勰辞曰:"臣侍疾无暇,安能治军。愿更请一王,使总军要,臣得专心医药。"帝曰:"侍疾、治军,皆凭于汝。吾病如此,深虑不济。安六军、保社稷者,舍汝而谁? 何容方更请人以违心寄乎!"

丁酉,魏主至马圈,命荆州刺史广阳王嘉断均口,邀齐兵归路。嘉,建之子也。

陈显达引兵渡水西,据鹰子山筑城;人情沮恐,与魏战,屡败。魏武卫将军元嵩免胄陷陈,将士随之,齐兵大败。嵩,澄之弟也。

戊戌,夜,军主崔恭祖、胡松以乌布幔盛显达,数人担之,间道自分碛山出均水口南走。己亥,魏收显达军资亿计,班赐将士,追奔至汉水而还。左军将军张千战死,士卒死者三万余人。

显达之北伐,军入沔均口。广平冯道根说显达曰:"沔均水迅急,易进难退,魏若守隘,则首尾俱急。不如悉弃船于鄀城,陆道步进,列营相次,鼓行而前,破之必矣。"显达不从。道根以私属从军,及显达夜走,军人不知山路,道根每及险要,辄停马指示之,众赖以全。诏以道根为沔均口戍副。显达素有威名,至是大损。御史中丞范岫奏免显达官,显达亦自表解职,皆不许,更以显达为江州刺史。崔慧景亦弃顺阳走还。

庚子,魏主疾甚,北还,至穀塘原,谓司徒勰曰:"后宫久乖阴德,吾死之后,可赐自尽,葬以后礼,庶免冯门之丑。"又曰:"吾病益恶,殆必不起。虽摧破显达,而天下未平,嗣子幼弱,社稷所倚,唯在于汝。霍子孟、诸葛孔明以异姓犹受顾托,况汝亲贤,可不勉之。"勰泣曰:"布衣之士,犹为知己毕命,况臣托灵先帝,依陛下之末光乎!但臣以至亲,久参机要,宠灵辉赫,海内莫及,所以敢受而不辞,正恃陛下日月之明,恕臣忘退之过耳。今复任以元宰,总握机政,震主之声,取罪必矣。昔周公大圣,成王至明,犹不免疑,而况臣乎!如此,则陛下爱臣,更为未尽始终之美。"帝默然久之,曰:"详思汝言,理实难夺。"乃手诏太子曰:"汝叔父勰,清规懋赏,与白云俱洁;厌荣舍绂,以松竹为心。吾少与绸缪,未忍暌离。百年之后,其听勰辞蝉舍冕,遂其冲挹之性。"以侍中、护军将军北海王详为司空,镇南将军王肃为尚书令,镇南大将军广阳王嘉为左仆射,尚书宋弁为吏部尚书,与侍中、太尉禧、尚书右仆射澄等六人辅政。夏,四月,丙午朔,殂于穀塘原。

高祖友爱诸弟,始终无间。尝从容谓咸阳王禧等曰:"我后子孙邂逅不肖,汝等观望,可辅则辅之,不可辅则取之,勿为它人有也。"亲任贤能,从善如流,精勤庶务,朝夕不倦。常曰:"人主患不能处心公平,推诚于物。能是二者,则胡、越之人皆可使如兄弟矣。"用法虽严,于大臣无所容贷,然人有小过,常多阔略。尝于食中得虫,又左右进羹误伤帝手,皆笑而赦之。天地、五郊、宗庙二分之祭,未尝不身亲其礼。每出巡游及用兵,有司奏修道路,帝辄曰:"粗修桥梁,通车马而已,勿去草铲令平也。"在淮南行兵,如在境内,禁士卒无得践伤粟稻,或伐民树以供军用,皆留绢偿之。宫室非不得已不修,衣弊,浣濯而服之,鞍勒用铁木而已。幼多力善射,能以指弹碎羊骨,射禽兽无不命中,及年十五,遂不复畋猎。常谓史官曰:"时事不可以不直书。人君威福在己,无能制者,若史策复不书其恶,将何所畏忌邪!"

彭城王勰与任城王澄谋,以陈显达去尚未远,恐其覆相掩逼,乃秘不发丧,徙御卧舆,唯二王与左右数人知之。勰出入神色无异,奉膳进药,可决外奏,一如平日。数日,至宛城,夜,进卧舆于郡听事,得加棺敛,还载卧舆,内外莫有知者。遣中书舍人张儒奉诏征太子,密以凶问告留守于烈。烈处分行留,举止无变。太子至鲁阳,遇梓宫,乃发丧。丁巳,即位,大赦。

彭城王勰跪授遗敕数纸。东宫官属多疑勰有异志,密防之,而勰推诚尽礼,卒无间隙。咸阳王禧至鲁阳,留城外以察其变,久之,乃入,谓勰曰:"汝此行不唯勤劳,亦实危险。"勰曰:"兄年长识高,故知有夷险,彦和握蛇骑虎,不觉艰难。"禧曰:"汝恨吾后至耳。"

勰等以高祖遗诏赐冯后死。北海王详使长秋卿白整入授后药,后走呼,不肯饮,曰:"官岂有此,是诸王辈杀我耳!"整执持强之,乃饮药而卒。丧至洛城南,咸阳王禧等知后审死,相视曰:"设无遗诏,我兄弟亦当决策去之,岂可令失行妇人宰制天下,杀我辈也。"谥曰幽皇后。

五月,癸亥,加抚军大将军始安王遥光开府仪同三司。

丙申,魏葬孝文帝于长陵,庙号高祖。

魏世宗欲以彭城王勰为相,勰屡陈遗旨,请遂素怀,帝对之悲恸。勰恳请不已,乃以勰为使持节、侍中、都督冀、定等七州诸军事、骠骑大将军、开府仪同三司、定州刺史。勰犹固辞,帝不许,乃之官。

魏任城王澄以王肃羁旅,位加己上,意颇不平。会齐人降者严叔懋告肃谋逃还江南,澄辄禁止肃,表称谋叛。案验无实,咸阳王禧等奏澄擅禁宰辅,免官还第,寻出为雍州刺史。

六月,戊辰,魏追尊皇妣高氏为文昭皇后,配飨高祖,增修旧冢,号终宁陵。追赐后父飏爵勃海公,谥曰敬。以其嫡孙猛袭爵,封后兄肇为平原公,肇弟显为澄城公。三人同日受封。魏主素未识诸舅,始赐衣帻引见,皆惶惧失措,数日之间,富贵赫奕。

秋,八月,戊申,魏用高祖遗诏,三夫人以下皆遣还家。

帝自在东宫,不好学,唯嬉戏无度,性重涩少言。及即位,不与朝士相接,专亲信宦官及左右御刀、应敕等。

是时,扬州刺史始安王遥光、尚书令徐孝嗣、右仆射江祏、右将军萧坦之、侍中江祀、卫尉刘暄更直内省,分日帖敕。雍州刺史萧衍闻之,谓从舅录事参军范阳张弘策曰:"一国三公犹不堪,况六贵同朝,势必相图,乱将作矣。避祸图福,无如此州,但诸弟在都,恐罹世患,当更与益州图之耳。"乃密与弘策修武备,它人皆不得预谋。招聚骁勇以万数,多伐材竹,沉之檀溪,积茅如冈阜,皆不之用。中兵参军东平吕僧珍觉其意,亦私具橹数百张。先是,僧珍为羽林监,徐孝嗣欲引置其府,僧珍知孝嗣不能久,固求从衍。

是时,衍兄懿罢益州刺史还,仍行郢州事,衍使弘策说懿曰:"今六贵比肩,人自画敕,争权眦睚,理相图灭。主上自东宫素无令誉,媟近左右,慓轻忍虐,安肯委政诸公，虚坐主诺。嫌忌积久，必大行诛戮。始安欲为赵王伦，形迹已见，然性猜量狭，徒为祸阶。萧坦之忌克陵人，徐孝嗣听人穿鼻，江祏无断，刘暄暗弱，一朝祸发，中外土崩。吾兄弟幸守外藩，宜为身计。及今猜防未生，当悉召诸弟，恐异时拔足无路矣。郢州控带荆、湘、雍州士马精强，世治则竭诚本朝，世乱则足以匡济，与时进退，此万全之策也。若不早图，后悔无及。”弘策又自说懿曰：“以卿兄弟英武，天下无敌，据郢、雍二州，为百姓请命，废昏立明，易于反掌，此桓、文之业也。勿为竖子所欺，取笑身后。雍州揣之已熟，愿善图之。”懿不从。衍乃迎其弟骠骑外兵参军伟及西中郎外兵参军憺至襄阳。

初，高宗虽顾命群公，而多寄腹心在江祏兄弟。二江更直殿内，动止关之。帝稍欲有行意，徐孝嗣不能夺，萧坦之时有异同，而祏执制坚确，帝深忿之。帝左右会稽茹法珍、吴兴梅虫儿等，为帝所委任，祏常裁折之，法珍等切齿。徐孝嗣谓祏曰：“主上稍有异同，讵可尽相乖反？”祏曰：“但以见付，必无所忧。”

帝失德浸彰，祏议废帝，立江夏王宝玄。刘暄尝为宝玄郢州行事，执事过刻。有人献马，宝玄欲观之，暄曰：“马何用观。”妃索煮肫，帐下谘暄，暄曰：“旦已煮鹅，不烦复此。”宝玄恚曰：“舅殊无《渭阳》情。”暄由是忌宝玄，不同祏议，更欲立建安王宝寅。祏密谋于始安王遥光，遥光自以年长，意欲自取，以微旨动祏。祏弟祀亦以少主难保，劝祏立遥光。祏意回惑，以问萧坦之。坦之时居母丧，起复为领军将军，谓祏曰：“明帝立，已非次，天下至今不服。若复为此，恐四方瓦解，我期不敢言耳。”遂还宅行丧。

祏、祀密谓吏部郎谢朓曰：“江夏年少，脱不堪荷，岂可复行废立！始安年长，入纂不乖物望。非以此要富贵，政是求安国家耳。”遥光又遣所亲丹杨丞南阳刘沨密致意于朓，欲引以为党，朓不答。顷之，遥光以朓兼知卫尉事，朓惧，即以祏谋告太子右卫率左兴盛，兴盛不敢发。朓又说刘暄曰：“始安一旦南面，则刘沨、刘晏居卿今地，但以卿为反覆人耳。”晏者，遥光城局参军也。暄阳惊，驰告遥光及祏。遥光欲出朓为东阳郡，朓常轻祏，祏固请除之。遥光乃收朓付廷尉，与孝嗣、祏、暄等连名启“朓扇动内外，妄贬乘舆，窃论宫禁，间谤亲贤，轻议朝宰。”朓遂死狱中。

暄以遥光若立，己失元舅之尊，不肯同祏议，故祏迟疑久不决。遥光大怒，遣左右黄昙庆刺暄于青溪桥。昙庆见暄部伍多，不敢发。暄觉之，遂发祏谋，帝命收祏兄弟。时祀直内殿，疑有异，遣信报祏曰：“刘暄似有异谋。今作何计？”祏曰：“政当静以镇之。”俄有诏召祏入见，停中书省。初，袁文旷以斩王敬则功当封，祏执不与。帝使文旷取祏，文旷以刀环筑其心曰：“复能夺我封不？”并弟祀皆死。刘暄闻祏等死，眠中大惊，投出户外，问左右：“收至未？”良久，意定，还坐，大悲曰:"不念江,行自痛也。"

帝自是无所忌惮,益得自恣,日夜与近习于后堂鼓叫戏马。常以五更就寝,至晡乃起。群臣节、朔朝见,晡后方前,或际暗遣出。台阁案奏,月数十日乃报,或不知所在,宦者以裹鱼肉还家,并是五省黄案。帝尝习骑致适,顾谓左右曰:"江祏常禁吾乘马,小子若在,吾岂能得此!"因问:"祏亲戚余谁?"对曰:"江祥今在冶。"帝于马上作敕,赐祥死。

始安王遥光素有异志,与其弟荆州刺史遥欣密谋举兵据东府,使遥欣自江陵引兵急下,刻期将发,而遥欣病卒。江祏被诛,帝召遥光入殿,告以祏罪,遥光惧,还省,即阳狂号哭,遂称疾不复入台。

先是,遥光弟豫州刺史遥昌卒,其部曲皆归遥光。及遥欣丧还,停东府前渚,荆州众力送者甚盛。帝既诛二江,虑遥光不自安,欲迁为司徒,使还第,召入谕旨。遥光恐见杀,乙卯晡时,收集二州部曲于东府东门,召刘沨、刘晏等谋举兵,以讨刘暄为名。夜,遣数百人破东冶,出囚,于尚方取仗。又召骁骑将军垣历生,历生随信而至。萧坦之宅在东府城东,遥光遣人掩取之,坦之露袒逾墙走向台。道逢游逻主颜端,执之,坦之告以遥光反,不信,自往诇问,知实,乃以马与坦之,相随入台。遥光又掩取尚书左仆射沈文季于其宅,欲以为都督,会文季已入台。垣历生说遥光帅城内兵夜攻台,辇轝烧城门,曰:"公但乘舆随后,反掌可克。"遥光狐疑不敢出。天稍晓,遥光戎服出听事,命上仗登城行赏赐。历生复劝出军,遥光不肯,冀台中自有变。及日出,台军稍至。台中始闻乱,众情惶惑,向晓,有诏召徐孝嗣,孝嗣入,人心乃安。左将军沈约闻变,驰入西掖门,或劝戎服,约曰:"台中方扰攘,见我戎服,或者谓同遥光。"乃朱衣而入。

丙辰,诏曲赦建康,中外戒严。徐孝嗣以下屯卫宫城,萧坦之帅台军讨遥光。孝嗣内自疑惧,与沈文季戎服共坐南掖门上,欲与之共论世事,文季辄引以他辞,终不得及。萧坦之屯湘宫寺,左兴盛屯东篱门,镇军司马曹虎屯青溪大桥。众军围东城三面,烧司徒府。遥光遣垣历生从西门出战,台军屡败,杀军主桑天爱。遥光之起兵也,问谘议参军萧畅,畅正色不从。戊午,畅与抚军长史沈昭略潜自南门出,诣台自归,众情大沮。畅,衍之弟;昭略,文季之兄子也。

己未,垣历生从南门出战,因弃稍降曹虎,虎命斩之。遥光大怒,于床上自踊,使杀历生子。其晚,台军以火箭烧东北角楼,至夜,城溃。遥光还小斋帐中,著衣帢坐,秉烛自照,令人反拒,斋阁皆重关,左右并逾屋散出。台军主刘国宝等先入,遥光闻外兵至,灭烛扶匐床下。军人排阁入,于暗中牵出,斩之。台军入城,焚烧室屋且尽。刘沨走还家,为人所杀。荆州将潘绍闻遥光作乱,谋欲应之。西中郎司马夏侯详呼绍议事,因斩之,州府以安。

己巳,以徐孝嗣为司空;加沈文季镇军将军,侍中、仆射如故;萧坦之为尚书右仆射、丹杨尹,右将军如故;刘暄为领军将军;曹虎为散骑常侍、右卫将军。皆赏平始安之功也。

魏南徐州刺史沈陵来降。陵,文季之族子也。时魏徐州刺史京兆王愉年少,军府事皆决于兼长史卢渊。渊知陵将叛,敕诸城潜为之备,屡上闻于魏朝,魏朝不听。陵遂杀将佐,帅宿预之众来奔,滨淮诸戍以有备得全。陵在边历年,阴结边州豪杰。陵既叛,郡县多捕送陵党,渊皆抚而赦之,唯归罪于陵,众心乃安。

闰月,丙子,立江陵公宝览为始安王,奉靖王后。

以沈陵为北徐州刺史。

江祏等既败,帝左右捉刀、应敕之徒皆恣横用事,时人谓之"刀敕"。萧坦之刚很而专,嬖幸畏而憎之。遥光死二十余日,帝遣延明主帅黄文济将兵围坦之宅,杀之,并其子秘书郎赏。坦之从兄翼宗为海陵太守,未发,坦之谓文济曰:"从兄海陵宅故应无它。"文济曰:"海陵宅在何处?"坦之以告。文济白帝,帝仍遣收之。检其家,至贫,唯有质钱帖数百,还以启帝,原其死,系尚方。

茹法珍等潜刘暄有异志,帝曰:"暄是我舅,岂应有此?"直阁新蔡徐世标曰:"明帝乃武帝同堂,恩遇如此,犹灭武帝之后。舅焉可信邪?"遂杀之。

曹虎善于诱纳,日食荒客常数百人。晚节吝啬,罢雍州,有钱五千万,它物称是。帝疑虎旧将,且利其财,遂杀之。坦之、暄、虎所新除官,皆未及拜而死。

初,高宗临殂,以隆昌事戒帝曰:"作事不可在人后。"故帝数与近习谋诛大臣,皆发于仓猝,决意无疑。于是大臣人人莫能自保。

九月,丁未,以豫州刺史裴叔业为南兖州刺史,征房长史张冲为豫州刺史。

壬戌,以频诛大臣,大赦。

丙戌,魏主谒长陵,欲引白衣左右吴人茹皓同车。皓奋衣将登,给事黄门侍郎元匡进谏,帝推之使下,皓失色而退。匡,新城之子也。

益州刺史刘季连闻帝失德,遂自骄恣,用刑严酷,蜀人怨之。是月,遣兵袭中水,不克。于是蜀人赵续伯等皆起兵作乱,季连不能制。

枝江文忠公徐孝嗣,以文士不显同异,故名位虽重,犹得久存。虎贲中郎将许准为孝嗣陈说事机,劝行废立。孝嗣迟疑久之,谓必无用干戈之理,须帝出游,闭城门,召百僚集议废之。虽有此怀,终不能决。诸嬖幸亦稍憎之。西丰忠宪侯沈文季自托老疾,不豫朝权,侍中沈昭略谓文季曰:"叔父行年六十,为员外仆射,欲求自免,岂可得乎?"文季笑而不应。冬,十月,乙未,帝召孝嗣、文季、昭略入华林省。文季登车,顾曰:"此行恐往而不反。"帝使外监茹法珍赐以药酒,昭略怒,骂孝嗣曰:"废昏立明,古今令典。宰相无才,致有今日!"以瓯掷其面曰:"使作破面鬼!"孝嗣饮药酒至斗余,乃卒。孝嗣子演尚武康公主,况尚山阴公主,皆坐诛。昭略弟昭光闻收至,家人劝之逃。昭光不忍舍其母,入,执母手悲泣,收者杀之。昭光兄子县亮逃,已得免,闻昭光死,叹曰:"家门屠灭,何以生为!"绝吭而死。

初,太尉陈显达自以高、武旧将,当高宗之世,内怀危惧,深自贬损,常乘朽弊车,道从卤簿止用羸小者十数人。尝侍宴,酒酣,启高宗借枕,高宗令与之。显达抚枕曰:"臣年衰老,富贵已足,唯欠枕枕死,特就陛下乞之。"高宗失色曰:"公醉矣。"显达以年礼告退,高宗不许。及王敬则反,时显达将兵拒魏,始安王遥光疑之,启高宗欲追军还,会敬则平,乃止。及帝即位,显达弥不乐在建康,得江州,甚喜。尝有疾,不令治,既而自愈,意甚不悦。闻帝屡诛大臣,传云当遣兵袭江州,十一月,丙辰,显达举兵于寻阳。令长史庾弘远等与朝贵书,数帝罪恶,云"欲奉建安王为主,须京尘一静,西迎大驾。"

乙丑,以护军将军崔慧景为平南将军,督众军击显达;后军将军胡松、骁骑将军李叔献帅水军据梁山;左卫将军左兴盛督前锋军屯杜姥宅。

十二月,癸未,以前辅国将军杨集始为秦州刺史。

陈显达发寻阳,败胡松于采石,建康震恐。甲申,军于新林,左兴盛帅诸军拒之。显达多置屯火于岸侧,潜军夜渡,袭宫城。乙酉,显达以数千人登落星冈,新亭诸军闻之,奔还,宫城大骇,闭门设守。显达执马矟,从步兵数百,于西州前与台军战,再合,显达大胜,手杀数人,稍折,台军继至,显达不能抗,退走,至西州后,骑官赵潭注刺显达坠马,斩之。诸子皆伏诛。长史庾弘远,炳之之子也,斩于朱雀航。将刑,索帽著之,曰:"子路结缨,吾不可以不冠而死。"谓观者曰:"吾非贼,乃是义兵,为诸军请命耳。陈公太轻事,若用吾言,天下将免涂炭。"弘远子子曜,抱父乞代命,并杀之。

帝既诛显达,益自骄恣,渐出游走,又不欲人见之,每出,先驱斥所过人家,唯置空宅。尉司击鼓蹋围,鼓声所闻,便应奔走,不暇衣履,犯禁者应手格杀。一月凡二十余出,出辄不言定所,东西南北,无处不驱。常以三四更中,鼓声四出,火光照天,幡戟横路。士民喧走相随,老小震惊,啼号塞道,处处禁断,不知所过。四民废业,樵苏路断,吉凶失时,乳妇寄产,或舆病弃尸,不得殡葬。巷陌悬幔为高鄣,置仗人防守,谓之"屏除",亦谓之"长围"。尝至沈公城,有一妇人临产不去,因剖腹视其男女。又尝至定林寺,有沙门老病不能去,藏草间,命左右射之,百箭俱发。帝有膂力,牵弓至三斛五斗。又好担幢,白虎幢高七丈五尺,于齿上担之,折齿不倦。自制担幢校具,伎衣饰以金玉,侍卫满侧,逞诸变态,曾无愧色。学乘马于东冶营兵俞灵韵,常著织成袴褶,金薄帽,执七宝矟,急装缚袴,凌冒雨雪,不避坑阱,驰骋渴乏,辄下马解取腰边蠡器,酌水饮之,复上马驰去。又选无赖小人善走者为逐马左右五百人,常以自随。或于市侧过亲幸家,环回宛转,周遍城邑。或出郊射雉,置射雉场二百九十六处,奔走往来,略不暇息。

王肃为魏制官品百司,皆如江南之制,凡九品,品各有二。侍中郭祚兼吏部尚书。祚清谨,重惜官位,每有铨授,虽得其人,必徘徊久之,然后下笔,曰:"此人便已贵矣。"人以是多怨之;然所用者无不称职。

资治通鉴卷第一百四十三

端明殿学士兼翰林侍读学士朝散大夫右谏议大夫充集贤殿修撰提举西京嵩山崇福宫上柱国河内郡开国侯食邑一千八百户食实封六百户赐紫金鱼袋臣　司马光　奉敕编集

齐纪九 上章执徐（庚辰），一年。

东昏侯下

永元二年（庚辰、500）

春，正月，元会，帝食后方出，朝贺裁竟，即还殿西序寝。自巳至申，百僚陪位，皆僵仆饥甚。比起就会，匆遽而罢。

乙巳，魏大赦，改元景明。

豫州刺史裴叔业闻帝数诛大臣，心不自安，登寿阳城，北望肥水，谓部下曰："卿等欲富贵乎？我能办之。"及除南兖州，意不乐内徙。会陈显达反，叔业遣司马辽东李元护将兵救建康，实持两端。显达败而还。朝廷疑叔业有异志，叔业亦遣使参察建康消息，众论益疑之。叔业兄子植、飏、粲皆为直阁，在殿中，惧，弃母奔寿阳，说叔业以朝廷必相掩袭，宜早为计。徐世㯹等以叔业在边，急则引魏自助，力未能制，白帝遣叔业宗人中书舍人长穆宣旨，许停本任。叔业犹忧畏，而植等说之不已。

叔业遣亲人马文範至襄阳，问萧衍以自安之计，曰："天下大势可知，恐无复自存之理。不若回面向北，不失作河南公。"衍报曰："群小用事，岂能及远。计虑回惑，自无所成，唯应送家还都以安慰之。若意外相逼，当勒马步二万直出横江，以断其后，则天下之事，一举可定。若欲北向，彼必遣人相代，以河北一州相处，河南公宁可复得邪？如此，则南归之望绝矣。"叔业沉疑未决，乃遣其子芬之入建康为质，亦遣信诣魏豫州刺史薛真度，问以入魏可不之宜。真度劝其早降，曰："若事迫而来，则功微赏薄矣。"数遣密信，往来相应和。建康人传叔业叛者不已，芬之惧，复奔寿阳。叔业遂遣芬之及兄女婿杜陵韦伯昕奉表降魏。丁未，魏遣骠骑大将军彭城王勰、车骑将军王肃帅步骑十万赴之。以叔业为使持节、都督豫、雍等五州诸军事、征南将军、豫州刺史，封兰陵郡公。

庚午，下诏讨叔业。二月，丙戌，以卫尉萧懿为豫州刺史。戊戌，魏以彭城王勰为司徒，领扬州刺史，镇寿阳。魏人遣大将军李丑、杨大眼将二千骑入寿阳，又遣奚康生将羽林一千驰赴之。大眼，难当之孙也。

魏兵未渡淮,己亥,裴叔业病卒,僚佐多欲推司马李元护监州,一二日谋不定。前建安戍主安定席法友等以元护非其乡曲,恐有异志,共推裴植监州,秘叔业丧问,教命处分,皆出于植。奚康生至,植乃开门纳魏兵,城库管籥,悉付康生。康生集城内耆旧,宣诏抚赉之。魏以植为兖州刺史,李元护为齐州刺史,席法友为豫州刺史,军主京兆王世弼为南徐州刺史。

巴西民雍道晞聚众万余逼郡城,巴西太守鲁休烈婴城自守。三月,刘季连遣中兵参军李奉伯帅众五千救之,与郡兵合击道晞,斩之。奉伯欲进讨郡东余贼,涪令李膺止之曰:“卒惰将骄,乘胜履险,非完策也。不如小缓,更思后计。”奉伯不从,悉众入山,大败而还。

乙卯,遣平西将军崔慧景将水军讨寿阳,帝屏除,出琅邪城送之。帝戎服坐楼上,召慧景单骑进围内,无一人自随者。裁交数言,拜辞而去。慧景既得出,甚喜。

豫州刺史萧懿将步军三万屯小岘,交州刺史李叔献屯合肥。懿遣裨将胡松、李居士帅众万余屯死虎。骠骑司马陈伯之将水军溯淮而上,以逼寿阳,军于硖石。寿阳士民多谋应齐者。

魏奚康生防御内外,闭城一月,援军乃至。丙申,彭城王勰、王肃击松、伯之等,大破之,进攻合肥,生擒叔献。统军宇文福言于勰曰:“建安淮南重镇,彼此要冲。得之则义阳易图,不得则寿阳难保。”勰然之,使福攻建安,建安戍主胡景略面缚出降。

己亥,魏皇弟恌卒。

崔慧景之发建康也,其子觉为直阁将军,密与之约,慧景至广陵,觉走从之。慧景过广陵数十里,召会诸军主曰:“吾荷三帝厚恩,当顾托之重。幼主昏狂,朝廷坏乱,危而不扶,责在今日。欲与诸君共建大功,以安社稷,何如?”众皆响应,于是还军向广陵。司马崔恭祖守广陵城,开门纳之。帝闻变,壬子,假右卫将军左兴盛节,督建康水陆诸军以讨之。慧景停广陵二日,即收众济江。

初,南徐、兖二州刺史江夏王宝玄娶徐孝嗣女为妃,孝嗣诛,诏令离昏,宝玄恨望。慧景遣使奉宝玄为主,宝玄斩其使,因发将吏守城,帝遣马军主戚平、外监黄林夫助镇京口。慧景将渡江,宝玄密与相应,杀司马孔矜、典签吕承绪及平、林夫,开门纳慧景,使长史沈佚之、谘议柳憕分部军众。宝玄乘八掆舆,手执绛麾,随慧景向建康。台遣骁骑将军张佛护、直阁将军徐元称等六将据竹里,为数城以拒之。宝玄遣信谓佛护曰:“身自还朝,君何意苦相断遏?”佛护对曰:“小人荷国重恩,使于此创立小戍。殿下还朝,但自直过,岂敢断遏?”遂射慧景军,因合战。崔觉、崔恭祖将前锋,皆荒伧善战,又轻行不赍食,以数舫缘江载酒肉为军粮,每见台军城中烟火起,辄尽力攻之。台军不复得食,以此饥困。元称等议欲降,佛护不可。恭祖等进攻城,拔之,斩佛护,徐元称降,余四军主皆死。

乙卯,遣中领军王莹都督众军,据湖头筑垒,上带蒋山西岩,实甲数万。莹,诞之从曾孙也。慧景至查硎,竹塘人万副儿说慧景曰:"今平路皆为台军所断,不可议进。唯宜从蒋山龙尾上,出其不意耳。"慧景从之,分遣千余人,鱼贯缘山自西岩夜下,鼓叫临城中。台军惊恐,即时奔散。帝又遣右卫将军左兴盛帅台内三万人拒慧景于北篱门,兴盛望风退走。

甲子,慧景入乐游苑,崔恭祖帅轻骑十余突入北掖门,乃复出。宫门皆闭,慧景引众围之。于是东府、石头、白下、新亭诸城皆溃。左兴盛走,不得入宫,逃淮渚获舫中,慧景擒杀之。宫中遣兵出荡,不克。慧景烧兰台府署为战场,守卫尉萧畅屯南掖门,处分城内,随方应拒,众心稍安。慧景称宣德太后令,废帝为吴王。

陈显达之反也,帝复召诸王侯入宫。巴陵王昭胄惩永泰之难,与弟永新侯昭颖诈为沙门,逃于江西。昭胄,子良之子也。及慧景举兵,昭胄兄弟出赴之。慧景意更向昭胄,犹豫未知所立。

竹里之捷,崔觉与崔恭祖争功,慧景不能决。恭祖劝慧景以火箭烧北掖楼。慧景以大事垂定,后若更造,费用功多,不从。慧景性好谈义,兼解佛理,顿法轮寺,对客高谈,恭祖深怀怨望。

时豫州刺史萧懿将兵在小岘,帝遣密使告之。懿方食,投箸而起,帅军主胡松、李居士等数千人自采石济江,顿越城,举火,台城中鼓叫称庆。恭祖先劝慧景遣二千人断西岸兵,令不得渡,慧景以城旦夕降,外救自然应散,不从。至是,恭祖请击懿军,又不许,独遣崔觉将精手数千人渡南岸。懿军昧旦进战,数合,士皆致死,觉大败,赴淮死者二千余人。觉单马退,开桁阻淮。恭祖掠得东宫女伎,觉逼夺之。恭祖积忿恨,其夜,与慧景骁将刘灵运诣城降,众心离坏。

夏,四月,癸酉,慧景将腹心数人潜去,欲北渡江,城北诸军不知,犹为拒战。城内出荡,杀数百人。懿军渡北岸,慧景余众皆走。慧景围城凡十二日而败,从者于道稍散,单骑至蟹浦,为渔人所斩,以头内鳅篮,担送建康。恭祖系尚方,少时杀之。觉亡命为道人,捕获,伏诛。

宝玄初至建康,军于东城,士民多往投集。慧景败,收得朝野投宝玄及慧景人名,帝令烧之,曰:"江夏尚尔,岂可复罪余人。"宝玄逃亡数日乃出。帝召入后堂,以步障裹之,令左右数十人鸣鼓角驰绕其外,遣人谓宝玄曰:"汝近围我亦如此耳。"

初,慧景欲交处士何点,点不顾。及围建康,逼召点,点往赴其军,终日谈佛义,不及军事。慧景败,帝欲杀点。萧畅谓茹法珍曰:"点若不诱贼共讲,未易可量。以此言之,乃应得封。"帝乃止。点,胤之兄也。

萧懿既去小岘,魏王肃亦还洛阳。荒人往来者妄云肃复谋归国,五月,乙巳,诏以肃为都督豫、徐、司三州诸军事、豫州刺史、西丰公。

己酉,江夏王宝玄伏诛。

壬子,大赦。

六月,丙子,魏彭城王勰进位大司马,领司徒;王肃加开府仪同三司。

太阳蛮田育丘等二万八千户附于魏,魏置四郡十八县。

乙丑,曲赦建康、南徐、兖二州。先是,崔慧景既平,诏赦其党。而嬖幸用事,不依诏书,无罪而家富者,皆诬为贼党,杀而籍其赀,实附贼而贫者皆不问。或谓中书舍人王昙之云:"赦书无信,人情大恶。"昙之曰:"正当复有赦耳。"由是再赦。既而嬖幸诛纵亦如初。

是时,帝所宠左右凡三十一人,黄门十人。直阁、骁骑将军徐世摽素为帝所委任,凡有杀戮,皆在其手。及陈显达事起,加辅国将军,虽用护军崔慧景为都督,而兵权实在世摽。世摽亦知帝昏纵,密谓其党茹法珍、梅虫儿曰:"何世天子无要人,但依货主恶耳。"法珍等与之争权,以白帝,帝稍恶其凶强,遣禁兵杀之,世摽拒战而死。自是法珍、虫儿用事,并为外监,口称诏敕,王昙之专掌文翰,与相唇齿。

帝呼所幸潘贵妃父宝庆及茹法珍为阿丈,梅虫儿及俞灵韵为阿兄。帝与法珍等俱诣宝庆家,躬自汲水,助厨人作膳。宝庆恃势作奸,富人悉诬以罪,田宅赀财,莫不启乞,一家被陷,祸及亲邻,又虑后患,尽杀其男口。帝数往诸刀敕家游宴,有吉凶辄往庆吊。奄人王宝孙,年十三四,号为"伥子",最有宠,参预朝政,虽王昙之、梅虫儿之徒亦下之。控制大臣,移易诏敕,乃至骑马入殿,诋诃天子。公卿见之,莫不慑息焉。

吐谷浑王伏连筹事魏尽礼,而居其国,置百官,皆如天子之制,称制于其邻国。魏主遣使责而宥之。

冠军将军、骠骑司马陈伯之再引兵攻寿阳,魏彭城王勰拒之。援军未至,汝阴太守傅永将郡兵三千救寿阳。伯之防淮口甚固,永去淮口二十余里,牵船上汝水南岸,以水牛挽之,直南趣淮,下船即渡。适上南岸,齐兵亦至。会夜,永潜进入城,勰喜甚,曰:"吾北望已久,恐洛阳难可复见,不意卿能至也。"勰令永引兵入城,永曰:"永之此来,欲以却敌,若如教旨,乃是与殿下同受攻围,岂救援之意?"遂军于城外。秋,八月,乙酉,勰部分将士,与永并势击伯之于肥口,大破之,斩首九千,俘获一万。伯之脱身遁还,淮南遂入于魏。

魏遣镇南将军元英将兵救淮南，未至，伯之已败，魏主召勰还洛阳。勰累表辞大司马、领司徒，乞还中山，魏主不许。以元英行扬州事，寻以王肃为都督淮南诸军事、扬州刺史，持节代之。

甲辰，夜，后宫火。时帝出未还，宫内人不得出，外人不敢辄开，比及开，死者相枕，烧三千余间。

时嬖幸之徒皆号为鬼。有赵鬼者，能读《西京赋》，言于帝曰："柏梁既灾，建章是营。"帝乃大起芳乐、玉寿等诸殿，以麝香涂壁，刻画装饰，穷极绮丽。役者自夜达晓，犹不副速。

后宫服御，极选珍奇，府库旧物，不复周用。贵市民间金宝，价皆数倍。建康酒租皆折使输金，犹不能足。凿金为莲华以帖地，令潘妃行其上，曰："此步步生莲华也。"又订出雉头、鹤氅、白鹭缞。嬖幸因缘为奸利，课一输十。又各就州县求为人输，准取见直，不为输送，守宰皆不敢言，重更科敛。如此相仍，前后不息，百姓困尽，号泣道路。

军主吴子阳等出三关侵魏，九月，与魏东豫州刺史田益宗战于长风城，子阳等败还。

萧懿之入援也，萧衍驰使所亲虞安福说懿曰："诛贼之后，则有不赏之功，当明君贤主，尚或难立；况于乱朝，何以自免！若贼灭之后，仍勒兵入宫，行伊、霍故事，此万世一时。若不欲尔，便放表还历阳，托以外拒为事，则威振内外，谁敢不从！一朝放兵，受其厚爵，高而无民，必生后悔。"长史徐曜甫亦苦劝之，懿并不从。

崔慧景死，懿为尚书令。有弟九人：敷、衍、畅、融、宏、伟、秀、憺、恢。懿以元勋居朝右，畅为卫尉，掌管钥。时帝出入无度，或劝懿因其出门，举兵废之，懿不听。嬖臣茹法珍、王咺之等惮懿威权，说帝曰："懿将行隆昌故事，陛下命在晷刻。"帝然之。徐曜甫知之，密具舟江渚，劝懿西奔襄阳。懿曰："自古皆有死，岂有叛走尚书令邪？"懿弟侄咸为之备。冬，十月，己卯，帝赐懿药于省中。懿且死，曰："家弟在雍，深为朝廷忧之。"懿弟侄皆亡匿于里巷，无人发者，唯融捕得，诛之。

丁亥，魏以彭城王勰为司徒、录尚书事，勰固辞，不免。勰雅好恬素，不乐势利。高祖重其事干，故委以权任，虽有遗诏，复为世宗所留。勰每乖情愿，常凄然叹息。为人美风仪，端严若神，折旋合度，出入言笑，观者忘疲。敦尚文史，物务之暇，披览不辍。小心谨慎，初无过失，虽闲居独处，亦无惰容。爱敬儒雅，倾心礼待。清正俭素，门无私谒。

十一月，己亥，魏东荆州刺史桓晖入寇，拔下笮戍，归之者二千余户。晖，诞之子也。

初，帝疑雍州刺史萧衍有异志。直后荥阳郑植弟绍叔为衍宁蛮长史，帝使植以候绍叔为名，往刺衍。绍叔知之，密以白衍，衍置酒绍叔家，戏植曰："朝廷遣卿见图，今日闲宴，是可取良会也。"宾主大笑。又令植历观城隍、府库、士马、器械、舟舰，植退，谓绍叔曰："雍州实力，未易图也。"绍叔曰："兄还，具为天子言之。若取雍州，绍叔请以此众一战。"送植于南岘，相持恸哭而别。

及懿死，衍闻之，夜召张弘策、吕僧珍、长史王茂、别驾柳庆远、功曹吉士瞻等入宅定议。茂，天生之子；庆远，元景之弟子也。乙巳，衍集僚佐谓曰："昏主暴虐，恶逾于纣，当与卿等共除之。"是日，建牙集众，得甲士万余人，马千余匹，船三千艘。出檀溪竹木装舰，葺之以茅，事皆立办。诸将争橹，吕僧珍出先所具者，每船付二张，争者乃息。

是时，南康王宝融为荆州刺史，西中郎长史萧颖胄行府州事，帝遣辅国将军、巴西、梓潼二郡太守刘山阳将兵三千之官，就颖胄兵使袭襄阳。衍知其谋，遣参军王天虎诣江陵，遍与州府书，声云："山阳西上，并袭荆、雍。"衍因谓诸将佐曰："荆州素畏襄阳人，加以唇亡齿寒，宁不暗同邪？我合荆、雍之兵，鼓行而东，虽使韩、白复生，不能为建康计，况以昏主役刀敕之徒哉！"颖胄等得书，疑未能决。山阳至巴陵，衍复令天虎赍书与颖胄及其弟南康王友颖达。天虎既行，衍谓张弘策曰："用兵之道，攻心为上。近遣天虎往荆州，人皆有书。今段乘驿甚急，止有两函与行事兄弟，云'天虎口具'，及问天虎而口无所说，天虎是行事心膂，彼间必谓行事与天虎共隐其事，则人人生疑。山阳惑于众口，判相嫌贰，则行事进退无以自明，必入吾谋内。是驰两空函定一州矣。"

山阳至江安，迟回十余日，不上。颖胄大惧，计无所出，夜遣呼西中郎城局参军安定席阐文、谘议参军柳忱，闭斋定议。阐文曰："萧雍州蓄养士马，非复一日。江陵素畏襄阳人，又众寡不敌，取之必不可制；就能制之，岁寒复不为朝廷所容。今若杀山阳，与雍州举事，立天子以令诸侯，则霸业成矣。山阳持疑不进，是不信我。今斩送天虎，则彼疑可释。至而图之，罔不济矣。"忱曰："朝廷狂悖日滋，京师贵人莫不重足累息。今幸在远，得假日自安。雍州之事，且藉以相毙耳。独不见萧令君乎？以精兵数千，破崔氏十万众，竟为群邪所陷，祸酷相寻。'前事之不忘，后事之师也。'且雍州士锐粮多，萧使君雄姿冠世，必非山阳所能敌。若破山阳，荆州复受失律之责，进退无可，宜深虑之。"萧颖达亦劝颖胄从阐文等计。诘旦，颖胄谓天虎曰："卿与刘辅国相识，今不得不借卿头。"乃斩天虎送示山阳，发民车牛，声云起步军征襄阳。山阳大喜。

甲寅，山阳至江津，单车白服，从左右数十人诣颖胄。颖胄使前汶阳太守刘孝庆等伏兵城内，山阳入门，即于车中斩之。副军主李元履收余众请降。

柳忱，世隆之子也。颖胄虑西中郎司马夏侯详不同，以告忱，忱曰："易耳。近诛求昏，未之许也。"乃以女嫁详子燮，而告之谋，详从之。乙卯，以南康王宝融教纂严，又教赦囚徒，施惠泽，颁赏格。丙辰，以萧衍为使持节都督前锋诸军事。丁巳，以萧颖胄为都督行留诸军事。颖胄有器局，既举大事，虚心委己，众情归之。以别驾南阳宗夬及同郡中兵参军刘(垣)〔坦〕、谘议参军乐蔼为州人所推信，军府经略，每事谘焉。颖胄、夬各献私钱谷及换借富赀以助军。长沙寺僧素富，铸黄金为龙数千两埋土中。颖胄取之，以充军费。

颖胄遣使送刘山阳首于萧衍，且言："年月未利，当须明年二月进兵。"衍曰："举事之初，所藉者一时骁锐之心。事事相接，犹恐疑怠；若顿兵十旬，必生悔吝。且坐甲十万，粮用自竭，若童子立异，则大事不成。况处分已定，安可中息哉！昔武王伐纣，行逆太岁，岂复待年月乎？"

戊午，衍上表劝南康王宝融称尊号，不许。十二月，颖胄与夏侯详移檄建康百官及州郡牧守，数帝及梅虫儿、茹法珍罪恶。颖胄遣冠军将军天水杨公则向湘州，西中郎参军南郡邓元起向夏口。军主王法度坐不进军免官。乙亥，荆州将佐复劝宝融称尊号，不许。夏侯详之子骁骑将军亶为殿中主帅，详密召之，亶自建康亡归。壬辰，至江陵，称奉宣德皇太后令："南康王宜纂承皇祚，方俟清宫，未即大号，可封十郡为宣城王、相国，荆州牧，加黄钺，选百官，西中郎府、南康国如故。须军次近路，主者备法驾奉迎。"

竟陵太守新野曹景宗遣亲人说萧衍，迎南康王都襄阳，先正尊号，然后进军，衍不从。王茂私谓张弘策曰："今以南康置人手中，彼(扶)〔挟〕天子以令诸侯，节下前进为人所使，此岂它日之长计乎？"弘策以告衍，衍曰："若前涂大事不捷，故自兰艾同焚；若其克捷，则威振四海，谁敢不从，岂碌碌受人处分者邪！"

初，陈显达、崔慧景之乱，人心不安。或问时事于上庸太守杜陵韦叡，叡曰："陈虽旧将，非命世才；崔颇更事，懦而不武。其赤族宜矣。定天下者，殆必在吾州将乎？"乃遣二子自结于萧衍。及衍起兵，叡帅郡兵二千倍道赴之。华山太守蓝田康绚帅郡兵三千赴衍。冯道根居母丧，闻衍起兵，帅乡人子弟胜兵者悉往赴之。梁、南秦二州刺史柳惔亦起兵应衍。惔，忱之兄也。

帝闻刘山阳死，发诏讨荆、雍。戊寅，以冠军长史刘浍为雍州刺史，遣骁骑将军薛元嗣、制局监暨荣伯将兵及运粮百四十余船送郢州刺史张冲，使拒西师。元嗣等惩刘山阳之死，疑冲，不敢进，停夏口浦，闻西师将至，乃相帅入郢城。前竟陵太守房僧寄将还建康，至郢，帝敕僧寄留守鲁山，除骁骑将军。张冲与之结盟，遣军主孙乐祖将数千人助僧寄守鲁山。

萧颖胄与武宁太守邓元起书,招之。张冲待元起素厚,众皆劝其还郢,元起大言于众曰:"朝廷暴虐,诛戮宰辅,群小用事,衣冠道尽。荆、雍二州同举大事,何患不克!且我老母在西,若事不成,正受戮昏朝,幸免不孝之罪。"即日治严上道,至江陵,为西中郎中兵参军。

湘州行事张宝积发兵自守,未知所附。杨公则克巴陵,进军白沙,宝积惧,请降,公则入长沙,抚纳之。

是岁,北秦州刺史杨集始将众万余自汉中北出,规复旧地。魏梁州刺史杨椿将步骑五千出顿下辩,遗集始书,开以利害,集始遂复将其部曲千余人降魏。魏人还其爵位,使归守武兴。

资治通鉴卷第一百四十四

端明殿学士兼翰林侍读学士朝散大夫右谏议大夫充集贤殿修撰提举西京嵩山崇福宫上柱国河内郡开国侯食邑一千八百户食实封六百户赐紫金鱼袋臣　司马光　奉敕编集

齐纪十 重光大荒落(辛巳)，一年。

和皇帝

中兴元年(辛巳、501)

春，正月，丁酉，东昏侯以晋安王宝义为司徒，建安王宝寅为车骑将军、开府仪同三司。

乙巳，南康王宝融始称相国，大赦。以萧颖胄为左长史，萧衍为征东将军，杨公则为湘州刺史。戊申，萧衍发襄阳，留弟伟总府州事，憺守垒城，府司马庄丘黑守樊城。衍既行，州中兵及储偫皆虚。魏兴太守裴师仁、齐兴太守颜僧都并不受衍命，举兵欲袭襄阳，伟、憺遣兵邀击于始平，大破之，雍州乃安。

魏咸阳王禧为上相，不亲政务，骄奢贪淫，多为不法，魏主颇恶之。禧遣奴就领军于烈求旧羽林虎贲，执仗出入。烈曰：“天子谅闇，事归宰辅。领军但知典掌宿卫，非有诏不敢违理从私。”禧奴惘然而返。禧复遣谓烈曰：“我，天子之子，天子叔父，身为元辅，有所求须，与诏何异？”烈厉色曰：“烈非不知王之贵也，奈何使私奴索天子羽林。烈头可得，羽林不可得！”禧怒，以烈为恒州刺史。烈不愿出外，固辞，不许，遂称疾不出。

烈子左中郎将忠领直阁，常在魏主左右。烈使忠言于魏主曰：“诸王专恣，意不可测，宜早罢之，自揽权纲。”北海王详亦密以禧过恶白帝，且言彭城王勰大得人情，不宜久辅政。帝然之。

时将祫祭，王公并斋于庙东坊。帝夜使于忠语烈：“明旦入见，当有处分。”质明，烈至。帝命烈将直阁等六十余人，宣旨召禧、勰、详，卫送至帝所。禧等入见于光极殿，帝曰：“恪虽寡昧，忝承宝历，比缠尫疹，实凭诸父，苟延视息，奄涉三龄。诸父归逊殷勤，今便亲摄百揆，且还府司，当别处分。”又谓勰曰：“顷来南北务殷，不容仰遂冲操。恪是何人，而敢久违先敕，今遂叔父高蹈之意。”勰谢曰：“陛下孝恭，仰遵先诏，上成睿明之美，下遂微臣之志，感今惟往，悲喜交深。”庚戌，诏勰以王归第，禧进位太保，详为大将军、录尚书事。尚书清河张彝、邢峦闻处分非常，亡走，出洛阳城，为御史中尉中山甄琛所弹。诏书切责之。复以于烈为领军,仍加车骑大将军,自是长直禁中,军国大事,皆得参焉。

魏主时年十六,不能亲决庶务,委之左右。于是幸臣茹皓、赵郡王仲兴、上谷寇猛、赵郡赵脩、南阳赵邕及外戚高肇等始用事,魏政浸衰。赵脩尤亲幸,旬月间,累迁至光禄卿。每迁官,帝亲至其宅设宴,王公百官皆从。

辛亥,东昏侯祀南郊,大赦。

丁巳,魏主引见群臣于太极前殿,告以亲政之意。壬戌,以咸阳王禧领太尉,广陵王羽为司徒。魏主引羽入内,面授之。羽固辞曰:"彦和本自不愿,而陛下强与之。今新去此官而以臣代之,必招物议。"乃以为司空。

二月,乙丑,南康王以冠军长史王茂为江州刺史,竟陵太守曹景宗为郢州刺史,邵陵王宝攸为荆州刺史。

甲戌,魏大赦。

壬午,东昏侯遣羽林兵击雍州,中外纂严。

甲申,萧衍至竟陵,命王茂、曹景宗为前军,以中兵参军张法安守竟陵城。茂等至汉口,诸将议欲并兵围郢,分兵袭西阳、武昌。衍曰:"汉口不阔一里,箭道交至,房僧寄以重兵固守,与郢城为掎角。若悉众前进,僧寄必绝我军后,悔无所及。不若遣王、曹诸军济江,与荆州军合,以逼郢城。吾自围鲁山,以通沔、汉,使郧城、竟陵之粟方舟而下,江陵、湘中之兵相继而至,兵多食足,何忧两城之不拔!天下之事,可以卧取之耳。"乃使茂等帅众济江,顿九里。张冲遣中兵参军陈光静开门迎战,茂等击破之。光静死,冲婴城自守。景宗遂据石桥浦,连军相续,下至加湖。

荆州遣冠军将军邓元起、军主王世兴、田安之将数千人会雍州兵于夏首。衍筑汉口城以守鲁山,命水军主义阳张惠绍等游遏江中,绝郢、鲁二城信使。杨公则举湘州之众会于夏口。萧颖胄命荆州诸军皆受公则节度,虽萧颖达亦隶焉。

府朝仪欲遣人行湘州事而难其人,西中郎中兵参军刘坦谓众曰:"湘土人情,易扰难信。用武士则浸渔百姓,用文士则威略不振,必欲镇静一州,军民足食,无逾老夫。"乃以坦为辅国长史、长沙太守,行湘州事。坦先尝在湘州,多旧恩,迎者属路。下车,选堪事吏分诣十郡,发民运租米三十余万斛以助荆、雍之军,由是资粮不乏。

三月,萧衍使邓元起进据南堂西渚,田安之顿城北,王世兴顿曲水故城。丁酉,张冲病卒,骁骑将军薛元嗣与冲子孜及征房长史江夏内史程茂共守郢城。

乙巳,南康王即皇帝位于江陵,改元,大赦。立宗庙、南北郊,州府城门悉依建康宫。置尚书五省,以南郡太守为尹,以萧颖胄为尚书令,萧衍为左仆射,晋安王宝义为司空,庐陵王宝源为车骑将军、开府仪同三司,建安王宝寅为徐州刺史,散骑常侍夏侯详为中领军,冠军将军萧伟为雍州刺史。丙午,诏封庶人宝卷为涪陵王。乙酉,以尚书令萧颖胄行荆州刺史,加萧衍征东大将军、都督征讨诸军事,假黄钺。时衍次杨口,和帝遣御史中丞宗夬劳军。宁朔将军新野庾域讽夬曰:"黄钺未加,非所以总帅侯伯。"夬返西台,遂有是命。薛元嗣遣军主沈难当帅轻舸数千乱流来战,张惠绍等击擒之。

癸丑,东昏侯以豫州刺史陈伯之为江州刺史、假节、都督前锋诸军事,西击荆、雍。

夏,四月,萧衍出沔,命王茂、萧颖达等进军逼郢城,薛元嗣不敢出。诸将欲攻之,衍不许。

魏广陵惠王羽通于员外郎冯俊兴妻,夜往,为俊兴所击而匿之。五月,壬子,卒。

魏主既亲政事,嬖幸擅权,王公希得进见。咸阳王禧意不自安,斋帅刘小苟屡言于禧,云闻天子左右人言欲诛禧,禧益惧,乃与妃兄兼给事黄门侍郎李伯尚、氏王杨集始、杨灵祐、乞伏马居等谋反。会帝出猎北邙,禧与其党会城西小宅,欲发兵袭帝,使长子通窃入河内举兵相应。乞伏马居说禧:"还入洛城,勒门闭门,天子必北走桑乾,殿下可断河桥,为河南天子。"众情前却不壹,禧心更缓,自旦至晡,犹豫不决,遂约不泄而散。杨集始既出,即驰至北邙告之。

直寝苻承祖、薛魏孙与禧通谋,是日,帝寝于浮图之阴,魏孙欲弑帝,承祖曰:"吾闻杀天子者身当病癞。"魏孙乃止。俄而帝寤,集始亦至。帝左右皆四出逐禽,直卫无几,仓猝不知所出。左中郎将于忠曰:"臣父领军留守京城,计防遏有备,必无所虑。"帝遣忠驰骑观之,于烈已分兵严备,使忠还奏曰:"臣虽老,心力犹可用。此属猖狂,不足为虑,愿陛下清跸徐还,以安物望。"帝甚悦,自华林园还宫,抚于忠之背曰:"卿差强人意。"

禧不知事露,与姬妾及左右宿洪池别墅,遣刘小苟奉启,云检行田收。小苟至北邙,已逢禁人,怪小苟赤衣,欲杀之。小苟困迫,言欲告反,乃缓之。或谓禧曰:"殿下集众图事,见意而停,恐必漏泄,今夕何宜自宽。"禧曰:"吾有此身,应知自惜,岂待人言。"又曰:"殿下长子已济河,两不相知,岂不可虑。"禧曰:"吾已遣人追之,计今应还。"时通已入河内,列兵仗,放囚徒矣。于烈遣直阁叔孙侯将虎贲三百人收禧。禧闻之。自洪池东南走,僮仆不过数人,济洛,至柏谷坞,追兵至,擒之,送华林都亭。帝面诘其反状,壬戌,赐死于私第。同谋伏诛者十余人,诸子皆绝属籍,微给资产,奴婢,自余家财悉分赐高肇及赵脩之家,其余赐内外百官,逮于流外,多者百余匹,下至十匹。禧诸子乏衣食,独彭城王勰屡赈给之。河内太守陆琇闻禧败,斩送禧子通首。魏朝以琇于禧未败之前不收捕通,责其通情，征诣廷尉，死狱中。帝以禧无故而反，由是益疏忌宗室。

巴西太守鲁休烈、巴东太守萧惠训不从萧颖胄之命，惠训遣子瑰将兵击颖胄，颖胄遣汶阳太守刘孝庆屯峡口，与巴东太守任漾之等拒之。

东昏侯遣军主吴子阳、陈虎牙等十三军救郢州，进屯巴口。虎牙，伯之之子也。

六月，西台遣卫尉席阐文劳萧衍军，赍萧颖胄等议谓衍曰："今顿兵两岸，不并军围郢，定西阳、武昌、取江州，此机已失。莫若请救于魏，与北连和，犹为上策。"衍曰："汉口路通荆、雍，控引秦、梁，粮运资储，仰此气息，所以兵压汉口，连结数州。今若并军围郢，又分兵前进，鲁山必阻沔路，扼吾咽喉。若粮运不通，自然离散，何谓持久？邓元起近欲以三千兵往取寻阳，彼方欢然知机，一说士足矣；脱距王师，固非三千兵所能下也。进退无据，未见其可。西阳、武昌，取之即得，然既得之后，即应镇守。欲守两城，不减万人，粮储称是，卒无所出。脱东军有上者，以万人攻一城，两城势不得相救。若我分军应援，则首尾俱弱；如其不遣，孤城必陷。一城既没，诸城相次土崩，天下大事去矣。若郢州既拔，席卷沿流，西阳、武昌，自然风靡，何遽分兵散众，自贻忧患乎！且丈夫举事欲清天步，况拥数州之兵以诛群小，悬河注火，奚有不灭？岂容北面请救戎狄，以示弱于天下。彼未必能信，徒取丑声。此乃下计，何谓上策？卿为我辈白镇军：前途攻取，但以见付，事在目中，无患不捷，但借镇军靖镇之耳。"

吴子阳等进军武口。衍命军主梁天惠等屯渔湖城，唐脩期等屯白阳垒，夹岸待之。子阳进军加湖，去郢三十里，傍山带水，筑垒自固。子阳举烽，城内亦举火应之，而内外各自保，不能相救。会房僧寄病卒，众复推助防(张)〔孙〕乐祖代守鲁山。

萧颖胄之初起也，弟颖孚自建康出亡，庐陵民脩灵祐为之聚兵，得二千人，袭庐陵，克之，内史谢篡奔豫章。颖胄遣宁朔将军范僧简自湘州赴之，僧简拔安成，颖胄以僧简为安成太守，以颖孚为庐陵内史。东昏侯遣军主刘希祖将三千人击之，南康太守王丹以郡应希祖。颖孚败，奔长沙，寻病卒。谢篡复还郡。希祖攻拔安成，杀范僧简，东昏侯以希祖为安成内史。脩灵祐复合余众攻谢篡，篡败走。

东昏侯作芳乐苑，山石皆涂以五采。望民家有好树、美竹，则毁墙撤屋而徙之，时方盛暑，随即枯菱，朝暮相继。又于苑中立市，使宫人、宦者共为裨贩，以潘贵妃为市令，东昏侯自为市录事，小有得失，妃则与杖，乃敕虎贲不得进大荆、实中获。又开渠立埭，身自引船，或坐而屠肉。又好巫觋，左右朱光尚诈云见鬼。东昏入乐游苑，人马忽惊，以问光尚，对曰："向见先帝大嗔，不许数出。"东昏大怒，拔刀与光尚寻之。既不见，乃缚菰为高宗形，北向斩之，县首苑门。

崔慧景之败也,巴陵王昭胄、永新侯昭颖出投台军,各以王侯还第,心不自安。竟陵王子良故防阁桑偃为梅虫儿军副,与前巴西太守萧寅谋立昭胄,昭胄许事克用寅为尚书左仆射、护军。时军主胡松将兵屯新亭,寅遣人说之曰:"须昏人出,寅等将兵奉昭胄入台,闭城号令,昏人必还就将军,但闭垒不应,则三公不足得也。"松许诺。会东昏新作芳乐苑,经月不出游。偃等议募健儿百余人,从万春门入,突取之,昭胄以为不可。偃同党王山沙虑事久无成,以事告御刀徐僧重。寅遣人杀山沙于路,吏于麝膝中得其事。昭胄兄弟与偃等皆伏诛。

雍州刺史张欣泰与弟前始安内史欣时,密谋结胡松及前南谯太守王灵秀、直阁将军鸿选等诛诸嬖幸,废东昏。东昏遣中书舍人冯元嗣监军救郢,秋,七月,甲午,茹法珍、梅虫儿及太子右率李居士、制局监杨明泰送之于中兴堂。欣泰等使人怀刀于座斫元嗣,头坠果柈中,又斫明泰,破其腹,虫儿伤数疮,手指皆堕。居士、法珍等散走还台。灵秀诣石头迎建康王宝寅,帅城中将吏见力,去车轮,载宝寅,文武数百唱警跸,向台城,百姓数千人皆空手随之。欣泰闻事作,驰马入宫,冀法珍等在外,东昏尽以城中处分见委,表里相应。既而法珍得返,处分闭门上仗,不配欣泰兵,鸿选在殿内亦不敢发。宝寅去杜姥宅,日已暝,城门闭。城上人射外人,外人弃宝寅溃去。宝寅亦逃,三日,乃戎服诣草市尉,尉驰以启东昏。东昏召宝寅入宫问之,宝寅涕泣称:"尔日不知何人逼使上车,仍将去,制不自由。"东昏笑,复其爵位。张欣泰等事觉,与胡松皆伏诛。

萧衍使征虏将军王茂,军主曹仲宗等乘水涨以舟师袭加湖,鼓噪攻之。丁酉,加湖溃,吴子阳等走免,将士杀溺死者万计,俘其余众而还。于是郢、鲁二城相视夺气。

乙巳,柔然犯魏边。

鲁山乏粮,军人于矶头捕细鱼供食,密治轻船,将奔夏口。萧衍遣偏军断其走路。丁巳,孙乐祖窘迫,以城降。

己未,东昏侯以程茂为郢州刺史,薛元嗣为雍州刺史。是日,茂、元嗣以郢城降。郢城之初围也,士民男女近十万口;闭门二百余日,疾疫流肿,死者什七八,积尸床下而寝其上,比屋皆满。茂、元嗣等议出降,使张孜为书与衍。张冲故吏青州治中房长瑜谓孜曰:"前使君忠贯昊天,郎君但当坐守画一,以荷析薪。若天运不与,当幅巾待命,下从使君。今从诸人之计,非唯郢州士女失高山之望,亦恐彼所不取也。"孜不能用。萧衍以韦叡为江夏太守,行郢府事,收瘗死者而抚其生者,郢人遂安。

诸将欲顿军夏口,衍以为宜乘胜直指建康,车骑谘议参军张弘策、宁远将军庾域亦以为然。衍命众军即日上道,缘江至建康,凡矶、浦、村落,军行宿次、立顿处所,弘策逆为图画,如在目中。

辛酉,魏大赦。

魏安国宣简侯王肃卒于寿阳,赠侍中、司空。初,肃以父死非命,四年不除丧。高祖曰:"三年之丧,贤者不敢过。"命肃以祥禫之礼除丧,然肃犹素服、不听乐终身。

汝南民胡文超起兵于瀙阳以应萧衍,求取义阳、安陆等郡以自效,衍又遣军主唐脩期攻随郡,皆克之。司州刺史王僧景遣子贞孙为质于衍,司部悉平。

崔慧景之死也,其少子偃为始安内史,逃潜得免。及西台建,以偃为宁朔将军。偃诣公车门上书曰:"臣窃惟高宗之孝子忠臣,而昏主之贼臣乱子者,江夏王与陛下,先臣与镇军是也,虽成败异术,而所由同方。陛下初登至尊,与天合符。天下纤介之屈,尚望陛下申之,况先帝之子,陛下之兄,所行之道,即陛下所由哉!此尚弗恤,其馀何冀?今不可幸小民之无识而罔之。若使晓然知其情节,相帅而逃,陛下将何以应之哉?"事寝,不报。偃又上疏曰:"近冒陈江夏之冤,非敢以父子之亲,而伤至公之义,诚不晓圣朝所以然之意。若以狂主虽狂,而实是天子,江夏虽贤,实是人臣,先臣奉人臣逆人君为不可,未审今之严兵劲卒方指象魏者,其故何哉?臣所以不死,苟存视息,非有它故,所以待皇运之开泰,申忠魂之枉屈。今皇运已开泰矣,而死社稷者返为贼臣,臣何用此生于陛下之世矣。臣谨案镇军将军臣颖胄、中领军臣详,皆社稷之臣也,同知先臣股肱江夏,匡济王室,天命未遂,主亡与亡,而不为陛下瞥然一言。知而不言,不忠;不知而不言,不智也。如以先臣遣使,江夏斩之,则征东之驿使,何为见戮?陛下斩征东之使,实诈山阳;江夏违先臣之请,实谋孔矜。天命有归,故事业不遂耳。臣所言毕矣,乞就汤镬。然臣虽万没,犹愿陛下必申先臣。何则?恻怆而申之,则天下伏;不恻怆而申之,则天下叛。先臣之忠,有识所知,南、董之笔,千载可期,亦何待陛下屈申而为褒贬。然小臣惓惓之愚,为陛下计耳。"诏报曰:"其知卿惋切之怀,今当显加赠谥。"偃寻下狱死。

八月,丁卯,东昏侯以辅国将军申胄监豫州事。辛未,以光禄大夫张瓌镇石头。

初,东昏侯遣陈伯之镇江州,以为吴子阳等声援。子阳等既败,萧衍谓诸将曰:"用兵未必须实力,所听威声耳。今陈虎牙狼狈奔归,寻阳人情理当恟惧,可传檄而定也。"乃命搜俘囚,得伯之幢主苏隆之,厚加赐与,使说伯之,许即用为安东将军、江州刺史。伯之遣隆之返命,虽许归附,而云"大军未须遽下"。衍曰:"伯之此言,意怀首鼠。及其犹豫,急往逼之,计无所出,势不得不降。"乃命邓元起引兵先下,杨公则径掩柴桑,衍与诸将以次进路。元起将至寻阳,伯之收兵退保湖口，留陈虎牙守溢城。选曹郎吴兴沈瑀说伯之迎衍，伯之泣曰："余子在都，不能不爱。"瑀曰："不然。人情匈匈，皆思改计，若不早图，众散难合。"丙子，衍至寻阳，伯之束甲请罪。初，新蔡太守席谦，父恭穆为镇西司马，为鱼复侯子响所杀。谦从伯之镇寻阳，闻衍东下，曰："我家世忠贞，有殒不二。"伯之杀之。乙卯，以伯之为江州刺史，虎牙为徐州刺史。

鲁休烈、萧璝破刘孝庆等于峡口，任漾之战死。休烈等进至上明，江陵大震。萧颖胄恐，驰告萧衍，令遣杨公则还援根本。衍曰："公则溯流上江陵，虽至，何能及事。休烈等乌合之众，寻自退散，政须少时持重耳。良须兵力，两弟在雍，指遣往征，不为难至。"颖胄乃遣军主蔡道恭假节屯上明以拒萧璝。

辛巳，东昏侯以太子左率李居士总督西讨诸军事，屯新亭。

九月，乙未，诏萧衍若定京邑，得以便宜从事。衍留骁骑将军郑绍叔守寻阳，与陈伯之引兵东下，谓绍叔曰："卿，吾之萧何、寇恂也。前涂不捷，我当其咎；粮运不继，卿任其责。"绍叔流涕拜辞。比克建康，绍叔督江、湘粮运，未尝乏绝。

魏司州牧广阳王嘉请筑洛阳三百二十三坊，各方三百步，曰："虽有暂劳，奸盗永息。"丁酉，诏发畿内夫五万人筑之，四旬而罢。

己亥，魏立皇后于氏。后，征虏将军劲之女；劲，烈之弟也。自祖父栗磾以来，累世贵盛，一皇后，四赠公，三领军，二尚书令，三开国公。

甲申，东昏侯以李居士为江州刺史，冠军将军王珍国为雍州刺史，建安王宝寅为荆州刺史，辅国将军申胄监郢州，龙骧将军扶风马仙琕监豫州，骁骑将军徐元称监徐州军事。珍国，广之之子也。是日，萧衍前军至芜湖，申胄军二万人弃姑孰走，衍进军，据之。戊申，东昏侯以后军参军萧璝为司州刺史，前辅国将军鲁休烈为益州刺史。

萧衍之克江、郢也，东昏侯游骋如旧，谓茹法珍曰："须来至白门前，当一决。"衍至近道，乃聚兵为固守之计，简二尚方、二冶囚徒以配军，其不可活者，于朱雀门内日斩百余人。

衍遣曹景宗等进顿江宁。丙辰，李居士自新亭选精骑一千至江宁。景宗始至，营垒未立，且师行日久，器甲穿弊。居士望而轻之，鼓噪前薄之，景宗奋击，破之，因乘胜而前，径至皂荚桥。于是王茂、邓元〔超〕〔起〕、吕僧珍进据赤鼻逻，新亭城主江道林引兵出战，众军擒之于陈。衍至新林，命王茂进据越城，邓元起据道士墩，陈伯之据篱门，吕僧珍据白板桥。李居士觇〔之〕〔知〕僧珍众少，帅锐卒万人直来薄垒。僧珍曰："吾众少，不可逆战，可勿遥射，须至堑里，当并力破之。"俄而皆越堑拔栅，僧珍分人上城，矢石俱发，自帅马步三百人出其后，城上人复逾城而下，内外奋击，居士败走，获其器甲不可胜计。居士请于东昏侯，烧南岸邑屋以开战场,自大航以西、新亭以北皆尽。衍诸弟皆自建康自拔赴军。

冬,十月,甲戌,东昏侯遣征虏将军王珍国、军主胡虎牙将精兵十万余人陈于朱雀航南,宦官王宝孙持白虎幡督战,开航背水,以绝归路。衍军小却,王茂下马,单刀直前,其甥韦欣庆执铁缠稍以翼之,冲击东军,应时而陷。曹景宗纵兵乘之,吕僧珍纵火焚其营,将士皆殊死战,鼓噪震天地。珍国等众不能抗,王宝孙切骂诸将帅,直阁将军席豪发愤突陈而死。豪,骁将也,既死,士卒土崩,赴淮死者无数,积尸与航等,后至者乘之以济。于是东昏侯诸军望之皆溃。衍军长驱至宣阳门,诸将移营稍前。

陈伯之屯西明门,每城中有降人出,伯之辄呼与耳语。衍恐其复怀翻覆,密语伯之曰:"闻城中甚忿卿举江州降,欲遣刺客中卿,宜以为虑。"伯之未之信。会东昏侯将郑伯伦来降,衍使伯伦过伯之,谓曰:"城中甚忿卿,欲遣信诱卿以封赏。须卿复降,当生割卿手足;卿若不降,复欲遣刺客杀卿。宜深为备。"伯之惧,自是始无异志。

戊寅,东昏宁朔将军徐元瑜以东府城降。青、冀二州刺史桓和入援,屯东宫。己卯,和诈东昏云出战,因以其众来降。光禄大夫张瓌弃石头还宫。李居士以新亭降于衍,琅邪城主张木亦降。壬午,衍镇石头,命诸军攻六门。东昏烧门内营署、官府,驱逼士民,悉入宫城,闭门自守。衍命诸军筑长围守之。

杨公则屯领军府垒北楼,与南掖门相对,尝登楼望战。城中遥见麾盖,以神锋弩射之,矢贯胡床,左右失色。公则曰:"几中吾脚。"谈笑如初。东昏夜选勇士攻公则栅,军中惊扰,公则坚卧不起,徐命击之,东昏兵乃退。公则所领皆湘州人,素号怯懦,城中轻之,每出荡,辄先犯公则垒。公则奖厉军士,克获更多。

先是,东昏遣军主左僧庆屯京口,常僧景屯广陵,李叔献屯瓜步,及申胄自姑孰奔归,使屯破墩,以为东北声援。至是,衍遣使晓谕,皆帅其众来降。衍遣弟辅国将军秀镇京口,辅国将军恢镇破墩,从弟宁朔将军景镇广陵。

十一月,丙申,魏以骠骑大将军穆亮为司空。丁酉,以北海王详为太傅,领司徒。初,详欲夺彭城王勰司徒,故谮而黜之,既而畏人议己,故但为大将军,至是乃居之。详贵盛翕赫,将作大匠王遇多随详所欲,私以官物给之。司空长史于忠责遇于详前曰:"殿下国之周公,阿衡王室,所须材用,自应关旨,何至阿谀附势,损公惠私也。"遇既踧踖,详亦惭谢。忠每以鲠直为详所忿,尝骂忠曰:"我忧在前见尔死,不忧尔见我死时也。"忠曰:"人生于世,自有定分,若应死于王手,避亦不免;若其不尔,王不能杀。"忠以讨咸阳王禧功,封魏郡公,迁散骑常侍,兼武卫将军。详因忠表让之际,密劝魏主以忠为列卿,令解左右,听其让爵。于是诏停其封,优进太府卿。

巴东献武公萧颖胄以萧瓛与蔡道恭相持不决，忧愤成疾，壬午，卒。夏侯详秘之，使似其书者假为教命，密报萧衍，衍亦秘之。详征兵雍州，萧伟遣萧憺将兵赴之。瓛等闻建康已危，众惧而溃，瓛及鲁休烈皆降。乃发颖胄丧，赠侍中、丞相；于是众望尽归于衍。夏侯详请与萧憺共参军国，诏以详为侍中、尚书右仆射，寻除使持节、抚军将军、荆州刺史。详固让于憺，乃以憺行荆州府州事。

魏改筑圜丘于伊水之阳，乙卯，始祀于其上。

魏镇南将军元英上书曰：“萧宝卷骄纵日甚，虐害无辜。其雍州刺史萧衍东伐秣陵，扫土兴兵，顺流而下，唯有孤城，更无重卫。乃皇天授我之日，旷载一逢之秋，此而不乘，将欲何待！臣乞躬帅步骑三万，直指沔阴，据襄阳之城，断黑水之路。昏虐君臣，自相鱼肉。我居上流，威震遐迩，长驱南出，进拔江陵，则三楚之地，一朝可收，岷、蜀之道，自成断绝。又命扬、徐二州，声言俱举，建业穷蹙，鱼游釜中，可以齐文轨而大同，混天地而为一。伏惟陛下独决圣心，无取疑议，此期脱爽，并吞无日。”事寝不报。

车骑大将军源怀上言：“萧衍内侮，宝卷孤危，广陵、淮阴等戍皆观望得失。斯实天启之期，并吞之会。宜东西齐举，以成席卷之势。若使萧衍克济，上下同心，岂惟后图之难，亦恐扬州危逼。何则？寿春之去建康才七百里，山川水陆，皆彼所谙。彼若内外无虞，君臣分定，乘舟藉水，倏忽而至，未易当也。今宝卷都邑有土崩之忧，边城无继援之望。廓清江表，正在今日。”魏主乃以任城王澄为都督淮南诸军事、镇南大将军、开府仪同三司、扬州刺史，使之经略，既而不果。怀，贺之子也。

东豫州刺史田益宗上表曰：“萧氏乱常，君臣交争，江外州镇，中分为两，东西抗峙，已淹岁时。民庶穷于转输，甲兵疲于战斗，事救于目前，力尽于麾下。无暇外维州镇，纲纪庶方，藩城棋立，孤存而已。不乘机电扫，廓彼蛮疆，恐后之经略，未易于此。且寿春虽平，三面仍梗，镇守之宜，实须豫设。义阳差近淮源，利涉津要，朝廷行师，必由此道。若江南一平，有事淮外，须乘夏水泛长，列舟长淮。师赴寿春，须从义阳之北，便是居我喉要，在虑弥深。义阳之灭，今实时矣。度彼不过须精卒一万二千。然行师之法，贵张形势。请使两荆之众西拟随、雍，扬州之卒顿于建安，得捍三关之援；然后二豫之军直据南关，对抗延头。遣一都督总诸军节度，季冬进师，迄于春末，不过十旬，克之必矣。”元英又奏称：“今宝卷骨肉相残，藩镇鼎立。义阳孤绝，密迩王土，内无兵储之固，外无粮援之期。此乃欲焚之鸟，不可去薪；授首之寇，岂容缓斧。若失此不取，岂惟后举难图，亦恐更为深患。今豫州刺史司马悦已戒严垂发，东豫州刺史田益宗兵守三关，请遣军司为之节度。”魏主乃遣直寝羊灵引为军司。益宗遂入寇。建宁太守黄天赐与益宗战于赤亭,天赐败绩。

崔慧景之逼建康也,东昏侯拜蒋子文神为假黄钺、使持节、相国、太宰、大将军、录尚书事、扬州牧、钟山王。及衍至,又尊子文为灵帝,迎神像入后堂,使巫祷祀求福。及城闭,城中军事悉委王珍国。兖州刺史张稷入卫京师,以稷为珍国之副。稷,瓌之弟也。

时城中实甲犹七万人,东昏素好军陈,与黄门、刀敕及宫人于华光殿前习战斗,诈作被创势,使人以板舆去,用为厌胜。常于殿中戎服、骑马出入,以金银为铠胄,具装饰以孔翠。昼眠夜起,一如平常。闻外鼓叫声,被大红袍,登景阳楼屋上望之,弩几中之。

始,东昏与左右谋,以为陈显达一战即败,崔慧景围城寻走,谓衍兵亦然,敕太官办樵、米为百日调而已。及大桁之败,众情凶惧。茹法珍等恐士民逃溃,故闭城不复出兵。既而长围已立,堑栅严固,然后出荡,屡战不捷。

东昏尤惜金钱,不肯赏赐,法珍叩头请之,东昏曰:"贼来独取我邪,何为就我求物?"后堂储数百具榜,启为城防,东昏欲留作殿,竟不与。又督御府作三百人精仗,待围解以拟屏除,金银雕镂杂物,倍急于常。众皆怨怠,不为致力。外围既久,城中皆思早亡,莫敢先发。

茹法珍、梅虫儿说东昏曰:"大臣不用意,使围不解,宜悉诛之。"王珍国、张稷惧祸,珍国密遣所亲献明镜于萧衍,衍断金以报之。兖州中兵参军冯翊张齐,稷之腹心也,珍国因齐密与稷谋同弑东昏。齐夜引珍国就稷,造膝定计,齐自执烛。又以计告后阁舍人钱强。十二月,丙寅夜,强密令人开云龙门,珍国、稷引兵入殿,御刀丰勇之为内应。东昏在含德殿作笙歌,寝未熟,闻兵入,趋出北户,欲还后宫,门已闭。宦者黄泰平刀伤其膝,仆地,张齐斩之。稷召尚书右仆射王亮等列坐殿前西钟下,令百僚署笺,以黄油裹东昏首,遣国子博士范云等送诣石头。右卫将军王志叹曰:"冠虽弊,何可加足!"取庭中树叶挼服之,伪闷,不署名。衍览笺无志名,心嘉之。亮,莹之从弟;志,僧虔之子也。

衍与范云有旧,即留参帷幄。王亮在东昏朝,以依违取容。萧衍至新林,百僚皆间道送款,亮独不遣。东昏败,亮出见衍,衍曰:"颠而不扶,安用彼相。"亮曰:"若其可扶,明公岂有今日之举!"城中出者,或被劫剥。杨公则亲帅麾下陈于东掖门,卫送公卿士民,故出者多由公则营焉。衍使张弘策先入清宫,封府库及图籍。于时城内珍宝委积,弘策禁勒部曲,秋毫无犯。收潘妃及嬖臣茹法珍、梅虫儿、王咺之等四十一人皆属吏。

初,海陵王之废也,王太后出居鄱阳王故第,号宣德宫。己巳,萧衍以宣德太后令追废涪陵王为东昏侯,褚后及太子诵并为庶人。以衍为中书监、大司马、录尚书事、骠骑大将军、扬州刺史,封建安郡公,依晋武陵王遵承制故事,百僚致敬;以王亮为长史。壬申,更封建安王宝寅为鄱阳王。癸酉,以司徒、扬州刺史晋安王宝义为太尉,领司徒。

己卯,衍入屯阅武堂,下令大赦。又下令:"凡昏制谬赋、淫刑滥役外,可详检前原,悉皆除荡。其主守散失,诸所损耗,精立科条,咸从原例。"又下令:"通检尚书众曹,东昏时诸诤讼失理及主者淹停不时施行者,精加讯辨,依事议奏。"又下令:"收葬义师,掩瘗逆徒之死亡者。"

潘妃有国色,衍欲留之,以问侍中、领军将军王茂,茂曰:"亡齐者此物,留之恐贻外议。"乃缢杀于狱,并诛嬖臣茹法珍等。以宫女二千分赉将士。乙酉,以辅国将军萧宏为中护军。

衍之东下也,豫州刺史马仙琕拥兵不附衍,衍使其故人姚仲宾说之,仙琕先为设酒,乃斩于军门以徇。衍又遣其族叔怀远说之,仙琕曰:"大义灭亲。"又欲斩之,军中为请,乃得免。衍至新林,仙琕犹于江西日抄运船。衍围宫城,州郡皆遣使请降,吴兴太守袁昂独拒境不受命。昂,觊之子也。

衍使驾部郎考城江革为书与昂曰:"根本既倾,枝叶安附?今竭力昏主,未足为忠;家门屠灭,非所谓孝。岂若翻然改图,自招多福。"昂复书曰:"三吴内地,非用兵之所,况以偏隅一郡,何能为役?自承麾旆届止,莫不膝祖军门,惟仆一人敢后至者,政以内揆庸素,文武无施。虽欲献心,不增大师之勇;置其愚默,宁沮众军之威。幸藉将军含弘之大,可得从容以礼。窃以一餐微施,尚复投殒,况食人之禄,而顿忘一旦。非惟物议不可,亦恐明公鄙之,所以踌躇,未遑荐璧。"

昂问时事于武康令北地傅映,映曰:"昔元嘉之末,开辟未有,故太尉杀身以明节,司徒当寄托之重,理无苟全,所以不顾夷险,以徇名义。今嗣主昏虐,曾无悛改,荆、雍协举,乘据上流,天人之意可知。愿明府深虑,无取后悔。"及建康平,衍使豫州刺史李元履巡抚东土,敕元履曰:"袁昂道素之门,世有忠节,天下须共容之,勿以兵威陵辱。"元履至吴兴,宣衍旨,昂亦不请降,开门撤备而已。

仙琕闻台城不守,号泣谓将士曰:"我受人任寄,义不容降,君等皆有父母,我为忠臣,君为孝子,不亦可乎!"乃悉遣城内兵出降,馀壮士数十,闭门独守。俄而兵入,围之数十重。仙琕令士皆持满,兵不敢近。日暮,仙琕乃投弓曰:"诸君但来见取,我义不降。"乃槛送石头。衍释之,使待袁昂至俱入,曰:"今天下见二义士。"衍谓仙琕:"射钩、斩祛,昔人所美。卿勿以杀使断运自嫌。"仙琕谢曰:"小人如失主犬,后主饲之,则复为用矣。"衍笑,皆厚遇之。丙戌,萧衍入镇殿中。

刘希祖既克安成,移檄湘部,始兴内史王僧粲应之。僧粲自称湘州刺史,引兵袭长沙。去城百余里,于是湘州郡县兵皆蜂起以应僧粲,唯临湘、湘阴、浏阳、罗四县尚全。长沙人皆欲泛舟走,行事刘坦悉聚其舟焚之,遣军主尹法略拒僧粲,战数不利。前湘州镇军钟玄绍潜结士民数百人,刻日翻城应僧粲。坦闻其谋,阳为不知,因理讼至夜,而城门遂不闭,以疑之。玄绍未发,明旦,诣坦问其故。坦久留与语,密遣亲兵收其家书,玄绍在坐,而收兵已报具得其文书本末,玄绍即首伏,于坐斩之。焚其文书,余党悉无所问。众愧且服,州郡遂安。法略与僧粲相持累月,建康城平,杨公则还州,僧粲等散走。王丹为郡人所杀,刘希祖亦举郡降。公则克己廉慎,轻刑薄赋,顷之,湘州户口几复其旧。

资治通鉴卷第一百四十五

端明殿学士兼翰林侍读学士朝散大夫右谏议大夫充集贤殿修撰提举西京嵩山崇福宫上柱国河内郡开国侯食邑一千八百户食实封六百户赐紫金鱼袋臣 司马光 奉敕编集

梁纪一 起玄黓敦牂(壬午),尽阏逢涒滩(甲申),凡三年。

高祖武皇帝一

天监元年(壬午、502)

春,正月,齐和帝遣兼侍中席阐文等慰劳建康。

大司马衍下令:"凡东昏时浮费,自非可以习礼乐之容,缮甲兵之备者,馀皆禁绝。"

戊戌,迎宣德太后入宫,临朝称制,衍解承制。

己亥,以宁朔将军萧昺监南兖州诸军事。昺,衍之从父弟也。

壬寅,进大司马衍都督中外诸军事,剑履上殿,赞拜不名。

己酉,以大司马长史王亮为中书监,兼尚书令。

初,大司马与黄门侍郎范云、南清河太守沈约、司徒右长史任昉同在竟陵王西邸,意好敦密,至是,引云为大司马谘议参军、领录事,约为骠骑司马,昉为记室参军,与参谋议。前吴兴太守谢朏、国子祭酒何胤,先皆弃官家居,衍奏征为军谘祭酒,朏、胤皆不至。

大司马内有受禅之志,沈约微扣其端,大司马不应。它日,又进曰:"今与古异,不可以淳风期物。士大夫攀龙附凤者,皆望有尺寸之功。今童儿牧竖皆知齐祚已终,明公当承其运,天文谶记又复炳然。天心不可违,人情不可失,苟历数所在,虽欲谦光,亦不可得已。"大司马曰:"吾方思之。"约曰:"公初建牙樊、沔,此时应思,今王业已成,何所复思。若不早定大业,脱有一人立异,即损威德。且人非金玉,时事难保,岂可以建安之封遗之子孙?若天子还都,公卿在位,则君臣分定,无复异心。君明于上,臣忠于下,岂复有人方更同公作贼。"大司马然之。约出,大司马召范云告之,云对略同约旨。大司马曰:"智者乃尔暗同。卿明早将休文更来。"云出,语约,约曰:"卿必待我。"云许诺,而约先期入。大司马命草具其事,约乃出怀中诏书并诸选置,大司马初无所改。俄而云自外来,至殿门,不得入,徘徊寿光阁外,但云"咄咄"。约出,问曰:"何以见处?"约举手向左,云笑曰:"不乖所望。"有顷,大司马召云入,叹约才智纵横,且曰:"我起兵于今三年矣,功臣诸将实有其劳,然成帝业者,卿二人也。”

甲寅,诏进大司马位相国,总百揆,扬州牧,封十郡为梁公,备九锡之礼,置梁百司,去录尚书之号,骠骑大将军如故。二月,辛酉,梁公始受命。

齐湘东王宝晊,安陆王缅之子也,颇好文学。东昏侯死,宝晊望物情归己,坐待法驾。既而王珍国等送首梁公,梁公以宝晊为太常,宝晊心不自安。壬戌,梁公称宝晊谋反,并其弟江陵公宝览、汝南公宝宏皆杀之。

丙寅,诏梁国选诸要职,悉依天朝之制。于是以沈约为吏部尚书兼右仆射,范云为侍中。

梁公纳东昏余妃,颇妨政事,范云以为言,梁公未之从。云与侍中、领军将军王茂同入见,云曰:“昔沛公入关,妇女无所幸,此范增所以畏其志大也。今明公始定建康,海内想望风声,奈何袭乱亡之迹,以女德为累乎!”王茂起拜曰:“范云言是也。公必以天下为念,无宜留此。”梁公默然。云即请以余氏赉王茂,梁公贤其意而许之。明日,赐云、茂钱各百万。

丙戌,诏梁公增封十郡,进爵为王。癸巳,受命,赦国内及府州所统殊死以下。

辛丑,杀齐邵陵王宝攸、晋熙王宝嵩、桂阳王宝贞。

梁王将杀齐诸王,防守犹未急。鄱阳王宝寅家阉人颜文智与左右麻拱等密谋,穿墙夜出宝寅,具小船于江岸,著乌布襦,腰系千许钱,潜赴江侧,蹑屩徒步,足无完肤。防守者至明迫之,宝寅诈为钓者,随流上下十余里,追者不疑。待散,乃渡西岸,投民华文荣家。文荣与其族人天龙、惠连弃家将宝寅遁匿山涧,赁驴乘之,昼伏宵行,抵寿阳之东城。魏戍主杜元伦驰告扬州刺史任城王澄,以车马侍卫迎之。宝寅时年十六,徒步憔悴,见者以为掠卖生口。澄待以客礼,宝寅请丧君斩衰之服,澄遣人晓示情礼,以丧兄齐衰之服给之。澄帅官僚赴吊,宝寅居处有礼,一同极哀之节。寿阳多其故义,皆受慰唁,唯不见夏侯一族,以夏侯详从梁王故也。澄深器重之。

齐和帝东归,以萧憺为都督荆、湘等六州诸军事、荆州刺史。荆州军旅之后,公私空乏,憺厉精为治,广屯田,省力役,存问兵死之家,供其乏困。自以少年居重任,谓佐吏曰:“政之不臧,士君子所宜共惜。吾今开怀,卿其无隐。”于是人人得尽意,民有讼者皆立前待符教,决于俄顷,曹无留事,荆人大悦。

齐和帝至姑孰,丙辰,下诏禅位于梁。

丁巳,庐陵王宝源卒。

鲁阳蛮鲁北燕等起兵攻魏颍州。

夏,四月,辛酉,宣德太后令曰:“西诏至,帝宪章前代,敬禅神器于梁。明可临轩,遣使恭授玺绶,未亡人归于别宫。"壬戌,发策,遣兼太保、尚书令亮等奉皇帝玺绶诣梁宫。丙寅,梁王即皇帝位于南郊,大赦,改元。是日,追赠兄懿为丞相,封长沙王,谥曰宣武,葬礼依晋安平献王故事。

丁卯,奉和帝为巴陵王,宫于姑孰,优崇之礼,皆仿齐初。奉宣德太后为齐文帝妃,王皇后为巴陵王妃。齐世王、侯封爵,悉从降省,唯宋汝阴王不在除例。

追尊皇考为文皇帝,庙号太祖;皇妣为献皇后。追谥妃郗氏为德皇后。封文武功臣车骑将军夏侯详等十五人为公、侯。立皇弟中护军宏为临川王,南徐州刺史秀为安成王,雍州刺史伟为建安王,左卫将军恢为鄱阳王,荆州刺史憺为始兴王,以宏为扬州刺史。

丁卯,以中书监王亮为尚书令,相国左长史王莹为中书监,吏部尚书沈约为尚书仆射,长兼侍中范雲为散骑常侍、吏部尚书。

诏凡后宫、乐府、西解、暴室诸妇女一皆放遣。

戊辰,巴陵王卒。时上欲以南海郡为巴陵国,徙王居之。沈约曰:"古今殊事,魏武所云'不可慕虚名而受实祸'。"上颔之,乃遣所亲郑伯禽诣姑孰,以生金进王。王曰:"我死不须金,醇酒足矣。"乃饮沉醉,伯禽就摺杀之。

王之镇荆州也,琅邪颜见远为录事参军,及即帝位,为治书侍御史兼中丞,既禅位,见远不食数日而卒。上闻之,曰:"我自应天从人,何预天下士大夫事? 而颜见远乃至于此。"

庚午,诏:"有司依周、汉故事,议赎刑条格,凡在官身犯鞭杖之罪,悉入赎停罚,其台省令史、士卒欲赎者听之。"

以谢沐县公宝义为巴陵王,奉齐祀。宝义幼有废疾,不能言,故独得全。

齐南康侯子恪及弟祁阳侯子範尝因事入见,上从容谓曰:"天下公器,非可力取,苟无期运,虽项籍之力终亦败亡。宋孝武性猜忌,兄弟粗有令名者皆鸩之,朝臣以疑似枉死者相继。然或疑而不能去,或不疑而卒为患,如卿祖以材略见疑,而无如之何,湘东以庸愚不疑,而子孙皆死其手。我于时已生,彼岂知我应有今日。固知有天命者非人所害。我初平建康,人皆劝我除去卿辈以壹物心,我于时依而行之,谁谓不可? 正以江左以来,代谢之际,必相屠灭,感伤和气,所以国祚不长。又,齐、梁虽云革命,事异前世,我与卿兄弟虽复绝服,宗属未远,齐业之初亦共甘苦,情同一家,岂可遽如行路之人! 卿兄弟果有天命,非我所杀;若无天命,何忽行此! 适足示无度量耳。且建武涂炭卿门,我起义兵,非惟自雪门耻,亦为卿兄弟报仇。卿若能在建武、永元之世拨乱反正,我岂得不释戈推奉邪! 我自取天下于明帝家,非取之于卿家也。昔刘子舆自称成帝子,光武言:'假使成帝更生,天下亦不复可得,况子舆乎!'曹志,魏武帝之孙,为晋忠臣。况卿今日犹是宗室,我方坦然相期,卿无复怀自外之意。小待自当知我寸心。"子恪兄弟凡十六人,皆仕梁,子恪、子範、子质、子显、子雲、子晖并以才能知名,历官清显,各以寿终。

诏征谢朏为左光禄大夫、开府仪同三司,何胤为右光禄大夫,何点为侍中。胤、点终不就。

癸酉,诏:"公车府谤木、肺石傍各置一函。若肉食莫言,欲有横议,投谤木函。若有功劳才器冤沉莫达者,投肺石函。"

上身服浣濯之衣,常膳唯以菜蔬。每简长吏,务选廉平,皆召见于前,勖以政道。擢尚书殿中郎到溉为建安内史,左户侍郎刘霁为晋安太守,二人皆以廉洁著称。溉,彦之曾孙也。又著令:"小县令有能,迁大县,大县有能,迁二千石。"以山阴令丘仲孚为长沙内史,武康令东海何远为宣城太守。由是廉能莫不知劝。

鲁阳蛮围魏湖阳,抚军将军李崇将兵击破之,斩鲁北燕,徙万余户于幽、并诸州及六镇,寻叛南走,所在追讨,比及河,杀之皆尽。

闰月,丁巳,魏顿丘匡公穆亮卒。

齐东昏侯嬖臣孙文明等,虽经赦令,犹不自安,五月,乙亥夜,帅其徒数百人,因运荻炬,束仗入南、北掖作乱,烧神虎门、总章观,入卫尉府,杀卫尉洮阳愍侯张弘策。前军司马吕僧珍直殿内,以宿卫兵拒之,不能却。上戎服御前殿,曰:"贼夜来,是其众少,晓则走矣。"命击五鼓。领军将军王茂、骁骑将军张惠绍闻难,引兵赴救,盗乃散走,讨捕,悉诛之。

江州刺史陈伯之,目不识书,得文牒辞讼,惟作大诺而已。有事,典签传口语,与夺决于主者。豫章人邓缮、永兴人戴永忠有旧恩于伯之,伯之以缮为别驾,永忠为记室参军。河南褚缉绅居建康,素薄行,仕宦不得志,频造尚书范雲,雲不礼之。缉怒,私谓所亲曰:"建武以后,草泽下族悉化成贵人,吾何罪而见弃。今天下草创,饥馑不已,丧乱未可知。陈伯之拥强兵在江州,非主上旧臣,有自疑之意。且荧惑守南斗,讵非为我出邪?今者一行,事若无成,入魏不失作河南郡守。"遂投伯之,大见亲狎。伯之又以乡人朱龙符为长流参军,并乘伯之愚暗,恣为奸利。

上闻之,使陈虎牙私戒伯之,又遣人代邓缮为别驾。伯之并不受命,表云:"龙符骁勇,邓缮有绩效。台所遣别驾,请以为治中。"缮于是日夜说伯之云:"台家府藏空竭,复无器仗,三仓无米,东境饥流,此万世一时也,机不可失。"缉、永忠等共赞成之。伯之谓缮:"今启卿,若复不得,即与卿共反。"上敕伯之以部内一郡处缮,于是伯之集州州僚佐谓曰:"奉齐建安王教,帅江北义勇十万,已次六合,见使以江州见力运粮速下。我荷明帝厚恩,誓死以报。"即命纂严,使缉诈为萧宝寅书以示僚佐，于听事前为坛，歃血共盟。

绰说伯之曰：“今举大事，宜引众望。长史程元冲，不与人同心。临川内史王观，僧虔之孙，人身不恶，可召为长史，以代元冲。”伯之从之，仍以绰为寻阳太守，永忠为辅义将军，龙符为豫州刺史。观不应命。豫章太守郑伯伦起郡兵拒守。程元冲既失职，于家合帅数百人，乘伯之无备，突入至听事前。伯之自出格斗，元冲不胜，逃入庐山。伯之密遣信报虎牙兄弟，皆逃奔盱眙。

戊子，诏以领军将军王茂为征南将军、江州刺史，帅众讨之。

魏扬州小岘戍主党法宗袭大岘戍，破之，虏龙骧将军邾菩萨。

陈伯之闻王茂来，谓褚绰等曰：“王观既不就命，郑伯伦又不肯从，便应空手受困。今先平豫章，开通南路，多发丁力，益运资粮，然后席卷北向，以扑饥疲之众，不忧不济。”六月，留乡人唐盖人守城，引兵趣豫章，攻伯伦，不能下。王茂军至，伯之表里受敌，遂败走，间道渡江，与虎牙等及褚绰俱奔魏。

上遣左右陈建孙送刘季连子弟三人入蜀，使谕旨慰劳。季连受命，饬还装，益州刺史邓元起始得之官。

初，季连为南郡太守，不礼于元起。都录朱道琛有罪，季连欲杀之，逃匿得免。至是，道琛为元起典签，说元起曰：“益州乱离已久，公私虚耗。刘益州临归，岂办远遣迎候！道琛请先使检校，缘路奉迎，不然，万里资粮，未易可得。”元起许之。道琛既至，言语不恭，又历造府州人士，见器物辄夺之，有不获者，语曰：“会当属人，何须苦惜。”于是军府大惧，谓元起至必诛季连，祸及党与，竞言之于季连。季连亦以为然，且惧昔之不礼于元起，乃召兵算之，有精甲十万，叹曰：“据天险之地，握此强兵，进可以匡社稷，退不失作刘备，舍此安之！”遂召佐史，矫称齐宣德太后令，聚兵复反，收朱道琛，杀之。召巴西太守朱士略及涪令李膺，并不受命。是月，元起至巴西，士略开门纳之。

先是，蜀民多逃亡，闻元起至，争出投附，皆称起义兵应朝廷，军士新故三万余人。元起在道久，粮食乏绝。或说之曰：“蜀土政慢，民多诈疾，若检巴西一郡籍注，因而罚之，所获必厚。”元起然之。李膺谏曰：“使君前有严敌，后无继援，山民始附，于我观德。若纠以刻薄，民必不堪，众心一离，虽悔无及，何必起疾可以济师。膺请出图之，不患资粮不足也。”元起曰：“善。一以委卿。”膺退，帅富民上军资米，得三万斛。

秋，八月，丁未，命尚书删定郎济阳蔡法度损益王植之集注旧律，为《梁律》，仍命与尚书令王亮、侍中王莹、尚书仆射沈约、吏部尚书范雲等九人同议定。

上素善钟律，欲厘正雅乐，乃自制四器，名之为“通”。每通施三弦，黄钟弦用二百七十丝，长九尺，应钟弦用一百四十二丝，长四尺七寸四分差强，中间十律，以是为差。因以通声转推月气,悉无差违,而还得相中。又制十二笛,黄钟笛长三尺八寸,应钟笛长二尺三寸,中间十律以是为差,以写通声,饮古钟玉律,并皆不差。于是被以八音,施以七声,莫不和韵。先是,宫悬止有四镈钟,杂以编钟、编磬、衡钟凡十六虡。上始命设十二镈钟,各有编钟、编磬,凡三十六虡,而去衡钟,四隅植建鼓。

魏高祖之丧,前太傅平阳公丕自晋阳来赴,遂留洛阳。丕年八十余,历事六世,位极公辅,而还为庶人。魏主以其宗室耆旧,矜而礼之。乙卯,以丕为三老。

魏扬州刺史任城王澄表请攻钟离,魏主使羽林监敦煌范绍诣寿阳,共量进止。澄曰:“当用兵十万,往来百日,乞朝廷速办粮仗。”绍曰:“今秋已向末,方欲调发,兵仗可集,粮何由致? 有兵无粮,何以克敌?”澄沉思良久,曰:“实如卿言。”乃止。

九月,丁巳,魏主如邺。冬,十月,庚子,还至怀,与宗室近侍射远,帝射三百五十余步,群臣刻铭以美之。甲辰,还洛阳。

十一月,己未,立小庙以祭太祖之母,每祭太庙毕,以一太牢祭之。

甲子,立皇子统为太子。

魏洛阳宫室始成。

十二月,将军张嚣之侵魏淮南,取木陵戍。魏任城王澄遣辅国将军成兴击之,甲辰,嚣之败走,魏复取木陵。

刘季连遣其将李奉伯等拒邓元起,元起与战,互有胜负。久之,奉伯等败,还成都,元起进屯西平。季连驱略居民,闭城固守。元起进屯蒋桥,去成都二十里,留辎重于郫。奉伯等间道袭郫,陷之,军备尽没。元起舍郫,径围州城。城局参军江希之谋以城降,不克而死。

魏陈留公主寡居,仆射高肇、秦州刺史张彝皆欲尚之,公主许彝而不许肇。肇怒,潜彝于魏主,彝坐沉废累年。

是岁,江东大旱,米斗五千,民多饿死。

二年(癸未、503)

春,正月,乙卯,以尚书仆射沈约为左仆射,吏部尚书范云为右仆射,尚书令王亮为左光禄大夫。丙辰,亮坐正旦诈疾不登殿,削爵,废为庶人。

乙亥,魏主耕藉田。

魏梁州氐杨会叛,行梁州事杨椿等讨之。

成都城中食尽,升米三千,人相食。刘季连食粥累月,计无所出。上遣主书赵景悦宣诏受季连降,季连肉袒请罪。邓元起迁季连于城外,俄而造焉,待之以礼。季连谢曰:“早知如此,岂有前日之事。”郫城亦降。元起诛李奉伯等,送季连诣建康。

初,元起在道,惧事不集,无以为赏,士之至者皆许以辟命,于是受别驾、治中檄者将二千人。

季连至建康,入东掖门,数步一稽颡,以至上前。上笑曰:"卿欲慕刘备,而曾不及公孙述,岂无卧龙之臣邪!"赦为庶人。

三月,己巳,魏皇后蚕于北郊。

庚辰,魏扬州刺史任城王澄遣长风戍主奇道显入寇,取阴山、白藋二戍。

萧宝寅伏于魏阙之下,请兵伐梁,虽暴风大雨,终不暂移。会陈伯之降魏,亦请兵自效。魏主乃引八坐、门下入定议。夏,四月,癸未朔,以宝寅为都督东扬等三州诸军事、镇东将军、扬州刺史、丹杨公、齐王,礼赐甚厚,配兵一万,令屯东城;以伯之为都督淮南诸军事、平南将军、江州刺史,屯阳石,俟秋冬大举。宝寅明当拜命,其夜恸哭至晨。魏人又听宝寅募四方壮勇,得数千人,以颜文智、华文荣等六人皆为将军、军主。宝寅志性雅重,过期犹绝酒肉,惨形悴色,蔬食粗衣,未尝嬉笑。

癸卯,蔡法度上《梁律》二十卷,《令》三十卷,《科》四十卷。诏班行之。

五月,丁巳,霄城文侯范雲卒。

雲尽心事上,知无不为,临繁处剧,精力过人。及卒,众谓沈约宜当枢管,上以约轻易,不如尚书左丞徐勉,乃以勉及右卫将军汝南周舍同参国政。舍雅量不及勉,而清简过之,两人俱称贤相,常留省内,罕得休下。勉或时还宅,群犬惊吠;每有表奏,辄焚其稿。舍豫机密二十余年,未尝离左右,国史、诏诰、仪体、法律、军旅谋谟皆掌之。与人言谑,终日不绝,而竟不漏泄机事,众尤服之。

壬申,断诸郡县献奉二宫,惟诸州及会稽许贡任土,若非地产,亦不得贡。

甲戌,魏杨椿等大破叛氐,斩首数千级。

六月,壬午朔,魏立皇弟悦为汝南王。

魏扬州刺史任城王澄表称:"萧衍频断东关,欲令涑湖泛溢,以灌淮南诸戍。吴、楚便水,且灌且掠,淮南之地,将非国有。寿阳去江五百余里,众庶惶惶,并惧水害。脱乘民之愿,攻敌之虚,豫勒诸州,纂集士马,首秋大集,应机经略,虽混壹不能必果,江西自是无虞矣。"丙戌,魏发冀、定、瀛、相、并、济六州二万人,马一千五百匹,令仲秋之中毕会淮南,并寿阳先兵三万,委澄经略。萧宝寅、陈伯之皆受澄节度。

谢朓轻舟出诣阙,诏以为侍中、司徒、尚书令。朓辞脚疾不堪拜谒,角巾自舆诣云龙门谢。诏见于华林园,乘小车就席。明旦,上幸朓宅,宴语尽欢。朓固陈本志,不许,因请自还东迎母,许之。临发,上复临幸,赋诗饯别。王人送迎,相望于道。及还,诏起府于旧宅,礼遇优异。朏素惮烦,不省职事,众颇失望。

甲午,以中书监王莹为尚书右仆射。

秋,七月,乙卯,魏平阳平公丕卒。

魏既罢盐池之禁,而其利皆为富强所专。庚午,复收盐池利入公。

辛未,魏以彭城王勰为太师,勰固辞。魏主赐诏敦谕,又为家人书,祈请恳至,勰不得已受命。

八月,庚子,魏以镇南将军元英都督征义阳诸军事。司州刺史蔡道恭闻魏军将至,遣骁骑将军杨由帅城外居民三千余家保贤首山,为三栅。冬,十月,元英勒诸军围贤首栅,栅民任马驹斩由降魏。

任城王澄命统军党法宗、傅竖眼、太原王神念等分兵寇东关、大岘、淮陵、九山,高祖珍将三千骑为游军,澄以大军继其后。竖眼,灵越之子也。魏人拔关要、颍川、大岘三城,白塔、牵城、清溪皆溃。徐州刺史司马明素将兵三千救九山,徐州长史潘伯邻据淮陵,宁朔将军王燮保焦城。党法宗等进拔焦城,破淮陵,十一月,壬午,擒明素,斩伯邻。

先是,南梁太守冯道根戍阜陵,初到,修城隍,远斥候,如敌将至,众颇笑之。道根曰:“怯防勇战,此之谓也。”城未毕,党法宗等众二万奄至城下,众皆失色。道根命大开门,缓服登城,选精锐二百人出与魏兵战,破之。魏人见其意思闲暇,战又不利,遂引去。道根将百骑击高祖珍,破之。魏诸军粮运绝,引退。以道根为豫州刺史。

武兴安王杨集始卒。己未,魏立其世子绍先为武兴王。绍先幼,国事决于二叔父集起、集义。

乙亥,尚书左仆射沈约以母忧去职。

魏既迁洛阳,北边荒远,因以饥馑,百姓困弊。魏主加尚书左仆射源怀侍中、行台,使持节巡行北边六镇、恒、燕、朔三州,赈给贫乏,考论殿最,事之得失,皆先决后闻。怀通济有无,饥民赖之。沃野镇将于祚,皇后之世父,与怀通婚。时于劲方用事,势倾朝野,祚颇有受纳。怀将入镇,祚郊迎道左,怀不与语,即劾奏免官。怀朔镇将元尼须与怀旧交,贪秽狼籍,置酒请怀,谓怀曰:“命之长短,系卿之口,岂可不相宽贷?”怀曰:“今日源怀与故人饮酒之坐,非鞫狱之所也。明日公庭,始为使者检镇将罪状之处耳。”尼须挥泪无以对,竟案劾抵罪。怀又奏:“边镇事少而置官猥多,沃野一镇自将以下八百余人,请一切五分损二。”魏主从之。

乙酉,将军吴子阳与魏元英战于白沙,子阳败绩。

魏东荆州蛮樊素安作乱。乙酉,以左卫将军李崇为镇南将军、都督征蛮诸军事,将步骑讨之。

冯翊吉翂父为原乡令，为奸吏所诬，逮诣廷尉，罪当死。翂年十五，挝登闻鼓，乞代父命。上以其幼，疑人教之，使廷尉卿蔡法度严加诱胁，取其款实。法度盛陈拷讯之具，诘翂曰："尔求代父，敕已相许，审能死不？且尔童骏，若为人所教，亦听悔异。"翂曰："囚虽愚幼，岂不知死之可惮。顾不忍见父极刑，故求代之。此非细故，奈何受人教邪！明诏听代，不异登仙，岂有回贰。"法度乃更和颜诱之曰："主上知尊侯无罪，行当得释，观君足为佳童，今若转辞，幸可父子同济。"翂曰："父挂深劾，必正刑书，囚瞑目引领，唯听大戮，无言复对。"时翂备加柸械，法度愍之，命更著小者。翂弗听，曰："死罪之囚，唯宜益械，岂可减乎？"竟不脱。法度具以闻，上乃宥其父罪。

丹杨尹王志求其在廷尉事，并问乡里，欲于岁首举充纯孝。翂曰："异哉王尹，何量翂之薄乎！父辱子死，道固当然。若翂当此举乃是因父取名，何辱如之！"固拒而止。

魏主纳高肇兄偃之女为贵嫔。

魏散骑常侍赵脩，寒贱暴贵，恃宠骄恣，陵轹王公，为众所疾。魏主为修治第舍，拟于诸王，邻居献地者或超补大郡。脩请告归葬其父，凡财役所须，并从官给。脩在道淫纵，左右乘其出外，颇发其罪恶，及还，旧宠小衰。高肇密构成其罪，侍中、领御史中尉甄琛、黄门郎李凭、廷尉卿阳平王显，素皆谄附于脩，至是惧相连及，争助肇攻之。帝命尚书元绍检讯，下诏暴其奸恶，免死，鞭一百，徙敦煌为兵。而脩愚疏，初不之知，方在领军于劲第樗蒲，羽林数人称诏呼之，送诣领军府。甄琛、王显监罚，先具问事有力者五人，迭鞭之，欲令必死。脩素肥壮，堪忍楚毒，密加鞭至三百不死。即召驿马，促之上道，出城不自胜，举缚置鞍中，急驱之，行八十里，乃死。帝闻之，责元绍不重闻，绍曰："脩之佞幸，为国深蠹，臣不因衅除之，恐陛下受万世之谤。"帝以其言正，不罪也。绍出，广平王怀拜之曰："翁之直过于汲黯。"绍曰："但恨戮之稍晚，以为愧耳。"绍，素之孙也。明日，甄琛、李凭以脩党皆坐免官，左右与脩连坐死黜者二十余人。散骑常侍高聪与脩素亲狎，而又以宗人谄事高肇，故独得免。

三年（甲申、504）

春，正月，庚戌，征虏将军赵祖悦与魏江州刺史陈伯之战于东关，祖悦败绩。

癸丑，以尚书右仆射王莹为左仆射，太子詹事柳惔为右仆射。

丙辰，魏东荆州刺史杨大眼击叛蛮樊季安等，大破之。季安，素安之弟也。

丙寅，魏大赦，改元正始。

萧宝寅行及汝阴，东城已为梁所取，乃屯寿阳栖贤寺。二月，戊子，将军姜庆真乘魏任城王澄在外，袭寿阳，据其外郭。长史韦缵仓猝失图，任城太妃孟氏勒兵登陴，先守要便，激厉文武，安慰新旧，劝以赏罚，将士咸有奋志。太妃亲巡城守，不避矢石。萧宝寅引兵至，与州军合击之，自四鼓战至下晡，庆真败走。韦缵坐免官。

任城王澄攻钟离，上遣冠军将军张惠绍等将兵五千送粮诣钟离，澄遣平远将军刘思祖等邀之。丁酉，战于邵阳，大败梁兵，俘惠绍等十将，杀虏士卒殆尽。思祖，芳之从子也。尚书论思祖功，应封千户侯，侍中、领右卫将军元晖求二婢于思祖，不得，事遂寝。晖，素之孙也。

上遣平西将军曹景宗、后军王僧炳等帅步骑三万救义阳。僧炳将二万人据凿岘，景宗将万人为后继，元英遣冠军将军元逞等据樊城以拒之。三月，壬申，大破僧炳于樊城，俘斩四千余人。

魏诏任城王澄，以"四月淮水将涨，舟行无碍，南军得时，勿昧利以取后悔。"会大雨，淮水暴涨，澄引兵还寿阳。魏军还既狼狈，失亡四千余人。中书侍郎齐郡贾思伯为澄军司，居后为殿，澄以其儒者，谓之必死，及至，大喜曰："'仁者必有勇'，于军司见之矣。"思伯托以失道，不伐其功。有司奏夺澄开府，仍降三阶。上以所获魏将士请易张惠绍于魏，魏人归之。

魏太傅、领司徒、录尚书北海王详，骄奢好声色，贪冒无厌，广营第舍，夺人居室，嬖昵左右，所在请托，中外嗟怨。魏主以其尊亲，恩礼无替，军国大事皆与参决，所奏请无不开允。魏主之初亲政也，以兵召诸叔，详与咸阳、彭城王共车而入，防卫严固。高太妃大惧，乘车随而哭之。既得免，谓详曰："自今不愿富贵，但使母子相保，与汝扫市为生耳。"及详再执政，太妃不复念前事，专助详为贪虐。冠军将军茹皓，以巧思有宠于帝，常在左右，传可门下奏事，弄权纳贿，朝野惮之，详亦附焉。皓娶尚书令高肇从妹，皓妻之姊为详从父安定王燮之妃，详㛰于燮妃，由是与皓益相昵狎。直阁将军刘胄，本详所引荐，殿中将军常季贤以善养马，陈扫静掌栉，皆得幸于帝，与皓相表里，卖权势。

高肇本出高丽，时望轻之。帝既黜六辅，诛咸阳王禧，专委事于肇。肇以在朝亲族至少，乃邀结朋援，附之者旬月超擢，不附者陷以大罪。尤忌诸王，以详位居其上，欲去之，独执朝政，乃谮之于帝，云"详与皓、胄、季贤、扫静谋为逆乱"。夏，四月，帝夜召中尉崔亮入禁中，使弹奏详贪淫奢纵，及皓等四人怙权贪横，收皓等系南台，遣虎贲百人围守详第。又虑详惊惧逃逸，遣左右郭翼开金墉门驰出谕旨，示以中尉弹状，详曰："审如中尉所纠，何忧也，正恐更有大罪横至耳。人与我物，我实受之。"诘朝，有司奏处皓等罪，皆赐死。

帝引高阳王雍等五王入议详罪。详单车防卫，送华林园，母妻随入，给小奴弱婢数〔人〕，围守甚严，内外不通。五月，丁未朔，下诏宥详死，免为庶人。顷之，徙详于太府寺,围禁弥急,母妻皆还南第,五日一来视之。

初,详娶宋王刘昶女,待之疏薄。详既被禁,高太妃乃知安定高妃事,大怒曰:"汝妻妾盛多如此,安用彼高丽婢,陷罪至此!"杖之百余,被创脓溃,旬余乃能立。又杖刘妃数十,曰:"妇人皆妒,何独不妒!"刘妃笑而受罚,卒无所言。

详家奴数人阴结党辈,欲劫出详,密书姓名,托侍婢通于详。详始得执省,而门防主司遥见,突入就详手中揽得,奏之,详恸哭数声,暴卒。诏有司以礼殡葬。

先是,典事史元显献鸡雏,四翼四足,诏以问侍中崔光。光上表曰:"汉元帝初元中,丞相府史家雌鸡伏子,渐化为雄,冠距鸣将。永光中,有献雄鸡生角,刘向以为'鸡者小畜,主司时,起居人,小臣执事为政之象也。'竟宁元年,石显伏辜,此其效也。灵帝光和元年,南宫寺雌鸡欲化为雄,但头冠未变,诏以问议郎蔡邕,对曰:'头为元首,人君之象也。今鸡一身已变,未至于头,而上知之,是将有其事而不遂成之象也。若应之不精,政无所改,头冠或成,为患滋大。'是后黄巾破坏四方,天下遂大乱。今之鸡状虽与汉不同,而其应颇相类,诚可畏也。臣以向、邕言推之,翼足众多,亦群下相扇助之象,雏而未大,足羽差小,亦其势尚微,易制御也。臣闻灾异之见,皆所以示吉凶,明君睹之而惧,乃能致福;暗主睹之而慢,所以致祸。或者今亦有自贱而贵,关预政事,如前世石显之比者邪。愿陛下进贤黜佞,则妖弭庆集矣。"后数日,皓等伏诛,帝愈重光。

高肇说帝,使宿卫队主帅羽林虎贲守诸王第,殆同幽禁。彭城王勰切谏,不听。勰志尚高迈,不乐荣势,避事家居,而出无山水之适,处无知己之游,独对妻子,常郁郁不乐。

魏人围义阳,城中兵不满五千人,食才支半岁。魏军攻之,昼夜不息,刺史蔡道恭随方抗御,皆应手摧却,相持百余日,前后斩获不可胜计。魏军惮之,将退。会道恭疾笃,乃呼从弟骁骑将军灵恩、兄子尚书郎僧勰及诸将佐谓曰:"吾受国厚恩,不能攘灭寇贼,今所苦转笃,势不支久,汝等当以死固节,无令吾没有遗恨。"众皆流涕。道恭卒,灵恩摄行州事,代之城守。

六月,癸未,大赦。

魏大旱,散骑常侍兼尚书邢峦奏称:"昔者明王重粟帛,轻金玉。何则?粟帛养民而安国,金玉无用而败德故也。先帝深鉴奢泰,务崇节俭,至以纸绢为帐扆,铜铁为辔勒,府藏之金,裁给而已,不复买积以费国资。逮景明之初,承升平之业,四境清晏,远迩来同,于是贡篚相继,商估交入,诸所献纳,倍多于常,金玉常有余,国用恒不足。苟非为之分限,但恐岁计不充,自今请非要须者,一切不受。"魏主纳之。

秋,七月,癸丑,角城戍主柴庆宗以城降魏,魏徐州刺史元鉴遣淮阳太守吴秦生将千余人赴之。淮阴援军断其路,秦生屡战破之,遂取角城。

甲子,立皇子综为豫章王。

魏李崇破东荆叛蛮,生擒樊素安,进讨西荆诸蛮,悉降之。

魏人闻蔡道恭卒,攻义阳益急,短兵日接。曹景宗顿凿岘不进,但耀兵游猎而已。上复遣宁朔将军马仙琕救义阳,仙琕转战而前,兵势甚锐。元英结垒于士雅山,分命诸将伏于四山,示之以弱。仙琕乘胜直抵长围,掩英营,英伪北以诱之,至平地,纵兵击之。统军傅永擐甲执槊,单骑先入,唯军主蔡三虎副之,突陈横过。梁兵射永,洞其左股,永拔箭复入。仙琕大败,一子战死,仙琕退走。英谓永曰:"公伤矣,且还营。"永曰:"昔汉祖扪足,不欲人知。下官虽微,国家一将,奈何使贼有伤将之名!"遂与诸军追之,尽夜而返,时年七十余矣,军中莫不壮之。仙琕复帅万余人进击英,英又破之,杀将军陈秀之。仙琕知义阳危急,尽锐决战,一日三交,皆大败而返。蔡灵恩势穷,八月,乙酉,降于魏。三关戍将闻之,辛酉,亦弃城走。

英使司马陆希道为露板,嫌其不精,命傅永改之。永不增文彩,直为之陈列军事处置形要而已,英深赏之,曰:"观此经算,虽有金城汤池,不能守矣。"初,南安惠王以预穆泰之谋,追夺爵邑。及英克义阳,乃复立英为中山王。

御史中丞任昉奏弹曹景宗,上以其功臣,寝而不治。

卫尉郑绍叔忠于事上,外所闻知,纤豪无隐。每为上言事,善则推功于上,不善则引咎归己,上以是亲之。诏于南义阳置司州,移镇关南,以绍叔为刺史。绍叔立城隍,缮器械,广田积谷,招集流散,百姓安之。

魏置郢州于义阳,以司马悦为刺史。上遣马仙琕筑竹敦、麻阳二城于三关南,司马悦遣兵攻竹敦,拔之。

九月,壬子,以吐谷浑王伏连筹为西秦、河二州刺史、河南王。

柔然侵魏之沃野及怀朔镇,诏车骑大将军源怀出行北边,指授规略,随须征发,皆以便宜从事。怀至云中,柔然遁去。怀以为用夏制夷,莫如城郭,还至恒、代,案视诸镇左右要害之地,可以筑城置戍之处,欲东西为九城,及储粮积仗之宜,犬牙相救之势,凡五十八条,表上之,曰:"今定鼎成周,去北遥远。代表诸国,颇或外叛,仍遭旱饥,戎马甲兵,十分阙八。谓宜准旧镇,东西相望,令形势相接,筑城置戍,分兵要害,劝农积粟,警急之日,随便剿讨。彼游骑之寇,终不敢攻城,亦不敢越城南出。如此,北方无忧矣。"魏主从之。

魏之太和十六年,高祖诏中书监高闾与给事中公孙崇考定雅乐,久之,未就。会高祖殂,高闾卒。景明中,崇为太乐令,上所调金石及书。至是,世宗始命八座已下议之。

冬，十一月，戊午，魏诏营缮国学。时魏平宁日久，学业大盛，燕、齐、赵、魏之间，教授者不可胜数，弟子著录多者千余人，少者犹数百，州举茂异，郡贡孝廉，每年逾众。

甲子，除以金赎罪之科。

十二月，丙子，魏诏殿中郎陈郡袁翻等议定律令，彭城王勰等监之。

己亥，魏主幸伊阙。

上雅好儒术，以东晋、宋、齐虽开置国学，不及十年辄废之，其存亦文具而已，无讲授之实。

资治通鉴卷第一百四十六

端明殿学士兼翰林侍读学士朝散大夫右谏议大夫充集贤殿修撰提举西京嵩山崇福宫上柱国河内郡开国侯食邑一千八百户食实封六百户赐紫金鱼袋臣　司马光　奉敕编集

梁纪二 起旃蒙作噩(乙酉)，尽强圉大渊献(丁亥)，凡三年。

高祖武皇帝二

天监四年(乙酉、505)

春，正月，癸卯朔，诏曰："二汉登贤，莫非经术，服膺雅道，名立行成。魏、晋浮荡，儒教沦歇，风节罔树，抑此之由。可置'五经'博士各一人，广开馆宇，招内后进。"于是以贺玚及平原明山宾、吴兴沈峻、建平严植之补博士，各主一馆，馆有数百生，给其饩廪，其射策通明者即除为吏，期年之间，怀经负笈者云会。玚，循之玄孙也。又选学生，往会稽云门山从何胤受业，命胤选门徒中经明行修者，具以名闻。分遣博士祭酒巡州郡立学。

初，谯国夏侯道迁以辅国将军从裴叔业镇寿阳，为南谯太守，与叔业有隙，单骑奔魏。魏以道迁为骁骑将军，从王肃镇寿阳，使道迁守合肥。肃卒，道迁弃戍来奔，从梁、秦二州刺史庄丘黑镇南郑，以道迁为长史，领汉中太守。黑卒，诏以都官尚书王珍国为刺史，未至，道迁阴与军主考城江忱之等谋降魏。

先是，魏仇池镇将杨灵珍叛魏来奔，朝廷以为征虏将军、假武都王，助戍汉中，有部曲六百余人，道迁惮之。上遣左右吴公之等使南郑，道迁遂杀使者，发兵击灵珍父子，斩之，并使者首送于魏。白马戍主尹天宝闻之，引兵击道迁，败其将庞树，遂围南郑。道迁求救于氐王杨绍先、杨集起、杨集义，皆不应，集义弟集朗独引兵救道迁，击天宝，杀之。魏以道迁为平南将军、豫州刺史、丰县侯。又以尚书邢峦为镇西将军、都督征梁、汉诸军事，将兵赴之。道迁受平南，辞豫州，且求公爵，魏主不许。

辛亥，上祀南郊，大赦。

乙丑，魏以骠骑大将军高阳王雍为司空，加尚书令广阳王嘉仪同三司。

二月，丙子，魏以宕昌世子梁弥博为宕昌王。

上谋伐魏，壬午，遣卫尉卿杨公则将宿卫兵塞洛口。

壬辰，交州刺史李凯据州反，长史李畟讨平之。

魏邢峦至汉中，击诸城戍，所向摧破。晋寿太守王景胤据石亭，峦遣统军李义珍击走之。魏以峦为梁、秦二州刺史。巴西太守庞景民据郡不下,郡民严玄思聚众自称巴州刺史,附于魏,攻景民,斩之。杨集起、集义闻魏克汉中而惧,闰月,帅群氐叛魏,断汉中粮道,峦屡遣军击破之。

夏,四月,丁巳,以行宕昌王梁弥博为河、凉二州刺史、宕昌王。

冠军将军孔陵等将兵二万戍深阬,鲁方达戍南安,任僧褒等戍石同,以拒魏。邢峦遣统军王足将兵击之,所至皆捷,遂入剑阁。陵等退保梓潼,足又进击破之。梁州十四郡地,东西七百里,南北千里,皆入于魏。

初,益州刺史当阳侯邓元起以母老乞归,诏征为右卫将军,以西昌侯渊藻代之。渊藻,懿之子也。夏侯道迁之叛也,尹天宝驰使报元起。及魏寇晋寿,王景胤等并遣告急,众劝元起急救之,元起曰:"朝廷万里,军不猝至,若寇贼侵淫,方须扑讨,董督之任,非我而谁?何事匆匆救之。"诏假元起都督征讨诸军事,救汉中,而晋寿已陷。

萧渊藻将至,元起营还装,粮储器械,取之无遗。渊藻入城,恨之,又求其良马,元起曰:"年少郎子,何用马为?"渊藻恚,因醉,杀之。元起麾下围城,哭且问故,渊藻曰:"天子有诏。"众乃散。遂诬以反,上疑焉。元起故吏广汉罗研诣阙讼之,上曰:"果如我所量也。"使让渊藻曰:"元起为汝报仇,汝为仇报仇,忠孝之道如何?"乃贬渊藻号为冠军将军。赠元起征西将军,谥曰忠侯。

> 李延寿论曰:元起勤乃胥附,功惟辟土,劳之不图,祸机先陷。冠军之贬,于罚已轻,梁之政刑,于斯为失。私戚之端,自斯而启,年之不永,不亦宜乎!

益州民焦僧护聚众数万作乱,萧渊藻年未弱冠,集僚佐议自击之。或陈不可,渊藻大怒,斩于阶侧。乃乘平肩舆,巡行贼垒。贼弓乱射,矢下如雨,从者举楯御矢,渊藻命去之,由是人心大安。击僧护等,皆平之。

六月,庚戌,初立孔子庙。

豫州刺史王超宗将兵围魏小岘。丁卯,魏扬州刺史薛真度遣兼统军李叔仁等击之,超宗兵大败。

冠军将军王景胤、李畋、辅国将军鲁方达等与魏王足战,屡败。秋,七月,足进逼涪城。

八月,壬寅,魏中山王英寇雍州。

庚戌,秦、梁二州刺史鲁方达与魏王足统军纪洪雅、卢祖迁战,败,方达等十五将皆死。壬子,王景胤等又与祖迁战,败,景胤等二十四将皆死。

杨公则至洛口,与魏豫州长史石荣战,斩之。甲寅,将军姜庆真与魏战于羊石,不利,公则退屯马头。

雍州蛮沔东太守田青喜叛降魏。

魏有芝生于太极殿之西序，魏主以示侍中崔光。光上表，以为："此《庄子》所谓'气蒸成菌'者也。柔脆之物，生于墟落秽湿之地，不当生于殿堂高华之处，今忽有之，厥状扶疏，诚足异也。夫野木生朝，野鸟入庙，古人皆以为败亡之象，故太戊、中宗惧灾修德，殷道以昌，所谓'家利而怪先，国兴而妖豫'者也。今西南二方，兵革未息，郊甸之内，大旱逾时，民劳物悴，莫此之甚，承天育民者，所宜矜恤。伏愿陛下侧躬耸意，惟新圣道，节夜饮之乐，养方富之年，则魏祚可以永隆，皇寿等于山岳矣。"于是魏主好宴乐，故光言及之。

九月，己巳，杨公则等与魏扬州刺史元嵩战，公则败绩。

冬，十月，丙午，上大举伐魏，以扬州刺史临川王宏都督北讨诸军事，尚书右仆射柳惔为副，王公以下各上国租及田谷以助军。宏军于洛口。

杨集起、集义立杨绍先为帝，自皆称王。十一月，戊辰朔，魏遣光禄大夫杨椿将兵讨之。

魏王足围涪城，蜀人震恐，益州城戍降魏者什二三，民自上名籍者五万余户。邢峦表于魏主，请乘胜取蜀，以为："建康、成都，相去万里，陆行既绝，惟资水路，水军西上，非周年不达，益州外无军援，一可图也。顷经刘季连反，邓元起攻围，资储空竭，吏民无复固守之志，二可图也。萧渊藻裙屐少年，未洽治务，宿昔名将，多见囚戮，今之所任，皆左右少年，三可图也。蜀之所恃，唯在剑阁，今既克南安，已夺其险，据彼境内，三分已一。自南安向涪，方轨无碍，前军累败，后众丧魄，四可图也。渊藻是萧衍骨肉至亲，必无死理，若克涪城，渊藻安肯城中坐而受困，必将望风逃去。若其出斗，庸、蜀士卒驽怯，弓矢寡弱，五可图也。臣内省文吏，不习军旅，赖将士竭力，频有薄捷，既克重阻，民心怀服，瞻望涪、益，旦夕可屠，正以兵少粮匮，未宜前出，今若不取，后图便难。况益州殷实，户口十万，比寿春、义阳，其利三倍。朝廷岂欲进取，时不可失，若欲保境宁民，则臣居此无事，乞归侍养。"魏主诏以"平蜀之举，当更听后敕。寇难未夷，何得以养亲为辞！"

峦又表称："昔邓艾、钟会帅十八万众，倾中国资储，仅能平蜀，所以然者，斗实力也。况臣才非古人，何宜以二万之众而希平蜀！所以敢者，正以据得要险，士民慕义，此往则易，彼来则难，任力而行，理有可克。今王足已逼涪城，脱得涪，则益州乃成擒之物，但得之有早晚耳。且梓潼已附，民户数万，朝廷岂可不守？又，剑阁天险，得而弃之，良可惜矣。臣诚知战伐危事，未易可为，自军度剑阁以来，鬓发中白，日夜战惧，何可为心！所以勉强者，既得此地而自退不守，恐负陛下之爵禄故也。且臣之意算，正欲先取涪城，以渐而进。若得涪城，则中分益州之地，断水陆之冲，彼外无援军，孤城自守，何能复持久哉！臣今欲使军军相次，声势连接,先为万全之计,然后图功,得之则大利,不得则自全。又,巴西、南郑,相距千四百里,去州迢递,恒多扰动。昔在南之日,以其统缉势难,曾立巴州,镇静夷、獠,梁州藉利,因而表罢。彼土民望,严、蒲、何、杨,非唯一族,虽率居山谷,而豪右甚多,文学风流,亦为不少。但以去州既远,不获仕进,至于州纲,无由厕迹,是以郁快,多生异图。比道迁建义之始,严玄思自号巴州刺史,克城以来,仍使行事。巴西广袤千里,户余四万,若于彼立州,镇摄华、獠,则大帖民情,从垫江已还,不劳征伐,自为国有。"魏主不从。

先是,魏主以王足行益州刺史。上遣天门太守张齐将兵救益州,未至,魏主更以梁州军司泰山羊祉为益州刺史。王足闻之,不悦,辄引兵还,遂不能定蜀。久之,足自魏来奔。邢峦在梁州,接豪右以礼,抚小民以惠,州人悦之。峦之克巴西也,使军主李仲迁守之。仲迁溺于酒色,费散兵储,公事谘承,无能见者。峦忿之切齿,仲迁惧,谋叛,城人斩其首,以城来降。

十二月,庚申,魏遣骠骑大将军源怀讨武兴氐,邢峦等并受节度。

司徒、尚书令谢朏以母忧去职。

是岁,大穰,米斛三十钱。

五年(丙戌、506)

春,正月,丁卯朔,魏于后生子昌,大赦。

杨集义围魏关城,邢峦使建武将军傅竖眼讨之,集义逆战,竖眼击破之。乘胜逐北,壬申,克武兴,执杨绍先,送洛阳。杨集起、杨集义亡走。遂灭其国,以为武兴镇,又改为东益州。

乙亥,以前司徒谢朏为中书监、司徒。

冀州刺史桓和击魏南青州,不克。

魏秦州屠各王法智聚众二千,推秦州主簿吕苟儿为主,改元建明,置百官,攻逼州郡。泾州民陈瞻亦聚众称王,改元圣明。

己卯,杨集起兄弟相帅降魏。

甲申,封皇子纲为晋安王。

二月,丙辰,魏主诏王公以下直言忠谏。治书侍御史阳固上表,以为:"当今之务,宜亲宗室,勤庶政,贵农桑,贱工贾,绝谈虚穷微之论,简桑门无用之费,以救饥寒之苦。"时魏主委任高肇,疏薄宗室,好桑门之法,不亲政事,故固言及之。

戊午,魏遣右卫将军元丽都督诸军讨吕苟儿。丽,小新成之子也。

乙丑,徐州刺史历阳昌义之与魏平南将军陈伯之战于梁城,义之败绩。

将军萧昞将兵击魏徐州,围淮阳。

三月,丙寅朔,日有食之。

己卯,魏荆州刺史赵怡、平南将军奚康生救淮阳。

魏咸阳王禧之子翼,遇赦求葬其父,屡泣请于魏主,魏主不许。癸未,翼与其弟昌、晔来奔。上以翼为咸阳王,翼以晔嫡母李妃之子也,请以爵让之,上不许。

辅国将军刘思效败魏青州刺史元系于胶水。

临川王宏使记室吴兴丘迟为书遗陈伯之曰:"寻君去就之际,非有它故,直以不能内审诸己,外受流言,沉迷猖蹶,以至于此。主上屈法申恩,吞舟是漏。将军松柏不翦,亲戚安居;高台未倾,爱妾尚在。而将军鱼游于沸鼎之中,燕巢于飞幕之上,不亦惑乎! 想早励良图,自求多福。"庚寅,伯之自寿阳梁城拥众八千来降,魏人杀其子虎牙。诏复以伯之为西豫州刺史,未之任,复以为通直散骑常侍。久之,卒于家。

初,魏御史中尉甄琛表称:"《周礼》,山林川泽有虞、衡之官,为之厉禁,盖取之以时,不使戕贼而已,故虽置有司,实为民守之也。夫一家之长,必惠养子孙,天下之君,必惠养兆民,未有为人父母而吝其醯醢,富有群生而榷其一物者也。今县官障护河东盐池而收其利,是专奉口腹而不及四体也。盖天子富有四海,何患于贫? 乞弛盐禁,与民共之。"录尚书事勰、尚书邢峦奏,以为:"琛之所陈,坐谈则理高,行之则事阙。窃惟古之善治民者,必污隆随时,丰俭称事,役养消息以成其性命。若任其自生,随其饮啄,乃是刍狗万物,何以君为! 是故圣人敛山泽之货,以宽田畴之赋;收关市之税,以助什一之储。取此与彼,皆非为身,所谓资天地之产,惠天地之民也。今盐池之禁,为日已久,积而散之,以济军国,非专为供太官之膳羞,给后宫之服玩。既利不在己,则彼我一也。然自禁盐以来,有司多慢,出纳之间,或不如法,是使细民嗟怨,负贩轻议,此乃用之者无方,非作之者有失也。一旦罢之,恐乖本旨。一行一改,法若弈棋,参论理要,宜如旧式。"魏主卒从琛议,夏,四月,乙未,罢盐池禁。

庚戌,魏以中山王英为征南将军、都督扬、徐二州诸军事,帅众十余万以拒梁军,指授诸节度,所至以便宜从事。

江州刺史王茂将兵数万侵魏荆州,诱魏边民及诸蛮更立宛州,遣其所署宛州刺史雷豹狼等袭取魏河南城。魏遣平南将军杨大眼都督诸军击茂,辛酉,茂战败,失亡二千余人。大眼进攻河南城,茂逃还,大眼追至汉水,攻拔五城。

魏征虏将军宇文福寇司州,俘千余口而去。

五月,辛未,太子右卫率张惠绍等侵魏徐州,拔宿预,执城主马成龙。乙亥,北徐州刺史昌义之拔梁城。

豫州刺史韦叡遣长史王超等攻小岘,未拔。叡行围栅,魏出数百人陈于门外,叡欲击之,诸将皆曰:"向者轻来,未有战备,徐还授甲,乃可进耳。"叡曰:"不然。魏城中二千余人，足以固守，今无故出人于外，必其骁勇者也，苟能挫之，其城自拔。"众犹迟疑，叡指其节曰："朝廷授此，非以为饰，韦叡法不可犯也。"遂进击之。士皆殊死战，魏兵败走，因急攻之，中宿而拔，遂至合肥。

先是，右军司马胡略等攻合肥，久未下，叡按山川，夜，帅众堰肥水，顷之，堰成水通，舟舰继至。魏筑东、西小城夹合肥，叡先攻二城。魏将杨灵胤帅众五万奄至，众惧不敌，请奏益兵。叡笑曰："贼至城下，方求益兵，将何所及。且吾求益兵，彼亦益兵，兵贵用奇，岂在众也。"遂击灵胤，破之。叡使军主王怀静筑城于岸以守堰，魏攻拔之，城中千余人皆没。魏人乘胜至堤下，兵势甚盛，诸将欲退还巢湖，或欲保三叉，叡怒曰："宁有此邪！"命取伞扇麾幢，树之堤下，示无动志。魏人来凿堤，叡亲与之争，魏兵却，因筑垒于堤以自固。叡起斗舰，高与合肥城等，四面临之。城中人皆哭，守将杜元伦登城督战，中弩死。辛巳，城溃，俘斩万余级，获牛马以万数。

叡体素赢，未尝跨马，每战，常乘板舆督厉将士，勇气无敌。昼接宾旅，夜半起，算军书，张灯达（署）〔曙〕，抚循其众，常如不及，故投募之士争归之。所至顿舍，馆宇藩墙，皆应准绳。

诸军进至东陵，有诏班师。去魏城既近，诸将恐其追蹑，叡悉遣辎重居前，身乘小舆殿后，魏人服叡威名，望之不敢逼，全军而还。于是迁豫州治合肥。

壬午，魏遣尚书元遥南拒梁兵。

癸未，魏遣征西将军于劲节度秦、陇诸军。

丁亥，庐江太守闻喜裴邃克魏羊石城；庚寅，又克霍丘城。

六月，庚子，青、冀二州刺史桓和克朐山城。

乙巳，魏安西将军元丽击王法智，破之，斩首六千级。

张惠绍与假徐州刺史宋黑水陆俱进，趣彭城，围高冢戍。魏武卫将军奚康生将兵救之，丁未，惠绍兵不利，黑战死。

太子统生五岁，能遍诵"五经"，庚戌，始自禁中出居东宫。

丁巳，魏以度支尚书邢峦都督东讨诸军事。

魏骠骑大将军冯翊惠公源怀卒。怀性宽简，不喜烦碎，常曰："为贵人当举纲维，何必事事详细。譬如为屋，但外望高显，楹栋平正，基壁完牢，足矣。斧斤不平，斫削不密，非屋之病也。"

秋，七月，丙寅，桓和击魏兖州，拔固城。

吕苟儿率众十余万屯孤山，围逼秦州，元丽进击，大破之。行秦州事李韶掩击孤山，获其父母妻子，庚辰，苟儿帅其徒诣丽降。

兼太仆卿杨椿别讨陈瞻，瞻据险拒守。诸将或请伏兵山蹊，断其出入，待粮尽而攻之,或欲斩木焚山,然后进讨。椿曰:"皆非计也。自官军之至,所向辄克,贼所以深窜,正避死耳。今约勒诸军,勿更侵掠,贼必谓我见险不前;待其无备,然后奋击,可一举平也。"乃止屯不进。贼果出抄掠,椿复以马畜饵之,不加讨逐。久之,阴简精卒,衔枚夜袭之,斩瞻,传首。秦、泾二州皆平。

戊子,徐州刺史王伯敖与魏中山王英战于阴陵,伯敖兵败,失亡五千余人。

己丑,魏发定、冀、瀛、相、并、肆六州十万人以益南行之兵。上遣将军角念将兵一万屯蒙山,招纳兖州之民,降者甚众。是时,将军萧及屯固城,桓和屯孤山。魏邢峦遣统军樊鲁攻和,别将元恒攻及,统军毕祖朽攻念。壬寅,鲁大破和于孤山,恒拔固城,祖朽击念,走之。

己酉,魏诏平南将军安乐王诠督后发诸军赴淮南。诠,长乐之子也。

将军蓝怀恭与魏邢峦战于睢口,怀恭败绩,峦进围宿预。怀恭复于清南筑城,峦与平南将军杨大眼合攻之,九月,癸酉,拔之,斩怀恭,杀获万计。张惠绍弃宿预,萧昞弃淮阳,遁还。

临川王宏以帝弟将兵,器械精新,军容甚盛,北人以为百数十年所未之有。军次洛口,前军克梁城,诸将欲乘胜深入,宏性懦怯,部分乖方。魏诏邢峦引兵度淮,与中山王英合攻梁城。宏闻之,惧,召诸将议旋师。吕僧珍曰:"知难而退,不亦善乎。"宏曰:"我亦以为然。"柳惔曰:"自我大众所临,何城不服,何谓难乎?"裴邃曰:"是行也,固敌是求,何难之避?"马仙琕曰:"王安得亡国之言。天子扫境内以属王,有前死一尺,无却生一寸。"昌义之怒,须发尽磔,曰:"吕僧珍可斩也。岂有百万之师出未逢敌,望风遽退,何面目得见圣主乎!"朱僧勇、胡辛生拔剑而退,曰:"欲退自退,下官当前向取死。"议者罢出,僧珍谢诸将曰:"殿下昨来风动,意不在军,深恐大致沮丧,故欲全师而返耳。"宏不敢遽违群议,停军不前。魏人知其不武,遗以巾帼,且歌之曰:"不畏萧娘与吕姥,但畏合肥有韦虎。"虎,谓韦叡也。僧珍叹曰:"使始兴、吴平为帅而佐之,岂有为敌人所侮如是乎!"欲遣裴邃分军取寿阳,大众停洛口。宏固执不听,令军中曰:"人马有前行者斩!"于是将士人怀愤怒。魏奚康生驰遣杨大眼谓中山王英曰:"梁人自克梁城已后,久不进军,其势可见,必畏我也。王若进据洛水,彼自奔败。"英曰:"萧临川虽呆,其下有良将韦、裴之属,未可轻也。宜且观形势,勿与交锋。"

张惠绍号令严明,所至独克,军于下邳,下邳人多欲降者。惠绍谕之曰:"我若得城,诸卿皆是国人;若不能克,徒使诸卿失乡里,非朝廷吊民之意也。今且安堵复业,勿妄自辛苦。"降人咸悦。

己丑,夜,洛口暴风雨,军中惊,临川王宏与数骑逃去。将士求宏不得,皆散归,弃甲投戈,填满水陆,捐弃病者及羸老,死者近五万人。宏乘小船济江,夜至白石垒,叩城门求入。临汝侯渊猷登城谓曰:"百万之师,一朝鸟散,国之存亡,未可知也。恐奸人乘间为变,城不可夜开。"宏无以对,乃缒食馈之。渊猷,渊藻之弟也。时昌义之军梁城,闻洛口败,与张惠绍皆引兵退。

魏主诏中山王英乘胜平荡东南,逐北至马头,攻拔之,城中粮储,魏悉迁之归北。议者咸曰:"魏运米北归,当不复南向。"上曰:"不然,此必欲进兵,为诈计耳。"乃命修钟离城,敕昌义之为战守之备。

冬,十月,英进围钟离,魏主诏邢峦引兵会之。峦上表,以为:"南军虽野战非敌,而城守有余,今尽锐攻钟离,得之则所利无几,不得则亏损甚大。且介在淮外,借使束手归顺,犹恐无粮难守,况杀士卒以攻之乎! 又,征南士卒从戎二时,疲弊死伤,不问可知。虽有乘胜之资,惧无可用之力。若臣愚见,谓宜修复旧戍,抚循诸州,以俟后举,江东之衅,不患其无。"诏曰:"济淮掎角,事如前敕,何容犹尔盘桓,方有此请! 可速进军。"峦又表,以为:"今中山进军钟离,实所未解。若为得失之计,不顾万全,直袭广陵,出其不备,或未可知。若正欲以八十日粮取钟离城者,臣未之前闻也。彼坚城自守,不与人战,城堑水深,非可填塞,空坐至春,士卒自弊。若遣臣赴彼,从何致粮? 夏来之兵,不赍冬服,脱遇冰雪,何方取济? 臣宁荷怯懦不进之责,不受败损空行之罪。钟离天险,朝贵所具,若有内应,则所不知,如其无也,必无克状。若信臣言,愿赐臣停;若谓臣惮行求还,臣所领兵乞尽付中山,任其处分,臣止以单骑随之东西。臣屡更为将,颇知可否,臣既谓难,何容强遣。"乃召峦还,更命镇东将军萧宝寅与英同围钟离。

侍中卢昶素恶峦,与侍中、领右卫将军元晖共潜之,使御史中尉崔亮弹峦在汉中掠人为奴婢。峦以汉中所得美女赂晖,晖言于魏主曰:"峦新有大功,不当以赦前小事案之。"魏主以为然,遂不问。

晖与卢昶皆有宠于魏主,而贪纵,时人谓之"饿虎将军"、"饥鹰侍中"。晖寻迁吏部尚书,用官皆有定价,大郡二千匹,次郡、下郡递减其半,余官各有等差,选者谓之"市曹"。

丁酉,梁兵围义阳者夜遁,魏郢州刺史娄悦追击,破之。

柔然库者可汗卒,子伏图立,号佗汗可汗,改元始平。戊申,佗汗遣使者纥奚勿六跋如魏请和。魏主不报其使,谓勿六跋曰:"蠕蠕远祖社仑,乃魏之叛臣,往者包容,暂听通使。今蠕蠕衰微,不及畴昔,大魏之德,方隆周、汉,正以江南未平,少宽北略,通和之事,未容相许。若修藩礼,款诚昭著者,当不尔孤也。"

魏京兆王愉、广平王怀国臣多骄纵,公行属请,魏主诏中尉崔亮穷治之,坐死者三十余人,其不死者悉除名为民。惟广平右常侍杨昱、文学崔楷以忠谏获免。昱,椿之子也。

十一月,乙丑,大赦。诏右卫将军曹景宗都督诸军二十万救钟离。上敕景宗顿道人洲,俟众军齐集俱进。景宗固启求先据邵阳洲尾,上不许。景宗欲专其功,违诏而进,值暴风猝起,颇有溺者,复还守先顿。上闻之,曰:“景宗不进,盖天意也。若孤军独往,城不时立,必致狼狈。今破贼必矣。”

初,汉归义侯萧之末,群獠始出,北自汉中,南至邛、笮,布满山谷。势既亡,蜀民多东徙,山谷空地皆为獠所据。其近郡县与华民杂居者,颇输租赋,远在深山者,郡县不能制。梁、益二州岁伐獠以自润,公私利之。及邢峦为梁州,獠近者皆安堵乐业,远者不敢为寇。峦既罢去,魏以羊祉为梁州刺史,傅竖眼为益州刺史。祉性酷虐,不得物情。獠王赵清荆引梁兵入州境为寇,祉遣兵击破之。竖眼施恩布信,大得獠和。

十二月,癸卯,都亭靖侯谢朏卒。

魏人议乐,久不决。

六年(丁亥、507)

春,正月,公孙崇请委卫军将军、尚书右仆射高肇监其事,魏主知肇不学,诏太常卿刘芳佐之。

魏中山王英与平东将军杨大眼等众数十万攻钟离。钟离城北阻淮水,魏人于邵阳洲两岸为桥,树栅数百步,跨淮通道。英据南岸攻城,大眼据北岸立城,以通粮运。城中众才三千人,昌义之督帅将士,随方抗御。魏人以车载土填堑,使其众负土随之,严骑蹙其后,人有未及回者,因以土迮之。俄而堑满,冲车所撞,城土辄颓,义之用泥补之,冲车虽入而不能坏。魏人昼夜苦攻,分番相代,坠而复升,莫有退者。一日战数十合,前后杀伤万计,魏人死者与城平。

二月,魏主召英使还,英表称:“臣志殄遗寇,而月初已来,霖雨不止,若三月晴霁,城必可克,愿少赐宽假。”魏主复赐诏曰:“彼土蒸湿,无宜久淹。势虽必取,乃将军之深计,兵久力殆,亦朝廷之所忧也。”英犹表称必克,魏主遣步兵校尉范绍诣英议攻取形势。绍见钟离城坚,劝英引还,英不从。

上命豫州刺史韦叡将兵救钟离,受曹景宗节度。叡自合肥取直道,由阴陵大泽行,值涧谷,辄飞桥以济师。人畏魏兵盛,多劝叡缓行,叡曰:“钟离今凿穴而处,负户而汲,车驰卒奔,犹恐在后,而况缓乎!魏人已堕吾腹中,卿曹勿忧也。”旬日至邵阳。上豫敕曹景宗曰:“韦叡,卿之乡望,宜善敬之。”景宗见叡,礼甚谨。上闻之,曰:“二将和,师必济矣。”

景宗与叡进顿邵阳洲,叡于景宗营前二十里,夜掘长堑,树鹿角,截洲为城,去魏城百余步。南梁太守冯道根,能走马步地,计马足以赋功,比晓而营立。魏中山王英大惊,以杖击地曰:“是何神也!”景宗等器甲精新,军容甚盛,魏人望之夺气。景宗虑城中危惧，募军士言文达等潜行水底，赍敕入城，城中始知有外援，勇气百倍。

杨大眼勇冠军中，将万余骑来战，所向皆靡。叡结车为陈，大眼聚骑围之，叡以强弩二千一时俱发，洞甲穿中，杀伤甚众。矢贯大眼右臂，大眼退走。明旦，英自帅众来战，叡乘素木舆，执白角如意以麾军，一日数合，英乃退。魏师复夜来攻城，飞矢雨集，叡子黯请下城以避箭，叡不许。军中惊，叡于城上厉声呵之，乃定。牧人过淮北伐刍藁者，皆为杨大眼所略。曹景宗募勇敢士千余人，于大眼城南数里筑垒，大眼来攻，景宗击却之。垒成，使别将赵草守之，有抄掠者，皆为草所获，是后始得纵刍牧。

上命景宗等豫装高舰，使与魏桥等，为火攻之计，令景宗与叡各攻一桥，叡攻其南，景宗攻其北。三月，淮水暴涨六七尺，叡使冯道根与庐江太守裴邃、秦郡太守李文钊等乘斗舰竞发，击魏洲上军尽殪。别以小船载草，灌之以膏，从而焚其桥。风怒火盛，烟尘晦冥，敢死之士，拔栅斫桥，水又漂疾，倏忽之间，桥栅俱尽。道根等皆身自搏战，军人奋勇，呼声动天地，无不一当百，魏军大溃。英见桥绝，脱身弃城走，大眼亦烧营去，诸垒相次土崩，悉弃其器甲争投水，死者十余万，斩首亦如之。叡遣报昌义之，义之悲喜，不暇答语，但叫曰："更生！更生！"诸军逐北至洨水上，英单骑入梁城，缘淮百余里，尸相枕藉，生擒五万人，收其资粮、器械山积，牛马驴骡不可胜计。

义之德景宗及叡，请二人共会，设钱二十万，官赌之。景宗掷得雉，叡徐掷得卢，遽取一子反之，曰："异事！"遂作塞。景宗与群帅争先告捷，叡独居后，世尤以此贤之。诏增景宗、叡爵邑，义之等受赏各有差。

夏，四月，己酉，以江州刺史王茂为尚书右仆射，安成王秀为江州刺史。秀将发，主者求坚船以为斋舫，秀曰："吾岂爱财而不爱士乎！"乃以坚者给参佐，下者载斋物。既而遭风，斋舫遂破。

丁巳，以临川王宏为骠骑将军、开府仪同三司，建安王伟为扬州刺史，右光禄大夫沈约为尚书左仆射，左仆射王莹为中军将军。

六月，丙午，冯翊等七郡叛，降魏。

秋，七月，丁亥，以尚书右仆射王茂为中军将军。

八月，戊子，大赦。

魏有司奏："中山王英经算失图，齐王萧宝寅等守桥不固，皆处以极法。"己亥，诏英、宝寅免死，除名为民，杨大眼徙营州为兵。以中护军李崇为征南将军、扬州刺史。崇多事产业，征南长史狄道辛琛屡谏不从，遂相纠举。诏并不问。崇因置酒谓琛曰："长史后必为刺史，但不知得上佐何如人耳。"琛曰："若万一叨忝，得一方正长史,朝夕闻过,是所愿也。"崇有惭色。

九月,己亥,魏以司空高阳王雍为太尉,尚书令广阳王嘉为司空。

甲子,魏开斜谷旧道。

冬,十月,壬寅,以五兵尚书徐勉为吏部尚书。勉精力过人,虽文案填积,坐客充满,应对如流,手不停笔。又该综百氏,皆为避讳。尝与门人夜集,客虞暠求詹事五官,勉正色曰:"今夕止可谈风月,不可及公事。"时人咸服其无私。

闰月,乙丑,以临川王宏为司徒、行太子太傅,尚书左仆射沈约为尚书令、行太子少傅,吏部尚书袁昂为右仆射。

丁卯,魏皇后于氏殂。是时高贵嫔有宠而妒,高肇势倾中外,后暴疾而殂,人皆归咎高氏。宫禁事秘,莫能详也。

甲申,以光禄大夫夏侯详为尚书左仆射。

乙酉,魏葬顺皇后于永泰陵。

十二月,丙辰,丰城景公夏侯详卒。

乙丑,魏淮阳镇都军主常邕和以城来降。

资治通鉴卷第一百四十七

端明殿学士兼翰林侍读学士朝散大夫右谏议大夫充集贤殿修撰提举西京嵩
山崇福宫上柱国河内郡开国侯食邑一千八百户食实封六百户赐紫金鱼袋臣　司马光　奉敕编集

梁纪三 起著雍困敦（戊子），尽阏逢敦牂（甲午），凡七年。

高祖武皇帝三

天监七年（戊子、508）

春，正月，魏颍川太守王神念来奔。

壬子，以卫尉吴平侯昺兼领军将军。

诏吏部尚书徐勉定百官九品为十八班，以班多者为贵。二月，乙丑，增置镇、卫将军以下为十品，凡二十四班；不登十品，别有八班。又置施外国将军二十四班，凡一百九号。

庚午，诏置州望、郡宗、乡豪各一人，专掌搜荐。

乙亥，以南兖州刺史吕僧珍为领军将军。领军掌中外兵要，宋孝建以来，制局用事，与领军分兵权，典事以上皆得呈奏，领军拱手而已。及吴平侯昺在职峻切，官曹肃然。制局监皆近幸，颇不堪命，以是不得久留中。丙子，出为雍州刺史。

三月，戊子，魏皇子昌卒，侍御师王显失于疗治，时人皆以为承高肇之意也。

夏，四月，乙卯，皇太子纳妃，大赦。

五月，己亥，诏复置宗正、太仆、大匠、鸿胪，又增太府、太舟，仍先为十二卿。

癸卯，以安成王秀为荆州刺史。先是，巴陵马营蛮缘江为寇，州郡不能讨。秀遣防阁文炽帅众燔其林木，蛮失其险，州境无寇。

秋，七月，甲午，魏立高贵嫔为皇后。尚书令高肇益贵重用事。肇多变更先朝旧制，减削封秩，抑黜勋人，由是怨声盈路。群臣宗室皆卑下之，唯度支尚书元匡与肇抗衡，先自造棺置听事，欲舆棺诣阙论肇罪恶，自杀以切谏。肇闻而恶之。会匡与太常刘芳议权量事，肇主芳议，匡遂与肇喧竞，表肇指鹿为马。御史中尉王显奏弹匡诬毁宰相，有司处匡死刑。诏恕死，降为光禄大夫。

八月，癸丑，竟陵壮公曹景宗卒。

初，魏主为京兆王愉纳于后之妹为妃，愉不爱，爱妾李氏，生子宝月。于后召李氏入宫，捶之。愉骄奢贪纵，所为多不法。帝召愉入禁中推案，杖愉五十，出为冀州刺史。愉自以年长,而势位不及二弟,潜怀愧恨。又,身与妾屡被顿辱,高肇数谮愉兄弟,愉不胜忿。癸亥,杀长史羊灵引、司马李遵,诈称得清河王怿密疏,云"高肇弑逆"。遂为坛于信都之南,即皇帝位,大赦,改元建平,立李氏为皇后。法曹参军崔伯骥不从,愉杀之。在北州镇皆疑魏朝有变,定州刺史安乐王诠具以状告之,州镇乃安。乙丑,魏以尚书李平为都督北讨诸军、行冀州事,以讨愉。平,崇之从父弟也。

丁卯,魏大赦,改元永平。

魏京兆王愉遣使说平原太守清河房亮,亮斩其使,愉遣其将张灵和击之,为亮所败。李平军至经县,诸军大集,夜,有蛮兵数千斫平营,矢及平帐,平坚卧不动,俄而自定。九月,辛巳朔,愉逆战于城南草桥,平奋击,大破之,愉脱身走入城,平进围之。壬辰,安乐王诠破愉兵于城北。

癸巳,立皇子绩为南康王。

魏高后之立也,彭城武宣王勰固谏,魏主不听。高肇由是怨之,数谮勰于魏主,魏主不之信。勰荐其舅潘僧固为长乐太守,京兆王愉之反,胁僧固与之同,肇因诬勰北与愉通,南招蛮贼。彭城郎中令魏偃、前防阁高祖珍希肇提擢,构成其事。肇令侍中元晖以闻,晖不从,又令左卫元珍言之。帝以问晖,晖明勰不然。又以问肇,肇引魏偃、高祖珍为证,帝乃信之。戊戌,召勰及高阳王雍、广阳王嘉、清河王怿、广平王怀、高肇俱入宴。勰妃李氏方产,固辞不赴。中使相继召之,不得已,与妃诀而登车。入东掖门,度小桥,牛不肯进,击之良久,更有使者责勰来迟,乃去牛,人挽而进。宴于禁中,至夜,皆醉,各就别所消息。俄而元珍引武士赍毒酒而至,勰曰:"吾无罪,愿一见至尊,死无恨!"元珍曰:"至尊何可复见!"勰曰:"至尊圣明,不应无事杀我,乞与告者一对曲直。"武士以刀镮筑之,勰大言曰:"冤哉,皇天!忠而见杀。"武士又筑之,勰乃饮毒酒,武士就杀之。向晨,以褥裹尸载归其第,云王因醉而薨。李妃号哭大言曰:"高肇枉理杀人,天道有灵,汝安得良死!"魏主举哀于东堂,赠官、葬礼皆优厚加等。在朝贵贱,莫不丧气,行路士女皆流涕曰:"高令公枉杀贤王。"由是中外恶之益甚。

京兆王愉不能守信都,癸卯,烧门,携李氏及其四子从百余骑突走。李平入信都,斩愉所置冀州牧韦超等,遣统军叔孙头追执愉,置信都,以闻。群臣请诛愉,魏主弗许,命锁送洛阳,申以家人之训。行至野王,高肇密使人杀之。诸子至洛,魏主皆赦之。

魏主将屠李氏,中书令崔光谏曰:"李氏方妊,刑至剚胎,乃桀、纣所为,酷而非法。请俟产毕然后行刑。"从之。

李平捕愉余党千余人,将尽杀之,录事参军高颢曰:"此皆胁从,前既许之原免矣,宜为表陈。"平从之,皆得免死。颢,祐之孙也。

济州刺史高植帅州军击愉有功,当封,植不受,曰:"家荷重恩,为国致效,乃其常节,何敢求赏。"植,肇之子也。

加李平散骑常侍。高肇及中尉王显素恶平,显弹平在冀州隐截官口,肇奏除平名。

初,显祖之世,柔然万余户降魏,置之高平、薄骨律二镇,及太和之末,叛走略尽,唯千余户在。太中大夫王通请徙置淮北以绝其叛,诏太仆卿杨椿持节往徙之。椿上言:"先朝处之边徼,所以招附殊俗,且别异华、戎也。今新附之户甚众,若旧者见徙,新者必不自安,是驱之使叛也。且此属衣毛食肉,乐冬便寒,南土湿热,往必歼尽。进失归附之心,退无藩卫之益,置之中夏,或生后患,非良策也。"不从。遂徙于济州,缘河处之。及京兆王愉之乱,皆浮河赴愉,所在钞掠,如椿之言。

庚子,魏郢州司马彭珍等叛魏,潜引梁兵趋义阳,三关戍主侯登等以城来降。郢州刺史娄悦婴城自守,魏以中山王英都督南征诸军事,将步骑三万出汝南以救之。

冬,十月,魏悬瓠军主白早生杀豫州刺史司马悦,自号平北将军,求援于司州刺史马仙琕。时荆州刺史安成王秀为都督,仙琕签求应赴。参佐咸谓宜待台报,秀曰:"彼待我以自存,援之宜速,待救虽旧,非应急也。"即遣兵赴之。上亦诏仙琕救早生。仙琕进顿楚王城,遣副将齐苟儿以兵二千助守悬瓠。诏以早生为司州刺史。

丙寅,以吴兴太守张稷为尚书左仆射。

魏以尚书邢峦行豫州事,将兵击白早生。魏主问之曰:"卿言早生走也,守也?何时可平?"对曰:"早生非有深谋大智,正以司马悦暴虐,乘众怒而作乱,民迫于凶威,不得已而从之。纵使梁兵入城,水路不通,粮运不继,亦成禽耳。早生得梁之援,溺于利欲,必守而不走。若临以王师,士民必翻然归顺,不出今年,当传首京师。"魏主悦,命峦先发,使中山王英继之。

峦帅骑八百,倍道兼行,五日至鲍口。丙子,早生遣其大将胡孝智将兵七千,离城二百里逆战。峦奋击,大破之,乘胜长驱至悬瓠。早生出城逆战,又破之,因渡汝水,围其城。诏加峦都督南讨诸军事。

丁丑,魏镇东参军成景隽杀宿预戍主严仲贤,以城来降。时魏郢、豫二州,自悬瓠以南至于安陆诸城皆没,唯义阳一城为魏坚守。蛮帅田益宗帅群蛮以附魏,魏以为东豫州刺史。上以车骑大将军、开府仪同三司、五千户郡公招之,益宗不从。

十一月，庚寅，魏遣安东将军杨椿将兵四万攻宿豫。

魏主闻邢峦屡捷，命中山王英趣义阳，英以众少，累表请兵，弗许。英至悬瓠，辄与峦共攻之。十二月，己未，齐苟儿等开门出降，斩白早生及其党数十人。英乃引兵前趋义阳。宁朔将军张道凝先屯楚王城，癸亥，弃城走，英追击，斩之。

魏义阳太守狄道辛祥与娄悦共守义阳，将军胡武城、陶平虏攻之，祥夜出袭其营，擒平虏，斩武城，由是州境获全。论功当赏，娄悦耻功出其下，间之于执政，赏遂不行。

壬申，魏东荆州表"桓晖之弟叔兴前后招抚太阳蛮，归附者万余户，请置郡十六，县五十。"诏前镇东府长史郦道元案行置之。道元，范之子也。

是岁，柔然佗汗可汗复遣纥奚勿六跋献貂裘于魏，魏主弗受，报之如前。

初，高车侯倍穷奇为嚈哒所杀，执其子弥俄突而出，其众分散，或奔魏，或奔柔然。魏主遣羽林监河南孟威抚纳降户，置于高平镇。高车王阿伏至罗残暴，国人杀之，立其宗人跋利延。嚈哒奉弥俄突以伐高车，国人杀跋利延，迎弥俄突而立之。弥俄突与佗汗可汗战于蒲类海，不胜，西走三百余里。佗汗军于伊吾北山。会高昌王麹嘉求内徙于魏，时孟威为龙骧将军，魏主遣威发凉州兵三千人迎之，至伊吾，佗汗见威军，怖而遁去。弥俄突闻其离骇，追击，大破之，杀佗汗于蒲类海北，割其发送于威，且遣使入贡于魏。魏主使东城子于亮报之，赐遗甚厚。高昌王嘉失期不至，威引兵还。

佗汗可汗子丑奴立，号豆罗伏跋豆伐可汗，改元建昌。

宋、齐旧仪，祀天皆服衮冕，兼著作郎高阳许懋请造大裘，从之。

上将有事太庙，诏以"斋日不乐，自今舆驾始出，鼓吹从而不作，还宫，如常仪"。

八年（己丑、509）

春，正月，辛巳，上祀南郊，大赦。时有请封会稽、禅国山者，上命诸儒草封禅仪，欲行之。许懋建议，以为："舜柴岱宗，是为巡狩。而郑引《孝经钩命决》云：'封于太山，考绩柴燎；禅乎梁甫，刻石纪号。'此纬书之曲说，非正经之通义也。舜五载一巡狩，春夏秋冬周遍四岳，若为封禅，何其数也！又如管夷吾所说七十二君，燧人之前，世质民淳，安得泥金检玉？结绳而治，安得镂文告成？夷吾又云：'惟受命之君然后得封禅。'周成王非受命之君，云何得封太山、禅社首？神农即炎帝也，而夷吾分为二人，妄亦甚矣。若圣主，不须封禅；若凡主，不应封禅。盖齐桓公欲行此事，夷吾知其不可，故举怪物以屈之。秦始皇尝封太山，孙皓尝遣兼司空董朝至阳羡禅国山，皆非盛德之事，不足为法。然则封禅之礼，皆道听所说，失其本文，由主好名于上，而臣阿旨于下也。古者祀天祭地，礼有常数，诚敬之道,尽此而备。至于封禅,非所敢闻。"上嘉纳之,因推演懋议,称制旨以答请者,由是遂止。

魏中山王英至义阳,将取三关,先策之曰:"三关相须如左右手,若克一关,两关不待攻而破。攻难不如攻易,宜先攻东关。"又恐其并力于东,乃使长史李华帅五统向西关,以分其兵势,自督诸军向东关。

先是,马仙琕使雲骑将军马广屯长薄,军主胡文超屯松岘。丙申,英至长薄。戊戌,长薄溃,马广遁入武阳,英进围之。上遣冠军将军彭瓮生、骠骑将军徐元季将兵援武阳。英故纵之使入城,曰:"吾观此城形势易取。"瓮生等既入,英促兵攻之,六日而拔,虏三将及士卒七千余人。进攻广岘,太子左卫率李元履弃城走。又攻西关,马仙琕亦弃城走。

上使南郡太守韦叡将兵救仙琕,叡至安陆,增筑城二丈余,更开大堑,起高楼。众颇讥其怯,叡曰:"不然,为将当有怯时,不可专勇。"中山王英急追马仙琕,将复邵阳之耻,闻叡至,乃退。上亦有诏罢兵。

初,魏主遣中书舍人铜阳董绍慰劳叛城,白早生袭而囚之,送于建康。魏主既克悬瓠,命于齐苟儿等四将之中分遣二人,敕扬州为移,以易绍及司马悦首。移书未至,领军将军吕僧珍与绍言,爱其文义,言于上,上遣主书霍灵超谓绍曰:"今听卿还,令卿通两家之好,彼此息民,岂不善也。"因召见,赐衣物,令舍人周舍慰劳之,且曰:"战争多年,民物涂炭,吾是以不耻先言,与魏朝通好,比亦有书全无报者,卿宜备申此意。今遣传诏霍灵秀送卿至国,迟有嘉问。"又谓绍曰:"卿知所以得不死不?今者获卿,乃天意也。夫立君以为民也,凡在民上,岂可不思此乎?若欲通好,今以宿豫还彼,彼当以汉中见归。"绍还魏,言之魏主,不从。

三月,魏荆州刺史元志将兵七万寇潺沟,驱迫群蛮,群蛮悉渡汉水来降,雍州刺史吴平侯昺纳之。纲纪皆以蛮累为边患,不如因此除之,昺曰:"穷来归我,诛之不祥。且魏人来侵,吾得蛮以为屏蔽,不亦善乎!"乃开樊城受其降,命司马朱思远等击志于潺沟,大破之,斩首万余级。志,齐之孙也。

夏,四月,戊申,以临川王宏为司空,加车骑将军王茂开府仪同三司。

丁卯,魏楚王城主李国兴以城降。

秋,七月,癸巳,巴陵王萧宝义卒。

九月,辛巳,魏封故北海王详子颢为北海王。

魏公孙崇造乐尺,以十二黍为寸,刘芳非之,更以十黍为寸。尚书令高肇等奏:"崇所造八音之器及度量皆与经传不同,诘其所以然,云'必依经文,声则不协'。请更令芳仪《周礼》造乐器,俟成,集议并呈,从其善者。"诏从之。

冬,十月,癸丑,魏以司空广阳王嘉为司徒。

十一月,己丑,魏主于式乾殿为诸僧及朝臣讲《维摩诘经》。时魏主专尚释氏,不事经籍,中书侍郎河东裴延隽上疏,以为:"汉光武、魏武帝,虽在戎马之间,未尝废书。先帝迁都行师,手不释卷。良以学问多益,不可暂辍故也。陛下升法座,亲讲大觉,凡在瞻听,尘蔽俱开。然'五经'治世之模楷,应务之所先,伏愿经书互览,孔、释兼存,则内外俱周,真俗斯畅矣。"

时佛教盛于洛阳,中国沙门之外,自西域来者三千余人,魏主别为之立永明寺千余间以处之。处士南阳冯亮有巧思,魏主使与河南尹甄琛、沙门统僧暹择嵩山形胜之地立闲居寺,极岩壑土木之美。由是远近承风,无不事佛,比及延昌,州郡共有一万三千余寺。

是岁,魏宗正卿元树来奔,赐爵邺王。树,翼之弟也。时翼为青、冀二州刺史,镇郁洲,久之,翼谋举州降魏,事泄而死。

九年(庚寅、510)

春,正月,乙亥,以尚书令沈约为左光禄大夫,右光禄大夫王莹为尚书令。约文学高一时,而贪冒荣利,用事十余年,政之得失,唯唯而已。自以久居端揆,有志台司,论者亦以为宜,而上终不用,乃求外出,又不许。徐勉为之请三司之仪,上不许。

庚寅,新作缘淮塘,北岸起石头迄东冶,南岸起后渚篱门迄三桥。

三月,丙戌,魏皇子诩生,大赦。诩母胡充华,临泾人,父国珍,袭武始伯。充华初选入掖庭,同列以故事祝之曰:"愿生诸王、公主,勿生太子。"充华曰:"妾之志异于诸人,奈何畏一身之死而使国家无嗣乎!"及有娠,同列劝去之,充华不可,私自誓曰:"若幸而生男,次第当长,男生身死,所不憾也。"既而生诩。

先是,魏主频丧皇子,年渐长,深加慎护,择良家宜子者以为乳保,养于别宫,皇后、充华皆不得近。

己丑,上幸国子学,亲临讲肄。乙未,诏皇太子以下及王侯之子年可从师者皆入学。

旧制,尚书五都令史皆用寒流。夏,四月,丁巳,诏曰:"尚书五都,职参政要,非但总领众局,亦乃方轨二丞,可革用士流,秉此群目。"于是以都令史视奉朝请,用太学博士刘纳兼殿中都,司空法曹参军刘显兼吏部都,太学博士孔虔孙兼金部都,司空法曹参军萧轨兼左右户都,宣毅墨曹参军王颙兼中兵都,并以才地兼美,首膺其选。

六月,宣城郡吏吴承伯挟妖术聚众,癸丑,攻郡,杀太守朱僧勇,转屠旁县。闰月,己丑,承伯逾山,奄至吴兴。东土人素不习兵,吏民恇扰奔散,或劝太守蔡撙避之,撙不可,募勇敢闭门拒守。承伯尽锐攻之,撙帅众出战,大破之,临陈斩承伯。撙,兴宗之子也。承伯余党入新安,攻陷黟、歙诸县,太守谢览遣兵拒之,不胜,逃奔会稽,台军讨贼,平之。览,瀹之子也。

冬,十月,魏中山献武王英卒。

上即位之三年,诏定新历,员外散骑侍郎祖暅奏其父冲之考古法为正,历不可改。至八年,诏太史课新旧二历,新历密,旧历疏,是岁,始行冲之《大明历》。

魏刘芳等奏:"所造乐器及教文、武二舞、登歌、鼓吹曲等已成,乞如前敕集公卿群儒议定,与旧乐参呈。若臣等所造,形制合古,击拊会节,请于来年元会用之。"诏:"舞可用新,余且仍旧。"

十年(辛卯、511)

春,正月,辛丑,上祀南郊,大赦。

尚书左仆射张稷,自谓功大赏薄,尝侍宴乐寿殿,酒酣,怨望形于辞色。上曰:"卿兄杀郡守,弟杀其君,有何名称!"稷曰:"臣乃无名称,至于陛下不得言无勋。东昏暴虐,义师亦来伐之,岂在臣而已。"上将其须曰:"张公可畏人。"稷既惧且恨,乃求出外。癸卯,以稷为青、冀二州刺史。

王珍国亦怨望,罢梁、秦二州刺史还,酒后于坐启云:"臣近入梁山便哭。"上大惊曰:"卿若哭东昏,则已晚;若哭我,我复未死。"珍国起拜谢,竟不答,坐即散,因此疏退,久之,除都官尚书。

丁巳,魏汾州山胡刘龙驹聚众反,侵扰夏州,诏谏议大夫薛和发东秦、汾、华、夏四州之众以讨之。

辛酉,上祀明堂。

三月,琅邪民王万寿杀东莞、琅邪二郡太守刘晰,据朐山,召魏军。

壬戌,魏广阳懿烈王嘉卒。

魏徐州刺史卢昶遣郯城戍副张天惠、琅邪戍主傅文骥相继赴朐山,青、冀二州刺史张稷遣兵拒之,不胜。夏,四月,文骥等据朐山,诏振远将军马仙琕击之。魏又遣假安南将军萧宝寅、假平东将军天水赵遐将兵据朐山,受卢昶节度。

甲戌,魏薛和破刘龙驹,悉平其党,表置东夏州。

五月,丙辰,魏禁天文学。

以国子祭酒张充为尚书左仆射。充,绪之子也。

马仙琕围朐山,张稷权顿六里以督馈运,上数发兵助之。秋,魏卢昶上表请益兵六千,米十万石,魏主以兵四千给之。冬,十一月,己亥,魏主诏扬州刺史李崇等治兵寿阳,以分朐山之势。卢昶本儒生,不习军旅。朐山城中粮樵俱竭,傅文骥以城降。十二月,庚辰,昶引兵先遁,诸军相继皆溃。会大雪,军士冻死及堕手足者三分之二,仙琕追击,大破之,二百里间,僵尸相属,魏兵免者什一二,收其粮畜器械,不可胜数。昶单骑而走,弃其节传、仪卫俱尽,至郯城,借赵遐节以为军威。魏主命黄门侍郎甄琛驰驲锁昶,穷其败状,及赵遐皆免官。唯萧宝寅全军而归。

卢昶之在朐山也,御史中尉游肇言于魏主曰:“朐山蕞尔,僻在海滨,卑湿难居,于我非急,于贼为利。为利,故必致死而争之;非急,故不得已而战。以不得已之众击必死之师,恐稽延岁月,所费甚大。假令得朐山,徒致交争,终难全守,所谓无用之田也。闻贼屡以宿豫求易朐山,若必如此,持此无用之地,复彼旧有之疆,兵役时解,其利为大。”魏主将从之,会昶败,迁肇侍中。肇,明根之子也。

马仙琕为将,能与士卒同劳逸,所衣不过布帛,所居无帏幕衾屏,饮食与厮养最下者同。其在边境,常单身潜入敌境,伺知壁垒村落险要处,所攻战多捷,士卒亦乐为之用。

魏以甄琛为河南尹,琛表曰:“国家居代,患多盗窃,世祖发愤,广置主司、里宰,皆以下代令长及五等散男有经略者乃得为之。又多置吏士为其羽翼,崇而重之,始得禁止。今迁都已来,天下转广,四远赴会,事过代都,五方杂沓,寇盗公行,里正职轻任碎,多是下才,人怀苟且,不能督察。请取武官八品将军已下干用贞济者,以本官俸恤领里尉之任,高者领六部尉,中者领经途尉,下者领里正。不尔,请少高里尉之品,选下品中应迁者进而为之。督责有所,辇毂可清。”诏曰:“里正可进至勋品,经途从九品,六部尉正九品诸职中简取,不必武人。”琛又奏以羽林为游军,于诸坊巷司察盗贼,于是洛城清静,后常踵焉。

是岁,梁之境内有州二十三,郡三百五十,县千二十二。是后州名浸多,废置离合,不可胜记。魏朝亦然。

上敦睦九族,优借朝士,有犯罪者,皆屈法申之。百姓有罪,则案之如法,其缘坐则老幼不免,一人逃亡,举家质作,民既穷窘,奸宄益深。尝因郊祀,有秣陵老人遮车驾言曰:“陛下为法,急于庶民,缓于权贵,非长久之道。诚能反是,天下幸甚。”上于是思有以宽之。

十一年(壬辰、512)

春,正月,壬辰,诏:“自今逋谪之家及罪应质作,若年有老小,可停将送。”

以临川王宏为太尉,骠骑将军王茂为司空、尚书令。

丙辰,魏以车骑大将军、尚书令高肇为司徒,清河王怿为司空,广平王怀进号骠骑大将军,加仪同三司。肇虽登三司,犹自以去要任,怏怏形于言色,见者嗤之。尚书右丞高绰、国子博士封轨,素以方直自业,及肇为司徒,绰送迎往来,轨竟不诣肇。绰顾不见轨,乃遽归,叹曰:“吾平生自谓不失规矩,今日举措,不如封生远矣。”绰,允之孙;轨,懿之族孙也。

清河王怿有才学闻望,惩彭城之祸,因侍宴,谓肇曰:"天子兄弟,讵有几人,而剪之几尽。昔王莽头秃,藉《渭阳》之资,遂篡汉室。今君身曲,亦恐终成乱阶。"会大旱,肇擅录囚徒,欲以收众心。怿言于魏主曰:"昔季氏旅于泰山,孔子疾之。诚以君臣之分,宜防微杜渐,不可渎也。减膳录囚,乃陛下之事,今司徒行之,岂人臣之义乎?明君失之于上,奸臣窃之于下,祸乱之基,于此在矣。"帝笑而不应。

夏,四月,魏诏尚书与群司鞫理狱讼,令饥民就谷燕、恒二州及六镇。

乙酉,魏大赦,改元延昌。

冬,十月,乙亥,魏立皇子诩为太子,始不杀其母。以尚书右仆射郭祚领太子少师。祚尝从魏主幸东宫,怀黄瓜以奉太子。时应诏左右赵桃弓深为帝所信任,祚私事之。时人谓之"桃弓仆射"、"黄瓜少师"。

十一月,乙未,以吴郡太守袁昂兼尚书右仆射。

初,齐太子步兵校尉平昌伏曼容表求制一代礼乐,世祖诏选学士十人修五礼,丹杨尹王俭总之。俭卒,以事付国子祭酒何胤。胤还东山,齐明帝敕尚书令徐孝嗣掌之。孝嗣诛,率多散逸,诏骠骑将军何佟之掌之。经齐末兵火,仅有在者。帝即位,佟之启审省置之宜,敕使外详。时尚书以为庶务权舆,宜俟隆平,欲且省礼局,并还尚书仪曹。诏曰:"礼坏乐缺,实宜以时修定。但顷之修撰不得其人,所以历年不就,有名无实。此既经国所先,可即撰次。"于是尚书仆射沈约等奏:"请五礼各置旧学士一人,令自举学古一人相助抄撰,其中疑者,依石渠、白虎故事,请制旨断决。"乃以右军记室参军明山宾等分掌五礼,佟之总其事。佟之卒,以镇北谘议参军伏暅代之。暅,曼容之子也。全是,"五礼"成,列上之,合八千一十九条,诏有司遵行。

己酉,临川王宏以公事左迁骠骑大将军。

是岁,魏以桓叔兴为南荆州刺史,治安昌,隶东荆州。

十二年(癸巳、513)

春,正月,辛卯,上祀南郊,大赦。

二月,辛酉,以兼尚书右仆射袁昂为右仆射。

己卯,魏高阳王雍进位太保。

郁洲迫近魏境,其民多私与魏人交市。朐山之乱,或阴与魏通,朐山平,心不自安。青、冀二州刺史张稷不得志,政令宽弛,僚吏颇多侵渔。庚辰,郁洲民徐道角等夜袭州城,杀稷,送其首降魏,魏遣前南兖州刺史樊鲁将兵赴之。于是魏饥,民饿死者数万,侍中游肇谏,以为:"朐山滨海,卑湿难居,郁洲又在海中,得之尤为无用。其地于贼要近,去此闲远,以闲远之兵攻要近之众,不可敌也。方今年饥民困,唯宜安静,而复劳以军旅,费以馈运,臣见其损,未见其益。"魏主不从,复遣平西将军奚康生将兵逆之。未发，北兖州刺史康绚遣司马霍奉伯讨平之。

辛巳，新作太极殿。

上尝与侍中、太子少傅建昌侯沈约各疏栗事，约少上三事，出，谓人曰："此公护前，不则羞死。"上闻之，怒，欲治其罪，徐勉固谏而止。上有憾于张稷，从容与约语及之，约曰："左仆射出作边州，已往之事，何足复论。"上以为约与稷昏家相为，怒曰："卿言如此，是忠臣邪！"乃辇归内殿。约惧，不觉上起，犹坐如初。及还，未至床而凭空，顿于户下，因病，梦齐和帝以剑断其舌。乃呼道士奏赤章于天，称"禅代之事，不由己出"。上遣主书黄穆之视疾，夕还，增损不即启闻，惧罪，乃白赤章事。上大怒，中使谴责者数四。约益惧，闰月，乙丑，卒。有司谥曰"文"，上曰："情怀不尽曰隐。"改谥隐侯。

夏，五月，寿阳久雨，大水入城，庐舍皆没。魏扬州刺史李崇勒兵泊于城上，水增未已，乃乘船附于女墙，城不没者二板。将佐劝崇弃寿阳保北山，崇曰："吾忝守藩岳，德薄致灾，淮南万里，系于吾身，一旦动足，百姓瓦解，扬州之地，恐非国物。吾岂爱一身，取愧王尊。但怜此士民，无辜同死，可结筏随高，人规自脱。吾必与此城俱没，幸诸君勿言。"

扬州治中裴绚帅城南民数千家泛舟南走，避水高原，谓崇还北，因自称豫州刺史，与别驾郑祖起等送任子来请降。马仙琕遣兵赴之。

崇闻绚叛，未测虚实，遣国侍郎韩方兴单舸召之。绚闻崇在，怅然惊恨，报曰："比因大水颠狈，为众所推。今大计已尔，势不可追，恐民非公民，吏非公吏，愿公早行，无犯将士。"崇遣从弟宁朔将军神等将水军讨之，绚战败，神追，拔其营。绚走，为村民所执，还，至尉升湖，曰："吾何面见李公乎！"乃投水死。绚，叔业之兄孙也。郑祖起等皆伏诛。崇上表以水灾求解州任，魏主不许。

崇沉深宽厚，有方略，得士众心，在寿春十年，常养壮士数千人，寇来无不摧破，邻敌谓之"卧虎"。上屡设反间以疑之，又授崇车骑大将军、开府仪同三司、万户郡公，诸子皆为县侯，而魏主素知其忠笃，委信不疑。

六月，癸巳，新作太庙。

秋，八月，戊午，以临川王宏为司空。

魏恒、肆二州地震、山鸣，逾年不已，民覆压死伤甚众。

魏主幸东宫，以中书监崔光为太子少傅，命太子拜之，光辞不敢当，帝不许。太子南面再拜，詹事王显启请从太子拜，于是宫臣皆拜，光北面立，不敢答，唯西面拜谢而出。

十三年（甲午、514）

春，二月，丁亥，上耕藉田，大赦。宋、齐藉田皆用正月，至是始用二月，及致斋祀先农。

　　魏东豫州刺史田益宗衰老，与诸子孙聚敛无厌，部内苦之，咸言欲叛。魏主遣中书舍人刘桃符慰劳益宗，桃符还，启益宗侵扰之状。魏主赐诏曰："桃符闻卿息鲁生在淮南贪暴，为尔不已，损卿诚效。可令鲁生赴阙，当加任使。"鲁生久未至，诏徙益宗为镇东将军、济州刺史，又虑其不受代，遣后将军李世哲与桃符帅众袭之，奄入广陵。鲁生与其弟鲁贤、超秀皆奔关南，招引梁兵，攻取光城已南诸戍。上以鲁生为北司州刺史，鲁贤为北豫州刺史，超秀为定州刺史。三月，魏李世哲击鲁生等，破之，复置郡戍。以益宗还洛阳，授征南将军、金紫光禄大夫。益宗上表称为桃符所谗，及言"鲁生等为桃符逼逐使叛，乞摄桃符与臣对辨虚实"。诏不许，曰："既经大宥，不容更为狱。"

　　秋，七月，乙亥，立皇子纶为邵陵王，绎为湘东王，纪为武陵王。

　　冬，十月，庚辰，魏主遣骁骑将军马义舒慰谕柔然。

　　魏王足之入寇也，上命宁州刺史涪人李略御之，许事平用为益州。足退，上不用，略怨望，有异谋，上杀之。其兄子苗奔魏，步兵校尉泰山淳于诞尝为益州主簿，自汉中入魏，二人共说魏主以取蜀之策，魏主信之。辛亥，以司徒高肇为大将军、平蜀大都督，将步骑十五万寇益州。命益州刺史傅竖眼出巴北，梁州刺史羊祉出涪城，安西将军奚康生出绵竹，抚军将军甄琛出剑阁。乙卯，以中护军元遥为征南将军，都督镇遏梁、楚。游肇谏，以为："今频年水旱，百姓不宜劳役。往昔开拓，皆因城主归款，故有征无战。今之陈计者真伪难分，或有怨于彼，不可全信。蜀地险隘，镇戍无隙，岂得虚承浮说，而动大军。举不慎始，悔将何及！"不从。以淳于诞为骁骑将军，假李苗龙骧将军，皆领乡导统军。

　　魏降人王足陈计，求堰淮水以灌寿阳。上以为然，使水工陈承伯、材官将军祖暅视地形，咸谓"淮内沙土漂轻不坚实，功不可就"。上弗听，发徐、扬民率二十户取五丁以筑之，假太子右卫率康绚都督淮上诸军事，并护堰作于钟离。役人及战士合二十万，南起浮山，北抵巉石，依岸筑土，合脊于中流。

　　魏以前定州刺史杨津为华州刺史。津，椿之弟也。先是，官受调绢，尺度特长，任事因缘，共相进退，百姓苦之。津令悉依公尺，其输物尤善者，赐以杯酒；所输少劣，亦为受之，但无酒以示耻。于是人竞相劝，官调更胜旧日。

　　魏太子尚幼，每出入东宫，左右乳母而已，宫臣皆不之知。詹事杨昱上言："乞自今召太子必降手敕，令臣等翼从。"魏主从之，命宫臣在直者从至万岁门。

　　魏御史中尉王显问治书侍御史阳固曰："吾作太府卿，府库充实，卿以为何如？"固曰："公收百官之禄四分之一，州郡赃赎，悉输京师，以此充府，未足为多。且'有聚敛之臣，宁有盗臣'。可不戒哉！"显不悦，因事奏免固官。

资治通鉴卷第一百四十八

端明殿学士兼翰林侍读学士朝散大夫右谏议大夫充集贤殿修撰提举西京嵩山崇福宫上柱国河内郡开国侯食邑一千八百户食实封六百户赐紫金鱼袋臣 司马光 奉敕编集

梁纪四 起旃蒙协洽(乙未),尽著雍阉茂(戊戌),凡四年。

高祖武皇帝四

天监十四年(乙未、515)

春,正月,乙巳朔,上冠太子于太极殿,大赦。

辛亥,上祀南郊。

甲寅,魏主有疾,丁巳,殂于式乾殿。侍中、中书监、太子少傅崔光,侍中、领军将军于忠,詹事王显,中庶子代人侯刚,迎太子诩于东宫,至显阳殿。王显欲须明行即位礼,崔光曰:"天位不可暂旷,何待至明。"显曰:"须奏中宫。"光曰:"帝崩,太子立,国之常典,何须中宫令也。"于是光等请太子止哭,立于东序,于忠与黄门郎元昭扶太子西面哭十余声,止。光摄太尉,奉策进玺绶,太子跪受,服衮冕之服,御太极殿,即皇帝位。光等与夜直群官立庭中,北面稽首称万岁。昭,遵之曾孙也。

高后欲杀胡贵嫔,中给事谯郡刘腾以告侯刚,刚以告于忠。忠问计于崔光,光使置贵嫔于别所,严加守卫,由是贵嫔深德四人。戊午,魏大赦。己未,悉召西伐、东防兵。

骠骑大将军广平王怀扶疾入临,径至太极西庑,哀恸,呼侍中、黄门、领军、二卫,云身欲上殿哭大行,又须入见主上。众皆愕然相视,无敢对者。崔光攘衰振杖,引汉光武崩赵熹扶诸王下殿故事,声色甚厉,闻者莫不称善。怀声泪俱止,曰:"侍中以古义裁我,我敢不服。"遂还,仍频遣左右致谢。

先是高肇擅权,尤忌宗室有时望者,太子太保任城王澄数为肇所谮,惧不自全,乃终日酣饮,所为如狂,朝廷机要无所关豫。及世宗殂,肇拥兵于外,朝野不安。于忠与门下议,以肃宗幼,未能亲政,宜使太保高阳王雍入居西柏堂省决庶政,以任城王澄为尚书令,总摄百揆,奏皇后请即敕授。王显素有宠于世宗,恃势使威,为世所疾,恐不为澄等所容,与中常侍孙伏连等密谋寝门下之奏,矫皇后令,以高肇录尚书事,以显与勃海公高猛同为侍中。于忠等闻之,托以侍疗无效,执显于禁中,下诏削爵任。显临执呼冤,直阁以刀镮撞其掖下,送右卫府,一宿而死。庚申,下诏如门下所奏,百官总己听于二王,中外悦服。

二月,庚辰,尊皇后为皇太后。魏主称名为书告哀于高肇,且召之还。肇承变忧惧,朝夕哭泣,至于羸悴,归至瀍涧,家人迎之,不与相见。辛巳,至阙下,衰服号哭,升太极殿尽哀。高阳王雍与于忠密谋,伏直寝邢豹等十余人于舍人省下,肇哭毕,引入西庑,清河诸王皆窃言目之。肇入省,豹等扼杀之,下诏暴其罪恶,称肇自尽,自余亲党悉无所问,削除职爵,葬以土礼。逮昏,于厕门出尸归其家。

魏之伐蜀也,军至晋寿,蜀人震恐。傅竖眼将步兵三万击巴北,上遣宁州刺史任太洪自阴平间道入其州,招诱氐、蜀,绝魏运路。会魏大军北还,太洪袭破魏东洛、除口二戍,声言梁兵继至,氐、蜀翕然从之。太洪进围关城,竖眼遣统军姜喜等击太洪,大破之,太洪弃关城走还。

癸未,魏以高阳王雍为太傅、领太尉,清河王怿为司徒,广平王怀为司空。

甲午,魏葬宣武皇帝于景陵,庙号世宗。己亥,尊胡贵嫔为皇太妃。三月,甲辰朔,以高太后为尼,徙居金墉瑶光寺,非大节庆,不得入宫。

魏左仆射郭祚表称:"萧衍狂悖,谋断川渎,役苦民劳,危亡已兆。宜命将出师,长驱扑讨。"魏诏平南将军杨大眼督诸军镇荆山。

魏于忠既居门下,又总宿卫,遂专朝政,权倾一时。初,太和中,军国多事,高祖以用度不足,百官之禄四分减一,忠悉命归所减之禄。旧制,民税绢一匹别输绵八两,布一匹别输麻十五斤,忠悉罢之。乙丑,诏文武群官各进位一级。

夏,四月,浮山堰成而复溃。或言蛟龙能乘风雨破堰,其性恶铁,乃运东、西冶铁器数千万斤沉之,亦不能合。乃伐树为井幹,填以巨石,加土其上,缘淮百里内木石无巨细皆尽,负担者肩上皆穿,夏日疾疫,死者相枕,蝇虫昼夜声合。

魏梁州刺史薛怀吉破叛氐于沮水。怀吉,真度之子也。五月,甲寅,南秦州刺史崔暹又破叛氐,解武兴之围。

六月,魏冀州沙门法庆以妖幻惑众,与勃海人李归伯等作乱,推法庆为主。法庆以尼惠晖为妻,以归伯为十住菩萨、平魔军司、定汉王,自号大乘。又合狂药,令人服之,父子兄弟不复相识,唯以杀害为事。刺史萧宝寅遣兼长史崔伯骥击之,伯骥败死。贼众益盛,所在毁寺舍,斩僧尼,烧经像,云"新佛出世,除去众魔"。秋,七月,丁未,诏假右光禄大夫元遥征北大将军以讨之。

魏尚书裴植,自谓人门不后王肃,以朝廷处之不高,意常怏怏,表请解官隐嵩山,世宗不许,深怪之。及为尚书,志气骄满,每谓人曰:"非我须尚书,尚书亦须我。"每入参议论,好面讥毁群官,又表征南将军田益宗,言:"华、夷异类,不应在百世衣冠之上。"于忠、元昭见之切齿。

尚书左仆射郭祚,冒进不已,自以东宫师傅,列辞尚书,望封侯、仪同,诏以祚为都督雍、岐、华三州诸军事、征西将军、雍州刺史。

祚与植皆恶于忠专横,密劝高阳王雍使出之,忠闻之,大怒,令有司诬奏其罪。尚书奏:"羊祉告植姑子皇甫仲达云'受植旨,诈称被诏,帅合部曲,欲图于忠'。臣等穷治,辞不伏引。然众证明晰,准律当死。众证虽不见植,皆言'仲达为植所使,植召仲达责问而不告列'。推论情状,不同之理不可分明。不得同之常狱,有所降减,计同仲达,处植死刑。植亲帅城众,附从王化,依律上议,乞赐裁处。"忠矫诏曰:"凶谋既尔,罪不当恕。虽有归化之诚,无容上议,亦不须待秋分。"八月,己亥,植与郭祚及都水使者杜陵韦儁皆赐死。儁,祚之婚家也。忠又欲杀高阳王雍,崔光固执不从,乃免雍官,以王还第。朝野冤愤,莫不切齿。

丙子,魏尊胡太妃为皇太后,居崇训宫。于忠领崇训卫尉,刘腾为崇训太仆,加侍中,侯刚为侍中抚军将军。又以太后父国珍为光禄大夫。

庚辰,定州刺史田超秀帅众三千降魏。

戊子,魏大赦。

己丑,魏清河王怿进位太傅,领太尉;广平王怀为太保,领司徒;任城王澄为司空。庚寅,魏以车骑大将军于忠为尚书令,特进崔光为车骑大将军,并加仪同三司。

魏江阳王继,熙之曾孙也,先为青州刺史,坐以良人为婢夺爵。继子乂娶胡太后妹,壬辰,诏复继本封,以乂为通直散骑侍郎,乂妻为新平郡君,仍拜女侍中。

群臣奏请皇太后临朝称制,九月,乙未,灵太后始临朝听政,犹称令以行事,群臣上书称殿下。太后聪悟,颇好读书属文,射能中针孔,政事皆手笔自决。加胡国珍侍中,封安定公。

自郭祚等死,诏令生杀皆出于忠,王公畏之,重足胁息。太后既亲政,乃解忠侍中、领军、崇训卫尉,止为仪同三司、尚书令。后旬余,太后引门下侍官于崇训宫,问曰:"忠在端右,声望何如?"咸曰:"不称厥任。"乃出忠为都督冀、定、瀛三州诸军事、征北大将军、冀州刺史;以司空澄领尚书令。澄奏:"安定公宜出入禁中,参诣大务。"诏从之。

甲寅,魏元遥破大乘贼,擒法庆并渠帅百余人,传首洛阳。

左游击将军赵祖悦袭魏西硖石,据之以逼寿阳,更筑外城,徙缘淮之民以实城内。将军田道龙等散攻诸戍,魏扬州刺史李崇分遣诸将拒之。癸亥,魏遣假镇南将军崔亮攻西硖石,又遣镇东将军萧宝寅决淮堰。

冬,十月,乙酉,魏以胡国珍为中书监、仪同三司,侍中如故。

甲午,弘化太守杜桂举郡降魏。

初，魏于忠用事，自言世宗许其优转，太傅雍等皆不敢违，加忠车骑大将军。忠又自谓新故之际有定社稷之功，讽百僚令加己赏，雍等议封忠常山郡公。忠又难于独受，乃讽朝廷，同在门下者皆加封邑，雍等不得已复封崔光为博平县公，而尚书元昭等上诉不已。太后敕公卿再议，太傅怿等上言："先帝升遐，奉迎乘舆，侍卫省闼，乃臣子常职，不容以此为功。臣等前议授忠茅土，正以畏其威权，苟免暴戾故也。若以功过相除，悉不应赏，请皆追夺。"崔光亦奉送章绶茅土。表十余上，太后从之。

高阳王雍上表自劾，称"臣初入柏堂，见诏旨之行，一由门下，臣出君行，深知不可而不能禁。于忠专权，生杀自恣，而臣不能违。忠规欲杀臣，赖在事执拒。臣欲出忠于外，在心未行，返为忠废。忝官尸禄，孤负恩私，请返私门，伏听司败"。太后以忠有保护之功，不问其罪。十二月，辛丑，以雍为太师，领司州牧，寻复录尚书事，与太傅怿、太保怀、侍中胡国珍入居门下，同厘庶政。

己酉，魏崔亮至硖石，赵祖悦逆战而败，闭城自守，亮进围之。

丁卯，魏主及太后谒景陵。

是冬，寒甚，淮、泗尽冻，浮山堰士卒死者什七八。

魏益州刺史傅竖眼，性清素，民、獠怀之。龙骧将军元法僧代竖眼为益州刺史，素无治干，加以贪残，王、贾诸姓，本州士族，法僧皆召为兵。葭萌民任令宗因众心之患魏也，杀魏晋寿太守，以城来降，民、獠多应之。益州刺史鄱阳王恢遣巴西、梓潼二郡太守张齐将兵三万迎之。法僧，熙之曾孙也。

魏岐州刺史赵王谧，干之子也，为政暴虐。一旦，闭城门大索，执人而掠之，楚毒备至，又无故斩六人，阖城凶惧。众遂大呼，屯门，谧登楼毁梯以自固。胡太后遣游击将军王靖驰驲谕城人，城人开门谢罪，奉送管钥，乃罢谧刺史。谧妃，太后从女也。至洛，除大司农卿。

太后以魏主尚幼，未能亲祭，欲代行祭事，礼官博议，以为不可。太后以问侍中崔光，光引汉和熹邓太后祭宗庙故事，太后大悦，遂摄行祭事。

魏南荆州刺史桓叔兴表请不隶东荆州，许之。

十五年（丙申、516）

春，正月，戊辰朔，魏大赦，改元熙平。

魏崔亮攻硖石未下，与李崇约水陆并进，崇屡违期不至。胡太后以诸将不壹，乃以吏部尚书李平为使持节、镇军大将军兼尚书右仆射，将步骑二千赴寿阳，别为行台，节度诸军，如有乖异，以军法从事。萧宝寅遣轻车将军刘智文等渡淮，攻破三垒。二月，乙巳，又败将军垣孟孙等于淮北。李平至硖石，督李崇、崔亮等刻日水陆进攻，无敢乖互，战屡有功。

上使左卫将军昌义之将兵救浮山,未至,康绚已击魏兵,却之。上使义之与直阁王神念溯淮救硖石。崔亮遣将军博陵崔延伯守下蔡,延伯与别将伊瓮生夹淮为营。延伯取车轮去辋,削锐其辐,两两接对,揉竹为絙,贯连相属,并十余道,横水为桥,两头施大鹿卢,出没随意,不可烧斫。既断赵祖悦走路,又令战舰不通,义之、神念屯梁城不得进。李平部分水陆攻硖石,克其外城。乙丑,祖悦出降,斩之,尽俘其众。

胡太后赐崔亮书,使乘胜深入。平部分诸将,水陆并进,攻浮山堰。亮违平节度,以疾请还,随表辄发。平奏处亮死刑,太后令曰:"亮去留自擅,违我经略,虽有小捷,岂免大咎。但吾摄御万机,庶几恶杀,可特听以功补过。"魏师遂还。

魏中尉元匡奏弹于忠:"幸国大灾,专擅朝命,裴、郭受冤,宰辅黜辱。又自矫旨为仪同三司、尚书令,领崇训卫尉,原其此意,欲以无上自处。既事在恩后,宜加显戮,请遣御史一人就州行决。自去岁世宗晏驾以后,皇太后未亲览以前,诸不由阶级,或发门下诏书,或由中书宣敕,擅相拜授者,已经恩宥,正可免罪,并宜追夺。"太后令曰:"忠已蒙特原,无宜追罪。馀如奏。"

匡又弹侍中侯刚掠杀羽林。刚本以善烹调为尝食典御,凡三十年,以有德于太后,颇专恣用事,王公皆畏附之。廷尉处刚大辟,太后曰:"刚因公事掠人,邂逅致死,于律不坐。"少卿陈郡袁翻曰:"'邂逅',谓情状已露,隐避不引,考讯以理者也。今此羽林,问则具首,刚口唱打杀,挝筑非理,安得谓之'邂逅'!"太后乃削刚户三百,解尝食典御。

三月,戊戌朔,日有食之。

魏论西硖石之功,辛未,以李崇为骠骑将军,加仪同三司,李平为尚书右仆射,崔亮进号镇北将军。亮与平争功于禁中,太后以亮为殿中尚书。

魏萧宝寅在淮堰,上为手书诱之,使袭彭城,许送其国庙及室家诸从还北。宝寅表上其书于魏朝。

夏,四月,淮堰成,长九里,下广一百四十丈,上广四十五丈,高二十丈,树以杞柳,军垒列居其上。

或谓康绚曰:"四渎,天所以节宣其气,不可久塞,若凿黎东注,则游波宽缓,堰得不坏。"绚乃开黎东注。又纵反间于魏曰:"梁人所惧开黎,不畏野战。"萧宝寅信之,凿山深五丈,开黎北注,水日夜分流犹不减,魏军竟罢归。水之所及,夹淮方数百里。李崇作浮桥于硖石戍间,又筑魏昌城于八公山东南,以备寿阳城坏。居民散就冈垄,其水清澈,俯视庐舍冢墓,了然在下。

初,堰起于徐州境内,刺史张豹子宣言,谓己必掌其事,既而康绚以他官来监作,豹子甚惭。俄而敕豹子受绚节度,豹子遂潜绚与魏交通,上虽不纳,犹以事毕征绚还。

魏胡太后追思朱忠之功，曰：“岂宜以一谬弃其余勋。”复封忠为灵寿县公，亦封崔光为平恩县侯。

魏元法僧遣其子景隆将兵拒张齐，齐与战于葭萌，大破之，屠十余城，遂围武兴。法僧婴城自守，境内皆叛，法僧遣使间道告急于魏。魏驿征镇南军司傅竖眼于淮南，以为益州刺史、西征都督，将步骑三千以赴之。竖眼入境，转战三日，行二百余里，九遇皆捷。五月，竖眼击杀梁州刺史任太洪。民、獠闻竖眼至，皆喜，迎拜于路者相继。张齐退保白水，竖眼入州，白水以东民皆安业。

魏梓潼太守苟金龙领关城戍主，梁兵至，金龙疾病，不堪部分，其妻刘氏帅厉城民，乘城拒战百有余日，士卒死伤过半。戍副高景谋叛，刘氏斩景及其党与数千人，自余将士，分衣减食，劳逸必同，莫不畏而怀之。井在城外，为梁兵所据，会天大雨，刘氏命出公私布绢及衣服悬之，绞而取水，城中所有杂物悉储之。竖眼至，梁兵乃退，魏人封其子为平昌县子。

六月，庚子，以尚书令王莹为左光禄大夫、开府仪同三司，尚书右仆射袁昂为左仆射，吏部尚书王暕为右仆射。暕，俭之子也。

张齐数出白水侵魏葭萌，傅竖眼遣虎威将军强虬攻信义将军杨兴起，杀之，复取白水。宁朔将军王光昭又败于阴平，张齐亲帅骁勇二万余人与傅竖眼战，秋，七月，齐军大败，走还，小剑、大剑诸戍皆弃城走，东益州复入于魏。

八月，乙巳，魏以胡国珍为骠骑大将军、开府仪同三司、雍州刺史。国珍年老，太后实不欲令出，止欲示以方面之荣，竟不行。

康绚既还，张豹子不复修淮堰。九月，丁丑，淮水暴涨，堰坏，其声如雷，闻三百里，缘淮城戍村落十余万口皆漂入海。初，魏人患淮堰，以任城王澄为大将军、大都督南讨诸军事，勒众十万，将出徐州来攻堰。尚书右仆射李平以为：“不假兵力，终当自坏。”及闻破，太后大喜，赏平甚厚，澄遂不行。

壬辰，大赦。

魏胡太后数幸宗戚勋贵之家，侍中崔光表谏曰：“《礼》，‘诸侯非问疾吊丧而入诸臣之家，谓之君臣为谑。’不言王后夫人，明无适臣家之义。夫人父母在，有归宁，没则使卿宁。汉上官皇后将废昌邑，霍光，外祖也，亲为宰辅，后犹御武帐以接群臣，示男女之别也。今帝族方衍，勋贵增迁，祗请遂多，将成彝式。愿陛下简息游幸，则率土属赖，含生仰悦矣。”

任城王澄以北边镇将选举弥轻，恐贼虏窥边，山陵危迫，奏求重镇将之选，修警备之严，诏公卿议之。廷尉少卿袁翻议，以为：“比缘边州郡官不择人，唯论资级。或值贪污之人，广开戍逻，多置帅领，或用其左右姻亲，或受人货财请属，皆无防寇之心,唯有聚敛之意。其勇力之兵,驱令抄掠,若值强敌,即为奴虏,如有执获,夺为己富。其羸弱老小之辈,微解金铁之工,少闲草木之作,无不搜营穷垒,苦役百端。自余或伐木深山,或芸草平陆,贩贸往还,相望道路。此等禄既不多,赏亦有限,皆收其实绢,给其虚粟,穷其力,薄其衣,用其功,节其食,绵冬历夏,加之疾苦,死于沟渎者什常七八。是以邻敌伺间,扰我疆场,皆由边任不得其人故也。愚谓自今已后,南北边诸藩及所统郡县府佐、统军至于戍主,皆令朝臣王公已下各举所知,必选其才,不拘阶级。若称职及败官,并所举之人随事赏罚。"太后不能用。及正光之末,北边盗贼群起,遂逼旧都,犯山陵,如澄所虑。

冬,十一月,交州刺史李旻斩交州反者阮宗孝,传首建康。

初,魏世宗作瑶光寺,未就。是岁,胡太后又作永宁寺,皆在宫侧。又作石窟寺于伊阙口,皆极土木之美。而永宁尤盛,有金像高丈八尺者一,如中人者十,玉像二。为九层浮图,掘地筑基,下及黄泉。浮图高九十丈,上刹复高十丈,每夜静,铃铎声闻十里。佛殿如太极殿,南门如端门。僧房千间,珠玉锦绣,骇人心目。自佛法入中国,塔庙之盛,未之有也。扬州刺史李崇上表,以为:"高祖迁都垂三十年,明堂未修,太学荒废,城阙府寺颇亦颓坏,非所以追隆堂构,仪刑万国者也。今国子虽有学官之名,而无教授之实,何异兔丝、燕麦,南箕、北斗!事不两兴,须有进退。宜罢尚方雕靡之作,省永宁土木之功,减瑶光材瓦之力,分石窟镌琢之劳,及诸事役非急者,于三时农隙修此数条,使国容严显,礼化兴行,不亦休哉!"太后优令答之,而不用其言。

太后好事佛,民多绝户为沙门,高阳王友李瑒上言:"三千之罪,莫大于不孝,不孝之大,无过于绝祀。岂得轻纵背礼之情,肆其ин法之意,一身亲老,弃家绝养,缺当世之礼,而求将来之益!孔子云:'未知生,焉知死?'安有弃堂堂之政而从鬼教乎!又,今南服未静,众役仍烦,百姓之情,实多避役。若复听之,恐捐弃孝慈,比屋皆为沙门矣。"都统僧暹等忿瑒谓之"鬼教",以为谤佛,泣诉于太后。太后责之,瑒曰:"天曰神,地曰祇,人曰鬼。《传》曰:'明则有礼乐,幽则有鬼神。'然则明者为堂堂,幽者为鬼教。佛本出于人,名之为鬼,愚谓非谤。"太后虽知瑒言为允,难违暹等之意,罚瑒金一两。

魏征南大将军田益宗求为东豫州刺史,以招二子,太后不许,竟卒于洛阳。

柔然伏跋可汗,壮健善用兵,是岁,西击高车,大破之,执其王弥俄突,系其足于驽马,顿曳杀之,漆其头为饮器。邻国先羁属柔然后叛去者,伏跋皆击灭之,其国复强。

十六年(丁酉、517)

春,正月,辛未,上祀南郊。

魏大乘余贼复相聚突入瀛州,刺史宇文福之子员外散骑侍郎延帅奴客拒之。贼烧斋阁,延突火抱福出外,肌发皆焦,勒众苦战,贼遂散走,追讨,平之。

甲戌,魏大赦。

魏初,民间皆不用钱,高祖太和十九年,始铸太和五铢钱,遣钱工在所鼓铸,民有欲铸钱者,听就官炉,铜必精练,无得淆杂。世宗永平三年,又铸五铢钱,禁天下用钱不依准式者。既而洛阳及诸州镇所用钱各不同,商货不通。尚书令任城王澄上言以为:"不行之钱,律有明式,指谓鸡眼、镮凿,更无余禁。计河西诸州,今所行者,悉非制限。昔来绳禁,愚窃惑焉。又河北既无新钱,复禁旧者,专以单丝之缣,疏缕之布,狭幅促度,不中常式,裂匹为尺,以济有无,徒成杼轴之劳,不免饥寒之苦,殆非所以救恤冻馁,子育黎元之意也。钱之为用,贯缗相属,不假度量,平均简易,济世之宜,谓为深允。乞并下诸方州镇,其太和与新铸五铢及古诸钱方俗所便用者,但内外全好,虽有大小之异,并得通行,贵贱之差,自依乡价。庶货环海内,公私无壅。其鸡眼、镮凿,及盗铸、毁大为小,生新巧伪不如法者,据律罪之。"诏从之。然河北少钱,民犹用物交易,钱不入市。

魏人多窃冒军功,尚书左丞卢同阅吏部勋书,因加检核,得窃阶者三百余人,乃奏:"乞总集吏部、中兵二局勋簿,对句奏案,更造两通,一关吏部,一留兵局。又,在军斩首成一阶以上者,即令行台军司给券,当中竖裂,一支付勋人,一支送门下,以防伪巧。"太后从之。同,玄之族孙也。

中尉元匡奏请取景明元年已来,内外考簿、吏部除书、中兵勋案,并诸殿最,欲以案校窃阶盗官之人,太后许之。尚书令任城王澄表以为:"法忌烦苛,治贵清约。御史之体,风闻是司,若闻有冒勋妄阶,止应摄其一簿,研检虚实,绳以典刑。岂有移一省之案,寻两纪之事,如此求过,谁谌其罪!斯实圣朝所宜重慎也。"太后乃止。又以匡所言数不从,虑其辞解,欲奖安之,乃加镇东将军。二月,丁未,立匡为东平王。

三月,丙子,敕织官,文锦不得为仙人鸟兽之形,为其裁剪,有乖仁恕。

丁亥,魏广平文穆王怀卒。

夏,四月,戊申,魏以中书监胡国珍为司徒。

诏以宗庙用牲牢,有累冥道,宜皆以面为之。于是朝野喧哗,以为宗庙去牲,乃是不复血食,帝竟不从。八坐乃议以大脯代一元大武。

秋,八月,丁未,诏魏太师高阳王雍入居门下,参决尚书奏事。

冬,十月,诏以宗庙犹用脯修,更议代之,于是以大饼代大脯,其余尽用蔬果。又起至敬殿、景阳台,置七庙座,每月中再设净馔。

乙卯,魏诏北京士民未迁者,悉听留居为永业。

十一月,甲子,巴州刺史牟汉宠叛,降魏。

十二月,柔然伏跋可汗遣俟近尉比建等请和于魏,用敌国之礼。

是岁,以右卫将军冯道根为豫州刺史。道根谨厚木讷,行军能检敕士卒,诸将争功,道根独默然。为政清简,吏民怀之。上尝叹曰:"道根所在,令朝廷不复忆有一州。"

魏尚书崔亮奏请于王屋等山采铜铸钱,从之。是后民多私铸,钱稍薄小,用之益轻。

十七年(戊戌、518)

春,正月,甲子,魏以氐酋杨定为阴平王。

魏秦州羌反。

二月,癸巳,安成康王秀卒。秀虽与上布衣昆弟,及为君臣,小心畏敬过于疏贱,上益以此贤之。秀与弟始兴王憺尤相友爱,憺久为荆州刺史,常中分其禄以给秀,秀称心受之,亦不辞多也。

甲辰,大赦。

己酉,魏大赦,改元神龟。

魏东益州氐反。

魏主引见柔然使者,让之以藩礼不备,议依汉待匈奴故事,遣使报之。司农少卿张伦上表,以为:"太祖经启帝图,日有不暇,遂令竖子游魂一方,亦由中国多虞,急诸华而缓夷狄也。高祖方事南辕,未遑北伐。世宗述遵遗志,虏使之来,受而弗答。以为大明临御,国富兵强,抗敌之礼,何惮而为之,何求而行之?今虏虽慕德而来,亦欲观我强弱,若使王人衔命虏庭,与为昆弟,恐非祖宗之意也。苟事不获已,应为制诏,示以上下之仪,命宰臣致书,谕以归顺之道,观其从违,徐以恩威进退之,则王者之体正矣。岂可以戎狄兼并,而遽亏典礼乎!"不从。伦,白泽之子也。

三月,辛未,魏灵寿武敬公于忠卒。

魏南秦州氐反,遣龙骧将军崔袭持节谕之。

夏,四月,丁酉,魏秦文宣公胡国珍卒,赠假黄钺、相国、都督中外诸军事、太师,号曰太上秦公,加九锡,葬以殊礼,赠襚仪卫,事极优厚。又迎太后母皇甫氏之枢与国珍合葬,谓之太上秦孝穆君。谏议大夫常山张普惠以为前世后父无称"太上"者,"太上"之名不可施于人臣,诣阙上疏陈之,左右莫敢为通。会胡氏穿圹,下有磐石,乃密表,以为:"天无二日,土无二王。'太上'者因'上'而生名也,皇太后称'令'以系'敕'下,盖取三从之道,远同文母,列于十乱,今司徒为'太上',恐乖系敕之意。孔子称:'必也正名乎!'比克吉定兆,而以浅改卜,亦或天地神灵所以垂至戒，启圣情也。伏愿停逼上之号，以邀谦光之福。”太后乃亲至国珍宅，召集五品以上博议。王公皆希太后意，争诘难普惠，普惠应机辨析，无能屈者。太后使元乂宣令于普惠曰：“朕之所行，孝子之志；卿之所陈，忠臣之道。群公已有成议，卿不得苦夺朕怀。后有所见，勿难言也。”太后为太上君造寺，壮丽埒于永宁。

尚书奏复征民绵麻之税，张普惠上疏，以为：“高祖废大斗，去长尺，改重称，以爱民薄赋。知军国须绵麻之用，故于绢增税绵八两，于布增税麻十五斤，民以称、尺所减，不啻绵麻，故鼓舞供调。自兹以降，所税绢布，浸复长阔，百姓嗟怨，闻于朝野。宰辅不寻其本在于幅广度长，遽罢绵麻。既而尚书以国用不足，复欲征敛。去天下之大信，弃已行之成诏，追前之非，遂后之失。不思库中大有绵麻，而群臣共窃之也。何则？所输之物，或斤羡百铢，未闻有司依律以罪州郡。或小有滥恶，则坐户主，连及三长。是以在库绢布，逾制者多，群臣受俸，人求长阔厚重，无复准极，未闻以端幅有余，还求输官者也。今欲复调绵麻，当先正称、尺，明立严禁，无得放溢。使天下知二圣之心，爱民惜法如此，则太和之政复见于神龟矣。”

普惠又以魏主好游骋苑囿，不亲视朝，过崇佛法，郊庙之事多委有司，上疏切谏，以为：“殖不思之冥业，损巨费于生民。减禄削力，近供无事之僧；崇饰云殿，远邀未然之报。昧爽之臣，稽首于外；玄寂之众，遨游于内。愆礼忤时，人灵未穆。愚谓修朝夕之因，求祇劫之果，未若收万国之欢心，以事其亲，使天下和平，灾害不生也。伏愿淑慎威仪，为万邦作式，躬致郊庙之虔，亲纡朔望之礼，释奠成均，竭心千亩。量撤僧寺不急之华，还复百官久折之秩，已造者务令简约速成，未造者一切不复更为。则孝悌可以通神明，德教可以光四海，节用爱人，法俗俱赖矣。”寻敕外议释奠之礼，又自是每月一陛见群臣，皆用普惠之言也。

普惠复表论时政得失，太后与帝引普惠于宣光殿，随事诘难。

临川王宏妾弟吴法寿杀人而匿于宏府中，上敕宏出之，即日伏辜。南司奏免宏官，上注曰：“爱宏者兄弟私亲，免宏者王者正法，所奏可。”五月，戊寅，司徒、骠骑大将军、扬州刺史临川王宏免。

宏自洛口之败，常怀愧愤，都下每有窃发，辄以宏为名，屡为有司所奏，上每赦之。上幸光宅寺，有盗伏于骠骑航，待上夜出。上将行，心动，乃于朱雀航过。事发，称为宏所使，上泣谓宏曰：“我人才胜汝百倍，当此犹恐不堪，汝何为者？我非不能为汉文帝，念汝愚耳。”宏顿首称无之，故因匿法寿免宏官。

宏奢僭过度，殖货无厌。库屋垂百间，在内堂之后，关钥甚严。有疑是铠仗者，密以闻。上于友爱甚厚，殊不悦。他日，送盛馔与宏爱妾江氏曰：“当来就汝欢宴。"独携故人射声校尉丘佗卿往,与宏及江大饮,半醉后,谓曰:"我今欲履行汝后房。"即呼舆径往堂后。宏恐上见其货贿,颜色怖惧。上意益疑之,于是屋屋检视,每钱百万为一聚,黄榜标之,千万为一库,悬一紫标,如此三十余间。上与佗卿屈指计,见钱三亿余万,余屋贮布绢丝绵漆蜜纻蜡等杂货,但见满库,不知多少。上始知非仗,大悦,谓曰:"阿六,汝生计大可。"乃更剧饮至夜,举烛而还。兄弟方更敦睦。

宏都下有数十邸,出悬钱立券,每以田宅邸店悬上文契,期讫,便驱券主夺其宅,都下、东土百姓,失业非一。上后知之,制悬券不得复驱夺,自此始。

侍中、领军将军吴平侯昺,雅有风力,为上所重,军国大事皆与议决,以为安右将军,监扬州。昺自以越亲居扬州,涕泣恳让,上不许。在州尤称明断,符教严整。

辛巳,以宏为中军将军、中书监。六月,乙酉,又以本号行司徒。

　　臣光曰:宏为将则覆三军,为臣则涉大逆,高祖贷其死罪可矣。数旬之间,还为三公,于兄弟之恩诚厚矣,王者之法果安在哉!

初,洛阳有汉所立《三字石经》,虽屡经丧乱而初无损失。及魏冯熙、常伯夫相继为洛州刺史,毁取以建浮图精舍,遂大致颓落,所存者委于榛莽,道俗随意取之。侍中领国子祭酒崔光请遣官守视,命国子博士李郁等补其残缺,胡太后许之。会元乂、刘腾作乱,事遂寝。

秋,七月,魏河州羌卻铁忽反,自称水池王。诏以主客郎源子恭为行台以讨之。子恭至河州,严勒州郡及诸军毋得犯民一物,亦不得轻与贼战,然后示以威恩,使知悔惧。八月,铁忽等相帅诣子恭降,首尾不及二旬。子恭,怀之子也。

魏宦者刘腾,手不解书,而多奸谋,善揣人意。胡太后以其保护之功,累迁至侍中、右光禄大夫,遂干预政事,纳赂为人求官,无不效者。河间王琛,简之子也,为定州刺史,以贪纵著名,及罢州还,太后诏曰:"琛在定州,唯不将中山宫来,自余无所不致,何可更复叙用。"遂废于家。琛乃求为腾养息,赂腾金宝巨万计。腾为之言于太后,得兼都官尚书,出为秦州刺史。会腾疾笃,太后欲及其生而贵之,九月,癸未朔,以腾为卫将军,加仪同三司。

魏胡太后以天文有变,欲以崇宪高太后当之。戊申夜,高太后暴卒。冬,十月,丁卯,以尼礼葬于北邙,谥曰顺皇后。百官单衣邪巾送至墓所,事讫而除。

乙亥,以临川王宏为司徒。

魏胡太后遣使者宋云与比丘惠生如西域求佛经。司空任城王澄奏:"昔高祖迁都,制城内唯听置僧尼寺各一,余皆置于城外。盖以道俗殊归,欲其净居尘外故也。正始三年,沙门统惠深始违前禁,自是卷诏不行,私谒弥众,都城之中,寺逾五百,占夺民居,三分且一,屠沽尘秽,连比杂居。往者代北有法秀之谋,冀州有大乘之变。太和、景明之制,非徒使缁素殊途,盖亦以防微杜渐。昔如来阐教,多依山林,今此僧徒,恋著城邑,正以诱于利欲,不能自已。此乃释氏之糟糠,法王之社鼠,内戒所不容,国典所共弃也。臣谓都城内寺未成可徙者,宜悉徙于郭外,僧不满五十者,并小从大。外州亦准此。"诏从之,然卒不能行。

是岁,魏太师雍等奏:"盐池天藏,资育群生,先朝为之禁限,亦非苟与细民争利。但利起天池,取用无法,或豪贵封护,或近民吝守,贫弱远来,邈然绝望。因置主司,令其裁察,强弱相兼,务令得所。什一之税,自古有之,所务者远近齐平,公私两宜耳。及甄琛启求罢禁,乃为绕池之民尉保光等擅自固护,语其障禁,倍于官司,取与自由,贵贱任口。请依先朝,禁之为便。"诏从之。

资治通鉴卷第一百四十九

端明殿学士兼翰林侍读学士朝散大夫右谏议大夫充集贤殿修撰提举西京嵩山崇福宫上柱国河内郡开国侯食邑一千八百户食实封六百户赐紫金鱼袋臣　司马光　奉敕编集

梁纪五 起屠维大渊献(己亥)，尽昭阳单阏(癸卯)，凡五年。

高祖武皇帝五

天监十八年(己亥、519)

春，正月，甲申，以尚书左仆射袁昂为尚书令，右仆射王暕为左仆射，太子詹事徐勉为右仆射。

丁亥，魏主下诏，称："皇太后临朝践极，岁将半纪，宣称'诏'以令宇内。"

辛卯，上祀南郊。

魏征西将军平陆文侯张彝之子仲瑀上封事，求铨削选格，排抑武人，不使豫清品。于是喧谤盈路，立榜大巷，克期会集，屠害其家。彝父子晏然，不以为意。二月，庚午，羽林、虎贲近千人相帅至尚书省诟骂，求仲瑀兄左民郎中始均不获，以瓦石击省门。上下慑惧，莫敢禁讨。遂持火掠道中薪蒿，以杖石为兵器，直造其第，曳彝堂下，捶辱极意，唱呼动地，焚其第舍。始均逾垣走，复还拜贼，请其父命，贼就殴击，生投之火中。仲瑀重伤走免，彝仅有余息，再宿而死。远近震骇。胡太后收掩羽林、虎贲凶强者八人斩之，其余不复穷治。乙亥，大赦以安之，因令武官得依资入选。识者知魏之将乱矣。

时官员既少，应选者多，吏部尚书李韶铨注不行，大致怨嗟，更以殿中尚书崔亮为吏部尚书。亮奏为格制，不问士之贤愚，专以停解月日为断，沉滞者皆称其能。亮甥司空谘议刘景安与亮书曰："殷、周以乡塾贡士，两汉由州郡荐才，魏、晋因循，又置中正，虽未尽美，应什收六七。而朝廷贡才，止求其文，不取其理，察孝廉唯论章句，不及治道，立中正不考才行，空辩氏姓，取士之途不博，沙汰之理未精。舅属当铨衡，宜须改张易调，如何反为停年格以限之，天下士子谁复修厉名行哉！"亮复书曰："汝所言乃有深致。吾昨为此格，有由而然。古今不同，时宜须异。昔子产铸刑书以救弊，叔向讥之以正法，何异汝以古礼难权宜哉！"洛阳令代人薛琡上书，言："黎元之命，系于长吏，若以选曹唯取年劳，不简贤否，义均行雁，次若贯鱼，执簿呼名，一吏足矣，数人而用，何谓铨衡！"书奏，不报。后因请见，复奏"乞令王公贵臣荐贤以补郡县"。诏公卿议之，事亦寝。其后甄琛等继亮为吏部尚书,利其便己,踵而行之。魏之选举失人,自亮始也。

初,燕燕郡太守高湖奔魏,其子谧为侍御史,坐法徙怀朔镇,世居北边,遂习鲜卑之俗。谧孙欢,沉深有大志,家贫,执役在平城,富人娄氏女见而奇之,遂嫁焉。始有马,得给镇为函使,至洛阳,见张彝之死,还家,倾赀以结客。或问其故,欢曰:"宿卫相帅焚大臣之第,朝廷惧其乱而不问,为政如此,事可知矣,财物岂可常守邪!"欢与怀朔省事云中司马子如、秀容刘贵、中山贾显智、户曹史咸阳孙腾、外兵史怀朔侯景、狱掾善无尉景、广宁蔡俊特相友善,并以任侠雄于乡里。

夏,四月,丁巳,大赦。

五月,戊戌,魏以任城王澄为司徒,京兆王继为司空。

魏累世强盛,东夷、西域贡献不绝,又立互市以致南货,至是府库盈溢。胡太后尝幸绢藏,命王公嫔主从行者百余人各自负绢,称力取之,少者不减百余匹。尚书令、仪同三司李崇、章武王融,负绢过重,颠仆于地,崇伤腰,融损足,太后夺其绢,使空出,时人笑之。融,太洛之子也。侍中崔光止取两匹,太后怪其少,对曰:"臣两手唯堪两匹。"众皆愧之。

时宗室外戚权幸之臣,竞为豪侈。高阳王雍,富贵冠一国,宫室园圃,侔于禁苑,僮仆六千,妓女五百,出则仪卫塞道路,归则歌吹连日夜,一食直钱数万。李崇富埒于雍,而性俭啬,尝谓人曰:"高阳一食,敌我千日。"

河间王琛,每欲与雍争富,骏马十余匹,皆以银为槽,窗户之上,玉凤衔铃,金龙吐旆。尝会诸王宴饮,酒器有水精锋,马脑碗,赤玉卮,制作精巧,皆中国所无。又陈女乐、名马及诸奇宝,复引诸王历观府库,金钱、缯布不可胜计,顾谓章武王融曰:"不恨我不见石崇,恨石崇不见我。"融素以富自负,归而怅叹,卧疾三日。京兆王继闻而省之,谓曰:"卿之货财计不减于彼,何为愧羡乃尔?"融曰:"始谓富于我者独高阳耳,不意复有河间。"继曰:"卿似袁术在淮南,不知世间复有刘备耳。"融乃笑而起。

太后好佛,营建诸寺,无复穷已,令诸州各建五级浮图,民力疲弊。诸王、贵人、宦官、羽林各建寺于洛阳,相高以壮丽。太后数设斋会,施僧物动以万计,赏赐左右无节,所费不赀,而未尝施惠及民。府库渐虚,乃减削百官禄力。任城王澄上表,以为:"萧衍常蓄窥觎之志,宜及国家强盛,将士旅力,早图混壹之功。比年以来,公私贫困,宜节省浮费,以周急务。"太后虽不能用,常优礼之。

魏自永平以来,营明堂、辟雍,役者多不过千人,有司复借以修寺及供它役,十余年竟不能成。起部郎源子恭上书,以为:"废经国之务,资不急之费,宜彻减诸役,早图就功,使祖宗有严配之期,苍生睹礼乐之富。"诏从之,然亦不能成也。

魏人陈仲儒请依京房立准以调八音。有司诘仲儒:"京房律准,今虽有其器,晓之者鲜。仲儒所受何师,出何典籍?"仲儒对言:"性颇爱琴,又尝读司马彪《续汉书》,见京房准术,成数晒然。遂竭愚思,钻研甚久,颇有所得。夫准者本以代律,取其分数,调校乐器。窃寻调声之体,宫、商宜浊,徵、羽用清。若依公孙崇止以十二律声,而云还相为宫,清浊悉足。唯黄钟管最长,故以黄钟为宫,则往往相顺。若均之八音,犹须错采众音,配成其美。若以应钟为宫,蕤宾为徵,则徵浊而宫清,虽有其韵,不成音曲。若以中吕为宫,则十二律中全无所取。今依京房书,中吕为宫,乃以去灭为商,执始为徵,然后方韵。而崇乃以中吕为宫,犹用林钟为徵,何由可谐?但音声精微,史传简略,旧志准十三弦,隐间九尺,不言须柱以不。又,一寸之内有万九千六百八十三分,微细难明。仲儒私曾考验,准当施柱,但前却柱中,以约准分,则相生之韵已自应合。其中弦粗细,须与琴宫相类,施轸以调声,令与黄钟相合。中弦下依数画六十律清浊之节,其余十二弦须施柱如筝,即于中弦案尽一周之声,度著十二弦上。然后依相生之法,以次运行,取十二律之商、徵。商、徵既定,又依琴五调调声之法以均乐器,然后错采众声以文饰之,若事有乖此,声则不和。且燧人不师资而习火,延寿不束脩以变律,故云知之者欲教而无从,心达者体知而无师。苟有一毫所得,皆关心抱,岂必要经师受然后为奇哉!"尚书萧宝寅奏仲儒学不师受,轻欲制作,不合依许,事遂寝。

魏中尉东平王匡以论议数为任城王澄所夺,愤恚,复治其故棺,欲奏攻澄。澄因奏匡罪状三十余条,廷尉处以死刑。秋,八月,己未,诏免死,削除官爵,以车骑将军侯刚代领中尉。三公郎中辛雄奏理匡,以为:"历奉三朝,骨鲠之迹,朝野具知,故高祖赐名曰匡。先帝已容之于前,陛下亦宜宽之于后,若终贬黜,恐杜忠臣之口。"未几,复除匡平州刺史。雄,琛之族孙也。

九月,庚寅,胡太后游嵩高。癸巳,还宫。太后从容谓兼中书舍人杨昱曰:"亲姻在外,不称人心,卿有闻,慎勿讳言。"昱奏扬州刺史李崇五车载货,恒州刺史杨钧造银食器十具,并饷领军元义。太后召义夫妻,泣而责之。义由是怨昱。昱叔父舒妻,武昌王和之妹也,和即义之从祖。舒卒,元氏频请别居,昱父椿泣责不听,元氏恨之。会瀛州民刘宣明谋反,事觉,逃亡。义使和及元氏诬告昱藏匿宣明,且云:"昱父定州刺史椿,叔父华州刺史津,并送甲仗三百具,谋为不逞。"义复构成之。遣御仗五百人夜围昱宅,收之,一无所获。太后问其状,昱具对为元氏所怨。太后解昱缚,处和及元氏死刑,既而义营救之,和直免官,元氏竟不坐。

冬,十二月,癸丑,魏任城文宣王澄卒。

庚申,魏大赦。

是岁,高句丽王云卒,世子安立。

魏以郎选不精,大加沙汰,唯朱元旭、辛雄、羊深、源子恭及范阳祖莹等八人以才用见留,余皆罢遣。深,祉之子也。

普通元年(庚子、520)

春,正月,乙亥朔,改元,大赦。

丙子,日有食之。

己卯,以临川王宏为太尉、扬州刺史,金紫光禄大夫王份为尚书左仆射。份,奂之弟也。

左军将军豫宁威伯冯道根卒。是日上春,祠二庙,既出宫,有司以闻。上问中书舍人朱异曰:"吉凶同日,今可行乎?"对曰:"昔卫献公闻柳庄死,不释祭服而往。道根虽未为社稷之臣,亦有劳王室,临之,礼也。"上即幸其宅,哭之甚恸。

高句丽世子安遣使入贡。二月,癸丑,以安为宁东将军、高句丽王,遣使者江法盛授安衣冠剑佩。魏光州兵就海中执之,送洛阳。

魏太傅、侍中、清河文献王怿,美风仪,胡太后逼而幸之。然素有才能,辅政多所匡益,好文学,礼敬士人,时望甚重。侍中、领军将军元叉在门下,兼总禁兵,恃宠骄恣,志欲无极,怿每裁之以法,叉由是怨之。卫将军、仪同三司刘腾,权倾内外,吏部希腾意,奏用腾弟为郡,人资乖越,怿抑而不奏,腾亦怨之。龙骧府长史宋维,弁之子也,怿荐为通直郎,浮薄无行。叉许维以富贵,使告司染都尉韩文殊父子谋作乱立怿。怿坐禁止,案验,无反状,得释,维当反坐。叉言于太后曰:"今诛维,后有真反者,人莫敢告。"乃黜维为昌平郡守。

叉恐怿终为己害,乃与刘腾密谋,使主食中黄门胡定自列云:"怿货定使毒魏主,若己得为帝,许定以富贵。"帝时年十一,信之。秋,七月,丙子,太后在嘉福殿,未御前殿,叉奉帝御显阳殿,腾闭永巷门,太后不得出。怿入,遇叉于含章殿后,叉厉声不听怿人。怿曰:"汝欲反邪?"叉曰:"叉不反,正欲缚反者耳。"命宗士及直斋执怿衣袂,将入含章东省,使人防守之。腾称诏集公卿议,论怿大逆。众咸畏叉,无敢异者,唯仆射新泰文贞公游肇抗言以为不可,终不下署。

叉、腾持公卿议入奏,俄而得可,夜中杀怿。于是诈为太后诏,自称有疾,还政于帝。幽太后于北宫宣光殿,宫门昼夜长闭,内外断绝,腾自执管钥,帝亦不得省见,裁听传食而已。太后服膳俱废,不免饥寒,乃叹曰:"养虎得噬,我之谓矣。"又使中常侍酒泉贾粲侍帝书,密令防察动止。叉遂与太师高阳王雍等同辅政,帝谓叉为姨父。叉与腾表里擅权,叉为外御,腾为内防,常直禁省,共裁刑赏,政无巨细,决于二人,威振内外,百僚重迹。朝野闻怿死,无不丧气,胡夷为之劙面者数百人。游肇愤邑而卒。

己卯,江、淮、海并溢。

辛卯,魏主加元服,大赦,改元正光。

魏相州刺史中山文庄王熙，英之子也，与弟给事黄门侍郎略、司徒祭酒纂，皆为清河王怿所厚，闻怿死，起兵于邺，上表欲诛元叉、刘腾，纂亡奔邺。后十日，长史柳元章等帅城人鼓噪而入，杀其左右，执熙、纂并诸子置于高楼。八月，甲寅，元叉遣尚书左丞卢同就斩熙于邺街，并其子弟。

熙好文学，有风义，名士多与之游。将死，与故知书曰："吾与弟并蒙皇太后知遇，兄据大州，弟则入侍，殷勤言色，恩同慈母。今皇太后见废北宫，太傅清河王横受屠酷，主上幼年，独在前殿。君亲如此，无以自安，故帅兵民欲建大义于天下。但智力浅短，旋见囚执，上惭朝廷，下愧相知。本以名义干心，不得不尔，流肠碎首，复何言哉！凡百君子，各敬尔仪，为国为身，善勖名节。"闻者怜之。熙首至洛阳，亲故莫敢视，前骁骑将军刁整独收其尸而藏之。整，雍之孙也。卢同希叉意，穷治熙党与，锁济阴内史杨昱赴邺，考讯百日，乃得还任。叉以同为黄门侍郎。

元略亡抵故人河内司马始宾，始宾与略缚荻筏夜渡孟津，诣屯留栗法光家，转依西河太守（刀）〔刁〕双，匿之经年。时购略甚急，略惧，求送出境，双曰："会有一死，所难遇者为知己死耳，愿不以为虑。"略固求南奔，双乃使从子昌送略渡江，遂来奔，上封略为中山王。双，雍之族孙也。叉诬刁整送略，并其子弟收系之，御史王基等力为辨雪，乃得免。

甲子，侍中、车骑将军永昌严侯韦叡卒。时上方崇释氏，士民无不从风而靡，独叡自以位居大臣，不欲与俗俯仰，所行略如平日。

九月，戊戌，魏以高阳王雍为丞相，总摄内外，与元叉同决庶务。

初，柔然佗汗可汗纳伏名敦之妻候吕陵氏，生伏跋可汗及阿那瓌等六子。伏跋既立，忽亡其幼子祖惠，求募不能得。有巫地万言祖惠今在天上，我能呼之，乃于大泽中施帐幄，祀天神，祖惠忽在帐中，自云恒在天上。伏跋大喜，号地万为圣女，纳为可贺敦。地万既挟左道，复有姿色，伏跋敬而爱之，信用其言，干乱国政。如是积岁，祖惠浸长，语其母曰："我常在地万家，未尝上天，上天者地万教我也。"其母具以状告伏跋，伏跋曰："地万能前知未然，勿为谗也。"既而地万惧，潜祖惠于伏跋而杀之。候吕陵氏遣其大臣具列等绞杀地万，伏跋怒，欲诛具列等。会阿至罗入寇，伏跋击之，军败而还。候吕陵氏与大臣共杀伏跋，立其弟阿那瓌为可汗。阿那瓌立十日，其族兄示发帅众数万击之，阿那瓌战败，与其弟乙居伐轻骑奔魏。示发杀候吕陵氏及阿那瓌二弟。

魏清河王怿死，汝南王悦了无恨元叉之意，以桑落酒候之，尽其私佞。叉大喜，冬，十月，乙卯，以悦为侍中、太尉。悦就怿子亶求怿服玩，不时称旨，杖亶百下，几死。

　　柔然可汗阿那瓌将至魏,魏主使司空京兆王继、侍中崔光等相次迎之,赐劳甚厚。魏主引见阿那瓌于显阳殿,因置宴,置阿那瓌位于亲王之下。宴将罢,阿那瓌执启立于座后,诏引于御座前,阿那瓌再拜言曰:"臣以家难,轻来诣阙,本国臣民,皆已逃散。陛下恩隆天地,乞兵送还本国,诛剪叛逆,收集亡散,臣当统帅遗民,奉事陛下。言不能尽,别有启陈。"仍以启授中书舍人常景以闻。景,爽之孙也。

　　十一月,己亥,魏立阿那瓌为朔方公、蠕蠕王,赐以衣服、轺车,禄恤仪卫,一如亲王。时魏方强盛,于洛水桥南御道东作四馆,道西立四里:有自江南来降者处之金陵馆,三年之后赐宅于归正里;自北夷降者处燕然馆,赐宅于归德里;自东夷降者处扶桑馆,赐宅于慕化里;自西夷降者处崦嵫馆,赐宅于慕义里。及阿那瓌入朝,以燕然馆处之。阿那瓌屡求返国,朝议异同不决,阿那瓌以金百斤赂元叉,遂听北归。十二月,壬子,魏敕怀朔都督简锐骑二千护送阿那瓌达境首,观机招纳。若彼迎候,宜赐缯帛车马礼钱而返;如不容受,听还阙庭。其行装资遣,付尚书量给。

　　辛酉,魏以京兆王继为司徒。

　　魏遣使者刘善明来聘,始复通好。

二年(辛丑、521)

　　春,正月,辛巳,上祀南郊。

　　置孤独园于建康,以收养穷民。

　　戊子,大赦。

　　魏南秦州氐反。

　　魏发近郡兵万五千人,使怀朔镇将杨钧将之,送柔然可汗阿那瓌返国。尚书右丞张普惠上疏,以为:"蠕蠕久为边患,今兹天降丧乱,荼毒其心,盖欲使之知有道之可乐,革面稽首以奉大魏也。陛下宜安民恭己以悦服其心。阿那瓌束身归命,抚之可也,乃更先自劳扰,兴师郊甸之内,投诸荒裔之外,救累世之勍敌,资天亡之丑虏,臣愚,未见其可也。此乃边将贪窃一时之功,不思兵为凶器,王者不得已而用之。况今旱暵方甚,圣慈降膳,乃以万五千人使杨钧为将,而欲定蠕蠕,干时而动,其可济乎?脱有颠覆之变,杨钧之肉,其足食乎!宰辅专好小名,不图安危大计,此微臣所以寒心者也。且阿那瓌之不还,负何信义,臣贱不及议,文书所过,不敢不陈。"弗听。阿那瓌辞于西堂,诏赐以军器、衣被、杂采、粮畜,事事优厚,命侍中崔光等劳遣于外郭。

　　阿那瓌之南奔也,其从父兄婆罗门帅众数万人讨示发,破之。示发奔地豆干,地豆干杀之。国人推婆罗门为弥偶可社句可汗。杨钧表称:"柔然已立君长,恐未肯以杀兄之人郊迎其弟。轻往虚返,徒损国威。自非广加兵众,无以送其入北。"二月,魏人使旧尝奉使柔然者牒云具仁往谕婆罗门,使迎阿那瓌。

辛丑,上祀明堂。

庚戌,魏使假抚军将军郉虬讨南秦氐。

魏元叉、刘腾之幽胡太后也,右卫将军奚康生预其谋,又以康生为抚军大将军、河南尹,仍使之领左右。康生子难当娶侍中、左卫将军侯刚女,刚子,又之妹夫也。又以康生通姻,深相委托,三人率多俱宿禁中,时或迭出,以难当为千牛备身。康生性粗武,言气高下,又稍惮之,见于颜色,康生亦微惧不安。

甲午,魏主朝太后于西林园,文武侍坐,酒酣迭舞,康生乃为力士舞,及折旋之际,每顾视太后,举手、蹈足、瞋目、领首,为执杀之势。太后解其意而不敢言。日暮,太后欲携帝宿宣光殿,侯刚曰:"至尊已朝讫,嫔御在南,何必留宿?"康生曰:"至尊陛下之儿,随陛下将东西,更复访谁?"群臣莫敢应。太后自起援帝臂,下堂而去。康生大呼,唱万岁,帝前入阁,左右竞相排,阁不得闭。康生夺难当千牛刀,斫直后元思辅,乃得定。帝既升宣光殿,左右侍臣俱立西阶下。康生乘酒势将出处分,为叉所执,锁于门下。光禄勋贾粲绐太后曰:"侍官怀恐不安,陛下宜亲安慰。"太后信之,适下殿,粲即扶帝出东序,前御显阳殿,还,闭太后于宣光殿。至晚,叉不出,令侍中、黄门、仆射、尚书等十余人就康生所讯其事,处康生斩刑,难当绞刑。叉与刚并在内,矫诏决之:"康生如奏,难当恕死从流。"难当哭辞父,康生慷慨不悲,曰:"我不反死,汝何哭也?"时已昏暗,有司驱康生赴市,斩之。尚食典御奚混与康生同执刀入内,亦坐绞。难当以侯刚婿,得留百余日,竟流安州;久之,叉使行台卢同就杀之。以刘腾为司空。八坐、九卿常旦造腾宅,参其颜色,然后赴省府,亦有历日不能见者。公私属请,唯视货多少,舟车之利,山泽之饶,所在榷固,刻剥六镇,交通互市,岁入利息以巨万万计,逼夺邻舍以广其居,远近苦之。

京兆王继自以父子权位太盛,固请以司徒让车骑大将军、仪同三司崔光。夏,四月,庚子,以继为太保,侍中如故,继固辞,不许。壬寅,以崔光为司徒,侍中、祭酒、著作如故。

魏牒云具仁至柔然,波罗门殊骄慢,无逊避心,责具仁礼敬,具仁不屈,婆罗门乃遣大臣丘升头等将兵二千随具仁迎阿那瓌。五月,具仁还镇,具道其状,阿那瓌惧,不敢进,上表请还洛阳。

辛巳,魏南荆州刺史桓叔兴据所部来降。六月,丁卯,义州刺史文僧明、边城太守田守德拥所部降魏,皆蛮酋也。魏以僧明为西豫州刺史,守德为义州刺史。

癸卯,琬琰殿火,延烧后宫三千间。

秋,七月,丁酉,以大匠卿裴邃为信武将军,假〔节〕,督众军讨义州,破魏义州刺史封寿于檀公岘,遂围其城,寿请降,复取义州。魏以尚书左丞张普惠为行台,将兵救之,不及。以裴邃为豫州刺史,镇合肥。邃欲袭寿阳,阴结寿阳民李瓜花等为内应。邃已勒兵为期日,恐魏觉之,先移魏扬州云:"魏始于马头置戍,如闻复欲修白捺故城,若尔,便稍相侵逼,此亦须营欧阳,设交境之备。今板卒已集,唯听信还。"扬州刺史长孙稚谋于僚佐,皆曰:"此无修白捺之意,宜以实报之。"录事参军杨侃曰:"白捺小城,本非形胜。邃好狡数,今集兵遣移,恐有它意。"稚大寤,曰:"录事可亟作移报之。"侃报移曰:"彼之纂兵,想别有意,何为妄构白捺!他人有心,予忖度之,勿谓秦无人也。"邃得移,以为魏人已觉,即散其兵。瓜花等以失期,遂相告发,伏诛者十余家。稚,观之子;侃,播之子也。

初,高车王弥俄突死,其众悉归哒,后数年,哒遣弥俄突弟伊匐帅余众还国。伊匐击柔然可汗婆罗门,大破之,婆罗门帅十部落诣凉州,请降于魏。柔然余众数万相帅迎阿那瓌,阿那瓌启称:"本国大乱,姓姓别居,迭相抄掠。当今北人鹄望待拯,乞依前恩,赐给精兵一万,送臣碛北,抚定荒民。"诏付中书门下博议,凉州刺史袁翻以为:"自国家都洛以来,蠕蠕、高车迭相吞噬。始则蠕蠕授首,既而高车被擒。今高车自奋于衰微之中,克雪仇耻,诚由种类繁多,终不能相灭。自二虏交斗,边境无尘数十年矣,此中国之利也。今蠕蠕两主相继归诚,虽戎狄禽兽,终无纯固之节。然存亡继绝,帝王本务。若弃而不受,则亏我大德;若纳而抚养,则损我资储;或全徙内地,则非直其情不愿,亦恐终为后患,刘、石是也。且蠕蠕尚存,则高车犹有内顾之忧,未暇窥窬上国;若其全灭,则高车跋扈之势,岂易可知! 今蠕蠕虽乱而部落犹众,处处棋布,以望旧主,高车虽强,未能尽服也。愚谓蠕蠕二主并宜存之,居阿那瓌于东,处婆罗门于西,分其降民,各有攸属。阿那瓌所居非所经见,不敢臆度;婆罗门请修西海故城以处之。西海在酒泉之北,去高车所居金山千余里,实北虏往来之冲要,土地沃衍,大宜耕稼。宜遣一良将,配以兵仗,监护婆罗门,因令屯田,以省转输之劳。其北则临大碛,野兽所聚,使蠕蠕射猎,彼此相资,足以自固。外以辅蠕蠕之微弱,内亦防高车之畔换,此安边保塞之长计也。若婆罗门能收离聚散,复兴其国者,渐令北转,徙度流沙,则是我之外藩,高车勍敌,西北之虞,可以无虑。如其奸回返覆,不过为逋逃之寇,于我何损哉?"朝议是之。

九月,柔然可汗俟匿伐诣怀朔镇请兵,且迎阿那瓌。俟匿伐,阿那瓌之兄也。冬,十月,录尚书事高阳王雍等奏:"怀朔镇北吐若奚泉,原野平沃,请置阿那瓌于吐若奚泉,婆罗门于故西海郡,令各帅部落,收集离散。阿那瓌所居既在境外,宜少优遣,婆罗门不得比之。其婆罗门未降以前蠕蠕归化者,宜悉令州镇部送怀朔镇以付阿那瓌。"诏从之。

十一月,癸丑,魏侍中、车骑大将军侯刚加仪同三司。

魏以东益、南秦氐皆反,庚辰,以秦州刺史河间王琛为行台以讨之。琛恃刘腾之势,贪暴无所畏忌,大为氐所败。中尉弹奏,会赦,除名,寻复王爵。

魏以安西将军元洪超兼尚书行台,诣敦煌安置柔然婆罗门。

三年(壬寅、522)

春,正月,庚子,以尚书令袁昂为中书监,吴郡太守王暕为尚书左仆射。

辛亥,魏主耕藉田。

魏宋雲与惠生自洛阳西行四千里,至赤岭,乃出魏境,又西行,再期,至乾罗国而还。二月,达洛阳,得佛经一百七十部。

高车王伊匐遣使入贡于魏。夏,四月,庚午,魏以伊匐为镇西将军、西海郡公、高车王。久之,伊匐与柔然战,败,其弟越居杀伊匐自立。

五月,壬辰朔,日有食之,既。

癸巳,大赦。

冬,十一月,甲午,领军将军始兴忠武王憺卒。

乙巳,魏主祀圜丘。

初,魏世宗以《玄始历》浸疏,命更造新历。至是,著作郎崔光表取荡寇将军张龙祥等九家所上历,候验得失,合为一历,以壬子为元,应魏之水德,命曰《正光历》。丙午,初行《正光历》,大赦。

十二月,乙酉,魏以车骑大将军、尚书右仆射元钦为仪同三司,太保京兆王继为太傅,司徒崔光为太保。

初,太子统之未生也,上养临川王宏之子正德为子。正德少粗险,上即位,正德意望东宫。及太子统生,正德还本,赐爵西丰侯。正德快快不满意,常蓄异谋。是岁,正德自黄门侍郎为轻车将军,顷之,亡奔魏,自称废太子避祸而来。魏尚书左仆射萧宝寅上表曰:"岂有伯为天子,父作扬州,弃彼密亲,远投它国。不如杀之。"由是魏人待之甚薄,正德乃杀一小儿,称为己子,远营葬地,魏人不疑,明年,复自魏逃归。上泣而诲之,复其封爵。

柔然阿那瓌求粟为种,魏与之万石。

婆罗门帅部落叛魏,亡归哒。魏以平西府长史代人费穆兼尚书右丞西北道台,将兵讨之,柔然遁去。穆谓诸将曰:"戎狄之性,见敌即走,乘虚复出,若不使之破胆,终恐疲于奔命。"乃简练精骑,伏于山谷,以步兵之羸者为外营,柔然果至,奋击,大破之。婆罗门为凉州军所擒,送洛阳。

四年（癸卯、523）

春，正月，辛卯，上祀南郊，大赦。丙午，祀明堂。二月，乙亥，耕藉田。

柔然大饥，阿那瓌帅其众入魏境，求索赈给。己亥，魏以尚书左丞元孚为行台尚书，持节抚谕柔然。孚，谭之孙也。将行，表陈便宜，以为："蠕蠕久来强大，昔在代京，常为重备。今天祚大魏，使彼自乱亡，稽首请服。朝廷鸠其散亡，礼送令返，宜因此时，善思远策。昔汉宣之世，呼韩款塞，汉遣董忠、韩昌领边郡士马，送出朔方，因留卫助。又，光武时亦使中郎将段彬置安集掾史，随单于所在，参察动静。今宜略依旧事，借其闲地，听其田牧，粗置官属，示相慰抚。严戒边兵，因令防察，使亲不至矫诈，疏不容反叛，最策之得者也。"魏人不从。

柔然俟匿伐入朝于魏。

三月，魏司空刘腾卒。宦官为腾义息重服者四十余人，衰绖送葬者以百数，朝贵送葬者塞路满野。

夏，四月，魏元孚持白虎幡劳阿那瓌于柔玄、怀荒二镇之间。阿那瓌众号三十万，阴有异志，遂拘留孚，载以辒车。每集其众，坐孚东厢，称为行台，甚加礼敬。引兵而南，所过剽掠，至平城，乃听孚还。有司奏孚辱命，抵罪。甲申，魏遣尚书令李崇、左仆射元纂帅骑十万击柔然。阿那瓌闻之，驱良民二千、公私马牛羊数十万北遁，崇追之三千余里，不及而还。

纂使铠曹参军于谨帅骑二千追柔然，至郁对原，前后十七战，屡破之。谨，忠之从曾孙也，性深沉，有识量，涉猎经史。少时，屏居闾里，不求仕进，或劝之仕，谨曰："州郡之职，昔人所鄙；台鼎之位，须待时来。"纂闻其名而辟之。后帅轻骑出塞觇候，属铁勒数千骑奄至，谨以众寡不敌，退必不免，乃散其众骑，使匿丛薄之间，又遣人升山指麾，若部分军众者。铁勒望见，虽疑有伏兵，自恃其众，进军逼谨。谨以常乘骏马，一紫一騧，铁勒所识，乃使二人各乘一马突阵而出，铁勒以为谨也，争逐之，谨帅余军击其追骑，铁勒遂走，谨因得入塞。

李崇长史钜鹿魏兰根说崇曰："昔缘边初置诸镇，地广人稀，或征发中原强宗子弟，或国之肺腑寄以爪牙。中年以来，有司号为'府户'，役同厮养，官婚班齿，致失清流。而本来族类，各居荣显，顾瞻彼此，理当愤怨。宜改镇立州，分置郡县，凡是府户，悉免为民，入仕次叙，一准其旧，文武兼用，威恩并施。此计若行，国家庶无北顾之虑矣。"崇为之奏闻，事寝，不报。

初，元叉既幽胡太后，常入直于魏主所居殿侧，曲尽佞媚，帝由是宠信之。又出入禁中，恒令勇士持兵以自先后。时出休于千秋门外，施木栏楯，使腹心防守以备窃发，士民求见者，遥对之而已。其始执政之时，矫情自饰，以谦勤接物，时事得失，颇以关怀。既得志，遂自骄恣，嗜酒好色，贪冒宝贿，与夺任情，纪纲坏乱。父京兆王继尤贪纵,与其妻子各受赂遗,请属有司,莫敢违者。乃至郡县小吏亦不得公选,牧、守、令、长率皆贪污之人。由是百姓困穷,人人思乱。

武卫将军于景,忠之弟也,谋废叉,叉黜为怀荒镇将。及柔然入寇,镇民请粮,景不肯给,镇民不胜忿,遂反,执景,杀之。未几,沃野镇民破六韩拔陵聚众反,杀镇将,改元真王,诸镇华、夷之民往往响应。拔陵引兵南侵,遣别帅卫可孤围武川镇,又攻怀朔镇。尖山贺拔度拔及其三子允、胜、岳皆有材勇,怀朔镇将杨钧擢度拔为统军,三子为军主以拒之。

魏景明之初,世宗命宦者白整为高祖及文昭高后凿二佛龛于龙门山,皆高百尺。永平中,刘腾复为世宗凿一龛,至是二十四年,凡用十八万二千余工,而未成。

秋,七月,辛亥,魏诏:“见在朝官,依令七十合解者,可给本官半禄,以终其身。”

九月,魏诏侍中、太尉汝南王悦入居门下,与丞相高阳王雍参决尚书奏事。

冬,十月,庚午,以中书监、中卫将军袁昂为尚书令,即本号开府仪同三司。

魏平恩文宣公崔光疾笃,魏主亲抚视之,拜其子劢为齐州刺史,为之撤乐,罢游眺。丁酉,光卒,帝临,哭之恸,为减常膳。光宽和乐善,终日怡怡,未尝忿恚。于忠、元叉用事,以光旧德,皆尊敬之,事多资决,而不能救裴、郭、清河之死,时人比之张禹、胡广。光且死,荐都官尚书贾思伯为侍讲。帝从思伯受《春秋》,思伯虽贵,倾身下士。或问思伯曰:“公何以能不骄?”思伯曰:“衰至便骄,何常之有!”当世以为雅谈。

十一月,癸未朔,日有食之。甲辰,尚书左仆射王暕卒。

梁初唯扬、荆、郢、江、湘、梁、益七州用钱,交、广用金银,余州杂以谷帛交易。上乃铸五铢钱,肉好周郭皆备。别铸无肉郭者,谓之“女钱”。民间私用古钱交易,禁之不能止,乃议尽罢铜钱。十二月,戊午,始铸铁钱。

魏以汝南王悦为太保。

资治通鉴卷第一百五十

端明殿学士兼翰林侍读学士朝散大夫右谏议大夫充集贤殿修撰提举西京嵩山崇福宫上柱国河内郡开国侯食邑一千八百户食实封六百户赐紫金鱼袋臣 司马光 奉敕编集

梁纪六起阏逢执徐（甲辰），尽旃蒙大荒落（乙巳），凡二年。

高祖武皇帝六

普通五年（甲辰、524）

春，正月，辛丑，魏主祀南郊。

三月，魏以临淮王彧都督北讨诸军事，讨破六韩拔陵。

夏，四月，高平镇民赫连恩等反，推敕勒酋长胡琛为高平王，攻高平镇以应拔陵。魏将卢祖迁击破之，琛北走。

卫可孤攻怀朔镇经年，外援不至，杨钧使贺拔胜诣临淮王彧告急。胜募敢死少年十余骑，夜伺隙溃围出，贼骑追及之，胜曰："我贺拔破胡也。"贼不敢逼。胜见彧于云中，说之曰："怀朔被围，旦夕沦陷。大王今顿兵不进，怀朔若陷，则武川亦危，贼之锐气百倍，虽有良、平，不能为大王计矣。"彧许为出师，胜还，复突围而入。钧复遣胜出觇武川，武川已陷。胜驰还，怀朔亦溃，胜父子俱为可孤所虏。

五月，临淮王彧与破六韩拔陵战于五原，兵败，彧坐削除官爵。安北将军陇西李叔仁又败于白道，贼势日盛。

魏主引丞相、令、仆、尚书、侍中、黄门于显阳殿，问之曰："今寇连恒、朔，逼近金陵，计将安出？"吏部尚书元脩义请遣重臣督军镇恒、朔以捍寇，帝曰："去岁阿那瓌叛乱，遣李崇北征，崇上表求改镇为州，朕以旧章难革，不从其请。寻崇此表，开镇户非冀之心，致有今日之患。但既往难追，聊复略论耳。然崇贵戚重望，器识英敏，意欲还遣崇行，何如？"仆射萧宝寅等皆曰："如此，实合群望。"崇曰："臣以六镇遐僻，密迩寇戎，欲以慰悦彼心，岂敢导之为乱。臣罪当就死，陛下赦之，今更遣臣北行，正是报恩改过之秋。但臣年七十，加之疲病，不堪军旅，愿更择贤材。"帝不许。脩义，天赐之子也。

> 臣光曰：李崇之表，乃所以销祸于未萌，制胜于无形。魏肃宗既不能用，及乱生之日，曾无愧谢之言，乃更以为崇罪，彼不明之君，乌可与谋哉！《诗》云："听言则对，诵言如醉，匪用其良，覆俾我悖。"其是之谓矣。

壬申，加崇使持节、开府仪同三司、北讨大都督，命抚军将军崔暹、镇军将军广(安)〔阳〕王深皆受崇节度。深,嘉之子也。

六月,以豫州刺史裴邃督征讨诸军事,以伐魏。

魏自破六韩拔陵之反,二夏、幽、凉,寇盗蜂起。秦州刺史李彦,政刑残虐,在下皆怨。是月,城内薛珍等聚党突入州门,擒彦,杀之,推其党莫折大提为帅,大提自称秦王。魏遣雍州刺史元志讨之。

初,南秦州豪右杨松柏兄弟,数为寇盗,刺史博陵崔游诱之使降,引为主簿,接以辞色,使说下群氏。既而因宴会尽收斩之,由是所部莫不猜惧。游闻李彦死,自知不安,欲逃去,未果。城民张长命、韩祖香、孙掩等攻游,杀之,以城应大提。大提遣其党卜胡袭高平,克之,杀镇将赫连略、行台高元荣。大提寻卒,子念生自称天子,置百官,改元天建。

丁酉,魏大赦。

秋,七月,甲寅,魏遣吏部尚书元脩义兼尚书仆射,为西道行台,帅诸将讨莫折念生。

崔暹违李崇节度,与破六韩拔陵战于白道,大败,单骑走还。拔陵并力攻崇,崇力战不能御,引还云中,与之相持。

广阳王深上言:“先朝都平城,以北边为重,盛简亲贤,拥麾作镇,配以高门子弟,以死防遏,非唯不废仕宦,乃更独得复除。当时人物,忻慕为之。太和中,仆射李冲用事,凉州土人,悉免厮役,帝乡旧门,仍防边戍。自非得罪当世,莫肯与之为伍。本镇驱使,但为虞候、白直,一生推迁,不过军主。然其同族留京师者得上品通官,在镇者即为清途所隔,或多逃逸。乃峻边兵之格,镇人不听浮游在外。于是少年不得从师,长者不得游宦,独为匪人,言之流涕。自定鼎伊、洛,边任益轻,唯底滞凡才,乃出为镇将,转相模习,专事聚敛。或诸方奸吏,犯罪配边,为之指踪,政以贿立,边人无不切齿。及阿那瓌背恩,纵掠奔奔,命追之,十五万众度沙漠,不日而还。边人见此援师,遂自意轻中国。尚书令臣崇求改镇为州,抑亦先觉,朝廷未许。而高阙戍主御下失和,拔陵杀之,遂相帅为乱,攻城掠地,所过夷灭,王师屡北,贼党日盛。此段之举,指望销平,而崔暹只轮不返,臣崇与臣逡巡复路,相与还次云中,将士之情,莫不解体。今日所虑,非止西北,将恐诸镇寻亦如此,天下之事,何易可量。”书奏,不省。

诏征崔暹系廷尉,暹以女(岐)〔妓〕、田园赂元叉,卒得不坐。

丁丑,莫折念生遣其都督杨伯年等攻仇鸠、河池二戍,东益州刺史魏子建遣将军伊祥等击破之,斩首千余级。东益州本氐王杨绍先之国,将佐皆以城民劲勇,二秦反者皆其族类,请先收其器械。子建曰:“城民数经行陈,抚之足以为用,急之则腹背为患。”乃悉召城民,慰谕之,既而渐分其父兄子弟外戍诸郡,内外相顾,卒无叛者。子建,兰根之族兄也。

魏凉州幢帅于菩提等执刺史宋颖,据州反。

八月,庚寅,徐州刺史成景儁拔魏童城。

魏员外散骑侍郎李苗上书曰:"凡食少兵精,利于速战;粮多卒众,事宜持久。今陇贼猖狂,非有素蓄,虽据两城,本无德义,其势在于疾攻,日有降纳,迟则人情离沮,坐待崩溃。夫焱至风举,逆者求万一之功;高壁深垒,王师有全制之策。但天下久泰,人不晓兵,奔利不相待,逃难不相顾,将无法令,士非教习,不思长久之计,各有轻敌之心。如令陇东不守,汧军败散,则两秦遂强,三辅危弱,国之右臂,于斯废矣。宜勒大将坚壁勿战,别命偏裨帅精兵数千出麦积崖以袭其后,则汧、岐之下,群妖自散。"

魏以苗为统军,与别将淳于诞俱出梁、益,隶魏子建。未至,莫折念生遣其弟高阳王天生将兵下陇。甲午,都督元志与战于陇口,志兵败,弃众东保岐州。

东西部敕勒皆叛魏,附于破六韩拔陵,魏主始思李崇及广阳王深之言。丙申,下诏:"诸州镇军贯非有罪配隶者,皆免为民。"改镇为州,以怀朔镇为朔州,更命朔州曰云州。遣兼黄门侍郎郦道元为大使,抚慰六镇。时六镇已尽叛,道元不果行。

先是,代人迁洛者,多为选部所抑,不得仕进。及六镇叛,元乂乃用代来寒人为传诏以慰悦之。廷尉评代人山伟奏记,称乂德美,又擢伟为尚书二千石郎。

秀容人乞伏莫于聚众攻郡,杀太守。丁酉,南秀容牧子万于乞真反,杀太仆卿陆延,秀容酋长尔朱荣讨平之。荣,羽健之玄孙也。其祖代勤,尝出猎,部民射虎,误中其髀,代勤拔箭,不复推问,所部莫不感悦。官至肆州刺史,赐爵梁郡公,年九十余而卒。子新兴立。新兴时,畜牧尤蕃息,牛羊驼马,色别为群,弥漫川谷,不可胜数。魏每出师,新兴辄献马及资粮以助军,高祖嘉之。新兴老,请传爵于子荣,魏朝许之。荣神机明决,御众严整。时四方兵起,荣阴有大志,散其畜牧资财,招合骁勇,结纳豪桀,于是侯景、司马子如、贾显度及五原段荣、太安窦泰皆往依之。显度,显智之兄也。

戊戌,莫折念生遣都督窦双攻魏盘头郡,东益州刺史魏子建遣将军窦念祖击破之。

九月,戊申,成景儁拔魏睢陵。戊午,北兖州刺史赵景悦围荆山。裴邃帅骑三千袭寿阳,壬戌夜,斩关而入,克其外郭。魏扬州刺史长孙稚御之,一日九战,后军蔡秀成失道不至,邃引兵还。别将击魏淮阳,魏使行台郦道元、都督河间王琛救寿阳,安乐王鉴救淮阳。鉴,诠之子也。

魏西道行台元脩义得风疾,不能治军。壬申,魏以尚书左仆射齐王萧宝寅为西道行台大都督,帅诸将讨莫折念生。

宋颖密求救于吐谷浑王伏连筹,伏连筹自将救凉州,于菩提弃城走,追斩之。城民赵天安等复推宋颖为刺史。

河间王琛军至西硖石,解涡阳围,复荆山戍。青、冀二州刺史王神念与战,为琛所败。冬,十月,戊寅,裴邃、元树攻魏建陵城,克之。辛巳,拔曲木。扫虏将军彭宝孙拔琅邪。

魏营州城民刘安定、就德兴执刺史李仲遵,据城反。城民王恶儿斩安定以降,德兴东走,自称燕王。

胡琛遣其将宿勤明达寇幽、夏、北华三州,壬午,魏遣都督北海王颢帅诸将讨之。颢,详之子也。

甲申,彭宝孙拔檀丘。辛卯,裴邃拔狄城。丙申,又拔蠡城,进屯黎浆。壬寅,魏东海太守韦敬欣以司吾城降。定远将军曹世宗拔曲阳。甲辰,又拔秦墟,魏守将多弃城走。

魏使黄门侍郎卢同持节诣营州慰劳,就德兴降而复反。诏以同为幽州刺史兼尚书行台,同屡为德兴所败而还。

魏朔方胡反,围夏州刺史源子雍,城中食尽,煮马皮而食之,众无贰心。子雍欲自出求粮,留其子延伯守统万,将佐皆曰:“今四方离叛,粮尽援绝,不若父子俱去。”子雍泣曰:“吾世荷国恩,当毕命此城,但无食可守,故欲往东州,为诸君营数月之食,若幸而得之,保全必矣。”乃帅羸弱诣东夏州运粮,延伯与将佐哭而送之。子雍行数日,胡帅曹阿各拔邀击,擒之。子雍潜遣人赍书,敕城中努力固守。阖城忧惧,延伯谕之曰:“吾父吉凶不可知,方寸焦烂。但奉命守城,所为者重,不敢以私害公,诸君幸得此心。”于是众感其义,莫不奋励。子雍虽被擒,胡人常以民礼事之,子雍为陈祸福,劝阿各拔降。会阿各拔卒,其弟桑生竟帅其众随子雍降。子雍见行台北海王颢,具陈诸贼可灭之状,颢给子雍兵,令其先驱。时东夏州阖境皆反,所在屯结,子雍转斗而前,九旬之中,凡数十战,遂平东夏州,征税粟以馈统万,二夏由是获全。子雍,怀之子也。

魏广阳王深上言:“今六镇尽叛,高车二部亦与之同,以此疲兵击之,必无胜理。不若选练精兵守恒州诸要,更为后图。”遂与李崇引兵还平城。崇谓诸将曰:“雲中者,白道之冲,贼之咽喉,若此地不全,则并、肆危矣。当留一人镇之,谁可者?”众举费穆,崇乃请穆为朔州刺史。

贺拔度拔父子及武川宇文肱纠合乡里豪杰,共袭卫可孤,杀之。度拔寻与铁勒战死。肱,逸豆归之玄孙也。

李崇引国子博士祖莹为长史,广阳王深奏莹诈增首级,盗没军资,莹坐除名,崇亦免官削爵征还。深专总军政。

莫折天生进攻魏岐州,十一月,戊申,陷之,执都督元志及刺史裴芬之,送莫折念生,杀之。念生又使卜胡等寇泾州,败光禄大夫薛峦于平凉东。峦,安都之孙也。

丙辰,彭宝孙拔魏东莞。壬戌,裴邃攻寿阳之安城,丙寅,马头、安城皆降。

高平人攻杀卜胡,共迎胡琛。

魏以黄门侍郎杨昱兼侍中,持节监北海王颢军,以救幽州,幽州围解。蜀贼张映龙、姜神达攻雍州,雍州刺史元脩义请援,一日一夜,书移九通。都督李叔仁迟疑不赴,昱曰:“长安,关中基本,若长安不守,大军自然瓦散,留此何益?”遂与叔仁进击之,斩神达,余党散走。

十二月,戊寅,魏荆山降。

壬辰,魏以京兆王继为太师、大将军,都督西道诸军以讨莫折念生。

乙巳,武勇将军李国兴攻魏平静关;辛丑,信威长史杨乾攻武阳关;壬寅,攻岘关,皆克之。国兴进逼郢州,魏郢州刺史裴询与蛮酋西郢州刺史田朴特相表里以拒之。围城近百日,魏援军至,国兴引还。询,骏之孙也。

魏汾州诸胡反,以章武王融为大都督,将兵讨之。

魏魏子建招谕南秦诸氐,稍稍降附,遂复六郡十二戍,斩贼帅韩祖香。魏以子建兼尚书为行台,刺史如故,梁、巴、二益、二秦诸州皆受节度。

莫折念生遣兵攻凉州,城民赵天安复执刺史以应之。

是岁,侍中、太子詹事周舍坐事免,散骑常侍钱唐朱异代掌机密,军旅谋议,方镇改易,朝仪诏敕,皆典之。异好文义,多艺能,精力敏赡,上以是任之。

六年(乙巳、525)

春,正月,丙午,雍州刺史晋安王纲遣安北长史柳浑破魏南乡郡,司马董当门破魏晋城。庚戌,又破马圈、雕阳二城。

辛亥,上祀南郊,大赦。

魏徐州刺史元法僧,素附元叉,见叉骄恣,恐祸及己,遂谋反。魏遣中书舍人张文伯至彭城,法僧谓曰:“吾欲与汝去危就安,能从我乎?”文伯曰:“我宁死见文陵松柏,安能去忠义而从叛逆乎!”法僧杀之。庚申,法僧杀行台高谅,称帝,改元天启,立诸子为王。魏发兵击之,法僧乃遣其子景仲来降。

安东长史元显和,丽之子也,举兵与法僧战,法僧擒之,执其手,命使共坐,显和不肯,曰:“与翁皆出皇家,一朝以地外叛,独不畏良史乎!”法僧犹欲慰谕之,显和曰:“我宁死为忠鬼,不能生为叛臣。”乃杀之。

上使散骑常侍朱异使于法僧,以宣城太守元略为大都督,与将军义兴陈庆之、胡龙牙、成景儁等将兵应接。

莫折天生军于黑水，兵势甚盛。魏以岐州刺史崔延伯为征西将军、西道都督，帅众五万讨之。延伯与行台萧宝寅军于马嵬。延伯素骁勇，宝寅趣之使战，延伯曰："明晨为公参贼勇怯。"乃选精兵数千西渡黑水，整陈进向天生营，宝寅军于水东，遥为继援。延伯直抵天生营下，扬威胁之，徐引兵还。天生见延伯众少，开营争逐之，其众多于延伯十倍，蹙延伯于水次，宝寅望之失色。延伯自为后殿，不与之战，使其众先渡，部伍严整，天生兵不敢击。须臾，渡毕，延伯徐渡，天生之众亦引还。宝寅喜曰："崔君之勇，关、张不如。"延伯曰："此贼非老奴敌也，明公但安坐，观老奴破之。"癸亥，延伯勒兵出，宝寅与军继其后。天生悉众逆战，延伯身先士卒，陷其前锋，将士尽锐竞进，大破之，俘斩十余万，追奔至小陇，岐、雍及陇东皆平。将士稽留采掠，天生遂塞陇道，由是诸军不能进。

宝寅破宛川，俘其民以为奴婢，以美女十人赏岐州刺史魏兰根。兰根辞曰："此县介于强寇，不能自立，故附从以救死。官军之至，宜矜而抚之，奈何助贼为虐，翦以为贱役乎！"悉求其父兄而归之。

己巳，裴邃拔魏新蔡郡，诏侍中、领军将军西昌侯渊藻将众前驱，南兖州刺史豫章王综与诸将继进。癸酉，裴邃拔郑城，汝、颍之间，所在响应。

魏河间王琛等惮邃威名，军于城父，累月不进，魏朝遣廷尉少卿崔孝芬持节、赍斋库刀以趣之。孝芬，挺之子也。琛至寿阳，欲出兵决战。长孙稚以为久雨，未可出，琛不听，引兵五万出城击邃。邃为四甄以待之，使直阁将军李祖怜先挑战而伪退，稚、琛悉众追之，四甄竞发，魏师大败，斩首万余级。琛走入城，稚勒兵而殿，遂闭门自固，不敢复出。

魏安乐王鉴将兵讨元法僧，击元略于彭城南，略大败，与数十骑走入城。鉴不设备，法僧出击，大破之，鉴单骑奔归。将军王希聃拔魏南阳平，执太守薛昙尚。昙尚，虎子之子也。甲戌，以法僧为司空，封始安郡公。

魏以安丰王延明为东道行台，临淮王彧为都督，以击彭城。

魏以京兆王继为太尉。

二月，乙未，赵景悦拔魏龙亢。

初，魏刘腾既卒，胡太后及魏主左右防卫微缓，元叉亦自宽，时出游于外，留连不返。其所亲谏，叉不纳，太后察知之。去秋，太后对帝谓群臣曰："今隔绝我母子，不听往来，复何用我为？我当出家，修道于嵩山闲居寺耳。"因欲自下发。帝及群臣叩头泣涕，殷勤苦请，太后声色愈厉。帝乃宿于嘉福殿，积数日，遂与太后密谋黜叉。然帝深匿形迹，太后有忿恚，欲得往来显阳之言，皆以告叉。又对叉流涕，叙太后欲出家，忧怖之心日有数四。叉殊不以为疑，乃劝帝从太后所欲。

于是太后数御显阳殿,二宫无复禁碍。

又举元法僧为徐州,法僧反,太后数以为言,又深愧悔。丞相高阳王雍,虽位居又上,而深畏惮之。会太后与帝游洛水,雍邀二宫幸其第。日晏,帝与太后至雍内室,从者皆不得入,遂相与定图又之计。于是太后谓又曰:"元郎若忠于朝廷,无反心,何故不去领军,以馀官辅政?"又甚惧,免冠求解领军。乃以又为骠骑大将军、开府仪同三司、尚书令、侍中、领左右。

戊戌,魏大赦。

壬辰,莫折念生遣都督杨鲊等攻仇池郡,行台魏子建击破之。

三月,己酉,上幸白下城,履行六军顿所。乙丑,命豫章王综权顿彭城,总督众军,并摄徐州府事。己巳,以元法僧之子景隆为衡州刺史,景仲为广州刺史。上召法僧及元略还建康,法僧驱彭城吏民万余人南渡。法僧至建康,上宠待甚厚。元略恶其为人,与之言,未尝笑。

魏诏京兆王继班师。

北凉州刺史锡休儒等自魏兴侵魏梁州,攻直城。魏梁州刺史傅竖眼遣其子敬绍击之,休儒等败还。

柔然王阿那瓖为魏讨破六韩拔陵,魏遣牒云具仁赍杂物劳赐之。阿那瓖勒众十万,自武川西向沃野,屡破拔陵兵。夏,四月,魏主复遣中书舍人冯儁劳赐阿那瓖。阿那瓖部落浸强,自称敕连头兵豆伐可汗。

魏元叉虽解兵权,犹总任内外,殊不自意有废黜之理。胡太后意犹豫未决,侍中穆绍劝太后速去之。绍,亮之子也。潘嫔有宠于魏主,宦官张景嵩说之云:"叉欲害嫔。"嫔泣诉于帝曰:"叉非独欲杀妾,又将不利于陛下。"帝信之,因叉出宿,解叉侍中。明旦,叉将入宫,门者不纳。辛卯,太后复临朝摄政,下诏追削刘腾官爵,除叉名为民。

清河国郎中令韩子熙上书为清河王怿讼冤,乞诛元叉等,曰:"昔赵高柄秦,令关东鼎沸;今元叉专魏,使四方云扰。开逆之端,起于宋维,成祸之末,良由刘腾,宜枭首洿宫,斩骸沉族,以明其罪。"太后命发刘腾之墓,露散其骨,籍没家资,尽杀其养子。以子熙为中书舍人。子熙,麒麟之孙也。

初,宋维父弁常曰:"维性疏险,必败吾家。"李崇、郭祚、游肇亦曰:"伯绪凶疏,终倾宋氏,若得杀身,幸矣。"维阿附元叉,超迁至洛州刺史,至是除名,寻赐死。

叉之解领军也,太后以叉党与尚强,未可猝制,乃以侯刚代叉为领军以安其意。寻出刚为冀州刺史,加仪同三司,未至州,黜为征虏将军,卒于家。太后欲杀贾粲,以叉党多,恐惊动内外,乃出粲为济州刺史,寻追杀之,籍没其家。唯叉以妹夫,未忍行诛。

先是,给事黄门侍郎元顺以刚直忤叉意,出为齐州刺史,太后征还,为侍中。侍坐于太后,叉妻在太后侧,顺指之曰:"陛下奈何以一妹之故,不正元叉之罪,使天下不得伸其冤愤!"太后嘿然。顺,澄之子也。它日,太后从容谓侍臣曰:"刘腾、元叉昔邀朕求铁券,冀得不死,朕赖不与。"韩子熙曰:"事关生杀,岂系铁券。且陛下昔虽不与,何解今日不杀?"太后怃然。未几,有告叉及弟瓜谋诱六镇降户反于定州,又招鲁阳诸蛮侵扰伊阙,欲为内应。得其手书,太后犹未忍杀之。群臣固执不已,魏主亦以为言,太后乃从之,赐叉及弟瓜死于家,犹赠叉骠骑大将军、仪同三司、尚书令。江阳王继废于家,病卒。前幽州刺史卢同坐叉党除名。

太后颇事妆饰,数出游幸,元顺面谏曰:"《礼》,妇人夫没自称未亡人,首去珠玉,衣不文采。陛下母临天下,年垂不惑,修饰过甚,何以仪刑后世?"太后惭而还宫,召顺,责之曰:"千里相征,岂欲众中见辱邪!"顺曰:"陛下不畏天下之笑,而耻臣之一言乎!"

顺与穆绍同直,顺因醉入其寝所,绍拥被而起,正色让顺曰:"身二十年侍中,与卿先君亟连职事,纵卿方进用,何宜相排突也。"遂谢事还家,诏谕久之,乃起。

初,郑俨之兄孙俨为司徒胡国珍行参军,私得幸于太后,人未之知。萧宝寅西讨,以俨为开府属。太后再摄政,俨请奉使还朝,太后留之,拜谏议大夫、中书舍人,领尝食典御,昼夜禁中。每休沐,太后常遣宦者随之,俨见其妻,唯得言家事而已。中书舍人乐安徐纥,粗有文学,先以谄事赵脩,坐徙枹罕。后还,复除中书舍人,又谄事清河王怿,怿死,出为雁门太守。还洛,复谄事元叉。叉败,太后以纥为怿所厚,复召为中书舍人,纥又谄事郑俨。俨以纥有智数,仗为谋主;纥以俨有内宠,倾身承接。共相表里,势倾内外,号为"徐、郑"。俨累迁至中书令、车骑将军。纥累迁至给事黄门侍郎,仍领舍人,总摄中书、门下之事,军国诏令,莫不由之。纥有机辩强力,终日治事,略无休息,不以为劳。时有急诏,令数吏执笔,或行或卧,人别占之,造次俱成,不失事理。然无经国大体,专好小数,见人矫为恭谨,远近辐凑附之。

给事黄门侍郎袁翻、李神轨皆领中书舍人,为太后所信任,时人云神轨亦得幸于太后,众莫能明也。神轨求婚于散骑常侍卢义僖,义僖不许。黄门侍郎王诵谓义僖曰:"昔人不以一女易众男,卿岂易之邪?"义僖曰:"所以不从,正为此耳。从之,恐祸大而速。"诵乃坚握义僖手曰:"我闻有命,不敢以告人。"女遂适他族。临婚之夕,太后遣中使宣敕停之,内外惶怖,义僖夷然自若。神轨,崇之子;义僖,度世之孙也。

胡琛据高平,遣其大将万俟丑奴、宿勤明达等寇魏泾州,将军卢祖迁、伊瓮生讨之,不克。萧宝寅、崔延伯既破莫折天生,引兵会祖迁等于安定,甲卒十二万,铁马八千,军威甚盛。丑奴军于安定西北七里,时以轻骑挑战,大兵未交,辄委走。延伯恃其勇,且新有功,遂唱议为先驱击之。别造大盾,内为锁柱,使壮士负而趋,谓之排城,置辎重于中,战士在外,自安定北缘原北上。将战,有贼数百骑诈持文书,云是降簿,且乞缓师。宝寅、延伯未及阅视,宿勤明达引兵自东北至,降贼自西竞下,覆背击之。延伯上马奋击,逐北径抵其营。贼皆轻骑,延伯军杂步卒,战久疲乏,贼乘间得入排城,延伯遂大败,死伤近二万人。宝寅收众退保安定。延伯自耻其败,乃缮甲兵,募骁勇,复自安定西进,去贼七里结营。壬辰,不告宝寅,独出袭贼,大破之,俄顷,平其数栅。贼见军士采掠散乱,复还击之,魏兵大败,延伯中流矢卒,士卒死者万余人。时大寇未平,复失骁将,朝野为之忧恐。于是贼势愈盛,而群臣自外来者,太后问之,皆言贼弱,以求悦媚,由是将帅求益兵者往往不与。

五月,夷陵烈侯裴邃卒。邃沉深有思略,为政宽明,将吏爱而惮之。壬子,以中护军夏侯亶督寿阳诸军事,驰驿代邃。

益州刺史临汝侯渊猷遣其将樊文炽、萧世澄等将兵围魏益州长史和安于小剑,魏益州刺史邴虬遣统军河南胡小虎、崔珍宝将兵救之。文炽袭破其棚,皆擒之,使小虎于城下说和安令早降。小虎遥谓安曰:"我栅失备,为贼所擒,观其兵力,殊不足言。努力坚守,魏行台、傅梁州援兵已至。"语未终,军士以刀殴杀之。西南道军司淳于诞引兵救小剑,文炽置栅于龙须山上以防归路。戊辰,诞密募壮士夜登山烧其栅,梁军望见归路绝,皆恟惧,诞乘而击之,文炽大败,仅以身免,虏世澄等将吏十一人,斩获万计。魏子建以世澄购胡小虎之尸,得而葬之。

魏魏昌武康伯李崇卒。

初,帝纳齐东昏侯宠姬吴淑媛,七月而生豫章王综,宫中多疑之。及淑媛宠衰怨望,密谓综曰:"汝七月生儿,安得比诸皇子。然汝太子次弟,幸保富贵,勿泄也。"与综相抱而泣。综由是自疑,昼则谈谑如常,夜则于静室闭户,披发席藁,私于别室祭齐氏七庙。又微服至曲阿拜齐太宗陵,闻俗说割血沥骨,渗则为父子,遂潜发东昏侯冢,并自杀一男试之,皆验,由是常怀异志,专伺时变。综有勇力,能手制奔马。轻财好士,唯留附身故衣,余皆分施,恒致罄乏。屡上便宜,求为边任,上未之许。常于内斋布沙于地,终日跣行,足下生胝,日能行三百里。王、侯、妃、主及外人皆知其志,而上性严重,人莫敢言。又使通问于萧宝寅,谓之叔父。为南兖州刺史,不见宾客,辞讼隔帘听之,出则垂帷于舆,恶人识其面。

及在彭城,魏安丰王延明、临淮王彧将兵二万逼彭城,胜负久未决。上虑综败没,敕综引军还。综恐南归不复得至北边,乃密遣人送降款于彧。魏人皆不之信,或募人人综军验其虚实,无敢行者。殿中侍御史济阴鹿悆为彧监军,请行,曰:"若综有诚心,与之盟约;如其诈也,何惜一夫。"时两敌相对,内外严固,悆单骑间出,径趣彭城,为综军所执,问其来状,悆曰:"临淮王使我来,欲有交易耳。"时元略已南还,综闻之,谓成景儁等曰:"我常疑元略规欲反城,将验其虚实,故遣左右为略使人魏军中,呼彼一人。今其人果来,可遣人诈为略有疾在深室,呼至户外,令人传言谢之。"综又遣腹心安定梁话迎悆,密以意状语之。悆薄暮入城,先引见胡龙牙,龙牙曰:"元中山甚欲相见,故遣呼卿。"又曰:"安丰、临淮将少弱卒,规复此城,容可得乎!"悆曰:"彭城魏之东鄙,势在必争,得否在天,非人所测。"龙牙曰:"当如卿言。"又引见成景儁,景儁与坐,谓曰:"卿不为刺客邪?"悆曰:"今者奉使,欲返命本朝,相刺之事,更卜后图。"景儁为设饮食,乃引至一所,诈令一人自室中出,为元略致意曰:"我昔有以南向,且遣相呼,欲闻乡事。晚来疾作,不获相见。"悆曰:"早奉音旨,冒险赴赴,不得瞻见,内怀反侧。"遂辞退。诸将竞问魏士马多少,悆盛陈有劲兵数十万。诸将相谓曰:"此华辞耳。"悆曰:"崇朝可验,何华之有!"乃遣悆还。景儁送之于戏马台,北望城堞,谓曰:"险固如此,岂魏所能取?"悆曰:"攻守在人,何论险固。"悆还,于路复与梁话申固盟约。

六月,庚辰,综与梁话及淮阴苗文宠夜出,步投彧军。及旦,斋内诸阁犹闭不开,众莫知所以,唯见城外魏军呼曰:"汝豫章王昨夜已来,在我军中,汝尚何为!"城中求王不获,军遂大溃。魏人人彭城,乘胜追击梁兵,复取诸城,至宿预而还。将佐士卒死没者什七八,唯陈庆之帅所部得还。

上闻之,惊骇,有司奏削综爵土,绝属籍,更其子直姓悖氏。未旬日,诏复属籍,封直为永新侯。

西丰侯正德自魏还,志行无悛,多聚亡命,夜剽掠杀人于道,以轻车将军从综北伐,弃军辄还。上积其前后罪恶,免官削爵,徙临海,未至,追赦之。

综至洛阳,见魏主,还就馆,为齐东昏侯举哀,服斩衰三年。太后以下并就馆吊之,赏赐礼遇甚厚,拜司空,封高平郡公、丹杨王,更名赞。以苗文宠、梁话皆为光禄大夫;封鹿悆为定陶县子,除员外散骑常侍。

综长史济阳江革、司马范阳祖暅之皆为魏所虏,安丰王延明闻其才名,厚遇之。革称足疾不拜。延明使暅之作《欹器漏刻铭》,革唾骂暅之曰:"卿荷国厚恩,乃为虏立铭,孤负朝廷。"延明闻之,令革作《大小寺碑》《祭彭祖文》,革辞不为。延明将棰之,革厉色曰:"江革行年六十,今日得死为幸,誓不为人执笔。"延明知不可屈,乃止。日给脱粟三升,仅全其生而已。

上密召夏侯亶还,使休兵合肥,俟淮堰成复进。

癸未,魏大赦,改元孝昌。

破六韩拔陵围魏广阳王深于五原,军主贺拔胜募二百人开东门出战,斩首百余级,贼稍退。深拔军向朔州,胜常为殿。

雲州刺史费穆,招抚离散,四面拒敌。时北境州镇皆没,唯雲中一城独存。久之,道路阻绝,援军不至,粮仗俱尽,穆弃城南奔尔朱荣于秀容,既而诣阙请罪,诏原之。

长流参军于谨言于广阳王深曰:"今寇盗蜂起,未易专用武力胜也。谨请奉大王之威命,谕以祸福,庶几稍可离也。"深许之。谨兼通诸国语,乃单骑诣叛胡营,见其酋长,开示恩信,于是西部铁勒酋长乜列河等将三万余户南诣深降。深欲引兵至折叡岭迎之,谨曰:"破六韩拔陵兵势甚盛,闻乜列河等来降,必引兵邀之,若先据险要,未易敌也。不若以乜列河饵之,而伏兵以待之,必可破也。"深从之,拔陵果引兵邀击乜列河,尽俘其众,伏兵发,拔陵大败,复得乜列河之众而还。

柔然头兵可汗大破破六韩拔陵,斩其率孔雀等。拔陵避柔然,南徙渡河。将军李叔仁以拔陵稍逼,求援于广阳王深,深帅众赴之,贼前后降附者二十万人。深与行台元纂表:"乞于恒州北别立郡县,安置降户,随宜赈赉,息其乱心。"魏朝不从,诏黄门侍郎杨(置)〔昱〕分处之于冀、定、瀛三州就食。深谓纂曰:"此辈复为乞活矣。"

秋,七月,壬戌,大赦。

八月,魏柔玄镇民杜洛周聚众反于上谷,改元真王,攻没郡县,高欢、蔡儁、尉景及段荣、安定彭乐皆从之。洛周围魏燕州刺史博陵崔秉,九月,丙辰,魏以幽州刺史常景兼尚书为行台,与幽州都督元谭讨之。景,爽之孙也。自卢龙塞至军都关,皆置兵守险,谭屯居庸关。

冬,十月,吐谷浑遣兵击赵天安,天安降,凉州复为魏。

平西将军高徽奉使嚈哒,还,至枹罕。会河州刺史元祚卒,前刺史梁钊之子景进引莫折念生兵围其城。长史元永等推徽行州事,勒兵固守。景进亦自行州事。徽请兵于吐谷浑,吐谷浑救之,景进败走。徽,湖之孙也。

魏方有事西北,二荆、西郢群蛮皆反,断三鸦路,杀都督,寇掠,北至襄城。汝水有冉氏、向氏、田氏,种落最盛,其余大者万家,小者千室,各称王侯,屯据险要,道路不通。十二月,壬午,魏主下诏曰:"朕将亲御六师,扫荡逋秽,今先讨荆蛮,疆理南服。"时群蛮引梁将曹义宗等围魏荆州,魏都督崔暹将兵数万救之,至鲁阳,不敢进。魏更以临淮王彧为征南大将军,将兵讨鲁阳蛮,司空长史辛雄为行台左丞,东趣叶城。别遣征虏将军裴衍、恒农太守京兆王罴将兵一万,自武关出通三鸦路,以救荆州。

衍等未至,彧军已屯汝上。州郡被蛮寇者争来请救,或以处分道别,不欲应之。辛雄曰："今裴衍未至，王士众已集，蛮左唐突，挠乱近畿，王秉麾阃外，见可而进，何论别道。"或恐后有得失之责，邀雄符下。雄以群蛮闻魏主将自出，心必震动，可乘势破也，遂符或军，令速赴击。群蛮闻之，果散走。

魏主欲自出讨贼，中书令袁翻谏而止。辛雄自军中上疏曰："凡人所以临陈忘身，触白刃而不惮者，一求荣名，二贪重赏，三畏刑罚，四避祸难。非此数者，虽圣王不能使其臣，慈父不能厉其子矣。明主深知其情，故赏必行，罚必信，使亲疏贵贱，勇怯贤愚，闻钟鼓之声，见旌旗之列，莫不奋激，竞赴敌场。岂恶久生而乐速死哉？利害悬于前，欲罢不能耳。自秦、陇逆节，蛮左乱常，已历数年，凡在戎役数十万人，扦御三方，败多胜少，迹其所由，皆不明赏罚之故也。陛下虽降明诏，赏不移时。然将士之勋，历稔不决；亡军之卒，晏然在家。是使节士无所劝慕，庸人无所畏慑。进而击贼，死交而赏赊；退而逃散，身全而无罪。此其所以望敌奔沮，不肯尽力者也。陛下诚能号令必信，赏罚必行，则军威必张，盗贼必息矣。"疏奏，不省。

曹义宗等取魏顺阳、马圈，与裴衍等战于淅阳，义宗等败退。衍等复取顺阳，进围马圈。洛州刺史董绍以马圈城坚，衍等粮少，上书言其必败。未几，义宗击衍等，破之，复取顺阳。魏以王罴为荆州刺史。

邵陵王纶摄南徐州事，在州喜怒不恒，肆行非法。遨游市里，问卖鲩者曰："刺史何如？"对言："躁虐。"纶怒，令吞鲩而死。百姓惶骇，道路以目。尝逢丧车，夺孝子服而著之，匍匐号叫。签帅惧罪，密以闻。上始严责，纶不能改，于是遣代。纶悖慢逾甚，乃取一老公短瘦类上者，加以衮冕，置之高坐，朝以为君，自陈无罪，使就坐剥裭，捶之于庭。又作新棺，贮司马崔会意，以辒车挽歌为送葬之法，使妪乘车悲号。会意不能堪，轻骑还都以闻。上恐其奔逸，以禁兵取之，将于狱赐尽，太子统流涕固谏，得免，戊子，免纶官，削爵土。

魏山胡刘蠡升反，自称天子，置百官。

初，敕勒酋长斛律金事怀朔镇将杨钧为军主，行兵用匈奴法，望尘知马步多少，嗅地知军远近。及破六韩拔陵反，金拥众归之，拔陵署金为王。既而知拔陵终无所成，乃诣云州降。仍稍引其众南出黄瓜堆，为杜洛周所破，脱身归尔朱荣，荣以为别将。

资治通鉴卷第一百五十一

端明殿学士兼翰林侍读学士朝散大夫右谏议大夫充集贤殿修撰提举西京嵩
山崇福宫上柱国河内郡开国侯食邑一千八百户食实封六百户赐紫金鱼袋臣 司马光 奉敕编集

梁纪七 起柔兆敦牂（丙午），尽强圉协洽（丁未），凡二年。

高祖武皇帝七

普通七年（丙午、526）

春，正月，辛丑朔，大赦。

壬子，魏以汝南王悦领太尉。

魏安州石离、穴城、斛盐三戍兵反，应杜洛周，众合二万，洛周自松岍赴之。行台常景使别将崔仲哲屯军都关以邀之，仲哲战没，元谭军夜溃，魏以别将李琚代谭为都督。仲哲，秉之子也。

初，魏广阳王深通于城阳王徽之妃。徽为尚书令，为胡太后所信任，会恒州人请深为刺史，徽言深心不可测。及杜洛周反，五原降户在恒州者谋奉深为主，深惧，上书求还洛阳。魏以左卫将军杨津代深为北道大都督，诏深为吏部尚书。徽，长寿之孙也。

五原降户鲜于脩礼等帅北镇流民反于定州之左城，改元鲁兴，引兵向州城，州兵御之不利。杨津至灵丘，闻定州危迫，引兵救之，入据州城。脩礼至，津欲出击之，长史许被不听，津手剑击之，被走得免。津开门出战，斩首数百，贼退，人心少安。诏寻以津为定州刺史兼北道行台。魏以扬州刺史长孙稚为大都督北讨诸军事，与河间王琛共讨脩礼。

二月，甲戌，北伐众军解严。

魏西部敕勒斛律洛阳反于桑乾西，与费也头牧子相连结。三月，甲寅，游击将军尔朱荣击破洛阳于深井，牧子于河西。

夏，四月，乙酉，临川靖惠王宏卒。

魏大赦。

癸巳，魏以侍中、车骑大将军城阳王徽为仪同三司。徽与给事黄门侍郎徐纥共毁侍中元顺于太后，出为护军将军、太常卿。顺奉辞于西游园，纥侍侧，顺指之谓太后曰："此魏之宰虺，魏国不亡，此终不死。"纥胁肩而出，顺抗声叱之曰："尔刀笔小才，正堪供几案之用，岂应污辱门下，敕我彝伦！"因振衣而起。太后默然。

魏朔州城民鲜于阿胡等据城反。

杜洛周南出钞掠蓟城,魏常景遣统军梁仲礼击破之。丁未,都督李琚与洛周战于蓟城之北,败没。常景帅众拒之,洛周引还上谷。

长孙稚行至邺,诏解大都督,以河间王琛代之。稚上言:"向与琛同在淮南,琛败臣全,遂成私隙,今难以受其节度。"魏朝不听。前至呼沱,稚未欲战,琛不从。鲜于脩礼邀击稚于五鹿,琛不赴救,稚军大败,稚、琛并坐除名。

五月,丁未,魏主下诏将北讨,内外戒严,既而不行。

衡州刺史元略,自至江南,晨夕哭泣,常如居丧。及魏元叉死,胡太后欲召之,知略因刁双获免,征双为光禄大夫,遣江革、祖暅之南还以求略。上备礼遣之,宠赠甚厚。略始济淮,魏拜略为侍中,赐爵义阳王。以司马始宾为给事中,栗法光为本县令,刁昌为东平太守,刁双为西兖州刺史。凡略所过,一飡一宿皆赏之。

魏以丞相高阳王雍为大司马。复以广阳王深为大都督,讨鲜于脩礼,章武王融为左都督,裴衍为右都督,并受深节度。

深以其子自随,城阳王徽言于太后曰:"广阳王携其爱子,握兵在外,将有异志。"乃敕融、衍潜为之备。融、衍以敕示深,深惧,事无大小,不敢自决。太后使问其故,对曰:"徽衔臣次骨,臣疏远在外,徽之构臣,无所不为。自徽执政以来,臣所表请,多不见允。徽非但害臣而已,从臣将士,有勋劳者皆见排抑,不得比它军,仍深被憎嫉,或因其有罪,加以深文,至于殊死,以是从臣行者,莫不悚惧。有言臣善者,视之如仇雠;言臣恶者,待之如亲戚。徽居中用事,朝夕欲陷臣于不测之诛,臣何以自安! 陛下若使徽出临外州,臣无内顾之忧,庶可以毕命贼庭,展其忠力。"太后不听。

徽与中书舍人郑俨等更相阿党,外似柔谨,内实忌克,赏罚任情,魏政由是愈乱。

戊申,魏燕州刺史崔秉帅众弃城奔定州。

乙丑,魏以安西将军宗正珍孙为都督,讨汾州反胡。

六月,魏绛蜀陈双炽聚众反,自号始建王。魏以假镇西将军长孙稚为讨蜀都督。别将河东薛脩义轻骑诣双炽垒下,晓以利害,双炽即降。诏以脩义为龙门镇将。

丙子,魏徙义阳王略为东平王,顷之,迁大将军、尚书令,为胡太后所委任,与城阳王徽相埒。然徐、郑用事,略亦不敢违也。

杜洛周遣都督王曹纥真等将兵掠蓟南。秋,七月,丙午,行台常景遣都督于荣等击之于栗园,大破之,斩曹纥真及将卒三千余级。洛周帅众南趣范阳,景与荣等又破之。

魏仆射元纂以行台镇恒州。鲜于阿胡拥朔州流民寇恒州,戊申,陷平城,纂奔冀州。

上闻淮堰水盛,寿阳城几没,复遣郢州刺史元树等自北道攻黎浆,豫州刺史夏侯亶等自南道攻寿阳。

八月,癸巳,贼帅元洪业斩鲜于脩礼,请降于魏,贼党葛荣复杀洪业自立。

魏安北将军、都督恒、朔讨虏诸军事尔朱荣过肆州,肆州刺史尉庆宾忌之,据城不出。荣怒,举兵袭肆州,执庆宾还秀容,署其从叔羽生为刺史,魏朝不能制。

初,贺拔允及弟胜、岳从元纂在恒州,平城之陷也,允兄弟相失,岳奔尔朱荣,胜奔肆州。荣克肆州,得胜,大喜曰:“得卿兄弟,天下不足平也。”以为别将,军中大事多与之谋。

九月,己酉,鄱阳忠烈王恢卒。

葛荣既得杜洛周之众,北趣瀛州,魏广阳忠武王深自交津引兵蹑之。辛亥,荣至白牛逻,轻骑掩击章武庄武王融,杀之。荣自称天子,国号齐,改元广安。深闻融败,停军不进。侍中元晏宣言于太后曰:“广阳王盘桓不进,坐图非望。有于谨者,智略过人,为其谋主,风尘之际,恐非陛下之纯臣也。”太后深然之,诏榜尚书省门,募能获谨者有重赏。谨闻之,谓深曰:“今女主临朝,信用谗佞,苟不明白殿下素心,恐祸至无日。谨请束身诣阙,归罪有司。”遂径诣榜下,自称于谨,有司以闻。太后引见,大怒。谨备论深忠款,兼陈停军之状,太后意解,遂舍之。

深引军还,趣定州。定州刺史杨津亦疑深有异志,深闻之,止于州南佛寺。经二日,深召都督毛谥等数人,交臂为约,危难之际,期相拯恤。谥愈疑之,密告津,云深谋不轨。津遣谥讨深,深走出,谥呼噪逐深。深与左右间行至博陵界,逢葛荣游骑,劫之诣荣。贼徒见深,颇有喜者,荣新立,恶之,遂杀深。城阳王徽诬深降贼,录其妻子。深府佐宋游道为之诉理,乃得释。游道,繇之玄孙也。

甲申,魏行台常景破杜洛周,斩其武川王贺拔文兴等,捕虏四百人。

就德兴陷魏平州,杀刺史王买奴。

天水民吕伯度,本莫折念生之党也,后更据显亲以拒念生,已而不胜,亡归胡琛。琛以为大都督、秦王,资以士马,使击念生。伯度屡破念生军,复据显亲,乃叛琛,东引魏军。念生窘迫,乞降于萧宝寅,宝寅使行台左丞崔士和据秦州。魏以伯度为泾州刺史,封平秦郡公。大都督元脩义停军陇口,久不进,念生复反,执士和送胡琛,于道杀之。久之,伯度为万俟丑奴所杀,贼势益盛,宝寅不能制。胡琛与莫折念生交通,事破六韩拔陵浸慢,拔陵遣其臣费律至高平,诱琛,斩之,丑奴尽并其众。

冬,十一月,庚辰,大赦。

丁贵嫔卒,太子水浆不入口,上使谓之曰:"毁不灭性,况我在邪!"乃进粥数合。太子体素肥壮,腰带十围,至是减削过半。

夏侯亶等军入魏境,所向皆下。辛巳,魏扬州刺史李宪以寿阳降,宣猛将军陈庆之入据其城,凡降城五十二,获男女七万五千口。丁亥,纵李宪还魏,复以寿阳为豫州,改合肥为南豫州,以夏侯亶为豫、南豫二州刺史。寿阳久罹兵革,民多流散,亶轻刑薄赋,务农省役,顷之,民户充复。

杜洛周围范阳,戊戌,民执魏幽州刺史王延年、行台常景送洛周,开门纳之。

魏齐州平原民刘树等反,攻陷郡县,频败州军。刺史元欣以平原房士达为将,讨平之。

曹义宗据穰城以逼新野,魏遣都督魏承祖及尚书左丞、南道行台辛纂救之。义宗战不利,不敢进。纂,雄之从父兄也。

魏盗贼日滋,征讨不息,国用耗竭,预征六年租调,犹不足,乃罢百官所给酒肉,又税入市者人一钱,及邸店皆有税,百姓嗟怨。吏部郎中辛雄上疏,以为:"夷、夏之民相聚为乱,岂有余憾哉!正以守令不得其人,百姓不堪其命故也。宜及此时,早加慰抚。但郡县选举,由来共轻,贵游俊才,莫肯居此。宜改其弊,分郡县为三等清官,选补之法,妙尽才望,如不可并,后地先才,不得拘以停年。三载黜陟,有称职者,补在京名官,如不历守令,不得为内职。则人思自勉,枉屈可申,强暴自息矣。"不听。

大通元年(丁未、527)

春,正月,乙丑,以尚书左仆射徐勉为仆射。

辛未,上祀南郊。

甲戌,魏以司空皇甫度为司徒,仪同三司萧宝寅为司空。

魏分定、相二州四郡置殷州,以北道行台博陵崔楷为刺史。楷表称:"州今新立,尺刃斗粮,皆所未有,乞资以兵粮。"诏付外量闻,竟无所给。或劝楷留家,单骑之官,楷曰:"吾闻食人之禄者忧人之忧,若吾独往,则将士谁肯固志哉?"遂举家之官。葛荣逼州城,或劝减弱小以避之,楷遣幼子及一女夜出,既而悔之,曰:"人谓吾心不固,亏忠而全爱也。"遂命追还。贼至,强弱相悬,又无守御之具,楷抚勉将士以拒之,莫不争奋,皆曰:"崔公尚不惜百口,吾属何爱一身!"连战不息,死者相枕,终无叛志。辛未,城陷,楷执节不屈,荣杀之,遂围冀州。

魏萧宝寅出兵累年,将士疲弊。秦贼击之,宝寅大败于泾州,收散兵万余人,屯逍遥园,东秦州刺史潘义渊以汧城降贼。莫折念生进逼岐州,城人执刺史魏兰根应之。豳州刺史毕祖晖战没,行台羊深弃城走,北海王颢军亦败。贼帅胡引祖据北华州，叱干麒麟据豳州以应天生，关中大扰。雍州刺史杨椿募兵得七千余人，帅以拒守，诏加椿侍中兼尚书右仆射，为行台，节度关西诸将。北地功曹毛鸿宾引贼抄掠渭北，雍州录事参军杨侃将兵三千掩击之，鸿宾惧，请讨贼自效，遂擒送宿勤乌过仁。乌过仁者，明达之兄子也。莫折天生乘胜寇雍州，萧宝寅部将羊侃隐身堙中射之，应弦而毙，其众遂溃。侃，祉之子也。

魏右民郎阳平路思令上疏，以为："师出有功，在于将帅，得其人则六合唾掌可清，失其人则三河方为战地。窃以比年将帅多宠贵子孙，衔杯跃马，志逸气浮，轩眉攘腕，以攻战自许。及临大敌，忧怖交怀，雄图锐气，一朝顿尽。乃令羸弱在前以当寇，强壮居后以卫身，兼复器械不精，进止无节，以当负险之众，敌数战之虏，欲其不败，岂可得哉！是以兵知必败，始集而先逃；将帅畏敌，迁延而不进。国家谓官爵未满，屡加宠命，复疑赏赉之轻，日散金帛。帑藏空竭，民财殚尽，遂使贼徒益甚，生民雕弊，凡以此也。夫德可感义夫，恩可劝死士。今若黜陟幽明，赏罚善恶，简练士卒，缮修器械，先遣辩士，晓以祸福，如其不悛，以顺讨逆，如此，则何异（励）〔厉〕萧斧而伐朝菌，鼓洪炉而燎毛发哉！"弗听。

戊子，魏以皇甫度为太尉。

己丑，魏主以四方未平，诏内外戒严，将亲出讨，竟亦不行。

谯州刺史湛僧智围魏东豫州，将军彭群、王辩围琅邪，魏敕青、南青二州（牧）〔救〕琅邪。司州刺史夏侯夔帅壮武将军裴之礼等出义阳道，攻魏平静、穆陵、阴山三关，皆克之。夔，亶之弟；之礼，邃之子也。

魏东清河郡山贼群起，诏以齐州长史房景伯为东清河太守。郡民刘简虎尝无礼于景伯，举家亡去，景伯穷捕，擒之，署其子为西曹掾，令谕山贼。贼以景伯不念旧恶，皆相帅出降。

景伯母崔氏，通经，有明识。贝丘妇人列其子不孝，景伯以白其母，母曰："吾闻闻名不如见面，山民未知礼义，何足深责。"乃召其母，与之对榻共食，使其子侍立堂下，观景伯供食。未旬日，悔过求还，崔氏曰："此虽面惭，其心未也，且置之。"凡二十余日，其子叩头流血，母涕泣乞还，然后听之，卒以孝闻。景伯，法寿之族子也。

二月，秦贼据魏潼关。

庚申，魏东郡民赵显德反，杀太守裴烟，自号都督。

将军成景儁攻魏彭城，魏以前荆州刺史崔孝芬为徐州行台以御之。先是，孝芬坐元叉党与卢同等俱除名，及将赴徐州，入辞太后。太后谓孝芬曰："我与卿姻戚，奈何内头元叉车中，称此老妪会须去之。"孝芬曰："臣蒙国厚恩，实无斯语。假令有之，谁能得闻？若有闻者，此于元叉亲密过臣远矣。"太后意解，怅然有愧色。景儁欲堰泗水以灌彭城,孝芬与都督李叔仁等击之,景儁遁还。

三月,甲子,魏主诏将西讨,中外戒严。会奏贼西走,复得潼关,戊辰,诏回驾北讨。其实皆不行。

葛荣久围信都,魏以金紫光禄大夫源子邕为北讨大都督以救之。

初,上作同泰寺,又开大通门以对之,取其反语相协,上晨夕幸寺,皆出入是门。辛未,上幸寺舍身。甲戌,还宫,大赦,改元。

魏齐州广川民刘钧聚众反,自署大行台。清河民房顷自署大都督,屯据昌国城。

夏,四月,魏将元斌之讨东郡,斩赵显德。

己酉,柔然头兵可汗遣使入贡于魏,且请讨群贼。魏人畏其反覆,诏以盛暑,且俟后敕。

魏萧宝寅之败也,有司处以死刑,诏免为庶人。雍州刺史杨椿有疾求解,复以宝寅为都督雍、泾等四州诸军事、征西将军、雍州刺史、开府仪同三司、西讨大都督,自关以西皆受节度。椿还乡里,其子昱将适洛阳,椿谓之曰:“当今雍州刺史亦无逾宝寅者,但其上佐,朝廷应遣心膂重人,何得任其牒用?此乃圣朝百虑之一失也。且宝寅不藉刺史为荣,吾观其得州,喜悦特甚,至于赏罚云为,不依常宪,恐有异心。汝今赴京师,当以吾此意启二圣,并白宰辅,更遣长史、司马、防城都督。欲安关中,正须三人耳。如其不遣,必成深忧。”昱面启魏主及太后,皆不听。

五月,丙寅,成景儁攻魏临潼、竹邑,拔之。东宫直阁兰钦攻魏萧城、厥固,拔之,钦斩魏将曹龙牙。

六月,魏都督李叔仁讨刘钧,平之。

秋,七月,魏陈郡民刘获、郑辩反于西华,改元天授,与湛僧智通谋,魏以行东豫州刺史谯国曹世表为东南道行台以讨之,源子恭代世表为东豫州。诸将以贼众强,官军弱,且皆败散之余,不敢战,欲保城自固。世表方病背肿,舆出,呼统军是云宝谓曰:“湛僧智所以敢深入为寇者,以获、辩皆州民之望,为之内应也。向闻获引兵欲迎僧智,去此八十里。今出其不意,一战可破,获破,则僧智自走矣。”乃选士马付宝,暮出城,比晓而至,击获,大破之,穷讨余党悉平。僧智闻之,遁还。郑辩与子恭亲旧,亡匿子恭所,世表集将吏面责子恭,收辩,斩之。

魏相州刺史乐安王鉴与北道都督裴衍共救信都。鉴幸魏多故,阴有异志,遂据邺叛,降葛荣。

己丑,魏大赦。

初,侍御史辽东高道穆奉使相州,前刺史李世哲奢纵不法,道穆案之。世哲弟神轨用事,道穆兄谦之家奴诉良,神轨收谦之系廷尉。敕将出,神轨启太后先赐谦之死,朝士哀之。

彭群、王辩围琅邪,自春及秋,魏青州刺史彭城王劭遣司马鹿念、南青州刺史胡平遣长史刘仁之将兵击群、辩,破之,群战没。劭,勰之子也。

八月,魏遣都督源子邕、李神轨、裴衍攻邺。子邕行及汤阴,安乐王鉴遣弟斌之夜袭子邕营,不克,子邕乘胜进围邺城。丁未,拔之,斩鉴,传首洛阳,改姓拓跋氏。魏因遣子邕、裴衍讨葛荣。

九月,秦州城民杜粲杀莫折念生阖门皆尽,粲自行州事。南秦州城民辛琛亦自行州事,遣使诣萧宝寅请降。魏复以宝寅为尚书令,还其旧封。

谯州刺史湛僧智围魏东豫州刺史元庆和于广陵,魏将军元显伯救之,司州刺史夏侯夔自武阳引兵助僧智。冬,十月,夔至城下,庆和举城降。夔以让僧智,僧智曰:"庆和欲降公,不欲降僧智,今往,必乖其意。且僧智所将应募乌合之人,不可御以法,公持军素严,必无侵暴,受降纳附,深得其宜。"夔乃登城,拔魏帜,建梁帜,庆和束兵而出,吏民安堵,获男女四万余口。

臣光曰:湛僧智可谓君子矣!忘其积时攻战之劳,以授一朝新至之将,知己之短,不掩人之长,功成不取,以济国事,忠且无私,可谓君子矣!

元显伯宵遁,诸军追之,斩获万计。诏以僧智领东豫州刺史,镇广陵。夔引军屯安阳,遣别将屠楚城,由是义阳北道遂与魏绝。

领军曹仲宗、东宫直阁陈庆之攻魏涡阳,诏寻阳太守韦放将兵会之。魏散骑常侍费穆引兵奄至,放营垒未立,麾下止有二百余人,放免胄下马,据胡床处分,士皆殊死战,莫不一当百,魏兵遂退。放,叡之子也。

魏又遣将军元昭等众五万救涡阳,前军至驼涧,去涡阳四十里。陈庆之欲逆战,韦放以魏之前锋必皆轻锐,不如勿击,待其来至。庆之曰:"魏兵远来疲倦,去我既远,必不见疑,及其未集,须挫其气。诸军若疑,庆之请独取之。"于是帅麾下二百骑进击,破之,魏人惊骇。庆之乃还,与诸将连营而进,背涡阳城与魏军相持。自春至冬,数十百战,将士疲弊。闻魏人欲筑垒于军后,曹仲宗等恐腹背受敌,议引军还。庆之杖节军门曰:"共来至此,涉历一岁,糜费极多。今诸君皆无斗心,唯谋退缩,岂是欲立功名,直聚为抄暴耳。吾闻置兵死地,乃可求生,须虏大合,然后与战。审欲班师,庆之别有密敕,今日犯者,当依敕行之。"仲宗等乃止。

魏人作十三城,欲以控制梁军。庆之衔枚夜出,陷其四城,涡阳城主王纬乞降。韦放简遣降者三十余人分报魏诸营,陈庆之陈其俘馘,鼓噪随之,魏九城皆溃,追击之,俘斩略尽,尸咽涡水,所降城中男女三万余口。

萧宝寅之败于泾州也,或劝之归罪洛阳,或曰不若留关中立功自效。行台都令史河间冯景曰:"拥兵不还,此罪将大。"宝寅不从,自念出师累年,縻费不赀,一旦覆败,内不自安。魏朝亦疑之。

中尉郦道元,素名严猛,司州牧汝南王悦嬖人丘念,弄权纵恣,道元收念付狱。悦请之于胡太后,太后敕赦之,道元杀之,并以劾悦。

时宝寅反状已露,悦乃奏以道元为关右大使。宝寅闻之,谓为取己,甚惧,长安轻薄子弟复劝使举兵。宝寅以问河东柳楷,楷曰:"大王齐明帝子,天下所属,今日之举,实允人望。且谣言'鸾生十子九子鷇,一子不鷇关中乱'。乱者治也,大王当治关中,何所疑!"道元至阴盘驿,宝寅遣其将郭子恢攻杀之,收殡其尸,表言白贼所害。又上表自理,称为杨椿父子所谮。

宝寅行台郎中武功苏湛,卧病在家,宝寅令湛从母弟开府属天水姜俭说湛曰:"元略受萧衍旨,欲见剿除,道元之来,事不可测。吾不能坐受死亡,今须为身计,不复作魏臣矣。死生荣辱,与卿共之。"湛闻之,举声大哭。俭遽止之,曰:"何得便尔?"湛曰:"我百口今屠灭,云何不哭!"哭数十声,徐谓俭曰:"为我白齐王,王本以穷鸟投人,赖朝廷假王羽翼,荣宠至此。属国步多虞,不能竭忠报德,乃欲乘人间隙,信惑行路无识之语,欲以嬴败之兵,守关问鼎。今魏德虽衰,天命未改,且王之恩义,未洽于民,但见其败,未见有成。苏湛不能以百口为王族灭。"宝寅复使谓曰:"我救死不得不尔。所以不先相白者,恐沮吾计耳。"湛曰:"凡谋大事,当得天下奇才与之从事。今但与长安博徒谋之,此有成理不?湛恐荆棘必生于斋阁。愿赐骸骨还乡里,庶得病死,下见先人。"宝寅素重湛,且知其不为己用,听还武功。

甲寅,宝寅自称齐帝,改元隆绪,赦其所部,置百官。都督长史毛遐,鸿宾之兄也,与鸿宾帅氐、羌起兵于马祇栅以拒宝寅。宝寅遣大将军卢祖迁击之,为遐所杀。宝寅方祀南郊,行即位礼未毕,闻败,色变,不暇整部伍,狼狈而归。以姜俭为尚书左丞,委以心腹。文安周惠达为宝寅使,在洛阳,有司欲收之,惠达逃归长安。宝寅以惠达为光禄勋。

丹杨王萧赞闻宝寅反,惧而出走,趣白鹿山,至河桥,为人所获,魏主知其不预谋,释而慰之。行台郎封伟伯等与关中豪桀谋举兵诛宝寅,事泄而死。

魏以尚书仆射长孙稚为行台以讨宝寅。

正平民薛凤贤反,宗人薛脩义亦聚众河东,分据盐池,攻围蒲坂,东西连结以应宝寅。诏都督宗正珍孙讨之。

十一月,丁卯,以护军萧渊藻为北讨都督,镇涡阳。戊辰,以涡阳置西徐州。

葛荣围魏信都,自春及冬,冀州刺史元孚帅励将士,昼夜拒守,粮储既竭,外无救援。己丑,城陷,荣执孚,逐出居民,冻死者什六七。孚兄祐为防城都督,荣大集将士,议其生死。孚兄弟各自引咎,争相为死,都督潘绍等数百人,皆叩头请就法以活使君。荣曰:"此皆魏之忠臣义士。"于是同禁者五百人皆得免。

魏以源子邕为冀州刺史,将兵讨荣;裴衍表请同行,诏许之。子邕上言:"衍行,臣请留;臣行,请留衍。若逼使同行,败在旦夕。"不许。十二月,戊申,行至阳平东北漳水曲,荣帅众十万击之,子邕、衍俱败死。

相州吏民闻冀州已陷,子邕等败,人不自保。相州刺史恒农李神志气自若,抚勉将士,大小致力,葛荣尽锐攻之,卒不能克。

秦州民骆超杀杜粲,请降于魏。

资治通鉴卷第一百五十二

端明殿学士兼翰林侍读学士朝散大夫右谏议大夫充集贤殿修撰提举西京嵩山崇福宫上柱国河内郡开国侯食邑一千八百户食实封六百户赐紫金鱼袋臣　司马光　奉敕编集

梁纪八 著雍涒滩（戊申），一年。

高祖武皇帝八

大通二年（戊申、528）

春，正月，癸亥，魏以北海王颢为骠骑大将军、开府仪同三司、相州刺史。

魏北道行台杨津守定州城，居鲜于脩礼、杜洛周之间，迭来攻围，津蓄薪粮，治器械，随机拒击，贼不能克。津潜使人以铁券说贼党，贼党有应津者，遗津书曰："贼所以围城，正为取北人耳。城中北人，宜尽杀之，不然，必为患。"津悉收北人内子城中而不杀，众无不感其仁。

及葛荣代脩礼统众，使人说津，许以为司徒，津斩其使，固守三年。杜洛周围之，魏不能救。津遣其子遁突围出，诣柔然头兵可汗求救。遁日夜泣请，头兵遣其从祖吐豆发帅精骑一万南出，前锋至广昌，贼塞隘口，柔然遂还。乙丑，津长史李裔引贼入，执津，欲烹之，既而舍之。瀛州刺史元宁以城降洛周。

乙丑，魏潘嫔生女，胡太后诈言皇子。丙寅，大赦，改元武泰。

萧宝寅围冯翊，未下，长孙稚军至恒农，行台左丞杨侃谓稚曰："昔魏武与韩遂、马超据潼关相拒，遂、超之才，非魏武敌也，然而胜负久不决者，扼其险要故也。今贼守御已固，虽魏武复生，无以施其智勇。不如北取蒲反，渡河而西，入其腹心，置兵死地，则华州之围不战自解，潼关之守必内顾而走，支节既解，长安可坐取也。若愚计可取，愿为明公前驱。"稚曰："子之计则善矣。然今薛脩义围河东，薛凤贤据安邑，宗正珍孙守虞坂不得进，如何可往？"侃曰："珍孙行陈一夫，因缘为将，可为人使，安能使人！河东治在蒲反，西逼河湄，封疆多在郡东。脩义驱帅士民西围郡城，其父母妻子皆留旧村，一旦闻官军来至，皆有内顾之心，必望风自溃矣。"稚乃使其子彦与侃帅骑兵自恒农北渡，据石锥壁。侃声言："今且停此以待步兵，且观民情向背。命送降名者各自还村，俟台军举三烽，当亦举烽相应。其无应烽者，乃贼党也，当进击屠之，以所获赏军。"于是村民转相告语，虽实未降者亦诈举烽，一宿之间，火光遍数百里。贼围城者不测其故，各自散归，脩义亦逃还，与凤贤俱请降。丙子，稚克潼关，遂入河东。

会有诏废盐池税,稚上表以为:"盐池天产之货,密迩京畿,唯应宝而守之,均赡以理。今四方多虞,府藏罄竭,冀、定扰攘,常调之绢不复可收,唯仰府库,有出无入。略论盐税,一年之中,准绢而言,不减三十万匹,乃是移冀、定二州置于畿甸。今若废之,事同再失。臣前仰违严旨,(而)〔不〕先讨关贼,径解河东者,非缓长安而急蒲反,一失盐池,三军乏食。天助大魏,兹计不爽。昔高祖昇平之年,无所乏少,犹创置盐官而加典护,非与物竞利,恐由利而乱俗也。况今国用不足,租征六年之粟,调折来岁之资,此皆夺人私财,事不获已。臣辄符同监将、尉还帅所部,依常收税,更听后敕。"

萧宝寅遣其将侯终德击毛遐。会郭子恢等屡为魏军所败,终德因其势挫,还军袭宝寅。至白门,宝寅始觉,丁丑,与终德战,败,携其妻南阳公主及其少子帅麾下百余骑自后门出,奔万俟丑奴。丑奴以宝寅为太傅。

二月,魏以长孙稚为车骑大将军、开府仪同三司、雍州刺史、尚书仆射、西道行台。

群盗李洪攻烧巩西阙口以东,南结诸蛮,魏都督李神轨、武卫将军费穆讨之。穆败洪于阙口南,遂平之。

葛荣击杜洛周,杀之,并其众。

魏灵太后再临朝以来,嬖幸用事,政事纵弛,威恩不立,盗贼蜂起,封疆日蹙。魏肃宗年浸长,太后自以所为不谨,恐左右闻之于帝,凡帝所爱信者,太后辄以事去之,务为壅蔽,不使帝知外事。通直散骑常侍昌黎谷士恢有宠于帝,使领左右,太后屡讽之,欲用为州,士恢怀宠,不愿出外,太后乃诬以罪而杀之。有蜜多道人,能胡语,帝常置左右,太后使人杀之于城南而诈悬赏购贼。由是母子之间,嫌隙日深。

是时,车骑将军、仪同三司、并、肆、汾、广、恒、云六州讨虏大都督尔朱荣兵势强盛,魏朝惮之。高欢、段荣、尉景、蔡儁先在杜洛周党中,欲图洛周,不果,逃奔葛荣,又亡归尔朱荣。刘贵先在尔朱荣所,屡荐欢于荣,荣见其憔悴,未之奇也。欢从荣之马厩,厩有悍马,荣命欢剪之,欢不加羁绊而剪之,竟不蹄啮,起,谓荣曰:"御恶人亦犹是矣。"荣奇其言,坐欢于床下,屏左右,访以时事。欢曰:"闻公有马十二谷,色别为群,畜此竟何用也?"荣曰:"但言尔意。"欢曰:"今天子暗弱,太后淫乱,嬖孽擅命,朝政不行。以明公雄武,乘时奋发,讨郑俨、徐纥之罪以清帝侧,霸业可举鞭而成,此贺六浑之意也。"荣大悦。语自日中至夜半乃出,自是每参军谋。

并州刺史元天穆,孤之五世孙也,与荣善,荣兄事之。荣常与天穆及帐下都督贺拔岳密谋,欲举兵入洛,内诛嬖幸,外清群盗,二人皆劝成之。

荣上书，以"山东群盗方炽，冀、定覆没，官军屡败，请遣精骑三千东援相州"。太后疑之，报以"念生枭戮，宝寅就擒，丑奴请降，关、陇已定。费穆大破群蛮，绛蜀渐平。又，北海王颢帅众二万出镇相州，不须出兵。"荣复上书，以为："贼势虽衰，官军屡败，人情危怯，恐实难用。若不更思方略，无以万全。臣愚以为蠕蠕主阿那瓌荷国厚恩，未应忘报。宜遣发兵，东趣下口，以蹑其背；北海之军，严加警备，以当其前。臣麾下虽少，辄尽力命，自井陉以北，滏口以西，分据险要，攻其肘腋。葛荣虽并洛周，威恩未著，人类差异，形势可分。"遂勒兵，召集义勇，北捍马邑，东塞井陉。徐纥说太后以铁券间荣左右，荣闻而恨之。

魏肃宗亦恶俨、纥等，逼于太后，不能去，密诏荣举兵内向，欲以胁太后。荣以高欢为前锋，行至上党，帝复以私诏止之。俨、纥祸及己，阴与太后谋鸩帝。癸丑，帝暴殂。甲寅，太后立皇女为帝，大赦。既而下诏称："潘充华本实生女，故临洮王宝晖世子钊，体自高祖，宜膺大宝。百官文武加二阶，宿卫加三阶。"乙卯，钊即位。钊始生三岁，太后欲久专政，故贪其幼而立之。

尔朱荣闻之，大怒，谓元天穆曰："主上晏驾，春秋十九，海内犹谓之幼君。况今奉未言之儿以临天下，欲求治安，其可得乎！吾欲帅铁骑赴哀山陵，剪诛奸佞，更立长君，何如？"天穆曰："此伊、霍复见于今矣。"乃抗表称："大行皇帝背弃万方，海内咸称鸩毒致祸。岂有天子不豫，初不召医，贵戚大臣皆不侍侧，安得不使远近怪愕！又以皇女为储两，虚行赦宥，上欺天地，下惑朝野。已乃选君于孩提之中，实使奸竖专朝，隳乱纲纪，此何异掩目捕雀，塞耳盗钟！今群盗沸腾，邻敌窥觎，而欲以未言之儿镇安天下，不亦难乎！愿听臣赴阙，参预大议，问侍臣帝崩之由，访禁卫不知之状，以徐、郑之徒付之司败，雪同天之耻，谢远近之怨。然后更择宗亲，以承宝祚。"荣从弟世隆，时为直阁，太后遣诣晋阳慰谕荣，荣欲留之。世隆曰："朝廷疑兄，故遣世隆来，今留世隆，使朝廷得预为之备，非计也。"乃遣之。

三月，癸未，葛荣陷魏沧州，执刺史薛庆之，居民死者什八九。

乙酉，魏葬孝明皇帝于定陵，庙号肃宗。

尔朱荣与元天穆议，以彭城武宣王有忠勋，其子长乐王子攸，素有令望，欲立之。又遣从子天光及亲信奚毅、仓头王相入洛，与尔朱世隆密议。天光见子攸，具论荣心，子攸许之。天光等还晋阳，荣犹疑之，乃以铜为显祖诸子孙各铸像，唯长乐王像成。荣乃起兵发晋阳，世隆逃出，会荣于上党。灵太后闻之，甚惧，悉召王公等入议，宗室大臣皆疾太后所为，莫肯致言。徐纥独曰："尔朱荣小胡，敢称兵向阙，文武宿卫足以制之。但守险要，以逸待劳，彼悬军千里，士马疲弊，破之必矣。"太后以为然，以黄门侍郎李神轨为大都督，帅众拒之，别将郑季明、郑先护将兵守河桥,武卫将军费穆屯小平津。先护,俨之从祖兄弟也。

荣至河内,复遣王相密至洛,迎长乐王子攸。夏,四月,丙申,子攸与兄彭城王劭、弟霸城公子正潜自高渚渡河。丁酉,会荣于河阳,将士咸称万岁。戊戌,济河,子攸即帝位。以劭为无上王,子正为始平王。以荣为侍中、都督中外诸军事、大将军、尚书令、领军将军、领左右,封太原王。

郑先护素与敬宗善,闻帝即位,与郑季明开城纳之。李神轨至河桥,闻北中不守,即遁还,费穆弃众先降于荣。徐纥矫诏夜开殿门,取骅骝厩御马十匹,东奔兖州,郑俨亦走还乡里。太后尽召肃宗后宫,皆令出家,太后亦自落发。荣召百官迎车驾,己亥,百官奉玺绶,备法驾,迎敬宗于河桥。庚子,荣遣骑执太后及幼主,送至河阴。太后对荣多所陈说,荣拂衣而起,沉太后及幼主于河。

费穆密说荣曰:“公士马不出万人,今长驱向洛,前无横陈,既无战胜之威,群情素不厌服。以京师之众,百官之盛,知公虚实,有轻侮之心。若不大行诛罚,更树亲党,恐公还北之日,未度太行而内变作矣。”荣心然之,谓所亲慕容绍宗曰:“洛中人士繁盛,骄侈成俗,不加芟剪,终难制驭。吾欲因百官出迎,悉诛之,何如?”绍宗曰:“太后荒淫失道,嬖幸弄权,淆乱四海,故明公兴义兵以清朝廷。今无故歼夷多士,不分忠佞,恐大失天下之望,非长策也。”荣不听,乃请帝循河西至淘渚,引百官于行宫西北,云欲祭天。百官既集,列胡骑围之,责以天下丧乱,肃宗暴崩,皆由朝臣贪虐,不能匡弼。因纵兵杀之,自丞相高阳王雍、司空元钦、仪同三司义阳王略以下,死者二千余人。前黄门郎王遵业兄弟居父丧,其母,敬宗之从母也,相帅出迎,俱死。遵业,慧龙之孙也,俊爽涉学,时人惜其才而讥其躁。有朝士百余人后至,荣复以胡骑围之,令曰:“有能为禅文者免死。”侍御史赵元则出应募,遂使为之。荣又令其军士言:“元氏既灭,尔朱氏兴。”皆称万岁。荣又遣数十人拔刀向行宫,帝与无上王劭、始平王子正俱出帐外。荣先遣并州人郭罗刹、西部高车叱列杀鬼侍帝侧,诈言防卫,抱帝入帐,余人即杀劭及子正。又遣数十人迁帝于河桥,置之幕下。

帝忧愤无计,使人谕旨于荣曰:“帝王迭兴,盛衰无常。今四方瓦解,将军奋袂而起,所向无前,此乃天意,非人力也。我本相投,志在全生,岂敢妄希天位,将军见逼,以至于此。若天命有归,将军宜时正尊号;若推而不居,存魏社稷,亦当更择亲贤而辅之。”时都督高欢劝荣称帝,左右多同之,荣疑未决。贺拔岳进曰:“将军首举义兵,志除奸逆,大勋未立,遽有此谋,正可速祸,未见其福。”荣乃自铸金为像,凡四铸,不成。功曹参军燕郡刘灵助善卜筮,荣信之,灵助言天时人事未可。荣曰:“若我不吉,当迎天穆立之。”灵助曰:“天穆亦不吉,唯长乐王有天命耳。”荣亦精神恍惚,不自支持,久而方寤,深自愧悔,曰:“过误若是,唯当以死谢朝廷。"贺拔岳请杀高欢以谢天下,左右皆曰:"欢虽复愚疏,言不思难,今四方多事,须藉武将,请舍之,收其后效。"荣乃止。夜四更,复迎帝还营,荣望马首叩头请死。

荣所从胡骑杀朝士既多,不敢入洛城,即欲向北为迁都之计。荣狐疑甚久,武卫将军汎礼固谏。辛丑,荣奉帝入城。帝御太极殿,下诏大赦,改元建义。从太原王将士,普加五阶,在京文官二阶,武官三阶,百姓复租役三年。时百官荡尽,存者皆窜匿不出,唯散骑常侍山伟一人拜赦于阙下。洛中士民草草,人怀异虑,或云荣欲纵兵大掠,或云欲迁都晋阳,富者弃宅,贫者襁负,率皆逃窜,什不存一二。直卫空虚,官守旷废。荣乃上书,称:"大兵交际,难可齐壹,诸王朝贵,横死者众,臣今粉躯不足塞咎,乞追赠亡者,微申私责。无上王请追尊为无上皇帝,自余死于河阴者,诸王赠三司,三品赠令、仆,五品赠刺史,七品已下及白民赠郡、镇。死者无后听继,即授封爵。又遣使者循城劳问。"诏从之。于是朝士稍出,人心粗安。封无上王之子韶为彭城王。

荣犹执迁都之议,帝亦不能违。都官尚书元谌争之,以为不可,荣怒曰:"何关君事,而固执也!且河阴之役,君应知之。"谌曰:"天下事当与天下论之,奈何以河阴之酷而恐元谌。谌,国之宗室,位居常伯,生既无益,死复何损!正使今日碎首流肠,亦无所惧!"荣大怒,欲抵谌罪,尔朱世隆固谏,乃止。见者莫不震悚,谌颜色自若。后数日,帝与荣登高,见宫阙壮丽,列树成行,乃叹曰:"臣昨愚暗,有北迁之意,今见皇居之盛,熟思元尚书言,深不可夺。"由是罢迁都之议。谌,谧之兄也。

癸卯,以江阳王继为太师,北海王颢为太傅;光禄大夫李延寔为太保,赐爵濮阳王;并州刺史元天穆为太尉,赐爵上党王;前侍中杨椿为司徒;车骑大将军穆绍为司空,领尚书令,进爵顿丘王;雍州刺史长孙稚为骠骑大将军、开府仪同三司,赐爵冯翊王;殿中尚书元谌为尚书右仆射,赐爵魏郡王;金紫光禄大夫广陵王恭加仪同三司。其余起家暴贵者,不可胜数。延寔,冲之子也,以帝舅故得超拜。

徐纥弟献伯为北海太守,季产为青州长史,纥使人告之,皆将家属逃去,与纥俱奔泰山。郑俨与从兄荥阳太守仲明谋据郡起兵,为部下所杀。

丁未,诏内外解严。

魏郢州刺史元愿达请降,诏郢州刺史元树迎之,夏侯夔亦自楚城往会之,遂留镇焉。改魏郢州为北司州,以夔为刺史,兼督司州。夔进攻毛城,逼新蔡。豫州刺史夏侯亶围南顿,攻陈项。魏行台源子恭拒之。

庚戌,魏赐尔朱荣子又罗爵梁郡王。

柔然头兵可汗数入贡于魏,魏诏头兵赞拜不名,上书不称臣。

魏汝南王悦及东道行台临淮王彧闻河阴之乱,皆来奔。先是,魏人降者皆称魏官为伪,彧表启独称魏临淮王,上亦体其雅素,不之责。魏北海王颢将之相州,至汲郡,闻葛荣南侵及尔朱纵暴,阴为自安之计,盘桓不进,以其舅殷州刺史范遵行相州事,代前刺史李神守邺。行台甄密知颢有异志,相帅废遵,复推李神摄州事,遣兵迎颢,且察其变。颢闻之,帅左右来奔。密,琛之从父弟也。北青州刺史元世俊、南荆州刺史李志皆举州来降。

五月,丁巳朔,魏加尔朱荣北道大行台。以尚书右仆射元罗为东道大使,光禄勋元欣副之,巡方黜陟,先行后闻。欣,羽之子也。

尔朱荣入见魏主于明光殿,重谢河桥之事,誓言无复贰心。帝自起止之,因复为荣誓,言无疑心。荣喜,因求酒饮之,熟醉,帝欲诛之,左右苦谏,乃止。即以床舆向中常侍省。荣夜半方寤,遂达旦不眠,自此不复禁中宿矣。

荣女先为肃宗嫔,荣欲敬宗立以为后,帝疑未决。给事黄门侍郎祖莹曰:"昔文公在秦,怀嬴入侍。事有反经合义,陛下独何疑焉?"帝遂从之,荣意甚悦。

荣举止轻脱,喜驰射,每入朝见,更无所为,唯戏上下马。于西林园宴射,恒请皇后出观,并召王公、妃主共在一堂。每见天子射中,辄自起舞叫,将相卿士悉皆盘旋,乃至妃主亦不免随之举袂。及酒酣耳热,必自匡坐唱虏歌,日暮罢归,与左右连手蹋地唱《回波乐》而出。性甚严暴,喜愠无恒,刀槊弓矢,不离于手,每有瞋嫌,即行击射,左右恒有死忧。尝见沙弥重骑一马,荣即令相触,力穷不复能动,遂使旁人以头相击,死而后已。

辛酉,荣还晋阳,帝饯之于邙阴。荣令元天穆入洛阳,加天穆侍中、录尚书事、京畿大都督兼领军将军,以行台郎中桑乾朱瑞为黄门侍郎兼中书舍人,朝廷要官,悉用其腹心为之。

丙寅,魏主诏:"孝昌以来,凡有冤抑无诉者,悉集华林东门,当亲理之。"时承丧乱之后,仓廪虚竭,始诏"入粟八千石者赐爵散侯,白民输五百石者赐出身,沙门授本州统及郡县维那"。

尔朱荣之趣洛也,遣其都督樊子鹄取唐州,唐州刺史崔元珍、行台郦恽拒守不从。乙亥,子鹄拔平阳,斩元珍及恽。元珍,挺之从父弟也。

将军曹义宗围魏荆州,堰水灌城,不没者数板。时魏方多难,不能救,城中粮尽,刺史王罴煮粥与将士均分食之,每出战,不擐甲胄,仰天大呼曰:"荆州城,孝文皇帝所置,天若不祐国家,令箭中王罴额;不尔,王罴必当破贼。"弥历三年,前后搏战甚众,亦不被伤。癸未,魏以中军将军费穆都督南征诸军事,将兵救之。

魏临淮王彧闻魏主定位,乃以母老求还,辞情恳至。上惜其才而不能违,六月,丁亥,遣彧还。魏以彧为侍中、骠骑大将军,加仪同三司。

魏员外散骑常侍高乾,祐之从子也,与弟敖曹、季式皆喜轻侠,与魏主有旧。尔朱荣之向洛也,逃奔齐州,闻河阴之乱,遂集流民起兵于河、济之间,受葛荣官爵,频破州军。魏主使元欣谕旨,乾等乃降。以乾为给事黄门侍郎兼武卫将军,敖曹为通直散骑侍郎。荣以乾兄弟前为叛乱,不应复居近要,魏主乃听解官归乡里。敖曹复行抄掠,荣诱执之,与薛脩义同拘于晋阳。敖曹名昂,以字行。

葛荣军乏食,遣其仆射任褒帅兵南掠至沁水,魏以元天穆为大都督东北道诸军事,帅宗正珍孙等讨之。前幽州平北府主簿河间邢杲帅河北流民十万余户反于青州之北海,自称汉王,改元天统。戊申,魏以征东将军李叔仁为车骑大将军、仪同三司,帅众讨之。辛亥,魏主诏曰:"朕当亲御六戎,扫静燕、代。"以大将军尔朱荣为左军,上党王天穆为前军,司徒杨椿为右军,司空穆绍为后军。葛荣退屯相州之北。

秋,七月,乙丑,魏加尔朱荣柱国大将军、录尚书事。

壬子,魏光州民刘举聚众反于濮阳,自称皇武大将军。

是月,万俟丑奴自称天子,置百官。会波斯国献师子于魏,丑奴留之,改元神兽。

魏泰山太守羊侃,以其祖规尝为宋高祖祭酒从事,常有南归之志。徐纥往依之,因劝侃起兵,侃从之。兖州刺史羊敦,侃之从兄也,密知之,据州拒侃。八月,侃引兵袭敦,弗克,筑十余城守之,且遣使来降,诏广晋县侯泰山羊鸦仁等将兵应接。魏以侃为骠骑大将军、泰山公、兖州刺史,侃斩其使者不受。

将军王弇侵魏徐州,番郡民续灵珍拥众万人攻番城以应梁。魏徐州刺史杨昱击灵珍,斩之,弇引还。

甲辰,魏大都督宗正珍孙击刘举于濮阳,灭之。

葛荣引兵围邺,众号百万,游兵已过汲郡,所至残掠,尔朱荣启求讨之。九月,尔朱荣召从子肆州刺史天光留镇晋阳,曰:"我身不得至处,非汝无以称我心。"自帅精骑七千,马皆有副,倍道兼行,东出滏口,以侯景为前驱。葛荣为盗日久,横行河北,尔朱荣众寡非敌,议者谓无取胜之理。葛荣闻之,喜见于色,令其众曰:"此易与耳,诸人俱办长绳,至则缚取。"自邺以北,列陈数十里,箕张而进。尔朱荣潜军山谷为奇兵,分督将士上三人为一处,处有数百骑,令所在扬尘鼓噪,使贼不测多少。又以人马逼战,刀不如棒,勒军士赍袖棒一枚,置于马侧,至战时虑废腾逐,不听斩级,以棒棒之而已。分命壮勇所向冲突,号令严明,战士同奋。尔朱荣身自陷陈,出于贼后,表里合击,大破之,于陈擒葛荣,余众悉降。以贼徒既众,若即分割,恐其疑惧,或更结聚,乃下令各从所乐,亲属相随,任所居止。于是群情大喜,登即四散,数十万众一朝散尽。待出百里之外,乃始分道押领,随便安置,咸得其宜。擢其渠帅,量才授任,新附者咸安,时人服其处分机速。以槛车送葛荣赴洛,冀、定、沧、瀛、殷五州皆平。时上党王天穆军于朝歌之南,穆绍、杨椿犹未发,而葛荣已灭,乃皆罢兵。

初,宇文肱从鲜于脩礼攻定州,战死于唐河。其子泰在脩礼军中,脩礼死,从葛荣。葛荣败,尔朱荣爱泰之才,以为统军。

乙亥,魏大赦,改元永安。辛巳,以尔朱荣为大丞相、都督河北畿外诸军事,荣子平昌公文殊、昌乐公文畅并进爵为王,以杨椿为太保,城阳王徽为司徒。

冬,十月,丁亥,葛荣至洛,魏主御阊阖门引见,斩于都市。

帝以魏北海王颢为魏王,遣东宫直阁将军陈庆之将兵送之还北。

丙申,魏以太原王世子尔朱菩提为骠骑大将军、开府仪同三司。丁酉,以长乐等七郡各万户,通前十万户,为太原王荣国。戊戌,又加荣太师。皆赏擒葛荣之功也。

壬子,魏江阳武烈王继卒。

魏使征虏将军韩子熙招谕邢杲,杲诈降而复反。李叔仁击杲于(惟)〔潍〕水,失利而还。

魏费穆奄至荆州,曹义宗军败,为魏所擒,荆州之围始解。

元颢取魏铚城而据之。

魏行台尚书左仆射于晖等兵数十万,击羊侃于瑕丘。徐纥恐事不济,说侃请乞师于梁,侃信之,纥遂来奔。晖等围侃十余重,栅中矢尽,南军不进。十一月,癸亥夜,侃溃围出,且战且行,一日一夜乃出魏境。至渣口,众尚万余人,马二千匹。士卒皆竟夜悲歌,侃乃谢曰:"卿等怀土,理不能见随,幸适去留,于此为别。"各拜辞而去。魏复取泰山。晖,劲之子也。

戊寅,魏以上党王天穆为大将军、开府仪同三司,世袭并州刺史。

十二月,庚子,魏诏于晖还师讨邢杲。

葛荣余党韩楼复据幽州反,北边被其患。尔朱荣以抚军将军贺拔胜为大都督,镇中山,楼畏胜威名,不敢南出。

资治通鉴卷第一百五十三

端明殿学士兼翰林侍读学士朝散大夫右谏议大夫充集贤殿修撰提举西京嵩山崇福宫上柱国河内郡开国侯食邑一千八百户食实封六百户赐紫金鱼袋臣　司马光　奉敕编集

梁纪九 屠维作噩（己酉），一年。

高祖武皇帝九

中大通元年（己酉、529）

春，正月，甲寅，魏于晖所部都督彭乐帅二千余骑叛，奔韩楼，晖引还。

辛酉，上祀南郊，大赦。

甲子，魏汝南王悦求还国，许之。

辛巳，上祀明堂。

二月，甲午，魏主尊彭城武宣王为文穆皇帝，庙号肃祖，母李妃为文穆皇后。将迁神主于太庙，以高祖为伯考，大司马兼录尚书临淮王彧表谏，以为："汉高祖立太上皇庙于香街，光武祀南顿君于春陵。元帝之于光武，已疏绝服，犹身奉子道，入继大宗。高祖德洽寰中，道超无外，肃祖虽勋格宇宙，犹北面为臣。又，二后皆将配享，乃是君臣并筵，嫂叔同室，窃谓不可。"吏部尚书李神儁亦谏，不听，彧又请去"帝"著"皇"，亦不听。

诏更定二百四十号将军为四十四班。

壬寅，魏诏济阴王晖业兼行台尚书，都督丘大千等镇梁国。晖业，小新成之曾孙也。

三月，壬戌，魏诏上党王天穆讨邢杲，以费穆为前锋大都督。

夏，四月，癸未，魏迁肃祖及文穆皇后神主于太庙，又追尊彭城王劭为孝宣皇帝。临淮王彧谏曰："兹事古所未有，陛下作而不法，后世何观？"弗听。

魏元天穆将击邢杲，以北海王颢方入寇，集文武议之。众皆曰："杲众强盛，宜以为先。"行台尚书薛琡曰："邢杲兵众虽多，鼠窃狗偷，非有远志。颢帝室近亲，来称义举，其势难测，宜先去之。"天穆以诸将多欲击杲，又魏朝亦以颢为孤弱不足虑，命天穆等先定齐地，还师击颢，遂引兵东出。颢与陈庆之乘虚自铚城进拔蒙城，遂至梁国。魏丘大千有众七万，分筑九城以拒之。庆之攻之，自旦至申，拔其三垒，大千请降。颢登坛燔燎，即帝位于睢阳城南，改元孝基。济阴王晖业帅羽林兵二万军考城，庆之攻拔其城，擒晖业。

辛丑,魏上党王天穆及尔朱兆破邢杲于济南,杲降,送洛阳,斩之。兆,荣之从子也。

五月,丁巳,魏以东南道大都督杨昱镇荥阳,尚书仆射尔朱世隆镇虎牢,侍中尔朱世承镇崿岅。乙丑,内外戒严。

戊辰,北海王颢克梁国。颢以陈庆之为卫将军、徐州刺史,引兵而西。杨昱拥众七万,据荥阳,庆之攻之,未拔,颢遣人说昱使降,昱不从。元天穆与骠骑将军尔朱吐没儿将大军前后继至,梁士卒皆恐,庆之解鞍秣马,谕将士曰:"吾至此以来,屠城略地,实为不少;君等杀人父兄,掠人子女,亦无算矣。天穆之众,皆是仇雠。我辈众才七千,虏众三十余万,今日之事,唯有必死乃可得生耳。虏骑多,不可与之野战,当及其未尽至,急攻取其城而据之。诸君勿或狐疑,自取屠脍。"乃鼓之,使登城,将士即相帅蚁附而入,癸酉,拔荥阳,执杨昱。诸将三百余人伏颢帐前请曰:"陛下渡江三千里,无遗镞之费,昨荥阳城下一朝杀伤五百余人,愿乞杨昱以快众意。"颢曰:"我在江东闻梁主言,初举兵下都,袁昂为吴郡不降,每称其忠节。杨昱忠臣,奈何杀之!此外唯卿等所取。"于是斩昱所部统帅三十七人,皆剖其心而食之。俄而天穆等引兵围城,庆之帅骑三千背城力战,大破之,天穆、吐没儿皆走。庆之进击虎牢,尔朱世隆弃城走,获魏东中郎将辛纂。

魏主将出避颢,未知所之,或劝之长安,中书舍人高道穆曰:"关中荒残,何可复往。颢士众不多,乘虚深入,由将帅不得其人,故能至此。陛下若亲帅宿卫,高募重赏,背城一战,臣等竭其死力,破颢孤军必矣。或恐胜负难期,则车驾不若渡河,征大将军天穆、大丞相荣各使引兵来会,掎角进讨,旬月之间,必见成功。此万全之策也。"魏主从之。甲戌,魏主北行,夜,至河内郡北,命高道穆于烛下作诏书数十纸,布告远近,于是四方始知魏主所在。乙亥,魏主入河内。

临淮王彧、安丰王延明,帅百僚,封府库,备法驾迎颢。丙子,颢入洛阳宫,改元建武,大赦。以陈庆之为侍中、车骑大将军,增邑万户。杨椿在洛阳,椿弟顺为冀州刺史,兄子侃为北中郎将,从魏主在河北。颢意忌椿,而以其家世显重,恐失人望,未敢诛也。或劝椿出亡,椿曰:"吾内外百口,何所逃匿? 正当坐待天命耳。"

颢后军都督侯暄守睢阳为后援,魏行台崔孝芬、大都督刁宣驰往围暄,昼夜急攻,戊寅,暄突走,擒斩之。

上党天王穆等帅众四万攻拔大梁,分遣费穆将兵二万攻虎牢,颢使陈庆之击之。天穆畏颢,将北渡河,谓行台郎中济阴温子昇曰:"卿欲向洛,为随我北渡?"子昇曰:"主上以虎牢失守,致此狼狈。元颢新入,人情未安,今往击之,无不克者。大王平定京邑,奉迎大驾,此桓、文之举也。舍此北渡,窃为大王惜之。"天穆善之而不能用,遂引兵渡河。费穆攻虎牢,将拔,闻天穆北渡,自以无后继,遂降于庆之。庆之进击大梁、梁国,皆下之。庆之以数千之众,自发铚县至洛阳,凡取三十二城,四十七战,所向皆克。

颢使黄门郎祖莹作书遗魏主曰:"朕泣请梁朝,誓在复耻,正欲问罪于尔朱,出卿于桎梏。卿托命豺狼,委身虎口,假获民地,本是荣物,固非卿有。今国家隆替,在卿与我。若天道助顺,则皇魏再兴;脱或不然,在荣为福,于卿为祸。卿宜三复,富贵可保。"

颢既入洛,自河以南州郡多附之。齐州刺史沛郡王欣集文武所从,议曰:"北海、长乐,俱帝室近亲,今宗祐不移,我欲受赦,诸君意何如?"在坐莫不失色。军司崔光韶独抗言曰:"元颢受制于梁,引寇仇之兵以覆宗国,此魏之贼臣乱子也。岂唯大王家事所宜切齿,下官等皆荷朝眷,未敢仰从。"长史崔景茂等皆曰:"军司议是。"欣乃斩颢使。光韶,亮之从父弟也。于是襄州刺史贾思同、广州刺史郑先护、南兖州刺史元暹亦不受颢命。思同,思伯之弟也。颢以冀州刺史元孚为东道行台、彭城郡王,孚封送其书于魏主。平阳王敬先起兵于河桥以讨颢,不克而死。

魏以侍中、车骑将军、尚书右仆射尔朱世隆为使持节、行台仆射、大将军、相州刺史,镇邺城。

魏主之出也,单骑而去,侍卫后宫皆案堵如故。颢一旦得之,号令己出,四方人情,想其风政。而颢自谓天授,遂有骄怠之志,宿昔宾客近习,咸见宠待,干扰政事,日夜纵酒,不恤军国,所从南兵,陵暴市里,朝野失望。高道穆兄子儒自洛阳出从魏主,魏主问洛中事,子儒曰:"颢败在旦夕,不足忧也。"

尔朱荣闻魏主北出,即时驰传见魏主于长子,行且部分。魏主即日南还,荣为前驱。旬日之间,兵众大集,资粮器仗,相继而至。

六月,壬午,魏大赦。

荣既南下,并、肆不安,乃以尔朱天光为并、肆等九州行台,仍行并州事。天光至晋阳,部分约勒,所部皆安。

己丑,费穆至洛阳,颢引入,责以河阴之事而杀之。颢使都督宗正珍孙与河内太守元袭据河内,尔朱荣攻之,上党王天穆引兵会之,壬寅,拔其城,斩珍孙及袭。

辛亥,魏淮阴太守晋鸿以湖阳来降。

闰月,己未,南康简王绩卒。

魏北海王颢既得志,密与临淮王彧、安丰王延明谋叛梁,以事难未平,藉陈庆之兵力,故外同内异,言多猜忌。庆之亦密为之备,说颢曰:"今远来至此,未服者尚多,彼若知吾虚实,连兵四合,将何以御之? 宜启天子,更请精兵,并敕诸州,有南人没此者,悉须部送。"颢欲从之,延明曰:"庆之之兵不出数千,已自难制,今更增其众,宁肯复为人用乎? 大权一去,动息由人,魏之宗庙,于斯坠矣。"颢乃不用庆之言。又虑庆之密启,乃表于上曰:"今河北、河南一时克定,唯尔朱荣尚敢跋扈,臣与庆之自能擒讨。州郡新服,正须绥抚,不宜更复加兵,摇动百姓。"上乃诏诸军继进者皆停于境上。

洛中南兵不满一万,而羌、胡之众十倍,军副马佛念谓庆之曰:"将军威行河、洛,声震中原,功高势重,为魏所疑,一旦变生不测,可无虑乎? 不若乘其无备,杀颢据洛,此千载一时也。"庆之不从。颢先以庆之为徐州刺史,因固求之镇,颢心惮之,不遣,曰:"主上以洛阳之地全相任委,忽闻舍此朝寄,欲往彭城,谓君遽取富贵,不为国计,非徒有损于君,恐仆并受其责。"庆之不敢复言。

尔朱荣与颢相持于河上。庆之守北中城,颢自据南岸,庆之三日十一战,杀伤甚众。有夏州义士为颢守河中渚,阴与荣通谋,求破桥立效,荣引兵赴之。及桥破,荣应接不逮,颢悉屠之,荣怅然失望。又以安丰王延明缘河固守,而北军无船可渡,议欲北去,更图后举。黄门郎杨侃曰:"大王发并州之日,已知夏州义士之谋指来应之邪? 为欲广施经略匡复帝室乎? 夫用兵者,何尝不散而更合,疮愈更战,况今未有所损,岂可以一事不谐,而众谋顿废乎! 今四方颙颙,视公此举。若未有所成,遽复引归,民情失望,各怀去就,胜负所在,未可知也。不若征发民材,多为桴筏,间以舟楫,缘河布列,数百里中,皆为渡势。首尾既远,使颢不知所防,一旦得渡,必立大功。"高道穆曰:"今乘舆飘荡,主忧臣辱。大王拥百万之众,辅天子而令诸侯,若分兵造筏,所在散渡,指掌可克。奈何舍之北归,使颢复得完聚,征兵天下。此所谓养虺成蛇,悔无及矣。"荣曰:"杨黄门已陈此策,当相与议之。"刘灵助言于荣曰:"不出十日,河南必平。"伏波将军正平杨㯹与其族居马渚,自言有小船数艘,求为乡导。戊辰,荣命车骑将军尔朱兆与大都督贺拔胜缚材为筏,自马渚西硖石夜渡,袭击颢子领军将军冠受,擒之。安丰王延明之众闻之,大溃。颢失据,帅麾下数百骑南走,陈庆之收步骑数千,结陈东还,颢所得诸城,一时复降于魏。尔朱荣自追陈庆之,会嵩高水涨,庆之军士死散略尽,乃削须发为沙门,间行出汝阴。还建康,犹以功除右卫将军,封永兴县侯。

中军大都督兼领军大将军杨津入宿殿中,扫洒宫庭,封闭府库,出迎魏主于北邙,流涕谢罪,帝慰劳之。庚午,帝入居华林园,大赦。以尔朱兆为车骑大将军、仪同三司,北来军士及随驾文武诸立义者加五级,河北报事之官及河南立义者加二级。壬申,加大丞相荣天柱大将军,增封通前二十万户。

北海王颢自辗辕南出至临颍,从骑分散,临颍县卒江丰斩之,癸酉,传首洛阳。临淮王彧复自归于魏主,安丰王延明携妻子来奔。

陈庆之之入洛也,萧赞送启求还。时吴淑媛尚在,上使以赞幼时衣寄之,信未达而庆之败。庆之自魏还,特重北人,朱异怪而问之,庆之曰:"吾始以为大江以北皆戎狄之乡,比至洛阳,乃知衣冠人物尽在中原,非江东所及也,奈何轻之?"

甲戌,魏以上党王天穆为太宰,城阳王徽为大司马兼太尉。乙亥,魏主宴劳尔朱荣、上党王天穆及北来督将于都亭,出宫人三百,缯锦杂彩数万匹,班赐有差,凡受元颢爵赏阶复者,悉追夺之。

秋,七月,辛巳,魏主始入宫。

以高道穆为御史中尉。帝姊寿阳公主行犯清路,赤棒卒呵之,不止,道穆令卒击破其车。公主泣诉于帝,帝曰:"高中尉清直之士,彼所行者公事,岂可以私责之也。"道穆见帝,帝曰:"家姊行路相犯,极以为愧。"道穆免冠谢,帝曰:"朕以愧卿,卿何谢也。"

于是魏多细钱,米斗几直一千,高道穆上表,以为:"在市铜价,八十一钱得铜一斤,私造薄钱,斤赢二百。既示之以深利,又随之以重刑,抵罪虽多,奸铸弥众。今钱徒有五铢之文,而无二铢之实,置之水上,殆欲不沉。此乃循环有渐,科防不切,朝廷失之,彼复何罪。宜改铸大钱,文载年号,以记其始,则一斤所成止七十钱。计私铸所费不能自润,直置无利,自应息心,况复严刑广设也。"金紫光禄大夫杨侃亦奏乞听民与官并铸五铢钱,使民乐为而弊自改。魏主从之,始铸永安五铢钱。

辛卯,魏以车骑将军杨津为司空。

初,魏以梁、益二州境土荒远,更立巴州以统诸獠,凡二十余万户,以巴酋严始欣为刺史。又立隆城镇,以始欣族子恺为镇将。始欣贪暴,孝昌初,诸獠反,围州城,行台魏子建抚谕之,乃散。始欣恐获罪,阴来请降,帝遣使以诏书、铁券、衣冠等赐之,为恺所获,以送子建。子建奏以隆城镇为南梁州,用恺为刺史,囚始欣于南郑。魏以唐永为东益州刺史代子建,以梁州刺史傅竖眼为行台。子建去东益而氐、蜀寻反,唐永弃城走,东益州遂没。

傅竖眼之初至梁州也,州人相贺,既而久病,不能亲政事。其子敬绍,奢淫贪暴,州人患之。严始欣重赂敬绍,得还巴州,遂举兵击严恺,灭之,以巴州来降,帝遣将军萧玩等将兵援之。傅敬绍见魏室方乱,阴有保据南郑之志,使其妻兄唐昆仑于外扇诱山民,相聚围城,欲为内应。围合而谋泄,城中将士共执敬绍,以白竖眼而杀之,竖眼耻恚而卒。

八月,己未,魏以太傅李延寔为司徒。甲戌,侍中、太保杨椿致仕。

九月,癸巳,上幸同泰寺,设四部无遮大会。上释御服,持法衣,行清净大舍,以便省为房,素床瓦器,乘小车,私人执役。甲子,升讲堂法座,为四部大众开《涅槃经》题。癸卯,群臣以钱一亿万祈白三宝,奉赎皇帝菩萨,僧众默许。乙巳,百辟诣寺东门,奉表请还临宸极,三请,乃许。上三答书,前后并称"顿首"。

魏尔朱荣使大都督尖山侯渊讨韩楼于蓟,配卒甚少,骑止七百。或以为言,荣曰:"侯渊临机设变,是其所长,若总大众,未必能用。今以此众击此贼,必能取之。"渊遂广张军声,多设供具,亲帅数百骑深入楼境。去蓟百余里,值贼帅陈周马步万余,渊潜伏以乘其背,大破之,虏其卒五千余人。寻还其马仗,纵令入城,左右谏曰:"既获贼众,何为复资遣之?"渊曰:"我兵既少,不可力战,须为奇计以离间之,乃可克也。"渊度其已至,遂帅骑夜进,昧旦,叩其城门。韩楼果疑降卒为渊内应,遂走,追擒之,幽州平。以渊为平州刺史,镇范阳。

先是,魏使征东将军刘灵助兼尚书左仆射,慰劳幽州流民于濮阳、顿丘,因帅流民北还。与侯渊共灭韩楼,仍以灵助行幽州事,加车骑将军,又为幽、平、营、安四州行台。

万俟丑奴攻魏东秦州,拔之,杀刺史高子朗。

冬,十月,己酉,上又设四部无遮大会,道、俗五万余人。会毕,上御金辂还宫,御太极殿,大赦,改元。

魏以前司空萧赞为司徒。

十一月,己卯,就德兴请降于魏,营州平。

丙午,魏以城阳王徽为太保,丹杨王萧赞为太尉,雍州刺史长孙稚为司徒。

十二月,辛亥,兖州刺史张景邕、荆州刺史李灵起、雄信将军萧进明叛,降魏。

以陈庆之为北兖州刺史。有妖贼僧强,自称天子,土豪蔡伯龙起兵应之,众至三万,攻陷北徐州,庆之讨斩之。

魏以岐州刺史王罴行南秦州事,罴诱捕州境群盗,悉诛之。

资治通鉴卷第一百五十四

端明殿学士兼翰林侍读学士朝散大夫右谏议大夫充集贤殿修撰提举西京嵩山崇福宫上柱国河内郡开国侯食邑一千八百户食实封六百户赐紫金鱼袋臣　司马光　奉敕编集

梁纪十 上章阉茂（庚戌），一年。

高祖武皇帝十

中大通二年（庚戌、530）

春，正月，己丑，魏益州刺史长孙寿、梁州刺史元俀等遣将击严始欣，斩之，萧玩等亦败死，失亡万余人。

辛亥，魏东徐州城民吕文欣等杀刺史元大宾，据城反，魏遣都官尚书平城樊子鹄等讨之。二月，甲寅，斩文欣。

万俟丑奴侵扰关中，魏尔朱荣遣武卫将军贺拔岳讨之。岳私谓其兄胜曰："丑奴，勍敌也。今攻之不胜，固有罪；胜之，谗嫉将生。"胜曰："然则奈何？"岳曰："愿得尔朱氏一人为帅而佐之。"胜为之言于荣，荣悦，以尔朱天光为使持节、都督二雍、二岐诸军事、骠骑大将军、雍州刺史，以岳为左大都督，又以征西将军代郡侯莫陈悦为右大都督，并为天光之副以讨之。

天光初行，唯配军士千人，发洛阳以西路次民马以给之。时赤水蜀贼断路，诏侍中杨侃先行慰谕，并税其马，蜀持疑不下。军至潼关，天光不敢进，岳曰："蜀贼鼠窃，公尚迟疑，若遇大敌，将何以战！"天光曰："今日之事，一以相委。"岳遂进击蜀于渭北，破之，获马二千匹，简其壮健以充军士，又税民马合万余匹。以军士尚少，淹留未进。荣怒，遣骑兵参军刘贵乘驿至军中责天光，杖之一百，以军士二千人益之。

三月，丑奴自将其众围岐州，遣其大行台尉迟菩萨、仆射万俟仵自武功南渡渭，攻围趣栅，天光使贺拔岳将千骑救之。菩萨等已拔栅而还，岳故杀掠其吏民以挑之，菩萨帅步骑二万至渭北。岳以轻骑数十自渭南与菩萨隔水而语，称扬国威，菩萨令省事传语，岳怒曰："我与菩萨语，卿何人也！"射杀之。明日，复引百余骑隔水与贼语，稍引而东，至水浅可涉之处，岳即驰马东出。贼以为走，乃弃步兵，轻骑南渡渭追岳。岳依横冈设伏兵以待之，贼半渡冈东，岳还兵击之，贼败走。岳下令，贼下马者勿杀，贼悉投马，俄获三千人，马亦无遗，遂擒菩萨。仍度渭北，降步卒万余，并收其辎重。丑奴闻之，弃岐州，北走安定，置栅于平亭。天光方自雍至岐,与岳合。

夏,四月,天光至汧、渭之间,停军牧马,宣言:"天时将热,未可行师,俟秋凉更图进止。"获丑奴觇候者,纵遣之。丑奴信之,散众耕于细川,使其太尉侯伏侯元进将兵五千,据险立栅,其余千人以下为栅者甚众。天光知其势分,晡时,密严诸军,相继俱发。黎明,围元进大栅,拔之,所得俘囚,一皆纵遣,诸栅闻之皆降。天光昼夜径进,抵安定城下,贼泾州刺史侯几长贵以城降。丑奴弃平亭走,欲趣高平,天光遣贺拔岳轻骑追之,丁卯,及于平凉。贼未成列,直阁代郡侯莫陈崇单骑入贼中,于马上生擒丑奴,因大呼,众皆披靡,无敢当者,后骑益集,贼众崩溃,遂大破之。天光进逼高平,城中执送萧宝寅以降。

壬申,以吐谷浑王佛辅为西秦、河二州刺史。

甲戌,魏以关中平,大赦。万俟丑奴、萧宝寅至洛阳,置闾阖门外都街之中,士女聚观凡三日。丹杨王萧赞表请宝寅之命,吏部尚书李神俊、黄门侍郎高道穆素与宝寅善,欲左右之,言于魏主曰:"宝寅叛逆,事在前朝。"会应诏王道习自外至,帝问道习在外所闻,对曰:"唯闻李尚书、高黄门与萧宝寅周款,并居得言之地,必能全之。且二人谓宝寅叛逆在前朝,宝寅为丑奴太傅,岂非陛下时邪? 贼臣不剪,法欲安施!"帝乃赐宝寅死于驼牛署,斩丑奴于都市。

六月,丁巳,帝复以魏汝南王悦为魏王。

戊寅,魏诏胡氏亲属受爵于朝者皆黜为民。

庚申,以魏降将范遵为安北将军、司州牧,从魏王悦北还。

万俟丑奴既败,自泾、豳以西至灵州,贼党皆降于魏,唯所署行台万俟道洛帅众六千逃入山中,不降。时高平大旱,尔朱天光以马乏草,退屯城东五十里,遣都督长孙邪利帅二百人行原州事以镇之。道洛潜与城民通谋,掩袭邪利,并其所部皆杀之。天光帅诸军赴之,道洛出战而败,帅其众西入牵屯山,据险自守。尔朱荣以天光失邪利,不获道洛,复遣使杖之一百,以诏书黜天光为抚军将军、雍州刺史,降爵为侯。

天光追击道洛于牵屯,道洛败走,入陇,归略阳贼帅王庆云。道洛骁果绝伦,庆云得之,甚喜,谓大事可济,遂称帝于水洛城,置百官,以道洛为大将军。

秋,七月,天光帅诸军入陇,至水洛城,庆云、道洛出战,天光射道洛中臂,失弓还走,拔其东城。贼并兵趣西城,城中无水,众渴乏,有降者言庆云、道洛欲突走。天光恐失之,乃遣人招谕庆云使早降,曰:"若未能自决,当听诸人今夜共议,明晨早报。"庆云等冀得少缓,因待夜突出,乃报曰:"请俟明日。"天光因使谓曰:"知须水,今相为小退,任取涧水饮之。"贼众悦,无复走心。天光密使军士多作木枪,各长七尺,昏后,绕城布列,要路加厚。又伏人枪中,备其冲突,兼令密缚长梯于城北。其夜，庆云、道洛果驰马突出，遇枪，马各伤倒，伏兵起，即时擒之。军士缘梯入城，余众皆出城南，遇枪而止，穷窘乞降。丙子，天光悉收其仗而坑之，死者万七千人，分其家口。于是三秦、河、渭、瓜、凉、鄯州皆降。

天光顿军略阳，诏复天光官爵，寻加侍中、仪同三司。以贺拔岳为泾州刺史，侯莫陈悦为渭州刺史。秦州城民谋杀刺史骆超，南秦州城民谋杀刺史辛显，超、显皆觉之，走归天光，天光遣兵讨平之。

步兵校尉宇文泰从贺拔岳入关，以功迁征西将军，行原州事。时关、陇雕弊，泰抚以恩信，民皆感悦，曰："早遇宇文使君，吾辈岂从乱乎！"

八月，庚戌，上饯魏王悦于德阳堂，遣兵送至境上。

魏尔朱荣虽居外藩，遥制朝政，树置亲党，布列魏主左右，伺察动静，大小必知。魏主虽受制于荣，然性勤政事，朝夕不倦，数亲览辞讼，理冤狱，荣闻之，不悦。帝又与吏部尚书李神儁议清治选部，荣尝关补曲阳县令，神儁以阶悬不奏，别更拟人。荣大怒，即遣所补者往夺其任。神儁惧而辞位，荣使尚书左仆射尔朱世隆摄选。荣启北人为河南诸州，帝未之许，太宰天穆入见面论，帝犹不许。天穆曰："天柱既有大功，为国宰相，若请普代天下官，恐陛下亦不得违之，如何启数人为州，遽不用也！"帝正色曰："天柱若不为人臣，朕亦须代；如其犹存臣节，无代天下百官之理。"荣闻之，大恚恨，曰："天子由谁得立？今乃不用我语！"

尔朱皇后性妒忌，屡致忿恚。帝遣尔朱世隆语以大理，后曰："天子由我家置立，今便如此；我父本即自作，今亦复决。"世隆曰："止自不为，若本自为之，臣今亦封王矣。"

帝既外逼于荣，内迫皇后，恒怏怏不以万乘为乐，唯幸寇盗未息，欲使与荣相持。及关、陇既定，告捷之日，乃不甚喜，谓尚书令997临淮王彧曰："即今天下便是无贼。"彧见帝色不悦，曰："臣恐贼平之后，方劳圣虑。"帝畏馀人怪之，还以它语乱之曰："然。抚宁荒馀，弥成不易。"荣见四方无事，奏称："参军许周劝臣取九锡，臣恶其言，已斥遣令去。"荣时望得殊礼，故以意讽朝廷。帝实不欲与之，因称叹其忠。

荣好猎，不舍寒暑，列围而进，令士卒必齐壹，虽遇险阻，不得违避，一鹿逸出，必数人坐死。有一卒见虎而走，荣谓曰："汝畏死邪！"即斩之。自是每猎，士卒如登战场。尝见虎在穷谷中，荣令十余人空手搏之，毋得损伤，死者数人，卒擒得之，以此为乐，其下甚苦。太宰天穆从容谓荣曰："大王勋业已盛，四方无事，唯宜修政养民，顺时蒐狩，何必盛夏驰逐，感伤和气？"荣攘袂曰："灵后女主，不能自正，推奉天子，乃人臣常节。葛荣之徒，本皆奴才，乘时作乱，譬如奴走，擒获即已。顷来受国大恩，未能混壹海内，何得遽言勋业！如闻朝士犹自宽纵，今秋欲与兄戒勒士马,校猎嵩高,令贪污朝贵,入围搏虎。仍出鲁阳,历三荆,悉拥生蛮,北填六镇。回军之际,扫平汾胡。明年简练精骑,分出江、淮,萧衍若降,乞万户侯;如其不降,以数千骑径度缚取。然后与兄奉天子,巡四方,乃可称勋耳。今不频猎,兵士懈怠,安可复用也。"

城阳王徽之妃,帝之舅女;侍中李彧,延寔之子,帝之姊婿也。徽、彧欲得权宠,恶荣为己害,日毁荣于帝,劝帝除之。帝惩河阴之难,恐荣终难保,由是密有图荣之意。侍中杨侃、尚书右仆射元罗亦预其谋。

会荣请入朝,欲视皇后娩乳。徽等劝帝因其入,刺杀之。唯胶东侯李侃晞、济阴王晖业言:"荣若来,必当有备,恐不可图。"又欲杀其党与,发兵拒之。帝疑未定,而洛阳人怀忧惧,中书侍郎邢子才之徒已避之东出。荣乃遍与朝士书,相任去留。中书舍人温子昇以书呈帝,帝恒望其不来,及见书,以荣必来,色甚不悦。子才名邵,以字行,峦之族弟也。时人多以字行者,旧史皆因之。

武卫将军奚毅,建义初往来通命,帝每期之甚重,然犹以荣所亲信,不敢与之言情。毅曰:"若必有变,臣宁死陛下,不能事契胡。"帝曰:"朕保天柱无异心,亦不忘卿忠款。"

尔朱世隆疑帝欲为变,乃为匿名书自榜其门云:"天子与杨侃、高道穆等为计,欲杀天柱。"取以呈荣。荣自恃其强,不以为意,手毁其书,唾地曰:"世隆无胆,谁敢生心!"荣妻(北)乡〔郡〕长公主亦劝荣不行,荣不从。

是月,荣将四五千骑发并州,时人皆言荣反,又云"天子必当图荣"。九月,荣至洛阳,帝即欲杀之,以太宰天穆在并州,恐为后患,故忍未发,并召天穆。有人告荣云:"帝欲图之。"荣即具奏,帝曰:"外人亦言王欲害我,岂可信之?"于是荣不自疑,每入谒帝,从人不过数十,又皆挺身不持兵仗。帝欲止,城阳王徽曰:"纵不反,亦何可耐,况不可保邪!"

先是,长星出中台,扫大角。恒州人高荣祖颇知天文,荣问之,对曰:"除旧布新之象也。"荣甚悦。荣至洛阳,行台郎中李显和曰:"天柱至,那无九锡,安须王自索也?亦是天子不见机。"都督郭罗察曰:"今年真可作禅文,何但九锡。"参军褚光曰:"人言并州城上有紫气,何虑天柱不应之。"荣下人皆陵侮帝左右,无所忌惮,故其事皆上闻。

奚毅又见帝,求间,帝即下明光殿与语,知其至诚,乃召城阳王徽及杨侃、李彧,告以毅语。荣小女适帝兄子陈留王宽,荣尝指之曰:"我终当得此婿力。"徽以白帝,曰:"荣虑陛下终为己患,脱有东宫,必贪立孩幼,若皇后不生太子,则立陈留耳。"帝梦手持刀自割落十指,恶之,告徽及杨侃。徽曰:"蝮蛇螫手,壮士解腕。割指亦其类,乃吉祥也。"

戊子，天穆至洛阳，帝出迎之。荣与天穆并从入西林园宴射，荣奏曰："近来侍官皆不习武，陛下宜将五百骑出猎，因省辞讼。"先是，奚毅言荣欲因猎挟天子移都，由是帝益疑之。

辛卯，帝召中书舍人温子昇，告以杀荣状，并问以杀董卓事，子昇具通本末。帝曰："王允若即赦凉州人，必不应至此。"良久，语子昇曰："朕之情理，卿所具知。死犹须为，况不必死，吾宁为高贵乡公死，不为常道乡公生！"帝谓杀荣、天穆，即赦其党，皆应不动。应诏王道习曰："尔朱世隆、司马子如、朱元龙特为荣所委任，具知天下虚实，谓不宜留。"徽及杨侃皆曰："若世隆不全，仲远、天光岂有来理？"帝亦以为然。徽曰："荣腰间常有刀，或能狼戾伤人，临事愿陛下起避之。"乃伏侃等十余人于明光殿东。其日，荣与天穆并入，坐食未讫，起出，侃等从东阶上殿，见荣、天穆已至中庭，事不果。

壬辰，帝忌日；癸巳，荣忌日。甲午，荣暂入，即诣陈留王家，饮酒极醉。遂言病动，频日不入。帝谋颇泄，世隆又以告荣，且劝其速发。荣轻帝，以为无能为，曰："何匆匆！"

预帝谋者皆惧，帝患之。城阳王徽曰："以生太子为辞，荣必入朝，因此毙之。"帝曰："后怀孕始九月，可乎？"徽曰："妇人不及期而产者多矣，彼必不疑。"帝从之。戊戌，帝伏兵于明光殿东序，声言皇子生，遣徽驰骑至荣第告之。荣方与上党王天穆博，徽脱荣帽，欢舞盘旋，兼殿内文武传声趣之，荣遂信之，与天穆俱入朝。帝闻荣来，不觉失色，中书舍人温子昇曰："陛下色变。"帝连索酒饮之。帝令子昇作赦文，既成，执以出，遇荣自外入，问："是何文书？"子昇颜色不变，曰："赦。"荣不取视而入。帝在东序下西向坐，荣、天穆在御榻西北南向坐。徽入，始一拜，荣见光禄少卿鲁安、典御李侃晞等抽刀从东户入，即起趋御座。帝先横刀膝下，遂手刃之。安等乱斫，荣与天穆同时俱死。荣子菩提及车骑将军尔朱阳睹等三十人从荣入宫，亦为伏兵所杀。帝得荣手板，上有数牒启，皆左右去留人名，非其腹心者悉在出限。帝曰："竖子若过今日，遂不可制。"于是内外喜噪，声满洛阳城，百僚入贺。帝登阊阖门，下诏大赦，遣武卫将军奚毅、前燕州刺史崔渊将兵镇北中。是夜，尔朱世隆奉（北）〔郡〕乡长公主帅荣部曲，焚西阳门，出屯河阴。

卫将军贺拔胜与荣党田怡等闻荣死，奔赴荣第。时宫殿门犹未加严防，怡等议即攻门，胜止之曰："天子既行大事，必当有备，吾等众少，何可轻尔！但得出城，更为它计。"怡乃止。及世隆走，胜遂不从，帝甚嘉之。朱瑞虽为荣所委，而善处朝廷之间，帝亦善遇之，故瑞从世隆走而中道逃还。

荣素厚金紫光禄大夫司马子如，荣死，子如自宫中突出，至荣第，弃家，随荣妻子走出城。世隆即欲还北，子如曰："兵不厌诈，今天下恟恟，唯强是视，当此之际,不可以弱示人。若亟北走,恐变生肘腋。不如分兵守河桥,还军向京师,出其不意,或可成功。假使不得所欲,亦足示有余力,使天下畏我之强,不敢叛散。"世隆从之。己亥,攻河桥,擒奚毅等,杀之,据北中城。魏朝大惧,遣前华阳太守段育慰谕之,世隆斩首以徇。

魏以雍州刺史尔朱天光为侍中、仪同三司,以司空杨津为都督并、肆等九州诸军事、骠骑大将军、并州刺史,兼尚书令、北道大行台,经略河、汾。

荣之入洛也,以高敖曹自随,禁于驼牛署。荣死,帝引见,劳勉之。兄乾自东冀州驰赴洛阳,帝以乾为河北大使,敖曹为直阁将军,使归,招集乡曲为表里形援。帝亲送之于河桥,举酒指水曰:"卿兄弟冀部豪杰,能令士卒致死,京城傥有变,可为朕河上一扬尘。"乾垂涕受诏,敖曹援剑起舞,誓以必死。

冬,十月,癸卯朔,世隆遣尔朱拂律归将胡骑一千,皆白服,来至郭下,索太原王尸。帝升大夏门望之,遣主书牛法尚谓之曰:"太原王立功不终,阴图衅逆,王法无亲,已正刑书。罪止荣身,馀皆不问。卿等若降,官爵如故。"拂律归曰:"臣等从太原王入朝,忽致冤酷,今不忍空归。愿得太原王尸,生死无恨。"因涕泣,哀不自胜,群胡皆恸哭,声振城邑。帝亦为之怆然,遣侍中朱瑞赍铁券赐世隆。世隆谓瑞曰:"太原王功格天地,赤心奉国,长乐不顾信誓,枉加屠害。今日两行铁字,何足可信?吾为太原王报仇,终无降理。"瑞还,白帝,帝即出库物置城西门外,募敢死之士以讨世隆,一日即得万人,与拂律归等战于郭外。拂律归等生长戎旅,洛阳之人不习战斗,屡战不克。甲辰,以前车骑大将军李叔仁为大都督,帅众讨世隆。

戊申,皇子生,大赦。以中书令魏兰根兼尚书左仆射,为河北行台,定、相、殷三州皆禀兰根节度。

尔朱氏兵犹在城下,帝集群臣博议,皆恇惧不知所出。通直散骑常侍李苗奋衣起曰:"今小贼唐突如此,朝廷有不测之危,正是忠臣烈士效节之日。臣虽不武,请以一旅之众,为陛下径断河桥。"城阳王徽、高道穆皆以为善,帝许之。乙卯,苗募人从马渚上流乘船夜下,去桥数里,纵火船焚河桥,倏忽而至。尔朱氏兵在南岸者,望之,争桥北度,俄而桥绝,溺死者甚众。苗将百许人泊于小渚以待南援,官军不至,尔朱氏就击之,左右皆尽,苗赴水死。帝伤惜之,赠车骑大将军、仪同三司,封河阳侯,谥曰忠烈。世隆亦收兵北遁。丙辰,诏行台源子恭将步骑一万出西道,杨昱将募士八千出东道以讨之,子恭仍镇太行丹谷,筑垒以防之。世隆至建州,刺史陆希质闭城拒守。世隆攻拔之,杀城中人无遗类,以肆其忿,唯希质走免。诏以前东荆州刺史元显恭为晋州刺史,兼尚书左仆射、西道行台。

魏东徐州刺史广牧斛斯椿素依附尔朱荣,荣死,椿惧,闻汝南王悦在境上,乃帅部众弃州归悦。悦授椿侍中、大将军、司空,封灵丘郡公,又为大行台前驱都督。

汾州刺史尔朱兆闻荣死,自汾州帅骑据晋阳,世隆至长子,兆来会之。壬申,共推太原太守、行并州事长广王晔即皇帝位,大赦,改元建明。晔,英之弟子也。以兆为大将军,进爵为王;世隆为尚书令,赐爵乐平王,加太傅、司州牧。又以荣从弟度律为太尉,赐爵常山王;世隆兄天柱大将军彦伯为侍中;徐州刺史仲远为车骑大将军,兼尚书左仆射、三徐州大行台。仲远亦起兵向洛阳。

尔朱天光之克平凉也,宿勤明达请降,既而复叛,北走,天光遣贺拔岳讨之,明达奔东夏。岳闻尔朱荣死,不复穷追,还泾州以待天光。天光与侯莫陈悦亦下陇,与岳谋引兵向洛。魏敬宗使朱瑞慰谕天光,天光与岳谋,欲令帝外奔而更立宗室,乃频启云:“臣实无异心,唯欲仰奉天颜,以申宗门之罪。”又使其下僚属启云:“天光密有异图,愿思胜算以防之。”

范阳太守卢文伟诱平州刺史侯渊出猎,闭门拒之。渊屯于郡南,为荣举哀,勒兵南向,进至中山,行台仆射魏兰根邀击之,为渊所败。

敬宗以城阳王徽兼大司马、录尚书事,总统内外。徽意谓荣既死,枝叶自应散落,及尔朱世隆等兵四起,党众日盛,徽忧怖,不知所出。性多忌嫉,不欲人居己前。每独与帝谋议,群臣有献策者,徽辄劝帝不纳,且曰:“小贼何虑不平!”又靳惜财货,赏赐率皆薄少,或多而中减,或与而复追,故徒有糜费而恩不感物。

十一月,癸酉朔,敬宗以车骑将军郑先护为大都督,与行台杨昱共讨尔朱仲远。乙亥,以司徒长孙稚为太尉,临淮王彧为司徒。丙子,进雍州刺史广宗公尔朱天光爵为王。长广王亦以天光为陇西王。

尔朱仲远攻西兖州,丁丑,拔之,擒刺史王衍。衍,萧之兄子也。癸未,敬宗以右卫将军贺拔胜为东征都督。壬辰,又以郑先护兼尚书左仆射为行台,与胜共讨仲远。戊戌,诏罢魏兰根行台,以定州刺史薛昙尚兼尚书,为北道行台。郑先护疑贺拔胜,置之营外。庚子,胜与仲远战于滑台东,兵败,降于仲远。

初,尔朱荣尝从容问左右曰:“一日无我,谁可主军?”皆称尔朱兆。荣曰:“兆虽勇于战斗,然所将不过三千骑,多则乱矣。堪代我者,唯贺六浑耳。”因戒兆曰:“尔非其匹,终当为其穿鼻。”乃以高欢为晋州刺史。及兆引兵向洛,遣使召欢,欢遣长史孙腾诣兆,辞以“山蜀未平,今方攻讨,不可委去,致有后忧。定蜀之日,当隔河为掎角之势”。兆不悦,曰:“还白高晋州,吾得吉梦,梦与吾先人登高丘,丘旁之地,耕之已熟,独余马蔺,先人命吾拔之,随手而尽。以此观之,往无不克。”腾还报,欢曰:“兆狂愚如是,而敢为悖逆,吾势不得久事尔朱矣。”

十二月,壬寅朔,尔朱兆攻丹谷,都督崔伯凤战死,都督史仵龙开(璧)〔壁〕请降，源子恭退走。兆轻兵倍道兼行，从河桥西涉渡。先是，敬宗以大河深广，谓兆未能猝济，是日，水不没马腹。甲辰，暴风，黄尘涨天，兆骑叩宫门，宿卫乃觉，弯弓欲射，矢不得发，一时散走。华山王鸷，斤之玄孙也，素附尔朱氏。帝始闻兆南下，欲自帅诸军讨之，鸷说帝曰："黄河万仞，兆安得渡!"帝遂自安。及兆入宫，鸷复约止卫兵不使斗。帝步出云龙门外，遇城阳王徽乘马走，帝屡呼之，不顾而去。兆骑执帝，锁于永宁寺楼上。帝寒甚，就兆求头巾，不与。兆营于尚书省，用天子金鼓，设刻漏于庭，扑杀皇子，污辱嫔御妃主，纵兵大掠，杀司空临淮王彧、尚书左仆射范阳王诲、青州刺史李延寔等。

城阳王徽走至山南，抵前洛阳令寇祖仁家。祖仁一门三刺史，皆徽所引拔，以有旧恩，故投之。徽赍金百斤，马五十匹，祖仁利其财，外虽容纳，而私谓子弟曰："如闻尔朱兆购募城阳王，得之者封千户侯，今日富贵至矣!"乃怖徽云官捕将至，令其逃于它所，使人于路邀杀之，送首于兆。兆亦不加勋赏。兆梦徽谓己曰："我有金二百斤、马百匹在祖仁家，卿可取之。"兆既觉，意所梦为实，即掩捕祖仁，征其金、马。祖仁谓人密告，望风款服，云："实得金百斤、马五十匹。"兆疑其隐匿，依梦征之。祖仁家旧有金三十斤、马三十匹，尽以输兆，兆犹不信，发怒，执祖仁，悬首高树，大石坠足，捶之至死。

尔朱世隆至洛阳，兆自以为己功，责世隆曰："叔父在朝日久，耳目应广，如何令天柱受祸!"按剑瞋目，声色甚厉。世隆逊辞拜谢，然后得已，由是深恨之。尔朱仲远亦自滑台至洛。

戊申，魏长广王大赦。

尔朱荣之死也，敬宗诏河西贼帅纥豆陵步蕃使袭秀容。及兆入洛，步蕃南下，兵势甚盛，故兆不暇久留，亟还晋阳以御之，使尔朱世隆、度律、彦伯等留镇洛阳。甲寅，兆迁敬宗于晋阳，兆自于河梁监阅财资。高欢闻敬宗向晋阳，帅骑东巡，欲邀之，不及。因与兆书，为陈祸福，不宜害天子，受恶名，兆怒，不纳。尔朱天光轻骑入洛，见世隆等，即还雍州。

初，敬宗恐北军不利，欲为南走之计，托云征蛮，以高道穆为南道大行台，未及发而兆入洛。道穆托疾去，世隆杀之。主者请追李苗封赠，世隆曰："当时众议，更一二日即欲纵兵大掠，焚烧郭邑，赖苗之故，京师获全。天下之善一也，不宜复追。"

尔朱荣之死也，世隆等征兵于大宁太守代人房谟，谟不应，前后斩其三使，遣弟毓诣洛阳。及兆得志，其党建州刺史是兰安定执谟系州狱，郡中蜀人闻之，皆叛。安定给谟弱马，令军前慰劳，诸贼见谟，莫不遥拜。谟先所乘马，安定别给将士，战败，蜀人得之，谓谟遇害，莫不悲泣，善养其马，不听人乘之，儿童妇女竞投草粟,皆言此房公马也。尔朱世隆闻之,舍其罪,以为其府长史。

北道大行台杨津,以众少,留邺召募,欲自滏口入并州,会尔朱兆入洛,津乃散众,轻骑还朝。

尔朱世隆与兄弟密谋,虑长广王母卫氏干预朝政,伺其出行,遣数十骑如劫盗者于京巷杀之,寻悬榜以千万钱募贼。

甲子,尔朱兆缢敬宗于晋阳三级佛寺,并杀陈留王宽。

是月,纥豆陵步蕃大破尔朱兆于秀容,南逼晋阳。兆惧,使人召高欢并力。僚属皆劝欢勿应召,欢曰:"兆方急,保无它虑。"遂行。欢所亲贺拔拔焉过儿请缓行以弊之,欢往往逗留,辞以河无桥,不得渡。步蕃兵日盛,兆屡败,告急于欢,欢乃往从之。兆时避步蕃南出,步蕃至乐平郡,欢与兆进兵合击,大破之,斩步蕃于石鼓山,其众退走。兆德欢,相与誓为兄弟,将数十骑诣欢,通夜宴饮。

初,葛荣部众流入并、肆州二十余万,为契胡陵暴,皆不聊生,大小二十六反,诛夷者半,犹谋乱不止。兆患之,问计于欢,欢曰:"六镇反残,不可尽杀,宜选王腹心使统之,有犯者罪其帅,则所罪者寡矣。"兆曰:"善。谁可使者?"贺拔允时在坐,请使欢领之。欢拳殴其口,折一齿,曰:"平生天柱时,奴辈伏处分如鹰犬。今日天下事取舍在王,而阿鞠泥敢僭易妄言,请杀之。"兆以欢为诚,遂以其众委焉。欢以兆醉,恐醒而悔之,遂出,宣言:"受委统州镇兵,可集汾东受号令。"乃建牙阳曲川,陈部分。军士素恶兆而乐属欢,莫不皆至。

居无何,又使刘贵请兆,以"并、肆频岁霜旱,降户掘田鼠而食之,面无谷色,徒污人境内,请令就食山东,待温饱更受处分。"兆从其议。长史慕容绍宗谏曰:"不可。方今四方纷扰,人怀异望,高公雄才盖世,复使握大兵于外,譬如借蛟龙以云雨,将不可制矣。"兆曰:"有香火重誓,何虑邪!"绍宗曰:"亲兄弟尚不可信,何论香火!"时兆左右已受欢金,因称绍宗与欢有旧隙,兆怒,囚绍宗,趣欢发。

欢自晋阳出滏口,道逢(北)乡〔郡〕长公主自洛阳来,有马三百匹,尽夺而易之。兆闻之,乃释绍宗而问之,绍宗曰:"此犹是掌握中物也。"兆乃自追欢,至襄垣,会漳水暴涨,桥坏,欢隔水拜曰:"所以借公主马,非有它故,备山东盗耳。王信公主之谗,自来赐追,今不辞度水而死,恐此众便叛。"兆自陈无此意,因轻马度水,与欢坐幕下,陈谢,授欢刀,引颈使欢斫之。欢大哭曰:"自天柱之薨,贺六浑更何所仰,但愿大家千万岁,以申力用耳。今为旁人所构间,大家何忍复出此言!"兆投刀于地,复斩白马,与欢为誓,因留宿夜饮。尉景伏壮士欲执兆,欢啮臂止之,曰:"今杀之,其党必奔归聚结。兵饥马瘦,不可与敌,若英雄乘之而起,则为害滋甚。不如且置之。兆虽骁勇,凶悍无谋,不足图也。"旦日,兆归营,复召欢,欢将上马诣之,孙腾牵欢衣,欢乃止。兆隔水肆骂,驰还晋阳。兆腹心念贤领降户家属别为营,欢伪与之善,观其佩刀,因取杀之。士众感悦,益愿附从。

齐州城民赵洛周闻尔朱兆入洛,逐刺史丹杨王萧赞,以城归兆。赞变形为沙门,逃入长白山,流转,卒于阳平。梁人或盗其枢以归,上犹以子礼葬于陵次。

魏荆州刺史李琰之,韶之族弟也。南阳太守赵修延,以琰之敬宗外族,诬琰之欲奔梁,发兵袭州城,执琰之,自行州事。

魏王悦改元更兴,闻尔朱兆已入洛,自知不及事,遂南还。斛斯椿复弃悦奔魏。

是岁,诏以陈庆之为都督南、北司等四州诸军事、南、北司二州刺史。庆之引兵围魏悬瓠,破魏颍州刺史娄起等于溱水,又破行台孙腾等于楚城。罢义阳镇兵,停水陆漕运,江、湖诸州并得休息。开田六千顷,二年之后,仓廪充实。

资治通鉴卷第一百五十五

端明殿学士兼翰林侍读学士朝散大夫右谏议大夫充集贤殿修撰提举西京嵩山崇福宫上柱国河内郡开国侯食邑一千八百户食实封六百户赐紫金鱼袋臣　司马光　奉敕编集

梁纪十一 起重光大渊献(辛亥),尽玄黓困敦(壬子),凡二年。

高祖武皇帝十一

中大通三年(辛亥、531)

春,正月,辛巳,上祀南郊,大赦。

魏尚书右仆射郑先护闻洛阳不守,士众逃散,遂来奔。丙申,以先护为征北大将军。

二月,辛丑,上祀明堂。

魏自敬宗被囚,宫室空近百日。尔朱世隆镇洛阳,商旅流通,盗贼不作。世隆兄弟密议,以长广王疏远,又无人望,欲更立近亲。仪同三司广陵王恭,羽之子也,好学有志度,正光中领给事黄门侍郎,以元乂擅权,托喑病居龙华佛寺,无所交通。永安末,有白敬宗言王阳喑,将有异志,恭惧,逃于上洛山,洛州刺史执送之,系治久之,以无状获免。关西大行台郎中薛孝通说尔朱天光曰:"广陵王,高祖犹子,夙有令望,沉晦不言,多历年所,若奉以为主,必天人允叶。"天光与世隆等谋之,疑其实喑,使尔朱彦伯潜往敦谕,且胁之,恭乃曰:"天何言哉!"世隆等大喜。孝通,聪之子也。

己巳,长广王至邙山南,世隆等为之作禅文,使泰山太守辽西窦瑗执鞭独入,启长广王曰:"天人之望,皆在广陵,愿行尧、舜之事。"遂署禅文。广陵王奉表三让,然后即位。大赦,改元普泰。黄门侍郎邢子才为赦文,叙敬宗枉杀太原王荣之状,节闵帝曰:"永安手剪强臣,非为失德,直以天未厌乱,故逢成济之祸耳。"因顾左右取笔,自作赦文,直言:"门下:朕以寡德,运属乐推,思与亿兆,同兹大庆,肆眚之科,一依常式。"帝闭口八年,至是乃言,中外欣然,以为明主,望至太平。

庚午,诏以"三皇称皇,五帝称帝,三代称王,盖递为冲挹。自秦以来,竞称皇帝,予今但称帝,亦已褒矣"。加尔朱世隆仪同三司,赠尔朱荣相国、晋王,加九锡。世隆使百官议荣配飨,司直刘季明曰:"若配世宗,于时无功;若配孝明,亲害其母;若配庄帝,为臣不终。以此论之,无所可配。"世隆怒曰:"汝应死!"季明曰:"下官既为议首,依礼而言,不合圣心,剪戮唯命。"世隆亦不之罪。以荣配高祖庙廷。又为荣立庙于首阳山，因周公旧庙而为之，以为荣功可比周公。庙成，寻为火所焚。

尔朱兆以不预废立之谋，大怒，欲攻世隆。世隆使尔朱彦伯往谕之，乃止。

初，敬宗使安东将军史仵龙、平北将军阳文义各领兵三千守太行岭，侍中源子恭镇河内。及尔朱兆南向，仵龙、文义帅众先降，由是子恭之军望风亦溃，兆遂乘胜直入洛阳。至是，尔朱世隆论仵龙、文义之功，各封千户侯，魏主曰："仵龙、文义，于王有功，于国无勋。"竟不许。尔朱仲远镇滑台，表用其下都督为西兖州刺史，先用后表，诏答曰："已能近补，何劳远闻。"尔朱天光之灭万俟丑奴也，始获波斯所献师子，送洛阳。及节闵帝即位，诏曰："禽兽囚之则违其性。"命送归本国。使者以波斯道远不可达，于路杀之而返，有司劾违旨，帝曰："岂可以兽而罪人！"遂赦之。

魏镇远将军清河崔祖螭等聚青州七郡之众围东阳，旬日之间，众十余万。刺史东莱王贵平帅城民固守，使太傅谘议参军崔光伯出城慰劳，其兄光韶曰："城民陵纵日久，众怒甚盛，非慰谕所能解，家弟往，必不全。"贵平强之，既出，外人射杀之。

幽、安、营、并四州行台刘灵助，自谓方术可以动人，又推算知尔朱氏将衰，乃起兵自称燕王、开府仪同三司、大行台，声言为敬宗复仇，且妄述图谶，云："刘氏当王。"由是幽、瀛、沧、冀之民多从之。从之者夜举火为号，不举火者诸村共屠之。引兵南至博陵之安国城。尔朱兆遣监军孙白鹞至冀州，托言调发民马，欲俟高乾兄弟送马而收之。乾等知之，与前河内太守封隆之等合谋，潜部勒壮士，袭据信都，杀白鹞，执刺史元嶷。乾等欲推其父翼行州事，翼曰："和集乡里，我不如封皮。"乃奉隆之行州事，为敬宗举哀，将士皆缟素，升坛誓众，移檄州郡，共讨尔朱氏，仍受刘灵助节度。隆之，磨奴之族孙也。

殷州刺史尔朱羽生将五千人袭信都，高敖曹不暇擐甲，将十余骑驰击之。乾在城中绳下五百人，追救未及，敖曹已交兵，羽生败走。敖曹马稍绝世，左右无不一当百，时人比之项籍。

高欢屯壶关大王山六旬，乃引兵东出，声言讨信都。信都人皆惧，高乾曰："吾闻高晋州雄略盖世，其志不居人下。且尔朱无道，弑君虐民，正是英雄立功之会，今日之来，必有深谋，吾当轻马迎之，密参意旨，诸君勿惧也。"乃将十余骑与封隆之子子绘潜谒欢于滏口，说欢曰："尔朱酷逆，痛结人神，凡曰有知，莫不思奋。明公威德素著，天下倾心，若兵以义立，则屈强之徒不足为明公敌矣。鄚州虽小，户口不减十万，谷秸之税，足济军资。愿公熟思其计。"乾辞气慷慨，欢大悦，与之同帐寝。

初,河南太守赵郡李显甫,喜豪侠,集诸李数千家于殷州西山方五六十里居之。显甫卒,子元忠继之。家素富,多出贷求利,元忠悉焚契免责,乡人甚敬之。时盗贼蜂起,清河有五百人西戍,还经赵郡,以路梗,共投元忠。元忠遣奴为导,曰:"若逢贼,但道李元忠遣。"如言,贼皆舍避。及葛荣起,元忠帅宗党作垒以自保,坐大槲树下,前后斩违命者凡三百人。贼至,元忠辄击却之。葛荣曰:"我自中山至此,连为赵李所破,何以能成大事?"乃悉众攻围,执元忠以随军。贼平,就拜南赵郡太守,好酒,无政绩。

及尔朱兆弑敬宗,元忠弃官归,谋举兵讨之。会高欢东出,元忠乘露车,载素筝浊酒以奉迎。欢闻其酒客,未即见之。元忠下车独坐,酌酒擘脯食之,谓门者曰:"本言公招延俊杰,今闻国士到门,不吐哺辍洗,其人可知。还吾刺,勿通也。"门者以告,欢遽见之。引入,觞再行,元忠车上取筝鼓之,长歌慷慨。歌阕,谓欢曰:"天下形势可见,明公犹事尔朱邪?"欢曰:"富贵皆因彼所致,安敢不尽节。"元忠曰:"非英雄也。高乾邕兄弟来未?"时乾已见欢,欢绐之曰:"从叔辈粗,何肯来?"元忠曰:"虽粗,并解事。"欢曰:"赵郡醉矣。"使人扶出。元忠不肯起,孙腾进曰:"此君天遣来,不可违也。"欢乃复留与语,元忠慷慨流涕,欢亦悲不自胜。元忠因进策曰:"殷州小,无粮仗,不足以济大事。若向冀州,高乾邕兄弟必为明公主人,殷州便以赐委。冀、殷既合,沧、瀛、幽、定自然弭服,唯刘诞黯胡或当乖拒,然非明公之敌。"欢急握元忠手而谢焉。

欢至山东,约勒士卒,丝毫之物不听侵犯,每过麦地,欢辄步牵马。远近闻之,皆称高仪同将兵整肃,益归心焉。

欢求粮于相州刺史刘诞,诞不与。有车营租米,欢掠取之。进至信都,封隆之、高乾等开门纳之。高敖曹时在外略地,闻之,以乾为妇人,遗以布裙。欢使世子澄以子孙礼见之,敖曹乃与俱来。

癸酉,魏封长广王晔为东海王,以青州刺史鲁郡王肃为太师,淮阳王欣为太傅,尔朱世隆为太保,长孙稚为太尉,赵郡王谌为司空,徐州刺史尔朱仲远、雍州刺史尔朱天光并为大将军,并州刺史尔朱兆为天柱大将军。赐高欢爵勃海王,征使入朝。长孙稚固辞太(傅)〔尉〕,乃以为骠骑大将军、开府仪同三司。尔朱兆辞天柱,曰:"此叔父所终之官,我何敢受!"固辞,不拜,寻加都督十州诸军事,世袭并州刺史。高欢辞不就征。尔朱仲远徙镇大梁,复加兖州刺史。

尔朱世隆之初为仆射也,畏尔朱荣之威严,深自刻厉,留心几案,应接宾客,有开敏之名。及荣死,无所顾惮,为尚书令,家居视事,坐符台省,事无大小,不先白世隆,有司不敢行。使尚书郎宋游道、邢昕在其听事,东西别坐,受纳辞讼,称命施行。公为贪淫,生杀自恣。又欲收军士之意,泛加阶级,皆为将军,无复员限,自是勋赏之官大致猥滥,人不复贵。是时,天光专制关右,兆奄有并、汾,仲远擅命徐、兖,世隆居中用事,竞为贪暴。而仲远尤甚,所部富室大族,多诬以谋反,籍没其妇女财物入私家,投其男子于河,如是者不可胜数。自荥阳已东,租税悉入其军,不送洛阳。东南州郡自牧守以下至士民,畏仲远如豺狼。由是四方之人皆恶尔朱氏,而惮其强,莫敢违也。

己丑,魏以泾州刺史贺拔岳为岐州刺史,渭州刺史侯莫陈悦为秦州刺史,并加仪同三司。

魏使大都督侯渊、骠骑大将军代人叱列延庆讨刘灵助,至固城,渊畏其众,欲引兵西入,据关拒险以待其变。延庆曰:"灵助庸人,假妖术以惑众,大兵一临,彼皆恃其符厌,岂肯戮力致死,与吾争胜负哉!不如出营城外,诈言西归,灵助闻之,必自宽纵,然后潜军击之,往则成擒矣。"渊从之,出顿城西,声云欲还,丙申,简精骑一千夜发,直抵灵助垒,灵助战败,斩之,传首洛阳。

初,灵助起兵,自占胜负,曰:"三月之末,我必入定州,尔朱氏不久当灭。"及灵助首函入定州,果以是月之末。

夏,四月,乙巳,昭明太子统卒。太子自加元服,上即使省录朝政,百司进事,填委于前,太子辨析诈谬,秋毫必睹,但令改正,不加案劾,平断法狱,多所全宥。宽和容众,喜愠不形于色。好读书属文,引接才俊,赏爱无倦。出宫二十余年,不畜声乐。每霖雨积雪,遣左右周行闾巷,视贫者赈之。天性孝谨,在东宫,虽燕居,坐起恒西向,或宿被召当入,危坐达旦。及寝疾,恐贻帝忧,敕参问,辄自力手书。及卒,朝野惋愕,建康男女,奔走宫门,号泣满路。

癸丑,魏以高欢为大都督、东道大行台、冀州刺史,又以安定王尔朱智虎为肆州刺史。

魏尔朱天光出夏州,遣将讨宿勤明达,癸亥,擒明达,送洛阳,斩之。

丙寅,魏以侍中、骠骑大将军尔朱彦伯为司徒。

魏诏有司不得复称"伪梁"。

五月,丙子,魏荆州城民斩赵脩延,复推李琰之行州事。

魏尔朱仲远使都督魏僧勗等讨崔祖螭于东阳,斩之。

初,昭明太子葬其母丁贵嫔,遣人求墓地之吉者。或赂宦者俞三副求卖地,云若得钱三百万,以百万与之。三副密启上,言"太子所得地不如今地于上为吉"。上年老多忌,即命市之。葬毕,有道士云:"此地不利长子,若厌之,或可申延。"乃为蜡鹅及诸物埋于墓侧长子位。宫监鲍邈之、魏雅初皆有宠于太子,邈之晚见疏于雅,乃密启上云:"雅为太子厌祷。"上遣检掘,果得鹅物,大惊,将穷其事,徐勉固谏而止,但诛道士。由是太子终身惭愤,不能自明。及卒,上征其长子南徐州刺史华容公欢至建康,欲立以为嗣,衔其前事,犹豫久之,卒不立。庚寅,遣还镇。

> 臣光曰:君子之于正道,不可少顷离也,不可跬步失也。以昭明太子之仁孝,武帝之慈爱,一染嫌疑之迹,身以忧死,罪及后昆,求吉得凶,不可湔涤,可不戒哉!是以诡诞之士,奇邪之术,君子远之。

丙申,立太子母弟晋安王纲为皇太子。朝野多以为不顺,司议侍郎周弘正,尝为晋安王主簿,乃奏记曰:"谦让道废,多历年所。伏惟明大王殿下,天挺将圣,四海归仁,是以皇上发德音,以大王为储副。意者愿闻殿下抗目夷上仁之义,执子臧大贤之节,逃玉舆而弗乘,弃万乘如脱屣,庶改浇竞之俗,以大吴国之风。古有其人,今闻其语,能行之者,非殿下而谁!使无为之化复生于遂古,让王之道不坠于来叶,岂不盛欤!"王不能从。弘正,舍之兄子也。

太子以侍读东海徐摛为家令,兼管记,寻带领直。摛文体轻丽,春坊尽学之,时人谓之宫体。上闻之,怒,召摛,欲加谯责。及见,应对明敏,辞义可观,意更释然,因问经史及释教,摛商较从横,应对如响,上甚加叹异,宠遇日隆。领军朱异不悦,谓所亲曰:"徐叟出入两宫,渐来见逼,我须早为之所。"遂乘间白上曰:"摛年老,又爱泉石,意在一郡自养。"上谓摛真欲之,乃召摛,谓曰:"新安大好山水。"遂出为新安太守。

六月,癸丑,立华容公欢为豫章王,其弟枝江公誉为河东王,曲阿公詧为岳阳王。上以人言不息,故封欢兄弟以大郡,用慰其心。久之,鲍邈之坐诱略人,罪不至死,太子纲追思昭明之冤,挥泪诛之。

魏高欢将起兵讨尔朱氏,镇南大将军斛律金、军主善无库狄干与欢妻弟娄昭、妻之姊夫段荣皆劝成之。欢乃诈为书,称尔朱兆将以六镇人配契胡为部曲,众皆忧惧。又为并州符,征兵讨步落稽,发万人,将遣之。孙腾与都督尉景为请留五日,如此者再。欢亲送之郊,雪涕执别,众皆号恸,声震郊野。欢乃谕之曰:"与尔俱为失乡客,义同一家,不意在上征发乃尔!今直西向,已当死,后军期,又当死,配国人,又当死,奈何?"众曰:"唯有反耳。"欢曰:"反乃急计,然当推一人为主,谁可者?"众共推欢,欢曰:"尔乡里难制,不见葛荣乎?虽有百万之众,曾无法度,终自败灭。今以吾为主,当与前异,毋得陵汉人,犯军令,生死任吾,则可。不然,不能为天下笑。"众皆顿颡曰:"死生唯命。"欢乃椎牛飨士,庚申,起兵于信都,亦未敢显言叛尔朱氏也。

会李元忠举兵逼殷州,欢令高乾帅众救之。乾轻骑入见刺史尔朱羽生,与指画军计,羽生与乾俱出,因擒斩之,持羽生首谒欢。欢抚膺曰:"今日反决矣!"乃以元忠为殷州刺史,镇广阿。欢于是抗表罪状尔朱氏,尔朱世隆匿之不通。

魏杨播及弟椿、津皆有名德。播刚毅,椿、津谦恭,家世孝友,缌服同爨,男女百口,人无间言。椿、津皆至三公,一门七郡太守,三十二州刺史。敬宗之诛尔朱荣也,播子侃预其谋;城阳王徽、李彧,皆其姻戚也。尔朱兆入洛,侃逃归华阴,尔朱天光使侃妇父韦义远招之,与盟,许贳其罪。侃曰:"彼虽食言,死者不过一人,犹冀全百口。"乃出应之,天光杀之。时椿致仕,与其子昱在华阴,椿弟冀州刺史顺、司空津、顺子东雍州刺史辨、正平太守仲宣皆在洛。秋,七月,尔朱世隆诬奏杨氏谋反,请收治之,魏主不许。世隆苦请,帝不得已,命有司检案以闻。壬申夜,世隆遣兵围津第,天光亦遣兵掩椿家于华阴,东西之族无少长皆杀之,籍没其家。世隆奏云:"杨氏实反,与收兵相拒,皆已格杀。"帝愀怅久之,不言而已。朝野闻之,无不痛愤。津季逸为光州刺史,尔朱仲远遣使就杀之。唯津子愔于被收时适出在外,逃匿,获免,往见高欢于信都,泣诉家祸,因为言讨尔朱氏之策。欢甚重之,即署行台郎中。

乙亥,上临轩策拜太子,大赦。

丙戌,魏司徒尔朱彦伯以旱逊位。戊子,以彦伯为侍中、开府仪同三司。彦伯于兄弟中差无过恶。尔朱世隆固让太保,魏主特置仪同三师之官,位次上公之下,庚寅,以世隆为之。斛斯椿谮朱瑞于世隆,世隆杀之。

庚寅,诏:"凡宗戚有服属者,并可赐沐食乡亭侯,随远近为差。"

壬辰,以吏部尚书何敬容为尚书右仆射。敬容,昌寓之子也。

魏尔朱仲远、度律等闻高欢起兵,恃其强,不以为虑,独尔朱世隆忧之。尔朱兆将步骑二万出井陉,趣殷州,李元忠弃城奔信都。八月,丙午,尔朱仲远、度律将兵讨高欢。九月,己卯,魏以仲远为太宰。庚辰,以尔朱天光为大司马。

癸巳,魏主追尊父广陵惠王为先帝,母王氏为先太妃,封弟永业为高密王,子恕为勃海王。

冬,十月,己酉,上幸同泰寺,升法座,讲《涅槃经》,七日而罢。

乐山侯正则,先有罪徙郁林,招诱亡命,欲攻番禺,广州刺史元景仲讨斩之。正则,正德之弟也。

孙腾说高欢曰:"今朝廷隔绝,号令无所禀,不权有所立,则众将沮散。"欢疑之,腾再三固请,乃立勃海太守元朗为帝。朗,融之子也。壬寅,朗即位于信都城西,改元中兴。以欢为侍中、丞相、都督中外诸军事、大将军、录尚书事、大行台,高乾为侍中、司空,高敖曹为骠骑大将军、仪同三司、冀州刺史,孙腾为尚书左仆射,河北行台魏兰根为右仆射。

己酉,尔朱仲远、度律与骠骑大将军斛斯椿、车骑大将军、仪同三司贺拔胜、车骑大将军贾显智军于阳平。显智名智,以字行,显度之弟也。尔朱兆出井陉,军于广阿,众号十万。高欢纵反间,云"世隆兄弟谋杀兆",复云"兆与欢同谋杀仲远等",由是迭相猜贰,徘徊不进。仲远等屡使斛斯椿、贺拔胜往谕兆,兆帅轻骑三百来就仲远,同坐幕下,意色不平,手舞马鞭,长啸凝望,疑仲远等有变,遂趋出,驰还。仲远遣椿、胜等追,晓说之,兆执椿、胜还营,仲远、度律大惧,引兵南遁。兆数胜罪,将斩之,曰:"尔杀卫可孤,罪一也。天柱薨,尔不与世隆等俱来,而东征仲远,罪二也。我欲杀尔久矣,今复何言?"胜曰:"可孤为国巨患,胜父子诛之,其功不小,反以为罪乎? 天柱被戮,以君诛臣,胜宁负王,不负朝廷。今日之事,生死在王。但寇贼密迩,骨肉构隙,自古及今,未有如是而不亡者。胜不惮死,恐王失策。"兆乃舍之。

高欢将与兆战,而畏其众强,以问亲信都督段韶,韶曰:"所谓众者,得众人之死,所谓强者,得天下之心。尔朱氏上弑天子,中屠公卿,下暴百姓,王以顺讨逆,如汤沃雪,何众强之有!"欢曰:"虽然,吾以小敌大,恐无天命不能济也。"韶曰:"韶闻'小能敌大,小道大淫','皇天无亲,唯德是辅'。尔朱氏外乱天下,内失英雄心,智者不为谋,勇者不为斗,人心已去,天意安有不从者哉!"韶,荣之子也。辛亥,欢大破兆于广阿,俘其甲卒五千余人。

十一月,乙未,上幸同泰寺,讲《般若经》,七日而罢。

庚辰,魏高欢引兵攻邺,相州刺史刘诞婴城固守。

是岁,魏南兖州城民王乞得劫刺史刘世明,举州来降。世明,芳之族子也。上以侍中元树为镇北将军、都督北讨诸军事,镇谯城。以世明为征西大将军、郢州刺史,加仪同三司。世明不受,固请北归,上许之。世明至洛阳,奉送所持节,归乡里,不仕而卒。

四年(壬子、532)

春,正月,丙寅,以南平王伟为大司马,元法僧为太尉,袁昂为司空。

立西丰侯正德为临贺王。正德自结于朱异,上既封昭明诸子,异言正德失职,故王之。

以太子右卫率薛法护为司州牧,卫送魏王悦入洛。

庚午,立太子纲之长子大器为宣城王。

魏高欢攻邺,为地道,施柱而焚之,城陷入地。壬午,拔邺,擒刘诞,以杨愔为行台右丞。时军国多事,文檄教令,皆出于愔及开府谘议参军崔㥄。㥄,逞之五世孙也。

二月,以太尉元法僧为东魏王,欲遣还北,兖州刺史羊侃为军司马,与法僧偕行。

扬州刺史邵陵王纶遣人就市赊买锦彩丝布数百匹,市人皆闭邸店不出。少府丞何智通依事启闻,纶被责还第,乃遣防阁戴子高等以槊刺智通于都巷,刃出于背。智通识子高,取其血以指画车壁为"邵陵"字乃绝,由是事觉。庚戌,纶坐免为庶人,锁之于第,经三旬,乃脱锁,顷之复封爵。

辛亥,魏安定王追谥敬宗曰武怀皇帝。甲子,以高欢为丞相、柱国大将军、太师。三月,丙寅,以高澄为骠骑大将军。丁丑,安定王帅百官入居于邺。

尔朱兆与尔朱世隆等互相猜阻,世隆卑辞厚礼谕兆,欲使之赴洛,唯其所欲,又请节闵帝纳兆女为后,兆乃悦,并与天光、度律更立誓约,复相亲睦。

斛斯椿阴谓贺拔胜曰:"天下皆怨毒尔朱,而吾等为之用,亡无日矣,不如图之。"胜曰:"天光与兆各据一方,欲尽去之甚难,去之不尽,必为后患,奈何?"椿曰:"此易致耳。"乃说世隆追天光等赴洛,共讨高欢。世隆屡征天光,天光不至,使椿自往邀之,曰:"高欢作乱,非王不能定,岂可坐视宗族夷灭邪!"天光不得已,将东出,问策于雍州刺史贺拔岳,岳曰:"王家跨据三方,士马殷盛,高欢乌合之众,岂能为敌!但能同心戮力,往无不捷。若骨肉相疑,则图存之不暇,安能制人!如下官所见,莫若且镇关中以固根本,分遣锐师与众军合势,进可以克敌,退可以自全。"天光不从。闰月,壬寅,天光自长安,兆自晋阳,度律自洛阳,仲远自东郡,皆会于邺,众号二十万,夹洹水而军,节闵帝以长孙稚为大行台,总督之。

高欢令吏部尚书封隆之守邺,癸丑,出顿紫陌,大都督高敖曹将乡里部曲王桃汤等三千人以从。欢曰:"高都督所将皆汉兵,恐不足集事,欲割鲜卑兵千余人相杂用之,何如?"敖曹曰:"敖曹所将,练习已久,前后格斗,不减鲜卑。今若杂之,情不相洽,胜则争功,退则推罪,不烦更配也。"

庚申,尔朱兆帅轻骑三千夜袭邺城,叩西门,不克而退。壬戌,欢将战马不满二千,步兵不满三万,众寡不敌,乃于韩陵为圆陈,连系牛驴以塞归道,于是将士皆有死志。兆望见欢,遥责欢以叛己,欢曰:"本所以戮力者,共辅帝室。今天子何在?"兆曰:"永安枉害天柱,我报仇耳。"欢曰:"我昔亲闻天柱计,汝在户前立,岂得言不反邪?且以君杀臣,何报之有!今日义绝矣。"遂战。欢将中军,高敖曹将左军,欢从父弟岳将右军。欢战不利,兆等乘之,岳以五百骑冲其前,别将斛律敦收散卒蹑其后,敖曹以千骑自栗园出横击之,兆等大败,贺拔胜与徐州刺史杜德于陈降欢。兆对慕容绍宗抚膺曰:"不用公言,以至于此。"欲轻骑西走,绍宗反旗鸣角,收散卒成军而去。兆还晋阳,仲远奔东郡。尔朱彦伯闻度律等败,欲自将兵守河桥,世隆不从。

度律、天光将之洛阳,大都督斛斯椿谓都督贾显度、贾显智曰:"今不先执尔朱氏,吾属死无类矣。"乃夜于桑下盟,约倍道先还。世隆使其外兵参军阳叔渊单骑驰赴北中,简阅败众,以次内之。椿至,不得入城,乃诡说叔渊曰:"天光部下皆是西人,闻欲大掠洛邑,迁都长安,宜先内我以为之备。"叔渊信之。夏,四月,甲子朔,椿等入据河桥,尽杀尔朱氏之党。度律、天光欲攻之,会大雨昼夜不止,士马疲顿,弓矢不可施,遂西走,至灄波津,为人所擒,送于椿所。椿使行台长孙稚诣洛阳奏状,别使贾显智、张欢帅骑掩袭世隆,执之。彦伯时在禁直,长孙稚于神虎门启陈:"高欢义功既振,请诛尔朱氏。"节闵帝使舍人郭崇报彦伯,彦伯狼狈走出,为人所执,与世隆俱斩于阊阖门外,送其首并度律、天光于高欢。

节闵帝使中书舍人卢辩劳欢于邺,欢使之见安定王,辩抗辞不从,欢不能夺,乃舍之。辩,同之兄子也。

辛未,骠骑大将军、行济州事侯景降于安定王。以景为尚书仆射、南道大行台、济州刺史。

尔朱仲远来奔。仲远帐下都督乔宁、张子期自滑台诣欢降。欢责之曰:"汝事仲远,擅其荣利,盟契万重,许同生死。前仲远自徐州为逆,汝为戎首,今仲远南走,汝复叛之。事天子则不忠,事仲远则无信,犬马尚识饲之者,汝曾犬马之不如!"遂斩之。

尔朱天光之东下也,留其弟显寿镇长安,召秦州刺史侯莫陈悦,欲与之俱东。贺拔岳知天光必败,欲留悦共图显寿以应高欢,计未有所出。宇文泰谓岳曰:"今天光尚近,悦未必有贰心,若以此告之,恐其惊惧。然悦虽为主将,不能制物,若先说其众,必人有留心。悦进失尔朱之期,退恐人情变动,乘此说悦,事无不遂。"岳大喜,即令泰入悦军说之,悦遂与岳共袭长安。泰帅轻骑为前驱,显寿弃城走,追至华阴,擒之。欢以岳为关西大行台,岳以泰为行台左丞,领府司马,事无巨细皆委之。

尔朱世隆之拒高欢也,使齐州行台尚书房谟募兵趣四渎,又使其弟青州刺史弼趣乱城,扬声北渡,为掎角之势。及韩陵既败,弼还东阳,闻世隆等死,欲来奔,数与左右割臂为盟。帐下都督冯绍隆,素为弼所信待,说弼曰:"今方同契阔,宜更割心前之血以盟众。"弼从之,大集部下,披胸令绍隆割之,绍隆因推刃杀之,传首洛阳。

丙子,安东将军辛永以建州降于安定王。

辛巳,安定王至邙山。高欢以安定王疏远,使仆射魏兰根慰谕洛邑,且观节闵帝之为人,欲复奉之。兰根以帝神采高明,恐于后难制,与高乾兄弟及黄门侍郎崔㥄共劝欢废之。欢集百官问所宜立,莫有应者,太仆代人綦毋儁盛称节闵帝贤明,宜主社稷,欢欣然是之。㥄作色曰:"若言贤明,自可待我高王,徐登大位。广陵既为逆胡所立,何得犹为天子!若从儁言,王师何名义举?"欢遂幽节闵帝于崇训佛寺。

欢入洛阳,斛斯椿谓贺拔胜曰:"今天下事,在吾与君耳,若不先制人,将为人所制。高欢初至,图之不难。"胜曰:"彼有功于时,害之不祥。比数夜与欢同宿,具序往昔之怀,兼荷兄恩意甚多,何苦惮之。"椿乃止。

欢以汝南王悦,高祖之子,召欲立之,闻其狂暴无常,乃止。

时诸王多逃匿,尚书左仆射平阳王脩,怀之子也,匿于田舍。欢欲立之,使斛斯椿求之。椿见脩所亲员外散骑侍郎太原王思政,问王所在,思政曰:"须知问意。"椿曰:"欲立为天子。"思政乃言之。椿从思政见脩,脩色变,谓思政曰:"得无卖我邪?"曰:"不也。"曰:"敢保之乎?"曰:"变态百端,何可保也?"椿驰报欢。欢遣四百骑迎脩入毡帐,陈诚,泣下沾襟,脩让以寡德,欢再拜,脩亦拜。欢出,备服御,进汤沐,达夜严警。昧爽,文武执鞭以朝,使斛斯椿奉劝进表。椿入帷门,馨折延首而不敢前,脩令思政取表视之,曰:"便不得不称朕矣。"乃为安定王作诏策而禅位焉。

戊子,孝武帝即位于东郭之外,用代都旧制,以黑毡蒙七人,欢居其一,帝于毡上西向拜天毕,入御太极殿,群臣朝贺,升闾阖门大赦,改元太昌。以高欢为大丞相、天柱大将军、太师,世袭定州刺史。庚寅,加高澄侍中、开府仪同三司。

初,欢起兵信都,尔朱世隆知司马子如与欢有旧,自侍中、骠骑大将军出为南岐州刺史。欢入洛,召子如为大行台尚书,朝夕左右,参知军国。广州刺史广宁韩贤,素为欢所善,欢入洛,凡尔朱氏所除官爵例皆削夺,唯贤如故。

以前御史中尉樊子鹄兼尚书左仆射,为东南道大行台,与徐州刺史杜德追尔朱仲远,仲远已出境,遂攻元树于谯。

丞相欢征贺拔岳为冀州刺史,岳畏欢,欲单马入朝。行台右丞薛孝通说岳曰:"高王以数千鲜卑破尔朱百万之众,诚亦难遇。然诸将或素居其上,或与之等夷,虽屈首从之,势非获已。今或在京师,或据州镇,高王除之则失人望,留之则为腹心之疾。且吐万人虽复败走,犹在并州,高王方内抚群雄,外抗劲敌,安能去其巢穴,与公争关中之地乎!今关中豪俊皆属心于公,愿效其智力。公以华山为城,黄河为堑,进可以兼山东,退可以封函谷,奈何欲束手受制于人乎!"言未卒,岳执孝通手曰:"君言是也。"乃逊辞为启而不就征。

壬辰,丞相欢还邺,送尔朱度律、天光于洛阳,斩之。

五月,丙申,魏主鸩节闵帝于门下外省,诏百司会丧,葬用殊礼。

以沛郡王欣为太师,赵郡王谌为太保,南阳王宝炬为太尉,长孙稚为太傅。宝炬,愉之子也。丞相欢固辞天柱大将军,戊戌,许之。己酉,清河王亶为司徒。

侍中河南高隆之,本徐氏养子,丞相欢命以为弟,恃欢势骄狎公卿,南阳王宝炬殴之,曰:"镇兵何敢尔!"魏主以欢故,六月,丁卯,黜宝炬为骠骑大将军,归第。

魏主避广平武穆王之讳，改谥武怀皇帝曰孝庄皇帝，庙号敬宗。

秋，七月，庚子，魏复以南阳王宝炬为太尉。

壬寅，魏丞相欢引兵入滏口，大都督库狄干入井陉，击尔朱兆。庚戌，魏主使骠骑大将军、仪同三司高隆之帅步骑十万会丞相欢于太原，因以隆之为丞相军司。欢军于武乡，尔朱兆大掠晋阳，北走秀容。并州平。欢以晋阳四塞，乃建大丞相府而居之。

魏夏州迁民郭迁据青州反，刺史元嶷弃城走。诏行台侯景等讨之，拔其城，迁来奔。

魏东南道大行台樊子鹄围元树于谯城，分兵攻取蒙县等五城，以绝援兵之路。树请帅众南归，以地还魏，子鹄等许之，与之署约。树众半出，子鹄击之，擒树及谯州刺史朱文开以归。羊侃行至官竹，闻树败而还。九月，树至洛阳，久之，复欲南奔，魏人杀之。

乙巳，以司空袁昂领尚书令。

冬，十一月，丁酉，日南至，魏主祀圜丘。

甲辰，魏杀安定王朗、东海王晔。己酉，以汝南王悦为侍中、大司马。

魏葬灵太后胡氏。

上闻魏室已定，十二月，庚辰，复以太尉元法僧为郢州刺史。

魏主以汝南王悦属近地尊，丁亥，杀之。

魏大赦，改元永兴，以与太宗同号，复改永熙。

魏主纳丞相欢女为后，命太常卿李元忠纳币于晋阳。欢与之宴，论及旧事，元忠曰："昔日建义，轰轰大乐，比来寂寥无人问。"欢抚掌笑曰："此人逼我起兵。"元忠戏曰："若不与侍中，当更求建义处。"欢曰："建义不虑无，止畏如此老翁不可遇耳。"元忠曰："止为此翁难遇，所以不去。"因捋欢须大笑。欢悉其雅意，深重之。

尔朱兆既至秀容，分守险隘，出入寇抄。魏丞相欢扬声讨之，师出复止者数四，兆意怠。欢揣其岁首当宴会，遣都督窦泰以精骑驰之，一日一夜行三百里，欢以大军继之。

资治通鉴卷第一百五十六

端明殿学士兼翰林侍读学士朝散大夫右谏议大夫充集贤殿修撰提举西京嵩山崇福宫上柱国河内郡开国侯食邑一千八百户食实封六百户赐紫金鱼袋臣　司马光　奉敕编集

梁纪十二 起昭阳赤奋若（癸丑），尽阏逢摄提格（甲寅），凡二年。

高祖武皇帝十二

中大通五年（癸丑、533）

春，正月，辛卯，上祀南郊，大赦。

魏窦泰奄至尔朱兆庭，军人因宴休惰，忽见泰军，惊走，追破之于赤𫗱岭，众并降散。兆逃于穷山，命左右西河张亮及苍头陈山提斩己首以降，皆不忍，兆乃杀所乘白马，自缢于树。欢亲临，厚葬之。慕容绍宗携尔朱荣妻子及兆余众诣欢降，欢以义故，待之甚厚。兆之在秀容，左右皆密通款于欢，唯张亮无启疏，欢嘉之，以为丞相府参军。

魏罢诸行台。

辛亥，上祀明堂。

丁巳，魏主追尊其父为武穆帝，太妃冯氏为武穆后，母李氏为皇太妃。

劳州刺史曹凤、东荆州刺史雷能胜等举城降魏。

魏侍中斛斯椿闻乔宁、张子期之死，内不自安，与南阳王宝炬、武卫将军元毗、王思政密劝魏主图丞相欢。毗，遵之玄孙也。舍人元士弼又言欢受诏不敬，帝由是不悦。椿劝帝置阁内都督部曲，又增武直人数，自直阁已下，员别数百，皆选四方骁勇者充之。帝数出游幸，椿自部勒，别为行陈，由是朝政军谋，帝专与椿决。帝以关中大行台贺拔岳拥重兵，密与相结，又出侍中贺拔胜为都督三荆等七州诸军事、荆州刺史，欲倚胜兄弟以敌欢，欢益不悦。

侍中、司空高乾之在信都也，遭父丧，不暇终服。及孝武帝即位，表请解职行丧，诏听解侍中，司空如故。乾虽求退，不谓遽见许，既去内侍，朝政多不关预，居常怏怏。帝既贰于欢，冀乾为己用，尝于华林园宴罢，独留乾，谓之曰：“司空奕世忠良，今日复建殊效，相与虽则君臣，义同兄弟，宜共立盟约，以敦情契。”殷勤逼之。乾对曰：“臣以身许国，何敢有贰。”时事出仓猝，且不谓帝有异图，遂不固辞，亦不以启欢。及帝置部曲，乾乃私谓所亲曰：“主上不亲勋贤而招集群小，数遣元士弼、王思政往来关西，与贺拔岳计议。又出贺拔胜为荆州，外示疏忌，实欲树党,令其兄弟相近,冀据有西方。祸难将作,必及于我。"乃密启欢。欢召乾诣并州,面论时事,乾因劝欢受魏禅。欢以袖掩其口曰:"勿妄言。今令司空复为侍中,门下之事,一以相委。"欢屡启请,帝不许。乾知变难将起,密启欢求为徐州。二月,辛酉,以乾为骠骑大将军、开府仪同三司、徐州刺史,以咸阳王坦为司空。

癸未,上幸同泰寺,讲《般若经》,七日而罢,会者数万人。

魏正光以前,阿至罗常附于魏。及中原多事,阿至罗亦叛,丞相欢招抚之,阿至罗复降,凡十万户。三月,辛卯,诏复以欢为大行台,使随宜裁处。欢与之粟帛,议者以为徒费无益,欢不从,及经略河西,大收其用。

高乾将之徐州,魏主闻其漏泄机事,乃诏丞相欢曰:"乾邕与朕私有盟约,今乃反覆两端。"欢闻其与帝盟,亦恶之,即取乾前后数启论时事者遣使封上。帝召乾,对欢使责之,乾曰:"陛下自立异图,乃谓臣为反覆,人主加罪,其可辞乎!"遂赐死。帝又密敕东徐州刺史潘绍业杀其弟敖曹,敖曹先闻乾死,伏壮士于路,执绍业,得敕书于袍领,遂将十余骑奔晋阳。欢抱其首哭曰:"天子枉害司空。"敖曹兄仲密为光州刺史,帝敕青州断其归路,仲密亦间行奔晋阳。仲密名慎,以字行。

魏太师鲁郡王肃卒。

丙辰,南平元襄王伟卒。

丁巳,魏以赵郡王谌为太尉,南阳王宝炬为太保。

魏尔朱兆之入洛也,焚太常乐库,钟磬俱尽。节闵帝诏录尚书事长孙稚、太常卿祖莹等更造之,至是始成,命曰《大成乐》。

魏青州民耿翔聚众寇掠三齐,胶州刺史裴粲,专事高谈,不为防御。夏,四月,翔掩袭州城,左右白贼至,粲曰:"岂有此理!"左右又言已入州门,粲乃徐曰:"耿王来,可引之听事,自余部众,且付城民。"翔斩之,送首来降。

五月,魏东徐州民王早等杀刺史崔庠,以下邳来降。

六月,壬申,魏以骠骑大将军樊子鹄为青、胶大使,督济州刺史蔡儁等讨耿翔。秋,七月,魏师至青州,翔弃城来奔,诏以为兖州刺史。

壬辰,魏以广陵王欣为大司马,赵郡王谌为太师。庚戌,以前司徒贺拔允为太尉。

初,贺拔岳遣行台郎冯景诣晋阳,丞相欢闻岳使至,甚喜,曰:"贺拔公讵忆吾邪?"与景歃血,约与岳为兄弟。景还,言于岳曰:"欢奸诈有余,不可信也。"府司马宇文泰自请使晋阳,以观欢之为人,欢奇其状貌,曰:"此儿视瞻非常。"将留之,泰固求复命。欢既遣而悔之,发驿急追,至关,不及而返。

泰至长安,谓岳曰:"高欢所以未篡者,正惮公兄弟耳。侯莫陈悦之徒,非所忌也。公但潜为之备，图欢不难。今费也头控弦之骑不下一万，夏州刺史斛拔弥俄突胜兵三千余人，灵州刺史曹泥、河西流民纥豆陵伊利等各拥部众，未有所属。公若移军近陇，扼其要害，震之以威，怀之以惠，可收其士马，以资吾军。西辑氐、羌，北抚沙塞，还军长安，匡辅魏室，此桓、文之功也。"岳大悦，复遣泰诣洛阳请事，密陈其状。魏主喜，加泰武卫将军，使还报。八月，帝以岳为都督雍、华等二十州诸军事、雍州刺史，又割心前血，遣使者赍以赐之。岳遂引兵西屯平凉，以牧马为名。斛拔弥俄突、纥豆陵伊利及费也头万俟受洛干、铁勒斛律沙门等皆附于岳，唯曹泥附于欢。秦、南秦、河、渭四州刺史同会平凉，受岳节度。岳以夏州被边要重，欲求良刺史以镇之，众举宇文泰，岳曰："宇文左丞，吾左右手，何可废也。"沉吟累日，卒表用之。

九月，癸酉，魏丞相欢表让王爵，不许；请分封邑十万户颁授勋义，从之。

冬，十月，庚申，以尚书右仆射何敬容为左仆射，吏部尚书谢举为右仆射。

十一月，癸巳，魏以殷州刺史中山邸珍为徐州大都督、东道行台、仆射，以讨下邳。

十二月，丁巳，魏主狩于嵩高。己巳，幸温汤。丁丑，还宫。

魏荆州刺史贺拔胜寇雍州，拔下迮戍，扇动诸蛮。雍州刺史庐陵王续遣军击之，屡为所败，汉南震骇。胜又遣军攻冯翊、安定、沔阳、酂城，皆拔之。续遣电威将军柳仲礼屯谷城以拒之，胜攻之，不克，乃还。于是沔北荡为丘墟矣。仲礼，庆远之孙也。

魏丞相欢患贺拔岳、侯莫陈悦之强，右丞翟嵩曰："嵩能间之，使其自相屠灭。"欢遣之。欢又使长史侯景招抚纥豆陵伊利，伊利不从。

六年（甲寅、534）

春，正月，壬辰，魏丞相欢击伊利于河西，擒之，迁其部落于河东。魏主让之曰："伊利不侵不叛，为国纯臣，王忽伐之，讵有一介行人先请之乎？"

魏东梁州民夷作乱，二月，诏以行东雍州事丰阳泉企讨平之。企世为商、洛豪族，魏世祖以其曾祖景言为本县令，封丹水侯，使其子孙袭之。

壬戌，魏大赦。

癸亥，上耕藉田。大赦。

魏永宁浮图灾，观者皆哭，声振城阙。

魏贺拔岳将讨曹泥，使都督武川赵贵至夏州与宇文泰谋之，泰曰："曹泥孤城阻远，未足为忧。侯莫陈悦贪而无信，宜先图之。"岳不听，召悦会于高平，与共讨泥。悦既得翟嵩之言，乃谋取岳。岳数与悦宴语，长史武川雷绍谏，不听。岳使悦前行，至河曲，悦诱岳入营坐，论军事。悦阳称腹痛而起，其婿元洪景拔刀斩岳。岳左右皆散走,悦遣人谕之云:"我别受旨,止取一人,诸君勿怖。"众以为然,皆不敢动。而悦心犹豫,不即抚纳,乃还入陇,屯水洛城。岳众散还平凉,赵贵诣悦请岳尸葬之,悦许之。岳既死,悦军中皆相贺,行台郎中薛憕私谓所亲曰:"悦才略素寡,辄害良将,吾属今为人虏矣,何贺之有!"憕,真度之从孙也。

岳众未有所属,诸将以都督武川寇洛年最长,推使总诸军。洛素无威略,不能齐众,乃自请避位。赵贵曰:"宇文夏州英略冠世,远近归心,赏罚严明,士卒用命。若迎而奉之,大事济矣。"诸将或欲南召贺拔胜,或欲东告魏朝,犹豫未决。都督盛乐杜朔周曰:"远水不救近火,今日之事,非宇文夏州无能济者,赵将军议是也。朔周请轻骑告哀,且迎之。"众乃使朔周驰至夏州召泰。

泰与将佐宾客共议去留,前太中大夫颍川韩褒曰:"此天授也,又何疑乎! 侯莫陈悦,井中蛙耳,使君往,必擒之。"众以为:"悦在水洛,去平凉不远,若已有贺拔公之众,则图之实难,愿且留以观变。"泰曰:"悦既害元帅,自应乘势直据平凉,而退屯水洛,吾知其无能为也。夫难得易失者时也,若不早赴,众心将离。"

夏州首望都督弥姐元进阴谋应悦,泰知之,与帐下都督高平蔡祐谋执之,祐曰:"元进会当反噬,不如杀之。"泰曰:"汝有大决。"乃召元进等入计事,泰曰:"陇贼逆乱,当与诸人戮力讨之,诸人似有不同者,何也?"祐即被甲持刀直入,瞋目谓诸将曰:"朝谋夕异,何以为人! 今日必断奸人首!"举坐皆叩头曰:"愿有所择。"祐乃叱元进,斩之,并诛其党,因与诸将同盟讨悦。泰谓祐曰:"吾今以尔为子,尔其以我为父乎?"

泰与帐下轻骑驰赴平凉,令〔社〕〔杜〕朔周帅众先据弹筝峡。时民间惶惧,逃散者多,军士争欲掠之,朔周曰:"宇文公方伐罪吊民,奈何助贼为虐乎!"抚而遣之,远近悦附,泰闻而嘉之。朔周本姓赫连,曾祖库多汗避难改焉,泰命复其旧姓,名之曰达。

丞相欢使侯景招抚岳众,泰至安定,遇之,谓曰:"贺拔公虽死,宇文泰尚存,卿何为者?"景失色曰:"我犹箭耳,唯人所射。"遂还。泰至平凉,哭岳甚恸,将士皆悲喜。

欢复使侯景与散骑常侍代郡张华原、义宁太守太安王基劳泰,泰不受,欲劫留之,曰:"留则共享富贵,不然,命在今日。"华原曰:"明公欲胁使者以死亡,此非华原所惧也。"泰乃遣之。基还,言"泰雄杰,请及其未定击灭之"。欢曰:"卿不见贺拔、侯莫陈乎,吾当以计拱手取之。"

魏主闻岳死,遣武卫将军元毗慰劳岳军,召还洛阳,并召侯莫陈悦。毗至平凉,军中已奉宇文泰为主。悦既附丞相欢,不肯应召。泰因元毗上表称:"臣岳忽罹非命,都督寇洛等令臣权掌军事。奉诏召岳军入京,今高欢之众已至河东,侯莫陈悦犹在水洛,士卒多是西人,顾恋乡邑,若逼令赴阙,悦蹑其后,欢邀其前,恐败国殄民,所损更甚。乞少赐停缓,徐事诱导,渐就东引。"魏主乃以泰为大都督,即统岳军。

初,岳以东雍州刺史李虎为左厢大都督,岳死,虎奔荆州,说贺拔胜使收岳众,胜不从。虎闻宇文泰代岳统众,乃自荆州还赴之,至阌乡,为丞相欢别将所获,送洛阳。魏主方谋取关中,得虎甚喜,拜卫将军,厚赐之,使就泰。虎,歆之玄孙也。

泰与悦书,责以"贺拔公有大功于朝廷。君名微行薄,贺拔公荐君为陇右行台。又高氏专权,君与贺拔公同受密旨,屡结盟约,而君党附国贼,共危宗庙,口血未干,匕首已发。今吾与君皆受诏还阙,今日进退,唯君是视。君若下陇东迈,吾亦自北道同归。若首鼠两端,吾则指日相见。"

魏主问泰以安秦、陇之策,泰表言:"宜召悦授以内官,或处以瓜、凉一藩。不然,终为后患。"

原州刺史史归,素为贺拔岳所亲任,河曲之变,反为悦守。悦遣其党王伯和、成次安将兵二千助归镇原州,泰遣都督侯莫陈崇帅轻骑一千袭之。崇乘夜将十骑直抵城下,余众皆伏于近路,归见骑少,不设备。崇即入,据城门,高平令陇西李贤及弟远穆在城中,为崇内应。于是中外鼓噪,伏兵悉起,遂擒归及次安、伯和等归于平凉。泰表崇行原州事。三月,泰引兵击悦,至原州,众军毕集。

夏,四月,癸丑朔,日有食之。

魏南秦州刺史陇西李弼说侯莫陈悦曰:"贺拔公无罪而公害之,又不抚纳其众,今奉宇文夏州以来,声言为主报仇,此其势不可敌也,宜解兵谢之。不然,必及祸。"悦不从。

宇文泰引兵上陇,留兄子导为都督,镇原州。泰军令严肃,秋毫无犯,百姓大悦。军出木狭关,雪深二尺,泰倍道兼行,出其不意。悦闻之,退保略阳,留万人守水洛。泰至,水洛即降。泰遣轻骑数百趣略阳,悦退保上邽,召李弼与之拒泰。弼知悦必败,阴遣使诣泰,请为内应。悦弃州城,南保山险,弼谓所部曰:"侯莫陈公欲还秦州,汝辈何不装束?"弼妻,悦之姨也,众咸信之,争趣上邽。弼先据城门以安集之,遂举城降泰,泰即以弼为秦州刺史。其夜,悦出军将战,军自惊溃。悦性猜忌,既败,不听左右近己,与其二弟并子及谋杀岳者七八人弃军进走。数日之中,槃桓往来,不知所趣。左右劝向灵州依曹泥,悦从之,自乘骡,令左右皆步从,欲自山中趣灵州。宇文泰使原州都督贺拔颖追之,悦望见追骑,缢死于野。

泰入上邽,引薛憕为记室参军。收悦府库,财物山积,泰秋毫不取,皆以赏士卒。左右窃一银瓮以归,泰知而罪之,即剖赐将士。

悦党豳州刺史孙定儿据州不下,有众数万,泰遣都督中山刘亮袭之。定儿以大军远,不为备。亮先竖一纛于近城高岭,自将二十骑驰入城。定儿方置酒,众猝见亮至,骇愕,不知所为,亮麾兵斩定儿,遥指城外纛,命二骑曰:"出召大军!"城中皆慑服,莫敢动。

先是,故氐王杨绍先乘魏乱逃归武兴,复称王。凉州刺史李叔仁为其民所执,氐、羌、吐谷浑所在蜂起,自南岐至瓜、鄯,跨州据郡者不可胜数。宇文泰令李弼镇原州,夏州刺史拔也恶蚝镇南秦州,渭州刺史叱朱浑元镇渭州,卫将军赵贵行秦州事,征豳、泾、东秦、岐四州之粟以给军。杨绍先惧,称藩,送妻子为质。

夏州长史于谨言于泰曰:"明公据关中险固之地,将士骁勇,土地膏腴。今天子在洛,迫于群凶,若陈明公之恳诚,算时事之利害,请据关右,挟天子以令诸侯,奉王命以讨暴乱,此桓、文之业,千载一时也。"泰善之。

丞相欢闻泰定秦、陇,遣使甘言厚礼以结之,泰不受,封其书,使都督济北张轨献于魏主。斛斯椿问轨曰:"高欢逆谋,行路皆知之,人情所恃,唯在西方,未知宇文何如贺拔?"轨曰:"宇文公文足经国,武能定乱。"椿曰:"诚如君言,真可恃也。"

魏主命泰发二千骑镇东雍州,助为势援,仍命泰稍引军而东。泰以大都督武川梁御为雍州刺史,使将步骑五千前行。先是,丞相欢遣其都督太安韩轨将兵一万据蒲反以救侯莫陈悦,雍州刺史贾显度以舟迎之。梁御见显度,说使从泰,显度即出迎御,御入据长安。魏主以泰为侍中、骠骑大将军、开府仪同三司、关西大都督、略阳县公,承制封拜。泰乃以寇洛为泾州刺史,李弼为秦州刺史,前略阳太守张献为南岐州刺史。南岐州刺史卢待伯不受代,泰遣轻骑袭而擒之。

侍中封隆之言于丞相欢曰:"斛斯椿等今在京师,必构祸乱。"隆之与仆射孙腾争尚魏主妹平原公主,公主归隆之,腾泄其言于椿,椿以白帝。隆之惧,逃还乡里,欢召隆之诣晋阳。会腾带仗入省,擅杀御史,惧罪,亦逃就欢。领军娄昭辞疾归晋阳。帝以斛斯椿兼领军,改置都督及河南、关西诸刺史。华山王鸷在徐州,欢使大都督邸珍夺其管钥。建州刺史韩贤,济州刺史蔡儁,皆欢党也,帝省建州以去贤,使御史举儁罪,以汝阳王叔昭代之。欢上言:"儁勋重,不可解夺;汝阳懿德,当受大藩;臣弟永宝,猥任定州,宜避贤路。"帝不听。五月,丙子,魏主增置勋府庶子,厢别六百人,又增骑官,厢别二百人。

魏主欲伐晋阳,辛卯,下诏戒严,云欲自将伐梁。发河南诸州兵,大阅于洛阳,南临洛水,北际邙山,帝戎服与斛斯椿临观之。六月,丁巳,魏主密诏丞相欢,称"宇文黑獭、贺拔胜颇有异志,故假称南伐,潜为之备,王亦宜共为形援。读讫燔之"。欢表以为:"荆、雍将有逆谋,臣今潜勒兵马三万,自河东渡,又遣恒州刺史库狄干等将兵四万自来违津渡,领军将军娄昭等将兵五万以讨荆州,冀州刺史尉景等将山东兵七万、突骑五万以讨江左,皆勒所部,伏听处分。"帝知欢觉其变,乃出欢表,命群臣议之,欲止欢军。欢亦集并州僚佐共议,还以表闻,仍云:"臣为壁佞所间,陛下一旦赐疑。臣若敢负陛下,使身受天殃,子孙殄绝。陛下若垂信赤心,使干戈不动,佞臣一二人愿斟量废出。"

丁卯,帝使大都督源子恭守阳胡,汝阳王暹守石济,又以仪同三司贾显智为济州刺史,帅豫州刺史斛斯元寿东趣济州。元寿,椿之弟也。蔡儁不受代,帝愈怒。辛未,帝复录洛中文武议意以答欢,且使舍人温子昇为敕赐欢曰:"朕不劳尺刃,坐为天子,所谓生我者父母,贵我者高王。今若无事背王,规相攻讨,则使身及子孙,还如王誓。近虑宇文为乱,贺拔应之,故戒严,欲与王俱为声援。今观其所为,更无异迹。东南不宾,为日已久,今天下户口减半,未宜穷兵极武。朕既暗昧,不知佞人为谁。顷高乾之死,岂独朕意!王忽对昂言兄枉死,人之耳目何易可轻!如闻库狄干语王云:'本欲取懦弱者为主,无事立此长君,使其不可驾御。今但作十五日行,自可废之,更立余者。'如此议论,自是王间勋人,岂出佞臣之口。去岁封隆之叛,今年孙腾逃去,不罪不送,谁不怪王!王若事君尽诚,何不斩送二首?王虽启云'西去',而四道俱进,或欲南度洛阳,或欲东临江左,言之者犹应自怪,闻之者宁能不疑?王若晏然居北,在此虽有百万之众,终无图彼之心。王若举旗南指,纵无匹马只轮,犹欲奋空拳而争死。朕本寡德,王已立之,百姓无知,或谓实可。若为他人所图,则彰朕之恶,假令还为王杀,幽辱鱼粉,了无遗恨。本望君臣一体,若合符契,不图今日分疏至此。"

中军将军王思政言于魏主曰:"高欢之心,昭然可知。洛阳非用武之地,宇文泰乃心王室,今往就之,还复旧京,何虑不克?"帝深然之,遣散骑侍郎河东柳庆见泰于高平,共论时事。泰请奉迎舆驾,庆复命帝复私谓庆曰:"朕欲向荆州,何如?"庆曰:"关中形胜,宇文泰才略可依。荆州地非要害,南迫梁寇,臣愚未见其可。"帝又问阁内都督宇文显和,显和亦劝帝西幸。时帝广征州郡兵,东郡太守河东裴侠帅所部诣洛阳,王思政问曰:"今权臣擅命,王室日卑,奈何?"侠曰:"宇文泰为三军所推,居百二之地,所谓已操戈矛,宁肯授人以柄?虽欲投之,恐无异避汤入火也。"思政曰:"然则如何而可?"侠曰:"图欢有立至之忧,西巡有将来之虑,且至关右,徐思其宜耳。"思政然之,乃进侠于帝,授左中郎将。

初,丞相欢以为洛阳久经丧乱,欲迁都于邺,帝曰:"高祖定鼎河、洛,为万世之基。王既功存社稷,宜遵太和旧事。"欢乃止。至是复谋迁都,遣三千骑镇建兴,益河东及济州兵,拥诸州和籴粟,悉运入邺城。帝又敕欢曰:"王若厌伏人情,杜绝物议,唯有归河东之兵,罢建兴之戍,送相州之粟,追济州之军,使蔡儁受代,邸珍出徐,止戈散马,各事家业,脱须粮廪,别遣转输。则谗人结舌,疑悔不生,王高枕太原,朕垂拱京洛矣。王若马首南向,问鼎轻重,朕虽不武,为社稷宗庙之计,欲止不能。决在于王,非朕能定,为山止篑,相为惜之。"欢上表极言宇文泰、斛斯椿罪恶。

帝以广宁太守广宁任祥兼尚书左仆射加开府仪同三司,祥弃官走,渡河,据郡待欢。帝乃敕文武官北来者任其去留,遂下制书数欢咎恶,召贺拔胜赴行在所。胜以问太保掾范阳卢柔,柔曰:"高欢悖逆,公席卷赴都,与决胜负,死生以之,上策也。北阻鲁阳,南并旧楚,东连兖、豫,西引关中,带甲百万,观衅而动,中策也。举三荆之地,庇身于梁,功名皆去,下策也。"胜笑而不应。

帝以宇文泰兼尚书仆射,为关西大行台,许妻以冯翊长公主,谓泰帐内都督秦郡杨荐曰:"卿归语行台,遣骑迎我。"以荐为直阁将军。泰以前秦州刺史骆超为大都督,将轻骑一千赴洛,又遣荐与长史宇文测出关候接。

丞相欢召其弟定州刺史琛使守晋阳,命长史崔暹佐之。暹,挺之族孙也。欢勒兵南出,告其众曰:"孤以尔朱擅命,建大义于海内,奉戴主上,诚贯幽明,横为斛斯椿谗构,以忠为逆,今者南迈,诛椿而已。"以高敖曹为前锋。宇文泰亦移檄州郡,数欢罪恶,自将大军发高平,前军屯弘农。贺拔胜军于汝水。

秋,七月,己丑,魏主亲勒兵十余万屯河桥,以斛斯椿为前驱,陈于邙山之北。椿请帅精骑二千夜度河掩其劳弊,帝始然之。黄门侍郎杨宽说帝曰:"高欢以臣伐君,何所不至! 今假兵于人,恐生它变。椿若度河,万一有功,是灭一高欢,生一高欢矣。"帝遂敕椿停行,椿叹曰:"顷荧惑入南斗,今上信左右间构,不用吾计,岂天道乎!"宇文泰闻之,谓左右曰:"高欢数日行八九百里,此兵家所忌,当乘便击之。而主上以万乘之重,不能度河决战,方缘津据守。且长河万里,捍御为难,若一处得度,大事去矣。"即以大都督赵贵为别道行台,自蒲坂济,趣并州,遣大都督李贤将精骑一千赴洛阳。

帝使斛斯椿与行台长孙稚、大都督颍川王斌之镇虎牢,行台长孙子彦镇陕,贾显智、斛斯元寿镇滑台。斌之,鉴之弟;子彦,稚之子也。欢使相州刺史窦泰趣滑台,建州刺史韩贤趣石济。窦泰与显智遇于长寿津,显智阴约降于欢,引军退。军司元玄觉之,驰还,请益师,帝遣大都督侯几绍赴之,战于滑台东,显智以军降,绍战死。北中郎将田怙为欢内应,欢潜军至野王,帝知之,斩怙。欢至河北十余里,再遣使口申诚款,帝不报。丙午,欢引军度河。

魏主问计于群臣，或欲奔梁，或云南依贺拔胜，或云西就关中，或云守洛口死战，计未决。元斌之与斛斯椿争权，弃椿还，绐帝云："高欢兵已至。"丁未，帝遣使召椿还，遂帅南阳王宝炬、清河王亶、广阳王湛以五千骑宿于瀍西，南阳王别舍沙门惠臻负玺持千牛刀以从。众知帝将西出，其夜，亡者过半，亶、湛亦逃归。湛，深之子也。武卫将军雲中独孤信单骑追帝，帝叹曰："将军辞父母、捐妻子而来，'世乱识忠臣'，岂虚言也！"戊申，帝西奔长安，李贤遇帝于崤中。己酉，欢入洛阳，舍于永宁寺，遣领军娄昭等追帝，请帝东还。长孙子彦不能守陕，弃城走。高敖曹帅劲骑追帝至陕西，不及。帝鞭马长骛，糗浆乏绝，三二日间，从官唯饮涧水。至湖城，有王思村民以麦饭壶浆献帝，帝悦，复一村十年。至稠桑，潼关大都督毛鸿宾迎献酒食，从官始解饥渴。

八月，甲寅，丞相欢集百官谓曰："为臣奉主，匡救危乱，若处不谏争，出不陪从，缓则耽宠争荣，急则委之逃窜，臣节安在？"众莫能对。兼尚书左仆射辛雄曰："主上与近习图事，雄等不得预闻。及乘舆西幸，若即追随，恐迹同佞党；留待大王，又以不从蒙责，雄等进退无所逃罪。"欢曰："卿等备位大臣，当以身报国，群佞用事，卿等尝有一言谏争乎？使国家之事一朝至此，罪欲何归！"乃收雄及开府仪同三司叱列延庆、兼吏部尚书崔孝芬、都官尚书刘廞、兼度支尚书天水杨机、散骑常侍元士弼，皆杀之。孝芬子司徒从事中郎猷间行入关，魏主使以本官奏门下事。欢推司徒清河王亶为大司马，承制决事，居尚书省。

宇文泰使赵贵、梁御帅甲骑二千奉迎，帝循河西行，谓御曰："此水东流，而朕西上，若得复见洛阳，亲谒陵庙，卿等功也。"帝及左右皆流涕。泰备仪卫迎帝，谒见于东阳驿，免冠流涕曰："臣不能式遏寇虐，使乘舆播迁，臣之罪也。"帝曰："公之忠节，著于遐迩。朕以不德，负乘致寇，今日相见，深用厚颜。方以社稷委公，公其勉之。"将士皆呼万岁。遂入长安，以雍州廨舍为宫，大赦。以泰为大将军、雍州刺史，兼尚书令，军国之政，咸取决焉。别置二尚书，分掌机事，以行台尚书毛遐、周惠达为之。时军国草创，二人积粮储，治器械，简士马，魏朝赖之。泰尚冯翊长公主，拜驸马都尉。

先是，荧惑入南斗，去而复还，留止六旬。上以谚云"荧惑入南斗，天子下殿走"，乃跣而下殿以禳之，及闻魏主西奔，惭曰："虏亦应天象邪？"

己未，武兴王杨绍先为秦、南秦二州刺史。

辛酉，魏丞相欢自追迎魏主。戊辰，清河王亶下制大赦。欢至弘农，九月，癸巳，使行台仆射元子思帅侍官迎帝。己酉，攻潼关，克之，擒毛鸿宾。进屯华阴长城，龙门都督薛崇礼以城降欢。

贺拔胜使长史元颖行荆州事，守南阳，自帅所部西赴关中。至淅阳，闻欢已屯华阴,欲还,行台左丞崔谦曰:"今帝室颠覆,主上蒙尘,公宜倍道兼行,朝于行在,然后与宇文行台同心勠力,唱举大义,天下孰不望风响应!今舍此而退,恐人人解体,一失事机,后悔何及!"胜不能用,遂还。

欢退屯河东,使行台尚书长史薛瑜守潼关,大都督库狄温守封陵。筑城于蒲津西岸,以薛绍宗为华州刺史,使守之。以高敖曹行豫州事。

欢自发晋阳,至是凡四十启,魏主皆不报。欢乃东还,遣行台侯景等引兵向荆州,荆州民邓诞等执元颖以应景。贺拔胜至,景逆击之,胜兵败,帅数百骑来奔。

魏主之在洛阳也,密遣阁内都督河南赵刚召东荆州刺史冯景昭帅兵入援,兵未及发,魏主西入关。景昭集府中文武议所从,司马冯道和请据州待北方处分。刚曰:"公宜勒兵赴行在所。"久之,更无言者。刚抽刀投地曰:"公若欲为忠臣,请斩道和;如欲从贼,可速见杀!"景昭感悟,即帅众赴关中。侯景引兵逼穰城,东荆州民杨祖欢等起兵应之,以其众邀景昭于路,景昭战败,刚没蛮中。

冬,十月,丞相欢至洛阳,又遣僧道荣奉表于孝武帝曰:"陛下若远赐一制,许还京洛,臣当帅勒文武,式清宫禁。若返正无日,则七庙不可无主,万国须有所归,臣宁负陛下,不负社稷。"帝亦不答。欢乃集百官耆老,议所立。时清河王亶出入已称警跸,欢丑之,乃托以"孝昌以来,昭穆失序,永安以孝文为伯考,永熙迁孝明于夹室,业丧祚短,职此之由"。遂立清河世子善见为帝,谓亶曰:"欲立王,不如立王之子。"亶不自安,轻骑南走,欢追还之。丙寅,孝静帝即位于城东北,时年十一。大赦,改元天平。

魏宇文泰进军攻潼关,斩薛瑜,虏其卒七千人,还长安,进位大丞相。东魏行台薛修义等度河据杨氏壁,魏司空参军河东薛端纠帅村民击却东魏兵,复取杨氏。丞相泰遣南汾州刺史苏景恕镇之。

丁卯,以信武将军元庆和为镇北将军,帅众伐东魏。

初,魏孝武帝既与丞相欢有隙,齐州刺史侯渊、兖州刺史樊子鹄、青州刺史东莱王贵平阴相连结,以观时变,渊亦遣使通于欢所。及孝武帝入关,清河王亶承制,以汝阳王暹为齐州刺史。暹至城西,渊不时纳。城民刘桃符等潜引暹入城,渊帅骑出走,妻子部曲悉为暹所虏。行及广里,会承制以渊行青州事。欢遗渊书曰:"卿勿以部曲单少,惮于东行。齐人浇薄,唯利是从,齐州尚能迎汝阳王,青州岂不能开门待卿也。"渊乃复东,暹归其妻子部曲。贵平亦不受代,渊袭高阳郡,克之,置累重于城中,自帅轻骑游掠于外。贵平使其世子帅众攻高阳,渊夜趣东阳,见州民馈粮者,绐之曰:"台军已至,杀戮殆尽。我世子之人也,脱走还城,汝何为复往?"闻者皆弃粮走。比晓,复谓行人曰:"台军昨夜已至高阳,我是前锋,今至此,不知侯公竟在何所?"城民恟惧,遂执贵平出降。戊辰,渊斩贵平,传首洛阳。

庚午,东魏以赵郡王谌为大司马,咸阳王坦为太尉,开府仪同三司高盛为司徒,高敖曹为司空。坦,树之弟也。

丞相欢以洛阳西逼西魏,南近梁境,乃议迁邺,书下三日即行。丙子,东魏主发洛阳,四十万户狼狈就道。收百官马,尚书丞郎已上非陪从者,尽令乘驴。欢留后部分,事毕,还晋阳。改司州为洛州,以尚书令元弼为洛州刺史,镇洛阳。以行台尚书司马子如为尚书左仆射,与右仆射高隆之、侍中高岳、孙腾留邺,共知朝政。诏以迁民赀产未立,出粟一百三十万石以赈之。

十一月,兖州刺史樊子鹄据瑕丘以拒东魏,南青州刺史大野拔帅众就之。

庚寅,东魏主至邺,居北城相州之廨,改相州刺史为司州牧,魏郡太守为魏尹。是时,六坊之众从孝武帝西行者不及万人,馀皆北徙,并给常廪,春秋赐帛以供衣服,乃于常调之外,随丰稔之处,折绢籴粟以供国用。

十二月,魏丞相泰遣仪同李虎、李弼、赵贵击曹泥于灵州。

闰月,元庆和克濑乡而据之。

魏孝武帝闺门无礼,从妹不嫁者三人,皆封公主。平原公主明月,南阳王宝炬之同产也,从帝入关,丞相泰使元氏诸王取明月杀之。帝不悦,或时弯弓,或时椎案,由是复与泰有隙。癸巳,帝饮酒遇鸩而殂。泰与群臣议所立,多举广平王赞。赞,孝武之兄子也。侍中濮阳王顺,于别室垂涕谓泰曰:"高欢逼逐先帝,立幼主以专权,明公宜反其所为。广平冲幼,不如立长君而奉之。"泰乃奉太宰南阳王宝炬而立。顺,素之曾孙也。殡孝武帝于草堂佛寺。谏议大夫宋球恸哭呕血,浆粒不入口者数日,泰以其名儒,不之罪也。

魏贺拔胜之在荆州也,表武卫将军独孤信为大都督。东魏既取荆州,魏以信为都督三荆州诸军事、尚书右仆射、东南道行台、大都督、荆州刺史以招怀之。

蛮酋樊五能攻破淅阳郡以应魏,东魏西荆州刺史辛纂欲讨之,行台郎中李广谏曰:"淅阳四面无民,唯一城之地,山路深险,表里群蛮。今少遣兵,则不能制贼;多遣,则根本虚弱。脱不如意,大挫威名,人情一去,州城难保。"纂曰:"岂可纵贼不讨!"广曰:"今所忧在心腹,何暇治疥癣!闻台军不久应至,公但约勒属城,使完垒抚民以待之,虽失淅阳,不足惜也。"纂不从,遣兵攻之,兵败,诸将因亡不返。

城民密召独孤信。信至武陶,东魏遣恒农太守田八能帅群蛮拒信于淅阳,又遣都督张齐民以步骑三千出信之后。信谓其众曰:"今士卒不满千人,首尾受敌,若还击齐民,则土民谓我退走,必争来邀我。不如进击八能,破之,齐民自溃矣。"

遂击破八能,乘胜袭穰城。辛纂勒兵出战,大败,还趣城。门未及阖,信令都督武川杨忠为前驱,忠叱门者曰:"大军已至,城中有应,尔等求生,何不避走!"门者皆散。忠帅众入城,斩纂以徇,城中慑服。信分兵定三荆。居半岁,东魏高敖曹、侯景将兵奄至城下,信兵少不敌,与杨忠皆来奔。

资治通鉴卷第一百五十七

端明殿学士兼翰林侍读学士朝散大夫右谏议大夫充集贤殿修撰提举西京嵩山崇福宫上柱国河内郡开国侯食邑一千八百户食实封六百户赐紫金鱼袋臣 司马光 奉敕编集

梁纪十三 起旃蒙单阏(乙卯),尽强圉大荒落(丁巳),凡三年。

高祖武皇帝十三

大同元年(乙卯、535)

春,正月,戊申朔,大赦,改元。

是日,魏文帝即位于城西,大赦,改元大统。追尊父京兆王为文景皇帝,姒杨氏为皇后。

魏渭州刺史可朱浑道元先附侯莫陈悦,悦死,丞相泰攻之,不能克,与盟而罢。道元世居怀朔,与东魏丞相欢善,又母兄皆在邺,由是常与欢通。泰欲击之,道元帅所部三千户西北度乌兰津抵灵州,灵州刺史曹泥资送至雲州。欢闻之,遣资粮迎候,拜车骑大将军。

道元至晋阳,欢始闻孝武帝之丧,启请举哀制服。东魏主使群臣议之,太学博士潘崇和以为:"君遇臣不以礼则无反服,是以汤之民不哭桀,周武之民不服纣。"国子博士卫既隆、李同轨议以为:"高后于永熙离绝未彰,宜为之服。"东魏从之。

魏骁骑大将军、仪同三司李虎等招谕费也头之众,与之共攻灵州,凡四旬,曹泥请降。

己酉,魏进丞相略阳公泰为都督中外诸军、录尚书事、大行台,封安定王。泰固辞王爵及录尚书,乃封安定公。以尚书令斛斯椿为太保,广平王赞为司徒。

乙卯,魏主立妃乙弗氏为皇后,子钦为皇太子。后仁恕节俭,不妒忌,帝甚重之。

稽胡刘蠡升,自孝昌以来,自称天子,改元神嘉,居雲阳谷,魏之边境常被其患,谓之"胡荒"。壬戌,东魏丞相欢袭击,大破之。

勃海世子澄通于欢姜郑氏,欢归,一婢告之,二婢为证。欢杖澄一百而幽之,娄妃亦隔绝不得见。欢纳魏敬宗之后尔朱氏,有宠,生子浟,欢欲立之。澄求救于司马子如。子如入见欢,伪为不知者,请见娄妃。欢告其故。子如曰:"消难亦通子如妾,此事正可掩覆。妃是王结发妇,常以父母家财奉王,王在怀朔被杖,背无完皮,妃昼夜供侍。后避葛贼,同走并州,贫困,妃然马矢自作靴,恩义何可忘也? 夫妇相宜,女配至尊,男承大业。且娄领军之勋,何宜摇动? 一女子如草芥,况婢言不必信邪。"欢因使子如更鞫之。子如见澄,尤之曰:"男儿何意畏威自诬?"因教二婢反其辞,胁告者自缢,乃启欢曰:"果虚言也。"欢大悦,召娄妃及澄。妃遥见欢,一步一叩头,澄且拜且进,父子、夫妇相泣,复如初。欢置酒曰:"全我父子者,司马子如也。"赐之黄金百三十斤。

甲子,魏以广陵王欣为太傅,仪同三司万俟寿洛干为司空。

己巳,东魏以丞相欢为相国,假黄钺,殊礼,固辞。

东魏大行台尚书司马子如帅大都督窦泰、太州刺史韩轨等攻潼关,魏丞相泰军于霸上。子如与轨回军,从蒲津宵济,攻华州。时修城未毕,梯倚城外,比晓,东魏人乘梯而入。刺史王罴卧未起,闻阁外匈匈有声,袒身露髻徒跣,持白梃大呼而出,东魏人见之惊却。罴逐至东门,左右稍集,合战,破之,子如等遂引去。

二月,辛巳,上祀明堂。

壬午,东魏以咸阳王坦为太傅,西河王悰为太尉。

东魏使尚书右仆射高隆之发十万夫撤洛阳宫殿,运其材入邺。

丁亥,上耕籍田。

东魏仪同三司娄昭等攻兖州,樊子鹄使前胶州刺史严思达守东平,昭攻拔之。遂引兵围瑕丘,久不下,昭以水灌城。己丑,大野拔见子鹄计事,因斩其首以降。始,子鹄以众少,悉驱老弱为兵,子鹄死,各散走。诸将劝娄昭尽捕诛之,昭曰:"此州不幸,横被残贼,跂望官军以救涂炭。今复诛之,民将谁诉!"皆舍之。

戊戌,司州刺史陈庆之伐东魏,与豫州刺史尧雄战,不利而还。

三月,辛酉,东魏以高盛为太尉,高敖曹为司徒,济阴王晖业为司空。

东魏丞相欢伪与刘蠡升约和,许以女妻其太子。蠡升不设备,欢举兵袭之。辛酉,蠡升北部王斩蠡升首以降。余众复立其子南海王,欢进击,擒之,俘其皇后、诸王、公卿以下四百余人,华、夷五万余户。

壬申,欢入朝于邺,以孝武帝后妻彭城王韶。

魏丞相泰以军旅未息,吏民劳弊,命所司斟酌古今可以便时适治者,为二十四条新制,奏行之。

泰用武功苏绰为行台郎中,居岁余,泰未之知也,而台中皆称其能,有疑事皆就决之。泰与仆射周惠达论事,惠达不能对,请出议之。出,以告绰,绰为之区处,惠达入白之,泰称善,曰:"谁与卿为此议者?"惠达以绰对,且称绰有王佐之才,泰乃擢绰为著作郎。泰与公卿如昆明池观渔,行至汉故仓池,顾问左右,莫有知者。泰召绰问之,具以状对。泰悦,因问天地造化之始,历代兴亡之迹,绰应对如流。泰与绰并马徐行至池,竟不设网罟而还。遂留绰至夜,问以政事,卧而听之。绰指陈为治之要,泰起,整衣危坐,不觉膝之前席,语遂达曙不厌。诘朝,谓周惠达曰:"苏绰真奇士,吾方任之以政。"即拜大行台左丞,参典机密,自是宠遇日隆。绰始制文案程式,朱出墨入,及计帐、户籍之法,后人多遵用之。

东魏以封延之为青州刺史,代侯渊。渊既失州任而惧,行及广川,遂反,夜,袭青州南郭,劫掠郡县。夏,四月,丞相欢使济州刺史蔡儁讨之。渊部下多叛,渊欲南奔,于道为卖浆者所斩,送首于邺。

元庆和攻东魏城父,丞相欢遣高敖曹帅三万人趣项,窦泰帅三万人趣城父,侯景帅三万人趣彭城,以任祥为东南道行台仆射,节度诸军。

五月,魏加丞相泰柱国。

元庆和引兵逼东魏南兖州,东魏洛川刺史韩贤拒之。六月,庆和攻南顿,豫州刺史尧雄破之。

秋,七月,甲戌,魏以开府仪同三司念贤为太尉,万俟寿洛干为司徒,开府仪同三司越勒肱为司空。

益州刺史鄱阳王范、南梁州刺史樊文炽合兵围晋寿,魏东益州刺史傅敬和来降。范,恢之子;敬和,竖眼之子也。

魏下诏数高欢二十罪,且曰:"朕将亲总六军,与丞相扫除凶丑。"欢亦移檄于魏,谓宇文黑獭、斛斯椿为逆徒,且言:"今分命诸将,领兵百万,刻期西讨。"

东魏遣行台元晏击元庆和。

或告东魏司空济阴王晖业与七兵尚书薛琡贰于魏,八月,辛卯,执送晋阳,皆免官。

甲午,东魏发民七万六千人作新宫于邺,使仆射高隆之与司空胄曹参军辛术共营之,筑邺南城周二十五里。术,琛之子也。

赵刚自蛮中往见东魏东荆州刺史赵郡李愍,劝令附魏,愍从之,刚由是得至长安。丞相泰以刚为左光禄大夫。刚说泰召贺拔胜、独孤信等于梁,泰使刚来请之。

九月,丁巳,东魏以开府仪同三司襄城王旭为司空。

冬,十月,魏太师上党文宣王长孙稚卒。

魏秦州刺史王超世,丞相泰之内兄也,骄而黩货,泰奏请加法,诏赐死。

十一月,丁未,侍中、中卫将军徐勉卒。勉虽骨鲠不及范云,亦不阿意苟合,故梁世言贤相者称范、徐云。

癸丑,东魏主祀圜丘。

甲午,东魏阊阖门灾。门之初成也,高隆之乘马远望,谓其匠曰:"西南独高一寸。"量之果然。太府卿任忻集自矜其巧,不肯改。隆之恨之,至是谮于丞相欢曰:"忻集潜通西魏,令人故烧之。"欢斩之。

北梁州刺史兰钦引兵攻南郑,魏梁州刺史元罗举州降。

东魏以丞相欢之子洋为骠骑大将军、开府仪同三司,封太原公。洋内明决而外如不慧,兄弟及众人皆嗤鄙之,独欢异之,谓长史薛琡曰:"此儿识虑过吾。"幼时,欢尝欲观诸子意识,使各治乱丝,洋独抽刀斩之,曰:"乱者必斩!"又各配兵四出,使都督彭乐帅甲骑伪攻之,兄澄等皆怖挠,洋独勒众与乐相格,乐免胄言情,犹擒之以献。

初,大行台右丞杨愔从兄岐州刺史幼卿,以直言为孝武帝所杀,愔同列郭秀害其能,恐之曰:"高王欲送卿于帝所。"愔惧,变姓名逃于田横岛。久之,欢闻其尚在,召为太原公开府司马,顷之,复为大行台右丞。

十二月,甲午,东魏文武官量事给禄。

魏以念贤为太傅,河州刺史梁景叡为太尉。

是岁,鄱阳妖贼鲜于琛改元上愿,有众万余人。鄱阳内史吴郡陆襄讨擒之,案治党与,无滥死者。民歌之曰:"鲜于平后善恶分,民无枉死赖陆君。"

柔然头兵可汗求婚于东魏,丞相欢以常山王妹为兰陵公主,妻之。柔然数侵魏,魏使中书舍人库狄峙奉使至柔然,与约和亲,由是柔然不复为寇。

二年(丙辰、536)

春,正月,辛亥,魏祀南郊,改用神元皇帝配。

甲子,东魏丞相欢自将万骑袭魏夏州,身不火食,四日而至,缚稍为梯,夜入其城,擒刺史斛拔俄弥突,因而用之。留都督张琼将兵镇守,迁其部落五千户以归。

魏灵州刺史曹泥与其婿凉州刺史普乐刘丰复叛降东魏,魏人围之,水灌其城,不没者四尺。东魏丞相欢发阿至罗三万骑径度灵州,绕出魏师之后,魏师退。欢帅骑迎泥及丰,拔其遗户五千以归,以丰为南汾州刺史。

东魏加丞相欢九锡,固让而止。

上为文帝作皇基寺以追福,命有司求良材。曲阿弘氏自湘州买巨材东下,南津校尉孟少卿欲求媚于上,诬弘氏为劫而杀之,没其材以为寺。

二月,乙亥,上耕藉田。

东魏勃海世子澄,年十五,为大行台、并州刺史,求入邺辅朝政,丞相欢不许。丞相主簿乐安孙搴为之请,乃许之。丁酉,以澄为尚书令,加领军、京畿大都督。魏朝虽闻其器识,犹以年少期之。既至,用法严峻,事无凝滞,中外震肃。引并州别驾崔暹为左丞、吏部郎,亲任之。

司马子如、高季式召孙搴剧饮,醉甚而卒。丞相欢亲临其丧。子如叩头请罪,欢曰:"卿折我右臂,为我求可代者。"子如举中书郎魏收,欢以收为主簿。收,子建之子也。它日,欢谓季式曰:"卿饮杀我孙主簿,魏收治文书不如我意。司徒尝称一人谨密者为谁?"季式以司徒记室广宗陈元康对,曰:"是能夜中暗书,快吏也。"召之,一见即授大丞相功曹,掌机密,迁大行台都官郎。时军国多务,元康问无不知。欢或出,临行,留元康在后,马上有所号令九十余条,元康屈指数之,尽能记忆。与功曹平原赵彦深同知机密,人谓之"陈、赵"。而元康势居赵前,性又柔谨,欢甚亲之,曰:"如此人诚难得,天赐我也。"彦深名隐,以字行。

东魏丞相欢令阿至罗逼魏秦州刺史万俟普,欢以众应之。

三月,戊申,丹杨陶弘景卒。弘景博学多艺能,好养生之术。仕齐为奉朝请,弃官,隐居茅山。上早与之游,及即位,恩礼甚笃,每得其书,焚香虔受。屡以手敕招之,弘景不出。国家每有吉凶征讨大事,无不先谘之,月中常有数信,时人谓之"山中宰相"。将没,为诗曰:"夷甫任散诞,平叔坐论空。岂悟昭阳殿,遂作单于宫!"时士大夫竞谈玄理,不习武事,故弘景诗及之。

甲寅,东魏以华山王鸷为大司马。

魏以凉州刺史李叔仁为司徒,万俟洛为太宰。

夏,四月,乙未,以骠骑大将军、开府同三司之仪元法僧为太尉。

尚书右丞考城江子四上封事,极言政治得失。五月,癸卯,诏曰:"古人有言,'屋漏在上,知之在下。'朕有过失,不能自觉。江子四等封事所言,尚书可时加检括,于民有蠹患者,宜速详启。"

戊辰,东魏高盛卒。

魏越勒肱卒。

魏秦州刺史万俟普与其子太宰洛、豳州刺史叱干宝乐、右卫将军破六韩常及督将三百人奔东魏,丞相泰轻骑追之,至河北千余里,不及而还。

秋,七月,庚子,东魏大赦。

上待魏降将贺拔胜等甚厚,胜请讨高欢,上不许。胜等思归,前荆州大都督抚宁史宁谓胜曰:"朱异言于梁主无不从,请厚结之。"胜从之。上许胜、宁及卢柔皆北还,亲饯之于南苑。胜怀上恩,自是见鸟兽南向者皆不射之。行至襄城,东魏丞相欢遣侯景以轻骑邀之,胜等弃舟自山路逃归,从者冻馁,道死者太半。既至长安,诣阙谢罪。魏主执胜手歔欷曰:"乘舆播越,天也,非卿之咎。"丞相泰引卢柔为从事中郎,与苏绰对掌机密。

九月,壬寅,东魏以定州刺史侯景兼尚书右仆射、南道行台,督诸将入寇。

魏以扶风王孚为司徒,斛斯椿为太傅。

冬,十月,乙亥,诏大举伐东魏。东魏侯景将兵七万寇楚州,虏刺史桓和,进军淮上。南、北司二州刺史陈庆之击破之,景弃辎重走。十一月,己亥,罢北伐之师。

魏复改始祖神元皇帝为太祖,道武皇帝为烈祖。

十二月,东魏以并州刺史尉景为太保。

壬申,东魏遣使请和,上许之。

东魏清河文宣王亶卒。

丁丑,东魏丞相欢督诸军伐魏,遣司徒高敖曹趣上洛,大都督窦泰趣潼关。

癸未,东魏以咸阳王坦为太师。

是岁,魏关中大饥,人相食,死者什七八。

三年(丁巳、537)

春,正月,上祀南郊,大赦。

东魏丞相欢军蒲坂,造三浮桥,欲度河。魏丞相泰军广阳,谓诸将曰:"贼掎吾三面,作浮桥以示必度,此欲缀吾军,使窦泰得西入耳。欢自起兵以来,窦泰常为前锋,其下多锐卒,屡胜而骄,今袭之,必克;克泰,则欢不战自走矣。"诸将皆曰:"贼在近,舍而袭远,脱有蹉跌,悔何及也!不如分兵御之。"丞相泰曰:"欢再攻潼关,吾军不出灞上。今大举而来,谓吾亦当自守,有轻我之心,乘此袭之,何患不克!贼虽作浮桥,未能径度,不过五日,吾取窦泰必矣。"行台左丞苏绰、中兵参军代人达奚武亦以为然。庚戌,丞相泰还长安,诸将意犹异同。丞相泰隐其计,以问族子直事郎中深,深曰:"窦泰,欢之骁将,今大军攻蒲坂,则欢拒守而泰救之,吾表里受敌,此危道也。不如选轻锐潜出小关,窦泰躁急,必来决战,欢持重未即救,我急击泰,必可擒也。擒泰则欢势自沮,回师击之,可以决胜。"丞相泰喜曰:"此吾心也。"乃声言欲保陇右。辛亥,谒魏主而潜军东出,癸丑旦,至小关。窦泰猝闻军至,自风陵度,丞相泰出马牧泽,击窦泰,大破之,士众皆尽,窦泰自杀,传首长安。丞相欢以河冰薄,不得赴救,撤浮桥而退,仪同代人薛孤延为殿,一日之中斫十五刀折,乃得免。丞相泰亦引军还。

高敖曹自商山转斗而进,所向无前,遂攻上洛。郡人泉岳及弟猛略与顺阳人杜窋等谋翻城应之,洛州刺史泉企知之,杀岳及猛略。杜窋走归敖曹,敖曹以为乡导而攻之。敖曹被流矢,通中者三,殒绝良久,复上马,免胄巡城。企固守旬余,二子元礼、仲遵力战拒之,仲遵伤目,不堪复战,城遂陷。企见敖曹曰:"吾力屈,非心服也。"敖曹以杜窋为洛州刺史。敖曹创甚,曰:"恨不见季式作刺史。"丞相欢闻之,即以高季式为济州刺史。

敖曹欲入蓝田关,欢使人告曰:"窦泰军没,人心恐动,宜速还,路险贼盛,拔身可也。"敖曹不忍弃众,力战,全军而还,以泉企、泉元礼自随,泉仲遵以伤重不行。企私戒二子曰:"吾余生无几,汝曹才器足以立功,勿以吾在东,遂亏臣节。"元礼于路逃还。泉、杜虽皆为土豪,乡人轻杜而重泉。元礼、仲遵阴结豪右,袭笼,杀之,魏以元礼世袭洛州刺史。

二月,丁亥,上耕藉田。

己丑,以尚书左仆射何敬容为中权将军,护军将军萧渊藻为左仆射,右仆射谢举为右光禄大夫。

魏槐里获神玺,大赦。

(二)〔三〕月,辛未,东魏迁七帝神主入新庙,大赦。

魏斛斯椿卒。

夏,五月,魏以广陵王欣为太宰,贺拔胜为太师。

六月,魏以扶风王孚为太保,梁景叡为太傅,广平王赞为太尉,开府仪同三司武川王盟为司空。

东魏丞相欢游汾阳之天池,得奇石,隐起成文曰"六王三川"。以问行台郎中阳休之,对曰:"六者,大王之字。王者,当王天下。河、洛、伊为三川,泾、渭、洛亦为三川。大王若受天命,终应奄有关、洛。"欢曰:"世人无事常言我反,况闻此乎?慎勿妄言。"休之,固之子也。行台郎中中山杜弼承间劝欢受禅,欢举杖击走之。

东魏遣兼散骑常侍李谐来聘,以吏部郎卢元明、通直侍郎李业兴副之。谐,平之孙;元明,昶之子也。秋,七月,谐等至建康,上引见,与语,应对如流。谐等出,上目送之,谓左右曰:"朕今日遇勍敌。卿辈常言北间全无人物,此等何自而来?"是时邺下言风流者,以谐及陇西李神俊、范阳卢元明、北海王元景、弘农杨遵彦、清河崔赡为首。神俊名挺,宝之孙;元景名昕,宪之曾孙也,皆以字行。赡,㥄之子也。

时南、北通好,务以俊乂相夸,衔命接客,必尽一时之选,无才地者不得与焉。每梁使至邺,邺下为之倾动,贵胜子弟盛饰聚观,礼赠优渥,馆门成市。宴日,高澄常使左右觇之,一言制胜,澄为之抃掌。魏使至建康亦然。

独孤信求还北,上许之。信父母皆在山东,上问信所适,信曰:"事君者不敢顾私亲而怀贰心。"上以为义,礼送甚厚。信与杨忠皆至长安,上书谢罪。魏以信有定三荆之功,迁骠骑大将军,加侍中、开府仪同三司,馀官爵如故。丞相泰爱杨忠之勇,留置帐下。

魏宇文深劝丞相泰取恒农。八月,丁丑,泰帅李弼等十二将伐东魏,以北雍州刺史于谨为前锋,攻盘豆,拔之。戊子,至恒农。庚寅,拔之,擒东魏陕州刺史李徽伯,俘其战士八千。

时河北诸城多附东魏,左丞杨檦自言父猛尝为邵郡白水令,知其豪杰,请往说之,以取邵郡,泰许之。檦乃与土豪王覆怜等举兵,收邵郡守程保及县令四人,斩之。表覆怜为郡守,遣谍说谕东魏城堡,旬月之间,归附甚众。东魏以东雍州刺史司马恭镇正平,司空从事中郎闻喜裴邃欲攻之,恭弃城走,泰以杨檦行正平郡事。

上修长干寺阿育王塔,出佛爪发舍利。辛卯,上幸寺,设无碍食,大赦。

九月,柔然为魏侵东魏三堆,丞相欢击之,柔然退走。

行台郎中杜弼以文武在位多贪污,言于丞相欢,请治之。欢曰:"弼来,我语尔。天下贪污,习俗已久。今督将家属多在关西,宇文黑獭常相招诱,人情去留未定。江东复有一吴翁萧衍,专事衣冠礼乐,中原士大夫望之以为正朔所在。我若急正纲纪,不相假借,恐督将尽归黑獭,士子悉奔萧衍,人物流散,何以为国?尔宜少待,吾不忘之。"

欢将出兵拒魏,杜弼请先除内贼。欢问内贼为谁,弼曰:"诸勋贵掠夺百姓者是也。"欢不应,使军士皆张弓注矢,举刀按矟,夹道罗列,命弼冒出其间,弼战栗流汗。欢乃徐谕之曰:"矢虽注不射,刀虽举不击,矟虽按不刺,尔犹亡魄失胆。诸勋人身犯锋镝,百死一生,虽或贪鄙,所取者大,岂可同之常人也!"弼乃顿首谢不及。

欢每号令军士,常令丞相属代郡张华原宣旨,其语鲜卑则曰:"汉民是汝奴,夫为汝耕,妇为汝织,输汝粟帛,令汝温饱,汝何为陵之?"其语华人则曰:"鲜卑是汝作客,得汝一斛粟、一匹绢,为汝击贼,令汝安宁,汝何为疾之?"

时鲜卑共轻华人,唯惮高敖曹。欢号令将士,常鲜卑语,敖曹在列,则为之华言。敖曹返自上洛,欢复以为军司、大都督,统七十六都督。以司空侯景为西道大行台,与敖曹及行台任祥、御史中尉刘贵、豫州刺史尧雄、冀州刺史万俟洛同治兵于虎牢。敖曹与北豫州刺史郑严祖握槊,贵召严祖,敖曹不时遣,枷其使者。使者曰:"枷则易,脱则难。"敖曹以刀就枷刖之,曰:"又何难!"贵不敢校。明日,贵与敖曹坐,外白治河役夫多溺死,贵曰:"一钱汉,随之死。"敖曹怒,拔刀斫贵。贵走出还营,敖曹鸣鼓会兵,欲攻之,侯景、万俟洛共解谕,久之乃止。敖曹尝诣相府,门者不纳,敖曹引弓射之,欢知而不责。

闰月,甲子,以武陵王纪为都督益、梁等十三州诸军事、益州刺史。

东魏丞相欢将兵二十万自壶口趣蒲津,使高敖曹将兵三万出河南。时关中饥,魏丞相泰所将将士不满万人,馆谷于恒农五十余日,闻欢将济河,乃引兵入关,高敖曹遂围恒农。魏右长史薛琡言于欢曰:"西贼连年饥馑,故冒死来入陕州,欲取仓粟。今敖曹已围陕城,粟不得出。但置兵诸道,勿与野战,比及麦秋,其民自应饿死,宝炬、黑獭何忧不降!愿勿度河。"侯景曰:"今兹举兵,形势极大,万一不捷,猝难收敛。不如分为二军,相继而进,前军若胜,后军全力,前军若败,后军承之。"欢不从,自蒲津济河。

丞相泰遣使戒华州刺史王罴,罴语使者曰:"老罴当道卧,貉子那得过!"欢至冯翊城下,谓罴曰:"何不早降?"罴大呼曰:"此城是王罴冢,死生在此,欲死者来!"欢知不可攻,乃涉洛,军于许原西。泰至渭南,征诸州兵,皆未会。欲进击欢,诸将以众寡不敌,请待欢更西,以观其势。泰曰:"欢若至长安,则人情大扰。今及其远来新至,可击也。"即造浮桥于渭,令军士赍三日粮,轻骑度渭,辎重自渭南夹渭而西。冬,十月,壬辰,泰至沙苑,距东魏军六十里。诸将皆惧,宇文深独贺。泰问其故,对曰:"欢镇抚河北,甚得众心,以此自守,未易可图。今悬师度河,非众所欲,独欢耻失窦泰,愎谏而来,所谓忿兵,可一战擒也。事理昭然,何为不贺!愿假深一节,发王罴之兵邀其走路,使无遗类。"泰遣须昌县公达奚武觇欢军,武从三骑,皆效欢将士衣服,日暮,去营数百步下马,潜听得其军号,因上马历营,若警夜者,有不如法,往往挞之,具知敌之情状而还。

欢闻泰至,癸巳,引兵会之。候骑告欢兵且至,泰召诸将谋之。开府仪同三司李弼曰:"彼众我寡,不可平地置陈,此东十里有渭曲,可先据以待之。"泰从之,背水东西为陈,李弼为右拒,赵贵为左拒,命将士皆偃戈于苇中,约闻鼓声而起。晡时,东魏兵至渭曲,都督太安斛律羌举曰:"黑獭举国而来,欲一死决,譬如猘狗,或能噬人。且渭曲苇深土泞,无所用力,不如缓与相持,密分精锐径掩长安,巢穴既倾,则黑獭不战成擒矣。"欢曰:"纵火焚之,何如?"侯景曰:"当生擒黑獭以示百姓,若众中烧死,谁复信之?"彭乐盛气请斗,曰:"我众贼寡,百人擒一,何忧不克!"欢从之。东魏兵望见魏兵少,争进击之,无复行列。兵将交,丞相泰鸣鼓,士皆奋起。于谨等六军与之合战,李弼等帅铁骑横击之,东魏兵中绝为二,遂大破之。李弼弟檦,身小而勇,每跃马陷陈,隐身鞍甲之中,敌见皆曰:"避此小儿。"泰叹曰:"胆决如此,何必八尺之躯!"征虏将军武川耿令贵杀伤多,甲裳尽赤,泰曰:"观其甲裳,足知令贵之勇,何必数级!"彭乐乘醉深入魏陈,魏人刺之,肠出,内之复战。丞相欢欲收兵更战,使张华原以簿历营点兵,莫有应者,还,白欢曰:"众尽去,营皆空矣。"欢犹未肯去。阜城侯斛律金曰:"众心离散,不可复用,宜急向河东。"欢据鞍未动,金以鞭拂马,乃驰去,夜,度河,船去岸远,欢跨橐驼就船,乃得度,丧甲士八万人,弃铠仗十有八万。丞相泰追欢至河上,选留甲士二万余人,余悉纵归。都督李穆曰:"高欢破胆矣,速追之,可获。"泰不听,还军渭南。所征之兵甫至,乃于战所人种柳一株,以旌武功。

侯景言于欢曰:"黑獭新胜而骄,必不为备,愿得精骑二万,径往取之。"欢以告娄妃,妃曰:"设如其言,景岂有还理?得黑獭而失景,何利之有!"欢乃止。

魏加丞相泰柱国大将军,李弼等十二将皆进爵增邑有差。

高敖曹闻欢败,释恒农,退保洛阳。

己酉,魏行台宫景寿等向洛阳,东魏洛州大都督韩贤击走之。州民韩木兰作乱,贤击破之。一贼匿尸间,贤自按检收铠仗,贼欻起斫之,断胫而卒。

魏复遣行台冯翊王季海与独孤信将步骑二万趣洛阳,洛州刺史李显趣三荆,贺拔胜、李弼围蒲坂。

东魏丞相欢之西伐也,蒲坂民敬珍谓其从祖兄祥曰:"高欢迫逐乘舆,天下忠义之士皆欲制刃于其腹。今又称兵西上,吾欲与兄起兵断其归路,此千载一时也。"祥从之,纠合乡里,数日,有众万余。会欢自沙苑败归,祥、珍帅众邀之,斩获甚众。贺拔胜、李弼至河东,祥、珍帅猗氏等六县十余万户归之,丞相泰以珍为平阳太守,祥为行台郎中。

东魏秦州刺史薛崇礼守蒲坂,别驾薛善,崇礼之族弟也,言于崇礼曰:"高欢有逐君之罪,善与兄忝衣冠绪余,世荷国恩,今大军已临,而犹为高氏固守,一旦城陷,函首送长安,署为逆贼,死有余愧。及今归款,犹为愈也。"崇礼犹豫不决。善与族人斩关纳魏师,崇礼出走,追获之。丞相泰进军蒲坂,略定汾、绛,凡薛氏预开城之谋者,皆赐五等爵。善曰:"背逆归顺,臣子常节,岂容阖门大小,俱叨封邑。"与其弟慎固辞不受。

东魏行晋州事封祖业弃城走,仪同三司薛脩义追至洪洞,说祖业还守,祖业不从。脩义还据晋州,安集固守。魏仪同三司长孙子彦引兵至城下,脩义开门伏甲以待之,子彦不测虚实,遂引走。丞相欢以脩义为晋州刺史。

独孤信至新安,高敖曹引兵北度河。信逼洛阳,洛州刺史广阳王湛弃城归邺,信遂据金墉城。孝武帝之西迁也,散骑常侍河东裴宽谓诸弟曰:"天子既西,吾不可以东附高氏。"帅家属逃于大石岭。独孤信入洛,乃出见之。时洛阳荒废,人士流散,唯河东柳虬在阳城,裴诹之在颍川,信俱征之,以虬为行台郎中,诹之为开府属。

东魏颍州长史贺若统执刺史田迄,举城降魏,魏都督梁回入据其城。前通直散骑侍郎郑伟起兵陈留,攻东魏梁州,执其刺史鹿永吉。前大司马从事中郎崔彦穆攻荥阳,执其太守苏淑,与广州长史刘志皆降于魏。伟,先护之子也。丞相泰以伟为北徐州刺史,彦穆为荥阳太守。

十一月,东魏行台任祥帅督将尧雄、赵育、是云宝攻颍川,丞相泰使大都督宇文贵、乐陵公辽西怡峰将步骑二千救之。军至阳翟,雄等军已去颍川三十里,祥帅众四万继其后。诸将咸以为"彼众我寡,不可争锋"。贵曰:"雄等谓吾兵少,必不敢进。彼与任祥合兵攻颍川,城必危矣。若贺若统陷没,吾辈坐此何为。今进据颍川,有城可守,又出其不意,破之必矣。"遂疾趋,据颍川,背城为陈以待。雄等至,合战,大破之。雄走,赵育请降,俘其士卒万余人,悉纵遣之。任祥闻雄败,不敢进。贵与怡峰乘胜逼之,祥退保宛陵,贵追及,击之,祥军大败。是云宝杀其阳州刺史那椿,以州降魏。魏以贵为开府仪同三司,是云宝、赵育为车骑大将军。

都督杜陵韦孝宽攻东魏豫州,拔之,执其行台冯邕。孝宽名叔裕,以字行。

丙子,东魏以骠骑大将军、仪同三司万俟普为太尉。

司农张乐皋等聘于东魏。

十二月,魏行台杨白驹与东魏阳州刺史段粲战于蓼坞,魏师败绩。

魏荆州刺史郭鸾攻东魏东荆州刺史清都慕容俨,俨昼夜拒战二百余日,乘间出击鸾,大破之。时河南诸州多失守,唯东荆获全。

河间邢磨纳、范阳卢仲礼、仲礼从弟仲裕等皆起兵海隅以应魏。

东魏济州刺史高季式有部曲千余人,马八百匹,铠仗皆备。濮阳民杜灵椿等为盗,聚众近万人,攻城剽野,季式遣骑三百,一战擒之,又击阳平贼路文徒等,悉平之,于是远近肃清。或谓季式曰:"濮阳、阳平乃畿内之郡,不奉诏命,又不侵境,何急而使私军远战? 万一失利,岂不获罪乎!"季式曰:"君何言之不忠也。我与国家同安共危,岂有见贼而不讨乎! 且贼知台军猝不能来,又不疑外州有兵击之,乘其无备,破之必矣。以此获罪,吾亦无恨。"

资治通鉴卷第一百五十八

端明殿学士兼翰林侍读学士朝散大夫右谏议大夫充集贤殿修撰提举西京嵩山崇福宫上柱国河内郡开国侯食邑一千八百户食实封六百户赐紫金鱼袋臣 司马光 奉敕编集

梁纪十四起著雍敦牂(戊午),尽阏逢困敦(甲子),凡七年。

高祖武皇帝十四

大同四年(戊午、538)

春,正月,辛酉朔,日有食之。

东魏砀郡获巨象,送邺。丁卯,大赦,改元元象。

二月,己亥,上耕藉田。

东魏大都督善无贺拔仁攻魏南汾州,刺史韦子粲降之,丞相泰灭子粲之族。东魏大行台侯景等治兵于虎牢,将复河南诸州,魏梁回、韦孝宽、赵继宗皆弃城西归。侯景攻广州,数旬未拔,闻魏救兵将至,集诸将议之。行洛州事卢勇请进观形势,乃帅百骑至大隗山,遇魏师。日已暮,勇多置幡旗于树颠,夜,分骑为十队,鸣角直前,擒魏仪同三司程华,斩仪同三司王征蛮而还。广州守将骆超遂以城降东魏,丞相欢以勇行广州事。勇,辩之从弟也。于是南汾、颍、豫、广四州复入东魏。

初,柔然头兵可汗始得返国,事魏尽礼。及永安以后,雄据北方,礼渐骄倨,虽信使不绝,不复称臣。头兵尝至洛阳,心慕中国,乃置侍中、黄门等官。后得魏汝阳王典签淳于覃,亲宠任事,以为秘书监,使典文翰。及两魏分裂,头兵转不逊,数为边患。魏丞相泰以新都关中,方有事山东,欲结婚以抚之,以舍人元翌女为化政公主,妻头兵弟塔寒。又言于魏主,请废乙弗后,纳头兵之女。甲辰,以乙弗后为尼,使扶风王孚迎头兵女为后。头兵遂留东魏使者元整,不报其使。

三月,辛酉,东魏丞相欢以沙苑之败,请解大丞相,诏许之。顷之,复故。

柔然送悼后于魏,车七百乘,马万匹,驼二千头。至黑盐池,遇魏所遣卤簿仪卫。柔然营幕,户席皆东向,扶风王孚请正南面,后曰:“我未见魏主,固柔然女也。魏仗南面,我自东向。”丙子,立皇后郁久闾氏。丁丑,大赦。以王盟为司徒。丞相泰朝于长安,还屯华州。

夏,四月,庚寅,东魏高欢朝于邺。壬辰,还晋阳。

五月,甲戌,东魏遣兼散骑常侍郑伯猷来聘。

秋,七月,东魏荆州刺史王则寇淮南。

癸亥,诏以东冶徒李胤之得如来舍利,大赦。

东魏侯景、高敖曹等围魏独孤信于金墉,太师欢帅大军继之。景悉烧洛阳内外官寺民居,存者什二三。魏主将如洛阳拜园陵,会信等告急,遂与丞相泰俱东,命尚书左仆射周惠达辅太子钦守长安,开府仪同三司李弼、车骑大将军达奚武帅千骑为前驱。

八月,庚寅,丞相泰至縠城,侯景等欲整陈以待其至,仪同三司太安莫多娄贷文请帅所部击其前锋,景固止之。贷文勇而专,不受命,与可朱浑道元以千骑前进。夜,遇李弼、达奚武于孝水。弼命军士鼓噪,曳柴扬尘,贷文走,弼追斩之,道元单骑获免,悉俘其众送恒农。

泰进军瀍东,侯景等夜解围去。辛卯,泰帅轻骑追景至河上,景为陈,北据河桥,南属邙山,与泰合战。泰马中流矢惊逸,遂失所之。泰坠地,东魏兵追及之,左右皆散,都督李穆下马,以策抶泰背骂曰:“笼东军士,尔曹主何在?而独留此!”追者不疑其贵人,舍之而过。穆以马授泰,与之俱逸。

魏兵复振,击东魏兵,大破之,东魏兵北走。京兆忠武公高敖曹,意轻泰,建旗盖以陵陈,魏人尽锐攻之,一军皆没,敖曹单骑走投河阳南城。守将北豫州刺史高永乐,欢之从祖兄子也,与敖曹有怨,闭门不受。敖曹仰呼求绳,不得,拔刀穿阆,未彻而追兵至。敖曹伏桥下,追者见其从奴持金带,问敖曹所在,奴指示之。敖曹知不免,奋头曰:“来!与汝开国公。”追者斩其首去。高欢闻之,如丧肝胆,杖高永乐二百,赠敖曹太师、大司马、太尉。泰赏杀敖曹者布绢万段,岁岁稍与之,比及周亡,犹未能足。魏又杀东魏西兖州刺史宋显等,虏甲士万五千人,赴河死者以万数。

初,欢以万俟普尊老,特礼之,尝亲扶上马。其子洛免冠稽首曰:“愿出死力,以报深恩。”及邙山之战,诸军北度桥,洛独勒兵不动,谓魏人曰:“万俟受洛干在此,能来可来也!”魏人畏之而去,欢名其所营地为回洛。

是日,东、西魏置陈既大,首尾悬远,从旦至未,战数十合,氛雾四塞,莫能相知。魏独孤信、李远居右,赵贵、怡峰居左,战并不利,又未知魏主及丞相泰所在,皆弃其卒先归。开府仪同三司李虎、念贤等为后军,见信等退,即与俱去。泰由是烧营而归,留仪同三司长孙子彦守金墉。

王思政下马,举长稍左右横击,一举辄踣数人。陷陈既深,从者尽死,思政被重创,闷绝,会日暮,敌亦收兵。思政每战常著破衣弊甲,敌不知其将帅,故得免。帐下督雷五安于战处哭求思政,会其已苏,割衣裹创,扶思政上马,夜久,始得还营。

平东将军蔡祐下马步斗,左右劝乘马以备仓猝,祐怒曰:"丞相爱我如子,今日岂惜生乎!"帅左右十余人合声大呼,击东魏兵,杀伤甚众。东魏人围之十余重,祐弯弓持满,四面拒之。东魏人募厚甲长刀者直进取之,去祐可三十步,左右劝射之,祐曰:"吾曹之命,在此一矢,岂可虚发!"将至十步,祐乃射之,应弦而倒,东魏兵稍却,祐徐引还。魏主至恒农,守将已弃城走,所虏降卒在恒农者相与闭门拒守,丞相泰攻拔之,诛其魁首数百人。蔡祐追及泰于恒农,夜,见泰,泰曰:"承先,尔来,吾无忧矣。"泰惊不得寝,枕祐股,然后安。祐每从泰战,常为士卒先,战还,诸将皆争功,祐终无所言。泰每叹曰:"承先口不言勋,我当代其论叙。"泰留王思政镇恒农,除侍中、东道行台。

魏之东伐也,关中留守兵少,前后所虏东魏士卒散在民间,闻魏兵败,谋作乱。李虎等至长安,计无所出,与太尉王盟、仆射周惠达等奉太子钦出屯渭北。百姓互相剽掠,关中大扰。于是沙苑所虏东魏都督赵青雀、雍州民于伏德等遂反。青雀据长安子城,伏德保咸阳,与咸阳太守慕容思庆各收降卒,以拒还兵。长安大城民相帅以拒青雀,日与之战。大都督侯莫陈顺击贼,屡破之,贼不敢出。顺,崇之兄也。

扶风公王罴镇河东,大开城门,悉召军士谓曰:"今闻大军失利,青雀作乱,诸人莫有固志。王罴受委于此,以死报恩。有能同心者,可共固守,必恐城陷,任自出城。"众感其言,皆无异志。

魏主留阌乡。丞相泰以士马疲弊,不可速进,且谓青雀等乌合,不能为患,曰:"我至长安,以轻骑临之,必当面缚。"通直散骑常侍吴郡陆通谏曰:"贼逆谋久定,必无迁善之心,蜂虿有毒,安可轻也。且贼诈言东寇将至,今若以轻骑临之,百姓谓为信然,益当惊扰。今军虽疲弊,精锐尚多,以明公之威,总大军以临之,何忧不克!"泰从之,引兵西入。父老见泰至,莫不悲喜,士女相贺。华州刺史宇文导引兵袭咸阳,斩思庆,擒伏德,南度渭,与泰会攻青雀,破之。太保梁景睿以疾留长安,与青雀通谋,泰杀之。

东魏太师欢自晋阳将七千骑至孟津,未济,闻魏师已遁,遂济河,遣别将追魏师至崤,不及而还。欢攻金墉,长孙子彦弃城走,焚城中室屋俱尽,欢毁金墉而还。

东魏之迁邺也,主客郎中裴让之留洛阳。独孤信之败也,让之弟诹之随丞相泰入关,为大行台仓曹郎中。欢囚让之兄弟五人,让之曰:"昔诸葛亮兄弟,事吴、蜀各尽其心,况让之老母在此,不忠不孝,必不为也。明公推诚待物,物亦归心,若用猜忌,去霸业远矣。"欢皆释之。

九月,魏主入长安,丞相泰还屯华州。

东魏大都督贺拔仁击邢磨纳、卢仲礼等,平之。

卢景裕本儒生,太师欢释之,召馆于家,使教诸子。景裕讲论精微,难者或相诋诃,大声厉色,言至不逊,而景裕神采俨然,风调如一,从容往复,无际可寻。性清静,历官屡有进退,无得失之色。弊衣粗食,恬然自安,终日端严,如对宾客。

冬,十月,魏归高敖曹、窦泰、莫多娄贷文之首于东魏。

散骑常侍刘孝仪等聘于东魏。

十二月,魏是云宝袭洛阳,东魏洛州刺史王元轨弃城走。都督赵刚袭广州,拔之。于是自襄、广已西城镇复为魏。

魏自正光以后,四方多事,民避赋役,多为僧尼,至二百万人,寺有三万余区。至是,东魏始诏“牧守、令长擅立寺者,计其功庸,以枉法论。”

初,魏伊川土豪李长寿为防蛮都督,积功至北华州刺史。孝武帝西迁,长寿帅其徒拒东魏,魏以长寿为广州刺史。侯景攻拔其壁,杀之。其子延孙复收集父兵以拒东魏,魏之贵臣广陵王欣、录尚书长孙稚等皆携家往依之,延孙资遣卫送,使达关中。东魏高欢患之,数遣兵攻延孙,不能克。魏以延孙为京南行台、节度河南诸军事、广州刺史。延孙以澄清伊、洛为己任,魏以延孙兵少,更以长寿之婿京兆韦法保为东洛州刺史,配兵数百以助之。法保名祐,以字行,既至,与延孙连兵置栅于伏流。独孤信之入洛阳也,欲缮修宫室,使外兵郎中天水权景宣帅徒兵三千出采运。会东魏兵至,河南皆叛,景宣间道西走,与李延孙相会,攻孔城,拔之,洛阳以南寻亦西附。丞相泰即留景宣守张白坞,节度东南诸军应关西者。是岁,延孙为其长史杨伯兰所杀,韦法保即引兵据延孙之栅。

东魏将段琛等据宜阳,遣阳州刺史牛道恒诱魏边民。魏南兖州刺史韦孝宽患之,乃诈为道恒与孝宽书,论归款之意,使谍人遗之于琛营,琛果疑道恒。孝宽乘其猜阻,出兵袭之,擒道恒及琛,崤、渑遂清。东道行台王思政以玉壁险要,请筑城,自恒农徙镇之,诏加都督汾、晋、并州诸军事、并州刺史,行台如故。

东魏以高澄摄吏部尚书,始改崔亮年劳之制,铨擢贤能。又沙汰尚书郎,妙选人地以充之。凡才名之士,虽未荐擢,皆引致门下,与之游宴、讲论、赋诗,士大夫以是称之。

五年(己未、539)

春,正月,乙卯,以尚书左仆射萧渊藻为中卫将军,丹杨尹何敬容为尚书令,吏部尚书张缵为仆射。缵,弘策之子也。自晋、宋以来,宰相皆以文义自逸,敬容独勤簿领,日旰不休,为时俗所嗤鄙。自徐勉、周舍既卒,当权要者,外朝则何敬容,内省则朱异。敬容质愚无文,以纲维为己任,异文华敏洽,曲营世誉,二人行异而俱得幸于上。异善伺候人主意为阿谀,用事三十年,广纳货赂,欺罔视听,远近莫不忿疾。园宅、玩好、饮膳、声色穷一时之盛。每休下,车马填门,唯王承、王稚及褚翔不往。承、稚,暕之子;翔,渊之曾孙也。

丁巳,御史中丞参礼仪事贺琛奏:"南、北二郊及藉田,往还并宜御辇,不复乘辂。"诏从之,祀宗庙仍乘玉辇。琛,场之弟子也。

辛酉,东魏以尚书令孙腾为司徒。

辛未,上祀南郊。

魏丞相泰于行台置学,取丞郎、府佐德行明敏者充学生,悉令旦治公务,晚就讲习。

东魏丞相欢,以徐州刺史房谟、广平太守羊敦、广宗太守窦瑗、平原太守许惇有政绩清能,与诸刺史书,褒称谟等以劝之。

夏,五月,甲戌,东魏立丞相欢女为皇后。乙亥,大赦。

魏以开府仪同三司李弼为司空。秋,七月,以扶风王孚为太尉。

九月,甲子,东魏发畿内十万人城邺,四十日罢。冬,十月,癸亥,以新宫成,大赦,改元兴和。

魏置纸笔于阳武门外以求得失。

十一月,乙亥,东魏使散骑常侍王元景、魏收来聘。

东魏人以《正光历》浸差,命校书郎李业兴更加修正,以甲子为元,号曰《兴光历》,既成,行之。

散骑常侍朱异奏:"顷来置州稍广,而小大不伦,请分为五品,其位秩高卑,参僚多少,皆以是为差。"诏从之。于是上品二十州,次品十州,次品八州,次品二十三州,下品二十一州。时上方事征伐,恢拓境宇,北逾淮、汝,东距彭城,西开牂柯,南平俚洞,建置州郡,纷纶甚众,故异请分之。其下品皆异国之人来归附者,徒有州名而无土地,或因荒徼之民所居村落置州及郡县,刺史守令皆用彼人为之,尚书不能悉领,山川险远,职贡罕通。五品之外,又有二十余州不知处所。凡一百七州。又以边境镇戍,虽领民不多,欲重其将帅,皆建为郡,或一人领二三郡太守,州郡虽多而户口日耗矣。

魏自西迁以来,礼乐散逸,丞相泰命左仆射周惠达、吏部郎中北海唐瑾损益旧章,至是稍备。

六年(庚申、540)

春,正月,壬申,东魏以广平公库狄干为太保。

丁丑,东魏主入新宫,大赦。

魏扶风王孚卒。

二月,己亥,上耕藉田。

魏铸五铢钱。

东魏大行台侯景出三鸦，将复荆州，魏丞相泰遣李弼、独孤信各将五千骑出武关，景乃还。

魏文后既为尼，居别宫，悼后犹忌之，乃以其子武都王戊为秦州刺史，使文后随之官。魏主虽限大计，而恩好不忘，密令养发，有追还之意。会柔然举国度河南侵，时颇有言柔然以悼后故兴师者，帝曰："岂有兴百万之众为一女子邪？虽然，致人此言，朕亦何颜以见将帅。"乃遣中常侍曹宠赍手敕赐文后自尽。文后泣谓宠曰："愿至尊千万岁，天下康宁，死无恨也。"遂自杀。凿麦积崖而葬之，号曰寂陵。

夏，丞相泰召诸军屯沙苑以备柔然。右仆射周惠达发士马守京城，堑诸街巷，召雍州刺史王罴议之。罴不应召，谓使者曰："若蠕蠕至渭北者，王罴自帅乡里破之，不烦国家兵马。何为天子城中作如此惊扰。由周家小儿怔怯致此。"柔然至夏州而退。未几，悼后遇疾殂。

五月，乙酉，魏行台宫延和、陕州刺史宫延庆降于东魏，东魏以河北马场为义州以处之。

东魏阳州武公高永乐卒。

闰月，丁丑朔，日有食之。

己丑，东魏封皇兄景植为宜阳王，皇弟威为清河王，谦为颍川王。

六月，壬子，东魏华山王鸷卒。

秋，七月，丁亥，东魏使兼散骑常侍李象等来聘。

八月，戊午，大赦。

〔九月〕，戊戌，司空袁昂卒，遗疏不受赠谥，敕诸子勿上行状及立铭志。上不许，赠本官，谥穆正公。

冬，十一月，魏太师念贤卒。

吐谷浑自莫折念生之乱，不通于魏。伏连筹卒，子夸吕立，始称可汗，居伏俟城。其地东西三千里，南北千余里，官有王、公、仆射、尚书、郎中、将军之号。是岁，始遣使假道柔然，聘于东魏。

七年(辛酉、541)

春，正月，辛巳，上祀南郊，大赦。辛丑，祀明堂。

宕昌王梁企定为其下所杀，弟弥定立。二月，乙巳，以弥定为河、梁二州刺史、宕昌王。

辛亥，上耕藉田。

魏幽州刺史顺阳王仲景坐事赐死。

三月,魏夏州刺史刘平伏据上郡反,大都督于谨讨擒之。

夏,五月,遣兼散骑常侍明少遐等聘于东魏。

秋,七月,己卯,东魏宜阳王景植卒。

魏以侍中宇文测为大都督、行汾州事。测,深之兄也,为政简惠,得士民心。地接东魏,东魏人数来寇抄,测擒获之,命解缚,引与相见,为设酒殽,待以客礼,并给粮饩,卫送出境。东魏人大惭,不复为寇,汾、晋之间遂通庆吊,时论称之。或告测交通境外者,丞相泰怒曰:"测为我安边,我知其志,何得间我骨肉!"命斩之。

魏丞相泰欲革易时政,为强国富民之法,大行台度支尚书兼司农卿苏绰尽其智能,赞成其事,减官员,置二长,并置屯田以资军国。又为六条诏书,九月,始奏行之。一曰清心,二曰敦教化,三曰尽地利,四曰擢贤良,五曰恤狱讼,六曰均赋役。泰甚重之,尝置诸坐右,又令百司习诵之,其牧守令长非通六条及计帐者,不得居官。

东魏诏群官于麟趾阁议定法制,谓之《麟趾格》,冬,十月,甲寅,颁行之。

乙巳,东魏发夫五万筑漳滨堰,三十五日罢。

十一月,丙戌,东魏以彭城王韶为太尉,度支尚书胡僧敬为司空。僧敬名虔,以字行,国珍之兄孙,东魏主之舅也。

十二月,东魏遣兼散骑常侍李骞来聘。

交趾李贲世为豪右,仕不得志。有并韶者,富于词藻,诣选求官,吏部尚书蔡撙以并姓无前贤,除广阳门郎,韶耻之。贲与韶还乡里,谋作乱,会交州刺史武林侯谘以刻暴失众心,时贲监德州,因连结数州豪杰俱反。谘输赂于贲,奔还广州。上遣谘与高州刺史孙冏、新州刺史卢子雄将兵击之。谘,恢之子也。

是岁,魏又益新制十二条。

东魏丞相欢以诸州调绢不依旧式,民甚苦之,奏令悉以四十尺为匹。

魏自丧乱以来,农商失业,六镇之民相帅内徙,就食齐、晋,欢因之以成霸业。东西分裂,连年战争,河南郡郏为茂草,公私困竭,民多饿死。欢命诸州滨河及津、梁皆置仓积谷以相转漕,供军旅,备饥馑,又于幽、瀛、沧、青四州傍海煮盐,军国之费,粗得周赡。至是,东方连岁大稔,谷斛至九钱,山东之民稍复苏息矣。

东魏尚书令高澄尚静帝妹冯翊长公主,生子孝琬,朝贵贺之,澄曰:"此至尊之甥,先贺至尊。"三日,帝幸其第,赐锦彩布绢万匹。于是诸贵竞致礼遗,货满十室。

东魏临淮王孝友表曰:"令制百家为族,二十五家为闾,五家为比。百家之内有帅二十五,征发皆免,苦乐不均,羊少狼多,复有蚕食,此之为弊久矣。京邑诸坊,或七八百家唯一里正、二史,庶事无阙,而况外州乎?请依旧置三正之名不改,而每闾止为二比,计族省十二丁,赀绢、番兵,所益甚多。"事下尚书,寝不行。

安成望族刘敬躬以妖术惑众,人多信之。

八年(壬戌、542)

春,正月,敬躬据郡反,改元永汉,署官属,进攻庐陵,逼豫章。南方久不习兵,人情扰骇,豫章内史张绾募兵以拒之。绾,缵之弟也。二月,戊戌,江州刺史湘东王绎遣司马王僧辩、中兵曹子郢讨敬躬,受绾节度。三月,戊辰,擒敬躬,送建康,斩之。僧辩,神念之子也,该博辩捷,器宇肃然,虽射不穿札,而志气高远。

魏初置六军。

夏,四月,丙寅,东魏使兼散骑常侍李绘来聘。绘,元忠之从子也。

东魏丞相欢朝于邺。司徒孙腾坐事免,乙酉,以彭城王韶录尚书事,侍中广阳王湛为太尉,尚书右仆射高隆之为司徒。初,太傅尉景与丞相欢同归尔朱荣,其妻,欢之姊也,自恃勋戚,贪纵不法,为有司所劾,系狱。欢三诣阙泣请,乃得免死。丁亥,降为骠骑大将军、开府仪同三司。欢往造之,景卧不起,大叫曰:"杀我时趣邪!"欢抚而拜谢之。辛卯,以库狄干为太傅,以领军将军娄昭为大司马,封祖裔为尚书右仆射。六月,甲辰,欢还晋阳。

八月,庚戌,东魏以开府仪同三司、吏部尚书侯景为兼尚书仆射、河南大行台,随机防讨。

魏以王盟为太保。

东魏丞相欢击魏,入自汾、绛,连营四十里,丞相泰使王思政守玉壁以断其道。欢以书招思政曰:"若降,当授以并州。"思政复书曰:"可朱浑道元降,何以不得?"冬,十月,己亥,欢围玉壁,凡九日,遇大雪,士卒饥冻,多死者,遂解围去。魏遣太子钦镇蒲坂。丞相泰出军蒲坂,至皂荚,闻欢退,度汾,追之,不及。十一月,东魏以可朱浑道元为并州刺史。

十二月,魏主狩于华阴,大享将士,丞相泰帅诸将朝之。起万寿殿于沙苑北。

辛亥,东魏遣兼散骑常侍杨斐来聘。

孙冏、卢子雄讨李贲,以春瘴方起,请待至秋,广州刺史新渝侯映不许,武林侯谘又趣之。冏等至合浦,死者什六七,众溃而归。映,憺之子也。武林侯谘奏冏及子雄与贼交通,逗留不进,敕于广州赐死。子雄弟子略、子烈,主帅广陵杜天合及弟僧明、新安周文育等帅子雄之众攻广州,欲杀映、谘,为子雄复冤。西江督护、高要太守吴兴陈霸先帅精甲三千救之,大破子略等,杀天合,擒僧明、文育。霸先以僧明、文育骁勇过人,释之,以为主帅。诏以霸先为直阁将军。

魏丞相泰妻冯翊公主生子觉。

东魏以光州刺史李元忠为侍中。元忠虽处要任,不以物务干怀,唯饮酒自娱。丞相欢欲用为仆射,世子澄其放达常醉,不可委以台阁。其子搔闻之,请节酒,元忠曰:"我言作仆射不胜饮酒乐,尔爱仆射,宜勿饮酒。"

九年(癸亥、543)

春,正月,壬戌,东魏大赦,改元武定。

东魏御史中尉高仲密取吏部郎崔暹之妹,既而弃之,由是与暹有隙。仲密选用御史,多其亲戚乡党,高澄奏令改选。暹方为澄所宠任,仲密疑其构己,愈恨之。仲密后妻李氏艳而慧,澄见而悦之,李氏不从,衣服皆裂,以告仲密,仲密益怨。寻出为北豫州刺史,阴谋外叛。丞相欢疑之,遣镇城奚寿兴典军事,仲密但知民务。仲密置酒延寿兴,伏壮士,执之。二月,壬申,以虎牢叛,降魏。魏以仲密为侍中、司徒。

欢以仲密之叛由崔暹,将杀之。高澄匿暹,为之固请,欢曰:"我丐其命,须与苦手。"澄乃出暹,而谓大行台都官郎陈元康曰:"卿使崔暹得杖,勿复相见。"元康为之言于欢曰:"大王方以天下付大将军,大将军有一崔暹不能免其杖,父子尚尔,况于它人!"欢乃释之。

高季式在永安戍,仲密遣信报之,季式走告欢,欢待之如旧。

魏丞相泰帅诸军以应仲密,以太子少傅李远为前驱,至洛阳,遣开府仪同三司于谨攻柏谷,拔之。三月,壬申,围河桥南城。

东魏丞相欢将兵十万至河北,泰退军瀍上,纵火船于上流以烧河桥。斛律金使行台郎中张亮以小艇百余载长锁,伺火船将至,以钉钉之,引锁向岸,桥遂获全。

欢度河,据邙山为陈,不进者数日。泰留辎重于瀍曲,夜,登邙山以袭欢。候骑白欢曰:"贼距此四十余里,蓐食干饭而来。"欢曰:"自当渴死。"乃正陈以待之。戊申,黎明,泰军与欢军遇。东魏彭乐以数千骑为右甄,冲魏军之北垂,所向奔溃,遂驰入魏营。人告彭乐叛,欢甚怒。俄而西北尘起,乐使来告捷,虏魏侍中、开府仪同三司、大都督临洮王東、蜀郡王荣宗、江夏王昇、钜鹿王阐、谯郡王亮、詹事赵善及督将僚佐四十八人。诸将乘胜击魏,大破之,斩首三万余级。

欢使彭乐追泰,泰窘,谓乐曰:"汝非彭乐邪?痴男子!今日无我,明日岂有汝邪?何不急还营,收汝金宝。"乐从其言,获泰金带一囊以归,言于欢曰:"黑獭漏刃,破胆矣。"欢虽喜其胜而怒其失泰,令伏诸地,亲捽其头,连顿之,并数以沙苑之败,举刃将下者(二)〔三〕,嚓龂良久。乐曰:"乞五千骑,复为王取之。"欢曰:"汝纵之何意,而言复取邪?"命取绢三千匹压乐背,因以赐之。明日,复战,泰为中军,中山公赵贵为左军,领军若干惠等为右军。中军、右军合击东魏,大破之,悉俘其步卒。欢失马,赫连阳顺下马以授欢。欢上马走,从者步骑七人,追兵至,亲信都督尉兴庆曰:"王速去,兴庆腰有百箭,足杀百人。"欢曰:"事济,以尔为怀州刺史;若死,用尔子。"兴庆曰:"儿小,愿用兄。"欢许之。兴庆拒战,矢尽而死。

东魏军士有逃奔魏者,告以欢所在,泰募勇敢三千人,皆执短兵,配大都督贺拔胜以攻之。胜识欢于行间,执矟与十三骑逐之,驰数里,矟刃垂及,因字之曰:"贺六浑,贺拔破胡必杀汝!"欢气殆绝,河州刺史刘洪徽从傍射胜,中其二骑,武卫将军段韶射胜马,毙之,比副马至,欢已逸去。胜叹曰:"今日不执弓矢,天也。"

魏南郢州刺史耿令贵,大呼,独入敌中,锋刃乱下,人皆谓已死,俄奋刀而还。如是数四,当令贵前者死伤相继。乃谓左右曰:"吾岂乐杀人,壮士除贼,不得不尔。若不能杀贼,又不为贼所伤,何异逐坐人也。"

左军赵贵等五将战不利,东魏兵复振,泰与战,又不利。会日暮,魏兵遂遁。东魏兵追之,独孤信、于谨收散卒自后击之,追兵惊扰,魏诸军由是得全。若干惠夜引去,东魏兵追之,惠徐下马,顾命厨人营食。食毕,谓左右曰:"长安死,此中死,有以异乎?"乃建旗鸣角,收散卒徐还。追骑疑有伏兵,不敢逼。泰遂入关,屯渭上。

欢进至陕,泰使开府仪同三司达奚武等拒之。行台郎中封子绘言于欢曰:"混壹东西,正在今日。昔魏太祖平汉中,不乘胜取巴、蜀,失在迟疑,后悔无及。愿大王不以为疑。"欢深然之,集诸将议进止,咸以为"野无青草,人马疲瘦,不可远追"。陈元康曰:"两雄交争,岁月已久。今幸而大捷,天授我也,时不可失,当乘胜追之。"欢曰:"若遇伏兵,孤何以济?"元康曰:"王前沙苑失利,彼尚无伏,今奔败若此,何能远谋? 若舍而不追,必成后患。"欢不从,使刘丰生将数千骑追泰,遂东归。

泰召王思政于玉壁,将使镇虎牢,未至而泰败,乃使守恒农。思政入城,令开门解衣而卧,慰勉将士,示不足畏。后数日,刘丰生至城下,惮之,不敢进,引军还。思政乃修城郭,起楼橹,营农田,积刍粟,由是恒农始有守御之备。

丞相泰求自贬,魏主不许。是役也,魏诸将皆无功,唯耿令贵与太子武卫率王胡仁、都督王文达力战功多。泰欲以雍、岐、北雍三州授之,以州有优劣,使探筹取之。仍赐胡仁名勇,令贵名豪,文达名杰,用彰其功。于是广募关、陇豪右以增军旅。

高仲密之将叛也,阴遣人扇动冀州豪杰,使为内应,东魏遣高隆之驰驿慰抚,由是得安。高澄密书与隆之曰:"仲密枝党与之俱西者,宜悉收其家属,以惩将来。"隆之以为恩旨既行,理无追改,若复收治,示民不信,脱致惊扰,所亏不细,乃启丞相欢而罢之。

以太子詹事谢举为尚书仆射。

夏,四月,林邑王攻李贲,贲将范脩破林邑于九德。

清水氐酋李鼠仁,乘魏之败,据险作乱。陇右大都督独孤信屡遣军击之,不克。丞相泰遣典签天水赵昶往谕之,诸酋长聚议,或从或否,其不从者欲加刃于昶,昶神色自若,辞气逾厉。鼠仁感悟,遂相帅降。氐酋梁道显叛,泰复遣昶谕降之,徙其豪帅四十余人并部落于华州,泰即以昶为都督,使领之。

泰使谍潜入虎牢,令守将魏光固守。侯景获之,改其书云:"宜速去。"纵谍入城,光宵遁。景获高仲密妻子送邺,北豫、洛二州复入于东魏。五月,壬辰,东魏以克复虎牢,降死罪已下囚,唯不赦高仲密家。丞相欢以高乾有义勋,高昂死王事,季式先自告,皆为之请,免其从坐。仲密妻李氏当死,高澄盛服见之,曰:"今日何如?"李氏默然,遂纳之。乙未,以侯景为司空。

秋,七月,魏大赦。以王盟为太傅,广平王赞为司空。

八月,乙丑,东魏以汾州刺史斛律金为大司马。

东魏遣兼散骑常侍李浑等来聘。

冬,十一月,甲午,东魏主狩于西山。乙巳,还宫。高澄启解侍中,东魏主以其弟并州刺史太原公洋代之。丞相欢筑长城于肆州北山,西自马陵,东至土墱,四十日罢。

魏诸牧守共谒丞相泰,泰命河北太守裴侠别立,谓诸牧守曰:"裴侠清慎奉公,为天下最。有如侠者,可与俱立。"众默然,无敢应者。泰乃厚赐侠,朝野叹服,号为"独立君"。

十年(甲子、544)

春,正月,李贲自称越帝,置百官,改元天德。

三月,癸巳,东魏丞相欢巡行冀、定二州,校河北户口损益,因朝于邺。

甲午,上幸兰陵,谒建宁陵,使太子入守宫城。辛丑,谒脩陵。

丙午,东魏以开府仪同三司孙腾为太保。

己酉,上幸京口城北固楼,更名北顾。庚戌,幸回宾亭,宴乡里故老及所经近县迎候者,少长数千人,各赉钱二千。

壬子,东魏以高澄为大将军、领中书监,元弼为录尚书事,左仆射司马子如为尚书令,侍中高洋为左仆射。

丞相欢多在晋阳,孙腾、司马子如、高岳、高隆之,皆欢之亲旧,委以朝政,邺中谓之四贵,其权势熏灼中外,率多专恣骄贪。欢欲损夺其权,故以澄为大将军、领中书监,移同下机事总归中书,文武赏罚皆禀于澄。孙腾见澄,不肯尽敬,澄叱左右牵下于床,筑以刀环,立之门外。太原公洋于澄前拜高隆之,呼为叔父,澄怒骂之。欢谓群公曰:"儿子浸长,公宜避之。"于是公卿以下,见澄无不耸惧。库狄干,澄姑之婿也,自定州来谒,立于门外,三日乃得见。

澄欲置腹心于东魏主左右,擢中兵参军崔季舒为中书侍郎。澄每进书于帝,有所谏请,或文辞繁杂,季舒辄修饰通之。帝报答澄父子之语,常与季舒论之,曰:"崔中书,我乳母也。"季舒,琛之从子也。

夏,四月,乙卯,上还自兰陵。

五月,甲申朔,魏丞相泰朝于长安。

甲午,东魏遣散骑常侍魏季景来聘。季景,收之族叔也。

尚书令何敬容妾弟盗官米,以书属领军河东王誉,丁酉,敬容坐免官。

东魏广阳王湛卒。

魏琅邪贞献公贺拔胜诸子在东者,丞相欢尽杀之,胜愤恨发疾而卒。丞相泰常谓人曰:"诸将对敌神色皆动,唯贺拔公临陈如平时,真大勇也。"

秋,七月,魏更权衡度量,命尚书苏绰损益三十六条之制,总为五卷,颁行之。搜简贤才为牧守令长,皆依新制而遣焉。数年之间,百姓便之。

魏自正光以后,政刑弛纵,在位多贪污。丞相欢启以司州中从事宋游道为御史中尉,澄固请以吏部郎崔暹为之,以游道为尚书左丞。澄谓暹、游道曰:"卿一人处南台,一人处北省,当使天下肃然。"暹选毕义雲等为御史,时称得人。义雲,众敬之曾孙也。

澄欲假暹威势,诸公在坐,令暹后至,通名,高视徐步,两人挈裾而入,澄分庭对揖,暹不让而坐,觞再行,即辞去。澄留之食,暹曰:"适受敕在台检校。"遂不待食而去,澄降阶送之。它日,澄与诸公出之东山,遇暹于道,前驱为赤棒所击,澄回马避之。

尚书令司马子如以丞相欢故人,当重任,意气自高,与太师咸阳王坦贪黩无厌。暹前后弹子如、坦及并州刺史可朱浑道元等罪状,无不极笔。宋游道亦劾子如、坦及太保孙腾、司徒高隆之、司空侯景、尚书元羡等。澄收子如系狱,一宿,发尽白,辞曰:"司马子如从夏州策杖投相王,王给露车一乘,羸牸牛犊,犊在道死,唯羸角存,此外皆取之于人。"丞相欢以书救澄曰:"司马令,吾之故旧,汝宜宽之。"澄驻马行街,出子如,脱其锁,子如惧曰:"非作事邪?"八月,癸酉,削子如官爵。九月,甲申,以济阴王晖业为太尉,太师咸阳王坦以王还第,元羡等皆免官,其余死黜者甚众。久之,欢见子如,哀其憔悴,以膝承其首,亲为择虱,赐酒百瓶,羊五百口,米五百石。

高澄对诸贵极言褒美崔暹,且戒属之。丞相欢书与邺下诸贵曰:"崔暹居宪台,咸阳王、司马令皆吾布衣之旧,尊贵亲昵,无过二人,同时获罪,吾不能救,诸君其慎之。”

宋游道奏驳尚书违失数百条，省中豪吏王儒之徒并鞭斥之，令、仆已下皆侧目。高隆之诬游道有不臣之言，罪当死。给事黄门侍郎杨愔曰：“畜狗求吠，今以数吠杀之，恐将来无复吠狗。”游道竟坐除名。澄谓游道曰：“卿早从我向并州，不尔，彼经略杀卿。”游道从澄至晋阳，以为大行台吏部。

己丑，大赦。

东魏以丧乱之后，户口失实，徭赋不均。冬，十月，丁巳，以太保孙腾、大司徒高隆之为括户大使，分行诸州，得无籍之户六十余万，侨居者皆勒还本属。十一月，甲申，以高隆之录尚书事，以前大司马娄昭为司徒。

庚子，东魏主祀圜丘。

东魏丞相欢袭击山胡，破之，俘万余户，分配诸州。

是岁，东魏以散骑常侍魏收兼中书侍郎，修国史。自梁、魏通好，魏书每云：“想彼境内宁静，此率土安和。”上复书，去“彼”字而已。收始定书云：“想境内清晏，今万里安和。”上亦效之。

资治通鉴卷第一百五十九

端明殿学士兼翰林侍读学士太中大夫提举西京嵩山崇福宫上柱国河内郡开国公食邑二千二百户食实封九百户赐紫金鱼袋臣　司马光　奉敕编集

梁纪十五起旃蒙赤奋若(乙丑),尽柔兆摄提格(丙寅),凡二年。

高祖武皇帝十五

大同十一年(乙丑、545)

春,正月,丙申,东魏遣兼散骑常侍李奖来聘。

东魏仪同尔朱文畅与丞相司马任胄、都督郑仲礼等,谋因正月望夜观打簇戏作乱,杀丞相欢,奉文畅为主,事泄,皆死。文畅,荣之子也;其姊,敬宗之后,及仲礼姊大车,皆为欢妾,有宠,故其兄弟皆不坐。

欢上书言:"并州,军器所聚,动须女功,请置宫以处配没之口,又纳吐谷浑之女以招怀之。"丁未,置晋阳宫。二月,庚申,东魏主纳吐谷浑可汗从妹为容华。

魏丞相泰遣酒泉胡安诺槃陀始通使于突厥。突厥本西方小国,姓阿史那氏,世居金山之阳,为柔然铁工。至其酋长土门,始强大,颇侵魏西边。安诺槃陀至,其国人皆喜曰:"大国使者至,吾国其将兴矣。"

三月,乙未,东魏丞相欢入朝于邺,百官迎于紫陌。欢握崔暹手而劳之曰:"往日朝廷岂无法官,莫肯纠劾。中尉尽心徇国,不避豪强,遂使远迩肃清。冲锋陷陈,大有其人,当官正色,今始见之。富贵乃中尉自取,高欢父子无以报德。"赐暹良马。暹拜,马惊走,欢亲拥之,授以辔。东魏主宴于华林园,使欢择朝廷公直者劝之酒,欢降阶跪曰:"唯暹一人可劝,并请以臣所射赐物千段赐之。"高澄退,谓暹曰:"我尚畏羡,何况余人。"

然暹中怀颇挟巧诈。初,魏高阳王斌有庶妹玉仪,不为其家所齿,为孙腾妓,腾又弃之;高澄遇诸涂,悦而纳之,遂有殊宠,封琅邪公主。澄谓崔季舒曰:"崔暹必造直谏,我亦有以待之。"及暹谮事,澄不复假以颜色。居三日,暹怀刺坠之于前。澄问:"何用此为?"暹悚然曰:"未得通公主。"澄大悦,把暹臂,入见之。季舒语人曰:"崔暹常忿吾佞,在大将军前,每言叔父可杀,及其自作,乃过于吾。"

夏,五月,甲辰,东魏大赦。

魏王盟卒。

晋氏以来,文章竞为浮华,魏丞相泰欲革其弊。六月,丁巳,魏主飨太庙。泰命大行台度支尚书、领著作苏绰作《大诰》,宣示群臣,戒以政事,仍命“自今文章皆依此体”。

上遣交州刺史杨瞟讨李贲,以陈霸先为司马,命定州刺史萧勃会瞟于西江。勃知军士惮远役,因诡说留瞟。瞟集诸将问计,霸先曰:“交阯叛换,罪由宗室,遂使溷乱数州,逋诛累岁。定州欲偷安目前,不顾大计。节下奉辞伐罪,当死生以之,岂可逗挠不进,长寇沮众也。”遂勒兵先发。瞟以霸先为前锋。至交州,贲帅众三万拒之,败于朱鸢,又败于苏历江口,贲奔嘉宁城,诸军进围之。勃,昺之子也。

魏与柔然头兵可汗谋连兵伐东魏,丞相欢患之,遣行台郎中杜弼使于柔然,为世子澄求婚。头兵曰:“高王自娶则可。”欢犹豫未决。娄妃曰:“国家大计,愿勿疑也。”世子澄、尉景亦劝之。欢乃遣镇南将军慕容俨聘之,号曰蠕蠕公主。秋,八月,欢亲迎于下馆。公主至,娄妃避正室以处之,欢跪而拜谢,妃曰:“彼将觉之,愿绝勿顾。”头兵使其弟秃突佳来送女,且报娉,仍戒曰:“待见外孙乃归。”公主性严毅,终身不肯华言。欢尝病,不得往,秃突佳怨恚,欢舆疾就之。

冬,十月,乙未,诏有罪者复听入赎。

东魏遣中书舍人尉瑾来聘。乙未,东魏丞相欢请释邙山俘囚桎梏,配以民间寡妇。

十二月,东魏以侯景为司徒,中书令韩轨为司空。戊子,以孙腾录尚书事。

魏筑圜丘于城南。

散骑常侍贺琛启陈四事:其一,以为“今北边稽服,正是生聚教议之时,而天下户口减落,关外弥甚。郡不堪州之控总,县不堪郡之哀削,更相呼扰,惟事征敛,民不堪命,各务流移,此岂非牧守之过欤!东境户口空虚,皆由使命繁数。穷幽极远,无不皆至,每有一使,所属搔扰。驽困邑宰,则拱手听其渔猎;桀黠长吏,又因之重为贪残。纵有廉平,郡犹掣肘。如此,虽年降复业之诏,屡下蠲赋之恩,而民不得反其居也”。其二,以为“今天下守宰所以贪残,良由风俗侈靡使之然也。今之燕喜,相竞夸豪,积果如丘陵,列肴同绮绣,露台之产,不周一燕之资,而宾主之间,裁取满腹,未及下堂,已同臭腐。又,畜妓之夫,无有等秩,为吏牧民者,致赀巨亿,罢归之日,不支数年,率皆尽于燕饮之物、歌谣之具。所费事等丘山,为欢止在俄顷,乃更追恨向所取之少。如复傅翼,增其搏噬,一何悖哉!其余淫侈,著之凡百,习以成俗,日见滋甚,欲使人守廉白,安可得邪!诚宜严为禁制,导以节俭,纠奏浮华,变其耳目。夫失节之嗟,亦民所自患,正耻不能及群,故勉强而为之,苟以淳素为先,足正雕流之弊矣”。其三,以为“陛下忧念四海,不惮勤劳,至于百司,莫不奏事。但斗筲之人,既得伏奏帷扆,便欲诡竞求进,不论国之大体,心存明恕,惟务吹毛求疵,擘肌分理,以深刻为能,以绳逐为务,迹虽似于奉公,事更成其威福。犯罪者多,巧避滋甚,长弊增奸,实由于此。诚愿责其公平之效,黜其谗慝之心,则下安上谧,无徼幸之患矣"。其四,以为"今天下无事,而犹日不暇给,宜省事息费,事省则民养,费息则财聚。应内省职掌,各检所部。凡京师治、署、邸、肆及国容、戎备,四方屯、传、邸治,有所宜除,除之,有所宜减,减之。兴造有非急者,征求有可缓者,皆宜停省,以息费休民。故畜其财者,所以大用之也;养其民者,所以大役之也。若言小事不足害财,则终年不息矣;以小役不足妨民,则终年不止矣。如此,则难可以语富强而图远大矣"。

启奏,上大怒,召主书于前,口授敕书以责琛。大指以为:"朕有天下四十余年,公车谠言,日关听览,所陈之事,与卿不异,每苦俭偬,更增悁惑。卿不宜自同阘茸,止取名字,宜之行路,言'我能上事,恨朝廷之不用'。何不分别显言:某刺史横暴,某太守贪残,尚书、兰台某人奸猾,使者渔猎,并何姓名? 取与者谁? 明言其事,得以诛黜,更择材良。又,士民饮食过差,若加严禁,密房曲屋,云何可知? 傥家家搜检,恐益增苛扰。若指朝廷,我无此事。昔之牲牢,久不宰杀,朝中会同,菜蔬而已,若复减此,必有《蟋蟀》之讥。若以为功德事者,皆是园中之物,变一瓜为数十种,治一菜为数十味,以变故多,何损于事! 我自非公宴,不食国家之食,多历年所,乃至宫人,亦不食国家之食。凡所营造,不关材官及以国匠,皆资雇借以成其事。勇怯不同,贪廉各用,亦非朝廷为之傅翼。卿以朝廷为悖,乃自甘之,当思致悖所以! 卿云'宜导之以节俭',朕绝房室三十余年,至于居处不过一床之地,雕饰之物不入于宫。受生不饮酒,不好音声,所以朝中曲宴,未尝奏乐,此群贤之所见也。朕三更出治事,随事多少,事少午前得竟,事多日昃方食,日常一食,若昼若夜。昔要腹过于十围,今之瘦削裁二尺余,旧带犹存,非为妄说。为谁为之? 救物故也。

卿又曰'百司莫不奏事,诡竞求进',今不使外人呈事,谁尸其任? 专委之人,云何可得? 古人云:'专听生奸,独任成乱。'二世之委赵高,元后之付王莽,呼鹿为马,又可法欤? 卿云'吹毛求疵',复是何人? '擘肌分理',复是何事? 治、署、邸、肆等,何者宜除? 何者宜减? 何处兴造非急? 何处征求可缓? 各出其事,具以奏闻。富国强兵之术,息民省役之宜,并宜具列。若不具列,则是欺罔朝廷。伫闻重奏,当复省览,付之尚书,班下海内,庶惟新之美,复见今日。"琛但谢过而已,不敢复言。

上为人孝慈恭俭,博学能文,阴阳、卜筮、骑射、声律、草隶、围棋,无不精妙。勤于政务,冬月四更竟,即起视事,执笔触寒,手为皴裂。自天监中用释氏法,长斋断鱼肉,日止一食,惟菜羹、粝饭而已。或遇事繁,日移中则嗽口以过。身衣布衣,木绵皂帐,一冠三载,一衾二年,后宫贵妃以下,衣不曳地。性不饮酒,非宗庙祭祀、大飨宴及诸法事,未尝作乐。虽居暗室,恒理衣冠,小坐盛暑,未尝褰袒,对内竖小臣,如遇大宾。然优假士人太过,牧守多浸渔百姓,使者干扰郡县。又好亲任小人,颇复苛察。多造塔庙,公私费损。江南久安,风俗奢靡。故琛启及之。上恶其触实,故怒。

臣光曰:梁高祖之不终也,宜哉!夫人主听纳之失,在于丛脞;人臣献替之病,在于烦碎。是以明主守要道以御万几之本,忠臣陈大体以格君心之非,故身不劳而收功远,言至约而为益大也。观夫贺琛之谏亦未至于切直,而高祖已赫然震怒,护其所短,矜其所长,诘贪暴之主名,问劳费之条目,困以难对之状,责以必穷之辞。自以蔬食之俭为盛德,日昃之勤为至治,君道已备,无复可加,群臣箴规,举不足听。如此,则自余切直之言过于琛者,谁敢进哉!由是奸佞居前而不见,大谋颠错而不知,名辱身危,覆邦绝祀,为千古所闵笑,岂不哀哉!

上敦尚文雅,疏简刑法,自公卿大臣,咸不以鞫狱为意。奸吏招权弄法,货赂成市,枉滥者多。大率二岁刑已上岁至五千人;徙居作者具五任,其无任者著升械;若疾病,权解之,是后囚徒或有优、剧。时王侯子弟,多骄淫不法。上年老,厌于万几。又专精佛戒,每断重罪,则终日不怿,或谋反逆,事觉,亦泣而宥之。由是王侯益横,或白昼杀人于都街,或暮夜公行剽掠,有罪亡命者,匿于王家,有司不敢搜捕。上深知其弊,而溺于慈爱,不能禁也。

魏东阳王荣为瓜州刺史,与其婿邓彦偕行。荣卒,瓜州首望表荣子康为刺史,彦杀康而夺其位。魏不能讨,因以彦为刺史,屡征不至,又南通吐谷浑。丞相泰以道远难于动众,欲以计取之,以给事黄门侍郎申徽为河西大使,密令图彦。徽以五十骑行,既至,止于宾馆。彦见徽单使,不以为疑。徽遣人微劝彦归朝,彦不从。徽又使赞成其留计,彦信之,遂来至馆。徽先与州主簿敦煌令狐整等密谋,执彦于坐,责而缚之。因宣诏慰谕吏民,且云"大军续至",城中无敢动者,遂送彦于长安。泰以徽为都官尚书。

中大同元年(丙寅、546)

春,正月,癸丑,杨瞟等克嘉宁城,李贲奔新昌獠中,诸军顿于江口。

二月,魏以义州刺史史宁为凉州刺史。前刺史宇文仲和据州,不受代,瓜州民张保杀刺史成庆以应之,晋昌民吕兴杀太守郭肆,以郡应保。丞相泰遣太子太保独孤信、开府仪同三司怡峰与史宁讨之。

三月,乙巳,大赦。

庚戌,上幸同泰寺,遂停寺省,讲《三慧经》。夏,四月,丙戌,解讲,大赦,改元。是夜，同泰寺浮图灾，上曰："此魔也，宜广为法事。"群臣皆称善。乃下诏曰："道高魔盛，行善郓生，当穷兹土木，倍增往日。"遂起十二层浮图。将成，值侯景乱而止。

魏史宁晓谕凉州吏民，率皆归附，独宇文仲和据城不下。五月，独孤信使诸将夜攻其东北，自帅壮士袭其西南，迟明，克之，遂擒仲和。

初，张保欲杀州主簿令狐整，以其人望，恐失众心，虽外相敬，内甚忌之。整阳为亲附，因使人说保曰："今东军渐逼凉州，彼势孤危，恐不能敌，宜急分精锐以救之。然成败在于将领，令狐延保，兼资文武，使将兵以往，蔑不济矣。"保从之。

整行及玉门，召豪桀述保罪状，驰还袭之。先克晋昌，斩吕兴。进击瓜州，州人素信服整，皆弃保来降，保奔吐谷浑。

众议推整为刺史，整曰："吾属以张保逆乱，恐阖州之人俱陷不义，故相与讨诛之。今复见推，是效尤也。"乃推魏所遣使波斯者张道义行州事，具以状闻。丞相泰以申徽为瓜州刺史，召整为寿昌太守，封襄武男。整帅宗族乡里三千余人入朝，从泰征讨，累迁骠骑大将军、开府仪同三司，加侍中。

六月，庚子，东魏以司徒侯景为河南大将军、大行台。

秋，七月，壬寅，东魏遣散骑常侍元廓来聘。

甲子，诏："犯罪非大逆，父母、祖父母不坐。"

先是，江东唯建康及三吴、荆、郢、江、湘、梁、益用钱，其余州郡杂以谷帛，交、广专以金银为货。上自铸五铢及女钱，二品并行，禁诸古钱。普通中，更铸铁钱。由是民私铸者多，物价腾踊，交易至以车载钱，不复计数。又自破岭以东，八十为百，名曰"东钱"。江、郢以上，七十为百，名曰"西钱"。建康以九十为百，名曰"长钱"。丙寅，诏曰："朝四暮三，众狙皆喜，名实未亏而喜怒为用。顷闻外间多用九陌钱，陌减则物贵，陌足则物贱，非物有贵贱，乃心有颠倒。至于远方，日更滋甚，徒乱王制，无益民财。自今可通用足陌钱。令书行后，百日为期，若犹有犯，男子谪运，女子质作，并同三年。"诏下而人不从，钱陌益少，至于季年，遂以三十五为百云。

上年高，诸子心不相下，互相猜忌。邵陵王纶为丹杨尹，湘东王绎在江州，武陵王纪在益州，皆权侔人主，太子纲恶之，常选精兵以卫东宫。八月，以纶为南徐州刺史。

东魏丞相欢如邺。高澄迁洛阳《石经》五十二碑于邺。

魏徙并州刺史王思政为荆州刺史，使之举诸将可代镇玉壁者。思政举晋州刺史韦孝宽，丞相泰从之。东魏丞相欢悉举山东之众，将伐魏，癸巳，自邺会兵于晋阳。九月，至玉壁，围之。以挑西师，西师不出。

李贲复帅众二万自獠中出屯典澈湖,大造船舰,充塞湖中。众军惮之,顿湖口,不敢进。陈霸先谓诸将曰:"我师已老,将士疲劳;且孤军无援,人人心腹,若一战不捷,岂望生全。今藉其屡奔,人情未固,夷、獠乌合,易为摧殄。正当共出百死,决力取之,无故停留,时事去矣。"诸将皆默然莫应。是夜,江水暴起七丈,注湖中。霸先勒所部兵,乘流先进,众军鼓噪俱前,贲众大溃,窜入屈獠洞中。

冬,十月,乙亥,以前东扬州刺史岳阳王詧为雍州刺史。上舍詧兄弟而立太子纲,内常愧之,宠亚诸子。以会稽人物殷阜,故用詧兄迭为东扬州以慰其心。詧兄弟亦内怀不平。詧以上衰老,朝多秕政,遂蓄聚货财,折节下士,招募勇敢,左右至数千人。以襄阳形胜之地,梁业所基,遇乱可以图大功。乃克己为政,抚循士民,数施恩惠,延纳规谏,所部称治。

东魏丞相欢攻玉壁,昼夜不息,魏韦孝宽随机拒之。城中无水,汲于汾,欢使移汾,一夕而毕。欢于城南起土山,欲乘之以入。城上先有二楼,孝宽缚木接之,令常高于土山以御之。欢使告之曰:"虽尔缚楼至天,我当穿地取尔。"乃凿地为十道,又用术士李业兴"孤虚法",聚攻其北,北,天险也。孝宽掘长堑,邀其地道,选战士屯堑上,每穿至堑,战士辄擒杀之。又于堑外积柴贮火,敌有在地道内者,塞柴投火,以皮排吹之,一鼓皆焦烂。敌以攻车撞城,车之所及,莫不摧毁,无能御者。孝宽缝布为幔,随其所向张之,布既悬空,车不能坏。敌又缚松、麻于竿,灌油加火以烧布,并欲焚楼。孝宽作长钩,利其刃,火竿将至,以钩遥割之,松、麻俱落。敌又于城四面穿地为二十道,其中施梁柱,纵火烧之,柱折,城崩。孝宽随崩处竖木栅以扞之,敌不得入。城外尽攻击之术,而城中守御有余。孝宽又夺据其土山。

欢无如之何,乃使仓曹参军祖珽说之曰:"君独守孤城而西方无救,恐终不能全,何不降也?"孝宽报曰:"我城池严固,兵食有余。攻者自劳,守者常逸,岂有旬朔之间,已须救援。适忧尔众有不返之危。孝宽关西男子,必不为降将军也。"珽复谓城中曰:"韦城主受彼荣禄,或复可尔,自外军民,何事相随入汤火中。"乃射募格于城中云:"能斩城主降者,拜太尉,封开国郡公,赏帛万匹。"孝宽手题书背,返射城外云:"能斩高欢者准此。"珽,莹之子也。

东魏苦攻凡五十日,士卒战及病死者七万人,共为一冢。欢智力皆困,因而发疾。有星坠欢营中,士卒惊惧。十一月,庚子,解围去。

先是,欢别使侯景将兵趣齐子岭,魏建州刺史杨㮊镇车箱,恐其寇邵郡,帅骑御之。景闻㮊至,斫木断路六十余里,犹惊而不安,遂还河阳。庚戌,欢使段韶从太原公洋镇邺。辛亥,征世子澄会晋阳。

魏以韦孝宽为骠骑大将军、开府仪同三司,进爵建忠公。时人以王思政为知人。

十二月,己卯,欢以无功,表解都督中外诸军,东魏主许之。欢之自玉壁归也,军中讹言韦孝宽以定功弩射杀丞相,魏人闻之,因下令曰:"劲弩一发,凶身自陨。"欢闻之,勉坐见诸贵,使斛律金作《敕勒歌》,欢自和之,哀感流涕。

魏大行台度支尚书、司农卿苏绰,性忠俭,常以丧乱未平为己任,荐贤拔能,纪纲庶政。丞相泰推心任之,人莫能间。或出游,常预署空纸以授绰,有须处分,随事施行,及还,启知而已。绰常谓"为国之道,当爱人如慈父,训人如严师"。每与公卿论议,自昼达夜,事无巨细,若指诸掌,积劳成疾而卒。泰深痛惜之,谓公卿曰:"苏尚书平生廉让,吾欲全其素志,恐悠悠之徒有所未达;如厚加赠谥,又乖宿昔相知之心。何为而可?"尚书令史麻瑶越次进曰:"俭约,所以彰其美也。"泰从之。归葬武功,载以布车一乘,泰与群公步送出同州郭外。泰于车后酹酒言曰:"尚书平生为事,妻子兄弟所不知者,吾皆知之。唯尔知吾心,吾知尔志,方欲共定天下,遽舍吾去,奈何!"因举声恸哭,不觉卮落于手。

东魏司徒、河南大将军、大行台侯景,右足偏短,弓马非其长,而多谋算。诸将高敖曹、彭乐等皆勇冠一时,景常轻之,曰:"此属皆如豕突,势何所至!"景尝言于丞相欢:"愿得兵三万,横行天下,要须济江缚取萧衍老公,以为太平寺主。"欢使将兵十万,专制河南,杖任若己之半体。

景素轻高澄,尝谓司马子如曰:"高王在,吾不敢有异;王没,吾不能与鲜卑小儿共事。"子如掩其口。及欢疾笃,澄诈为欢书以召景。先是,景与欢约曰:"今握兵在远,人易为诈,所赐书皆请加微点。"欢从之。景得书无点,辞不至,又闻欢疾笃,用其行台郎颍川王伟计,遂拥兵自固。

欢谓澄曰:"我虽病,汝面更有余忧,何也?"澄未及对,欢曰:"岂非忧侯景叛邪?"对曰:"然。"欢曰:"景专制河南,十四年矣,常有飞扬跋扈之志,顾我能畜养,非汝所能驾御也。今四方未定,勿遽发哀。库狄干鲜卑老公,斛律金敕勒老公,并性遒直,终不负汝。可朱浑道元、刘丰生,远来投我,必无异心。潘相乐本作道人,心和厚,汝兄弟当得其力。韩轨少戆,宜宽借之。彭乐心腹难得,宜防护之。堪敌侯景者,唯有慕容绍宗,我故不贵之,留以遗汝。"又曰:"段孝先忠亮仁厚,智勇兼备,亲戚之中,唯有此子,军旅大事,宜共筹之。"又曰:"邙山之战,吾不用陈元康之言,留患遗汝,死不瞑目。"相乐,广宁人也。

端明殿学士兼翰林侍读学士太中大夫提举西京嵩山崇福宫上柱国河内郡开国公食邑二千二百户食实封九百户赐紫金鱼袋臣 司马光 奉敕编集

梁纪十六 强圉单阏(丁卯),一年。

高祖武皇帝十六

太清元年(丁卯、547)

春,正月朔,日有食之,不尽如钩。

壬寅,荆州刺史庐陵威王续卒。以湘东王绎为都督荆、雍等九州诸军事、荆州刺史。续素贪婪,临终,有启遣中录事参军谢宣融献金银器千余件,上方知其富,因问宣融曰:"王之金尽此乎?"宣融曰:"此之谓多,安可加也!大王之过如日月之食,欲令陛下知之,故终而不隐。"上意乃解。

初,湘东王绎为荆州刺史,有微过,续代之,以状闻,自此二王不通书问。绎闻其死,入阁而跃,屦为之破。

丙午,东魏勃海献武王欢卒。欢性深密,终日俨然,人不能测,机权之际,变化若神。制驭军旅,法令严肃。听断明察,不可欺犯。擢人受任,在于得才,苟其所堪,无问厮养,有虚声无实者,皆不任用。雅尚俭素,刀剑鞍勒无金玉之饰。少能剧饮,自当大任,不过三爵。知人好士,全护勋旧。每获敌国尽节之臣,多不之罪。由是文武乐为之用。世子澄秘不发丧,唯行台左丞陈元康知之。

侯景自念已与高氏有隙,内不自安。辛亥,据河南叛,归于魏,颍州刺史司马世云以城应之。景诱执豫州刺史高元成、襄州刺史李密、广州刺史怀朔暴显等。遣军士二百人载仗暮入西兖州,欲袭取之,刺史邢子才觉之,掩捕,尽获之,因散檄东方诸州,各为之备,由是景不能取。

诸将皆以为景之叛由崔暹,澄不得已,欲杀暹以谢景。陈元康谏曰:"今虽四海未清,纲纪已定。若以数将在外,苟悦其心,枉杀无辜,亏废刑典,岂直上负天神,何以下安黎庶?晁错前事,愿公慎之。"澄乃止,遣司空韩轨督诸军讨景。

辛酉,上祀南郊,大赦。甲子,祀明堂。

二月,魏诏:"自今应宫刑者,直没官,勿刑。"

魏以开府仪同三司若干惠为司空,侯景为太傅、河南大行台、上谷公。

庚辰,景又遣其行台郎中丁和来,上表言:"臣与高澄有隙,请举函谷以东,瑕丘以西,豫、广、颍、荆、襄、兖、南兖、济、东豫、洛、阳、北荆、北扬等十三州内附。惟青、徐数州,仅须折简。且黄河以南,皆臣所职,易同反掌。若齐、宋一平,徐事燕、赵。"上召群臣廷议。尚书仆射谢举等皆曰:"顷岁与魏通和,边境无事,今纳其叛臣,窃谓非宜。"上曰:"虽然,得景则塞北可清,机会难得,岂宜胶柱。"

是岁,正月,乙卯,上梦中原牧守皆以地来降,举朝称庆。旦,见中书舍人朱异,告之,且曰:"吾为人少梦,若有梦必实。"异曰:"此乃宇内混壹之兆也。"及丁和至,称景定计以正月乙卯,上愈神之。然意犹未决,尝独言:"我国家如金瓯,无一伤缺,今忽受景地,讵是事宜? 脱致纷纭,悔之何及。"朱异揣知上意,对曰:"圣明御宇,南北归仰,正以事无机会,未达其心。今侯景分魏土之半以来,自非天诱其衷,人赞其谋,何以至此! 若拒而不内,恐绝后来之望。此诚易见,愿陛下无疑。"上乃定议纳景。

壬午,以景为大将军,封河南王,都督河南北诸军事、大行台,承制如邓禹故事。平西谘议参军周弘正,善占候,前此谓人曰:"国家数年后当有兵起。"及闻纳景,曰:"乱阶在此矣。"

丁亥,上耕藉田。

三月,庚子,上幸同泰寺,舍身如大通故事。

甲辰,遣司州刺史羊鸦仁督兖州刺史桓和、仁州刺史湛海珍等,将兵三万趣悬瓠,运粮食应接侯景。

魏大赦。

东魏高澄虑诸州有变,乃自出巡抚。留段韶守晋阳,委以军事;以丞相功曹赵彦深为大行台都官郎中。使陈元康豫作丞相欢条教数十纸付韶及彦深,在后以次行之。临发,握彦深手泣曰:"以母、弟相托,幸明此心。"夏,四月,壬申,澄入朝于邺。东魏主与之宴,澄起舞,识者知其不终。

丙子,群臣奉赎。丁亥,上还宫,大赦,改元,如大通故事。

甲午,东魏遣兼散骑常侍李系来聘。系,绘之弟也。

五月,丁酉朔,东魏大赦。

戊戌,东魏以襄城王旭为太尉。

高澄遣武卫将军元柱等将数万众昼夜兼行以袭侯景,遇景于颍川北,柱等大败。景以羊鸦仁等军犹未至,乃退保颍川。

甲辰,东魏以开府仪同三司库狄干为太师,录尚书事孙腾为太傅,汾州刺史贺拔仁为太保,司徒高隆之录尚书事,司空韩轨为司徒,青州刺史尉景为大司马,领军将军可朱浑道元为司空,仆射高洋为尚书令、领中书监,徐州刺史慕容绍宗为尚书左仆射,高阳王斌为右仆射。戊午,尉景卒。

韩轨等围侯景于颍川。景惧,割东荆、北兖州、鲁阳、长社四城赂魏以求救。尚书左仆射于谨曰:"景少习兵,奸诈难测,不如厚其爵位以观其变,未可遣兵也。"荆州刺史王思政以为:"若不因机进取,后悔无及。"即以荆州步骑万余从鲁阳关向阳翟。丞相泰闻之,加景大将军兼尚书令,遣太尉李弼、仪同三司赵贵将兵一万赴颍川。

景恐上责之,遣中兵参军柳昕奉启于上,以为:"王旅未接,死亡交急,遂求援关中,自救目前。臣既不安于高氏,岂见容于宇文!但螫手解腕,事不得已,本图为国,愿不赐咎。臣获其力,不容即弃,今以四州之地为饵敌之资,已令宇文遣人入守。自豫州以东,齐海以西,悉臣控压,见有之地,尽归圣朝,悬瓠、项城、徐州、南兖,事须迎纳。愿陛下速救境上,各置重兵,与臣影响,不使差互。"上报之曰:"大夫出境,尚有所专,况始创奇谋,将建大业,理须适事而行,随方以应。卿诚心有本,何假词费!"

魏以开府仪同三司独孤信为大司马。

六月,戊辰,以鄱阳王范为征北将军,总督汉北征讨诸军事,击穰城。

东魏韩轨等围颍川,闻魏李弼、赵贵等将至,己巳,引兵还邺。侯景欲因会执弼与贵,夺其军,贵疑之,不往。贵欲诱景入营而执之,弼止之。羊鸦仁遣长史邓鸿将兵至汝水,弼引兵还长安。王思政入据颍川。景称略地,引军出屯悬瓠。

景复乞兵于魏,丞相泰使同轨防主韦法保及都督贺兰愿德等将兵助之。大行台左丞蓝田王悦言于泰曰:"侯景之于高欢,始敦乡党之情,终定君臣之契,任居上将,位重台司。今欢始死,景遽外叛,盖所图甚大,终不为人下故也。且彼既能背德于高氏,岂肯尽节于朝廷。今益之以势,援之以兵,窃恐朝廷贻笑将来也。"泰乃召景入朝。

景阴谋叛魏,事计未成,厚抚韦法保等,冀为己用,外示亲密无猜间,每往来诸军间,侍从至少,魏军中名将,皆身自造诣。同轨防长史裴宽谓法保曰:"侯景狡诈,必不肯入关,欲托款于公,恐未可信。若伏兵斩之,此亦一时之功也。如其不尔,即应深为之防,不得信其诳诱,自贻后悔。"法保深然之,不敢图景,但自为备而已,寻辞还所镇。王思政亦觉其诈,密召贺兰愿德等还,分布诸军,据景七州、十二镇。景果辞不入朝,遗丞相泰书曰:"吾耻与高澄雁行,安能比肩大弟!"泰乃遣行台郎中赵士宪悉召前后所遣诸军援景者。景遂决意来降。魏将任约以所部千余人降于景。

泰以所授景使持节、太傅、大将军、兼尚书令、河南大行台、都督河南诸军事回授王思政,思政并让不受,频使敦谕,唯受都督河南诸军事。

高澄将如晋阳,以弟洋为京畿大都督,留守于邺,使黄门侍郎高德政佐之。

德政,颢之子也。丁丑,澄还晋阳,始发丧。

秋,七月,魏长乐武烈公若干惠卒。

丁酉,东魏主为丞相欢举哀,服缌缞,凶礼依汉霍光故事,赠相国、齐王,备九锡殊礼。戊戌,以高澄为使持节、大丞相、都督中外诸军、录尚书事、大行台、勃海王,澄启辞爵位。壬寅,诏太原公洋摄理军国,遣中使敦谕澄。

庚申,羊鸦仁入悬瓠城。甲子,诏更以悬瓠为豫州,寿春为南豫州,改合肥为合州。以鸦仁为司、豫二州刺史,镇悬瓠;西阳太守羊思达为殷州刺史,镇项城。

八月,乙丑,下诏大举伐东魏。遣南豫州刺史贞阳侯渊明、南兖州刺史南康王会理分督诸将。渊明,懿之子;会理,绩之子也。始,上欲以鄱阳王范为元帅,朱异取急在外,闻之,遽入曰:"鄱阳雄豪盖世,得人死力,然所至残暴,非吊民之材。且陛下昔登北顾亭以望,谓江右有反气,骨肉为戎首,今日之事,尤宜详择。"上默然,曰:"会理何如?"对曰:"陛下得之矣。"会理懦而无谋,所乘襻舆,施板屋,冠以牛皮。上闻,不悦。贞阳侯渊明时镇寿阳,屡请行,上许之。会理自以皇孙,复为都督,自渊明已下,殆不对接。渊明与诸将密告朱异,追会理还,遂以渊明为都督。

辛未,高澄入朝于邺,固辞大丞相,诏为大将军如故,余如前命。

甲申,虚葬齐献武王于漳水之西,潜凿成安鼓山石窟佛顶之旁为穴,纳其柩而塞之,杀其群匠。及齐之亡也,一匠之子知之,发石取金而逃。

戊子,武州刺史萧弄璋攻东魏碛泉、吕梁二戍,拔之。

或告东魏大将军澄云:"侯景有北归之志。"会景将蔡道遵北归,言"景颇知悔过"。景母及妻子皆在邺,澄乃以书谕之,语以阖门无恙,若还,许以豫州刺史终其身,还其宠妻、爱子,所部文武,更不追摄。景使王伟复书曰:"今已引二邦,扬旌北讨,熊豹齐奋,克复中原,幸自取之,何劳恩赐。昔王陵附汉,母在不归;太上囚楚,乞羹自若。矧伊妻子,而可介意。脱谓诛之有益,欲止不能,杀之无损,徒复坑戮,家累在君,何关仆也。"

戊子,诏以景录行台尚书事。

东魏静帝,美容仪,旅力过人,能挟石师子逾宫墙,射无不中。好文学,从容沉雅,时人以为有孝文风烈。大将军澄深忌之。

始,献武王自病逐君之丑,事静帝礼甚恭,事无大小必以闻,可否听旨。每侍宴,俯伏上寿,帝设法会,乘辇行香,欢执香炉步从,鞠躬屏气,承望颜色,故其下奉帝莫敢不恭。

及澄当国,倨慢顿甚,使中书黄门郎崔季舒察帝动静,小大皆令季舒知之。澄与季舒书曰:"痴人比复何似?痴势小差未?宜用心检校。"帝尝猎于邺东,驰逐如飞,监卫都督乌那罗受工伐从后呼曰:"天子勿走马,大将军嗔!"澄尝侍饮酒,举大觞属帝曰:"臣澄劝陛下酒。"帝不胜忿,曰:"自古无不亡之国,朕亦何用此生为!"澄怒曰:"朕,朕,狗脚朕!"使崔季舒殴帝三拳,奋衣而出。明日,澄使季舒入劳帝,帝亦谢焉,赐季舒绢百匹。

帝不堪忧辱,咏谢灵运诗曰:"韩亡子房奋,秦帝鲁连耻。本自江海人,忠义动君子。"常侍、侍讲颍川荀济知帝意,乃与祠部郎中元瑾、长秋卿刘思逸、华山王大器、淮南王宣洪、济北王徽等谋诛澄。大器,鸷之子也。帝谬为敕问济曰:"欲以何日开讲?"乃诈于宫中作土山,开地道向北城。至千秋门,门者觉地下响,以告澄。澄勒兵入宫,见帝,不拜而坐,曰:"陛下何意反?臣父子功存社稷,何负陛下邪!此必左右妃嫔辈所为。"欲杀胡夫人及李嫔。帝正色曰:"自古唯闻臣反君,不闻君反臣。王自欲反,何乃责我!我杀王则社稷安,不杀则灭亡无日,我身且不暇惜,况于妃嫔!必欲弑逆,缓速在王。"澄乃下床叩头,大啼谢罪。于是酣饮,夜久乃出。居三日,幽帝于含章堂。壬辰,烹济等于市。

初,济少居江东,博学能文。与上有布衣之旧,知上有大志,然负气不服,常谓人曰:"会于盾鼻上磨墨檄之。"上甚不平。及即位,或荐之于上,上曰:"人虽有才,乱俗好反,不可用也。"济上书谏上崇信佛法、为塔寺奢费,上大怒,欲集朝众斩之,朱异密告之,济逃奔东魏。澄为中书监,欲用济为侍读,献武王曰:"我爱济,欲全之,故不用济。济入宫,必败。"澄固请,乃许之。及败,侍中杨遵彦谓之曰:"衰暮何苦复尔?"济曰:"壮气在耳!"因下辨曰:"自伤年纪摧颓,功名不立,故欲挟天子,诛权臣。"澄欲宥其死,亲问之曰:"荀公何意反?"济曰:"奉诏诛高澄,何谓反!"有司以济老病,鹿车载诣东市,并焚之。

澄疑谘议温子昇知瑾等谋,方使之作《献武王碑》,既成,饿于晋阳狱,食弊襦而死。弃尸路隅,没其家口,太尉长史宋游道收葬之。澄谓游道曰:"吾近书与京师诸贵论及朝士,以卿僻于朋党,将为一病;今乃知卿真是重故旧、尚节义之人,天下人代卿怖者,是不知吾心也。"九月,辛丑,澄还晋阳。

上命萧渊明堰泗水于寒山以灌彭城,俟得彭城,乃进军与侯景掎角。癸卯,渊明军于寒山,去彭城十八里,断流立堰。侍中羊侃监作堰,再旬而成。东魏徐州刺史太原王则婴城固守,侃劝渊明乘水攻彭城,不从。诸将与渊明议军事,渊明不能对,但云"临时制宜"。

冬,十一月,魏丞相泰从魏主狩于歧阳。

东魏大将军澄使大都督高岳救彭城,欲以金门郡公潘乐为副。陈元康曰:"乐缓于机变,不如慕容绍宗,且先王之命也。公但推赤心于斯人,景不足忧也。"时绍宗在外,澄欲召见之,恐其惊叛。元康曰:"绍宗知元康特蒙顾待,新使人来饷金。元康欲安其意,受之而厚答其书,保无异也。"乙酉,以绍宗为东南道行台,与岳、乐偕行。初,景闻韩轨来,曰:"嗷猪肠儿何能为!"闻高岳来,曰:"兵精人凡。"诸将无不为所轻者。及闻绍宗来,叩鞍有惧色,曰:"谁教鲜卑儿解遣绍宗来? 若然,高王定未死邪?"

澄以廷尉卿杜弼为军司,摄行台左丞,临发,问以政事之要可为戒者,使录一二条。弼请口陈之,曰:"天下大务,莫过赏罚。赏一人使天下之人喜,罚一人使天下之人惧,苟二事不失,自然尽美。"澄大悦,曰:"言虽不多,于理甚要。"

绍宗帅众十万据橐驼岘。羊侃劝贞阳侯渊明乘其远来击之,不从,旦日,又劝出战,亦不从,侃乃帅所领出屯堰上。

丙午,绍宗至城下,引步骑万人攻潼州刺史郭凤营,矢下如雨。渊明醉,不能起,命诸将救之,皆不敢出。北兖州刺史胡贵孙谓谯州刺史赵伯超曰:"吾属将兵而来,本欲何为,今遇敌而不战乎?"伯超不能对。贵孙独帅麾下与东魏战,斩首二百级。伯超拥众数千不敢救,谓其下曰:"虏盛如此,与战必败,不如全军早归,可以免罪。"皆曰:"善。"遂遁还。

初,侯景常戒梁人曰:"逐北勿过二里。"绍宗将战,以梁人轻悍,恐其众不能支,一一引将卒谓之曰:"我当阳退,误吴儿使前,尔击其背。"东魏兵实败走,梁人不用景言,乘胜深入。魏将卒以绍宗之言为信,争共掩击之,梁兵大败,贞阳侯渊明及胡贵孙、赵伯超等皆为东魏所虏,失亡士卒数万人。羊侃结陈徐还。

上方昼寝,宦者张僧胤白朱异启事,上骇之,遽起升舆,至文德殿阁。异曰:"寒山失律。"上闻之,悦然将坠床。僧胤扶而就坐,乃叹曰:"吾得无复为晋家乎!"

郭凤退保潼州,慕容绍宗进围之。十二月,甲子朔,凤弃城走。

东魏使军司杜弼作檄移梁朝曰:"皇家垂统,光配彼天,唯彼吴、越,独阻声教。元首怀止戈之心,上宰薄兵车之命,遂解絷南冠,喻以好睦。虽嘉谋长算,爰自我始,罢战息民,彼获其利。侯景竖子,自生猜贰,远托关、陇,依凭奸伪,逆主定君臣之分,伪相结兄弟之亲,岂旦无恩,终成难养,俄而易虑,亲寻干戈。衅暴恶盈,侧首无托,以金陵逋逃之薮,江南流寓之地,甘辞卑礼,进孰图身,诡言浮说,抑可知矣。而伪朝大小,幸灾忘义,主荒于上,臣蔽于下,连结奸恶,断绝邻好,征兵保境,纵盗侵国。盖物无定方,事无定势,或乘利而受害,或因得而更失。是以吴侵齐境,遂得句践之师;赵纳韩地,终有长平之役。剱乃鞭挞疲民,侵轶徐部,筑垒拥川,舍舟徽利。是以援枹秉麾之将,拔距投石之士,含怒作色,如赴私仇。彼连营拥众,依山傍水,举螳螂之斧,被蛣蜣之甲,当穷辙以待轮,坐积薪而候燎。及锋刃暂交,埃尘且接,已亡戟弃戈,土崩瓦解,掬指舟中,衿甲鼓下,同宗异姓，缧绁相望。曲直既殊，强弱不等，获一人而失一国，见黄雀而忘深阱，智者所不为，仁者所不向。诚既往之难逮，犹将来之可追。侯景以鄙俚之夫，遭风云之会，位班三事，邑启万家，揣身量分，久当止足。而周章向背，离披不已，夫岂徒然，意亦可见。彼乃授之以利器，诲之以慢藏，使其势得容奸，时堪乘便。今见南风不竞，天亡有征，老贼奸谋，将复作矣。然推坚强者难为功，摧枯朽者易为力。计其虽非孙、吴猛将，燕、赵精兵，犹是久涉行陈，曾习军旅，岂同剽轻之师，不比危脆之众。拒此则作气不足，攻彼则为势有余，终恐尾大于身，踵粗于股，倔强不掉，狼戾难驯。呼之则反速而衅小，不征则叛迟而祸大。会应遥望廷尉，不肯为臣，自据淮南，亦欲称帝。但恐楚国亡猨，祸延林木，城门失火，殃及池鱼，横使江、淮士子，荆、扬人物，死亡矢石之下，夭折雾露之中。彼梁主操行无闻，轻险有素，射雀论功，荡舟称力，年既老矣，耄又及之，政散民流，礼崩乐坏。加以用舍乖方，废立失所，矫情动俗，饰智惊愚，毒螫满怀，妄敦戒业，躁竞盈胸，谬治清净。灾异降于上，怨讟兴于下，人人厌苦，家家思乱，履霜有渐，坚冰且至。传险躁之风俗，任轻薄之子孙，朋党路开，兵权在外。必将祸生骨肉，衅起腹心，强弩冲城，长戈指阙。徒探雀鷇，无救府藏之虚；空请熊蹯，讵延暑刻之命。外崩中溃，今实其时，鹬蚌相持，我乘其敝。方使骏骑追风，精甲辉日，四七并列，百万为群，以转石之形，为破竹之势。当使钟山渡江，青盖入洛，荆棘生于建业之宫，麋鹿游于姑苏之馆。但恐革车之所辚轹，剑骑之所蹂践，杞梓于焉倾折，竹箭以此摧残。若吴之王孙，蜀之公子，归款军门，委命下吏，当即授客卿之秩，特加骠骑之号。凡百君子，勉求多福。"其后梁室祸败，皆如弼言。

侯景围谯城，不下，退攻城父，拔之。壬申，遣其行台左丞王伟等诣建康说上曰："邺中文武同谋，召臣共讨高澄，事泄，澄幽元善见于金墉，杀诸元六十余人。河北物情，俱念其主，请立元氏一人以从人望，如此，则陛下有继绝之名，臣景有立功之效，河之南北，为圣朝之邴、莒，国之男女，为大梁之臣妾。"上以为然，乙亥，下诏以太子舍人元贞为咸阳王，资以兵力，使还北主魏，须度江，许即位，仪卫以乘舆之副给之。贞，树之子也。

萧渊明至邺，东魏主升闾阖门受俘，让而释之，送于晋阳，大将军澄待之甚厚。

慕容绍宗引军击侯景，景辎重数千两，马数千匹，士卒四万人，退保涡阳。绍宗士卒十万，旗甲耀日，鸣鼓长驱而进。景使谓之曰："公等为欲送客，为欲定雌雄邪？"绍宗曰："欲与公决胜负。"遂顺风布陈。景闭垒，俟风止乃出。绍宗曰："侯景多诡计，好乘人背。"使备之，果如其言。景命战士皆被短甲，执短刀，入东魏陈，但低视斫人胫马足。东魏兵遂败，绍宗坠马，仪同三司刘丰生被伤，显州刺史张遵业为景所擒。

绍宗、丰生俱奔谯城,裨将斛律光、张恃显尤之,绍宗曰:"吾战多矣,未见如景之难克者也。君辈试犯之。"光等被甲将出,绍宗戒之曰:"勿度涡水。"二人军于水北,光轻骑射之。景临涡水谓光曰:"尔求勋而来,我惧死而去。我,汝之父友,何为射我?汝岂自解不度水南,慕容绍宗教汝也。"光无以应。景使其徒田迁射光马,洞胸,光易马隐树,又中之,退入于军。景擒恃显,既而舍之。光走入谯城,绍宗曰:"今定何如,而尤我也。"光,金之子也。

开府仪同三司段韶夹涡而军,潜于上风纵火,景帅骑入水,出而却走,草湿,火不复然。

魏岐州久经丧乱,刺史郑穆初到,有户三千,穆抚循安集,数年之间,至四万余户,考绩为诸州之最,丞相泰擢穆为京兆尹。

侯景与东魏慕容绍宗相持数月,景食尽,司马世雲降于绍宗。

资治通鉴卷第一百六十一

端明殿学士兼翰林侍读学士朝散大夫右谏议大夫充集贤殿修撰提举西京嵩山崇福宫上柱国河内郡开国侯食邑一千八百户食实封六百户赐紫金鱼袋臣　司马光　奉敕编集

梁纪十七 著雍执徐（戊辰），一年。

高祖武皇帝十七

太清二年（戊辰、548）

春，正月，己亥，慕容绍宗以铁骑五千夹击侯景，景诳其众曰："汝辈家属已为高澄所杀。"众信之。绍宗遥呼曰："汝辈家属并完，若归，官勋如旧。"被发向北斗为誓。景士卒不乐南渡，其将暴显等各帅所部降于绍宗。景众大溃，争赴涡水，水为之不流。景与腹心数骑自硖石济淮，稍收散卒，得步骑八百人，南过小城，人登陴诟之曰："跛奴！欲何为邪！"景怒，破城，杀诟者而去。昼夜兼行，追军不敢逼。使谓绍宗曰："景若就擒，公复何用！"绍宗乃纵之。

辛丑，以尚书仆射谢举为尚书令，守吏部尚书王克为仆射。

甲辰，豫州刺史羊鸦仁以东魏军渐逼，称粮运不继，弃悬瓠，还义阳，殷州刺史羊思达亦弃项城走，东魏人皆据之。上怒，责让鸦仁。鸦仁惧，启申后期，顿军淮上。

侯景既败，不知所适，时鄱阳王范除南豫州刺史，未至。马头戍主刘神茂，素为监州事韦黯所不容，闻景至，故往候之。景问曰："寿阳去此不远，城池险固，欲往投之，韦黯其纳我乎？"神茂曰："黯虽据城，是监州耳。王若驰至近郊，彼必出迎，因而执之，可以集事。得城之后，徐以启闻，朝廷喜王南归，必不责也。"景执其手曰："天教也。"神茂请帅步骑百人先为乡导。壬子，景夜至寿阳城下，韦黯以为贼也，授甲登陴。景遣其徒告曰："河南王战败来投此镇，愿速开门。"黯曰："既不奉敕，不敢闻命。"景谓神茂曰："事不谐矣。"神茂曰："黯懦而寡智，可说下也。"乃遣寿阳徐思玉入见黯曰："河南王为朝廷所重，君所知也。今失利来投，何得不受？"黯曰："吾之受命，唯知守城，河南自败，何预吾事！"思玉曰："国家付君以阃外之略，今君不肯开城，若魏追兵来至，河南为魏所杀，君岂能独存！纵使或存，何颜以见朝廷？"黯然之。思玉出报，景大悦曰："活我者，卿也。"癸丑，黯开门纳景。景遣其将分守四门，诘责黯，将斩之，既而抚手大笑，置酒极饮。黯，叡之子也。

朝廷闻景败,未得审问,或云:"景与将士尽没。"上下咸以为忧。侍中、太子詹事何敬容诣东宫,太子曰:"淮北始更有信,侯景定得身免,不如所传。"敬容对曰:"得景遂死,深为朝廷之福。"太子失色,问其故,敬容曰:"景翻覆叛臣,终当乱国。"太子于玄圃自讲《老》《庄》,敬容谓学士吴孜曰:"昔西晋祖尚玄虚,使中原沦于胡、羯。今东宫复尔,江南亦将为戎乎!"

甲寅,景遣仪同三司于子悦驰以败闻,并自求贬削,优诏不许。景复求资给,上以景兵新破,未忍移易。乙卯,即以景为南豫州牧,本官如故;更以鄱阳王范为合州刺史,镇合肥。光禄大夫萧介上表谏曰:"窃闻侯景以涡阳败绩,只马归命,陛下不悔前祸,复敕容纳。臣闻凶人之性不移,天下之恶一也。昔吕布杀丁原以事董卓,终诛董而为贼;刘牢反王恭以归晋,还背晋以构妖。何者?狼子野心,终无驯狎之性;养虎之喻,必见饥噬之祸。侯景以凶狡之才,荷高欢卵翼之遇,位忝台司,任居方伯,然而高欢坟土未干,即还反噬。逆力不逮,乃复逃死关西;宇文不容,故复投身于我。陛下前者所以不逆细流,正欲比属国降胡以讨匈奴,冀获一战之效耳。今既亡师失地,直是境上之匹夫,陛下爱匹夫而弃与国,臣窃不取也。若国家犹待其更鸣之晨,岁暮之效,臣窃惟侯景必非岁暮之臣,弃乡国如脱屣,背君亲如遗芥,岂知远慕圣德,为江、淮之纯臣乎!事迹显然,无可致惑。臣朽老疾侵,不应干预朝政,但楚囊将死,有城郢之忠,卫鱼临亡,亦有尸谏之节。臣忝为宗室遗老,敢忘刘向之心。"上叹息其忠,然不能用。介,思话之孙也。

己未,东魏大将军澄朝于邺。

魏以开府仪同三司赵贵为司空。

魏皇孙生,大赦。

二月,东魏杀其南兖州刺史石长宣,讨侯景之党也。其余为景所胁从者,皆赦之。

东魏既得悬瓠、项城,悉复旧境。大将军澄数遣书移,复求通好,朝廷未之许。澄谓贞阳侯渊明曰:"先王与梁主和好,十有余年。闻彼礼佛文云:'奉为魏主,并及先王。'此乃梁主厚意。不谓一朝失信,致此纷扰,知非梁主本心,当是侯景扇动耳,宜遣使谘论。若梁主不忘旧好,吾亦不敢违先王之意,诸人并即遣还,侯景家属亦当同遣。"渊明乃遣省事夏侯僧辩奉启于上,称"勃海王弘厚长者,若更通好,当听渊明还"。上得启,流涕,与朝臣议之。右卫将军朱异、御史中丞张绾等皆曰:"静寇息民,和实为便。"司农卿傅岐独曰:"高澄何事须和?必是设间,故命贞阳遣使,欲令侯景自疑,景意不安,必图祸乱。若许通好,正堕其计中。"异等固执宜和,上亦厌用兵,乃从异言,赐渊明书曰:"知高大将军礼汝不薄,省启,甚以慰怀。当别遣行人,重敦邻睦。"

　　僧辩还，过寿阳，侯景窃访知之，摄问，具服。乃写答渊明之书，陈启于上曰："高氏心怀鸩毒，怨盈北土，人愿天从，欢分殒越。子澄嗣恶，计灭待时，所以昧此一胜者，盖天荡澄心以盈凶毒耳。澄苟行合天心，腹心无疾，又何急急奉璧求和？岂不以秦兵扼其喉，胡骑迫其背，故甘辞厚币，取安大国。臣闻'一日纵敌，数世之患'，何惜高澄一竖，以弃亿兆之心！窃以北魏安强，莫过天监之始，钟离之役，匹马不归。当其强也，陛下尚伐而取之；及其弱也，反虑而和之。舍已成之功，纵垂死之虏，使其假命强梁，以遗后世，非直鄙臣扼腕，实亦志士痛心。昔伍相奔吴，楚邦卒灭；陈平去项，刘氏用兴。臣虽才劣古人，心同往事。诚知高澄忌贾在翟，恶会居秦，求盟请和，冀除其患。若臣死有益，万殒无辞，唯恐千载，有秽良史。"景又致书于朱异，饷金三百两，异纳金而不通其启。

　　己卯，上遣使吊澄。景又启曰："臣与高氏，衅隙已深，仰凭威灵，期雪仇耻；今陛下复与高氏连和，使臣何地自处？乞申后战，宣畅皇威。"上报之曰："朕与公大义已定，岂有成而相纳，败而相弃乎？今高氏有使求和，朕亦更思偃武。进退之宜，国有常制，公但清静自居，无劳虑也。"景又启曰："臣今蓄粮聚众，秣马潜戈，指日计期，克清赵、魏，不容军出无名，故愿以陛下为主耳。今陛下弃臣遐外，南北复通，将恐微臣之身，不免高氏之手。"上又报曰："朕为万乘之主，岂可失信于一物。想公深得此心，不劳复有启也。"

　　景乃诈为邺中书，求以贞阳侯易景，上将许之。舍人傅岐曰："侯景以穷归义，弃之不祥。且百战之余，宁肯束手受絷。"谢举、朱异曰："景奔败之将，一使之力耳。"上从之，复书曰："贞阳旦至，侯景夕返。"景谓左右曰："我固知吴老公薄心肠。"王伟说景曰："今坐听亦死，举大事亦死，唯王图之。"于是始为反计，属城居民，悉召募为军士，辄停责市估及田租，百姓子女，悉以配将士。

　　三月，癸巳，东魏以太尉襄城王旭为大司马，开府仪同三司高岳为太尉。辛亥，大将军澄南临黎阳，自虎牢济河至洛阳。魏同轨防长史裴宽与东魏将彭乐等战，为乐所擒，澄礼遇甚厚，宽得间逃归。澄由太行返晋阳。

　　屈獠洞斩李贲，传首建康。贲兄天宝遁入九真，收余兵二万围爱州，交州司马陈霸先帅众讨平之。诏以霸先为西江督护、高要太守、督七郡诸军事。

　　夏，四月，甲子，东魏吏部令史张永和等伪假人官，事觉，纠检、首者六万余人。

　　甲戌，东魏遣太尉高岳、行台慕容绍宗、大都督刘丰生等将步骑十万攻魏王思政于颍川。思政命卧鼓偃旗，若无人者。岳恃其众，四面陵城。思政选骁勇开门出战，岳兵败走。岳更筑土山，昼夜攻之，思政随方拒守，夺其土山，置楼堞以助防守。

五月,魏以丞相泰为太师,广陵王欣为太傅,李弼为大宗伯,赵贵为大司寇,于谨为大司空。太师泰奉太子巡抚西境,登陇,至原州,历北长城,东趣五原,至蒲州,闻魏主不豫而还。及至,已愈,泰还华州。

上遣建康令谢挺、散骑常侍徐陵等聘于东魏,复修前好。陵,摛之子也。

六月,东魏大将军澄巡北边。

秋,七月,庚寅朔,日有食之。

乙卯,东魏大将军澄朝于邺。以道士多伪滥,始罢南郊道坛。八月,庚寅,澄还晋阳,遣尚书辛术帅诸将略江、淮之北,凡获二十三州。

侯景自至寿阳,征求无已,朝廷未尝拒绝。景请娶于王、谢,上曰:“王、谢门高非偶,可于朱、张以下访之。”景恚曰:“会将吴儿女配奴。”又启求锦万匹为军人作袍,中领军朱异议以青布给之。又以台所给仗多不能精,启请东冶锻工,欲更营造,敕并给之。景以安北将军夏侯夔之子谯为长史,徐思玉为司马,谯遂去“夏”称“侯”,托为族子。

上既不用景言,与东魏和亲,是后景表疏稍稍悖慢,又闻徐陵等使魏,反谋益甚。元贞知景有异志,累启还朝。景谓曰:“河北事虽不果,江南何虑失之,何不小忍。”贞惧,逃归建康,具以事闻。上以贞为始兴内史,亦不问景。

临贺王正德,所至贪暴不法,屡得罪于上,由是愤恨,阴养死士,储米积货,幸国家有变;景知之。正德在北与徐思玉相知,景遣思玉致笺于正德曰:“今天子年尊,奸臣乱国,以景观之,计日祸败。大王属当储贰,中被废黜,四海业业,归心大王。景虽不敏,实思自效。愿王允副苍生,鉴斯诚款。”正德大喜曰:“侯公之意,暗与吾同,天授我也。”报之曰:“朝廷之事,如公所言。仆之有心,为日久矣。今仆为其内,公为其外,何有不济!机事在速,今其时矣。”

鄱阳王范密启景谋反。时上以边事专委朱异,动静皆关之,异以为必无此理。上报范曰:“景孤危寄命,譬如婴儿仰人乳哺,以此事势,安能反乎!”范重陈之曰:“不早剪扑,祸及生民。”上曰:“朝廷自有处分,不须汝深忧也。”范复请自以合肥之众讨之,上不许。朱异谓范使曰:“鄱阳王遂不许朝廷有一客!”自是范启,异不复为通。

景邀羊鸦仁同反,鸦仁执其使以闻。异曰:“景数百叛虏,何能为!”敕以使者付建康狱,俄解遣之。景益无所惮,启上曰:“若臣事是实,应罹国宪;如蒙照察,请戮鸦仁。”景又上言:“高澄狡猾,宁可全信!陛下纳其诡语,求与连和,臣亦窃所笑也。臣宁堪粉骨,投命仇门。乞江西一境,受臣控督。如其不许,即帅甲骑,临江上,向闽、越,非唯朝廷自耻,亦是三公盱食。”上使朱异宣语答景使曰:“譬如贫家,畜十客、五客,尚能得意;朕唯有一客,致有忿言,亦朕之失也。”益加赏赐锦彩钱布,信使相望。

戊戌,景反于寿阳,以诛中领军朱异、少府卿徐驎、太子右卫率陆验、制局监周石珍为名。异等皆以奸佞骄贪,蔽主弄权,为时人所疾,故景托以兴兵。驎、验,吴郡人;石珍,丹杨人。驎、验迭为少府丞,以苛刻为务,百贾怨之,异尤与之昵,世人谓之"三蠹"。

司农卿傅岐,梗直士也,尝谓异曰:"卿任参国钧,荣宠如此。比日所闻,鄙秽狼藉,若使圣主发悟,欲免得乎!"异曰:"外间谤讟,知之久矣。心苟无愧,何恤人言!"岐谓人曰:"朱彦和将死矣。恃诐以求容,肆辩以拒谏,闻难而不惧,知恶而不改,天夺其鉴,其能久乎!"

景西攻马头,遣其将宋子仙东攻木栅,执戍主曹璆等。上闻之,笑曰:"是何能为!吾折棰笞之。"敕购斩景者,封三千户公,除州刺史。甲辰,诏以合州刺史鄱阳王范为南道都督,北徐州刺史封山侯正表为北道都督,司州刺史柳仲礼为西道都督,通直散骑常侍裴之高为东道都督,以侍中、开府仪同三司邵陵王纶持节董督众军以讨景。正表,宏之子;仲礼,庆远之孙;之高,邃之兄子也。

九月,东魏濮阳武公娄昭卒。

侯景闻台军讨之,问策于王伟,伟曰:"邵陵若至,彼众我寡,必为所困。不如弃淮南,决志东向,帅轻骑直掩建康。临贺反其内,大王攻其外,天下不足定也。兵贵拙速,宜即进路。"景乃留外弟中军大都督王显贵守寿阳,癸未,诈称游猎,出寿阳,人不之觉。冬,十月,庚寅,景扬声趣合肥,而实袭谯州,助防董绍先开城降之。执刺史丰城侯泰。泰,范之弟也,先为中书舍人,倾财以事时要,超授谯州刺史。至州,遍发民丁,使担腰舆、扇、伞等物,不限士庶。耻为之者,重加杖责,多输财者,即纵免之,由是人皆思乱。及侯景至,人无战心,故败。

庚子,诏遣宁远将军王质帅众三千巡江防遏。景攻历阳太守庄铁,丁未,铁以城降,因说景曰:"国家承平岁久,人不习战,闻大王举兵,内外震骇。宜乘此际速趋建康,可兵不血刃而成大功。若使朝廷徐得为备,内外小安,遣羸兵千人直据采石,大王虽有精甲百万,不得济矣。"景乃留仪同三司田英、郭骆守历阳,以铁为导,引兵临江。江上镇戍相次启闻。上问讨景之策于都官尚书羊侃,侃请"以二千人急据采石,令邵陵王袭取寿阳,使景进不得前,退失巢穴,乌合之众,自然瓦解"。朱异曰:"景必无度江之志。"遂寝其议。侃曰:"今兹败矣。"

戊申,以临贺王正德为平北将军、都督京师诸军事,屯丹杨郡。正德遣大船数十艘,诈称载荻,密以济景。景将济,虑王质为梗,使谍视之。会临川太守陈昕启称:"采石急须重镇,王质水军轻弱,恐不能济。"上以昕为云旗将军,代质戍采石,征质知丹杨尹事。昕,庆之之子也。质去采石,而昕犹未下渚。谍告景云:

“质已退。”景使折江东树枝为验,谍如言而返,景大喜曰:“吾事办矣。”己酉,自横江济于采石,有马数百匹,兵八千人。是夕,朝廷始命戒严。

景分兵袭姑孰,执淮南太守文成侯宁。南津校尉江子一帅舟师千余人,欲于下流邀景,其副董桃生,家在江北,与其徒先溃走。子一收余众,步还建康。子一,子四之兄也。

太子见事急,戎服入见上,禀受方略,上曰:“此自汝事,何更问为!内外军悉以付汝。”太子乃停中书省,指授军事,物情惶骇,莫有应募者。朝廷犹不知临贺王正德之情,命正德屯朱雀门,宁国公大临屯新亭,太府卿韦黯屯六门,缮修宫城,为受敌之备。大临,大器之弟也。

己酉,景至慈湖。建康大骇,御街人更相劫掠,不复通行。赦东、西冶、尚方钱署及建康系囚,以扬州刺史宣城王大器都督城内诸军事,以羊侃为军师将军副之,南浦侯推守东府,西丰公大春守石头,轻车长史谢禧、始兴太守元贞守白下,韦黯与右卫将军柳津等分守宫城诸门及朝堂。推,秀之子;大春,大临之弟;津,仲礼之父也。摄诸寺库公藏钱,聚之德阳堂,以充军实。

庚戌,侯景至板桥,遣徐思玉来求见上,实欲观城中虚实。上召问之。思玉诈称叛景请间陈事,上将屏左右,舍人高善宝曰:“思玉从贼中来,情伪难测,安可使独在殿上。”朱异侍坐,曰:“徐思玉岂刺客邪!”思玉出景启,言“异等弄权,乞带甲入朝,除君侧之恶”。异甚惭悚。景又请遣了事舍人出相领解,上遣中书舍人贺季、主书郭宝亮随思玉劳景于板桥。景北面受敕,季曰:“今者之举何名?”景曰:“欲为帝也。”土伟进曰:“朱异等乱政,除奸臣耳。”景既出恶言,遂留季,独遣宝亮还宫。

百姓闻景至,竞入城,公私混乱,无复次第,羊侃区分防拟,皆以宗室间之。军人争入武库,自取器甲,所司不能禁,侃命斩数人,方止。是时,梁兴四十七年,境内无事,公卿在位及闾里士大夫罕见兵甲,贼至猝迫,公私骇震。宿将已尽,后进少年并出在外,军旅指挥,一决于侃,侃胆力俱壮,太子深仗之。

辛亥,景至朱雀桁南,太子以临贺王正德守宣阳门,东宫学士新野庾信守朱雀门,帅宫中文武三千余人营桁北。太子命信开大桁以挫其锋,正德曰:“百姓见开桁,必大惊骇。可且安物情。”太子从之。俄而景至,信帅众开桁,始除一舸,见景军皆著铁面,退隐于门。信方食甘蔗,有飞箭中门柱,信手甘蔗,应弦而落,遂弃军走。南塘游军沈子睦,临贺王正德之党也,复闭桁度景。太子使王质将精兵三千援信,至领军府,遇贼,未陈而走。正德帅众于张侯桥迎景,马上交揖,既入宣阳门,望阙而拜,歔欷流涕,随景度淮。景军皆著青袍,正德军并著绛袍,碧里,既与景合,悉反其袍。景乘胜至阙下,城中恟惧,羊侃诈称得射书云:“邵陵王、西昌侯援兵已至近路。"众乃少安。西丰公大春弃石头,奔京口,谢禧、元贞弃白下走,津主彭文粲等以石头城降景,景遣其仪同三司于子悦守之。

壬子,景列兵绕台城,幡旗皆黑,射启于城中曰:"朱异等蔑弄朝权,轻作威福,臣为所陷,欲加屠戮。陛下若诛朱异等,臣则敛辔北归。"上问太子:"有是乎?"对曰:"然。"上将诛之。太子曰:"贼以异等为名耳。今日杀之,无救于急,适足贻笑将来。俟贼平,诛之未晚。"上乃止。

景绕城既匝,百道俱攻,鸣鼓吹唇,喧声震地,纵火烧大司马、东、西华诸门。羊侃使凿门上为窍,下水沃火,太子自捧银鞍,往赏战士,直阁将军朱思帅战士数人逾城出外洒水,久之方灭。贼又以长柯斧斫东掖门,门将开,羊侃凿扇为孔,以槊刺杀二人,斫者乃退。景据公车府,正德据左卫府,景党宋子仙据东宫,范桃棒据同泰寺。景取东宫妓数百,分给军士。东宫近城,景众登其墙射城内。至夜,景于东宫置酒奏乐,太子遣人焚之,台殿及所聚图书皆尽。景又烧乘黄厩、士林馆、太府寺。癸丑,景作木驴数百攻城,城上投石碎之。景更作尖顶木驴,石不能破。羊侃使作雉尾炬,灌以膏蜡,丛掷焚之,俄尽。景又作登城楼,高十余丈,欲临射城中。侃曰:"车高堑虚,彼来必倒,可卧而观之。"及车动,果倒。

景攻既不克,士卒死伤多,乃筑长围以绝内外,又启求诛朱异等。城中亦射赏格出外曰:"有能送景首者,授以景位,并钱一亿万,布绢各万匹。"朱异、张绾议出兵击之,上问羊侃,侃曰:"不可。今出人若少,不足破贼,徒挫锐气;若多,则一旦失利,门隘桥小,必大致失亡。"异等不从,使千余人出战,锋未及交,退走,争桥赴水死者太半。

侃子鷟,为景所获,执至城下,以示侃,侃曰:"我倾宗报主,犹恨不足,岂计一子,幸早杀之。"数日,复持来,侃谓鷟曰:"久以汝为死矣,犹在邪!"引弓射之。景以其忠义,亦不之杀。

庄铁虑景不克,托称迎母,与左右数十人趣历阳,先遣书绐田英、郭骆曰:"侯王已为台军所杀,国家使我归镇。"骆等大惧,弃城奔寿阳,铁入城,不敢守,奉其母奔寻阳。

十一月,戊午朔,刑白马,祀蚩尤于太极殿前。

临贺王正德即帝位于仪贤堂,下诏称:"普通已来,奸邪乱政,上久不豫,社稷将危。河南王景,释位来朝,猥用朕躬,绍兹宝位,可大赦,改元正平。"立其世子见理为皇太子,以景为丞相,妻以女,并出家之宝货悉助军费。于是景营于阙前,分其兵二千人攻东府,南浦侯推拒之,三日,不克。景自往攻之,矢石雨下,宣城王防阁许伯众潜引景众登城。辛酉,克之,杀南浦侯推及城中战士三千人,载其尸聚于杜姥宅,遥语城中人曰:"若不早降,正当如此!"

景声言上已晏驾,虽城中亦以为然。壬戌,太子请上巡城,上幸大司马门,城上闻跸声,皆鼓噪流涕,众心粗安。

江子一之败还也,上责之。子一拜谢曰:"臣以身许国,常恐不得其死,今所部皆弃臣去,臣以一夫安能击贼! 若贼遂能至此,臣誓当碎身以赎前罪,不死阙前,当死阙后。"癸亥,子一启太子,与弟尚书左丞子四、东宫主帅子五帅所领百余人开承明门出战。子一直抵贼营,贼伏兵不动。子一呼曰:"贼辈何不速出!"久之,贼骑出,夹攻之。子一径前,引槊刺贼,从者莫敢继,贼解其肩而死。子四、子五相谓曰:"与兄俱出,何面独旋!"皆免胄赴贼。子四中稍,洞胸而死,子五伤胫,还至堑,一恸而绝。

景初至建康,谓朝夕可拔,号令严整,士卒不敢侵暴。及屡攻不克,人心离沮。景恐援兵四集,一旦溃去,又食石头常平诸仓既尽,军中乏食,乃纵士卒掠夺民米及金帛子女。是后米一升直七八万钱,人相食,饿死者什五六。

乙丑,景于城东、西起土山,驱迫士民,不限贵贱,乱加殴捶,疲羸者因杀以填山,号哭动地。民不敢窜匿,并出从之,旬日间,众至数万。城中亦筑土山以应之。太子、宣城王已下,皆亲负土,执畚锸,于山上起芙蓉层楼,高四丈,饰以锦罽,募敢死士二千人,厚衣袍铠,谓之"僧腾客",分配二山,昼夜交战不息。会大雨,城内土山崩,贼乘之,垂入,苦战不能禁。羊侃令多掷火,为火城以断其路,徐于内筑城,贼不能进。

景募人奴降者,悉免为良。得朱异奴,以为仪同三司,异家资产悉与之。奴乘良马,衣锦袍,于城下仰诟异曰:"汝五十年仕宦,方得中领军,我始事侯王,已为仪同矣。"于是三日之中,群奴出就景者以千数,景皆厚抚以配军,人人感恩,为之致死。

荆州刺史湘东王绎闻景围台城,丙寅,戒严,移檄所督湘州刺史河东王誉、雍州刺史岳阳王詧、江州刺史当阳公大心、郢州刺史南平王恪等,发兵入援。大心,大器之弟;恪,伟之子也。

朱异遗景书,为陈祸福。景报书,并告城中士民,以为(为):"梁自近岁以来,权幸用事,割剥齐民,以供嗜欲。如曰不然,公等试观:今日国家池苑,王公第宅,僧尼寺塔;及在位庶僚,姬姜百室,仆从数千,不耕不织,锦衣玉食;不夺百姓,从何得之! 仆所以趋赴阙庭,指诛权佞,非倾社稷。今城中指望四方入援,吾观王侯、诸将,志在全身,谁能竭力致死,与吾争胜负哉! 长江天险,二曹所叹,吾一苇航之,日明气净。自非天人允协,何能如是! 幸各三思,自求元吉。"

景又奉启于东魏主,称:"臣进取寿春,暂欲停憩。而萧衍识此运终,自辞宝位,臣军未入其国,已投同泰舍身。去月二十九日,届此建康。江海未苏,干戈暂止,永言故乡,人马同恋。寻当整辔,以奉圣颜。臣之母、弟,久谓屠灭,近奉明敕,始承犹在。斯乃陛下宽仁,大将军恩念,臣之弱劣,知何仰报!今辄赍启迎臣母、弟、妻、儿,伏愿圣慈,特赐裁放。"

己巳,湘东王绎遣司马吴晔、天门太守樊文皎等将兵发江陵。

陈昕为景所擒,景与之极饮,使昕收集部曲,欲用之。昕不可,景使其仪同三司范桃棒囚之。昕因说桃棒,使帅所部袭杀王伟、宋子仙,诣城降。桃棒从之,潜遣昕夜缒入城。上大喜,敕镌银券赐桃棒曰:"事定之日,封汝河南王,即有景众,并给金帛女乐。"太子恐其诈,犹豫不决,上怒曰:"受降常理,何忽致疑!"太子召公卿会决,朱异、傅岐曰:"桃棒降必非谬。桃棒既降,贼景必惊,乘此击之,可大破也。"太子曰:"吾坚城自守以俟外援,援兵既至,贼岂足平。此万全策也。今开门纳桃棒,桃棒之情何易可知,万一为变,悔无所及。社稷事重,须更详之。"异曰:"殿下若以社稷之急,宜纳桃棒;如其犹豫,非异所知。"太子终不能决。桃棒又使昕启曰:"今止将所领五百人,若至城门,皆自脱甲,乞朝廷开门赐容。事济之后,保擒侯景。"太子见其恳切,愈疑之。朱异拊膺曰:"失此,社稷事去矣。"俄而桃棒为部下所告,景拉杀之。陈昕不知,如期而出,景邀得之,逼使射书城中曰:"桃棒且轻将数十人先入。"景欲衷甲随之,昕不肯,期以必死,乃杀之。

景使萧见理与仪同三司卢晖略戍东府。见理凶险,夜,与群盗剽劫于大桁,中流矢而死。

邵陵王纶行至钟离,闻侯景已度采石,纶昼夜兼道,旋军入援,济江,中流风起,人马溺者什一二。遂帅宁远将军西丰公大春、新〔涂〕〔淦〕公大成、永安侯确、安南侯骏、前谯州刺史赵伯超、武州刺史萧弄璋等,步骑三万,自京口西上。大成,大春之弟;确,纶之子;骏,懿之孙也。

景遣军至江乘拒纶军。赵伯超曰:"若从黄城大路,必与贼遇,不如径指钟山,突据广莫门,出贼不意,城围必解矣。"纶从之,夜行失道,迂二十余里,庚辰旦,营于蒋山。景见之大骇,悉送所掠妇女、珍货于石头,具舟欲走。分兵三道攻纶,纶与战,破之。时山巅寒雪,乃引军下爱敬寺。景陈兵于覆舟山北,乙酉,纶进军玄武湖侧,与景对陈,不战。至暮,景更约明日会战,纶许之。安南侯骏见景军退,以为走,即与壮士逐之,景旋军击之,骏败走,趣纶军。赵伯超望见,亦引兵走,景乘胜追击之,诸军皆溃。纶收余兵近千人,入天保寺,景追之,纵火烧寺。纶奔朱方,士卒践冰雪,往往堕足。景悉收纶辎重,生擒西丰公大春、安前司马庄丘慧、主帅霍俊等而还。丙戌,景陈所获纶军首虏铠仗及大春等于城下,使言曰:"邵陵王已为乱兵所杀。"霍俊独曰:"王小失利,已全军还京口。城中但坚守,援军寻至。"贼以刀殴其背,俊辞色弥厉,景义而释之,临贺王正德杀之。

是日晚,鄱阳王范遣其世子嗣与西豫州刺史裴之高、建安太守赵凤举各将兵入援,军于蔡洲,以待上流诸军,范以之高督江右援军事。景悉驱南岸居民于水北,焚其庐舍,大街已西,扫地俱尽。

北徐州刺史封山侯正表镇钟离,上召之入援,正表托以船粮未集,不进。景以正表为南兖州刺史,封南郡王。正表乃于欧阳立栅以断援军,帅众一万,声言入援,实欲袭广陵。密书诱广陵令刘询,使烧城为应,询以告南兖州刺史南康王会理。十二月,会理使询帅步骑千人夜袭正表,大破之,正表走还钟离。询收其兵粮,归就会理,与之入援。

癸巳,侍中、都官尚书羊侃卒,城中益惧。侯景大造攻具,陈于阙前,大车高数丈,一车二十轮,丁酉,复进攻城,以虾蟆车运土填堑。

湘东王绎遣世子方等将步骑一万入援建康,庚子,发公安。绎又遣竟陵太守王僧辩将舟师万人,出自汉川,载粮东下。方等有俊才,善骑射,每战,亲犯矢石,以死节自任。

壬寅,侯景以火车焚台城东南楼。材官吴景有巧思,于城内构地为楼,火才灭,新楼即立,贼以为神。景因火起,潜遣人于其下穿城,城将崩,乃觉之。吴景于城内更筑迂城,状如却月以拟之,兼掷火,焚其攻具,贼乃退走。

太子遣洗马元孟恭将千人自大司马门出荡,孟恭与左右奔降于景。

己酉,景土山稍逼城楼,柳津命作地道以取其土,外山崩,压贼且尽。又于城内作飞桥,悬罩二土山上。景众见飞桥迥出,崩腾而走,城内掷雉尾炬,焚其东山,楼栅荡尽,贼积死于城下,乃弃土山不复修,自焚其攻具。材官将军宋嶷降于景,教之引玄武湖水以灌台城,阙前皆为洪流。

上征衡州刺史韦粲为散骑常侍,以都督长沙欧阳颁监州事。粲,放之子也。还至庐陵,闻侯景乱,粲简阅部下,得精兵五千,倍道赴援。至豫章,闻景已出横江,粲就内史刘孝仪谋之,孝仪曰:"必如此,当有敕,岂可轻信人言,妄相惊动。或恐不然。"时孝仪置酒,粲怒,以杯抵地曰:"贼已度江,便逼宫阙,水陆俱断,何暇有报!假令无敕,岂得自安?韦粲今日何情饮酒!"即驰马出部分。将发,会江州刺史当阳公大心遣使邀粲,粲乃驰往见大心曰:"上游藩镇,江州去京最近,殿下情计,诚宜在前。但中流任重,当须应接,不可阙镇。今宜且张声势,移镇湓城,遣偏将赐随,于事便足。"大心然之,遣中兵柳昕帅兵二千人随粲。粲至南洲,外弟司州刺史柳仲礼亦帅步骑万余人至横江,粲即送粮仗赡给之,并散私金帛以赏其战士。

西豫州刺史裴之高自张公洲遣船度仲礼,丙辰夜,粲、仲礼及宣猛将军李孝钦、前司州刺史羊鸦仁、南陵太守陈文彻,合军屯新林王游苑。粲议推仲礼为大都督,报下流众军。裴之高自以年位,耻居其下,议累日不决。粲抗言于众曰:"今者同赴国难,义在除贼。所以推柳司州者,正以久捍边疆,先为侯景所惮。且士马精锐,无出其前。若论位次,柳在粲下,语其年齿,亦少于粲,直以社稷之计,不得复论。今日形势,贵在将和,若人心不同,大事去矣。裴公朝之旧德,岂应复挟私情以沮大计。粲请为诸军解之。"乃单舸至之高营,切让之曰:"今二宫危逼,猾寇滔天,臣子当戮力同心,岂可自相矛楯!豫州必欲立异,锋镝便有所归。"之高垂泣致谢。遂推仲礼为大都督。

宣城内史杨白华遣其子雄将郡兵继至,援军大集,众十余万,缘淮树栅,景亦于北岸树栅以应之。

裴之高与弟之横以舟师一万屯张公洲。景囚之高弟、侄、子、孙,临水陈兵,连锁列于陈前,以鼎镬、刀锯随其后,谓曰:"裴公不降,今即烹之。"之高召善射者使射其子,再发,皆不中。

景帅步骑万人于后渚挑战,仲礼欲出击之。韦粲曰:"日晚我劳,未可战也。"仲礼乃坚壁不出,景亦引退。

湘东王绎将锐卒三万发江陵,留其子绥宁侯方诸居守,谘议参军刘之遴等三上笺请留,答教不许。

鄱阳王范遣其将梅伯龙攻王显贵于寿阳,克其罗城。攻中城,不克而退,范益其众,使复攻之。

东魏大将军澄患民钱滥恶,议不禁民私铸,但悬称市门,钱不重五铢,毋得入市。朝议以为年谷不登,请俟它年,乃止。

魏太师泰杀安定国臣王茂而非其罪。尚书左丞柳庆谏,泰怒曰:"卿党罪人,亦当坐。"执庆于前。庆辞色不桡,曰:"庆闻君蔽于事为不明,臣知而不争为不忠。庆既竭忠,不敢爱死,但惧公为不明耳。"泰寤,亟使赦茂,不及,乃赐茂家钱帛,曰:"以旌吾过。"

丙辰晦,柳仲礼夜入韦粲营,部分众军。旦日,会战,诸将各有据守,令粲顿青塘。粲以青塘当石头中路,贼必争之,颇惮之。仲礼曰:"青塘要地,非兄不可。若疑兵少,当更遣军相助。"乃使直阁将军刘叔胤助之。

资治通鉴卷第一百六十二

端明殿学士兼翰林侍读学士朝散大夫右谏议大夫充集贤殿修撰提举西京嵩山崇福宫上柱国河内郡开国侯食邑一千八百户食实封六百户赐紫金鱼袋臣　司马光　奉敕编集

梁纪十八 屠维大荒落(己巳)，一年。

高祖武皇帝十八

太清三年(己巳、549)

春，正月，丁巳朔，柳仲礼自新亭徙营大桁。会大雾，韦粲军迷失道，比及青塘，夜已过半，立栅未合，侯景望见之，亟帅锐卒攻粲。粲使军主郑逸逆击之，命刘叔胤以舟师截其后，叔胤畏懦不敢进，逸遂败。景乘胜入粲营，左右牵粲避贼，粲不动，叱子弟力战，遂与子尼及三弟助、警、构、从弟昂皆战死，亲戚死者数百人。仲礼方食，投箸被甲，与其麾下百骑驰往救之，与景战于青塘，大破之，斩首数百级，沉淮水死者千余人。仲礼稍将及景，而贼将支伯仁自后斫仲礼中肩，马陷于淖，贼聚稍刺之，骑将郭山石救之，得免。仲礼被重疮，会稽人惠筠吮疮断血，故得不死。自是景不敢复济南岸，仲礼亦气衰，不复言战矣。

邵陵王纶复收散卒，与东扬州刺史临城公大连、新淦公大成等自东道并至，庚申，列营于桁南，亦推柳仲礼为大都督。大连，大临之弟也。

朝野以侯景之祸共尤朱异，异惭愤发疾，庚申，卒。故事，尚书官不以为赠。上痛惜异，特赠尚书右仆射。

甲子，湘东世子方等及王僧辩军至。

戊辰，封山侯正表以北徐州降东魏，东魏徐州刺史高归彦遣兵赴之。归彦，欢之族弟也。

己巳，太子迁居永福省。高州刺史李迁仕、天门太守樊文皎将援兵万余人至城下。台城与援军信命久绝，有羊车儿献策，作纸鸱，系以长绳，写敕于内，放以从风，冀达众军，题云：“得鸱送援军，赏银百两。”太子自出太极殿前乘西北风纵之，贼怪之，以为厌胜，射而下之。援军募人能入城送启者，鄱阳世子嗣左右李朗请先受鞭，诈为得罪，叛投贼，因得入城，城中方知援兵四集，举城鼓噪。上以朗为直阁将军，赐金遣之。朗缘钟山之后，宵行昼伏，积日乃达。

癸未，鄱阳世子嗣、永安侯确、庄铁、羊鸦仁、柳敬礼、李迁仕、樊文皎将兵度淮，攻东府前栅，焚之，侯景退。众军营于青溪之东，迁仕、文皎帅锐卒五千独进深入，所向摧靡。至菰首桥东，景将宋子仙伏兵击之，文皎战死，迁仕遁还。敬礼，仲礼之弟也。

仲礼神情傲很，陵蔑诸将，邵陵王纶每日执鞭至门，亦移时弗见，由是与纶及临城公大连深相仇怨。大连又与永安侯确有隙，诸军互相猜阻，莫有战心。援军初至，建康士民扶老携幼以候之，才过淮，即纵兵剽掠，由是士民失望。贼中有谋应官军者，闻之，亦止。

王显贵以寿阳降东魏。

临贺王记室吴郡顾野王起兵讨侯景，二月，己丑，引兵来至。初，台城之闭也，公卿以食为念，男女贵贱并出负米，得四十万斛，收诸府藏钱帛五十万亿，并聚德阳堂，而不备薪刍、鱼盐。至是，坏尚书省为薪，撤荐，剉以饲马，荐尽，又食以饭。军士无膜，或煮铠、熏鼠、捕雀而食之。御甘露厨有干苔，味酸咸，分给战士。军人屠马于殿省间，杂以人肉，食者必病。侯景众亦饥，抄掠无所获；东城有米，可支一年，援军断其路。又闻荆州兵将至，景甚患之。王伟曰："今台城不可猝拔，援兵日盛，吾军乏食，若伪且求和以缓其势，东城之米，足支一年，因求和之际，运米入石头，援军必不得动，然后休士息马，缮修器械，伺其懈怠击之，一举可取也。"景从之，遣其将任约、于子悦至城下，拜表求和，乞复先镇。太子以城中穷困，白上，请许之。上怒曰："和不如死。"太子固请曰："侯景围逼已久，援军相仗不战，宜且许其和，更为后图。"上迟回久之，乃曰："汝自图之，勿令取笑千载。"遂报许之。景乞割江右四州之地，并求宣城王大器出送，然后济江。中领军傅岐固争曰："岂有贼举兵围宫阙而更与之和乎！此特欲却援军耳。戎狄兽心，必不可信。且宣城嫡嗣之重，国命所系，岂可为质！"上乃以大器之弟石城公大款为侍中，出质于景。又敕诸军不得复进，下诏曰："善兵不战，止戈为武。可以景为大丞相，都督江西四州诸军事，豫州牧、河南王如故。"已亥，设坛于西华门外，遣仆射王克、上甲侯韶、吏部郎萧瑳与于子悦、任约、王伟登坛共盟。太子詹事柳津出西华门，景出栅门，遥相对，更杀牲歃血为盟。既盟，而景长围不解，专修铠仗，托云"无船，不得即发"，又云"恐南军见蹑"，遣石城公还台，求宣城王出送，邀求稍广，了无去志。太子知其诈言，犹羁縻不绝。韶，懿之孙也。

庚子，前南兖州刺史南康王会理、前青、冀二州刺史湘潭侯退、西昌侯世子彧众合三万，至于马印洲，景虑其自白下而上，启云："请敕北军聚还南岸，不尔，妨臣济江。"太子即勒会理自白下城移军江潭苑。退，恢之子也。

辛丑，以邵陵王纶为司空，鄱阳王范为征北将军，柳仲礼为侍中、尚书右仆射。景以于子悦、任约、傅士悊皆为仪同三司，夏侯谭为豫州刺史，董绍先为东徐州刺史，徐思玉为北徐州刺史，王伟为散骑常侍。上以伟为侍中。

乙卯，景又启曰："适有西岸信至，高澄已得寿阳、钟离，臣今无所投足，求借广陵并谯州，俟得寿阳，即奉还朝廷。"又云："援军既在南岸，须于京口度江。"太子并答许之。

癸卯，大赦。

庚戌，景又启曰："永安侯确、直阁赵威方频隔栅见诟云：'天子自与汝盟，我终当杀汝。'乞召侯及威方人，即当引路。"上遣吏部尚书张绾召确，辛亥，以确为广州刺史，威方为盱眙太守。确累启固辞，不入，上不许。确先遣威方入城，因欲南奔。邵陵王纶泣谓确曰："围城既久，圣上忧危，臣子之情，切于汤火，故欲且盟而遣之，更申后计。成命已决，何得拒违！"时台使周石珍、东宫主书左法生在纶所，确谓之曰："侯景虽云欲去而不解长围，意可见也。今召仆入城，何益于事！"石珍曰："敕旨如此，郎那得辞？"确意尚坚，纶大怒，谓赵伯超曰："谯州为我斩之！持其首去。"伯超挥刃眄确曰："伯超识君侯，刀不识也。"确乃流涕入城。

上常蔬食，及围城日久，上厨蔬茹皆绝，乃食鸡子。纶因使者暂通，上鸡子数百枚，上手自料简，欷歔哽咽。

湘东王绎军于郢州之武城，湘州刺史河东王誉军于青草湖，信州刺史桂阳王慥军于西峡口，托云俟四方援兵，淹留不进。中记室参军萧贲，骨鲠士也，以绎不早下，心非之。尝与绎双六，食子未下，贲曰："殿下都无下意。"绎深衔之。及得上敕，绎欲旋师，贲曰："景以人臣举兵向阙，今若放兵，未及度江，童子能斩之矣，必不为也。大王以十万之众，未见贼而退，奈何！"绎不悦，未几，因事杀之。慥，懿之孙也。

东魏河内民四千余家，以魏北徐州刺史司马裔，其乡里也，相帅归之。丞相泰欲封裔，裔因辞曰："士大夫远归皇化，裔岂能帅之！卖义士以求荣，非所愿也。"

侯景运东府米人石头，既毕，王伟闻荆州军退，援军虽多，不相统壹，乃说景曰："王以人臣举兵，围守宫阙，逼辱妃主，残秽宗庙，擢王之发，不足数罪。今日持此，欲安所容身乎！背盟而捷，自古多矣，愿且观其变。"临贺王正德亦谓景曰："大功垂就，岂可弃去！"景遂上启，陈上十失，且曰："臣方事暌违，所以冒陈谠直。陛下崇饰虚诞，恶闻实录，以袄怪为嘉祯，以天谴为无咎。敷演六艺，排摈前儒，王莽之法也。以铁为货，使轻重无常，公孙之制也。烂羊镂印，朝章鄙杂，更始、赵伦之化也。豫章以所天为血仇，邵陵以父存而冠布，石虎之风也。修建浮图，百度糜费，使四民饥馁，笮融、姚兴之代也。"又言："建康宫室崇侈，陛下唯与主书参断万机，政以贿成，诸阉豪盛，众僧殷实。皇太子珠玉是好，酒色是耽，吐言止于轻薄，赋咏不出《桑中》。邵陵所在残破，湘东群下贪纵，南康、定襄之属，皆如沐猴而冠耳。亲为孙侄,位则藩屏,臣至百日,谁肯勤王?此而灵长,未之有也。昔鬻拳兵谏,王卒改善,今日之举,复奚罪乎!伏愿陛下小惩大戒,放谗纳忠,使臣无再举之忧,陛下无婴城之辱,则万姓幸甚。"

上览启,且惭且怒。三月,丙辰朔,立坛于太极殿前,告天地,以景违盟,举烽鼓噪。初,闭城之日,男女十余万,擐甲者二万余人,被围既久,人多身肿气急,死者什八九,乘城者不满四千人,率皆羸喘。横尸满路,不可瘗埋,烂汁满沟,而众心犹望外援。柳仲礼唯聚妓妾,置酒作乐,诸将日往请战,仲礼不许。安南侯骏说邵陵王纶曰:"城危如此,而都督不救,若万一不虞,殿下何颜自立于世。今宜分军为三道,出贼不意攻之,可以得志。"纶不从。柳津登城谓仲礼曰:"汝君父在难,不能竭力,百世之后,谓汝为何!"仲礼亦不以为意。上问策于津,对曰:"陛下有邵陵,臣有仲礼,不忠不孝,贼何由平!"

戊午,南康王会理与羊鸦仁、赵伯超等进营于东府城北,约夜度军。既而鸦仁等晓犹未至,景众觉之,营未立,景使宋子仙击之,赵伯超望风退走。会理等兵大败,战及溺死者五千人。景积其首于阙下,以示城中。

景又使于子悦求和,上使御史中丞沈浚至景所。景实无去志,谓浚曰:"今天时方热,军未可动,乞且留京师立效。"浚发愤责之,景不对,横刀叱之。浚曰:"负恩忘义,违弃诅盟,固天地所不容。沈浚五十之年,常恐不得死所,何为以死相惧邪!"因径去不顾。景以其忠直,舍之。

于是景决石阙前水,百道攻城,昼夜不息。邵陵世子坚屯太阳门,终日蒲饮,不恤吏士,其书佐董勋、熊昙朗恨之。丁卯,夜向晓,勋、昙朗于城西北楼引景众登城。永安侯确力战,不能却,乃排闼入启上云:"城已陷。"上安卧不动,曰:"犹可一战乎?"对曰:"不可。"上叹曰:"自我得之,自我失之,亦复何恨!"因谓确曰:"汝速去,语汝父,勿以二宫为念。"因使慰劳在外诸军。

俄而景遣王伟入文德殿奉谒,上命褰帘开户引伟入,伟拜呈景启,称:"为奸佞所蔽,领众入朝,惊动圣躬,今诣阙待罪。"上问:"景何在?可召来。"景入见于太极东堂,以甲士五百人自卫。景稽颡殿下,典仪引就三公榻。上神色不变,问曰:"卿在军中日久,无乃为劳。"景不敢仰视,汗流被面。又曰:"卿何州人,而敢至此,妻子犹在北邪?"景皆不能对。任约从旁代对曰:"臣景妻子皆为高氏所屠,唯以一身归陛下。"上又问:"初度江有几人?"景曰:"千人。""围台城几人?"曰:"十万。""今有几人?"曰:"率土之内,莫非己有。"上俛首不言。

景复至永福省见太子,太子亦无惧容。侍卫皆惊散,唯中庶子徐摛、通事舍人陈郡殷不害侧侍。摛谓景曰:"侯王当以礼见,何得如此!"景乃拜。太子与言,又不能对。

景退，谓其厢公王僧贵曰："吾常跨鞍对陈，矢刃交下，而意气安缓，了无怖心。今见萧公，使人自慑，岂非天威难犯！吾不可以再见之。"于是悉撤两宫侍卫，纵兵掠乘舆、服御，宫人皆尽，收朝士、王侯送永福省。使王伟守武德殿，于子悦屯太极东堂。矫诏大赦，自加大都督中外诸军、录尚书事。

建康士民逃难四出。太子洗马萧允至京口，端居不行，曰："死生有命，如何可逃？祸之所来，皆生于利，苟不求利，祸从何生！"

己巳，景遣石城公大款以诏命解外援军。柳仲礼召诸将议之，邵陵王纶曰："今日之命，委之群将。"仲礼熟视不对。裴之高、王僧辩曰："将军拥众百万，致宫阙沦没，正当悉力决战，何所多言。"仲礼竟无一言，诸军乃随方各散。南兖州刺史临成公大连、湘东世子方等、鄱阳世子嗣、北兖州刺史湘潭侯退、吴郡太守袁君正、晋陵太守陆经等各还本镇。君正，昂之子也。邵陵王纶奔会稽。仲礼及弟敬礼、羊鸦仁、王僧辩、赵伯超并开营降，军士莫不叹愤。仲礼等入城，先拜景而后见上，上不与言。仲礼见父津，津恸哭曰："汝非我子，何劳相见！"

湘东王绎使全威将军会稽王琳送米二十万石以馈军，至姑孰，闻台城陷，沉米于江而还。

景命烧台内积尸，病笃未绝者，亦聚而焚之。

庚午，诏征、镇牧守可复本任。景留柳敬礼、羊鸦仁，而遣柳仲礼归司州，王僧辩归竟陵。初，临贺王正德与景约，平城之日，不得全二宫。及城开，正德帅众挥刀欲入，景先使其徒守门，故正德不果入。景更以正德为侍中、大司马，百官皆复旧职。正德入见上，拜且泣。上曰："啜其泣矣，何嗟及矣。"

秦郡、阳平、盱眙三郡皆降景，景改阳平为北沧州，改秦郡为西兖州。

东徐州刺史湛海珍、北青州刺史王奉伯、淮阳太守王瑜，并以地降东魏。青州刺史明少遐、山阳太守萧邻弃城走，东魏据其地。

侯景以仪同三司萧邕为南徐州刺史，代西昌侯渊藻镇京口。又遣其将徐相攻晋陵，陆经以郡降之。

初，上以河东王誉为湘州刺史，徙湘州刺史张缵为雍州刺史，代岳阳王詧。缵恃其才望，轻誉少年，迎候有阙。誉至，检括州府付度事，留缵不遣，闻侯景作乱，颇陵蔑缵。缵恐为所害，轻舟夜遁，将之雍部，复虑詧拒之。缵与湘东王绎有旧，欲因之以杀誉兄弟，乃如江陵。及台城陷，诸王各还州镇，誉自湖口归湘州。桂阳王慥以荆州督府留军江陵，欲待绎至拜谒，乃还信州。缵遗绎书曰："河东戴墙上水，欲袭江陵，岳阳在雍，共谋不逞。"江陵游军主朱荣亦遣使告绎云："桂阳留此，欲应誉、詧。"绎惧，凿船，沉米，斩缆，自蛮中步道驰归江陵，囚慥，杀之。

侯景以前临江太守董绍先为江北行台，使赍上手敕，召南兖州刺史南康王会理。壬午，绍先至广陵，众不满二百，皆积日饥疲。会理士马甚盛，僚佐说会理曰："景已陷京邑，欲先除诸藩，然后篡位。若四方拒绝，立当溃败，奈何委全州之地以资寇手！不如杀绍先，发兵固守，与魏连和，以待其变。"会理素懦，即以城授之。绍先既入，众莫敢动。会理弟通理请先还建康，谓其姊曰："事既如此，岂可阖家受毙。前途亦思立效，但未知天命如何耳。"绍先悉收广陵文武部曲、铠仗、金帛，遣会理单马还建康。

湘潭侯退与北兖州刺史定襄侯祗出奔东魏。侯景以萧弄璋为北兖州刺史，州民发兵拒之，景遣直阁将军羊海将兵助之，海以其众降东魏，东魏遂据淮阴。祗，伟之子也。

癸未，侯景遣于子悦等将羸兵数百东略吴郡。新城戍主戴僧遏有精甲五千，说太守袁君正曰："贼今乏食，台中所得，不支一旬，若闭关拒守，立可饿死。"土豪陆映公等恐不能胜而资产被掠，皆劝君正迎之。君正素怯，载米及牛酒郊迎。子悦执君正，掠夺财物、子女，东人皆立堡拒之。景又以任约为南道行台，镇姑孰。

夏，四月，湘东世子方等至江陵，湘东王绎始知台城不守，命于江陵四旁七里树木为栅，掘堑三重而守之。

东魏高岳等攻魏颍川，不克。大将军澄益兵助之，道路相继，逾年犹不下。山鹿忠武公刘丰生建策，堰洧水以灌之，城多崩颓，岳悉众分休迭进。王思政身当矢石，与士卒同劳苦，城中泉涌，悬釜而炊。太师泰遣大将军赵贵督东南诸州兵救之，自长社以北，皆为陂泽，兵至穰，不得前。东魏人使善射者乘大舰临城射之，城垂陷。燕郡景惠公慕容绍宗与刘丰生临堰观视之，见东北尘起，同入舰坐避之。俄而暴风至，远近晦冥，缆断，飘船径向城，城上人以长钩牵船，弓弩乱发，绍宗赴水溺死，丰生游水，向土山，城上人射杀之。

甲辰，东魏进大将军勃海王澄位相国，封齐王，加殊礼。丁未，澄入朝于邺，固辞，不许。澄召将佐密议之，皆劝澄宜膺朝命，独散骑常侍陈元康以为未可，澄由是嫌之。崔暹乃荐陆元规为大行台郎，以分元康之权。

湘东王绎之入援也，令所督诸州皆发兵，雍州刺史岳阳王詧遣府司马刘方贵将兵出汉口，绎召詧使自行，詧不从。方贵潜与绎相知，谋袭襄阳，未发。会詧以它事召方贵，方贵以为谋泄，遂据樊城拒命，詧遣军攻之。绎厚资遣张缵使赴镇，缵至大堤，詧已拔樊城，斩方贵。缵至襄阳，詧推迁未去，但以城西白马寺处之，詧犹总军府之政，闻台城陷，遂不受代。助防杜岸绐缵曰："观岳阳势不容使君，不如且往西山以避祸。"岸既襄阳豪族，兄弟九人，皆以骁勇著名。缵乃与岸结盟，著妇人衣，乘青布舆，逃入西山。詧使岸将兵追擒之，缵乞为沙门，更名法缵，詧许之。

荆州长史王冲等上笺于湘东王绎,请以太尉、都督中外诸军事承制主盟,绎不许。丙辰,又请以司空主盟,亦不许。

上虽外为侯景所制,而内甚不平。景欲以宋子仙为司空,上曰:"调和阴阳,安用此物!"景又请以其党二人为便殿主帅,上不许。景不能强,心甚惮之。太子入,泣谏,上曰:"谁令汝来!若社稷有灵,犹当克复;如其不然,何事流涕!"景使其军士入直省中,或驱驴马,带弓刀,出入宫庭,上怪而问之,直阁将军周石珍对曰:"侯丞相甲士。"上大怒,叱石珍曰:"是侯景,何谓丞相!"左右皆惧。是后上所求多不遂志,饮膳亦为所裁节,忧愤成疾。太子以幼子大圜属湘东王绎,并剪爪发以寄之。五月,丙辰,上卧净居殿,口苦,索蜜不得,再曰:"荷!荷!"遂殂。年八十六。景秘不发丧,迁殡于昭阳殿,迎太子于永福省,使如常入朝。王伟、陈庆皆侍太子,太子鸣咽流涕,不敢泄声,殿外文武皆莫之知。

东魏高岳既失慕容绍宗等,志气沮丧,不敢复逼长社城。陈元康言于大将军澄曰:"王自辅政以来,未有殊功,虽破侯景,本非外贼。今颍川垂陷,愿王自以为功。"澄从之,戊寅,自将步骑十万攻长社,亲临作堰。堰三决,澄怒,推负土者及囊并塞之。

辛巳,发高祖丧,升梓宫于太极殿。是日,太子即皇帝位,大赦。侯景出屯朝堂,分兵守卫。

壬午,诏北人在南为奴婢者,皆免之,所免万计,景或更加超擢,冀收其力。

高祖之末,建康士民服食、器用,争尚豪华,粮无半年之储,常资四方委输。自景作乱,道路断绝,数月之间,人至相食,犹不免饿死,存者百无一二。贵戚、豪族皆自出采稆,填委沟壑,不可胜纪。

癸未,景遣仪同三司来亮入宛陵,宣城太守杨白华诱而斩之。甲申,景遣其将李贤明攻之,不克。景又遣中军侯子鉴入吴郡,以厢公苏单于为吴郡太守,遣仪同宋子仙等将兵东屯钱塘,新城戍主戴僧遏据县拒之。御史中丞沈浚避难东归,至吴兴,太守张嵊与之合谋,举兵讨景。嵊,稷之子也。东扬州刺史临城公大连,亦据州不受景命。景号令所行,唯吴郡以西、南陵以北而已。

魏诏:"太和中代人改姓者皆复其旧。"

六月,丙戌,以南康王会理为侍中、司空。

丁亥,立宣城王大器为皇太子。

初,侯景将使太常卿南阳刘之遴授临贺王正德玺绶,之遴剃发僧服而逃。之遴博学能文,尝为湘东王绎长史;将归江陵,绎素嫉其才,己丑,之遴至夏口,绎密送药杀之,而自为志铭,厚其赙赠。

壬辰,封皇子大心为寻阳王,大款为江陵王,大临为南海王,大连为南郡王,大春为安陆王,大成为山阳王,大封为宜都王。

长社城中无盐,人病挛肿,死者什八九。大风从西北起,吹水入城,城坏。东魏大将军澄令城中曰:"有能生致王大将军者封侯。若大将军身有损伤,亲近左右皆斩。"王思政帅众据土山,告之曰:"吾力屈计穷,唯当以死谢国。"因仰天大哭,西向再拜,欲自刎。都督骆训曰:"公常语训等:'汝赍我头出降,非但得富贵,亦完一城人。'今高相既有此令,公独不哀士卒之死乎!"众共执之,不得引决。澄遣通直散骑赵彦深就土山遗以白羽扇,执手申意,牵之以下。澄不令拜,延而礼之。思政初入颍川,将士八千人,及城陷,才三千人,卒无叛者。澄悉散配其将卒于远方,改颍川为郑州,礼遇思政甚重。西阁祭酒卢潜曰:"思政不能死节,何足可重?"澄谓左右曰:"我有卢潜,乃是更得一王思政。"潜,度世之曾孙也。

初,思政屯襄城,欲以长社为行台治所,遣使者魏仲启陈于太师泰,并致书于淅州刺史崔猷。猷复书曰:"襄城控带京、洛,实当今之要地,如有动静,易相应接。颍川既邻寇境,又无山川之固,贼若潜来,径至城下。莫若顿兵襄城,为行台之所,颍川置州,遣良将镇守。则表里胶固,人心易安,纵有不虞,岂能为患。"仲见泰,具以启闻。泰令依猷策。思政固请,且约:"贼水攻期年、陆攻三年之内,朝廷不烦赴救。"泰乃许之。及长社不守,泰深悔之。猷,孝芬之子也。

侯景之南叛也,丞相泰恐东魏复取景所部地,使诸将分守诸城。及颍川陷,泰以诸城道路阻绝,皆令拔军还。

上甲侯韶自建康出奔江陵,称受高祖密诏征兵,以湘东王绎为侍中、假黄钺、大都督中外诸军事、司徒、承制,自余藩镇并加位号。

宋子仙围戴僧遏,不克。丙午,吴盗陆缉等起兵袭吴郡,杀苏单于,推前淮南太守文成侯宁为主。

临贺王正德怨侯景卖己,密书召鄱阳王范,使以兵入。景遮得其书,癸丑,缢杀正德。景以仪同三司郭元建为尚书仆射、北道行台、总江北诸军事,镇新秦;封元罗等诸元十余人皆为王。景爱永安侯确之勇,常置左右。邵陵王纶潜遣人呼之,确曰:"景轻佻,一夫力耳,我欲手刃之,正恨未得其便,卿还启家王,勿以确为念。"景与确游钟山,引弓射鸟,因欲射景,弦断,不发,景觉而杀之。

湘东王绎娶徐孝嗣孙女为妃,生世子方等。妃丑而妒,又多失行,绎二三年一至其室。妃闻绎当至,以绎目眇,为半面妆以待之,绎怒而出,故方等亦无宠。及自建康还江陵,绎见其御军严整,始叹其能,入告徐妃,妃不对,垂泣而退。绎怒,疏其秽行,榜于大阁,方等见之,益惧。湘州刺史河东王誉,骁勇得士心,绎将讨侯景,遣使督其粮众,誉曰:"各自军府,何忽隶人?"使者三返,誉不与。方等请讨之,绎乃以少子安南侯方矩为湘州刺史,使方等将精卒二万送之。方等将行,谓所亲曰:"是行也,吾必死之,死得其所,吾复奚恨!"

侯景以赵威方为豫章太守,江州刺史寻阳王大心遣军拒之,擒威方,系州狱,威方逃还建康。

湘东世子方等军至麻溪,河东王誉将七千人击之,方等军败,溺死。安南侯方矩收余众还江陵,湘东王绎无戚容。绎宠姬王氏,生子方诸。王氏卒,绎疑徐妃为之,逼令自杀,妃赴井死,葬以庶人礼,不听诸子制服。

西江督护陈霸先欲起兵讨侯景,景使人诱广州刺史元景仲,许奉以为主,景仲由是附景,阴图霸先。霸先知之,与成州刺史王怀明等集兵南海,驰檄以讨景仲曰:"元景仲与贼合从,朝廷遣曲阳侯勃为刺史,军已顿朝亭。"景仲所部闻之,皆弃景仲而散。秋,七月,甲寅,景仲缢于阁下。霸先迎定州刺史萧勃镇广州。

前高州刺史兰裕,钦之弟也,与其诸弟扇诱始兴等十郡,攻监衡州事欧阳頠。勃使霸先救之,悉擒裕等,勃因以霸先监始兴郡事。

湘东王绎遣竟陵太守王僧辩、信州刺史东海鲍泉击湘州,分给兵粮,刻日就道。僧辩以竟陵部下未尽至,欲俟众集然后行,与泉入白绎,求申期日。绎疑僧辩观望,案剑厉声曰:"卿惮行拒命,欲同贼邪? 今唯有死耳。"因斫僧辩,中其左髀,闷绝,久之方苏,即送狱。泉震怖,不敢言。僧辩母徒行流涕入谢,自陈无训,绎意解,赐以良药,故得不死。丁卯,鲍泉独将兵讨湘州。

陆缉等竞为暴掠,吴人不附,宋子仙自钱塘旋军击之。壬戌,缉弃城奔海盐,子仙复据吴郡。戊辰,侯景置吴州于吴郡,以安陆王大春为刺史。

庚午,以南康王会理兼尚书令。

鄱阳王范闻建康不守,戒严,欲入,僚佐或说之曰:"今魏人已据寿阳,大王移足,则虏骑必窥合肥。前贼未平,后城失守,将若之何? 不如待四方兵集,使良将将精卒赴之,进不失勤王,退可固本根。"范乃止。会东魏大将军澄遣西兖州刺史李伯穆逼合肥,又使魏收为书谕范。范方谋讨侯景,藉东魏为援,乃帅战士二万出东关,以合州输伯穆,并遣谘议刘灵议送二子勤、广为质于东魏以乞师。范屯濡须以待上游之军,遣世子嗣将千余人守安乐栅,上游军皆不下,范粮乏,采茈稗、菱藕以自给。勤、广至邺,东魏人竟不为出师。范进退无计,乃溯流西上,军于枞阳。景出屯姑孰,范将裴之悌以众降之。之悌,之高之弟也。

东魏大将军澄诣邺,辞爵位殊礼,且请立太子。澄谓济阴王晖业曰:"比读何书?"晖业曰:"数寻伊、霍之传,不读曹、马之书。"

八月,甲申朔,侯景遣其中军都督侯子鉴等击吴兴。

己亥,鲍泉军于石椁寺,河东王誉逆战而败。辛丑,又败于橘洲,战及溺死者万余人。誉退保长沙,泉引军围之。

辛卯，东魏立皇子长仁为太子。

勃海文襄王高澄以其弟太原公洋次长，意常忌之。洋深自晦匿，言不出口，常自贬退，与澄言，无不顺从。澄轻之，常曰："此人亦得富贵，相书亦何可解。"洋为其夫人赵郡李氏营服玩小佳，澄辄夺取之，夫人或恚未与，洋笑曰："此物犹应可求，兄须何容吝惜。"澄或愧不取，洋即受之，亦无饰让。每退朝还第，辄闭阁静坐，虽对妻子，能竟日不言。或时祖跣奔跃，夫人问其故，洋曰："为尔漫戏。"其实盖欲习劳也。

澄获衡州刺史兰钦子京，以为膳奴，钦请赎之，不许。京屡自诉，澄杖之，曰："更诉，当杀汝。"京与其党六人谋作乱。澄在邺，居北城东柏堂，嬖琅邪公主，欲其往来无间，侍卫者常遣出外。辛卯，澄与散骑常侍陈元康、吏部尚书侍中杨愔、黄门侍郎崔季舒屏左右，谋受魏禅，署拟百官。兰京进食，澄却之，谓诸人曰："昨夜梦此奴斫我，当急杀之。"京闻之，置刀盘下，冒言进食。澄怒曰："我未索食，何为遽来？"京挥刀曰："来杀汝！"澄自投伤足，入于床下，贼去床，弑之。愔狼狈走出，遗一靴，季舒匿于厕中；元康以身蔽澄，与贼争刀被伤，肠出；库直王纮冒刃御贼；纥奚舍乐斗死。时变起仓猝，内外震骇。太原公洋在城东双堂，闻之，神色不变，指挥部分，入讨群贼，斩而脔之。徐出，言曰："奴反，大将军被伤，无大苦也。"内外莫不惊异。洋秘不发丧。陈元康手书辞母，口占使功曹参军祖珽作书陈便宜，至夜而卒。洋殡之第中，诈云出使，虚除元康中书令。以王纮为领左右都督。纮，基之子也。

勋贵以重兵皆在并州，劝洋早如晋阳，洋从之。夜，召大将军督护太原唐邕，使部分将士，镇遏四方。邕支配须臾而毕，洋由是重之。

癸巳，洋讽东魏主以立太子大赦。澄死问渐露，东魏主窃谓左右曰："大将军今死，似是天意，威权当复归帝室矣。"洋留太尉高岳、太保高隆之、开府仪同三司司马子如、侍中杨愔守邺，余勋贵皆自随。甲午，入谒东魏主于昭阳殿，从甲士八千人，登阶者二百余人，皆攘袂扣刃，若对严敌。令主者传奏曰："臣有家事，须诣晋阳。"再拜而出。东魏主失色，目送之曰："此人又似不相容，朕不知死在何日。"晋阳旧臣宿将素轻洋，及至，大会文武，神彩英畅，言辞敏洽，众皆大惊。澄政令有不便者，洋皆改之。高隆之、司马子如等恶度支尚书崔暹，奏暹及崔季舒过恶，鞭二百，徙边。

侯景以宋子仙为司徒、郭元建为尚书左仆射，与领军任约等四十人并开府仪同三司，仍诏："自今开府仪同不须更加将军。"是后开府仪同至多，不可复记矣。

鄱阳王范自枞阳遣信告江州刺史寻阳王大心，大心遣信邀之。范引兵诣江州，大心以湓城处之。

吴兴兵力寡弱,张嵊书生,不闲军旅。或劝嵊效袁君正以郡迎侯子鉴。嵊叹曰:"袁氏世济忠贞,不意君正一旦隳之。吾岂不知吴郡既没,吴兴势难久全,但以身许国,有死无贰耳!"九月,癸丑朔,子鉴军至吴兴,嵊战败,还府,整服安坐,子鉴执送建康。侯景嘉其守节,欲活之,嵊曰:"吾忝任专城,朝廷倾危,不能匡复,今日速死为幸。"景犹欲存其一子,嵊曰:"吾一门已在鬼录,不就尔房求恩。"景怒,尽杀之,并杀沈浚。

河东王誉告急于岳阳王詧,詧留谘议参军济阳蔡大宝守襄阳,帅众二万、骑二千伐江陵以救湘州。湘东王绎大惧,遣左右就狱中问计于王僧辩,僧辩具陈方略,绎乃赦之,以为城中都督。乙卯,詧至江陵,作十三营以攻之。会大雨,平地水深四尺,詧军气沮。绎与新兴太守杜崱有旧,密邀之。乙丑,崱与兄岌、岸、弟幼安、兄子龛各帅所部降于绎。岸请以五百骑袭襄阳,昼夜兼行,去襄阳三十里,城中觉之,蔡大宝奉詧母龚保林登城拒战。詧闻之,夜遁,弃粮食、金帛、铠仗于漼水,不可胜纪。张缵病足,詧载以随军,及败走,守者恐为追兵所及,杀之,弃尸而去。詧至襄阳,岸奔广平,依其兄南阳太守巘。

湘东王绎以鲍泉围长沙久不克,怒之,以平南将军王僧辩代为都督,数泉十罪,命舍人罗重懽与僧辩偕行。泉闻僧辩来,愕然曰:"得王竟陵来助我,贼不足平。"拂席待之。僧辩入,背泉而坐,曰:"鲍郎,卿有罪,令旨使我锁卿,卿勿以故意见期。"使重懽宣令,锁之床侧。泉为启自申,且谢淹缓之罪,绎怒解,遂释之。

冬,十月,癸未朔,东魏以开府仪同三司潘相乐为司空。

初,历阳太守庄铁帅众归寻阳王大心,大心以为豫章内史。铁至郡即叛,推观宁侯永为主。永,范之弟也。丁酉,铁引兵袭寻阳,大心遣其将徐嗣徽逆击,破之。铁走,至建昌,光远将军韦构邀击之,铁失其母弟妻子,单骑还南昌,大心遣构将兵追讨之。

宋子仙自吴郡趣钱塘。刘神茂自吴兴趣富阳,前武州刺史富阳孙国恩以城降之。

十一月,乙卯,葬武皇帝于脩陵,庙号高祖。

百济遣使入贡,见城阙荒圮,异于向来,哭于端门。侯景怒,录送庄严寺,不听出。

壬戌,宋子仙急攻钱塘,戴僧遏降之。

岳阳王詧使将军薛晖攻广平,拔之,获杜岸,送襄阳。詧拔其舌,鞭其面,支解而烹之。又发其祖父墓,焚其骸而扬之,以其头为漆碗。

詧既与湘东王绎为敌,恐不能自存,遣使求援于魏,请为附庸。丞相泰令东阁祭酒荣权使于襄阳。绎使司州刺史柳仲礼镇竟陵以图詧,詧惧,遣其妃王氏及世子嶚为质于魏。丞相泰欲经略江、汉,以开府仪同三司杨忠都督三荆等十五州诸军事,镇穰城。仲礼至安陆,安陆太守沈峻以城降之。仲礼留长史马岫与其弟子礼守之,帅众一万趣襄阳,泰遣杨忠及行台仆射长孙俭将兵击仲礼以救督。

宋子仙乘胜度浙江,至会稽。邵陵王纶闻钱塘已败,出奔鄱阳,鄱阳内史开建侯蕃以兵拒之,范进击蕃,破之。

魏杨忠将至义阳,太守马伯符以下溠城降之,忠以伯符为乡导。伯符,岫之子也。

南郡王大连为东扬州刺史。时会稽丰沃,胜兵数万,粮仗山积,东人惩侯景残虐,咸乐为用,而大连朝夕酣饮,不恤军事。司马东阳留异,凶狡残暴,为众所患,大连悉以军事委之。十二月,庚寅,宋子仙攻会稽,大连弃城走,异亦还乡里,寻以其众降于子仙。大连欲奔鄱阳,异为子仙乡导,追及大连于信安,执送建康,大连犹醉不之知。帝闻之,引帷自蔽,掩袂而泣。于是三吴尽没于景,公侯在会稽者,俱南度岭。景以留异为东阳太守,收其妻子为质。

乙酉,东魏以并州刺史彭乐为司徒。

邵陵王纶进至九江,寻阳王大心以江州让之,纶不受,引兵西上。

始兴太守陈霸先结郡中豪杰欲讨侯景,郡人侯安都、张偲等各帅众千余人归之。霸先遣主帅杜僧明将二千人顿于岭上,广州刺史萧勃遣人止之曰:"侯景骁雄,天下无敌,前者援军十万,士马精强,犹不能克,君以区区之众,将何所之?如闻岭北王侯又皆鼎沸,亲寻干戈,以君疏外,讵可暗投?未若且留始兴,遥张声势,保太山之安也。"霸先曰:"仆荷国恩,往闻侯景度江,即欲赴援,遭值元、兰,梗我中道。今京都覆没,君辱臣死,谁敢爱命!君侯体则皇枝,任重方岳,遣仆一军,犹贤乎已,乃更止之乎!"乃遣使间道诣江陵,受湘东王绎节度。时南康土豪蔡路养起兵据郡,勃乃以腹心谭世远为曲江令,与路养相结,同遏霸先。

魏杨忠拔随郡,执太守桓和。

东魏使金门公潘乐等将兵五万袭司州,刺史夏侯强降之。于是东魏尽有淮南之地。

资治通鉴卷第一百六十三

端明殿学士兼翰林侍读学士朝散大夫右谏议大夫充集贤殿修撰提举西京嵩山崇福宫上柱国河内郡开国侯食邑一千八百户食实封六百户赐紫金鱼袋臣 司马光 奉敕编集

梁纪十九 上章敦牂（庚午），一年。

太宗简文皇帝上

大宝元年（庚午、550）

春，正月，辛亥朔，大赦，改元。

陈霸先发始兴，至大庾岭，蔡路养将二万人军于南野以拒之。路养妻侄兰陵萧摩诃，年十三，单骑出战，无敢当者。杜僧明马被伤，陈霸先救之，授以所乘马。僧明上马复战，众军因而乘之，路养大败，脱身走。霸先进军南康，湘东王绎承制授霸先明威将军、交州刺史。

戊辰，东魏进太原公高洋位丞相、都督中外诸军、录尚书事、大行台、齐郡王。

庚午，邵陵王纶至江夏，郢州刺史南平王恪郊迎，以州让之，纶不受，乃推纶为假黄钺，都督中外诸军事，承制置百官。

魏杨忠围安陆，柳仲礼驰归救之。诸将恐仲礼至则安陆难下，请急攻之，忠曰："攻守势殊，未可猝拔。若引日劳帅，表里受敌，非计也。南人多习水军，不闲野战，仲礼师在近路，吾出其不意，以奇兵袭之，彼怠我奋，一举可克。克仲礼，则安陆不攻自拔，诸城可传檄定也。"乃选骑二千，衔枚夜进，败仲礼于漴头，获仲礼及其弟子礼，尽俘其众。马岫以安陆，别将王叔孙以竟陵，皆降于忠。于是汉东之地尽入于魏。

广陵人来嶷说前广陵太守祖皓曰："董绍先轻而无谋，人情不附，袭而杀之，此壮士之任耳。今欲纠帅义勇，奉戴府君。若其克捷，可立桓、文之勋，必天未悔祸，犹足为梁室忠臣。"皓曰："此仆所愿也。"乃相与纠合勇士，得百余人。癸酉，袭广陵，斩南兖州刺史董绍先，据城，驰檄远近，推前太子舍人萧勔为刺史，仍结东魏为援。皓，暅之之子；勔，勃之兄也。乙亥，景遣郭元建帅众奄至，皓婴城固守。

二月，魏杨忠乘胜至石城，欲进逼江陵，湘东王绎遣舍人庾恪说忠曰："誓来伐叔而魏助之，何以使天下归心！"忠遂停湋北。绎遣舍人王孝祀等送子方略为质以求和，魏人许之。绎与忠盟曰："魏以石城为封，梁以安陆为界，请同附庸，并送质子,贸迁有无,永敦邻睦。"忠乃还。

宕昌王梁弥定为其宗人獠甘所袭,弥定奔魏,獠甘自立。羌酋傍乞铁恩据渠株川,与渭州民郑五丑合诸羌以叛魏。丞相泰使大将军宇文贵、凉州刺史史宁讨之,擒斩铁恩、五丑。宁别击獠甘,破之,獠甘将百骑奔生羌巩廉玉。宁复纳弥定于宕昌,置岷州于渠株川,进击巩廉玉,斩獠甘,虏廉玉送长安。

侯景遣任约、于(度)〔庆〕等帅众二万攻诸藩。

邵陵王纶欲救河东王誉而兵粮不足,乃致书于湘东王绎曰:"天时地利,不及人和,况乎手足肱支,岂可相害。今社稷危耻,创巨痛深,唯应剖心尝胆,泣血枕戈,其余小忿,或宜容贳。若外难未除,家祸仍构,料今访古,未或不亡。夫征战之理,唯求克胜。至于骨肉之战,愈胜愈酷,捷则非功,败则有丧,劳兵损义,亏失多矣。侯景之军所以未窥江外者,良为藩屏盘固,宗镇强密。弟若陷洞庭,不戢兵刃,雍州疑迫,何以自安,必引进魏军以求形援。弟若不安,家国去矣。必希解湘州之围,存社稷之计。"绎复书,陈誉过恶不赦,且曰:"誉引杨忠来相侵逼,颇遵谈笑,用却秦军,曲直有在,不复自陈。临湘旦平,暮便即路。"纶得书,投之于案,慷慨流涕曰:"天下之事,一至于斯。湘州若败,吾亡无日矣。"

侯景遣侯子鉴帅舟师八千,自帅徒兵一万,攻广陵,三日,克之,执祖皓,缚而射之,箭遍体,然后车裂以徇。城中无少长皆埋之于地,驰马射而杀之。以子鉴为南兖州刺史,镇广陵。景还建康。

丙戌,以安陆王大春为东扬州刺史,省吴州。乙巳,以尚书仆射王克为左仆射。

庚寅,东魏以尚书令高隆之为太保。

宣城内史杨白华进据安吴,侯景遣于子悦等帅众攻之,不克。

东魏行台辛术将兵入寇,围阳平,不克。

侯景纳上女溧阳公主,甚爱之。三月,甲申,景请上禊宴于乐游苑,帐饮三日。上还宫,景与公主共据御床,南面并坐,群臣文武列坐侍宴。

庚申,东魏进丞相洋爵为齐王。

临川内史始兴王毅等击庄铁,鄱阳王范遣其将巴西侯瑱救之,毅等败死。

鄱阳世子嗣与任约战于三章,终败走,嗣因徙镇三章,谓之安乐栅。

夏,四月,庚辰朔,湘东王绎以上甲侯韶为长沙王。

丙午,侯景请上幸西州,上御素辇,侍卫四百余人,景浴铁数千,翼卫左右。上闻丝竹,凄然泣下,命景起舞,景亦请上起舞。酒阑坐散,上抱景于床曰:"我念丞相。"景曰:"陛下如不念臣,臣何得至此。"逮夜乃罢。

时江南连年旱蝗,江、扬尤甚,百姓流亡,相与入山谷、江湖,采草根、木叶、菱茇而食之,所在皆尽,死者蔽野。富室无食,皆鸟面鹄形,衣罗绮,怀金玉,俯伏床帷,待命听终。千里绝烟,人迹罕见,白骨成聚,如丘陇焉。

景性残酷,于石头立大碓,有犯法者捣杀之。常戒诸将曰:"破栅平城,当净杀之,使天下知吾威名。"故诸将每战胜,专以焚掠为事,斩刈人如草芥,以资戏笑。由是百姓虽死,终不附之。又禁人偶语,犯者刑及外族。为其将帅者,悉称行台,来降附者,悉称开府,其亲寄隆重者曰左右厢公,勇力兼人者曰库直都督。

魏封皇子儒为燕王,公为吴王。

侯景召宋子仙还京口。

邵陵王纶在郢州,以听事为正阳殿,内外斋阁,悉加题署。其部下陵暴军府,郢州将佐莫不怨之。谘议参军江仲举,南平王恪之谋主也,说恪图纶,恪惊曰:"若我杀邵陵,宁静一镇,荆、益兄弟必皆内喜,海内若平,则以大义责我矣。且巨逆未枭,骨肉相残,自亡之道也。卿且息之。"仲举不从,部分诸将,刻日将发,谋泄,纶压杀之。恪狼狈往谢,纶曰:"群小所作,非由兄也。凶党已毙,兄勿深忧。"

王僧辩急攻长沙,辛巳,克之。执河东王誉,斩之,传首江陵,湘东王绎反其首而葬之。初,世子方等之死,临蒸周铁虎功最多,誉委遇甚重。僧辩得铁虎,命烹之,呼曰:"侯景未灭,奈何杀壮士!"僧辩奇其言而释之,还其麾下。绎以僧辩为左卫将军,加侍中、镇西长史。

绎自去岁闻高祖之丧,以长沙未下,故匿之。壬寅,始发丧,刻檀为高祖像,置于百福殿,事之甚谨,动静必咨焉。绎以为天子制于贼臣,不肯从大宝之号,犹称太清四年。丙午,绎下令大举讨侯景,移檄远近。

鄱阳王范至湓城,以晋熙为晋州,遣其世子嗣为刺史,江州郡县多辄改易。寻阳王大心,政令所行,不出一郡。大心遣兵击庄铁,嗣与铁素善,请发兵救之,范遣侯瑱帅精甲五千助铁。由是二镇互相猜忌,无复讨贼之志。大心使徐嗣徽帅众二千,筑垒稽亭以备范,市籴不通,范数万之众,无所得食,多饿死。范愤恚,疽发于背,五月,乙卯,卒。其众秘不发丧,奉范弟安南侯恬为主,有众数千人。

丙辰,侯景以元思虔为东道大行台,镇钱塘。丁巳,以侯子鉴为南兖州刺史。

东魏齐王洋之为开府也,勃海高德政为管记,由是亲昵,言无不尽。金紫光禄大夫丹杨徐之才、北平太守广宗宋景业,皆善图谶,以为太岁在午,当有革命,因德政以白洋,劝之受禅。洋以告娄太妃,太妃曰:"汝父如龙,兄如虎,犹以天位不可妄据,终身北面。汝独何人,欲行舜、禹之事乎?"洋以告之才,之才曰:"正为不及父兄,故宜早升尊位耳。"洋铸像卜之而成,乃使开府仪同三司段韶问肆州刺史斛律金,金来见洋,固言不可,以宋景业首陈符命,请杀之。洋与诸贵议于太妃前,太妃曰:"吾儿懦直,必无此心,高德政乐祸,教之耳。"洋以人心不壹,使高德政如邺察公卿之意,未还,洋拥兵而东,至平都城,召诸勋贵议之,莫敢对。长史杜弼曰:"关西,国之劲敌,若受魏禅,恐彼挟天子,自称义兵而东向,王何以待之?"徐之才曰:"今与王争天下者,彼亦欲为王所为,纵其屈强,不过随我称帝耳。"弼无以应。高德政至邺,讽公卿,莫有应者。司马子如逆洋于辽阳,固言未可。洋欲还,仓丞李集曰:"王来为何事,而今欲还?"洋伪使于东门杀之,而别令赐绢十匹,遂还晋阳。自是居常不悦。徐之才、宋景业等日陈阴阳杂占,云宜早受命。高德政亦敦劝不已。洋使术士李密卜之,遇《大横》,曰:"汉文之卦也。"又使宋景业筮之,遇《乾》之《鼎》,曰:"《乾》,君也。《鼎》,五月卦也。宜以仲夏受禅。"或曰:"五月不可入官,犯之,终于其位。"景业曰:"王为天子,无复下期,岂得不终于其位乎!"洋大悦,乃发晋阳。

高德政录在邺诸事,条进于洋,洋令左右陈山提驰驿赉事条并密书与杨愔。是月,山提至邺,杨愔即召太常卿邢劭等议撰仪注,秘书监魏收草九锡、禅让、劝进诸文,引魏宗室诸王入北宫,留于东斋。甲寅,东魏进洋位相国,总百揆,备九锡。洋行至前亭,所乘马忽倒,意甚恶之,至平都城,不复肯进。高德政、徐之才苦请曰:"山提先去,恐其漏泄。"即命司马子如、杜弼驰驿续入,观察物情。子如等至邺,众人以事势已决,无敢异言。洋至邺,召夫赉筑具集城南。高隆之请曰:"用此何为?"洋作色曰:"我自有事,君何问为!欲族灭邪!"隆之谢而退。于是作圆丘,备法物。

丙辰,司空潘乐、侍中张亮、黄门郎赵彦深等求入启事,东魏孝静帝在昭阳殿见之。亮曰:"五行递运,有始有终。齐王圣德钦明,万方归仰,愿陛下远法尧、舜。"帝敛容曰:"此事推挹已久,谨当逊避。"又曰:"若尔,须作制书。"中书郎崔劼、裴让之曰:"制已作讫。"使侍中杨愔进之。东魏主既署,曰:"居朕何所?"愔对曰:"北城别有馆宇。"乃下御坐,步就东廊,咏范蔚宗《后汉书·赞》曰:"献生不辰,身播国屯,终我四百,永作虞宾。"所司请发,帝曰:"古人念遗簪弊履,朕欲与六宫别,可乎?"高隆之曰:"今日天下犹陛下之天下,况于六宫。"帝步入,与妃嫔已下别,举宫皆哭。赵国李嫔诵陈思王诗云:"王其爱玉体,俱享黄发期。"直长赵道德以故犊车一乘候于东阁,帝登车,道德超上抱之,帝叱之曰:"朕自畏天顺人,何物奴敢逼人如此!"道德犹不下。出云龙门,王公百僚拜辞,高隆之洒泣,遂入北城,居司马子如南宅,遣太尉彭城王韶等奉玺绶,禅位于齐。

戊午,齐王即皇帝位于南郊,大赦,改元天保。自魏敬宗以来,百官绝禄,至是始复给之。己未,封东魏主为中山王,待以不臣之礼。追尊齐献武王为献武皇帝,庙号太祖,后改为高祖;文襄王为文襄皇帝,庙号世宗。辛酉,尊王太后娄氏为皇太后。乙丑,降魏朝封爵有差,其宣力霸朝及西、南投化者,不在降限。

文成侯宁起兵于吴，有众万人，己巳，进攻吴郡。行吴郡事侯子荣逆击，杀之。宁，范之弟也。子荣因纵兵大掠郡境。

自晋氏度江，三吴最为富庶，贡赋商旅，皆出其地。及侯景之乱，掠金帛既尽，乃掠人而食之，或卖于北境，遗民殆尽矣。

是时，唯荆、益所部尚完实，太尉、益州刺史武陵王纪移告征、镇，使世子圆照帅兵三万受湘东王节度。圆照军至巴水，绎授以信州刺史，令屯白帝，未许东下。

六月，辛巳，以南郡王大连行扬州事。

江夏王大款、山阳王大成、宜都王大封自信安间道奔江陵。

齐主封宗室高岳等十人，功臣库狄干等七人皆为王。癸未，封弟浚为永安王，淹为平阳王，淑为彭城王，演为常山王，涣为上党王，淯为襄城王，湛为长广王，湝为任城王，湜为高阳王，济为博陵王，凝为新平王，润为冯翊王，洽为汉阳王。

鄱阳王范既卒，侯瑱往依庄铁，铁忌之，瑱不自安，丙戌，诈引铁谋事，因杀之，自据豫章。

寻阳王大心遣徐嗣徽夜袭溢城，安南侯恬、裴之横等击走之。

齐主娶赵郡李希宗之女，生子殷及绍德，又纳段韶之妹。及将建中宫，高隆之、高德政欲结勋贵之援，乃言："汉妇人不可为天下母，宜更择美配。"帝不从。丁亥，立李氏为皇后，以段氏为昭仪，子殷为皇太子。庚寅，以库狄干为太宰，彭乐为太尉，潘相乐为司徒，司马子如为司空。辛卯，以清河王岳为司州牧。

侯景以羊鸦仁为五兵尚书。庚子，鸦仁出奔江西，将赴江陵，至东莞，盗疑其怀金，邀杀之。

魏人欲令岳阳王詧发哀嗣位，詧辞，不受。丞相泰使荣权册命詧为梁王，始建台，置百官。

陈霸先修崎头古城，徙居之。

初，燕昭成帝奔高丽，使其族人冯业以三百人浮海奔宋，因留新会。自业至孙融，世为罗州刺史，融子宝为高凉太守。高凉洗氏，世为蛮酋，部落十余万家，有女，多筹略，善用兵，诸洞皆服其信义。融聘以为宝妇。融虽累世为方伯，非其土人，号令不行。洗氏约束本宗，使从民礼，每与宝参决辞讼，首领有犯，虽亲戚无所纵舍，由是冯氏始得行其政。

高州刺史李迁仕据大皋口，遣使召宝。宝欲往，洗氏止之曰："刺史无故不应召太守，必欲诈君共反耳。"宝曰："何以知之？"洗氏曰："刺史被召援台，乃称有疾，铸兵聚众，而后召君。此必欲质君以发君之兵也，愿且无往，以观其变。"数日，迁仕果反，遣主帅杜平虏将兵入灨石，城鱼梁以逼南康，陈霸先使周文育击之。洗氏谓宝曰:"平虏,骁将也,今入灉石与官军相拒,势未得还,迁仕在州,无能为也。君若自往,必有战斗,宜遣使卑辞厚礼告之曰:'身未敢出,欲遣妇参。'彼闻之,必喜而无备。我将千余人,步担杂物,唱言输赕,得至栅下,破之必矣。"宝从之。迁仕果不设备,洗氏袭击,大破之,迁仕走保宁都。文育亦击走平虏,据其城。洗氏与霸先会于灉石,还,谓宝曰:"陈都督非常人也,甚得众心,必能平贼,君宜厚资之。"

湘东王绎以霸先为豫州刺史,领豫章内史。

辛丑,裴之横攻稽亭,徐嗣徽击走之。

秋,七月,辛亥,齐立世宗妃元氏为文襄皇后,宫曰静德。又封世宗子孝琬为河间王,孝瑜为河南王。乙卯,以尚书令封隆之录尚书事,尚书左仆射平阳王淹为尚书令。

辛酉,梁王督入朝于魏。

初,东魏遣仪同武威滕云洛等迎鄱阳世子嗣,使镇皖城。嗣未及行,任约军至,洛等引去,嗣遂失援,出战,败死。约遂略地至溢城,寻阳王大心遣司马韦质出战而败,帐下犹有战士千余人,咸劝大心走保建州,大心不能用,戊辰,以江州降约。先是,大心使前太子洗马韦臧镇建昌,有甲士五千,闻寻阳不守,欲帅众奔江陵,未发,为麾下所杀。臧,粲之子也。

于庆略地至豫章,侯瑱力屈,降之,庆送瑱于建康。景以瑱同姓,待之甚厚,留其妻子及弟为质,遣瑱随庆徇蠡南诸郡,以瑱为湘州刺史。

初,巴山人黄法氍,有勇力,侯景之乱,合徒众保乡里。太守贺诩下江州,命法氍监郡事。法氍屯新淦,于庆自豫章分兵袭新淦,法氍败之。陈霸先使周文育进军击庆,法氍引兵会之。

邵陵王纶闻任约将至,使司马蒋思安将精兵五千袭之,约众溃。思安不设备,约收兵袭之,思安败走。

湘东王绎改宜都为宜州,以王琳为刺史。

是月,以南郡王大连为江州刺史。

魏丞相泰以齐主称帝,帅诸军讨之。以齐王廓镇陇右,征秦州刺史宇文导为大将军,都督二十三州诸军事,屯咸阳,镇关中。

益州沙门孙天英帅徒数千人夜攻州城,武陵王纪与战,斩之。

邵陵王纶大修铠仗,将讨侯景。湘东王绎恶之,八月,甲午,遣左卫将军王僧辩、信州刺史鲍泉等帅舟师一万东趣江、郢,声言拒任约,且云迎邵陵王还江陵,授以湘州。

齐主初立,励精为治。赵道德以事属黎阳太守清河房超,超不发书,桮杀其使,齐主善之,命守宰各设梏以诛属请之使。久之,都官(中)郎〔中〕宋轨奏曰:"若受使请赇,犹致大戮,身为枉法,何以加罪?"乃罢之。

司都功曹张老上书请定齐律,诏右仆射薛琡等取魏《麟趾格》,更讨论损益之。

齐主简练六坊之人,每一人必当百人,任其临陈必死,然后取之,谓之"百保鲜卑"。又简华人之勇力绝伦者,谓之"勇士",以备边要。始立九等之户,富者税其钱,贫者役其力。

九月,丁巳,魏军发长安。

王僧辩军至鹦鹉洲,郢州司马刘龙虎等潜送质于僧辩,邵陵王纶闻之,遣其子威正侯硕将兵击之,龙虎败,奔于僧辩。纶以书责僧辩曰:"将军前年杀人之侄,今岁伐人之兄,以此求荣,恐天下不许。"僧辩送书于湘东王绎,绎命进军。辛酉,纶集其麾下于西园,涕泣言曰:"我本无他,志在灭贼,湘东常谓与之争帝,遂尔见伐。今日欲守则交绝粮储,欲战则取笑千载,不容无事受缚,当于下流避之。"麾下壮士争请出战,纶不从,与硕自仓门登舟北出。僧辩入据郢州。绎以南平王恪为尚书令、开府仪同三司,世子方诸为郢州刺史,王僧辩为领军将军。

纶遇镇东将军裴之高于道,之高之子畿掠其军器,纶与左右轻舟奔武昌涧饮寺,僧法馨匿纶于岩穴之下。纶长史韦质、司马姜律等闻纶尚存,驰往迎之,说七栅流民以求粮仗。纶出营巴水,流民八九千人附之,稍收散卒,屯于齐昌。遣使请降于齐,齐以纶为梁王。

湘东王绎改封皇子大款为临川王,大成为桂阳王,大封为汝南王。

癸亥,魏军至潼关。

庚午,齐主如晋阳,命太子殷居凉风堂监国。

南郡王中兵参军张彪等起兵于若邪山,攻破浙东诸县,有众数万。吴郡人陆令公等说太守南海王大临往依之,大临曰:"彪若成功,不资我力;如其挠败,以我自解,不可往也。"

任约进寇西阳、武昌。初,宁州刺史彭城徐文盛募兵数万人讨侯景,湘东王绎以为秦州刺史,使将兵东下,与约遇于武昌。绎以庐陵王应为江州刺史,以文盛为长史行府州事,督诸将拒之。应,续之子也。邵陵王纶引齐兵未至,移营马栅,距西阳八十里,任约闻之,遣仪同叱罗〔子〕通等将铁骑二百袭之,纶不为备,策马亡走。时湘东王绎亦与齐连和,故齐人观望,不助纶。定州刺史田祖龙迎纶,纶以祖龙为绎所厚,惧为所执,复归齐昌。行至汝南,魏所署汝南城主李素,纶之故吏也,开城纳之,任约遂据西阳、武昌。

裴之高帅子弟部曲千余人至夏首,湘东王绎召之,以为新兴、永宁二郡太守。

又以南平王恪为武州刺史,镇武陵。

初,邵陵王纶以衡阳王献为齐州刺史,镇齐昌,任约击擒之,送建康,杀之。献,畅之孙也。

乙亥,进侯景位相国,封二十郡,为汉王,加殊礼。

岳阳王詧还襄阳。

黎州民攻刺史张贲,贲弃城走。州民引氏酋北益州刺史杨法琛据黎州,命王、贾二姓诣武陵王纪请法琛为刺史。纪深责之,囚法琛质子崇颢、崇虎。冬,十月,丁丑朔,法琛遣使附魏。

己卯,齐主至晋阳宫。广武王长弼与并州刺史段韶不协,齐主将如晋阳,长弼言于帝曰:"韶拥强兵在彼,恐不知人意,岂可径往投之?"帝不听。既至,以长弼语告之,曰:"如君忠诚,人犹有逸,况其余乎!"长弼,永乐之弟也。乙酉,以特进元韶为尚书左仆射,段韶为右仆射。

乙未,侯景自加宇宙大将军、都督六合诸军事,以诏文呈上。上惊曰:"将军乃有宇宙之号乎?"

立皇子大钧为西阳王,大威为武宁王,大球为建安王,大昕为义安王,大挚为绥建王,大圜为乐梁王。

齐东徐州刺史行台辛术镇下邳。十一月,侯景征租入建康,术帅众度淮断之,烧其谷百万石,遂围阳平,景行台郭元建引兵救之。壬戌,术略三千余家,还下邳。

武陵王纪帅诸军发成都,湘东王绎遣使以书止之曰:"蜀人勇悍,易动难安,弟可镇之,吾自当灭贼。"又别纸云:"地拟孙、刘,各安境界;情深鲁、卫,书信恒通。"

甲子,南平王恪帅文武拜笺推湘东王绎为相国,总百揆,绎不许。

魏丞相泰自弘农为桥,济河,至建州。丙寅,齐主自将出顿东城。泰闻其军容严盛,叹曰:"高欢不死矣。"会久雨,自秋及冬,魏军畜产多死,乃自蒲阪还。于是河南自洛阳,河北自平阳已东,皆入于齐。

丁卯,徐文盛军贝矶,任约帅水军逆战,文盛大破之,斩叱罗子通、赵威方,仍进军大举口。侯景遣宋子仙等将兵二万助约,以约守西阳,久不能进,自出屯晋熙。

南康王会理以建康空虚,与太子左卫将军柳敬礼、西乡侯劝、东乡侯勔谋起兵诛王伟。安乐侯义理出奔长芦,集众得千余人。建安侯贲、中宿世子子邕知其谋,以告伟。伟收会理、敬礼、劝、勔及会理弟祁阳侯通理,俱杀之。义理为左右所杀。钱塘褚冕,以会理故旧,捶掠千计,终无异言。会理隔壁谓之曰:"褚郎,卿岂不为我致此？卿虽忍死明我，我心实欲杀贼。"冕竟不服，景乃宥之。劝，昺之子；贲，正德之弟子；子邕，憺之孙也。

帝自即位以来，景防卫甚严，外人莫得进见，唯武林侯谘及仆射王克、舍人殷不害，并以文弱得出入卧内，帝与之讲论而已。及会理死，克、不害惧祸，稍自疏。谘独不离帝，朝请无绝，景恶之，使其仇人刁戍刺杀谘于广莫门外。

帝之即位也，景与帝登重云殿，礼佛为誓云："自今君臣两无猜贰，臣固不负陛下，陛下亦不得负臣。"及会理谋泄，景疑帝知之，故杀谘。帝自知不久，指所居殿谓殷不害曰："庞涓当死此下。"

景自帅众讨杨白华于宣城，白华力屈而降，景以其北人，全之，以为左民尚书，诛其兄子彬以报来亮之怨。

十二月，丙子朔，景封建安侯贲为竟陵王，中宿世子子邕为随王，仍赐姓侯氏。

辛丑，齐主还邺。

邵陵王纶在汝南，修城池，集士卒，将图安陆。魏安州刺史马祐以告丞相泰，泰遣杨忠将万人救安陆。

武陵王纪遣潼州刺史杨乾运、南梁州刺史谯淹合兵二万讨杨法琛，法琛发兵据剑阁以拒之。

侯景还建康。

初，魏敬宗以尔朱荣为柱国大将军，位在丞相上，荣败，此官遂废。大统三年，文帝复以丞相泰为之。其后功参佐命，望实俱重者，亦居此官，凡八人，曰安定公宇文泰，广陵王欣，赵郡公李弼，陇西公李虎，河内公独孤信，南阳公赵贵，常山公于谨，彭城公侯莫陈崇，谓之八柱国。泰始籍民之才力者为府兵，身租庸调，一切蠲之，以农隙讲阅战陈，马畜粮备，六家供之；合为百府，每府一郎将主之，分属二十四军。泰任总百揆，督中外诸军；欣以宗室宿望，从容禁闼而已。余六人各督二大将军，凡十二大将军，每大将军各统开府二人，开府各领一军。是后功臣位至柱国大将军、开府仪同三司、仪同三司者甚众，率为散官，无所统御，虽有继掌其事者，闻望皆出诸公之下云。

齐主命散骑侍郎宋景业造《天保历》，行之。

资治通鉴卷第一百六十四

端明殿学士兼翰林侍读学士朝散大夫右谏议大夫充集贤殿修撰提举西京嵩山崇福宫上柱国河内郡开国侯食邑一千八百户食实封六百户赐紫金鱼袋臣　司马光　奉敕编集

梁纪二十起重光协洽（辛未），尽玄黓涒滩（壬申），凡二年。

太宗简文皇帝下

大宝二年（辛未、551）

春，正月，新吴余孝顷举兵拒侯景，景遣于庆攻之，不克。

庚戌，湘东王绎遣护军将军尹悦、安东将军杜幼安、巴州刺史王珣将兵二万自江夏趣武昌，受徐文盛节度。

杨乾运攻拔剑阁，杨法（昌）〔琛〕退保石门，乾运据南阴平。

辛亥，齐主祀圆丘。

张彪遣其将赵稜围钱塘，孙凤围富春，侯景遣仪同三司田迁、赵伯超救之，稜、凤败走。稜，伯超之兄子也。

癸亥，齐主耕藉田。乙丑，享太庙。

魏杨忠围汝南，李素战死。二月，乙亥，城陷，执邵陵携王纶，杀之，投尸江岸，岳阳王詧取而葬之。

或告齐太尉彭乐谋反，壬辰，乐坐诛。

齐遣散骑常侍曹文皎使于江陵，湘东王绎使兼散骑常侍王子敏报之。

侯景以王克为太师，宋子仙为太保，元罗为太傅，郭元建为太尉，张化仁为司徒，任约为司空，王伟为尚书左仆射，索超世为右仆射。景置三公官，动以十数，仪同尤多。以子仙、元建、化仁为佐命元功，伟、超世为谋主，于子悦、彭㑺主击断，陈庆、吕季略、卢晖略、丁和等为爪牙。梁人为景用者，则故将军赵伯超，前制局监周石珍，内监严亶，邵陵王记室伏知命。自馀王克、元罗及侍中殷不害、太常周弘正等，景从人望，加以尊位，非腹心之任也。

北兖州刺史萧邕谋降魏，侯景杀之。

杨乾运进据平兴，平兴者，杨法琛所治也。法琛退保鱼石洞，乾运焚平兴而归。

李迁仕收众还击南康，陈霸先遣其将杜僧明等拒之，生擒迁仕，斩之。湘东王绎使霸先进兵取江州，以为江州刺史。

三月,丙午,齐襄城王湝卒。

庚戌,魏文帝殂,太子钦立。

乙卯,徐文盛等克武昌,进军芦洲。

己未,齐以湘东王绎为梁相国,建梁台,总百揆,承制。

齐司空司马子如自求封王,齐主怒,庚申,免子如官。

任约告急,侯景自帅众西上,携太子大器从军以为质,留王伟居守。闰月,景发建康,自石头至新林,舳舻相接。约分兵袭破定州刺史田龙祖于齐安。壬寅,景军至西阳,与徐文盛夹江筑垒。癸卯,文盛击破之,射其右丞库狄式和坠水死,景遁走还营。

夏,四月,甲辰,魏葬文帝于永陵。

郢州刺史萧方诸,年十五,以行事鲍泉和弱,常侮易之,或使伏床,骑背为马,恃徐文盛在近,不复设备,日以蒱酒为乐。侯景闻江夏空虚,乙巳,使宋子仙、任约帅精骑四百,由淮内袭郢州。丙午,大风疾雨,天色晦冥,有登埤望见贼者,告泉曰:"虏骑至矣。"泉曰:"徐文盛大军在下,贼何因得至?当是王珣军人还耳。"既而走告者稍众,始命闭门,子仙等已入城。方诸以踞泉腹,以五色彩辫其髯,见子仙至,方诸迎拜,泉匿于床下。子仙俯窥见泉素髯间彩,惊愕,遂擒之,及司马虞豫,送于景所。景因便风,中江举帆,遂越文盛军,丁未,入江夏。文盛众惧而溃,与长沙王韶等逃归江陵。王珣、杜幼安以家在江夏,遂降于景。

湘东王绎以王僧辩为大都督,帅巴州刺史丹杨淳于量、定州刺史杜龛、宜州刺史王琳、郴州刺史裴之横东击景,徐文盛以下并受节度。戊申,僧辩等军至巴陵,闻郢州已陷,因留戍之。绎遗僧辩书曰:"贼既乘胜,必将西下,不劳远击。但守巴丘,以逸待劳,无虑不克。"又谓僚佐曰:"景若水步两道,直指江陵,此上策也。据夏首,积兵粮,中策也。悉力攻巴陵,下策也。巴陵城小而固,僧辩足可委任。景攻城不拔,野无所掠,暑疫时起,食尽兵疲,破之必矣。"乃命罗州刺史徐嗣徽自岳阳、武州刺史杜崱自武陵引兵会僧辩。

景使丁和将兵五千守夏首,宋子仙将兵一万为前驱,趣巴陵,分遣任约直指江陵,景帅大兵水步继进。于是缘江戍逻,望风请服,景拓逻至于隐矶。僧辩乘城固守,偃旗卧鼓,安若无人。壬戌,景众济江,遣轻骑至城下,问:"城内为谁?"答曰:"王领军。"骑曰:"何不早降?"僧辩曰:"大军但向荆州,此城自当非碍。"骑去,顷之,执王珣等至城下,使说其弟琳。琳曰:"兄受命讨贼,不能死难,曾不内惭,翻欲赐诱。"取弓射之,珣惭而退。景肉薄百道攻城,城中鼓噪,矢石雨下,景士卒死者甚众,乃退。僧辩遣轻兵出战,凡十余返,皆捷。景被甲在城下督战,僧辩著绥、乘舆、奏鼓吹巡城,景望之,服其胆勇。

　　岳阳王詧闻侯景克郢州，遣蔡大宝将兵一万进据武宁，遣使至江陵，诈称赴援。众议欲答以侯景已破，令其退军。湘东王绎曰："今语以退军，是趣之令进也。"乃使谓大宝曰："岳阳累启连和，不相侵犯，卿那忽据武宁？今当遣天门太守胡僧祐精甲二万、铁马五千顿漴水，待时进军。"詧闻之，召其军还。僧祐，南阳人也。

　　五月，魏陇西襄公李虎卒。

　　侯景昼夜攻巴陵，不克，军中食尽，疾疫死伤太半。湘东王绎遣晋州刺史萧惠正将兵援巴陵，惠正辞不堪，举胡僧祐自代。僧祐时坐谋议忤旨系狱，绎即出之，拜武猛将军，令赴援，戒之曰："贼若水战，但以大舰临之，必克。若欲步战，自可鼓棹直就巴丘，不须交锋也。"僧祐至湘浦，景遣任约帅锐卒五千据白塉以待之。僧祐由它路西上，约谓其畏己，急追之，及于芊口，呼僧祐曰："吴儿，何不早降？走何所之。"僧祐不应，潜引兵至赤沙亭，会信州刺史陆法和至，与之合军。法和有异术，先隐于江陵百里洲，衣食居处，一如苦行沙门，或豫言吉凶，多中，人莫能测。侯景之围台城也，或问之曰："事将何如？"法和曰："凡人取果，宜待熟时，不撩自落。"固问之，法和曰："亦克，亦不克。"及任约向江陵，法和自请击之，绎许之。

　　壬寅，约至赤亭。六月，甲辰，僧祐、法和纵兵击之，约兵大溃，杀溺死者甚众，擒约送江陵。景闻之，乙巳，焚营宵遁。以丁和为郢州刺史，留宋子仙等，众号二万，戍郢城；别将支化仁镇鲁山，范希荣行江州事，仪同三司任延和、晋州刺史夏侯威生守晋州。景与麾下兵数千，顺流而下。丁和以大石磓杀鲍泉及虞预，沉于黄鹤矶。任约至江陵，绎赦之。徐文盛坐怨望，下狱死。巴州刺史余孝顷遣兄子僧重将兵救鄱阳，于庆退走。

　　绎以王僧辩为征东将军、尚书令，胡僧祐等皆进位号，使引兵东下。陆法和请还，既至，谓绎曰："侯景自然平矣，蜀贼将至，请守险以待之。"乃引兵屯峡口。庚申，王僧辩至汉口，先攻鲁山，擒支化仁送江陵。辛酉，攻郢州，克其罗城，斩首千级，宋子仙退据金城，僧辩四面起土山攻之。

　　豫州刺史荀朗自巢湖出濡须邀景，破其后军，景奔归，船前后相失。太子船入枞阳浦，船中腹心皆劝太子因此入北，太子曰："自国家丧败，志不图生，主上蒙尘，宁忍违离左右！吾今若去，乃是叛父，非避贼也。"因涕泗呜咽，即命前进。

　　甲子，宋子仙等困蹙，乞输郢城，身还就景。王僧辩伪许之，命给船百艘以安其意。子仙谓为信然，浮舟将发，僧辩命杜龛帅精勇千人攀堞而上，鼓噪奄进，水军主宋遥帅楼船，暗江云合。子仙且战且走，至白杨浦，大破之，周铁虎生擒子仙及丁和，送江陵，杀之。

庚午，齐主以司马子如，高祖之旧，复以为太尉。

江安侯圆正为西阳太守，宽和好施，归附者众，有兵一万。湘东王绎欲图之，署为平南将军。及至，弗见，使南平王恪与之饮，醉，因囚之内省，分其部曲，使人告其罪。荆、益之衅自此起矣。

陈霸先引兵发南康，灨石旧有二十四滩，会水暴涨数丈，三百里间，巨石皆没，霸先进顿西昌。

铁勒将伐柔然，突厥酋长土门邀击，破之，尽降其众五万余落。土门恃其强盛，求婚于柔然，柔然头兵可汗大怒，使人詈辱之曰："尔，我之锻奴也，何敢发是言！"土门亦怒，杀其使者，遂与之绝，而求婚于魏。魏丞相泰以长乐公主妻之。

秋，七月，乙亥，湘东王绎以长沙王韶监郢州事。丁亥，侯景还至建康。于庆自鄱阳还豫章，侯瑱闭门拒之，庆走江州，据郭默城。绎以瑱为兖州刺史。景悉杀瑱子弟。

辛丑，王僧辩乘胜下盆城，陈霸先帅所部三万人将会之，屯于巴丘。西军乏食，霸先有粮五十万石，分三十万以资之。八月，壬寅朔，王僧辩前军袭于庆，庆弃郭默城走，范希荣亦弃寻阳城走。晋熙王僧振等起兵围郡城，僧辩遣沙州刺史丁道贵助之，任延和等弃城走。湘东王绎命僧辩且顿寻阳以待诸军之集。

初，景既克建康，常言吴儿怯弱，易以掩取，当须拓定中原，然后为帝。景尚帝女溧阳公主，嬖之，妨于政事，王伟屡谏，景以告主，主有恶言，伟恐为所谮，因说景除帝。及景自巴陵败归，猛将多死，自恐不能久存，欲早登大位。王伟曰："自古移鼎，必须废立，既示我威权，且绝彼民望。"景从之。使前寿光殿学士谢昊为诏书，以为"弟侄争立，星辰失次，皆由朕非正绪，召乱致灾，宜禅位于豫章王栋。"使吕季略赍入，逼帝书之。栋，欢之子也。

戊午，景遣卫尉卿彭儁等帅兵入殿，废帝为晋安王，幽于永福省，悉撤内外侍卫，使突骑左右守之，墙垣悉布枳棘。庚申，下诏迎豫章王栋。栋时幽拘，廪饩甚薄，仰蔬茹为食。方与妃张氏锄葵，法驾奄至，栋惊，不知所为，泣而升辇。

景杀哀太子大器、寻阳王大心、西阳王大钧、建平王大球、义安王大昕及王侯在建康者二十余人。太子神明端凝，于景党未尝屈意，所亲窃问之，太子曰："贼若于事义，未须见杀，吾虽陵慢呵叱，终不敢言。若见杀时至，虽一日百拜，亦无所益。"又曰："殿下今居困厄，而神貌怡然，不贬平日，何也？"太子曰："吾自度死日必在贼前，若诸叔能灭贼，贼必先见杀，然后就死。若其不然，贼亦杀我以取富贵，安能以必死之命为无益之愁乎！"及难，太子颜色不变，徐曰："久知此事，嗟其晚耳。"刑者将以衣带绞之，太子曰："此不能见杀。"命取系帐绳绞之而绝。

壬戌，栋即帝位。大赦，改元天正。太尉郭元建闻之，自秦郡驰还，谓景曰：

"主上先帝太子,既无愆失,何得废之?"景曰:"王伟劝吾,云'早除民望'。吾故从之,以安天下。"元建曰:"吾挟天子令诸侯,犹惧不济,无故废之,乃所以自危,何安之有!"景欲迎帝复位,以栋为太孙。王伟曰:"废立大事,岂可数改邪!"乃止。

乙丑,景又使使杀南海王大临于吴郡,南郡王大连于姑孰,安陆王大春于会稽,高唐王大壮于京口。以太子妃赐郭元建,元建曰:"岂有皇太子妃乃为人妾乎!"竟不与相见,听使入道。

丙寅,追尊昭明太子为昭明皇帝,豫章安王为安皇帝,金华敬妃为敬太皇太后,豫章太妃王氏为皇太后,妃张氏为皇后。以刘神茂为司空。

九月,癸巳,齐主如赵、定二州,遂如晋阳。

己亥,湘东王绎以尚书令王僧辩为江州刺史,江州刺史陈霸先为东扬州刺史。

王伟说侯景弑太宗以绝众心,景从之。冬,十月,壬寅夜,伟与左卫将军彭儁、王脩纂进酒于太宗曰:"丞相以陛下幽忧既久,使臣等来上寿。"太宗笑曰:"已禅帝位,何得言陛下?此寿酒,将不尽此乎!"于是儁等赍曲项琵琶,与太宗极饮。太宗知将见杀,因尽醉,曰:"不图为乐之至于斯也。"既醉而寝,伟乃出,儁进土囊,修纂坐其上而殂。伟撤户扉为棺,迁殡于城北酒库中。太宗自幽絷之后,无复侍者及纸,乃书壁及板障,为诗及文数百篇,辞甚凄怆。景谥曰明皇帝,庙号高宗。

侯景之逼江陵也,湘东王绎求援于魏,命梁、秦二州刺史宜丰侯循以南郑与魏,召循还江陵。循以无故输城,非忠臣之节,报曰:"请待改命。"魏太师泰遣大将军达奚武将兵三万取汉中,又遣大将军王雄出子午谷,攻上津。循遣记室参军沛人刘璠求援于武陵王纪,纪遣潼州刺史杨乾运救之。循,恢之子也。

王僧辩等闻太宗殂,丙辰,启湘东王绎,请上尊号,绎弗许。

司空、东道行台刘神茂闻侯景自巴丘败还,阴谋叛景,吴中士大夫咸劝之,乃与仪同三司尹思合、刘归义、王晔、云麾将军元颖等据东阳以应江陵,遣颖及别将李占下据建德江口。张彪攻永嘉,克之。新安民程灵洗起兵据郡以应神茂。于是浙江以东皆附江陵。湘东王绎以灵洗为谯州刺史,领新安太守。

十一月,乙亥,王僧辩等复上表劝进,湘东王绎不许。戊寅,绎以湘州刺史安南侯方矩为中卫将军以自副。方矩,方诸之弟也。以南平王恪为湘州刺史。

侯景以赵伯超为东道行台,据钱塘;以田迁为军司,据富春;以李庆绪为中军都督,谢答仁为右厢都督,李遵为左厢都督,以讨刘神茂。

己卯,加侯景九锡,汉国置丞相以下官。己丑,豫章王栋禅位于景,景即皇帝位于南郊。还,登太极殿,其党数万,皆吹唇呼噪而上。大赦,改元太始。封栋为淮阴王,并其二弟桥、樛同锁于密室。

王伟请立七庙,景曰:"何谓七庙?"伟曰:"天子祭七世祖考。"并请七世讳,景曰:"前世吾不复记,唯记我父名标,且彼在朔州,那得来噉此。"众咸笑之。景党有知景祖名乙羽周者,自外皆王伟制其名位,追尊父标为元皇帝。

景之作相也,以西州为府,文武无尊卑皆引接。及居禁中,非故旧不得见,由是诸将多怨望。景好独乘小马,弹射飞鸟,王伟每禁止之,不许轻出。景郁郁不乐,更成失志,曰:"吾无事为帝,与受摈不殊。"

壬辰,湘东王以长沙王韶为郢州刺史。

益州长史刘孝胜等劝武陵王纪称帝,纪虽未许,而大造乘舆车服。

十二月,丁未,谢答仁、李庆绪攻建德,擒元颢、李占送建康,景截其手足以徇,经日乃死。

齐主每出入,常以中山王自随,王妃太原公主恒为之尝饮食,护视之。是月,齐主饮公主酒,使人鸩中山王,杀之,并其三子,谥王曰魏孝静皇帝,葬于邺西漳北。其后齐主忽掘其陵,投梓宫于漳水。齐主初受禅,魏神主悉寄于七帝寺,至是,亦取焚之。

彭城公元韶以高氏婿,宠遇异于诸元。开府仪同三司美阳公元晖业以位望隆重,又志气不伦,尤为齐主所忌,从齐主在晋阳。晖业于宫门外骂韶曰:"尔不及一老妪,负玺与人,何不击碎之! 我出此言,知即死,尔亦讵得几时!"齐主闻而杀之,及临淮公元孝友,皆凿汾水冰,沉其尸。孝友,或之弟也。齐主尝剃元韶鬓须,加之粉黛以自随,曰:"吾以彭城为嫔御。"言其懦弱如妇人也。

世祖孝元皇帝上

承圣元年(壬申、552)

春,正月,湘东王以南平内史王褒为吏部尚书。褒,骞之孙也。

齐人屡侵侯景边地,甲戌,景遣郭元建帅步军趣小岘,侯子鉴帅舟师向濡须。己卯,至合肥,齐人闭城不出,乃引还。

丙申,齐主伐库莫奚,大破之,俘获四千人,杂畜十余万。

齐主连年出塞,给事中兼中书舍人唐邕练习军书,自督将以降劳效本末及四方军士强弱多少,番代往还,器械精粗,粮储虚实,靡不谙悉。或于帝前简阅,虽数千人,不执文簿,唱其姓名,未尝谬误。帝常曰:"唐邕强干,一人当千。"又曰:"邕每有军事,手作文书,口且处分,耳又听受,实异人也。"宠待赏赐,群臣莫及。

魏将王雄取上津、魏兴,东梁州刺史安康李迁哲军败,降之。

突厥土门袭击柔然,大破之。柔然头兵可汗自杀,其太子菴罗辰及阿那瓌从弟登注俟利、登注子库提并帅众奔齐,余众复立登注次子铁伐为主。土门自号伊利可汗,号其妻为可贺敦,子弟谓之特勒,别将兵者皆谓之设。

湘东王命王僧辩等东击侯景,二月,庚子,诸军发寻阳,舳舻数百里。陈霸先帅甲士三万,舟舰二千,自南江出溢口,会僧辩于白茅湾,筑坛歃血,共读盟文,流涕慷慨。癸卯,僧辩使侯瑱袭南陵、鹊头二戍,克之。戊申,僧辩等军于大雷。丙辰,发鹊头。戊午,侯子鉴还至战鸟,西军奄至,子鉴惊惧,奔还淮南。

侯景仪同三司谢答仁攻刘神茂于东阳,程灵洗、张彪皆勒兵将救之,神茂欲专其功,不许,营于下淮。或谓神茂曰:"贼长于野战,下淮地平,四面受敌,不如据七里濑,贼必不能进。"不从。神茂偏神多北人,不与神茂同心,别将王晔、郦通并据外营,降于答仁,刘归义、尹思合等弃城走。神茂孤危,辛未,亦降于答仁,答仁送之建康。

癸酉,王僧辩等至芜湖,侯景守将张黑弃城走。景闻之,甚惧,下诏赦湘东王绎、王僧辩之罪,众咸笑之。侯子鉴据姑孰南洲以拒西师,景遣其党史安和等将兵二千助之。三月,己巳朔,景下诏欲自至姑孰,又遣人戒子鉴曰:"西人善水战,勿与争锋,往年任约之败,良为此也。若得步骑一交,必当可破,汝但结营岸上,引船入浦以待之。"子鉴乃舍舟登岸,闭营不出。僧辩等停军芜湖十余日,景党大喜,告景曰:"西师畏吾之强,势将遁矣,不击,且失之。"景乃复命子鉴为水战之备。

丁丑,僧辩至姑孰,子鉴帅步骑万余人度洲,于岸挑战,又以鹢艒千艘载战士。僧辩麾细船皆令退缩,留大舰夹泊两岸。子鉴之众谓水军欲退,争出趋之,大舰断其归路,鼓噪大呼,合战中江,子鉴大败,士卒赴水死者数千人。子鉴仅以身免,收散卒走还建康,据东府。僧辩留虎臣将军庄丘慧达镇姑孰,引军而前,历阳戍迎降。景闻子鉴败,大惧,涕下覆面,引衾而卧,良久方起,叹曰:"误杀乃公!"

庚辰,僧辩督诸军至张公洲。辛巳,乘潮入淮,进至禅灵寺前。景召石头津主张宾,使引淮中舸舲及海艟,以石绲之,塞淮口,缘淮作城,自石头至于朱雀街,十余里中,楼堞相接。僧辩问计于陈霸先,霸先曰:"前柳仲礼数十万兵隔水而坐,韦粲在青溪,竟不度岸,贼登高望之,表里俱尽,故能覆我师徒。今围石头,须度北岸。诸将若不能当锋,霸先请先往立栅。"壬午,霸先于石头西落星山筑栅,众军次连八城,直出石头西北。景恐西州路绝,自帅侯子鉴等亦于石头东北筑五城以遏大路。景使王伟等守台城。乙酉,景杀湘东世子方诸、前平东将军杜幼安。

刘神茂至建康,丙戌,景命为大剉碓,先进其足,寸寸斩之,以至于头。留异外同神茂而潜通于景，故得免祸。

丁亥，王僧辩进军招提寺北，侯景帅众万余人、铁骑八百余匹陈于西州之西。陈霸先曰："我众贼寡，应分其兵势，以强制弱，何故聚其锋锐，令致死于我？"乃命诸将分处置兵。景冲将军王僧志陈，僧志小缩，霸先遣将军安陆徐度将弩手二千横截其后，景兵乃却。霸先与王琳、杜龛等以铁骑乘之，僧辩以大军继进，景兵败退，据其栅。龛，岸之兄子也。景仪同三司卢晖略守石头城，开北门降，僧辩入据之。景与霸先殊死战，景帅百余骑，弃矟执刀，左右冲陈，陈不动，众遂大溃，诸军逐北至西明门。

景至阙下，不敢入台，召王伟责之曰："尔令我为帝，今日误我！"伟不能对，绕阙而藏。景欲走，伟执鞚谏曰："自古岂有叛天子邪！宫中卫士，犹足一战，弃此，将欲安之？"景曰："我昔败贺拔胜，破葛荣，扬名河、朔，度江平台城，降柳仲礼如反掌；今日天亡我也。"因仰观石阙，叹息久之。以皮囊盛其江东所生二子，挂之鞍后，与房世贵等百余骑东走，欲就谢答仁于吴。侯子鉴、王伟、陈庆奔东方。

僧辩命裴之横、杜龛屯杜姥宅，杜崱入据台城。僧辩不戢军士，剽掠居民，男女裸露，自石头至于东城，号泣满道。是夜，军士遗火，焚太极殿及东西堂，宝器、羽仪、辇辂无遗。

戊子，僧辩命侯瑱等帅精甲五千追景。王克、元罗等帅台内旧臣迎僧辩于道，僧辩劳克曰："甚苦，事夷狄之君。"克不能对。又问："玺绂何在？"克良久曰："赵平原持去。"僧辩曰："王氏百世卿族，一朝而坠。"僧辩迎太宗梓宫升朝堂，帅百官哭踊如礼。

己丑，僧辩等上表劝进，且迎都建业。湘东王答曰："淮海长鲸，虽云授首；襄阳短狐，未全革面。太平玉烛，尔乃议之。"

庚寅，南兖州刺史郭元建，秦郡戍主郭正买，阳平戍主鲁伯和，行南徐州事郭子仲，并据城降。

僧辩之发江陵也，启湘东王曰："平贼之后，嗣君万福，未审何以为礼？"王曰："六门之内，自极兵威。"僧辩曰："讨贼之谋，臣为己任，成济之事，请别举人。"王乃密谕宣猛将军朱买臣，使为之所。及景败，太宗已殂，豫章王栋及二弟桥、樛相扶出于密室，逢杜崱于道，为去其锁。二弟曰："今日始免横死矣。"栋曰："倚伏难知，吾犹有惧。"辛卯，遇朱买臣，呼之就船共饮，未竟，并沉于水。

僧辩遣陈霸先将兵向广陵受郭元建等降，又遣使者往安慰之。诸将多私使别索马仗，会侯子鉴度江至广陵，谓元建等曰："我曹梁之深仇，何颜复见其主！不若投北，可得还乡。"遂皆降齐。霸先至欧阳，齐行台辛术已据广陵。

王伟与侯子鉴相失，直渎戍主黄公喜获之，送建康。王僧辩问曰："卿为贼相,不能死节,而求活草间邪?"伟曰:"废兴命也。使汉帝早从伟言,明公岂有今日。"尚书左丞虞骘尝为伟所辱,乃唾其面。伟曰:"君不读书,不足与语。"骘惭而退。僧辩命罗州刺史徐嗣徽镇朱方。

壬辰,侯景至晋陵,得田迁余兵,因驱掠居民,东趋吴郡。

夏,四月,齐主使大都督潘乐与郭元建将兵五万攻阳平,拔之。

王僧辩启陈霸先镇京口。

益州刺史、太尉武陵王纪,颇有武略,在蜀十七年,南开宁州,越巂,西通资陵、吐谷浑,内修耕桑盐铁之政,外通商贾远方之利,故能殖其财用,器甲殷积,有马八千匹。闻侯景陷台城,湘东王将讨之,谓僚佐曰:"七官文士,岂能匡济?"内寝柏殿柱绕节生花,纪以为己瑞。乙巳,即皇帝位,改元天正,立子圆照为皇太子,圆正为西阳王,圆满为竟陵王,圆普为谯王,圆肃为宜都王。以巴西、梓潼二郡太守永丰侯㧑为征西大将军、益州刺史,封秦郡王。司马王僧略、直兵参军徐怦固谏,不从。僧略,僧辩之弟;怦,勉之从子也。

初,台城之围,怦劝纪速入援,纪意不欲行,内衔之。会蜀人费合告怦反,怦有与将帅书云:"事事往人口具。"纪即以为反征,谓怦曰:"以卿旧情,当使诸子无恙。"对曰:"生儿悉如殿下,留之何益!"纪乃尽诛之,枭首于市,亦杀王僧略。永丰侯㧑叹曰:"王事不成矣。善人,国之基也,今先杀之,不亡何待!"

纪征宜丰侯谘议参军刘璠为中书侍郎,使者八反,乃至。纪令刘孝胜深布腹心,璠苦求还。中记室韦登私谓璠曰:"殿下忍而畜憾,足下不留,将致大祸,孰若共构大厦,使身名俱美哉!"璠正色曰:"卿欲缓颊于我邪?我与府侯分义已定,岂以夷险易其心乎!殿下方布大义于天下,终不逞志于一夫。"纪知必不为己用,乃厚礼遣之。以宜丰侯循为益州刺史,封随郡王,以璠为循府长史、蜀郡太守。

谢答仁讨刘神茂还,至富阳,闻侯景败走,帅万人欲北出候之,赵伯超据钱塘拒之。侯景进至嘉兴,闻伯超叛之,乃退据吴。己酉,侯瑱追及景于松江,景犹有船二百艘,众数千人,瑱进击,败之,擒彭㒞、田迁、房世贵、蔡寿乐、王伯丑。瑱生剖㒞腹,抽其肠,㒞犹不死,手自收之,乃斩之。

景与腹心数十人单舸走,推堕二子于水,将入海,瑱遣副将焦僧度追之。景纳羊侃之女为小妻,以其兄鹍为库直都督,待之甚厚,鹍随景东走,与景所亲王元礼、谢葳蕤密图之。葳蕤,答仁之弟也。景下海,欲向蒙山,己卯,景昼寝,鹍语海师:"此中何处有蒙山,汝但听我处分。"遂直向京口。至胡豆洲,景觉,大惊,问岸上人,云"郭元建犹在广陵",景大喜,将依之。鹍拔刀,叱海师向京口,因谓景曰:"吾等为王效力多矣,今至于此,终无所成,欲就乞头以取富贵。"景未及答,白刃交下。景欲投水,鹍以刀斫。景走入船中,以佩刀抉船底,鹍以矟刺杀之。尚

1791

书右仆射索超世在别船,葳蕤以景命召而执之。南徐州刺史徐嗣徽斩超世,以盐内景腹中,送其尸于建康。僧辩传首江陵,截其手,使谢葳蕤送于齐。暴景尸于市,士民争取食之,并骨皆尽,溧阳公主亦预食焉。初,景之五子在北齐,世宗剥其长子面而烹之,幼者皆下蚕室。齐显祖即位,梦猕猴坐其御床,乃尽烹之。赵伯超、谢答仁皆降于侯瑱,瑱并田迁等送建康。王僧辩斩房世贵于市,送王伟、吕季略、周石珍、严亹、赵伯超、伏知命于江陵。

丁巳,湘东王下令解严。

乙丑,葬简文帝于庄陵,庙号太宗。

侯景之败也,以传国玺自随,使其侍中兼平原太守赵思贤掌之,曰:“若我死,宜沉于江,勿令吴儿复得之。”思贤自京口济江,遇盗,从者弃之草间,至广陵,以告郭元建。元建取之,以与辛术,壬申,术送之至邺。

甲申,齐以吏部尚书杨愔为右仆射,以太原公主妻之。公主,即魏孝静帝之后也。

杨乾运至剑北,魏达奚武逆击之,大破乾运于白马,陈其俘馘于南郑城下,且遣人辱宜丰侯循。循怒,出兵与战,都督杨绍伏兵击之,杀伤殆尽。刘璠还至白马西,为武所获,送长安。太师泰素闻其名,待之如旧交。时南郑久不下,武请屠之,泰将许之。璠请之于朝,泰怒,不许,璠泣请不已,泰曰:“事人当如是。”乃从其请。

五月,庚午,司空南平王恪等复劝进,湘东王犹不受,遣侍中丰城侯泰等谒山陵,修复庙社。

戊寅,侯景首至江陵,枭之于市三日,煮而漆之,以付武库。庚辰,以南平王恪为扬州刺史。甲申,以王僧辩为司徒、镇卫将军,封长宁公。陈霸先为征虏将军、开府仪同三司,封长城县侯。

乙酉,诛侯景所署尚书仆射王伟、左民尚书吕季略、少府周石珍、舍人严亹于市。赵伯超、伏知命饿死于狱。以谢答仁不失礼于太宗,特宥之。王伟于狱中上五百言诗,湘东王爱其才,欲宥之,有嫉之者,言于王曰:“前日伟作檄文甚佳。”王求而视之,檄云:“项羽重瞳,尚有乌江之败;湘东一目,宁为赤县所归?”王大怒,钉其舌于柱,剜腹,脔肉而杀之。

丙戌,齐合州刺史斛斯昭攻历阳,拔之。

丁亥,下令,以“王伟等既死,自余衣冠旧贵,被逼偷生,猛士勋豪,和光苟免者,皆不问。”

扶风民鲁悉达,纠合乡人以保新蔡,力田蓄谷。时江东饥乱,饿死者什八九,遗民携老幼归之。悉达分给粮廪,全济甚众,招集晋熙等五郡,尽有其地。使其弟广达将兵从王僧辩讨侯景,景平,以悉达为北江州刺史。

齐主使其散骑常侍曹文皎等来聘,湘东王使散骑常侍柳晖等报之,且告平侯景;亦遣舍人魏彦告于魏。

齐主使潘乐、郭元建将兵围秦郡,行台尚书辛术谏曰:"朝廷与湘东王信使不绝。阳平,侯景之土,取之可也。今王僧辩已遣严超达守秦郡,于义何得复争之!且水潦方降,不如班师。"弗从。陈霸先命别将徐度引兵助秦郡固守。齐众七万,攻之甚急。王僧辩使左卫将军杜崱救之,霸先亦自欧阳来会,与元建大战于土林,大破之,斩首万余级,生擒千余人,元建收余众北遁,犹以通好,不穷追也。

辛术迁吏部尚书。自魏迁邺以来,大选之职,知名者数人,互有得失。齐世宗少年高朗,所弊者疏;袁叔德沉密谨厚,所伤者细;杨愔风流辩给,取士失于浮华。唯术性尚贞明,取士必以才器,循名责实,新旧参举,管库必擢,门阀不遗,考之前后,最为折衷。

魏达奚武遣尚书左丞柳带韦入南郑,说宜丰侯循曰:"足下所固者险,所恃者援,所保者民。今王旅深入,所凭之险不足固也;白马破走,酋豪不进,所望之援不可恃也;长围四合,所部之民不可保也。且足下本朝丧乱,社稷无主,欲谁为为忠乎?岂若转祸为福,使庆流子孙邪!"循乃请降。带韦,庆之子也。开府仪同三司贺兰德愿闻城中食尽,请攻之,大都督赫连达曰:"不战而获城,策之上者。岂可利其子女,贪其货财,而不爱民命乎!且观其士马犹强,城池尚固,攻之纵克,必彼此俱伤。如困兽犹斗,则成败未可知也。"武曰:"公言是也。"乃受循降,获男女二万口而还,于是剑北皆入于魏。

六月,丁未,齐主还邺。乙卯,复如晋阳。

庚寅,立安南侯方矩为王太子。

齐遣散骑常侍谢季卿来贺平侯景。

衡州刺史王怀明作乱,广州刺史萧勃讨平之。

齐政烦赋重,江北之民不乐属齐,其豪杰数请兵于王僧辩,僧辩以与齐通好,皆不许。秋,七月,广陵侨人朱盛等潜聚党数千人,谋袭杀齐刺史温仲邕,遣使求援于陈霸先,云已克其外城。霸先使告僧辩,僧辩曰:"人之情伪,未易可测。若审克外城,亟须应援,如其不尔,无烦进军。"使未报,霸先已济江,僧辩乃命武州刺史杜崱等助之。会盛等谋泄,霸先因进军围广陵。

八月,魏安康人黄众宝反,攻魏兴,执太守柳桧,进围东梁州。令桧诱说城中,桧不从而死。桧,虬之弟也。太师泰遣王雄与骠骑大将军武川宇文虬讨之。

武陵王纪举兵由外水东下,以永丰侯㧑为益州刺史,守成都,使其子宜都王圆肃副之。

九月，甲戌，司空南平王恪卒。甲申，以王僧辩为扬州刺史。

齐主使告王僧辩、陈霸先曰："请释广陵之围，必归广陵、历阳两城。"霸先引兵还京口，江北之民从霸先济江者万余口。湘东王以霸先为征北大将军、开府仪同三司、南徐州刺史，征霸先世子昌及兄子顼诣江陵，以昌为员外散骑常侍，顼为领直。

宜丰侯循之降魏也，丞相泰许其南还，久而未遣，从容问刘璠曰："我于古谁比?"对曰："璠常以公为汤、武，今日所见，曾桓、文之不如。"泰曰："我安敢比汤、武，庶几望伊、周，何至不如桓、文?"对曰："齐桓存三亡国，晋文不失信于伐原。"语未竟，泰抚掌曰："我解尔意，欲激我耳。"乃谓循曰："王欲之荆，为之益?"循请还江陵，泰厚礼遣之。循以文武千家自随，湘东王疑之，遣使觇察，相望于道。始至之夕，命劫窃其财，及旦，循启输马仗，王乃安之，引入，对泣，以循为侍中、骠骑将军、开府仪同三司。

冬，十月，齐主自晋阳如离石，自黄栌岭起长城，北至社平戍，四百余里，置三十六戍。

戊申，湘东王执湘州刺史王琳于殿中，杀其副将殷晏。

琳本会稽兵家，其姊妹皆入王宫，故琳少在王左右。琳好勇，王以为将帅。琳倾身下士，所得赏赐，不以入家。麾下万人，多江、淮群盗，从王僧辩平侯景，与杜龛功居第一。在建康，恃宠纵暴，僧辩不能禁。僧辩以宫殿之烧，恐得罪，欲以琳塞责，乃密启王，请诛琳。王以琳为湘州，琳自疑及祸，使长史陆纳帅部曲赴湘州，身诣江陵陈谢，谓纳等曰："吾若不返，子将安之?"咸曰："请死之。"相泣而别。至江陵，王下琳吏。

辛酉，以王子方略为湘州刺史，又以廷尉黄罗汉为长史，使与太舟卿张载至巴陵，先据琳军。载有宠于王，而御下峻刻，荆州人疾之如仇。罗汉等至琳军，陆纳及士卒并哭，不肯受命，执罗汉及载。王遣宦者陈旻往谕之，纳对旻剖载腹，抽肠以系马足，使绕而走，肠尽气绝。又脔割，出其心，向之抃舞，焚其余骨。以黄罗汉清谨而免之。纳与诸将引兵袭湘州，时州中无主，纳遂据之。

公卿藩镇数劝进于湘东王，十一月，丙子，世祖即皇帝位于江陵，改元，大赦。是日，帝不升正殿，公卿陪列而已。

丁丑，以宜丰侯循为湘州刺史。

己卯，立王太子方矩为皇太子，更名元良。皇子方智为晋安王，方略为始安王，方等之子庄为永嘉王。追尊母阮修容为文宣皇后。

侯景之乱，州郡太半入魏，自巴陵以下至建康，以长江为限，荆州界北尽武宁，西拒硖口，岭南复为萧勃所据，诏令所行，千里而近，民户著籍者，不盈三万而已。

陆纳袭击衡州刺史丁道贵于渌口,破之。道贵奔零陵,其众悉降于纳。上闻之,遣使征司徒王僧辩、右卫将军杜崱、平北将军裴之横与宜丰侯循共讨纳,循军巴陵以待之。侯景之乱,零陵人李洪雅据其郡,上即以为营州刺史。洪雅请讨陆纳,上许之。丁道贵收余众与之俱。纳遣其将吴藏袭击,破之,洪雅等退保空雲城,藏引兵围之。顷之,纳请降,求送妻子,上遣陈旻至纳所,纳众皆泣,曰:"王郎被囚,故我曹逃罪于湘州,非有它志也。"乃出妻子付旻。旻至巴陵,循曰:"此诈也,必将袭我。"乃密为之备。纳果夜以轻兵继旻后,约至城下鼓噪。十二月,壬午晨,去巴陵十里,众谓已至,即鼓噪,军中皆惊。循坐胡床,于垒门望之,纳乘水来攻,矢下如雨,循方食甘蔗,略无惧色,徐部分将士击之,获其一舰,纳退保长沙。

壬午,齐主还邺。戊午,复如晋阳。

资治通鉴卷第一百六十五

端明殿学士兼翰林侍读学士朝散大夫右谏议大夫充集贤殿修撰提举西京嵩
山崇福宫上柱国河内郡开国侯食邑一千八百户食实封六百户赐紫金鱼袋臣 司马光 奉敕编集

梁纪二十一起昭阳作噩(癸酉),尽阏逢阉茂(甲戌),凡二年。

世祖孝元皇帝下

承圣二年(癸酉、553)

春,正月,王僧辩发建康,承制使陈霸先代镇扬州。

丙子,山胡围齐离石。戊寅,齐主讨之,未至,胡已走,因巡三堆,大猎而归。

以吏部尚书王褒为左仆射。

己丑,齐改铸钱,文曰“常平五铢”。

二月,庚子,李洪雅力屈,以空雲城降陆纳。纳囚洪雅,杀丁道贵。纳以沙门
宝志诗谶有“十八子”,以为李氏当王,甲辰,推洪雅为主,号大将军,使乘平肩舆,
列鼓吹,纳帅众数千,左右翼从。

魏太师泰去丞相、大行台,为都督中外诸军事。

王雄至东梁州,黄众宝帅众降。太师泰赦之,迁其豪帅于雍州。

齐主送柔然可汗铁伐之父登注及兄提拔其国。铁伐寻为契丹所杀,国人
立登注为可汗。登注复为其大人阿富提所杀,国人立库提。

突厥伊利可汗卒,子科罗立,号乙息记可汗。三月,遣使献马五万于魏。柔
然别部又立阿那瓌叔父邓叔子为可汗。乙息记击破邓叔子于沃野北木赖山。乙
息记卒,舍其子摄图而立其弟俟斤,号木杆可汗。木杆状貌奇异,性刚勇,多智
略,善用兵,邻国畏之。

上闻武陵王纪东下,使方士画版为纪像,亲钉支体以厌之,又执侯景之俘以
报纪。初,纪之举兵,皆太子圆照之谋也。圆照时镇巴东,执留使者,启纪云:“侯
景未平,宜急进讨。已闻荆镇为景所破。”纪信之,趣兵东下。

上甚惧,与魏书曰:“‘子纠,亲也,请君讨之。’”太师泰曰:“取蜀制梁,在兹一
举。”诸将咸难之。大将军代人尉迟迥,泰之甥也,独以为可克。泰问以方略,迥
曰:“蜀与中国隔绝百有余年,恃其险远,不虞我至,若以铁骑兼行袭之,无不克
矣。”泰乃遣迥督开府仪同三司原珍等六军,甲士万二千,骑万匹,自散关伐蜀。

陆纳遣其将吴藏、潘乌黑、李贤明等下据车轮。王僧辩至巴陵,宜丰侯循让

都督于僧辩,僧辩弗受。上乃以僧辩、循为东、西都督。夏,四月,丙申,僧辩军于车轮。

吐谷浑可汗夸吕,虽通使于魏而寇抄不息,宇文泰将骑三万逾陇,至姑臧,讨之。夸吕惧,请服,既而复通使于齐。凉州刺史史宁觇知其还,袭之于赤泉,获其仆射乞伏触状。

陆纳夹岸为城,以拒王僧辩。纳士卒皆百战之余,僧辩惮之,不敢轻进,稍作连城以逼之。纳以僧辩为怯,不设备。五月,甲子,僧辩命诸军水陆齐进,急攻之,僧辩亲执旗鼓,宜丰侯循身受矢石,拔其二城。纳众大败,步走,保长沙。乙丑,僧辩进围之。僧辩坐垄上视筑围垒,吴藏、李贤明帅锐卒千人开门突出,蒙楯直进,趋僧辩。时杜崱、杜龛并侍左右,甲士卫者止百余人,力战拒之。僧辩据胡床不动,裴之横从旁击藏等,藏等败退,贤明死,藏脱走入城。

武陵王纪至巴郡,闻有魏兵,遣前梁州刺史巴西谯淹还军救蜀。初,杨乾运求为梁州刺史,纪以为潼州;杨法琛求黎州刺史,以为沙州,二人皆不悦。乾运兄子略说乾运曰:"今侯景初平,宜同心戮力,保国宁民,而兄弟寻戈,此自亡之道也。夫木朽不雕,世衰难佐,不如送款关中,可以功名两全。"乾运然之,令略将二千人镇剑阁,又遣其婿乐广镇安州,与法琛皆潜通于魏。魏太师泰密赐乾运铁券,授骠骑大将军、开府仪同三司、梁州刺史。尉迟迥以开府仪同三司侯吕陵始为前军,至剑阁,略退就乐广,翻城应始,始入据安州。甲戌,迥至涪水,乾运以州降。迥分军守之,进袭成都。时成都见兵不满万人,仓库空竭,永丰侯㧑婴城自守,迥围之。谯淹遣江州刺史景欣、幽州刺史赵拔扈援成都,迥使原珍等击走之。

武陵王纪至巴东,知侯景已平,乃自悔,召太子圆照责之,对曰:"侯景虽平,江陵未服。"纪亦以既称尊号,不可复为人下,欲遂东进。将卒日夜思归,其江州刺史王开业以为"宜还救根本,更思后图。"诸将皆以为然。圆照及刘孝胜固言不可,纪从之,宣言于众曰:"敢谏者死!"己丑,纪至西陵,军势甚盛,舳舻翳川。护军陆法和筑二城于硖口两岸,运石填江,铁锁断之。

帝拔任约于狱,以为晋安王司马,使助法和拒纪,谓之曰:"汝罪不容诛,我不杀汝,本为今日!"因撤禁兵以配之,仍许妻以庐陵王续之女,使宣猛将军刘棻与之俱。

庚辰,巴州刺史余孝顷将兵万人会王僧辩于长沙。

豫章太守观宁侯永,昏而少断,左右武蛮奴用事,军主文重疾之。永将兵讨陆纳,至宫亭湖,重杀蛮奴。永军溃,奔江陵,重将其众奔开建侯蕃,蕃杀之而有其众。

六月,壬辰,武陵王纪筑连城,攻绝铁锁,陆法和告急相继。上复拔谢答仁于狱,以为步兵校尉,配兵使助法和。又遣使送王琳,令说谕陆纳。乙未,琳至长沙,僧辩使送示之,纳众悉拜且泣,使谓僧辩曰:"朝廷若赦王郎,乞听入城。"僧辩不许,复送江陵。陆法和求救不已,上欲召长沙兵,恐失陆纳,乃复遣琳许其入城。琳既入,纳遂降,湘州平。上复琳官爵,使将兵西援峡口。

甲辰,齐章武景王库狄干卒。

武陵王纪遣将军侯叡将众七千筑垒与陆法和相拒。上遣使与纪书,许其还蜀,专制一方。纪不从,报书如家人礼。陆纳既平,湘州诸军相继西上,上复与纪书曰:"吾年为一日之长,属有平乱之功,膺此乐推,事归当璧。傥遣使乎,良所迟也。如曰不然,于此投笔。友于兄弟,分形共气,兄肥弟瘦,无复相见之期;让枣推梨,永罢欢愉之日。心乎爱矣,书不尽言。"纪顿兵日久,频战不利,又闻魏寇深入,成都孤危,忧懑不知所为。乃遣其度支尚书乐奉业诣江陵求和,请依前旨还蜀。奉业知纪必败,启上曰:"蜀军乏粮,士卒多死,危亡可待。"上遂不许其和。

纪以黄金一斤为饼,饼百为篋,至有百篋,银五倍于金,锦罽、缯彩称是,每战,悬示将士,不以为赏。宁州刺史陈智祖请散之以募勇士,弗听,智祖哭而死。有请事者,纪辞疾不见,由是将卒解体。

秋,七月,辛未,巴东民符昇等斩峡口城主公孙晃,降于王琳。谢答仁、任约进攻侯叡,破之,拔其三垒。于是两岸十四城俱降。纪不获退,顺流东下,游击将军南阳樊猛追击之,纪众大溃,赴水死者八千余人,猛围而守之。上密敕猛曰:"生还,不成功也。"猛引兵至纪所,纪在舟中绕床而走,以金囊掷猛曰:"以此雇卿,送我一见七官。"猛曰:"天子何由可见。杀足下,金将安之!"遂斩纪及其幼子圆满。陆法和收太子圆照兄弟三人送江陵。上绝纪属籍,赐姓饕餮氏。下刘孝胜狱,已而释之。上使谓江安侯圆正曰:"西军已败,汝父不知存亡。"意欲使其自裁。圆正闻之号哭,称世子不绝声。上频使觇之,知不能死,移送廷尉狱,见圆照,曰:"兄何乃乱人骨肉,使痛酷如此。"圆照唯云"计误"。上并命绝食于狱,至啮臂啖之,十三日而死,远近闻而悲之。

乙未,王僧辩还江陵。诏诸军各还所镇。

魏尉迟迥围成都五旬,永丰侯㧑屡出战,皆败,乃请降。诸将欲不许,迥曰:"降之则将士全,远人悦;攻之则将士伤,远人惧。"遂受之。八月,戊戌,㧑与宜都王圆肃帅文武诣军门降,迥以礼接之,与盟于益州城北。吏民皆复其业,唯收奴婢及储积以赏将士,军无私焉。魏以㧑及圆肃并为开府仪同三司,以迥为大都督益、潼等十二州诸军事、益州刺史。

庚子,下诏将还建康,领军将军胡僧祐、太府卿黄罗汉、吏部尚书宗懔、御史中丞刘毅谏曰:"建业王气已尽,与虏正隔一江,若有不虞,悔无及也。且古老相承云:'荆州洲数满百,当出天子。'今枝江生洲,百数已满,陛下龙飞,是其应也。"上令朝臣议之。黄门侍郎周弘正、尚书右仆射王褒曰:"今百姓未见舆驾入建康,谓是列国诸王。愿陛下从四海之望。"时群臣多荆州人,皆曰:"弘正等东人也,志愿东下,恐非良计。"弘正面折之曰:"东人劝东,谓非良计,君等西人欲西,岂成长策?"上笑。又议于后堂,会者五百人,上问之曰:"吾欲还建康,诸卿以为如何?"众莫敢先对。上曰:"劝吾去者左袒。"左袒者过半。武昌太守朱买臣言于上曰:"建康旧都,山陵所在,荆镇边疆,非王者之宅。愿陛下勿疑,以致后悔。臣家在荆州,岂不愿陛下居此,但恐是臣富贵,非陛下富贵耳!"上使术士杜景豪卜之,不吉,对上曰:"未去。"退而言曰:"此兆为鬼贼所留也。"上以建康雕残,江陵全盛,意亦安之,卒从僧祐等议。

以湘州刺史王琳为衡州刺史。

九月,庚午,诏王僧辩还镇建康,陈霸先复还京口。丙子,以护军将军陆法和为郢州刺史。法和为政,不用刑狱,专以沙门法及西域幻术教化,部曲数千人,通谓之弟子。

契丹寇齐边。壬午,齐主北巡冀、定、幽、安,遂伐契丹。

齐主使郭元建治水军二万余人于合肥,将袭建康,纳湘潭侯退,又遣将军邢景远、步大汗萨帅众继之。陈霸先在建康闻之,白上,上诏王僧辩镇姑孰以御之。

冬,十月,丁酉,齐主至平州,从西道趣长堑,使司徒潘相乐帅精骑五千自东道趣青山。辛丑,至白狼城。壬寅,至昌黎城,使安德王韩轨帅精骑四千东断契丹走路。癸卯,至阳师水,倍道兼行,掩袭契丹。齐主露髻肉袒,昼夜不息,行千余里,逾越山岭,为士卒先,唯食肉饮水,壮气弥厉。甲辰,与契丹遇,奋击,大破之,虏获十万余口,杂畜数百万头。潘相乐又于青山破契丹别部。丁未,齐主还至营州。

己酉,王僧辩至姑孰,遣婺州刺史侯瑱、吴郡太守张彪、吴兴太守裴之横筑垒东关,以待齐师。

丁巳,齐主登碣石山,临沧海,遂如晋阳,以肆州刺史斛律金为太师,召还晋阳,拜其子丰乐为武卫大将军,命其孙武都尚义宁公主,宠待之厚,群臣莫及。

闰月,丁丑,南豫州刺史侯瑱与郭元建战于东关,齐师大败,溺死者万计。湘潭侯退复归于邺,王僧辩还建康。

吴州刺史开建侯蕃,恃其兵强,贡献不入,上密令其将徐佛受图之。佛受使其徒诈为讼者,诣蕃,遂执之。上以佛受为建安太守,以侍中王质为吴州刺史。质至鄱阳,佛受置之金城,自据罗城,掌门管,缮治舟舰甲兵,质不敢与争。故开建侯部曲数千人攻佛受,佛受奔南豫州,侯瑱杀之,质始得行州事。

十一月,戊戌,以尚书右仆射王褒为左仆射,湘东太守张绾为右仆射。

己未,突厥复攻柔然,柔然举国奔齐。

癸亥,齐主自晋阳北击突厥,迎纳柔然,废其可汗库提,立阿那瓌子菴罗辰为可汗,置之马邑川,给其廪饩缯帛。亲追突厥于朔州,突厥请降,许之而还。自是贡献相继。

魏尚书元烈谋杀宇文泰,事泄,泰杀之。

丙寅,上使侍中王琛使于魏。太师泰阴有图江陵之志,梁王詧闻之,益重其贡献。

十二月,齐宿预民东方白额以城降,江西州郡皆起兵应之。

三年(甲戌、554)

春,正月,癸巳,齐主自离石道讨山胡,遣斛律金从显州道,常山王演从晋州道夹攻,大破之,男子十三以上皆斩,女子及幼弱以赏军,遂平石楼。石楼绝险,自魏世所不能至,于是远近山胡莫不慑服。有都督战伤,其什长路晖礼不能救,帝命刳其五藏,令九人食之,肉及秽恶皆尽。自是始为威虐。

陈霸先自丹徒济江,围齐广陵,秦州刺史严超达自秦郡进围泾州,南豫州刺史侯瑱、吴郡太守张彪皆出石梁,为之声援。辛丑,使晋陵太守杜僧明帅三千人助东方白额。

魏太师泰始作九命之典,以叙内外官爵,改流外品为九秩。

魏主自元烈之死,有怨言,密谋诛太师泰,临淮王育、广平王赞垂涕切谏,不听。泰诸子皆幼,兄子章武公导、中山公护皆出镇,唯以诸婿为心膂,大都督清河公李基、义城公李晖、常山公于翼俱为武卫将军,分掌禁兵。基,远之子;晖,弼之子;翼,谨之子也。由是魏主谋泄,泰废魏主,置之雍州,立其弟齐王廓,去年号,称元年,复姓拓跋氏,九十九姓改为单者,皆复其旧。魏初统国三十六,大姓九十九,后多灭绝。泰乃以诸将功高者为三十六国,次者为九十九姓,所将士卒亦改从其姓。

三月,丁亥,长沙王韶取巴郡。

甲辰,以王僧辩为太尉、车骑大将军。

丁未,齐将王球攻宿预,杜僧明出击,大破之,球归彭城。

郢州刺史陆法和上启自称司徒,上怪之,王褒曰:"法和既有道术,容或先知。"戊申,上就拜法和为司徒。

己酉,魏侍中宇文仁恕来聘。会齐使者亦至江陵,帝接仁恕不及齐使,仁恕归,以告太师泰。帝又请据旧图定疆境,辞颇不逊,泰曰:"古人有言,'天之所弃,谁能兴之',其萧绎之谓乎!"荆州刺史长孙俭屡陈攻取之策,泰征俭入朝,问以经略，复命还镇，密为之备。马伯符密使告帝，帝弗之信。

柔然可汗菴罗辰叛齐，齐主自将出击，大破之，菴罗辰父子北走。太保安定王贺拔仁献马不甚骏，齐主怒，拔其发，免为庶人，输晋阳负炭。

齐中书令魏收撰《魏书》，颇telève爱憎为褒贬，每谓人曰："何物小子，敢与魏收作色！举之则使升天，按之则使入地。"既成，中书舍人卢潜奏："收诬罔一代，罪当诛。"尚书左丞卢斐、顿丘李庶皆言《魏史》不直。收启齐主云："臣既结怨强宗，将为刺客所杀。"帝怒，于是斐、庶及尚书郎中王松年皆坐谤史，鞭二百，配甲坊。斐、庶死于狱中，潜亦坐系狱。然时人终不服，谓之"秽史"。潜，度世之曾孙；斐，同之子；松年，遵业之子也。

夏，四月，柔然寇齐肆州，齐主自晋阳讨之，至恒州，柔然散走。帝以二千余骑为殿，宿黄瓜堆。柔然别部数万骑奄至，帝安卧，平明乃起，神色自若，指画形势，纵兵奋击，柔然披靡，因溃围而出。柔然走，追击之，伏尸二十余里，获菴罗辰妻子，虏三万余口，令都督善无高阿那肱帅骑数千塞其走路。时柔然军犹盛，阿那肱以兵少，请益，帝更减其半。阿那肱奋击，大破之。菴罗辰超越岩谷，仅以身免。

丙寅，上使散骑常侍庾信等聘于魏。

癸酉，以陈霸先为司空。

丁未，齐主复自击柔然，大破之。

庚戌，魏太师泰鸩杀废帝。

五月，魏直州人乐炽、洋州人黄国等作乱，开府仪同三司高平田弘、河南贺若敦讨之，不克。太师泰命车骑大将军李迁哲与敦共讨炽等，平之。仍与敦南出，徇地至巴州，巴州刺史牟安民降之，巴、濮之民皆附于魏。蛮酋向五子王等陷白帝，迁哲击之，五子王等遁去，迁哲追击，破之。泰以迁哲为信州刺史，镇白帝。信州先无储蓄，迁哲与军士共采葛根为粮，时有异味，辄分尝之，军士感悦。屡击叛蛮，破之，群蛮慑服，皆送粮饩，遣子弟入质。由是州境安息，军储亦赡。

柔然乙旃达官寇魏广武，柱国李弼追击，破之。

广州刺史曲江侯勃，自以非上所授，内不自安，上亦疑之。勃启求入朝，五月，乙巳，上以王琳为广州刺史，勃为晋州刺史。上以琳部众强盛，又得众心，故欲远之。琳与主书广汉李膺厚善，私谓膺曰："琳，小人也，蒙官拔擢至此。今天下未定，迁琳岭南，如有不虞，安得琳力。窃揆官意不过疑琳，琳分望有限，岂与官争为帝乎？何不以琳为雍州刺史，镇武宁，琳自放兵作田，为国御捍。"膺然其言而弗敢启。

散骑郎新野庾季才言于上曰："去年八月丙申，月犯心中星，今月丙戌，赤气干北斗。心为天王,丙主楚分,臣恐建子之月有大兵入江陵,陛下宜留重臣镇江陵,整旆还都以避其患。假令魏虏侵蹙,止失荆、湘,在于社稷,犹得无虑。"上亦晓天文,知楚有灾,叹曰:"祸福在天,避之何益?"

六月,壬午,齐步大汗萨将兵四万趣泾州,王僧辩使侯瑱、张彪自石梁引兵助严超达拒之,瑱、彪迟留不进。将军尹令思将万余人谋袭盱眙。齐冀州刺史段韶将兵讨东方白额于宿预,广陵、泾州皆来告急,诸将患之。韶曰:"梁氏丧乱,国无定主,人怀去就,强者从之。霸先等外托同德,内有离心,诸君不足忧,吾揣之熟矣。"乃留仪同三司敬显携等围宿预,自引兵倍道趣泾州,涂出盱眙。令思不意齐兵猝至,望风退走。韶进击超达,破之,回趣广陵,陈霸先解围走。杜僧明还丹徒,侯瑱、张彪还秦郡。吴明彻围海西,镇将中山郎基固守,削木为箭,剪纸为羽,围之十旬,卒不能克而还。

柔然帅余众东徙,且欲南寇,齐主帅轻骑邀之于金川。柔然闻之,远遁,营州刺史灵丘王峻设伏击之,获其名王数十人。

邓至羌檐桁失国,奔魏,太师泰使秦州刺史宇文导将兵纳之。

齐段韶还至宿预,使辩士说东方白额,白额开门请盟,因执而斩之。

秋,七月,庚戌,齐主还邺。

魏太师泰西巡,至原州。

八月,壬辰,齐以司州牧清河王岳为太保,司空尉粲为司徒,太子太师侯莫陈相为司空,尚书令平阳王淹录尚书事,常山王演为尚书令,中书令上党王涣为左仆射。

乙亥,齐仪同三司元旭坐事赐死。丁丑,齐主如晋阳。齐主之未为魏相也,太保、录尚书事平原王高隆之常侮之,及将受禅,隆之复以为不可,齐主由是衔之。崔季舒谮"隆之每见诉讼者辄加哀矜之意,以示非己能裁。"帝禁之尚书省。隆之尝与元旭饮,谓旭曰:"与王交,当生死不相负。"人有密言之者,帝由是发怒,令壮士筑百余拳而舍之,辛巳,卒于路。久之,帝追忿隆之,执其子慧登等二十人于前,帝以鞭叩鞍,一时头绝,并投尸漳水。又发隆之冢,出其尸,斩截骸骨焚之,弃于漳水。

齐主使常山王演、上党王涣、清河王岳、平原王段韶帅众于洛阳西南筑伐恶城、新城、严城、河南城。九月,齐主巡四城,欲以致魏师,魏师不出,乃如晋阳。

魏宇文泰命侍中崔猷开回车路以通汉中。

帝好玄谈,辛卯,于龙光殿讲《老子》。

曲江侯勃迁居始兴,王琳使副将孙场先行据番禺。

乙巳,魏遣柱国常山公于谨、中山公宇文护、大将军杨忠将兵五万入寇。冬,十月,壬戌,发长安。长孙俭问谨曰:"为萧绎之计,将如何?"谨曰:"耀兵汉、沔,席卷度江,直据丹杨,上策也。移郭内居民退保子城,峻其陴堞,以待援军,中策也。若难于移动,据守罗郭,下策也。"俭曰:"揣绎定出何策?"谨曰:"下策。"俭曰:"何故?"谨曰:"萧氏保据江南,绵历数纪,属中原多故,未遑外略。又以我有齐氏之患,必谓力不能分。且绎懦而无谋,多疑少断,愚民难与虑始,皆恋邑居,所以知其用下策也。"

癸亥,武宁太守宗均告魏兵且至,帝召公卿议之。领军胡僧祐、太府卿黄罗汉曰:"二国通好,未有嫌隙,必应不尔。"侍中王琛曰:"臣揣宇文容色,必无此理。"乃复使琛使魏。丙寅,于谨至樊、邓,梁王詧帅众会之。丁卯,帝停讲,内外戒严。王琛至石梵,未见魏军,驰书报黄罗汉曰:"吾至石梵,境上帖然,前言皆儿戏耳。"帝闻而疑之。庚午,复讲,百官戎服以听。

辛未,帝使主书李膺至建康,征王僧辩为大都督、荆州刺史,命陈霸先徙镇扬州。僧辩遣豫州刺史侯瑱帅程灵洗等为前军,兖州刺史杜僧明帅吴明彻等为后军。甲戌,帝夜登凤皇阁,徙倚叹息曰:"客星入翼、轸,今必败矣。"嫔御皆泣。

陆法和闻魏师至,自郢州入汉口,将赴江陵。帝使逆之曰:"此自能破贼,但镇郢州,不须动也。"法和还州,垩其城门,著衰绖,坐苇席,终日,乃脱。

十一月,帝大阅于津阳门外,遇北风暴雨,轻辇还宫。癸未,魏军济汉,于谨令宇文护、杨忠帅精骑先据江津,断东路。甲申,护克武宁,执宗均。是日,帝乘马出城行栅,插木为之,周围六十余里。以领军将军胡僧祐都督城东诸军事,尚书右仆射张绾为之副;左仆射王褒都督城西诸军事,四厢领直元景亮为之副;王公已下各有所守。丙戌,命太子巡行城楼,令居人助运木石。夜,魏军至黄华,去江陵四十里,丁亥,至栅下。戊子,巂州刺史裴畿、畿弟新兴太守机、武昌太守朱买臣、衡阳太守谢答仁开枇杷门出战,裴机杀魏仪同三司胡文伐。畿,之高之子也。

帝征广州刺史王琳为湘州刺史,使引兵入援。丁酉,栅内火,焚数千家及城楼二十五,帝临所焚楼,望魏军济江,四顾叹息。是夜,遂止宫外,宿民家。己亥,移居祇洹寺。于谨令筑长围,中外信命始绝。

庚子,信州刺史徐世谱、晋安王司马任约等筑垒于马头,遥为声援。是夜,帝巡城,犹口占为诗,群臣亦有和者。帝裂帛为书,趣王僧辩曰:"吾忍死待公,可以至矣。"壬寅,还宫。癸卯,出长沙寺。戊申,王褒、胡僧祐、朱买臣、谢答仁等开门出战,皆败还。己酉,帝移居天居寺。癸丑,移居长沙寺。朱买臣按剑进曰:"唯斩宗懔、黄罗汉,可以谢天下。"帝曰:"曩实吾意,宗、黄何罪?"二人退入众中。

王琳军至长沙,镇南府长史裴政请间道先报江陵,至百里洲,为魏人所获。

梁王詧谓政曰:"我,武皇帝之孙也,不可为尔君乎? 若从我计,贵及子孙;如或不然,腰领分矣。"政诡曰:"唯命。"詧锁之至城下,使言曰:"王僧辩闻台城被围,已自为帝。王琳孤弱,不复能来。"政告城中曰:"援兵大至,各思自勉。吾以间使被擒,当碎身报国。"监者击其口,詧怒,命速杀之。西中郎参军蔡大业谏曰:"此民望也,杀之,则荆州不可下矣。"乃释之。政,之礼之子;大业,大宝之弟也。

时征兵四方,皆未至。甲寅,魏人百道攻城,城中负户蒙楯,胡僧祐亲当矢石,昼夜督战,奖励将士,明行赏罚,众咸致死,所向摧珍,魏不得前。俄而僧祐中流矢死,内外大骇。魏悉众攻栅,反者开西门纳魏师,帝与太子、王褒、谢答仁、朱买臣退保金城,令汝南王大封、晋熙王大圆质於于谨以请和。魏军之初至也,众以王僧辩子侍中颙可为都督,帝不用,更夺其兵,使与左右十人入守殿中。及胡僧祐死,乃用为都督城中诸军事。裴畿、裴机、历阳侯峻皆出降。于谨以机手杀胡文伐,并畿杀之。峻,渊猷之子也。时城南虽破,而城北诸将犹苦战,日暝,闻城陷,乃散。

帝入东阁竹殿,命舍人高善宝焚古今图书十四万卷,将自赴火,宫人左右共止之。又以宝剑斫柱令折,叹曰:"文武之道,今夜尽矣。"乃使御史中丞王孝祀作降文。谢答仁、朱买臣谏曰:"城中兵众犹强,乘暗突围而出,贼必惊,因而薄之,可渡江就任约。"帝素不便走马,曰:"事必无成,只增辱耳。"答仁求自扶,帝以问王褒,褒曰:"答仁,侯景之党,岂足可信? 成彼之勋,不如降也。"答仁又请守子城,收兵可得五千人,帝然之,即授城中大都督,配以公主。既而召王褒谋之,以为不可。答仁请入不得,欧血而去。于谨征太子为质,帝使王褒送之。谨子以褒善书,给之纸笔,褒乃书曰:"柱国常山公家奴王褒。"有顷,黄门郎裴政犯门而出。帝遂去羽仪文物,白马素衣出东门,抽剑击阖曰:"萧世诚一至此乎!"魏军士度堑牵其辔,至白马寺北,夺其所乘骏马,以驽马代之,遣长壮胡人手扼其背以行,逢于谨,胡人牵帝使拜。梁王詧使铁骑拥帝入营,因于乌幔之下,甚为詧所诘辱。乙卯,于谨令开府仪同三司长孙俭入据金城。帝绐俭云:"城中埋金千斤,欲以相赠。"俭乃将帝入城。帝因述詧见辱之状,谓俭曰:"向聊相绐,欲言此耳,岂有天子自埋金乎?"俭乃留帝于主衣库。

帝性残忍,且惩高祖宽纵之弊,故为政尚严。及魏师围城,狱中死囚且数千人,有司请释之以充战士,帝不许,悉令棓杀之,事未成而城陷。

中书郎殷不害先于别所督战,城陷,失其母,时冰雪交积,冻死者填满沟堑,不害行哭于道,求其母尸,无所不至,见沟中死人,辄投下捧视,举体冻湿,水浆不入口,号哭不辍声,如是七日,乃得之。

十二月,丙辰,徐世谱、任约退戍巴陵。于谨逼帝使为书召王僧辩,帝不可。

使者曰:"王今岂得自由?"帝曰:"我既不自由,僧辩亦不由我。"又从长孙俭求宫人王氏、荀氏及幼子犀首,俭并还之。或问:"何意焚书?"帝曰:"读书万卷,犹有今日,故焚之。"

庚申,齐主北巡,至达速岭,行视山川险要,将起长城。

辛未,帝为魏人所杀。梁王詧遣尚书傅准监刑,以土囊陨之。詧使以布帊缠尸,敛以蒲席,束以白茅,葬于津阳门外。并杀愍怀太子元良、始安王方略、桂阳王大成等。世祖性好书,常令左右读书,昼夜不绝,虽熟睡,卷犹不释,或差误及欺之,帝辄惊寤。作文章,援笔立就。常言:"我韬于文士,愧于武夫。"论者以为得言。

魏立梁王詧为梁主,资以荆州之地,延袤三百里,仍取其雍州之地。詧居江陵东城,魏置防主,将兵居西城,名曰助防,外示助詧备御,内实防之。以前仪同三司王悦留镇江陵。于谨收府库珍宝及宋浑天仪、梁铜晷表、大玉径四尺及诸法物,尽俘王公以下及选百姓男女数万口为奴婢,分赏三军,驱归长安,小弱者皆杀之。得免者三百余家,而人马所践及冻死者什二三。

魏师之在江陵也,梁王詧将尹德毅说詧曰:"魏虏贪惏,肆其残忍,杀掠士民,不可胜纪。江东之人涂炭至此,咸谓殿下为之。殿下既杀人父兄,孤人子弟,人尽仇也,谁与为国。今魏之精锐,尽萃于此。若殿下为设享会,请于谨等为欢,预伏武士,因而毙之。分命诸将,掩其营垒,大歼群丑,俾无遗类。收江陵百姓,抚而安之,文武群寮,随材铨授。魏人慑息,未敢送死。王僧辩之徒,折简可致。然后朝服济江,入践皇极,晷刻之间,大功可立。古人云:'天与不取,反受其咎。'愿殿下恢弘远略,勿怀匹夫之行。"詧曰:"卿此策非不善也,然魏人待我厚,未可背德。若遽为卿计,人将不食吾余。"既而阖城长幼被虏,又失襄阳,詧乃叹曰:"恨不用尹德毅之言!"

王僧辩、陈霸先等共奉江州刺史晋安王方智为太宰,承制。

王褒、王克、刘瑴、宗懔、殷不害及尚书右丞吴兴沈炯至长安,太师泰皆厚礼之。泰亲至于谨第,宴劳极欢,赏谨奴婢千口及梁之宝物并雅乐一部,别封新野公,谨固辞,不许。谨自以久居重任,功名既立,欲保优闲,乃上先所乘骏马及所著铠甲等。泰识其意,曰:"今巨猾未平,公岂得遽尔独善。"遂不受。

是岁,魏秦州刺史章武孝公宇文导卒。

魏加益州刺史尉迟迥督六州,通前十八州,自剑阁以南,得承制封拜及黜陟。迥明赏罚,布威恩,绥辑新民,经略未附,华、夷怀之。

资治通鉴卷第一百六十六

端明殿学士兼翰林侍读学士朝散大夫右谏议大夫充集贤殿修撰提举西京嵩山崇福宫上柱国河内郡开国侯食邑一千八百户食实封六百户赐紫金鱼袋臣 司马光 奉敕编集

梁纪二十二 起旃蒙大渊献(乙亥),尽柔兆困敦(丙子),凡二年。

敬皇帝

绍泰元年(乙亥、555)

春,正月,壬午朔,邵陵太守刘棻将兵援江陵,至三百里滩,部曲宋文彻杀之,帅其众还据邵陵。

梁王詧即皇帝位于江陵,改元大定。追尊昭明太子为昭明皇帝,庙号高宗,妃蔡氏为昭德皇后。尊其母龚氏为皇太后,立妻王氏为皇后,子岿为皇太子。赏刑制度并同王者,唯上疏于魏则称臣,奉其正朔。至于官爵其下,亦依梁氏之旧,其勋级则兼用柱国等名。以谘议参军蔡大宝为侍中、尚书令,参掌选事;外兵参军太原王操为五兵尚书。大宝严整有智谋,雅达政事,文辞赡速,后梁主推心任之,以为谋主,比之诸葛孔明,操亦亚之。追赠邵陵王纶太宰,谥曰壮武;河东王誉丞相,谥曰武桓。以莫勇为武州刺史,魏永寿为巴州刺史。

湘州刺史王琳将兵自小桂北下,至蒸城,闻江陵已陷,为世祖发哀,三军缟素,遣别将侯平帅舟师攻后梁。琳屯兵长沙,传檄州郡,为进取之计。长沙王韶及上游诸将皆推琳为盟主。

齐主使清河王岳将兵攻魏安州,以救江陵。岳至义阳,江陵陷,因进军临江,郢州刺史陆法和及仪同三司宋蒬举州降之。长史江夏太守王珉不从,杀之。甲午,齐召岳还,使仪同三司清都慕容俨戍郢州。王僧辩遣江州刺史侯瑱攻郢州,任约、徐世谱、宜丰侯循皆引兵会之。

辛丑,齐立贞阳侯渊明为梁主,使其上党王涣将兵送之,徐陵、湛海珍等皆听从渊明归。

二月,癸丑,晋安王至自寻阳,入居朝堂,即梁王位,时年十三。以太尉王僧辩为中书监、录尚书、骠骑大将军、都督中外诸军事,加陈霸先征西大将军,以南豫州刺史侯瑱为江州刺史,湘州刺史萧循为太尉,广州刺史萧勃为司徒,镇东将军张彪为郢州刺史。

齐主先使殿中尚书邢子才驰传诣建康,与王僧辩书,以为:"嗣主冲藐,未堪负荷。彼贞阳侯，梁武犹子，长沙之胤，以年以望，堪保金陵，故置为梁王，纳于彼国。卿宜部分舟舻，迎接今主，并心一力，善建良图。"乙卯，贞阳侯渊明亦与僧辩书求迎。僧辩复书曰："嗣主体自宸极，受于〔父〕〔文〕祖。明公傥能入朝，同奖王室，伊、吕之任，金曰仰归，意在主盟，不敢闻命。"甲子，齐以陆法和为都督荆、雍等十州诸军事、太尉、大都督、西南道大行台，又以宋莅为郢州刺史，莅弟簉为湘州刺史。甲戌，上党王涣克谯郡。己卯，渊明又与僧辩书，僧辩不从。

魏以右仆射申徽为襄州刺史。

侯平攻后梁巴、武二州，故刘棻主帅赵朗杀宋文彻，以邵陵归于王琳。

三月，贞阳侯渊明至东关，散骑常侍裴之横御之。齐军司尉瑾、仪同三司萧轨南侵〔胶〕〔皖〕城，晋州刺史萧惠以州降之。齐改晋熙为江州，以尉瑾为刺史。丙戌，齐克东关，斩裴之横，俘数千人。王僧辩大惧，出屯姑孰，谋纳渊明。

丙申，齐主还邺，封世宗二子孝珩为广宁王，延宗为安德王。

孙玚闻江陵陷，弃广州还，曲江侯勃复据有之。

魏太师泰遣王克、沈炯等还江南。泰得庾季才，厚遇之，令参掌太史。季才散私财，购亲旧之为奴婢者，泰问："何能如是？"对曰："仆闻克国礼贤，古之道也。今郢都覆没，其君信有罪矣，搢绅何咎，皆为皂隶？鄙人羁旅，不敢献言，诚切哀之，故私购之耳。"泰乃悟，曰："吾之过也。微君，遂失天下之望。"因出令，免梁俘为奴婢者数千口。

夏，四月，庚申，齐主如晋阳。

五月，庚辰，侯平等擒莫勇、魏永寿。江陵之陷也，永嘉王庄生七年矣，尼法慕匿之，王琳迎庄，送之建康。

庚寅，齐主还邺。

王僧辩遣使奉启于贞阳侯渊明，定君臣之礼，又遣别使奉表于齐，以子显及显母刘氏、弟子世珍为质于渊明，遣左民尚书周弘正至历阳奉迎，因求以晋安王为皇太子，渊明许之。渊明求度卫士三千，僧辩虑其为变，止受散卒千人。庚子，遣龙舟法驾迎之。渊明与齐上党王涣盟于江北，辛丑，自采石济江。于是梁舆南度，齐师北返。僧辩疑齐，拥楫中流，不敢就西岸。齐侍中裴英起卫送渊明，与僧辩会于江宁。癸卯，渊明入建康，望朱雀门而哭，道逆者以哭对。丙午，即皇帝位，改元天成，以晋安王为皇太子，王僧辩为大司马，陈霸先为侍中。

六月，庚戌朔，齐发民一百八十万筑长城，自幽州夏口西至恒州九百余里，命定州刺史赵郡王叡将兵监之。叡，琛之子也。

齐慕容俨始入郢州而侯瑱等奄至城下，俨随方备御，瑱等不能克。乘间出击瑱等军，大破之。城中食尽，煮草木根叶及靴皮带角食之，与士卒分甘共苦，坚守半岁,人无异志。贞阳侯渊明立,乃命瑱等解围,瑱还镇豫章。齐人以城在江外难守,因割以还梁。俨归,望齐主,悲不自胜。齐主呼前,执其手,脱帽看发,叹息久之。

吴兴太守杜龛,王僧辩之婿也。僧辩以吴兴为震州,用龛为刺史,又以其弟侍中僧愔为豫章太守。

壬子,齐主以梁国称藩,诏凡梁民悉遣南还。

丁卯,齐主如晋阳。壬申,自将击柔然。秋,七月,己卯,至白道,留辎重,帅轻骑五千追柔然。壬午,及之于怀朔镇。齐主亲犯矢石,频战,大破之。至于沃野,获其酋长,及生口二万余,牛羊数十万。壬辰,还晋阳。

八月,辛巳,王琳自蒸城还长沙。

齐主还邺,以佛、道二教不同,欲去其一,集二家学者论难于前,遂敕道士皆剃发为沙门。有不从者,杀四人,乃奉命。于是齐境皆无道士。

初,王僧辩与陈霸先共灭侯景,情好甚笃,僧辩为子颇娶霸先女,会僧辩有母丧,未成昏。僧辩居石头城,霸先在京口,僧辩推心待之,颇兄颉屡谏,不听。及僧辩纳贞阳侯渊明,霸先遣使苦争之,往返数四,僧辩不从。霸先窃叹,谓所亲曰:"武帝子孙甚多,唯孝元能复仇雪耻,其子何罪,而忽废之。吾与王公并处托孤之地,而王公一旦改图,外依戎狄,援立非次,其志欲何所为乎!"乃密具袍数千领及锦彩金银为赏赐之具。

会有告齐师大举至寿春将入寇者,僧辩遣记室江旰告霸先,使为之备。霸先因是留旰于京口,举兵袭僧辩。九月,壬寅,召部将侯安都、周文育及安陆徐度、钱塘杜稜谋之。稜以为难,霸先惧其谋泄,以手巾绞稜,闷绝于地,因闭于别室。部分将士,分赐金帛,以弟子著作郎昙朗镇京口,知留府事,使徐度、侯安都帅水军趋石头,霸先帅马步自江乘罗落会之。是夜,皆发,召杜稜与同行。知其谋者,唯安都等四将,外人皆以为江旰征兵御齐,不之怪也。

甲辰,安都引舟舰将趣石头,霸先控马未进,安都大惧,追霸先骂曰:"今日作贼,事势已成,生死须决,在后欲何所望?若败俱死,后期得免斫头邪?"霸先曰:"安都嗔我。"乃进。安都至石头城北,弃舟登岸。石头城北接冈阜,不甚危峻,安都被甲带长刀,军人捧之,投于女垣内,众随而入,进及僧辩卧室。霸先兵亦自南门入。僧辩方视事,外白有兵,俄而兵自内出。僧辩遽走,遇子颇,与俱出阁,帅左右数十人苦战于听事前,力不敌,走登南门楼,拜请求哀。霸先欲纵火焚之,僧辩与颇俱下就执。霸先曰:"我有何辜,公欲与齐师赐讨?"且曰:"何意全无备?"僧辩曰:"委公北门,何谓无备?"是夜,霸先缢杀僧辩父子。既而竟无齐兵,亦非霸先之谲也。前青州刺史新安程灵洗帅所领救僧辩,力战于石头西门,军败,霸先遣使招谕,久之乃降。霸先深义之,以为兰陵太守,使助防京口。乙巳,霸先为檄布告中外,列僧辩罪状,且曰:"资斧所指,唯王僧辩父子兄弟,其余亲党,一无所问。"

丙午,贞阳侯渊明逊位,出就邸,百僚上晋安王表,劝进。冬,十月,己酉,晋安王即皇帝位,大赦,改元,中外文武赐位一等。以贞阳侯渊明为司徒,封建安公。告齐云:"僧辩阴图篡逆,故诛之。"仍请称臣于齐,永为藩国。齐遣行台司马恭与梁人盟于历阳。

辛亥,齐主如晋阳。

壬子,加陈霸先尚书令、都督中外诸军事、车骑将军、扬、南徐二州刺史。癸丑,以宜丰侯循为太保,建安公渊明为太傅,曲江侯勃为太尉,王琳为车骑将军、开府仪同三司。

戊午,尊帝所生夏贵妃为皇太后,立妃王氏为皇后。

杜龛恃王僧辩之势,素不礼于陈霸先,在吴兴,每以法绳其宗族,霸先深怨之。及将图僧辩,密使兄子蒨还长城,立栅以备龛。僧辩死,龛据吴兴拒霸先,义兴太守韦载以郡应之。吴郡太守王僧智,僧辩之弟也,亦据城拒守。陈蒨至长城,收兵才数百人,杜龛遣其将杜泰将精兵五千奄至,将士相视失色。蒨言笑自若,部分益明,众心乃定。泰日夜苦攻,数旬,不克而退。霸先使周文育攻义兴,义兴属县卒皆霸先旧兵,善用弩,韦载收得数十人,系以长锁,命所亲监之,使射文育军,约曰:"十发不两中者死。"故每发辄毙一人,文育军稍却。载因于城外据水立栅,相持数旬。杜龛遣其从弟北叟将兵拒战,北叟败,归于义兴。霸先闻文育军不利,辛未,自表东讨,留高州刺史侯安都、石州刺史杜稜宿卫台省。甲戌,军至义兴。丙子,拔其水栅。

谯、秦二州刺史徐嗣徽从弟嗣先,僧辩之甥也。僧辩死,嗣先亡就嗣徽,嗣徽以州入于齐。及陈霸先东讨义兴,嗣徽密结南豫州刺史任约,将精兵五千乘虚袭建康,是日,入据石头,游骑至阙下。侯安都闭门藏旗帜,示之以弱,令城中曰:"登陴窥贼者斩!"及夕,嗣徽等收兵还石头。安都夜为战备,将旦,嗣徽等又至,安都帅甲士三百开东、西掖门出战,大破之,嗣徽等奔还石头,不敢复逼台城。

陈霸先遣韦载族弟翙赍书谕载,丁丑,载及杜北叟皆降,霸先厚抚之,以翙监义兴郡,引载置左右,与之谋议。霸先卷甲还建康,使周文育讨杜龛,救长城。

将军黄他攻王僧智于吴郡,不克,霸先使宁远将军裴忌助之。忌选所部精兵轻行倍道,自钱塘直趣吴郡,夜,至城下,鼓噪薄之。僧智以为大军至,轻舟奔吴兴。忌入据吴郡,因以忌为太守。

十一月,己卯,齐遣兵五千度江据姑孰,以应徐嗣徽、任约。陈霸先使合州刺史徐度立栅于冶城。庚寅,齐又遣安州刺史翟子崇、楚州刺史刘士荣、淮州刺史柳达摩将兵万人,于胡墅度米三万石、马千匹入石头。霸先问计于韦载,载曰:"齐师若分兵先据三吴之路,略地东境,则时事去矣。今可急于淮南因侯景故垒筑城,以通东道转输,分兵绝彼之粮运,使进无所资,则齐将之首旬日可致。"霸先从之。癸未,使侯安都夜袭胡墅,烧齐船千余艘,仁威将军周铁虎断齐运输,擒其北徐州刺史张领州,仍遣韦载于大航筑侯景故垒,使杜稜守之。齐人于仓门、水南立二栅,与梁兵相拒。壬辰,齐大都督萧轨将兵屯江北。

初,齐平秦王归彦幼孤,高祖令清河昭武王岳养之,岳情礼甚薄,归彦心衔之。及显祖即位,归彦为领军大将军,大被宠遇,岳谓其德己,更倚赖之。岳屡将兵立功,有威名,而性豪侈,好酒色,起第于城南,听事后开巷。归彦谮之于帝曰:"清河僭拟宫禁,制为永巷,但无阙耳。"帝由是恶之。帝纳倡妇薛氏于后宫,岳先尝因其姊迎之至第。帝夜游于薛氏家,其姊为父乞司徒,帝大怒,悬其姊,锯杀之。让岳以奸,岳不服,帝益怒,乙亥,使归彦鸩岳。岳自诉无罪,归彦曰:"饮之则家全。"饮之而卒,葬赠如礼。

薛嫔有宠于帝,久之,帝忽思其与岳通,无故斩首,藏之于怀,出东山宴饮。劝酬始合,忽探出其首,投于柈上,支解其尸,弄其髀为琵琶,一座大惊。帝方收取,对之流涕曰:"佳人难再得。"载尸以出,被发步哭而随之。

甲辰,徐嗣徽等攻冶城栅,陈霸先将精甲自西明门出击之,嗣徽等大败,留柳达摩等守城,自往采石迎齐援。

以郢州刺史宜丰侯循为太保,广州刺史曲江侯勃为司空,并征入侍。循受太保而辞不入。勃方谋举兵,遂不受命。

镇南将军王琳侵魏,魏大将军豆卢宁御之。

十二月,癸丑,侯安都袭秦郡,破徐嗣徽栅,俘数百人。收其家,得其琵琶及鹰,遣使送之曰:"昨至弟处得此,今以相还。"嗣徽大惧。丙辰,陈霸先对冶城立航,悉度众军,攻其水南二栅。柳达摩等度淮置陈,霸先督兵疾战,纵火烧栅,齐兵大败,争舟相挤,溺死者以千数,呼声震天地,尽收其船舰。是日,嗣徽与任约引齐兵水步万余人还据石头,霸先遣兵诣江宁,据险要。嗣徽等水步不敢进,顿江宁浦口,霸先遣侯安都将水军袭破之,嗣徽等单舸脱走,尽收其军资器械。

己未,霸先四面攻石头,城中无水,升水直绢一匹。庚申,达摩遣使请和于霸先,且求质子。时建康虚弱,粮运不继,朝臣皆欲与齐和,请以霸先从子昙朗为质。霸先曰:"今在位诸贤欲息肩于齐,若违众议,谓孤爱昙朗,不恤国家,今决遣昙朗,弃之寇庭。齐人无信,谓我微弱,必当背盟。齐寇若来,诸君须为孤力斗也。"乃与昙朗及永嘉王庄、丹阳尹王冲之子珉为质,与齐人盟于城外,将士恣其南北。辛酉,霸先陈兵石头南门,送齐人归北,徐嗣徽、任约皆奔齐,收齐马仗船米,不可胜计。齐主诛柳达摩。壬戌,齐和州长史乌丸远自南州奔还历阳。

江宁令陈嗣、黄门侍郎曹朗据姑孰反,霸先命侯安都等讨平之。霸先恐陈昙朗亡窜,自帅步骑至京口迎之。

交州刺史刘元偃帅其属数千人归王琳。

魏以侍中李远为尚书左仆射。

魏益州刺史宇文贵使谯淹从子子嗣诱说淹,以为大将军,淹不从,斩子嗣。贵怒,攻之,淹自东遂宁徙屯垫江。

初,晋安民陈羽,世为闽中豪姓,其子宝应多权诈,郡中畏服。侯景之乱,晋安太守宾化侯雲以郡让羽,羽老,但治郡事,令宝应典兵。时东境荒馑,而晋安独丰衍,宝应数自海道出,寇抄临安、永嘉、会稽,或载米粟与之贸易,由是能致富强。侯景平,世祖因以羽为晋安太守。及陈霸先辅政,羽求传郡于宝应,霸先许之。

是岁,魏宇文泰讽淮安王育上表请如古制降爵为公,于是宗室诸王皆降为公。

突厥木杆可汗击柔然主邓叔子,灭之,叔子收其余烬奔魏。木杆西破哌哒,东走契丹,北并契骨,威服塞外诸国。其地东自辽海,西至西海,长万里,南自沙漠以北五六千里皆属焉。木杆恃其强,请尽诛邓叔子等于魏,使者相继于道。太师泰收叔子以下三千余人,付其使者,尽杀之于青门外。

初,魏太师泰以汉、魏官繁,命苏绰及尚书令卢辩依《周礼》更定六官。

太平元年(丙子、556)

春,正月,丁丑,魏初建六官,以宇文泰为太师、大冢宰,柱国李弼为太傅、大司徒,赵贵为太保、大宗伯,独孤信为大司马,于谨为大司寇,侯莫陈崇为大司空。自余百官,皆仿《周礼》。

戊寅,大赦,其与任约、徐嗣徽同谋者,一无所问。癸未,陈霸先使从事中郎江旴说徐嗣徽使南归,嗣徽执旴送齐。

陈蒨、周文育合军攻杜龛于吴兴。龛勇而无谋,嗜酒常醉,其将杜泰阴与蒨等通。龛与蒨战,败,泰因说龛使降,龛然之。其妻王氏曰:"霸先仇隙如此,何可求和?"因出私财赏募,复击蒨等,大破之。既而杜泰降于蒨,龛尚醉未觉,蒨遣人负出,于项王寺前斩之。王僧智与其弟豫章太守僧愔俱奔齐。

东扬州刺史张彪素为王僧辩所厚,不附霸先。二月,庚戌,陈蒨、周文育轻兵袭会稽,彪兵败,走入若邪山中,蒨遣其将吴兴章昭(远)〔达〕追斩之。东阳太守留异馈蒨粮食,霸先以异为缙州刺史。

江州刺史侯瑱本事王僧辩,亦拥兵据豫章及江州,不附霸先。霸先以周文育为南豫州刺史,使将兵击湓城。庚申,又遣侯安都、周铁虎将舟师立栅于梁山,以备江州。

癸亥,徐嗣徽、任约袭采石,执戍主明州刺史张怀钧送于齐。

后梁主击侯平于公安,平与长沙王韶引兵还长沙。王琳遣平镇巴州。

三月,壬午,诏杂用古今钱。

戊戌,齐遣仪同三司萧轨、库狄伏连、尧难宗、东方老等与任约、徐嗣徽合兵十万入寇,出栅口,向梁山。陈霸先帐内荡主黄丛逆击,破之,齐师退保芜湖。霸先遣定州刺史沈泰等就侯安都,共据梁山以御之。周文育攻湓城,未克,召之还。

夏,四月,丁巳,霸先如梁山巡抚诸军。

乙丑,齐仪同三司娄叡讨鲁阳蛮,破之。

侯安都轻兵袭齐行台司马恭于历阳,大破之,俘获万计。

魏太师泰尚孝武妹冯翊公主,生略阳公觉,姚夫人生宁都公毓。毓于诸子最长,娶大司马独孤信女。泰将立嗣,谓公卿曰:"孤欲立子以嫡,恐大司马有疑,如何?"众默然,未有言者。尚书左仆射李远曰:"夫立子以嫡不以长,略阳公为世子,公何所疑。若以信为嫌,请先斩之。"遂拔刀而起。泰亦起,曰:"何至于是!"信又自陈解,远乃止。于是群公并从远议。远出外,拜谢信曰:"临大事,不得不尔。"信亦谢远曰:"今日赖公,决此大议。"遂立觉为世子。

太师泰北巡。

五月,齐人召建安公渊明,诈许退师,陈霸先具舟送之。癸未,渊明疽发背卒。甲申,齐兵发芜湖。庚寅,入丹杨县。丙申,至秣陵故治。陈霸先遣周文育屯方山,徐度顿马牧,杜棱顿大航南以御之。

齐汉阳敬怀王洽卒。

辛丑,齐人跨淮立桥栅度兵,夜至方山,徐嗣徽等列舰于青墩,至于七矶,以断周文育归路。文育鼓噪而发,嗣徽等不能制。至旦,反攻嗣徽。嗣徽骁将鲍砰独以小舰殿军,文育乘单舴艋与战,跳入舰中,斩砰,仍牵其舰而还。嗣徽众大骇,因留船芜湖,自丹杨步上。陈霸先追侯安都、徐度皆还。

癸卯,齐兵自方山进及儿塘,游骑至台,建康震骇。帝总禁兵出顿长乐寺,内外纂严。霸先拒嗣徽等于白城,适与周文育会。将战,风急,霸先曰:"兵不逆风。"文育曰:"事急矣,何用古法。"抽槊上马突进,众军从之,风亦寻转,杀伤数百人。侯安都与嗣徽等战于耕坛南,安都帅十二骑突其陈,破之,生擒齐仪同三司乙伏无劳。霸先潜撤精卒三千配沈泰度江,袭齐行台赵彦深于瓜步,获舰百余艘,粟万斛。

六月，甲辰，齐兵潜至钟山，侯安都与齐将王敬宝战于龙尾，军主张纂战死。丁未，齐师至幕府山，霸先遣别将钱明将水军出江乘，邀击齐人粮运，尽获其船米。齐军乏食，杀马驴食之。庚戌，齐军逾钟山，霸先与众军分顿乐游苑东及覆舟山北，断其冲要。壬子，齐军至玄武湖西北，将据北郊坛，众军自覆舟东移顿坛北，与齐人相对。

会连日大雨，平地水丈余，齐军昼夜坐立泥中，足指皆烂，悬鬲以爨，而台中及潮沟北路燥，梁军每得番易。时四方壅隔，粮运不至，建康户口流散，征求无所。甲寅，少霁，霸先将战，调市人得麦饭，分给军士，士皆饥疲。会陈蒨馈米三千斛、鸭千头，霸先命炊米煮鸭，人人以荷叶裹饭，媲以鸭肉数脔。乙卯，未明，蓐食，比晓，霸先帅麾下出莫府山。侯安都谓其部将萧摩诃曰："卿骁勇有名，千闻不如一见。"摩诃对曰："今日令公见之。"及战，安都坠马，齐人围之，摩诃单骑大呼，直冲齐军，齐军披靡，安都乃免。霸先与吴明彻、沈泰等众军首尾齐举，纵兵大战，安都自白下引兵横出其后，齐师大溃，斩获数千人，相蹂藉而死者不可胜计。生擒徐嗣徽及其弟嗣宗，斩之以徇，追奔至于临沂。其江乘、摄山、钟山等诸军相次克捷，虏萧轨、东方老、王敬宝等将帅凡四十六人。其军士得窜至江者，缚获筏以济，中江而溺，流尸至京口，翳水弥岸，唯任约、王僧愔得免。丁巳，众军出南州，烧齐舟舰。

戊午，大赦。己未，解严。军士以赏俘贸酒，一人裁得一醉。庚申，斩齐将萧轨等，齐人闻之，亦杀陈昙朗。霸先启解南徐州以授侯安都。

侯平频破后梁军，以王琳兵威不接，更不受指麾，琳遣将讨之。平杀巴州助防吕旬，收其众，奔江州，侯瑱与之结为兄弟。琳军势益衰，乙丑，遣使奉表诣齐，并献驯象。江陵之陷也，琳妻蔡氏、世子毅皆没于魏，琳又献款于魏以求妻子；亦称臣于梁。

齐发丁匠三十余万修广三台宫殿。

齐显祖之初立也，留心政术，务存简靖，坦于任使，人得尽力。又能以法驭下，或有违犯，不容勋戚，内外莫不肃然。至于军国机策，独决怀抱，每临行陈，亲当矢石，所向有功。数年之后，渐以功业自矜，遂嗜酒淫泆，肆行狂暴。或身自歌舞，尽日通宵；或散发胡服，杂衣锦彩；或袒露形体，涂傅粉黛；或乘牛、驴、橐驼、白象，不施鞍勒；或令崔季舒、刘桃枝负之而行，担胡鼓拍之。勋戚之第，朝夕临幸，游行市里，街坐巷宿。或盛夏日中暴身，或隆冬去衣驰走，从者不堪，帝居之自若。三台构木高二十七丈，两栋相距二百余尺，工匠危怯，皆系绳自防，帝登脊疾走，殊无怖畏。时复雅舞，折旋中节，傍人见者，莫不寒心。尝于道上问妇人曰："天子何如？"曰："颠颠痴痴，何成天子！"帝杀之。

　　娄太后以帝酒狂,举杖击之曰:"如此父生如此儿!"帝曰:"即当嫁此老母与胡。"太后大怒,遂不言笑。帝欲太后笑,自匍匐以身举床,坠太后于地,颇有所伤。既醒,大惭恨,使积柴炽火,欲入其中。太后惊惧,亲自持挽,强为之笑,曰:"向汝醉耳。"帝乃设地席,命平秦王归彦执杖,口自责数,脱背就罚,谓归彦曰:"杖不出血,当斩汝。"太后前自抱之,帝流涕苦请,乃笞脚五十,然后衣冠拜谢,悲不自胜。因是戒酒,一旬,又复如初。

　　帝幸李后家,以鸣镝射后母崔氏,骂曰:"吾醉时尚不识太后,老婢何事!"马鞭乱击一百有余。虽以杨愔为宰相,使进厕筹,以马鞭鞭其背,流血浃袍。尝欲以小刀剺其腹,崔季舒托俳言曰:"老小公子恶戏。"因掣刀去之。又置愔于棺中,载以辒车。又尝持矟走马,以拟左丞相斛律金之胸者三,金立不动,乃赐帛千段。

　　高氏妇女不问亲疏,多与之乱,或以赐左右,又多方苦辱之。彭城王浟太妃尔朱氏,魏敬宗之后也,帝欲蒸之,不从,手刃杀之。故魏乐安王元昂,李后之姊婿也,其妻有色,帝数幸之,欲纳为昭仪。召昂,令伏,以鸣镝射之百余下,凝血垂将一石,竟至于死。后啼不食,乞让位于姊,太后又以为言,帝乃止。

　　又尝于众中召都督韩哲,无罪,斩之。作大镬、长锯、剉、碓之属,陈之于庭,每醉,辄手杀人,以为戏乐。所杀者多令支解,或焚之于火,或投之于水。杨愔乃简邺下死囚,置之仗内,谓之供御囚,帝欲杀人,辄执以应命,三月不杀,则宥之。

　　开府参军裴谓之上书极谏,帝谓杨愔曰:"此愚人,何敢如是!"对曰:"彼欲陛下杀之,以成名于后世耳。"帝曰:"小人,我且不杀,尔焉得名!"帝与左右饮,曰:"乐哉!"都督王纮曰:"有大乐,亦有大苦。"帝曰:"何谓也?"对曰:"长夜之饮,不寤国亡身陨,所谓大苦。"帝缚纮,欲斩之,思其有救世宗之功,乃舍之。

　　帝游宴东山,以关、陇未平,投杯震怒,召魏收于前,立为诏书,宣示远近,将事西行。魏人震恐,常为度陇之计。然实未行。一日,泣谓群臣曰:"黑獭不受我命,奈何?"都督刘桃枝曰:"臣得三千骑,请就长安擒之以来。"帝壮之,赐帛千匹。赵道德进曰:"东西两国,强弱力均,彼可擒之以来,此亦可擒之以往。桃枝妄言应诛,陛下奈何滥赏?"帝曰:"道德言是。"回绢赐之。帝乘马欲下峻岸入于漳,道德揽辔回之。帝怒,将斩之。道德曰:"臣死不恨,当于地下启先帝,论此儿酗酗颠狂,不可教训。"帝默然而止。它日,帝谓道德曰:"我饮酒过,须痛杖我。"道德抶之,帝走。道德逐之曰:"何物人,为此举止!"

　　典御丞李集面谏,比帝于桀、纣。帝令缚置流中,沉没久之,复令引出,谓曰:"吾何如桀、纣?"集曰:"向来弥不及矣。"帝又令沉之,引出更问,如此数四,集对如初。帝大笑曰:"天下有如此痴人,方知龙逢、比干未是俊物。"遂释之。顷之,又被引入见,似有所谏,帝令将出要斩。其或斩或赦,莫能测焉。内外懔懔,各怀怨毒。而素能默识强记，加以严断，群下战栗，不敢为非。又能委政杨愔，愔总摄机衡，百度修敕，故时人皆言主昏于上，政清于下。愔风表鉴裁，为朝野所重，少历屯阨，及得志，有一餐之惠者必重报之，虽先尝欲杀己者亦不问。典选二十余年，以奖拔贤才为己任。性复强记，一见皆不忘其姓名。选人鲁漫汉自言猥贱，独不见识，愔曰："卿前在元子思坊，乘短尾牝驴，见我不下，以方麹障面，我何为不识卿？"漫汉惊服。

秋，七月，甲戌，前天门太守樊毅袭武陵，杀武州刺史衡阳王护；王琳使司马潘忠击之，执毅以归。护，畅之孙也。

丙子，以陈霸先为中书监、司徒、扬州刺史，进爵长城公，余如故。

初，余孝顷为豫章太守，侯瑱镇豫章，孝顷于新吴县别立城栅，与瑱相拒。瑱使其从弟斋守豫章，悉众攻孝顷，久不克，筑长围守之。癸酉，侯平发兵攻斋，大掠豫章，焚之，奔于建康。瑱众溃，奔溢城，依其将焦僧度。僧度劝之奔齐，会霸先使记室济阳蔡景历南上，说瑱令降，瑱乃诣阙归罪，霸先为之诛侯平。丁亥，以瑱为司空。

南昌民熊昙朗，世为郡著姓。昙朗有勇力，侯景之乱，聚众据丰城为栅，世祖以为巴山太守。江陵陷，昙朗兵力浸强，侵掠邻县。侯瑱在豫章，昙朗外示服从而阴图之，及瑱败走，昙朗获其马仗。

己亥，齐大赦。

魏太师泰遣安州长史钳耳康买使于王琳，琳遣长史席豁报之，且请归世祖及愍怀太子之柩，泰许之。

八月，己酉，鄱阳王循卒于江夏，弟丰城侯泰监郢州事。王琳使兖州刺史吴藏攻江夏，不克而死。

魏太师泰北度河。

魏以王琳为大将军、长沙郡公。

魏江州刺史陆腾讨陵州叛獠，獠因山为城，攻之难拔。腾乃陈伎乐于城下一面，獠弃兵，携妻子临城观之，腾潜师三面俱上，斩首万五千级，遂平之。腾，俟之玄孙也。

庚申，齐主将西巡，百官辞于紫陌，帝使稍骑围之，曰："我举鞭，即杀之。"日晏，帝醉不能起。黄门郎是连子畅曰："陛下如此，群臣不胜恐怖。"帝曰："大怖邪？若然，勿杀。"遂如晋阳。

九月，壬寅，改元，大赦。以陈霸先为丞相、录尚书事、镇卫大将军、扬州牧、义兴公。以吏部尚书王通为右仆射。

突厥木杆可汗假道于凉州以袭吐谷浑，魏太师泰使凉州刺史史宁帅骑随之，至番禾,吐谷浑觉之,奔南山。木杆将分兵追之,宁曰:"树敦、贺真二城,吐谷浑之巢穴也,拔其本根,余众自散。"木杆从之。木杆从北道趣贺真,宁从南道趣树敦。吐谷浑可汗夸吕在贺真,使其征南王将数千人守树敦。木杆破贺真,获夸吕妻子。宁破树敦,虏征南王,还,与木杆会于青海。木杆叹宁勇决,赠遗甚厚。

甲子,王琳以舟师袭江夏。冬,十月,壬申,丰城侯泰以州降之。

齐发山东寡妇二千六百人以配军,有夫而滥夺者什二三。

魏安定文公宇文泰还至牵屯山而病,驿召中山公护。护至泾州,见泰,泰谓护曰:"吾诸子皆幼,外寇方强,天下之事,属之于汝,宜努力以成吾志。"乙亥,卒于雲阳。护还长安,发丧。泰能驾御英豪,得其力用,性好质素,不尚虚饰,明达政事,崇儒好古,凡所施设,皆依仿三代而为之。丙子,世子觉嗣位,为太师、柱国、大冢宰,出镇同州,时年十五。

中山公护,名位素卑,虽为泰所属,而群公各图执政,莫肯服从。护问计于大司寇于谨,谨曰:"谨早蒙先公非常之知,恩深骨肉,今日之事,必以死争之。若对众定策,公必不得让。"明日,群公会议,谨曰:"昔帝室倾危,非安定公无复今日。今公一旦违世,嗣子虽幼,中山公亲其兄子,兼受顾托,军国之事,理须归之。"辞色抗厉,众皆悚动。护曰:"此乃家事,护虽庸昧,何敢有辞。"谨素与泰等夷,护常拜之,至是,谨起而言曰:"公若统理军国,谨等皆有所依。"遂再拜。群公迫于谨,亦再拜,于是众议始定。护纲纪内外,抚循文武,人心遂安。

十一月,辛丑,丰城侯泰奔齐,齐以为永州刺史。诏征王琳为司空,琳辞不至,留其将潘纯陀监郢州,身还长沙。魏人归其妻子。

壬子,齐主诏以"魏末豪杰纠合乡部,因缘请托,各立州郡,离大合小,公私烦费,丁口减于畴日,守令倍于昔时。且要荒向化,旧多浮伪,百室之邑,遽立州名,三户之民,空张郡目,循名督实,事归焉有。"于是并省三州、一百五十三郡、五百八十九县、三镇、二十六戍。

诏分江州四郡置高州。以明威将军黄法氍为刺史,镇巴山。

十二月,壬申,以曲江侯勃为太保。

甲申,魏葬安定文公。丁亥,以岐阳之地封世子觉为周公。

初,侯景之乱,临川民周续起兵郡中,始兴王毅以郡让之而去。续部将皆郡中豪族,多骄横,续裁制之,诸将皆怨,相与杀之。续宗人迪,勇冠军中,众推为主。迪素寒微,恐郡人不服,以同郡周敷族望高显,折节交之,敷亦事迪甚谨。迪据上塘,敷据故郡,朝廷以迪为衡州刺史,领临川内史。时民遭侯景之乱,皆弃农业,群聚为盗,唯迪所部独务农桑,各有赢储,政教严明,征敛必至,余郡乏绝者皆仰以取给。迪性质朴,不事威仪,居常徒跣,虽外列兵卫、内有女伎,授绳破篾,傍若无人，讷于言语而襟怀信实，临川人皆附之。

齐自西河总秦戍筑长城，东至于海，前后所筑东西凡三千余里，率十里一戍，其要害置州镇，凡二十五所。

魏宇文护以周公幼弱，欲早使正位以定人心。庚子，以魏恭帝诏禅位于周，使大宗伯赵贵持节奉册，济北公迪致皇帝玺绂。恭帝出居大司马府。

资治通鉴卷第一百六十七

端明殿学士兼翰林侍读学士朝散大夫右谏议大夫充集贤殿修撰提举西京嵩
山崇福宫上柱国河内郡开国侯食邑一千八百户食实封六百户赐紫金鱼袋臣　司马光　奉敕编集

陈纪一起强圉赤奋若(丁丑),尽屠维单阏(己卯),凡三年。

高祖武皇帝

永定元年(丁丑、557)

春,正月,辛丑,周公即天王位,柴燎告天,朝百官于露门。追尊王考文公为
文王,妣为文后。大赦。封魏恭帝为宋公。以木德承魏水,行夏之时,服色尚黑。
以李弼为太师,赵贵为太傅、大冢宰,独孤信为太保、大宗伯,中山公护为大司马。

诏以王琳为司空、骠骑大将军,以尚书右仆射王通为左仆射。

周王祀圜丘,自谓先世出于神农,以神农配二丘,始祖献侯配南北郊,文王配
明堂,庙号太祖。癸卯,祀方丘。甲辰,祭大社。除市门税。乙巳,享太庙,仍用
郑玄义,立太祖与二昭、二穆为五庙,其有德者别为祧庙,不毁。辛亥,祀南郊。
壬子,立王后元氏。后,魏文帝之女晋安公主也。

齐南安城主冯显请降于周,周柱国宇文贵使丰州刺史太原郭彦将兵迎之,遂
据南安。

吐谷浑为寇于周,攻凉、鄯、河三州。秦州都督遣渭州刺史于翼赴援,翼不
从。僚属咸以为言,翼曰:"攻取之术,非夷俗所长。此寇之来,不过钞掠边牧耳,
掠而无获,势将自走。劳师以往,必无所及。翼揣之已了,幸勿复言。"数日,问
至,果如翼所策。

初,梁世祖以始兴郡为东衡州,以欧阳頠为刺史。久之,徙頠为郢州刺史,萧
勃留頠不遣。世祖以王琳代勃为广州刺史,勃遣其将孙荡监广州,尽帅所部屯始
兴以避之。頠别据一城,不往谒,闭门自守。勃怒,遣兵袭之,尽取其资财马仗;
寻赦之,使复其所,与之结盟。江陵陷,頠遂事勃。二月,庚午,勃起兵于广州,遣
頠及其将傅泰、萧孜为前军。孜,勃之从子也。南江州刺史余孝顷以兵会之。诏
平西将军周文育帅诸军讨之。

癸酉,周王朝日于东郊。戊寅,祭太社。

周楚公赵贵、卫公独孤信故皆与太祖等夷,及晋公护专政,皆怏怏不服。贵
谋杀护,信止之,开府仪同三司宇文盛告之。丁亥,贵入朝,护执而杀之,免信官。

领军将军徐度出东关侵齐,戊子,至合肥,烧齐船三千艘。

欧阳頠等出南康。頠屯豫章之苦竹滩,傅泰据蹠口城,余孝顷遣其弟孝劢守郡城,自出豫章据石头。巴山太守熊昙朗诱頠共袭高州刺史黄法氍,又语法氍,约共破頠,且曰:"事捷,与我马仗。"遂出军,与頠俱进。至法氍城下,昙朗阳败走,法氍乘之,頠失援而走,昙朗取其马仗,归于巴山。

周文育军少船,余孝顷有船在上牢,文育遣军主焦僧度袭之,尽取以归,仍于豫章立栅。军中食尽,诸将欲退,文育不许,使人间行遗周迪书,约为兄弟。迪得书甚喜,许馈以粮。于是文育分遣老弱乘故船沿流俱下,烧豫章栅,伪若遁去者。孝顷望之,大喜,不复设备。文育由间道兼行,据芊韶,芊韶上流则欧阳頠、萧孜,下流则傅泰、余孝顷营,文育据其中间,筑城飨士,頠等大骇。頠退入泥溪,文育遣严威将军周铁虎等袭頠,癸巳,擒之。文育盛陈兵甲,与頠乘舟而宴,巡蹠口城下,使其将丁法洪攻泰,擒之,孜、孝顷退走。

甲午,周以于谨为太傅,大宗伯侯莫陈崇为太保,晋公护为大冢宰,柱国武川贺兰祥为大司马,高阳公达奚武为大司寇。

周人杀魏恭帝。

三月,庚子,周文育送欧阳頠、傅泰于建康。丞相霸先与頠有旧,释而厚待之。

周晋公护以赵景公独孤信名重,不欲显诛之,己酉,逼令自杀。

甲辰,以司空王琳为湘、郢二州刺史。

曲江侯勃在南康,闻欧阳頠等败,军中恟惧。甲寅,德州刺史陈法武、前衡州刺史谭世远攻勃,杀之。

夏,四月,己卯,铸四柱钱,一当二十。

齐遣使请和。

壬午,周王谒成陵。乙酉,还宫。

齐以太师斛律金为右丞相,前大将军可朱浑道元为太傅,开府仪同三司贺拔仁为太保,尚书令常山王演为司空,录尚书事长广王湛为尚书令,右仆射杨愔为左仆射,仍加开府仪同三司。并省尚书右仆射崔暹为左仆射,上党王涣录尚书事。

丁亥,周王享太庙。

壬辰,改四柱钱一当十。丙申,复闭细钱。

故曲江侯勃主帅兰裓袭杀谭世远,军主夏侯明彻杀裓,持勃首降。勃故记室李宝藏奉怀安侯任约为广州。萧孜、余孝顷犹据石头,为两城,各居其一,多设船舰,夹水而陈。丞相霸先遣平南将军侯安都助周文育击之。戊戌,安都潜师夜烧其船舰,文育帅水军、安都帅步骑进攻之,萧孜出降,孝顷逃归新吴,文育等引兵还。丞相霸先以欧阳𫖮声著南土,复以𫖮为衡州刺史,使讨岭南。未至,其子纥已克始兴,𫖮至岭南,诸郡皆降,遂克广州,岭南悉平。

周仪同三司齐轨谓御正中大夫薛善曰:"军国之政,当归天子,何得犹在权门!"善以告晋公护,护杀之,以善为中外府司马。

五月,戊辰,余孝顷遣使诣丞相府乞降。

王琳既不就征,大治舟舰,将攻陈霸先。六月,戊寅,霸先以开府仪同三司侯安都为西道都督,周文育为南道都督,将舟师二万会武昌以击之。

秋,七月,辛亥,周王享太庙。

河南、北大蝗。齐主问于魏郡丞崔叔瓚曰:"何故致蝗?"对曰:"《五行志》:土功不时,蝗虫为灾。今外筑长城,内兴三台,殆以此乎!"齐主大怒,使左右殴之,擢其发,以溷沃其头,曳足以出。叔瓚,季舒之兄也。

八月,丁卯,周人归梁世祖之柩及诸将家属千余人于王琳。

戊辰,周王祭太社。

甲午,进丞相霸先位太傅,加黄钺、殊礼,赞拜不名。九月,辛丑,进丞相为相国,总百揆,封陈公,备九锡,陈国置百司。

周孝愍帝性刚果,恶晋公护之专权。司会李植自太祖时为相府司录,参掌朝政,军司马孙恒亦久居权要,及护执政,植、恒恐不见容,乃与宫伯乙弗凤、贺拔提等共潛之于周王。植、恒曰:"护自诛赵贵以来,威权日盛,谋臣宿将,争往附之,大小之政,皆决于护。以臣观之,将不守臣节,愿陛下早图之。"王以为然。凤、提曰:"以先王之明,犹委植、恒以朝政,今以事付二人,何患不成。且护常自比周公,臣闻周公摄政七年,陛下安能七年邑邑如此乎!"王愈信之,数引武士于后园讲习,为执缚之势。植等又引宫伯张光洛同谋,光洛以告护。护乃出植为梁州刺史,恒为潼州刺史,欲散其谋。后王思植等,每欲召之,护泣谏曰:"天下至亲,无过兄弟,若兄弟尚相疑,它人谁可信者?太祖以陛下富于春秋,属臣后事,臣情兼家国,实愿竭其股肱。若陛下亲览万机,威加四海,臣死之日,犹生之年。但恐除臣之后,奸回得志,非唯不利陛下,亦将倾覆社稷,使臣无面目见太祖于九泉。且臣既为天子之兄,位至宰相,尚复何求?愿陛下勿信谗人之言,疏弃骨肉。"王乃止不召,而心犹疑之。

凤等益惧,密谋滋甚,刻日召群公入宴,因执护诛之。张光洛又以告护,护乃召柱国贺兰祥、领军尉迟纲等谋之。祥等劝护废立。时纲总领禁兵,护遣纲入宫召凤等议事,及至,以次执送护第,因罢散宿卫兵。王方悟,独在内殿,令宫人执兵自守。护遣贺兰祥逼王逊位,幽于旧第。悉召公卿公议,废王为略阳公,迎立岐州刺史宁都公毓。公卿皆曰："此公之家事,敢不唯命是听。"乃斩凤等于门外,孙恒亦伏诛。

时李植父柱国大将军远镇弘农,护召远及植还朝,远疑有变,沉吟久之,乃曰："大丈夫宁为忠鬼,安可作叛臣邪!"遂就征。既至长安,护以远功名素重,犹欲全之,引与相见,谓之曰："公儿遂有异谋,非止屠戮护身,乃是倾危宗社。叛臣贼子,理宜同疾,公可早为之所。"乃以植付远。远素爱植,植又口辩,自陈初无此谋,远谓为信然。诘朝,将植谒护。护谓植已死,左右白植亦在门。护大怒曰:"阳平公不信我!"乃召入,仍命足同坐,令略阳公与植相质于远前。植辞穷,谓略阳公曰:"本为此谋,欲安社稷,利至尊耳。今日至此,何事云云。"远闻之,自投于床曰:"若尔,诚合万死。"于是护乃害植,并逼远令自杀。植弟叔诣、叔谦、叔让亦死,余子以幼得免。初,远弟开府仪同三司穆知植非保家之主,每劝远除之,远不能用。及远临刑,泣谓穆曰:"吾不用汝言以至此!"穆当从坐,以前言获免,除名为民,及其子弟亦免官。植弟淅州刺史基,尚义归公主,当从坐,穆请以二子代基命,护两释之。

后月余,护弑略阳公,黜王后元氏为尼。

癸亥,宁都公自岐州至长安。甲子,即天王位,大赦。

冬,十月,戊辰,进陈公爵为王。辛未,梁敬帝禅位于陈。

癸酉,周魏武公李弼卒。

陈王使中书舍人刘师知引宣猛将军沈恪勒兵入宫,卫送梁主如别宫,恪排闼见王,叩头谢曰:"恪身经事萧氏,今日不忍见此。分受死耳,决不奉命!"王嘉其意,不复逼,更以荡主王僧志代之。乙亥,王即皇帝位于南郊,还宫,大赦,改元。奉梁敬帝为江阴王,梁太后为太妃,皇后为妃。

以给事黄门侍郎蔡景历为秘书监、兼中书通事舍人。是时政事皆由中书省,置二十一局,各当尚书诸曹,总国机要,尚书唯听受而已。

丙子,上幸钟山,祠蒋帝庙。庚辰,上出佛牙于杜姥宅,设无遮大会,帝亲出阙前膜拜。

辛巳,追尊皇考文赞为景皇帝,庙号太祖,皇妣董氏曰安皇后,追立前夫人钱氏为昭皇后,世子克为孝怀太子,立夫人章氏为皇后。章后,乌程人也。

置删定郎,治律令。

乙酉,周王祀圜丘。丙戌,祀方丘。甲午,祭太社。

戊子,太祖神主祔太庙,七庙始共用一太牢,始祖荐首,余皆骨体。

侯安都至武昌,王琳将樊猛弃城走,周文育自豫章会之。安都闻上受禅,叹曰:"吾今兹必败,战无名矣。"时两将俱行,不相统摄,部下交争,稍不相平。军至郢州,琳将潘纯陀于城中遥射官军,安都怒,进军围之,未克。而王琳至弇口,安都乃释郢州,悉众诣沌口,留沈泰一军守汉曲。安都遇风不得进,琳据东岸,安都等据西岸,相持数日,乃合战,安都等大败。安都、文育及裨将徐敬成、周铁虎、程灵洗皆为琳所擒,沈泰引军奔归。琳引见诸将与语,周铁虎辞气不屈,琳杀铁虎而囚安都等,总以一长锁系之,置琳所坐舸下,令所亲宦者王子晋掌视之。琳乃移湘州军府就郢城,又遣其将樊猛袭据江州。

十一月,丙申,上立兄子蒨为临川王,顼为始兴王;弟子昙朗已死而上未知,遥立为南康王。

庚子,周王享太庙。丁未,祀圜丘。十二月,庚午,谒成陵。癸酉,还宫。

谯淹帅水军七千、老弱三万自蜀江东下,欲就王琳,周使开府仪同三司贺若敦、叱罗晖等击之,斩淹,悉俘其众。

是岁,诏给事黄门侍郎萧乾招谕闽中。时熊昙朗在豫章,周迪在临川,留异在东阳,陈宝应在晋安,共相连结,闽中豪帅往往立砦以自保。上患之,使乾谕以祸福,豪帅皆帅众请降,即以乾为建安太守。乾,子范之子也。

初,梁兴州刺史席固以州降魏,周太祖以固为丰州刺史。久之,固犹习梁法,不遵北方制度,周人密欲代之,而难其人,乃以司宪中大夫令狐整权镇丰州,委以代固之略。整广布威恩,倾身抚接,数月之间,化洽州府。于是除整丰州刺史,以固为湖州刺史。整迁丰州于武当,旬日之间,城府周备,迁者如归。固之去也,其部曲多愿留为整左右,整谕以朝制,弗许,莫不流涕而去。

齐人于长城内筑重城,自库洛枝东至坞纥戍,凡四百余里。

初,齐有术士言"亡高者黑衣",故高祖每出,不欲见沙门。显祖在晋阳,问左右:"何物最黑?"对曰:"无过于漆。"帝以上党王涣于兄弟第七,使库直都督破六韩伯昇之邺征涣。涣至紫陌桥,杀伯昇而逃,浮河南度,至济州,为人所执,送邺。

帝之为太原公也,与永安王浚偕见世宗,帝有时演出,浚责帝左右曰:"何不为二兄拭鼻?"帝心衔之。及即位,浚为青州刺史,聪明矜恕,吏民悦之。浚以帝嗜酒,私谓亲近曰:"二兄因酒败德,朝臣无敢谏者,大敌未灭,吾甚以为忧。欲乘驿至邺面谏,不知用吾不。"或密以白帝,帝益衔之。浚入朝,从幸东山,帝裸裎为乐。浚进谏曰:"此非人主所宜。"帝不悦。浚又于屏处召杨愔,讥其不谏。帝时不欲大臣与诸王交通,愔惧,奏之。帝大怒曰:"小人由来难忍!"遂罢酒,还宫。浚寻还州,又上书切谏,诏征浚。浚惧祸,谢疾不至,帝遣驰驿收浚,老幼泣送者数千人。至邺,与上党王涣皆盛以铁笼,置于北城地牢,饮食溲秽,共在一所。

二年(戊寅、558)

春,正月,王琳引兵下,至湓城,屯于白水浦,带甲十万。琳以北江州刺史鲁悉达为镇北将军,上亦以悉达为征西将军,各送鼓吹女乐,悉达两受之,迁延顾望,皆不就。上遣安西将军沈泰袭之,不克。琳欲引军东下,而悉达制其中流,琳遣使说诱,终不从。己亥,琳遣记室宗𪅃求援于齐,且请纳梁永嘉王庄以主梁祀。衡州刺史周迪欲自据南川,乃总召所部八郡守宰结盟,齐言入赴。上恐其为变,厚慰抚之。

新吴洞主余孝顷遣沙门道林说琳曰:"周迪、黄法𣁰皆依附金陵,阴窥间隙,大军若下,必为后患。不如先定南川,然后东下,孝顷请席卷所部以从下吏。"琳乃遣轻车将军樊猛、平南将军李孝钦、平东将军刘广德将兵八千赴之,使孝顷总督三将,屯于临川故郡,征兵粮于迪,以观其所为。

以开府仪同三司侯瑱为司空,衡州刺史欧阳頠为都督交、广等十九州诸军事、广州刺史。

周以晋公护为太师。

辛丑,上祀南郊,大赦。乙巳,祀北郊。

辛亥,周王耕藉田。

癸丑,周立王后独孤氏。

戊午,上祀明堂。

二月,壬申,南豫州刺史沈泰奔齐。

齐北豫州刺史司马消难,以齐主昏虐滋甚,阴为自全之计,曲意抚循所部。消难尚高祖女,情好不睦,公主诉之。上党王涣之亡也,邺中大扰,疑其赴成皋。消难从弟子瑞为尚书左丞,与御史中丞毕义云有隙,义云遣御史张子阶诣北豫州采风闻,先禁消难典签家客等。消难惧,密令所亲中兵参军裴藻托以私假,间行入关,请降于周。

三月,甲午,周遣柱国达奚武、大将军杨忠帅骑士五千迎消难,从间道驰入齐境五百里,前后三遣使报消难,皆不报。去虎牢三十里,武疑有变,欲还。忠曰:"有进死,无退生!"独以千骑夜趣城下。城四面峭绝,但闻击柝声。武亲来,麾数百骑西去,忠勒余骑不动,俟门开而入,驰遣召武。齐镇城伏敬远勒甲士二千人据东城,举烽严警。武惮之,不欲保城,乃多取财物,以消难及其属先归。忠以三千骑为殿,至洛南,皆解鞍而卧。齐众来追,至洛北,忠谓将士曰:"但饱食,今在死地,贼必不敢度水。"已而果然,乃徐引还。武叹曰:"达奚武自谓天下健儿,今日服矣。"周以消难为小司徒。

丁酉,齐主自晋阳还邺。

齐发兵援送梁永嘉王庄于江南,册拜王琳为梁丞相、都督中外诸军、录尚书事。琳遣兄子叔宝帅所部十州刺史子弟赴邺。琳奉庄即皇帝位,改元天启。追谥建安公渊明曰闵皇帝。庄以琳为侍中、大将军、中书监,余依齐朝之命。

夏,四月,甲子,上享太庙。

乙丑,上使人害梁敬帝,立梁武林侯谘之子季卿为江阴王。

己巳,周以太师护为雍州牧。

甲戌,周王后独孤氏殂。

辛巳,齐大赦。

齐主以旱祈雨于西门豹祠,不应,毁之,并掘其冢。

五月,癸巳,余孝顷等屯二万军于工塘,连八城以逼周迪。迪惧,请和,并送兵粮。樊猛等欲受盟而还,孝顷贪其利,不许,树栅围之。由是猛等与孝顷不协。

周以大司空侯莫陈崇为大宗伯。

癸丑,齐广陵南城主张显和、长史张僧那各帅所部来降。

辛丑,齐以尚书令长广王湛录尚书事,骠骑大将军平秦王归彦为尚书左仆射。甲辰,以前左仆射杨愔为尚书令。

辛酉,上幸大庄严寺舍身。壬戌,群臣表请还宫。

六月,乙丑,齐主北巡,以太子殷监国,因立大都督府与尚书省分理众务,仍开府置佐。齐主特崇其选,以赵郡王叡为侍中、摄大都督府长史。

己巳,诏司空侯瑱与领军将军徐度帅舟师为前军以讨王琳。

齐主至祁连池,戊寅,还晋阳。

秋,七月,戊戌,上幸石头,送侯瑱等。

高州刺史黄法氍、吴兴太守沈恪、宁州刺史周敷合兵救周迪。敷自临川故郡断江口,分兵攻余孝顷别城,樊猛等不救而没,刘广德乘流先下,故获全。孝顷等皆弃舟引兵步走,迪追击,尽擒之,送孝顷及李孝钦于建康,归樊猛于王琳。

甲辰,上遣吏部尚书谢哲往谕王琳。哲,朏之孙也。

八月,甲子,周大赦。

乙丑,齐主还邺。

辛未,诏临川王蒨西讨,以舟师五万发建康,上幸冶城寺送之。

甲戌,齐主如晋阳。

王琳在白水浦,周文育、侯安都、徐敬成许王子晋以厚赂,子晋乃伪以小船依舸而钓,夜,载之上岸,入深草中,步投陈军,还建康自劾。上引见,并宥之,戊寅,复其本官。

谢哲返命,王琳请还湘州,诏追众军还。癸未,众军至自大雷。

九月,甲申,周封少师元罗为韩国公以绍魏后。

丁未,周王如同州。冬,十月,辛酉,还长安。

余孝顷之弟孝劢及子公飐犹据旧栅不下,庚午,诏开府仪同三司周文育都督众军出豫章讨之。

齐三台成,更命铜爵曰金凤,金虎曰圣应,冰井曰崇光。十一月,甲午,齐主至邺,大赦。齐主游三台,戏以槊刺都督尉子辉,应手而毙。

常山王演以帝沉湎,忧愤形于颜色。帝觉之,谓曰:"但令汝在,我何为不纵乐?"演唯啼泣拜伏,竟无所言。帝亦大悲,抵杯于地曰:"汝似嫌我如是,自今敢进酒者斩之!"因取所御杯尽坏弃。未几,沉湎益甚,或于诸贵戚家角力批拉,不限贵贱,唯演至,则内外肃然。演又密撰事条,将谏,其友王晞以为不可。演不从,因间极言,遂逢大怒。演性颇严,尚书郎中剖断有失,辄加捶楚,令史好懔即考竟。帝乃立演于前,以刀镮拟胁,召被演罚者,临以白刃,求演之短,咸无所陈,乃释之。晞,昕之弟也。

帝疑演假辞于晞以谏,欲杀之。王私谓晞曰:"王博士,明日当作一条事,为欲相活,亦图自全,宜深体勿怪。"乃于众中杖晞二十。帝寻发怒,闻晞得杖,以故不杀,髡鞭配甲坊。居三年,演又因谏争,大被殴挞,闭口不食。太后日夜涕泣,帝不知所为,曰:"傥小儿死,奈我老母何?"于是数往问演疾,谓曰:"努力强食,当以王晞还汝。"乃释晞,令诣演。演抱晞曰:"吾气息惙然,恐不复相见。"晞流涕曰:"天道神明,岂令殿下遂毙此舍。至尊亲为人兄,尊为人主,安可与计。殿下不食,太后亦不食,殿下纵不自惜,独不念太后乎?"言未卒,演强坐而饭。晞由是得免徙,还为王友。

及演录尚书事,除官者皆诣演谢,去必辞。晞言于演曰:"受爵天朝,拜恩私第,自古以为不可,宜一切约绝。"演从之。久之,演从容谓晞曰:"主上起居不恒,卿宜耳目所具,吾岂可以前逢一怒,遂尔结舌。卿宜为撰谏草,吾当伺便极谏。"晞遂条十余事以呈,因谓曰:"今朝廷所恃者惟殿下,乃欲学匹夫耿介,轻一朝之命,狂药令人不自觉,刀箭岂复识亲疏,一旦祸出理外,将奈殿下家业何!奈皇太后何!"演歔欷不自胜,曰:"乃至是乎?"明日,见晞曰:"吾长夜久思,今遂息意。"即命火,对晞焚之。后复承间苦谏,帝使力士反接,拔白刃注颈,骂曰:"小子何知,是谁教汝?"演曰:"天下噤口,非臣谁敢有言。"帝趣杖,乱捶之数十,会醉卧,得解。帝褻黩之游,遍于宗戚,所往留连,唯至常山第,多无适而去。尚书左仆射崔暹屡谏,演谓暹曰:"今太后不敢致言,吾兄弟杜口,仆射独能犯颜,内外深相感愧。"

太子殷,自幼温裕开朗,礼士好学,关览时政,甚有美名。帝尝嫌太子"得汉家性质,不似我",欲废之。帝登金凤台,召太子,使手刃囚,太子恻然有难色,再三,不断其首。帝大怒,亲以马鞭撞之,太子由是气悸语吃,精神昏扰。帝因酺宴,屡云:"太子性懦,社稷事重,终当传位常山。"太子少傅魏收谓杨愔曰:"太子,国之根本,不可动摇。至尊三爵之后,每言传位常山,令臣下疑贰。若其实也,当决行之。此言非所以为戏,恐徒使国家不安。"愔以收言白帝,帝乃止。

帝既残忍,有司讯囚,莫不严酷,或烧犁耳,使立其上,或烧车釭,使以臂贯之,既不胜苦,皆至诬伏。唯三公郎中武强苏琼,历职中外,所至皆以宽平为治。时赵州及清河屡有人告谋反者,前后皆付琼推检,事多申雪。尚书崔昂谓琼曰:"若欲立功名,当更思余理,数雪反逆,身命何轻?"琼正色曰:"所雪者冤枉耳,不纵反逆也。"昂大惭。

帝怒临漳令嵇晔、舍人李文师,以赐臣下为奴。中书侍郎彭城郑颐私诱祠部尚书王昕曰:"自古无朝士为奴者。"昕曰:"箕子为之奴。"颐以白帝曰:"王元景比陛下于纣。"帝衔之。顷之,帝与朝臣酣饮,昕称疾不至,帝遣骑执之,见方摇膝吟咏,遂斩于殿前,投尸漳水。

齐主北筑长城,南助萧庄,士马死者以数十万计。重以修筑台殿,赐与无节,府藏之积,不足以供,乃减百官之禄,撤军人常廪,并省州郡县镇戍之职,以节费用焉。

十二月,庚寅,齐以可朱浑道元为太师,尉粲为太尉,冀州刺史段韶为司空,常山王演为大司马,长广王湛为司徒。

壬午,周大赦。

齐主如北城,因视永安简平王浚、上党刚肃王涣于地牢。帝临穴讴歌,令浚等和之,浚等惶怖且悲,不觉声颤。帝怆然,为之下泣,将赦之。长广王湛素与浚不睦,进曰:"猛虎安可出穴?"帝默然。浚等闻之,呼湛小字曰:"步落稽,皇天见汝!"帝亦以浚与涣皆有雄略,恐为后害,乃自刺涣,又使壮士刘桃枝就笼乱刺。槊每下,浚、涣辄以手拉折之,号哭呼天。于是薪火乱投,烧杀之,填以土石。后出之,皮发皆尽,尸色如炭,远近为之痛愤。帝以仪同三司刘郁捷杀浚,以浚妃陆氏赐之;冯文洛杀涣,以涣妃李氏赐之,二人皆帝家旧奴也。陆氏寻以无宠于浚,得免。

高凉太守冯宝卒,海隅扰乱。妻冼氏怀集部落,数州晏然。其子仆,生九年,是岁,遣仆帅诸酋长入朝,诏以仆为阳春太守。

后梁主遣其大将军王操将兵略取王琳之长沙、武陵、南平等郡。

三年(己卯、559)

春,正月,己酉,周太师护上表归政,周王始亲万机。军旅之事,护犹总之。初改都督州军事为总管。

王琳召桂州刺史淳于量。量虽与琳合而潜通于陈,二月,辛酉,以量为开府仪同三司。

壬午,侯瑱引兵焚齐舟舰于合肥。

丙戌,齐主于甘露寺禅居深观,唯军国大事乃以闻。尚书右仆射崔暹卒,齐主幸其第哭之,谓其妻李氏曰:"颇思暹乎?"对曰:"思之。"帝曰:"然则自往省之。"因手斩其妻,掷首墙外。

齐斛律光将骑一万,击周开府仪同三司曹回公,斩之,柏谷城主薛禹生弃城走,遂取文侯镇,立戍置栅而还。

三月,戊戌,齐以侍中高德政为尚书右仆射。

吐谷浑寇周边,庚戌,周遣大司马贺兰祥击之。

丙辰,齐主至邺。

梁永嘉王庄至郢州,遣使入贡于齐。王琳遣其将雷文策袭后梁监利太守蔡大有,杀之。

齐主之为魏相也,胶州刺史定阳文肃侯杜弼为长史,帝将受禅,弼谏止之。帝问:"治国当用何人?"对曰:"鲜卑车马客,会须用中国人。"帝以为讥己,衔之。高德政用事,弼不为之下,尝于众前面折德政,德政数言其短于帝,弼恃旧,不自疑。夏,帝因饮酒,积其愆失,遣使就州斩之。既而悔之,驿追不及。

闰四月,戊子,周命有司更定新历。

丁酉,遣镇北将军徐度将兵城南皖口。

齐高德政与杨愔同为相,愔常忌之。齐主酣饮,德政数强谏,齐主不悦,谓左右曰:"高德政恒以精神凌逼人。"德政惧,称疾,欲自退。帝谓杨愔曰:"我大忧德政病。"对曰:"陛下若用为冀州刺史,病当自差。"帝从之。德政见除书,即起。帝大怒,召德政谓曰:"闻尔病,我为尔针。"亲以小刀刺之,血流沾地。又使曳下,斩去其足。刘桃枝执刀不敢下,帝责桃枝曰:"尔头即坠地!"桃枝乃斩其足之三指。帝怒不解,囚德政于门下,其夜,以毡舆送还家。明旦,德政妻出珍宝满四床,欲以寄人,帝奄至其宅,见之,怒曰:"我内府犹无是物!"诘其所从得,皆诸元略之,遂曳出,斩之。妻出拜,又斩之,并其子伯坚。以司州牧彭城王浟为司空,侍中高阳王湜为尚书右仆射。乙巳,以浟兼太尉。

齐主封子绍廉为长(安)〔乐〕王。

辛亥,周以侯莫陈崇为大司徒,达奚武为大宗伯,武阳公卢宁为大司寇,柱国辅城公邕为大司空。

乙卯,周诏:"有司无得纠赦前事。唯库厩仓廪与海内所共,若有侵盗,虽经赦宥免其罪,征备如法。"

周贺兰祥与吐谷浑战,破之,拔其洮阳、洪和二城,以其地为洮州。

五月,丙辰朔,日有食之。

齐太史奏,今年当除旧布新。齐主问于特进彭城公元韶曰:"汉光武何故中兴?"对曰:"为诛诸刘不尽。"于是齐主悉杀诸元以厌之。癸未,诛始平公元世哲等二十五家,囚韶等十九家。韶幽于地牢,绝食,啮衣袖而死。

周文育、周迪、黄法𣏪共讨余公飐,豫章内史熊昙朗引兵会之,众且万人。文育军于金口,公飐诈降,谋执文育,文育觉之,囚送建康。文育进屯三陂。王琳遣其将曹庆帅二千人救余孝劢,庆分遣主帅常众爱与文育相拒,自帅其众攻周迪及安南将军吴明彻,迪等败,文育退据金口。熊昙朗因其失利,谋杀文育以应众爱,监军孙白象闻其谋,劝文育先之,文育不从。时周迪弃船走,不知所在,乙酉,文育得迪书,自赍以示昙朗,昙朗杀之于座而并其众,因据新淦城。昙朗将兵万人袭周敷,敷击破之,昙朗单骑奔巴山。

鲁悉达部将梅天养等引齐军入城。悉达帅麾下数千人济江自归,拜平南将军、北江州刺史。

六月,戊子,周以霖雨,诏群臣上封事极谏。左光禄大夫猗氏乐逊上言四事:其一,以为"比来守令代期既促,责其成效,专务威猛。今关东之民沦陷涂炭,若不布政优优,闻诸境外,何以使彼劳民,归就乐土"。其二,以为"顷者魏都洛阳,一时殷盛,贵势之家,竞为侈靡,终使祸乱交兴,天下丧败。比来朝贵器服稍华,百工造作务尽奇巧,臣诚恐物逐好移,有损政俗"。其三,以为"选曹补拟,宜与众共之。今州郡选置,犹集乡闾,况天下铨衡,不取物望,既非机事,何足可密。其选置之日,宜令众心明白,然后呈奏"。其四,以为"高洋据有山东,未易猝制,譬犹棋劫相持,争行先后,若一行不当,或成彼利。诚应舍小营大,先保封域,不宜贪利边陲,轻为兴动"。

周处士韦敻,孝宽之兄也,志尚夷简,魏、周之际,十征不屈。周太祖甚重之,不夺其志,世宗礼敬尤厚,号曰"逍遥公"。晋公护延之至第,访以政事。护盛修第舍,敻仰视堂,叹曰:"酣酒嗜音,峻宇雕墙,有一于此,未或不亡。"护不悦。

骠骑大将军、开府仪同三司寇儁,赞之孙也,少有学行。家人尝卖物,多得绢五匹,儁于后知之,曰:"得财失行,吾所不取。"访主还之。敦睦宗族,与同丰约,教训子孙,必先礼义。自大统中,称老疾,不朝谒。世宗虚心欲见之,儁不得已入见。王引之同席而坐,问以魏朝旧事。载以御舆,令于王前乘之以出,顾谓左右曰:"如此之事,唯积善者可以致之。"

周文育之讨余孝劢也,帝令南豫州刺史侯安都继之。文育死,安都还,遇王琳将周炅、周协南归,与战,擒之。孝劢弟孝猷帅所部四千家诣安都降。安都进军至左里,击曹庆、常众爱,破之。众爱奔庐山,庚寅,庐山民斩之,传首。

诏临川王蒨于南皖口置城,使东徐州刺史吴兴钱道戢守之。

丁酉,上不豫,丙午,殂。上临戎制胜,英谋独运,而为政务崇宽简,非军旅急务,不轻调发。性俭素,常膳不过数品,私宴用瓦器、蚌盘,殽核充事而已。后宫无金翠之饰,不设女乐。

时皇子昌在长安,内无嫡嗣,外有强敌,宿将皆将兵在外,朝无重臣,唯中领军杜稜典宿卫兵在建康。章皇后召稜及中书侍郎蔡景历入禁中定议,秘不发丧,急召临川王蒨于南皖。景历亲与宦者、宫人密营敛具。时天暑,须治梓宫,恐斤斧之声闻于外,乃以蜡为秘器,文书诏敕,依旧宣行。

侯安都军还,适至南皖,与临川王俱还朝。甲寅,王至建康,入居中书省,安都与群臣定议,奉王嗣位,王谦让不敢当。皇后以昌故,未肯下令,群臣犹豫不能决。安都曰:“今四方未定,何暇及远。临川王有大功于天下,须共立之。今日之事,后应者斩!”即按剑上殿,白皇后出玺,又手解蒨发,推就丧次,迁殡大行于太极西阶。皇后乃下令,以蒨篡承大统。是日,即皇帝位,大赦。秋,七月,丙辰,尊皇后为皇太后。辛酉,以侯瑱为太尉,侯安都为司空。

齐显祖将如晋阳,乃尽诛诸元,或祖父为王,或身尝贵显,皆斩于东市,其婴儿投于空中,承之以矟。前后死者凡七百二十一人,悉弃尸漳水,剖鱼者往往得人爪甲,邺下为之久不食鱼。使元黄头与诸囚自金凤台各乘纸鸱以飞,黄头独能至紫陌乃堕,仍付御史中丞毕义云饿杀之。唯开府仪同三司元蛮、祠部郎中元文遥等数家获免。蛮,继之子,常山王演之妃父;文遥,遵之五世孙也。定襄令元景安,虔之玄孙也,欲请改姓高氏,其从兄景皓曰:“安有弃其本宗而从人之姓者乎!丈夫宁可玉碎,何能瓦全。”景安以其言白帝,帝收景皓,诛之,赐景安姓高氏。

八月,甲申,葬武皇帝于万安陵,庙号高祖。

戊戌,齐封皇子绍义为广阳王。以尚书右仆射河间王孝琬为左仆射,都官尚书崔昂为右仆射。

周御正中大夫崔猷建议,以为:“圣人沿革,因时制宜。今天子称王,不足以威天下,请遵秦、汉旧制称皇帝,建年号。”己亥,周王始称皇帝,追遵文王曰文皇帝,改元武成。

癸卯,齐诏:“民间或有父祖冒姓元氏,或假托携养者,不问世数远近,悉听改复本姓。”

初,高祖追封谥兄道谭为始兴昭烈王,以其次子顼袭封。及世祖即位,顼在长安未还,上以本宗乏飨,戊戌,诏徙封顼为安成王,皇子伯茂为始兴王。

初,周太祖平蜀,以其形胜之地,不欲使宿将居之,问诸子:“谁可往者?”皆不对。少子安成公宪请行,太祖以其幼,不许。壬子,周人以宪为益州总管,时年十六,善于抚绥,留心政术,蜀人悦之。九月,乙卯,以大将军天水公广为梁州总管。广,导之子也。

辛酉,立皇子伯宗为太子。

己巳,齐主如晋阳。

辛未,周主封其弟辅成公邕为鲁公,安成公宪为齐公,纯为陈公,盛为越公,达为代公,通为冀公,逌为滕公。

乙亥,立太子母吴兴沈妃为皇后。

周少保怀宁庄公蔡祐卒。

齐显祖嗜酒成疾,不复能食,自知不能久,谓李后曰:"人生必有死,何足致惜。但怜正道尚幼,人将夺之耳!"又谓常山王演曰:"夺则任汝,慎勿杀也。"尚书令开封王杨愔、领军大将军平秦王归彦、侍中广汉燕子献、黄门侍郎郑颐皆受遗诏辅政。冬,十月,甲午,殂。癸卯,发丧,群臣号哭,无下泣者,唯杨愔涕泗呜咽。太子殷即位,大赦。庚戌,尊皇太后为太皇太后,皇后为皇太后。诏诸土木金铁杂作,一切停罢。

王琳闻高祖殂,乃以少府卿吴郡孙场为郢州刺史,总留任,奉梁永嘉王庄出屯濡须口,齐扬州道行台慕容俨帅众临江,为之声援。十一月,乙卯,琳寇大雷,诏侯瑱、侯安都及仪同徐度将兵御之。安州刺史吴明彻夜袭湓城,琳遣巴陵太守任忠击明彻,大破之,明彻仅以身免。琳因引兵东下。

齐以右丞相斛律金为左丞相,常山王演为太傅,长广王湛为太尉,段韶为司徒,平阳王淹为司空,高阳王湜为尚书左仆射,河间王孝琬为司州牧,侍中燕子献为右仆射。

辛未,齐显祖之丧至邺。

十二月,戊戌,齐徙上党王绍仁为渔阳王,广阳王绍义为范阳王,长乐王绍广为陇西王。

资治通鉴卷第一百六十八

端明殿学士兼翰林侍读学士朝散大夫右谏议大夫充集贤殿修撰提举西京嵩山崇福宫上柱国河内郡开国侯食邑一千八百户食实封六百户赐紫金鱼袋臣　司马光　奉敕编集

陈纪二 起上章执徐(庚辰),尽玄黓敦牂(壬午),凡三年。

世祖文皇帝上

天嘉元年(庚辰、560)

春,正月,癸丑朔,大赦,改元。

齐大赦,改元乾明。

辛酉,上祀南郊。

齐高阳王湜,以滑稽便辟有宠于显祖,常在左右,执杖以挞诸王,太皇太后深衔之。及显祖殂,湜有罪,太皇太后杖之百余;癸亥,卒。

辛未,上祀北郊。

齐主自晋阳还至邺。

二月,乙未,高州刺史纪机自军所逃还宣城,据郡应王琳,泾令贺当迁讨平之。

王琳至栅口,侯瑱督诸军出屯芜湖,相持百余日。东关春水稍长,舟舰得通,琳引合肥潒湖之众,舳舻相次而下,军势甚盛。瑱进军虎槛洲,琳亦出船列于江西,隔洲而泊。明日,合战,琳军少却,退保西岸。及夕,东北风大起,吹其舟舰并坏,没于沙中,浪大,不得还浦。及旦,风静,琳人浦治船,瑱等亦引军退入芜湖。

周人闻琳东下,遣都督荆、襄等五十二州诸军事、荆州刺史史宁将兵数万乘虚袭郢州,孙玚婴城自守。琳闻之,恐其众溃,乃帅舟师东下,去芜湖十里而泊,击柝闻于陈军。齐仪同三司刘伯球将兵万余人助琳水战,行台慕容忄特德之子子会将铁骑二千屯芜湖西岸,为之声势。

丙申,瑱令军中晨炊蓐食以待之。时西南风急,琳自谓得天助,引兵直趣建康。瑱等徐出芜湖蹑其后,西南风翻为瑱用。琳掷火炬以烧陈船,皆反烧其船。瑱发拍以击琳舰,又以牛皮冒蒙冲小船以触其舰,并熔铁洒之。琳军大败,军士溺死者什二三,余皆弃船登岸走,为陈军所杀殆尽。齐步骑在西岸者,自相蹂践,并陷于芦荻泥淖中,骑皆弃马脱走,得免者什二三。擒刘伯球、慕容子会,斩获万计,尽收梁、齐军资、器械。琳乘舴艋冒陈走,至溢城,欲收合离散,众无附者,乃与妻妾左右十余人奔齐。

先是,琳使侍中袁泌、御史中丞刘仲威侍卫永嘉王庄,及败,左右皆散,泌以轻舟送庄达于齐境,拜辞而还,遂来降;仲威奉庄奔齐。泌,昂之子也。樊猛及其兄毅帅部曲来降。

齐葬文宣皇帝于武宁陵,庙号高祖,后改曰显祖。

戊戌,诏:"衣冠士族、将帅战兵陷在王琳党中者,皆赦之,随材铨叙。"

己亥,齐以常山王演为太师、录尚书事,以长广王湛为大司马、并省录尚书事,以尚书左仆射平秦王归彦为司空,赵郡王叡为尚书左仆射。诏:"诸元良口配没入官及赐人者并纵遣。"

乙巳,以太尉侯瑱都督湘、巴等五州诸军事,镇溢城。

齐显祖之丧,常山王演居禁中护丧事,娄太后欲立之而不果,太子即位,乃就朝列。以天子谅阴,诏演居东馆,欲奏之事,皆先咨决。杨愔等以演与长广王湛位地亲逼,恐不利于嗣主,心忌之。居顷之,演出归第,自是诏敕多不关预。

或谓演曰:"鸷鸟离巢,必有探卵之患。今日王何宜屡出?"中山太守阳休之诣演,演不见。休之谓王友王晞曰:"昔周公朝读百篇书,夕见七十士,犹恐不足。录王何所嫌疑,乃尔拒绝宾客!"

先是,显祖之世,群臣人不自保。及济南王立,演谓王晞曰:"一人垂拱,吾曹亦保优闲。"因言:"朝廷宽仁,真守文良主。"晞曰:"先帝时,东宫委一胡人傅之。今春秋尚富,骤览万机,殿下宜朝夕先后,亲承音旨。而使他姓出纳诏命,大权必有所归,殿下虽欲守藩,其可得邪!借令得遂冲退,自审家祚得保灵长乎?"演默然久之,曰:"何以处我?"晞曰:"周公抱成王摄政七年,然后复子明辟,惟殿下虑之。"演曰:"我何敢自比周公。"晞曰:"殿下今日地望,欲不为周公,得邪?"演不应。显祖常使胡人康虎儿保护太子,故晞言及之。

齐主将发晋阳,时议谓常山王必当留守根本之地,执政欲使常山王从帝之邺,留长广王镇晋阳,既而又疑之,乃敕二王俱从至邺。外朝闻之,莫不骇愕。又敕以王晞为并州长史。演既行,晞出郊送之。演恐有觇察,命晞还城,执晞手曰:"努力自慎。"因跃马而去。

平秦王归彦总知禁卫,杨愔宣敕留从驾五千兵于西中,阴备非常,至邺数日,归彦乃知之,由是怨愔。

领军大将军可朱浑天和,道元之子也,尚帝姑东平公主,每曰:"若不诛二王,少主无自安之理。"燕子献谋处太皇太后于北宫,使归政皇太后。

又自天保八年已来,爵赏多滥,杨愔欲加澄汰,乃先自表解开府及开封王,诸叨窃恩荣者皆从黜免。由是嬖宠失职之徒,尽归心二叔。平秦王归彦初与杨、燕同心,既而中变,尽以疏忌之迹告二王。

侍中宋钦道,弁之孙也,显祖使在东宫,教太子以吏事。钦道面奏帝,称"二叔威权既重,宜速去之"。帝不许,曰:"可与令公共详其事。"

愔等议出二王为刺史,以帝慈仁,恐不可所奏,乃通启皇太后,具述安危。宫人李昌仪,即高仲密之妻也,李太后以其同姓,甚相昵爱,以启示之,昌仪密启太皇太后。

愔等又议不可令二王俱出,乃奏以长广王湛镇晋阳,以常山王演录尚书事。二王既拜职,乙巳,于尚书省大会百僚。愔等将赴之,散骑常侍兼中书侍郎郑颐止之曰:"事未可量,不宜轻脱。"愔曰:"吾等至诚体国,岂常山拜职有不赴之理?"

长广王湛旦伏家僮数十人于录尚书后室,仍与席上勋贵贺拔仁、斛律金等数人相知约曰:"行酒至愔等,我各劝双杯,彼必致辞。我一曰'执酒',二曰'执酒',三曰'何不执',尔辈即执之。"及宴,如之。愔大言曰:"诸王反逆,欲杀忠良邪!尊天子,削诸侯,赤心奉国,何罪之有?"常山王演欲缓之,湛曰:"不可。"于是拳杖乱殴,愔及天和、钦道皆头面血流,各十人持之。燕子献多力,头又少发,狼狈排众走出门,斛律光逐而擒之。子献叹曰:"丈夫为计迟,遂至于此。"使太子太保薛孤延等执颐于尚药局。颐曰:"不用智者言至此,岂非命也!"

二王与平秦王归彦、贺拔仁、斛律金拥愔等唐突入云龙门,见都督叱利骚,招之不进,使骑杀之。开府仪同三司成休宁抽刃呵演,演使归彦谕之,休宁厉声不从。归彦久为领军,素为军士所服,皆弛仗,休宁方叹息而罢。

演入,至昭阳殿,湛及归彦在朱华门外。帝与太皇太后并出,太皇太后坐殿上,皇太后及帝侧立。演以砖叩头,进言曰:"臣与陛下骨肉至亲,杨遵彦等欲独擅朝权,威福自己,自王公已下,皆重足屏气。共相唇齿,以成乱阶,若不早图,必为宗社之害。臣与湛为国事重,贺拔仁、斛律金惜献武皇帝之业,共执遵彦等入宫,未敢刑戮。专辄之罪,诚当万死。"

时庭中及两庑卫士二千余人,皆被甲待诏。武卫娥永乐武力绝伦,素为显祖所厚,叩刀仰视,帝不睨之。帝素吃讷,仓猝不知所言。太皇太后令却仗,不退,又厉声曰:"奴辈即今头落!"乃退。永乐内刀而泣。

太皇太后因问:"杨郎何在?"贺拔仁曰:"一眼已出。"太皇太后怆然曰:"杨郎何所能为,留使岂不佳邪?"乃让帝曰:"此等怀逆,欲杀我二子,次将及我,尔何为纵之?"帝犹不能言。太皇太后怒且悲,曰:"岂可使我母子受汉老妪斟酌。"太后拜谢。太皇太后又为太后誓言:"演无异志,但欲去逼而已。"演叩头不止。太后谓帝:"何不安慰尔叔。"帝乃曰:"天子亦不敢为叔惜,况此汉辈!但乞儿命,儿自下殿去,此属任叔父处分。"遂皆斩之。

长广王湛以郑颐昔尝谮己，先拔其舌，截其手而杀之。演令平秦王归彦引侍卫之士向华林园，以京畿军士入守门阁，斩娥永乐于园。

太皇太后临愔丧，哭曰："杨郎忠而获罪。"以御金为之一眼，亲内之，曰："以表我意。"演亦悔杀之。于是下诏罪状愔等，且曰："罪止一身，家属不问。"顷之，复簿录五家，王晞固谏，乃各没一房，孩幼尽死，兄弟皆除名。

以中书令赵彦深代杨愔总机务。鸿胪少卿阳休之私谓人曰："将涉千里，杀骐骥而策蹇驴，可悲之甚也。"

戊申，演为大丞相、都督中外诸军、录尚书事，湛为太傅、京畿大都督，段韶为大将军，平阳王淹为太尉，平秦王归彦为司徒，彭城王浟为尚书令。

江陵之陷也，长城世子昌及中书侍郎顼皆没于长安。高祖即位，屡请之于周，周人许而不遣。高祖殂，周人乃遣昌还，以王琳之难，居于安陆。琳败，昌发安陆，将济江，致书于上，辞甚不逊。上不怿，召侯安都从容谓曰："太子将至，须别求一藩为归老之地。"安都曰："自古岂有被代天子？臣愚不敢奉诏。"因请自迎昌。于是群臣上表，请加昌爵命。庚戌，以昌为骠骑将军、湘州牧，封衡阳王。

齐大丞相演如晋阳，既至，谓王晞曰："不用卿言，几至倾覆。今君侧虽清，终当何以处我？"晞曰："殿下往时位地，犹可以名教出处。今日事势，遂关天时，非复人理所及。"演奏赵郡王叡为左长史，王晞为司马。三月，甲寅，诏："军国之政，皆申晋阳，禀大丞相规算。"

周军初至，郢州助防张世贵举外城以应之，所失军民三千余口。周人起土山、长梯，昼夜攻之，因风纵火，烧其内城南面五十余楼。孙玚兵不满千人，身自抚循，行酒赋食，士卒皆为之死战。周人不能克，乃授玚柱国、郢州刺史，封万户郡公。玚伪许以缓之，而潜修战守之备，一朝而具，乃复拒守。既而周人闻王琳败，陈兵将至，乃解围去。玚集将佐谓之曰："吾与王公同奖梁室，勤亦至矣。今时事如此，岂非天乎！"遂遣使奉表，举中流之地来降。

王琳之东下也，帝征南川兵，江州刺史周迪、高州刺史黄法氍帅舟师将赴之。熊昙朗据城列舰，塞其中路，迪等与周敷共围之。琳败，昙朗部众离心，迪攻拔其城，虏男女万余口。昙朗走入村中，村民斩之，丁巳，传首建康，尽灭其族。

齐军先守鲁山，戊午，弃城走，诏南豫州刺史程灵洗守之。

甲子，置武州、沅州，以右卫将军吴明彻为武州刺史，以孙玚为湘州刺史。玚怀不自安，固请入朝，征为中领军，未拜，除吴郡太守。

壬申，齐封世宗之子孝珩为广宁王，长恭为兰陵王。

甲戌，衡阳献王昌入境，诏主书、舍人缘道迎候。丙子，济江，中流陨之，使以溺告。侯安都以功进爵清远公。

初，高祖遣荥阳毛喜从安成王顼诣江陵，梁世祖以喜为侍郎，没于长安，与昌俱还，因进和亲之策。上乃使侍中周弘正通好于周。

夏，四月，丁亥，立皇子伯信为衡阳王，奉献王祀。

周世宗明敏有识量，晋公护惮之，使膳部中大夫李安置毒于糖𩚵而进之。帝颇觉之，庚子，大渐，口授遗诏五百余言，且曰："朕子年幼，未堪当国。鲁公，朕之介弟，宽仁大度，海内共闻，能弘我周家，必此子也。"辛丑，殂。

鲁公幼有器质，特为世宗所亲爱，朝廷大事，多与之参议。性深沉，有远识，非因顾问，终不辄言。世宗每叹曰："夫人不言，言必有中。"壬寅，鲁公即皇帝位，大赦。

五月，壬子，齐以开府仪同三司刘洪徽为尚书右仆射。

侯安都父文捍为始兴内史，卒官。上迎其母还建康，母固求停乡里。乙卯，为置东衡州，以安都从弟晓为刺史。安都子祕，才九岁，上以为始兴内史，并令在乡侍养。

六月，壬辰，诏葬梁元帝于江宁，车旗礼章，悉用梁典。

齐人收永安、上党二王遗骨，葬之。敕上党王妃李氏还第。冯文洛尚以故意，修饰诣之。妃盛列左右，立文洛于阶下，数之曰："遭难流离，以至大辱，志操寡薄，不能自尽。幸蒙恩诏，得反藩闱，汝何物奴，犹欲见侮！"杖之一百，血流洒地。

秋，七月，丙辰，封皇子伯山为鄱阳王。

齐丞相演以王晞儒缓，恐不允武将之意，每夜载入，昼则不与语。尝进晞密室，谓曰："比王侯诸贵，每见敦迫，言我违天不祥，恐当或有变起。吾欲以法绳之，何如？"晞曰："朝廷比者疏远亲戚，殿下仓猝所行，非复人臣之事。芒刺在背，上下相疑，何由可久。殿下虽欲谦退，粃糠神器，实恐违上玄之意，坠先帝之基。"演曰："卿何敢发此言，须致卿于法。"晞曰："天时人事，皆无异谋，是以敢冒犯斧钺，抑亦神明所赞耳。"演曰："拯难匡时，方俟圣哲，吾何敢私议，幸勿多言。"丞相从事中郎陆杳将出使，握晞手，使之劝进。晞以杳言告演，演曰："若内外咸有此意，赵彦深朝夕左右，何故初无一言？"晞乃以事隙问彦深，彦深曰："我比亦惊此声论，每欲陈闻，则口噤心悸。弟既发端，吾亦当昧死一披肝胆。"因共劝演。

演遂言于太皇太后。赵道德曰："相王不效周公辅成王，而欲骨肉相夺，不畏后世谓之篡邪？"太皇太后曰："道德之言是也。"未几，演又启云："天下人心未定，恐奄忽变生，须早定名位。"太皇太后乃从之。

八月，壬午，太皇太后下令，废齐主为济南王，出居别宫。以常山王演入纂大统，且戒之曰："勿令济南有他也。"

肃宗即皇帝位于晋阳,大赦,改元皇建。太皇太后还称皇太后,皇太后称文宣皇后,宫曰昭信。

乙酉,诏绍封功臣,礼赐耆老,延访直言,褒赏死事,追赠名德。

帝谓王晞曰:"卿何为自同外客,略不可见? 自今假非局司,但有所怀,随宜作一牒,俟少隙,即径进也。"因敕与尚书阳休之、鸿胪卿崔劼等三人,每日职务罢,并入东廊,共举录历代礼乐、职官及田市、征税,或不便于时而相承施用,或自古为利而于今废坠,或道德高俊,久在沉沦,或巧言眩俗,妖邪害政者,悉令详思,以渐条奏。朝晡给御食,毕景听还。

帝识度沉敏,少居台阁,明习吏事,即位,尤自勤励,大革显祖之弊,时人服其明而讥其细。尝问舍人裴泽,在外议论得失。泽率尔对曰:"陛下聪明至公,自可远侔古昔,而有识之士,咸言伤细,帝王之度,颇为未弘。"帝笑曰:"诚如卿言。朕初临万机,虑不周悉,故致尔耳。此事安可久行,恐后又嫌疏漏。"泽由是被宠遇。

库狄显安侍坐,帝曰:"显安,我姑之子,今序家人礼,除君臣之敬,可言我之不逮。"显安曰:"陛下多妄言。"帝曰:"何故?"对曰:"陛下昔见文宣以马鞭挞人,常以为非,今自行之,非妄言邪?"帝握其手谢之。又使直言,对曰:"陛下太细,天子乃更似吏。"帝曰:"朕甚知之。然无法日久,将整之以至无为耳。"又问王晞,晞曰:"显安言是也。"显安,干之子也。群臣进言,帝皆从容受纳。

性至孝,太后不豫,帝行不能正履,容色贬悴,衣不解带,殆将四旬。太后疾小增,即寝伏阁外,食饮药物,皆手亲之。太后尝心痛不自堪,帝立侍帷前,以爪掐掌代痛,血流出袖。友爱诸弟,无君臣之隔。

戊子,以长广王湛为右丞相,平阳王淹为太傅,彭城王浟为大司马。

周军司马贺若敦帅众一万,奄至武陵,武州刺史吴明彻不能拒,引军还巴陵。

江陵之陷也,巴、湘之地皆入于周,周使梁人守之。太尉侯瑱等将兵逼湘州。贺若敦将步骑救之,乘胜深入,军于湘川。

九月,乙卯,周将独孤盛将水军与敦俱进。辛酉,遣仪同三司徐度将兵会侯瑱于巴丘。会秋水泛溢,盛、敦粮援断绝,分军抄掠,以供资费。敦恐瑱知其粮少,乃于营内多为土聚,覆之以米,召旁村人,阳有访问,随即遣之。瑱闻之,良以为实。敦又增修营垒,造庐舍为久留之计,湘、罗之间遂废农业。瑱等无如之何。

先是土人亟乘轻船,载米粟鸡鸭以饷瑱军。敦患之,乃伪为土人装船,伏甲士于中。瑱军人望见,谓饷船之至,逆来争取,敦甲士出而擒之。又敦军数有叛人乘马投瑱者,敦乃别取一马,牵以趣船,令船中逆以鞭鞭之。如是者再三,马畏船不上。然后伏兵于江岸,使人乘畏船马以招瑱军,诈云投附。瑱遣兵迎接,竞来牵马,马既畏船不上,伏兵发,尽杀之。此后实有馈饷及亡降者,瑱犹谓之诈,并拒击之。

冬,十月,癸巳,瑱袭破独孤盛于杨叶洲,盛收兵登岸,筑城自保。丁酉,诏司空侯安都帅众会瑱南讨。

十一月,辛亥,齐主立妃元氏为皇后,世子百年为太子。百年时才五岁。

齐主征前开府长史卢叔虎为中庶子。叔虎,柔之从叔也。帝问时务于叔虎,叔虎请伐周,曰:"我强彼弱,我富彼贫,其势相悬。然干戈不息,未能并吞者,此失于不用强富也。轻兵野战,胜负难必,是胡骑之法,非万全之术也。宜立重镇于平阳,与彼蒲州相对,深沟高垒,运粮积甲。彼闭关不出,则稍蚕食其河东之地,日使穷蹙。若彼出兵,非十万以上,不足为我敌。所损粮食咸出关中。我军士年别一代,谷食丰饶。彼来求战,我则不应;彼若退去,我乘其弊。自长安以西,民疏城远,敌兵来往,实自艰难,与我相持,农业且废,不过三年,彼自破矣。"帝深善之。

齐主自将击库莫奚,至天池,库莫奚出长城北遁。齐主分兵追击,获牛羊七万而还。

十二月,乙未,诏:"自今孟春讫于夏首,大辟事已款者,宜且申停。"

己亥,周巴陵城主尉迟宪降,遣巴州刺史侯安鼎守之。庚子,独孤盛将余众自杨叶洲潜遁。

丙午,齐主还晋阳。

齐主斩人于前,问王晞曰:"是人应死不?"晞曰:"应死,但恨死不得其地耳。臣闻'刑人于市,与众弃之'。殿廷非行戮之所。"帝改容谢曰:"自今当为王公改之。"

帝欲以晞为侍郎,苦辞不受。或劝晞勿自疏,晞曰:"我少年以来,阅要人多矣,得志少时,鲜不颠覆。且吾性实疏缓,不堪时务,人主恩私,何由可保,万一披猖,求退无地。非不好作要官,但思之烂熟耳。"

初,齐显祖之末,谷籴踊贵。济南王即位,尚书左丞苏珍芝建议修石鳖等屯,自是淮南军防足食。肃宗即位,平州刺史嵇晔建议,开督亢陂,置屯田,岁收稻粟数十万石,北境周赡。又于河内置怀义等屯,以给河南之费。自是稍止转输之劳。

二年(辛巳、561)

春,正月,戊申,周改元保定。以大冢宰护为都督中外诸军事;令五府总于天官,事无巨细,皆先断后闻。

庚戌,大赦。

周主祀圜丘。

辛亥，齐主祀圜丘。壬子，禘于太庙。

周主祀方丘。甲寅，祀感生帝于南郊。乙卯，祭太社。

齐主使王琳出合肥，召募伧楚，更图进取。合州刺史裴景徽，琳兄珉之婿也，请以私属为乡导。齐主使琳与行台左丞卢潜将兵赴之，琳沉吟不决。景徽恐事泄，挺身奔齐。齐主以琳为骠骑大将军、开府仪同三司、扬州刺史、镇寿阳。

己巳，周主享太庙，班太祖所述六官之法。

辛未，周湘州城主殷亮降，湘州平。

侯瑱与贺若敦相持日久，瑱不能制，乃借船送敦等度江。敦虑其诈，不许，报云："湘州我地，为尔侵逼。必须我归，可去我百里之外。"瑱留船江岸，引兵去之。敦乃自拔北归，军士病死者什五六。武陵、天门、南平、义阳、河东、宜都郡悉平。晋公护以敦失地无功，除名为民。

二月，甲午，周主朝日于东郊。

周人以小司徒韦孝宽尝立勋于玉壁，乃置勋州于玉壁，以孝宽为刺史。

孝宽有恩信，善用间谍，或齐人受孝宽金货，遥通书疏，故齐之动静，周人皆先知之。有主帅许盆，以所戍城降齐，孝宽遣谍取之，俄斩首而还。

离石以南，生胡数为抄掠，而居于齐境，不可诛讨。孝宽欲筑城于险要以制之，乃发河西役徒十万，甲士百人，遣开府仪同三司姚岳监筑之。岳以兵少，惧不敢前。孝宽曰："计此城十日可毕。城距晋州四百余里，吾一日创手，二日敌境始知。设使晋州征兵，三日方集，谋议之间，自稽三日，计其军行，二日不到，我之城隍，足得办矣。"乃令筑之。齐人果至境上，疑有大军，停留不进。其夜，孝宽使汾水以南傍介山、稷山诸村纵火，齐人以为军营，收兵自固。岳卒城而还。

三月，乙卯，太尉零陵壮肃公侯瑱卒。

丙寅，周改八丁兵为十二丁兵，率岁一月役。

夏，四月，丙子朔，日有食之。

周以少傅尉迟纲为大司空。

丙午，周封愍帝子康为纪国公，皇子赟为鲁国公。赟，李后之子也。

六月，乙酉，周主使御正殷不害来聘。

秋，七月，周更铸钱，文曰"布泉"，一当五，与五铢并行。

己酉，周追封皇伯父颢为邵国公，以晋公护之子会为嗣；颢弟连为杞国公，以章武公导之子亮为嗣；连弟洛生为莒国公，以护之子至为嗣；追封太祖之子武邑公震为宋公，以世宗之子实为嗣。

齐主之诛杨、燕也，许以长广王湛为太弟，既而立太子百年，湛心不平。帝在晋阳，湛居守于邺。散骑常侍高元海，高祖之从孙也，留典机密。帝以领军代人库狄伏连为幽州刺史,以斛律光之弟羡为领军,以分湛权。湛留伏连,不听羡视事。

先是,济南闵悼王常在邺,望气者言邺中有天子气。平秦王归彦恐济南王复立,为己不利,劝帝除之。帝乃使归彦至邺,征济南王如晋阳。

湛内不自安,问计于高元海。元海曰:"皇太后万福,至尊孝友异常,殿下不须异虑。"湛曰:"此岂我推诚之意邪?"元海乞还省,一夜思之,湛即留元海于后堂。元海达旦不眠,唯绕床徐步。夜漏未尽,湛遽出,曰:"神算如何?"元海曰:"有三策,恐不堪用耳。请殿下如梁孝王故事,从数骑入晋阳,先见太后求哀,后见主上,请去兵权,以死为限,不干朝政,必保太山之安,此上策也。不然,当具表云威权太盛,恐取谤众口,请青、齐二州刺史,沉靖自居,必不招物议,此中策也。"更问下策。曰:"发言即恐族诛。"固逼之,元海曰:"济南世嫡,主上假太后令而夺之。今集文武,示以征济南之敕,执斛律丰乐,斩高归彦,尊立济南,号令天下,以顺讨逆,此万世一时也。"湛大悦。然性怯,狐疑未能用,使术士郑道谦等卜之,皆曰:"不利举事,静则吉。"有林虑令潘子密,晓占候,潜谓湛曰:"宫车当晏驾,殿下为天下主。"湛拘之于内以候。又令巫觋卜之,多云"不须举兵,自有大庆"。

湛乃奉诏,令数百骑送济南王至晋阳。九月,帝使人鸩之,济南王不从,乃扼杀之。帝寻亦悔之。

冬,十月,甲戌朔,日有食之。

丙子,齐以彭城王浟为太保,长乐王尉粲为太尉。

齐肃宗出畋,有兔惊马,坠地绝肋。娄太后视疾,问济南所在者三,齐主不对。太后怒曰:"杀之邪?不用吾言,死其宜矣。"遂去,不顾。

十一月,甲辰,诏以嗣子冲眇,可遣尚书右仆射赵郡王叡谕旨,征长广王湛统兹大宝。又与湛书曰:"百年无罪,汝可以乐处置之,勿效前人也。"是日,殂于晋阳宫。临终,言恨不见太后山陵。

> 颜之推论曰:孝昭天性至孝,而不知忌讳,乃至于此,良由不学之所为也。

赵郡王叡先使黄门侍郎王松年驰至邺,宣肃宗遗命。湛犹疑其诈,使所亲先诣殡所,发而视之。使者复命,湛喜,驰赴晋阳,使河南王孝瑜先入宫,改易禁卫。癸丑,世祖即皇帝位于南宫,大赦,改元太宁。

周人许归安成王顼,使司会上士京兆杜杲来聘。上悦,即遣使报之,并赂以黔中地及鲁山郡。

齐以彭城王浟为太师、录尚书事,平秦王归彦为太傅,尉粲为太保,平阳王淹为太宰,博陵王济为太尉,段韶为大司马,丰州刺史娄叡为司空,赵郡王叡为尚书令。任城王湝为尚书左仆射,并州刺史斛律光为右仆射。娄叡,昭之兄子也。立太子百年为乐陵王。

丁巳,周主败于岐阳。十二月,壬午,还长安。

太子中庶子余姚虞荔、御史中丞孔奂,以国用不足,奏立煮海盐赋及榷酤之科,诏从之。

初,高祖以帝女丰安公主妻留异之子贞臣,征异为南徐州刺史,异迁延不就。帝即位,复以异为缙州刺史,领东阳太守。异屡遣其长史王渐入朝,渐每言朝廷虚弱。异信之,虽外示臣节,恒怀两端,与王琳自鄱阳信安岭潜通使往来。琳败,上遣左卫将军沈恪代异,实以兵袭之。异出军下淮以拒恪,恪与战而败,退还钱塘,异复上表逊谢。时众军方事湘、郢,乃降诏书慰谕,且羁縻之。异知朝廷终将讨己,乃以兵戍下淮及建德,以备江路。丙午,诏司空、南徐州刺史侯安都讨之。

三年(壬午、562)

春,正月,乙亥,齐主至邺。辛巳,祀南郊。壬午,享太庙。丙戌,立妃胡氏为皇后,子纬为皇太子。后,魏兖州刺史安定胡延之之女也。戊子,大赦。

己亥,以冯翊王润为尚书左仆射。

周凉景公贺兰祥卒。

壬寅,周人凿河渠于蒲州,龙首渠于同州。

丁未,周以安成王顼为柱国大将军,遣杜杲送之南归。

辛亥,上祀南郊,以胡公配天。二月,辛酉,祀北郊。

闰月,丁未,齐以太宰、平阳王淹为青州刺史,太傅、平秦王归彦为太宰、冀州刺史。

归彦为肃宗所厚,恃势骄盈,陵侮贵戚。世祖即位,侍中、开府仪同三司高元海、御史中丞毕义云、黄门郎高乾和数言其短,且云:“归彦威权震主,必为祸乱。”帝亦寻其反覆之迹,渐忌之。伺归彦还家,召魏收于帝前作诏草,除归彦冀州,使乾和缮写。昼日,仍敕门司不听归彦辄入宫。时归彦纵酒为乐,经宿不知。至明,欲参,至门知之,大惊而退。及通名谢,敕令早发,别赐钱帛等物甚厚,又敕督将悉送至清阳宫。拜辞而退,莫敢与语,唯赵郡王叡与之久语,时无闻者。

帝之为长广王也,清都和士开以善握槊、弹琵琶有宠,辟为开府行参军,及即位,累迁给事黄门侍郎。高元海、毕义云、高乾和皆疾之,将言其事。士开乃奏元海等交结朋党,欲擅威福,乾和由是被疏。义云纳赂于士开,得为兖州刺史。

帝征江州刺史周迪出镇湓城,又征其子入朝。迪趑趄顾望,并不至。其余南江酋帅,私署令长,多不受召,朝廷未暇致讨,但羁縻之。豫章太守周敷独先入朝,进号安西将军,给鼓吹一部,赐以女妓、金帛,令还豫章。迪以敷素出己下,深不平之,乃阴与留异相结,遣其弟方兴将兵袭敷,敷与战,破之。又遣其兄子伏甲船中,诈为贾人,欲袭溢城。未发,事觉,寻阳太守监江州事晋陵华皎遣兵逆击之,尽获其船仗。

上以闽州刺史陈宝应之父为光禄大夫,子女皆受封爵,命宗正编入属籍。而宝应以留异女为妻,阴与异合。

虞荔弟寄,流寓闽中,荔思之成疾,上为荔征之,宝应留不遣。寄尝从容讽以逆顺,宝应辄引它语以乱之。宝应尝使人读《汉书》,卧而听之,至蒯通说韩信曰"相君之背,贵不可言",蹶然起坐,曰:"可谓智士。"寄曰:"通一说杀三士,何足称智,岂若班彪《王命》,识所归乎?"

寄知宝应不可谏,恐祸及己,乃著居士服,居东山寺,阳称足疾。宝应使人烧其屋,寄安卧不动。亲近将扶之出,寄曰:"吾命有所悬,避将安往?"纵火者自救之。

乙卯,齐以任城王湝为司徒。

齐扬州刺史行台王琳数欲南侵,尚书卢潜以为时事未可。上遣移书寿阳,欲与齐和亲。潜以其书奏齐朝,仍上启且请息兵。齐主许之,遣散骑常侍崔瞻来聘,且归南康愍王昙朗之丧。琳由是与潜有隙,更相表列。齐主征琳赴邺,以潜为扬州刺史,领行台尚书。瞻,㥄之子也。

梁末丧乱,铁钱不行,民间私用鹅眼钱。甲子,改铸五铢钱,一当鹅眼之十。

后梁主安于俭素,不好酒色,虽多猜忌,而抚将士有恩。以封疆褊隘,邑居残毁,干戈日用,郁郁不得志,疽发背而殂。葬平陵,谥曰宣皇帝,庙号中宗。太子岿即皇帝位,改元天保。尊龚太后为太皇太后,王后为皇太后,母曹贵嫔为皇太妃。

三月,丙子,安成王顼至建康,诏以为中书监、中卫将军。

上谓杜杲曰:"家弟今蒙礼遣,实周朝之惠。然鲁山不返,亦恐未能及此。"杲对曰:"安成,长安一布衣耳,而陈之介弟也,其价岂止一城而已哉!本朝敦睦九族,恕己及物,上遵太祖遗旨,下思继好之义,是以遣之南归。今乃云以寻常之土,易骨肉之亲,非使臣之所敢闻也。"上甚惭,曰:"前言戏之耳。"待杲之礼有加焉。

顼妃柳氏及子叔宝犹在穰城,上复遣毛喜如周请之,周人皆归之。

丁丑,以安右将军吴明彻为江州刺史,督高州刺史黄法氍、豫章太守周敷共讨周迪。

甲申,大赦。

留异始谓台军必自钱塘上,既而侯安都步由诸暨出永康,异大惊,奔桃枝岭,于岩口竖栅以拒之。安都为流矢所中,血流至踝,乘舆指麾,容止不变。因其山势,迮而为堰,会潦水涨满,安都引船入堨,起楼舰与异城等,发拍碎其楼堞。异与其子忠臣脱身奔晋安,依陈宝应。安都虏其妻及余子,尽收铠仗而还。

异党向文政据新安,上以贞毅将军程文季为新安太守,帅精甲三百轻往攻之。文政战败,遂降。文季,灵洗之子也。

夏,四月,辛丑,齐武明娄太后殂。齐主不改服,绯袍如故。未几,登三台,置酒作乐,宫女进白袍,帝投诸台下。散骑常侍和士开请止乐,帝怒,杖之。

乙巳,齐遣使来聘。

齐青州上言河水清,齐主遣使祭之,改元河清。

先是,周之群臣受封爵者皆未给租赋。癸亥,始诏柱国等贵臣邑户,听寄食他县。

五月,庚午,周大赦。

己丑,齐以右仆射斛律光为尚书令。

壬辰,周以柱国杨忠为大司空。六月,己亥,以柱国蜀国公尉迟迥为大司马。

秋,七月,己丑,纳太子妃王氏,金紫光禄大夫周之女也。

齐平秦王归彦至冀州,内不自安,欲待齐主如晋阳,乘虚入邺。其郎中令吕思礼告之。诏大司马段韶、司空娄叡讨之。归彦于南境置私驿,闻大军将至,即闭城拒守。长史宇文仲鸾等不从,皆杀之。归彦自称大丞相,有众四万。齐主以都官尚书封子绘,冀州人,祖父世为本州刺史,得人心,使乘传至信都,巡城,谕以祸福。吏民降者相继,城中动静,小大皆知之。

归彦登城大呼云:“孝昭皇帝初崩,六军百万,悉在臣手,投身向邺,奉迎陛下。当时不反,今日岂反邪!正恨高元海、毕义雲、高乾和诳惑圣上,疾忌忠良,但为杀此三人,即临城自刎。”既而城破,单骑北走,至交津,获之,锁送邺。乙未,载以露车,衔木面缚。刘桃枝临之以刃,击鼓随之,并其子孙十五人皆弃市。命封子绘行冀州事。

齐主知归彦前潜清河王岳,以归彦家良贱百口赐岳家,赠岳太师。

丁酉,以段韶为太傅,娄叡为司徒,平阳王淹为太宰,斛律光为司空,赵郡王叡为尚书令,河间王孝琬为左仆射。

癸亥,齐主如晋阳。

上遣使聘齐。

九月,戊辰朔,日有食之。

以侍中、都官尚书到仲举为尚书右仆射、丹杨尹。仲举,溉之弟子也。

吴明彻至临川,攻周迪,不能克。丁亥,诏安成王顼代之。

冬,十月,戊戌,诏以军旅费广,百姓空虚,凡供乘舆饮食衣服及宫中调度,悉从减削;至于百司,宜亦思省约。

十一月,丁卯,周以赵国公招为益州总管。

丁丑,齐遣兼散骑常侍封孝琰来聘。

十二月,丙辰,齐主还邺。

齐主逼通昭信李后,曰:"若不从我,我杀尔儿。"后惧,从之。既而有娠。太原王绍德至阁,不得见,愠曰:"儿岂不知邪!姊腹大,故不见儿。"后大惭,由是生女不举。帝横刀诟曰:"杀我女,我何得不杀尔儿?"对后以刀环筑杀绍德。后大哭,帝愈怒,裸后乱棰之,后号天不已。帝命盛以绢囊,流血淋漉,投诸渠水,良久乃苏,犊车载送妙胜寺为尼。

资治通鉴卷第一百六十九

端明殿学士兼翰林侍读学士朝散大夫右谏议大夫充集贤殿修撰提举西京嵩山崇福宫上柱国河内郡开国侯食邑一千八百户食实封六百户赐紫金鱼袋臣 司马光 奉敕编集

陈纪三 起昭阳协洽（癸未），尽柔兆阉茂（丙戌），凡四年。

世祖文皇帝下

天嘉四年（癸未、563）

春，正月，齐以太子少傅魏收兼尚书右仆射。时齐主终日酣饮，朝事专委侍中高元海。元海庸俗，帝亦轻之，以收才名素盛，故用之。而收畏懦避事，寻坐阿纵，除名。

兖州刺史毕义云作书与高元海，论叙时事，元海入宫，不觉遗之。给事中李孝贞得而奏之，帝由是疏元海，以孝贞兼中书舍人，征义云还朝。和士开复谮元海，帝以马鞭棰元海六十，责曰："汝昔教我反，以弟反兄，几许不义！以邺城兵抗并州，几许无智！"出为兖州刺史。

甲申，周迪众溃，脱身逾岭，奔晋安，依陈宝应。官军克临川，获迪妻子。宝应以兵资迪，留异又遣子忠臣随之。

虞寄与宝应书，以十事谏之曰："自天厌梁德，英雄互起，人人自以为得之。然夷凶剪乱，四海乐推者，陈氏也。岂非历数有在，惟天所授乎！一也。以王琳之强，侯瑱之力，进足以摇荡中原，争衡天下，退足以屈强江外，雄张偏隅。然或命一旅之师，或资一士之说，琳则瓦解冰泮，投身异域，瑱则厥角稽颡，委命阙庭，斯又天假之威而除其患。二也。今将军以藩戚之重，东南之众，尽忠奉上，戮力勤王，岂不勋高窦融，宠过吴芮，析珪判野，南面称孤乎！三也。圣朝弃瑕忘过，宽厚得人，至于余孝顷、潘纯陀、李孝钦、欧阳頠等，悉委以心腹，任以爪牙，胸中豁然，曾无纤芥。况将军衅非张绣，罪异毕谌，当何虑于危亡，何失于富贵？四也。方今周、齐邻睦，境外无虞，并兵一向，匪朝伊夕，非刘、项竞逐之机，楚、赵连从之势，何得雍容高拱，坐论西伯哉！五也。且留将军狼顾一隅，亟经摧衄，声实亏丧，胆气衰沮。其将帅首鼠两端，唯利是视，孰能被坚执锐，长驱深入，系马埋轮，奋不顾命，以先士卒者乎？六也。将军之强，孰如侯景？将军之众，孰如王琳？武皇灭侯景于前，今上摧王琳于后，此乃天时，非复人力。且兵革已后，民皆厌乱，其孰能弃坟墓，捐妻子，出万死不顾之计，从将军于白刃之间乎？七也。历观前古,子阳、季孟,倾覆相寻,馀善、右渠,危亡继及,天命可畏,山川难恃。况将军欲以数郡之地当天下之兵,以诸侯之资拒天子之命,强弱逆顺,可得侔乎?八也。且非我族类,其心必异,不爱其亲,岂能及物?留将军身縻国爵,子尚王姬,犹且弃天属而弗顾,背明君而孤立,危急之日,岂能同忧共患,不背将军者乎?至于师老力屈,惧诛利赏,必有韩、智晋阳之谋,张、陈井陉之势。九也。北军万里远斗,锋不可当。将军自战其地,人多顾后,众寡不敌,将帅不侔。师以无名而出,事以无机而动,以此称兵,未知其利。十也。

为将军计,莫若绝亲留氏,遣子入质,释甲偃兵,一遵诏旨。方今藩维尚少,皇子幼冲,凡预宗枝,皆蒙宠树。况以将军之地,将军之才,将军之名,将军之势,而克修藩服,北面称臣,宁与刘泽同年而语其功业哉!寄感恩怀德,不觉狂言,斧钺之诛,其甘如荠。”宝应览书大怒。或谓宝应曰:“虞公病势渐笃,言多错谬。”宝应意乃小释,亦以寄民望,故优容之。

周梁躁公侯莫陈崇从周主如原州。帝夜还长安,人窃怪其故,崇谓所亲曰:“吾比闻术者言,晋公今年不利,车驾今忽夜还,不过晋公死耳。”或发其事。乙酉,帝召诸公于大德殿,面责崇,崇惶恐谢罪。其夜,冢宰护遣使将兵就崇第,逼令自杀,葬如常仪。

壬辰,以高州刺史黄法氍为南徐州刺史,临川太守周敷为南豫州刺史。

周主命司宪大夫拓跋迪造《大律》十五篇。二月,庚子,颁行之。其制罪:一曰杖刑,自十至五十;二曰鞭刑,自六十至百;三曰徒刑,自一年至五年;四曰流刑,自二千五百里至四千五百里;五曰死刑,磬、绞、斩、枭、裂。凡二十五等。

庚戌,以司空、南徐州刺史侯安都为江州刺史。

辛酉,周诏:“大冢宰晋国公,亲则懿昆,任当元辅,自今诏诰及百司文书,并不得称公名。”护抗表固让。

三月,乙丑朔,日有食之。

齐诏司空斛律光督步骑二万,筑勋掌城于轵关,仍筑长城二百里,置十二戍。

丙戌,齐以兼尚书右仆射赵彦深为左仆射。

夏,四月,乙未,周以柱国达奚武为太保。

周主将视学,以太傅燕国公于谨为三老。谨上表固辞,不许,仍赐以延年杖。戊午,帝幸太学。谨入门,帝迎拜于门屏之间,谨答拜。有司设三老席于中楹,南向。太师护升阶,设几,谨升席,南面凭几而坐。大司马豆卢宁升阶,正舄。帝升阶,立于斧扆之前,西面。有司进馔,帝跪设酱豆,亲为之袒割。谨食毕,帝亲跪授爵以酳。有司撤讫,帝北面立而访道。谨起,立于席后,对曰:“木受绳则正,后从谏则圣。明王虚心纳谏以知得失,天下乃安。”又曰:“去食去兵,信不可去。愿陛下守信勿失。"又曰:"有功必赏,有罪必罚,则为善者日进,为恶者日止。"又曰:"言行者立身之基,愿陛下三思而言,九虑而行,勿使有过。天子之过,如日月之食,人莫不知,愿陛下慎之。"帝再拜受言,谨答拜。礼成而出。

司空侯安都恃功骄横,数聚文武之士骑射赋诗,斋中宾客,动至千人。部下将帅,多不遵法度,检问收摄,辄奔归安都。上性严整,内衔之,安都弗之觉。每有表启,封讫,有事未尽,开封自书之云:"又启某事。"及侍宴,酒酣,或箕踞倾倚。尝陪乐游园禊饮,谓上曰:"何如作临川王时?"上不应。安都再三言之,上曰:"此虽天命,抑亦明公之力。"宴讫,启借供帐水饰,欲载妻妾于御堂宴饮。上虽许之,意甚不怿。明日,安都坐于御座,宾客居群臣位,称觞上寿。会重云殿灾,安都帅将士带甲入殿,上甚恶之,阴为之备。

及周迪反,朝议谓当使安都讨之,而上更使吴明彻。又数遣台使案问安都部下,检括亡叛。安都遣其别驾周弘实自托于舍人蔡景历,并问省中事。景历录其状,具奏之,因希旨称安都谋反。上虑其不受召,故用为江州。

五月,安都自京口还建康,部伍入于石头。六月,帝引安都宴于嘉德殿,又集其部下将帅会于尚书朝堂,于坐收安都,因于嘉德西省,又收其将帅,尽夺马仗而释之。因出蔡景历表,以示于朝,乃下诏暴其罪恶。明日,赐死,宥其妻子,资给其丧。

初,高祖在京口,尝与诸将宴,杜僧明、周文育、侯安都为寿,各称功伐。高祖曰:"卿等悉良将也,而并有所短。杜公志大而识暗,狎于下而骄于上。周侯交不择人,而推心过差。侯郎傲诞而无厌,轻佻而肆志。并非全身之道。"卒皆如其言。

乙卯,齐主使兼散骑常侍崔子武来聘。

齐侍中、开府仪同三司和士开有宠于齐主。齐主外朝视事,或在内宴赏,须臾之间,不得不与士开相见。或累日不归,一日数入;或放还之后,俄顷即追,未至之间,连骑督趣。奸诡百端,宠爱日隆,前后赏赐,不可胜纪。每侍左右,言辞容止,极诸鄙亵,以夜继昼,无复君臣之礼。尝谓帝曰:"自古帝王,尽为灰土,尧舜、桀纣,竟复何异? 陛下宜及少壮,极意为乐,纵横行之,一日取快,可敌千年。国事尽付大臣,何虑不办,无为自勤约也。"帝大悦。于是委赵彦深掌官爵,元文遥掌财用,唐邕掌外、骑兵,信都冯子琮、胡长粲掌东宫。帝三四日一视朝,书数字而已,略无所言,须臾罢入。长粲,僧敬之子也。

帝使士开与胡后握槊,河南康献王孝瑜谏曰:"皇后天下之母,岂可与臣下接手!"孝瑜又言:"赵郡王叡,其父死于非命,不可亲近。"由是叡及士开共谮之。士开言孝瑜奢潜,叡言"山东唯闻河南王,不闻有陛下"。帝由是忌之。孝瑜窃与尔朱御女言,帝闻之,大怒。庚申,顿饮孝瑜酒三十七杯。孝瑜体肥大,腰带十围,帝使左右娄子彦载以出,鸩之于车,至西华门,烦躁投水而绝。赠太尉、录尚书事。诸侯在宫中者,莫敢举声,唯河间王孝琬大哭而出。

秋,七月,戊辰,周主幸原州。

八月,辛丑,齐以三台宫为大兴圣寺。

九月,壬戌,广州刺史阳山穆公欧阳颁卒,诏其子纥袭父爵位。

甲子,周主自原州登陇。

周迪复越东兴岭为寇,辛未,诏护军章昭达将兵讨之。

丙戌,周主如同州。

初,周人欲与突厥木杆可汗连兵伐齐,许纳其女为后,遣遣伯大夫杨荐及左武伯太原王庆往结之。齐人闻之惧,亦遣使求昏于突厥,赂遗甚厚。木杆贪齐币重,欲执荐等送齐。荐知之,责木杆曰:“太祖昔与可汗共敦邻好,蠕蠕部落数千来降,太祖悉以付可汗使者,以快可汗之意,如何今日遽欲背恩忘义,独不愧鬼神乎?”木杆惨然良久曰:“君言是也。吾意决矣,当相与共平东贼,然后送女。”荐等复命。

公卿请发十万人击齐,柱国杨忠独以为得万骑足矣。戊子,遣忠将步骑一万,与突厥自北道伐齐,又遣大将军达奚武帅步骑三万,自南道出平阳,期会于晋阳。

冬,十一月,辛酉,章昭达大破周迪。迪脱身潜窜山谷,民相与匿之,虽加诛戮,无肯言者。

十二月,辛卯,周主还长安。

丙申,大赦。

章昭达进军度岭,趣建安,讨陈宝应,诏益州刺史余孝顷督会稽、东阳、临海、永嘉诸军自东道会之。

是岁,初祭始兴昭烈王于建康,用天子礼。

周杨忠拔齐二十余城。齐人守陉岭之隘,忠击破之。突厥木杆、地头、步离三可汗以十万骑会之。己丑,自恒州三道俱入。时大雪数旬,南北千余里,平地数尺。齐主自邺倍道赴之,戊午,至晋阳。斛律光将步骑三万屯平阳。己未,周师及突厥逼晋阳。齐主畏其强,戎服帅宫人欲东走避之。赵郡王叡、河间王孝琬叩马谏。孝琬请委叡部分,必得严整。帝从之,命六军进止皆取叡节度,而使并州刺史段韶总之。

五年(甲申、564)

春,正月,庚申朔,齐主登北城,军容甚整。突厥咎周人曰:“尔言齐乱,故来伐之。今齐人眼中亦有铁,何可当耶!"

周人以步卒为前锋,从西山下去城二里许。诸将咸欲逆击之,段韶曰:"步卒力势,自当有限。今积雪既厚,逆战非便,不如陈以待之。彼劳我逸,破之必矣。"既至,齐悉其锐兵鼓噪而出。突厥震骇,引上西山,不肯战,周师大败而还。突厥引兵入塞,纵兵大掠,自晋阳以往七百余里,人畜无遗。段韶追之,不敢逼。突厥还至陉岭,冻滑,乃铺毡以度。胡马寒瘦,膝已下皆无毛,比至长城,马死且尽,截稍杖之以归。

达奚武至平阳,未知忠退。斛律光与书曰:"鸿鹄已翔于寥廓,罗者犹视于沮泽。"武得书,亦还。光逐之,入周境,获二千余口而还。

光见帝于晋阳,帝以新遭大寇,抱光头而哭。任城王湝进曰:"何至于此。"乃止。

初,齐显祖之世,周人常惧齐兵西度,每至冬月,守河椎冰。及世祖即位,嬖幸用事,朝政渐紊,齐人椎冰以备周兵之逼。斛律光忧之,曰:"国家常有吞关、陇之志,今日至此,而唯玩声色乎!"

辛巳,上祀北郊。

二月,庚寅朔,日有食之。

初,齐显祖命群官刊定魏《麟趾格》为《齐律》,久而不成。时军国多事,决狱罕依律文,相承谓之"变法从事"。世祖即位,思革其弊,乃督修律令者,至是而成,《律》十二篇,《令》四十卷。其刑名有五:一曰死,重者辕之,次枭首,次斩,次绞。二曰流,投边裔为兵。三曰刑,自五岁至一岁。四曰鞭,自百至四十。五曰杖,自三十至十。凡十五等。其流内官及老、小、阉、痴并过失应赎者,皆以绢代金。三月,辛酉,班行之,因大赦。是后为吏者始守法令。又敕仕门子弟常讲习之,故齐人多晓法。

又令民十八受田输租调,二十充兵,六十免力役,六十六还田,免租调。一夫受露田八十亩,妇人四十亩,奴婢依良人,牛受六十亩。大率一夫一妇调绢一匹,绵八两,垦租二石,义租五斗。奴婢准良人之半。牛调二尺,垦租一斗,义租五升。垦租送台,义租纳郡,以备水旱。

己巳,齐群盗田子礼等数十人,共劫太师彭城景思王浟为主,诈称使者,径向浟第,至内室,称敕,牵浟上马,临以白刃,欲引向南殿。浟大呼不从,盗杀之。

庚辰,周初令百官执笏。

齐以斛律光为司徒,武兴王普为尚书左仆射。普,归彦之兄子也。甲申,以冯翊王润为司空。

夏,四月,辛卯,齐主使兼散骑常侍皇甫亮来聘。

庚子,周主遣使来聘。

癸卯,周以邓公河南窦炽为大宗伯。五月,壬戌,封世宗之子贤为毕公。

甲子,齐主还邺。

壬午,齐以赵郡王叡为录尚书事,前司徒娄叡为太尉。甲申,以段韶为太师。丁亥,以任城王湝为大将军。

壬辰,齐主如晋阳。

周以太保达奚武为同州刺史。

六月,齐主杀乐陵王百年。时白虹围日再重,又横贯而不达,赤星见,齐主欲以百年厌之。会博陵人贾德胄教百年书,百年尝作数敕字,德胄封以奏之。帝发怒,使召百年。百年自知不免,割带玦留与其妃斛律氏。见帝于凉风堂,使百年书敕字,验与德胄所奏相似,遣左右乱捶之,又令曳之绕堂行且捶,所过血皆遍地,气息将尽,乃斩之,弃诸池,池水尽赤。妃把玦哀号不食,月余亦卒,玦犹在手,拳不可开,其父光自擘之,乃开。

庚寅,周改御伯为纳言。

初,周太祖之从贺拔岳在关中也,遣人迎晋公护于晋阳。护母阎氏及周主之姑皆留晋阳,齐人以配中山宫。及护用事,遣间使人齐求之,莫知音息。齐遣使者至玉壁,求通互市。护欲访求母、姑,使司马下大夫尹公正至玉壁,与之言,使者甚悦。勋州刺史韦孝宽获关东人,复纵之,因致书为言西朝欲通好之意。是时,周人以前攻晋阳不得志,谋与突厥再伐齐。齐主闻之,大惧,许遣护母西归,且求通好,先遣其姑归。

秋,八月,丁亥朔,日有食之。

周遣柱国杨忠将兵会突厥伐齐,至北河而还。

戊子,周以齐公宪为雍州牧,宇文贵为大司徒。九月,丁巳,以卫公直为大司马。追录佐命元功,封开府仪同三司陇西公李昞为唐公,太驭中大夫长乐公若干凤为徐公。昞,虎之子;凤,惠之子也。

乙丑,齐主封其子绰为南阳王,俨为东平王。俨,太子之母弟也。

突厥寇齐幽州,众十余万,入长城,大掠而还。

周皇姑之归也,齐主遣人为晋公护母作书,言护幼时数事,又寄其所著锦袍,以为信验。且曰:"吾属千载之运,逢大齐之德,矜老开恩,许得相见。禽兽草木,母子相依。吾有何罪,与汝分离,今复何福,还望见汝。言此悲喜,死而更苏。世间所有,求皆可得,母子异国,何处可求!假汝贵极王公,富过山海,有一老母,八十年,飘然千里,死亡旦夕,不得一朝暂见,不得一日同处,寒不得汝衣,饥不得汝食,汝虽穷荣极盛,光耀世间,于吾何益?吾今日之前,汝既不得申其供养,事往何论。今日以后,吾之残命,唯系于汝尔。戴天履地,中有鬼神,勿云冥昧,而可欺负。"

护得书,悲不自胜。复书曰:"区宇分崩,遭遇灾祸,违离膝下,三十五年。受形禀气,皆知母子,谁同萨保,如此不孝!子为公侯,母为俘隶,暑不见母暑,寒不见母寒,衣不知有无,食不知饥饱,泯如天地之外,无由暂闻。分怀冤酷,终此一生,死若有知,冀奉见于泉下耳。不谓齐朝解网,惠以德音,磨敦、四姑,并许矜放。初闻此旨,魂爽飞越,号天叩地,不能自胜。齐朝霈然之恩,既已沾洽,有家有国,信义为本,伏度来期,已应有日。一得奉见慈颜,永毕生愿。生死肉骨,岂过今恩,负山载岳,未足胜荷。"

齐人留护母,使更与护书,邀护重报,往返再三。时段韶拒突厥军于塞下,齐主遣黄门徐世荣乘传赍周书问韶。韶以"周人反覆,本无信义,比晋阳之役,其事可知。护外托为相,其实主也。既为母请和,不遣一介之使。若据移书,即送其母,恐示之以弱。不如且外许之,待和亲坚定,然后遣之未晚"。齐主不听,即遣之。

阎氏至周,举朝称庆,周主为之大赦。凡所资奉,穷极华盛。每四时伏腊,周主帅诸亲戚行家人之礼,称觞上寿。

突厥自幽州还,留屯塞北,更集诸部兵,遣使告周,欲与共击齐如前约。闰月,乙巳,突厥寇齐幽州。

晋公护新得其母,未欲伐齐,又恐负突厥约,更生边患,不得已,征二十四军及左右厢散隶、秦、陇、巴、蜀之兵并羌、胡内附者,凡二十万人。

冬,十月,甲子,周主授护斧钺于庙廷。丁卯,亲劳军于沙苑。癸酉,还宫。

护军至潼关,遣柱国尉迟迥帅精兵十万为前锋,趣洛阳,大将军权景宣帅山南之兵趣悬瓠,少师杨檦出轵关。

周迪复出东兴,宣城太守钱肃镇东兴,以城降迪。吴州刺史陈详将兵击之,详兵大败,迪众复振。

南豫州刺史西丰脱侯周敷帅所部击之,至定川,与迪对垒。迪绐敷曰:"吾昔与弟勠力同心,岂规相害。今愿伏罪还朝,因弟披露心腑,先乞挺身共盟。"敷许之,方登坛,为迪所杀。

陈宝应据建安、晋安二郡,水陆为栅,以拒章昭达。昭达与战,不利,因据上流,命军士伐木为筏,施拍其上。会大雨江涨,昭达放筏冲宝应水栅,尽坏之,又出兵攻其步军。方合战,上遣将军余孝顷自海道适至,并力乘之。十一月,己丑,宝应大败,逃至莆口,谓其子曰:"早从虞公计,不至今日。"昭达追擒之,并擒留异及其族党,送建康,斩之。异子贞臣以尚主得免,宝应宾客皆死。

上闻虞寄尝谏宝应,命昭达礼遣诣建康。既见,劳之曰:"管宁无恙?"以为衡阳王掌书记。

周晋公护进屯弘农。甲午,尉迟迥围洛阳,雍州牧齐公宪、同州刺史达奚武、泾州总管王雄军于邙山。

戊戌,齐主使兼散骑常侍刘逖来聘。

初,周杨檦为邵州刺史,镇捍东境二十余年,数与齐战,未尝不捷,由是轻之。既出轵关,独引兵深入,又不设备。甲辰,齐太尉娄叡将兵奄至,大破檦军,檦遂降齐。

权景宣围悬瓠,十二月,齐豫州道行台、豫州刺史太原王士良、永州刺史萧世怡并以城降之。景宣使开府郭彦守豫州,谢彻守永州,送士良、世怡及降卒千人于长安。

周人为土山、地道以攻洛阳,三旬不克。晋公护命诸将堑断河阳路,遏齐救兵,然后同攻洛阳。诸将以为齐兵必不敢出,唯张斥候而已。

齐遣兰陵王长恭、大将军斛律光救洛阳,畏周兵之强,未敢进。齐主召并州刺史段韶,谓曰:"洛阳危急,今欲遣王救之。突厥在北,复须镇御,如何?"对曰:"北虏侵边,事等疥癣。今西邻窥逼,乃腹心之病,请奉诏南行。"齐主曰:"朕意亦尔。"乃令韶督精骑一千发晋阳。丁巳,齐主亦自晋阳赴洛阳。

己未,齐太宰平原靖翼王淹卒。

段韶自晋阳,行五日济河,会连日阴雾,壬戌,韶至洛阳,帅帐下三百骑,与诸将登邙阪,观周军形势。至大和谷,与周军遇,韶即驰告诸营,追集骑士,结陈以待之。韶为左军,兰陵王长恭为中军,斛律光为右军。周人不意其至,皆恟惧。韶遥谓周人曰:"汝宇文护才得其母,遽来为寇,何也?"周人曰:"天遣我来,有何可问。"韶曰:"天道赏善罚恶,当遣汝送死来耳。"周人以步兵在前,上山逆战。韶且战且却以诱之,待其力弊,然后下马击之。周师大败,一时瓦解,投坠溪谷死者甚众。

兰陵王长恭以五百骑突入周军,遂至金墉城下。城上人弗识,长恭免胄示之面,乃下弩手救之。周师在城下者亦解围遁去,委弃营幕,自邙山至穀水,三十里中,军资器械,弥满川泽。唯齐公宪、达奚武及庸忠公王雄在后,勒兵拒战。

王雄驰马冲斛律光陈,光退走,雄追之。光左右皆散,唯余一奴一矢。雄按矟不及光者丈余,谓光曰:"吾惜尔不杀,当生将尔见天子。"光射雄中额,雄抱马走,至营而卒。军中益惧。

齐公宪拊循督励,众心小安。至夜,收军,宪欲待明更战。达奚武曰:"洛阳军散,人情震骇,若不因夜速还,明日欲归不得。武在军久,备见形势。公少年未经事,岂可以数营士卒委之虎口乎!"乃还。权景宣亦弃豫州走。

丁卯,齐主至洛阳。己巳,以段韶为太宰,斛律光为太尉,兰陵王长恭为尚书令。壬申,齐主如虎牢,遂自滑台如黎阳。丙子,至邺。

杨忠引兵出沃野,应接突厥,军粮不给,诸军忧之,计无所出。忠乃招诱稽胡酋长咸在坐,诈使河州刺史王杰勒兵鸣鼓而至,曰:"大冢宰已平洛阳,欲与突厥共讨稽胡之不服者。"坐者皆惧,忠慰谕而遣之。于是诸胡相帅馈输,车粮填积。属周师罢归,忠亦还。

晋公护本无将略,是行也,又非本心,故无功,与诸将稽首谢罪。周主慰劳罢之。

是岁,齐山东大水,饥死者不可胜计。

宕昌王梁弥定屡寇周边,周大将军田弘讨灭之,以其地置宕州。

六年(乙酉、565)

春,正月,癸卯,齐以任城王湝为大司马。

齐主如晋阳。

二月,辛丑,周遣陈公纯、许公贵、神武公窦毅、南阳公杨荐等备皇后仪卫行殿,并六宫百二十人,诣突厥可汗牙帐逆女。毅,炽之兄子也。

丙寅,周以柱国安武公李穆为大司空,绥德公陆通为大司寇。

壬申,周主如岐州。

夏,四月,甲寅,以安成王顼为司空。

顼以帝弟之重,势倾朝野。直兵鲍僧叡,恃顼势为不法,御史中丞徐陵为奏弹之,从南台官属引奏案而入。上见陵章服严肃,为敛容正坐。陵进读奏版,时顼在殿上侍立,仰视上,流汗失色。陵遣殿中御史引顼下殿。上为之免顼侍中、中书监,朝廷肃然。

丙午,齐大将军东安王娄叡坐事免。

齐著作郎祖珽,有文学,多技艺,而疏率无行。尝为高祖中外府功曹,因宴失金叵罗,于珽髻上得之。又坐诈盗官粟三千石,鞭二百,配甲坊。显祖时,珽为秘书丞,盗《华林遍略》,及有它赃,当绞,除名为民。显祖虽憎其数犯法,而爱其才伎,令直中书省。

世祖为长广王,珽以胡桃油献之,因言"殿下有非常骨法,孝徵梦殿下乘龙上天"。王曰:"若然,当使兄大富贵。"及即位,擢拜中书侍郎,迁散骑常侍。与和士开共为奸诌。

珽私说士开曰:"君之宠幸,振古无比。宫车一日晚驾,欲何以克终?"士开因从问计。珽曰:"宜说主上云:'文襄、文宣、孝昭之子,俱不得立,今宜令皇太子早践大位,以定君臣之分。'若事成,中宫、少主必皆德君,此万全之计也。请君微说主上令粗解,珽当自外上表论之。"士开许诺。

会有彗星见,太史奏云:"彗,除旧布新之象,当有易主。"珽于是上书言:"陛下虽为天子,未为极贵,宜传位东宫,且以上应天道。"并上魏显祖禅子故事。齐主从之。

丙子,使太宰段韶持节奉皇帝玺绶,传位于太子纬。太子即皇帝位于晋阳宫,大赦,改元天统。又诏以太子妃斛律氏为皇后。于是群公上世祖尊号为太上皇帝,军国大事咸以闻。使黄门侍郎冯子琮、尚书左丞胡长粲辅导少主,出入禁中,专典敷奏。子琮,胡后之妹夫也。

祖珽拜秘书监,加仪同三司,大被亲宠,见重二宫。

丁丑,齐以贺拔仁为太师,侯莫陈相为太保,冯翊王润为司徒,赵郡王叡为司空,河南王孝琬为尚书令。戊寅,以瀛州刺史尉粲为太尉,斛律光为大将军,东安王娄叡为太尉,尚书仆射赵彦深为左仆射。

五月,突厥遣使至齐,始与齐通。

六月,己巳,齐主使兼散骑常侍王季高来聘。

秋,七月,辛巳朔,日有食之。

上遣都督程灵洗自鄱阳别道击周迪,破之。迪与麾下十余人窜于山穴中,日月浸久,从者亦稍苦之。后遣人潜出临川市鱼鲑,临川太守骆牙执之,令取迪自效,因使腹心勇士随之入山。其人诱迪出猎,勇士伏于道旁,出斩之。丙戌,传首至建康。

庚寅,周主如秦州。八月,丙子,还长安。

己卯,立皇子伯固为新安王,伯恭为晋安王,伯仁为庐陵王,伯义为江夏王。

冬,十月,辛亥,周以函谷关城为通洛防,以金州刺史贺若敦为中州刺史,镇函谷。

敦恃才负气,顾其流辈皆为大将军,敦独未得,兼以湘州之役,全军而返,谓宜受赏,翻得除名,对台使出怨言。晋公护怒,征还,逼令自杀。临死,谓其子弼曰:"吾志平江南,今而不果,汝必成吾志。吾以舌死,汝不可不思。"因引锥刺弼舌出血以诫之。

十一月,癸未,齐太上皇至邺。

齐世祖之为长广王也,数为显祖所捶,心常衔之。显祖每见祖珽,常呼为贼,故珽亦怨之,且欲求媚于世祖。乃说世祖曰:"文宣狂暴,何得称'文'? 既非创业,何得称'祖'? 若文宣为祖,陛下万岁后当何所称?"帝从之。己丑,改谥太祖献武皇帝为神武皇帝,庙号高祖,献明皇后为武明皇后。令有司更议文宣谥号。

十二月,乙卯,封皇子伯礼为武陵王。

壬戌,齐上皇如晋阳。

庚午,齐改谥文宣皇帝为景烈皇帝,庙号威宗。

天康元年(丙戌、566)

春,正月,己卯,日有食之。

癸未,周大赦,改元天和。

辛卯,齐主祀圜丘。癸巳,祫太庙。

丙申,齐以吏部尚书尉瑾为右仆射。

己亥,周主耕藉田。

庚子,齐主如晋阳。

周遣小载师杜杲来聘。

二月,庚戌,齐上皇还邺。

丙子,大赦,改元。

三月,己卯,以安成王顼为尚书令。

丙午,周主祀南郊。夏,四月,辛亥,大雪。

上不豫,台阁众事,并令尚书仆射到仲举、五兵尚书孔奂共决之。奂,琇之之曾孙也。疾笃,奂、仲举与司空、尚书令、扬州刺史安成王顼、吏部尚书袁枢、中书舍人刘师知入侍医药。枢,君正之子也。太子伯宗柔弱,上忧其不能守位,谓顼曰:"吾欲遵太伯之事。"顼拜伏泣涕,固辞。上又谓仲举、奂等曰:"今三方鼎峙,四海事重,宜须长居。朕欲近则晋成,远隆殷法,卿等宜遵此意。"孔奂流涕对曰:"陛下御膳违和,痊复非久。皇太子春秋鼎盛,圣德日跻。安成王介弟之尊,足为周旦。若有废立之心,臣等愚,诚不敢闻诏。"上曰:"古之遗直,复见于卿。"乃以奂为太子詹事。

> 臣光曰:夫臣之事君,宜将顺其美,正救其恶。孔奂在陈,处腹心之重任,决礼义之大计,苟以世祖之言为不诚,则当如窦婴面辩,爰盎廷争,防微杜渐,以绝觊觎之心。以为诚邪,则当请明下诏书,宣告中外,使世祖有宋宣之美,高宗无楚灵之恶。不然,谓太子嫡嗣,不可动摇,欲保辅而安全之,则当尽忠竭节,以死继之,如晋之荀息,赵之肥义。奈何于君之存,则逆探其情而求合焉;及其既没,则权臣移国而不能救,嗣主失位而不能死!斯乃奸谀之尤者,而世祖谓之遗直,以托六尺之孤,岂不悖哉!

癸酉,上殂。

上起自艰难,知民疾苦。性明察俭约,每夜刺闺取外事分判者,前后相续。敕传更签于殿中者,必投签于阶石之上,令铿然有声,曰:"吾虽眠,亦令惊觉。"

太子即位,大赦。

五月,己卯,尊皇太后曰太皇太后,皇后曰皇太后。

乙酉,齐以兼尚书左仆射武兴王普为尚书令。

吐谷浑龙涸王莫昌帅部落附于周,以其地为扶州。

庚寅,以安成王顼为骠骑大将军、司徒、录尚书、都督中外诸军事。丁酉,以中军大将军、开府仪同三司徐度为司空,以吏部尚书袁枢为左仆射,吴兴太守沈钦为右仆射,御史中丞徐陵为吏部尚书。

陵以梁末以来,选授多滥,乃为书示众曰:"梁元帝承侯景之凶荒,王太尉接荆州之祸败,故使官方,穷此纷杂。永安之时,圣朝草创,白银难得,黄札易营,权以官阶,代于钱绢,致令员外、常侍,路上比肩,谘议、参军,市中无数,岂是朝章固应如此?今衣冠礼乐,日富年华,何可犹作旧意,非理望也。"众咸服之。

己亥,齐立上皇子弘为齐安王,仁固为北平王,仁英为高平王,仁光为淮南王。

六月,齐遣兼散骑常侍韦道儒来聘。

丙寅,葬文皇帝于永宁陵,庙号世祖。

秋,七月,戊寅,周筑武功等诸城以置军士。

丁酉,立妃王氏为皇后。

八月,齐上皇如晋阳。

周信州蛮冉令贤、向五子王等据巴峡反,攻陷白帝,党与连结二千余里。周遣开府仪同三司元契、赵刚等前后讨之,终不克。九月,诏开府仪同三司陆腾督开府仪同三司王亮、司马裔讨之。

腾军于汤口,令贤于江南据险要,置十城,远结涔阳蛮为声援,自帅精卒固守水逻城。腾召诸将问计,皆欲先取水逻,后攻江南。腾曰:"令贤内恃水逻金汤之固,外托涔阳辅车之援,资粮充实,器械精新。以我悬军,攻其严垒,脱一战不克,更成其气。不如顿军汤口,先取江南,剪其羽毛,然后进军水逻,此制胜之术也。"乃遣王亮帅众度江,旬日,拔其八城,捕虏及纳降各千计。遂间募骁勇,数道进攻水逻。蛮帅冉伯犁、冉安西素与令贤有仇,腾说诱,赂以金帛,使为乡导。水逻之旁有石胜城,令贤使其兄子龙真据之。腾密诱龙真,龙真遂以城降。水逻众溃,斩首万余级,捕虏万余口。令贤走,追获,斩之。腾积骸于水逻城侧为京观,是后群蛮望之,辄大哭,不敢复叛。

向五子王据石墨城,使其子宝胜据双城。水逻既平,腾频遣谕之,犹不下。进击,皆擒之,尽斩诸向酋长,捕虏万余口。信州旧治白帝,腾徙之于八陈滩北,以司马裔为信州刺史。

　　小吏部陇西辛昂,奉使梁、益,且为腾督军粮。时临、信、楚、合等州民多从乱,昂谕以祸福,赴者如归。乃令老弱负粮,壮夫拒战,咸乐为用。使还,会巴州万荣郡民反,攻围郡城,遏绝山路。昂谓其徒曰:“凶狡猖狂,若待上闻,孤城必陷。苟利百姓,专之可也。”遂募通、开二州,得三千人。倍道兼行,出其不意,直趣贼垒。贼以为大军至,望风瓦解,一郡获全。周朝嘉之,以为渠州刺史。

　　冬,十月,齐以侯莫陈相为太傅,任城王湝为太保,娄叡为大司马,冯翊王润为太尉,开府仪同三司韩祖念为司徒。

　　庚申,帝享太庙。

　　十一月,乙亥,周遣使来吊。

　　丙戌,周主行视武功等新城。十二月,庚申,还长安。

　　齐河间王孝琬怨执政,为草人而射之。和士开、祖珽谮之于上皇曰:“草人以拟圣躬也。又,前突厥至并州,孝琬脱兜鍪抵地,云:‘我岂老妪,须著此物。’此言属大家也。又,魏世谣言:‘河南种谷河北生,白杨树端金鸡鸣。’河南、北者,河间也。孝琬将建金鸡大赦耳。”上皇颇惑之。

　　会孝琬得佛牙,置第内,夜有光。上皇闻之,使搜之,得填库稍幡数百,上皇以为反具,收讯。诸姬有陈氏者,无宠,诬孝琬云:“孝琬常画陛下像而哭之。”其实世宗像也。上皇怒,使武卫赫连辅玄倒鞭挝之。孝琬呼叔,上皇曰:“何敢呼我为叔!”孝琬曰:“臣神武皇帝嫡孙,文襄皇帝嫡子,魏孝静皇帝之甥,何为不得呼叔?”上皇愈怒,折其两胫而死。安德王延宗哭之,泪赤。又为草人,鞭而讯之曰:“何故杀我兄!”奴告之,上皇覆延宗于地,马鞭鞭之二百,几死。

　　是岁,齐赐侍中、中书监元文遥姓高氏,顷之,迁尚书左仆射。

　　魏末以来,县令多用厮役,由是士流耻为之。文遥以为县令治民之本,遂请革选,密择贵游子弟,发敕用之。犹恐其披诉,悉召之集神武门,令赵郡王叡宣旨唱名,厚加慰谕而遣之。齐之士人为县自此始。

资治通鉴卷第一百七十

端明殿学士兼翰林侍读学士朝散大夫右谏议大夫充集贤殿修撰提举西京嵩山崇福宫上柱国河内郡开国侯食邑一千八百户食实封六百户赐紫金鱼袋臣　司马光　奉敕编集

陈纪四　起强圉大渊献(丁亥)，尽重光单阏(辛卯)，凡五年。

临海王

光大元年（丁亥、567）

春，正月，癸酉朔，日有食之。

尚书左仆射袁枢卒。

乙亥，大赦，改元。

辛卯，帝祀南郊。

壬辰，齐上皇还邺。

己亥，周主耕藉田。

二月，壬寅朔，齐主加元服，大赦。

初，高祖为梁州，用刘师知为中书舍人。师知涉学工文，练习仪体，历世祖朝，虽位宦不迁，而委任甚重，与扬州刺史安成王顼、尚书仆射到仲举同受遗诏辅政。师知、仲举恒居禁中，参决众事，顼与左右三百人入居尚书省。师知见顼地望权势为朝野所属，心忌之，与尚书左丞王暹等谋出顼于外。众犹豫，未敢先发。东宫通事舍人殷不佞，素以名节自任，又受委东宫，乃驰诣相府，矫敕谓顼曰："今四方无事，王可还东府经理州务。"

顼将出，中记室毛喜驰入见顼曰："陈有天下日浅，国祸继臻，中外危惧。太后深惟至计，令王入省共康庶绩，今日之言，必非太后之意。宗社之重，愿王三思，须更闻奏，无使奸人得肆其谋。今出外即受制于人，譬如曹爽，愿作富家翁，其可得邪！"顼遣喜与领军将军吴明彻筹之，明彻曰："嗣君谅闇，万机多阙。殿下亲实周、邵，当辅安社稷，愿留中勿疑。"顼乃称疾，召刘师知，留之与语，使毛喜先入言于太后。太后曰："今伯宗幼弱，政事并委二郎。此非我意。"喜又言于帝。帝曰："此自师知等所为，朕不知也。"喜出，以报顼。顼因囚师知，自入见太后及帝，极陈师知之罪，仍自草敕请画，以师知付廷尉，其夜，于狱中赐死。以到仲举为金紫光禄大夫。王暹、殷不佞并付治。不佞，不害之弟也，少有孝行，顼雅重之，故独得不死，免官而已。王暹伏诛。自是国政尽归于顼。

右卫将军会稽韩子高,镇领军府,在建康诸将中士马最盛,与仲举通谋。事未发。毛喜请简人马配子高,并赐铁、炭,使修器甲。顼惊曰:"子高谋反,方欲收执,何为更如是邪?"喜曰:"山陵始毕,边寇尚多,而子高受委前朝,名为杖顺,若收之,恐不时受首,或能为人患。宜推心安诱,使不自疑,伺间图之,一壮士之力耳。"顼深然之。

仲举既废归私第,心不自安。子郁,尚世祖妹信义长公主,除南康内史,未之官。子高亦自危,求出为衡、广诸镇。郁每乘小舆,蒙妇人衣,与子高谋。会前上虞令陆昉及子高军主告其谋反。顼在尚书省,因召文武在位议立皇太子。平旦,仲举、子高入省,皆执之,并郁送廷尉,下诏,于狱赐死,余党一无所问。

辛亥,南豫州刺史余孝顷坐谋反诛。

癸丑,以东扬州刺史始兴王伯茂为中卫大将军、开府仪同三司。伯茂,帝之母弟也,刘师知、韩子高之谋,伯茂皆预之。司徒顼恐扇动中外,故以为中卫,专使之居禁中,与帝游处。

三月,甲午,以尚书右仆射沈钦为侍中、左仆射。

夏,四月,癸丑,齐遣散骑常侍司马幼之来聘。

湘州刺史华皎闻韩子高死,内不自安,缮甲聚徒,抚循所部,启求广州,以卜朝廷之意。司徒顼伪许之,而诏书未出。皎遣使潜引周兵,又自归于梁,以其子玄响为质。

五月,癸巳,顼以丹杨尹吴明彻为湘州刺史。

甲午,齐以东平王俨为尚书令。

司徒顼遣吴明彻帅舟师三万趣郢州,丙申,遣征南大将军淳于量帅舟师五万继之,又遣冠武将军杨文通从安成步道出茶陵,巴山太守黄法慧从宜阳出澧陵,共袭华皎,并与江州刺史章昭达、郢州刺史程灵洗合谋进讨。六月,壬寅,以司空徐度为车骑将军,总督建康诸军,步道趣湘州。

辛亥,周主尊其母叱奴氏为皇太后。

己未,齐封皇弟仁机为西河王,仁约为乐浪王,仁俭为颍川王,仁雅为安乐王,仁直为丹阳王,仁谦为东海王。

华皎使者至长安,梁王亦上书言状,且乞师,周人议出师应之。司会崔猷曰:"前岁东征,死伤过半,比虽循抚,疮痍未复。今陈氏保境息民,共敦邻好,岂可利其土地,纳其叛臣,违盟约之信,兴无名之师乎!"晋公护不从。闰六月,戊寅,遣襄州总管卫公直督柱国陆通、大将军田弘、权景宣、元定等将兵助之。

辛巳,齐左丞相咸阳武王斛律金卒,年八十。金长子光为大将军,次子羡及孙武都并开府仪同三司,出镇方岳,其余子孙封侯贵显者众甚。门中一皇后,二太子妃,三公主,事齐三世,贵宠无比。自肃宗以来,礼敬尤重,每朝见,常听乘步挽车至阶,或以羊车迎之。然金不以为喜,尝谓光曰:"我虽不读书,闻古来外戚鲜有能保其族者。女若有宠,为诸贵所嫉;无宠,为天子所憎。我家直以勋劳致富贵,何必藉女宠也!"

壬午,齐以东平王俨录尚书事,以左仆射赵彦深为尚书令,并省尚书左仆射娄定远为左仆射,中书监徐之才为右仆射。定远,昭之子也。

秋,七月,戊申,立皇子至泽为太子。

八月,齐以任城王湝为太师,冯翊王润为大司马,段韶为左丞相,贺拔仁为右丞相,侯莫陈相为太宰,娄叡为太傅,斛律光为太保,韩祖念为大将军,赵郡王叡为太尉,东平王俨为司徒。

俨有宠于上皇及胡后,时兼京畿大都督、领军大将军,领御史中丞。魏朝故事,中丞出,与皇太子分路,王公皆遥驻车,去牛,顿轭于地,以待其过,其或迟违,则前驱以赤棒棒之。自迁邺以后,此仪废绝,上皇欲尊宠俨,命一遵旧制。俨初从北宫出,将上中丞,凡京畿步骑、领军官属、中丞威仪、司徒卤簿,莫不毕从。上皇与胡后张幕于华林园东门外而观之,遣中使骤马趣仗。不得入,自言奉敕,赤棒应声碎其鞍,马惊,人坠。上皇大笑,以为善,更敕驻车,劳问良久。观者倾邺城。

俨恒在宫中,坐含光殿视事,诸父皆拜之。上皇或时如并州,俨恒居守,每送行,或半路,或至晋阳乃还。器玩服饰,皆与齐主同,所须悉官给。尝于南宫见新冰早李,还,怒曰:"尊兄已有,我何竟无!"自是齐主或先得新奇,属官及工人必获罪。俨性刚决,尝言于上皇曰:"尊兄懦,何能帅左右?"上皇每称其才,有废立意,胡后亦劝之,既而中止。

华皎遣使诱章昭达,昭达执送建康。又诱程灵洗,灵洗斩之。皎以武州居其心腹,遣使诱都督陆子隆,子隆不从,遣兵攻之,不克。巴州刺史戴僧朔等并隶于皎。长沙太守曹庆等本隶皎下,遂为之用。司徒顼恐上流守宰皆附之,乃曲赦湘、巴二州。九月,乙巳,悉诛皎家属。

梁以皎为司空,遣其柱国王操将兵二万会之。周权景宣将水军,元定将陆军,卫公直总之,与皎俱下。淳于量军夏口,直军鲁山,使元定以步骑数千围郢州。皎军于白螺,与吴明彻等相持。徐度、杨文通由岭路袭湘州,尽获其所留军士家属。

皎自巴陵与周、梁水军顺流乘风而下,军势甚盛,战于沌口。量、明彻募军中小舰,多赏金银,令先出当西军大舰受其拍。西军诸舰发拍皆尽,然后量等以大舰拍之,西军舰皆碎,没于中流。西军又以舰载薪,因风纵火,俄而风转自焚,西军大败。皎与戴僧朔单舸走,过巴陵,不敢登岸,径奔江陵。卫公直亦奔江陵。

元定孤军,进退无路,斫竹开径,且战且引,欲趣巴陵。巴陵已为徐度等所据,度等遣使伪与结盟,许纵之还国。定信之,解仗就度,度执之,尽俘其众,并擒梁大将军李广。定愤恚而卒。

皎党曹庆等四十余人并伏诛。唯以岳阳太守章昭裕,昭达之弟,(杜)〔桂〕阳太守曹宣,高祖旧臣,衡阳内史汝阴任忠,尝有密启,皆宥之。

吴明彻乘胜攻梁河东,拔之。

周卫公直归罪于梁柱国殷亮,梁主知非其罪,然不敢违,遂诛之。

周与陈既交恶,周沔州刺史裴宽白襄州总管,请益戍兵,并迁城于羊蹄山以避水。总管兵未至,程灵洗舟师奄至城下。会大雨,水暴涨,灵洗引大舰临城发拍,击楼堞皆碎,矢石昼夜攻之。三十余日,陈人登城,宽犹帅众执短兵拒战,又二日,乃擒之。

丁巳,齐上皇如晋阳。山东水,饥,僵尸满道。

冬,十月,甲申,帝享太庙。

十一月,戊戌朔,日有食之。

丙午,齐大赦。

癸丑,周许穆公宇文贵自突厥还,卒于张掖。

齐上皇还邺。

十二月,周晋公护母卒,诏起,令视事。

齐秘书监祖珽,与黄门侍郎刘逖友善。珽欲求宰相,乃疏赵彦深、元文遥、和士开罪状,令逖奏之,逖不敢通;彦深等闻之,先诣上皇自陈。上皇大怒,执珽,诘之,珽因斥士开、文遥、彦深等朋党弄权、卖官鬻狱事。上皇曰:“尔乃诽谤我!”珽曰:“臣不敢诽谤,陛下取人女。”上皇曰:“我以其饥馑,收养之耳。”珽曰:“何不开仓振给,乃买入后宫乎?”上皇益怒,以刀镮筑其口,鞭杖乱下,将扑杀之。珽呼曰:“陛下勿杀臣,臣为陛下合金丹。”遂得少宽。珽曰:“陛下有一范增不能用。”上皇又怒曰:“尔自比范增,以我为项羽邪?”珽曰:“项羽布衣,帅乌合之众,五年而成霸业。陛下藉父兄之资,才得至此,臣以为项羽未易可轻。”上皇愈怒,令以土塞其口。珽且吐且言,乃鞭二百,配甲坊,寻徙光州,敕令牢掌。别驾张奉福曰:“牢者,地牢也。”乃置地牢中,桎梏不离身。夜以芜菁子为烛,眼为所熏,由是失明。

齐七兵尚书毕义云为治酷忍,非人理所及,于家尤甚。夜为盗所杀,遗其刀,验之,其子善昭所佩刀也。有司执善昭,诛之。

二年(戊子、568)

春,正月,己亥,安成王顼进位太傅,领司徒,加殊礼。

辛丑,周主祀南郊。

癸亥,齐主使兼散骑常侍郑大护来聘。

湘东忠肃公徐度卒。

二月,丁卯,周主如武功。

突厥木杆可汗贰于周,更许齐人以昏,留陈公纯等数年不返。会大雷风,坏其穹庐,旬日不止。木杆惧,以为天谴,即备礼送其女于周,纯等奉之以归。三月,癸卯,至长安,周主行亲迎之礼。甲辰,周大赦。

乙巳,齐以东平王俨为大将军,南阳王绰为司徒,开府仪同三司徐显秀为司空,广宁王孝珩为尚书令。

戊午,周燕文公于谨卒。谨勋高位重,而事上益恭,每朝参,所从不过二三骑。朝廷有大事,多与谨谋之。谨尽忠补益,于功臣中特被亲信,礼遇隆重,始终无间。教训诸子,务存静退,而子孙蕃衍,率皆显达。

吴明彻乘胜进攻江陵,引水灌之,梁主出顿纪南以避之。周总管田弘从梁主,副总管高琳与梁仆射王操守江陵三城,昼夜拒战十旬。梁将马武、吉彻击明彻,败之。明彻退保公安,梁主乃得还。

夏,四月,辛巳,周以达奚武为太傅,尉迟迥为太保,齐公宪为大司马。

齐上皇如晋阳。

齐尚书左仆射徐之才善医,上皇有疾,之才疗之,既愈,中书监和士开欲得次迁,乃出之才为兖州刺史。五月,癸卯,以尚书右仆射胡长仁为左仆射,士开为右仆射。长仁,太上皇后之兄也。

庚戌,周主享太庙。庚申,如醴泉宫。

壬戌,齐上皇还邺。

秋,七月,壬寅,周随桓公杨忠卒,子坚袭爵。坚为开府仪同三司、小宫伯,晋公护欲引以为腹心。坚以白忠,忠曰:"两姑之间难为妇,汝其勿往。"坚乃辞之。

丙午,帝享太庙。

戊午,周主还长安。

壬戌,封皇弟伯智为永阳王,伯谋为桂阳王。

八月,齐请和于周,周遣军司马陆程等聘于齐。九月,丙申,齐使侍中斛斯文略报之。

冬,十月,癸亥,周主享太庙。

庚午,帝享太庙。

辛巳,齐以广宁王孝珩录尚书事,左仆射胡长仁为尚书令,右仆射和士开为左仆射,中书监唐邕为右仆射。

十一月,壬辰朔,日有食之。

齐遣兼散骑常侍李谐来聘。

甲辰,周主如岐阳。

周遣开府仪同三司崔彦等聘于齐。

始兴王伯茂以安成王顼专政,意甚不平,屡肆恶言。甲寅,以太皇太后令,诬帝,云与刘师知、华皎等通谋。且曰:"文皇知子之鉴,事等帝尧;传弟之怀,又符太伯。今可还申曩志,崇立贤君。"遂废帝为临海王,以安成王入纂。又下令,黜伯茂为温麻侯,置诸别馆,安成王使盗邀之于道,杀之车中。

齐上皇疾作,驿追徐之才,未至。辛未,疾亟,以后事属和士开,握其手曰:"勿负我也。"遂殂于士开之手。明日,之才至,复遣还州。

士开秘丧三日不发。黄门侍郎冯子琮问其故,士开曰:"神武、文襄之丧,皆秘不发。今至尊年少,恐王公有贰心者,意欲尽追集于凉风堂,然后与公议之。"士开素忌太尉录尚书事赵郡王叡及领军娄定远,子琮恐其矫遗诏出叡于外,夺定远禁兵,乃说之曰:"大行先已传位于今上,群臣富贵者,皆尊父子之恩,但令在内贵臣一无改易,王公必无异志。世异事殊,岂得与霸朝相比!且公不出宫门已数日,升遐之事,行路皆传,久而不举,恐有他变。"士开乃发丧。

丙子,大赦。戊寅,尊太上皇后为皇太后。

侍中尚书左仆射元文遥,以冯子琮,胡太后之妹夫,恐其赞太后干预朝政,与赵郡王叡、和士开谋,出子琮为郑州刺史。

世祖骄奢淫泆,役繁赋重,吏民苦之。甲申,诏:"所在百工细作,悉罢之。邺下、晋阳、中山宫人、官口之老病者,悉简放。诸家缘坐在流所者,听还。"

周梁州恒棱獠叛,总管长史南郑赵文表讨之。诸将欲四面进攻,文表曰:"四面攻之,獠无生路,必尽死以拒我,未易可克。今吾示以威恩,为恶者诛之,从善者抚之。善恶既分,破之易矣。"遂以此意遍令军中。时有从军熟獠,多与恒棱亲识,即以实报之。恒棱犹豫未决,文表军已至其境。獠中先有二路,一平一险,有獠帅数人来请为乡导。文表曰:"此路宽平,不须为导。卿但先行,好尉谕子弟,使来降也。"乃遣之。文表谓诸将曰:"獠帅谓吾从宽路而进,必设伏以邀我,当更出其不意。"乃引兵自狭路入,乘高而望,果有伏兵。獠既失计,争帅众来降。文表皆慰抚之,仍征其租税,无敢违者。周人以文表为蓬州刺史。

高宗宣皇帝上之上

太建元年(己丑、569)

春,正月,辛卯朔,周主以齐世祖之丧罢朝会,遣司会李纶吊赗,且会葬。

甲午,安成王即皇帝位,改元,大赦。复太皇太后为皇太后,皇太后为文皇后。立妃柳氏为皇后,世子叔宝为太子。封皇子叔陵为始兴王,奉昭烈王祀。乙未,上谒太庙。丁酉,以尚书仆射沈钦为左仆射,度支尚书王劢为右仆射。劢,份之孙也。

辛丑,上祀南郊。

壬寅,封皇子叔英为豫章王,叔坚为长沙王。

戊午,上享太庙。

齐博陵文简王济,世祖之母弟也,为定州刺史,语人曰:"次叙当至我矣。"齐主闻之,阴使人就州杀之,葬赠如礼。

二月,乙亥,上耕藉田。

甲申,齐葬武成帝于永平陵,庙号世祖。

己丑,齐徙东平王俨为琅邪王。

齐遣侍中叱列长叉聘于周。

齐以司空徐显秀为太尉,并省尚书令娄定远为司空。

初,侍中、尚书右仆射和士开,为世祖所亲狎,出入卧内,无复期度,遂得幸于胡后。及世祖殂,齐主以士开受顾托,深委任之,威权益盛,与娄定远及录尚书事赵彦深、侍中尚书左仆射元文遥、开府仪同三司唐邕、领军綦连猛、高阿那肱、度支尚书胡长粲俱用事,时号"八贵"。太尉赵郡王叡、大司马冯翊王润、安德王延宗与娄定远、元文遥皆言于齐主,请出士开为外任。会胡太后觞朝贵于前殿,叡面陈士开罪失云:"士开先帝弄臣,城狐社鼠,受纳货赂,秽乱宫掖。臣等义无杜口,冒死陈之。"太后曰:"先帝在时,王等何不言? 今日欲欺孤寡邪! 且饮酒,勿多言。"叡等词色愈厉。仪同三司安吐根曰:"臣本商胡,得在诸贵行末,既受厚恩,岂敢惜死! 不出士开,朝野不定。"太后曰:"异日论之,王等且散。"叡等或投冠于地,或拂衣而起。明日,叡等复诣云龙门,令文遥入奏之,三返,太后不听。左丞相段韶使胡长粲传太后言曰:"梓宫在殡,事太匆匆,欲王等更思之。"叡等遂皆拜谢。长粲复命,太后曰:"成妹母子家者,兄之力也。"厚赐叡等,罢之。

太后及齐主召问士开,对曰:"先帝于群臣之中,待臣最厚。陛下谅闇始尔,大臣皆有觊觎,今若出臣,正是剪陛下羽翼。宜谓叡等云:'文遥与臣,俱受先帝任用,岂可一去一留,并可用为州,且出纳如旧。待过山陵,然后遣之。'叡等谓臣真出,心必喜之。"帝及太后然之,告叡等如其言。乃以士开为兖州刺史,文遥为西兖州刺史。葬毕,叡等促士开就路。太后欲留士开过百日,叡不许。数日之内,太后数以为言。有中人知太后密旨者,谓叡曰:"太后意既如此,殿下何宜苦违。"叡曰:"吾受委不轻。今嗣主幼冲,岂可使邪臣在侧。不守之以死,何面戴天!"遂更见太后,苦言之。太后令酌酒赐叡,叡正色曰:"今论国家大事,非为厄酒!"言讫,遽出。

士开载美女珠帘诣娄定远,谢曰:"诸贵欲杀士开,蒙王力,特全其命,用为方伯。今当奉别,谨上二女子、一珠帘。"定远喜,谓士开曰:"欲还入不?"士开曰:"在内久不自安,今得出,实遂本志,不愿更入。但乞王保护,长为大州刺史足矣。"定远信之。送至门,士开曰:"今当远出,愿得一辞觐二宫。"定远许之。士开由是得见太后及帝,进说曰:"先帝一旦登遐,臣愧不能自死。观朝贵意势,欲以陛下为乾明。臣出之后,必有大变,臣何面目见先帝于地下!"因恸哭。帝、太后皆泣,问:"计安出?"士开曰:"臣已得入,复何所虑? 正须数行诏书耳。"于是诏出定远为青州刺史,责赵郡王叡以不臣之罪。

旦日,叡将复入谏,妻子咸止之,叡曰:"社稷事重,吾宁死事先皇,不忍见朝廷颠沛。"至殿门,又有人谓曰:"殿下勿入,恐有变。"叡曰:"吾上不负天,死亦无恨。"入见太后,太后复以为言,叡执之弥固。出至永巷,遇兵,执送华林园雀离佛院,令刘桃枝拉之。叡久典朝政,清正自守,朝野冤惜之。复以士开为侍中、尚书左仆射。定远归士开所遗,加以余珍赂之。

三月,齐主如晋阳。夏,四月,甲子,以并州尚书省为大基圣寺,晋祠为大崇皇寺。乙丑,齐主还邺。

齐主年少,多嬖宠。武卫将军高阿那肱,素以谄佞为世祖及和士开所厚,世祖多令在东宫侍齐主,由是有宠,累迁并省尚书令,封淮阴王。

世祖简都督二十人,使侍卫东宫,昌黎韩长鸾预焉,齐主独亲爱长鸾。长鸾名凤,以字行,累迁侍中、领军,总知内省机密。

宫婢陆令萱者,其夫汉阳骆超,坐谋叛诛,令萱配掖庭,子提婆,亦没为奴。齐主之在襁褓,令萱保养之。令萱巧黠,善取媚,有宠于胡太后,宫掖之中,独擅威福,封为郡君,和士开、高阿那肱皆为之养子。齐主以令萱为女侍中。令萱引提婆入侍齐主,朝夕戏狎,累迁至开府仪同三司、武卫大将军。宫人穆舍利者,斛律后之从婢也,有宠于齐主,令萱欲附之,乃为之养母,荐为弘德夫人,因令提婆冒姓穆氏。然和士开用事最久,诸幸臣皆依附之,以固其宠。

齐主思祖珽,就流囚中除海州刺史。珽乃遗陆媪弟仪同三司悉达书曰:"赵彦深心腹阴沉,欲行伊、霍事,仪同姊弟岂得平安,何不早用智士邪?"和士开亦以珽有胆略,欲引为谋主,乃弃旧怨,虚心待之。与陆媪言于帝曰:"襄、宣、昭三帝之子,皆不得立。今至尊独在帝位者,祖孝徵之力也。人有功,不可不报。孝徵心行虽薄,奇略出人,缓急可使。且其人已盲,必无反心,请呼取,问以筹策。"齐主从之,召入,为秘书监,加开府仪同三司。

士开潜尚书令陇东王胡长仁骄恣,出为齐州刺史。长仁怨愤,谋遣刺客杀士开。事觉,士开与琛谋之,琛引汉文帝诛薄昭故事,遂遣使就州赐死。

五月,庚戌,周主如醴泉宫。

丁巳,以吏部尚书徐陵为左仆射。

秋,七月,辛卯,皇太子纳妃沈氏,吏部尚书君理之女也。

辛亥,周主还长安。

八月,庚辰,盗杀周孔城防主,以其地入齐。

九月,辛卯,周遣齐公宪与柱国李穆将兵趣宜阳,筑崇德等五城。

欧阳纥在广州十余年,威惠著于百越。自华皎之叛,帝心疑之,征为左卫将军。纥恐惧,其部下多劝之反,遂举兵攻衡州刺史钱道戢。

帝遣中书侍郎徐俭持节谕旨。纥初见俭,盛仗卫,言辞不恭。俭曰:"吕嘉之事,诚当已远,将军独不见周迪、陈宝应乎?转祸为福,未为晚也。"纥默然不应,置俭于孤园寺,累旬不得还。纥尝出见俭,俭谓之曰:"将军业已举事,俭须还报天子。俭之性命虽在将军,将军成败不在于俭,幸不见留。"纥乃遣俭还。俭,陵之子也。

冬,十月,辛未,诏车骑将军章昭达讨纥。

壬午,上享太庙。

十一月,辛亥,周酆文公长孙俭卒。

辛丑,齐以斛律光为太傅,冯翊王润为太保,琅邪王俨为大司马。十二月,庚午,以兰陵王长恭为尚书令。庚辰,以中书监魏收为左仆射。

周齐公宪等围齐宜阳,绝其粮道。

自华皎之乱,与周人绝,至是周遣御正大夫杜杲来聘,请复修旧好。上许之,遣使如周。

二年(庚寅、570)

春,正月,乙酉朔,齐改元武平。

齐东安王娄叡卒。

丙午,上享太庙。

戊申,齐使兼散骑常侍裴谳之来聘。

齐太傅斛律光,将步骑三万救宜阳,屡破周军,筑统关、丰化二城以通宜阳粮道而还。周军追之,光纵击,又破之,获其开府仪同三司宇文英、梁景兴。二月,己巳,齐以斛律光为右丞相、并州刺史,又以任城王湝为太师,贺拔仁录尚书事。

欧阳纥召ındı阳春太守冯仆至南海,诱与同反。仆遣使告其母洗夫人。夫人曰:"我为忠贞,今经两世,不能惜汝负国。"遂发兵拒境,帅诸酋长迎章昭达。

昭达倍道兼行,至始兴。纥闻昭达奄至,惶扰不知所为,出顿洭口,多聚沙石,盛以竹笼置于水栅之外,用遏舟舰。昭达居上流,装舰造拍,令军人衔刀,潜行水中,以斫笼,篾皆解,因纵大舰随流突之,纥众大败,生擒纥,送之。癸未,斩于建康市。

纥之反也,士人流寓在岭南者皆惶骇。前著作佐郎萧引独恬然,曰:"管幼安、袁曜卿,亦但安坐耳。君子直己以行义,何忧惧乎!"纥平,上征为金部侍郎。引,允之弟也。

冯仆以其母功,封信都侯,迁石龙太守,遣使者持节册命洗氏为石龙太夫人,赐绣幰油络驷马安车一乘,给鼓吹一部,并麾幢旌节,其卤簿一如刺史之仪。

三月,丙申,皇太后章氏殂。

戊戌,齐安定武王贺拔仁卒。

丁未,大赦。

夏,四月,甲寅,周以柱国宇文盛为大宗伯。

周主如醴泉宫。

辛酉,齐以开府仪同三司徐之才为尚书左仆射。

戊寅,葬武宣皇后于万安陵。

闰月,戊申,上谒太庙。

五月,壬午,齐遣使来吊。

六月,乙酉,齐以广宁王孝珩为司空。

甲辰,齐穆夫人生子恒。齐主时未有男,为之大赦。陆令萱欲恒为太子,恐斛律后恨怒,乃白齐主,使斛律后母养之。

己丑,齐以开府仪同三司唐邕为尚书右仆射。

秋,七月,癸丑,齐立肃宗子彦基为城阳王,彦忠为梁郡王。甲寅,以尚书令兰陵王长恭为录尚书事,中领军和士开为尚书令,赐爵淮阳王。

士开威权日盛,朝士不知廉耻者,或为之假子,与富商大贾同在伯仲之列。尝有一人士参士开疾,值医云:"王伤寒极重,他药无效,应服黄龙汤。"士开有难色。人士曰:"此物甚易服,王不须疑,请为王先尝之。"一举而尽。士开感其意,为之强服,遂得愈。

乙卯,周主还长安。

癸酉,齐以华山王凝为太傅。

司空章昭达攻梁,梁主与周总管陆腾拒之。周人于峡口南岸筑安蜀城,横引大索于江上,编苇为桥,以度军粮。昭达命军士为长戟,施于楼船上,仰割其索,索断粮绝,因纵兵攻安蜀城,下之。

梁主告急于周襄州总管卫公直,直遣大将军李迁哲将兵救之。迁哲以其所部守江陵外城,自帅骑兵出南门,使步出北门,首尾邀击陈兵,陈兵多死。夜,陈兵窃于城西以梯登城,登者已数百人,迁哲与陆腾力战拒之,乃退。昭达又决龙川宁朔堤,引水灌江陵。腾出战于西堤,昭达兵不利,乃引还。

八月,辛卯,齐主如晋阳。

九月,乙巳,齐立皇子恒为太子。

冬,十月,辛巳朔,日有食之。

齐以广宁王孝珩为司徒,上洛王思宗为司空。复以梁永嘉王庄为开府仪同三司、梁王,许以兴复,竟不果。及齐亡,庄愤邑,卒于邺。

乙酉,上享太庙。

己丑,齐复威宗谥曰文宣皇帝,庙号显祖。

丁酉,周郑桓公达奚武卒。

十二月,丁亥,齐主还邺。

周大将军郑恪将兵平越巂,置西宁州。

周、齐争宜阳,久不决。勋州刺史韦孝宽谓其下曰:"宜阳一城之地,不足损益,两国争之,劳师弥年。彼岂无智谋之士,若弃崤东,来图汾北,我必失地。今宜速于华谷及长秋筑城,以杜其意。脱彼先我,图之实难。"乃画地形,且陈其状。晋公护谓使者曰:"韦公子孙虽多,数不满百,汾北筑城,遣谁守之?"事遂不行。

齐斛律光果出晋州道,于汾北筑华谷、龙门二城。光至汾东,与孝宽相见,光曰:"宜阳小城,久劳争战。今既舍彼,欲于汾北取偿,幸勿怪也。"孝宽曰:"宜阳彼之要冲,汾北我之所弃。我弃彼取,其偿安在?君辅翼幼主,位望隆重,不抚循百姓而极武穷兵,苟贪寻常之地,涂炭疲弊之民,窃为君不取也。"

光进围定阳,筑南汾城以逼之。周人释宜阳之围以救汾北。晋公护问计于齐公宪,宪曰:"兄宜暂出同州,以为声势,宪请以精兵居前,随机攻取。"护从之。

三年(辛卯、571)

春,正月,癸丑,以尚书右仆射徐陵为左仆射。

丁巳,齐使兼散骑常侍刘环儁来聘。

辛酉,上祀南郊。辛未,祀北郊。

齐斛律光筑十三城于西境,马上以鞭指画而成,拓地五百里,而未尝伐功。又与周韦孝宽战于汾北,破之。齐公宪督诸将东拒齐师。

二月,辛巳,上祀明堂。丁酉,耕籍田。

壬寅,齐以兰陵王长恭为太尉,赵彦深为司空,和士开录尚书事,徐之才为尚书令,唐邕为左仆射,吏部尚书冯子琮为右仆射,仍摄选。

子琮素谄附士开,至是,自以太后亲属,且典选,颇擅引用人,不复启禀,由是与士开有隙。

三月,丁丑,大赦。

周齐公宪自龙门度河,斛律光退保华谷,宪攻拔其新筑五城。齐太宰段韶、兰陵王长恭将兵御周师,攻柏谷城,拔之而还。

夏,四月,戊寅朔,日有食之。

壬午,齐以琅邪王俨为太保。

壬辰,齐遣使来聘。

周陈公纯等取齐宜阳等九城,齐斛律光将步骑五万赴之。

五月,癸亥,周使纳言郑诩来聘。

周晋公护使中外府参军郭荣城于姚襄城南、定阳城西,齐段韶引兵袭周师,破之。六月,韶围定阳城,周汾州刺史杨敷固守不下。韶急攻之,屠其外城。时韶卧病,谓兰陵王长恭曰:"此城三面重涧,皆无走路,唯虑东南一道耳。贼必从此出,宜简精兵专守之,此必成擒。"长恭乃令壮士千余人伏于东南涧口。城中粮尽,齐公宪总兵救之,惮韶,不敢进。敷帅见兵突围夜走,伏兵击擒之,尽俘其众。乙巳,齐取周汾州及姚襄城,唯郭荣所筑城独存。敷,憕之族子也。

敷子素,少多才艺,有大志,不拘小节,以其父守节陷齐,未蒙赠谥,上表申理。周主不许,至于再三,帝大怒,命左右斩之。素大言曰:"臣事无道天子,死其分也。"帝壮其言,赠敷大将军,谥曰忠壮,以素为仪同三司,渐见礼遇。帝命素为诏书,下笔立成,词义兼美,帝曰:"勉之,勿忧不富贵。"素曰:"但恐富贵来逼臣,臣无心图富贵也。"

齐斛律光与周师战于宜阳城下,取周建安等四戍,捕虏千余人而还。军未至邺,齐主敕使散兵,光以军士多有功者,未得慰劳,乃密通表,请遣使宣旨,军仍且进。齐朝发使迟留,军还,将至紫陌,光乃驻营待使。帝闻光军已逼,心甚恶之,亟令舍人召光入见,然后宣劳散兵。

齐琅邪王俨以和士开、穆提婆等专横奢纵,意甚不平。二人相谓曰:"琅邪王眼光奕奕,数步射人,向者暂对,不觉汗出,吾辈见天子奏事尚不然。"由是忌之,乃出俨居北宫,五日一朝,不得无时见太后。

俨之除太保也,余官悉解,犹带中丞及京畿。士开等以北城有武库,欲移俨于外,然后夺其兵权。治书侍御史王子宜与俨所亲开府仪同三司高舍洛、中常侍刘辟疆说俨曰:"殿下被疏,正由士开间构,何可出北宫入民间也?"俨谓侍中冯子琮曰:"士开罪重,儿欲杀之,何如?"子琮心欲废帝而立俨,因劝成之。

俨令子宜表弹士开罪,请付禁推。子琮杂他文书奏之,齐主不审省而可之。

俨诳领军库狄伏连曰："奉敕,令领军收士开。"伏连以告子琮,且请覆奏。子琮曰："琅邪受敕,何必更奏。"伏连信之,发京畿军士,伏于神虎门外,并戒门者不听士开入。秋,七月,庚午旦,士开依常早参,伏连前执士开手曰:"今有一大好事。"王子宜授以一函,云:"有敕,令王向台。"因遣军士护送。俨遣都督冯永洛就台斩之。

俨本意唯杀士开,其党因逼俨曰:"事既然,不可中止。"俨遂帅京畿军士三千余人屯千秋门。帝使刘桃枝将禁兵八十人召俨,桃枝遥拜,俨命反缚,将斩之,禁兵散走。帝又使冯子琮召俨,俨辞曰:"士开昔来实合万死,谋废至尊,剃家家发为尼,臣为是矫诏诛之。尊兄若欲杀臣,不敢逃罪。若赦臣,愿遣姊姊来迎,臣即入见。"姊姊,谓陆令萱也,俨欲诱出杀之。令萱执刀在帝后,闻之战栗。

帝又使韩长鸾召俨,俨将入,刘辟彊牵衣谏曰:"若不斩穆提婆母子,殿下无由得入。"广宁王孝珩、安德王延宗自西来,曰:"何不入?"辟彊曰:"兵少。"延宗顾众而言曰:"孝昭帝杀杨遵彦,止八十人。今有数千,何谓少?"

帝泣启太后曰:"有缘,复见家家;无缘,永别。"乃急召斛律光,俨亦召之。光闻俨杀士开,抚掌大笑曰:"龙子所为,固自不似凡人。"入见帝于永巷。帝帅宿卫者步骑四百,授甲,将出战,光曰:"小儿辈弄兵,与交手即乱。鄙谚云:'奴见大家心死。'至尊宜自至千秋门,琅邪必不敢动。"帝从之。

光步道,使人走出,曰:"大家来。"俨徒骇散。帝驻马桥上遥呼之,俨犹立不进,光就谓曰:"天子弟杀一夫,何所苦?"执其手,强引以前,请于帝曰:"琅邪王年少,肠肥脑满,轻为举措,稍长自不复然,愿宽其罪。"帝拔俨所带刀镮,乱筑辫头,良久,乃释之。

收库狄伏连、高舍洛、王子宜、刘辟彊、都督翟显贵,于后园支解,暴之都街。帝欲尽杀俨府文武职吏,光曰:"此皆勋贵子弟,诛之,恐人心不安。"赵彦深亦曰:"《春秋》责帅。"于是罪之各有差。

太后责问俨,俨曰:"冯子琮教儿。"太后怒,遣使就内省以弓弦绞杀子琮,使内参以库车载尸归其家。自是太后常置俨于宫中,每食必自尝之。

八月,己亥,齐主如晋阳。

九月,辛亥,齐以任城王湝为太宰,冯翊王润为太师。

己未,齐平原忠武王段韶卒。韶有谋略,得将士死力,出总军旅,入参帏幄,功高望重,而雅性温慎,得宰相体。事后母孝,闺门雍肃,齐勋贵之家,无能及者。

齐祖珽说陆令萱,出赵彦深为兖州刺史。齐主以珽为侍中。陆令萱说帝曰:"人称琅邪王聪明雄勇,当今无敌,观其相表,殆非人臣。自专杀以来,常怀恐惧,宜早为之计。"幸臣何洪珍等亦请杀之。帝未决,以食舆密迎珽,问之。珽称:"周公诛管叔,季友鸩庆父。"帝乃携俨之晋阳,使右卫大将军赵元侃诱俨执之。元侃曰:"臣昔事先帝,见先帝爱王,今宁就死,不忍行此。"帝出元侃为豫州刺史。

庚午,帝启太后曰:"明旦欲与仁威早出猎。"夜四鼓,帝召俨,俨疑之。陆令萱曰:"兄呼,儿何为不去?"俨出,至永巷,刘桃枝反接其手,俨呼曰:"乞见家家、尊兄。"桃枝以袖塞其口,反袍蒙头负出,至大明宫,鼻血满面,拉杀之,时年十四。裹之以席,埋于室内。帝使启太后。太后临哭,十余声,即拥入殿。遗腹四男,皆幽死。

冬,十月,罢京畿府,入领军。

壬午,周冀公通卒。

甲申,上享太庙。

乙未,周遣右武伯谷会琨等聘于齐。

齐胡太后出入不节,与沙门统昙献通,诸僧至有戏呼昙献为太上皇者。齐主闻太后不谨而未之信,后朝太后,见二尼,悦而召之,乃男子也。于是昙献事亦发,皆伏诛。

己亥,帝自晋阳奉太后还邺,至紫陌,遇大风。舍人魏僧伽习风角,奏言:"即时当有暴逆事。"帝诈云"邺中有变",弯弓缠弰,驰入南城,遣宦者邓长颙幽太后于北宫,仍敕内外诸亲皆不得与胡太后相见。太后或为帝设食,帝亦不敢尝。

庚戌,齐遣侍中赫连子悦聘于周。

十一月,丁巳,周主如散关。

丙寅,齐以徐州行台广陵王孝珩录尚书事。庚午,又以为司徒。癸酉,以斛律光为左丞相。

十二月,己丑,周主还长安。

壬辰,邵陵公章昭达卒。

是岁,梁华皎将如周,过襄阳,说卫公直曰:"梁主既失江南诸郡,民少国贫。朝廷兴亡继绝,理宜资赡,望借数州以资梁国。"直然之,遣使言状,周主诏以基、平、都三州与之。